山东金融年鉴

SHANDONG JINRONG NIANJIAN

中国人民银行济南分行 编

2017

（总第18卷）

方志出版社
Publishing House of Local Records

图书在版编目（CIP）数据

山东金融年鉴. 2017 / 中国人民银行济南分行编. -- 北京：方志出版社，2017.8
ISBN 978-7-5144-2494-2

Ⅰ. ①山… Ⅱ. ①中… Ⅲ. ①地方金融事业—山东—2017—年鉴 Ⅳ. ①F832.752-54

中国版本图书馆CIP数据核字(2017)第207505号

山东金融年鉴（2017）

编　　者：中国人民银行济南分行
责任编辑：刘　珊
出 版 人：冀祥德
出 版 者：方志出版社
地址　北京市朝阳区潘家园东里9号（国家方志馆4层）
邮编　100021
网址　http://www.fzph.org
发　　行：方志出版社发行中心
电话（010）67110500
经　　销：各地新华书店
印　　刷：济南黄氏印务有限公司
开　　本：889×1194　1/16
印　　张：40
字　　数：1455千
版　　次：2017年8月第1版　2017年8月第1次印刷
印　　数：0001～5000册
ISBN 978-7-5144-2494-2　定价：280.00元

《山东金融年鉴》编委会

编 辑 说 明

一、《山东金融年鉴》是反映山东省金融事业改革和发展历程的大型历史性、资料性工具书，是系统了解山东省经济金融运行状况较为理想的媒介。它通过登载各种经济、金融数据和史实资料，全面系统地反映山东省金融改革和发展的全貌，为贯彻实施货币政策、加强金融监管，防范和化解金融风险，推动金融改革和发展提供系统资料和基础数据。

二、山东省金融系统的年鉴编撰工作，开启于2000年，当时的名称为《中国人民银行济南分行金融年鉴》，内容反映了辖内山东、河南两省的金融运行态势及状况，该《年鉴》自2000年卷开始至2004年卷，连续出版了五卷。

《山东金融年鉴》自2005年卷启始，上承《中国人民银行济南分行金融年鉴》，每年出版一卷，本卷为第十八卷。按年度系统地反映山东省金融事业的运行和发展状况。

三、本卷的内容，主要反映2016年山东省金融运行的状况及金融改革和发展的历程。在具体组稿、筛选和编纂工作中力求体现科学性、资料性、全面性和连续性。对山东省金融事业有影响的大事、情况，以及反映全省各金融机构业务发展的相关数据、文字和图片资料，我们均尽力收录并进行了精心编辑加工。

四、本卷年鉴采用条目式整体编排，适当考虑金融业务部门的单元组成。各金融机构的排列顺序，力求按一般惯例，不含名次高低之意。

五、本卷年鉴中，国民经济统计资料以统计局的口径为准；有关金融方面的数据资料，主要是根据各金融机构报送的"全科目"统计指标数据加工整理而来，由中国人民银行济南分行提供；各金融机构文稿中的统计数据，由该机构自行提供；在使用时请注意统计口径的差别和适用范围。

六、《山东金融年鉴》的编纂工作是在中国人民银行济南分行党委和山东省各金融业监管部门、政策性银行、商业银行、保险、证券、信托公司等省级管辖行和公司负责人共同组成的编委会的组织领导下进行的。工作中得到了山东省金融系统各单位的大力支持。各组稿、编纂人员为本书的出版付出了辛勤的劳动。在此表示衷心的感谢。

《山东金融年鉴》编辑部

2017年7月28日

中国人民银行
THE PEOPLE'S BANK OF CHINA
济南分行
JINAN BRANCH

金鹏辉
分行党委书记、行长
国家外汇管理局山东省分局局长

李建文
分行党委委员、副行长

贾广军
分行党委委员
分行营业管理部主任

刘振海
分行党委委员、副行长

中国人民银行 济南分行
THE PEOPLE'S BANK OF CHINA JINAN BRANCH

董龙训
分行党委委员、副行长

陈好孟
分行党委委员、副行长
国家外汇管理局山东省分局副局长

王均坦
分行原党委委员、副行长

王珏琰
分行党委委员、工会主任

刘　健
分行党委委员、副行长

肖瑞卿
分行党委委员、副行长

3月2日—4日，时任总行党委委员、纪委书记王华庆在济南出席人民银行巡视工作动员部署暨培训会议，并到分行机关调研指导工作。

7月20日，总行党委委员、副行长陈雨露在青岛出席区域金融改革座谈会。

9月20日，总行党委委员、副行长潘功胜在分行机关调研指导工作。

2月29日，总行党委委员、副行长范一飞在郑州中心支行调研指导工作。

10月10日，总行原党委委员、副行长马德伦在济南出席2017年《金融会计》杂志工作座谈会。

12月29日，山东省副省长夏耕在分行机关走访看望年终决算一线干部职工，并召开驻鲁金融管理部门和部分金融机构座谈会。

目 录

3 第三部分

4 第四部分

国有商业银行

5

5

6 第六部分

7 第七部分

8 第八部分

10

主题索引

第一部分

山东省行业运行报告

2016年山东省经济金融运行报告

【综述】 2016年，山东省积极应对复杂的国内外发展环境和经济下行压力，着力推进供给侧结构性改革，适度扩大总需求，加快发展动能转换，努力保障改善民生，有效防控各类风险，全省经济运行缓中趋稳、稳中向好，主要经济指标保持在合理区间，实现了"十三五"良好开局。全省金融业稳健运行，货币信贷适度增长，结构进一步优化；证券业健康发展，保险业保障能力进一步提升，金融市场交易活跃，金融改革试点不断深化，创新业务稳步推进，为供给侧结构性改革营造了适宜的货币金融环境。

2017年，山东省金融机构将积极落实中央和全省经济工作会议精神，坚持稳中求进工作总基调，以提高经济发展质量和效益为中心，以深化供给侧结构性改革为主线，认真贯彻执行稳健中性货币政策，进一步加强金融服务，深化金融改革创新，切实维护金融稳定，促进全省经济平稳健康发展。

【金融运行情况】 2016年，山东省金融业稳健发展，货币信贷适度增长，融资结构持续改善，资本市场健康发展，保险保障功能提升，金融市场平稳运行，为供给侧结构性改革营造了适宜的货币金融环境，有力支持了山东省经济结构调整和转型升级。

（一）银行业运行平稳，存贷款总量合理增长

2016年，山东省银行业金融机构存贷款增长平稳适度，信贷投放重点突出，改革创新持续深化，风险得到有效控制，金融运行效率和服务实体经济的能力进一步增强。

1.银行业规模稳步增长，组织体系建设有序推进。2016年年末，山东省银行业金融机构资产总额11万亿元，同比增长13.3%；受不良贷款上升影响，银行业金融机构全年实现净利润同比下降5.9%。新型农村金融机构数量继续扩大，中小法人金融机构数量达278家，同比增加29家。

2.存款增速稳中有升，活期存款占比提高。2016年年末，山东省本外币各项存款余额85683.5亿元，同比增长11.6%，增速比上年末高2.1个百分点。受股票市场、理财产品分流作用减弱影响，全年累计新增本外币存款8885亿元，同比多增1949.5亿元。受存款利差收窄影响，存款"活期化"特征明显，人民币活期存款增速快于定期存款14.2个百分点。外币存款下降22.7亿美元，比上年多降39.3亿美元，受企业结汇意愿下降影响，8月份以来外币存款降幅逐步收窄。

3.贷款平稳较快增长，支持供给侧结构性改革力度增强。2016年年末，山东省人民币贷款余额61726.9亿元，比年初增加6289.9亿元，同比多增930.1亿元。受基础设施建设、房地产带动，中长期贷款占全部新增贷款的比重达83.3%，较上年提高20.6个百分点；企业生产经营活力不足，流动性资金需求萎缩，短期贷款减少203.6亿元；房地产市场去库存持续推进，个人住房贷款同比多增1224.7亿元。受人民币贬值预期加强等因素影响，外币贷款减少51.5亿美元。

人民银行济南分行充分发挥信贷政策支持供给侧结构性改革的重要作用，紧紧围绕"三去一降一补"五大任务，引导优化信贷结构。深入推进金融精准扶贫，制定出台《山东省金融扶贫实施方案》，安排65亿元扶贫再贷款额度对重点县金融扶贫再贷款需求全部予以满足，创新推出信保扶贫贷等30多种扶贫信贷产品，累计发放扶贫贷款504.4亿元，惠及30万贫困人口。稳妥推进"两权"抵押贷款试点，山东省"两权"抵押贷款同比增长90.9%。支持金融机构扩大对薄弱环节信贷投放，累放支农、支小再贷款、再贴现442.2亿元；加快推进信贷资产质押试点工作，全省180家符合评级授信条件的法人机构全部通过内部评级系统进行了评级授信，已上传评级信息的企业家数达到2.4万家，以信贷资产质押方式发放再贷款余额占全部再贷款的比重达到30%。支持棚户区改造等项目建设，累计运用抵押补充贷款1395亿元。对贫困县新增存款用于当地贷款考核达标的51家机构，下调存款准备金率1个百分点，增加可用资金33亿元。稳妥推动低质低效企业市场出清，九大产能过剩行业（包括钢铁、水泥、电解铝、平板玻璃、船舶、炼油、轮胎、煤炭、化工行业）贷款减少26.9亿元，落后产能项目贷款和僵尸企业贷款分别较年初下降5.9%和27.1%。

4.资产负债多元化趋势明显，"类信贷"业务发展较快。全省城商行和农合机构信贷资产占总资产的比重为46.7%，同比回落4.7个百分点；"类信贷"业务性质的投资类资产占总资产的40.2%，同比提高6.1个百分点。存款余额占总负债的79.1%，同比回落5.3个百分点；同业负债占总负债的15.3%，同比提高4.8个百分点，尤其是同业存单迅速发展，同比增长了3.6倍。

5.表外业务增势分化，资管业务增长较快。受票据市场需求萎缩和规范监管影响，未贴现银行承兑汇票减少1506.9亿元，同比多降1803.2亿元。委托贷款和信托贷款平稳较快增长，同比分别多增817.5亿元和1029.5亿元。保函和信用证增长平稳。非保本理财产品发行加速，同比增长72.2%，较全部资产增速高58.9个百分点；资产托管业务规模超过2.3万亿元，同比增长47.4%。

6.贷款利率平稳下行，自律机制运转良好。2016年，受市场流动性总体宽松、利率中枢下行影响，山东省利率水平总体

保持低位运行，本外币贷款加权平均利率为5.61%，同比下降0.71个百分点。小微企业贷款加权平均利率为6.24%，同比下降0.86个百分点。民间借贷监测利率不断回落，同比下降0.37个百分点。山东省自律机制运行高效有序，山东省金融机构存款利率由高于全国平均水平转为低于全国平均水平，全国市场利率定价自律机制基础成员增加到72家。同业存单、大额存单快速增加，年内全省分别发行5378.2亿元和4284.5亿元。

7.杠杆率保持合理水平，信贷风险化解力度加大。2016年末，山东省银行业法人机构杠杆率同比回落0.5个百分点；流动性有所趋紧，超额备付率和流动性比例分别比年初下降1个和6.1个百分点。山东省金融机构不良贷款率2.1%，同比上升0.1个百分点，关注类贷款余额增速高于各项贷款增速5.1个百分点，逾期90天以上贷款与不良贷款比值较年初上升17.4个百分点，后续资产质量劣变压力仍然较大。政府、监管、行业协会、债权人委员会联动协调，构建信用风险管控长效机制，在企业债务重组中促进形成“各方平等协商、适度让利、共担成本”的“肥矿模式”。累计组建债委会1138家，涉及授信额度3.12万亿元；累计处置不良贷款1357亿元，达到2015年的1.5倍。

8.农信社银行化改革全面完成，民营银行正式筹建。110家农商行挂牌开业，成为全国第4个完成农信社银行化改革的省份。对接资本市场步伐加快，9家省内农商行在齐鲁股权交易中心实现股权托管。农业银行山东省分行持续完善“三农金融事业部”管理体制和运行机制，建成精品型、标准型服务点2600余个。蓝海银行作为省内首家民营银行获批筹建。村镇银行新增2家，总数达到126家。427家小额贷款公司发放贷款743.5亿元。

9.跨境业务覆盖面持续扩大，中韩金融合作进一步深化。2016年，山东省跨境人民币实际收付额4328.7亿元，银行办理跨境人民币结算的分支机构增至1178家，涉及企业超过1.3万家，覆盖境外192个国家和地区。人民币资金池结算规模快速发展，90家企业集团通过资金池业务备案，实现跨境人民币收付296.2亿元。启动跨境人民币借款业务试点，中韩五项金融合作中的首项成果正式落地山东，32家企业从7家韩国银行分支机构办理44笔跨境人民币贷款业务，实际汇入金额50.9亿元。

（二）证券业健康发展，资本市场改革稳步推进

2016年，山东省证券业继续稳步发展，证券期货经营机构风险控制得当，融资规模不断扩大，证券期货市场资源配置功能增强。

1.证券期货机构经营平稳，市场交易量有所回落。2016年末，山东省证券业资产达1282.2亿元，证券分公司和营业部、期货营业部同比分别增加73家和5家。受股市震荡影响，证券市场活跃度降低，2家法人证券公司总交易额同比下降39.6%，融资融券业务同比回落82.5亿元。3家法人期货公司资产总额98.2亿元，客户保证金余额71.8亿元，较年初增加9.2亿元。

2.证券市场筹资额较快增长，并购重组规模进一步扩大。2016年，山东省资本市场融资5794.7亿元，同比增长26.2%。新增上市公司17家，总数达268家，实现境内上市公司17市全覆盖；在全国中小企业股份转让系统（“新三板”）挂牌公司新增234家，总量达570家。上市公司并购重组活跃，全年实施并购重组29次，交易金额1968.4亿元。

3.期货市场稳步发展，交易品种日益完善。2016年，山东省期货公司交易量11900万手，同比增长14.1%；交易额5.5万亿元，同比下降66%。期货市场服务实体经济功能逐步提升，三大商品期货交易所累计在省内设立23个期货品种的80家交割库，其中玉米淀粉期货交割库数量占全国一半以上。

4.区域产权交易市场快速发展，资本市场改革不断深化。齐鲁股权交易中心新增挂牌企业1200家，企业总数达1811家，县域覆盖率提高到95%。协调对接山东省省级政府引导基金直投基金，246家挂牌企业获得7.4亿元资金支持；继续推进与“新三板”市场的批量转板机制，39家企业成功转板。蓝海股权交易中心稳健发展，挂牌企业达到570家、展示企业1768家，累计融资37.4亿元。山东省私募股权投资基金业协会成立，私募基金管理机构达277家，管理基金573只。稳妥推进权益类和大宗商品类市场交易建设，实现交易额同比增长60%；围绕海产品、橡胶轮胎、畜牧产品、牡丹等交易开辟了新领域，山东交易市场清算所顺利开业。

（三）保险业平稳较快发展，保障能力进一步提升

2016年，山东省保险业规模进一步扩大，经济补偿和风险保障功能充分发挥，服务经济社会能力不断提升，重点领域和关键环节市场化改革稳步推进。

1.保险业实力持续增强，市场主体继续扩大。2016年末，山东省保险公司总数达92家，居全国首位；资产规模较上年增长24.7%，增速同比提高7.5个百分点。全年实现保费收入突破2000亿元，同比增长28.8%，赔付支出同比增长26.5%，提供风险保障67.2万亿元。和泰人寿保险获批筹建，成为山东省第5家保险法人机构。

2. 服务领域不断拓展，保险保障作用进一步增强。2016年，山东省农业保险实现“扩面、提标、增品”，财政补贴农业保险品种增加到17个，保费补贴比例提升至80%，为1688.8万户次农户提供了565亿元的风险保障。推进蔬菜、生猪、蒜薹、鸡蛋等目标价格保险及天气指数保险等新型险种试点，提供风险保障32.9亿元。大病保险成效显著，覆盖居民6160.1万人，报销比例提高14个百分点。出口信用保险平稳发展，提供风险保障2139.3亿元，同比增长11.8%。小额贷款保证保险运行机制进一步优化，为小微企业提供信贷支持211亿元，财政补贴“政银保”预算达1亿元。

3.保险业创新不断丰富，市场化改革稳步推进。山东省在全国率先建立保险资金对接信息平台，创新保险资金支持实

体经济途径，保险资金运用规模同比增加 278 亿元。开展山东保险业“创新星火计划”，推动 30 家公司创新 80 余项产品和服务，助力保险业供给侧结构性改革。商业机动车保险费率管理机制改革稳妥推进，七成以上车险消费者保费有所下降。基本完成人身保险费率市场化改革，普通寿险对保费增长的贡献率近 60%。巨灾保险纳入《山东省防震减灾事业发展规划（2015-2020 年）》。农村保险互助社试点稳步推进。

（四）金融市场平稳运行，融资能力不断增强

2016 年，山东省社会融资规模合理适度增长，融资产品日渐丰富，融资渠道不断拓宽。金融机构参与市场意识不断增强，货币市场、票据市场交易活跃。

1.社会融资规模平稳增长，债务融资工具不断创新。2016 年，山东省社会融资规模达 8311.9 亿元，同比多增 712.3 亿元。受债券市场违约、发债成本提高等因素影响，非金融企业直接融资占社会融资规模的比重下降 2.3 个百分点。银行间市场直接债务融资产品更加丰富，发行项目收益票据和资产支持票据 9 亿元；成功发行全国首单社会效应债券—沂南扶贫效应债券 5 亿元。委托贷款、信托贷款、未贴现银行承兑汇票等表外融资占社会融资规模的 2.5%，比上年提高 0.3 个百分点。

2.货币市场主体活跃，交易量再创新高。2016 年，受交易主体扩容和交易活跃影响，银行间市场成交量较上年增长 34.7%，债券回购和现券买卖分别大幅增长 43.2%和 13.3%。货币市场和债券市场日均净融入资金同比增长 17.5%。同业拆借、债券回购加权平均利率同比上升 0.37 个和 0.16 个百分点，现券买卖加权平均利率同比下降 0.6 个百分点。

3.票据融资规模快速增长，票据利率小幅提升。2016 年，山东省银行承兑汇票累计签发量同比下降 11.9%，票据融资余额同比增长 30.1%。电子商业汇票业务成倍增长，累计办理 24.2 万笔、9044.7 亿元，分别达到上年的 2.9 倍和 2.4 倍。票据贴现加权平均利率较上年同期上升 0.55 个百分点。

4. 银行间外汇市场业务大幅增长，黄金市场交易总体活跃。2016 年，山东省新入市会员 8 家，年末银行间外汇市场会员达到 62 家，占全国的 11%。山东省银行间外汇市场交易额 1580.2 亿美元，增长 46.5%。黄金市场交易量快速增长，13 家黄金交易所会员累计成交 4456 吨，接近上年交易量的两倍。黄金买入量和代理交易量占交易总量的比重不断提高，分别达到 48.7%和 79.2%，黄金交易所会员企业加工成品金的能力稳步提高。

（五）金融改革试点不断深化，创新业务稳步推进

青岛市财富管理金融综合改革试验区发展迅速，成立产融结合消费金融公司、债务管理公司、财务管理公司、外商独资互联网保险公司等特色组织，建立健全特色化财富管理供给体系。构建资产交易所、场外交易市场清算中心、国际海洋产权交易中心、艺术品交易中心等多层次市场交易平台，形成财富管理“青岛价格”。济南区域性产业金融中心加速推进。新型农村合作金融改革试点范围持续扩大，覆盖合作社 284 家、社员过万人，累计互助金额同比增长 271.5%。山东省金融资产管理公司增资扩股到 100 亿元，第 2 家金融资产管理公司筹建工作顺利推进。民间融资机构达到 512 家，累计投资 315.4 亿元；民间融资登记服务中心 54 家，成功对接 20.2 亿元。

（六）金融基础设施建设不断完善，金融发展环境进一步优化

2016 年，金融 IC 卡发放量达 1.7 亿张，7 亿个人账户实施分类管理，116 家法人银行接入电信网络新型违法犯罪交易风险事件管理平台。青岛银行在全国率先开展实名单电子现金业务。启动山东省金融业统一征信体系建设，司法、公安、税务、电力等信用信息全部纳入省域征信服务平台。大力发展应收账款融资服务平台，累计促成融资交易 2029 亿元。开发投诉典型案例库系统，组织开展 24 次消费者权益保护工作检查评估，建立金融消费纠纷诉调对接机制，农村金融消费维权联络点覆盖至乡镇一级。普惠金融工作取得创新性突破，济宁邹城、临沂平邑、聊城阳谷普惠金融示范区建设试点正式启动。地方金融发展法制保障逐步健全，《山东省地方金融条例》正式实施。

【经济运行情况】　2016 年，山东省经济总体稳中有进、进中向好，供给侧结构性改革取得实效，固定资产投资重点突出，三次产业不断优化，新旧动能转换步伐加快，物价温和上涨。经济总量和人均地区生产总值分别达到 6.7 万亿元和 6.8 万元，经济文化强省建设成效显著，实现“十三五”良好开局。

（一）内外需求协调增长，经济内生动力有所增强

2016 年，山东省固定资产投资平稳较快增长，重点领域和薄弱环节得到加强；对外开放进一步扩大，新业态持续发力；居民消费呈现新变化，为山东省经济发展注入新活力。

1.投资结构持续优化，基础设施投资发挥重要支撑。2016 年，山东省固定资产投资增长 10.5%，增速连续七年回落，但仍高于全国投资增速 2.4 个百分点，固定资产投资额居全国首位；产能过剩行业投资增速放缓，同比回落 0.1 个百分点。受经济下行导致市场需求疲弱、产业转型升级相对缓慢、深化简政放权及优化服务改革政策落实不到位等多种因素影响，民间投资增速放缓，比上年回落 6.8 个百分点；但随着一系列鼓励民间投资政策措施出台，民间投资增速逐季回升，占全部投资比重较全国高 17.4 个百分点。基础设施投资发挥重要支撑作用，对全部投资增长的贡献率比上年提高 13.2 个百分点。内涵型投资较快发展，工业技改投资 1.5 万亿元，居全国第一位；技改投资增速稳步提升，占工业投资的比重达到 57.7%。

2.居民收入稳定增长，消费结构稳步升级。2016 年，山东省居民人均可支配收入比全国平均水平高 864 元，农村居民人均可支配收入增速快于城镇居民 0.1 个百分点。山东省社会消费品零售总额增速逐季加快，城乡市场消费协调发展，增速差距由 1.1 个百分点缩小至 0.8 个百分点。消费结构不断优

化，人均教育文化娱乐支出、人均医疗保健支出增速高于人均消费支出增速3.5个和4.3个百分点。新兴业态快速发展，限上商贸流通企业网上零售额增速高于限上零售额37.9个百分点。

3.外贸增速领先全国，国际经济合作步伐加快。2016年，山东省相继出台促进外贸回稳向好实施意见、加强自主国际品牌建设、促进加工贸易创新发展、减免吊装移位仓储费用等政策措施，进出口增速回升至3.5%，居全国前十大外贸省市首位。实际开展出口业务企业新增7833家，创造出口544.3亿元。一般贸易出口比重提高到63.1%。全年实际利用外资增长9.8%，世界500强企业投资项目新增63个。实际对外投资增长1.4倍，其中境外并购中方投资额增长2.8倍。

（二）第三产业比重超过第二产业，结构调整加快推进

2016年，山东省持续推进"敲开核桃、一业一策"，加速推动服务业转型升级，三次产业比例由上年的7.9:46.8:45.3调整为7.3:45.4:47.3，实现了由"二三一"向"三二一"的历史性转变。

1.农业基础地位进一步巩固，农业领域改革取得新突破。2016年，山东省粮食总产量940.1亿斤，为历史第二高产年份。46个农业转型升级方案出台实施，农业"新六产"（即一产的一份收入，经过二产加工增值为两份收入，再通过三产的营销服务形成三倍收益，综合起来是六份收入，产生乘数效益。）带动三次产业融合发展。建成京东县级服务站99个、阿里淘宝县62个、村淘服务站2800个。农村土地承包经营权确权颁证工作基本完成，土地经营规模化率达到40%以上，供销社综合改革试点全国领先。

2.工业生产企稳向好，新动能较快成长。2016年，山东省规模以上工业增加值增长6.8%，高于全国0.8个百分点，规模以上工业利润、利税由上年负增长转为正增长。工业产销率比全国高1.0个百分点，全员劳动生产率比上年增加3.2万元。新动能发展壮大，高新技术产业产值占规模以上工业总产值比重比上年提高1.2个百分点，国家企业技术中心新增13家，新能源汽车、微波终端机、智能电视、工业机器人、光缆、服务器等高端智能产品产量分别增长100%、71.1%、58.8%、49.1%、24.6%和19.7%。

3. 服务业贡献率稳步扩大，运行质量和效益不断提高。2016年，山东省服务业对经济增长的贡献率达55.7%，拉动经济增长4.2个百分点，成为经济发展的主引擎。规模以上服务业营业收入增速比全国平均增速高0.4个百分点，营业利润由下降转为增长2%。行业增长面比上年提高9.6个百分点。互联网信息技术等新兴服务业活力凸显，营业收入增速比上年提高5.0个百分点。民生行业表现突出，居民服务业、卫生行业、文化艺术业等营业收入增速分别比山东省规模以上服务业高10.1、1.3和9.7个百分点。

（三）居民消费价格温和上涨，重点行业生产价格回升

2016年以来，在供给侧结构性改革、适度扩大总需求等政策作用下，生产和市场需求稳定增长，供需关系逐步改善，山东省物价水平总体保持平稳。

1.居民消费价格涨势总体温和，食品价格涨幅较大。2016年，山东省CPI上涨2.1%，比上年扩大0.9个百分点。城市价格高于农村价格0.4个百分点。八大类商品价格"七升一降"。受猪肉和鲜菜价格攀升影响，食品烟酒类价格上涨3.6%，拉动居民消费价格总水平上升1.1个百分点。

2. 工业生产者价格降幅收窄，重点行业生产价格回升。2016年，在大宗商品价格上涨和部分行业供求关系改善的带动下，山东省工业生产者出厂价格和购进价格降幅分别比上年收窄3.3和3个百分点，工业生产者出厂价格月度同比指数自10月份开始持续回升。

3.就业形势总体稳定，居民养老金标准提高。2016年，山东省城镇新增就业121万人，完成年度计划的110%；城镇登记失业率为3.46%，低于4%的全年调控目标。转移就业贫困人口20.1万人，带动实现脱贫35万人。机关事业单位和企业退休人员基本养老金平均增加6.5%以上。

4.资源性产品价格改革继续推进。实现山东省农业、一般工商业和大工业用电同价，非居民用气门站价格下调，企业用气负担减轻。农业水价改革及区域水价改革稳步推进。煤热价格联动机制和供热计量收费改革深入推进。

（四）财政收支增速回落，政府引导基金加快发展

2016年，山东省公共财政预算收入增速比上年回落1.5个百分点，税收收入占财政收入的比重比上年下降4.1个百分点。"营改增"政策红利不断释放，累计减税超过百亿元。全省财政支出增速同比回落8.9个百分点。民生支出占财政支出的78.9%，"三公"等一般性支出减少。受经济增速放缓、结构性减税政策和刚性支出增多影响，财政赤字同比增长6.2%。发行地方政府债券和置换债券4279.2亿元，居全国前列。设立19个方向的省级政府引导基金，参股设立51只子基金，基金总规模超过1400亿元。

（五）供给侧结构性改革稳步推进，"三去一降一补"取得实效

在做好国家公布的钢铁、水泥、平台玻璃、电解发铝、船舶等5个产能过剩行业的基础上，山东省主动增加炼油、轮胎、化工、煤炭等4个行业的过剩产能化解，完成270万吨生铁、270万吨粗钢、1960万吨煤炭去产能任务，处置125户国有"僵尸"企业。库存水平趋于合理，商品房待售面积比上年减少98.7万平方米，去化周期降至14个月。企业杠杆率下降，规模以上工业企业资产负债率较上年末下降2.1个百分点。落实减税降费政策，一般工商业用电价格平均下调4.2分，养老社会保险单位缴费率降至18%。短板领域投入加大，济青高速扩容、"外电入鲁"等重点项目进展顺利。151.2万贫困人口实现脱贫，青岛、淄博、东营、威海4市基本完成脱贫任务。98.1%的承包耕地完成确权，16.2%的村完成农村集体产权制度改革。

（六）房地产去库存效果明显，装备制造强劲发展

1. 房地产市场活跃度上升，房地产贷款快速增长。2016年，随着一系列化解房地产库存的政策措施效果显现，山东省商品房库存首次扭转六连增，价格整体上涨，局部区域房价过快增长势头在差异化的调控政策影响下得到有效遏制，金融对房地产去库存的支持力度加大，房地产市场总体稳定。

房地产投资稳步增长，企业资金回笼加快。2016年，房地产开发投资增长7.3%，较上年高6个百分点。随着销售向好，开发企业到位资金增速快于投资增速9.8个百分点。其中，定金及预收款和个人按揭贷款资金分别同比增长35.9%和47.9%。

房地产供给大幅增加，保障性住房建设力度继续加大。在销售快速增长、市场活跃度上升背景下，土地购置面积和新开工面积同比分别增长17.7%和10.4%。保障性住房加快推进，新开工各类保障性安居工程54.7万套，连续7年超额完成国家下达任务，其中棚户区改造开工53.4万套，货币化安置率达55.9%。

销售快速增长，重点城市成交活跃。2016年，商品房销售面积、销售额双双达到历史最高水平，增速分别比上年提高15.2和16.8个百分点。济南、青岛成交量保持大幅增长态势，新建商品住房销售面积同比分别增长19.6%和42.5%。

房价城市间分化明显，调控政策效果初显。2016年12月份，山东省17个地市主城区新建住房均价同比增长3.1%，济南、青岛同比分别增长19.4%、13.4%，其他城市房价增速均较为温和。8、9月份，济南、青岛主城区重点区域出现房价过快增长现象，10月份两城市先后采取一系列“控房价、防风险、稳市场”措施，到12月份，分别结束了16个月和12个月的连涨势头。

房地产贷款保持高速增长。年末房地产贷款余额14929.9亿元，同比增长29.6%，增速较去年同期高7.6个百分点；全年房地产贷款增量占各项贷款增量的55.2%。其中，房地产开发贷款同比多增183.2亿元，保障性住房开发贷款增量占全部房地产开发贷款的117.1%。个人购房贷款余额同比增长30.7%。

2.装备制造业全面提速，优势领域显著发展。2016年，随着扩大总需求各项政策措施落地，山东省装备制造业增加值增速比规模以上工业高0.8个百分点。装备制造业增加值占规模以上工业的比重达29.4%。装备制造业技改投资占工业技改投资的33.8%。其中，汽车、通用设备、专用设备等行业增加值增速比上年分别提高5.1、4.5和0.6个百分点。通信设备制造、计算机制造、电子及电工机械专用设备制造等高端装备制造业均实现9%以上的增速。在重点装备骨干行业实施的贷款贴息政策和在装备制造业领域开展的首台（套）技术装备及关键核心零部件保险补偿等政策措施取得积极效果。

（七）“两区一圈一带”发展深入推进，战略效应集中释放

2016年，“两区一圈一带”积极对接“一带一路”发展战略，供给侧结构性改革与区域协同创新持续推进，德州、聊城、东营、滨州加快融入京津冀一体化战略。山东半岛蓝色经济区启动国家自主创新示范区建设，现代海洋产业体系基本成型。黄河三角洲高效生态经济区积极建设国家农业高新技术产业示范区，加快融入环渤海一体化发展，“飞地经济”模式探索取得新突破。省会城市群经济圈各市融合互动发展，济莱两市同城化和产业协同发展步伐加快。西部经济隆起带已成邻边经济新高地，东中西部差距不断缩小。2016年，“两区一圈一带”新增贷款分别占山东省新增贷款的51.5%、45.2%和21%。

【预测与展望】 2017年，山东省经济发展将延续新常态，总体呈现“上有压力，下有支撑”的态势。随着供给侧结构性改革深入推进，产业结构加快调整，新旧动能加速转换，“两区一圈一带”战略带动作用进一步提升，国企、财税、金融、社保等关键性领域改革快速推进，改革红利的释放将对稳增长形成一定支撑。2017年，预计山东省地区生产总值全年增长7.5%左右。

投资增速将保持平稳，预计全年增长10.5%左右。政策调控下，房地产投资走弱增大投资下行压力。基建投资仍将是稳增长主力，对冲地产投资的总体格局不变，随着高速铁路、高速公路、城际轨道交通等建设项目加速落地，基建投资仍将维持高位，为投资平稳增长提供支撑。随着去产能效应显现和企业利润的逐步改善，制造业投资将呈现低位企稳，装备制造、智能制造等高端制造业成为企业转型升级方向。

消费增速将稳中略升，预计全年保持10.5%左右增速。传统消费增速将进一步放缓，新型消费期待突破，汽车、住房类消费回落将对消费产生不利影响，但网络、通信等新型消费热点的带动作用将进一步显现。

外贸形势将维持基本平稳。在全球经济逐步复苏的背景下，全省贸易结构持续优化，民营企业外贸主力军作用进一步加强，其中跨境电商、市场采购贸易、外贸综合服务企业等新型业态将成为新的外贸增长点。同时，“一带一路”发展战略的带动作用逐步显现，新兴市场不断开拓，将加快推动外贸投资的双向互动。

从物价走势看，经济下行压力不减，需求继续走弱，产能过剩问题依然存在，国际大宗商品价格、工业品价格上涨动力不足将对价格形成压制，猪肉等农产品价格对消费价格的推动作用开始减弱，价格机制改革持续推进，但非食品因素对价格影响相对有限。综合来看，2017年价格呈现前高后低态势，预计2017年全年CPI涨幅在3%左右。

金融方面，2017年，我国将健全完善“货币政策＋宏观审慎政策”双支柱调控框架，实施稳健中性的货币政策，综合运用多种货币政策工具，维护流动性基本稳定；进一步改善和优化融资结构和信贷结构，畅通货币政策传导渠道和机制，提高金融运行效率和服务实体经济的能力，牢牢守住不发生系统性金融风险的底线。预计山东省货币信贷及社会融资规模将保持合理增长，为全省结构性改革营造中性适度的货币金融环境。

山东省金融机构（含外资）本外币信贷收支表（一）

汇率：6.9370　　（2016年末）　　单位：亿元

来源项目名称 \ 栏目	本期余额	比年初增减数	
		今年	去年
各项存款	85683.49	8885.01	6935.55
（一）境内存款	85192.83	9083.60	6965.66
1.住户存款	41754.94	4159.15	3405.18
（1）活期存款	12631.38	1784.32	1188.61
（2）定期及其他存款	29123.56	2374.84	2216.57
2.非金融企业存款	28060.44	3967.70	1880.84
（1）活期存款	11967.43	2821.31	1359.81
（2）定期及其他存款	16093.01	1146.39	521.03
3.广义政府存款	12679.24	1189.39	558.98
（1）财政性存款	1013.17	92.21	-376.97
（2）机关团体存款	11666.07	1097.18	935.95
4.非银行业金融机构存款	2698.21	-232.64	1120.65
（二）境外存款	490.66	-198.59	-30.10

山东省金融机构（含外资）本外币信贷收支表（二）

汇率：6.9370　　（2016年末）　　单位：亿元

运用项目名称 \ 栏目	本期余额	比年初增减数	
		今年	去年
各项贷款	65243.54	6180.27	5382.49
（一）境内贷款	63162.09	5830.94	5219.03
1.住户贷款	16497.63	2516.17	1291.44
（1）短期贷款	4019.85	-163.35	-179.21
消费贷款	974.80	13.66	100.91
经营贷款	3045.05	-177.01	-280.13
（2）中长期贷款	12477.78	2679.52	1470.65
消费贷款	11253.44	2642.15	1391.82
经营贷款	1224.34	37.37	78.83
2.非金融企业及机关团体贷款	46657.34	3309.78	3927.55
（1）短期贷款	24015.67	-40.25	1444.76
（2）中长期贷款	18794.45	2470.58	1908.33
（3）票据融资	3576.50	828.98	591.12
（4）融资租赁	112.94	88.69	-0.71
（5）各项垫款	157.79	-38.22	-15.96
3.非银行业金融机构贷款	7.11	4.99	0.04
（二）境外贷款	2081.45	349.33	163.47

山东省金融机构（含外资）人民币信贷收支表（一）

（2016 年末）

单位：亿元

项目 \ 栏目	本期余额	比年初增减数	
		今年	去年
各项存款	83414.88	8887.72	6703.22
（一）境内存款	83317.31	8935.36	6690.93
1. 住户存款	41350.93	4030.91	3324.41
（1）活期存款	12402.10	1713.13	1141.25
（2）定期及其他存款	28948.83	2317.78	2183.16
2. 非金融企业存款	26654.73	3952.39	1694.55
（1）活期存款	11314.65	2703.88	1251.57
（2）定期及其他存款	15340.08	1248.50	442.99
3. 广义政府存款	12671.98	1185.89	560.93
（1）财政性存款	1013.17	92.21	-376.97
（2）机关团体存款	11658.80	1093.68	937.90
4. 非银行业金融机构存款	2639.67	-233.82	1111.04
（二）境外存款	97.57	-47.64	12.28

山东省金融机构（含外资）人民币信贷收支表（二）

（2016 年末）

单位：亿元

项目 \ 栏目	本期余额	比年初增减数	
		今年	去年
各项贷款	61726.88	6289.88	5359.75
（一）境内贷款	61600.17	6288.94	5392.43
1. 住户贷款	16496.62	2516.20	1291.54
（1）短期贷款	4018.88	-163.34	-179.12
消费贷款	973.83	13.67	101.00
经营贷款	3045.05	-177.01	-280.13
（2）中长期贷款	12477.74	2679.54	1470.66
消费贷款	11253.40	2642.17	1391.82
经营贷款	1224.34	37.37	78.83
2. 非金融企业及机关团体贷款	45096.44	3767.75	4100.85
（1）短期贷款	22982.39	347.91	1702.48
（2）中长期贷款	18282.51	2510.72	1821.43
（3）票据融资	3576.37	828.92	591.14
（4）融资租赁	112.94	88.69	-0.71
（5）各项垫款	142.24	-8.50	-13.50
3. 非银行业金融机构贷款	7.11	4.99	0.04
（二）境外贷款	126.71	0.94	-32.68

山东省金融机构（含外资）外汇信贷收支表（一）

（2016年末）

单位：亿美元

栏目 / 来源项目名称	本期余额	比年初增减数	
		今年	去年
各项存款	327.03	-22.75	16.56
（一）境内存款	270.37	4.37	28.61
1.住户存款	58.24	15.77	10.60
（1）活期存款	33.05	8.71	6.25
（2）定期及其他存款	25.19	7.07	4.35
2.非金融企业存款	202.64	-11.48	17.34
（1）活期存款	94.10	11.66	12.64
（2）定期及其他存款	108.54	-23.14	4.69
3.广义政府存款	1.05	0.47	-0.35
（1）财政性存款			
（2）机关团体存款	1.05	0.47	-0.35
4.非银行业金融机构存款	8.44	-0.39	1.03
（二）境外存款	56.67	-27.12	-12.06

山东省金融机构（含外资）外汇信贷收支表（二）

（2016年末）

单位：亿美元

栏目 / 运用项目名称	本期余额	比年初增减数	
		今年	去年
各项贷款	506.94	-51.50	-30.47
（一）境内贷款	225.16	-85.90	-47.38
1.住户贷款	0.15	-0.01	-0.03
（1）短期贷款	0.14	-0.01	-0.02
消费贷款	0.14	-0.01	-0.02
经营贷款			
（2）中长期贷款	0.01	0.00	0.00
消费贷款	0.01	0.00	0.00
经营贷款			
2.非金融企业及机关团体贷款	225.01	-85.89	-47.36
（1）短期贷款	148.95	-69.95	-55.48
（2）中长期贷款	73.80	-11.22	8.96
（3）票据融资	0.02	0.01	0.00
（4）融资租赁			
（5）各项垫款	2.24	-4.73	-0.83
3.非银行业金融机构贷款	0.00		
（二）境外贷款	281.78	34.41	16.91

山东省金融机构（含外资）本外币利润表

汇率：6.9370　　　　（2016 年）　　　　单位：亿元

项目＼栏目	本年	比上年同期增减	
		增量	增幅（%）
一、营业收入	2912.45	-90.02	-3.00
1. 利息净收入	2303.18	-121.21	-5.00
利息收入	6555.98	-450.67	-6.43
利息支出	4252.80	-329.46	-7.19
2. 手续费及佣金净收入	363.08	5.52	1.54
3. 租赁收益	3.94	0.61	18.46
4. 投资收益	205.56	41.88	25.58
5. 公允价值变动收益	-8.33	-13.42	-263.79
6. 汇兑净收益	17.51	2.32	15.25
7. 其他业务收入	27.51	-5.72	-17.21
二、营业支出	2051.41	-2.66	-0.13
1. 业务及管理费	985.82	19.16	1.98
2. 营业税金及附加	82.25	-129.17	-61.10
3. 资产减值损失	967.33	109.23	12.73
4. 其他业务支出	16.02	-1.88	-10.50
三、营业利润	861.03	-87.37	-9.21
加：营业外收入	15.68	-2.09	-11.78
减：营业外支出	3.49	-3.10	-47.01
四、利润总额	873.23	-86.36	-9.00
减：所得税	150.27	-33.72	-18.33
五、净利润	722.95	-52.64	-6.79
加：年度损益调整	0.32	0.75	-172.27
加：年初未分配利润	165.12	58.89	55.43
六、未分配利润	888.39	7.00	0.79

山东省金融机构(含外资)本外币贷款按行业分类统计表

汇率：6.9370　　（2016年末）　　单位：亿元

项目＼栏目	余额	比年初增减
贷款总计	61685.14	5357.23
A. 农、林、牧、渔业	625.70	17.09
B. 采矿业	1641.89	80.13
C. 制造业	16969.14	-14.03
D. 电力、热力、燃气及水生产和供应业	2302.93	230.99
E. 建筑业	2245.85	256.80
F. 批发和零售业	5894.22	110.84
G. 交通运输、仓储和邮政业	2977.79	202.17
H. 住宿和餐饮业	293.77	14.72
I. 信息传输、软件和信息技术服务业	109.96	26.02
J. 金融业	425.66	36.25
K. 房地产业	2380.81	13.63
L. 租赁和商务服务业	3143.65	522.24
M. 科学研究和技术服务业	76.80	3.13
N. 水利、环境和公共设施管理业	3217.47	938.11
O. 居民服务、修理和其他服务业	99.64	2.79
P. 教育	222.70	40.39
Q. 卫生和社会工作	257.90	19.92
R. 文化、体育和娱乐业	172.62	1.21
S. 公共管理、社会保障和社会组织	47.54	-10.67
T. 国际组织		
对境外贷款	2081.45	349.33
个人贷款及透支	16497.63	2516.17

注：本表中各项贷款不含票据贴现。

山东省金融机构（不含外资）本外币中长期贷款按实际投向分类统计表

汇率：6.9370　　（2016年末）　　单位：亿元

项目＼栏目	余额	比年初增减
中长期贷款合计	29766.95	5002.43
A.农、林、牧、渔业	180.10	40.49
02.农业	79.62	26.00
03.林业	43.33	31.01
04.畜牧业	20.84	-4.15
05.渔业	11.90	-2.82
06.农、林、牧、渔服务业	24.41	-9.56

续表 1

项目 \ 栏目	余额	比年初增减
B. 采矿业	681.04	-17.58
07. 煤炭开采和洗选业	620.18	-1.94
08. 石油和天然气开采业	4.97	-0.28
09. 黑色金属矿采选业	21.76	-4.20
10. 有色金属矿采选业	17.69	-11.26
11. 非金属矿采选业	3.88	-2.05
12. 开采辅助活动	10.06	1.64
13. 其他采矿业	2.50	0.50
C. 制造业	2693.30	66.76
14. 农副食品加工业	110.32	-4.38
15. 食品制造业	52.58	0.98
16. 酒、饮料和精制茶制造业	17.80	-1.57
17. 烟草制品业		
18. 纺织业	56.37	-0.01
19. 纺织服装、服饰业	27.17	-4.37
20. 皮革、毛皮、羽毛及其制品和制鞋业	2.37	1.70
21. 木材加工和木、竹、藤、棕、草制品业	15.06	3.27
22. 家具制造业	5.30	-0.95
23. 造纸和纸制品业	166.78	5.53
24. 印刷和记录媒介复制业	3.71	-1.43
25. 文教、工美、体育和娱乐用品制造业	9.16	2.97
26. 石油加工、炼焦和核燃料加工业	224.88	29.57
27. 化学原料和化学制品制造业	531.61	-22.99
28. 医药制造业	53.90	-2.37
29. 化学纤维制造业	24.61	-7.36
30. 橡胶和塑料制品业	109.13	-13.01
31. 非金属矿物制品业	169.41	0.31
32. 黑色金属冶炼和压延加工业	263.02	43.42
33. 有色金属冶炼和压延加工业	179.45	22.61
34. 金属制品业	96.59	-12.27
35. 通用设备制造业	90.08	-0.24
36. 专用设备制造业	94.86	-7.46
37. 汽车制造业	80.15	5.41
38. 铁路、船舶、航空航天和其他运输设备制造业	33.80	-11.04
39. 电气机械和器材制造业	144.59	26.02
40. 计算机、通信和其他电子设备制造业	38.76	6.57

续表 2

项目 \ 栏目	余额	比年初增减
41.仪器仪表制造业	1.17	0.66
42.其他制造业	47.43	9.80
43.废弃资源综合利用业	40.60	3.39
44.金属制品、机械和设备修理业	2.66	-1.00
D.电力、热力、燃气及水生产和供应业	1573.94	197.36
45.电力、热力生产和供应业	1333.17	175.17
46.燃气生产和供应业	42.90	13.71
47.水的生产和供应业	197.86	8.48
E.建筑业	1213.51	195.07
48.房屋建筑业	369.88	-55.68
49.土木工程建筑业	630.80	223.87
50.建筑安装业	31.44	6.89
51.建筑装饰和其他建筑业	181.40	20.00
F.批发和零售业	504.05	153.07
52.批发业	389.01	132.45
53.零售业	115.05	20.62
G.交通运输、仓储和邮政业	2262.67	96.26
54.铁路运输业	563.72	45.45
55.道路运输业	1242.83	-0.18
56.水上运输业	248.62	29.49
57.航空运输业	68.39	-2.89
58.管道运输业	18.78	-1.04
59.装卸搬运和运输代理业	20.03	2.42
60.仓储业	100.28	23.02
61.邮政业		
H.住宿和餐饮业	113.99	19.35
62.住宿业	93.19	16.26
63.餐饮业	20.79	3.09
I.信息传输、软件和信息技术服务业	36.66	7.13
64.电信、广播电视和卫星传输服务	13.38	1.07
65.互联网和相关服务	2.00	
66.软件和信息技术服务业	21.28	6.06
J.金融业	41.60	21.31
67.货币金融服务	8.62	0.67
68.资本市场服务	3.00	3.00
69.保险业	0.16	0.16

续表 3

栏目 项目	余额	比年初增减
70.其他金融业	29.81	17.47
K.房地产业	3219.68	609.37
71.房地产业	3219.68	609.37
L.租赁和商务服务业	1208.59	350.97
72.租赁业	275.71	110.96
73.商务服务业	932.87	240.01
M.科学研究和技术服务业	18.80	1.56
74.研究和试验发展	1.86	-0.60
75.专业技术服务业	2.53	-0.49
76.科技推广和应用服务业	14.41	2.65
N.水利、环境和公共设施管理业	2123.55	300.42
77.水利管理业	814.11	144.98
78.生态保护和环境治理业	117.21	26.35
79.公共设施管理业	1192.23	129.09
O.居民服务、修理和其他服务业	34.97	15.97
80.居民服务业	20.45	17.28
81.机动车、电子产品和日用产品修理业	0.12	0.11
82.其他服务业	14.40	-1.42
P.教育	207.83	106.78
83.教育	207.83	106.78
Q.卫生和社会工作	113.94	10.74
84.卫生	96.36	2.60
85.社会工作	17.58	8.13
R.文化、体育和娱乐业	132.79	-6.97
86.新闻和出版业	8.31	-3.68
87.广播、电视、电影和影视录音制作业	5.58	-2.45
88.文化艺术业	90.40	9.60
89.体育	4.49	-5.77
90.娱乐业	24.02	-4.66
S.公共管理、社会保障和社会组织	18.94	13.37
T.国际组织		
对境外贷款	1956.75	311.03
个人贷款	11430.27	2509.97

注：本表含政策性银行、国有商业银行、股份制商业银行、邮储银行、城市商业银行。

山东省金融机构(含外资)境内大中小微型企业贷款（含直贴）简表

汇率：6.9370　　　　（2016年末）　　　　单位：亿元、亿美元

项目＼栏目	本外币（亿元）		人民币（亿元）		外币（亿美元）	
	余额	比年初增减	余额	比年初增减	余额	比年初增减
各项贷款	65243.54	6180.27	61726.88	6289.88	506.94	-51.50
企业贷款	44041.12	3186.93	42485.34	3645.85	224.27	-85.99
大型企业贷款	16192.33	1289.76	15248.64	1522.59	136.04	-45.14
中小微型企业贷款	27848.79	1897.17	27236.71	2123.26	88.23	-40.84
中型企业贷款	13871.80	125.38	13416.52	292.58	65.63	-30.23
小微型企业贷款	13976.99	1771.78	13820.19	1830.67	22.60	-10.61
小型企业贷款	12685.18	1523.66	12537.98	1580.13	21.22	-10.14
其中：政府投融资平台	358.01	-213.12	358.01	-213.12		
微型企业贷款	1291.82	248.12	1282.21	250.55	1.39	-0.47
其中：政府投融资平台	29.26	-34.33	29.26	-34.33		
附：个人经营性贷款	4269.40	-139.64	4269.40	-139.64		
个体工商户经营性贷款	1033.53	-14.13	1033.53	-14.13		
小微企业主经营性贷款	643.65	-33.89	643.65	-33.89		

注：自2012年起执行新的《中小企业划型标准规定》。

山东省金融机构（含外资）境内大中小微型企业本外币贷款情况统计表

汇率：6.9370　　　　（2016年末）　　　　单位：亿元

项目＼栏目	大型企业贷款		中型企业贷款		小型企业贷款		微型企业贷款	
	余额	比年初增减	余额	比年初增减	余额	比年初增减	余额	比年初增减
一、境内企业贷款合计	15599.25	1171.44	13268.60	25.34	11995.88	1361.66	1232.63	225.30
1.农、林、牧、渔业	202.06	-8.82	238.84	1.49	151.74	19.95	23.71	4.02
2.采矿业	1285.37	90.42	264.50	-14.37	86.79	5.34	5.07	-1.20
3.制造业	6895.84	40.85	5008.78	-291.43	4783.36	163.88	264.93	69.57
4.电力、热力、燃气及水生产和供应业	1081.01	-3.26	646.26	67.90	502.49	148.56	71.15	19.49
5.建筑业	764.29	82.26	881.53	92.75	507.53	46.37	92.44	35.85
6.批发和零售业	1062.20	71.87	2302.08	-52.97	2266.61	63.30	222.71	30.04
7.交通运输、仓储和邮政业	1574.16	263.69	517.94	74.53	530.26	67.73	86.16	40.80
其中：政府投融资平台	72.23	-11.80	43.09	-6.76		-0.74	10.12	5.49
8.住宿和餐饮业	49.37	-6.53	101.74	-0.99	128.32	18.46	13.74	3.45
9.信息传输、软件和信息技术服务业	24.85	6.52	22.38	1.41	55.25	14.98	6.12	3.64
10.金融业	115.28	19.22	78.06	-27.75	70.49	-19.82	17.32	12.79
11.房地产业	527.91	130.88	1301.59	-94.69	248.88	32.71	294.29	-17.23
其中：政府投融资平台	303.10	266.38	19.20	8.10				-2.96
12.租赁和商务服务业	462.25	79.72	931.97	70.45	1629.05	415.80	69.94	-3.99
其中：政府投融资平台	98.05	-84.17	236.80	-74.20	282.59	-154.90	15.09	-22.31

续表

项目＼栏目	大型企业贷款		中型企业贷款		小型企业贷款		微型企业贷款	
	余额	比年初增减	余额	比年初增减	余额	比年初增减	余额	比年初增减
13.科学研究和技术服务业	11.47	-2.41	17.86	-2.64	43.89	9.71	1.37	0.45
14.水利、环境和公共设施管理业	1474.08	402.20	827.45	213.88	841.78	334.29	50.70	19.94
其中：政府投融资平台	346.69	-132.65	260.92	-63.09	75.42	-57.48	4.05	-14.56
15.居民服务、修理和其他服务业	5.45	-12.62	16.35	-11.29	69.63	22.45	7.12	4.81
16.教育	9.81	4.61	11.59	2.72	18.38	5.06	1.63	0.17
17.卫生和社会工作	13.68	4.76	13.45	0.59	14.16	8.53	0.38	-0.14
18.文化、体育和娱乐业	30.42	-0.68	84.13	-3.46	42.27	3.77	2.71	1.69
19.公共管理、社会保障和社会组织	9.75	8.75	2.10	-0.80	4.98	0.60	1.14	1.14
20.国际组织								
二、境内企业贷款合计	15599.25	1171.44	13268.60	25.34	11995.88	1361.66	1232.63	225.30
1.正常类贷款	14572.73	905.26	11176.82	-295.89	10317.16	1090.21	1098.13	190.25
2.关注类贷款	821.82	205.04	1573.67	272.95	1346.56	234.47	114.44	33.83
3.次级类贷款	120.30	50.69	239.64	-9.56	191.08	25.14	8.11	-1.94
4.可疑类贷款	54.41	-10.63	227.38	34.49	119.62	5.30	10.34	3.02
5.损失类贷款	29.98	21.09	51.10	23.35	21.45	6.54	1.61	0.14
三、境内企业贷款合计	15599.25	1171.44	13268.60	25.34	11995.88	1361.66	1232.63	225.30
1.信用贷款	4643.61	126.19	1766.27	193.71	798.15	216.08	140.14	58.99
2.保证贷款	5812.67	378.84	5877.98	243.73	5818.27	863.98	459.90	122.11
3.抵（质）押贷款	5142.97	666.42	5624.34	-412.11	5379.46	281.60	632.59	44.20
四、境内内企业贷款合计	15599.25	1171.44	13268.60	25.34	11995.88	1361.66	1232.63	225.30
1.国有控股企业	8483.67	1167.17	3912.86	511.07	2918.38	885.02	327.22	58.87
2.集体控股企业	1763.02	31.91	1528.52	-64.65	883.50	121.54	83.95	29.40
3.私人控股企业	4292.35	-14.07	7276.73	-367.24	7893.90	335.96	791.21	132.80
4.港澳台商控股企业	476.70	-82.80	247.05	-47.52	121.66	-5.00	13.97	-0.16
5.外商控股企业	583.51	69.23	303.45	-6.31	178.44	24.13	16.28	4.39
附：								
境内企业逾期贷款	347.39	92.67	1004.39	257.51	698.34	193.85	49.00	18.77
境内企业表外授信额	8905.76	268.97	6126.32	-339.10	3233.86	216.47	298.54	90.15
其中：票据承兑	4733.87	-226.43	4146.56	-477.03	2488.26	-3.67	203.12	40.63
境内关停企业贷款	11.89	-18.54	51.17	9.12	32.47	-1.05	2.03	0.59
境内企业票据贴现（直贴）	593.08	118.32	603.20	100.05	689.30	162.00	59.19	22.82

注：本表企业贷款不含贴现；企业票据贴现指直贴、不含转贴现。

山东省金融机构（含外资）本外币涉农贷款汇总统计表

汇率：6.9370　　（2016年末）　　单位：亿元

项目 \ 栏目	余额		当年新增额		同比增长（%）
	本期	占各项贷款比重(%)	本期	占各项贷款比重(%)	
涉农贷款	24687.80	40.03	1413.54	26.41	5.62
一、按用途分类					
（一）农林牧渔业贷款	1758.84	2.85	-191.35	-3.58	-11.57
（二）农用物资和农副产品流通贷款	1391.95	2.26	45.50	0.85	2.41
（三）农村基础设施建设贷款	2072.80	3.36	531.72	9.94	31.86
（四）农产品加工贷款	2392.80	3.88	-150.57	-2.81	-6.82
（五）农业生产资料制造贷款	1050.23	1.70	-2.60	-0.05	-3.33
（六）农田基本建设贷款	402.29	0.65	-49.53	-0.93	-11.53
（七）农业科技贷款	39.70	0.06	-15.71	-0.29	-23.15
（八）其他	15579.18	25.26	1246.08	23.29	9.00
二、按城乡地域分类					
（一）农村(县及县以下)贷款	21714.72	35.21	1280.50	23.93	6.03
1、农户贷款	4318.38	7.00	485.95	9.08	12.53
2、农村(县及县以下)企业及各类组织贷款	17396.34	28.21	794.54	14.85	4.53
（二）城市涉农贷款	2973.08	4.82	133.05	2.49	2.75
1、城市企业及各类组织涉农贷款	2943.07	4.77	138.80	2.59	2.99
2、非农户个人农林牧渔业贷款	30.00	0.05	-5.75	-0.11	-16.44
三、按受贷主体分类					
（一）个人涉农贷款	4348.38	7.05	480.20	8.97	12.27
（二）企业涉农贷款	20029.62	32.48	980.12	18.32	4.63
1、农村(县及县以下)企业贷款	17136.27	27.79	831.78	15.54	4.84
2、城市企业涉农贷款	2893.35	4.69	148.34	2.77	3.40
（三）各类非企业组织涉农贷款	309.79	0.50	-46.78	-0.87	-13.06
1、农村(县及县以下)各类组织贷款	260.07	0.42	-37.24	-0.70	-12.41
2、城市各类组织涉农贷款	49.72	0.08	-9.54	-0.18	-16.31

注：本表贷款不含票据贴现。

山东省金融机构（含外资）本外币房地产贷款投向表

汇率：6.9370　　（2016年末）　　单位：亿元

	余额	比年初增减	
		今年	去年
合　计	14929.89	3413.38	1955.77
一、房地产开发贷款	3467.89	697.43	514.20
1. 地产开发贷款	260.24	64.77	65.20
其中：政府土地储备机构贷款	49.13	-67.53	-0.13
2. 房产开发贷款	3207.64	632.66	449.01
(1)住房开发贷款	2787.96	672.27	436.22
其中：保障性住房开发贷款	1736.31	816.47	444.24
(2)商业用房开发贷款	359.39	-27.95	25.45
(3)其他房产开发贷款	60.30	-11.66	-12.67
二、购房贷款	11399.05	2658.79	1435.77
1. 企业购房贷款	73.16	1.57	6.09
(1)商业用房贷款	71.77	1.73	8.30
(2)住房贷款	1.39	-0.16	-2.21
2.机关团体购房贷款			
（1）机关团体商业用房贷款			
（2）机关团体住房贷款			
3. 个人购房贷款	11325.89	2657.22	1429.68
(1)个人商业用房贷款	584.60	45.63	56.07
(2)个人住房贷款	10741.29	2611.59	1373.61
1)新建房贷款	8724.62	2060.91	1079.81
其中：抵押贷款	8355.00	1997.45	1086.40
2)再交易房贷款	2016.67	550.69	293.79
三、证券化的房地产贷款	62.95	57.15	5.80
1. 证券化个人住房贷款	51.86	46.06	5.80
2. 其他证券化房地产贷款	11.09	11.09	
附：个人购买保障性住房贷款	31.74	1.42	5.35
附：企业收购、租赁保障性住房贷款			-3.50
附：机关团体收购、租赁保障性住房贷款			

山东省本外币各项存款分机构简表

汇率：6.9370　　（2016年末）　　单位：亿元

项目名称＼栏目	余额	比年初增减数	
		今年	去年
全金融机构	85683.49	8885.01	6935.55
国家开发银行	1146.91	6.25	274.10
国开山东省分行	922.74	-37.50	231.97
国开青岛分行	224.17	43.75	42.14
进出口银行	11.50	6.39	-5.20
农业发展银行	883.74	420.69	250.10
国有商业银行	32751.41	2430.30	1383.28
工商银行	8372.38	543.95	20.70
工行山东省分行	7092.15	430.53	-15.53
工行青岛分行	1280.23	113.42	36.22
农业银行	10300.25	1008.95	547.70
农行山东省分行	8683.46	767.07	493.51
农行青岛分行	1616.78	241.87	54.19
中国银行	5819.83	280.19	152.15
中行山东省分行	4744.60	225.11	149.48
中行青岛分行	1075.23	55.09	2.68
建设银行	8258.95	597.21	662.73
建行山东省分行	7141.37	566.18	537.34
建行青岛分行	1117.58	31.03	125.39
股份制商业银行	16676.81	1003.44	2230.43
交通银行	2867.40	306.74	150.32
交行山东省分行	1949.26	237.79	198.43
交行青岛分行	918.14	68.95	-48.11
招商银行	1305.52	5.45	-118.64
招行济南分行	635.21	-4.84	-56.81
招行青岛分行	510.14	13.19	-49.22
招行烟台分行	160.17	-2.90	-12.61
浦发银行	1325.44	-152.59	203.60
浦发济南分行	816.19	-171.59	108.82
浦发青岛分行	509.24	19.00	94.78
中信银行	1899.81	108.94	393.18
中信济南分行	990.35	128.60	193.41
中信青岛分行	909.45	-19.66	199.77

续表

项目名称 \ 栏目	余额	比年初增减数	
		今年	去年
兴业银行	1748.42	-87.65	392.91
兴业济南分行	1225.35	-59.54	104.95
业青岛分行	523.07	-28.11	287.96
民生银行	1383.32	11.89	111.32
民生济南分行	1064.41	71.52	79.68
民生青岛分行	318.91	-59.63	31.64
光大银行	1477.22	82.33	549.15
光大济南分行	488.72	77.73	47.96
光大青岛分行	744.98	58.06	371.82
光大烟台分行	243.52	-53.45	129.37
华夏银行	1014.27	64.89	44.89
华夏济南分行	683.07	81.82	43.58
华夏青岛分行	331.20	-16.94	1.31
广发银行	225.22	34.62	-37.88
平安银行	720.66	89.54	124.32
平安济南分行	395.02	9.84	90.92
平安青岛分行	325.65	79.70	33.40
恒丰银行	2078.88	375.95	272.67
渤海银行	308.61	57.80	78.27
浙商银行	322.04	105.53	66.32
邮政储蓄银行	5175.68	934.52	385.19
邮储山东省分行	4713.01	872.98	332.70
邮储青岛分行	462.67	61.55	52.49
城商行	10539.90	1920.25	1244.93
其中：山东城商行	9809.22	1853.35	1109.80
农村合作机构	15169.81	1602.11	1318.09
村镇银行	661.80	157.87	119.81
财务公司	1903.37	420.72	224.10
信托公司	0.00	0.00	0.00
金融租赁公司	1.10	1.10	0.00
汽车金融公司	2.45	2.45	0.00
外资金融机构	351.37	34.07	22.75
附：小额贷款公司	—	—	—
资金互助社	0.07	0.00	0.01
消费金融公司	—	—	—

山东省本外币各项贷款分机构简表

汇率：6.9370　　（2016年末）　　单位：亿元

项目名称 \ 栏目	余额	比年初增减数	
		今年	去年
全金融机构	65243.54	6180.27	5382.49
国家开发银行	5371.22	641.58	584.53
国开山东省分行	3902.50	337.88	389.98
国开青岛分行	1468.72	303.70	194.55
进出口银行	803.13	113.28	166.51
农业发展银行	1993.12	368.83	276.71
国有商业银行	24843.58	770.82	1278.93
工商银行	7597.31	139.89	378.11
工行山东省分行	6298.67	71.81	290.82
工行青岛分行	1298.63	68.09	87.29
农业银行	6457.26	196.00	293.18
农行山东省分行	5411.69	126.34	273.87
农行青岛分行	1045.57	69.66	19.32
中国银行	4910.47	230.83	233.20
中行山东省分行	4044.21	117.39	226.27
中行青岛分行	866.26	113.44	6.94
建设银行	5878.54	204.10	374.43
建行山东省分行	4726.84	88.48	293.27
建行青岛分行	1151.70	115.61	81.16
股份制商业银行	12012.11	1860.44	915.51
交通银行	1636.34	86.96	13.68
交行山东省分行	1095.38	93.62	31.79
交行青岛分行	540.97	-6.67	-18.11
招商银行	1202.18	42.19	-68.92
招行济南分行	666.99	64.27	-4.07
招行青岛分行	412.68	-35.81	-46.13
招行烟台分行	122.51	13.74	-18.73
浦发银行	1174.47	168.10	77.40
浦发济南分行	844.81	106.66	86.10
浦发青岛分行	329.66	61.43	-8.70
中信银行	1432.78	224.45	141.63
中信济南分行	682.73	132.34	80.45
中信青岛分行	750.05	92.11	61.18

续表

栏目 / 项目名称	余额	比年初增减数	
		今年	去年
兴业银行	1142.30	258.20	88.54
兴业济南分行	885.39	191.84	91.51
兴业青岛分行	256.91	66.36	-2.97
民生银行	1174.72	309.69	106.63
民生济南分行	854.75	263.54	90.27
民生青岛分行	319.97	46.14	16.35
光大银行	952.79	146.77	154.38
光大济南分行	353.63	68.04	64.36
光大青岛分行	423.06	59.50	63.52
光大烟台分行	176.10	19.24	26.50
华夏银行	941.38	116.00	80.24
华夏济南分行	577.98	62.68	44.72
华夏青岛分行	363.40	53.32	35.51
广发银行	236.21	76.80	55.97
平安银行	734.57	121.52	157.70
平安济南分行	444.20	93.57	73.90
平安青岛分行	290.37	27.95	83.80
恒丰银行	1028.68	218.06	74.02
渤海银行	181.18	41.48	19.53
浙商银行	174.52	50.23	14.72
邮政储蓄银行	1731.54	392.89	407.78
邮储山东省分行	1477.06	325.97	348.34
邮储青岛分行	254.48	66.93	59.44
城商行	6478.34	945.58	748.34
其中：山东城商行	5700.31	773.90	569.07
农村合作机构	9662.73	495.80	710.37
村镇银行	481.54	103.83	72.64
财务公司	1364.43	353.31	217.41
信托公司	0.00	-3.00	1.58
金融租赁公司	100.39	100.39	0.00
汽车金融公司	18.82	18.76	0.06
外资金融机构	400.70	23.69	9.37
附：小额贷款公司	481.28	-0.34	19.18
资金互助社	0.15	0.00	0.01
消费金融公司	23.66	8.49	15.18

山东省人民币个人消费贷款分机构统计表

（2016年末）

单位：亿元

项目 \ 栏目	余额	今年比年初	去年比年初
全金融机构（含外资）	12227.23	2655.84	1492.83
政策性银行	40.74	3.24	3.11
国家开发银行	40.74	3.24	3.11
进出口银行			
农业发展银行			
国有商业银行	7958.29	1199.35	687.23
中国工商银行	2233.75	276.64	245.84
中国农业银行	2031.87	318.47	206.34
中国银行	1445.94	223.60	6.24
中国建设银行	2246.73	380.65	228.80
股份制商业银行	2063.42	861.97	383.21
交通银行	249.98	63.17	17.44
中信银行	399.71	187.75	84.99
中国光大银行	139.76	55.97	17.26
华夏银行	78.51	20.36	6.80
广发银行	10.06	6.32	1.77
平安银行	68.51	26.13	11.44
招商银行	364.04	112.91	77.34
浦东发展银行	230.19	114.18	24.64
兴业银行	318.77	165.24	84.38
中国民生银行	153.60	82.52	44.92
恒丰银行	10.59	4.29	0.94
渤海银行	37.85	21.32	11.29
浙商银行	1.86	1.82	0.00
中国邮政储蓄银行	811.58	218.82	167.94
城市商业银行	620.06	190.46	144.32
合作机构合计	669.62	162.60	97.09
农村商业银行	669.62	348.22	117.84
农村合作银行		-33.05	-12.68
农村信用合作社		-152.58	-8.07
信托投资公司			
中资财务公司	13.43	-0.98	-1.05
外资银行	26.03	9.95	6.93
村镇银行	24.04	10.43	4.04

山东省人寿保险公司主要业务指标统计表（含青岛）

（2016 年）　　单位：亿元

项目	本年累计	去年同期	同比增长%
一、保费收入	1639.21	1194.60	37.22
1、寿险小计	1335.14	1006.95	32.59
2、意外伤害险小计	34.16	28.45	20.09
3、健康险小计	269.90	159.20	69.54
二、赔付支出	433.25	309.50	39.98
1、赔款支出合计	59.87	31.21	91.79
（1）意外伤害险	7.20	5.66	27.12
（2）一年期以内健康险	52.67	25.55	106.12
2、死伤医疗给付合计	36.84	29.85	23.42
（1）寿险	16.35	15.03	8.83
（2）一年期以上健康险	20.48	14.82	38.21
3、满期给付合计	272.41	197.66	37.82
（1）寿险	272.18	197.50	37.81
（2）一年期以上健康险	0.23	0.16	41.36
4、年金给付合计	64.14	50.78	26.32
三、退保金	288.54	257.90	11.88
1、寿险	280.83	244.33	14.94
2、一年期以上健康险	7.71	13.58	-43.23

山东省财产保险公司主要业务指标统计表（含青岛）

（2016 年）　　单位：万件、亿元

项　　目	本年累计	去年同期	同比增长%
一、签单数量	14665.96	13071.49	12.20
二、签单保费合计	674.65	592.69	13.83
三、保费收入合计	662.98	593.01	11.80
四、已决赔款合计	345.84	305.19	13.32
五、赔款支出合计	353.60	312.58	13.12

注：本表数据来源于山东省保监局。

山东省保险公司资产负债表（含青岛）

（2016年）

单位：亿元

资产	年初数	期末数	比年初增减
货币资金	32.74	42.62	9.88
拆出资金			
交易性金融资产	0.33	0.37	0.04
衍生金融资产			
买入返售金融资产		0.15	0.15
应收利息	2.59	2.43	-0.16
应收保费	66.57	87.57	21.00
应收资产管理费			
应收管理费（养老）	0.11	0.16	0.05
应收代位追偿款	0.10	0.16	0.07
应收分保账款	3.93	3.79	-0.15
应收分保未到期责任准备金	15.65	15.72	0.07
应收分保未决赔款准备金	25.10	23.31	-1.79
应收分保寿险责任准备金	32.98	15.45	-17.53
应收分保长期健康险责任准备金	1.77	1.92	0.15
保户质押贷款	179.04	221.55	42.51
贷款	0.45	1.13	0.67
存出保证金	0.69	0.82	0.12
定期存款	0.96		-0.96
可供出售金融资产	1.58	0.60	-0.97
持有至到期投资			
长期股权投资			
存出资本保证金	1.20	1.20	
投资性房地产	0.73	5.39	4.67
固定资产	29.50	31.74	2.25
无形资产	6.83	6.60	-0.23
独立账户资产	39.23	35.71	-3.52
递延所得税资产	0.04	0.06	0.02
系统内往来（借项）	3114.84	3908.76	793.92
内部往来（借项）	210.75	292.16	81.41
其他资产	39.27	48.56	9.29
资产总计	3807.00	4747.93	940.93

注：本表数据来源于山东省保监局。

续表

负债及所有者权益	年初数	期末数	比上期增减
短期借款			
存入保证金	1.84	8.10	6.26
拆入资金			
交易性金融负债			
衍生金融负债			
卖出回购金融资产款			
应付手续费及佣金	20.54	27.85	7.31
应付营销费用（养老）			
预收保费	99.06	140.45	41.40
应付职工薪酬	18.37	21.69	3.32
应交税费	8.20	8.62	0.43
保险保障基金	3.27	4.46	1.18
应付赔付款	71.54	101.47	29.93
其他应付款	24.79	29.88	5.09
应付保单红利	116.73	131.73	15.00
应付分保账款	7.16	9.47	2.31
未到期责任准备金	262.54	297.73	35.19
未决赔款准备金	233.11	233.89	0.78
其中：已发生未报告未决赔款准备金	70.55	65.20	-5.36
寿险责任准备金	4080.60	4727.49	646.88
长期健康险责任准备金	250.66	364.00	113.34
保户储金及投资款	1195.27	1800.09	604.83
长期借款			
应付债券			
卫星发射保险基金			
独立账户负债	39.23	35.71	-3.52
递延所得税负债	0.03	0.06	0.02
系统往来（贷项）	-1476.79	-1690.99	-214.20
内部往来（贷项）	-333.28	-445.41	-112.13
其他负债	6.38	8.89	2.50
负债合计	4629.25	5815.17	1185.92
所有者权益（或股东权益）			
实收资本(或股本)	6.00	6.00	
资本公积	-9.14	-5.91	3.24
减：库存股			
盈余公积			
一般风险准备			
未分配利润	-819.10	-1067.33	-248.23
外币报表折算差额			
少数股东权益			
所有者权益合计	-822.25	-1067.24	-244.99
负债及所有者权益总计	3807.00	4747.93	940.93

注：本表数据来源于山东省保监局。

山东省金融机构（含外资）本外币信贷收支分地区表

汇率：6.9370　　（2016年末）　　单位：亿元

地区	各项存款		其中：住户存款		各项贷款	
	余额	比年初	余额	比年初	余额	比年初
山东省	85683.49	8885.01	41754.94	4159.15	65243.54	6180.27
济南市	15537.45	1362.73	4344.84	353.02	13096.14	1739.36
青岛市	14673.78	1518.08	5460.16	347.08	12955.30	1378.49
淄博市	4204.43	392.47	2498.84	226.50	2871.66	210.49
枣庄市	1672.73	235.92	1104.46	121.97	1100.32	19.20
东营市	3986.66	303.18	1478.57	149.02	3507.50	476.26
烟台市	7580.07	550.24	4026.79	319.53	4736.75	266.30
潍坊市	7094.81	877.18	4025.09	418.36	4905.98	145.53
济宁市	4612.11	513.76	2803.91	342.55	2879.27	155.46
泰安市	3075.71	354.95	1958.58	217.25	1938.58	131.93
威海市	3112.83	322.41	1691.64	156.27	1902.40	60.15
日照市	2080.62	209.28	1114.31	143.23	2274.15	114.85
莱芜市	914.00	79.89	541.76	49.92	672.20	32.85
临沂市	5333.75	571.48	3322.60	367.13	3960.59	560.95
德州市	2868.63	384.42	1943.30	210.06	1659.79	109.04
聊城市	3032.48	440.20	1936.04	281.95	2130.41	258.09
滨州市	2697.92	319.64	1287.40	162.96	2394.29	298.81
菏泽市	3024.71	474.24	2216.64	304.38	1805.06	169.64
省本部	180.80	-25.07	0.01	-12.03	453.14	52.87

山东省金融机构（含外资）人民币信贷收支分地区表

（2016年末）　　单位：亿元

地区	各项存款		其中：住户存款		各项贷款		其中：住户贷款	
	余额	比年初	余额	比年初	余额	比年初	余额	比年初
山东省	83414.88	8887.72	41350.93	4030.91	61726.88	6289.88	16496.62	2516.20
济南市	15032.79	1479.81	4279.95	328.53	11370.18	1695.96	2469.34	671.92
青岛市	14007.13	1474.11	5326.33	302.74	11891.68	1119.83	3387.18	733.77
淄博市	4154.51	383.21	2478.77	219.00	2855.01	226.04	757.11	119.49
枣庄市	1664.86	233.86	1100.49	120.72	1100.07	22.29	338.13	29.90
东营市	3837.74	269.25	1464.44	144.41	3403.93	462.40	512.05	26.51
烟台市	7161.22	489.03	3977.12	303.77	4530.19	307.31	1007.68	66.76
潍坊市	6976.93	906.20	4001.96	410.69	4797.91	298.13	1483.73	92.53
济宁市	4558.07	529.79	2791.09	339.51	2823.00	181.87	742.71	60.12
泰安市	3053.19	348.25	1946.54	214.45	1936.68	136.12	586.46	83.29
威海市	2965.23	304.26	1663.69	150.10	1875.04	104.08	622.84	19.96
日照市	2058.10	225.28	1105.74	141.59	2194.78	244.23	408.98	35.19
莱芜市	907.67	78.32	538.66	49.21	661.25	41.65	92.44	13.59
临沂市	5305.20	570.99	3312.65	364.71	3938.41	575.78	1585.83	258.11
德州市	2845.11	374.80	1935.67	208.17	1651.57	105.57	570.95	82.83
聊城市	3015.42	443.49	1931.69	280.49	2099.55	253.89	591.90	84.11
滨州市	2677.03	329.16	1282.91	161.49	2351.73	293.28	426.64	45.99
菏泽市	3013.86	472.98	2213.24	303.35	1792.98	168.60	668.62	60.78
省本部	180.80	-25.07	0.01	-12.03	452.92	52.87	244.04	31.36

山东省金融机构（含外资）外汇信贷收支分地区表

（2016年末）

单位：亿美元

地 区	各项存款		其中：住户存款		各项贷款	
	余额	比年初	余额	比年初	余额	比年初
山东省	327.03	-22.75	58.24	15.77	506.94	-51.50
济南市	72.75	-23.00	9.36	3.13	248.81	-10.31
青岛市	96.10	0.21	19.29	5.51	153.33	29.36
淄博市	7.20	0.93	2.89	0.96	2.40	-2.56
枣庄市	1.14	0.24	0.57	0.15	0.04	-0.48
东营市	21.47	3.76	2.04	0.57	14.93	1.11
烟台市	60.38	5.30	7.16	1.94	29.78	-8.35
潍坊市	16.99	-5.63	3.33	0.95	15.58	-24.56
济宁市	7.79	-3.00	1.85	0.34	8.11	-4.62
泰安市	3.25	0.81	1.74	0.31	0.27	-0.66
威海市	21.28	1.34	4.03	0.67	3.94	-7.03
日照市	3.25	-2.69	1.24	0.17	11.44	-20.71
莱芜市	0.91	0.18	0.45	0.08	1.58	-1.46
临沂市	4.11	-0.21	1.43	0.27	3.20	-2.50
德州市	3.39	1.25	1.10	0.22	1.18	0.45
聊城市	2.46	-0.67	0.63	0.18	4.45	0.34
滨州市	3.01	-1.67	0.65	0.18	6.13	0.43
菏泽市	1.56	0.09	0.49	0.12	1.74	0.04
省本部	0.00	0.00			0.03	0.00

山东省银行业金融机构（含外资）本外币营业收入、利润分地区表

（2016年）

汇率：6.9370

单位：亿元

地 区	营业收入	营业支出	营业利润	利润总额	净利润	未分配利润
山东省	2912.45	2051.41	861.03	873.23	722.95	888.39
济南市	551.58	241.52	310.06	313.71	281.81	284.52
青岛市	507.25	332.44	174.81	177.10	144.41	204.90
淄博市	128.42	109.28	19.15	18.56	13.11	35.87
枣庄市	52.91	36.30	16.61	16.66	13.23	11.69
东营市	164.10	92.62	71.48	72.13	60.78	77.78
烟台市	214.17	132.49	81.68	82.17	69.28	67.00
潍坊市	240.47	177.57	62.90	63.01	49.89	70.08
济宁市	140.97	116.90	24.07	24.71	20.13	20.25
泰安市	98.47	69.37	29.10	29.26	21.79	25.87
威海市	93.71	62.61	31.09	31.54	22.38	27.31
日照市	80.22	142.65	-62.43	-61.58	-55.39	-48.00
莱芜市	32.19	26.70	5.49	5.09	2.56	10.69
临沂市	191.29	112.92	78.36	79.32	67.17	77.03
德州市	90.85	64.91	25.94	26.01	20.38	27.36
聊城市	102.89	59.09	43.80	44.07	36.63	35.82
滨州市	104.31	68.65	35.66	35.67	30.72	31.17
菏泽市	103.54	63.80	39.74	39.88	32.76	29.84
省本部	15.11	141.58	-126.47	-124.09	-108.70	-100.80

山东省金融机构（含外资）大中小微型企业本外币贷款（含直贴）情况分地区表

汇率：6.9370　　（2016年末）　　单位：亿元

地区	1.境内大型企业贷款合计		2.境内中型企业贷款合计		3.境内小型企业贷款合计		4.境内微型企业贷款合计	
	余额	比年初增减	余额	比年初增减	余额	比年初增减	余额	比年初增减
山东省	16192.33	1289.76	13871.80	125.38	12685.18	1523.66	1291.82	248.12
济南市	4975.40	807.36	1940.94	59.04	1020.50	119.67	181.59	38.49
青岛市	3457.05	163.34	2612.16	78.55	2233.65	173.68	406.52	14.62
淄博市	435.89	-11.73	725.57	-20.30	854.52	99.94	37.17	16.88
枣庄市	129.81	13.66	282.55	-59.90	292.36	15.33	9.59	5.76
东营市	1021.07	116.68	1152.40	155.89	724.99	137.07	37.59	13.15
烟台市	1084.64	4.46	1070.50	-23.42	1224.97	144.47	90.75	6.98
潍坊市	657.99	-35.11	1274.13	5.82	1290.49	92.20	42.29	8.79
济宁市	721.82	-17.47	640.57	15.77	599.17	64.90	46.07	13.92
泰安市	471.78	-13.54	382.11	6.67	385.17	48.25	48.72	9.94
威海市	348.13	-4.14	360.26	-40.72	441.59	68.78	50.41	17.93
日照市	407.12	44.60	832.12	-45.27	524.19	35.99	58.36	17.81
莱芜市	235.39	-8.09	118.99	-1.59	151.29	16.83	49.12	14.56
临沂市	622.74	44.09	711.47	82.24	840.36	149.46	51.53	18.47
德州市	196.06	-24.87	304.22	-34.10	488.90	52.96	24.93	11.79
聊城市	493.25	59.62	413.08	-8.91	539.51	94.91	41.77	10.89
滨州市	559.69	100.95	687.79	10.67	655.65	112.68	37.34	25.66
菏泽市	287.00	46.06	315.86	-49.85	402.50	87.95	68.05	13.87
省本部	87.51	3.89	47.10	-5.19	15.36	8.59	10.00	-11.39

山东省金融机构（含外资）本外币涉农贷款分地区表

汇率：6.9370　　（2016年末）　　单位：亿元

项目 / 地区	涉农贷款		涉农贷款余额占比
	余额	同比增长（%）	
山东省	24687.80	5.62	37.84
济南市	1883.62	3.13	14.38
青岛市	2727.90	10.30	21.06
淄博市	1169.80	5.81	40.74
枣庄市	454.63	-12.04	41.32
东营市	1953.82	8.19	55.70
烟台市	1938.09	-1.51	40.92
潍坊市	3076.80	3.40	62.72
济宁市	1452.79	2.25	50.46
泰安市	1027.24	8.18	52.99
威海市	695.87	5.54	36.58
日照市	800.40	-2.18	35.20
莱芜市	162.78	6.90	24.22
临沂市	1977.38	14.29	49.93
德州市	928.42	0.43	55.94
聊城市	1438.66	10.03	67.53
滨州市	1692.30	9.58	70.68
菏泽市	1286.80	11.02	71.29
省本部	20.47	-43.11	4.52

山东省金融机构本外币贷款质量情况分地区报表

（2016年末）

单位：亿元、百分点

地区 \ 项目	不良贷款		不良贷款率（%）	
	本期	比年初	本期	比年初
山东省	1397.06	177.25	2.14	0.08
济南市	96.42	15.31	0.74	0.02
青岛市	256.90	20.80	1.98	-0.06
淄博市	108.98	6.64	3.79	-0.05
枣庄市	25.65	-21.52	2.33	-2.03
东营市	50.58	29.18	1.44	0.74
烟台市	83.18	24.23	1.76	0.44
潍坊市	103.42	-22.96	2.11	-0.55
济宁市	92.93	19.05	3.23	0.52
泰安市	54.40	5.57	2.81	0.10
威海市	31.10	-11.59	1.64	-0.68
日照市	192.38	63.10	8.45	2.47
莱芜市	21.05	0.94	3.13	-0.01
滨州市	76.49	17.75	3.20	0.39
德州市	51.79	-5.32	3.05	-0.59
聊城市	46.51	9.10	2.18	0.19
临沂市	60.39	17.21	1.52	0.25
菏泽市	42.06	8.53	2.33	0.28

注：本表数据来源于山东省银监局。

山东省金融机构(含外资)县域人民币存贷款简表

（2016年末）

单位：亿元

地区	各项存款			各项贷款		
	余额	比年初增减	同比增长%	余额	比年初增减	同比增长%
山东省	83414.88	8887.72	11.93	61726.88	6289.88	11.35
济南市	15032.79	1479.81	10.92	11370.18	1695.96	17.53
市辖区	13874.45	1300.96	10.35	10702.32	1629.90	17.97
平阴县	168.18	24.06	16.69	94.22	24.95	36.01
济阳县	182.89	26.50	16.95	114.09	24.98	28.03
商河县	167.67	29.17	21.06	84.69	7.09	9.14
章丘市	608.72	86.19	16.49	324.90	15.68	5.07
青岛市	14007.13	1474.11	11.76	11891.68	1119.83	10.40
市辖区	11471.55	1168.57	11.34	9793.05	774.85	8.59
黄岛区	1394.16	172.58	14.13	1208.25	171.41	16.53
胶州市	670.09	132.26	24.59	553.95	78.77	16.58
即墨市	805.09	73.38	10.03	821.09	128.11	18.49

续表1

地区	各项存款			各项贷款		
	余额	比年初增减	同比增长%	余额	比年初增减	同比增长%
平度市	601.53	60.62	11.21	325.95	64.23	24.54
莱西市	382.14	46.71	13.92	309.39	61.98	25.05
淄博市	4154.51	383.21	10.16	2855.01	226.04	8.60
市辖区	3421.08	304.95	9.79	2220.42	214.07	10.67
淄川区	513.76	53.93	11.73	260.62	40.99	18.66
博山区	294.94	25.36	9.41	133.79	5.13	3.99
临淄区	659.02	28.10	4.45	516.50	1.61	0.31
桓台县	358.07	25.94	7.81	373.16	9.16	2.52
高青县	147.33	19.99	15.70	108.49	-11.70	-9.73
沂源县	228.03	32.32	16.52	152.94	14.50	10.48
枣庄市	1664.86	233.86	16.34	1100.07	22.29	2.07
市辖区	1031.53	105.34	11.37	702.34	39.90	6.02
薛城区	278.20	28.91	11.60	184.24	11.78	6.83
台儿庄区	93.46	14.91	18.97	62.43	6.81	12.24
滕州市	633.33	128.53	25.46	397.73	-17.61	-4.24
东营市	3837.74	269.25	7.55	3403.93	462.40	15.72
市辖区	2735.72	232.16	9.27	1909.83	341.70	21.79
垦利县	364.19	30.98	9.30	399.94	2.31	0.58
利津县	145.57	27.48	23.27	123.13	1.31	1.07
广饶县	592.27	-21.37	-3.48	971.04	117.08	13.71
烟台市	7161.22	489.03	7.33	4530.19	307.31	7.28
市辖区	3686.26	183.04	5.22	2532.09	234.73	10.22
牟平区	398.43	50.10	14.38	210.50	28.40	15.59
长岛县	44.91	0.97	2.21	13.35	-2.22	-14.25
龙口市	843.80	49.80	6.27	577.13	-1.86	-0.32
莱阳市	374.75	28.07	8.10	175.25	-3.79	-2.12
莱州市	648.58	55.32	9.32	265.85	0.08	0.03
蓬莱市	412.78	35.43	9.39	303.94	22.38	7.95
招远市	523.07	65.65	14.35	258.53	-7.60	-2.86
栖霞市	239.82	19.56	8.88	126.42	9.12	7.78
海阳市	366.64	47.46	14.87	264.60	51.98	24.45
潍坊市	6976.93	906.20	14.93	4797.91	298.13	6.63
市辖区	2788.47	389.45	16.23	1804.80	117.77	6.98
临朐县	377.41	61.94	19.63	232.23	13.33	6.09
昌乐县	325.30	62.02	23.56	242.55	25.92	11.97
青州市	727.39	77.86	11.99	434.14	7.82	1.83
诸城市	630.54	85.52	15.69	505.55	22.77	4.72
寿光市	835.97	35.53	4.44	694.10	44.61	6.87
安丘市	409.48	53.08	14.89	316.09	40.29	14.61

续表 2

地区	各项存款			各项贷款		
	余额	比年初增减	同比增长%	余额	比年初增减	同比增长%
高密市	480.44	95.90	24.94	353.62	31.08	9.63
昌邑市	401.94	44.89	12.57	214.82	-5.46	-2.48
济宁市	4558.07	529.79	13.15	2823.00	181.87	6.89
市辖区	2016.26	214.11	11.88	1447.85	91.86	6.77
微山县	219.11	33.62	18.12	96.80	1.43	1.50
鱼台县	142.23	28.25	24.79	52.54	5.02	10.55
金乡县	236.71	48.48	25.76	120.17	10.50	9.57
嘉祥县	286.73	48.46	20.34	121.64	6.48	5.63
汶上县	241.64	35.57	17.26	119.37	-0.39	-0.32
泗水县	157.61	18.52	13.31	87.72	4.36	5.23
梁山县	281.28	51.20	22.26	104.57	9.60	10.11
曲阜市	287.54	24.60	9.36	146.75	5.70	4.04
兖州区	369.94	7.43	2.05	269.52	-24.01	-8.18
邹城市	688.96	26.97	4.07	525.58	47.32	9.90
泰安市	3053.19	348.25	12.87	1936.68	136.12	7.56
市辖区	1531.14	173.84	12.81	1001.65	80.74	8.77
宁阳县	230.51	33.79	17.18	101.31	-0.59	-0.58
东平县	239.68	16.00	7.15	165.91	17.44	11.75
新泰市	590.01	85.17	16.87	380.98	20.83	5.78
肥城市	461.86	39.44	9.34	286.83	17.70	6.58
威海市	2965.23	304.26	沾化	1875.04	104.08	5.88
市辖区	1980.63	203.76	11.47	1242.12	66.91	5.69
文登区	503.07	81.94	19.46	289.08	0.97	0.34
荣成市	672.42	72.04	12.00	463.11	51.27	12.45
乳山市	307.27	30.02	10.83	167.02	-14.69	-8.09
日照市	2058.10	225.28	12.29	2194.78	244.23	12.52
市辖区	1424.61	144.14	11.26	1711.35	202.26	13.40
五莲县	237.17	32.39	15.81	145.76	-12.19	-7.72
莒县	396.32	48.75	14.03	337.66	54.16	19.10
莱芜市	907.67	78.32	9.44	661.25	41.65	6.72
市辖区	907.67	78.32	9.44	661.25	41.65	6.72
临沂市	5305.20	570.99	12.06	3938.41	575.78	17.12
市辖区	2730.37	228.45	9.13	2381.78	351.34	17.30
沂南县	288.78	43.15	17.57	135.78	16.72	14.05
郯城县	233.02	31.18	15.45	136.39	26.79	24.45
沂水县	422.84	59.78	16.46	287.37	40.33	16.33
苍山县	310.27	47.05	17.87	193.47	26.26	15.70
费县	271.80	35.61	15.08	147.74	26.04	21.39
平邑县	253.95	33.15	15.01	141.13	14.55	11.49
莒南县	364.69	65.12	21.74	226.15	40.54	21.84

续表 3

地区	各项存款			各项贷款		
	余额	比年初增减	同比增长%	余额	比年初增减	同比增长%
蒙阴县	185.07	18.67	11.22	101.26	14.39	16.56
临沭县	244.42	8.85	3.76	187.33	18.83	11.17
德州市	2845.11	374.80	15.17	1651.57	105.57	6.83
市辖区	1153.26	141.90	14.03	741.95	76.63	11.52
陵城区	186.45	18.66	11.12	82.65	3.53	4.46
宁津县	207.75	24.87	13.60	73.91	7.60	11.46
庆云县	105.67	10.57	11.11	61.35	-2.17	-3.42
临邑县	216.52	39.42	22.26	106.29	-7.48	-6.57
齐河县	247.75	37.85	18.03	156.02	9.66	6.60
平原县	175.93	16.84	10.59	70.37	8.04	12.90
夏津县	160.01	14.51	9.97	72.53	6.62	10.04
武城县	159.54	18.73	13.30	80.02	-7.77	-8.85
乐陵市	195.29	21.60	12.43	128.57	6.72	5.52
禹城市	223.39	48.50	27.73	160.57	7.72	5.05
聊城市	3015.42	443.49	17.24	2099.55	253.89	13.76
市辖区	1207.65	203.09	20.22	901.77	146.93	19.47
阳谷县	330.26	44.40	15.53	200.94	25.74	14.69
莘县	264.88	42.19	18.95	127.75	10.23	8.70
茌平县	271.23	31.24	13.02	191.82	-8.38	-4.19
东阿县	179.16	23.02	14.75	120.82	12.70	11.75
冠县	260.86	44.32	20.47	172.50	22.28	14.83
高唐县	196.07	17.35	9.71	191.17	13.58	7.65
临清市	305.32	37.87	14.16	192.77	30.81	19.02
滨州市	2677.03	329.16	14.17	2351.73	293.28	14.25
市辖区	1036.89	168.45	19.40	802.95	162.73	25.42
惠民县	138.28	24.06	21.07	85.52	3.54	4.32
阳信县	204.02	34.92	20.65	146.98	25.14	20.63
无棣县	144.97	26.29	22.16	103.18	12.79	14.15
沾化区	194.73	29.09	17.56	145.61	13.80	10.47
博兴县	423.05	0.23	0.05	404.58	28.74	7.65
邹平县	673.36	70.18	12.19	748.43	50.08	7.17
菏泽市	3013.86	472.98	18.61	1792.98	168.60	10.38
市辖区	890.84	147.86	19.90	589.36	61.54	11.66
曹县	321.90	49.66	18.24	206.34	30.50	17.34
单县	274.29	40.24	17.19	164.54	15.31	10.26
成武县	196.39	34.27	21.14	93.18	2.12	2.33
巨野县	314.07	55.44	21.44	170.79	21.33	14.27
郓城县	380.20	59.95	18.72	184.50	19.66	11.93
鄄城县	224.25	28.99	14.85	102.10	8.47	9.04
定陶县	172.46	25.28	17.17	91.80	8.61	10.36
东明县	239.47	31.29	15.03	190.39	1.07	0.57
省本部	180.80	-25.07	-12.18	452.92	52.87	13.21
县域合计	29212.58	3516.73	13.70	19973.05	1591.18	8.66
县域占全省比重（%）	35.02	39.57		32.36	25.30	

注：因行政区划调整，胶南市自 2013 年起划入青岛市辖区；自 2014 年起，兖州市改为兖州区，并入济宁市辖区，自 2015 年起，文登市改为文登区，并入威海市辖区，陵县改为陵城区，并入德州市辖区；沾化县改为沾化区，并入滨州市辖区。

“山东半岛蓝色经济区”人民币存贷款统计表

（2016年末）　　单位：亿元

地区	各项存款		各项贷款	
	余额	比年初增减	余额	比年初增减
山东省	83414.88	8887.72	61726.88	6289.88
山东半岛蓝色经济区	37339.37	3721.28	28924.66	2553.31
青岛市	14007.13	1474.11	11891.68	1119.83
东营市	3837.74	269.25	3403.93	462.40
烟台市	7161.22	489.03	4530.19	307.31
潍坊市	6976.93	906.20	4797.91	298.13
威海市	2965.23	304.26	1875.04	104.08
日照市	2058.10	225.28	2194.78	244.23
无棣县	194.73	29.09	145.61	13.80
沾化县	138.28	24.06	85.52	3.54
山东半岛蓝色经济区占全省比重	44.8%	41.9%	46.9%	40.6%

“黄河三角洲高效生态经济区”人民币存贷款统计表

（2016年末）　　单位：亿元

地区	各项存款		各项贷款	
	余额	比年初增减	余额	比年初增减
山东省	83414.88	8887.72	61726.88	6289.88
黄河三角洲高效生态经济区	8849.55	786.31	7228.83	787.77
高青县	147.33	19.99	108.49	-11.70
东营市	3837.74	269.25	3403.93	462.40
莱州市	648.58	55.32	265.85	0.08
寿光市	835.97	35.53	694.10	44.61
昌邑市	401.94	44.89	214.82	-5.46
庆云县	105.67	10.57	61.35	-2.17
乐陵市	195.29	21.60	128.57	6.72
滨州市	2677.03	329.16	2351.73	293.28
黄河三角洲高效生态经济区占全省比重	10.6%	8.8%	11.7%	12.5%

“省会城市群经济圈”人民币存贷款统计表

（2016年末）　　单位：亿元

地区	各项存款		各项贷款	
	余额	比年初增减	余额	比年初增减
山东省	83414.88	8887.72	61726.88	6289.88
省会城市经济圈	31685.73	3437.04	22925.97	2752.51
济南市	15032.79	1479.81	11370.18	1695.96
淄博市	4154.51	383.21	2855.01	226.04
泰安市	3053.19	348.25	1936.68	135.12
莱芜市	907.67	78.32	661.25	41.65
德州市	2845.11	374.80	1651.57	105.57
聊城市	3015.42	443.49	2099.55	253.89
滨州市	2677.03	329.16	2351.73	293.28
省会城市经济圈占全省比重	38.0%	38.7%	37.1%	43.8%

"西部经济隆起带"人民币存贷款统计表

（2016年末） 单位：亿元

地 区	各项存款		各项贷款	
	余额	比年初增减	余额	比年初增减
山东省	83414.88	8887.72	61726.88	6289.88
西部经济隆起带	20872.72	2675.71	13672.81	1324.85
枣庄市	1664.86	233.86	1100.07	22.29
济宁市	4558.07	529.79	2823.00	181.87
宁阳县	230.51	33.79	101.31	-0.59
东平县	239.68	16.00	165.91	17.44
临沂市	5305.20	570.99	3938.41	575.78
德州市	2845.11	374.80	1651.57	105.57
聊城市	3015.42	443.49	2099.55	253.89
菏泽市	3013.86	472.98	1792.98	168.60
西部经济隆起带占全省比重	25.0%	30.1%	22.2%	21.1%

2016年山东省银行业运行报告

2016年，山东省银行业认真贯彻宏观调控政策和监管要求，稳增长、防风险，继续保持平稳运行态势，资产负债总额均突破10万亿，综合实力持续增强，区域性风险总体可控。年末全省各项贷款余额65244亿元，较年初增加6180亿元，存量和增量均居全国第4位；各项存款余额85683亿元，居全国第6位；较年初增量为8885亿元，居全国第5位。主要特征如下：

一、业务规模波动增长。年末全省银行业资产总额109924亿元，较年初增加12895亿元，增速13.3%，较年初提升1.5个百分点；负债总额106255亿元，较年初增加12569亿元，增速13.4%，较年初上升1.5个百分点。资产增长呈现先减后增的波动增长趋势，四个季度分别增加5096亿元、3020亿元、2081亿元和2697亿元。

二、存贷款增长总体平稳。山东省银行业各项贷款余额65244亿元，较年初增加6180亿元，增速10.5%，比去年同期高0.4个百分点，如考虑发行1316.5亿元地方政府债券置换平台贷款和处置1576亿元不良贷款对贷款规模的负面影响，各项贷款投放力度实际明显高于同期水平。信贷投放长期化趋势明显，中长期贷款全年增加5383亿元，同比多增1857亿元，有力支持了国家和地方重点项目建设。各项存款保持较快增长，年末余额85683亿元，较年初增加8885亿元，增速11.6%。

三、表外业务增速有所减缓。年末全省银行业主要表外业务余额34317亿元，较年初增加3605亿元，增速11.7%，创近年同期新低，呈现传统表外业务明显下降、理财和委托贷款高速增长的分化特征，银行承兑汇票业务全年减少706亿元，发行非保本理财产品余额增加1199亿元。

四、银行盈利延续下滑趋势。全省银行业金融机构全年累计实现净利润726亿元，同比少盈46亿元，增速-6%，利润减少的最主要原因为拨备计提压力，全年共计提资产减值损失953亿元，同比多计提93亿元。

五、不良压降阶段性目标超额完成。年末，全省不良贷款余额1397亿元，较年初增加177亿元，同比少增47亿元；不良率2.14%，较年初上升0.08个百分点，同比少上升0.13个百分点，尤其是下半年不良贷款余额较年中减少21亿元，不良率较年中下降0.11个百分点，实现"双降"，超额完成了阶段性目标。关注类贷款、逾期贷款等潜在不良贷款增势也有所减缓。

六、不良贷款处置力度创历史新高。全省累计处置不良1576亿元，是上年的1.3倍，是"十二五"期间平均水平的2.9倍。从处置方式看，核销719亿元，是上年的1.6倍，现金清收600亿元，是上年的1.3倍；从处置时点看，下半年处置力度明显加大，共处置953亿元，是上半年的1.5倍。

（山东银监局）

2016 年山东省资本市场运行报告

截至 2016 年底，山东省共有境内上市公司 173 家，其中主板 87 家，中小板 63 家，创业板 23 家；拟上市公司 73 家，其中过会待发企业 5 家，在审企业 35 家，在辅导企业 33 家；新三板挂牌公司 570 家，较年初增加 236 家；证券公司 2 家，证券分公司 70 家，证券营业部 491 家；投资咨询公司 3 家，分公司 4 家。期货公司 3 家，期货分公司 4 家，期货营业部 105 家；在中国证券投资基金业协会登记的私募投资基金管理机构 277 家。

一、山东省资本市场主体发展情况

（一）拟上市公司辅导情况

2016 年，全省累计有 25 家公司进入上市辅导程序，2 家公司终止辅导；17 家公司上报申发材料，6 家公司终止审查；12 家公司首发上市（天鹅股份、威龙股份、玲珑轮胎、丰元化工、山东赫达、三角轮胎、步长制药、家家悦、康普顿、鼎信通讯、天能重工、汇金通）。

截至年底，全省共有拟上市公司 73 家，其中：过会待发公司 5 家（道恩高材、赛托生物、艾迪股份、海利尔、利群百货），正在审核的公司 35 家（主板 17 家，中小板 9 家，创业板 9 家），正在辅导的公司 33 家。

（二）融资情况

上市公司直接融资金额持续增长，新三板挂牌公司融资活跃。2016 年，公司实现股票融资 704.77 亿元。其中，天鹅股份等 12 家公司首发筹资 151.13 亿元，43 家上市公司增发筹资 482.56 亿元，1 家上市公司配股筹资 4.85 亿元；137 家新三板挂牌公司定向发行股份 154 次募集资金 66.23 亿元。另有 47 家上市公司正在履行再融资审批程序，拟募集资金 869 亿元。2016 年，全省企业通过沪深交易所市场新增发行公司债券 142 只，募集资金 1,625.58 亿元，筹资金额是 2015 年的 2.7 倍。期间，36 只债券（均为以前年度发行）因到期、提前兑付或回售共计偿还资金 79.38 亿元，债券净融资额 1,546.2 亿元。截至年底，上市公司再融资历年累积金额 2,987.91 亿元。

（三）并购重组情况

并购重组活动较为活跃。2016 年，共有 48 家公司涉及并购重组事项，其中 19 家完成并购重组，涉及资产 337.72 亿元；20 家正在实施并购重组，涉及资产 1,317.22 亿元；另有 9 家正在停牌筹划重大事项。

（四）证券经营机构运行情况

证券经营机构各项经营指标同比下降明显。截至年底，共有 2 家证券公司：中泰证券和中信（山东）证券。两家公司共设有营业部 309 家，总资产额为 1,282.15 亿元；融资融券余额为 296.42 亿元，较年初减少 82.46 亿元。全年共实现营业收入 77.62 亿元，同比下降 51.78%；实现净利润 28.89 亿元，同比下降 57.51%；代理证券总交易额为 11.7 万亿元，同比下降 39.53%。

截至年底，全省证券营业部投资者资金账户开户数 1,072.26 万户，较年初增加 167.24 万户；管理客户资产 9,744.59 亿元，较年初下降 6.68%；2016 年共实现营业收入 55.12 亿元、利润总额 15.01 亿元，分别同比下降 66.34% 和 83.83%；实现总交易额 136,781.89 亿元，同比下降 39.9%。

（五）期货经营机构运行情况

受股指期货政策影响，期货市场交易额同比降幅较大，期货经营机构主要经营指标同比下降明显。截至年底，共有 3 家期货公司：鲁证期货、招金期货和中州期货。3 家公司共设有营业部 43 家，总资产额为 98.2 亿元；投资者开户数为 13.5 万户，客户保证金余额为 71.82 亿元，较年初增长 14.68%。3 家公司 2016 年共实现营业收入 4.72 亿元、代理交易额 55,385.32 亿元，分别同比下降 3.24% 和 66%，实现净利润 1.1 亿元，同比增长 10.75%；鲁证期货营业收入、净利润全国排名分别为第 20 位、第 22 位；中州期货和招金期货营业收入、净利润全国排名均在 90 名之后。

2016 年，全省期货经营机构实现营业收入 5.56 亿元、代理交易额 9.84 万亿元，分别同比下降 5.14% 和 48.3%；实现净利润 0.57 亿元，同比增长 0.73%。

（六）私募投资基金机构运行情况

截至年底，已登记的 277 家私募投资基金管理机构管理基金 537 只，管理规模为 1788.59 亿元。其中，私募股权投资基金管理机构为 156 家，占比为 56.32%。

从地域分布看，注册地在济南市的私募投资基金管理机构为 91 家，占比为 32.85%，注册地在青岛的为 106 家，占比为 38.27%。

二、推动资本市场服务实体经济方面重要措施

2016 年，立足服务实体经济的根本宗旨，创新体制机制，进一步激发市场活力，推进供给侧结构性改革、落实“三去一降一补”五大重点任务、促进大众创业万众创新，全省直接融资总量占社会融资总额比重有了明显提升。

（一）“点面结合”，构建支持各市资本市场发展协作机制。全面完成与 16 地市政府“促进资本市场快速健康发展合作备忘”签署工作；建立市金融办主任座谈会制度；深入调研，倾斜人力，为济南市区域金融中心和青岛财务管理中心建设‘支招献策”。

（二）全方位配合做好规模企业规范化改制推动工作。印发专门工作方案，在省级、地市、重点企业层面，从疑难问题解答、派员实地指导入手，分别建立对接支持渠道，引导企业进入资本市场发展步伐。对省广电网络、影视集团等重点个案问题及时出具专业意见。

（三）支持企业多渠道股权融资和并购重组。特别是，境内首发上市方面，12 家公司实现募集资金总额（151 亿元）创近五年首发上市募集资金之最，其中三角轮胎、玲珑轮胎、步长制药募集资金量均列全国 200 余家首发企业的前十位。枣庄、菏泽实现上市零突破，从而带来境内上市公司全省 17 地市全覆盖。

（四）推进债券融资、规范私募市场，进一步补足我省直接融资短板。建立公司债券融资后备资源库，与沪深交易所等签署《公司债券业务合作备忘录》，力促公司债券市场规范发展。年末各类企业（含大量非上市公司）通过交易所发行公司债券产品 142 只，金额是上年 2.7 倍，大大满足了发债企业低成本融资需求。已登记的私募基金机构管理基金认缴规模 1789 亿元，是上年 3.8 倍。

（五）全力支持全省重点改革事项。包括积极参与钢铁等领域脱困发展的专项工作，加速清理僵尸企业，化解过剩产能和高企库存；支持齐鲁股权交易中心和青岛蓝海股权交易中心规范发展、促进山钢转型升级化解产能、支持济南市构建开放型经济新体制试点和青岛财务管理改革试验区建设等。

（山东证监局）

2016 年山东省保险市场运行报告

2016 年，山东保险市场（数据均不含青岛市，下同）实现平稳发展，呈现业务较快增长、改革创新推进、服务能力增强、风险总体可控的良好局面。

一、2016 年保险市场运行基本情况及主要特点

（一）基本情况

一是业务平稳较快增长。全年实现保费收入 1966.29 亿元，保持全国第 3 位，同比增长 27.4%。财产险市场平稳增长，实现保费收入 554.54 亿元，同比增长 11.38%，增速略高于去年，延续了近年来的中低速发展态势。人身险市场保持较高增速，呈现“前高后低”走势，实现保费收入 1411.75 亿元，同比增长 35.02%，规模快速增长主要受产品费率改革、低利率环境和老龄化等因素影响。

二是发展质量持续提升。财产险方面，承保利润率达到 3.77%，高于全国 2.37 个百分点，实现承保利润 18.86 亿元，责任险、保证险等非车险快速增长，业务结构更趋均衡。人身险方面，践行“保险业姓保”，保障属性强的健康险、普通寿险增速分别达 61.8%、56.2%，寿险新单期交率 40.29%，高于全国 7.3 个百分点。

三是市场运行安全稳健。人身险退保金 250.86 亿元，同比增长 12.86%，退保快速增长的态势有所改观；退保规模排全国第 6，低于保费排名。考虑到前两年高现价产品到期因素，退保实际程度小于指标表现。案件风险、互联网保险风险和金融风险跨界传递等风险因素总体可控。

（二）主要特点

一是财产险公司增速略有提升。保费增速为 11.38%，较上年提高了 0.8 个百分点。第一大险种车险增长平稳，但面临下行压力。增速 10.49%，同比提高 1 个百分点，增长略有好转。传统财产险业务增势放缓。企财险（-3.77%）、船舶险（-9.35%）均为负增长。宏观经济下行，各大险种费率普遍呈现下降趋势。企财险、船舶险、工程保险、意外险费率分别同比下降 9.3%、12.18%、8.91%、26.9%。政策支持性险种增长迅猛。责任险、农险、健康险分别实现 27.95%、12.82%和 58.32%的增长。

二是寿险增长动力明显增强。以费率市场化为核心的改革措施促使行业重归高速、高质量发展轨道，业务增长的可持续性明显增强。反映增长潜力的寿险新单保费增长 43.64%，健康险、普通寿险等保障型产品增速分别达 61.8%、56.2%。普通寿险新单保费增长 59%；万能险结算利率相对较高，推动了业务快速增长，保户投资款新增交费增长 52.56%。全省人身险公司营销员人数达到 51.62 万，较上年末增加近 14 万。营销员激增带来了个人代理业务的快速发展，个人代理业务增速达到 35%。

三是车险经营发生变化。费用率和赔付率此消彼长，经营总体理性。车险综合赔付率由上年的 54.81%，下降至 51.17%，下降了 3.64 百分点；相当一部分公司将赔付率下降节省的财务资源投放到市场费用上，车险费用率由上年同期的 37.6%，提升至 42.79%，提高了 5.19 百分点。对客户行为的引导效应明显。车险报案量特别是小额案件报案量明显下降，商业车险有效报案件数下降了 35%。

二、保险业服务经济社会发展情况

山东保险业始终坚持将服务经济社会发展作为行业发展的出发点和落脚点。

一是积极推进保险精准扶贫。通过减免和补贴保费，实现了建档立卡农户农业保险的免费承保。大病保险对农村贫困人口，起付标准减半，医疗费用每段补偿比例提高 5%，年度大

病保险最高支付限额提高至50万元。部分地市开展了针对贫困人口的贷款保证保险业务，为贫困户创业脱贫提供资金支持。启动了一批针对农村贫困留守儿童、老年人、残疾人等特殊群体的保险扶贫项目。

二是支农惠农力度不断加大。财政补贴农业保险险种增加到17个，保费补贴比例提升至80%。蔬菜、生猪、蒜薹、鸡蛋等目标价格保险及天气指数保险等新型险种发展较快，价格指数保险共实现保费收入1.3亿元，提供风险保障32.93亿元。部分地市开展了养殖业保单质押贷款业务，进一步完善了农村信用体系。

三是服务和保障民生不断增强。大病保险成效显著，覆盖居民6160.1万人，全年保费收入34.21亿元，已赔付、报销27.25亿元，人均赔付6879.34元，患者实际报销费用比例在原医保基础上增加了12.86个百分点。健康、养老保险发展较快，"银龄安康保险"服务50岁以上参保老年人群体达690.35万人。

四是大力支持实体经济。在全国率先建立保险资金对接信息平台，有效扩大了投资资产池，创新了保险资金支持实体经济的途径，保监会陈文辉副主席给予批示肯定，要求提倡和推广。保险资金投资山东规模达875亿元，较年初增加278亿元。

五是参与社会管理不断深入。安全生产、环境污染、食品安全等责任险在减轻政府社会管理压力方面发挥了日益重要的作用，全年责任保险实现保费收入17.4亿元，保障金额2.91万亿。首台（套）保险财政补贴范围进一步扩大，全年为66家企业提供了20.26亿元风险保障，财政补贴保费金额5154.023万元。小额贷款保证保险运行机制进一步优化，财政年补贴"政银保"预算达1亿元。

六是积极参与灾害事故救助。在应对暴雨冰雹灾害、批发市场火灾、渔船碰撞沉没事故、林场火灾等一些社会影响较大的灾害事故中，保险业迅速理赔，积极参与减灾、救助工作，帮助受灾群众及时恢复生产生活秩序，减轻了政府财政和事务负担。

三、保险市场风险防范情况

山东保监局积极创新监管手段，牢牢守住不发生区域性系统性风险的底线，确保市场平稳健康运行。

（一）发挥非现场监管的预警监测作用。建立以13个月继续率为核心指标的人身险市场监测制度，按照公司和地区两个维度，坚持开展月度监测、月度通报、定期整改，督促指标表现较差的公司和地市积极提升。建立多维度风险预警监测体系，设立延伸至基层的风险防控网络，及时监测、处置市场风险。

（二）保持监管高压态势。2016年12月，针对年底市场非理性发展的现象，分别召开商业车险、寿险、保险中介三个专题会，督促公司审慎经营，及时遏制了不良态势的蔓延。组织开展"两个加强、两个遏制"回头看工作、农业保险专项治理整顿、互联网保险风险专项整治、商业车险改革专项检查、"亮剑行动"等16项重点、专项检查，有效震慑了市场，规范了市场秩序。全年共对35家次机构和31名个人实施行政处罚。

（三）健全风险防控机制。对辖内7个地市开展了市场巡查。组织开展了产、寿、中介各领域风险排查，开展资金压力测试，防范满期给付、非正常退保等风险。扎实开展"三反"工作。做好山东"安宁2016"打击保险诈骗专项行动。推进9.26济南自卸货车骗保案件的侦破，公安机关抓获犯罪嫌疑人60余人，破案112起，涉案金额近亿元，获得公安部贺电表扬。指导省保险协会建立了意外险风险预警系统，有效防范了意外险骗保风险。强化对保险公司案件问责管理，督促公司落实案件风险主体责任。

（四）强化消费者权益保护和教育。持续治理理赔难和销售误导。督导客户信息真实性、录音录像等监管政策落实执行，组织开展了销售人员评价、综合治理销售误导评价活动。推动行业向社会开放车险理赔查询系统。推动机动车轻微交通事故快处快赔推向全省。改进12378保险消费投诉热线管理。做好消费投诉处理工作，投诉案件撤诉率达93%，同比提高15个百分点。

（山东保监局）

2016年山东省金融稳定报告

2016年，山东省金融业运行总体平稳，金融机构总体实力和运行稳健性不断提高，社会融资规模稳步增长，信贷结构继续优化。金融机构持续加大对"三去一降一补"等重点领域和薄弱环节的支持力度，有效推动了金融服务改善和企业融资成本下降。地方金融改革深入推进，金融组织体系多元化进程加快，区域金融发展环境进一步优化。但在经济下行背景下，经济发展内生动力不足，结构调整阵痛凸显，新旧动能转换接续困难。各种风险因素不断暴露，金融机构信贷违约率居高不下，不良贷款持续增长，跨金融市场风险传递增多，集资诈骗、恶意逃废银行债务等违法犯罪形势仍然严峻，维护区域金融稳定面临较大压力。

一、宏观经济与金融稳定

（一）经济运行基本情况

2016年，全省实现地区生产总值6.7万亿元，增长7.6%，回落0.4个百分点。三次产业比例进一步优化。全省固定资产投资增长10.5%，高于全国2.4个百分点；社会消费品零售总额增长10.4%；外需改善较为明显，进出口总额增长3.5%，高于全国4.4个百分点。工业生产企稳向好，全省规模以上工业增加值增长6.8%，高于全国0.8个百分点；主营业务收入增长3.7%；利润、利税增长由负转正。供给侧结构改革取得成效，年内完成270万吨生铁、270万吨粗钢去产能任务，淘汰煤炭产能1960万吨；商品房销售面积增长21.2%，待售面积下降2.3%；规模以上工业产品销售率98.8%，高于全国1.0个百分点。财政收支平稳增长，全省地方一般公共预算收入5860.2亿元，增长8.5%。地方一般公共预算支出8749.6亿元，增长6.1%。全省居民消费价格指数上涨2.1%，上升0.9个百分点。居民人均可支配收入24685元，增长8.7%。就业形势基本稳定，城镇新增就业121.0万人，城镇登记失业率为3.46%，低于4%的全年调控目标。

（二）经济运行中存在的问题

一是总需求疲弱。企业投资意愿不强，有效信贷需求不足；全年投资项目到位资金增长7.6%，低于投资增速2.9个百分点。受居民收入增速放缓、网络消费净流出等因素影响，消费持续增长基础不牢。外贸形势不容乐观，山东省大部分外贸产品的最终消费国存在贸易政策和经济复苏前景等方面的不确定性；全省产品共遭受来自19个国家或地区发起的贸易救济调查85起，涉案金额39.3亿美元；汇率波动增加了企业避险成本；外贸企业盈利处于较低水平。二是实体企业经营困难。企业成本费用总体呈上升趋势。工业生产价格“剪刀差”相对较小，挤压了企业的利润空间。全省有2866家规模以上工业企业处于亏损状况，累计亏损额增长16.7%。部分领域化解债务压力较大，全省亏损企业治理任务十分艰巨。部分过剩行业集中的地区潜在短期就业压力。企业整体创新能力不强。三是供给侧结构性改革任务艰巨。非住宅和部分县域房地产去库存压力较大。宏观杠杆率仍在上升，企业部门资产负债率偏高，部分地方政府负债率攀升。受上述因素影响，重点领域和地区金融风险突出，金融机构资产劣变压力较大。

二、金融业与金融稳定

（一）银行业

1.总体发展状况

截至2016年末，全省银行业机构资产总额109923.6亿元，增长13.3%；负债总额106255.5亿元，增长13.4%，增速均上升1.5个百分点。各项存款余额85683.5亿元，增长11.57%；各项贷款余额65243.5亿元，增长10.5%。全省银行业机构累计计提贷款损失准备1076.98亿元，较上年增加337.99亿元；拨备覆盖率149.15%，较年初下降6.34个百分点。全年累计清收处置不良贷款较上年增加408.01亿元，增长34.94%。银行业机构体系更加健全，国有、政策性、股份制、外资银行二级分行以上机构269家，法人银行业机构275家。全省首家民营银行获批筹建，农村信用社银行化改革工作全面完成。地方法人银行机构资产、负债占比分别为31.79%和30.22%，同比分别上升0.9和0.83个百分点。

2.主要问题与风险点

一是信用风险管控形势严峻。2016年末，全省不良贷款余额1397.06亿元，增加177.24亿元；不良贷款率2.14%，上升0.08个百分点。全年贷款质量向下迁徙率高于向上迁徙率2.69个百分点。二是资本充足水平有所下降。全省法人银行业机构统算的核心一级资本充足率和一级资本充足率分别为10.81%和10.87%，下降0.49和0.43个百分点，资本充足率为13.08%，下降0.6个百分点。6家农村金融机构资本充足率低于9.7%，7家农村金融机构拨备覆盖率低于100%。三是法人银行机构流动性状况有所趋紧。全省法人银行业机构统算的超额备付率3.41%，下降0.69个百分点；核心负债依存度57.9%，下降0.3个百分点；28家法人机构核心负债依存度低于40%。四是金融机构盈利下滑。净利润同比减少45.77亿元；资产利润率0.7%，降低0.14个百分点；成本收入比率34.37%，上升1.54个百分点。

（二）证券期货业

1.总体发展状况

2016年，全省证券期货业总资产2139.6亿元，证券期货分公司和营业部861家，新增90家。2家法人证券公司各项风控指标均好于预警和监管标准；代理证券交易11.7万亿元，下降39.53%；管理客户资产8399.3亿元，减少482.82亿元。上市公司新增17家，总数达268家。新三板挂牌企业新增234家，总数达570家。全省已登记私募投资基金539只。全省实现直接融资5794.67亿元，增长26.2%，居全国第6位。全省3家法人期货公司资产总额98.2亿元，增长11.7%；客户保证金余额71.82亿元，增加9.19亿元。齐鲁股权交易中心公司制改造顺利完成，累计帮助企业实现各类融资303.5亿元。蓝海股权交易中心快速发展，年末市场挂牌企业570家，推动企业累计实现融资37.41亿元。

2.主要问题与风险点

一是法人券商业务发展不均衡，业务竞争力需进一步提升。2家法人券商经纪业务佣金收入占总收入的比重分别为58%和53%，较全国平均水平分别高26和21个百分点。投行业务发展仍然滞后，“两融”信用大幅降低。法人证券公司A股股票业务托管市值、成交金额分别为7601.03亿元、76313.01亿元，分别较年初下降10.4%、50.1%。全年融资融券业务累计对客户授信337.25万笔，减少549.87万笔，累计授信金额3432.56亿元，减少5982.84亿元。二是上市公司经营效益低位徘徊。截至2016年3季度末，上市公司营业收入5017亿元，下降12.01%，75家企业净利润业绩同比下降，27家上市公司出现亏损，其中制造业、房地产、采掘等行业的上市公司业绩下降幅度较大。三是私募和债券市场风险显现，证券市场环境有待净化。根据沪深交易所通报，全省共有8只私募债券发生违约，涉及5家企业。年内证券监管部门对7家私募基金采取监管措施。

（三）保险业

1.总体发展状况

2016年末，全省共有法人保险公司4家，第5家保险法人机构获批筹建。驻鲁保险公司达92家，各级分支机构7068家，居全国首位。保险业总资产4747.9亿元，增长24.7%。全年保险业实现保费收入2302亿元，居全国第3位。财产险公司信用保险、健康保险、责任保险等非车险快速增长，业务结构更加均衡。人身险公司业务结构不断优化，保障属性强的健康险、普通寿险增速较高。在全国率先建立保险资金对接信息平台，有效扩大了投资资产池，创新了保险资金支持实体经济的途径。山东保险资金运用规模875亿元，增加278亿元，全国排名第7位。大病保险成效显著，保险业参与社会管理不断深入。全年责任保险实现保费收入17.4亿元，保障金额2.91万亿。

2.主要问题及风险点

一是经济下行和政策调整对保险行业产生深层次影响。与经济关联度较高的企财险、货运险增长乏力，其中企财险同比下降6.22%。商车改革对市场的影响逐步显现，保费充足度可能下降，盈利空间将受到压缩。二是赔付支出增长较快，退保金持续增长。2016年，全省保险业赔付支出786.85亿元，增长26.5%。三是部分公司总部经营持续性问题对分公司产生影响。部分投资驱动型公司通过权益类投资、另类投资单轮驱动盈利，发展不具可持续性。四是保险机构经营管理风险因素增多。部分保险业机构营销团队过快发展、人员整体素质有所下降。随着民间借贷、P2P兴起，营销员以保险工具参与民间借贷以及非法集资、销售非保险理财产品等风险值得关注。

（四）金融业综合经营

1.金融控股公司

(1)总体发展状况

全省有山东省国际信托有限公司(简称山东信托)和莱芜钢铁集团有限公司（简称莱钢集团)2家参股金融机构的金融控股公司。2016年，2家公司参股其他金融机构的金额及持股比例均未发生变化，运行总体平稳。山东信托管理的信托规模增长5.48%，净利润增长17.25%。莱钢集团钢铁实际产量增加，净利润下降63.39%。

(2)主要问题及风险点

山东信托经营管理面临改革转型的挑战，实收资本低于行业平均水平，一定程度上影响了其规模拓展和业务创新；信托业务通道特征明显，回归本源的转型路径仍需进一步明晰。莱钢集团市场经营风险仍然较为突出，主业亏损额度较大，营运能力各项指标均较去年同期下降，且低于行业平均值。

2.交叉性金融业务

(1)整体发展情况

2016年，金融机构理财产品销售、同业投资、代理类业务持续增长。一是银行理财产品销售增长。全省银行机构发行及代销理财产品累计募集资金增长21.97%，手续费收入增长59.24%。二是地方法人银行同业业务规模持续扩大，同业资产、同业负债同比分别增长32.54%、43.59%；同业投资增长55.44%。三是代理类业务持续增长，其中信托产品和资产管理类产品增长迅速，增幅分别达159.46%和114.17%。四是金融机构委托贷款增长51.51%，委托方以金融资产管理公司和证券公司为主，占比分别为39.8%和28.11%。

(2)存在问题及风险点

一是地方法人机构同业业务占比持续上升，风险有所显现。个别机构同业资产占总资产的比重超过50%。已有个别机构投资的理财产品和债券出现违约。二是个别机构开展同业业务存在违规行为。三是理财产品短期化使得潜在流动性风险加大。全省银行机构发行的理财产品以6个月以内和滚动型产品为主，而资金投向多为债券及非标准化债权等期限较长的资产，潜在流动性风险较大。四是部分交叉性业务跨区域销售增加了风险管理难度。辖内银行机构面向金融机构定向发行的理财产品中有55.03%为跨区域销售。辖内个别银行机构购买的辖外金融机构发行理财产品到期后未能按期兑付，后续维权因跨区域和管辖权异议面临一定困难。

（五）融资性非金融机构及非正规金融活动

2016年末，全省共有小额贷款公司427家，累计发放贷款743.54亿元；融资担保机构405家，累计为5.6万户中小微企业提供融资担保561.31亿元；民间融资机构512家，累计投放资金315.4亿元；全省(不含青岛)典当企业数量410家，增长8.5%。全省累计批准设立外商投资融资租赁企业189家。山东省金融资产管理公司全年收购金融机构不良资产203.35亿元，处置189.27亿元。2016年，全省非法集资案件高发态势得到一定程度控制，公安机关立案起数和涉案金额分别下降39.4%、55.7%，防范和处置非法集资工作初见成效。

三、金融市场与金融稳定

（一）货币市场与债券市场运行平稳，交易量继续保持快速增长

2016年，全省共有166家市场成员和非法人投资主体参与货币市场和债券市场交易，成交总量达55.9万亿元，同比增长34.7%。全年日均净融入资金669.9亿元，同比增加99.6亿元，增长17.5%。全年市场利率总体平稳，交易量较快增长。1天和7天回购利率均值分别为2.05%和2.47%。年末资金面紧张预期显著增加，部分大行赎回委外、减少资金融出，造成市场利率上行。流动性变化与债券市场去杠杆造成交易产品结构和债券收益率明显变化，部分杠杆水平过高的金融机构损失较大。拆借和回购期限保持短期化特征，信用拆借14天以内品种占信用拆借总量的95.4%，高信用等级债券受到投资主体青睐。

（二）银行承兑汇票签发规模维持高位，票据融资规模稳

步增长

2016 年，山东省金融机构银行承兑汇票签发余额 11613 亿元，同比减少 829 亿元，下降 6.66%。年末全省票据融资余额 3609 亿元，增加 829 亿元，同比多增 238 亿元。其中银行承兑汇票融资余额 3301 亿元，增长 34.8%。票据贴现利率逐步回落，至 2016 年 10 月末贴现加权平均利率降至 3.17%，年末虽回升至 4.01%，但同比仍下降 1.88 个百分点。

（三）债务融资工具融资规模有所减少，企业债和公司债快速增长

2016 年，全省债务融资工具市场稳健运行。全省共发行债务融资工具 326 单，同比持平；实现融资 3120.8 亿元，下降 9.3%，融资额居全国第五。其中，短期融资券发行量有所增长，发行数量和融资规模分别增长 25%和 32.3%。年末存续期内的债务融资工具余额 4704 亿元。企业债和公司债的快速增长对债务融资工具产生替代作用，全年公司债发行 1564.3 亿元，增加 1149.4 亿元，增长 177%。各类银行间市场非金融企业债务融资工具平均发行利率有不同程度的下降，平均利率 4.02%，降低 1.1 个百分点，比全省企业贷款加权平均利率低 1.31 个百分点。全省超短期融资券已发行 4238.2 亿元，居全国第四位，发行成本与关键期限国债收益率基本持平，企业融资成本显著降低。

（四）黄金市场保持快速增长，成品金产量和利润大幅增加

2016 年，监测的 8 家重点企业开采金矿 16178 吨，同比增加 5260 吨；成品金产量 150.8 吨，同比增加 40.8 吨；8 家企业成品金销售实现净利润 41.2 亿元，同比增加 35.2 亿元。黄金交易量继续快速增长，省内 13 家上海黄金交易所会员企业累计成交量 4456 吨，同比增加 2179.5 吨，增长 95.7%。

四、金融服务与金融稳定

2016 年，山东省金融基础设施不断健全和完善，在营造安全有序的金融环境、促进金融业稳健运行等方面发挥了重要作用。

（一）金融法制环境进一步优化

金融管理部门新制定或修订了多部与金融业和金融基础设施相关的重要制度性文件，规范了金融消费者权益保护、证券投资者保护基金管理、保险资金投资等方面的业务活动。2016 年 7 月 1 日《山东省地方金融条例》正式实施，地方金融法规体系逐步健全。人民银行济南分行推进了全省非诉第三方调解机制建设。全省建立农村金融消费维权联络点 9452 家，完善投诉受理处理机制，共受理投诉 1273 笔，咨询 4570 笔，纠纷调解 141 笔。金融知识宣传培训和投资者风险教育深入开展。全年开展反洗钱、反假币、征信宣传 5300 余次，受众 1220 余万人次，发放宣传资料 460 余万份。

（二）存款保险工作得到有效落实

2016 年末，山东省共有地方法人投保机构 249 家，投保机构家数位列全国第一位。人民银行济南分行扎实做好存款保险现场评级工作，稳步推进风险差别费率管理，顺利完成全省投保机构的保费归集，认真做好投保机构的风险监测、风险预警、早期纠正、风险处置等工作，推动投保机构特别是高风险投保机构风险早发现早处置，充分发挥了存款保险维护金融稳定的平台作用。2016 年末，全省投保机构受保存款 15572.7 亿元，存款账户客户覆盖率为 99.64%。

（三）支付体系建设稳步推进

人民银行济南分行出台多部规章制度，规范了助农取款业务，提升了支付系统、电子商业汇票系统参与者管理水平，明确了支付风险评估程序和评估结果应用方式。全省县及县以下 ATM、农民金融自助服务终端、普通 POS 布放量分别为 2.4 万台、2.2 万台和 36.8 万台，分别增长 7.79%、3.10%和 9.01%；农村地区每万人拥有 108 台金融基础设施，增长 0.93%；共设立助农取款服务点 14.3 万个。全省共有各类支付机构 51 家，累计布放 POS 机具 7.66 万台，签约商户 5.79 万户。

（四）信用体系建设持续深入

企业征信系统分别为 70.5 万户企业、其他组织建立了信用档案，个人征信系统为 5916.48 万自然人建立了信用档案。中小微企业、农村征信数据库率先实现了全省联网运行，累计采集小微企业信息 122.8 万户、农户信息 254.5 万户。年内有 112 家中小机构接入征信系统，累计为获得查询权限的中小机构提供查询 19.87 万笔。全年窗口查询个人信用报告 264 万次、互联网查询个人信用报告 275.5 万份，分别增长 36.2%、126.9%。依法为公安、检察、法院等部门提供查询 6278 笔，为去年的 3.45 倍。

（五）反洗钱工作高效开展

创新实施地方法人机构派驻反洗钱监管员制度，共对 89 家县级以上机构开展现场检查，对 2627 家县级以上义务机构开展考核评级，对 41 家机构开展风险评估，开展监管走访 186 次、约见谈话 82 次。以预防和打击洗钱犯罪为工作重心，指导金融机构加强可疑交易的分析，提高报告质量。开展行政调查 36 个，移交线索 101 个，立案 15 个，协助破获多起具有一定社会影响力的案件。开展跨区域协查项目 2 个，申请中国反洗钱监测分析中心协助调查项目 2 个，发布风险提示 55 期。组织开展反洗钱法颁布十周年主题宣传活动。

（六）货币流通管理工作不断加强

强化“新票、旧票、假票、残票”管理为主线，以畅通现金流通渠道为重点，以改善现金服务为中心，以加强农村地区现金管理为突破口，不断优化现金流通环境，流通中人民币整洁度和各券别需求满意度平均水平持续提高，分别达 94.96%、97.9%。人民银行济南分行深化城乡反假网络建设，强化反假货币联动机制建设，会同公安部门违法犯罪专项行动，提高了反假货币风险防控的整治力度。

五、总体评估与政策建议

按照统一的层次分析模型和权重，对山东金融稳定状况

定量评估显示:2016 年综合评分值总体较上年有所下降。其中,宏观经济方面,受经济下行、投资增速放缓、居民收入增长率下降、房地产价格上涨等因素影响,得分较上年下降;受资本充足水平下降,资产质量持续劣变,资产利润率下滑等因素影响,银行业得分较上年下降;而证券业经营状况保持稳定,证券类机构盈利状况继续改善,保险业退保率降至 5%以下,保费收入保持快速增长,行业得分均较上年上升;受金融司法状况改善,金融服务密度提高等因素影响,区域金融生态环境得分较上年略有提高。

2017 年,全省金融业面临的风险防范与化解形势依然严峻。银行信贷风险防控形势不容乐观,大企业担保圈风险化解任务依然艰巨。金融机构内控治理仍存在薄弱环节,非法集资、金融诈骗等风险对正规金融体系的影响仍须密切关注。全省金融业应继续牢牢把握稳中求进的工作总基调,以中央金融工作方针为指引,按照中央及省委、省政府决策部署和全省经济工作会议精神,贯彻"三去、一降、一补"工作要求,全力推进金融领域供给侧结构性改革,维护金融稳定,确保不发生系统性金融风险,促进金融与经济社会协调发展。

(一)认真贯彻执行稳健中性的货币政策,保持社会融资规模合理增长。综合运用多种货币政策工具,加强宏观审慎管理,引导金融机构贯彻各项稳增长措施。扩大股票、债券、私募股权、资产证券化、保险资金运用等非信贷融资渠道。灵活运用货币政策工具,加大对"三农"、小微企业的信贷投入。强化信贷政策结构性导向功能,引导加大对钢铁煤炭去产能、重点行业转型调整的金融支持力度,支持工业稳增长调结构增效益,在发展中化解各类风险。

(二)把防范化解风险放在更加重要的位置,推动金融风险有序处置。坚持金融风险监测全覆盖,继续密切关注信贷资产质量、大企业担保圈、产能过剩行业、企业债券违约、地方政府债务、交叉性金融业务及非法集资等领域风险。推动完善金融稳定协调机制建设,加强各类型风险排查。深入研究风险处置措施,完善风险处置预案。扎实开展互联网金融风险专项整治工作,严厉打击非法集资、金融诈骗等违法犯罪活动。

(三)把优化金融生态环境作为控制金融风险、促进经济金融良性互动发展的治本之策。加快金融案件审理进度,切实降低不良贷款处置过程中的税费和诉讼成本。加强不良资产处置市场体系建设,拓宽银行不良贷款处置渠道,提高市场流动性和不良资产价格发现能力。进一步加大对抽逃资金、转移或隐匿资产等恶意逃废债务行为的打击力度,维护良好区域金融生态环境。

(四)深化地方金融改革,稳步推进重点领域金融创新。深入推进"两权"抵押贷款试点,组织金融机构创新信贷产品和抵押物处置机制。支持地方法人金融机构发行二级资本债、绿色金融债、小微和"三农"专项金融债等融资工具。强化股权交易市场功能,稳步扩大挂牌企业规模,推动设立融资增信基金,促进各类股权投资基金与市场更好对接。着力构建政策性和政府性融资担保体系,推动各类融资性非金融机构可持续发展。深化青岛金融综合改革试验区和财富管理中心建设有关工作。

(五)深入推进金融机构公司治理和内控建设,切实提高稳健经营水平。督促各金融机构强化内部控制和风险防范,牢固树立在发展中化解风险的理念,在有效支持实体经济发展中化解金融风险。健全完善信贷审批管理,避免过度授信。强化资本约束,实施审慎集约经营。加强对分支机构、营业网点和重要岗位的风险排查,加强案件治理,堵塞风险漏洞,切实提高稳健经营水平。

2016 年山东省企业家、银行家、储户问卷调查报告

为深入了解微观经济主体对当前经济金融形势的看法,正确把握和判断全省经济金融形势,2016 年末对全省 408 位企业家、195 位银行家和 5120 位城镇居民开展问卷调查。

一、企业家、银行家和城镇居民对当前宏观经济的判断继续同步回升

2016 年 4 季度,企业家、银行家宏观经济热度指数和城镇居民经济感受指数分别为 31.5%、21.0%和 48.6%,较上季分别提高 4.2、4.1 和 2.9 个百分点。企业家的信心逐渐恢复,本季企业家信心指数为 79.8%,较上季提高 2 个百分点,连续三个季度累计提高 8 个百分点。从企业家分地区调查数据看,由于本轮宏观经济的回升主要体现在上游行业和重工业行业,因此对于回升的感受全省大体呈现西高东低的特征。本季鲁西北地区(东营、德州、聊城、滨州)宏观经济热度指数回升 6.5 个百分点,鲁中(济南、淄博、潍坊、泰安、莱芜)和鲁南(枣庄、济宁、临沂、菏泽)分别回升 4.5 和 4.2 个百分点,东部山东半岛蓝色经济区该指数回升 3 个百分点。

二、企业固定资产投资指数连续回升,居民收入感受提高,消费意愿增强

2016年4季度，企业固定资产投资指数为49.4%，较上季提高2个百分点，连续三个季度累计提高6.6个百分点。分结构看，工业投资的结构性问题仍然较为突出，监测的重工业企业固定投资指数为50%，较上季提高2.25个百分点，其中六大高耗能行业该项指数为53.19%，较上季提高3.72个百分点（石油加工炼焦及核燃料加工业、化学原料及化学制品制造业、非金属矿物制品业、黑色金属冶炼及压延加工业、有色金属冶炼及压延加工业、电力热力的生产和供应业）。轻工业企业固定投资指数为48.81 %，较上季提高1.68个百分点。受大宗商品价格提升的刺激，重工业企业投资热情恢复较快。此外，环保压力促使相关投资增多也是重工业投资增加的重要原因。

2016年4季度，居民收入感受指数为51.6%，达到一年以来的最高点。宏观经济好转导致居民收入回升，消费意愿相应增强。21%的居民选择“更多的消费”，较上季提高3.1个百分点；33.5%的居民选择“更多的投资”，较上季下降1.8个百分点；选择“更多的储蓄”的居民占比依然最多，为45.5%，较上季下降1.3个百分点。

三、居民对物价和房价上涨的预期继续增强，企业家对原材料购进价格和产品销售价格的回升感受显著增加

2016年4季度，居民物价预期指数为66.6%，较上季提高4.2个百分点，连续三个季度累计提高11.8个百分点。居民房价预期指数为60.8%，较上季提高5.7个百分点，连续三个季度累计提高13.9个百分点；其中，预期未来3个月房价“上升”的居民占比为28.8%，较上季提高7.1个百分点，较去年同期提高15.1个百分点。从满意度看，居民对房价水平的满意度指数为25.2%，较上季提高3个百分点，本次调查显示有房户占比92.6%，房价升高致使有房居民资产升值，满意度相应提升。2016年4季度，企业家问卷调查中的原材料购进价格指数为60.03%，较上季大幅提高6.36个百分点，为2013年以来的最高值。产品销售价格指数为52.94%，较上季提高4.53个百分点，为2012年以来的最高值。

四、企业经营状况继续改善，上游行业更为显著，国内市场需求显著回升，企业盈利状况有所提高，但成本压力增加明显

2016年4季度，企业家调查中总体经营状况指数和设备能力利用水平指数分别为61.25%和41.2%，较上季分别提高2.57和2.82个百分点，均是连续3个季度回升。分结构看，轻重工业总体经营状况指数分别为61.72%和60.75%，较上季分别提高0.96和4.25个百分点。由于价格提升，煤炭、钢铁、水泥、电解铝等上游行业经营改善更加显著。从对下季度的预测看，企业家总体经营状况预期指数和设备能力利用水平预期指数分别为61.49%和41.2%，较上季分别提高0.24和1.47个百分点，增幅均低于当期，而且本轮经济回升中总体经营状况预期指数尽管已连续增长3个季度，但增幅逐季缩小，表明随着补库存阶段逐渐进入中后期，企业家对经济回升持续性的看法趋于谨慎。

企业国内外订单当期指数双升，内需回升力度显著强于外需。2016年4季度，国内订货水平指数为51.35%，较上季提高4.77个百分点，主要是上游资源品行业需求大幅提升，煤炭采选业、黑色金属冶炼及压延加工业和有色金属冶炼及压延加工业国内订货水平指数分别为57.15%、57.14%和78.57%，较上季分别提高14.29、7.15和28.57个百分点。外需方面看，出口订单指数为48.54%，较上季提高0.13个百分点，仍处于低位徘徊状态。

2016年4季度，企业盈利状况指数为59.91%，较上季提高5.14个百分点；盈利状况预期指数为60.27%，较上季提高0.37个百分点。轻重工业盈利状况指数分别为60.05%和59.75%，较上季分别提高3.59和6.75个百分点。其中，煤炭采选业盈利状况指数为71.43%，较上季提高14.29个百分点。

调查显示，本季企业面临的三个最主要的问题依次是市场竞争加剧(70.17%)、市场需求低迷订单不足(45.23%)、劳动力成本高招工难(29.24%)。从环比数据看，企业市场供需的压力获得一定程度缓解，但成本压力提升明显，主要问题为“原材料价格高”、“税费负担重”、“融资难融资贵”的占比分别为27.87%、23.23%和20.78%，分别比上季度提升5.62、2.94和2.93个百分点。

五、银行业经营景气仍在低位徘徊

2016年4季度，银行业经营景气指数为63.9%，较上季下降1个百分点。本季银行业经营主要呈现以下几个特点：

一是贷款审批条件保持适度偏紧。贷款审批条件指数为47.7%，虽较上季提高1.8个百分点，但仍位于50%的临界线之下。分行业看，房地产开发、建筑业和制造业贷款审批条件指数分别为42.4%、44.9%和47.6%，较为紧张。电气水和农业相应指数分别为53.6%和52.4%，条件相对宽松。

二是贷款需求低位回升，固定资产投资和政府投融资平台的贷款需求上升幅度最为明显。贷款需求本期、预期指数分别为60.3%、66.2%，连续两个季度下降后分别回升4.1、5.1个百分点。其中，用于固定资产投资和政府投融资平台(含类平台)的贷款需求指数分别较上季提高9.5和4.3个百分点。从个人贷款需求看，居民购房意愿趋于理性，用于个人购房的贷款需求指数回落0.9个百分点。受公车制度改革、车辆购置税减免政策即将到期等因素刺激，用于个人购车的贷款需求指数较上季提高3.6个百分点。

三是信贷资产质量有所好转，但依旧承压；银行家对信贷资产质量的预期判断相对乐观。本季银行业信贷资产质量指数为48%，较上季提高3.3个百分点，但仍然位于50%的临界线之下；预期指数为52.3%，较上季提高6.7个百分点，是近两年来首次位于50%的临界线之上。年底不良贷款处置步伐加快以及信贷新业务以政府背景项目为主，是信贷资产质量下滑放缓、预期改善的主要原因。

2016年山东省国库资金运行报告

2016年，人民银行济南分行国库部门圆满完成了预算资金的收纳、划分、留解、拨付等各项工作。从全省国库资金运行情况看，一般公共财政预算收入规模创新高，但增速降至五年来最低；土地出让收入增速转负为正，土地净收益大幅增加；支出结构不断优化，各项重点支出增长快速。现将2016年山东省国库资金运行情况汇报如下：

一、全省国库资金运行总体情况

2016年，全省地方财政收入（不含转移性收入）实际入库11523.37亿元，同比增长12.2%，较2015年提高0.4个百分点。其中，一般公共预算收入5860.16亿元，同比增长6.0%；政府性基金预算收入2962.39亿元，同比基本持平，微降0.8%；因政府债券发行额度进一步增加，债务收入入库（不含定向置换）2662.90亿元，同比增长54.4%。

全省地方财政支出（不含转移性支出）实际拨付13927.92亿元，同比增长10.0%，较2015年回落7.9个百分点。其中，一般公共预算支出8960.32亿元，同比增长2.0%；政府性基金预算支出3180.44亿元，同比增长1.9%。

2016年12月31日，全省国库库存现金余额567.63亿元，同比下降14.7%。其中，省级国库库存现金余额152.67亿元，同比下降12.4%。

二、国库资金运行主要特点

（一）一般公共预算收入规模创新高，但增速降至2011年来最低。2016年，全省一般公共预算收入实现5860.16亿元，总量列广东（10345.23亿元）、江苏（8121.23亿元）、上海（6406.13亿元）之后，居全国第4位，较2015年下落1位。受经济增长放缓、政策减收、“营改增”共享比例调整等影响，全省一般公共预算收入增长6.0%；剔除中央和地方分成比例调整因素后，实际增长8.7%，较2015年回落1.3个百分点（见图1）。但从全国增速排名来看，位列第9位，较2015年提升7位。从各月份情况看，在5月1日后“营改增”全面推行、营业税一次性增收等因素影响下，上半年全省一般公共预算收入呈现明显的冲高回落，进入3季度后整体保持平稳增长态势。

（二）税收收入小幅下降，全年增速创历史最低。2016年，全省税收收入入库4212.57亿元，同比增长0.2%；剔除中央和地方分成比例调整因素后，实际增长4.6%，较2015年回落1.4个百分点，处于2011年来最低水平。

1.主体税种增减各异。分税种看，增值税、营业税、企业所得税、个人所得税四大主体税合计入库2426.56亿元，同比下降2.5%；剔除中央和地方分成比例调整因素后，实际增长4.8%，较2015年回落2.0个百分点；占税收收入的比重为57.6%，同比下降1.6个百分点。一是国内增值税增势有所加快。受基建投资加码、房地产市场回暖和国际大宗商品价格上涨等多重因素拉动，全省钢铁、水泥、煤炭等主要产品价格回升，带动工业整体生产经营状况企稳向好。全省实现国内增值税788.80亿元，剔除分成比例调整因素后同口径增长4.5%，较2015年提高7.7个百分点。二是受“营改增”改革影响，营业税和改征增值税合计入库991.40亿元，同比下降29.1%，下降幅度逐月加深。三是企业盈利能力仍未根本好转，企业所得税实现503.22亿元，同比小幅增长0.9%，较2015年回落2.4个百分点。四是受股市不振及去年同期基数较高所致，个人所得税实现143.15亿元，同比微增0.02%，较2015年回落24.2个百分点。

2. 地方小税低速增长。2016年，全省地方小税实现1786.01亿元，同比增长4.2%，较2015年回落0.5个百分点。分项目看，资源税受原油、煤炭产销量下跌等因素影响持续减收，实现95.18亿元，同比下降8.3%，已连续24个月负增长；房产五税（包括土地增值税、城镇土地使用税、房产税、契税、耕地占用税）合计入库1315.18亿元，同比增长5.1%，较2015年回落1.5个百分点。

（三）非税收入对一般公共预算收入的增收贡献超九成。2016年，全省非税收入实现1647.59亿元，同比增长24.2%，高于税收收入增速24.0个百分点；对一般公共预算收入的增收贡献度达到97.1%，较2015年提高44.3个百分点。分项目看，国有资源有偿使用收入、行政事业性收入和罚没收入分别实现663.29亿元、328.25亿元、156.12亿元，分别同比增长41.3%、10.6%、26.1%，是非税收入增收主要力量。

（四）土地出让收入增速转负为正，土地净收益大幅增加。随着房地产市场回暖，2016年，全省土地出让收入2573.41亿元，同比增长6.8%，结束了连续22个月的持续负增长状态，已连续2个月增速为正。分地市看，烟台、莱芜、东营、日照、济宁、淄博、泰安、枣庄、青岛增速回落，其余8个地市增速提升。其中济南市土地出让收入带动效应明显。2016年，济南市土地出让收入入库702.39亿元，同比增长63.2%；约占全省土地出让收入入库总量的三成，达到27.3%，较2015年提高9.4个百分点。与此同时，全省土地出让净收益升至362.24亿元，同比增长7.0%。

（五）支出结构不断优化，各项重点支出增长快速。2016年，全省一般公共预算支出8960.32亿元，同比增长2.0%，较2015年回落23.9个百分点。支出结构不断优化，事关调结构、促发展、保民生的各类重点项目保障到位。如与民生相关的各项支出增幅普遍较高。住房保障支出、医疗卫生、教育、社会保障和就业分别增长23.4%、10.9%、9.7%、8.7%，均高于全省支出平均水平。另外，用于支持经济发展的项目支出进度加快，资源勘探电力信息等事务、科学技术分别增长12.2%和7.0%。

三、当前应关注的问题

（一）经济持续增长动力不足，一般公共预算收入增收乏力。近年来，随着国家稳增长调控措施效果显现，部分经济指标出现积极向好信号，如2016年1–11月份，全省规模以上工业增加值同比增长6.8%，分别较2016年上半年和前三季度回升0.2个和0.1个百分点，全年增速呈现缓中趋稳、稳中有进的格局。但在当前内需不足、外需不旺的情况下，经济“上有压力，下有支撑”局面短期内不会改变。整体来看，当前经济仍然面临下行压力，削弱了全省财税保持稳定增长的后劲。2016年，全省一般公共预算收入增速创2011年以来同期新低。17地市中，除莱芜外的16地市一般公共预算收入增速均较上年同期有所回落，其中枣庄出现负增长，同比下降1.3%。未来随着“营改增”深入实施、减费降税等积极财政政策进一步落实，财政持续增收面临诸多困难。

（二）一般公共预算收入结构有待进一步优化。在一般公共预算收入中，稳定性相对较差的非税收入占比较高，税收收入占比较低。2016年，全省非税收入占一般公共预算收入的比重为28.1%，分别高于江苏和浙江8.5个、13.7个百分点。分地市看，全省15个地市非税收入占一般公共预算收入的比重超过20%，且6地市超过30%，其中，枣庄、东营、济宁3地市占比分列前三位，分别为33.7%、33.5%、32.7%。在税收收入中，与经济发展关联度高的主体税种增长慢、占比低，且对营业税收入的依赖较大。2016年，受“营改增”税收减收影响，全省四大主体税种合计同比下降2.5%，为近年来首次负增长，降幅高于江苏0.2个百分点；而浙江依旧保持增长，同比增长8.0%。

（三）金融机构盈利水平持续下降，拖累银行业税收增速继续走低。2016年，全省银行业税收虽在营业税提前预征影响拉动下有所提升，但企业所得税增速连续11个月负增长凸显银行业经营压力加大。与此同时，随着经济增速放缓和结构调整力度不断加大，部分地区、行业和领域金融风险不断暴露，山东省金融风险继续呈多发态势。截至2016年年末，山东省银行业金融机构不良贷款余额1579.47亿元，较2016年初增加359.66亿元；不良率2.5%，较2016年初上升0.4个百分点，已连续35个月双升。银行不良持续“双升”且升速加快，信贷质量劣变压力较大。不良贷款的持续暴露，侵蚀金融机构利润，从而降低其税收贡献。

四、人民银行济南分行2016年国库工作情况和2017年工作打算

2016年，人民银行济南分行认真履行经理国库职责，严格规范各项预算收支业务，切实加强预算事中监督，国库工作取得新成效。

（一）夯实业务基础，保障预算资金安全。一是全面推行国库会计核算质量管理体系，坚持制度标准化、管理规范化和操作精细化，不断提升业务核算质量。二是下发专项制度加强银行业金融机构办理TIPS系统接入和国库经收业务管理，确保预算资金安全。三是开展国库业务应急实战演练和应急预案评估，对国库应急机制实行“制定－演练－评估－修订”的动态管理。四是制定下发山东省国库会计管理现场检查指导意见，进一步提高国库检查辅导规范化程度和现场检查效果。

（二）发展普惠金融，提升国库服务质效。一是与省财政厅、国税局、地税局建立高效的工作协调机制，针对“营改增”联合下发文件，明确注意事项。组织全省各级国库在全国率先完成国库会计核算系统中“营改增”体制调整工作，确保了改革在山东的顺利实施。二是在省级国库集中支付业务全面实行电子化管理基础上，于临沂成功试点上线市级国库集中支付电子化管理系统，提高了预算服务信息化水平。三是组织东营开发横向联网“三方协议”网上签约程序，在全国率先实现TIPS业务全程电子化办理。四是继续深化国库直接支付。至2016年11月底，全省（不含青岛）共办理直接支付417项、5211.6万笔、86.63亿元；项目和金额分别同比增长7.2%和11.7%，继续位居全国前列。

（三）推进国库信息化建设，提高预算执行效率。一是确保全国国库监管子系统（事后监督）在全省顺利上线，进一步提高了国库事后监督工作电子化水平，增强了国库资金风险防控能力。二是完成“金税三期”升级换版、海关联网在济南上线等工作。及时解决TIPS中遇到的问题，促进预算资金支付效率大幅提升。三是组织建设银行完成新一代财税库行系统地方财政支付清算功能升级改造。四是结合履职需要开展特色国库业务系统建设，开发了“山东省国库会计核算实时管理系统”、“山东省国库会计凭证影像监督系统”等，切实提高全辖国库管理水平。

（四）强化调研分析，提供智库参考。一是定期向地方政府、财政、国土资源等部门提供报表，提升数据品牌效应。二是积极参加各类经济金融形势分析会、预算执行情况座谈会，进一步扩大分析报告送阅范围和频率。1篇报告获得省人大副主任尹慧敏批示；7篇专报省委省政府信息在“报国办信息”等载体刊发；辖内5市6县的分析报告得到当地政府及有关部门批示。三是针对经济热点问题开展实地调研和专题研究，19篇理论成果公开发表。

2017年，人民银行济南分行将继续立足国库职责，依法规范开展各项工作，确保圆满完成预算执行各项工作任务。充分利用监督系统、事后监督子系统等电子化手段，提高国库会计核算准确性和安全性，高效防范资金风险。积极配合财政部门推动市级集中支付电子化，打造优质国库服务通道。加大对商业银行执法检查、业务指导力度，并开展现场检查，坚决杜绝延压、占用预算收入等违规行为，确保预算资金安全。继续丰富国库统计分析方法手段，加强对国库资金运行的监测分析，深入反映政府预算执行情况和问题，发挥好参谋助手作用。

2016年山东省支付体系运行报告

2016年,山东省支付体系继续保持安全、平稳运行,支付服务覆盖面持续拓宽,对山东省经济金融发展和社会民生的助推作用更加突出。现将山东省支付体系运行情况分析报告如下。

一、山东省社会交易资金情况

2016年,全省通过大小额支付系统流往外省的资金达55.7万亿元,流入资金57万亿元,资金净流入量达13334.2亿元,同比多流入10913.3亿元,同比增长450.8%,山东省已连续8年实现了资金净流入,资金洼地效应不断增强。资金的跨地区流动既有金融机构总分行间的资金划拨和社会资金往来因素,也在一定程度上反映了地区间的商品贸易、投融资等经济往来情况。2016年净流入我省资金大幅增长,一方面反映出我省对省外资金的吸引力增强,另一方面也反映出我省商品交易资金流入规模扩大。分区域来看,京津冀地区净流入我省资金达5013.6亿元,连续2年位居首位,改变了长三角地区长期以来作为我省最大净流入资金来源地的地位。

从资金流动总量来看,与我省资金往来最密切的前6个省市分别是北京、上海、广东、浙江、福建、江苏。2016年,6省市与我省之间的资金流动总量(流入加流出)分别达495577亿元、213270.2亿元、93151.8亿元、48910.8亿元、33717.3亿元、31338.9亿元,合计金额占比达81.3%。其中,北京排在与我省资金往来密切省市的第1位,重要原因是驻鲁金融机构与其总部之间的资金来往较多。与其他5个省市之间的资金流动总量较大,反映出我省与这5个省市间的经济往来较为密切。

从资金净流动情况看,2016年排在我省资金净流入来源地前6位的省市分别是北京、广东、上海、福建、浙江、江苏,6省市分别净流入山东5837亿元、4493亿元、2530亿元、2415亿元、1577亿元、322亿元,在一定程度上反映出这些省市是我省外来投资来源地和商品销售重要市场。2016年在我省资金净流出省市中位列前6位的是河北、四川、内蒙古、河南、重庆、湖南,我省净流出6省的资金分别为1091亿元、583亿元、513亿元、479亿元、452亿元、450亿元,在一定程度反映出这些省市是我省对外投资的重要目的地和商品采购重要市场。

二、山东省银行结算账户发展情况

从单位银行结算账户方面看,截至2016年末,山东省单位银行结算账户数量达344.2万个,同比增长12.5%。从注册资金规模看,小微企业市场主体增长较快,注册资金规模在100万元以下的小微企业开立的基本存款账户存量同比增长13.7%。从行业分布看,截至2016年底,我省基本存款账户数量位居前3位的行业是批发零售业、制造业、居民服务和其他服务业。通过对我省7个重点行业基本存款账户增长数据的分析发现:房地产业和制造业同比增速最低,信息传输与技术业、科学研究和技术服务业、居民服务和其他服务业同比增速较快,均高于全省平均值,表明我省高新技术产业、现代服务业市场主体增长较快,行业发展活跃度较高,产业结构调整的成效初显。

从个人银行结算账户方面看,中国人民银行《加强支付结算管理 防范电信网络新型违法犯罪有关事项的通知》规定,自2016年12月1日起一人在同一家银行只能开立一个Ⅰ类户,可以根据需要远程开立功能和金额具有一定限制的Ⅱ、Ⅲ类户。个人可以把资金量较大的账户设定为Ⅰ类户,把经常用于网络支付、移动支付的账户降级为Ⅱ、Ⅲ类户,或者新开立Ⅱ、Ⅲ类户办理网络支付、移动支付,这样既能有效保障账户资金安全,又能体验各种便捷的支付方式,达到支付安全性和便捷性的统一。山东省内国有商业银行、股份制商业银行、以及部分地方性法人银行都开办了Ⅱ类户业务,银行账户服务水平进一步提升。

三、山东省票据业务发展情况

由于企业网银等电子支付工具替代作用,以及宏观经济环境不景气造成企业商贸交易结算活跃度下降等情况影响,作为单位和个人商贸结算重要工具的票据结算量持续下降。2016年全省共办理票据结算业务1825.96万笔、112468.38亿元,同比分别下降28.2%和28.4%。从票据业务结构来看,银行本票、银行汇票等结算性票据业务量下降迅速,2016年银行本票、银行汇票结算金额同比分别下降45%和40%;支票、商业汇票由于兼具支付和部分融资功能,下降速度较缓。其中,支票结算金额同比下降22.4%;商业汇票承兑、贴现、转贴现业务金额同比分别下降19.4%、10.4%和28.5%,但电子商业汇票发展迅速。2016年山东省电子商业汇票业务同比分别增长62.63%和80.23%,商业汇票电子化率达41.4%,同比提高22.3个百分点,实现连续7年高速增长。自2017年1月1日起,单笔金额超过300万元的商业汇票按规定将仅能以电子商业汇票办理,预计商业汇票电子化进程将进一步加快。

四、山东省银行卡业务发展情况

截至2016年底,山东省累计发行银行卡45732.79万张、同比增长18.6%。全省布放ATM 6.19万台,同比增长5.1%。从银行卡交易情况看,2016年山东省银行卡交易222981.35万笔、清算金额130359.19亿元,同比分别增长37.6%和18%。其中,银行卡消费业务73804.15万笔、9705.06亿元,同比分别增长 36.6%和 15.8%。分行业看，银行卡消费增长较快的行业包括娱乐业、客运业、餐饮业和旅游售票业。从银行卡消费贡献率看，除批发类、超市类等行业较高外，主要是房地产类、汽车销售类、加油类和大型家电类银行卡消费带动了消费的增长。同时，自 2016 年 9 月 6 日起，《关于完善银行卡刷卡手续费定价机制的通知》正式实施，商户行业分类定价取消，借贷记卡实行差别计费，总体上较大幅度降低了费率水平，其中，“餐娱业”和百货、批发等“一般类”商户经营成本降低幅度最大，总体上费率水平分别从 1.25%、0.78%下调至 0.55%至 0.6%。该政策的实施进一步降低了商户经营成本，改善了商户经营环境，对扩大居民消费、促进商贸流通发挥了积极作用。

五、山东省电子支付业务发展情况

2016 年，山东省银行机构办理互联网支付、手机支付、电话支付等电子支付业务笔数和金额同比分别增长 25.7%和 57.6%。其中，互联网支付业务笔数和金额同比分别增长 2.8%和 38.1%；手机支付业务笔数和金额同比分别增长 94.9%和 511.5%。手机支付增速远高于互联网支付增速，主要有两方面原因：一方面银行机构加快布局移动端，推广力度持续增强，有效促进了手机支付交易规模的快速攀升；另一方面消费者追求便捷的支付服务，逐渐习惯并依赖手机解决衣食住行等各类支付需求。

2016 年山东省征信业运行报告

2016 年，山东省征信业实现规范较快发展：金融信用信息基础数据库稳定运行，企业征信和信用评级市场明显增长，山东省金融业统一征信体系建设正式启动，中小微企业和农村征信“库网”实现全省联网运行，征信业监督管理进一步夯实，征信宣传教育成效显著。同时，信用信息的经济价值日益显现，社会公众的信用意识明显提升，社会信用体系建设提供了有利的政策环境，山东省征信业即将步入规范中加快发展的新阶段。

一、2016 年山东省征信业运行情况

（一）金融信用信息基础数据库稳定高效运行

以全面有效覆盖信贷市场为目标，山东省征信系统接入机构数量不断增加、种类日益多元，入库信息主体数量持续增长，收录信息种类进一步丰富，数据质量在高水平上保持稳定。

1.覆盖范围持续扩展

金融信用信息基础数据库覆盖了山东省信贷市场主要信贷机构，包括所有全国性商业银行驻鲁分支机构、山东省内城商行、农信社系统全部法人机构等。住房公积金中心、村镇银行及其他中小机构稳步接入，截至 2016 年末，全省有 6 家公积金中心开通征信系统查询用户、112 家中小机构实现接入（村镇银行 66 家、财务公司 5 家、小贷公司 23 家、融资担保公司 18 家）。企业征信系统为全省 70.5 万户企业和其他组织建立了信用档案，较年初增加 1.3 万户；个人征信系统为 5916.5 万自然人建立了信用档案，较年初增加 139 万人。同时，全面采集人民银行系统已公示的行政执法信息，全省共向金融信用信息基础数据库报送行政执法信息 33.1 万条，信息采集量居全国前列。

2.数据质量保持高水平稳定

中国人民银行征信中心山东省分中心（以下简称“山东省分中心”）加强对省内地方性金融机构报送企业基本信息和财务报表信息的督促指导，定期组织核实异常数据、逾期借据和融资业务等可疑数据，有效保障了信息准确性。中国人民银行征信中心（以下简称“征信中心”）统计数据显示，2016 年末，山东省地方性金融机构企业征信数据质量量化考评得分为 99.5 分；14 家城市商业银行和农信社个人征信数据质量量化考评得分均达 99.9 分以上，其他地方性金融机构的量化评分也达到要求。中小接入机构数据报送进一步规范，山东省分中心加快推进报数的非接口转接口工作，2016 年全省中小机构接口报送数据 2.3 万条，占报数总量的 75%，报送数据的完整性、及时性、准确性均得到有效改善。

3.查询服务不断加强

金融信用信息基础数据库为银行业金融机构提供信用报告查询服务，2016 年末，企业征信系统在山东省开通查询用户 7892 个，2016 年全省金融机构查询 619.6 万次、日均查询 1.7 万次；个人征信系统在山东省开通查询用户 3 万个，2016 年全省金融机构查询 1733.9 万次，日均查询 4.8 万次。中小接入机构查询量迅速增长，截至 2016 年末，山东省分中心累计为获得查询权限的中小机构提供查询服务 19.9 万笔（企业信用报告 2.5 万笔、个人信用报告 17.4 万笔）。同时，为满足社会公众日益增长的信用报告查询需求，山东省分中心在全省 17 地市配置个人信用报告自助查询设备 80 台，在青岛市启动商业银行代理自助查询试点，积极推广网银查询新渠道。2016 年，全省 116 个查询网点和自助查询设备共为信息主体提供个人信用报告查询服务 264.5 万次、互联网查询个人信用报告 625.3 万次，同比分别增长 36.5%、126.9%。

4.异议申请得到妥善解决

为保护信息主体的异议权，山东省分中心通过征信中心

异议处理子系统，实时监测辖内分支机构、金融机构异议处理事项办理情况，督促金融机构在规定日期内完成异议处理。2016 年，全省共受理个人异议申请 359 笔，全部按照征信业相关管理规定予以妥善处理。

（二）征信市场稳步较快发展

立足传统征信领域和基础征信服务，山东省征信机构按照"独立、公正、保护信息主体权益"原则，努力改善内部治理，拓宽信息来源，创新征信产品，拓宽服务领域，市场实现稳步较快发展。

1.征信机构运营日趋规范

截至 2016 年末，山东省备案各类征信机构 15 家，其中企业征信机构 9 家、信贷市场信用评级机构 6 家（3 家省内法人机构、3 家省外法人机构的分支机构），资产规模 39094.2 万元，从业人员 220 人。各征信机构和信用评级机构能够按照《征信业管理条例》及相关监督管理要求，建立较为完善的公司治理结构，组织机构设置基本稳定；内控制度建设比较完备，建立健全信用信息采集和使用、异议和投诉处理、信息安全、独立性等各项制度；稳步推进征信系统建设与功能完善，征信系统安全等级测评均为二级，多家机构实施业务系统升级改造，征信产品和服务不断升级改善。

2.征信信息来源更加广泛

从信息来源看，征信机构主要采取企业主动提供、与关联企业和政府部门共享、向大数据公司付费购买、网络抓取等渠道采集企业信息，能够实现信息的可追溯、可异议、可纠错。采集信息类型主要集中在以下三类：一是工商公示信息，包括注册信息、股东信息、主要人员信息、分支机构信息、联系信息、经营异常信息、年报信息等；二是企业经营信息，包括资产信息、财务信息、交易信息、关联企业信息、对外投资信息、招聘信息、商标和专利信息等；三是公共管理及司法判决信息，包括政府行政许可和行政处罚信息、公用事业缴费信息、法院判决执行信息等。

3.征信服务向多元化发展

在传统的信贷领域，各征信机构主要提供贷前调查、信用监控、企业信用评级、中小企业信用评分、客户筛选与推荐等征信服务，帮助金融机构进一步了解信贷客户的经营状况、财务状况、关联信息、涉诉信息，缓解银企之间信息不对称。在此基础上，各机构积极拓展信用产品和服务范围，企业征信机构逐步向保险、互联网金融等领域拓展服务，信用评级机构在担保、信托、非上市公司股权交易等领域实现展业。同时，各机构积极参与地方社会信用体系建设，为地方和行业主管部门开展诚信建设提供咨询，协助进行信息归集和信用信息系统建设，面向广大中小企业开展信用管理培训。2016 年，全省征信机构共提供企业信用报告 2.6 万份，实现业务收入 1736.3 万元；信用评级机构提供信用评级报告 648 份，实现业务收入 313.7 万元，征信业务收入同比增长 28.4%。

（三）金融领域信用体系建设有效深化

以中小微企业和农村信用建设为重心，以全省金融业统一征信平台为提升，有效落实金融领域信用联合激励约束机制，构建更加全面、高效的金融业信用信息基础设施。

1.山东省金融业统一征信体系建设成功启动

落实山东省委、省政府《山东省社会信用体系建设工作方案》有关"重点示范工程"的任务部署，人民银行济南分行、省金融办、省银监局、省证监局、省保监局联合印发《山东省金融业统一征信体系建设指导意见》，启动全省金融业信用信息和监管信息互联共享。人民银行济南分行大力推动《关于建立完善守信联合激励和失信联合惩戒制度加快推进社会诚信建设的指导意见》（国发〔2016〕33 号）在金融领域的落实，推动加快《山东省公共信用信息管理办法》出台，依托省域征信服务平台，深化与金融决策相关的重点部门及行业信息共享，省法院未结案被执行人信息、失信被执行人信息，省公安厅人口、机动车辆、金融犯罪名单信息，国地税纳税信用等级信息、重大税收违法案件当事人信息等实现互联共享；与国家电网山东省电力公司签订信息共享协议，对窃电、违约用电等违法违规行为实施联合惩戒。

2.中小微企业和农村地方数据库实现全省联网运行

在人民银行总行的统一部署下，济南分行按照数据"来源于地方、服务于地方"的指导思想，大力推进以"地方库 + 省域网"为核心的中小微企业和农村信用体系建设，广泛采集具有经济活力但缺乏信贷支持的城乡小微经济主体信息，用于支持商业银行的信用发现、信用培植和授信决策，中小微企业和农村地方库成为全国征信系统的有益补充。地方数据库按照全省统一的技术标准建设，截至 2016 年末，全省共有 12 个中小微企业数据库、9 个农村数据库达到建设标准，覆盖全部 17 地市，共采集中小微企业信息 122.8 万户、农户信息 254.5 万户，并于 12 月在全省范围实现了联网运行。

3.省域征信服务平台不断建设完善

山东省域征信服务平台在中小微企业和农村地方数据库基础上搭建，为金融机构和相关部门提供征信信息查询服务。截至 2016 年末，全省省、市两级商业银行均已接入该平台，各商业银行积极查询使用平台信息，齐鲁银行、中信银行等将查询结果引入信贷审批流程。以地方数据库资源为基础，由专业第三方机构根据金融机构需求研发的小微经营主体信用评级（分）产品成功投产，通过省域征信服务平台向金融机构提供查询服务。截至 2016 年末，平台累计为商业银行、小额贷款公司、融资性担保公司等接入机构提供查询服务 27.3 万笔，平台促进普惠金融、支持实体经济、助推精准扶贫的作用逐步显现。山东省域征信服务平台于 2016 年 10 月荣获人民银行总行颁发的"2015 年度银行科技发展三等奖"。《大众日报》以"库网一体打破融资困境 信息联动支持精准扶贫 省域征信服务助推实体经济发展"为题，采访报道相关成效。

（四）动产融资登记公示和应收账款融资服务快速增长

1.动产融资服务推广位居前列

2016年，动产融资服务平台各项业务指标保持快速增长，推广应用成效再上新台阶。截至2016年末，全省动产融资统一登记系统累计注册常用户873个，累计实现应收账款质押和转让登记12.9万笔、融资租赁登记1.8万笔、其他登记1601笔，中小微企业登记笔数占登记总数的66%。应收账款融资服务平台累计注册用户7487个，累计促成融资6166笔、融资金额2635.4亿元（中小微企业融资1970.6亿元），其中2016全年新增融资1766.1亿元、新增规模以上供应链32条，推广成效在全国名列前茅，有力支持了我省中小微企业融资难问题的缓解。

2.仓单融资服务试点成功启动

针对青岛德正等事件暴露出的信息不对称问题，按照"明晰权属、管控货物"的思路，征信中心青岛市分中心创新设计了一整套仓单质押融资解决方案，有效解决了仓单重复质押问题，获得征信中心的认可和推广，并得到时任郭树清省长的高度评价和批示。

（五）征信业监督管理扎实有效

1.征信业管理制度进一步完善

人民银行济南分行认真做好《征信业管理条例》以及《企业征信机构备案管理办法》（银发〔2016〕253号印发）、《关于加强征信合规管理工作的通知》（银发〔2016〕300号）等制度办法的贯彻落实，因地制宜细化完善监管的制度措施。制定实施《企业征信机构现场检查操作指引》、《征信机构延伸调查工作方案》，细化了现场检查的内容、依据和方法。制定实施《征信窗口服务标准化管理操作规程》、《个人信用报告查询收费及发票管理暂行办法》，进一步规范和优化征信查询服务。制定实施《中小机构通过省级平台接入征信系统业务流程》等管理制度，保障了省域征信服务平台规范、有序建设、运行。

2.征信系统接入机构合规管理深入开展

人民银行济南分行将2016年定为"个人信用报告查询专项整治年"，深入落实银发〔2016〕300号文件要求，采取多种措施保障基础数据库安全运行。督促指导接入机构完善用户管理、信用报告查询和使用、异议处理等内控制度和机制，逐笔调查核实征信系统异常查询数据，严肃查处征信违法违规案件，组织全部接入机构开展征信合规管理自查自纠。深入组织开展征信业务现场检查，2016年全省共检查金融机构47家，涉及总、分支机构798个。切实加强信息安全的技术防控，指导农村信用社、日照银行等地方性金融机构开发征信查询前置系统，上线运行省域征信服务平台查询前置系统。依法妥善处理信息主体投诉，2016年共处理投诉81笔，有效维护了信息主体权益。

3.征信市场监督管理全面加强

遵循"依法、合规、审慎"的总体原则，人民银行济南分行不断强化山东省征信市场监督管理，构建现场检查与非现场管理相结合的监管框架。开展征信机构备案信息专项核查、征信机构现场检查等专项活动，有效规范了辖区征信机构及其业务行为。全面加强合规管理，组织全部备案机构对业务真实性、经营情况、业务规则等开展自查自纠。认真做好市场统计监测，提高管理的针对性和有效性。联合省工商局建立征信机构监督管理协作机制，提高备案和日常监管工作质效。

（六）征信宣传教育助推国民信用意识显著提升

在全省组织开展"学习征信知识 维护自身权益"主题宣传活动，充分调动金融机构、征信机构的人员和网络资源，联合政府部门提高宣传层级，发挥官方媒体的喉舌作用扩大宣传效能，探索征信宣传的"互联网+"新渠道，广泛开展"进企业、进社区、进农村、进机关、进学校"普惠式宣传。2016年全省共举办各类征信宣传活动4600余场，170多个政府部门参与支持，120多家各类媒体宣传报道，取得了普及征信知识、增强维权意识的良好效果。大力实施"征信教育进高校"工程，联合省教育厅在40余所高校开展"征信知识讲堂"活动，全省开设《现代征信学》课程的高等院校和职业学校增至12所，基础信用教育工作扎实开展。

二、面临的机遇与挑战

当前，社会信用体系建设已上升为国家治理体系的组成部分，征信体系既是其中一环，又是重要的金融基础设施，日益受到政府和市场两个方面的重视和采纳。山东省征信行业将在政策、技术、市场等多重机遇下，发挥后发优势，实现扬长避短、高效发展。

（一）顶层设计日趋完善

人民银行作为征信业监督管理部门，从研究制定征信市场发展总体规划入手，有序推进个人征信市场准入，统筹协调企业征信市场、信用评级市场规范发展。全面加强征信合规管理，2017年人民银行总行将陆续出台《信用评级业管理暂行办法》、《征信机构信息采集目录指引》等多项规章制度，引导、督促征信机构和接入机构强化内部治理，规范信用信息采集、查询和使用行为。2017年6月1日，《刑法》关于办理侵犯公民个人信息刑事案件适用法律《若干问题的解释》和《网络安全法》施行，将与《征信业管理条例》一道，更加有力地保障信息主体合法权益，促进征信行业沿着法制轨道规范发展。

（二）政策环境更加优越

2016年，国家和山东省社会信用体系建设取得明显进展，顶层设计日益完善，制度建设稳步推进，诚信观念正深入人心。12月，习近平总书记在中央政治局第三十七次集体学习上明确指出："对突出的诚信缺失问题，既要抓紧建立覆盖全社会的征信系统，又要完善守法褒奖机制和违法失信惩戒机制。"中央深改领导小组第29次会议正式通过了关于政务诚信、个人诚信体系和电子商务领域诚信建设三个重要文件。多部委签订《合作备忘录》实现信用联合奖惩机制落地。2016年以来，山东省政府出台的多项文件提出了有利于征信和评级行业发展的政策安排。人民银行济南分行与省发改委联合出台了征信和评级机构《推荐扶持发展名录实施办法》，对列入名录的市场机构予以政策扶持和优先发展。

（三）市场需求日益旺盛

征信体系是经济金融防风险、调结构、促发展的重要基础，特别是当前我国经济发展进入新常态，国家新的经济发展理念、发展战略、“三去一降一补”结构调整稳步实施，“双创”、普惠金融、精准扶贫等扶持政策深入推进，在宏观政策制定和微观经济决策方面都需要征信体系提供支持。当前，金融机构在信贷决策中对于信用信息的外延性需求越来越强，各类融资业务创新加快了信用信息服务的专门化发展。征信机构亦开始融入行业和地方信用建设，征信服务向信用服务这一更广阔的领域延伸。社会公众对自身信用状况更加关注，维权意识显著提升。征信市场面临多层次、宽领域、专业化的征信服务需求。

（四）行业建设仍需完善

我国征信行业发育较晚，山东省征信市场总体上仍处于初级阶段，征信机构整体实力较弱，征信业务模式单一，服务对象相对有限，高端和特色产品较少，难以有效满足潜在的市场需求。同时，大数据技术的压迫式蔓延对传统征信服务模式提出了挑战，信用相关数据的筛选、采集、分析与应用面临新课题。此外，信用信息的经济价值日益凸显，活跃的信贷产品创新使数据交互范围大大扩展，其间蕴含了较大的信息安全风险和法律风险，给征信行业的稳健运行和信息主体权益保护工作提出了更高要求。

三、发展展望

2017 年，山东省征信业将按照“重规范、保安全、求实效、谋长远”的发展思路，以规范运行为基石，以提高发展质量为目标，更好地发挥在防风险、调结构、促发展中的积极作用和基础性作用，凸显行业经济效益和社会效益。

（一）金融信用信息基础数据库服务能力进一步增强

积极稳妥实施中小机构接入征信系统，重点做好公积金中心、保险公司、融资租赁公司等新型机构接入，探索符合条件的其他类型机构接入征信系统。加快中小机构非接口转接口进度，力争 2017 年底前实现存量和新增机构全部通过接口方式报送数据。多方改善征信窗口查询服务，加快自助查询终端布设，扩大商业银行代理自助查询试点范围。配合征信中心二代征信系统上线工作，为接入机构提供更加优质的征信服务。

（二）征信机构步入市场化发展的快车道

征信机构深入落实征信业管理法规制度要求，进一步完善法人治理和内控机制，健全内部风险防范、避免利益冲突和保障信息安全等制度措施，加强产品和服务创新，不断拓展业务领域和范围，提高核心竞争力。人民银行济南分行作为山东省征信行业监督管理部门，积极支持备案机构做大做强，引导备案机构开展差异化、专业化经营，与金融信用信息基础数据库形成互补、互动关系，进一步优化市场结构，满足社会全方位、多层次、多元化的征信服务需求。

（三）全省金融业统一征信体系建设稳步推进

按照《山东省金融业统一征信体系建设指导意见》部署，依托省域征信服务平台，稳步实现银、证、保监管信息和行业信息互联互通，稳妥探索其他类型金融机构、地方金融业态信用信息的归集共享。继续推进省域征信服务平台共享行政、司法及行业信用信息，进一步做好守信联合激励和失信联合惩戒机制在金融领域的落实。

（四）中小微企业和农村信用体系建设全面深化

继续推进中小微企业和农村地方数据库建设，2017 年年底前实现全省各地市数据库均达到统一建设标准，探索建立信息更新长效机制，进一步提高信用报告的使用价值，深化省域征信服务平台征信产品在金融机构信贷决策中的应用。人民银行济南分行在政策层面积极协调地方政府及有关部门合力推进中小微企业和农村信用体系建设，形成“政府支持、人行牵头、各方参与、服务社会”的可持续发展机制。

（五）动产融资和应收账款融资平台推广应用质效进一步提高

2016 年动产融资被纳入《中小企业促进法（修订草案）》，人民银行、公信部等七部委起草完成《小微企业应收账款融资专项行动工作方案（2017—2019）》，形成依托平台促进应收账款融资发展的部门合力。下一步，人民银行济南分行将积极协调相关单位、部门开展政策联动和信息共享，推动更多的应收账款参与融资，引导更多的核心企业带动供应链整体加入平台，鼓励金融机构与平台对接、开展线上全流程应收账款融资，进一步提高应收账款融资效率。

（六）征信管理基础进一步夯实

实现人民银行征信合规管理制度在征信系统接入机构、征信机构的全面落地。加大现场检查工作力度，将检查范围拓展至征信系统所有接入机构类型，提高检查监督的针对性。丰富非现场监管的制度方法，建立征信合规工作季度例会制度，对接入机构和征信机构开展考核评级和分类监管，实施接入机构涉及征信的信贷产品创新事前报告制度，探索与有关部门建立协同监管机制。大力度、严肃查处征信违法违规案件，切实保障信用主体权益。

（七）征信宣传和教育有效提升国民信用素质

建立国民信用知识普及、高校征信专业教育、中小学诚信德育教育相结合的征信宣传教育体系，进一步提高社会各层面的信用意识和信用素质。支持有条件的高校开设信用管理专业，为山东省征信业发展输送更多的优秀专业人才。

第二部分

中央银行、监管局

中国人民银行济南分行

【第一负责人简介】 金鹏辉，男，河南洛阳人，1971 年 1 月出生，先后毕业于东南大学和中国人民银行研究生部，经济学博士。1992 年 8 月参加工作，先后在中国人民银行监管二司、办公厅工作，2013 年 9 月起担任人民银行郑州中心支行党委书记、行长，2015 年 5 月起担任人民银行济南分行党委书记、行长。

【综述】 2016 年，人民银行济南分行在总行和省委省政府的正确领导下，深入贯彻中共十八大及十八届三中、四中、五中、六中全会精神和习近平总书记系列重要讲话精神，认真落实省委省政府“一个定位、三个提升”的要求，紧紧围绕全省经济社会发展战略，敢于担当、积极作为，认真贯彻执行稳健货币政策，创新金融服务，切实维护金融稳定，改进外汇管理与服务，推进区域金融改革创新，努力为全省经济持续健康发展营造良好金融环境。

【货币政策实施】 面对 2016 年错综复杂的经济形势，人民银行济南分行坚持把贯彻执行稳健货币政策的着力点放在疏通金融支持实体经济的渠道与优化金融资源配置上，连续第 12 年以济银发 1 号文印发《关于认真贯彻稳健货币政策 改进金融服务和外汇管理支持全省推进结构性改革和经济转型升级的意见》，按季组织召开货币政策与金融管理工作通报会，充分发挥各类货币政策工具的引导作用，强化对金融机构的激励约束，引导金融机构加大对“三去一降一补”等重点领域和薄弱环节的支持力度，促进各项贷款和社会融资规模平稳增长。2016 年，全省社会融资规模增加 8311.9 亿元。截至 2016 年年末，本外币贷款余额 65243.5 亿元，比年初增加 6180.3 亿元，同比多增 797.8 亿元；存款余额 85683.5 亿元，比年初增加 8885 亿元，同比多增 1949.5 亿元。

一、深入推进银企合作。扎实开展“金融服务企业百日行”活动，在全省遴选 2000 家中小民营企业、1000 家科技创新企业、2000 家外贸重点企业，组织金融机构开展“行长走访厂长”逐户对接，截至 2016 年年末对接融资需求 2799 亿元，资金满足率达到 52.3%。搭建政银企对接融资服务平台，通过印发项目名单、召开推介会等方式，向金融机构推介企业和项目 3438 个，对接融资需求 4048 亿元。开发运行山东省融资服务网络平台，实现随时发布项目需求名录、定期汇总资金落实情况等功能，初步建立了省、市、县三级常态化银企对接机制。

二、扎实开展金融精准扶贫。健全金融精准扶贫工作机制，会同省扶贫办等单位制定《山东省金融扶贫实施方案》，在省市县三级政府配套设立专项担保基金、风险补偿金、贷款贴息资金，组织 230 家法人银行机构制定金融扶贫工作规划，在全省形成责任明确、纵横联动的工作格局。建立扶贫融资需求精准对接机制，主动对接全省光伏扶贫、旅游扶贫、电商扶贫三大扶贫行动，会同省扶贫办等部门开展“金融精准扶贫融资需求对接百日攻坚活动”，开发运行实时跟踪监测融资需求对接落实的信息系统。充分用好金融扶贫再贷款政策，全省安排 65 亿元扶贫再贷款额度，对重点县精准扶贫所需资金全部予以满足。截至 2016 年年末，全省累计发放各类精准扶贫贷款 504.4 亿元，支持贫困人口 29.1 万人。山东省金融精准扶贫相关工作得到国务院扶贫办和郭树清省长肯定，有关做法被金融时报、大众日报、山东卫视新闻联播等各大媒体专题报道。

三、积极支持化解过剩产能。强调金融支持去产能坚持分类处置、“一企一策”，引导金融机构对产能过剩行业实施“总量控制、盘活存量、优化增量”的政策，在贷款总量上既适当压缩、又保持相对稳定，在贷款结构上既对龙头企业或转型升级项目加大支持、又对落后产能严控增量、有序退出，为全省去产能营造良好的金融环境。加大对去产能行业人员安置的支持力度，将钢铁、煤炭等行业职工和失业人员纳入创业担保贷款政策支持范围，进一步扩大了贷款额度。

四、改进房地产信贷调控。认真落实“一城一策”房地产调控思路，建立区域性差别化住房信贷体系，在省内中心城市优先满足居民家庭贷款购买首套和改善型普通自住房的信贷需求，在三四线城市和县域支持加快去库存。以省市场利率定价自律机制的会议决议方式，对济南市个人住房贷款的首付比例等进行调整。支持国家开发银行山东省分行用好抵押补充贷款，加大对保障性安居工程建设支持力度。

五、着力引导降低企业融资成本。稳妥推进利率市场化改革，引导金融机构提高定价科学化水平，在覆盖风险和成本的基础上尽可能降低利率水平。2016 年年末，全省新发放一般性贷款加权平均利率 5.27%，较 2015 年平均水平下降 0.2 个百分点，处于 2012 年以来的历史低位。支持 26 家地方法人银行机构发现同业存单及大额存单，拓宽低成本负债渠道。

六、加强对中小金融机构的资金支持。认真落实差别化存款准备金政策，对全省 223 家农村信用社、农村合作银行、村镇银行实行比国有银行低 8 个百分点的优惠存款准备金率，对 26 家存款用于当地比例政策考核达标的机构实行比同类机构低 1.5 个百分点的优惠存款准备金率，对 2015 年考核达标的

33 家“三农金融事业部”实行低于农业银行 2 个百分点的优惠存款准备金率，合计增加法人机构可贷资金 850 亿元。改进信贷资产质押再贷款管理，扩大再贷款抵押品范围。2016 年，累计发放支农再贷款 160.02 亿元，同比多发放 9.69 亿元；累计发放支小再贷款 100.09 亿元，同比多发放 28.09 亿元。充分发挥再贴现工具的导向作用，引导金融机构加大对“三农”和小微企业签发或持有票据的贴现力度，累计办理再贴现 182.07 亿元。支持地方法人金融机构发行金融债券，11 家机构发行二级资本债券 101 亿元，2 家机构发行专项金融债券 90 亿元，进一步提升主动负债能力。

七、大力发展直接融资。加大对短期融资券、中期票据和中小企业集合票据等银行间市场债务融资工具的推介力度，建立债务融资工具发行储备库，促进提高发行效率。2016 年，全省累计发行非金融企业债务融资工具 326 单、3125.8 亿元，发行额居全国第 5 位。

【金融稳定】 2016 年，人民银行济南分行继续坚持金融风险监测全覆盖，将全省地方法人银行机构、证券机构、保险机构，以及具有融资功能的小额贷款公司、融资担保公司等具有潜在风险的非金融机构全部纳入监测范围，重点加大对大企业担保圈、产能过剩行业等领域的监测力度，建立出险大企业数据库，确保风险隐患早发现、早提示、早报告、早处置。强化金融稳定重大事项报告执行，开展金融机构稳健性评估与压力测试，对 14 家城市商业银行、33 家农村商业银行和 18 家村镇银行开展信用风险与流动性风险压力测试，对国家开发银行山东省分行等 5 家省级管辖行和 13 家地方法人银行机构不良资产真实性开展现场评估，掌握金融机构的真实不良贷款水平。《关于出险企业处置中贷款转背重组行为的调查报告》获得人民银行总行行长周小川批示。扎实做好存款保险制度实施各项工作，在全国率先按季对投保机构开展监测分析，顺利完成全省 238 家金融机构存款保险评级、适用费率核定和保费收缴工作，2016 年合计收缴保费 3.41 亿元。积极参与省政府统一组织下的风险化解处置工作，加大对日照地区金融风险化解处置的政策倾斜力度，在肥城矿业集团债务重组中提出合理化意见建议。参与全省互联网金融风险专项整治，牵头“通过互联网开展资产管理及跨界从事金融业务”与“非银行支付机构”两个领域的专项整治工作，分别在两个领域全面排查企业 681 家和 8120 家，积极稳妥开展清理整顿。参与全省打击和处置非法集资工作。

【金融服务】 2016 年，人民银行济南分行坚持以服务民生为导向，创新金融服务措施，大力发展普惠金融，促进全省金融服务和管理水平不断提高。

一、支付结算管理工作继续取得新突破。深化农村支付服务环境建设，形成“金融机具 + 手机支付”“互联网 + 银企商”等服务模式，组织涉农金融机构实施收费标准较柜台同类业务低 2~3 成的特色收费定价机制。大力推广非现金支付工具，全省电子商业汇票业务量居各省份前列，金融 IC 卡发卡量达到 1.72 亿张，指导青岛银行作为全国首家获批机构开展实名单电子现金业务。加强支付结算安全管理，组织银行机构对全省 7.01 亿个人账户实施分类管理，引导客户使用Ⅱ、Ⅲ类账户办理小额支付业务；组织全省 116 家法人银行接入电信网络新型违法犯罪交易风险事件管理平台，实现涉案账户快速止付、冻结等功能。圆满完成支付系统济南城市处理中心泰安备份中心的建设。

二、征信体系建设取得新亮点。在 2015 年与省法院、省公安等部门实现信用信息共享的基础上，与税务、电力等部门建立信息共享机制，将税务部门的纳税信用等级、重大税收违法案件当事人，以及国家电网山东省电力公司的用电缴费、窃电违约用电等信息，全部纳入人民银行省域征信服务平台。启动山东省金融业统一征信体系建设，实现金融管理部门政务信用信息、金融机构及各金融业态信用信息共享。加强小微企业和农村地方征信数据库建设，全省 17 个地市全部实现地方征信数据库上线运行。大力推广应收账款融资服务平台，截至 2016 年年末，平台累计促成融资交易 6166 笔、金额 2635.35 亿元，位于全国前列。

三、国库服务水平明显提升。加快国库信息化建设步伐，配合税务部门完成“金税三期”升级换版，会同济南海关实现关库联网系统上线，组织开发“山东省国库会计核算实时管理系统”“山东省国库会计凭证影像监督系统”。推进市级国库集中支付电子化，在临沂市成功上线市级国库集中支付电子化管理系统。在全国率先完成全省范围内“营改增”预算体制调整工作。

四、金融科技建设取得新成效。在全国率先实现全省银证保机构信息登记全覆盖，有效解决了《金融业机构信息月报》对金融机构数量统计不全面的问题，人民银行总行范一飞副行长批示推广济南分行经验。大力发展移动金融，全省有 13 家城市商业银行全部实现 HCE 云支付，全部上线金融 IC 卡贴卡认证，全部推广手机电子现金圈存。

五、现金管理工作取得新亮点。在全国率先开展现金物联网建设，实现现金钞票流动可跟踪可追溯。在全国率先实现全省范围现金全清分，保障金融机构对外支付现金无假币，促进提升现金整洁度。全力推进县域现金中心建设，进一步提高县域现金服务水平。2016 年，全省累计投放发行基金 3463 亿元，累计回笼 3568 亿元，净回笼 105 亿元。

六、金融消费者权益保护工作取得新进展。与省高级人民法院建立了金融消费纠纷诉调对接机制，推动全省 12 个地市建立了人民银行与法院或仲裁等机构的工作对接机制，在全省建立 8533 个农村金融消费维权联络点。扎实做好消费者投诉咨询处理工作，2016年累计受理金融消费者投诉1273笔，投诉办结率96.23%。

七、深入推进依法行政。开展执法检查规范化建设，建立执法检查主查人制度、双随机抽查机制，明确《对外检查监督工作规范》及《对外检查监督工作“十不准”纪律》。认真做好“放管服”工作，清理规范职业培训、考试及收费等事项，取消“经营流通人民币审批”、“进入全国银行间同业拆借市场审批”2项行政许可项目，废止和修改文件11份，编制人民银行13项公共服务事项办事指南。

八、金融管理工作进一步加强。加强反洗钱监管，累计向公安机关移送涉嫌犯罪反洗钱线索78份，其中公安机关立案15个、侦破8个。深入开展打击利用离岸公司和地下钱庄转移赃款专项行动、打击骗取出口退税和虚开增值税专用发票专项工作，向公安机关移送涉嫌地下钱庄可疑交易线索21份、涉税犯罪线索3份。组织对全省省级金融机构2015年度执行有关金融法规规章和人民银行政策规定等情况进行综合评价。

【金融改革】 人民银行济南分行扎实开展“两权”抵押贷款试点，会同省委农工办等8个部门建立“两权”抵押贷款试点工作推进机制，从农村产权确权登记颁证、风险分担机制、农村产权流转交易市场、价值评估机制等方面完善试点基础条件，围绕“两权”抵押物处置难题创新“提前约定抵押物处置”等信贷产品，相关做法在全国“两权”试点现场推进会上进行交流。截至2016年年末，全省“两权”抵押贷款余额19.2亿元，其中13个试点县“两权”抵押贷款余额9.89亿元，居全国前列。深度参与青岛财富管理改革综合实验区建设，积极探索争取数字票据交易平台、财富管理产品交易平台等落户青岛，争取将青岛银行纳入数字票据交易平台试点。加强对金融创新产品跟踪研究，指导沂南县在全国率先发行社会效应债券，指导青岛银行在全国地方法人金融机构中率先发行绿色金融债。围绕如何缓解仓单质押融资业务中银企信息不对称问题进行调查研究，提出建立仓单贸易融资服务平台的解决方案，协调人民银行征信中心与青岛港开展业务合作，相关报告获得郭树清省长批示。加大对法人互联网支付机构发展的指导力度，从产业规划、市场整合、协同发展等方面，提出加快发展山东省法人互联网支付机构的有关建议，得到郭树清省长、孙伟常务副省长和夏耕副省长批示。在济宁、临沂、聊城启动县域普惠金融示范区建设试点，研究制定普惠金融指标体系。稳步推进中韩金融合作，在全省推广企业向韩国银行业机构跨境人民币借款业务试点，截至2016年年末，全省共有32家企业从7家韩国银行机构办理了44笔跨境人民币贷款业务，实际汇入金额50.9亿元。

【外汇管理】 2016年，面对跨境资金流出压力增加的严峻形势，人民银行济南分行坚持促进贸易投资便利化与防范跨境资金流动风险并重，以“扩大流入端”为重点深化外汇管理改革，稳步推进金融市场开放和资本项目可兑换，对已出台的贸易投资便利化政策措施不收缩、不倒退。积极推进全口径跨境融资宏观审慎管理，允许金融机构和企业在限额内自主开展跨境融资，政策实施以来全省已有45家企业借入外债15.4亿美元。继续推进跨国公司外汇资金集中运营管理，全省具备外币资金集中运营资格和人民币集中运营资格的跨国公司分别增加至54家和88家，为企业跨境调剂资金余缺，优化配置资产提供了便捷途径。深入落实简政放权要求，在全省全面实现外汇管理行政审批“一个窗口”受理，把经常和资本项下所有审批和服务项目统一纳入大厅窗口服务，窗口办结率达到100%。积极推进支付机构跨境外汇支付业务，向人民银行总行争取跨境电子商务综合试验区便利化政策措施。全程参与山东省电子口岸“单一窗口”建设工作，促进提升通关效率。

同时，有效防范跨境资金流动风险，全力做好“控流出”工作，切实加强对全省大额和异常购付汇的监测、约谈和核查，加大外汇检查处罚力度。2016年，全省共查处外汇违法违规案件388起、收缴罚没款3917.97万元。指导建立山东省外汇市场自律机制，督促银行认真落实真实性合规性要求，全省43家银行签署《银行外汇业务和跨境人民币业务展业自律公约》。

【金融文化建设】 2016年，为确保把辖区全面从严治党主体责任落到实处，人民银行济南分行党委年初明确提出继续坚持党建统领辖区工作全局的指导思想，以济银党1号文印发《关于落实全面从严治党主体责任 进一步强化党建统领作用的意见》，明确各党务工作部门落实全面从严治党的分工责任，把落实党建工作责任制和“一岗双责”情况纳入对各级行党委（组）领导班子的考核，强化党建对领导班子建设、干部队伍建设、法治央行建设、群团工作、基层央行履职等方面的统领作用。从严从实强化基层党建工作，推进辖区党员活动室规范化建设，确保年底前辖区各单位都建有一个规范的党员活动室；深入推进服务型党组织建设，开展“党员挂牌上岗”“党员示范岗”“党员责任区”“党员服务窗口”等活动。加强班子队伍建设，开展青年员工职业导航和护航活动，加大优秀年轻干部交流锻炼力度，选派年轻干部到艰苦地区、商业性金融机构交流锻炼。联合省人社厅、团省委、省总工会联合组织举办跨境人民币、金融统计业务技能竞赛。

一、扎实开展“两学一做”学习教育。划拨专项党费300万元支持各级行党组织开展学习教育，梳理汇编41万字的《中国共产党党章党规选编》并印发辖区每名党员进行学习。开展党员领导干部示范讲党课、党组织负责人全员讲党课、“七一”前后集中讲党课活动，辖区905名基层党组织书记先后主讲党课1145次，各级行党员干部带头讲党课1320余次。坚持把解决问题贯穿学习教育全过程，组织党员对照履职参考清单和“十

问题贯穿学习教育全过程，组织党员对照履职参考清单和“十个自问”边学边改、即知即改，辖区各级行领导班子对照检查问题 1040 余条，各级班子成员对照检查问题 2540 余条，梳理确定领导班子整改事项 728 个，目前已整改和正在整改的有 666 个、占 92%，进一步提高党员队伍的凝聚力和战斗力。

二、切实加强党风廉政建设。健全推进“两个责任”具体化的职责清单、落实清单和台账清单，坚持常态教育全天候、常态监督全覆盖、常态执纪严准快、常态问责不放松，构建廉政谈话、廉政承诺和廉政宣誓任职“三位一体”任职廉政教育机制，开展“严明纪律规矩、严格纪律审查、严格责任追究、践行四种形态”“三严一践行”专项活动，扎实开展岗位（廉政）风险专项排查，做好风险监督管理系统运行和维护。狠抓作风建设，“四风”问题整治回头看梳理问题 209 个，查处违反中央八项规定精神问题 4 件，给予党纪政纪处分 12 人，通报曝光 5 批 8 人次。

三、以强化对外履职为导向加强县支行建设。建立县支行对外履职清单，明确县支行应当履行好的 11 项基本职责。调整完善县支行内设机构设置，将原有“两部两室”改为更加突出对外履职的“三科一室”，即办公室（纪检监察室）、货币信贷调统科、金融稳定科、金融服务管理科，同时在个别外汇管理业务量较大的县支行增设外汇管理科。建立以促进对外履职为导向的程序简洁、内容清晰的县支行考核体系，引导县支行干部职工将更多精力集中到对外履职上。稳步推进综合服务大厅建设标准化工作，探索在县支行综合服务大厅实施综合柜员制。

【大事记】　1 月 1 日　人民银行济南分行完成 2015 年度年终决算各项工作。

1 月 1 日　个人外汇业务监测系统在辖区外汇指定银行和各级外汇局全面上线运行。

1 月 16 日　2016 年贺岁普通纪念币在山东省分两批公开发行。

1 月 20 日—21 日　中国人民银行济南分行 2016 年工作会议在济南召开。

1 月 25 日　人民银行济南分行联合省委农工办召开山东省“两权”抵押贷款试点工作会议。

1 月 1 月　人民银行济南分行完成对济南 CCPC 本地备份中心机房的验收工作。

2 月 1 日　召开跨境人民币借款业务试点政策发布会，中韩五项金融合作首项成果正式在山东落地。

2 月 26 日　人民银行济南分行联合省经信委召开 2016 年全省企业重点技术改造项目导向计划推介会。

2 月　人民银行济南分行开展 2015 年度全省银行间市场成员评价工作。

2 月　组织完成山东辖区 2015 年养老保险基金预决算和统计年报的汇总工作。

3 月 3 日　人民银行济南分行被中国金融工会授予“全国金融系统劳动竞赛示范单位”。

3 月 25 日　人民银行济南分行与省银监局、省金融办共同研究制定《山东省人民政府关于推进普惠金融发展的实施意见》（征求意见稿）。

3 月　《金融发展研究》连续第五年入选人大报刊复印资料重要转载来源期刊。

3 月　开展 2015 年度山东省“三农”和小微企业信贷政策导向效果评估工作。

3 月　人民银行总行党委任命刘健为中国人民银行济南分行党委委员、副行长。

4 月 11 日　全面开展硬币自循环工作。

4 月 13 日　成立山东省联合整治支付结算重大违法犯罪办公室。

4 月 13 日　人民银行济南分行联合省扶贫办等 7 部门召开山东省金融助推脱贫攻坚电视电话会议。

4 月 15 日　人民银行济南分行印发《山东省助农取款服务点业务管理办法》。

4 月 20 日　人民银行济南分行召开山东省支付清算协会一届五次理事会议。

4 月 21 日　制定印发《山东省金融扶贫实施方案》。

4 月 25 日　与省公安厅联合开展山东省 2016 年打击整治假币违法犯罪专项行动。

4 月 26 日　人民银行济南分行对全省 118 家金融机构综合评价结果进行通报。

4 月 29 日　山东省农村信用社联合社成功上线运行中央银行会计核算数据集中系统综合前置子系统。

4 月 29 日　启动实施 2016 年“鲁青基准贷”项目。

4 月　国家外汇管理局山东省分局外汇业务大厅窗口正式启用，实现省分局经常项目、资本项目外汇业务“一个窗口”受理。

5 月 17 日　人民银行济南分行召开山东省市场利率定价自律机制 2016 年工作会议。

5 月 21 日　人民银行济南分行组织各金融机构、山东银联等单位开展“金融 IC 卡用卡安全”泉城广场现场宣传。

5 月 25 日　人民银行济南分行联合省委农工办组织召开山东省“两权”抵押贷款试点工作推进会。

6 月 3 日　人民银行济南分行联合省公安厅召开联合整治支付结算违法犯罪工作通报会。

6 月 7 日　山东省农村信用社联合社以接口方式正式接入联网核查公民身份信息系统。

6 月 12 日　2016 年贺岁普通纪念币开始第二批次发行工作。

6 月 15 日　举办人民银行山东省青联“走进创新创业一线”主题活动。

6月16日　人民银行济南分行联合山东省扶贫办、山东银监局、山东证监局、山东保监局印发《山东省金融扶贫信息对接共享工作实施方案》；与省公安厅、省法院、省检察院和外汇局山东省分局联合印发《山东省2016年打击利用离岸公司和地下钱庄转移赃款专项行动方案》。

6月22日　人民银行济南分行联合省委农工办等8部门印发《关于建立山东省"两权"抵押贷款试点工作推进机制的通知》。

6月29日　人民银行济南分行联合省财政厅、省人社厅、省扶贫办印发《山东省创业扶贫担保贷款资金管理办法》。

6月　人民银行济南分行党委书记、行长金鹏辉宣布总行党委关于贾广军、陈好孟、肖龙沧等3人职务任免的决定。

6月—12月　人民银行济南分行开展打击骗取出口退税和虚开增值税专用发票专项工作。

7月1日　人民银行济南分行机关被中国金融工会授予"全国金融系统职工代表大会制度建设示范单位"。

7月7日　调整山东各级国库中央返省预抵返还比例。

7月13日　完成山东省辖区航天币和航天钞的入库保管工作。

7月22日　人民银行济南分行印发《"金融服务企业百日行"活动方案》。

8月1日　省内117家法人银行顺利接入电信诈骗信息平台。

8月17日　人民银行济南分行印发《山东省级预算单位银行账户管理暂行办法》。

8月19日　人民银行济南分行联合省扶贫办、省发改委、省农业厅、省商务厅等部门印发《关于开展金融精准扶贫融资需求对接百日攻坚活动的通知》。

8月　人民银行济南分行实现省级国库集中支付业务全面电子化。

9月1日　人民银行济南分行联合省人社厅、省财政厅、省扶贫办印发《山东省创业扶贫担保贷款工作实施方案》。

9月20日　人民币银行结算账户比对信息管理系统正式在山东省上线运行。

9月23日　2016年山东省银行业金融机构人民币国际化基础知识暨业务技能竞赛现场决赛。

9月28日　2016年山东省银行业金融机构金融统计业务技能竞赛现场决赛暨颁奖仪式。

9月　人民银行济南分行在全省范围组织反假货币宣传月活动。

9月—12月　人民银行济南分行组织全省开展同业结算账户、涉案个人银行结算账户专项检查。

9月—12月　人民银行济南分行联合省通信管理局等五部门在全省范围内组织开展联合整治非法买卖银行卡信息专项行动。

10月9日　人民银行济南分行推广上线山东省金融精准扶贫管理信息系统。

10月14日　钞票处理信息管理系统2016年升级上线。

10月16日—19日　中央媒体采访团到济南分行就"发挥基层行党委谋篇布局作用　助力金融惠民小康社会发展"进行专题采访。

11月5日　孙中山先生诞辰150周年普通纪念币在山东省公开发行，发行数量为2300万枚。

11月9日　人民银行济南分行联合省财政厅、发改委、山东财金投资集团召开山东省"政府和社会资本合作(PPP)"重点项目推介会。

11月17日　人民银行济南分行召开"纪念山东省钱币学会成立30周年学术研讨会暨学会工作会议"。

11月17日　人民银行济南分行在全省上线运行银行卡收单特约商户信息系统。

11月　"外贸企业融资监测服务平台"二期升级改造工作正式启动。

12月1日　人民银行济南分行推广上线山东省融资服务网络平台。

12月　全国首单社会效应债券－沂南县扶贫社会效应债券进入注册审核阶段。

12月　山东省实现中小微企业、农村征信数据库全省联网运行。

（人民银行济南分行）

附表1

机构概况一览表

行长（或其他称谓的第一负责人）		副行长（或其他称谓的同级领导）	
金鹏辉		李建文　刘克俭　肖龙沧　贾广军　刘振海　董龙训 陈好孟　王均坦　王珏琰　刘　健　肖瑞卿　孙柏长	
地址	山东省济南市经七路382号	邮编	250021
网址	http://www.pbc.gov.cn/	金融消费权益保护电话	0531-86167187

附表2

内设部门及分支机构一览表

年度	内设职能部门数量（个）	下设分支机构（个）			员工总人数（人）
		总数	地市分行数	县区支行数	
2012年	31	115	17	98	6366
2013年	32	115	17	98	6294
2014年	32	115	17	98	6180
2015年	33	115	17	98	6117
2016年	33	115	17	98	6027

附表3

先进集体及个人一览表

授奖单位	奖项名称	获奖集体
中共中国人民银行委员会	中国人民银行先进基层党组织	中国人民银行济南分行
中国金融工会全国委员会	全国金融系统职工代表大会制度建设示范单位	中国人民银行济南分行
中国金融工会全国委员会	全国金融系统劳动竞赛示范单位	中国人民银行济南分行
山东省民政厅	中国社会组织评估等级AAAA	中国人民银行济南分行
山东省信息安全等级保护协调小组办公室 山东省信息网络安全协会	网络安全等级保护管理工作先进单位	中国人民银行济南分行
山东省公安厅交通管理局	省直单位车辆管理先进单位	中国人民银行济南分行
山东省财贸金融工会	工人先锋号	中国人民银行济南分行
金融时报社	金融时报社先进记者站	中国人民银行济南分行
授奖单位	奖项名称	获奖个人
中共中央组织部 人力资源和社会保障部	全国先进老干部工作者	范继路
全国社科联第十七次学会工作会议 河南省社会科学界联合会（代）	全国社科联优秀学会工作者	贺传芬
全国社科联第十七次学会工作会议 河南省社会科学界联合会（代）	全国社科联优秀学会工作者	李　菡

中国银行业监督管理委员会山东监管局

【第一负责人简介】　陈颖，女，汉族，1970年2月出生，湖北武汉人，研究生学历，经济学博士，中国银行业监督管理委员会山东监管局党委书记、局长，2016年5月起任现职。

【综述】　2016年，中国银行业监督管理委员会山东监管局（以下简称“山东银监局”）认真贯彻落实银监会和山东省委、省政府的工作要求，强党建、稳增长、防风险、推改革、抓创新，推动辖区银行业稳健发展，实现了“十三五”良好开局。截至2016年年末，辖区银行业资产总额88593亿元，较年初增加9829亿元，同比增长12.48%，负债总额85610亿元，较年初增加9560亿元，同比增长12.57%；不良贷款余额为1140亿元，较年初增加156亿元，同比少增105亿元；不良贷款率为2.18%，较年初上升0.11个百分点；全年实现利润579亿元，同比减少59亿元；地方中小法人机构统算资本充足率为13.7%，继续保持较高水平。

【金融服务】 2016年，山东银监局引领银行业保持信贷投入稳定增长，优化信贷资金配置结构，提升金融服务质量，更好地服务实体经济发展，助力供给侧结构性改革。

一、开展“进走访”活动，对接实体经济需求。组织各级银行业金融机构和监管部门负责人进万家民营企业、走千个重点项目、访百处创业园区。2016年累计走访企业2万多家、项目4000多个、园区1500个，分别制定综合服务方案，企业、项目贷款增幅分别较同期各项贷款平均增幅高4.9个、15个百分点，小微企业贷款实现“三个不低于”目标，涉农贷款持续增长。

二、发挥债委会作用，打造综合服务平台。出台债委会工作20条指导意见，充分发挥“强服务、防风险、促发展”的平台作用，打造债委会工作山东模式。通过组建债委会成功帮扶54户企业、涉及授信1337.42亿元，特别是在肥矿集团等重大金融债务重组谈判中发挥了关键作用。

三、建立“分类施策”机制，支持调结构。制定支持供给侧结构性改革的意见，指导银行业金融机构建立优先、鼓励、支持、维持、限制和制裁等六类企业名单，对23.9万家企业“分类施策”，战略性新兴产业、绿色信贷、重大基础设施建设等优先、鼓励、支持类企业贷款稳步增长，产能过剩、环保违规等限制类企业贷款有效压降。

四、助推科创企业发展，支持转方式。出台科技金融指导意见，指导银行业金融机构打造覆盖科创企业全生命周期的金融服务模式，主动对接科技部门和重点高新区，保障国家创新驱动和“双创”战略部署在山东落地。截至2016年年末，辖区挂牌科技支行达24家，科技特色支行、专营支行50余家，科创企业贷款余额231.41亿元、1714户。

五、落实金融精准扶贫要求，支持补短板。积极引导辖区银行业全面对接扶贫重点项目，督促辖区银行业金融机构落实扶贫工作“四单”原则，有效满足脱贫攻坚多元化融资需求。辖区扶贫贷款惠及30万贫困人口，有扶贫任务的1451个乡镇全部实行了小额扶贫信贷银行“包干服务”制度。

六、推进债转股先行先试，支持去杠杆。全国首例煤炭行业市场化债转股在山东落地，中国工商银行系统内第一单市场化债转股在山东顺利开展，中国农业银行在山东的市场化债转股项目顺利签约，中国银行在山东的市场化债转股项目已达成合作意向。

【风险监管】 2016年，山东银监局严格落实风险防控“双线责任”，不断加强监测预警，持续推进全面风险管理体系建设，牢牢守住不发生区域性、系统性风险的底线。

一、大力管控信用风险。强化不良贷款风险监测和通报。督促银行业金融机构实行重点风险客户领导挂钩、包干处置。建立信用风险管理工具箱，形成4大类58个管理工具。自主开发担保圈风险识别监测与共享系统。构建“摸清底数、共享信息、前端防控、规范增量、化解存量”担保圈综合防控体系。

二、大力防范内控合规风险。贯彻落实银监会“两个加强、两个遏制”回头看工作部署，把防止屡查屡犯、屡禁不止作为工作重点，推动银行业加强内部管控。开展案防法规和岗位禁止性规定集中测试，覆盖全辖1.3万银行业一线员工。13家城商行完成全55面风险管理体系规划。组织开展票据业务案件风险排查。年内全辖银行业保持零案件。

三、严密盯防社会融资风险。组建省P2P专项整治工作组及联合办公室，探索建立市、县、区、社区四维“网格化”整治机制。联合有关部门开展校园贷平台全面整治。组织开展非法集资专项整治、银行业金融机构与互联网金融企业合作排查、广告讯息信息清理。打击治理电信网络新型违法犯罪专项活动成效明显，成功阻止电信诈骗63例。

四、统筹管控其他重点风险。组织地方法人机构逐行排查同业风险，摸清风险底数，提出监管措施，地方法人机构投资增速大幅下降。密切防范流动性风险，督促银行按季度开展压力测试，做好分级分层流动性风险应急预案，督促省联社出台风险救助基金管理办法，指导城商行启动流动性风险管理优化项目，督促村镇银行发起行承担救助责任。强化信息科技风险管控，针对互联网类系统、数据中心等重点领域开展检查测试，开展信息科技基础设施快速巡查。扎实做好地方政府融资平台风险和房地产风险管控。加大声誉风险管理力度，强化监测报告和应对处置。

【金融改革】 2016年，山东银监局把握改革机遇，从调动内外两方面积极性入手，强化监管推动引领，督促银行业金融机构主动作为，加快改革转型步伐，提高可持续发展能力和水平。

一、强化监管引领和改革引领。牵头制定山东省银行业“十三五”发展规划纲要和普惠金融发展实施意见。积极争取政策，支持山东半岛国家自主创新示范区、中韩自贸区金融合作示范区、济南科技和金融结合试点城市等建设，引领银行业与地方经济融合创新发展。

二、加快推进城商行转型发展。一行一策研究城商行科学发展指导意见，对13家城商行逐一进行全面评估。推动3家城商行增资扩股，5家城商行取得信贷资产证券化业务资格，2

家城商行分别发行优先股、二级资本债，1家城商行推行事业部制改革。城商行联盟实现全面盈利。

三、着力深化农信社银行化改革。全面完成农信社银行化改革任务，山东成为全国第四个全面完成银行化改革的省份。组织银监分局和省联社分头摸排风险机构和风险业务，分类实施监管。制定网格化责任清单，推动机构、省联社和各级监管部门落实责任。推进省联社履职转型，指导完善绩效考核体系，建立监审联动机制。

四、有效完善银行组织体系。推动辖内首家民营银行获批筹建。加快推进财务公司申设，辖区财务公司达13家。持续推进村镇银行培育，基本实现辖区县域全覆盖。外资银行数量达7家。汽车金融公司、首家银行主发起的金融租赁公司实现零的突破。

五、持续推进金融服务创新。指导农商银行创新三农贷款品种和方式，试点开展农村"两权"抵押贷款。建立"银税互动"省级合作联席会议机制，推动签订各级银税合作协议263项，推出银税合作专项产品73个，建立涵盖668个产品的小微企业金融服务产品库。

【监管能力建设】　2016年，山东银监局坚持依法行政、有效履职，增强责任意识和担当意识，全面加强监管能力建设，持续提升监管质效。

一、全面推进依法监管。在全国率先成立党委和行政双牵头"法治工作领导小组"，制定法治建设分工方案、五年普法规划，全面推进辖区监管法治建设。组建公职律师团队。调整和优化行政处罚、行政复议委员会。加大对违法违规问题查处力度，重点查处自查不力、屡查屡犯、违反国家产业政策和侵害消费者权益等行为。

二、持续完善非现场监管工作机制。成立非现场监管委员会，建立专项风险分析小组，进一步优化非现场工作统筹指导和联合协作机制。完善非现场监管季度分析例会制度。强化非现场监管与现场检查联动。设定9类不良贷款监测指标，按旬跟踪辖区风险变化动向。强化数据质量监管，数据质量保持全国前列。

三、着力提高现场检查效能。召开全辖现场检查工作会议。加强现场检查过程管理，强化对系统性风险和重大问题的提示预警。突出问题导向，围绕服务实体经济、信访投诉集中领域等方面立项并完成29个现场检查项目。推进EAST系统常态化应用。

四、不断提升市场准入质效。修订行政许可操作规程。优化报告制准入事项办理流程。开展辖区市场准入工作自评估，实现自我完善。更新银行业金融机构高管任职资格测试题库。充分运用高管人员受行政处罚和纪律处分情况信息库，累计查询666人次，发现处罚信息记录47条。

【党建工作】　2016年，山东银监局坚持从严从实，全面加强党建统领作用。

一、有效落实党建工作责任。层层建立党建工作责任制。严格落实干部选拔任用条例和实施办法，突出重业绩、重实践、重基层的选人用人导向。开展"反对四风、严格执行八项规定"专题季活动。扎紧制度笼子，出台党委会工作规则、推进全面从严治党实施意见等多项制度。

二、深入开展"两学一做"学习教育。认真研究制定实施方案，制定工作推进配档表，推动各级党组织按计划、高质量开展学习教育。创新开展"学习教育+"等特色主题实践活动169项。组织开展以"督分局党委、督机关支部，促党建、促监管"为主题的"双督双促"活动。

三、营造积极向上的良好风貌。全面完成15家市级金融团工委组建。围绕纪念建党95周年，评选"共产党员示范岗"56个。围绕纪念长征胜利80周年，组织开展走一次长征路、读一本书、上一次党课、办一次专题学习交流"四个一"活动。围绕学习贯彻中共十八届六中全会精神，由优秀共产党员组成17个宣讲小分队，深入基层一线宣讲。

四、确保重点工作全面完成。把监管工作作为党建工作基本载体和成效标尺，年内全面完成银监会部署的23项重点工作，形成184个重点工作成果。建立周例会制度，并通过周报、月报制度加强日常督促，确保重点工作有效落实。加强山东银监局与各银监分局联动，形成推动重点工作落实的上下合力。

五、践行为民监管理念。依托"阳光政务热线"平台，为金融消费者答疑解惑，媒体随访群众满意度接近90%。大力推进专区"双录"建设，全辖应建设网点已全部完成系统建设并投入使用。持续加强金融消费者教育，通过微信课堂及深入社区、学校等多种方式，普及金融知识。

【大事记】　1月5日　山东银监局召开2016年度工作务虚会议。

1月20日　山东银监局组织召开济南地区银税合作机制建设座谈会。

1月21日　山东银监局召开辖区银行业金融机构主要负责人会议。

1月29日　山东银监局与山东省国税局、地税局联合举办银税合作联席会议暨合作协议签约仪式，全面启动"银税合作"工作。

3月2日　山东银监局召开辖区农村中小金融机构监管工作会议。

3月23日　山东银监局召开国有大型银行监管工作会议。

3月24日　山东银监局组织召开第六届财务公司监管联席会议。

3月29日　山东银监局以“山东银监局多点发力，引导辖区银行机构持续优化小微企业金融服务”为主题在京参加银监会第35场银行业例行新闻发布会。

7月26日　山东银监局组织召开英模事迹报告暨党风廉政专题教育（电视电话）会议。

7月27日　山东银监局组织召开首次非现场监管分析例会。

8月4日　山东银监局举办预防职务犯罪警示教育宣讲会。

9月1日　山东银监局召开山东银行业“金融知识进万家”宣传服务月启动会议。

9月28日　山东银监局联合山东省公安厅组织召开辖区银行业打击治理电信网络诈骗专项工作（电视电话）推进会议。

10月11日　山东银监局举办系统“分享成长 共话进步”青年学习教育公开课主题活动。

10月13日　山东银监局开展“庆祝中华人民共和国成立67周年暨中国工农红军长征胜利80周年重走长征路职工健步行活动”。

11月11日　山东银监局召开信访工作专题（电视电话）会议。

（徐彦睿）

附表1

机构概况一览表

局长（或其他称谓的第一负责人）		副局长（或其他称谓的同级领导）	
陈　颖		解晓非（正局级）　刘悦芹　艾建华 黎振兴（纪委书记）　葛　彬（监管副巡视员）	
地址	山东省济南市经二路146号	邮编	250001
网址	http://www.cbrc.gov.cn/shandong/index.html	联系电话	0531-86193507

附表2

内设部门及分支机构一览表

年度	内设职能部门数量（个）	下设分支机构（个）			员工	
		总数	地市分局数	县区监管办事处	总人数（人）	正式职工人数
2012年	18	107	15	92	1130	—
2013年	18	107	15	92	1085	—
2014年	19	107	15	92	1080	—
2015年	20	107	15	92	1092	—
2016年	20	107	15	92	1097	—

中国银行业监督管理委员会青岛监管局

【第一负责人简介】　王忠坦，1963年11月出生，山东荣成人，大学本科学历，高级经济师，曾供职于中国人民银行山东省分行和中国银行业监督管理委员会山东监管局、河北监管局，2006年8月任中国银行业监督管理委员会河北监管局副局长，2016年5月起任中国银行业监督管理委员会青岛监管局党委书记、局长。

【综述】　2016年，中国银行业监督管理委员会青岛监管局（以下简称“青岛银监局”）认真贯彻落实党中央、国务院和银监会决策部署，围绕青岛经济社会发展战略，加强政策研判和监管引领，着力防范重点领域风险，同时，持续加强党建工作，强化监管能力建设，推动提升银行业服务实体经济质效，有力促进辖区银行业安全稳健运行和青岛市经济发展。

截至2016年年末，辖区银行机构资产总额21332.11亿元，比年初增加3067.04亿元，同比增长16.79%；负债总额20646.55亿元，比年初增加3009.72亿元，同比增长17.06%；各项贷款余额12984.65亿元，比年初增加1392.62亿元，同比增长12.01%；各项存款余额13510.55亿元，比年初增加1293.1亿元，同比增长10.58%；不良贷款余额比年初增加20.78亿元，不良贷款率比年初下降0.06个百分点；2016年辖区银行机构实现账面利润177.14亿元，同比增长1.4%。

【业务监管与日常监管】 2016年，青岛银监局强化政策研究和监管引领，持续推动国家各项宏观调控和监管政策落实，提升银行业服务实体经济发展的有效性和针对性，同时，加强监管能力建设，提升非现场监管工作质效，加大现场检查工作力度，不断夯实监管工作基础。

一、强化监管引领，推动各项政策落地实施。一是出台了《关于推进辖区银行业支持供给侧结构性改革的工作意见》，将实体经济中的企业和项目进行科学划分，引导各机构统筹施策、精准施贷，更好对接经济发展所需，优化资金投向，实现高效支持。二是出台了《关于加强绿色金融服务的指导意见》，督导银行机构通过单列计划、规模切块、构建“六项机制”等措施，推动提升绿色金融服务水平。三是出台了《关于2016年小微企业金融服务工作的贯彻落实意见》，建立扶贫工作考核机制、落实金融扶贫“包干服务”制度，进一步推动提升农村金融服务水平。四是出台了《关于做好辖区银行业金融机构债权人委员会工作的实施意见》，推动符合条件的债权行成立债权人委员会，化解处置多起信用风险事件，共帮扶困难企业31户。

二、提升非现场监管工作质效，加强风险预警和防控。一是强化风险防控预警机制建设，及时预警提示房地产、非标投资、票据融资等领域风险，督导排查相关风险隐患。二是加强形势研判分析和专题研究。新建420家重点工业企业、投贷联动等5类区域特色统计制度，丰富区域特色统计指标体系。完善区域性风险分析框架，深入开展银行业运行及风险分析，设立4个专项风险分析小组开展专项研究，提升支持监管决策实效性。三是拓展与政府部门间信息共享渠道和内容，服务区域风险化解。完善银行信息共享和协调机制，提升对区域性风险早发现、早预警、早处置的能力。

三、加大现场检查工作力度，持续提升工作效能。一是规范现场检查行为，统一检查标准。建立了现场检查对象、人员“双随机”机制，选取一家机构开展“双随机”检查试点。二是扎实开展“两个加强、两个遏制”回头看检查、钢铁煤炭行业信贷检查、民企融资难融资贵检查等项目，强化EAST系统支持，提升现场检查效率。2016年累计完成现场检查项目12个，派出检查组31个，检查业务涉及金额4275亿元，发出检查意见书28份。

【金融服务】 2016年，青岛银监局围绕供给侧结构性改革和五大任务，引导辖区银行机构紧跟青岛市“三中心一基地”、“一谷两区”等区域经济发展战略，聚焦经济重点领域和薄弱环节，落实差别化信贷政策，不断提升金融服务质效，有力支持地方经济结构调整和转型升级。

一、重点领域信贷投放力度加大。一是围绕新机场、地铁、铁路以及水利工程等重点项目建设，新增政府基建类贷款150亿元，积极拓宽融资渠道，通过产业基金、PPP融资等新形式提供473.47亿元资金支持。二是助推民生改善和房地产去库存，新增保障性安居工程贷款252亿元，同比增长95.89%，占房地产开发贷款的比重为39.65%，同比提高17.08个百分点；新增住房按揭贷款829亿元，推动新建住房去化周期降至9个月以内的合理区间。三是积极发展绿色信贷，年末，绿色信贷余额695亿元，较年初增长21.2%。四是服务蓝色经济发展，海洋经济和战略新兴产业贷款余额分别达278.27亿元和256.19亿元。

二、小微企业金融服务扎实推进。一是组织辖区银行机构开展民营企业融资难融资贵自查，督促政策落实。二是拓展“银税互动”合作范围和层级，参与范围拓展至32家银行，帮助179家企业融资59.2亿元。三是推动落实小微企业贷款风险补偿政策，18家银行获得5978万元风险补偿。四是建立了小微金融服务承诺制度，通过“银税互动”、“银企专线”等强化精准对接，2016年累计办理续贷业务171.3亿元。截至2016年年末，辖区小微企业贷款余额2948亿元，较年初增加146亿元，申贷获得率较年初提高2.87个百分点。

三、“三农”和扶贫金融服务质效得到提升。出台了重点区域农村金融服务方案，加大莱西、平度等地的金融服务能力建设，引导辖区银行机构加强金融创新，推广可复制的产品服务模式，加大“三农”领域信贷投放，年末，辖区涉农贷款余额2728亿元，较年初增长8.6%。加强与青岛市扶贫办对接，摸清金融扶贫需求，制定专项工作方案，推动落实各项扶贫工作措施。2016年，辖区银行机构向经济薄弱镇村发放基础设施建设贷款159亿元，支持建档立卡贫困户402户；发放扶贫小额贷款3414万元，较年初增长31.2%。

四、科技创新和重点工业企业金融服务持续优化。一是统筹政府、社会资本和金融机构多方资源，探索覆盖科技企业生命周期的“无断点”金融服务模式。加强与科技主管部门联动，推动出台风险补偿和科技金融专营机构奖励政策。二是指导银行机构开展投贷联动研究。银行机构推出专利质押保险贷款等18款产品，年末，科技型企业贷款余额187.14亿元。三是落实市政府支持工业企业转型升级政策，专门建立统计制度，强化监测分析和监管引领，全年新发放半年期以上重点工业企业贷款229.11亿元。

五、支持去产能取得积极成效。一是持续关注异地产能过剩领域风险，动态监测贷款质量变化趋势，加强研判分析和风险提示，组织开展了钢铁煤炭行业信贷检查，督导银行机构加强风险管控，截至2016年年末，产能过剩领域贷款较年初减少55.5亿元。二是明确标准、精准定位"僵尸企业"，推进银行业机构信息共享，督导辖内银行落实差异化授信政策，主动压缩存量贷款，大力盘活低效领域信贷资源。截至2016年年末，主要银行机构对"僵尸企业"授信比年初减少27.5亿元。

六、消费者权益保护持续强化。一是召开消保工作专题会议，强化通报提示和现场督导，督促各银行机构持续完善投诉处理机制。二是出台指导意见，推动在辖区全面推广产品销售专区和"双录"模式，规范销售行为。年末，"双录"工作网点完成率超过90%。开设了"空中金融讲堂"，探索开展"送金融知识进职业教育学校"，强化金融宣传服务。

【风险监管】 2016年，青岛银监局始终坚持风险为本的监管理念，不断强化风险研判和政策引导，完善风险防控和处置机制，引导辖区银行机构加强各类风险管控，坚决守住不发生区域性风险的底线。

一、信用风险防控持续加强。一是落实银监会《防范化解金融风险严守风险底线工作意见》，加强风险监测预警，提高工作前瞻性。完善监管处室包干化解重点客户风险制度，强化工作督办，协调推进风险处置。二是指导银行机构建立高管包干化解机制，落实信用风险管控主体责任。督促银行机构强化内控执行、优化风险监测预警，筑牢授信管理防线。对于潜在较大风险的客户进行全面排查，指导银行机构依托债委会协商会诊，提升风险防控的有效性。三是推动青岛市政府连续两年将不良贷款化解纳入对区市政府的考核，完善与市中级法院的金融案件审判联席会议机制，支持银行依法维权。截至2016年年末，辖区不良贷款率为1.98%，比年初回落0.06个百分点，实现了不超过2%的防控目标。

二、重点领域风险防控进一步强化。一是对于房地产贷款风险，完善房地产企业信息库，深入挖掘数据信息，密切跟踪楼盘销售进度、企业融资状况及信贷资产质量，前瞻性研判房地产市场及信贷发展趋势，及时预警房地产集中度和杠杆率上升以及商业地产、住房按揭贷款苗头性风险，强化风险防控。二是对于政府债务风险，强化全口径政府债务管理和平台贷款动态监测，配合地方政府做好存量债务置换，督导银行妥善做好债权债务的承接和转移，完善抵押担保，降低潜在风险。跟踪监测政府购买服务等新型融资方式，深入分析对银行经营的影响，提前防控风险。三是对于贸易融资风险，引导充分运用"银港通"大宗商品贸易融资信息系统，规范质押监管操作标准，加强风险监控，做实风险缓释措施，严查、严控纯套利性跨境贸易融资业务，严禁融资套利行为。四是对于跨区域授信业务风险，督导银行机构强化对重点区域和客户的风险跟踪监测，全面摸排风险底数，分析成因，要求从贷款"三查"、授权安排等方面，提高风险防控的针对性和有效性。

三、流动性风险和案件风险防控力度加大。紧密盯防流动性风险，定期评估法人机构流动性风险管理状况，督促合理控制表内外业务期限错配和风险敞口。定期开展压力测试，制定完善应急预案，提高风险管理的敏感性和前瞻性。引导银行机构优化负债结构，合理提高储蓄存款占比，增强负债稳定性。建立监审联动机制，发挥监管检查和内审合力。针对农村中小金融机构案防管理较为薄弱的实际，组织开展"合规执行年"活动，部署机构健全组织体系、完善制度流程、强化教育培训和自查整改。开展基层营业网点飞行检查，推动落实基层负责人轮岗等制度，提升基层操作风险管控水平。完善银行业从业人员处罚信息管理系统，有效防止从业人员带病流动。

四、电信诈骗风险防控成效显著。督导银行机构提升防范电信诈骗风险意识，加强账户实名制管理。强化外部沟通协作，会同公安、电信等部门建立涉案账户紧急止付和快速冻结查询机制，夯实工作基础。组织开展全面自查和现场督查，通报问题，并针对薄弱环节强化督促整改。运用EAST系统构建大数据筛查体系，监测、核实可疑账户，提升风险防控效率。组织拍摄辖区防范电信诈骗视频片，揭秘各类诈骗手法，提升消费者防骗意识。2016年，辖区银行机构累计查询电信诈骗涉案账户2067个，紧急止付涉案交易709笔，有力维护了人民群众财产安全。

五、外部风险传染得以控制。开展非法集资集中整治活动，出台了《关于防范非法集资及风险传染工作的指导意见》，督促银行机构建章立制，构筑"防火墙"，对非法集资线索早发现早预警，推动建立常态化工作机制。制作《非法集资传染风险点排查表》，组织全面拉网式排查，逐条提出防控措施，消除风险隐患。充分利用银行机构网点资源，全方位强化宣传，营造打击非法集资的良好氛围。会同地方政府主管部门开展网络借贷专项排查整治。

【机构改革监管】 2016年，青岛银监局按照"管中有帮、帮中有管"的工作理念，持续推进法人机构改革创新和转型发展，着力提升法人机构竞争力，同时，努力提高银行业开放水平，提升金融服务质效。

一、推进法人机构改革发展。一是支持符合条件的法人银行机构启动 A 股上市，指导其按照上市公司标准规范公司治理，提高“三会”运作质效。指导青岛银行启动零售事业部改革，申请直销银行试点，指导青岛农商银行设立金融市场中心，实现同业业务专营。督促消费金融公司制定战略规划，明确中长期发展定位。支持陆家嘴信托公司开展特定目的的信托业务、青岛港财务公司开办买方信贷业务。二是推进青建财务公司和青银金融租赁公司组建设立，支持兴业银行在青设立总行直属资产托管中心。指导法人银行稳妥推进跨区域经营，青岛银行异地分行已开业 10 家，青岛农商银行济南章丘支行及 8 家村镇银行全部开业。

二、积极参与青岛财富管理综合改革试验区建设。一是配合地方政府，加强与相关银行总行的沟通，争取总行支持在青岛设立新型财富管理机构。二是指导银行业机构围绕财富管理主题加强战略规划，开展业务创新，提升财富管理服务实体经济质效。三是积极参与创建试验区指标体系和综合指数课题研究，推动市政府营造财富管理良好政策环境，深入开展财富管理子公司监管框架研究，推动完善监管制度体系。

三、引领银行业提升开放水平。指导辖区银行机构将支持“一带一路”战略作为年度重点工作，加强与地方性规划和项目安排的对接，优化企业“走出去”金融服务。国开行为海尔集团并购美国通用家电业务提供 33 亿美元贷款支持。青岛银行依托该行发起的、24 家丝绸之路经济带金融机构参与的“一带一路”金融联盟，深化同业合作。鼓励外资银行发挥自身优势，实现差异化发展，提升对外开放水平。

【内部管理与金融文化建设】 2016 年，青岛银监局坚持以落实全面从严治党责任、强化党建工作为主线，不断强化党风廉政、监管文化及内部管理建设，为增强战斗力、提高监管质效提供坚强保障，确保各项工作扎实有效推进。一是深入开展“两学一做”学习教育，切实提升基层党建工作成效。二是全面加强党风廉政和作风建设。扎实开展“尊党章守党纪严党规”专题教育，组织开展纪律执行情况风险排查、“四风”问题整治情况自查和“回头看”，巩固作风建设工作成果。三是加强干部队伍建设。依托工会平台，举办职工沙滩运动会，开展职工读好书活动，增强凝聚力和战斗力；深入推进“送金融知识下乡”等活动，组织开展金融业双提升金点子项目、金融业“青年文明号”创建等评先创优活动，激发金融青年为金融改革献言献策的热情。四是强化办公政务管理和综合服务保障，依法做好信访处理和政府信息公开。修订稽查办案费管理制度，加强财务管理。规范推进公务用车改革，做好后勤服务保障。

【大事记】 6 月 20 日　青岛银监局召开全体干部大会，宣布由王忠坦担任青岛银监局党委书记、局长（银监党任〔2016〕59 号、银监任〔2016〕113 号）。

10 月 19 日　青岛银监局局长王忠坦带队到平度调研，走访平度监管办事处，听取意见建议，对监管办工作提出要求，并深入部分企业实地了解经营及金融服务需求满足情况。

10 月 26 日　青岛银监局召开辖区涉农银行金融扶贫督导工作会议，副局长邢安锋出席会议。

（刘淑芳　刘金文）

附表 1

机构概况一览表

局长		副局级领导	
王忠坦		王永存（副局长）　罗　中（纪委书记） 徐　强（副局长）　李继明（副局长）　邢安锋（副局长）	
地址	山东省青岛市市南区香港西路 69 号	邮编	266071
网址	http://www.cbrc.gov.cn/sj/qingdao/index.html	银行业消费者权益保护电话	0532-83079105

附表 2

内设部门及分支机构一览表

年度	内设职能部门数量（个）	下设分支机构（个）					员工	
		总数	地市分行数	县区支行数	分理处、营业所数	储蓄所数	总人数（人）	正式职工人数
2012	14	—	—	—	—	—	153	136
2013	14	—	—	—	—	—	150	134
2014	17	—	—	—	—	—	148	135

续表

年度	内设职能部门数量（个）	下设分支机构（个）					员工总人数（人）	
		总数	地市分行数	县区支行数	分理处、营业所数	储蓄所数		正式职工人数
2015	17	—	—	—	—	—	147	135
2016	17	—	—	—	—	—	144	135

附表 3

先进集体及个人一览表

授奖单位	奖项名称	获奖集体
银监会	EAST 系统应用优秀组织单位、两支竞赛团队分获银监会 EAST 竞赛第一、二名	青岛银监局
银监会	2015 年度银监会系统信息报送及舆情先进单位	青岛银监局
银监会	银监会系统“先进基层党组织”、2015—2016 年度“学习型组织标兵单位”	青岛银监局办公室
银监会	“全国银监会系统先进集体”	青岛银监局政策法规处
银监会	2015 年银监会“五一巾帼标兵岗”	青岛银监局股份制处
中央金融团工委	2015 年全国金融五四红旗团委	青岛银监局团委
授奖单位	奖项名称	获奖个人
中国金融工会	“全国金融五一劳动奖章”	韩婷婷
中央金融团工委	全国金融青年岗位能手	杨梦妮
银监会	“银监会系统优秀共产党员”	崔建伟
银监会	“银监会系统监管标兵”	吕晓琴　毛　克　刘　筱　陈忠民
银监会	2016 年度银监会系统青年岗位能手	谭　磊　杨梦妮
银监会	2014—2015 年度中国银监会系统优秀共青团干部	王　垒
银监会	2015 年银监会系统政务信息报送先进个人	丁　玲

中国证券监督管理委员会山东监管局

【第一负责人简介】　陈家琰，河南固始人，1997 年 10 月加入中国共产党。1998 年 12 月至 2000 年 4 月任中国证监会济南证管办上市处负责人、综合处负责人；2000 年 4 月任中国证监会济南证管办稽查处处长、案件调查处处长；2002 年 2 月任中国证监会天津证管办党委委员、副主任；2004 年 3 月任中国证监会天津监管局党委委员、副局长；2005 年 3 月任中国证监会山东监管局党委委员、副局长；2010 年 12 月任中国证监会山东监管局党委委员、纪委书记、副局长；2012 年 12 月任中国证监会内蒙古监管局党委书记、局长；2015 年 8 月起任中国证监会山东监管局党委书记、局长兼济南稽查局局长。

【综述】　2016 年，中国证券监督管理委员会山东监管局（以下简称“山东证监局”）坚持严字当头，铁腕治市，把依法的理念、从严的担当、全面的意识贯彻落实到位，守住了防范区域性、系统性风险底线，证券市场呈现稳定健康发展态势。

截至2016年年末，全省共有境内上市公司173家，境内上市股票176只；新三板挂牌企业570家。证券公司2家，证券公司分公司70家，证券营业部491家；3家证券投资咨询公司及4家分公司，6家基金公司分公司、子公司；期货公司3家，期货公司分公司4家，期货营业部105家。

【上市公司监管】 2016年，山东证监局围绕提升规范运作水平和增强透明度，以信息披露监管为中心，以现场检查为抓手，有针对性加强上市公司并购重组及再融资监管，依法从严惩处违法违规行为，有效维护辖区市场稳定健康发展。

一、对近50家上市公司开展现场检查。根据监管发现的问题，对公司、有关股东、中介机构及相关责任人采取行政监管措施36次，下发监管函件58份；新增立案调查2起，对2家公司作出行政处罚。

二、重点加强并购重组全面监管。监管关口前移，及时提示风险，推动公司开展实质性重组，督促有关各方及时履行承诺，切实保护上市公司和投资者合法权益。加强与地方政府等相关部门协作，有序推进亚星化学退市等重大风险化解。通过深入专项核查，推动及时"叫停"两家上市公司存在风险事由、涉及资产规模巨大的购并交易。

【拟上市公司监管】 2016年，山东证监局坚持开放思维，综合施策，多方式提高拟上市公司规范运作水平。

一、点面结合，引进优质拟上市主体"源头活水"。构建支持各市资本市场发展协作机制，完成与16地市政府《促进资本市场快速健康发展合作备忘录》签署工作。在省级、地市、重点企业层面，从疑难问题解答、派员实地指导入手，分别建立对接支持渠道，引导企业进入资本市场发展步伐。对重点个案及时出具专业意见。枣庄、菏泽实现上市"零突破"，从而带来境内上市公司17地市全覆盖；2家文化企业（出版传媒、互联网传媒）、2家金融企业（威海商行、中泰证券）成为在证监会审核企业。

二、以信息披露为中心，切实督导中介机构提高执业质量，督促拟上市公司提高信息披露质量。接收14家公司辅导备案材料，对5家新备案的公司开展辅导监管谈话，对11家公司的辅导效果进行验收检查；向发行部报送9家公司的辅导监管工作报告。

【证券经营机构监管】 2016年，山东证监局突出合规风控监管，传递从严监管信号，督导证券经营机构将风险防控提上重要日程。

一、多举措向证券经营机构明晰传递从严监管的信号。通过法规政策培训、监管谈话、信息通报、问责处理等各种途径，使证券机构明显感受到监管压力，各业务条线合规管理意识得以增强。

二、坚持问题导向，强化风险监测和防控。密切注视年初证券公司"两融"业务风险。把合规管理摆在突出位置，年中主动开展证券经营分支机构关于代销金融产品的合规自查，揭示出至少65亿元存量系此前市场主体漏报所致，并据此推动后续形势研判、督导整改与问责处理。在有关省份"债券代持"风波初露端倪且上级部门未作统一部署时，即紧急安排辖区证券期货公司"债券代持"自查自纠，谨防引爆风险。

三、针对数家私募基金管理机构问题，分别采取责令改正、出具警示函等措施，在处理当事人同时，有力警示了其他私募机构，形成了严打私募违规行为的高压态势。

【期货经营机构监管】 2016年，山东证监局以问题和风险为导向，督导期货经营机构坚持有边界的创新，防控风险，回归主业。一是对4家期货经营机构开展了"双随机"现场检查，对3家期货公司资产管理业务开展专项检查，督促完善合规管控。二是针对商品期货市场行情波动情况，有效指导和加强期货经纪业务风险防范。

【非上市公众公司与债券监管】 2016年，山东证监局多举措全面排查风险，以问题和风险为导向，统筹提升现场与非现场检查能力，增强各类检查有效性，引导非上市公众公司夯实规范基础，引导公司债券市场稳妥发展，守住了风险防控的底线。

一、对非上市公众公司进行全面排查。一是对1家公司立案稽查，对1家公司建议立案稽查，对8家公司及2家公司的控股股东、实际控制人采取行政监管措施，对6家公司和2家公司的主办券商下发监管关注函。二是开展挂牌公司"两个加强、两个遏制"专项检查"回头看"。

二、督促主办券商加强对公司持续督导，勤勉尽责。结合现场检查，向主办券商提示监管重点和存疑事项，要求重点关注，以切实发挥督导作用。

三、强化多维度持续培训，抓好源头防范。在证监会系统首次举办挂牌公司半年报培训，随后组织4期挂牌公司财务总监培训、监管第一课培训。

四、探索完善公司债券监管机制。一是探索建立以中介机构为抓手的日常监测和监管工作机制，建立监管及风险防范事先提示机制。二是完成与省金融办、沪深交易所《公司债券业务合作备忘录》签署工作，构建全方位综合协作监管机制。三是制定《公司债券违约风险应急处置预案》和《公司债券违约风险监测与处置工作规程（试行）》，创办《公司债券监管信息月报》。

五、开展公司债券监管工作。一是开展2015年年报审核工作。二是启动针对5家公司债券发行人的专项现场检查。三是紧盯已经暴露出的少数公司"私募债券"违约风险,推动市级政府稳妥化解。

【审计资产评估机构监管】 2016年,山东证监局强化动态督导与现场检查,督促审计评估机构合规执业。检查发现12家审计机构、3家评估机构存在的执业问题约200项,据此将1家会计师事务所移交立案调查,对6家会计师事务所及12名相关执业人员采取出具警示函、监管谈话的措施。

【稽查"打非"工作】 2016年,山东证监局立足重拳治乱,拓宽了监管执法广度和深度,彰显了依法、从严、全面监管对于提升监管权威、把握监管主动权的正向激励,进一步规范了市场主体行为。

一、自立案件增加。2016年新增自立案件8起,比上年增加一倍多;涉及案件类型首次包含新三板信披案和证券经营机构违法案,体现了对各类违法违规行为"全覆盖、零容忍"。人均承办案件数及工作强度,均为历年之最。

二、提升监管合力。山东证监局完善与省通信管理局的协作机制,加强与公安部门协作,进一步强化"省打击证券期货犯罪联合执法办公室"职能,完善内外协作机制,执法震慑力持续释放。

【其他各类风险排查处置与投资者保护工作】 2016年,山东证监局尊重市场规律,积极作为,及时应对化解风险隐患,在保持市场平稳健康发展的同时,创新性推进投资者保护工作。

一、协同做好全省互联网金融风险排查工作,牵头股权众筹风险排查。牵头对各类交易场所进行风险排查,经审慎评估,提出完善全省大宗商品交易监管机制的建议。

二、做好投诉举报事项处理。全年接收各类投资者诉求1302件(次),含来电709个,来信84件,来访60批71人次,12386热线投诉事项197件,转办投资者诉求171件。对此均予妥善处理,最大限度保护了投资者权益。

三、创新性开展投资者保护等专项工作。一是拟定投资者保护现场检查工作制度,探索对市场主体投资者保护工作成效予以检查督导。二是指导行业协会、市场经营主体开展"倡导理性投资,远离非法证券期货活动",同时严格执行投资者适当性管理制度。三是在大众网开通"网上投资者教育专栏",并举办"私募基金知识有奖问答"。四是组织行业协会、上市公司、证券期货经营机构与中证中小投资者服务中心签署《合作备忘录》,建立小额速调机制。

【大事记】 1月21日 齐鲁股权交易中心挂牌企业第三批集中对接全国中小企业股份转让系统挂牌仪式在京举行。

4月1日 山东证监局在济南组织召开辖区上市公司监管工作会议,传达学习全国证券期货监管工作会议精神,通报辖区上市公司监管工作中发现的突出问题,部署辖区上市公司监管重点工作。

5月3日 全省互联网金融风险专项整治工作部署动员电视会议在济南召开。

5月17日 山东证监局举办山东辖区证券期货公司分支机构投诉处理培训班。

9月20日 山东证监局对山东得利斯食品股份有限公司信息披露违法案结案,对相关主体采取行政处罚措施。

10月25日 山东证监局召开山东辖区证券投资咨询业务座谈会、2016年度财务总监培训交流会。

10月26日 山东证监局与中证中小投资者服务中心联合举办山东辖区证券期货纠纷调解多元化解机制签约仪式暨业务培训会,双方签署了《共同促进山东辖区证券期货纠纷解决合作备忘录》。

11月3日 山东证监局与济南市政府签署资本市场合作备忘录,并举办济南市规模企业规范化公司制改制工作培训班。

11月18日 步长制药在上海证券交易所正式上市交易,标志着山东省实现"境内上市公司17地市全覆盖"。

11月25日 山东证监局在济南召开山东辖区国有控股上市公司规范运作座谈会。

(刘常建)

附表1

机构概况一览表

<table>
<tr><td colspan="2">局长</td><td colspan="2">副局长</td><td>纪委书记</td></tr>
<tr><td colspan="2">陈家琰</td><td colspan="2">赵洪军　唐理斌　韩汝俊</td><td>李蔚春</td></tr>
<tr><td>地址</td><td>山东省济南市经七路86号证券大厦13楼</td><td>邮编</td><td colspan="2">250001</td></tr>
<tr><td>网址</td><td>http://www.csrc.gov.cn/pub/shandong/</td><td>投资者保护工作热线</td><td colspan="2">12386</td></tr>
</table>

中国证券监督管理委员会青岛监管局

【第一负责人简介】 张文鑫，1969年1月出生，河北阳原人，管理学博士。1991年7月参加工作。先后在河北省体改委、河北省证券委、河北证监局工作。2002年5月起，历任河北证监局上市处助理调研员，上市处处长。2009年11月任河北证监局党委委员、副局长。2010年8月任天津证监局党委委员、副局长。2012年6月任天津证监局党委委员、纪委书记、副局长。2015年2月任天津证监局党委委员、副局长。2016年10月任青岛证监局党委书记、局长。

【综述】 2016年，中国证券监督管理委员会青岛监管局(以下简称“青岛证监局”)全面防控风险，深入推进依法全面从严监管，积极服务供给侧结构性改革和实体经济发展。辖区市场主体认真贯彻落实证券期货监管工作的有关要求，开拓进取，防范风险。市政府各有关部门、各区市政府、相关金融监管单位、各行业协会，在共同培育资本市场发展、合力摸排整治风险、严厉打击证券期货违法违规活动等方面做了大量工作。经过各方共同努力，辖区资本市场保持了稳定健康发展，为经济社会发展做出了应有的贡献。

【风险防控】 2016年，青岛证监局紧紧围绕“两维护、一促进”核心职责，健全风险监测体系，加强市场风险识别、分析、预警，切实防范辖区市场风险，未发生区域性和系统性风险。

一、重点加强上市挂牌公司信息披露监管。一是开展上市公司风险专项排查，并有针对性地开展年报审核和现场检查，强化风险公司监管。二是开展挂牌公司资金占用专项现场检查，防止风险积聚和扩大。三是对2家高风险上市公司制定风险预警预案，约见风险公司主要负责人谈话10余人次，现场检查13家问题与风险公司，多次采取下发监管关注函、责令改正等措施，推动辖区上市挂牌公司及相关中介机构有效防范和主动化解风险。

二、建立对证券期货基金机构运营风险监测及信息报送机制，实时掌握机构日常运营、内控、风险情况。一是将监测重点集中在账户、交易、产品销售、融资业务、外接系统、信访舆论等方面，同时强化非现场监管的数据分析、研究。二是约谈法人证券公司合规总监7次，约谈证券期货分支机构负责人20余次，处理预警1笔，综合运用专项现场检查、行政监管措施、日常监管措施等，督促存在问题的机构全面防控风险。

三、配合沪深交易所做好债券违约风险日常监测。一是区分大公募、小公募及私募等不同发行方式和不同风险等级，重点关注大公募及高风险债券。二是开展2次现场检查，出具监管关注函4份，深入排查风险，及时制止违规行为。三是与地方政府和交易所签订合作备忘录，充分发挥各方优势和作用，推动形成监管合力。四是制定公司债券违约风险处置应急预案，做好应对风险准备。

四、重点关注各类地方交易场所涉非和维稳风险。建立完善配合市政府有关部门清理整顿各类交易场所工作机制，定期向市清整联办通报有关投诉事项和非法期货认定信息，对举报多、涉嫌非法期货交易的高风险商品现货市场及时向市行业主管部门发函通报风险隐患5次。

五、牵头组织全市股权众筹风险专项整治工作。指导、协调、督促各区市政府、功能区管委按照属地管理原则，摸清各自市场风险底数，全市共排查机构约600家，对违法违规或不规范市场主体进行整改规范。

【市场监管】 2016年，青岛证监局不断健全覆盖各个市场主体的监管体系，市场监管能力全面提升。

一、依法监管的基础得到夯实。一是加强法制建设，制定修订制度规程19项，强化行政处罚、法律审查、日常监管、投资者保护工作。二是加强法制宣传，与市公安局经侦支队开展“5.15法制宣传日”活动，积极开展“打非进社区”宣传月活动，帮助广大市民提高法律意识。四家行业协会组织法律法规等业务培训20余场，引导辖区市场主体提高规范运作意识。

二、全面监管机制不断健全。一是上市公司条线以信息披露为中心实施功能监管，机构条线以合规风控为中心实施功能监管，私募基金和挂牌公司按照自律为主、底线监管、事件驱动原则，加强事中事后监管。二是债券监管发挥各部门服务、监管、协调的作用，推动形成合力。三是区域性股权市场监管以风险监测为中心，加强与地方金融监管部门的监管协作。四是综合运用现场监管与非现场监管手段，持续强化现场检查力度，按照“双随机”原则和风险问题导向有序开展各类现场检查103家次。

三、从严监管的权威性和震慑力增强。一是采取行政监管措施4项、日常监管措施39项，认定地方交易场所涉嫌非法组织期货交易活动1家次，审理行政处罚案件1起。二是主办证监会交办案件3起，协办案件1起，协查案件8起，自行初步调查1起。三是主动对接公安部证券犯罪办案青岛基地，移交违法违规线索1例。通过多管齐下严格执法，起到了很好的警示作用。

四、投资者保护和诚信建设工作扎实推进。一是拓展投资者保护工作新途径，与证监会中证投服中心、市中级法院、辖区各行业协会签署协议，合作推进辖区证券期货纠纷多元化解和“诉调对接”机制建设。二是认真开展投资者诉求办理，妥善办理各类诉求事项67起，特别是处置了1起涉及140余人的投诉事项，并通过举报核查，对违规机构采取了责令改正、下发警示函及监管关注函的监管措施，督导及时整改，保护投资者合法权益。三是牵头开展“百日讲坛”等投资者教育保护活动，提高投资者风险识别能力。四是进一步推进辖区资本市场诚信建设，受理社会主体诚信信息查询11起，更正1起。

【业务发展】 2016年，青岛证监局市场发展成绩显著。

一、多层次资本市场规模加速扩大。企业上市挂牌工作取得突破性进展，上市公司由20家升至25家，新上市1家，达到26家；另有1家已过会，在会审核7家，辅导备案9家。新三板挂牌公司新增52家，新挂牌4家，达到107家。公司债券存量发行人13家，其中8家为非上市公司。青岛蓝海股权交易中心挂牌企业570家，展示企业1177家。

二、直接融资品种进一步丰富。全市社会融资结构不断优化，实现境内直接融资约285亿元，同比增长373%。境内上市公司首发与再融资合计147亿元，同比增长196%，增长速度超过全国平均水平。“新三板”股权融资8.45亿元，同比增长29%。债券融资126.2亿元，是2015年的7.4倍，加权平均发行利率3.71%。1家企业发行资产支持专项计划融资3.7亿元，资产证券化实现了零的突破。

三、助力实体经济转型升级成效显著。5家上市公司6次并购重组交易金额合计442亿元，创历史新高。相关上市公司通过并购重组，或延伸产业链，或实现多元化，或走出去拓展全球业务，切实助推产业转型升级。辅导备案企业中不乏蓝色经济、金融服务等创新行业，上市公司产业结构将持续优化。

四、助推金改试验区建设。新增证券期货基金机构18家，总量达到268家，全口径财富管理规模约3311.7亿，收入呈现多元化局面。批复2家机构独立基金销售业务资格。推动港资参股合资证券公司加快筹备设立，已申报材料。登记私募基金管理人106家，管理规模同比增加771.03亿元，达到939.18亿元。备案私募产品214支，同比增长168%。辖区私募基金业实现了从增“量”转为提“质”的跨越，财富聚集效应初显，有力助推财富管理中心建设。

五、服务脱贫攻坚战略做出新贡献。青岛市四家行业协会联合发出精准扶贫倡议书，号召辖区市场主体做精准扶贫的坚定参与者，努力打造“有社会责任”的企业，在辖区营造了良好的行业氛围。青岛昌盛日电探索出一种产业协作的精准扶贫模式，帮助大量贫困户解决了就业和增收问题，在宁夏闽宁镇的扶贫工作得到习近平总书记的肯定性评价。银河期货青岛营业部在经济薄弱镇——平度市蓼兰镇开展全国首单政策性鸡蛋“保险+期货”创新试点，探索出一条期货服务“三农”发展的新路径。

【内部管理与队伍建设】 2016年，青岛证监局自身建设得到加强。局党委在内部管理中突出全面从严治党、全面从严治局、全面从严管理干部这条主线。

一、深入开展“两学一做”学习教育，学习贯彻中共十八届六中全会精神，引导全局上下牢固树立起“四个意识”，切实把握好资本市场的国家属性和政治属性。

二、高标准抓好会党委巡视和内审反馈意见整改工作，严肃监督执纪问责，强化对重点处室和敏感岗位的监督制约，切实把纪律和规矩挺在前面。

三、用好重大监管行为审查机制和重大财务收支审查机制，从内部对监管行为合法合规性、适当性，以及重大财务支出进行把关，做到了对市场负责，对干部负责。

四、面向市场主体开展廉政走访10家次，发放回收廉政监督卡70余份。从反馈情况看，辖区市场主体对青岛证监局及工作人员依法、廉洁行政情况满意度较高，未收到有关问题反映。

（万燕燕）

附表1

机构概况一览表

局长（或其他称谓的第一负责人）		副局长（或其他称谓的同级领导）	
张文鑫		张兆兵	
地址	山东省青岛市东海西路39号世纪大厦23层	邮编	266071
网址	http://www.csrc.gov.cn/pub/qingdao/	行政效能投诉电话	0532-85798512

中国保险监督管理委员会山东监管局

【第一负责人简介】 孙建宁，男，回族，1959 年 12 月出生，中共党员，研究生学历，高级经济师。历任中国人民银行宁夏分行金管处处长、银行处处长，中国人民银行银川中心支行副行长；宁夏保监局党委书记、局长；新疆保监局党委书记、局长。2013 年 5 月起，任中国保险监督管理委员会山东监管局党委书记、局长。

【业务发展】 2016 年，中国保险监督管理委员会山东监管局（以下简称“山东保监局”）引领山东省保险业正确把握保险业的定位和发展方向，始终坚持“保险业姓保、保监会姓监”，围绕中心，服务大局，深化改革，加强监管，各方面工作都取得了新的成绩，实现了“十三五”良好开局。

一、保费收入实现历史性跨越，成为全国第三个规模超 2000 亿元的省份。全省保险业实现保费收入 2302 亿元，居全国第 3 位，同比增长 28.8%。其中，财产险公司保费收入 663 亿元，同比增长 11.8%；人身险公司保费收入 1639 亿元，同比增长 37.2%。各项赔付支出 786.9 亿元，同比增长 26.49%。

二、保险业发展质量效益较好。财产险公司承保利润 20.52 亿元，居全国第 5 位，责任险、保证保险等非车险快速增长，业务结构更加均衡；人身险公司业务结构不断优化，保障属性强的健康险、普通寿险增速较高。全省保险业总资产 4747.93 亿元，同比增长 24.7%。

三、市场主体进一步丰富，保险市场吸引力不断增强。全省第 5 家保险法人机构——和泰人寿保险公司获批在济南筹建，驻鲁保险公司省级分公司 91 家，其中，财产险公司 40 家，人身险公司 51 家，各级分支机构 7068 家，居全国首位。外资保险机构驻华代表处 2 家。全省保险从业人员 81.5 万人。

【服务经济社会】 2016 年，山东省保险业充分发挥经济助推器和社会稳定器的功能，保险服务向经济社会发展各领域延伸、向居民日常生活各环节拓展。截至 2016 年年末，全省保险业提供风险保障 67.2 万亿元，同比增长 32.96%。政策性农险开办地区扩展到 140 个县，财政补贴农业保险险种增加到 17 个，保费补贴比例提升至 80%。蔬菜、生猪、蒜薹、鸡蛋等目标价格保险及天气指数保险等新型险种发展较快，价格指数保险共实现保费收入 1.3 亿元，提供风险保障 32.93 亿元。部分地市开展了养殖业保单质押贷款业务，进一步完善了农村信用体系。大病保险成效显著，覆盖城乡居民 6160.1 万人，全年保费收入 34.21 亿元，患者实际报销费用比例在原医保基础上增加了 12.86 个百分点。健康、养老保险发展较快，“银龄安康保险”服务 50 岁以上参保老年人群体达 690.35 万人。参与养老健康产业链，开办全国首个保险机构投资的“三甲”医院，开展“保险 + 医疗”新型健康管理模式。安全生产、环境污染、食品安全等责任险在减轻政府社会管理压力方面发挥了日益重要的作用，全年责任保险实现保费收入 17.4 亿元，保障金额 2.91 万亿。首台（套）保险财政补贴范围进一步扩大，全年为 66 家企业提供了 20.26 亿元风险保障，财政补贴保费金额 5154.023 万元。小额贷款保证保险保费收入 9.65 亿元，承担信贷风险超过 208.36 亿元，缓解了部分小微企业“融资难”问题。

【服务发展大局】 2016 年，山东省保险业围绕中心工作，积极增强服务大局能力。

一、积极助力脱贫攻坚战略。一是通过减免和补贴保费，实现了建档立卡农户农业保险的免费承保。二是大病保险对农村贫困人口，起付标准减半为 6000 元，医疗费用每段补偿比例提高 5%，年度大病保险最高支付限额由 30 万元提高至 50 万元。三是部分地市开展了针对贫困人口的贷款保证保险业务，为贫困户创业脱贫提供资金支持。四是启动了一批针对农村贫困留守儿童、老年人、残疾人等特殊群体的保险扶贫项目。

二、积极助力实体经济发展，提供保险资金支持。建立常态化的资金运用沟通机制，在全国率先建立保险资金与地方项目对接信息平台，引导保险资金支持实体经济。截至 2016 年年末，全省保险资金运用规模达 875 亿元，同比增加 278 亿元，全国排名第 7 位。

三、积极参与灾害事故救助。在应对暴雨冰雹灾害、批发市场火灾、渔船碰撞沉没事故、林场火灾等一些社会影响较大的灾害事故中，全省保险业迅速理赔，积极参与减灾、救助工作，帮助受灾群众及时恢复生产生活秩序，减轻了政府财政和事务负担。

【深化行业改革】 2016 年，山东保监局持续抓好保险“新国十条”和山东省政府《关于贯彻国发〔2014〕29 号文件加快发展现代保险服务业的意见》（鲁政发〔2015〕9 号）落实。一是组织编制、发布《山东省保险业发展第十三个五年规划纲要》，引导行业健康发展。大病保险、信贷保证保险等多项支持政策取得突破。二是推进重大改革专项工作，稳妥推动商业机动车保险费率管理机制改革，75%以上的车险客户较费改前的保费有所下降，投保率有所上升，车险综合赔付率有所下降。三是完成人身保险费率市场化改革，普通寿险对保费增长的贡献率达近60%。将巨灾保险纳入《山东省防震减灾事业发展规划(2015—2020年)》。四是完成对6家保险总公司的SARMRA(偿付能力风险管理能力)评估。推进农村保险互助社试点。五是积极开展山东保险业“创新星火计划”，推动市场涌现出一批涉及保险产品、技术、管理的创新项目，累计已有30家公司开展创新80余项，助力保险业供给侧结构性改革。

【防范化解风险】 2016年，山东保监局坚持防控风险不动摇，牢牢守住不发生系统性风险的底线，维护全省保险市场平稳健康运行。

一、健全风险防控机制。一是对辖内7个地市开展了市场巡查，组织开展各领域风险排查。二是加强形势预判分析，开展资金压力测试，防范满期给付、非正常退保等风险。三是加强保险中介市场监管，严厉打击非法销售境外保险产品行为。四是积极开展反欺诈、反洗钱、反非法集资工作，做好山东“安宁2016”打击保险诈骗专项行动，共向公安机关移送案件线索1282条。五是推进“9·26”济南自卸货车骗保案件的侦破，公安机关抓获犯罪嫌疑人60余人，破案112起，涉案金额近亿元，获得公安部贺电表扬。

二、强化案件问责管理，督促保险公司落实案件风险主体责任。一是指导山东省保险行业协会建立意外险风险预警系统，有效防范了意外险骗保风险。二是加大市场检查和处罚力度，组织开展“两个加强、两个遏制”回头看工作、农业保险专项治理整顿、互联网保险风险专项整治、商业车险改革专项检查、“亮剑行动”等16项重点、专项检查，规范了市场秩序。三是全年共对52家次机构和49名个人实施行政处罚，罚款金额631万元，开展监管谈话42家次，下发监管函54家次。

【保护消费者权益】 2016年，山东保监局坚持监管为民，突出做好保险消费者权益保护工作。综合治理销售误导和理赔难等群众反映强烈的问题。

一、督导客户信息真实性、录音录像等监管政策落实执行，组织开展销售人员评价、综合治理销售误导评价活动。

二、推动机动车轻微交通事故快处快赔推向全省。组织开展打击损害保险消费者合法权益行为的“亮剑行动”，采取专项检查与个案检查结合、投诉处理与违规处理联动的方式，派出三个专项检查组赴有关保险机构开展专项检查。

三、组织开展保险公司服务评价工作。督促保险机构落实在处理保险消费投诉中的主体作用，及时约谈消费投诉处理不力的公司，并对各公司进行考评。改进12378保险消费投诉热线管理，进一步提高热线接通率。

四、加强与法院系统的联系，完善保险纠纷调处和诉调对接机制。

五、创新保险消费者教育方式，发布消费风险提示2次，发布风险提示信息10批次，处置舆论风险8批次。组织全行业开展“3·15”保护消费者权益和“7·8”全国保险公众宣传日系列宣传活动，积极开展“感动齐鲁保险人”评选。山东保监局全年共处理保险消费投诉和咨询4.38万件，其中，来信197件，来访56批次，网络184件，“12378”热线43375件。

【内部管理与队伍建设】 2016年，山东保监局加强局机关自身建设，扎实开展“两学一做”专题教育，组织各类党务、政务、学习、培训活动80余场次。

一、加强干部队伍建设，加大选拔培养力度，全年晋升干部28名，轮岗交流处级干部8名。

二、加强行政行为合法性审核，确定行政罚款裁量基准，编印《保险监管执法手册》，统一执法尺度。

三、优化行政许可流程，改革完善快速审批机制。

四、做细做实现场验收，有序推进机构设立工作。完成山东省保险业发展“十三五”规划编制、发布等工作。

五、深入推进党风廉政建设，落实党委主体责任和纪委监督责任，开展“四风”问题整治情况“回头看”。

六、梳理岗位职责廉政风险点29个，开展警示教育11场次、544人次。

七、认真开展行政监察、廉政风险防控自查自纠、考评等工作。全局没有发现违反廉政纪律的问题。

【大事记】 1月11日 山东保监局印发《在行政执法过程中使用〈责令改正通知书〉有关事项通知》，出台《行政复议答复和行政诉讼应诉工作制度》。

1月22日 山东上线运行“意外险风险预警系统”。

1月 山东保监局联合省金融办等9部门发布《关于坚决抵制非法集资理性选择投资渠道的通告》。组织行业开展防范打击非法集资宣传月活动。

1月 山东省12个市上线平安医疗费用智能审核系统。

2月2日 山东保监局召开监管工作会议，深入学习贯彻2016年全国保险监管工作会议精神，安排部署2016年监管工作。

2月 山东保险业建立保险业改革发展专家咨询制度，成立山东保险行业专家咨询委员会，首批聘任29名专家。

3月 山东保监局组织行业参加保监会2016年保险消费者权益保护工作视频会议，召开保险专业中介监管情况通报会、财产保险监管情况通报会、人身保险监管情况通报会，部署2016年度各项工作。

3月15日　山东保监局组织行业全面开展“3·15”保险消费者权益保护周教育宣传活动。

4月19日　山东保监局修订印发《中国保险监督管理委员会山东监管局烟台监管分局监管职责规定》，明确细化分局职责规定。

4月28日　山东保监局成立“安宁2016”专项行动领导小组，深入推进保险反欺诈工作。

4月　山东保监局成立推动保险服务扶贫开发工作领导小组，部署从保监局和行业两个层面开展脱贫攻坚工作。

4月　山东省出台国内首部规范地方金融市场的省级地方性法规《山东省地方金融条例》，列入支持发展现代保险服务业的多项措施。

5月16日　山东保监局启动2016年山东保险业防范非法集资专题宣传月活动。

5月　山东保监局与山东省扶贫开发领导小组办公室签订《金融扶贫战略框架协议》。

6月　山东保监局部署开展全省防范打击保险诈骗犯罪工作暨“安宁2016”专项行动，部署打击损害保险消费者合法权益行为“亮剑行动”，启动互联网保险风险专项整治保险中介领域摸底排查工作。

6月　山东省政府与泰康人寿签订战略合作框架协议。

6月　“山东省车险理赔查询系统”上线运行。

7月　山东省在全国率先明确保险类机构办理不动产抵押登记政策，建立大病保险和商业保险数据共享机制，积极稳妥推进银行类保险兼业代理机构行政许可改革工作。

8月　中国保监会批复同意和泰人寿保险股份有限公司筹建，该公司注册地在山东省济南市，注册资本15亿元。

8月　山东省作为首个在省级层面推进长期护理保险试点的省份，被列为全国长期护理保险制度试点重点联系省份。

8月　山东省首个“保险+扶贫”精准扶贫项目在济南启动。

8月　山东济南入选首批国家专利保险示范城市。

9月22日　药品上市许可持有人制度配套保险研讨会在山东举办。中国保监会、国家食药监局等单位代表参加。

9月　山东省政府与德国安顾保险集团在济南签订战略合作协议。

9月　山东保险业立足贫困地区资源优势，开发扶贫特色农险产品玫瑰保险、大葱目标价格保险、中药材种植保险、驴驹养殖保险等。

10月　山东保监局召开全省保险扶贫工作推进会。

11月1日　山东保监局建设全国首个区域性保险资金与地方项目对接信息平台正式上线。

12月　保监会稽查局和公安部经侦局赴山东联合督调“9·26”自卸货车保险诈骗案，公安部对济南自卸货车保险诈骗案成功破获下发《贺电》。

（李鹏杰）

附件1

机构概况一览表

局　长		副局长	党委委员	
孙建宁		鲁　青　赵东生	许彦峰	
地址	山东省济南市经十路13777号中润世纪广场五栋11-14层		邮编	250014
网址	http://www.circ.gov.cn/web/site30/		客服电话	0531-81666299

附件2

内设部门及分支机构一览表

年度	内设职能部门数量（个）	下设分支机构（个）			员工总人数（人）	
		总数	地市机构数	县区机构数		正式职工人数
2012年	9	1	1	—	104	91
2013年	9	1	1	—	109	97
2014年	9	1	1	—	107	97
2015年	10	1	1	—	100	93
2016年	10	1	1	—	98	91

附件 3

先进集体及个人一览表

授奖单位	奖项名称	获奖集体
中央金融团工委	全国金融五四红旗团委	山东保监局团委
中国保监会党委	保监会系统先进基层党组织	烟台分局党委
山东省委保密办、省国家保密局	保密自查自评工作先进单位	山东保监局
山东省委机要局	省直部门密码使用管理先进单位	山东保监局
山东省财贸金融工作委员会	五一劳动奖状	保险消费者权益保护处
授奖单位	奖项名称	获奖个人
山东省政府	山东省政府系统优秀调研成果三等奖	毕　磊　韩　冰　赵钱龙

中国保险监督管理委员会青岛监管局

【第一负责人简介】　巩庆军，男，1959年11月出生，研究生学历，高级经济师。2000年6月调入中国保监会济南办公室筹备组，历任济南保监办党委委员、主任助理，中国保监会人身保险监管部副主任，济南保监办党委委员、副主任，山东保监局党委委员、纪委书记、巡视员、副局长。2013年5月任青岛保监局党委书记、局长（正局级）。

【综述】　2016年，中国保险监督管理委员会青岛监管局（以下简称“青岛保监局”），稳中求进，抢抓机遇，创新发展，各项工作迈上新台阶。

【业务发展】　2016年，保险业各项指标不断优化，服务能力快速提升，为地方经济建设和社会发展做出了积极贡献。

一、行业实现跨越发展。2016年，青岛保险业实现保费收入335.9亿元，比2011年增加190亿元，保费首次突破300亿元，距2014年突破200亿元仅用两年时间；同比增长37.6%，增速创历年之最。

二、市场体系不断完善。截至2016年年末，青岛共有保险公司65家，其中产险公司34家，寿险公司31家；中资公司48家，外资公司17家，保险法人机构1家。保险专业中介法人机构55家，外地驻青市级分支机构64家。

三、保障能力显著增强。2016年，青岛保险业累计提供风险保障金额16.8万亿元，同比增长102.4%，为经济社会发展提供了有效的风险保障；累计支付赔款和给付金113.3亿元，同比增长28.7%，为企业生产和居民生活提供了有力的资金支持。

四、社会贡献日益提高。2016年，保险业资产总额达到674.9亿元，比年初增加112亿元，同比增长19.87%。保险从业人员达到11万余人，同比实现了翻番，为扩大就业做出了积极贡献。2016年保险业上缴地方税收20.4亿元，同比增加0.7亿元，代收代缴车船税8.2亿元，同比增加0.6亿元。

【监督服务】　2016年，青岛保监局坚持“抓服务、严监管、防风险、促发展”，各项工作扎实推进。发展红利得到充分释放，服务大局能力不断提升，风险防范的底线进一步筑牢，保险消费者权益保护机制进一步夯实，监管能力和监管体系现代化工作持续推进。

一、充分释放政策红利，着力开拓改革创新新局面。

（一）严密监测保险产品改革。商业车险条款费率改革和人身保险费率市场化改革是目前保险业改革的两大重要领域，为保障改革顺利推进，青岛保监局密切跟踪关注，加强运行监测，及时处置整改推进过程中的问题，确保改革惠及更多消费者。

（二）稳步推进保险中介市场改革。做好资格核准取消后保险销售、经纪从业人员监管工作，落实保监会代理人门店改革试点政策，在工商部门支持下妥善解决专属代理门店的工商注册问题。

（三）配合推动“营改增”顺利实施。青岛保监局安排专门处室和人员负责跟进，加强与税务部门的沟通协调，完成系统对接和制度衔接，同时加强对保险公司的指导，做好培训和宣导。截至2016年年末，“营改增”在保险行业运行平稳，税负总体下降。

（四）积极推动个人税优健康险试点在青岛市落地实施。一是加强与地税、财政等部门的联动，制定细化实施方案，初步解决系统对接问题，确保试点顺利落地。二是做好试点公司的政策协调和产品备案。截至2016年年末，投保企业已达30余家。

（五）不断提升胶州市保险创新发展试验区建设层次。一是健全部门定期沟通机制，加大小额人身保险保障深度，扩大大白菜、马铃薯、生猪价格指数保险试点覆盖面。二是胶州市将小额贷款保证保险列入2016年改善民生实事之一，该险种全年支持216家小微企业和个体户解决了2580万元的资金需求。

二、全面支持地方建设，着力实现服务能力新突破。

（一）积极服务青岛市“三保合一”改革。一是加强对商业保险参与社会医保承办工作的指导和监管，建立承办情况季度报送制度，多次召开座谈、调研，确保六个承办项目平稳顺利运行。二是加强与市社保局的沟通，探索共同推进青岛市社会补充医疗保险制度的建立和实施。

（二）扩大贷款保证保险试点范围和深度。专利权质押贷款保证保险累计支持青岛市科技型中小微企业41家（次）获得银行授信，撬动银行贷款1.39亿元，企业整体融资成本低至5.2%以内。2016年6月，《人民日报》对该险种的“青岛模式”进行了专题报道。平度市出资1000万元建立“风险补偿基金”，成立了政银保三方共同参与的风险共担合作体，启动小额贷款保证保险试点。

（三）创新推出食品安全责任保险，保障市民“舌尖上的安全”。青岛保监局会同市食药监局、市金融办联合出台《关于在全市生产环节实施食品安全责任保险的指导意见》，目标覆盖全市约1500家获证食品、保健食品、食品添加剂生产企业，每家企业年最高可获得5000万元的风险保障。

（四）充分发挥保险业精准扶贫、支农惠农的作用。扩大生猪、大白菜、马铃薯价格指数保险承保范围，实现了农业保险从“防风险”向“保收入”的跨越。2016年11月，全国首例以“保险+期货”模式运作的鸡蛋期货价格指数保险在平度落地试点，首期预计承保鸡蛋2000吨。

（五）承办老年人意外伤害保险。会同市民政局、财政局做好60岁以上老年人意外伤害保险实施工作，合理设计承保方案，严格招投标管理，为全市161万多名户籍老人提供意外伤害风险保障，确保市办实事落到实处、惠及百姓。

三、深入参与试验区建设，着力发挥财富管理新功能。

（一）加快推进保险法人公司的筹建准备工作。就总部拟设在青岛市的人身险、外资保险、再保险等法人保险公司进展情况积极向保监会汇报，了解最新政策和动态，为机构筹建提供政策指导和技术支持。

（二）积极推动保险资金来青岛市投资运用。截至2016年年末，保险资金投资运用规模达到205亿元，涉及存款、债券、股权、不动产、信托、PPP等领域。中国人寿出资25亿元参与地铁4号线PPP项目，成为全国首个保险资金中标的轨道交通PPP项目，创新性地在PPP模式中引入私募股权基金理念，在全国范围内具有很强的示范效应和借鉴意义。

（三）深入参与财富管理产业链。鼓励保险机构参与养老、医疗等产业链整合，投资带动财富管理上下游服务业发展，泰康人寿已经完成位于李沧区的山东地区医养旗舰社区项目的选址、规划等前期准备工作。

（四）认真落实市政府与保监会以及保险机构签订的战略合作协议。一是积极争取总部在政策、资源等方面的支持，加大机构设立、业务创新、资金运用、人才培养等领域的工作力度。二是组织参加财富论坛、PPP论坛等活动，积极参与青岛财富管理指标体系和综合指数调研建设工作。

四、不断完善体制机制，着力构建风险防范新体系。

（一）做好满期给付和退保投诉纠纷处置工作。密切跟踪重点公司监测指标的异动变化，及时采取监管措施，督促公司有效化解风险。

（二）深入推进反保险欺诈工作。一是进一步深化与公安部门的合作，与公安经侦部门建立反欺诈信息季度通报制度，实现信息共享。二是联合市公安局开展反欺诈培训，提升保险行业反欺诈识别能力。全年通过反欺诈中心办公室移交公安机关立案侦办12起，涉案金额220.36万元，抓获犯罪嫌疑人19人，打掉保险诈骗职业犯罪团伙6个。

（三）开展风险排查和主题宣传。一是在全行业开展防范非法集资风险排查工作，指导发现风险苗头的保险机构妥善做好处置工作。二是开展“慧眼、明则、守信”主题宣传月活动，制作青岛市保险行业打击防范非法集资电子宣传片。三是定期通过青岛市保险行业协会微信公众号向社会公众推送防范非法集资相关知识。

（四）严密防范非保险理财产品风险跨界传递。一是重点关注保险中介机构参与销售非保险理财产品情况，做到早发现、早处置，对参与销售的保险机构及时采取有效措施。二是摸底排查保险机构关于“买商品送保险”的参与情况，在行业内进行风险警示和业务隔离。

五、持续规范市场秩序，着力营造市场建设新格局。

（一）开展互联网保险风险专项整治。根据保监会和市政府的部署，青岛保监局对财产险、人身险、保险中介以及非法经营四个领域的互联网保险业务进行清理整顿，覆盖65家保险公司、107家保险中介公司和27130人次从业人员，对发现的问题已根据有关规定进行了相应处置。

（二）开展车险和农业保险专项检查。一是对6家公司的车险业务开展专项检查，严厉打击违规广告宣传、违规销售赠礼、委托无资质第三方开展中介业务等违法违规行为。二是对辖区内经营政策性农业保险的3家保险公司及其10家分支机构，开展了承保理赔档案资料真实性、完整性方面的专项检查。

（三）开展人身保险领域现场检查。先后开展了以销售行为合规性、客户信息真实性、业务财务真实性为重点的人身险业务检查，进一步强化保险监管法律法规和监管制度的执行力度。

（四）开展保险中介市场风险排查。一是制定出台了《青岛中介市场巡查制度》，将市场巡查常态化、制度化。二是对即墨、平度、开发区等县区的中介机构开展现场巡查，对部分经营异常的中介机构采取监管措施。

六、切实保护消费者权益，着力谋划监管为民新发展。

（一）充分发挥保险消费投诉热线“12378”的主渠道作用。一是实现“12378”与青岛市“12345”政务热线的无缝对接，圆满解决了政务热线转办的516件投诉件。二是开展消费者投诉情况量化考核，通过青岛保监局官方网站主动公开考评结果，督促保险公司积极解决保险消费投诉和纠纷。

（二）推广青岛市“诉调对接”机制试点经验。2016年，保险纠纷“诉调对接”工作站新增平度、黄岛两处，到目前已覆盖青岛市80%的基层法院。全年保险纠纷调解中心共受理调解申请144件，实际调解114件，调解成功40件，涉及金额897.75万元，履约率100%。

（三）持续治理销售误导和理赔难。根据保监会统一部署，开展了打击侵害保险消费者权益的“亮剑行动”和电话销售业务专项检查，根据信访调查结果和现场检查事实，严肃处理了多起涉及销售误导和理赔难的问题。

（四）进一步推动小额简易案件快速处理机制的落实。开展问卷调查，掌握保险公司落实《保险小额理赔服务指引》的实际情况以及存在的问题，研究解决措施，监督公司优化理赔流程，推进理赔服务便捷化、理赔过程透明化。

【内部管理与队伍建设】 2016年，青岛保监局以打造廉洁高效的干部队伍为重点，深入开展机关作风建设和文化建设。一是扎实推进“两学一做”学习教育。二是不断深化党风廉政建设。三是强化保险业法治建设。四是加强信息化建设与统计研究工作。

【大事记】 1月25日 青岛保监局与市中院联合印发《青岛保险审判与保险监管联席会议制度》。

2月29日 青岛保监局组织召开2016年青岛人身保险监管情况通报会。

3月8日 青岛保监局组织召开青岛市保险中介监管情况通报会。

3月24日 青岛保监局会同市金融办等单位联合印发《2016年青岛市政策性农业保险实施方案》，首次开展政策性马铃薯目标价格保险试点工作。

5月26日 青岛市保险行业协会平度市办事处成立。

5月30日 青岛保监局会同市食药局、市金融办联合发布《关于在全市生产环节实施食品安全责任保险的指导意见》，与市食药局联合推动生产环节食品安全责任保险承保试点工作。

6月21日—22日 2016青岛中国PPP论坛在青岛市举行，中国保监会副主席陈文辉受邀出席。

9月2日 青岛保监局完成对众安在线财产保险公司青岛地区的车险业务检查。

9月26日 青岛保监局完成信利保险（中国）有限公司偿二代SARMRA现场评估工作。

10月28日 青岛保监局完成瑞再企商保险有限公司偿二代SARMRA现场评估工作。

11月29日 青岛保监局推动开展全国首例“保险+期货”政策性农业保险工作，以鸡蛋期货价格指数保险为业务试点，预计承保鸡蛋2000吨，保费约56万元，政府予以60%的财政补贴，进一步化解农户的价格风险，更好地发挥农业保险精准扶贫、支农惠农的作用。

12月20日 青岛保监局印发《青岛保险业发展“十三五”规划纲要》。

12月 青岛保监局完成中国首家保险业地方图志《青岛保险史话》的编写工作，进入出版阶段。

（陈 丽）

附表 1

机构概况一览表

局长（或其他称谓的第一负责人）		副局长（或其他称谓的同级领导）	
巩庆军		刘智夫 宋朝晖 林 洁	
地址	山东省青岛市东海西路28号龙翔广场1号楼（西）	邮编	266071
网址	http://qingdao.circ.gov.cn/web/site29/tab1680/	客服电话	12378

附表 2

内设部门及分支机构一览表

年度	内设职能部门数量（个）	下设分支机构（个）					员工	
		总数	地市分行数	县区支行数	分理处、营业所数	储蓄所数	总人数（人）	正式职工人数
2012年	7	—	—	—	—	—	49	42

续表

年度	内设职能部门数量（个）	下设分支机构（个）					员工总人数（人）	正式职工人数
		总数	地市分行数	县区支行数	分理处、营业所数	储蓄所数		
2013年	7	—	—	—	—	—	46	42
2014年	7	—	—	—	—	—	45	41
2015年	9	—	—	—	—	—	43	39
2016年	9	—	—	—	—	—	45	41

附表3

先进集体一览表

授奖单位	奖项名称	获奖集体
中国保监会党委组织部	保监会系统2016年度党建课题研究优秀成果二等奖	青岛保监局党建课题研究小组
中国保监会精神文明建设领导小组	保险业学雷锋活动先进集体	青岛保监局办公室

第三部分

政策性银行

国家开发银行山东省分行

【第一负责人简介】 钟小龙，男，1964年4月出生，中共党员，高级工程师，大学学历，先后在林业部、国家林业投资公司工作，1994年加入国家开发银行总行，先后担任国家开发银行吉林省分行副行长、国家开发银行企业局副局长，2016年6月至今担任国家开发银行山东省分行党委书记、行长。

【综述】 国家开发银行山东省分行（以下简称"开发银行山东省分行"）加大信贷结构调整和资金投放力度，着力发挥开发性金融作用，取得了优良的经营业绩。截至2016年年末，全行资产总额4969亿元，同比增长8.3%；贷款余额3902亿元，同比增长9.5%；资产质量继续保持优良，不良贷款率0.08%。

一、加快评审发放进度，支持经济平稳增长。开发银行山东省分行围绕服务山东供给侧结构性改革这一主线，着力发挥开发性金融作用，加大资金投放力度。一是加快项目开发评审。组织开展密集调研，成立重点项目、难点问题工作领导小组，全面了解客户需求，推进项目开发评审。动员相关业务处室人员于9月集中开展了以棚改、大班额项目为主的"评审攻坚月"活动，承诺人民币贷款项目54个，合计金额1161亿元，为下半年发放提供了充足的承诺资源。2016年，实现人民币项目开发入库1702亿元、授信评审2086亿元。二是人民币贷款发放创历史新高。全年发放人民币贷款838亿元，系统内排名第7位，较上年提高4个位次，创近年来全行最好成绩；同比增加219亿元，增幅35.4%。人民币贷款余额新增283亿元，位居全省金融同业第二位。

二、精准聚焦关键领域，支持社会民生发展。一是服务脱贫攻坚。2016年发放各类脱贫攻坚贷款105.8亿元。配合搭建扶贫项目投融资主体，与省扶贫办签署《扶贫合作协议》。创新业务模式，利用贷款和基金支持鄄城县、五莲县易地扶贫搬迁，以及东平湖库区移民搬迁等重点项目建设。支持产业扶贫，开发推进曹县、鄄城、微山等地光伏项目，以及邹城旅游等特色产业贷款项目13.4亿元。支持教育扶贫，2016年发放助学贷款12.03亿元，惠及省内家庭经济困难学生15.91万人，发放金额创历史新高。二是持续支持棚改工作。截至2016年年末，累计发放棚改贷款1117.7亿元，惠及全省16个地市的棚户区居民70多万户，支持新建住宅面积超过1亿平方米。加快资金支付进度，将发放安排与支付挂钩，动态掌握项目建设与贷款资金支付使用情况，提高资金使用效率。三是着力解决大班额问题。积极与各地市政府、各级财政教育部门联系对接，将支持解决"大班额"问题作为重点工作，加快评审发放进度。2016年，承诺大班额项目204.4亿元，发放贷款42.1亿元。

三、发挥主力银行作用，支持重大项目建设。一是在核电、电力领域。完成海阳核电一期增贷项目银团协议签订，组建国核示范CAP1400项目银团取得阶段性进展，与山东龙源风电公司签署了《开发性金融合作协议》。二是在交通领域，加强与山东高速集团、齐鲁交通发展集团、济南铁路局及相关地市政府的合作，积极推动支持济青高速改扩建、潍莱铁路客运专线、济南轨道交通、烟台轨道交通、东营机场、日照机场、滨州港、日照港等项目建设。与省财金公司开展首个农村公路项目合作，完成日照、莒县农村公路项目评审承诺。三是在国际业务领域，2016年发放贷款19.6亿美元。积极支持企业走出去，分别与省发改委、省商务厅、省台办、省侨办建立了合作机制。四是在其他领域，投贷联动支持科技创新、战略性新兴产业发展，与浪潮集团、烟台万华分别签署战略合作协议；推进新型城镇化和城乡发展一体化，探索支持综合管廊、特色小镇等项目。

四、发挥融资融智作用，深化新型银政合作。一是开展规划咨询合作。组织开展并完成了《山东省综合交通融资规划》和《济南市区域金融中心建设》的研究工作，重新修订了《山东省养老服务产业"十三五"融资规划》。二是开启新一轮开发性金融合作。先后与东营、枣庄、济宁、聊城、威海、日照等地市政府签署开发性金融合作协议。建立高层定期会谈和日常沟通协调机制，推动济南业务取得重大突破，全年实现济南项目评审承诺创历年最高水平。三是支持地方水利建设。加强与省水利厅的合作，支持重大项目建设，积极推动黄水东调等项目进展。2016年发放贷款36.6亿元。五是继续支持养老产业。全年发放贷款2.67亿元。

五、加强精细化管理，提升经营发展质效。一是加强财务、营运管理。强化财务控制、分析，确保财务合规。完成各项结算清算工作，做好"营改增"落地实施，积极推广电子商业汇票业务，完成各类新系统上线运行，确保营运安全平稳。二是加强资金管理。强化资金统筹调度，提高资金需求预测的准确度。提高资金使用效率，资金交易数量和收入占比屡创新高。三是开展中间业务。加强收入节奏调度，合理安排未来年度收入进度。2016年实现中间业务净收入4.92亿元。四是开展债券承销业务。2016年共承销金额37亿元，销售债券11.6亿元。五是加强同业合作。与省内五家金融机构签订《战略合作协议》，加强结算经办行管理，规范同业返存，开展了首笔同业资金资产投资类业务。

六、全面加强风险管控，确保资产质量稳定。一是强化责任意识。印发了《推动风险管控工作实施方案》，将风险管控责任和压力分解落实。二是认真落实审计检查整改。2016年配合审计署、银监会、山东银监局、上海审计分局等对分行审计检查11次。三是推行全面风险管理。加强对重点行业、重点客户、重点国别风险监控，加强风险排查，第一时间将潜在风险客户纳入名单制管理，及时制订风险管控预案，风险预警成功率达100%。四是加强风险分析研判。针对各领域暴露的新情况新问题，开展专题研究，完成《2015年风险分析报告》。五是积极管控国合项目风险。密切关注和积极应对国际政治经济形势，采取有效措施，针对可能出现的风险因素，进行深入分析，制订风险防范预案。六是加大风险化解力度。通过加强与政府沟通协调，灵活运用多种手段，加大贷款风险化解和催收力度，成功化解多个项目风险。

七、夯实内部运行基础，提升服务保障水平。一是加强制度建设。全年新制定印发党建、纪检和业务类规章制度22项，修订8项。二是加强办公管理。协调省档案局无偿取得一间标准化档案库房，解决了档案库房不足难题。三是加大信息报送力度，省政府主要信息载体采用分行业务宣传信息数量位居全省金融机构前列。四是做好内外宣传工作。组织各类新闻媒体首发分行稿件99篇次，《开行报》、官方微信等内部载体采用分行稿件数量显著提升，多次被总行通报表扬。五是深化法律工作前移，改进合同审查、签订流程，加强合同管理，充分发挥法律工作对项目的推动和保障作用。六是加强信息科技管理。配合完成总行新系统上线推广。建立IT合作机制，规范外包服务。提高运维水平，保障系统安全。

【计划资金管理】　2016年，开发银行山东省分行不断优化信贷结构，加大信贷资金投放力度，作为驻鲁全国性金融机构分支行，积极争取总行规模资源倾斜，将更多的信贷资金投放到山东实体经济上来，人民币贷款发放总量以及棚改、水利、扶贫等领域投放均居系统内前列。一是按照“制度化、标准化、规范化”的要求，制定《资金需求预测及头寸申报管理实施细则》，为业务顺利开展打好基础。二是在制度完备的基础上，对资金需求预测、头寸申报、系统内资金调拨等重点资金业务流程进行了规范，做到各业务节点职责清晰、流程规范。

【信贷项目及管理】　2016年，开发银行山东省分行以棚户区改造、铁路、公路、产业类重大项目、城市基础设施、水利、教育等领域项目为重点，不断加大支持力度，取得显著成效。同时，该行进一步完善内控机制，加强业务合规风险管理，强化员工合规意识和风险防范意识，牢固树立依法合规和稳健经营观念，不断加大信贷风险防范工作力度，及时发现风险隐患，采取相应风险防范和控制措施，保障信贷资金安全。落实风险管理责任，深化一级抓一级、一级盯一级的风险防控机制，有效传导风险管控压力。

【金融债权维护】　2016年，开发银行山东省分行以提高资产质量和保全金融债权为目标，以制度建设为基础，全流程、全方位防范贷款风险，积极主动地开展依法收贷工作。截至年末，该行累计对33个项目采取依法收贷措施。一是对难点回收项目进行动态化管理，制定风险预案和化解措施，以防范风险项目转劣、加快不良项目化解进度。二是贯彻总行“依法治行、合法经营”方针，建立了业务部门初步法律风险识别、内部法律部门配合、外部法律专业人士协助的“三道防线”，形成了全流程、全方位的信贷法律风险防范机制，为维护金融债权提供了机制保障。三是对不良贷款项目制定化解计划，进行统一部署，责任具体到人，为金融债权维护提供了组织和人员保障。

【筹资工作】　2016年，开发银行山东省分行作为中长期债券银行，信贷资金来源主要为发行金融债券，存款业务作为重要的补充方式。开发银行山东省分行根据总行存款工作要求，继续做好存款方面的有关工作，统筹兼顾，确保发展。

【会计与财务管理】　2016年，开发银行山东省分行持续深化财务管理工作，加强财务控制、分析和预测职能，优化财务资源配置，有效支持了经营决策和业务发展。

一、强化财务管理职能，有效助力经营决策。一是完善财务分析报表报告编制工作，形成了快、深、专相结合的财务分析体系，从各个需求层面助力业务经营发展。二是强化资本管理意识和资本回报理念，为减少资本占用提供合理建议。三是做好贷款减值准备计提及管理分析，努力实现贷款规模与合理减值准备之间的动态平衡，增强了风险防控作用。四是做好财务预算、决算工作，统筹管理，优化配置，顺利完成总行下达目标计划。五是加强财务制度建设。制订印发了《境内差旅费管理实施细则》《业务招待费管理实施细则》《国际合作业务工作组财务管理实施细则》《因公临时出国(境)团组费用开支管理实施细则》等7项制度。

二、多措并举，全面提升营运工作质量。为保证业务会计核算的及时性与数据的准确性，采取多种措施规范业务操作流程，全面提高业务处理质量。一是高效准确完成日常结算清算工作。二是完成棚改和基金发放、新系统上线、营运系统数据维护、系统升级测试等重点工作。三是积极推广电子商业汇票业务。

三、持续拓展国际结算业务。一是大力推进国际结算业务，并在日常业务中严格执行各项外汇管理政策，防范外汇政策风险。二是结合外汇形势变化，印发了《关于进一步便利和规范外汇收支的实施细则》等制度。三是针对8月省外管局外汇业务检查发现的问题，多次赴外管局进行沟通交流，制订具体整改措施，明确整改期限和责任人，做好整改落实工作，确保外汇业务合规运行。

四、圆满完成“营改增”实施工作。一是制订《“营改增”工作实施方案》和任务分解表。二是做好增值税征管的各项基础工作。三是制定《发票管理实施细则(试行)》等内控制度。四是积极配合总行、山东财专办、历下区国税局完成该行"营改增"税负变化情况调研核查等工作。该行被历下区国税局选定为"营改增"税负分析样板企业,圆满完成首次增值税及附加的申报缴纳工作。

【电子化建设】 2016 年,开发银行山东省分行努力推进各项信息科技基础管理,积极做好技术服务和科技风险管控,保障业务正常开展。

一、加强基础管理,提高风险防控水平。一是加强信息资产管理,细化各项数据信息台账。二是以"国家网络安全宣传周"活动为契机,加强网络信息安全宣传,发布信息安全风险提示,组织开展相关考试,努力提高员工信息安全意识和技能。三是从严规范服务外包招投标程序,强化外包过程风险和质量管控;并与青岛分行探索网络运维异地互备机制,应对因网络崩溃、运维中断等引起的突发情况,确保网络服务连续性。四是完成网络应急演练、IP 电话系统演练和业务应用系统演练,对机房 UPS、配电、空调、消防和漏水等系统进行模拟突发故障处置,不断提升应急处置能力。

二、提高科技水平,服务业务发展。一是落实总行信息化建设项目规划要求,完成金融精准扶贫信息系统推广、新 OA 系统需求梳理、网上银行系统新版本上线、增值税系统发票管理功能系统上线等 10 个重要系统的推广与技术支持工作。二是配合基建办做好机房及楼宇智能化项目的技参数核准和招投标等工作。三是协同龙口国开南山村镇银行 IT 管理,提升村镇银行信息化建设与管理水平。

【内部管理与金融文化建设】 2016 年,开发银行山东省分行设定了适合业务发展、分工合理、职责明确的组织结构,建立了必要的职责分离制度,制定了一整套内部管理规章制度,在不同部门、不同岗位间形成了横向相互监督制约的内控机制。不断加强企业文化建设。一是积极参加总行建功立业竞赛。在总行建功立业棚改业务技能大赛中,获得集体二等奖和个人优胜奖。二是组织开展爱国主义教育活动。组织员工前往济南战役纪念馆和中共山东省党史陈列馆开展爱国主义教育,聆听革命英烈的光辉事迹,激发了工作热情。三是组织青年员工开展"走基层?促棚改""垄上行、看棚改、系民生"等专题活动,增强青年员工"增强国力、改善民生"的责任感和使命感。四是组织开展系列文体活动。内容包括女职工尊巴健身舞活动、读书品鉴活动、徒步活动、棋类比赛活动、摄影沙龙活动、"党章党规在我心"演讲比赛,以及"增进交流,合作共赢"分行员工与外单位球类联谊赛等活动。

【大事记】 1 月 8 日 开发银行山东省分行与山东首家金融租赁公司——山东汇通金融租赁有限公司签署银租战略合作协议。

1 月 11 日 开发银行山东省分行与东营市人民政府签署《开发性金融合作备忘录》。

4 月 25 日 开发银行山东省分行参加山东省"一带一路"战略高层对接洽谈会,并与省发改委签署《深化落实"一带一路"建设战略合作协议》。

4 月 26 日 开发银行山东省分行与省台办、中信保山东分公司签署《支持台资企业发展合作协议》。

4 月 27 日 开发银行山东省分行参加全省金融扶贫工作会议,并与省扶贫办签署《金融扶贫合作协议》。

5 月 16 日 开发银行山东省分行与省旅游局签署《旅游投融资战略合作协议》。

6 月 2 日 开发银行山东省分行首个以政府购买服务模式支持的滨州"足球进校园暨中小学运动场地"建设项目正式签订借款合同。

8 月 12 日 开发银行山东省分行与聊城市政府签订《开发性金融合作备忘录》。

(王 婧)

附表 1

机构概况一览表

行长(或其他称谓的第一负责人)		副行长(或其他称谓的同级领导)	
钟小龙		池 勇 王 磊 王宏伟 高显春 曹文江	
地址	山东省济南市马鞍山路 2-1 号山东大厦 9-12 层	邮编	250002
网址	http://www.cdb.com.cn/	联系电话	0531-81928009

附表 2

内设部门及分支机构一览表

年度	内设职能部门数量(个)	下设分支机构(个)					员工总人数(人)	
		总数	地市分行数	县区支行数	分理处、营业所数	储蓄所数		正式职工人数
2012 年	18	—	—	—	—	—	182	182

续表

年度	内设职能部门数量（个）	下设分支机构（个）					员工	
		总数	地市分行数	县区支行数	分理处、营业所数	储蓄所数	总人数（人）	正式职工人数
2013 年	19	—	—	—	—	—	204	204
2014 年	19	—	—	—	—	—	217	217
2015 年	19	—	—	—	—	—	214	214
2016 年	19	—	—	—	—	—	213	213

国家开发银行青岛市分行

【第一负责人简介】　张华国，男，中共党员，1964 年出生，中国地质大学（武汉）资源管理工程专业毕业，博士研究生学历学位，高级会计师。1995 年 9 月至 2003 年 12 月先后任职于国家开发银行财会局、人事局；2003 年 12 月至 2008 年 9 月任国家开发银行青海省分行党委委员、副行长（其间，2004 年 2 月起兼任青海省分行纪委书记）；2008 年 9 月起援疆担任乌鲁木齐市委常委、副市长（2011 年 6 月提任为厅长级）；2012 年 2 月起任乌鲁木齐市委副书记；2014 年 12 月起任国家开发银行青岛市分行党委书记、行长。

【综述】　国家开发银行青岛市分行（以下简称“开发银行青岛分行”）成立于 2006 年 10 月 15 日，自成立以来，充分发挥“投贷债租证”综合金融优势，深入推进开发性金融实践。

一、截至 2016 年年末，开发银行青岛分行实现社会融资总量 890 亿元，同比增长 62%；管理资产总额突破 2000 亿元，其中表内资产总额 1724 亿元，同比增长 26%。本外币贷款余额 1468.72 亿元，继续保持同业排名第一；人民币非个人中长期贷款余额 1184.29 亿元，市场份额 24.53%，稳居同业榜首。贷款余额 1469 亿元，同业占比 12%，稳居青岛同业第一位；累计发放贷款 758 亿元，同比多放 356 亿元，增幅 89%；不良贷款率继续保持为零；实现拨备前利润 26 亿元，同比增长 17%。

二、聚焦“十三五”发展全局，全面深化银政、银企合作关系。推动总行与青岛市政府签署“十三五”全面深化合作备忘录，合作额度达 2400 亿元。全年合计签订开发性金融合作协议 12 份，意向合作额度超 4600 亿元，协议数量和合作额度均创历史新高。

三、聚焦新型城镇化战略，牢牢把握重大项目融资主导权。发放棚改贷款 231 亿元，比上年翻了一番。稳妥有序投放专项建设基金 52 亿元，同比增长 15%。与地铁集团签订 1000 亿元的开发性金融合作协议，占“十三五”轨道交通融资总量的 50%以上。完成新机场银团组建及合同签订，主动设计表内外贷款衔接的融资方案，满足机场二期配套项目的迫切资金需求，累计发放新机场系列项目贷款 109 亿元。发放铁路、电力、石油石化等支柱产业贷款 51 亿元，发放水利、农业、扶贫、健康养老等民生领域贷款 10 亿元。

四、聚焦海洋强国战略，全力推进特色分行建设。联合国家海洋局北海分局、市海洋渔业局、中国海洋大学，共同打造海洋经济高端智库。与“一谷两区”签订综合金融协调人合作协议，综合提供规划、专项基金、中长期贷款、债券承销等服务，支持董家口港区等重点项目建设，海洋经济贷款余额 168 亿元，同业占比超 60%。

五、聚焦“一带一路”倡议，国际业务实现跨越式发展。发放贷款 33 亿美元，支持海尔集团成功并购美国通用电气家电业务，促成中国家电企业最大海外并购交易。完成埃及中央银行、埃及国民银行、埃及银行合计 18 亿美元贷款合同签订，实现贷款发放 15.25 亿美元，其中，埃及央行项目是开发银行首次开展对境外央行大额授信。助力青岛港加快国际化步伐，推动青岛港与瓜达尔港建立战略合作关系、与西哈努克港签订投资协议，推动青岛港第一个海外投资项目——意大利瓦多港完成评审。协同中非基金，投贷结合支持青岛港与埃及因苏哈那港开展合作。

六、聚焦制造强国、网络强国战略，全面支持“科创战新”产业发展。与中车四方、城阳区政府等签署综合金融协调人合作协议，共同推动国家高速列车创新中心建设。不断深化与海尔、特锐德、软控、双星等“互联网 +”领军企业合作，开发培育了歌尔声学等一批优质产业项目，战略新兴产业贷款余额 76 亿元，同业占比超 30%。

【计划资金管理】　2016 年，开发银行青岛分行继续加强资金管理工作。

一、加强头寸管理确保分行资金有效供给。密切跟踪支付需求,合理调度资金头寸,根据头寸备付情况积极协调客户处平抑支付波峰。

二、积极开展系统内资金拆借业务提高资金收益率,2016年共完成资金拆借159笔,累计拆出资金698.8亿元,日均拆借资金227.5亿元。实现资金运作收益超过7.61亿元,同比增长17.53%,占分行全部营业收入的26.38%。在总行将最高拆借利率从3.3%下调到3%的的前提下,日均拆借收益率接近3.348%,超出总行最高拆借收益率11.6%,在系统内排在前列。

三、做好资金日常管理工作,及时准确完成资金日报、周报、月报和滚动预测,全年共完成资金支付审批6500多笔,资金支付758.3亿元;完成贷款开立、发放等工作流录入、审批600多笔;完成资金请领上划82笔。

【信贷项目及管理】 2016年,开发银行青岛分行加强"双名单"项目与资产质量滚动预测和本息回收联动管理,提早安排,甄别防范高风险项目,尤其对"双名单"项目进行实时动态管理,除助学贷款外,其他项目本息均100%回收,确保信贷资产处于高位。一是全面深化与重点客户全面合作,提高服务意识,保证客户忠诚度及满意度再上新台阶。二是强化担保管理,提高对抵质押季度监管及分类、评估机构库、抵质押评估报告的管理质量,确保担保管理高效合规。三是贷款发放资金支付审核工作已逐步实现规范化、制度化,形成审核岗与客户经理"双向促进"的良好局面,保障审核工作准确性。

【金融债权维护】 2016年,开发银行青岛分行持续优化风控机制,加强金融同业合作及内部风控资源整合,强化对金融债权的管理,逐步建立起全流程、全方位、全员工风险管控体系,资产质量持续保持优良,不良率0%,实现"无处罚、无案件"。

一、风险预研预判能力不断提升。一是加强"点线面"全方位风险提示,提高风险预警预研预判能力。"点"着重加强对"双名单"、专项基金和民营企业等重点风控领域客户项目的风险排查和分析,"线"从营运、法律、中间业务、信贷等各业务条线进行风险提示,"面"在全流程风控小组框架下,按季做好全行全面风险管理分析和业务条线运行整体风险评估。二是加强对表外业务的风险管理,防范表内外风险传染共震。针对基金投后管理、承兑汇票资料真实完整性、服务收费合规情况等内外部监管重点领域进行风险排查,有效强化了表内外全流程一体化风险管控理念。

二、探索创新风险化解手段和机制,创新推动风险补偿金政策落地实施。一是主动向相关部门沟通汇报,会同相关部门赴企业现场调研,促成相关项目纳入风险补偿金统计范围。二是创新建立和深化与青岛市资产管理公司业务合作关系。基于青岛市资产管理公司在收购不良资产、资产管理、业务咨询等方面的独特优势,主动推动双方签订战略合作协议,拓宽分行应对处置不良贷款的渠道,全面加筑风险防范"防火墙"。

三、加强银行业相互合作,发挥债权人委员会协同效应。一是根据青岛市银监局《青岛辖区债权银行债权人委员会指导意见》要求,第一时间制定工作方案和完成客户债权银行甄别,成为辖区内率先完成组建工作的银行机构。二是以青岛市银监局《关于辖区债权人委员会签署合作公约的工作通知》为指导,及时出台工作方案,完成框架公约制定、召开债委会和签署合约等相关工作,对存量18家债委会客户进行梳理分析并与各债权成员银行达成一致。

【筹资工作】 2016年,开发银行青岛分行积极转变经营理念,多措并举开拓存款业务。通过加强奖惩考核、推动财政存款常态化、拓展下游用款人开户、积极开展"彩虹桥"业务等措施,实现了存款的稳步增长。截至年末,日均余额达215.77亿元,同比增长59.89亿元,增幅38.42%,再创新高。

【会计与财务管理】 2016年,开发银行青岛分行不断完善会计基础工作,加强会计的稽核检查,努力提升财会人员的素质和整体的服务能力。

一、重视制度指导业务,发掘制度漏洞,构建完备财会制度体系。按照全年制度新增和修订工作计划,推动并完成《外汇保函业务管理实施细则》、《出口信用证业务实施细则》等九项制度修订和发文工作。

二、以分行总体发展战略为核心,积极推动业务创新。一是成功开办首笔电子商业汇票业务。二是发挥柜台前移效应,积极配合客户处完成业务产品设计。就海尔103项目境外并购,转开外汇保函,埃及央行申请贷款等项目,积极参与沟通并落实相关合规政策。

三、对接国家供给侧改革政策,实现分行"营改增"顺利平稳落地。提升税务基础工作管理能力,圆满完成年内增值税纳税工作,实现营业税向增值税的平稳过渡。

四、全面推进降本增效,支持分行绩效增长。一是提高财务经费精细化管理水平,在行内倡行节俭,增强效益理念。二是深化管理会计应用,针对ROA开发监测方法和监测模型,提高考核指标监测频度,提升监测效率。

【电子化建设】 2016年,开发银行青岛分行不断加强信息科技管理,进一步提升信息科技服务能力。

一、不断加强信息科技管理,进一步提升信息科技服务能力。一是加强电子设备管理。建立平台比选机制,完善电子台账,健全报废流程,提升资产管理水平。二是加强信息安全宣介。通过自媒体等形式,增强安全防范意识和防护技能。三是建立分行间IT合作机制。重点针对管理体系、外包应急、系统建设、数据备份等方面创新建立合作模式。

二、积极推进业务系统建设，增强IT支持业务发展能力。一是深化数据类应用。开展外部数据平台等系统建设，将重点业务监测和经营计划执行情况等手工报表系统化。二是推进网络建设。搭建互联网，实现无线全覆盖。完善网络架构，实现物理隔离，满足内外部监管要求。三是加强业务需求管理。建立业务需求反馈机制，建立需求责任制。

三、完善信息安全保障体系，提升信息科技风险管理水平。一是完善应急管理体系。修订应急预案，建立应急管理体系，明确处理流程。二是提高应急处置能力。组织应急灾备演练4次，实现重要生产系统全覆盖。三是强化信息安全管理。定期组织信息安全检查和培训，切实提高信息安全防控水平。

【内部管理与金融文化建设】 2016年，开发银行青岛分行以《开发银行文化手册》发布为契机，凝心聚力，和谐、幸福分行建设取得新成效。

一、广泛凝聚文化共识。一是坚持“积极健康，和谐包容，服务创新，合规卓越”的团队文化，组织十周年文化建设座谈会，举办“践行开发银行文化从我做起”签名活动。二是进一步丰富三个微信平台，开辟文化建设新阵地。先后召开女职工、青年员工、挂职交流干部等座谈会，听取不同层面的意见建议。

二、完善组织机制保障。调整文化建设领导小组成员，整合工会、团委等群团组织力量，开展女职工插花、素质拓展、“开发银行好声音、颂歌献给党”等一系列寓教于乐的文体活动。

三、打造高素质员工队伍。举办“专家讲堂”22期，组织13名员工轮岗，18名员工驻外挂职交流，认真做好“两讲、两传、两帮”，帮助青年员工成长成才。

【大事记】 2月1日 开发银行青岛分行牵头组建青岛蓝色硅谷城际轨道交通BOT项目97.8亿元贷款银团。

2月3日 开发银行青岛分行发放首笔政府购买服务模式棚改项目10.5亿元贷款，涉及黄岛区、即墨市、莱西市等棚改项目。

2月5日 开发银行青岛分行向埃及中央银行发放9亿美元、埃及国民银行发放5.25亿美元贷款。

2月16日 开发银行青岛分行与即墨市政府及中国蓝谷管委会签订综合金融协调人合作协议。

2月25日 开发银行青岛分行资产总额突破1500亿元。

2月25日 开发银行青岛分行与青岛旅游集团有限公司签订开发性金融合作协议。

2月26日 开发银行青岛分行与青岛水务集团有限公司签订开发性金融合作协议。

2月29日 开发银行青岛分行本外币贷款余额跃居青岛市银行业首位。

4月5日 开发性金融作为棚户区改造主力银行及十三五期间重要金融保障力量写入《青岛市国民经济和社会发展第十三个五年规划纲要》。

4月8日 开发银行青岛分行与青岛机场集团举办新机场项目银团签约仪式。该项目由青岛分行牵头13家银行组建199亿元银团，为目前青岛市金额最大、期限最长、参与行最多的银团贷款项目。

4月19日 开发银行青岛分行与建设银行青岛分行签订全面合作协议。

4月20日 开发银行青岛分行与中国海洋大学签订全面合作协议。

4月25日 开发银行青岛分行与农业银行青岛分行签订全面合作协议。

5月4日 开发银行青岛分行与中非基金、青岛港集团签订《关于在非洲开展港口及相关基础设施项目投资合作之战略合作备忘录》。

5月11日 开发银行青岛分行与西海岸新区管委会签订综合金融协调人合作协议。

5月16日 开发银行青岛分行与青岛能源集团签订开发性金融合作协议。

5月18日 开发银行青岛分行与进出口银行山东省分行签订全面合作协议。

5月20日 开发银行青岛分行成为青岛市“十三五”期间拟建15个轨道交通项目银团牵头行和代理行，银团总规模2000亿元。

6月3日 开发银行青岛分行向海尔集团并购通用电气家电业务项目发放贷款33亿美元，为青岛市新中国成立以来最大外汇贷款项目。

6月6日 开发银行青岛分行与青岛特锐德电气股份有限公司签订综合金融协调人合作协议。

6月17日 与软控股份有限公司签订综合金融协调人合作协议。

6月27日 开发银行青岛分行与胶州市政府签订综合金融协调人合作协议。

7月27日 开发银行青岛分行与中非基金、埃及苏伊士特区管理局、青岛港集团国际股份公司共同举办中非经贸合作交流会暨签约仪式，签署《关于埃及因苏哈那港口项目四方合作备忘录》。

11月8日 开发银行青岛分行与中国银行青岛分行签订全面合作协议。

11月9日 开发银行青岛分行与高新区管委会签订综合金融协调人合作协议。

11月29日 《文化自信是推动企业发展的不竭动力》获中央金融机构培育践行社会主义核心价值观“十佳案例”，并在《紫光阁》杂志发表。

12月16日 开发银行青岛分行与青岛市资产管理公司签订战略合作协议。

12 月 29 日　开发银行青岛分行与青岛市签署“十三五”全面深化合作开发性金融合作备忘录。

12 月 29 日　开发银行青岛分行与青岛市城阳区政府、国家高速列车技术创新中心建设办公室、中车青岛四方机车车辆公司签署支持国家高速列车技术创新中心开发性金融合作协议。

（刘　雯　姜　雪）

附表 1

机构概况一览表

行长（或其他称谓的第一负责人）		副行长（或其他称谓的同级领导）	
张华国		李国颂　钱　兵　张艳国　唐　力　马鲁海	
地址	山东省青岛市东海路 15 号甲联通大厦 17 层	邮编	266071
网址	http://www.cdb.com.cn	联系电话	0532-83783015

附表 2

内设部门及分支机构一览表

年度	内设职能部门数量（个）	下设分支机构（个）					员工总人数（人）	
		总数	地市分行数	县区支行数	分理处、营业所数	储蓄所数		正式职工人数
2012 年	17	—	—	—	—	—	106	106
2013 年	17	—	—	—	—	—	117	117
2014 年	17	—	—	—	—	—	124	124
2015 年	17	—	—	—	—	—	132	132
2016 年	17	—	—	—	—	—	130	130

附表 3

先进集体及个人一览表

授奖单位	奖项名称	获奖集体
青岛市政府文明办	青岛市文明单位标兵	开发银行青岛分行
人民银行青岛市中心支行	2016 年度青岛市金融统计工作先进单位二等奖	开发银行青岛分行
人民银行青岛市中心支行	2016 年青岛市金融统计业务竞赛团体三等奖	开发银行青岛分行
人民银行青岛市中心支行	2016 年度贯彻落实货币信贷政策先进单位	开发银行青岛分行
人民银行青岛市中心支行	2016 年度“三农”金融服务先进单位	开发银行青岛分行
人民银行济南分行	2016 年山东省省级银行业金融机构统计工作优秀单位三等奖	开发银行青岛分行
开发银行总行工会	建功立业知识竞赛团体一等奖第一名	开发银行青岛分行
青岛团市委	青岛 2014-2016 年青年文明号	开发银行青岛分行市场与投资处
中央国家机关工委	“践行社会主义核心价值观理论研究”活动“十佳案例”奖	开发银行青岛分行人事处
青岛市金融团工委	青岛市“双提升”金点子项目获奖名单	开发银行青岛分行人事处
授奖单位	奖项名称	获奖个人
山东省总工会	山东省富民兴鲁劳动奖章	张华国
青岛金融团工委	2015 年度青岛市金融系统优秀共青团干部	罗华鹏
青岛金融团工委	2015 年度青岛市金融系统优秀共青团员	孙慧妍

续表

授奖单位	奖项名称	获奖个人
青岛金融团工委	2015年青岛市金融系统优秀团干部	柴春冬
青岛金融团工委	2015-2016年度青岛金融系统金融青年岗位能手	梁 伟
青岛金融团工委	2015-2016年度青岛金融系统金融青年服务明星	李 燕
中国共青团山东委员会	山东省银行业金融机构金融统计暨跨境人民币业务技能竞赛个人优胜奖	夏莎莎
中国金融工会	全国金融五一劳动奖章	贾 晶
开发银行总行工会	“品读经典诗书 营造书香开发银行”读书活动优秀奖	姜 雪
人民银行青岛市中心支行	2016年青岛市金融统计业务竞赛个人二等奖	姜 雪

中国农业发展银行山东省分行

【第一负责人简介】 赵富洲，男，1965年10月生，河南省扶沟县人，中国人民大学经济学硕士。1988年7月分配到国家监察部二室工作，历任主任科员，国务院纠正行业不正之风办公室科员、副处长，中国农业发展银行监察室副处长、处长。2002年任中国农业发展银行黑龙江省分行行长助理，党委委员。2004年12月任中国农业发展银行总行总务部、监察部副主任。2008年任中国农业发展银行江苏省分行副行长，2009年任总行监察部主任、纪委副书记。2013年11月任中国农业发展银行河南省分行党委书记、行长。2016年2月任中国农业发展银行山东省分行党委书记、行长。

【综述】 2016年，中国农业发展银行山东省分行（以下简称“农业发展银行山东省分行”）积极发挥农业政策性银行职能，主动提升站位，抢抓发展机遇，持续加大信贷支农力度，着力强化风险管控，狠抓从严管党治行，全面实施“党建为重、创新争先、强基控险、人才兴行”16字工作思路，党的建设不断加强，各项业务逆势上扬，实现跨越式发展。

一、党的建设呈现新局面。坚持“两个从严”，落实“两个责任”，深入开展“两学一做”学习教育，党建统领作用有效发挥，从严管党治行扎实推进，廉洁从业、合规经营意识明显增强，班子队伍凝聚力、战斗力不断提升，行风行貌焕然一新。

二、信贷支农作出新贡献。全年投放贷款1110.8亿元，同比多投257.3亿元，年末人民币贷款余额1993亿元，较年初增加369.1亿元。其中，中长期贷款余额1415.3亿元，居系统首位。各项贷款投量、增量、余额再创历史新高。

三、创新业务实现新突破。配合人民银行发行全国首单扶贫社会效应债券5亿元，该行认购4.6亿元。发放系统首笔光伏扶贫贷款、旅游扶贫贷款、林业资源开发与保护贷款、海洋资源开发与保护贷款以及支持为农服务中心建设贷款。

四、经营效益再上新台阶。对公存款在系统内率先突破千亿，存款业务对利润的贡献率达到72%。国际业务结算量27.7亿美元，占全系统近1/3，连续5年保持系统首位。实现账面利润31.4亿元，超总行下达计划12亿元。

五、风险防控取得新成效。不良贷款逆势实现“双降”，圆满完成攻坚目标。年末不良贷款余额7.92亿元，较年初下降0.18亿元；不良贷款率0.4%，较年初下降0.1个百分点，低于系统平均水平0.48个百分点，低于全省银行业1.74个百分点。

【业务发展】 2016年，农业发展银行山东省分行坚持创新争先，勇担当善作为，全力服务实体经济，助力推进农业供给侧结构性改革。

一、创新传统业务，保障粮棉油收购。巩固立行之本，夯实发展之基，以创新的理念完成好首要政治任务。累放购销储贷款175.5亿元，支持带动企业收储流转粮食550亿斤。其中，投放夏粮收购资金贷款117.3亿元，同比增加35.7亿元，增量增幅均居系统首位，创市场化改革以来最高水平。

二、创新扶贫路径，全力服务脱贫攻坚。一是承接全省64%易地扶贫搬迁贷款任务、82%专项建设基金份额，成为全省易地扶贫搬迁主办行。二是与省扶贫办签订战略合作协议，主动争取成为全省扶贫开发、黄河滩区迁建、“万企帮万村”领导小组成员单位。三是审批易地扶贫搬迁贷款3.8亿元、专项建设基金0.7亿元，精准扶贫建档立卡贫困人口33169人。四是创新“债券+项目”精准扶贫模式，探索专项扶贫新路径，发放系统首笔光伏扶贫、旅游扶贫贷款共2亿元。年末精准扶贫贷款余额 158 亿元，惠及贫困人口 17.3 万人。

三、创新支农产品，积极推进农业现代化。一是探索“供销大田托管”等四种模式，支持农村土地流转和规模经营，发放系统首笔支持为农服务中心建设贷款 2000 万元。二是探索支持林业生态建设，发放系统首笔林业资源开发与保护贷款 1 亿元。三是探索支持蓝色海洋经济，发放系统首笔海洋资源开发与保护贷款 0.5 亿元。四是推进农业科技园区建设取得突破，审批贷款 7 亿元支持省内首个国家级农高区。五是“两权”抵押成功破题，办理 1.6 万亩农村承包土地经营权抵押，发放贷款 2.4 亿元。

四、创新贷款模式，加快补齐农业农村短板。一是深化与省财金公司的合作，省级统筹承贷模式实现突破。与省发改、财政、住建、水利、交通等部门定期会商，联合下发文件，建立 PSL 动态项目库，重点支持棚改、水利、农村公路、解决“大班额”等项目，实现了中长期信贷业务县域全覆盖。累计发放农业农村基础设施建设贷款 754.2 亿元，同比多投 263.5 亿元；贷款余额 1363 亿元，较年初增加 361.1 亿元，余额、增量均居系统首位。二是积极开展项目资本金投资，签约投放项目 166 个，投资 133.2 亿元，促进了“稳增长”决策落实。

【信贷管理】 2016 年，农业发展银行山东省分行强化信贷管理，夯基础利长远，筑牢可持续发展根基。

一、夯实基础管理。一是扎实开展“贷后管理年”活动，对检查发现的问题，建立动态监测台账，对全流程各环节的操作内容，进行风险排查和信贷制度执行情况检查，确保整改到位，不留死角。二是各级行均成立了贷后管理年活动领导小组，制定活动实施细则，建立定期例会、沟通协调、督办和简报制度，编发《贷后管理年活动简报》21 期。三是制定《信贷审查工作“五规范、八不准”通知》，编写《信贷业务操作规范化指引》，全面落实标准化手册要求，实行“一审双核”制度，对报审项目的完整性、合规性和风险性进行全面审查，确保把关守口到位，风险提示充分。

二、创新监管手段。一是大力推广“互联网 +”监管模式，对全省 57 家企业安装“远程监控”，242 家企业安装“信贷鹰眼”；建立重点客户动态监测台账等系列制度，实现留痕管理。二是保持严细管理高压态势，开展“严肃财经纪律，严格财务管理”两严专项活动，自主组织对省行机关财务管理工作进行专项审计，堵塞财务违规漏洞。三是主动与当地银监部门加强沟通，精准把握各项政策，提升内控管理水平。

【风险管理】 2016 年，农业发展银行山东省分行面对信贷风险多发频发的严峻形势，全行上下把风险防控工作摆在突出位置，全力遏制不良贷款新增。一是分类管理，因企施策，逐户制定风险处置预案。二是发挥省行风险管控平台作用，对有维护价值的风险客户，在贷审会前增加风控会审议环节。三是建立包片督导机制，突出重点，限期推进。四是发起成立齐鲁银粮、银棉、银牧 3 个合作会，发挥行业群体优势，共同抵御风险。五是综合运用法律诉讼、担保代偿、依托党政等多种方式，化解风险贷款 55 户、9.1 亿元，清收处置不良贷款 25 户、7.2 亿元，退出 28 户、6.9 亿元。

【运营管理】 2016 年，农业发展银行山东省分行坚持按银行规律办事，努力增收节支，营运水平不断提升。

一、提升经营效益。一是突出存款增效，开展“决战五月 冲击千亿”存款竞赛，创造性地实施了高端营销、钉子营销、蚂蚁营销等多项措施，锁定源头，跟进服务，上下联动，全员上阵，成效显著。截至 2016 年年末，各项存款余额 982.5 亿元、日均余额 854.4 亿元，分别比年初增加 447.5 亿元、439.5 亿元。二是大力发展国际业务，开展夏季营销竞赛，提前 3 个月完成全年计划。三是规范发展中间业务，实现收入 9073 万元，居系统第二位。四是狠抓增收节支，清收表外欠息 3548 万元，“三公经费”同比下降 986 万元。

二、强化服务保障。强化信息科技支撑，研发推广管理多个应用系统，加强机房基础设施建设，确保了各项业务正常运行。大力推进档案工作行长工程，实现全部达标。加大宣传力度，营造良好的舆论环境。强化保密和印章管理，加强安保物防设施建设，实现安全运营。

【队伍建设】 2016 年，农业发展银行山东省分行坚持人才兴行，落实现代化建设战略任务要求，突出人才支持保障作用，努力打造“百年老店”。

一、完善干部梯队建设。一是实行干部选用“双轨制”，倡导公开公平公正和惟才是举的用人导向，公开选拔 10 名正处级干部。二是加大干部交流力度，落实重要岗位工作人员轮岗要求，交流调整省行机关中层管理人员、市县行班子成员共 125 人。三是强化年轻干部培养，公开选拔副处级、科级年轻后备干部 185 名，建立后备干部人才库，分两期到国家行政学院培训，一人一档制定培养规划。

二、提升队伍整体素质。一是开展行校联合培训，组织各条线专业培训和劳动竞赛，在全省 68 家金融机构参加的国际业务竞赛中，获得团体冠军。二是举办新入行员工培训，强化“身边教师”作用，修订自学奖励管理办法，召开青年员工代表座谈会，举办主题演讲会，组织拓展训练，培育了责任担当意识。

三、凝聚合力激发活力。一是评定金牌行、银牌行，评选十佳支行行长、十大杰出青年，激发创先争优正能量。二是召开全省农发行首届首次职代会，组织资深岗位人员牵头成立大客户维护委员会等机构。三是建立“领头雁”、管理层及各条线微信群 20 余个，畅通三级行沟通交流渠道。四是充分发挥工会、共青团、女工委等群众性组织的作用，让员工在活动中陶冶情操，提升品位，促进各项事业更好更快发展。

【党的建设】 2016年，农业发展银行山东省分行坚持把抓党建作为首要政治责任，突出党建工作统领地位，坚定不移加强党的领导，自觉从"根"和"魂"的高度加强党的建设。

一、强化政治领导，夯实党建工作责任。年初层层签订责任书，建立环环相扣的责任链条。健全党建工作机制，建立联系行制度，印发党建十项重点任务，出台工作规划，制定考核办法，把党建分析纳入业务分析例会议程，引导党员干部增强"一岗双责"意识。

二、强化思想教育，增强党建工作意识。一是举办学习贯彻中共十八届六中全会精神读书班，读原文、悟原理，谈心得、讲体会，集亮点、编简报。二是举办"两学一做"知识竞赛，创办工作快讯，建立微信公众号，组织主题党日活动，评选先进典型，开展事迹宣讲。三是对全辖党支部书记开展党建专题培训，对党支部组织委员和党务工作者开展党建工作实务培训，举办7期"周末大讲堂"，增强支农报国的思想自觉和行动自觉。

三、强化组织建设，营造良好政治生态。一是加强纪律建设，"严"字当头，"实"字托底，约谈、函询、问责41名当事人。二是强化党风廉政建设，逐级分层建立联席会议制度，推行"三本台账"管理，建立纪委书记接待日制度，推广设立支行纪检工作小组。三是深化作风建设，组织"四风"整治复核式整改，开展专项执法监察，加强典型案件警示教育。

【内部管理与金融文化建设】 2016年，农业发展银行山东省分行坚持依法从严治行，提升治行理政水平，强化企业文化建设，优化企业形象，打造金字品牌。

一、坚持依法从严治行。一是完善各条线合规检查内容及评分标准，签订《依法合规经营责任状》，严格授权管理，严禁超越权限从事经营活动等13条"军令状"，明确依法从严治行"怎么做"。二是继续实施督办通报制度，30项重点任务已全部落实。三是举办"法治讲座"，组织开展防范非法集资宣传教育活动，利用内部网站"法律合规"栏目、编发《法律与内控合规园地》等多种形式，组织开展"普及金融知识万里行"、"金融知识普及月"和"金融知识进万家"宣传服务月等活动，加强金融知识宣传教育。

二、加强企业文化建设。一是充分发挥文化建设的统领、凝聚、激励、约束、提升等功能，塑造具有鲜明特色、经久不衰的农发行企业文化，推动各项工作又好又快发展。二是开展企业文化大讨论，提升企业文化品位，优化企业形象，打造金字品牌。三是通过开展学习、宣讲、研讨、征文、答题等多种形式的活动，组织员工认真学习，增强践行价值体系的自觉性。四是开展寻找"最美农发行人"活动，大力发掘和宣传先进典型，以榜样的力量振奋精神、推动工作、促进发展。

【大事记】 1月13日 农业发展银行山东省分行与枣庄市政府签订战略合作协议。

2月20日—21日 农业发展银行山东省分行分别召开全省农发行行长会议、党风廉政建设工作会议。

2月26日 农业发展银行山东省分行与菏泽市政府签订战略合作协议。

3月30日 农业发展银行总行副行长鲍建安到山东省分行宣布总行人事任免决定。经总行党委研究决定，任命赵富洲为农业发展银行山东省分行行长、党委书记；免去柳翠茹农业发展银行山东省分行行长、党委书记职务。

5月9日 农业发展银行山东省分行与交通银行山东省分行签订战略合作协议。

5月26日 农业发展银行山东省分行各项存款余额突破千亿元，达到1064.2亿元。

11月8日 农业发展银行山东省分行与省海洋与渔业厅、林业厅签订《战略合作框架协议》。

11月24日 农业发展银行山东省分行召开齐鲁银粮、银棉、银牧合作会成立大会暨第一届会员代表大会。

11月28日 农业发展银行山东省分行在沂南县沂蒙红色教育基地举办全省农发行处级以上党员领导干部学习贯彻中共十八届六中全会精神读书班开班仪式。

12月15日 农业发展银行山东省分行与中国银行山东省分行签订战略合作协议。

12月26日 农业发展银行山东省分行创新条线贷款破百亿，成为农发行系统贷款规模首个破百亿的省级分行。

（董义利 李晓燕）

附表1

机构概况一览表

行长（或其他称谓的第一负责人）		副行长（或其他称谓的同级领导）	
赵富洲		石寿江 吴辉家 孟范君 谢 军 张艳娟	
地址	山东省济南市经十路20908号	邮编	250002
网址	http://www.adbc.com.cn/	客服电话	0531-85189199

附表 2

内设部门及分支机构一览表

年度	内设职能部门数量（个）	下设分支机构（个）					员工总人数（人）	正式职工人数
		总数	地市分行数	县区支行数	分理处、营业所数	储蓄所数		
2012 年	16	124	17	107	0	0	—	3432
2013 年	16	124	17	107	0	0	—	3430
2014 年	17	124	17	107	0	0	—	3317
2015 年	17	124	17	107	0	0	—	3325
2016 年	18	124	17	107	0	0	—	3324

附表 3

先进集体及个人一览表

授奖单位	奖项名称	获奖集体
山东省总工会财贸金融工会	工会工作先进单位	淄博市分行
山东银行业协会	山东省银行业普惠金融示范单位（三农金融服务奖项）	临沂市分行、东平县支行
中国农业发展银行	模范职工之家	东营市分行机关工会 历城区支行工会
授奖单位	奖项名称	获奖个人
山东省总工会财贸金融工会	五一劳动奖章	张成龙
山东省总工会财贸金融工会	优秀工会工作者	王　军
中央金融团工委	全国金融青年服务明星	董　征
山东省总工会	山东省富民兴鲁劳动奖章	王嘉钰
中国农业发展银行	优秀职工之友	刘贞建
中国农业发展银行	优秀工会干部	赵西廷
中国农业发展银行	优秀工会积极分子	陈　磊
中国农业发展银行	最美农发行人	范　英

中国进出口银行山东省分行

【第一负责人简介】　李忠元，男，1967 年 3 月出生，硕士研究生。历任驻缅甸大使馆三等秘书、二等秘书；中国进出口银行主任科员、副处长、处长，总经理助理；渤海银行总行综合管理部副总经理、总经理，总行党委办公室副主任、主任，总行公司业务部总经理，福州分行筹备组组长；上海兰马克股权投资管理有限公司董事，执行副总裁；中国进出口银行公司业务部副总经理（总经理级），交通运输融资部副总经理（总经理级，主持工作）等职；2016 年 3 月起，任中国进出口银行山东省分行党委书记、行长。

【综述】　2016 年，中国进出口银行山东省分行（以下简称“进出口银行山东省分行”）积极发挥政策性金融服务地方经济的独特作用，强化职能定位，突出业务特色，创新发展理念，妥善应对风险挑战，各项工作呈现出总体平稳、稳中向好的局面。

【经营管理】 2016年，进出口银行山东省分行贷款余额本外币合计803.13亿元，较年初增加113.28亿元，增长16.42%，其中人民币贷款余额585.93亿元，较年初增加87.04亿元，外币贷款余额31.31亿美元，较年初增加1.90亿美元。

一、加大投放，大力推动外贸回稳向好势头。积极支持外贸稳增长调结构，推动省内外贸向优质优价、优进优出转变。2016年累计发放贷款350.15亿元，其中近70%的贷款用于支持产品进出口和"走出去"项目。

二、强化定位，积极支持地方经济转型升级。在深入研究山东省情、产业结构的基础上，初步筛选了装备制造、石油地炼、农产品等产业作为切入点，加大对山东省骨干企业支持力度，逐步树立政策性银行品牌，着力塑造"山东省支持开放型经济发展最为专业的领军银行"地位。

三、做好后盾，全力保障重大项目融资需求。积极与政府和企业对接，不断加大对"一带一路"沿线项目支持力度，加大对省内轨道交通、港口建设、航空发展等基础设施项目支持力度，成为省市政府推动重大项目建设的重要抓手。截至2016年年末，"一带一路"贷款余额143亿元，较年初增加24.28亿元，支持领域涉及电力建设、整车制造、石油进口等多个方面。

四、突出特色，以金融创新支持供给侧结构性改革。一是稳步推广小微企业发展平台。二是建立运用官方出口信贷支持优势装备制造业开展国际业务的合作机制。三是推动建立农产品出口合作机制。

【转贷业务贷后管理】 截至2016年年末，山东省共有转贷项目73个，主要集中在医药设备引进、消防设备购置、供水、城建、环境改造等方面。对正常类项目，进出口银行山东省分行贷后检查主要以与借款人会谈、走访提供担保的财政部门等为主，以提供财务报表、电话问询、网络信息查询等非现场检查方式为辅。不良类项目多数历史久远，形成不良原因复杂，涉及单位和部门众多，无法找寻企业负责人或相关人员，贷后现场检查难度大，对该类项目主要以网络查询为主，通过查询全国工商企业信息公示网、中国裁判文书网等平台追溯企业改制变化情况及现有经营状态。

【不良贷款清收】 2016年，进出口银行山东省分行有步骤、有计划地开展风险防范与化解工作，并取得了重大突破，实现不良贷款余额与不良率大幅下降。一是根据"一类一方、一户一策"的原则，组建14个风险项目化解小组，由行领导任组长，分阶段全面推进不良贷款化解工作。二是通过法律手段、追加担保及加强与地方政府联动等方式，化解不良贷款。三是积极贯彻省、市两级政府关于风险化解工作精神，强化"放水养鱼"的意识，对暂时出现经营困难的企业，坚持不抽贷、不压贷，充分发挥政策性金融的引领示范作用。四是积极争取总行资源，开展呆账认定及核销工作。

【内部管理与金融文化建设】 2016年，进出口银行山东省分行坚持回归本源，专注银行主业，转变服务方式，提高工作效率，不断提升政策性金融服务实体经济的质量和水平。一是按照全面覆盖、分工协作、差别化考核的原则，制定精细化管理绩效考核方案，全面提升综合管理水平。二是加快推进以客户为中心的服务体系建设，根据客户不同性质和需要，搭配使用政策性贷款和自营性贷款，并辅以贸易融资、对外担保等各类业务，向客户提供有针对性的差异化服务，提升政策性金融的综合服务能力。三是落实化解风险责任制，制定和研究风险化解工作方案。四是根据总行"十三五"规划总体部署，结合山东省经济发展状况和分行实际，起草制定分行"十三五"规划，明确分行未来五年发展理念、目标和重点。五是落实"两学一做"学习教育，做好党员干部教育管理工作。

【大事记】 5月4日 中国进出口银行下发《关于李忠元、李健职务任免的通知》(进出银任〔2016〕56号)，任李忠元为进出口山东省分行行长，免去其交通运输融资部总经理职务；免去李健兼任的进出口山东省分行行长职务。

5月8日 进出口银行山东省分行与国家开发银行股份有限公司青岛市分行签署战略合作协议。

7月26日 进出口银行山东省分行和山东科瑞集团共同发起主办了山东石油天然气产业金融合作恳谈会，共有来自世界28个国家和地区的90余家单位参加，达成合作意向金额达60亿美元。

8月15日 进出口银行山东省分行与青岛农村商业银行股份有限公司成功签署战略合作协议，共同合作支持小微企业发展。

8月29日 进出口银行山东省分行与交通运输融资部共同融资支持的山东岚桥集团有限公司首艘"瑞豊"号30.8万吨原油船举行命名和交船仪式，该船为目前最省油且可在全球范围内航行的超大型原油船。

9月6日 进出口银行山东省分行与聊城市人民政府签署《政策性金融支持质量强市建设战略合作协议》，助力聊城市及相关企业提制增效，实现产业机构调整转型升级。

10月9日 进出口银行山东省分行与临沂市人民政府签署全面战略合作协议，支持沂蒙革命老区开放型经济发展。

11月1日 进出口银行山东省分行与青岛市政空间开发集团有限责任公司签署战略合作协议，助力地方国企走出去做大做强。

12月23日 进出口银行山东省分行与日照市人民政府签署战略合作协议，助力日照市"十三五"发展。

12 月 30 日　进出口银行山东省分行与中国银行股份有限公司、太平财产保险有限公司分别签署战略合作协议，合力推动地方经济发展。

（黄晓丽）

附表 1

机构概况一览表

行长（或其他称谓的第一负责人）		副行长（或其他称谓的同级领导）	
李忠元		刘景欣　牟　毅　李　明（巡视员）　王宇辉（行长助理）	
地址	山东省青岛市市南区东海西路 2 号甲	邮编	266071
网址	http://www.eximbank.gov.cn/	联系电话	0532-80899999

附表 2

内设部门及分支机构一览表

年度	内设职能部门数量（个）	下设分支机构（个）					员工总人数（人）	
		总数	地市分行数	县区支行数	分理处、营业所数	储蓄所数		正式职工人数
2012 年	8	—	—	—	—	—	63	51
2013 年	8	—	—	—	—	—	74	59
2014 年	8	—	—	—	—	—	73	58
2015 年	8	—	—	—	—	—	74	62
2016 年	8	—	—	—	—	—	70	64

附表 3

先进个人一览表

授奖单位	奖项名称	获奖个人
中国进出口银行	优秀党务工作者	田凤军

第四部分

国有商业银行

中国工商银行股份有限公司山东省分行

【第一负责人简介】 戴春林，男，1963 年 1 月出生，江苏镇江人，中共党员，工商管理硕士，高级经济师。历任工商银行江苏镇江分行副行长、行长，常州分行行长，江苏分行行长助理、副行长、党委委员，辽宁分行行长、党委书记，2015 年 4 月担任山东分行行长、党委书记。

【综述】 2016 年，中国工商银行股份有限公司山东省分行(以下简称“工商银行山东省分行”)在省委、省政府的正确领导下，认真贯彻国家经济金融政策，全面落实金融监管要求，积极应对复杂多变的经营环境，在支持实体经济发展、服务全省工作大局的同时，保持了各项业务的平稳发展和资产质量的基本稳定。

一、加大信贷投放力度，努力提升服务经济发展的质量和效率。2016 年，工商银行山东省分行积极争取总行支持，积极增加信贷投放，合理把握信贷投向，着力提高信贷支持经济发展的质量。截至 2016 年年末，人民币各项贷款余额 6223 亿元，较年初增加 163.78 亿元。从贷款投向看，有以下几个突出特点：一是支持基础设施建设、文化旅游、生活性服务、现代物流等领域发展。2016 年累计发放项目贷款 499 亿元，较同期多发放 183 亿元；年末余额达到 1562 亿元，较年初增长 143 亿元。其中 80%投向了基础产业类领域。二是支持制造业发展，既加大对传统制造业改造提升的支持，又服务先进制造业、战略性新兴产业的发展，2016 年累计为制造业投放贷款 1415 亿元，占总投放贷款额的 58%。三是支持小微企业发展，2016 年新增小微客户 1347 户，较 2015 年倍增；新增小微贷款 30.13 亿元，户均余额 223 万元；降低小微企业融资成本，率先对小微企业实施减费让利。四是支持个人贷款和消费发展，截至 2016 年年末，个人贷款、信用卡分期付款余额达到 1994 亿元，较年初增加 216 亿元，同比多增 46 亿元。

二、深入贯彻国家“一带一路”发展倡议，大力支持省内企业“走出去”。一是充分发挥工银集团和银团贷款牵头行优势，成功支持中巴经济走廊首个能源建设项目——华能如意巴基斯坦萨希瓦尔燃煤电站项目，为该项目办理了两笔内保外贷业务共计 1.7 亿美元，标志着山东省内优势产能走出去迈出了重要的一步。二是通过跨境工程对外担保，支持企业境外基础设施建设。通过支持省内山东电力基本建设总公司等重点对外承包工程企业，提供跨境工程企业对外担保业务余额达到 30 多亿元，有力支持了企业境外工程的开拓。三是发挥集团优势，助力企业完成国内第一单地炼企业的海外并购。通过总省行、境内外联动，成功支持山东恒源石油化工股份有限公司收购壳牌马来西亚炼油公司，成为我国地炼企业完成的第一起海外并购。四是支持中国重汽出口尼日利亚卡车，助力成套设备企业走出去。与中国重汽集团建立全面合作关系，创新“走出去”融资产品，通过买断型应收账款融资、出口买方信贷、信保融资、福费廷等拳头产品，解决企业中长期应收账款难题，帮助企业实现应收账款回笼 20 多亿元。此外，工商银行山东省分行还为烟台万华集团办理了融资租赁项下内保直贷业务，支持运作了山东黄金哈萨克斯坦金矿收购、兖矿巴基斯坦煤电一体化等一大批重点项目，持续提升了“进出口”“走出去”“引进来”三大类型企业的综合服务能力。

三、持续加快业务创新，全力服务经济转调创战略实施。2016 年，工商银行山东省分行顺应全省经济结构调整和产业转型升级要求，根据企业日益多元化、个性化的金融需求，大力发展投资银行业务和专项融资业务。一是成功实现工行系统首笔市场化债转股项目落地。与山东黄金集团开展总规模约 100 亿的债转股业务，降低企业杠杆率，助力企业优化财务结构，增强发展后劲。二是积极发展并购重组业务，先后承做了中油金鸿华东投资管理有限公司、万得福实业集团、沂蒙山旅游公司、济南融基置业、小可投资有限公司承债式收购威海三进船业和胜利股份等并购重组项目。三是积极发展股权融资业务，成功承做黄河三角洲建设开发集团 5 亿元股权融资项目。四是积极发展债务融资业务，支持创新集团 5 亿元理财直接投资项目和高青不良处置基金项目，承做山东省省管企业改革发展 75 亿元周转基金项目、山东省国有资产投资控股有限公司 10 亿元理财直接投资业务等。五是积极拓展政府财务顾问业务，支持枣庄财金公司和基础设施公司整合政府平台股权融资项目、东营区财金公司 9 亿元“海绵城市”股权融资项目和济宁市水利投资有限公司 10 亿元“股 + 债”项目等。

四、不断强化信贷管理，努力维护资产质量稳定。2016 年，工商银行山东省分行始终将稳定资产质量放在各项工作的重中之重，坚持治标治本措施并重，更为系统地抓好信贷风险的管控、处置和化解全流程。一是加强新增贷款管理，坚决止住新的出血点。建立项目贷款预审制度和客户准入预审制度，严格把握客户准入和贷款进入关口，确保新增贷款质量。二是加强风险排查分析，省行组织对全行亿元以上融资大户进行逐户分析，并不间断地开展非现场监测分析，加强风险预警，实现了风险的早防早控。三是加大风险化解力度。成立风险化解团队，一户一策制定风险化解方案并推动实施。对于暂时出现经营困难、资金紧张的企业，主动协调当地政府、监管部门和其他债权银行，研究制定风险缓释和化解方案，加大困难企业帮扶力度。

四是寻找多渠道处置方式，加强与各级政府的联动，采取资产公司批量购买和组织基金商业化运作等手段，推进化解处置工作。综合利用现金清收、以物抵债、呆账核销、债务重组、批量转让等多种手段，2016年累计清收处置不良贷款202.4亿元，比上年多处置80.9亿元。其中核销呆账贷款107.6亿元，同比多核销58.1亿元。清收处置和呆账核销额均创工商银行山东省分行历史新高。截至2016年年末，不良贷款余额188.5亿元，不良率2.99%。

五、深入开展内控外防，切实防范经营风险和外部欺诈。全辖无责任性刑事治安案件和安全事故，实现员工伤亡和资金损失"双零"安全目标。一是突出从严治行和过程控制，深入开展内控合规"基础强化年"主题活动。以合规经营、无重大案件事故为第一要务，开展"两个加强、两个遏制"回头看检查、"四项违规行为"专项治理等活动。二是保障客户资金交易安全、维护消费者权益。积极响应国家防范打击电信诈骗工作部署，面向社会公众免费开放使用"工银融安e信（公益版）"，依托风险大数据实现对电信诈骗可疑账户信息的实时查询和风险提示，提升公众对电信诈骗欺诈的甄别能力。三是严密防控洗钱风险，持续强化涉敏甄别。深入开展数据分析与重点排查，及时报送大额可疑交易报告，共甄别异常交易报告26.41万份，报出重点可疑交易106份，直接向当地公安机关报案11份。

六、坚持以优质服务为引领，不断提升客户满意度。工商银行山东省分行坚持"以客户为中心"的服务理念，倡导由"客户理解"向"客户体验"转变，不断提升服务质量和效率。一是推广智能化服务。全省累计投产运营662家智能化网点，投产智能设备3707台，网点智能化覆盖率72%，业务迁移率86%，均在工行系统排名第1。客户平均等候时间降低到10分钟，降幅20%。二是提高服务效率。前台服务方面，通过提高智能设备的使用率，提升网点填单、凭证打印等电子化处理效率，业务办理更加便捷，客户体验明显改善。在信贷业务办理上，大力推行信贷业务授信项下授权审批，实行贷款审批限时工作制度，下放小微和个贷审批权限，信贷审批环节明显缩短。三是丰富线上服务。增加工银e支付、线上POS、通用缴费平台、二维码支付等线上支付方式，积极与第三方公司联合推出微商圈活动，进一步满足客户网上购物、缴费等业务需求。四是做优电商平台。在工商银行的电商平台"融e购"中对"山东特产馆"进行全新改版，突出绿色农产品、海产品等名优特产，开办地市分馆，丰富特产品种，目前全省16地市的特色馆都已上线，组织"融e购山东馆—惠在星期五"系列营销活动，商户订单数量、交易客户数均居系统第1。

【公司及投行业务】 2016年，工商银行山东省分行围绕"在传承中改变，在扬弃中创新"，持续夯实对公客户基础，坚定发展资产业务不动摇，全力推进信贷结构调整，不断增强信贷业务接续发展能力。一是重点发展基础设施和弱周期项目，调整优化信贷结构。二是实施"双百"客户战略，力促资产业务提质增量发展。三进一步完善信贷预审制度，做好项目储备。四是积极发展债务融资工具承销业务，2016年累计承销非金融企业债务融资工具286.83亿元。五是强化业务创新，打造山东区域公司金融服务新品牌。实现了全国系统内首笔债转股项目——山东黄金集团100亿元债转股签约，引领了新市场的开拓。

【机构及年金业务】 2016年，工商银行山东省分行主动转型求变，向民生领域做客户、向长尾客户揽存款、向中间业务要效益，机构和养老金业务扎实推进。一是机构负债多措并举，基本消化养老金上划影响。二是中间业务盈利创历年新高，呈现出协调可持续发展的态势。三是客户转型发展成效初显，机构客户净增1692户，养老金客户新增300户。四是资产业务开始起步，在地方债承销、同业撮合、资本市场、同业融资等多个领域实现突破。

【个人金融业务】 2016年，工商银行山东省分行紧紧围绕"抓客户、夯基础、扩规模、调结构、促转型、增效益"的经营主线，强化组织推动，扎实推进各项工作，个人金融业务主要经营指标完成较好，经营贡献显著提升。截至年末，全行有效个人客户同比多增31.21万户；个人金融资产较年初新增450亿元；个人贷款新增183.5亿元，同比多增31.9亿元。

【国际业务】 2016年，工商银行山东省分行国际业务专业努力优化业务结构，积极提升短板业务，在境内外整体环境比较困难的情况下，部分产品业务量和收入出现企稳或回升，市场竞争力逆市得到一定提高。一是全年持续开展国际业务客户拓户工程，努力扩大客户总量，改善客户结构，效果初显。二是紧抓优势企业"走出去"业务机遇，重点推进对外担保、融资租赁、中介型福费廷、出口买方信贷等拳头产品。三是自启动个人外汇竞争力提升项目以来，针对出国和投资两大类客户，加大业务宣传和产品推介，个人外汇业务竞争力提升明显。四是重点推进结售汇等资金业务发展以缓释贸易融资业务的下滑，在进出口依然低迷、人民币持续贬值、外汇监管趋严等诸多不利因素情况下，外汇资金业务逆势增长。

【风险控制】 2016年，工商银行山东省分行把强化风险防控、稳定资产质量作为首要任务，按照"合规、稳健、慎行、标准、精细"要求，积极做好信贷风险防控工作，为顺利实现全行经营管理目标做出贡献。一是攻坚克难，打好资产质量保卫战。二是"防火""救火"并举，积极化解潜在风险贷款。三是加强风险监控预警，有效防控信贷风险。四是深化基础管理，提升基础信贷管理水平。

【银行卡业务】 2016年，工商银行山东省分行持续推动信用卡业务转型升级和创新发展，切实发挥信用卡作为全行业务发展助推器的重要作用。一是开展二维码商户营销。二是创新推出手机信用卡，撬动移动支付新领域。三是创新推出"两选择一监控"分期付款管理模式，即以客户交易真实、分期意愿明确、风险切实可控为前提，采取抵押追加合作机构保证的发展模式，分期付款余额较年初新增32亿元。四是分析各行风险成因，采取针对性管理手段，创新推出直通式管理和穿透式考核管理模式。

【电子银行业务】 2016年，工商银行山东省分行把握互联网金融发展机遇，围绕融e购、融e联、融e行三大平台，以场景建设和客户体验为突破口，坚持量质并举发展的思路，加强市场拓展、营销宣传与业务创新，加快互联网金融新客户拓展。一是客户规模不断扩大，新增融e行手机银行、工银e支付客户均超过200万户，"融e购"电商平台上线商户超过1000家，上线商品数量接近5万件，实现交易额近300亿元。二是明确"打基础，抓重点，求突破，强管理"的电商发展思路，将拓展优质商户、丰富上线商品、树品牌形象、规范商户管理作为发展重点。三是引导辖内分行充分认识发展融e行、融e联和工银e支付业务的重要性和紧迫性。通过线下网点阵地和线上社会化营销活动实现品牌知名度快速提升。

【财务会计】 2016年，工商银行山东省分行充分发挥财务会计职能作用，通过进一步完善机制建设、优化资源配置、防控财务风险，全力推动经营目标实现。一是强化财务预算的目标引领。二是强化绩效考评机制的导向功能。三是强化财务资源配置的激励作用。四是扎实做好"营改增"税制改革工作。五是规范完善集中采购流程。

【大事记】 1月5日 工商银行山东省分行与台儿庄区政府举行金融合作暨文化产业重点项目签约仪式。

2月18日 工商银行山东省分行召开全省2016年工作会议。

5月19日 工商银行山东省分行与山东省工商行政管理局举行《服务企业发展战略合作协议》签约仪式。

6月20日 工商银行山东省分行举行建党95周年党支部书记论坛。

8月1日 工商银行山东省分行与北部战区陆军举行军银融合发展签约仪。

10月13日 工商银行山东省分行印发《信贷大客户经营体制改革试点方案》，开展大客户经营体制改革。

11月8日 工商银行山东省分行与日照市重点企业签约全面合作框架协议，旨在实现银、政、企共赢，互利发展。

12月9日 工商银行总行与山东黄金集团签署《全面战略合作协议》暨《债转股合作框架协议》，为全国金融系统内首笔债转股业务。

（王　鑫）

附表1

机构概况一览表

行长（或其他称谓的第一负责人）		副行长（或其他称谓的同级领导）	
戴春林		李　明　崔中玉　徐光林　赵树厂 刘爱峰　朱岩峰　吴迎春　邱　春	
地址	山东省济南市经四路310号	邮编	250001
网址	http://www.icbc.com.cn/	客服电话	95588

附表2

内设部门及分支机构一览表

年度	内设职能部门数量（个）	下设分支机构（个）					员工	
		总数	地市分行数	县区支行数	分理处、营业所数	储蓄所数	总人数（人）	正式职工人数
2012年	28	980	16	529	298	136	20711	18454
2013年	28	986	16	573	283	113	21084	20141
2014年	26	985	16	598	273	97	21321	20854
2015年	26	980	16	603	270	90	21369	21336
2016年	26	941	16	592	253	79	21214	21182

附表3

主要统计指标1

单位：亿元

项目 \ 年度	2012	2013	2014	2015	2016	2016年同比增幅（%）
本外币资产总额	6392.33	6906.5	7244.73	7133.32	7466.93	4.68
本外币存款余额	5755.24	6310.52	6623.57	6566.03	7009.03	6.75
人民币存款余额	5627.04	6162.91	6460.82	6383.19	6929.68	8.56
单位存款	2824.28	2983	3084.94	2936.98	3219.92	9.63
储蓄存款	2802.76	3179.91	3375.88	3446.21	3709.76	7.65
本外币贷款余额	5044.73	5522.42	5938.70	6226.87	6298.79	1.15
人民币贷款余额	4867.93	5310.52	5745.18	6059.21	6223	2.7
短期贷款	2101.5	2230.34	2361.13	2619.43	2572.92	-1.78
中长期贷款	2766.43	3080.18	3384.05	3439.78	3640.62	5.84
票据融资	140.29	95.71	198.93	348.65	506.44	45.25
利润总额	126.49	127.83	128.61	88.76	34.82	-60.77
不良贷款余额	59.71	74.96	89.55	145.2	188.51	29.83
不良贷款占比（%）	1.19	1.36	1.51	2.33	2.99	28.33

附表4

主要统计指标2

项目 \ 年度	2012	2013	2014	2015	2016	2016年同比增幅（%）
单位结算账户（万户）	21.04	22.4	23.4	23.6	26.2	11.02
单位结算金额（亿元）	539739	624556	601892	555244	562277	1.27
信用卡发卡量（万张）	506.32	558.67	624.07	694.69	766.34	10.31
信用卡消费额（亿元）	582.85	724.75	818.67	1010.36	1289.67	27.64
企业网银客户（万户）	9.8	11.98	13.1	14.9	17.6	18.12
个人网银客户（万户）	798.9	935.2	1088	1234	1399	13.37
手机银行客户（万户）	460.4	680.2	805	927.6	1116	20.31
电话银行客户（万户）	702	732	752.3	807	804.3	-0.33
现金自助设备（台）	3469	4065	4681	5078	9123	79.66
营业网点（个）	975	981	982	976	941	-3.59
自助网点（个）	94	156	436	560	536	-4.29

附表5

先进集体一览表

授奖单位	奖项名称	获奖集体
山东省财贸金融工会	五一劳动奖状	工商银行山东山东省分行营业部
山东省财贸金融工会	五一劳动奖状	工商银行潍坊青州支行

续表

授奖单位	奖项名称	获奖集体
山东省财贸金融工会	工会工作先进单位	工商银行淄博分行工会工作委员会
山东省财贸金融工会	工人先锋号	工商银行济南槐荫支行
中国工商银行	第九届“中国工商银行文明单位”	工商银行菏泽开发支行
中国工商银行	第九届“中国工商银行精神文明建设工作先进单位”	工商银行山东省分行营业部市中支行
中国工商银行	第九届“中国工商银行精神文明建设工作先进单位”	工商银行潍坊安丘支行
山东省精神文明建设委员会	2016年度省级文文明单位	工商银行山东省分行营业部
山东省精神文明建设委员会	2016年度省级文文明单位	工商银行枣庄分行
山东省精神文明建设委员会	2016年度省级文文明单位	工商银行日照分行
山东省精神文明建设委员会	2016年度省级文文明单位	工商银行临沂分行
山东省精神文明建设委员会	2016年度省级文文明单位	工商银行德州分行
山东省精神文明建设委员会	2016年度省级文文明单位	工商银行菏泽分行
山东省精神文明建设委员会	2016年度省级文文明单位	工商银行聊城分行
山东省精神文明建设委员会	2016年度省级文文明单位	工商银行滨州分行
山东省精神文明建设委员会	2016年度省级文文明单位	工商银行济宁城区支行
山东省精神文明建设委员会	2016年度省级文文明单位	工商银行临沂平邑支行
山东省精神文明建设委员会	2016年度省级文文明单位	工商银行滨州无棣支行
山东省精神文明建设委员会	2016年度省级文文明单位	工商银行淄博周村支行
中国企业文化研究会	2016年企业文化创新优秀单位	工商银行山东省分行营业部

中国工商银行股份有限公司青岛市分行

【第一负责人简介】 付捷，男，1973年7月生，汉族，中共党员，研究生学历。1996年7月参加工作；2009年8月任工商银行北京市分行党委委员、副行长；2014年1月至今，任工商银行青岛市分行党委书记、行长。

【综述】 2016年，中国工商银行股份有限公司青岛市分行（以下简称“工商银行青岛分行”）经营管理各项工作扎实推进，改革创新取得新的进展，净利润同口径同比实现正增长，不良贷款实现双降，全年无案件和重大风险事件发生。

【存款业务】 2016年，工商银行青岛分行创新营销管理模式，有针对性地创新改进存款工作，正确处理好经营发展中“个人金融资产与储蓄存款稳定增长之间的关系、存款时点与日均之间的关系、存款规模增长与成本控制之间的关系”等3个重点关系，各项存款实现了持续稳定增长。截至2016年年末，本外币全部存款余额1290.91亿元，同比增加114.42亿元。其中，本外币储蓄存款余额657.10亿元，同比增加24.00亿元；本外币对公存款余额633.82亿元，同比增加90.42亿元。

【贷款业务】 2016年，工商银行青岛分行高度重观金融与实体经济“一荣俱荣、一损俱损”的协同发展关系，切实增强金融服务实体经济能力，积极发挥国有大行的表率作用。一是进一步加大了总体信贷投放力度，2016年累计发放各项贷款1,324.81亿元，同比增加70.86亿元。二是个贷业务实现快速发展，截至2016年年末，个人贷款余额达到528.75亿元，同比增加82.82亿元。三是加大了对小微企业的支持力度，2016年累计发放小微企业贷款近160亿元，同比增加24亿元。

【国际业务】 2016年，工商银行青岛分行紧跟国家“一带一路”倡议和青岛市自贸试验区等重大战略，充分发挥全球联动优势，积极为青岛市企业“走出去”和“引进来”提供广泛金融服务。2016年共办理国际结算业务114.61亿美元，同比增加8.2亿美元，办理跨境人民币业务147.5亿元，同比增加37.24亿元。

【银行卡业务】 2016年，工商银行青岛分行坚持实施精准营销、精细管理，信用卡业务实现快速发展。一是大力拓展信用卡发卡和分期付款市场，信用卡发卡量净增15.39万张，分期付款交易额同比增加3.05亿元，同业排名实现“双第一”。二是以拳头产品为抓手，全面拓展线上线下收单市场。在同业中率先推出覆盖线上线下和O2O支付全场景的“工银二维码”移动支付产品，新增二维码商户1.35万户。

【互联网金融业务】 2016年，工商银行青岛分行逐步构建起以“融e购”电商平台、“融e联”即时通讯平台和“融e行”直销银行平台为核心，以“工银二维码支付”“工银e支付”“工银e缴费”等创新产品为主体，集支付、融资、金融交易、商务、信息“五大功能”于一体的互联网金融服务体系。截至年末，该行已经是岛城最大的互联网银行，电子银行客户数突破206万户，以互联网业务为主的电子银行业务在全部业务量的比重超过90%。

【内控管理】 2016年，工商银行青岛分行积极践行合规理念，筑牢新时期案防堤坝，内控管理基础进一步夯实。一是组织开展了“加强内部管控、加强外部监管，遏制违规经营、遏制违法犯罪”回头看和内控合规“基础强化年”主题活动，大力传导合规文化内涵，员工合规意识明显增强。二是加强对案发重点领域和关键环节防控的检查监督，实现了安全稳定运营。

【大事记】 1月26日 工商银行青岛分行交警互联网缴费系统投产上线，成为青岛市首家受理交警互联网缴费业务的银行。

2月4日 工商银行青岛分行召开2016年工作会议。

3月1日 工商银行青岛分行成功投产青岛市财政非税工银E缴费项目。

4月20日 工商银行青岛分行成功办理青岛市首笔军人公积金组合贷款业务。

4月28日 工商银行青岛分行私人银行产品余额突破90亿元。

5月10日 工商银行青岛分行成功办理首笔同业投资业务。

7月6日 工商银行青岛分行成功投产琴岛通工银E缴费充值项目。

7月15日 工商银行青岛分行率先在同业推出移动支付产品工银二维码。

8月11日 工商银行青岛分行成立不良资产处置中心，撤销企业文化部。（工银青发〔2016〕241号）

8月25日 工商银行青岛分行开展“‘工’益‘行’动－星火助学”捐赠活动，向青岛市妇联捐赠30万元助学金，定向用于资助100名品学兼优的女大学生。

10月26日 工商银行青岛分行成功办理首笔签证代传递业务。

11月24日 工商银行青岛分行组织召开支持实体企业研讨会。

（张 豪）

机构概况一览表

行长（或其他称谓的第一负责人）		副行长（或其他称谓的同级领导）	
付 捷		程 青 薛德贵 陈 兵 赵晓滨	
地址	山东省青岛市市南区山东路25号	邮编	266071
网址	http://www.icbc.com.cn/	客服电话	95588

内设部门及分支机构一览表

年度	内设职能部门数量（个）	下设分支机构（个）					员工	
		总数	地市分行数	县区支行数	分理处、营业所数	储蓄所数	总人数（人）	正式职工人数
2012年	25	122	1	68	24	29	3477	3164
2013年	25	124	1	76	21	26	3623	3416
2014年	21	124	1	82	19	22	3662	3622

续表

年度	内设职能部门数量（个）	下设分支机构（个）					员工总人数（人）	
		总数	地市分行数	县区支行数	分理处、营业所数	储蓄所数		正式职工人数
2015 年	21	125	1	83	19	22	3661	3661
2016 年	20	124	1	90	18	15	3574	3574

附表 3

主要统计指标 1

单位：亿元

项目 \ 年度	2012	2013	2014	2015	2016	2016 年同比增幅（%）
本外币资产总额	1053.17	1173.04	1205.87	1250.05	1349.18	7.93
本外币存款余额	939.88	1050.31	1118.14	1134.29	1259.19	11.01
人民币存款余额	921.11	1030.61	1099.08	1103.31	1227.37	11.24
单位存款	421.14	459.47	502.43	501.20	602.10	20.13
储蓄存款	520.40	590.80	615.64	632.95	657.10	3.82
本外币贷款余额	1016.21	1097.66	1143.50	1230.55	1298.66	5.53
人民币贷款余额	973.48	1041.37	1126.25	1207.96	1280.30	5.99
短期贷款	388.45	419.46	422.63	410.17	350.17	-14.63
中长期贷款	627.76	678.21	720.87	820.37	948.49	15.62
票据融资	77.24	78.42	76.24	68.73	59.15	-13.94
利润总额	35.11	35.96	34.83	33.64	31.39	-6.69
不良贷款余额	15.68	22.09	37.64	34.91	34.81	-0.29
不良贷款占比（%）	1.54	1.97	3.29	2.84	2.68	-5.63

附表 4

主要统计指标 2

项目 \ 年度	2012	2013	2014	2015	2016	2016 年同比增幅（%）
单位结算账户（万户）	5.15	4.85	4.95	5.25	6.05	15.24
单位结算金额（亿元）	57855	61561.23	56140.92	59876.19	59270.69	-1.01
信用卡发卡量（万张）	424.73	603.11	705.00	759.82	798.68	5.11
信用卡消费额（亿元）	66.92	76.68	82.98	104.44	115.01	10.12
企业网银客户（万户）	70.70	99.69	114.50	168.90	205.71	21.79
个人网银客户（万户）	2.12	2.27	2.72	3.07	3.42	11.49
手机银行客户（万户）	126.60	146.70	168.40	185.30	203.48	9.81
电话银行客户（万户）	52.70	85.30	117.60	140.33	145.64	3.78
现金自助设备（台）	634.00	721.00	857.00	906.00	895.00	-1.21
营业网点（个）	122.00	124.00	124.00	125.00	124.00	-0.80
自助网点（个）	36.00	48.00	60.00	78.00	94.00	20.51

中国农业银行股份有限公司山东省分行

【第一负责人简介】 益虎，男，1962年12月出生，1979年11月起历任中国农业银行东营东营区支行行长，东营市分行行长、党委书记；农业银行山东省分行营业部总经理、党委书记，农行陕西省分行党委书记、行长，政协第十届陕西省委员会常委；现任农业银行山东省分行党委书记、行长。

【综述】 2016年，中国农业银行山东省分行（以下简称“农业银行山东省分行”）以服务地方经济发展为己任，坚持“横向提升、纵向进位”的战略目标，紧紧围绕全省稳增长、促改革、调结构、惠民生、防风险的各项政策措施，着力加大信贷投放，强化金融服务，积极助力全省经济社会发展。先后获“十三五开局企业文化模范单位”“互联网+时代企业文化创新优秀单位”“山东省金融行业十佳服务品牌”等荣誉称号。

一、抓重点促转型，服务实体经济的能力稳步提升。一是大力支持稳增长重大项目。2016年，地方债承销金额410亿元，同比增加158亿元；累计审批政府购买服务项目108个，实现投放41.5亿元，居四行首位；同业中首家介入大班额项目合作，年内审批127亿、投放7.2亿元。二是紧紧围绕“三去一降一补”，做好信贷结构调整“加减法”，落实差异化信贷政策，做到“有保有压”。三是着力提高综合服务能力。债务融资工具承销158.3亿元；牵头济青高铁300亿元银团贷款项目；黄金租赁业务量、余额连续5年居系统内首位。努力提升跨境金融服务能力，特险融资等4项产品为全国首笔，7项产品填补全省空白。电子渠道缴费项目已达61项，缴费客户数、交易笔数居系统内首位；信用卡、鲁通卡增量均居四行首位。

二、强责任勇担当，支持“三农”取得新成效。牢牢把住供给侧结构性改革“窗口期”，以政府购买服务贷款为重点，加大对城镇基础设施、水利工程、配套服务设施等大项目、大客户的服务力度，81家支行已开办政府购买服务贷款业务，实现投放41.5亿元。农业龙头企业贷款继续保持系统和同业首位，省级及以上龙头企业服务覆盖面达到90.6%。扎实推进农户贷款业务转型提质，信贷支持的专业大户、家庭农场数量达到1.7万户，规模经营农户贷款增加8.77亿元。大力支持现代农业和特色农业，因地制宜创新推广政府增信、政策性担保公司、保险公司等风险分担模式。加快推进“惠农通工程”提质增效，有效助农取款服务点达到1.63万个，较年初增加4422个；惠农卡增加872万张，增量居系统内首位。全面推广“银企共建升级版”模式，已建成服务点2569个，电子机具行政村覆盖率76%。

三、加快经营转型步伐，不断夯实发展根基。把握经济结构调整机遇期，从渠道、机制、产品等入手，在网点经营、对公业务、信贷业务等三个重点领域，有计划、有步骤地开展“三大转型”，推进收入结构优化调整，进一步理顺经营机制、夯实经营基础、激发经营活力。全面实施深化网点转型，进一步优化网点结构，加大自助机具布放力度，实现超级柜台网点全覆盖。做实网点营销服务功能，网点营销服务人员占比达60%，网点竞争力、价值创造力有效提升。个人存款增量连年居四大行首位，点均存款增量连续2年位居四大行首位，客户满意度测评居系统内省级分行第1名。纵深推进对公业务转型，着力推动对公业务经营理念、客户建设、队伍和机构、风险控制、营销服务、经营机制等六大方面的转型。明确了治贷理念、结构调整、风险防控、双基管理、体制机制和队伍建设等6个方面重点工作，出台了推进转型配套的12个文件。

【三农业务】 2016年，农业银行山东省分行努力发挥县域领军银行作用，“用心、用情、用力”服务“三农”，不断推动“三农”和县域业务发展取得新成效。一是在系统内首创了政府购买服务信贷产品，积极做好新型城镇化金融服务工作，筛选支持了一批农田水利、高标准农田建设、城镇化改造、农村水电路气暖等农村基础设施项目。二是针对城镇化进程中群众对优质教育的需求，在同业中首家介入“大班额”项目合作，项目贷款审批通过136亿元，实现投放17亿元。三是探索建立了“融资增信”、银担合作等模式，努力破解小微企业融资担保难题，“融资增信”业务已在全省39个县开展试点，发放贷款5.4亿元，贷款余额居同业首位。四是围绕农业经营主体新需求，支持农业全产业链发展，新型经营主体贷款新增13.2亿元，余额达376.5亿元，占全行涉农贷款的14.8%。五是积极推动“农民安家贷”业务快速开展，有力支持了城镇化推进和县域房地产“去库存”。全年共发放“农民安家贷”39344笔，累放金额129亿元。六是扎实做好金融精准扶贫，建档立卡贫困户3738户贷款余额6.01亿元，较年初增加1.2亿元；31个扶贫重点县、20个扶贫任务较重的县贷款增速分别高于全行平均5.92和10.35个百分点。

【公司业务】 2016年，农业银行山东省分行积极推进营销转型，强力提升营销质效，推动公司业务稳健发展。牢牢抓住客户源头，进一步做实分层营销管理体制，全面摸底对公存、贷款客户，落实四级机构管户标准和营销职责，省行直销客户达到122家，同比增加15家。持续突破高端市场，地方债承销金额410亿元，同比增加158亿元，增长62.7%，获财政配比存款103亿元；成功营销山东铁路发展基金100亿元融资、山东高速29亿元企业信用类产业基金、济青高铁征地拆迁PPP项目基金等项目；成功入围齐鲁交通发展集团三个项目包各100亿元参团主承销与融资合作行；中标农联社60亿元企业年金托管，创系统内历史第2大单；拓展省财金发展、省发展投资、省财金融担、省种业集团结算账户，实现新设立省级国有资本运营平台合作全介入。

【机构业务】 2016年，农业银行山东省分行机构业务逐步深化重点系统合作，有效提升代理保险价值贡献度，稳健发展金融同业业务，多元发展托管业务，机构业务实现持续、稳健、高效发展。截至2016年年末，机构类对公存款余额1859.3亿元，较年初增加177.27亿元；日均余额1768.9亿元，日均增量109.45亿元。机构类贷款余额66.43亿元，连续五年实现“零不良”，资产质量保持稳定。代理保险业务收入同比增加24176万元。养老金托管资产新增规模60.4亿元，其中，企业年金新增规模53390万元，总量居系统内第1位。第三方存管客户总量达215万户，其中有效户较年初新增16.8万户。票据转贴现业务总量达2474亿元，居系统内首位；余额与增量均居系统内第2位。

【零售业务】 2016年，农业银行山东省分行坚持“客户至上，始终如一”的服务理念，全面提升服务能力和水平，努力为客户提供多元金融服务。坚持个贷优先发展，在省分行成立了个人贷款业务部，在所有二级分行成立个贷中心，125家支行成立分中心，个人贷款占全部贷款比重提升2.78个百分点，其中，住房贷款增量连续4年居四行首位。个人加权贵宾客户较年初增加24.2万户，个人贵宾客户占比22.06%，个人贵宾客户产品覆盖度185.94%。深化转型取得实质进展，全行网点营销人员占比提升26.1个百分点。全行按新标准完成改造的网点1288个，占比90.8%。运营自助网点872个，其中金融便利店（惠农服务站）211个、离行式自助银行553个、离行自助设备108台。累计上线自助设备14015台，实现超级柜台全覆盖。

【国际业务】 2016年，农业银行山东省分行推进本外币一体化经营，全面提升跨境金融服务水平，国际业务对全行战略的支撑作用进一步增强。一是创新能力不断增强，累计推广重点新产品10大类83.24亿美元，特险融资、霍尔果斯参融通等4项产品为全国首笔，7项产品填补了全省空白，办理两笔全国系统内金额最大交易业务。二是业务结构进一步优化，累计与32家金融机构办理同业贸易融资355亿元，福费廷二级市场业务突破200亿元大关达232亿元。发货后融资占比达66.8%，较年初提升31个百分点。三是经营基础日益巩固，全行经营机构对公外汇功能普及率95.48%，同比提高0.28个百分点；外汇经营机构各项重点产品普及率均达到60%以上，机构、人员、产品普及率进一步提升。

【风险控制】 2016年，农业银行山东省分行始终把风险控制作为第一责任和头等大事，控新与降旧双管齐下，治标与治本两手发力，截至2016年年末，不良贷款余额和占比在四大行中唯一实现“双降”。一是全面强化“制度底线”和“授权红线”意识，在系统内率先出台《不良贷款责任认定与追究办法》、第2家出台《员工违反规章制度经济处理实施细则》。二是扎实推进“三大中心”建设，实现了信贷审查审批中心、法人信贷业务放款中心辖内机构全覆盖。三是持续调整信贷结构，出台了结构调整三年规划，前瞻性做好“加减法”。四是多措并举加大清收处置力度，严格落实领导挂包责任制，持续推进重点区域、重点客户不良贷款“双名单制”管理。五是加强潜在风险化解，系统内首家专题申请并获批风险化解政策。六是强力推进肥矿集团改革重组，牵头组建了债委会，主导构建相对完善的风险化解模式。

【财务运营】 2016年，农业银行山东省分行发挥好资源配置的战略导向作用，专项配置5000万元绩效工资，奖励30家先进支行和10家进步支行，激励经营行提升进位。进一步优化绩效三期系统，末端考核覆盖1.36万名基层员工，在系统内率先实现实时考核。以挖潜降本增效为中心，厉行节约，勤俭办行，业务费用开支同比下降8.62%，“三公经费”同比下降13.60%。大力推进运营体系改革，在全国业务量大行中率先建成了“三集中”的省域集中作业、集中授权、集中监控补录，有效提升了运营管理的集约化水平。开展“柜面业务操作风险防控年”活动，堵截柜面风险事件2907起。持续开展“三化三铁”“四无一创建”“合规示范网点”等创建活动，运营质量考核连续4年居系统内首位，作业中心、授权中心管理质量连续2年居系统内首位。有序推进“营改增”落地投产，被总行评为营改增落地实施先进单位。成立了“金擂台”俱乐总部和178家分部，组织教学255次，1.76万人次参加活动，在山东金融系统综合业务技能竞赛中获团体第1名。

【银行卡业务】 2016年，农业银行山东省分行以优质客户为抓手，以提高效益为目标，推动业务创新和经营模式优化，着力构建银行卡可持续发展能力。借记卡总发卡量5097万张，其中新增IC借记卡571万张，存量和增量均居同业第一。信用卡客户总量395.04万户，较年初增加58.46万户，存量和增量分别居四行第2位和第1位。ETC金穗鲁通卡新发卡36.74万张，累计发卡量50.25万张，居省内同业ETC联名信用卡第1位。实现信用卡分期交易额72.3亿元，居全国系统内第4位，其中现金分期当年交易额7.66亿元，居全国系统内第2位。

【电子银行业务】 2016年，农业银行山东省分行以金融服务、电子商务、社交生活三大互联网金融平台建设和运营工作为中心，坚持创新驱动，强化营销宣传，完善应用场景，提升客户体验，推进电子银行向“金融+商务+生活社交”全能金融服务平台转型升级，电子银行业务继续保持高效、稳健发展态势。全行个人电子银行客户已达1423万户，渗透率达45.78%。2016年，全行新增有效商户17962户，增量和计划完成率均列系统内第1位。电子银行中间业务收入同业市场份额达

51.89%，继续稳居同业第 1 位。电子渠道分流率达 95.6%，重点产品互联网交易占比达 64.16%。电子渠道缴费业务持续推进，各类缴费项目已达 61 项，缴费规模(缴费客户数、交易笔数)位列全行第 1 位。

【内部管理与金融文化建设】 2016 年，农业银行山东省分行牢固树立依法合规、稳健经营理念，不断强化基层和基础管理。坚持全面从严治党、从严治行，不断夯实“两个责任”。坚持“机制管人、制度管事”，严肃党内政治生活，严格执行民主集中制。扎实开展案件风险排查、“两违”专项检查和回头看。进一步加强合规教育，组织全省 1 万余名干部员工进行规章制度学习测试。持续加强员工行为管理，深入开展“知法、守法、敬法”案例警示教育活动，做实员工思想行为排查。建立了行史馆，详细梳理 60 年改革发展历程。大力推进“幸福家园”工程，为员工创造舒适的工作生活环境，办好实事。配套建立特困员工档案、带薪休假、最低工资保障等制度，各类资源向基层倾斜，基层员工满意度不断提升，保证了士气提升和队伍稳定。

【大事记】 1 月 11 日 根据农业银行《关于加强一级分行监察室主任任职履责管理的意见》(农银党发〔2015〕82 号)，农业银行山东省分行监察部更名为监察室。

1 月 12 日 农业银行山东省分行召开党委班子“三严三实”专题民主生活会，总行党委委员、副行长楼文龙参加并指导会议。

2 月 3 日 农业银行山东省分行设立个人贷款业务部。

3 月 30 日 农业银行山东省分行携手共青团山东省委、山东省青少年发展基金会在德州夏津县莫庄希望小学举办“小积分·大梦想”希望工程快乐阅读活动捐赠仪式。

4 月 22 日 农业银行山东省分行下发《关于调整省行科技与产品管理部机构及岗位设置的通知》，将省行科技与产品管理部调整为按直属机构管理。

4 月 26 日 农业银行山东省分行在全体党员中开展“学党章党规、学系列讲话，做合格党员”(简称“两学一做”)学习教育。

5 月 12 日 农业银行山东省分行与济青高速铁路有限公司、中信银行股份有限公司济南分行在济南举行济青高铁项目银团签约仪式。

10 月 20 日 中国农业银行山东省分行青年志愿者协会成立暨第一次会员代表大会在济南召开。

10 月 31 日 农业银行山东省分行党委研究成立巡视组，巡视组办公室设在监察室。

12 月 1 日 农业银行举行学习贯彻中共十八届六中全会精神宣讲会(山东站)。

12 月 19 日 农业银行山东省分行作为债权委员会牵头行，成功化解肥城矿业集团金融债务风险。

(高中义 张爱民)

附表 1

机构概况一览表

行长（或其他称谓的第一负责人）		副行长（或其他称谓的同级领导）	
益　虎		胡晓毅　王增辉　王延磊　郑祖刚 马　林　翟世勇　闵令民	
地址	山东省济南市经七路 168 号	邮编	250001
网址	http://www.abchina.com/cn/	客服热线	95599

附表 2

内设部门及分支机构一览表

年度	内设职能部门数量（个）	下设分支机构（个）					员工总人数（人）	
		总数	地市分行数	县区支行数	分理处、营业所数	储蓄所数		正式职工人数
2012 年	27	1413	16	413	929	55	26804	22808
2013 年	27	1414	16	523	847	27	27404	23886
2014 年	26	1417	16	613	785	2	27954	25756
2015 年	26	1423	16	655	748	2	28005	27572
2016 年	27	1424	16	666	738	2	27815	27483

附表 3

主要统计指标 1

单位：亿元

项目＼年度	2012	2013	2014	2015	2016	2016 年同比增幅（%）
本外币资产总额	6708	7230.86	7734.63	8214.54	8946.91	8.19
本外币存款余额	6307	6852.98	7337.52	7916.39	8683.46	8.83
人民币存款余额	6239	6769.14	7205.73	7784.45	8505.05	8.47
单位存款	2509	2913.15	4275.96	3016.71	3232.43	6.67
储蓄存款	3503	3855.99	4248.33	4767.74	5272.62	9.58
本外币贷款余额	4159	4551.86	5011.48	5285.34	5411.69	2.33
人民币贷款余额	4053	4464.35	4875.89	5168.89	5367.5	3.70
短期贷款	2295	2401.96	2405.3	2551.51	2607	2.13
中长期贷款	1704	2062.39	2470.59	2617.38	2760.5	5.18
票据融资	54	71.82	107.3	187.1	434.5	56.94

附表 4

主要统计指标 2

项目＼年度	2012	2013	2014	2015	2016	2016 年同比增幅（%）
单位结算账户（万户）	15	16	18	20	20	1.08
单位结算金额（亿元）	18240	22070	23764	24745	26696	7.88
个人结算账户（万户）	4829	5778	7369	7182	7331	2.07
信用卡发卡量（万张）	51	47	40	452	527	16.59
信用卡消费额（亿元）	537	564	763	949	1125	18.55
企业网银客户（万户）	11.99	15.05	16.93	19.79	23	16.22
个人网银客户（万户）	646.42	820.58	1005.75	1167.68	1240	6.19
手机银行客户（万户）	439.79	613.53	799.86	971.24	1154	18.82
电话银行客户（万户）	761.05	959.46	1113.76	1184.04	1427	20.52
现金自助设备（台）	4633	5766	6607	7162	7623	6.44
营业网点（个）	1411	1414	1415	1420	1422	0.14
自助网点（个）	179	339	543	807	872	8.05

附表 5

先进集体及个人一览表

授奖单位	奖项名称	获奖集体
中华全国总工会	全国职工书屋	聊城高唐支行
中国金融工会全国委员会	全国金融职代会示范单位	济宁分行
中国金融工会山东委员会	山东金融系统学习型组织标兵单位	潍坊分行
中国银行业协会	中国银行业维权与法律风险管理工作先进单位	山东省分行
中国银行业协会	2016 年度中国银行业文明规范服务千佳示范单位	枣庄分行营业部 济南高新技术产业开发区支行营业部 淄博淄川支行营业部

续表

授奖单位	奖项名称	获奖集体
山东省总工会	山东富民兴鲁劳动奖状	潍坊青州支行
山东省总工会	山东省工人先锋号	临沂半程支行、滨州惠民支行、聊城分行个人金融部
山东省爱国卫生运动委员会	山东省卫生先进单位	济宁分行
山东省妇女联合会	山东省城乡妇女岗位建功先进集体	聊城茌平支行、枣庄光明支行、济宁分行、泰安分行
中国农业银行	中国农业银行2012—2015年度内控合规管理工作先进集体	山东省分行
中国农业银行	2014—2015年度对公业务先进集体、2014—2015年度资金计财板块（理财业务条线）先进集体、2014—2015年度资金计财板块（金融市场条线）先进集体	山东省分行金融市场与投资银行部
中国农业银行	总行工人先锋号	东营广饶大王分理处、潍坊寿光圣城分理处、威海文登文山路分理处、莱芜莱城寨里支行
中国农业银行	总行女职工文明示范岗	东营东营区支行营业部、济南历城支行营业部
中国农业银行	总行五一劳动奖状	济南高新技术产业开发区支行、聊城分行、烟台分行
中国农业银行	农业银行综合管理先进集体	济宁分行工会办公室
中国农业银行	农业银行综合管理先进集体	济南长清支行工会办公室
中国农业银行	2014—2015年度中国农业银行人力资源管理先进集体	山东省分行人力资源部、威海分行人力资源部
中国农业银行	2014—2015年度零售业务十佳先进分行	山东省分行
中国农业银行	2014—2015年度中国农业银行信息科技先进集体	山东省分行、山东省分行营业部、东营分行
中国农业银行	2014—2015年度中国农业银行产品创新先进集体	山东省分行、烟台分行
授奖单位	奖项名称	获奖个人
中国农业银行	2014—2015年度对公业务先进个人	王海笑
中国农业银行	2014—2015年度资金计财板块（理财业务条线）先进个人	张　勇
中国金融工会	全国职工职业道德建设先进个人	步同良
中国金融工会山东委员会	山东金融五一劳动奖章	马　林　张通凯　范登峰　杨兆楠　杜玉娟　周　斌
山东省财贸金融工会	山东财贸金融系统五一劳动奖章	肖月强　题召栋
共青团山东省委	山东省优秀共青团干部	题召栋
共青团山东省委员会	山东省青年岗位能手	李均龙
山东银监局	2016年山东银行业“金融知识进万家”宣传服务月活动先进个人	孙小玥
中国农业银行	中国农业银行2012—2015年度内控合规管理工作先进个人	李春英　李春松
中国农业银行	五一劳动奖章	李宏伟　赵　彬
中国农业银行	综合管理先进个人	宋　昆
中国农业银行	2014—2015年度中国农业银行人力资源管理先进个人	谷为国　王　勇　郜　伟
中国农业银行	十大金牌零售业务培训师	徐晓宁
中国农业银行	2014—2015年度中国农业银行零售业务先进个人——十大金牌零售业务培训师	徐晓宁

续表

授奖单位	奖项名称	获奖个人
中国农业银行	中国农业银行2014—2015年度对公业务先进个人	张现春　李　波　张　孟
中国农业银行	2014—2015年度中国农业银行信息科技先进个人	胡晓筠　郑　华　陈新国
中国农业银行	2014—2015年度中国农业银行产品创新先进个人	魏绪强
中国农业银行	中国农业银行营改增改革落地实施先进个人	孙成军　车明键
中国农业银行	中国农业银行BoEing四期工程推广先进个人	车明键　吴　东
中国农业银行	中国农业银行BoEing四期工程建设先进个人	毛　慧

中国农业银行股份有限公司青岛市分行

【第一负责人简介】　杨国月，男，汉族，1964年1月出生，山东文登人，中共党员，全日制大学本科、在职研究生学历，政治经济学学士、管理学硕士学位。1998年11月起历任中国农业银行山东省日照市分行党委副书记、副行长（主持工作）、山东省分行国际业务部总经理、行长助理、副行长、青岛市分行党委副书记（主持工作）；2014年7月1日起，任中国农业银行青岛市分行党委书记、行长。

【综述】　2016年，中国农业银行股份有限公司青岛市分行（以下简称"农业银行青岛市分行"）以建设一流现代商业银行为奋斗目标，紧紧围绕"质量效益提升年"工作部署，坚持稳中求进，服务实体经济，优化经营结构，推动升级进位，加强精细管理，严守风险底线，业务经营保持平稳健康发展。

【公司业务】　2016年，农业银行青岛市分行大力实施扩户提质工程，积极开展比学赶超活动，强化营销体系建设和产品创新推广，做好服务对接、产品对接、渠道对接，实现了对公业务平稳较快发展。

一、突出支持重点优质客户和重点项目建设。一是进一步加大"大行业、大客户、大项目"支持力度，对青岛市190个重点建设项目实现跟踪营销全覆盖，共支持政府购买服务及PPP融资项目16个、金额99.4亿元，实现投放31.8亿元。二是积极支持铁路公路、轨道交通、港口机场、互联互通等重大基础设施建设项目，在成功参与地铁2号线、3号线的基础上，取得1号线、8号线、11号线及13号线合计56亿元银团贷款份额，新增地铁项目贷款6.14亿元；取得青岛国际机场银团份额16亿元并实现首次投放。三是积极营销总分行核心客户和全国"50强"房地产企业在青优质项目，共完成房地产类及基础设施类合计31笔190.5亿元项目审批，分别实现投放66.4亿元和45.38亿元。

二、突出支持实体经济转方式、调结构。全面贯彻落实供给侧改革要求，支持传统产业改造升级，为青钢搬迁项目新增贷款4.86亿元；积极支持战略新兴产业，为青岛中天能源、华电新能源等新增贷款2.3亿元。全力对接政府投融资新兴领域，通过政府购买服务融资方式支持棚户区改造、地下管廊等政府基础设施类及公共服务类项目，2016年累计审批政府购买服务项目14笔，实现投放33.9亿元。积极开展"走千家"、"规模以上工业企业走访"和"金融服务企业百日行"等活动，主动强化实体经济金融服务对接。强化小微企业信贷支持，小微企业贷款余额113.07亿元，比年初增加9.21亿元，实现"三个不低于"目标。

三、突出"大、新、特、普"特点，做实做强"三农"金融服务。"大三农"方面，深入实施"六项行动"，大力营销农业基础设施、城镇化建设等大客户大项目，2016年县域存款比年初增加27.9亿元、同比多增2.8亿元，贷款增加72.1亿元、同比多增56.3亿元，涉农贷款增加25.9亿元、增速高于全行4.9个百分点，县域贷存比67.52%，首次实现高于全行平均水平。投放政府购买服务贷款16.7亿元、棚改贷款19.4亿元、水利水务贷款4.5亿元，发放"农民安家贷"6624笔，余额24.6亿元。"新三农"方面，制定《服务"三农"产品及服务模式创新实施方案》，开展平度花生市场综合服务、莱西便民代理服务等创新工作。营业网点全面开办农户贷款业务，农村个人生产经营贷款比年初增加9278.1万元，累计支持新型农业经营主体746个，农户小额贷款余额达6.7亿元。"特色三农"方面，重点支持特色旅游业、特色农业发展，发放首笔县域旅游项目贷款3亿元，对九联、万福、六和、渤海实业4户龙头企业加强合作，提高了业务份额。普惠金融方面，制定实施《关于做实"金穗惠农通"工程的意见》，完成50个示范服务点建设，有效服务点达2155个，新增惠农卡有效户1.5万个，e农管家、渠道商户及e农终端商户4636个，新增涉农代理项目14个。抓好金融精准扶贫工作，对接贫困户136户，发放扶贫贷款1473.3万元。

四、以贴近市场创新为重点，推进公司业务投行化转型。一是加强行司联动，实现投行项目多元化发展，海尔小贷20亿元资产证券化项目首期获上交所无异议函；推荐青岛银行中标总行“农盈2016第一期不良资产支持证券”项目优先级份额3.38亿元；积极跟进服务新城、金科并购业务及中船重工、公交集团融资租赁项目。二是向总行成功推荐国信2亿元企业债券投资项目。三是积极开展对公理财定制工作，累计发售对公大额存单113余期，余额47.45亿元，较年初增长9.64亿元，全行对公理财产品日均余额63亿元，有效满足了对公高端客户资金保值增值和业务多元化需求。

【个人业务】 2016年，农业银行青岛市分行深入落实总行零售板块六大工程，加强客户维护培育，强化重点产品营销，提升网点营销服务，完善渠道布局建设，零售业务提质增效。

一、大力推广个人理财服务。积极营销本利丰、黄金理财及代理基金、信托理财等理财产品，满足客户资产保值增值需求。2016年销售个人理财产品1113.78亿元，余额165.79亿元，个人理财日均增量29.9亿元，理财业务规模稳步增长，理财产品销售额继续保持四大行第一位，理财余额居四大行第二位。销售基金24.67亿元、实物贵金属880公斤；新开金市通账户2769户，交易量68.37亿元。

二、加大对居民个人贷款和消费领域的信贷支持。建设个贷中心，完成了个贷业务集中经营上收，配齐配强专职营销团队，积极开办个人住房贷款、助业贷款、个人生产经营贷款以及“房抵贷”、“随薪贷”、“网捷贷”等新业务，满足城乡居民消费创业需求。

三、构建协同高效的渠道服务体系。一是积极推进网点效能提升工程，按照“优化布局、增机减柜、压高增低、提升效能”的思路，调整优化网点布局，推进低效网点瘦身，优化网点劳动组合。二是加快推进自助服务渠道建设，新投放现金类自助设备69台，电子渠道分流率达到94.5%。三是加快超级柜台推广应用，全行投入使用超级柜台384台，可操作业务产品达103种，5项个人业务综合分流率达91%。四是推进“学业务、练技能、提水平”岗位练兵活动，组织开展岗位练兵技能竞赛，促进员工队伍业务水平持续提升。

四、精心打造私人银行服务品牌。农业银行青岛市分行秉承“以创新求发展”的经营理念，从客户拓展、客户管理、产品创新三方面积极探索创新私人业务经营模式，推进形成“三位一体”的业务发展机制，私人银行客户数量和资产规模创历史新高。截至2016年年末，私人银行目标客户比年初增加196户，目标客户金融资产余额120亿元，比年初增加28.7亿元；私人银行专属理财产品存量25.6亿元。

【中间业务】 2016年，农业银行青岛市分行突出“规范、创新、发展”三大主题，通过产品创新和改善服务提升收入水平，努力推动中间业务转型发展。

一、大力开拓新兴中间业务。制定了《重点中间业务发展实施意见》，重点围绕高端投行、互联网金融、国际业务、信用卡、理财、基金、保险、托管、贵金属、代收付等10项重点发展中间业务，加大资源倾斜力度，共实现收入7.71亿元，同比增速21.0%，占全行收入比重81.1%，同比提高9.8个百分点。

二、加快推进国际业务发展。重点推广跨境贸易人民币结算业务、国内信用证业务、涉外保函业务、外汇衍生交易等业务，有效增加国际业务收入。2016年，累计国际结算量217.91亿美元，实现国际业务收入1.5亿元。办理结售汇业务量86.57亿美元，同比增加7.23亿美元；跨境人民币结算量153.13亿元；累计实现贸易融资量170.46亿元，同比增加4.2亿元。

三、提升贷记卡业务发展质量。坚持质量并举的原则，扩大贷记卡有效发卡量，贷记卡有效客户新增5万户，有效收单商户净增1019户，专项分期交易额达5.3亿元，实现信用卡消费额94.4亿元，实现信用卡中间业务收入1.13亿元。

【电子银行业务】 2016年，农业银行青岛市分行大力发展移动金融和电商金融，强化电子渠道建设，加大产品功能创新，强化渠道风险防控，努力为城乡居民提供全方位、更高效、最便捷的金融服务。

一、稳步提升网络金融。上线金融服务平台时尚版个人网银，新增电子账户、理财产品质押贷款、网捷贷、快e宝、活利丰等，客户体验不断提升。个人网银交易金额4191.8亿元，同比上涨1.7%；电子渠道理财和基金销售占比分别为71.5%和67.7%，分别比年初提高10.9和11.8个百分点。企业金融服务平台新增有效客户6244户，网银理财和基金销售占比分别为95.2%和88%，分别提高17.8和10.4个百分点。

二、加快发展移动金融。新增消息服务52.6万户，累计达328.9万户。掌银交易笔数达4751.1万笔，其中金融性567万笔，交易金额1126.2亿元，分别比2015年同期增长69.9%、65.7%和158.3%。掌银功能和应用场景不断丰富，个人金融服务平台扩充了附近及优惠中心应用，以及交警罚款电子渠道缴费，应用场景不断丰富。

三、电子商务实现跨越式发展。在全行开展“e商/e农管家”业务的营销推广工作，根据大商户需求和业务运营模式，逐户为其定制电商服务方案，将电商全面渗入到商户结算的各个环节。上线交警互联网电子商务缴纳罚款项目，缴费笔数日均达8000余笔，全辖分流率达65%以上。上线阿里车商、天基汽车网等汽车电商互联网企业，开通电商线上汽车分期业务。上线青岛清算所、山东寿光蔬菜、西海岸商品、国际橡胶市场、港航贸易场等优质平台。精准定位辖内农业产业化龙头企业、农副产品交易市场、惠农通服务点和智付通商户四大领域，创建“e农管家”四大创新场景，被总行作为典型样板。对接200余户中小供应链企业和三十多家农村合作社和批发市场，转化200多家智付通成为“e农管家”商户。

【内部管理与金融文化建设】 2016年，农业银行青岛市分行在加快业务有效发展的同时，不断提高内部管理水平和风险防控能力。

一、坚决守住资产质量底线。加强全流程风险管理，严格把好贷前准入、贷后管理、风险监测与风险处置四大关口。持续推进不良资产清收处置，通过批转、核销、自主清收等手段清收处置不良贷款23亿元。组织开展票据、保证金、国内保理、内保外贷等专项风险排查，及时发现和消除风险隐患。加大潜在风险客户退出和主动化解力度，主动退出潜在风险贷款20.8亿元，通过再融资、债务重组等手段化解风险贷款60.8亿元。开展关联担保专项治理，累计化解担保圈贷款9.7亿元。

二、坚决守住案件风险和安全生产底线。制定了《案件防控工作意见》，全面落实案件防控责任制。深入开展"两个加强、两个遏制"专项检查回头看和重点领域案件风险排查，全面梳理近年来内外部检查发现问题和各类案件风险隐患，筑牢风险防火墙。强化质量管理体系建设，实现业务流程全覆盖。开展"学制度、强素质、促发展"学习教育，定期开展专项风险排查，提高业务合规水平。组织开展案例警示教育，通过集中通报案例、巡回宣讲，使员工受警醒、明底线、知敬畏。强化员工行为管理，不断完善"网格式"管理系统。制定落实《关于进一步加强印章管理工作的实施意见》，完成行政印章清理及集中保管，严格用印审批和用印监管程序。加强保密工作管理，组织开展专项检查，提高保密工作水平。推进安全保卫"三化三达标"创建，组织开展防暴、消防演练及安全生产大检查，全年未发生案件和责任性安全事故。

三、坚决守住声誉风险底线。加强消费者权益保护，组织开展"3·15"金融消费者权益日、金融知识万里行、金融知识进万家、金融知识普及月等宣传活动。强化突发事件应急处置和信访管理，加强负面舆情监测，妥善处置信访和声誉风险事件。加强品牌形象塑造和传播，人民网、新华网、青岛日报、青岛财经日报等主流媒体相继对农业银行青岛市分行支持实体经济、金融扶贫等工作进行集中报道，提升了社会美誉度和品牌影响力。

四、持续加强党建工作。建立健全党建工作制度，进一步提升党建工作制度化水平。注重加强思想建设，认真组织开展"两学一做"学习教育，自选开展党建"1+1"主题活动，组织开展十八届六中全会学习等，引导党员自觉提高党性修养。组织开展庆祝建党95周年文艺汇演、党员进社区进乡村等活动，丰富党建活动形式。加强基层党组织和队伍建设，新发展34名党员，新设立402个党小组，分行部室、二级支行和分理处全部建立了独立党支部。创建《党建园地》刊物、党建文化长廊、党建文化墙等宣传阵地，及"党建文化角"、"党员活动室"、党员书屋等活动阵地。

五、加强企业文化建设。组织开展员工之星评选、纪念农行成立65周年"大美农行"书法展览作品、原创歌曲征集、寻找身边的工匠精神、"耕耘路 不停步"行庆65周年摄影书法和绘画比赛等活动，出版《绿蕴·文化农行》，组织更新文化长廊等，丰富企业文化创建内容。积极推进职工之家建设，不断改善员工工作生活条件。完善员工帮扶机制，走访慰问困难员工151人，慰问金总额达64万元；做好日常救助，列支16.5万元"爱心基金"帮扶病困员工。积极开展劳动竞赛，组队参加总行网点青年营销创意风采大赛，获比赛优秀奖。丰富员工文化生活，组织参与市金融工会书画与摄影比赛、市总工会羽毛球比赛、总行健身操比赛等。

【大事记】 3月9日 农业银行青岛分行独家中标海尔小额贷款有限公司资产证券化项目，前两期总发行额20亿元，这也是青岛市场上拟发行的首支企业资产证券化项目。

4月1日 农业银行青岛分行正式投产上线了交警罚款互联网缴费平台系统，实现了网上处理交警罚款业务。

5月8日 农业银行青岛分行与国家开发银行青岛市分行签署全面合作协议，双方约定在银团贷款、金融市场、海外业务、普惠金融、信贷资产流转、投资理财、托管业务等方面进行合作，进一步深化全面合作伙伴关系。

6月2日 农业银行青岛分行与青岛清算中心正式签署电子商务合作协议，双方正式启动电子商务系统对接和商户迁移上线工作。农业银行作为首批对接银行，协助青岛清算中心实现第一家商户的迁移上线。

8月10日 农业银行青岛分行为青岛海利尔集团成功上线"E商管家+单位虚拟结算卡"项目，该方案在解决企业对账难题的同时，为企业综合分析客户收付款信息、合作发展情况等进行综合分析提供了数据终端，极大地提高了统计的效率及准确性。

11月18日 农业银行青岛分行与青岛高新技术产业开发区管理委员会签署战略合作协议，计划在未来三年向青岛高新区提供总额人民币350亿元的意向性信用支持。双方将重点在重大基础设施、棚户区改造、科技服务业、软件与信息服务产业、海洋生物医药产业、海工装备研发、节能技术与新材料产业以及高端智能制造等领域开展战略合作。

12月28日 农业银行青岛分行与青岛李沧区政府签订全面战略合作协议。"十三五"期间，农业银行青岛分行将为李沧区提供总额近600亿元的意向性信用支持。

（宁吉会）

附表1

机构概况一览表

行长（或其他称谓的第一负责人）	副行长（或其他称谓的同级领导）
杨国月	于　东　兰卫东　毕吉宝　孙文秀　范久顺　吴显明

续表

地址	山东省青岛市市南区山东路19号	邮编	266071
网址	http://www.abchina.com/cn/	服务热线	95599

附表2

内设部门及分支机构一览表

年度	内设职能部门数量（个）	下设分支机构（个）					员工总人数（人）		备注
		总数	地市分行数	县区支行数	分理处营业所数	储蓄所数		正式员工人数	
2012年	23	190	—	—	124	14	4198	3539	35
2013年	23	190	1	60	116	14	4315	3892	43
2014年	22	190	1	69	109	11	4365	4149	52
2015年	22	190	1	77	104	8	4388	4184	60
2016年	22	190	1	86	96	7	4285	4282	69

注：1. 备注栏数字为二级支行数量，包含在县区支行数中；机构总数中不包括分行。
2. 员工人数含内退员工。

附表3

主要统计指标1

单位：亿元

项目 \ 年度	2012	2013	2014	2015	2016	2016年同比增幅（%）
本外币资产总额	1204.61	1328.16	1364.97	1431.17	1701.67	18.9
本外币存款余额	1127.24	1260.39	1312.93	1353.31	1603	18.45
人民币存款余额	1090.14	1225.31	1271.81	1295.4	1549.63	19.63
企业存款	255.71	287.1	—	—	—	—
机关团体存款	189.36	227.71	—	—	—	—
储蓄存款	645.07	710.5	764.59	811.67	874.83	7.78
本外币贷款余额	815.54	892.83	956.59	975.91	1045.57	7.14
人民币贷款余额	750.53	833.01	900.11	908.4	990.92	9.08
短期贷款	431.93	434.47	375.99	381.15	458.38	20.26
中长期贷款	359.5	398.54	460.03	482.76	587.19	21.63
票据融资	24.11	17.24	34.50	43.41	45.32	4.4
利润总额	30.07	33.39	10.30	15.9	17.73	11.51
不良贷款余额	9.97	9.77	27.92	26.38	17.61	-33.24
不良贷款占比%	1.22	1.09	2.92	2.7	1.68	-37.78

附表4

主要统计指标2

项目 \ 年度	2012	2013	2014	2015	2016	2016年同比增幅（%）
单位结算账户（万户）	3.89	4.32	4.7	5.12	6.25	22.55
单位结算金额（亿元）	—	—	—	—	—	—

续表

项目＼年度	2012	2013	2014	2015	2016	2016年同比增幅（%）
个人结算账户（万户）	—	—	—	—	—	—
个人结算金额（亿元）	—	—	—	—	—	—
信用卡发卡量（万张）	47	55.35	61	65.89	72.03	9.32
信用卡消费额（亿元）	54.2	70.35	81.6	87.93	94.4	7.36
企业网银客户（万户）	2.2	3.1	3.97	4.66	5.54	18.88
个人网银客户（万户）	84.4	107.6	130.35	159.66	205.5	28.71
手机银行客户（万户）	67.3	93.4	125	144.85	222.87	53.86
电话银行客户（万户）	96.3	129.7	158.8	173.12	182.42	5.37
现金自助设备（台）	947	1096	1238	1369	1339	-2.19
营业网点（个）	190	190	190	190	190	0
自助网点（个）	27	35	42	61	91	49.2

附表5

先进集体及个人一览表

授奖单位	奖项名称	获奖集体
中国农业银行	中国农业银行五一劳动奖状	农业银行青岛莱西支行
中国银行业协会	中国银行业文明规范服务五星级营业网点	农业银行青岛市分行、市南二支行营业部
中华全国总工会	全国模范职工小家	农业银行青岛崂山支行工会、平度支行南村分理处工会
中国农业银行	中国农业银行先锋号	农业银行青岛市北二支行广西路支行、市北一支行营业部
授奖单位	奖项名称	获奖个人
中国金融团工会	全国金融五一劳动奖章	白瑞国
中国银行业协会	2015年度中国银行业文明规范服务“明星大堂经理”	管聪慧　孙　洁
中国银行业协会	2015年度中国银行业文明规范服务“明星大堂经理”之魅力之星	管聪慧
中国农业银行	中国农业银行五一劳动奖章	张风臣　白瑞国
山东省总工会	山东省优秀工会工作者	邵　淳

中国银行股份有限公司山东省分行

【第一负责人简介】　王锡峰，男，1965年8月生，山东胶南人。西安交通大学工商管理专业硕士，会计师。历任中国银行山东省分行财会处处长，中国银行日照市分行行长，中国银行山东省分行IT蓝图办公室主任，中国银行山东省分行行长助理（兼财务总监），中国银行总行财务管理部助理总经理（挂职），中国银行山东省分行党委委员、副行长。2015年6月兼任中国银行济南分行党委书记、行长。2016年2月27日起，主持中国银行山东省分行全面工作；2016年6月起，任中国银行山东省分行党委书记、行长。

【综述】　2016年,中国银行股份有限公司山东省分行(以下简称"中国银行山东省分行")按照总行部署实施区域内机构调整,将省分行本部从青岛迁至济南,于4月18日在济南揭牌成立。

【战略管理】　2016年,中国银行山东省分行以总行"担当社会责任、做最好的银行"战略为指引,明确"锐意改革创新,重塑系统强行,争创区域标杆"的战略愿景,规划打造"担当银行、现代银行、流程银行、稳健银行、幸福银行"的战略目标,即坚持大行定位,内增贡献、外树形象,打造更具影响的担当银行;坚持市场导向,突出特色、科技引领,打造优势显著的现代银行;坚持客户至上,紧密联动、集约经营,打造高效务实的流程银行;坚持行稳致远,质量为先、依法合规,打造量质并举的稳健银行;坚持以人为本,简单清新、温馨团结,打造员工信赖的幸福银行。区域战略布局上打响城市阵地战和农村攻防战。城市阵地战坚持"双核(济南、烟台)升级、梯次推进";农村攻防战坚持"县域攻坚、蓝海渗透"。经营战略布局上强化互联网金融应用,以"场景融合、数据洞察"为抓手,配套分层分级管理机制,全面提升客户营销维系水平。业务战略布局上确保国际化特色业务绝对优势,积极打造资产管理新优势。

【个人金融业务】　2016年,中国银行山东省分行以国家政策为导向,积极满足山东居民大众金融需求,竭力提供优质高效的现代金融服务。

一、助力重点项目,积极服务民生。成功中标山东省城乡居民保障卡发卡项目,金融社保卡累计发卡387.89万张。与山东省立医院、山东齐鲁医院等开展银医卡合作项目,与山东商务职业学院、菏泽齐鲁工业大学开展校园卡合作项目。

二、发挥自身优势,做强特色服务。举办了"爱上新西兰"等主题活动,加强与中银香港、澳门、新加坡、新西兰等海外机构联动,快速推广西联汇款、全额到账等特色跨境汇款产品。截至2016年年末,远期结售汇、个人结售汇业务市场份额分别达到51.97%和60.05%,稳居同业首位。

三、开展产品创新,提升服务水平。创新ETC产品双卡分离功能,保障客户账户资金安全。截至年末,爱驾汽车卡发卡9.9万张,新增ETC客户10.17万户。积极推进上市公司大股东股票质押式回购融资项目及家族信托等创新类产品及服务。搭建个人贷款集中操作平台,提高审批效率。

【公司金融业务】　2016年,中国银行山东省分行加大对全省重点区域、项目、企业的支持力度,助力实体经济转型升级。

一、担当社会责任,支持实体经济。截至2016年年末,中国银行山东省分行"黄蓝两区"贷款余额分别达774.09亿元和1751.27亿元,占总贷款余额比例分别为19.14%和43.3%。助力企业直接融资,全年共承销债券225亿元。国标口径小微企业贷款余额达715.08亿元,同比新增74.14亿元,新增额在当地四大行排名第一,全面完成了小微企业"三个不低于"监管指标和小微企业信贷新增计划。

二、调整贷款结构,服务转型升级。截至2016年年末,高耗能高污染行业贷款余额同比减少35.46亿元;产能过剩行业贷款余额同比减少57亿元;政府购买服务类贷款余额同比增加21.66亿元,增幅234%;战略新兴行业贷款同比增加5.04亿元,增幅7.45%;支持工业转型升级贷款余额同比增加17.54亿元,增幅5.40%;文化产业贷款余额同比增加5.57亿元,增幅83.58%;绿色信贷余额同比增加5.18亿元,增幅22.59%;研发了"粮贷通宝"等涉农产品,涉农贷款余额1418.72亿元,同比增加93.12亿元,增幅7.02%。

【国际业务】　2016年,中国银行山东省分行充分发挥在国际结算、贸易融资、资金业务等领域的专业优势,创新产品和服务模式,助力全省外经贸发展,架通企业"走出去"的桥梁。

一、发挥专业优势,助力全省外经贸发展。配合省商务厅将"深圳一达通"外贸综合服务平台引入济南,为省内数千家中小外贸企业提供服务。协助山东省商务厅与财政厅研究设计山东省外贸综合平台风险补偿机制;与山东省口岸办签订"单一窗口"战略合作协议,并推出大型出口企业在线池融资、中小出口企业"流量通宝"、电子支付税费担保保函等产品,大大提升了企业报关报检效率。

二、加强内外联动,服务企业"走出去"。服务山东高速等跨境并购项目以及华能、如意巴基斯坦出口买方信贷项目,落地"走出去"项目74笔,金额合计178亿元。叙做远期结售汇、掉期等业务46.48亿美元,帮助企业有效规避金融市场波动风险。为18家跨国企业集团完成跨境人民币双向资金池备案,实现双向资金归集105.71亿元。2016年末,国际结算和跨境人民币结算业务量分别达到584亿美元和871亿元,市场份额稳居同业首位。

三、锐意创新进取,服务经济社会发展。举办了"新起点·□新跨越"跨境金融服务推进会,承办山东省金融系统"人民币国际化业务技能竞赛"。协助工商部门推进工商登记全程电子化,服务诚信社会建设。承办山东省外汇市场自律机制成立大会,会上表决通过并签署了《山东省银行外汇业务及跨境人民币业务展业自律公约》。

【网络渠道建设】　2016年,中国银行山东省分行持续加大渠道网点和自助设备的投放力度,年末营业网点达到527家,其中智能化网点366家,自助设备达到4940台。推出了智慧校园APP,着力打造中银智慧校园品牌。完成了手机银行3.0的升级上线;签约中银E社区1537个,网络金融、个人电子银行、手机银行交易客户分别达到 99.89 万户、182.04 万户、126.51 万户，让现代金融技术惠及齐鲁大地的千家万户。7 月，正式启动助农点建设工作，全年建成 1542 个助农服务点，服务个人客户 12.47 万户，有效改善农村金融支付环境。

【风险内控管理】 2016 年，中国银行山东省分行加大清收化解力度，做好前瞻风险管控，坚决稳住资产质量。不断完善各项机制，建立了“领导挂钩制、项目经理制、驻厂工作制”，对不良和潜在不良大户一户一策、层层包干、落实到人、逐户推进。提出的政府主导、借力重组、银政联合等十条建议得到地方政府的高度认可，有效推动了日照地区化解工作。积极探索“债转股”、创新基金等不良化解新模式，年内实现不良资产证券化的全国首发，两期证券化共化解不良资产 19.02 亿元，得到政府和监管部门的高度评价。创新操作风险管理机制，推进授信业务操作风险集中管理，改革网点运营及柜面业务操作风险管理体系。扎实推进内控案防暨非法集资专项治理、“两个遏制”回头看两项重大活动，认真做好各类内控合规检查工作，全行内控管理水平和风险防控能力得到有效提升，“金融知识进万家”、“双录”等消费者权益保护工作获得监管好评。

【内部管理与金融文化建设】 2016 年，中国银行山东省分行坚决贯彻落实中央和总行党委各项决策部署，扎实开展“两学一做”专题教育，坚决落实中央八项规定精神，持续推进“四风”整治，严肃查处一批典型违规违纪问题。积极解决迁济员工实际困难，开展了“融和·发展”主题活动、“百日大会战，党员勇争先”活动、“学张弛、创佳绩，争做百日会战青年先锋”等活动，引导员工学习标杆、岗位建功。该行还积极履行社会责任，全年累计向各类贫困助学、乡村扶贫等项目捐赠资金 57 万元。

【大事记】 4 月 11 日 中国银行总行决定，张守川继续担任中国银行山东省分行党委委员、副行长兼风险总监。杨青继续担任中国银行山东省分行党委委员、副行长兼财务总监。景在伦任中国银行山东省分行党委委员、副行长。秦锐明任中国银行山东省分行资深客户经理，解聘其中国银行济南分行资深客户经理。免去隋春玲、李海钧、刘钝中国银行山东省分行党委委员职务，免去李海钧中国银行山东省分行纪委书记职务。（中银任〔2016〕118 号、中银党〔2016〕50 号、中银党〔2016〕52 号）

4 月 11 日 中国银行总行决定，免去陶以平中国银行山东省分行党委书记、行长职务。（中银任〔2016〕131 号，中银党〔2016〕58 号）

4 月 13 日 中国银行山东省分行决定，省分行本部设置 28 个部门。（鲁中银发〔2016〕83 号）

4 月 26 日 中国银行山东省分行联合山东省商务厅、口岸办、人民银行济南分行举办了“新起点·新跨越”跨境金融服务推进会，全省 31 家出口重点企业、19 家外贸综合服务企业负责人参加了此次会议。

6 月 12 日 中国银行总行决定，聘任王锡峰为中国银行山东省分行党委书记、行长，解聘其中国银行山东省分行党委委员、副行长兼济南分行党委书记、行长职务。（中银任〔2016〕245 号，中银党〔2016〕101 号）

6 月 20 日 中国银行山东省分行与山东省盐业集团有限公司在济南签署战略合作协议。

6 月 29 日 中国银行山东省分行与国家开发银行山东省分行签署战略合作协议。

8 月 30 日 中国银行山东省分行与山东省社保基金理事会签署了全面战略合作协议。

9 月 18 日 中国银行山东省分行承办山东省外汇市场自律机制成立大会暨展业公约签约仪式。

9 月 29 日 中国银行山东省分行明确省行营业部承担济南地区管理职能，统筹济南地区的机构管理。（鲁中银发〔2016〕281 号）

10 月 11 日 中国银行山东省分行与山东国惠投资有限公司签署全面战略合作协议。

11 月 24 日 中国银行山东省分行与山东省公共资源交易平台签署“政银合作”协议。

11 月 30 日 中国银行山东省分行与齐鲁交通发展集团发起的山东省基础设施产业投资基金签署合作协议。

12 月 15 日 中国银行山东省分行与中国农业发展银行山东省分行签署战略合作协议。

12 月 16 日 中国银行山东省分行与山东特检集团签署战略合作协议。

（李 菁）

附表 1

机构概况一览表

行长（或其他称谓的第一负责人）		副行长（或其他称谓的同级领导）	
王锡峰		王 魏 杨 青 朱志军 景在伦 仲维功 郑元昌 秦锐明	
地址	山东省济南市泺源大街 22 号中银大厦	邮编	250063
网址	http://www.boc.cn/	客服电话	95566

附表 2

内设部门及分支机构一览表

年度	内设职能部门数量（个）	下设分支机构（个）					员工总人数（人）	
		总数	地市分行数	县区支行数	分理处、营业所数	储蓄所数		正式职工人数
2012年	30	605	16	589	0	0	19205	15759
2013年	30	620	16	604	0	0	19168	16188
2014年	27	620	16	604	0	0	18961	18694
2015年	27	622	16	606	0	0	18559	18559
2016年	28	526	15	511	0	0	14905	13918

附表 3

主要统计指标 1

单位：亿元

项目 \ 年度	2012	2013	2014	2015	2016	2016年同比增幅（%）
本外币资产总额	5156.99	5634.13	5711.79	5789.32	4959.53	5.33
本外币存款余额	4648.78	5145.82	5357.47	5562.55	4744.60	4.98
人民币存款余额	4386.82	4815.67	4997.83	5110.89	4346.24	3.76
单位存款	2391.19	2599.8	2674.95	2645.19	2306.59	0.86
储蓄存款	1814.02	2016.04	2132.91	2272.67	1995.63	9.81
本外币贷款余额	3579.62	4019.4	4446.44	4718.65	4044.21	2.99
人民币贷款余额	3215.05	3621.48	3896.66	4263.73	3797.85	6.23
短期贷款	1308.82	1705.05	2033.5	2083.16	1810.52	-0.87
中长期贷款	1786.4	1850.14	1087.76	2088.05	1876.60	12.47
票据融资	116.2	62.68	35.12	80.42	101.48	39.94
利润总额	90.09	120.14	96.86	26.77	31.20	0.79
不良贷款余额	22.23	27.87	80.47	96.17	89.40	14.81
不良贷款占比（%）	0.62	0.69	1.81	2.06	2.21	11.62

附表 4

主要统计指标 2

项目 \ 年度	2012	2013	2014	2015	2016	2016年同比增幅（%）
单位结算账户（万户）	31.98	37.34	40.99	46.16	25.75	1.7
单位结算金额（亿元）	29000.34	37639.03	29125.93	49100.22	48100.03	5.86
个人结算账户（万户）	1993.16	2531.16	3117.38	3713.42	3482.59	17.23
个人结算金额（亿元）	3279.85	3471.34	3687.60	3900.75	3257.28	4.38
信用卡发卡量（万张）	301.8	360.7	407.45	436.22	389.76	10.99
信用卡消费额（亿元）	695.12	925.27	1177.81	1186.26	1022.27	-2.5

续表

项目 \ 年度	2012	2013	2014	2015	2016	2016 年同比增幅（%）
企业网银客户（万户）	18.44	21.04	24.34	26.18	20.73	2.67
个人网银客户（万户）	781.44	840.46	922.63	981.73	868.10	7.31
手机银行客户（万户）	371.11	448.26	533.03	666.05	637.26	12.25
电话银行客户（万户）	522.01	609.63	673.3	748.4	668.12	4.17
现金自助设备（台）	3487	3797	3780	3863	3099	-2.88
营业网点（个）	606	621	621	623	527	0
自助网点（个）	337	343	299	322	265	0.38

说明：2012—2015 年数据含青岛地区，因 2016 年 4 月山东中行区域机构调整，2016 年数据均为小山东口径（不含青岛），同比增长（增幅）类数据均对基数进行了相应口径调整

附表 5

先进集体及个人一览表

授奖单位	奖项名称	获奖集体
国家外汇管理局山东省分局	2016 年度执行外汇管理规定 A 级银行	中国银行山东省分行
山东省支付清算协会	2016 年第四届“支付清算杯”支付业务知识有奖答题活动团体优胜奖	中国银行山东省分行
山东银联	2016 年度银联卡受理市场建设成长奖	中国银行山东省分行
山东银联	2016 年度差错业务运作质量优秀奖	中国银行山东省分行
山东银联	2016 年度银联高端卡推广成长奖	中国银行山东省分行
中央金融团工委	第三届金融青年“双提升”活动金点子方案三等奖	中国银行山东省分行
中国金融思想政治工作研究会	打造引领率先发展的崭新精神文化生态——关于“爱在中行”企业文化建设的实践与思考	中国银行山东省烟台分行
中国金融思想政治工作研究会	2015—2016 年全国金融系统企业文化建设先进单位	中国银行山东省烟台分行
中国银行业协会	2015 年中国银行业文明规范服务五星级营业网点	中国银行滨州分行营业部、中国银行菏泽曹县支行营业部、中国银行济宁分行营业部、中国银行潍坊分行营业部
山东银监局	山东银监局 2015 年度重点研究课题二等奖、三等奖	中国银行山东省分行
山东省内部审计师协会	2015 年度优秀内部审计机构先进单位	中国银行山东省分行稽核部
中国内部审计协会	内部审计信息化优秀成果	中国银行山东省分行稽核部
中国银行总行	先进基层党组织	中国银行山东省东营市广饶支行党总支、中国银行山东省济宁市邹城支行党支部
山东省银行业协会	2016 年度山东省银行业普惠金融示范单位	中国银行济阳支行、中国银行泰安分行岱岳支行、中国银行威海分行石岛支行、中国银行淄博分行王舍路支行、中国银行东营分行开发区支行、中国银行烟台分行绿色家园支行、中国银行威海分行开发区支行、中国银行日照分行莒县支行、中国银行日照分行高科园支行、中国银行日照分行五莲支行、中国银行聊城分行营业部

续表

授奖单位	奖项名称	获奖集体
中国银行总行	中国银行文明单位	中国银行山东省东营广饶支行、中国银行山东省滨州支行、中国银行山东省寿光支行、中国银行山东省淄博张店支行
中国银行总行	中国银行2014—2015年度安全保卫工作优秀集体	中国银行日照分行、中国银行潍坊分行、中国银行济南高新支行、中国银行招远支行
中国银行总行	2016年度智能化优秀组织奖	中国银行山东省分行
中国银行总行	2016年度智能化示范网点	中国银行烟台分行营业部、中国银行烟台高新技术产业开发区支行、中国银行兰陵东城支行、中国银行阳信支行营业部、中国银行威海分行营业部、中国银行青州益王府路支行
授奖单位	奖项名称	获奖个人
山东省财贸金融工委	山东省财贸金融系统五一劳动奖章	张　倩
中国银行业协会	中国银行业文明规范服务“明星大堂经理”	许　杰　王　林　马腾菊 王　慧　郭　园　李　颜
山东省内部审计师协会	2015年度优秀内部审计工作先进个人	杨朝霞
国际金融理财标准委员会	第三届中国金融理财师大赛（2016）“中国百佳金融理财师”	王　聪　徐胜男
国际金融理财标准委员会	第三届中国金融理财师大赛（2016）“中国优秀金融理财师”	范媛媛
中国银行总行	优秀共产党员	郑福信　宋　琦　官　明　张立刚
中国银行总行	优秀党务工作者	王　骏　钟学德
中国银行总行	中国银行2014—2015年度安全保卫工作优秀个人	朱　伟　盛于明　王瑞同 杨　明　徐东升
中国银行总行	2016年度智能化建设先进工作者	潘玥灏　史红梅　于春艳
山东银联	银行卡工作先进个人	徐彭菊　付桐瑜　杨在志 丁向东　陈文英　田　华

中国银行股份有限公司青岛市分行

【第一负责人简介】　蒋昕，女，1970年10月出生，江苏宜兴人，研究生学历，硕士学位。1992年8月参加工作，历任中国对外贸易运输总公司干部，中国银行信贷业务部信贷四处干部，公司业务部公司业务一处副处长，公司业务部副总经理，公司金融总部客户关系总监，电子银行部副总经理（主持工作）、总经理，渠道管理部总经理。2016年4月起，任中国银行青岛市分行党委书记。2016年6月起，任中国银行青岛市分行党委书记、行长。

【综述】　2016年，中国银行股份有限公司青岛市分行（以下简称“中国银行青岛市分行”）秉持“担当社会责任，做最好的银行”的发展理念，改革创新、攻坚克难，以信贷投放支持实体经济发展，以不良化解优化区域金融环境，各项工作取得了较好成效。

【财务管理】　2016年，中国银行青岛市分行围绕总行“三比三看三提高”的工作要求，把握“制度建设、数据治理、系统优化、信息服务”四个关键，强化财务统筹职能，提升过程管理和经营分析管理水平，推动全行业务健康发展。强化资产负债管理职能，改进提升财务工作的专业化和精细化水平；强化财务支出管理职能，逐步完善和建立财务合规化管理体系；强化会计基础建设，推动会计工作回归“三铁”要求；高质效完成区域内机构调整中财务数据拆分，夯实系统原始数据，强化合规管理、制度建设及传导，以财会服务效能和财务管理水平的提升助力全行业务平稳健康发展。

【个人业务】 2016年，中国银行青岛市分行以民生需求为导向，不断深化金融服务内涵，优化客户服务体验，切实提高金融服务覆盖面和服务效率。

一、持续夯实存款基础，利用大额存单、步步高、聚财通等产品，积极争揽客户资金，全力做好“耕农村 拓蓝海”助农取款服务点推广，个人存款持续跑赢大市。截至2016年年末，本外币个人存款全口径时点市场份额9.82%，较年初提升0.2个百分点，提升幅度四行第1。

二、抢抓住房金融机遇，坚持“名商名盘”、一手房与二手房并重，择优推进“个贷中心”建设，贷款余额稳步增长，市场份额有效提升。截至2016年年末，个人贷款余额332.68亿元，本年新增89.09亿元，同比多增80.97亿元，四行市场份额19.81%，较年初提升1.01个百分点，提升幅度四行第2。

三、深入推进“深耕撒网”，个人客户基础更加坚实。制定了《个人客户产品营销手册》和《个人客户重点产品使用指南》，分类施策、分层营销。牵头开展重大项目营销，成功拓展青岛恒星科技学院、青岛求实职业技术学院智慧校园项目和即墨港华燃气代缴费等项目。

四、突出跨境重点，组织开展“约汇中行”竞赛活动，积极推进对各大旅行社、联合办学机构、语言培训机构、出国劳务公司、常驻外企、人力资源公司等重点机构营销，与100多家机构达成合作意向，结售汇市场份额保持同业第1，外汇业务优势持续巩固。

【公司业务】 2016年，中国银行青岛市分行充分发挥金融服务实体经济功能，倾斜信贷资源，加大对青岛市重点项目、重要区域、重大基础设施建设的支持力度。分行成立8个多月时间，各项贷款新增149.91亿元。截至2016年年末，余额贷存比达80.17%，较年初提升8.67个百分点。

一、积极支持重点项目。加大对胶东机场、青岛地铁等全市重点项目的营销力度，已跟进22个重点项目，已批待放及正在审批的项目授信金额22亿元。积极支持地方债券发行，年内先后2次作为主承销商承销公开发行地方债，承销金额达19亿元，占发债总额的16.7%，居同业首位。

二、落实重点区域带动战略。紧跟青岛市发展战略规划，加强对“一谷两区”（蓝色硅谷、西海岸新区、高新区）的信贷支持。2016年年末，“一谷两区”所在机构授信余额达237.84亿元，占该行授信总额的27.46%，较年初提升6个百分点。

三、加大中小微企业扶持力度。加强考核约束，倾斜信贷规模，全力支持小微企业发展。截至2016年年末，国标口径小微企业授信余额188.61亿元，较年初新增34.42亿元，完成“三个不低于”目标。

四、加快涉农贷款发展。截至2016年年末，涉农贷款余额130.28亿元，较年初增长26.12%，高于全行各项贷款平均增速11.05个百分点。

【资金业务】 2016年，中国银行青岛市分行坚持以客户为中心，以产品业务创新为引擎，夯实汇率保值交易等传统优势业务的市场竞争力，努力拓展利率商品保值业务，金融市场业务整体进展良好。截至2016年年末，实现远期结售汇交易量18.3亿美元，人民币期权交易量1.5亿美元，结售汇市场份额居同业首位。充分发挥中国银行金融市场专业品牌优势，利用海内外联动业务优势和全球网络信息资源，在全辖实行分片管理，实现分支行和市行有效联动及时拓展，在全辖根据市场走势不定期发布交易策略和市场走势、研究分析和产品资讯等，做好专业服务工作，并实现与重点客户的实时互动交流，为客户量身打造专属业务方案。紧扣国内利率、汇率市场化进程加速的改革步伐，以人民币与外币汇率保值类产品的业务拓展为主推产品，通过资源倾斜，政策、产品、人员、信息支持下沉等措施，全面提升金融市场业务普及程度。

【国际业务】 2016年，中国银行青岛市分行秉承“承担社会责任，做最好的银行”经营理念，积极应对市场形势变化，巩固和扩大外汇业务品牌优势，扎实推进国际业务持续健康发展。

一、发挥专业优势，助力外经贸发展。参加“2016年青岛财富管理博览会——外贸融资讲座”，介绍该行促进外贸发展举措，提振进出口企业信心；协办2016青岛市跨境电子商务大会，积极对接电商类企业线上支付结算等需求。承办青岛市外汇与跨境人民币业务自律机制成立大会暨展业公约签约仪式，提高银行业规范化管理水平，牵头构建青岛健康的金融生态环境和市场秩序。

二、深化联动机制，助力企业“走出去”。依托全球化布局优势，打通境内外融资渠道。紧盯“走出去”企业金融需求，先后叙做海尔并购GE家电对外注资37.42亿元跨境人民币业务；中车芝加哥地铁项目1.9亿美元履约备用信用证业务等重大“走出去”项目，累计提供企业境外融资金额44亿元。

三、把握政策机遇，满足客户多元化需求。以人民银行新版《国内信用证结算办法》落地实施为契机，成功办理运费、蒸汽、电费和水费项下国内证业务。办理首笔船舶吨税保函。住建部新政实施后，工程类保函业务取得突破。全口径跨境融资宏观审慎管理政策推广至全国后，成功叙做青岛市首笔该政策项下人民币外债业务。截至2016年年末，该行国际结算业务量、跨境人民币业务量分别达262亿美元和285亿元，市场份额均居同业首位。

【网络金融业务】 2016年，中国银行青岛市分行顺应市场环境与客户需求变迁，对内重塑流程、极大提升业务价值，对外跨界融合、快速创新商业模式，将“E中银”打造成互联网金融优秀品牌。

一、构建移动金融服务门户，推进手机银行换代升级。推出全新 3.0 版本，完善手机银行渠道服务，提升客户体验，塑造管理完善、产品领先、品牌卓著、运营安全的手机银行金融生态圈。优化微信公众平台，加强微信银行营销能力。

二、扩大网络支付业务规模，提升综合收益水平。持续做大 B2C/B2B 等各类网络支付业务规模，加强业务统筹管理，提升综合收益水平；持续跟踪移动支付创新，把握新技术发展趋势，发展 HCE、云闪付以及各类 Pay 支付。

三、推广网络融资业务，丰富网络资管业务场景。加快传统信贷业务的互联网化转型，推广中银 E 贷网络消费贷款。进一步做大在线金融超市（含易商理财、养老宝等）的业务规模，丰富在线大资管生态。

四、突出该行传统优势，提供在线产业链专属金融服务。报关即时通青岛市场份额稳居第一；成功营销锦程物流“美元快付”项目，航运在线通业务量系统首位；上线“山东省继续教育公共服务平台”，交易量及沉淀存款喜人。

【内部管理与金融文化建设】 2016 年，中国银行青岛市分行狠抓防案控险，加强队伍建设，百年中行再添新活力。

一、加强不良化解。积极帮助企业脱困，维护金融环境的稳定，全年累计实现不良化解 35.93 亿元。加强个贷和银行卡不良压降，年末个人贷款、银行卡均实现不良额、不良率、关注额、关注率“四降”。积极利用债委会平台，协调多方利益、集合多方智慧，有效提高了风险的处置效率，减少了抽贷、压贷事件的发生。

二、加强内控案防。制定“内部控制体系建设方案”，建立“三道防线内控案防信息沟通与共享机制”，有效提升内部控制水平和案件防范能力。综合运用 G-MAP 平台、运行监控系统、稽核数据分析系统及分行预警模型，加大案件排查力度。推进“两个加强，两个遏制”回头看，对机构网点、内控治理和业务产品进行全覆盖式排查，坚决遏制案件风险发生。

三、加强队伍建设。优化人员结构，制定了人力资源支持基层发展若干措施，加大职位向基层的倾斜力度。稳步推进本部“三定”，明确团队设置及岗位职责，理顺内部工作流程，构建符合城市行特点的组织架构，保障各项工作有序开展。启动优秀人才和业务骨干到基层建功立业机制，制定专业技术、技能操作序列队伍建设实施方案，畅通员工职业发展通道。

【大事记】 4 月 19 日 中国银行青岛市分行揭牌暨签字仪式在青岛国际金融中心隆重举行。

4 月 29 日 中国银行总行决定蒋昕同志任中国银行青岛市分行党委书记。（中银党〔2016〕79 号）

6 月 15 日 中国银行总行决定蒋昕任中国银行青岛市分行行长。（中银任〔2016〕262 号）

11 月 8 日 中国银行青岛市分行与国家开发银行青岛市分行签署全面业务合作协议。

11 月 23 日 中国银行青岛市分行与青岛农商银行签署全面合作协议。

11 月 29 日 中国银行青岛董家口支行落户青岛董家口循环经济区。

12 月 27 日 中国银行青岛市分行与中国海洋大学成功签署银校合作协议。

（刘炳峰）

附表 1

机构概况一览表

行长（或其他称谓的第一负责人）		副行长（或其他称谓的同级领导）	
蒋 昕		隋春玲 郑文礼 刘 钝 王仁堂 曾钰恒 付连晔	
地址	山东省青岛市市南区香港中路 59 号	邮编	266000
网址	http://www.boc.cn/	客服电话	95566

附表 2

内设部门及分支机构一览表

年度	内设职能部门数量（个）	下设分支机构（个）					员工总人数（人）	
		总数	地市分行数	县区支行数	分理处、营业所数	储蓄所数		正式职工人数
2012 年	—	95	1	28	0	0	4791	3096
2013 年	—	96	1	29	0	0	4765	3240
2014 年	—	96	1	29	0	0	4735	3884
2015 年	—	96	1	29	0	0	4706	4011

续表

年度	内设职能部门数量（个）	下设分支机构（个）					员工总人数（人）	
		总数	地市分行数	县区支行数	分理处、营业所数	储蓄所数		正式职工人数
2016 年	23	98	3	25	0	0	4035	3378

附表 3

主要统计指标 1

单位：亿元

项目＼年度	2012	2013	2014	2015	2016	2016 年同比增幅（%）
本外币资产总额	1138	1199	1091	1081	1129	4.45
本外币存款余额	957	984	1006	1020	1075	5.40
人民币存款余额	883	914	918	922	954	3.45
单位存款	411	408	392	416	469	12.82
储蓄存款	421	447	460	492	536	8.96
本外币贷款余额	648	711	746	753	866	15.07
人民币贷款余额	555	616	634	688	772	12.15
短期贷款	227	307	283	281	283	0.58
中长期贷款	364	371	422	432	508	17.61
票据融资	30	8	1	8	14	72.08
利润总额	6	14	-18	-6	1	120.10
不良贷款余额	9.40	7.11	44.71	18.29	28.31	54.78
不良贷款占比（%）	1.45	1.00	5.99	2.43	3.27	34.57

附表 4

主要统计指标 2

项目＼年度	2012	2013	2014	2015	2016	2016 年同比增幅（%）
单位结算账户（万户）	5.68	6.78	7.36	7.74	7.92	2.33
单位结算金额（亿元）	3564.81	4956.65	4358.1	5799.43	5920.76	2.09
个人结算账户（万户）	343.14	359.86	371.34	399.43	417.98	4.64
个人结算金额（亿元）	411.10	425.29	434.81	458.26	469.14	2.37
信用卡发卡量（万张）	33.86	35.13	37.49	38.51	39.78	3.30
信用卡消费额（亿元）	89.75	101.28	118.93	129.74	141.62	9.16
企业网银客户（万户）	3.79	4.66	5.40	6.07	6.53	7.58
个人网银客户（万户）	146.42	150.38	161.99	172.75	183.97	6.49
手机银行客户（万户）	58.34	70.99	84.47	98.26	112.65	14.64
电话银行客户（万户）	85.50	93.99	101.85	107.05	108.72	1.56

续表

项目 \ 年度	2012	2013	2014	2015	2016	2016 年同比增幅（%）
现金自助设备（台）	—	—	666	672	653	-2.8
营业网点（个）	96	96	96	96	98	2.1
自助网点（个）	—	—	54	53	49	-7.5

附表 5

先进集体及个人一览表

授奖单位	奖项名称	获奖集体
国家外汇管理局青岛市分局	2016 年度青岛地区执行外汇管理规定 A 级银行	中国银行青岛市分行
中国人民银行济南分行	山东省人民币国际化业务技能竞赛“二等奖”	中国银行青岛市分行
中国银行	“基层管控标准化建设”荣获 2015 年度总行级中银管理创新奖三等奖	中国银行青岛市分行
青岛银监局	2016 年度青岛银行业“金融知识进万家”活动先进单位	中国银行青岛市分行
青岛银监局	青岛银行业“金融知识进万家”活动先进单位	中国银行青岛市分行
山东省公安厅	集体二等功	中国银行青岛市分行安全保卫部
银行业协会	中国银行业文明规范服务千佳示范单位	中国银行青岛市分行营业部、青岛香港路支行营业部
中央金融团工委、中国银行业协会	2015-2016 年度全国“送金融知识下乡”工作先进单位	中国银行青岛胶南支行
中央金融团工委、全国金融青联	第四届“双提升”活动金点子方案三等奖	中国银行青岛市南二支行
授奖单位	奖项名称	获奖个人
中央金融团工委、全国金融青联	“第四届”全国金融青年岗位能手	谭莉娜
中国金融工会	全国金融系统银行证券保险综合业务技能竞赛银行类零售业务优秀奖	尹淑倩
山东省财贸金融工会	山东省财贸金融系统五一劳动奖章	李海钧

中国建设银行股份有限公司山东省分行

【第一负责人简介】　段红涛，中共党员，管理学博士学位，高级经济师。历任建行湖北省分行党委委员、副行长，建行青岛市分行党委书记、行长，现任建设银行山东省分行党委书记、行长。

【综述】　2016 年，中国建设银行股份有限公司山东省分行（以下简称“建设银行山东省分行”）积极应对复杂严峻的内外部经济形势，认真贯彻国家宏观调控政策和各项监管要求，致力打造支持地方经济建设的主力银行，各项业务实现了跨沟迈坎、百尺竿头更进一步的高水平、高质量、高目标的增长。截至 2016 年年末，实现拨备前利润 165 亿元。一般性、对公、个人存款日均余额分别为 6812 亿元、3435 亿元、3377 亿元。各项贷款余额 4727 亿元。实现中间业务净收入 61.96 亿元。不良贷款余额 122.1 亿元，不良贷款率 2.58%。

【公司业务】　2016 年，建设银行山东省分行公司业务条线紧紧把握区域经济发展脉搏，致力打造支持地方经济建设的主力银行。

一、深化政银战略合作。一是强化对基础设施领域、重大民生领域、棚改以及农村“七改”、学校、城市交通、能源电力、机场等“七大方向”的信贷投放。二是将政府购买服务贷款作为服务实体经济、信贷结构调整等重要方向，加大投放力度，截至2016年年末，储备项目185个、金额918亿元，投放105亿元，其中棚改项目投放54亿元、大班额项目投放15亿元。通过购买债券的方式为政府提供融资支持，累计承销并认购我省地方政府债券621亿元，均居同业首位。

二、服务国有企业改革。建设银行山东省分行积极探索开展市场化、法治化债转股工作，与省国资委、山东能源集团签订债转股协议，并牵头组织总规模210亿元基金，分三个阶段（首期150亿元）开展债转股合作，完成山东省首单、煤炭行业全国首单市场化债转股项目。

三、积极扶持小微企业。将支持小微企业发展作为义不容辞的责任和使命，按照省政府要求进一步研究加大支小、扶小力度，积极发展“五贷一透”等高效产品服务，着力解决小微企业融资难、融资贵等问题。截至2016年年末，小企业贷款余额721.4亿元，较年初新增72.5亿元；贷款客户1.51万户，同比增长980户，申贷获得率96.3%。

四、助推全省产业转型升级。建设银行山东省分行联合省金融办举办了重点客户全面战略合作协议签约仪式暨FITS产品推介会，现场推介全面金融解决方案(FITS)产品，并分别与省财金公司、高速集团、魏桥集团和威海商业银行等18家重点客户分别签订战略合作协议、全面金融解决方案（FITS）服务协议、城镇化农民养老保障合作协议。

【个人业务】 2016年，建设银行山东省分行发挥传统优势，强化公私联动，坚持业务创新，完善渠道布局，深化综合服务，加强队伍建设，持续提升零售及电子银行业务价值贡献，推动全行零售业务快速发展。

一、深耕个人客户经营转型，推动个人金融生态圈建设。坚持客户增量与存量并重、规模与结构并重、城区与县域协同发展并重，进一步深化客户的精细化管理水平，加强精准营销和过程管控，跟进账户新政并夯实账户基础，全面落实个人客户经营转型，全力推动个人金融生态圈建设。

二、加强全量资金经营，抓好重点产品销售。一是关注全量资金增长情况和结构变动趋势，做好理财资金与存款有机衔接，并通过提供资产配置综合金融服务方案引导客户配置基金、保险、理财等稳健优势产品，以服务差异化赢得客户和资金。二是充分利用精准营销、融易签（综合签约）、数据支持、客群经营“四大工具”，对存款、投资理财、保险、基金、贵金属、银行卡以及代工、社保、龙支付、云闪付、支付结算生态圈等各项产品和业务进行全面推进。

三、拓展农村金融市场，推动普惠金融。持续推进“慧农通”项目，打造智慧农村。加强与供销社合作，进一步拓展合作区域，并面向目标客户制定综合金融服务方案，在做好齐鲁慧农通卡发卡的同时，在全省每个地市建立智慧型和普通型慧农通金融服务站。

四、深化个人客户服务，创新远程银行转型。一是建立业务专家联系人机制、会诊机制、预警机制，以及客户问题跟踪催办机制和工单回访机制。二是通过建立“线上营销、线下落地，协同管户”的联动营销体系，突破外呼营销试验田服务，推广电话POS远程双线运维等系列措施，全力打造以客户体验为驱动的智能化服务中心、以协同发展为驱动的价值创造中心。

【国际业务】 2016年，建设银行山东省分行积极拓展客户、营销产品、抢抓市场、推进创新，实现了国际业务、金融市场业务和同业业务整体平稳的发展。

一、客户基础持续夯实。持续深入推进抓户战略，突出抓好国际收支客户、跨境客户、单位结售汇、网银结售汇客户的拓展，并与众多银行、保险、证券、信托等同业客户建立了良好合作关系。

二、业务转型持续推进。推进重点中收产品发展战略，大力发展委托付款、货币组合盈、跨境融资性风险参与等新型融资产品，成功开办美元同业代付业务、新型投融资业务、债权类同业投资业务等多项创新产品，同业业务成为新的利润增长点。

三、重点产品发展迅速。一是抢抓“一带一路”“走出去”等重大机遇，发挥建行集团海内外协同优势，全面提升对山东地区“走出去”企业的“跟随”综合服务能力。二是积极推进“三建客”、国外保函、国际保理和福费廷业务，加快对金融租赁公司、汽车金融公司等新型非银的客户授信申报工作，托管业务种类进一步丰富。

四、不断加大创新力度。全年完成创新产品16个，被移植产品9个，流程优化项目4个。成功开办“货币组合盈”、“资产组合盈”、“卖权购汇盈”和“买权盈1号”等组合创新产品；在证券公司定向资产管理计划托管、保险公司中介资产托管、新三板账户资金监管、信托计划相关账户资金监管、资产证券化托管等新产品领域实现突破。

五、精细管理合规发展。建设银行山东省分行认真执行日常风险监测机制，严格落实展业三原则，2016年度被外管局评为执行外汇管理政策A类行，辖内16家二级分行中有9家分行为A类行。

【住房金融业务】 2016年，建设银行山东省分行围绕“深化转型、加强管理、提升服务、巩固优势”的工作思路，以精细管理增强发展基础，以创新转型提升经营能力，实现了房金业务持续健康发展。

一、加快个人贷款转型发展。一是建立“投、贷、按’业务联动常态机制，发挥房地产信贷业务团队作用，积极与更多开发商和优质二手房中介建立合作关系，抢抓客户源头。二是定期做好房地产市场形势分析，对住房贷款发展重点区域和非重点区域采取差别化的激励政策。

二、加大个人贷款重点产品推进力度。一是加快推进二手房贷款业务发展。二是进一步规范个人消费经营类贷款业务发展，明确核心产品。三是通过网点营销常态化、宣传推广多样化、部门联动精准化，打造"快贷"拳头产品和核心品牌优势。

三、守牢房改金融优势。一是深入开展"抓户扩面增存创收"住房资金专题营销工作。二是加强高层营销，与省住建厅联合举办公积金业务研讨会和培训班。三是以科技巩固领先优势，成功上线济南铁路中心（二期优化）和东营公积金中心住房公积金管理系统（G 系统），东营、聊城两家公积金中心顺利上线住建部公积金结算应用系统。

四、流程优化与创新带动业务发展。一是个贷流程再造项目顺利上线推广，个贷业务电子化程度、质量和效率均进一步提升。二是个人住房贷款资产证券化业务顺利实施。三是"两权"抵押贷款业务系统内率先突破。四是领先同业推出公积金贴息贷款，军人公积金贷款和铁路职工公积金异地贷款服务广受好评。

【信用卡业务】 2016 年，建设银行山东省分行信用卡业务以"盯贷款、调结构、增效益、控风险"为经营主线，结合消费金融生态体系建设，加快重点客群拓展，大力发展消费信贷，做大商户收单市场，信用卡业务市场竞争力和效益贡献进一步提升。

一、围绕消费金融生态体系建设，持续调整客户结构、产品结构。一是以鲁通汽车卡为营销主线，抓好车主生态圈建设工作。二是围绕拓展年轻客群、提升年轻客群活动率、提高年轻客户盈利水平目标，实现有效突破。三是以家园龙卡引领社区营销新模式，大社区营销模式初见雏形。

二、做大消费信贷业务，提升中收贡献度。一是开展信用卡消费信贷专项营销推进活动。二是引入第三方外包服务模式，借助专业化力量实施分期辅助营销。三是持续推动信用卡消费信贷业务网点营销常态化。环分期产品网点营销覆盖率达到 100%，购车分期网点营销覆盖率达到 92%，装修分期网点营销覆盖率达到 81%。

三、量质并重做大商户收单市场，提高综合效益贡献。将商户收单作为一把手工程强力推进，并配置行长奖励基金专项费用，加大激励约束力度。截至 2016 年年末，全量商户本年新增 3.4 万户；存量商户、活动商户、达标商户、特惠商户均居系统内第一位。

四、积极创新催收工具。一是在山东法制报刊登催收公告，提高催收成效。二是按月对委外催收机构进行考核，持续提升委外催收能力。

【电子银行业务】 2016 年，建设银行山东省分行以"互联网+"思维为驱动，以客户增长和应用提升为目标，围绕场景打造和生态系统建设，促进移动金融创新普及。

一、突出核心地位，加快发展移动金融。一是开展大数据营销，举办丰富多彩的促应用活动，培养客户手机银行转账汇款、投资理财和支付交易的习惯。二是推广企业移动金融产品，开展企业手机银行与其他产品联动签约的优惠政策，促进企业移动金融业务发展。

二、打造应用场景，助力生态圈建设。推进"悦生活"平台建设和"悦生活"云服务，优化电子渠道交警罚没款业务，推进学生及家长客群生态圈建设，加大手机支付商户拓展力度，加快互联网平台建设及推广。

三、发挥善融商务平台支撑作用，助推主营业务发展。一是筹建善融商务齐鲁馆，与山东省商务厅合作共同促进山东老字号企业电商发展。二是全面推进善融商务 O2O 部署，覆盖全省网点。三是加快善付通业务在烟草、物流、热力等重点行业中的创新应用。

四、推广典型案例，加快重点项目推动。一是加快"四位一体"服务社保、银企直联、跨行付、E 认证、e 账户等重点案例的推广。二是推出企业网银"无账户代发代扣"创新产品，解决了无建行账户单位办理代发代扣的业务需求。三是重点拓展山东省体彩手机在线彩票销售项目、临沂教育收费平台、东营胜利油田一体化收费等项目。

五、做好电子银行服务区建设，助力物理渠道转型。一是创新推出"电子银行服务区营销 e"，将电子银行服务区设备打造成新的线下宣传阵地。二是完成"电子银行服务区效能提升"流程优化项目，助力前台营销。三是配合旗舰网点、轻型网点建设，加快部署移动金融售货机，丰富网点内移动应用环境。

【风险控制】 2016 年，建设银行山东省分行将资产质量管控作为全年工作的重中之重，按照"有力管控，有序释放，有效处置"的原则，扎紧入口、打通出口、严控总量，全力以赴完成资产质量管控目标。

一、加强存量管控。一是对 1100 户亿元以上、合计信贷余额占比超过 75%的信贷客户进行风险诊断，全面摸清信贷资产质量底数。二是强化到期贷款管理，提前做好到期回收、收回再贷、再融资等预案，将逾期消灭在萌芽状态。三是按照"盘活优先、核销其次、批转再次"的顺序，对全部不良明确处置任务书、路线图、时间表，倒排进度、加快处置。四是建立已核销资产和受托资产管控机制，加强常态化管理。全年累计处置不良 145 亿元，比上年增加 58 亿元，为历年最高，其中核销 52.3 亿元。

二、加强重点区域管控。对全辖二级分行在资产质量管控上分类施策：对区域风险低、资产质量好的二级分行，倾斜资源，形成"领头羊"示范效应；对区域风险高、资产质量好的二级分行，总结经验，传导学习；对区域风险高、资产质量差的二级分行，多策并举，重点帮扶。

三、加强重点产品管控。全面开展贸易融资、国内保理、信用证业务和银行承兑汇票业务排查整改，对发现问题抓出典型，严肃处理，警示全行。

四、强化责任落实。坚持问责不手软，对全部存量不良贷款限期完成责任认定工作，并把认定和追究适度分开，做好再融资业务的"新老划断"，按照"风险敞口不扩大、缓释措施不弱化"的原则确定有关责任，督促相关责任人尽最大可能挽回损失，避免贻误战机。

【内部管理与金融文化建设】 2016 年，建设银行山东省分行建立"四三二一"党建工作体系，逐步形成党委、支部、党员、员工之间的"四级带动"机制。一是加强党风廉洁建设，明规矩，建机制，严问责，层层压实"两个责任"，对顶风违纪行为深查严处。二是将"两学一做"学习教育与推动作风建设和基层党建工作、深化转型发展、解决员工和基层一线反映强烈的热点难点问题紧密结合，将员工思想凝聚到拼抢市场上，打造一支信念坚定、本领过硬、上下一心的党员队伍。三是抓实"第一书记"抓党建促脱贫工作，省分行重点帮扶的泗水南仲都村和西仲都村扶贫成效显著，其中南仲都村党支部被山东省委评为先进基层党组织。四是持续出台关爱员工新举措，拓宽员工职业发展通道，开展基层一线"暖心"行动，继续为员工办理"十件实事"，推进关爱员工向"一老一小"两头延伸。

【大事记】 1 月 建设银行山东省分行推出科技创新产品"微小宝"，增强了与第三方合作的粘度。

3 月 建设银行山东省分行创新推出建信信托资金账户监管业务。

4 月 建设银行山东省分行在潍坊寿光建成全国首家善融商务体验馆。该馆利用善融商务 O2O、智慧银行等理念，实现了线上线下整合营销。

5 月 16 日 建设银行山东省分行薛峰行长出席山东省旅游产业发展大会，并作为参会 19 家商业银行的唯一代表，与省旅游局于凤贵局长签署了全面战略合作协议。

6 月 建设银行山东省分行创新推出私募资产收益票据业务。

6 月 建设银行山东省分行推出"微信 E 审车"创新产品。该产品以微信为入口，为车主提供预约检车、检车费用在线支付等功能。

7 月 30 日 建行新一代统一客服平台"3·2"期项目成功上线。

8 月 19 日 建设银行山东省分行组织举办"相约建行·金彩同行"贵金属及大宗商品高级研讨会。

8 月 建设银行山东省分行针对农村客群推出齐鲁慧农通卡。

9 月 18 日 建设银行山东省分行创新小微企业银桥通业务。

10 月 14 日 建设银行山东省分行办理首笔"私享狮城"业务。

11 月 14 日 建设银行山东省分行与山东省国资委、山东能源集团签署市场化债转股业务合作框架协议。根据协议，建设银行将设立总规模 210 亿元基金与山东能源集团开展市场化债转股合作，这是山东省首单、全国煤炭行业首单市场化、法治化债转股项目。

12 月 19 日 建设银行山东省分行完成"跨境双汇达"产品移植创新。

12 月 建设银行山东省分行创新推出"烟草公司善付通创新应用项目"。

（刘太丽）

附表 1

机构概况一览表

行长（或其他称谓的第一负责人）		副行长（或其他称谓的同级领导）	
段红涛		李文达 张维国 李建平 楚孔用 朱治昌 陈颖钰 刘振奇 路 民 刘春龙	
地址	山东省济南市泺源大街 178 号	邮编	250012
网址	http://www.ccb.com/sd/cn/index.html	客服热线	95533

附表 2

内设部门及分支机构一览表

年度	内设职能部门数量（个）	下设分支机构（个）					员工总人数（人）	
		总数	地市分行数	县区支行数	分理处、营业所数	储蓄所数		正式职工人数
2012 年	32	786	16	407	331	31	20866	16102

续表

年度	内设职能部门数量（个）	下设分支机构（个）					员工	
		总数	地市分行数	县区支行数	分理处、营业所数	储蓄所数	总人数（人）	正式职工人数
2013年	27	807	16	442	329	20	21227	15901
2014年	27	817	16	471	323	7	21259	20200
2015年	26	820	16	491	308	5	21282	20600
2016年	26	828	16	508	303	0	21007	20478

附表3

主要统计指标1

单位：亿元

项目 \ 年度	2012	2013	2014	2015	2016	2016年同比增幅（%）
本外币资产总额	5212.01	5907.61	6267.35	6953.16	7388.14	6.26
本外币存款余额	4879.09	5653.57	5996.59	6440.83	7060.84	9.63
人民币存款余额	4783.31	5523.63	5841.78	6238.12	6895.89	10.54
单位存款	1975.98	2829.63	2910.01	3004.06	3360.80	11.88
储蓄存款	2346.17	2694.00	2931.77	3234.06	3535.09	9.31
本外币贷款余额	3340.33	3702.56	4348.05	4638.20	4727.07	1.92
人民币贷款余额	3133.93	3528.50	4133.53	4401.81	4588.82	4.25
短期贷款	1099.84	1255.63	1429.41	1522.46	1646.64	8.16
中长期贷款	1918.51	2272.87	2636.92	2709.83	2764.95	2.03
票据融资	115.58	69.19	67.21	169.53	177.23	4.54
利润总额	91.37	113.47	126.77	83.50	43.54	-47.86
不良贷款余额	19.85	17.56	31.23	80.52	122.06	51.58
不良贷款占比（%）	0.59	0.47	0.72	1.740	2.580	48.28

附表4

主要统计指标2

项目 \ 年度	2012	2013	2014	2015	2016	2016年同比增幅（%）
单位结算账户（万户）	14.95	17.62	20.47	24.79	27.08	9.24
单位结算金额（亿元）	92639.75	119441.25	136475.00	179778.59	231204.36	28.61
个人结算账户（万户）	2861.00	3425	4020.00	4747.68	5496.38	15.75
个人结算金额（亿元）	16546.35	21970	25449.00	30556.87	37632.52	23.16
信用卡发卡量（万张）	196.36	270.62	348.92	426.87	497.09	16.45
信用卡消费额（亿元）	497.51	836.54	1135.46	1518.83	1652.59	8.81
企业网银客户（万户）	9.85	13.51	17.15	21.29	25.12	18.01
个人网银客户（万户）	760.62	956.37	1162.60	1350.64	1537.97	13.87

续表

项目 \ 年度	2012	2013	2014	2015	2016	2016年同比增幅（%）
手机银行客户（万户）	572.91	772.38	983.67	1192.24	1428.30	19.80
电话银行客户（万户）	915.13	1129.64	1368.00	1580.90	1800.64	13.90
现金自助设备（台）	3316	3898	4267.00	5062.00	5443.00	7.53
营业网点（个）	786	807	818.00	821.00	828.00	0.85
自助网点（个）	571	720	483.00	855.00	994.00	16.26

附表5

先进集体及个人一览表

授奖单位	奖项名称	获奖集体
国家外汇管理局山东省分局	A类行	建设银行山东省分行
山东省信息安全等级保护协调小组办公室、山东省信息网络安全协会	全省网络安全等级保护工作先进单位	建设银行山东省分行信息技术部
山东省信息化与工业化融合促进中心	“2016年度山东省两化融合”突出贡献奖	建设银行山东省分行
山东省信息化与工业化融合促进中心	“山东省两化融合优秀企业”	建设银行山东省分行
山东省信息化与工业化融合促进中心	“山东省两化融合优秀解决方案厂商”	建设银行山东省分行
中国银联山东分公司	2016年度山东银行卡工作先进单位-云闪付业务贡献奖	建设银行山东省分行个人金融部
中国银联山东分公司	2016年度山东银行卡工作先进单位-银联卡跨行交易业务贡献奖	建设银行山东省分行个人金融部
建设银行总行	2016年住房金融与个人信贷业务“开门红”营销活动“综合贡献奖”	建设银行山东省分行
建设银行总行	2016年住房金融与个人信贷业务“开门红”营销活动“房改金融业务优胜奖”	建设银行山东省分行
建设银行总行	2016年住房金融与个人信贷业务“开门红”营销活动“快贷营销突破奖”	建设银行山东省分行
建设银行总行	2016年住房金融与个人信贷业务“开门红”营销活动“创新拓展奖”	建设银行山东省分行
建设银行总行	“青年创新建行强”产品创意二等奖	建设银行山东省分行信息技术部
建设银行总行	2015年小微企业大数据信贷产品营销竞赛先进分行	建设银行山东省分行
建设银行总行	2015年小微企业大数据信贷产品营销竞赛先进集体	德州宁津支行、济南槐荫支行、潍坊高新支行
建设银行总行	2015年电子银行“协作共赢抢占高点”评先创优活动综合贡献奖银奖	建设银行山东省分行
建设银行总行	2015年电子银行“协作共赢抢占高点”评先创优活动业务发展奖一等奖	建设银行山东省分行
建设银行总行	2015年电子银行“协作共赢抢占高点”评先创优活动联动创新奖一等奖	建设银行山东省分行

续表

授奖单位	奖项名称	获奖集体
建设银行总行	2016年度“移植创新奖”二等奖	建设银行山东省分行
建设银行总行	首届“建网杯”竞赛活动优秀分行奖	建设银行山东省分行
建设银行总行	首届“建网杯”竞赛活动优秀案例推进团队	建设银行山东省分行
山东省信息化与工业化融合促进中心	“2016年度山东省两化融合”突出贡献奖	建设银行山东省分行
山东省信息化与工业化融合促进中心	“山东省两化融合优秀企业”	建设银行山东省分行
山东省信息化与工业化融合促进中心	“山东省两化融合优秀解决方案厂商”	建设银行山东省分行
授奖单位	奖项名称	获奖个人
山东省信息安全等级保护协调小组办公室、山东省信息网络安全协会	2016年全省网络安全等级保护工作先进个人	王宪明
山东省信息安全等级保护协调小组办公室、山东省信息网络安全协会	2016山东省网络安全等级保护十佳青年	石 磊
共青团山东省委	山东省青年岗位能手	郭启勇
中国银监会山东银监局	以“互联网+”思维促进信息技术和金融的深度融合课题获得山东银监局2015年度重点研究课题三等奖	王宪明 石 磊 李晓辉 张 帆
建设银行总行	总行安全保障先进个人	曹 磊 徐崇岭
建设银行总行	中国建设银行优秀共产党员	楚 栋
中国银联山东分公司	2016年度山东省银行卡工作先进个人	刘晓洁 丁 群
山东省支付清算协会	2016年第四届“支付清算杯”支付业务知识有奖答题活动个人优秀奖	魏 娱 邱金丽 薛 峰 于胜军
山东省支付清算协会	山东省支付清算协会2015年度“优秀信息联络员”	凌亚东

中国建设银行股份有限公司青岛市分行

【第一负责人简介】 郝子建，中共党员，大学本科学历，高级经济师。1986年在建行枣庄市分行参加工作，2013年11月至2015年5月历任山东省分行党委委员兼烟台市分行党委书记、行长，山东省分行党委委员兼营业部党委书记、总经理。2015年5月至2016年7月任山东省分行党委委员、副行长。2016年7月任建行青岛市分行党委书记，2016年9月任建行青岛市分行行长。

【综述】 2016年，中国建设银行股份有限公司青岛市分行（以下简称“建设银行青岛市分行”）在建行总行的正确领导下，认真贯彻落实总行战略决策和工作部署，通过摸实情、理思路、定目标、营氛围、编规划、建机制、打基础、梳流程、严考核，坚持一手抓业务发展，一手抓基础管理，打造“六位一体”管理考核体系，统一全行思想和智慧，整合资源，激发员工活力，实现了各项工作的稳步发展。

【公司业务】 2016年，建设银行青岛市分行围绕深化转型发展主线，以客户规划为总抓手，通过项目储备“大会战”等战略拉动，做实公司业务基础，全面推动存贷款和中间业务收入稳步发展。

一、党委成员带头“高层营销”，持续强化银政合作。一是围绕青岛市建设“三中心一基地”历史机遇，紧跟区域发展规划，抢抓客户源头。二是制定《信息收集及快速响应管理办法》，强化高层营销，先后与市北区、李沧区政府签订全面战略合作协议，并以两区银政合作为模板，逐区推广。

二、成立攻关小组，积极参与全市重大项目建设。一是成立重点核心客户攻关小组，梳理青岛市重点核心客户名单，采取一对一分类策略开展营销工作。二是全面介入青岛市国际邮轮港建设、李沧区千亿产业基金等重大项目的合作，并围绕区市发展规划，重点在旧城改造、旧厂改造、产业园区建设等基础设施项目领域合作。

三、深化对公业务转型，定方向、谋长远。一是制定公司客户发展规划和精准营销指导意见，强化资金体内循环，对公资金体内循环率与承接率提升较大，对公存款稳步增长。二是全量客户和有效客户系统内排名均有提升。

四、实施"七个一批"全流程管控，促进公司业务发展。一是通过强化过程管理来督促每个条线、每个支行的业务发展和客户规划工作。二是按月通报各类客户营销拓展情况，确保每个环节都有充足客户储备，夯实客户基础，形成良性循环。

五、大力支持小微企业发展。一是编制《2017 年小企业客户发展规划》，筛选小企业目标客户名单。二是编制《小企业目标客户名单(2016 年版)》，精准营销。三是积极搭建"助保贷"等业务合作平台。利用青岛市国税局开发的"银税互动"查询子系统，使"税易贷"客户纳税及相关信息查询及管理实现直连模式，银税互动合作模式得到监管部门认可。

【个人业务】 2016 年，建设银行青岛市分行坚持智慧兴行工作思路，渠道分流能力不断提高，自助设备全功能运行服务效率快速提升。

一、全面实施网点分类建设，强化网点建设基础管理，通过局部改造优化功能布局。一是在山东大学、青岛农业大学等高校，机场、地铁等重要进出口通道重点打造便利化、智能化自助银行。二是强化培训、制定话术，推广智慧柜员机。深化网点综合化转型，推进员工转型培训，制定并完成转岗计划。

二、完善网点管理机制，强化操作风险管理，着力提升渠道整体效能，提高标准化、自动化、集约化水平。一是顺利完成柜面业务集中处理系统 5 次版本切换、STM 身份审核业务远程集中授权，业务集中领域不断拓展。二是圆满完成新一代 3.2 期重大版本上线及分行特色配套改造工作的数据清理核对、业务培训和模拟演练。三是进一步规范柜面业务管理，将柜面业务考核纳入"六位一体"体系。

【机构业务】 2016 年，建设银行青岛市分行强化机构客户营销力度，持续加强银政合作，实现重点项目突破。一是成功中标青岛市高等教育发展基金十年期融资银行服务项目 47.5 亿元，实现了重大项目的重点突破。二是银政合作、银校合作、军警合作不断取得新突破。实现市级"社保基金财政专户"开户和市土地储备中心一般结算账户变更为专用结算账户的两大突破；与山东大学青岛校区签署信息化建设项目合作协议，成为该校区金融业务的唯一合作银行；与 92305 部队签署《"军建安鑫"金融服务战略合作协议》。

【国际业务】 2016 年，建设银行青岛市分行国际业务多项主要指标实现稳健增长。一是大宗商品融资业务产品创新，优势同业领先。创新推出"橡胶产品 OTC 代客套期保值业务"，在中国(青岛)财富管理创新创客大赛中获得优秀财富管理产品奖。二是抓住业务新机遇，打造竞争优势。办理当地首笔跨境公司外币资金运营资金收入业务、当地首笔国际商业转贷款业务；举办同业首家"走出去"产品推介会；国际双保理业务实现零突破；办理分行首笔企业网银跨境汇款业务；坚持合规经营，在青岛市银行业外汇管理考核继续保持 A 级。三是抓住银港通业务机遇，完善货押授信流程。与青岛港国际股份有限公司正式签订《质押监管业务合作协议》。

【住房金融与个人信贷业务】 2016 年，建设银行青岛市分行住房金融业务抓住房屋成交持续回暖的发展机遇，实现快速稳健发展。

一、进一步加强与重点房企的合作。开展重点楼盘一对一牵头营销，持续抓好重点房企及优质品牌开发企业全覆盖，对重点开发企业的个性化和差别化需求积极支持。

二、加快发展，实现二手房贷款上量进位。一是将个人住房贷款、消费经营类贷款贷前调查权下沉到单点型支行。成立了全市首家专业二手房贷款中心。三是借助个贷系统流程再造，形成线上线下互通互联，提升服务效率和能力。

三、大力支持住房改造项目。一是成功营销青岛市高新区 31 个村的棚户改造项目，将提供 150 亿元融资支持，涉及居民 3 万余户，总投资 600 亿元。二是成功与山东银丰集团签订全面战略合作协议，独家为青岛市山东头旧村改造项目提供"一揽子"金融服务。

【信用卡业务】 2016 年，建设银行青岛市分行信用卡业务稳步推进，盈利能力和效益贡献稳步提高。

一、信用卡客户拓展重质保量。一是实现信用卡消费交易额 154.4 亿元，同比增速 2%。二是巩固商户收单业务优势，注重重点高端商户发展。三是加强精细化管理，不断提高审批效率和审批质量，提高了龙卡品牌知名度。

二、借力电销试点，夯实分期业务发展基础。一是成功获取总行天津外呼中心账单分期集中电销试点权。二是引入信用卡分期付款辅助营销外包；实现购车分期集中抵押模式上线。三是取得信用卡分期通业务开展资格，重点打造网点、电销、联动三大营销渠道，促进分期通业务的快速发展。

【电子银行业务】 2016 年，建设银行青岛市分行电子银行业务增长稳定，移动金融替代率提高，跨界经营成效不断扩大。

一、服务全局，打造协作共赢局面。一是利用“银企直联＋行业”构造服务场景，打造新型网络金融生态。二是银企直联客户数排名第 13；善融商务开通信用卡支付商户数占比 100%，系统排名第 1；紧跟税改政策，完成善融商务跨境购功能优化。三是善融商务韩国商城重装开业，成功接入海关跨境电商进口统一版系统，成功申报总行创新项目。

二、深挖网络应用场景，打造网络金融生态圈。一是开通青科大、青岛大学电子支付和充值等校园应用。二是开通崂山楼宇午餐工程餐饮卡电子渠道充值、红领集团员工卡充值，进一步推进龙支付商户发展工作，新增 15 个电子支付商户。

三、提升大数据智能化应用水平，推动全行转型。成立数据分析任务型团队，持续开展数字化精准营销，针对手机银行“龙支付”目标客户、手机银行目标客户和手机银行存量未激活客户开展点对点精准营销。

【风险控制】　2016 年，建设银行青岛市分行积极主动作为，实事求是摸清风险底数，不断夯实资产质量基础，加大重点不良贷款项目化解、处置力度，实现风险管控目标。一是通过制定不良项目、风险项目和已核销回收项目“三项清单”。周调度、月专题、季督导，“一户一策”专班诊断推动，成功突破难点项目，全年累计处置不良 14.45 亿元。二是积极协调债权委员会和总行相关部门，重点推进新兴东方不良贷款重组方案。为后续化解盘活创造了有力条件。截至 2016 年年末，不良额 39.91 亿元，不良率 3.47%。逾期贷款 37.59 亿元，比年初增加 5.72 亿元。三是将安泰信系贷款余额纳入不良口径。逾期贷款四行最低且不良和逾期贷款的“剪刀差”为负，风险暴露总体趋于见底。

【内部管理与金融文化建设】　2016 年，建设银行青岛市分行坚持把“两学一做”活动的开展，与从严治党、从严治行、从严管理干部紧密结合，与推动作风建设、推动转型发展结合，切实为全行改革转型提供坚实的保障。一是常态化实施基层党组织书记培训，持续增强领军力量；重温入党誓词纳入任职廉政谈话环节，提醒领导干部牢记承诺、不忘初心。二是要求各级领导干部要“把行事当家事，把自己当主角”，强化主人翁意识，丰富管理手段，提高精细化管理水平，发挥引领作用。

【大事记】　2 月 18 日—19 日　建设银行总行行长王祖继莅临建设银行青岛市分行调研并召开转型发展座谈会。

7 月 28 日　建设银行总行党委副书记、监事长郭友出席建设银行青岛市分行干部大会。

7 月 23 日　建设银行总行党委下发《关于郝子建等同志职务任免的通知》（建党任〔2016〕92 号），聘任郝子建为中国建设银行青岛市分行党委书记，免去段红涛中国建设银行青岛市分行党委书记。同日，建设银行总行下发《段红涛职务解聘》（建总任〔2016〕311 号），解聘段红涛中国建设银行青岛市分行行长职务。

7 月 28 日　建设银行总行下发《周兆华职务聘任》（建总任〔2016〕340 号），聘任周兆华任中国建设银行青岛市分行合规官。

9 月 12 日　建设银行总行下发《陈庆辉免职》（建总任〔2016〕387 号），免去陈庆辉中国建设银行青岛市分行资深专员职务，批准退休。

10 月 21 日　建设银行总行下发《关于宋敬宗同志任职的通知》（建总任〔2016〕135 号），聘任宋敬宗任中国建设银行青岛市分行纪委书记、党委委员。

11 月 1 日　建设银行青岛市分行召开第三十二次党委（扩大）会议，审议同意设立房地产信贷经营管理部；同意将市南第三支行更名为五四广场支行，并纳入综合型支行管理；将高科园支行更名为崂山支行；将崂山路支行更名为沙子口支行；同意将高新技术产业开发区支行升格为分行直管支行。

（谭庆勋）

附件 1

机构概况一览表

行长（或其他称谓的第一负责人）		副行长（或其他称谓的同级领导）	
郝子建		郭中华　王士清　刘从正　王德平　徐　海　宋敬宗　孙祥久　周兆华　冯　涛　刘远方　管恩新	
地址	山东省青岛市深圳路 222 号	邮编	266061
网址	http://www.ccb.com/qd/cn/index.html	客服电话	95533

附表 2

内设部门及分支机构一览表

年度	内设职能部门数量（个）	下设分支机构（个）					员工	
		总数	地市分行数	县区支行数	分理处、营业所数	储蓄所数	总人数（人）	正式职工人数
2012 年	29	116	1	61	24	30	3460	3271

续表

年度	内设职能部门数量（个）	下设分支机构（个）					员工	
		总数	地市分行数	县区支行数	分理处、营业所数	储蓄所数	总人数（人）	正式职工人数
2013年	24	120	1	75	24	20	3496	3496
2014年	23	122	1	86	24	11	3477	3477
2015年	23	122	1	90	22	9	3432	3432
2016年	23	122	1	98	22	1	3314	3314

附表3

主要统计指标1

单位：亿元

项目 \ 年度	2012	2013	2014	2015	2016	2016年同比增幅（%）
本外币资产总额	899	1027.81	1053.17	1181.16	1235.54	4.6
本外币存款余额	877.9	1000.57	1023.37	1061.70	1084.65	2.16
人民币存款余额	852	953.87	979.32	1008.70	1009.43	0.07
单位存款	459.33	476.22	455.43	565.60	576.56	1.94
储蓄存款	394.41	424.56	441.40	490.09	508.09	3.67
本外币贷款余额	798.8	877.03	955.71	1036.09	1151.87	11.17
人民币贷款余额	749.04	841.87	899.36	976.43	1061.79	8.74
短期贷款	240.21	228.67	208.13	196.78	238.67	21.29
中长期贷款	515.91	582.18	661.92	694.59	794.02	14.31
票据融资	26.25	10.97	25.38	83.42	56.73	-31.99
利润总额	20.38	22.7	15.63	5.98	-19.84	-431.77
不良贷款余额	6.82	6.07	23.03	18.96	39.91	110.50
不良贷款占比（%）	0.85	0.71	2.41	1.83	3.47	89.62

附表4

主要统计指标2

项目 \ 年度	2012	2013	2014	2015	2016	2016年同比增幅（%）
单位结算账户（万户）	5.1	5.5	4.0	4.87	5.85	20.12
单位结算金额（亿元）	37014	73069	105675.89	2686500.64	3972105	47.85
个人结算账户（万户）	600.24	610.18	655.88	856.50	884.16	3.23
个人结算金额（亿元）	5369.35	6912.60	7132.60	—	—	—
信用卡发卡量（万张）	40.43	50.30	63.74	71.60	75.13	4.93
信用卡消费额（亿元）	68.44	62.90	121.08	151.64	154.01	1.56
企业网银客户（万户）	1.69	2.08	2.52	3.20	3.97	24.06
个人网银客户（万户）	88.15	119.82	147.06	168.17	187.51	11.50

续表

年度 项目	2012	2013	2014	2015	2016	2016年同比增幅（%）
手机银行客户（万户）	59.98	92.56	118.83	139.91	166.52	19.02
电话银行客户（万户）	125.73	159.52	184.73	204.96	223.02	8.82
现金自助设备（台）	456	538	638	813	879	8.12
营业网点（个）	116	120	122	122	122	0
自助网点（个）	361	329	377	484	550	13.64

附表5

先进集体及个人一览表

授奖单位	奖项名称	获奖集体
共青团中央	全国青年文明号	贵州路支行、高科技工业园支行、海尔路支行、市北支行房贷部
中国银监会	全国银行业雷锋岗	海尔路支行
中国银行业协会	五星级网点	海尔路支行
山东省政府	山东省文明单位	高科园支行、四方支行、市南三支行、莱西支行
人民银行济南分行	山东省级现金服务示范网点	市北支行
建设银行总行	青年文明号	市分行营业部、黄岛支行珠海中路分理处、李沧支行国际业务部、市南支行营业部专柜、信用卡业务部、香港中路支行
建设银行总行	“平安建行”先进集体	胶州支行、胶南王台支行
建设银行总行	先进基层党组织	李沧支行
建设银行总行	女职工文明示范岗	李沧支行
建设银行总行	审计工作先进集体	青岛总审计室个人业务审计团队
授奖单位	奖项名称	获奖个人
全国金融工会	金融五一劳动奖章	王瑞丽
建设银行总行	中国建设银行金融市场部先进个人	尚　斌
建设银行总行	工程造价咨询业务“营销拓展奖”	朱小平　朱晓石
建设银行总行	总行级巾帼建功标兵	迟肖玲
建设银行总行	第四届“青年创新建行强”金点子大赛总行二等奖	李　柠
建设银行总行	旺季营销先进个人	曲成龙
建设银行总行	第八届公司及机构业务“百佳客户经理”	董永青
建设银行总行	明星营销主管	韩　露
建设银行总行	青年服务明星	黄　坤
建设银行总行	青年岗位能手	姜　倩
建设银行总行	“产品创新奖”	和文婷　姜　倩　宋　玉　葛长龙　尚修鹏

续表

授奖单位	奖项名称	获奖个人
建设银行总行	旺季营销“私人银行客户金融资产提升最佳个人奖”	蒋建伟
建设银行总行	旺季营销“私人银行产品销售能手”	张晓君
建设银行总行	授信审批管理先进个人	许　华
建设银行总行	“两全”业务竞赛活动风险内控工作先进个人、业务数据组织工作先进个人	刘晓瑜
建设银行总行	“两全”业务竞赛活动资产及业务拓展先进个人	黄海英　张少博
建设银行总行	审计工作先进个人	赖卫华　高仁贵
建设银行总行	住房金融业务部房金业务能手	孙　燕　陈　晓　西华超　李　倬　崔金权

第五部分

股份制商业银行

交通银行股份有限公司山东省分行

【第一负责人简介】 王锋，男，1969 年 5 月出生，河南南阳人，博士研究生，高级经济师。1989 年 7 月工作，1995 年 5 月入党。1994 年 8 月起，历任交通银行郑州分行紫荆山支行副行长、文化路支行副行长（主持工作）、百花路支行行长。2000 年 9 月任交通银行郑州分行党委委员、副行长，2004 年 3 月任交通银行郑州分行党委副书记、纪委书记、副行长。2005 年 11 月任交通银行山西省分行党委书记、行长。2010 年 4 月至今，任交通银行山东省分行党委书记、行长。

【综述】 2016 年，交通银行股份有限公司山东省分行（以下简称“交通银行山东省分行”）积极支持实体经济发展和供给侧改革，围绕“深化改革、转型发展、从严治党”三大任务，做好“资产业务提升”工作，完善金融服务，坚持合规经营，推进各项业务稳步发展。

【资产负债管理】 2016 年，交通银行山东省分行持续加强资产负债全表配置与管理，推动全行业务协调、健康、稳定发展。

一、业务管理水平有效提升。一是加强业务推进过程管理，通过经营分析会、业绩通报等渠道及时将业务发展情况反馈经营单位。二是通过专题分析报告等形式，深入剖析经营过程中遇到的新问题和新情况，提出管理措施和解决办法。

二、存款规模稳步增长，加强贷款规模调控。人民币各项存款市场占比稳步提高，提升点数同业排名第 3 位；2016 年信贷增量计划使用率达到 100%；全年类信贷投放量达到 690.11 亿元，多渠道满足客户需求。

三、持续加强定价管理。一是牢固树立效益观念，强化“先算再做”的定价管理理念。二是加强定价差异化管理，规范审批流程。三是加强同业对比分析，积极应对利率市场化改革挑战。四是加强对业务收费的管理、监督，严把收费审批关，确保服务收费符合监管要求。

四、重视资金管理。全省人行非清算账户日均 5.05 亿元，比年初减少低效益资金占用近 5 亿元。日均备付金率 0.56%，备付指标良性运行。

【授信业务】 2016 年，交通银行山东省分行持续完善信贷政策体系，科学把握信贷投向，深入推进结构调整，有效支撑信贷业务稳步健康发展。

一、盘活存量，做好减退加固。一是制定减退客户“路线图”，由专人负责督促。二是减退原则由“减退为主、加固跟进”转变为“加固为主、重组跟进”。三是将所有减退客户进行冻结，实行放款前强制领额。四是对减退名单实施动态管理，对出现预警信号客户及时调入。

二、精简流程，提高审查质效。一是下发《关于修订授信材料上报格式的通知》，将原有申报清单的 28 项精简为 21 项。二是剔除网络可查询的信息情况，细化部分业务资料清单。三是优化授信申报材料，增加行业投向指引，同步更新贷款条件清单。

三、积极摸排存量客户资产结构，提高资产覆盖率。充分运用红盾系统对客户资产进行摸排，从风险降解角度对风险客户余额进行压降或者追加有效抵质押，覆盖风险敞口，提高信贷资产风险缓释能力。

四、临期管理不断深化。下发《关于全行加强授信业务临期管理提升信贷资产风险管控的通知》，从系统提取全行当月到期贷款与应付利息授信客户（含小企业）清单进行提醒，逐户落实还本付息资金，减少了逾期、欠息的发生。

五、积极支持发展政府类客户。一是在授信方案的设置上下足功夫，积极实现银企双赢的授信方案。二是提高审查时效，在材料完备的情况下平均 3~5 日审结，实现早批复、早投放。

六、贷后管理成效显著。一是下发《授信客户贷后管理实施细则》，将贷后监控基础工作的完成时限、发起要求、操作步骤等以表格化呈现。二是修订“授信客户不定期监控报告”模板，指导客户经理真实反映授信客户风险状况和潜在风险变化。三是下发《加强放款中心授信档案管理的通知》，落实贷后管理人员配置。

【公司业务】 2016 年，交通银行山东省分行努力增强公司条线的市场竞争力，推动全行公司板块转型发展。

一、加大客户营销力度。一是实施客户分类分层分级管理，提升大型客户的营销层级和服务能力。二是深入细分政府类客户，全面推动政府系统客户清零提升。三是精选行业龙头企业、优质上市公司及战略合作企业作为重点目标客户，以产业链金融、现金管理为服务手段，抓结算、促留存，提高企业客户的结算资金归集沉淀。

二、加大优质信贷投放力度。一是创新与地方政府、企业的合作模式，加大与政府重大建设项目、重点医院和重点学校的合作力度，努力争取优质信贷资产。二是充分发挥板块公司、投行、同业和托管等利润中心的增收作用，做大类信贷业务规模，推动板块业务转型发展。

三、加大体制机制优化力度。一是继续深化大客户准事业部制改革，选取客户集中度较高的机关及相关企事业单位进行集中维护和营销。二是集中资深客户经理，上收授信发起权限，以提升对重点行业客户、大型客户和集团客户的授信发起层级和服务能力。

【个人业务】 2016 年，交通银行山东省分行积极夯实存款基础、做大品牌客户规模，高度重视个金业务发展。

一、以发展问责制为依托，推动储蓄存款平稳增长。截至2016年年末，低成本核心存款本年增量57.37亿，系统排名第6位，完成率318.72%，系统排名第2位。

二、做大客户规模，优化资产结构。全行通过系统化的劳动竞赛、制定私人银行序列考核办法、组织大中型路演宣讲活动，促进客户指标发展。

三、房贷业务规模持续增长。截至2016年年末，个人住房贷款较年初净增45.07亿元，增量排名系统内第11位，较年初提升4位。

四、转型发展竞争力不断增强。截至2016年年末，6家省辖行在总行“启航计划”活动中达标，共获总行资源配置439.07万元，列系统第10位，占全国配置总额的4.86%。

五、以客户体验为抓手，提升服务水平。2016年，交通银行山东省分行获得系统内消保服务考评第一名，获得总行消保服务提升优胜单位一等奖。

六、不断拓展中收来源，做好产品配置。一是在贵金属定制、黄金T+D、券商集合理财计划等业务上加大推广力度，利用网点宣传、媒体宣传、企业行、社区行等方式，持续做好服务品牌建设。二是强化线上业务推广，利用手机银行等便捷渠道做好大众客群营销。截至2016年年末，零售中间业务净收入49956万，财管收入20367万，对零售净收入贡献度40.80%。

【国际业务】 2016年，交通银行山东省分行通过聚焦重点客户、重点区域、重点产品和重点项目，强化客户分类分层营销管理、加大境内外联动的营销力度，多项业务企稳回升。

一、推进重点项目落地。一是通过客户细分，不断完善客户分类分级体系，提高全省一体化营销管理能力。二是梳理全国及省级外贸百强企业客户，实施重点营销。三是聚焦重点项目，与境外分行联系，共同推进境内外联动业务的发展。

二、多渠道增加收入来源。一是以非利息净收入为核心，兼顾国际结算规模，继续大力发展贸易融资类产品。二是积极拓展国际结算类产品，做大国际结算的规模。三是目前人民币汇率大幅波动的环境下，结合宏观审慎管理政策的要求，要继续做好远期结售汇、期权等业务的营销推介。

三、加强业务培训和指导。一是加强国际业务营销队伍建设，明确营销方向和重点，切实提高各层级人员专业化水平。二是通过培训、谈话、微信群等多种方式对经营单位进行营销指导，重点加强对外管检查窗口等方面的政策指导力度。

四、严控国际业务合规风险。一是进一步加强售付汇业务、跨境人民币业务的真实性审核，指导经营单位做好经常项目提前购汇、跨境交易真实性识别等合规操作。二是加强对重点行业和重点客户的风险防范，强化风险责任意识。三是加大业务检查覆盖率，强化对经常项目、资金项目购付汇、个人外汇、反洗钱等业务领域的检查力度。

【会计结算】 2016年，交通银行山东省分行坚持“整合、安全、效率、服务、成本”核心目标，严守风险底线，全力提升营运服务支撑能力，保障营运安全。

一、突出排查重点，坚守风险防控底线。一是施行网格化管理，提升营运风险管理人员履职能力。二是抓好重点业务环节排查，开展专项检查13次。三是多措并举，持续加强外包人员管控力度。四是加大节假日监督力度，共检查支行119家、金库6家，覆盖全部营业网点。五是强化问责考核，提升银企对账管理质效。新开户电子对账签约率达到99.80%，同比提升2.65%。

二、提高营运效率，提升客户服务质量。一是加大防电信诈骗宣传力度，强化客户信息保护和支付安全。二是顺利完成关库银投产上线，全力做好重汽财司项目上线推动。三是通报、考核、竞赛三管齐下，提前完成单位结算卡全年发卡任务。

三、加强队伍建设，切实夯实管理基础。一是积极推进营运条线全员全产品计价，取得良好效果。二是细化现金、印章和凭证管理细则，强化风险管控。三是鼓励柜员参加总行和省行资格考试，110人获得AB职等业务资格，73人获得风险管理员任职资格。

【电子银行业务】 2016年，交通银行山东省分行积极整合科技资源，提高信息技术和业务发展的融合度。

一、加强风险控制，规范日常操作。该行通过建立长效风险控制机制，实现对信息科技风险的识别、计量、监测和控制，促进网络和信息系统安全稳健运行。2016年系统可用率、网络可用率和重要业务系统运行率均达到100%。

二、做好应用项目开发，以技术促生产。2016年开发特色项目20项。一是加大对政府机构客户类项目的支持，主要项目有各地公积金、威海建委招标、财政国库集中支付电子化等12项。二是做好数据分析，主要项目有特色绩效考核系统、531数据应用平台、网点wifi拓客系统等8项。

三、推动业务创新，提升客户体验。一是加强创新传导，共收集创新需求83项，上报总行8项。二是推广创新产品，完成总行级重大创新项目“财司管理系统”的开发和投产。

四、推进网点智能化改造，提高柜面替代率。该行积极推动ITM、自助发卡机布放，逐步推广网点新型服务模式，提高智能设备对人工柜台的替代率，合理分流“操作型”业务。截至2016年年末，电子银行分流率达到89.95%，较年初提升2.9%。

【内部管理与队伍建设】 2016年，交通银行山东省分行夯实内部管理，不断提升经营管理水平，“从严治党”和“从严治行”走向深入。

一、优化资产负债结构。一是突出特色，巩固优势，加强软硬件建设，提升服务水平和效率，消保服务领跑全行。二是严管严控，多措并举，案件防控取得新成效，守住了不发生重大风险案件的底线。

二、管理水平逐步提升。一是坚持全员全产品计价统一指标体系、兑现时间、计价标准和分配比例，真正实现多劳多得的业绩导向。二是以授信发起层级提升为切入点，以双边记账为保障，逐步推进大客户准事业部改革。三是加快推进网点整合，撤并低效人工网点5家、离行自助银行47家，新增建设普惠网点26家。

三、进一步加强基层党建。一是全面落实巡视整改，制定《关于进一步加强党建工作的指导意见》、《党建工作清单》和《党建工作考核办法》。二是以党支部为单位，组织“进社区、进企业、进校园”活动767次。三是坚持群众路线，切实为员工解难题、增福利。

【大事记】 1月27日 交通银行枣庄文化路支行对外营业。

2月3日 交通银行山东省分行2016年工作会议在济南召开。

2月18日 交通银行山东省分行2016年党风廉政建设工作会议在济南召开。

3月8日 交通银行济南阳光支行、济南西市场支行对外营业。

3月12日 交通银行日照泰安路支行对外营业。

3月15日 交通银行济南泺文路支行对外营业。

3月22日 交通银行济南舜城支行、济南环山支行对外营业。

3月30日 交通银行聊城阿尔卡迪亚支行对外营业。

3月31日 交通银行聊城嘉明开发区支行对外营业。

4月6日 交通银行菏泽八一路支行对外营业。

4月12日 交通银行莱芜钢城支行对外营业。

4月12日 交通银行菏泽青年路支行对外营业。

4月16日 交通银行滨州中海支行对外营业。

4月18日 交通银行莱芜西城支行对外营业。

4月20日 交通银行山东省分行与中国重汽财务有限公司在济南举行全面战略合作协议签约仪式。

4月26日 交通银行莱芜凤城支行对外营业。

5月9日 交通银行山东省分行与中国农业发展银行山东省分行签署全面战略合作协议。

5月20日 交通银行临沂兰山琅琊王路支行对外营业。

5月21日 交通银行滨州天成花园支行对外营业。

5月26日 交通银行东营淮河路支行对外营业。

6月28日 交通银行烟台莱山新苑路支行对外营业。

7月15日 交通银行山东省分行应邀参加由山东省城商行合作联盟组织的“投行与金融市场业务联席会第一次会议”，总行金融机构部专家在会上作了“交通银行‘银银智道’同业业务综合服务方案”主题发言。

7月27日 交通银行临沂经济技术开发区支行对外营业。

7月28日 交通银行济宁海关路支行撤销。

8月2日 交通银行日照安泰水晶城支行对外营业。

8月9日 交通银行烟台烟大支行、烟台福山高新技术产业区支行撤销。

8月18日 交通银行淄博张店商业街支行对外营业。

8月21日 交通银行山东省分行成功举办“沃德财富十周年”齐鲁峰会活动。

8月26日，交通银行总行彭纯行长在上海会见山东省副省长夏耕一行。

8月26日，交通银行德州新城市花园支行对外营业。

9月3日 交通银行山东省分行成功承办2016年总行个金STYLE——“个金最强团队风采大赛”片区赛并斩获济南赛区冠军。

9月6日 交通银行枣庄滕州支行对外营业。

9月9日 交通银行山东省分行与首尔分行以中韩自贸区建设为契机，在济南举办“中韩自贸区跨境联动合作座谈会”。

9月19日 交通银行菏泽牡丹支行对外营业。

9月20日 交通银行聊城开发区支行对外营业。

9月23日 交通银行淄博张店美食街支行对外营业。

10月11日 交通银行山东省分行行长王锋到园区、民营企业开展“进走访”，分别走访了济南新材料产业园区、济南零点物流园区等两家园区和山东巨洋神州信息技术有限公司、天诺光电材料股份有限公司、济南华亚光电科技有限公司、济南国邦化工有限公司等四家小微企业。

10月20日 交通银行山东省分行与潍坊港集团有限公司在济南举行全面战略合作协议签约仪式。

10月22日 交通银行滨州黄河二路支行对外营业。

10月27日 交通银行山东省分行与山东鲁能亘富开发有限公司在济南举行全面战略合作协议签约仪式。

11月4日 交通银行山东省分行与威海市政府在威海举行战略合作协议签约仪式。

11月10日 交通银行山东省分行与聊城市财金建设发展有限公司、聊城市土地储备开发集团有限公司在济南举行全面战略合作协议签约仪式。

12月8日 交通银行德州德城支行对外营业。

12月12日 交通银行东营胜利支行对外营业。

12月16日 交通银行日照开发区支行对外营业。

12月23日 交通银行烟台万达广场支行对外营业。

（闫家强）

附表 1

机构概况一览表

行长（或其他称谓的第一负责人）		副行长（或其他称谓的同级领导）	
王 锋		董 莹 叶 宁 赵秀军 詹 敏	
地址	山东省济南市共青团路98号	邮编	250012
网址	http://www.bankcomm.com/	客服电话	95559

附表 2

内设部门及分支机构一览表

年度	内设职能部门数量（个）	下设分支机构（个）					员工总人数（人）	
		总数	地市分行数	县区支行数	分理处、营业所数	储蓄所数		正式职工人数
2012年	23	135	15	121	0	0	3620	3484
2013年	27	131	16	115	0	0	3667	3636
2014年	26	131	16	115	0	0	3624	3595
2015年	25	132	16	116	0	0	3613	3587
2016年	30	159	16	143	0	0	3706	3691

附表 3

主要统计指标 1

单位：亿元

项目 \ 年度	2012	2013	2014	2015	2016	2016年同比增幅（%）
本外币资产总额	1298.32	1542.54	1602.65	1791.89	2027.62	13.16
本外币存款余额	1226.89	1465.26	1495.05	1664.3	1914.21	15.02
人民币存款余额	1209.81	1456.75	1488.89	1649.99	1901.25	15.23
单位存款	854.40	1035.20	1053.74	1171.19	1370.76	17.04
储蓄存款	306.01	369.83	389.85	431.52	495.28	14.78
本外币贷款余额	816.89	913.65	969.97	1001.75	1095.38	9.35
人民币贷款余额	779.14	879.04	916.73	949.36	1071.75	12.89
短期贷款	504.59	613.73	664.66	663.58	614.35	-7.42
中长期贷款	273.57	259.23	243.42	261.8	412.20	57.45
票据融资	0.96	5.83	1.17	11.86	30.62	158.15
利润总额	17.06	19.32	19.26	11.09	7.70	-30.55
不良贷款余额	4.83	6.14	18.39	14.79	22.16	49.83
不良贷款占比（%）	0.59	0.67	1.90	1.48	2.02	36.49

附表 4

主要统计指标 2

项目 \ 年度	2012	2013	2014	2015	2016	2016年同比增幅（%）
单位结算账户（万户）	3.93	4.34	4.48	4.51	4.54	0.67
单位结算金额（亿元）	1671.04	1924.97	1979.42	2128.50	2366.32	11.17

续表

项目 \ 年度	2012	2013	2014	2015	2016	2016年同比增幅（%）
个人结算账户（万户）	517.76	571.04	657.07	810.99	1077.02	32.80
个人结算金额（亿元）	372.75	453.94	485.60	537.56	643.26	19.66
信用卡发卡量（万张）	143.63	182.22	244.64	301.07	385.85	28.16
信用卡消费额（亿元）	333.75	526.97	863.45	1192.90	1397.30	17.14
企业网银客户（万户）	1.38	1.80	2.03	2.20	2.28	3.64
个人网银客户（万户）	97.74	130.05	169.59	253.01	277.41	9.64
手机银行客户（万户）	12.83	27.26	51.50	82.12	105.81	27.85
电话银行客户（万户）	0.66	0.31	0.30	0.37	0.35	-5.40
现金自助设备（台）	749	950	1231	1314	1055	-19.70
营业网点（个）	135	131	131	132	159	20.40
自助网点（个）	94	161	249	272	229	-15.80

附表5

先进集体及个人一览表

授奖单位	奖项名称	获奖集体
山东省委机要局	机要管理先进单位	交通银行山东省分行
交通银行总行办公室	办公信息化建设劳动竞赛鼓励奖	交通银行山东省分行
交通银行总行	财务合规知识竞赛专业组一等奖、非专业组一等奖	交通银行山东省分行
人民银行济南分行	山东省级银行业金融机构统计工作优秀单位一等奖	交通银行山东省分行
人民银行济南分行	山东省银行业金融机构金融统计业务技能竞赛优秀组织奖	交通银行山东省分行
山东省银监局	直报机构监管统计工作先进单位一等奖	交通银行山东省分行
交通银行票据中心	“准直贴”业务交易量年度奖三等奖	交通银行山东省分行
交通银行总行	跨境人民币推动奖	交通银行山东省分行
交通银行总行	离岸业务“增收、创收”劳动竞赛优秀组织奖	交通银行山东省分行
交通银行总行	离岸业务“增收、创收”劳动竞赛离岸国结增量腾飞奖	山东省分行潍坊分行
交通银行总行	“服务提升工作优胜集体”一等奖	交通银行山东省分行
交通银行总行	千佳创建“表现优异奖”	交通银行山东省分行
交通银行总行	消保服务专项劳动竞赛优秀网点	交通银行东营分行营业部、临沂分行营业部、菏泽分行营业部、聊城分行营业部、
中国银行业协会	千佳文明规范服务单位	交通银行烟台莱阳支行、威海荣成支行、东营分行营业部、临沂分行营业部、菏泽分行营业部、聊城分行营业部
交通银行总行	营运条线综合考评突出贡献奖	交通银行山东省分行
交通银行总行	风险监测成果劳动竞赛“优秀组织”奖	交通银行山东省分行
交通银行总行	最佳营运风险监测成果案例	交通银行山东省分行
交通银行总行	入围营运风险监测成果案例	交通银行山东省分行

续表

授奖单位	奖项名称	获奖集体
交通银行总行	业务转型竞赛优胜奖	交通银行山东省分行
交通银行总行	“531”工程业务技能竞赛“团体三等”奖	交通银行山东省分行
人民银行济南分行	钱币知识答题活动团体三等奖	交通银行山东省分行
交通银行总行风险保全部	风险提示及措施奖三等奖	交通银行山东省分行
交通银行总行风险保全部	风险排查贡献奖三等奖	交通银行山东省分行
交通银行总行技管部	第八届“交银杯”信息系统安全生产劳动竞赛IT基础管理优秀团队二等奖	交通银行山东省分行
交通银行总行技管部	信息技术工作先进单位优秀奖	交通银行山东省分行
交通银行总行金融机构部	金融机构业务经营管理优胜奖	交通银行山东省分行
交通银行总行金融机构部	金融机构业务争先进位优胜奖	交通银行山东省分行
交通银行总行金融机构部	优质第三方存管客户拓展奖	交通银行山东省分行
交通银行总行贵金属中心	对公贵金属业务十佳分行	交通银行山东省分行
交通银行总行贵金属中心	对公贵金属业务客户拓展奖	交通银行山东省分行
交通银行总行贵金属中心	黄金租赁业务先进单位	交通银行山东省分行
交通银行总行金融机构部	“彩虹桥”业务优胜奖	交通银行山东省分行
交通银行总行金融机构部	金融要素市场代理业务新增客户奖	交通银行山东省分行
交通银行总行金融机构部	同业理财优质客户拓展竞赛	交通银行山东省分行
交通银行总行金融机构部	“金管家”优质新客户拓展奖	交通银行山东省分行
交通银行总行金融机构部	“省辖分行全覆盖”活动优秀组织奖	交通银行山东省分行
交通银行总行金融机构部	同业理财“开门红”活动全面覆盖奖、营销先锋奖	交通银行山东省分行
交通银行总行监察局（反欺诈部）	纪检监察先进集体	交通银行山东省分行纪委
交通银行总行	保卫条线开展“强化安保责任考核，提升预防处置水平”平安创建劳动竞赛	交通银行山东省分行
交通银行总行工会	交通银行员工体育文化艺术“家”年华活动团体总分第二名	交通银行山东省分行工会
交通银行总行工会	交通银行工会工作竞赛优胜单位二等奖	交通银行山东省分行
授奖单位	奖项名称	获奖个人
交通银行总行	离岸贸易融资业务百日劳动竞赛先进个人	王凤玲
交通银行总行	消保服务专项劳动竞赛优秀大堂经理	张　玮　杜洋洋　施亚楠　胡文文
交通银行总行	消保服务专项劳动竞赛优秀柜员	陈　宁　聂　云
交通银行总行	消保服务专项劳动竞赛优秀零售客户经理	孙倩茹　曹翠翠
交通银行总行	“531”工程业务技能竞赛“十佳综合技能个人”奖	刘丽霞　张晓彤　李小龙
交通银行总行	“走进交行，感受温馨”活动优秀柜员	陈　宁　聂　云
山东省支付清算协会	第四届“支付清算杯”支付业务竞赛个人优秀奖	邢　昊　闫　晨　孙国英　刘宗畅　赵　玉　董永梅　王怀宁　侯　青　张　超　来翠珍　王建美　张威红　许沫含　郭军强　梁亚军

续表

授奖单位	奖项名称	获奖个人
人民银行济南分行	山东省级银行业金融机构统计工作优秀个人	刘政君
山东省银行业协会	法律风险管理主题征文三等奖	刘松涛
交通银行总行技管部	IT 服务标兵	赵大伟
交通银行总行贵金属中心	对公贵金属业务领军奖	曹　真
交通银行总行贵金属中心	对公贵金属业务先进个人	单光辉
交通银行总行贵金属中心	黄金租赁业务个人突出贡献奖	王　菁　姜雪菲　栾青洁　曲洪智
交通银行总行贵金属中心	黄金租赁业务存量客户维护奖	栾青洁　姜雪菲　王　菁
交通银行总行监察局（反欺诈部）	执纪能手	任建平
交通银行总行	保卫条线开展“强化安保责任考核，提升预防处置水平”平安创建劳动竞赛先进个人	陈志刚
交通银行总行	保卫条线开展“强化安保责任考核，提升预防处置水平”平安创建劳动竞赛技防创新能手	史大华
交通银行总行工会	交通银行工会工作竞赛先进工会干部	韩会雷

交通银行股份有限公司青岛分行

【第一负责人简介】　杨勇，男，汉族，1970 年 4 月出生，山东诸城人。武汉大学国际金融专业本科毕业。获中国海洋大学 MBA 学位。1992 年 7 月在交通银行青岛分行参加工作，历任国外业务部副科长、科长、经理助理，国际业务部副经理（主持工作）。2005 年 8 月起，任交通银行青岛分行党委委员、副行长。2015 年 3 月起，主持交通银行青岛分行全面工作。2015 年 10 起，任交通银行青岛分行党委书记、行长。

【综述】　交通银行股份有限公司青岛分行(以下简称“交通银行青岛分行”)成立于 1988 年 2 月，是交通银行境内 37 家管辖直属分行之一。在青岛市内设有 59 个营业网点，其中普惠型网点 13 个，机构网点覆盖青岛全部区县。截至 2016 年年末，各项人民币存款余额达 854.44 亿元，实质性贷款余额 504.88 亿元。

作为驻青国有金融机构，交通银行青岛分行认真贯彻落实国家宏观调控政策，充分发挥交通银行在综合化和国际化等方面的特色经营优势，全力为青岛市经济转型发展和结构调整提供优质高效的金融服务，连续多年被评为省级文明单位。2016 年，该行营业部获全国金融先锋号称号，市南三支行获山东省财贸金融系统五一劳动奖状，工会获山东省财贸系统工会工作先进单位称号。在中国银行业文明规范服务“千佳”创建验收中，有 2 家网点成功入选。在青岛银监局消费者权益保护工作评级中，交通银行青岛分行在本地 41 家金融机构中取得总分第 1 名，连续 2 年蝉连一级行评价。

【公司业务】　交通银行青岛分行积极融入地方经济发展，与青岛市政府签订了“十三五”期间战略合作协议，为青岛经济健康快速发展提供强有力的金融支持。

一、充分应用综合化、国际化平台服务实体经济。一是助力行业龙头，集团企业“走出去”战略。二是积极推进海尔保理资产证券化、青岛西海岸文旅融资租赁等业务合作。三是支持海尔集团海外并购美国 GE 家电板块项目。向重点客户推介包括境外直接债务融资、境外并购重组、境内外联动、全球现金管理和全球产业链金融等在内的金融服务方案，进一步健全支持企业“走出去”的金融服务体系。

二、支持“一带一路”建设，为区域交通基础设施提供金融保障。一是与交银金融租赁有限公司合作为海青铁路投放融资租赁资金，这是济南铁路局、山东地区银行业历史上首次对运营期铁路进行融资租赁。二是积极支持大型枢纽干线机场改扩建需求，为青岛胶东新机场建设提供银团贷款。三是金融支持青岛地铁、青岛蓝色硅谷城际轨道以及青岛市西海岸轨道交通等建设项目，实现投放超过 13 亿元。

三、契合地方发展战略布局，全力支持重点项目建设。一是积极支持一汽华东汽车产业新城、西海岸新区建设以及青岛即墨、平度、胶州等区域的重点项目建设。二是紧扣青岛市“一谷两区”（蓝色硅谷、西海岸经济新区和红岛经济新区）发展战略，分别为青岛西海岸新区蓝色海湾整治项目和青岛高新区红建投资棚户区改造项目提供全融资授信支持。

四、加大创新力度，推动小微企业健康发展。一是加强金融产品创新，提升对小微企业的服务质效。二是通过深化同青岛市高创担保公司的合作，实现批量做、逐笔审、组合管的集群发展模式。三是与青岛市国税局、地税局合作“银税互助”项目，创新“税融通”小微信贷产品。四是推出“POS”贷产品，给予客户可循环使用的短期流动资金贷款，满足客户生产经营等资金需求。2016年，小微企业贷款全面达成“三不低于”目标。

【零售业务】 交通银行青岛分行围绕“以利润为中心，以市场为核心，以管理为重心”的发展思路，零售业务持续稳定发展。

一、加大对民生金融的服务力度。2016年8月，全行实施房贷业务架构改革，按照“市场中有影响力、效率上有竞争力、效益上有支撑力”的目标，将支行分成房贷专营与非专营机构，同时组建房贷外拓队伍，设置房贷管理经理、房贷客户经理和房贷客户经理协理，专人专职促进房贷业务的发展，实现专业化经营和精细化管理，显著提高了房贷业务效率。截至2016年年末，该行房贷款余额达到114.73亿元，同比增长23%。

二、打造“劳模创新工作室”财富管理品牌。该行创建以全国金融劳模李锦娟为核心的“锦娟劳模理财工作室”，以市场为导向，通过专业分析，为客户提供差异化、多层次的财富管理服务，精准提供资金配置建议，发挥劳模示范作用打造“金融工匠”。2016年8月，“锦娟劳模理财工作室”被命名为青岛市劳模（先进）创新工作室，开创了青岛市金融行业劳模理财工作室的先河。

三、坚持客户为中心，深化财富管理。一是丰富高品质活动，提升客户体验。先后举办财富沙龙，三八节“约会沃德、魅力绽放”，小小金融家、中医问诊等客户回馈活动，增值服务内容不断契合客户需求。二是创新开展进社区活动。举办“走进交通银行感受温馨”大型服务劳动竞赛，通过网络和路演方式，走进企业、学校、军营和社区，与“走出交通银行播种财富”有机结合，取得良好效果。三是创新消保服务管理体系，该行首创的“敬老文明号”获得监管单位认可并在全市推广。四是推行网点服务体验方式。引入网点服务客户体验项目，由专业公司对消保服务进行专业评分，带动全行服务水平整体提升。

【中间业务】 2016年，交通银行青岛分行长抓优势业务发展，努力提升非息收入能力。一是大力拓展综合化业务。与交银金融租赁有限公司合作投放“青岛地铁”等6笔融资租赁业务。向交银国际信托有限公司推荐多笔自主管理类信托业务。积极接洽率交银国际信托有限公司，探索推进研究型财务顾问业务。二是大力发展跨境金融。结合客户业务需求，联动境外分行，为企业办理内保外贷、联动贸易融资等业务。积极开展全球现金管理业务合作，为跨国集团搭建便利资金调拨通道。着力发展境内的“外向型”业务，全方位地开展了国际业务、境内外汇业务、跨境人民币业务、新台币业务和离岸业务等。业务范围由国际结算、贸易融资等扩展到对外担保、对外项目融资和支持对外兼并收购等领域。三是持续加强传统投行业务拓展，推动类信贷业务发展，积极拓宽盈利渠道。四是大力拓展各类代销业务。加强与重点保险公司的合作，代销保险业务规模和效益大幅提升。

【内部管理】 2016年，交通银行青岛分行全面加强内控合规管理，风险防范能力稳步提升。

一、以创新方式推进风险文化养成教育。一是创新传播平台。建立客户经理业务微信群，为风险文化传播搭建平台。二是创新风险文化考试手段。每周在线推送风险文化知识测试，逐步形成“办公群里说风险、朋友圈里晒成绩”的浓厚学习氛围。三是创新宣讲方式和内容。通过典型案例讲解，剖析目前已发风险事件的成因，有针对性的揭示事件风险特征以及业务管理过程中的疏漏和不合规点，提出业务推进过程中的风险管控改进意见。

二、强化内控合规管理机制。一是以强化内控为导向优化绩效考核。加大“内控和合规管理”指标权重，制定实施内控和合规考核办法，从评价、内容、流程等方面进行了完善。二是加强对村镇银行内控管理工作的指导。把村镇银行风险纳入全面风险管理体系。建立授信风险管控联动机制，对共同授信客户实施统一授信管控策略。三是完善检查制度，加强营运人员行为管控，对于网点存在的突出问题下发专项通报。

三、加大案件防控工作力度。一是采取多种形式开展警示教育。组织干部员工参观青岛市廉政警示教育基地，举办“廉政文化进家庭”书画展活动，持续开展家访活动，推动家庭单位共同加强员工管控工作。二是常态化对重点领域开展各类风险排查。陆续开展票据业务、大额保证金贷款、异地民营集团业务、防范非法集资及风险传染、单位资信证明和询证函业务等领域的专项风险排查，及时采取措施消除风险隐患。三是加大员工行为管控。分别对干部员工异常行为、贷款业务风险、大额可疑交易、干部员工及亲属投资经营企业等风险隐患进行了彻底排查。

【金融文化建设】 交通银行青岛分行对内加强人文关怀，持续打造幸福交通银行；对外积极回报社会，争当履行社会责任的先锋。

一、关怀员工送温暖。一是创新推出“四季关爱”主题活动，以“春送绿色、夏送清凉、秋送养生、冬送温暖”为主线，为一线员工派发降温茶饮2.4万份，为一线大堂经理送去羊毛大衣96套，为单身外地员工购置御寒床品190余套。二是不断提升员工幸福感，开设员工加班晚餐和“医通小屋”，先后举办女员工风采大赛，五四青春诗会、幸福交通银行家年华、中秋联欢会等多项活动。三是关怀困难、大病员工。新增员工生育慰问项目，对困难、大病员工进行帮扶，共帮助47名重病员工解决困难。

二、积极践行百年交通银行责任文化。一是成功举办新疆阿克苏青少年“大爱青新、放飞梦想”夏令营（青岛），接待新疆青少年28名。二是建立关爱儿童及兴教助学长效机制，与青岛市残联残疾儿童康复中心、中国儿童少年基金等公益慈善机构、贫困偏远地区学校以及周边街道居委保持密切合作关系。三是先后开展了关注留守儿童公益活动、帮扶偏远困难小学校活动,爱心助跑、为视障儿童读书等各类儿童关爱志愿活动。

【大事记】 1月11日 交通银行总行首席风险官杨东平在青岛考察当地重点项目青岛蓝色硅谷园区和青岛汽车产业新城。

1月15日 交通银行与青岛市政府在上海签订《“十三五”时期战略合作备忘录》。

1月18日 交通银行青岛分行协同交银租赁投放交通银行青岛分行首笔转租赁业务,为银租协同开辟了新的发展思路。

1月31日 交通银行青岛分行召开2016年工作会议,对各项经营管理工作进行整体部署。

2月18日 交通银行青岛分行票据代理回购业务交易量突破50亿元。

3月16日 交通银行青岛分行协同交银租赁公司为海青铁路有限责任公司办理设备融资租赁业务。

4月17日 交通银行青岛分行举办青岛市“迎省运”“交通银行杯”全民健身健康跑活动。

5月18日 交通银行青岛分行“锦娟劳模理财工作室”正式成立。

5月19日 交通银行青岛分行联合农业银行为华电国际电力股份有限公司主承销30亿元270天超短期融资券成功发行。

6月 交通银行青岛分行与国开行、市北区政府签订棚户区改造拆迁补偿代发协议。

7月9日 交通银行股份有限公司青岛人民路支行迁址到青岛市市北区鞍山一路96号乙-19。

7月16日 交通银行股份有限公司青岛同安路支行迁址青岛市崂山区同和路728号,更名为交通银行股份有限公司青岛劲松七路支行。

8月1日 交通银行青岛分行协助崂山交银村镇银行开办社保代扣代缴业务,成为交通银行系统内首家办理个体经济组织从业人员、自由职业者及灵活就业人员参保登记、缴费和养老金领取的村镇银行。

8月24日 交通银行股份有限公司青岛东海路支行终止营业。

8月30日 交通银行青岛分行与青岛农村商业银行股份有限公司人民币跨境支付系统代理业务(CIPS)成功落地,是系统内首单与中资银行合作的CIPS业务。

9月1日 交通银行青岛分行完成青岛港集团、赛伦金宇集团两户跨行资金管理平台系统签约,实现跨行资金管理平台零的突破。

9月5日 交通银行青岛分行“锦娟劳模理财工作室”被命名为青岛市劳模(先进)创新工作室,是地区金融行业唯一获此殊荣的劳模理财工作室。

9月23日 交通银行青岛分行数据防泄漏系统(EDLP)全部上线。

9月 交通银行青岛分行协同交银租赁分别向青岛黄岛发展集团有限公司、青岛高新区开发区投资集团有限公司叙做售后回租业务,为县域级的银政合作开辟了新的发展思路。

12月30日 由青岛市政府主办、交通银行青岛分行协办的“2017年青岛新年音乐会”在青岛市大剧院举行。

12月30日 由交通银行青岛分行冠名的“交通银行杯·青岛市迎新年万人健康跑”活动正式启动。

(李庆童)

附表1

机构概况一览表

行长(或其他称谓的第一负责人)		副行长(或其他称谓的同级领导)	
杨 勇		刘鹏涛 马泽泉 徐建民	
地址	山东省青岛市市南区中山路6号	邮编	266001
网址	http://www.bankcomm.com/	客服电话	95559

附表2

内设部门及分支机构一览表

年度	内设职能部门数量(个)	下设分支机构(个)					员工总人数(人)	
		总数	地市分行数	县区支行数	分理处、营业所数	储蓄所数		正式职工人数
2012年	21	55	1	54	0	0	1339	1218
2013年	23	52	1	51	0	0	1369	1274
2014年	25	52	1	51	0	0	1403	1340
2015年	23	49	1	48	0	0	1376	1342
2016年	24	47	1	46	0	0	1361	1329

附表 3

主要统计指标 1

单位：亿元

项目＼年度	2012	2013	2014	2015	2016	2016年同比增幅（%）
本外币资产总额	869.04	897.91	975.84	895.01	1007.67	12.59
本外币存款余额	776.14	840.50	892.76	830.34	906.68	9.19
人民币存款余额	748.83	805.65	838.75	782.06	853.55	9.14
单位存款	528.81	562.64	558.99	501.92	565.11	12.59
储蓄存款	220.02	243.01	257.32	280.13	288.44	2.97
本外币贷款余额	504.12	550.69	565.74	547.63	540.97	-1.22
人民币贷款余额	477.47	524.41	548.73	534.57	534.83	0.05
短期贷款	220.15	236.22	171.54	215.46	143.60	-33.35
中长期贷款	234.02	263.82	288.01	266.87	355.37	33.16
票据融资	22.84	28.04	28.00	44.98	33.66	-25.17
利润总额	14.23	16.49	15.94	7.21	9.97	38.28
不良贷款余额	6.66	10.30	14.95	14.34	6.64	-53.70
不良贷款占比（%）	1.32	1.87	2.64	2.62	1.23	-53.05

附表 4

主要统计指标 2

项目＼年度	2012	2013	2014	2015	2016	2016年同比增幅（%）
单位结算账户（万户）	1. 91	2.06	2.31	2.59	2.75	6.32
单位结算金额（亿元）	15285.02	18640.06	21724.23	58057.02	103091.93	77.57
个人结算账户（万户）	390. 68	425.72	506.27	688.93	575.81	-16.42
个人结算金额（亿元）	5175.31	5397.22	5594.68	7766.86	8452.00	8.82
信用卡发卡量（万张）	3.37	4.88	5	8	9.99	24.88
信用卡消费额（亿元）	93	134.57	201	259	293.78	13.43
企业网银客户（万户）	0.79	0.99	1.14	1.16	1.30	12.07
个人网银客户（万户）	61.21	78.92	100.47	125.26	139.34	11.24
手机银行客户（万户）	13.68	22.61	63.24	85.35	95.92	12.38
电话银行客户（万户）	0.19	0.19	0.28	0.06	0.11	83.33
现金自助设备（台）	405	460	504	541	498	-7.94
营业网点（个）	54	51	51	49	46	-6.12
自助网点（个）	68	75	82	94	101	7.44

注：因2015年6月末新系统上线，数据统计规则发生变化，导致部分数据变动较大

附表 5

先进集体及个人一览表

授奖单位	奖项名称	获奖集体
全国金融工会	全国金融先锋号	交通银行青岛分行营业部

续表

授奖单位	奖项名称	获奖集体
全国金融工会	全国金融系统劳模创新工作室	交通银行青岛锦娟劳模理财工作室
交通银行	行务信息工作先进单位	交通银行青岛分行办公室
交通银行	“文化交行”优秀组织二等奖	交通银行青岛分行办公室
交通银行	“国际业务之星”和国际化专项劳动竞赛创新方案三等奖	交通银行青岛分行国际部
交通银行	“国际业务之星”和国际化专项劳动竞赛“走出去”客户推荐奖	交通银行青岛分行国际部
交通银行	“国际业务之星”和国际化专项劳动竞赛省级外贸百强增量客户优胜奖	交通银行青岛分行国际部
交通银行	个金业务“开门红”劳动竞赛社区营销十佳组织省直分行奖	交通银行青岛分行个金部（消保部）
交通银行	“个金 STYIL-最强团队风采大赛”总决赛精英团队奖	交通银行青岛分行个金部（消保部）
交通银行	“531”工程业务技能竞赛决赛团体一等奖	交通银行青岛分行营运部
交通银行	营运风险监测成果竞赛“入围营运风险监测成果案例奖”	交通银行青岛分行营运部
交通银行	营运风险监测成果竞赛“优秀营运风险监测成果案例奖”	交通银行青岛分行营运部
交通银行	授信管理信贷减退加固成效奖	交通银行青岛分行授信部
交通银行	重大案件诉讼成果竞赛一等奖	交通银行青岛分行合规部
交通银行	消保服务专项劳动竞赛“走进交行，感受温馨”优秀网点	交通银行青岛分行营业部
交通银行	军队系统营销专项劳动竞赛年度优胜单位准入突破奖三等奖	交通银行青岛市南一支行
交通银行	军队系统营销专项劳动竞赛年度优胜单位产品创新奖三等奖	交通银行青岛市南一支行
交通银行	营运工作示范行	交通银行青岛平度支行
人民银行济南分行	山东省银行业金融机构跨境人民币业务技能竞赛团体三等奖	交通银行青岛分行国际部
山东省财贸金融	山东省财贸金融系统工会工作先进单位	交通银行青岛分行工会办
山东省财贸金融	山东省财贸金融系统五一劳动奖状	交通银行青岛市南三支行
山东省财贸金融	“金家岭金融区杯”金融理财师专业大赛优胜理财师团队奖	交通银行青岛锦娟劳模理财工作室
授奖单位	奖项名称	获奖个人
全国金融工会	全国金融五一劳动奖章	李锦娟
全国金融工会	全国金融系统银行证券保险综合业务技能竞赛银行类手工技能项目优秀奖	刘　强
交通银行	优秀党务工作者	孙爱梅
交通银行	优秀教育培训工作者	闫　萍
交通银行	行务信息工作组织优秀奖	王春雷
交通银行	行务信息工作优秀信息员	李庆童
交通银行	离岸全球代发杰出推动二等奖	高　冬
交通银行	离岸全球代发拓展精英三等奖	张　康
交通银行	“531”工程业务技能竞赛决赛个人风采奖	吴春青
交通银行	消保服务专项劳动竞赛优秀大堂经理	陈国荣
交通银行	“531”工程业务技能竞赛山西赛区一佳综合技能个人奖	张云霞　朱晓琳　吴春青
交通银行	“文化交行”业务促进奖	李少卿
交通银行	“悦动交行”员工体育摄影作品征集活动一等奖	于　强

续表

授奖单位	奖项名称	获奖个人
交通银行	“悦动交行”员工体育摄影作品征集活动二等奖	单熠海
交通银行	体育摄影大赛一等级	于　强
交通银行	纪念建党95周年书法比赛优秀奖	沈居安
交通银行	首届“大爱交行”企业社会责任主题摄影比赛优秀奖	张晓光
交通银行	法律合规条线劳动竞赛对公客户信息质量提升先进个人奖	刘丽波
交通银行	员工体育文化艺术“家”年华准星达人赛女子乙组第二名	刘　荣
交通银行	员工体育文化艺术“家”年华女员工插花比赛二等奖	王文秀
交通银行	“文化交行”优秀作品三等奖	王文秀
交通银行	离岸全球代发杰出推动二等奖	高　冬
交通银行	离岸全球代发拓展精英三等奖	张　康
山东省财贸金融	山东省富民兴鲁劳动奖章	王　兵
人民银行济南分行	山东省银行业跨境人民币业务技能竞赛个人优胜奖	王春成　张　婕
山东省金融工会	山东省金融系统工会财务工作先进工作者	李　冰
山东省财贸金融	山东省金融理财师大赛优秀理财师一等奖	马振帅
山东省财贸金融	山东省理财师大赛优秀理财师三等奖	郭怡蘩
山东省财贸金融	山东省理财师大赛优秀理财师三等奖	曲　悦

招商银行股份有限公司济南分行

【第一负责人简介】　李锋，男，汉族，共产党员，1961年3月出生，本科学历，经济师。1979年参加工作，历任解放军总后勤部基建营房部办公室正营职秘书、招商银行北京分行办公室主任、分行副行长、总行机构客户部总经理兼北京分行副行长；2016年3月起，任招商银行济南分行党委书记、分行行长。

【综述】　截至2016年年末，招商银行股份有限公司济南分行（以下简称“招商银行济南分行”）本部设公司、零售两大事业部及20个职能部门，辖管6家二级分行和49家支行。成立十六年来，招商银行济南分行始终秉承“因您而变、因势而变”的经营理念，牢固坚持质量、效益、规模协调发展，认真贯彻总行的战略部署和经营导向，在服务山东经济社会发展中茁壮成长，积累了较强的持续发展实力，树立了良好的招银形象。

【公司业务】　2016年，招商银行济南分行围绕总行战略部署，抢抓机遇，开拓创新，调整结构，攻坚克难，推动各项业务平稳发展。对公客户拓展量质齐升，人民币对公活期存款占比显著提升，公司金融轻型发展布局良好，投行业务优势凸显，智慧城市业务异军突起，业务结构持续优化。

【零售业务】　2016年，招商银行济南分行零售条线充分发挥了“一体两翼”中“一体”的压舱石作用直面压力，勇于挑战，抢抓有利机遇，克服不利因素，加快业务发展。零售利润贡献度持续提升；零售客户群和管理资产规模不断壮大；零售信贷业务量质齐升；轻平台获客能力不断提升；资产配置能力进一步增强。

【交易银行】　2016年，招商银行济南分行充分发挥我省对外承包工程大省的市场优势，以“一带一路”外经业务弥补外贸业务的动力不足，跨境金融三通产品屡获突破。国内贸易融资与互联网金融融合发展，付款代理、票据池供应链金融业务加快推进，现金管理、创新型支付结算名列前茅。

【同业业务】　2016年，招商银行济南分行克服资本市场低位震荡、政策收紧、税制改革等不利因素影响，紧抓轻型银行转型机遇，以资产管理为引擎，加快优质资产组织和经营，优化托管客群结构，促进托管规模快速攀升，带动同业金融业务向轻向好发展。

【内部管理】 2016 年，招商银行济南分行深入开展了“两学一做”学习教育，加强了分行党委中心组集中学习，认真组织“三会一课”和党员领导干部民主生活会，广泛开展基层调研。顺利完成了机构划转和管辖关系调整工作，成立了智慧城市项目推动小组和消保与服务联席推动小组，强化了“双维度”的绩效评价和考核应用。开展了跨年度的“讲合规 守底线 严自律 防案件”主题活动、员工违规行为整治活动和“两加强、两遏制”回头看活动。

【风险管理】 2016 年，招商银行济南分行坚持“抓大额、抓排查、抓预警、抓限额、抓退出”的风险管控策略，强化“三重”风险管控措施，多措并举加大不良资产的处置力度。零售信贷不良额、不良率实现“双降”。

【企业文化】 2016 年，招商银行济南分行开展了包括行长当大堂经理、建设百年招银林、员工家属座谈或走访等一系列活动，组织了“为行庆献礼”业务竞赛和服务竞赛活动，搭建了“写今招”“看今招”宣传平台，各项业务技能比赛、文体活动、员工关爱活动生动活跃，在全行营造出了“动起来”的良好企业文化氛围。

【大事记】 3 月 招商银行总行丁伟副行长一行赴济南分行宣布主要负责人任免决定，李锋任济南分行党委委员、书记，周伟林不再担任济南分行党委书记、委员职务，改任总行巡视员。

4 月 招商银行济南分行与中泰证券联合举办了 2016 年银证合作联席会议。

7 月 招商银行济南分行承办的“2016 招商银行贸易融资银企交流会”在济南举行，省内 36 家国有及大型民营企业参加了会议。

（吴振华）

附表 1

机构概况一览表

行长（或其他称谓的第一负责人）		副行长（或其他称谓的同级领导）	
李 锋		张 洪 于 冬 伊晓棠 郑 玲 娄文杰 孟 丽 齐君承 吕成玉	
地址	山东省济南市共青团路 7 号	邮编	250012
网址	http://www.cmbchina.com/	服务热线	95555

附表 2

内设部门及分支机构一览表

年度	内设职能部门数量（个）	下设分支机构（个）					员工总人数（人）	
		总数	地市分行数	县区支行数	分理处、营业所数	储蓄所数		正式职工人数
2012 年	16	35	6	29	0	0	1566	1347
2013 年	17	38	7	31	0	0	1784	1482
2014 年	17	47	7	40	0	0	1814	1500
2015 年	20	56	7	49	0	0	1865	1578
2016 年	20	56	7	49	0	0	1664	1594

附表 3

主要统计指标 1

单位：亿元

项目 \ 年度	2012	2013	2014	2015	2016	2016 年同比增幅（%）
本外币资产总额	636.72	750.59	870.34	825.29	770.94	-6.59
本外币存款余额	596.86	679.73	770.11	736.39	609.35	-17.25
人民币存款余额	588.69	668.67	754.71	721.74	594.90	-17.57

续表

项目 \ 年度	2012	2013	2014	2015	2016	2016年同比增幅（%）
单位存款	400.88	460.79	520.97	482.35	391.01	-18.94
储蓄存款	184.36	205.40	227.70	235.54	195.91	-16.83
本外币贷款余额	558.6	590.43	632.84	659.35	667.00	1.16
人民币贷款余额	536.76	572.70	614.38	641.24	659.47	2.84
短期贷款	316.98	368.93	363.99	366.06	387.63	5.89
中长期贷款	197.31	180.23	226.24	256.81	270.85	5.47
票据融资	22.47	23.54	24.15	18.37	115.20	527.11
利润总额	16.32	17.68	19.34	15.5	-10.68	-168.90
不良贷款余额	3.59	6.02	7.1	8.91	16.95	90.24
不良贷款占比（%）	0.64	1.02	1.12	1.35	2.54	88.14

附表4

主要统计指标2

项目 \ 年度	2012	2013	2014	2015	2016	2016年同比增幅（%）
单位结算账户（万户）	1.90	2.16	3.23	3.93	2.66	-32.32
单位结算金额（亿元）	18750	20194	23802	32153	36162	12.68
个人结算账户（万户）	151.87	164.13	195.11	235.79	185.37	-21.38
个人结算金额（亿元）	13398	14742	10129	12053	13481	11.85
信用卡发卡量（万张）	8.92	8.84	13.25	16.03	21.09	31.56
信用卡消费额（亿元）	173.57	227.57	305.08	414.9	470.92	13.5
企业网银客户（万户）	0.45	0.64	1.09	1.52	1.63	7.2
个人网银客户（万户）	35.95	43.28	68.22	101.92	115.37	13.2
手机银行客户（万户）	19.40	21.02	83.72	112.98	125.97	11.45
电话银行客户（万户）	—	—	—	—	—	—
现金自助设备（台）	242	310	397	441	402	-8.8
营业网点（个）	35	38	47	56	56	0
自助网点（个）	55	64	68	73	76	4.1

附表5

先进集体及个人一览表

授奖单位	奖项名称	获奖集体
中国人民银行济南分行	2016年度山东省省级银行业金融机构金融统计工作先进单位一等奖	招商银行济南分行
山东银监局	2016年银行业金融机构监管统计工作考评“先进单位一等奖”	招商银行济南分行
山东省外汇管理局	2016年度山东省银行执行外汇管理规定考核评级A级	招商银行济南分行
山东省外汇管理局	2016年度济南市银行执行外汇管理规定考核评级A级	招商银行济南分行
授奖单位	奖项名称	获奖个人
中国人民银行济南分行	2016年度山东省省级银行业金融机构金融统计工作先进个人	郭媛媛
中国人民银行济南分行营业管理部	2016年度征信管理工作能手	孟国栋
中国人民银行济南分行营业管理部	2016年度驻济银行业机构信息工作能手	丁运来
中国银监会党委办公室	中国银监会系统优秀共青团干部	司志宾

招商银行股份有限公司青岛分行

【第一负责人简介】　张连怀，男，汉族，共产党员，1966 年 1 月出生，博士研究生学历，高级经济师。1989 年参加工作，历任深圳发展银行、广发银行、上海银行支行副行长、分行副行长、分行行长；自 2015 年 9 月起，任招商银行股份有限公司青岛分行党委书记、分行行长。

【综述】　2016 年，招商银行股份有限公司青岛分行（以下简称“招商银行青岛分行”）深入推进向轻型银行转型，“深耕青岛，发展潍坊，带动日照”，持续提升服务水平，继续加强精神文明建设和企业文化建设，积极履行企业社会责任，进一步树立了良好的企业形象。

【资产业务】　2016 年，招商银行青岛分行进一步加快信贷结构调整，多维度重点支持目标客户，继续加大对风险敏感领域的压缩退出力度、授信逾期的提前管理，以及风险排查与检查的工作力度；一户一策，全力开展不良资产风险化解工作。积极参与产品创新，促进综合收益提升。

【公司业务】　2016 年，招商银行青岛分行紧紧围绕总行“轻型银行”和“一体两翼”的战略目标，落实总行“四大战役”和“资产组织”的工作要求，体制改革持续深化，结构调整稳步推进。实施名单制、产品委员会、铁三角助力优质客户营销；强化培训提升专业化能力，以创新业务带动传统业务，投行、资管、同业、交易银行等轻型业务实现突破，综合绩效考核排名大幅提升。

【个人业务】　2016 年，招商银行青岛分行加强零售整体规划管理，搭建大零售平台，积极推进各项资源整合，不断提升零售银行盈利能力。零售营业净收入超过预算目标，零售利润贡献占比持续攀升，零售考核利润 3.78 亿元。进一步夯实零售业务平台，大力推进代发业务发展，挖掘业务新增长点，加强财富销售，提升中收贡献，不断推进零售业务“轻”资产转型。

【票据业务】　2016 年，招商银行青岛分行票据业务及时调整业务开展方向，加强票据业务流程化、精细化管理，杜绝业务风险。同时，加大客群渠道建设，新增“票据管家”“票据大管家”等新产品，提高客户粘度。在保证零风险的同时，累计办理票据直贴业务 227.41 元，办理转贴买卖断业务 11318 亿元，办理转贴回购业务 229.70 亿元，办理票据非标业务投资业务 5300 亿元，累计实现非利息收入 1.2 亿元，与 2015 年基本持平。

【国际业务】　2016 年，招商银行青岛分行积极响应总行交易银行融合创新的一体化服务体系战略部署，有的放矢地发展交易银行特色业务，业务结构进一步优化，实现打造交易银行“轻型银行”初步目标。以海外平台为依托，开展了离在岸联动、海外并购、银团、衍生交易等多项联动合作，海外业务不断拓展；以总行战略客户为核心，积极实践供应链金融新型融资方式；以条线联动为纽带，积极开展现金管理、互联网金融业务；以创新结算方式为手段，不断扩大客群数量，夯实客群基础。多项业务指标超额完成任务，持续打造地区最强交易银行品牌。

【电子银行业务】　2016 年，招商银行青岛分行进一步推动电子银行业务发展。推动手机银行、“超级网银”、微信银行等电子金融服务，加大 CBS 等现金管理产品的推广，非柜面交易替代率不断提升。加强电子银行整体活动的落地执行，开展多种多样的线上、线下活动，提高电子银行产品曝光率和吸引力。同时不断加强电子银行对客群的交叉销售挖掘。网上银行当年累计新增 24.6 万户，手机银行累计新增 31.58 万户。

【内部管理与金融文化建设】　2016 年，招商银行青岛分行进一步提高精细化管理水平。一是扎实开展内控合规管理，全面抓好纪检监察和安全保卫工作。二是组织开展服务明星评比等活动，加强厅堂活动与客户的互动，不断提升客户体验。三是积极组织参与定点扶贫工作，继续向云南、贵州贫困地区捐款捐物 20.47 万元，并“1+1 结对”资助学生，连续 4 年组织“爱满葵园”关爱自闭症儿童系列活动。四是积极关心困难职工和特殊群体，对患有疾病住院治疗的职工及因病住院的员二家属，及时进行走访慰问并按规定进行资助。五是持续组织员工和客户共同参与的跑步活动，增进员工之间、员工与客户之间的感情。

【大事记】　9 月　招商银行青岛分行组织“爱满葵园”关爱自闭症儿童活动。

（刘　鑫）

附表 1

机构概况一览表

行长（或其他称谓的第一负责人）		副行长（或其他称谓的同级领导）	
张连怀		姚 红 綦 琨 王 智	
地址	山东省青岛市崂山区海尔路65号	邮编	266100
网址	http://branch.cmbchina.com/0532.htm	客服电话	95555

附表 2

内设部门及分支机构一览表

年度	内设职能部门数量（个）	下设分支机构（个）					员工总人数（人）	
		总数	地市分行数	县区支行数	分理处、营业所数	储蓄所数		正式职工人数
2012年	22	21	4	17	0	0	1295	1295
2013年	25	22	4	18	0	0	1502	1502
2014年	25	29	4	25	0	0	1713	1713
2015年	24	39	4	35	0	0	1770	1770
2016年	24	37	2	35	0	0	1420	1420

附表 3

主要统计指1

单位：亿元

项目 \ 年度	2012	2013	2014	2015	2016	2016年同比增幅（%）
本外币资产总额	521.35	633.99	745.64	677.02	562.06	-16.98
本外币存款余额	498.44	556.21	613.58	524.73	510.2	-2.77
人民币存款余额	465.95	535.18	581.22	483.99	473.17	-2.24
单位存款	305.32	379.81	374.31	281.31	291.92	3.77
储蓄存款	160.63	155.37	206.91	202.68	181.25	-10.57
本外币贷款余额	456.28	537.87	598.3	500.65	412.69	-17.57
人民币贷款余额	420.11	509.42	559.09	494.03	407.34	-17.55
短期贷款	257.9	350.06	385.82	255.84	150.55	-41.15
中长期贷款	162.21	159.36	173.27	194.25	216.71	11.56
票据融资	25.72	21.25	38.62	43.94	40.08	-8.78
利润总额	14.06	15.85	17.33	-14.56	-13.87	-4.74
不良贷款余额	2.24	3.26	10.71	18.58	23.05	24.06
不良贷款占比（%）	0.49	0.61	1.79	3.71	5.58	50.40

附表 4

主要统计指标 2

项目＼年度	2012	2013	2014	2015	2016	2016 年同比增幅（%）
单位结算账户（万户）	2.06	2.67	3.4	3.2	2.9	-9.38
单位结算金额（亿元）	5400	6000	7200	7600	7100	-6.58
个人结算账户（万户）	—	—	223.74	273.78	228.56	-16.52
个人结算金额（亿元）	165.99	181.46	197.39	233.56	257.95	10.44
信用卡发卡量（万张）	4.50	5.84	9.78	25.49	37	45.15
信用卡消费额（亿元）	—	—	—	—	—	—
企业网银客户（万户）	0.54	0.76	0.75	0.67	0.55	-17.91
个人网银客户（万户）	8.19	12.92	19.7	36.8	61.4	66.85
手机银行客户（万户）	12.28	14.36	20.91	53.54	85.12	58.98
电话银行客户（万户）	—	—	—	—	—	—
现金自助设备（台）	360	369	447	307	288	-6.19
营业网点（个）	17	18	25	34	—	-100
自助网点（个）	87	112	125	148	134	-9.46

附表 5

先进集体及个人一览表

授奖单位	奖项名称	获奖集体
招商银行	2016 年招商银行十大服务团队	青岛奥帆中心支行
招商银行	2016 年招商银行五一劳动奖状	青岛燕儿岛路支行
招商银行	2016 年招商银行巾帼服务岗	青岛分行运营中心
授奖单位	奖项名称	获奖个人
招商银行	招商银行职工之友	綦　琨
招商银行	2016 年招商银行十大服务明星	黄文涛

上海浦东发展银行股份有限公司济南分行

【第一负责人简介】　孔建，男，汉族，1968 年 11 月生，山东济南人，1990 年加入中国共产党，博士研究生学历。历任工商银行山东省分行计划处科员、副主任科员，国际业务部、工商信贷处科长，资金营运处副处长；上海浦东发展银行股份有限公司济南分行信贷部总经理、副行长；2013 年起任上海浦东发展银行股份有限公司济南分行党委副书记，副行长（主持工作）；2014 年 6 月起任党委书记，行长。

【综述】　2016 年，上海浦东发展银行股份有限公司济南分行（以下简称“浦发银行济南分行”）不断加快业务发展，强化转型创新，严守风险底线，夯实管理基础，各项经营管理工作实现了平稳有序发展。全年实现预算口径营业净收入 49.11 亿元，同比增加 3.75 亿元；其中，中间业务净收入 16.43 亿元，同比增加 4.12 亿元。受减值准备大幅增加影响，2016 年实现账面利润 -5.95 亿元，同比下降 19.07 亿元。

【业务发展】　2016 年，浦发银行济南分行各类业务蓬勃发展。

一、客户经营持续深化。截至 2016 年年末，公司目标客户较年初增加 416 户，优质无贷户较年初增加 242 户。一是扎实开展系列营销竞赛和客户招募活动，着力打造线上、线下良好互动的轻型化获客模式。个人优质客户新增 8.84 万户，信用卡活跃账户新增 35.4 万户。二是加强与金融同业的全面合作，目前已与 100 多家金融机构建立了业务关系，完成同业授信客户审批 30 家，授信规模达 280.5 亿元，浦发同业合作平台搭建初具规模。

二、资产投放重点突出。大力拓展符合投向政策的合意资产，不断调整优化资产结构，全力巩固营收增长。持续加大对住房按揭、信用卡、消费金融等零售资产业务的营销推进，推动零售贷款实现跨越式发展。2016 年，零售贷款较年初增长 163.52 亿元，增幅 98.16%。公司业务领域，狠抓重点客户、重点项目的营销推进，加大对基础设施建设、民生工程、医院、教育等弱周期及新兴产业和传统优势骨干企业的信贷投放，新增贷款质量和结构明显优化。公司贷款较年初新增 84.28 亿元，中长期贷款、A 级以上客户贷款占比分别较年初提高 11.43 和 6.99 个百分点。

三、转型创新加快推进。从考核机制、中场支撑、资源配置等方面优先向转型业务倾斜，将有限的财力投入到更有吸引力的市场营销活动和重点客群、重点产品上，2016 年实现零售净收入 10.87 亿元，零售净中收 5.47 亿元，零售业务收益贡献较上年提升 10 个百分点。落地了山东高速集团储架发行注册项目、国内首支养老产业项目收益票据等具有影响力的项目。狠抓贸易融资、现金管理等基础业务，加快现金管理"四大品牌"的推广和复制。金融市场业务快速启动，一批政府类基金、股权基金等重大项目实现有效落地。

四、风险防控力度加大。2016 年累计完成结构调整授信优化、现金压退 598 户、金额 217 亿元，累计清收处置逾期垫款风险贷款 136.61 亿元；保证贷款占比较年初下降 7.44 个百分点，抵质押贷款占比较年初上升 3.46 个百分点，信贷结构调整取得了明显进展，夯实了风险管理基础。深入开展"两加强、两遏制"回头看专项检查，合规风险防控体系建设扎实推进，相关制度进一步落实和完善。

【内部管理】 2016 年，浦发银行济南分行持续加大业务推进力度。通过每月召开二级分行、同城支行经营分析会、管理部门 KPI 推进会、落实督导督办制度，努力把各项工作抓紧抓实，抓出成效。加强中场能力建设，积极做好市场企划及客户营销推进，引导各中场部门进一步做好服务支撑和全行联动，推动分行经营管理目标的实现。大力加强干部员工队伍建设，出台了《关于进一步加强分行干部员工队伍建设的意见》。

【精神文化建设】 2016 年，浦发银行济南分行持续开展公金大讲堂、财富大讲堂、风险大讲堂等有效性、针对性强的教育培训活动，以及中层干部、后备干部领导力和执行力培训，加强员工合规文化教育和职业道德教育，着力提高员工素质。成功举办庆祝分行成立十五周年暨第六届职工趣味运动会，成立了摄影、瑜伽、太极拳等 10 多个职工俱乐部，丰富了员工业余文化生活。认真做好员工体检、生日慰问、困难员工帮扶送温暖等工作，人文关怀进一步深入。

【大事记】 1 月 8 日 浦发银行济南分行举办"为爱开跑 我奉献 我快乐——第九次全行志愿者日活动"启动仪式。

5 月 14 日 浦发银行济南分行党委召开"两学一做"学习教育工作动员部署会。

6 月 25 日 浦发银行济南分行党委召开庆七一"两学一做"学习教育暨"两优一先"表彰会议。

9 月 24 日 浦发银行济南分行举办庆祝分行成立十五周年第六届职工趣味运动会。

（廖 峰）

附表 1

机构概况一览表

行长（或其他称谓的第一负责人）		副行长（或其他称谓的同级领导）	
孔 建		钟明明 丛威娜 杨宏峰 孙 旭	
地址	山东省济南市历下区黑虎泉西路 139 号	邮编	250011
网址	http://www.spdb.com.cn/	客服电话	95528

附表 2

内设部门及分支机构一览表

年度	内设职能部门数量（个）	下设分支机构（个）					员工总人数（人）	
		总数	地市分行数	县区支行数	分理处、营业所数	储蓄所数		正式职工人数
2012 年	22	20	6	14	—	—	904	821
2013 年	24	24	7	17	—	—	1112	946
2014 年	24	30	8	22	—	—	1185	997

附表 3

主要统计指标 1

单位：亿元

项目＼年度	2012	2013	2014	2015	2016	2016 年同比增幅（%）
本外币资产总额	867.32	1074.21	992.93	1032.53	982.13	-4.88
本外币存款余额	700.94	734.09	865.92	948.97	800.65	-15.63
人民币存款余额	695.6	777.07	844.17	925.6	784.11	-15.29
单位存款	574.16	643.24	694.64	781.29	681.91	-12.72
蓄存款	75.45	97.45	112.78	122.89	102.2	-16.84
本外币贷款余额	530	593.38	652.27	738.14	844.83	14.45
人民币贷款余额	509.59	579.99	635.41	723.63	830.71	14.80
短期贷款	391.58	354.25	431.65	465.87	439.28	-5.71
中长期贷款	116.22	150.38	148.68	192.27	391.43	103.58
票据融资	19.78	27.75	17.62	22.76	17.74	-22.06
利润总额	14.24	17.84	16.86	13.13	-5.95	-145.32
不良贷款余额	1.89	4.09	10.21	17.46	17.47	0.06
不良贷款占比（%）	0.36	0.69	1.57	2.37	2.07	-12.66

附表 4

主要统计指标 2

项目＼年度	2012	2013	2014	2015	2016	2016 年同比增幅（%）
单位结算账户（万户）	1.38	1.53	1.69	2.03	2.31	13.53
单位结算金额（亿元）	16326	25902	22609	15666.27	17483.78	10.4
个人结算账户（万户）	73.7	98.2	122.8	107.93	157.29	45.73
个人结算金额（亿元）	368	458.21	698.84	731.03	798.50	9.23
信用卡发卡量（万张）	10.44	16.15	22.88	18.51	51.16	276.39
信用卡消费额（亿元）	32.46	58.27	175.37	249.69	410.5	164.4
企业网银客户（万户）	0.65	0.81	1.03	1.26	1.56	23.81
个人网银客户（万户）	16.54	23.88	33.87	9.2	13.08	42.17
手机银行客户（万户）	3.88	11.88	31.86	24.2	99.5	311.16
电话银行客户（万户）	—	—	—	—	—	—
现金自助设备（台）	162	170	178	238	312	31.09
营业网点（个）	24	30	33	56	59	5.35
自助网点（个）	82	90	93	121	222	83.47

附表 5

先进集体及个人一览表

授奖单位	奖项名称	获奖集体
中国银行业协会	2015 年度中国银行业文明规范服务五星级、四星级和三星级营业网点	浦发银行东营分行营业部、聊城分行营业部、市中支行
授奖单位	奖项名称	获奖个人
中国银行业协会	中国银行业文明规范服务“明星大堂经理”之“亲善之星”	王文文

上海浦东发展银行股份有限公司青岛分行

【第一负责人简介】　孙轶卿，男，1968年出生，研究生学历，管理学博士，助理研究员。历任大连理工大学党委秘书，中共大连市委办公厅督查室主任科员，中国光大银行股份有限公司大连分行办公室总经理，上海浦东发展银行股份有限公司大连分行行长助理，浦发银行股份有限公司总行党委办公室主任、企业文化部总经理。现任上海浦东发展银行股份有限公司青岛分行党委书记、行长。

【综述】　上海浦东发展银行股份有限公司青岛分行(以下简称"浦发银行青岛分行")成立于2003年3月，经营区域覆盖青岛、烟台、威海三地。开业以来，认真贯彻总行发展战略，积极参与地方经济建设，不断探索金融创新途径，努力提升客户服务水平，各项业务持续健康发展，赢得了社会各界和广大客户的良好口碑。

【公司业务】　2016年，浦发银行青岛分行公司信贷规模稳步增长。截止2016年年末，人民币信贷(不含贴现)余额211.18亿元，比年初新增16亿元，为近几年增长最多的一年。负债结构改善明显，本外币公司存款与年初持平的基础上，人民币基础存款日均增长11亿元，多项指标排名系统内前列。各类业务呈现百花齐放态势：交易银行板块全面增长，对公理财销售量936亿元，电子渠道交易量过万亿，集中收付款交易量7.38亿，离在岸国际结算量176.12亿美元。投资银行板块巩固优势、谋求创新，债券承销额48亿元，稳居辖区内前三位；西海岸等地城市发展基金落地超过40亿元，龙口转贷基金和岛城首笔影视类产业基金也于2015年落地；分行首批PPP业务的落地，打开新合作模式，拓展新业务渠道。金融市场板块，票据资管业务发生量实现翻倍增长，资本市场业务实现巨大突破，大宗商品交易、人民币利率互换业务稳步增长。

【个人业务】　截至2016年年末，浦发银行青岛分行个人存款余额56.47亿元，较年初下降7.36亿元，其中基础存款45.04亿元，较年初新增8.66亿元，增幅24.48%；个人金融资产余额210.76亿元，较年初新增21.91亿元，增幅11.6%；个人客户数49.21万户，较年初新增9.09万户，增幅22.66%。

【国际业务】　2016年，浦发银行青岛分行实现在岸国际结算量73.53亿美元，系统内排名第11；在岸国际结算客户数903户，同比增长7%。其中办理进口开证601笔4.72亿美元，进口保函171笔4.23亿美元，进口代收543笔1.85亿美元，汇出汇款6746笔22.62亿美元，出口议付1264笔1.06亿美元，出口托收703笔1.31亿美元，汇入汇款21754笔37.72亿美元。全年办理表内贸易融资5.3亿美元，贸易融资产品涵盖押汇、保理、打包贷款、福费廷、订单融资等。该行积极响应国家关于金融支持外贸发展的号召，根据国家的政策导向加大对中小企业及涉外重点行业的支持；在融资利率上向贸易融资倾斜，采用较低贸易融资价格，降低外贸企业融资成本，有力的支持了区域内经济的发展。

【电子银行业务】　截至2016年年末，浦发银行青岛分行网上银行客户数34.61万户，较年初新增11.76万户，增幅51.47%，手机银行客户数28.19万户，较年初新增12.6万户，增幅80.82%，电子银行累计交易笔数1624万笔，累计交易额3101亿元。

【内部管理与金融文化建设】　2016年，浦发银行青岛分行通过抓党建、强队伍、聚文化等工作，持续推进创新转型，整体经营管理能力不断提升。

一、服务保障效能不断增强。一是优化业务流程，推广"办公6S"管理，总行"神秘人"暗访检查系统内排名第2，柜面及自助渠道无有效投诉，位于全行领先水平。二是加强科技开发项目管理，完成了信用运营凭证打印系统、授信催收服务平台、热电代收费、代保管品数字化查库等多个项目，大幅提升工作效能；通过各类物联网机具配置，提升厅堂智能化程度；建立办公应用平台，提高办公效率。三是推进远程授权、优化现金管理、集中外汇业务、承接金融市场业务，加强外包服务合规参与，释放更多人力资本。四是推动网点轻型化，提高运营效率、降低运营成本、促进网点转型。

二、文化引领，良好组织氛围助力发展。通过内网、员工报、行史室、荣誉榜、文化长廊、宣传展板、文体活动及每周晨会、季度工作会、年度表彰会等方式，持续加强企业文化建设。通过召开职工代表大会，完成团委换届竞聘，举办纪念建党95周年、行庆健步行、"五四"表彰大会、"好声音"歌唱比赛、"为爱开跑"、艺术团汇报演出等一系列活动，调动员工工作积极性。

【大事记】　1月11日　浦发银行青岛分行应邀出席建设"一带一路"枢纽型港口示范基地暨青岛港航产业发展联盟成立会议，与青岛国际航运服务中心、山东海运股份有限公司签署战略合作协议。

3月31日　浦发银行青岛光谷社区支行开业，并与光谷软件园举行了"绿色金融服务平台"签约仪式。

11月17日　浦发银行威海石岛小微支行开业，该行是青岛分行在威海地区开设的第三家社区(小微)支行，隶属荣成支行。

11 月 30 日　浦发银行青岛海王路社区支行开业，该行是黄岛支行辖下开设的第一家社区支行，也是青岛分行正式对外开业的第 12 家社区银行。

12 月 1 日　浦发银行青岛分行承揽青岛地区首支影视文化类基金。

12 月 20 日　浦发银行青岛同安路社区支行开业。

（杨婷婷）

附表 1

机构概况一览表

行长（或其他称谓的第一负责人）		副行长（或其他称谓的同级领导）	
孙轶卿		刘建波　丁剑波　王　静	
地址	山东省青岛市崂山区海尔路 188 号	邮编	266100
网址	http://www.spdb.com.cn	客服电话	95528

附表 2

内设部门及分支机构一览表

年度	内设职能部门数量（个）	下设分支机构（个）					员工总人数（人）	
		总数	地市分行数	县区支行数	分理处、营业所数	储蓄所数		正式职工人数
2012 年	22	15	2	13	0	0	499	454
2013 年	32	17	2	15	0	0	577	527
2014 年	32	21	2	19	0	0	624	558
2015 年	30	29	2	27	0	0	696	629
2016 年	28	36	2	34	0	0	747	666

附表 3

主要统计指标 1

单位：亿元

项目＼年度	2012	2013	2014	2015	2016	2016 年同比增幅（%）
本外币资产总额	307	503	590	765	744	-2.70
本外币存款余额	214	322	393	490	509	3.89
人民币存款余额	197	313	354	464	484	4.24
单位存款	150	267	301	401	430	6.97
储蓄存款	47	46	53	63	54	-13.21
本外币贷款余额	193	223	278	268	330	22.92
人民币贷款余额	177	195	230	254	305	20.09
短期贷款	89	93	105	114	124	7.15
中长期贷款	67	97	114	113	163	44.78
票据融资	19	3	9	26	18	-29.76
利润总额	3.08	4.18	6.69	7.97	7.61	-4.54
不良贷款余额	1.47	1.46	1.36	1.16	2.54	119.81
不良贷款占比（%）	0.76	0.66	0.49	0.43	0.77	77.27

主要统计指标 2

项目 \ 年度	2012	2013	2014	2015	2016	2016年同比增幅（%）
单位结算账户（万户）	0.93	1.10	1.26	1.42	1.60	13
单位结算金额（亿元）	66.38	122.16	112.37	141.82	126.84	-11
个人结算账户（万户）	—	—	—	—	—	—
个人结算金额（亿元）	—	—	—	—	—	—
信用卡发卡量（万张）	4.56	6.4	8.58	13.25	26.39	99
信用卡消费额（亿元）	5.86	9.92	12.82	17.48	34.61	98
企业网银客户（万户）	0.65	4.09	8.58	15.6	28.2	80.77
手机银行客户（万户）	116	116	104	119	123	3.36
电话银行客户（万户）	—	—	0.02	0.05	0.26	448.62
现金自助设备（台）	84	85	76	78	82	5.13
营业网点（个）	—	—	—	—	—	—
自助网点（个）	—	—	—	—	—	—

附表 5

先进集体及个人一览表

授奖单位	奖项名称	获奖集体
中国银行业协会	银行业法律风险管理工作先进单位	浦发银行青岛分行
中国人民银行济南分行	山东省金融机构综合评价A级表彰	浦发银行青岛分行
浦发银行	十佳分行	浦发银行青岛分行
授奖单位	奖项名称	获奖个人
中国人民银行济南分行	山东省省级金融机构统计工作评比二等奖	于　斐

中信银行股份有限公司济南分行

【第一负责人简介】　李国峰，男，1962年9月出生，中共党员，高级经济师。毕业于中国社会科学院研究生院。历任中国农业银行中山分行行长、中国农业银行珠海市分行行长、中国农业银行总行个人金融部副总经理、中国农业银行山东省分行副行长等职务;2015年，任中信银行股份有限公司济南分行党委书记、行长。

【综述】　2016年，中信银行股份有限公司济南分行（以下简称“中信银行济南分行”）主动适应经济金融新常态，紧紧围绕建设“区域内最佳综合融资服务银行”的战略规划，加速推进转型发展，全行经营发展实现新突破，首次获总行绩效考核“十佳行”称号，取得了济南分行成立以来的最好业绩，为区域经济社会发展做出了重要贡献。

【公司业务】　2016年，中信银行济南分行“一体两翼”战略强力推进，公司银行竞争优势更加突出。截至2016年年末，济南分行对公存款时点余额列当地可比股份制同业首位。“三大一高”客户经营成效逐步显现，与重点客户、重点项目的合作不断实现突破。机构客户合作实现新突破，进一步深化了与山东省政府、济南市政府的合作关系，与东营、济宁、临沂签订了战略合作协议，与省市财政、社保、建委、卫计委、高校等单位实现了有效合作。托管业务再上新台阶，2016年累计实现托管轻资本收入同比增幅100.7%，首次进入中信银行系统内A类行之列。交易银行品牌建设卓有成效，公司网银、流动管家、多银行资金管理系统等各项指标居系统内前列。

【零售业务】 2016年，中信银行济南分行零售银行转型发展取得新进展。零售管理资产、个人存款增势良好，资产配置服务能力有效提升。以出国金融、家族信托等优势产品为抓手，树立了良好的私人银行品牌形象。成功办理了系统内首单1亿元家族信托业务，获亚太财富论坛“优秀家族信托服务案例”大奖，实现欧签中心落地中信广场，获系统内“出国金融十佳优秀分行”。“信贷工厂”模式有效运行，个人贷款规模创历史新高。手机银行、线上首单等电子银行产品推动力度加大，科技手段运用明显增加。

【金融市场业务】 2016年，中信银行济南分行金融市场“轻型”发展成效逐步显现。国际业务方面，跨境人民币、信用证组合、利汇率衍生品等产品得以有效推进。国际收付汇量列当地股份制银行首位，区域市场份额较年初提高0.7个百分点。在山东省外管局年度考核中，中信银行济南分行列股份制银行首位，获评A类银行。投行业务方面，着力推动“投行＋商行”“表内＋表外”融资服务模式，市场化融资主渠道的作用逐步显现。同业业务方面，对重点客户、重点产品的营销取得突破，管理资产规模、轻资本收入实现较快增长。

【风险内控】 2016年，面对异常严峻的风险防控形势，中信银行济南分行持续推进风险文化建设，有效宣贯风险文化理念。深入推进全面风险管理体系建设，不断提升对突发事件的应急处置能力。扎实推动信贷结构优化调整，有效提高风险防范的主动性与前瞻性。积极推动风险贷款化解处置，全面压降问题贷款，努力提高现金清收比例。全面强化内控合规意识，扎实开展“两加强、两遏制”专项检查及回头看等活动。完善处罚问责机制，按照“事实清楚、责任明确、依规合理、处罚适当、尽职免责”的原则，对违规责任人实施处罚，有效惩戒了违规行为。

【党建及文化建设】 2016年，中信银行济南分行坚持以党建引领文化方向、促进文化生根、形成价值认同，着力加强党建和文化建设，以文化软实力助推有效发展。坚持从严治党，进一步强化了对党建工作的考核。扎实开展“两学一做”学习教育，着力提升党员干部的党性修养。结合典型案例，开展全员警示教育。以“三重三看”为标准，优化调整干部队伍。扎实推动文化宣导，营造创先争优的发展氛围。突出人文关怀，不断增强员工的归属感和幸福感。

【大事记】 1月 中信银行济南分行为客户办理了系统内首笔“价差盈”业务，实现了外汇资金业务品种的丰富与创新。

1月 中信银行济南分行为客户办理了辖内单笔金额最大的境外放款业务，实现了境外放款业务的突破。

1月 中信银行济南分行为客户办理了辖内首笔“外汇夜盘”衍生产品交易业务，实现了外汇资金业务服务体系的丰富与创新。

1月26日 中信银行交易银行品牌“交易＋”山东区域品牌发布会在中信银行济南分行举行。“交易＋”的正式发布标志着中信银行济南分行成为山东省内首个推出交易银行专属品牌的商业银行。

2月 中信银行济南分行落地了首笔期货公司托管业务和首笔私募基金托管业务，并成功中标山东省政府引导基金参股子基金等大单品项目。

3月 中信银行济南分行为客户办理了辖内首笔“双货币存款”业务，实现了外汇资金业务品种的丰富与创新。

3月 中信银行济南分行建立“中信大讲堂”，使之成为宣导战略规划、企业文化、经营理念、发展策略的重要平台。

3月 中信银行济南分行为济南市社保局开发的社保网上服务大厅、自助服务终端的跨行支付结算系统在全市推广上线，济南市社会保障事业局多银行资金管理系统上线运行。

3月25日 中信银行济南分行年在济举办了“幸福传承”家族信托业务发布会，将携手中信集团旗下五大领域、八家顶尖金融子公司，全力打造家族信托业务，为私人银行提供全方位、一站式财富传承管理服务。

4月 中信银行济南分行为客户办理了辖内单笔最大金额1亿美元进口证。

5月 中信银行济南分行为客户办理了辖内首笔韩元购汇业务，实现了韩元结算业务品种的丰富与创新。

5月 中信银行济南分行为客户办理了辖内首笔网银结汇业务，实现了网银结售汇业务的突破。

5月 中信银行济南分行为客户办理了辖内首个财务公司主办的跨境双向人民币资金池业务，实现了跨境人民币资金池业务品种的丰富与创新。

5月 中信银行济南分行联合安邦人寿山东分公司推出创新型保险产品，成为系统内唯一一家有资格销售该款保险创新型产品的分行。

7月 中信银行济南分行为客户办理了辖内首笔跨境资本项下自贸区联动业务，实现了自贸区业务品种的丰富与创新。

7月 中信银行济南分行为华润山东医药有限公司办理了首笔同业资金对接行内授信审批资产业务，实现了资产业务品种的丰富与创新。

7月28日 中信银行济南分行成功举办“中信银行·中信证券资本市场峰会”。

8月 中信银行济南分行为客户办理了3.42亿港币土地保证金汇入业务，实现了资本项下业务品种的丰富与创新。

9月 中信银行济南分行办理某集团房地产基金项目，该项目为分行首个房地产基金项目。

10月 中信银行济南分行获批加入全省中小学“大班额”项目及棚户区改造项目融资银行之列。

11月 中信银行济南分行“慧缴付”公共服务收费平台正式上线，该系统打造了区域级公共服务缴费平台，使广大群众足不出户即可体验水电气暖、教育、物业、非税等多种便民缴费服务。

10月 中信银行济南分行为客户办理了系统内首笔“优顶盈”业务,实现了外汇资金业务品种的丰富与创新。

10月17日 中信银行济南分行成功举办“融创梦想、共赢未来”代理行合作研讨会”,与国内外多家合作代理行达成战略合作协议。

11月 中信银行济南分行根据社保资金管理需求,以多银行资金管理系统(MBS)为基础,为济南市社保局定制开发“济南社保资金金融管控平台”。

12月 中信银行济南分行为客户办理了济南市首笔非银金融机构跨境人民币FDI增资业务,实现了资本项下业务品种的丰富与创新。

12月 中信银行济南分行成功办理了分行首笔他行企业年金转托管业务;成功落地济南水务集团企业年金项目,该项目为分行历史规模最大、人数最多的单笔年金业务。

(纪 媛)

附表1

机构概况一览表

行长(或其他称谓的第一负责人)		副行长(或其他称谓的同级领导)	
李国峰		副行长: 柳永生 行长助理: 张少华 张海鹰 毕新宇	
地址	山东省济南市泺源大街150号	邮编	250011
网址	http://bank.ecitic.com	客服电话	95558

附表2

内设部门及分支机构一览表

年度	内设职能部门数量(个)	下设分支机构(个)					员工总人数(人)	
		总数	地市分行数	县区支行数	分理处、营业所数	储蓄所数		正式职工人数
2012年	17	29	5	24	—	—	1008	1008
2013年	15	38	5	33	—	—	1339	1251
2014年	18	41	5	36	—	—	1422	1326
2015年	19	47	5	42	—	—	1550	1486
2016年	22	47	5	42	—	—	1586	1548

附表3

主要统计指标1

单位: 亿元

项目 \ 年度	2012	2013	2014	2015	2016	2016年同比增幅(%)
本外币资产总额	656.47	913.65	769.28	1068.24	1110.26	3.93
本外币存款余额	628.42	882.16	734.78	1038.89	1151.56	10.84
人民币存款余额	621.28	867.82	712.00	995.14	1130.28	13.58
单位存款	407.3	529.55	491.39	653.44	733.37	12.23
储蓄存款	109.01	148.95	138.35	168.11	158.48	-5.73
本外币贷款余额	416.76	471.98	469.93	550.38	682.76	24.05
人民币贷款余额	400.42	442.98	451.1	528.66	664.17	25.63
短期贷款	262.3	347.47	301.09	309.86	300.23	-3.11
中长期贷款	106.29	124.51	150.01	218.81	363.94	66.33

续表

年度 项目	2012	2013	2014	2015	2016	2016年同比增幅（%）
票据融资	48.17	15.1	43.34	35.56	18.72	-47.35
利润总额	13.27	11.91	7.68	6.06	10.56	74.29
不良贷款余额	1.74	3.56	7.49	7.72	6.65	-13.92
不良贷款占比（%）	0.42	0.76	1.59	1.40	0.97	-30.46

附表 4

主要统计指标 2

年度 项目	2012	2013	2014	2015	2016	2016 年同比增幅（%）
单位结算账户（万户）	1.42	1.54	1.66	1.91	2.23	16.49
单位结算金额（亿元）	362.73	206.59	208.00	206.92	241.2	16.57
个人结算账户（万户）	—	—	—	—	—	—
个人结算金额（亿元）	—	—	—	—	—	—
信用卡发卡量（万张）	12.6	16.38	15.1	24.06	27.7	12.6
信用卡消费额（亿元）	149.6	237.3	291.03	387.30	547.3	41.31
企业网银客户（万户）	0.49	0.57	0.71	0.79	0.92	16.45
个人网银客户（万户）	22.51	34.34	45.76	70.13	82.69	17.9
手机银行客户（万户）	5.79	15.33	25.21	48.39	73.72	52.34
电话银行客户（万户）	—	46.11	—	—	—	—
现金自助设备（台）	277	373	465	466	380	-18.45
营业网点（个）	28	33	38	42	42	0
自助网点（个）	194	240	187	284	233	-17.95

说明：单位结算账户口径：（1）不含保证金账户（2）当年日均余额不为 0 的存款账户（3）包含活期、定期、通知存款

附表 5

先进集体一览表

<table>
<tr><th>授奖单位</th><th>奖项名称</th><th>获奖集体</th></tr>
<tr><td>山东银监局</td><td>2016 年金融知识进万家宣传服务月活动先进银行机构</td><td rowspan="8">中信银行济南分行</td></tr>
<tr><td>中国人民银行济南分行、山东省总工会、中国共产主义青年团山东省委员会</td><td>2016 年山东省银行业金融机构金融统计暨跨境人民币业务技能竞赛团体三等奖及个人优胜奖</td></tr>
<tr><td>山东金融工会</td><td>山东金融系统银行证券保险综合业务技能竞赛团体三等奖</td></tr>
<tr><td>山东省银行业协会</td><td>山东银行业“双提升”精品青年工作项目二等奖</td></tr>
<tr><td>人民银行济南分行营业管理部</td><td>2016 年度金融统计先进集体一等奖</td></tr>
<tr><td>山东银监局</td><td>连续五年获得“2016 年山东银监局直报机构监管统计工作先进单位一等奖”荣誉称号</td></tr>
<tr><td>外管局山东省分局</td><td>2016 年度山东省银行执行外汇管理规定考核评级 A 级行</td></tr>
<tr><td>人民银行济南分行</td><td>山东省省级银行业金融统计工作优秀单位二等奖</td></tr>
<tr><td>中国银行业协会</td><td>中国银行业协会文明规范服务千佳示范单位</td><td>中信银行东营分行营业部、中信银行济南高新支行</td></tr>
</table>

中信银行股份有限公司青岛分行

【第一负责人简介】 杨威，男，1970男11月出生，中共党员，高级经济师。毕业于中南财政政法大学，取得国民经济类硕士学位。历任建设银行武汉开发区支行信贷部经理，中信银行武汉分行开发区支行行长，中信银行武汉分行党委委员、行长助理，湖北省鄂州市人民政府市委常委、副市长，中信银行武汉分行党委委员、副行长等职务；现任中信银行股份有限公司青岛分行党委书记、行长。

【综述】 2016年，中信银行股份有限公司青岛分行（以下简称"中信银行青岛分行"）以"集约化、精细化、差异化、专业化、人文化"为指引，沿着"热点要紧跟、过剩要远离、新兴要突破、传统要坚持、资产要置换"五大业务发展方向，加快推进业务发展，取得了良好的经营业绩，市场份额稳步提升，经营规模站稳千亿，整体发展稳中有进、稳中向好。

【公司业务】 2016年，中信银行青岛分行公司业务继续保持稳健发展。一是与82户攻城拔寨客户开展业务合作，表内外资产投放83亿元，带动存款日均新增21亿元。二是为政府平台类公司批复授信202亿元，表内外资产投放17亿元，进一步密切了与地方政府的合作关系。三是与李沧区政府签署战略合作协议，同时中标日照市铁路建设投资基金项目。四是加大了对房地产行业的资产投放，表内外融资余额达到70亿元，新增11亿元。五是与集团子公司合作，组建了中信金融联合舰队，为客户提供多元化融资168亿元，同比增加99亿元，有效满足了客户的需求；六是银医通平台实现15家医院联网运行，累计发放诊疗卡181万张，合作医院增至8家，拉动了对公结算存款的增长。

【个人业务】 2016年，中信银行青岛分行围绕做大个人贷款规模，做大管理资产，全面做强网点产能，零售业务发展成果显著。一是发展基础不断夯实。管理资产突破500亿元，零售客户数达到246万户，其中有效客户突破200万户。二是价值贡献稳步提升。零售业务实现中间业务收入1.9亿元，占比达到27.1%，提升7.6个百分点。三是个人贷款业务实现跨越式发展，余额及增量位居同业及系统内的前列。四是服务品质保持领先。青岛延安三路支行、威海经济技术开发区支行、潍坊分行营业部三家机构成功获评中银协千佳示范网点。同时，在分行全辖范围内推广6S打造工作，并取得优异成绩，树立了业内服务标杆。

【国际业务】 2016年，中信银行青岛分行强化产品创新和组合运用，稳定业务规模，提升盈利贡献。一是推动"结算+融资+交易"的产品组合运用，贸易融资业务规模稳中有升，2016年累计发生额336亿元，增幅6%。二是通过拓展外汇"交易+"产品，客户价值贡献稳步提升，2016年实现外汇资金业务轻资本业务收入1.06亿元，增幅16.5%。三是推动跨境人民币、韩元清算、资本及服务贸易等业务，提升国际业务收汇量，市场占有率4.3%，较2015年提升0.4个百分点。

【中间业务】 2016年，中信银行青岛分行在金融市场优势领域竞争能力进一步提升。一是业务规模平稳增长。国际业务实现收付汇量93亿美元，市场份额保持股份制银行首位；同业资产、负债规模双双突破200亿元；办理直贴直融业务325亿元，同比增长10%，票据直贴量保持区域市场第二。投资银行全口径融资规模达329亿元，同比增长33%，市场化主融资渠道作用凸显。二是重点产品实现突破。资本项目项下收付量13.9亿美元，同比增加10亿美元；与信银国际协调合作开展跨境融资业务20.4亿元，系统内排名第四；同业理财销售发生额140亿元，同比增长136亿元。

【电子银行业务】 2016年，中信银行青岛分行围绕"拓市场、增效益"加快电子银行业务发展，在平台搭建、线上收单、客户获取等方面取得新突破，超额完成总行电子银行业务经营计划。与公积金管理中心合作范围进一步扩大，威海地区公积金网贷项目实现落地，日照分行与日照市公积金中心签订合作协议。

【内部管理】 2016年，中信银行青岛分行深化风险管理体制改革，调整信贷结构，加快问题资产处置，资产质量稳中有升，信贷结构持续优化。一是优化新增授信投向，结构调整再显成效。压缩控制类行业实现双降、重点支持类行业实现双升。二是加强项目准入管理，8大重点行业新客户占比达75%。三是落实全面风险文化建设，开展全行专题教育7场，警示教育12场。四是完善放款体系建设，顺利完成异地放款集中。五是加快制度建设，深化不良问责，加大员工行为排查力度，强化落实案件防控机制。

【精神文化建设】 2016年，中信银行青岛分行加强党建、作风建设和企业文化建设，营造了风清气正的良好氛围。一是通过组织召开党建和纪检监察工作会议，严格落实"从严治党、从严治行"各项工作要求。二是通过举办企业文化故事征集、企业文化知识竞赛、海报上墙、第八届职工运动会五球联赛等一系列丰富多彩的文体活动，增强了团队凝聚力。三是深入开展家访活动，"一把手"亲自登门，认真倾听基层员工心声，增强了员工归属感。

【大事记】 2月29日 中信银行青岛分行成为辖区内首家挂牌交易并办理韩元结算业务的股份制银行，也是系统内首家办理该业务的分行。

3月8日 中信银行交易银行品牌青岛区域发布会暨中信集团青岛地区协同业务推介会在青岛召开。

6月29日 中信银行烟台万达广场支行开业。

11月17日 中信银行青岛分行与山东省口岸办公室签署战略合作协议。

11月22日 中信银行青岛分行与特来电新能源有限公司签署战略合作协议并举办联名借记卡首发仪式。

12月16日 经中国银行业监督管理委员会青岛监管局批准，中信银行青岛香港中路支行终止营业。

（邱志刚）

附表1

机构概况一览表

行长（或其他称谓的第一负责人）		副行长（或其他称谓的同级领导）	
杨 威		邢丽青（副行长） 黄树彬（副行长） 张强军（副行长） 黄千文（副行长） 张佑晶（行长助理） 陈秋实（行长助理）	
地址	山东省青岛市市南区香港中路22号	邮编	266071
网址	http://bank.ecitic.com	客服电话	95558

附表2

内设部门及分支机构一览表

年度	内设职能部门数量（个）	下设分支机构（个）					员工总人数（人）	
		总数	地市分行数	县区支行数	分理处、营业所数	储蓄所数		正式职工人数
2012年	18	37	4	33	—	—	1445	1250
2013年	19	47	4	43	—	—	1649	1438
2014年	19	51	4	47	—	—	1689	1438
2015年	20	52	5	47	—	—	1761	1722
2016年	20	52	5	47	—	—	1787	1731

附表3

主要统计指标1

单位：亿元

项目 \ 年度	2012	2013	2014	2015	2016	2016年同比增幅（%）
本外币资产总额	684.28	771.61	860.14	1104.82	1115.37	0.95
本外币存款余额	603.30	738.28	720.62	927.63	909.45	-1.96
人民币存款余额	582.39	693.31	674.33	872.14	827.76	-5.09
单位存款	447.92	508.47	483.44	558.88	554.58	-0.77
储蓄存款	134.47	184.84	190.88	196.38	191.81	-2.33
本外币贷款余额	458.80	548.38	581.51	633.32	750.05	18.43
人民币贷款余额	417.69	488.12	509.94	580.30	704.11	21.34
短期贷款	302.69	346.93	321.57	340.95	327.09	-4.06
中长期贷款	113.85	139.43	188.37	238.30	365.87	53.54

续表

项目＼年度	2012	2013	2014	2015	2016	2016年同比增幅（%）
票据融资	6.41	8.50	15.25	24.05	10.97	-54.38
利润总额	13.50	13.30	10.98	14.07	4.16	-70.42
不良贷款余额	3.89	4.23	8.07	10.88	12.02	10.52
不良贷款占比（%）	0.84	0.76	1.35	1.68	1.60	-4.76

附表 4

主要统计指标 2

项目＼年度	2012	2013	2014	2015	2016	2016年同比增幅（%）
单位结算账户（万户）	2.05	2.43	2.86	3.19	3.47	8.78
单位结算金额（亿元）	15166	17643	20465	20006	20015	0.05
个人结算账户（万户）	132.93	144.43	157.43	140.26	197.46	40.78
个人结算金额（亿元）	3522	4360	4796	11743	15974	36.03
信用卡发卡量（万张）	9.19	14.22	14.77	20.27	22.96	13.25
信用卡消费额（亿元）	82	149	217	286	361	26.46
企业网银客户（万户）	0.61	0.77	0.97	1.15	1.35	16.84
个人网银客户（万户）	8.25	43.43	57.6	81.93	95.47	16.53
手机银行客户（万户）	4.88	14.51	27.1	52.4	75.41	43.91
电话银行客户（万户）	—	—	—	—	16.55	—
现金自助设备（台）	282	389	465	476	446	-6.30
营业网点（个）	37	47	51	52	52	0
自助网点（个）	39	49	63	60	67	11.67

附表 5

先进集体及个人一览表

授奖单位	奖项名称	获奖集体
中信银行	2015年度零售业务十佳行	中信银行青岛分行
中信银行	2015年度金融市场业务十佳行	中信银行青岛分行
中信银行	2015年度内控合规十佳行	中信银行青岛分行
中信银行	2015年度运营管理工作优秀分行	中信银行青岛分行
中信银行	2015年度资产托管业务优秀分行	中信银行青岛分行
中信银行	2016年度零售业务十佳行	中信银行青岛分行
中信银行	2016年度内控合规十佳行	中信银行青岛分行
中信银行	2016年度运营管理优秀分行	中信银行青岛分行
中国银行业协会	2015年度中国银行业文明规范服务百佳示范单位	青岛开发区支行
中国银行业协会	2016年度中国银行业文明规范服务千佳示范单位	青岛延安三路支行、潍坊分行营业部、威海经济技术开发区支行
中信银行工会	模范职工之家	烟台分行工会

续表

授奖单位	奖项名称	获奖集体
中信银行工会	模范职工小家	青岛经济技术开发区支行工会
中信银行	女职工文明示范岗	潍坊分行营业部
授奖单位	奖项名称	获奖个人
中信银行	最佳员工	江爱华
中信银行	百佳营销明星	程　诚　徐　蕾
中信银行	五十佳优秀客户经理	王文学
中信集团	优秀共产党员	徐水红
中信银行	优秀共产党员	徐水红　蒋亚卓　曲荣姣　肖　波
中信银行	优秀工会干部	姚庆胜　尚春艳
山东省总工会	山东省富民兴鲁劳动奖章	栾学鹏

兴业银行股份有限公司济南分行

【第一负责人简介】　俞裕辉，男，1968 年 6 月出生，福建福清人。1990 年 7 月参加工作，中共党员，大学学历，历任兴业银行南平分行党委书记、行长，兴业银行乌鲁木齐分行党委书记、行长，现任兴业银行济南分行党委书记、行长。

【综述】　2016 年，兴业银行股份有限公司济南分行（以下简称“兴业银行济南分行”）严格贯彻国家金融政策，坚持以“稳健、创新、联动、精细化”为基本工作主线，合理统筹“规模、质量、效益”等各项目标，稳健经营，扎实进取，较好完成了全年发展目标，市场份额、综合竞争力及品牌影响力持续攀升。

【公司业务】　2016 年，兴业银行济南分行公司业务以防风险、促转型为主线，积极适应新常态，响应国家供给侧结构性改革号召，勇于创新，锐意进取，为稳定金融环境，扶持实体经济，促进产业结构调整做出了较大的贡献。一是聚焦民生发展，加大重大项目的支持力度。二是以行业调研为抓手，助力实体经济发展。三是加快产品创新，重点扶持实体小微企业成长。四是着力发挥经营特色，大力发展绿色金融业务。

【个人业务】　2016 年，兴业银行济南分行个人业务围绕“以客户为中心”的经营理念，不断提升服务水平，加大新产品的推广力度，加强品牌建设，各项指标均实现了快速发展。一是以网点组织架构改革为契机，全面提升各网点服务水平。二是加大新产品、新技术的推广，为客户提供更加便捷、满意的服务，尤其是移动支付业务、安愉人生理财业务、兴业通等发展迅速，获得市场广泛好评。三是加快网点建设，打造营业厅、综合支行、社区银行、自助银行等多元化服务网络，截至 2016 年年末，该行已在省内 12 个地市设立分支机构，对外营业网点总数在其总行系统内排名第二。

【国际业务】　2016 年，兴业银行济南分行国际业务以产品为抓手，以服务为基础，继续保持良好发展势头。尤其是该行通过与兴业银行香港分行联动，为内地企业提供更加多元化融资渠道。截至 2016 年年末，全行实现国际结算 50 亿美元，计划完成情况在其总行系统内排名第一；全年办理内保外贷、外保内贷等业务约 50 亿元。

【中间业务】　2016 年，兴业银行济南分行结合市场环境变化，不断加强产品创新力度，提高金融服务能力，进一步优化业务结构，夯实中间业务发展基础，中间业务收入占利润总额比重逐步上升。2016 年，中间业务收入占利润总额比重达到 69.82%，同比提高 25.27 个百分点。

【电子银行业务】　2016 年，兴业银行济南分行电子银行业务以“科技兴行，服务客户”为发展理念，不断加大科技创新投入，致力打造现代化、电子化、综合化的服务保障体系。目前，已形成“在线兴业”网上银行、“无线兴业”手机银行、“热线兴业”电话银行、微信银行等多产品综合金融服务平台。2016 年，全行企业网银客户达到 1.77 万户，同比增长 8.59%；个人网银客户达到 55.7 万户，同比增长 7.01%；手机银行客户达到 173.23 万户，同比增长 47.96%；电话银行客户达到 80.94 万户，同比增长 18.4%。

【内部管理与金融文化建设】 2016 年，兴业银行济南分行以改革促发展，持续优化内部体制机制，强化企业文化建设，企业发展迎来新面貌。一是深入推动组织架构改革，内部管理流程更加科学。二是不断夯实员工合规内控管理，持续推进员工行为"十三条"禁令的宣贯落地和督导检查，在全行范围组织开展"两两回头看"专项检查、"啄木鸟"行动，及时排查并发现员工违规行为，有效防控案件风险。三是加强党的建设，逐步完善党的基层组织，全面落实从严治党，深入开展"两学一做"专题教育活动，领导班子带头落实。四是扎实推进党风廉政建设，认真落实 "两个责任"，发挥好党委的主体责任和纪委的监督责任。五是丰富企业文化建设，充分发挥分行工会团委的作用，着力构建"风正、气顺、人和、兴业"的企业文化。

【大事记】 3 月 15 日 兴业银行济南分行获《大众日报》组织评选的"3·15 诚信金融品牌"。

5 月 25 日 兴业银行济南分行开展员工"十三条"禁令宣贯活动。

6 月 1 日 兴业银行济南分行首家钱大掌柜体验店在山东大学顺利开业。

6 月 17 日 兴业银行淄博支行升格为兴业银行淄博分行。

6 月 20 日 兴业银行济南分行贯彻落实党中央、总行党委要求，开展"两学一做"专题教育活动。

8 月 12 日 根据兴银党委组〔2016〕22 号、兴银任〔2016〕16 号文件，俞裕辉任济南分行党委书记、行长。

9 月 3 日 兴业银行济南分行成功举办"2016 年春季运动会"。

9 月 13 日 兴业银行济南分行组织员工参加无偿献血活动。

11 月 11 日 根据兴银党委组〔2016〕48 号、兴银任〔2016〕36 号文件，胡斌任济南分行党委委员、行长助理。

12 月 31 日 兴业银行济南分行获得总行银银平台业务拓展突出分行奖状。

（赵 翔）

附表 1

机构概况一览表

行长（或其他称谓的第一负责人）		副行长（或其他称谓的同级领导）	
俞裕辉		魏 军 曾 勇 穆晓达 胡 斌	
地址	山东省济南市经七路 86 号	邮编	250001
网址	http://www.cib.com.cn	客服电话	95561

附表 2

内设部门及分支机构一览表

年度	内设职能部门数量（个）	下设分支机构（个）					员工总人数（人）	
		总数	地市分行数	县区支行数	分理处、营业所数	储蓄所数		正式职工人数
2012 年	17	25	8	5	—	—	1576	1318
2013 年	18	36	9	12	—	—	1798	1535
2014 年	19	39	10	11	—	—	1849	1592
2015 年	21	43	11	13	—	—	1966	1669
2016 年	21	45	11	12	—	—	2056	1774

附表 3

主要统计指标 1

单位：亿元

项目 \ 年度	2012	2013	2014	2015	2016	2016 年同比增幅（%）
本外币资产总额	1153.93	1332.56	1460.23	1623.95	1510.44	-7.15
本外币存款余额	872.21	1077.76	1111.08	1153.41	1199.77	4.02
人民币存款余额	831.97	1055.02	1090.07	1134.63	1152.36	1.58
单位存款	720.40	877.09	948.42	1013.16	1059.34	4.56

续表

项目＼年度	2012	2013	2014	2015	2016	2016年同比增幅（%）
储蓄存款	111.58	177.94	141.65	140.25	140.43	0.13
本外币贷款余额	494.31	509.15	600.04	693.73	885.32	27.62
人民币贷款余额	449.18	492.00	567.20	661.5	834.45	26.1
短期贷款	240.14	321.89	369.45	381.48	351.16	-7.95
中长期贷款	200.91	162.56	193.18	269.91	456.08	68.97
票据融资	1.17	0.54	1.97	1.1	28.96	2532.8
利润总额	21.25	21.01	23.72	14.59	9.61	-34.1
不良贷款余额	4.56	8.73	6.18	8.93	14.94	67.3
不良贷款占比（%）	0.92	1.71	1.03	1.29	1.69	31

附表4

主要统计指标2

项目＼年度	2012	2013	2014	2015	2016	2016年同比增幅（%）
单位结算账户（万户）	1.92	2.58	3.09	3.35	3.67	9.55
单位结算金额（亿元）	14112	18200	25712	26438	26015.1	-1.60
个人结算账户（万户）	81.29	89.07	114.65	139.96	279.54	99.73
个人结算金额（亿元）	577.92	731.99	890.06	837.72	1201.96	43.48
信用卡发卡量（万张）	9.42	7.04	9.23	10.5	24.78	136
信用卡消费额（亿元）	106.94	192	244	290	442.54	52.6
企业网银客户（万户）	0.73	1.06	1.43	1.63	1.77	8.59
个人网银客户（万户）	28.89	30.83	43.06	52.05	55.70	7.01
手机银行客户（万户）	37.03	61.79	82.48	117.08	173.23	47.96
电话银行客户（万户）	43.32	50.71	58.88	68.36	80.94	18.40
现金自助设备（台）	237	258	382	369	365	-1.08
营业网点（个）	26	35	39	41	46	12.2
自助网点（个）	28	20	24	28	28	0

附表5

先进集体及个人一览表

授奖单位	奖项名称	获奖集体
兴业银行	服务明星支行	兴业银行历下支行等
兴业银行	服务明星社区支行	兴业银行济南济钢社区支行等
兴业银行	现金管理创新金奖	兴业银行济南分行
兴业银行	银银平台业务拓展突出分行奖状	兴业银行济南分行
山东省总工会	富民兴鲁劳动奖状	兴业银行济南分行
授奖单位	奖项名称	获奖个人
兴业银行	服务明星	郑爽等9人

兴业银行股份有限公司青岛分行

【第一负责人简介】 沈健，男，中共党员，经济师，山东大学本科，历任兴业银行烟台支行党委书记、行长，兴业银行烟台分行党委书记、行长，兴业银行济南分行党委委员、行长助理，现任兴业银行青岛分行党委书记、行长。

【综述】 2016年，兴业银行股份有限公司青岛分行（以下简称"兴业银行青岛分行"）深入贯彻落实总行工作会议和监管机构工作会议精神，着重提升创新能力、联动能力、风险把控能力，顺利完成了"稳增长 保平安 促转型 强基础"的基本任务，取得了较好的经营业绩。

【公司业务】 2016年，兴业银行青岛分行公司业务保持了良好的经营发展态势。成功突破轨道交通、棚户区改造、政府类业务等重点领域，先后中标轨道交通13号线项目、"十三五"期间轨道交通项目合作银行资格、青岛市市级非税代收项目、青岛市高等教育发展基金、青岛蓝湾整治、全球财富等重点项目，落地西海岸科教文卫发展基金、海湾集团老企业搬迁、即墨棚改等重点业务，实现多个青岛市"首笔"，与一批市区级政府、平台公司、重点企业建立了业务合作关系。同时，投行业务继续保持传统优势，发行了总行系统内首笔、青岛市唯一一笔永续中票业务，非金融企业债务融资工具发行规模和发行支数均位居青岛同业首位。

【个人业务】 2016年，兴业银行青岛分行着力推动公私联动和全员营销，个人业务再上新台阶。一是积极推进转型，品牌建设和织网工程建设初见成效，特惠商户新增300余户，初步构建了较为完善的特惠商户体系，万象城海洋球节、"一元早餐"、"8元观影"等信用卡促销活动深受广大市民喜爱。二是不断推进零售条线组织架构改革，释放体制机制红利：成立社区支行工作办公室，力促产能和服务提升；成立零售信贷业务拓展部，试点支行零售业务拓展部，逐步推进零售营销专业化提升和外延式扩张。

【国际业务】 2016年，兴业银行青岛分行主动调整国际业务发展策略，取得了较好的发展业绩。全年实现跨境结算量21.10亿美元，跨境结算中单证类业务笔数位居总行系统第四名；国际业务贸易融资余额37.07亿元人民币，涵盖进口信用证、进口押汇、跨境保函等多个业务品种，有效满足了进出口企业融资需求。同时，兴业银行青岛分行积极推进E通关、关税保函等兴业特色海关类产品的营销和推广力度，成功与7家企业客户签约E通关产品，缴费金额大幅增长，极大推进了结算型存款的营销。

【中间业务】 2016年，兴业银行在青岛设立资产托管（青岛）中心，初步形成了辐射全国的资产托管营销服务体系。公司主动调整经营策略，大力发展国际结算、国内证、代客衍生产品、对公理财产品、网银结算等产品，中间业务收入取得了较快发展。零售条线不断拓展和完善销售渠道，财富代理类业务成为重要利润中心，中间业务收入同比增长19%。

【电子银行业务】 2016年，兴业银行青岛分行在持续推广零售电子银行业务发展的同时，注重培养客户使用网银和手机银行办理各类金融业务的习惯，充分发挥互联网金融便捷、高效的优势，为广大客户提供更加高效的金融服务。手机银行客户增长迅速，辖区所有网点均实现免费WIFI覆盖，为客户提供安全、方便的用网环境。为促进移动支付业务发展，兴业银行携手银联推广Apple Pay、HuaWei Pay等移动支付业务，不断丰富支付场景。全年电子银行签约客户59.7万户，其中活跃客户7.62万户，同比增长33.5%；网上银行签约客户43.0万户，活跃客户4.73万户，同比增长29.6%；手机银行签约客户24.9万户，活跃客户同比增长38.3%。

【内部管理与金融文化建设】 2016年，兴业银行青岛分行紧扣发展改革创新的主题，不断深化机制体制改革，提升营销组织能力和金融服务水平。

一、坚持"从严治行"，风险管控能力进一步提升。一是加强贷后管理，坚决压缩、退出风险客户，严格开展专项风险排查和双线贷后检查，加大信用责任追究力度，认真开展不良项目信用责任认定工作。二是成立不良资产清收化解督导小组，提升处置效率，提高处置收益率。三是加强内控合规管理，上线合规内控与操作风险管理系统、员工可疑交易排查系统，开展员工异常行为常态化检查，将每年二季度作为"内控合规专项治理季"。

二、坚持"服务立行"，运营保障体系更加安全、高效、有力。研发上线青岛市财政非税代收系统、话费代缴系统、供暖费代缴系统等，自主研发财务资源配置系统、培训管理系统、综合考评统计系统等。科学进行编制管理和人员动态配置，进一步推进"能上能下、任贤用能"的用人机制。狠抓安保基础工作，每月开展巡查、安全消防演练。组织开展各类特色文体活动，全力推进兴业特色家园文化建设。

【大事记】 8月23日 青岛市副市长牛俊宪会见兴业银行总行副行长陈锦光一行，就青岛市财富管理金融综合改革领域合作进行会谈，青岛分行行长沈健、副行长丁武民陪同。

9月20日 青岛市市长张新起会见兴业银行总行副行长陈信健一行，洽谈银政合作业务，兴业银行青岛分行行长沈健陪同。

11 月 18 日　兴业银行总行行长陶以平与青岛市委副书记、市长张新起在青岛分行签订战略合作备忘录，并为兴业银行资产托管(青岛)中心揭牌。

(张安琪)

附表 1

机构概况一览表

行长（或其他称谓的第一负责人）		副行长（或其他称谓的同级领导）	
沈　健		步延进　廖卫华　丁武民　刘方勃（党委委员、行长助理）	
地址	山东省青岛市市南区山东路 7 号甲	邮编	266071
网址	http://www.cib.com.cn/cn/index.html	客服电话	95561

附表 2

内设部门及分支机构一览表

年度	内设职能部门数量（个）	下设分支机构（个）					员工总人数（人）		备注
		总数	地市分行数	县区支行数	分理处、营业所数	储蓄所数		正式员工人数	
2012 年	13	10	1	8	—	—	620	385	2016 年，青岛分行已将日照分行划归济南分行管辖，故数据未统计。
2013 年	16	11	1	9	—	—	619	418	
2014 年	18	12	1	12	—	—	686	499	
2015 年	21	16	1	15	—	—	677	516	
2016 年	18	14	0	14	—	—	618	544	

附表 3

主要统计指标 1

单位：亿元

项目＼年度	2012	2013	2014	2015	2016	2016 年同比增幅（%）
本外币资产总额	430.96	608.44	764.33	884.83	1034.92	16.96
本外币存款余额	219.58	277.26	261.19	551.32	523.07	-5.12
人民币存款余额	185.84	252.9	244.48	526.05	518.04	-1.52
单位存款	154.90	215.49	203.82	232.3	261.78	12.69
储蓄存款	30.94	37.41	40.66	38.48	38.81	0.86
本外币贷款余额	137.48	144.26	193.51	190.58	256.9	34.80
人民币贷款余额	105.81	129.3	179.84	184.85	255.4	38.17
短期贷款	47.40	76.05	119.64	107.79	109.75	1.82
中长期贷款	58.41	53.24	56.4	80.87	136.59	68.90
票据融资	0.99	0	0.77	1.29	10.16	687.60
利润总额	4.61	4.21	6.25	8.32	11.07	33.05
不良贷款余额	0.933	1.26	2.28	1.6	2.58	61.25
不良贷款占比（%）	0.68	0.87	1.18	0.84	1	19.05

附表 4

主要统计指标 2

项目 \ 年度	2012	2013	2014	2015	2016	2016 年同比增幅（%）
单位结算账户（万户）	1.15	1.53	1.04	1.09	1.19	9.17
单位结算金额（亿元）	5836.90	15135.85	23663.94	19409.82	20753.28	6.92
个人结算账户（万户）	16.67	21.86	33.87	29.67	35.66	20.20
个人结算金额（亿元）	1179.42	1883.05	2150.98	2723.34	2819.11	3.52
信用卡发卡量（万张）	3.22	2.66	2.94	2.94	6.04	105.60
信用卡消费额（亿元）	31.39	53.28	68.34	78.9	111.46	41.26
企业网银客户（万户）	0.14	0.17	0.28	0.33	0.40	20.61
个人网银客户（万户）	10.50	11.38	14.2	16.35	16.68	2.02
手机银行客户（万户）	11.45	18.3	23.1	32.10	42.96	33.82
电话银行客户（万户）	14.73	16.76	18.6	21.54	24.81	15.18
现金自助设备（台）	86	93	108	99	82	-17.17
营业网点（个）	10	11	14	16	14	-12.50
自助网点（个）	13	12	21	19	24	26.32

附表 5

先进集体及个人一览表

授奖单位	奖项名称	获奖集体
兴业银行总行	第八届“百富人生”理财师大赛最佳组织奖	兴业银行青岛分行
兴业银行总行	核心系统 V3 项目优秀集体三等功	兴业银行青岛分行
兴业银行总行	兴业银行先进职工小家	兴业银行青岛分行市南业务总部（支行）工会小组
兴业银行总行	兴业银行工人先锋号	兴业银行青岛分行风险管理部
兴业银行党委	先进基层党组织	兴业银行青岛市南支行委员会
授奖单位	奖项名称	获奖个人
兴业银行总行	第八届“百富人生”理财师大赛一等奖	刘　君
青岛银监局	2016 年度青岛银行业“金融知识进万家”活动先进个人	李欣伟
兴业银行总行	兴业银行优秀工会工作者	曹　平
兴业银行党委	兴业银行优秀党务工作者	张　杨
兴业银行党委	兴业银行优秀党支部书记	李艳玲

中国民生银行股份有限公司济南分行

【第一负责人简介】 张春方，男，汉族，1968 年 1 月出生，湖北枝江人，1992 年 5 月参加工作，中共党员，博士研究生学历，工程师职称。历任中国民生银行武汉分行行长助理、党委委员、副行长、纪委书记；中国民生银行总行运营管理部副总经理（主持工作）、个人金融部总经理。2016 年 3 月，任中国民生银行济南分行党委书记、行长。

【综述】 2016 年，中国民生银行股份有限公司济南分行（以下简称“民生银行济南分行”）紧密围绕总行战略部署，制订了“做好十件大事，创建标杆分行”的三年发展规划，并依照“机制优先、团队跟进、业务提升、管理精细”的基本策略，推出了一系列改革发展举措，各项业务保持平稳健康发展，资产质量控制较好，管理水平持续提高，品牌形象进一步提升，主要经营指标再创新高，取得了良好的经营业绩。

【公司业务】 2016 年，民生银行济南分行加大资产投放，优化客户结构，提升产品使用，做强公司业务。公司业务净收入（含票据）实现 21.76 亿元，公司业务金融资产余额 1468 亿元，其中对公贷款余额 460.73 亿元，增量 114.77 亿元，增幅 33%；对公客户数 4.3 万户，较年初新增 7060 户，增幅 20%；结算有效客户达 1.11 万户，较年初新增 2844 户，增幅 34%。

【个人业务】 2016 年，民生银行济南分行重视客群经营，提升产品销售，调整资产结构，做大零售业务。零售业务净收入（含私行）实现 11.52 亿元，金融资产日均 463.9 亿元；零售有效客户数 14.7 万户，较年初新增 2.37 万户，增幅 20%；贵宾客户数 6.08 万户，较年初新增 1.03 万户，增幅 20%；小微客户数 23.68 万户，较年初新增 6.15 万户，增幅 35%；消贷余额新增 60 亿元，增幅 109%；按揭贷款余额新增 70.4 亿元，增幅 215%。

【国际业务】 2016 年，民生银行济南分行实现国际结算量累计约 9 亿美元，当地市场份额占比 0.78%。加大对国际业务的推动力度，济宁和泰安两家二级分行和潍坊分行辖属 5 家支行先后获得了行内和人行的准许办理外汇业务的批文，为全面推进外汇业务奠定了基础。

【中间业务】 2016 年，民生银行济南分行以加强产品应用和产品推广为引擎，拉动中间业务收入持续增长，各项业务多元化发展，盈利能力进一步提升，共实现中间业务收入 6.3 亿元，占全年营业收入的 18%，同比增长 1 亿元，增幅 19%，有效促进了收入结构的优化调整。

【电子银行业务】 2016 年，民生银行济南分行充分利用手机银行、B2B 电子商务、现金池资金归集、集团账户管理、银企直联、二维码收银台等电子银行产品，大力拓宽服务渠道，不断创新服务模式，持续提升服务水平。截至 2016 年年末，手机银行有效客户 120 万户，较年初新增 25.4 万户，增幅 27%；直销银行客户数 20.1 万户，在民生银行系统内排名第 2 位。

【内部管理与金融文化建设】 2016 年，民生银行济南分行以创建标杆分行为目标，努力强化科学管理，推动市场化体制机制改革，各项工作协调发展，管理水平持续提升。一是以市场化导向改革薪资分配机制，优化中后台绩效考核。二是创新实施机构改革，加快利润中心建设，建立经营机构聆讯机制，尝试推行托管制度，并探索设立“零售模范支行”，稳步推进机构提质增效。三是梳理完善制度流程，提高基层机构参与程度，开发透明服务系统，以科技手段建立高效透明管理机制。四是创新选人用人机制，启动“234”人才工程，推进四大人才培养计划，强化干部梯队建设，同时设立人才培养发展中心，实施干部员工的动态培养管理。五是全面加强风险管理，组建合规巡查中心，成立两个资产保全部，创新清收手段，推进不良资产处置；组织开展了“铁拳行动”专项整治活动，从严治行，从严问责。

【大事记】 3 月 1 日 民生银行总行党委委员、工会主席陈世强，人力资源部总经理欧阳勇一行莅临济南分行出席分行高管任免会议，宣布济南分行主要负责人调整事项。经总行党委研究，张春方担任济南分行党委书记，待履行监管部门核准手续后任分行行长。

5 月 25 日 民生银行济南分行与山东金融资产管理股份有限公司签署双方战略合作协议签约仪式。

8 月 18 日 中国民生银行淄博分行举行开业庆典。

11 月 12 日 由中国民生银行主办，山东省经信委、山东省金融办协办的“供给侧改革高峰论坛暨‘企业精英荟·泰山’启动仪式”在济南举行。

11 月 12 日 山东省委副书记、省长郭树清在济南会见了出席由民生银行济南分行主办，山东省经信委、山东省金融办协办的“供给侧改革高峰论坛暨‘企业精英荟·泰山’启动仪式”的全国工商联名誉主席黄孟复、中国民生银行董事长洪崎一行。

11 月 12 日 民生银行济南分行成立十五周年颁奖典礼在山东会堂隆重举行。

11 月 25 日 民生银行济南分行在山东农信企业年金公开招标项目中成功中标山东农信企业年金唯一账户管理人资格，单个年金项目账户管理总规模 83468 户再次刷新了民生银行记录。

12 月 2 日 由民生银行总行团委主办，济南分行承办的

2016 年民生青年 SMART 行动成果决选会圆满落下帷幕。济南分行与其他四家机构共同获 2016 年民生青年 SMART 行动成果决选会金奖。

12 月 13 日　民生银行总行"强化正风肃纪 依规从严治行"主题巡讲报告会在济南分行隆重举行。

（王华栋　商梦飞）

附表 1

机构概况一览表

行长（或其他称谓的第一负责人）		副行长（或其他称谓的同级领导）	
张春方		孙　兴　彭曙光　韩咏军　蔡丹平　王　磊（行长助理）	
地址	山东省济南市泺源大街229号	邮编	250012
网址	http://www.cmbc.com.cn	客服电话	95568

附表 2

内设部门及分支机构一览表

年度	内设职能部门数量（个）	下设分支机构（个）					员工总人数（人）	
		总数	地市分行数	县区支行数	分理处、营业所数	储蓄所数		正式职工人数
2012年	24	26	4	22	—	—	1341	1104
2013年	23	34	4	29	—	—	1636	1401
2014年	23	46	5	41	—	—	1872	1686
2015年	24	51	5	46	—	—	1986	1817
2016年	23	53	6	47	—	—	1960	1809

附表 3

主要统计指标1

单位：亿元

项目 \ 年度	2012	2013	2014	2015	2016	2016 年同比增幅（%）
本外币资产总额	745	798	1038	1121	1289	15
本外币存款余额	569	673	856	964	1044	8
人民币存款余额	567	672	850	933	1029	10
单位存款	460	529	639	694	800	15
储蓄存款	107	143	211	239	229	-4
本外币贷款余额	411	414	501	589	855	45
人民币贷款余额	411	414	501	589	855	45
短期贷款	305	319	400	462	432	-6
中长期贷款	106	95	101	108	305	182
票据融资	2.84	4.59	5.21	14.3	113	690
利润总额	9.00	8.31	6.94	16.38	14	-14
不良贷款余额	1.94	4.97	4.81	5.33	8	47
不良贷款占比（%）	0.47	1.2	0.96	0.9	0.92	2

附表4

主要统计指标2

项目＼年度	2012	2013	2014	2015	2016	2016年同比增幅（%）
单位结算账户（万户）	2.12	3.06	3.66	5.06	6.09	20
单位结算金额（亿元）	18090	20845	23396	26440	26350	0
个人结算账户（万户）	42.4	82.9	140.8	185.7	223.3	20
个人结算金额（亿元）	4087	7572	18414	23280	24218	4
信用卡发卡量（万张）	13.55	10.56	15.08	16.37	27.13	66
信用卡消费额（亿元）	117.35	207.59	352.85	479.84	579.46	21
企业网银客户（万户）	0.8	1.4	2.7	3.4	3.08	-9
个人网银客户（万户）	8.4	18.1	50.4	64.4	78.3	22
手机银行客户（万户）	26	27.6	66.8	94.6	120	27
电话银行客户（万户）	6.1	6.7	9.9	12.0	—	—
现金自助设备（台）	112	518	626	652	610	-6
营业网点（个）	25	34	46	51	53	4
自助网点（个）	59	270	325	364	196	-46

附表 5

先进集体及个人一览表

授奖单位	奖项名称	获奖集体
中国人民银行济南分行	山东省金融机构2015年度综合评价“A级”	济南分行
中国金融工会山东省工作委员会	山东金融系统先进工会组织	济南分行工会
山东省财贸金融工会	山东省财贸金融系统五一劳动奖状	潍坊分行
	工会工作先进单位	高新支行
山东省公安厅	全省单位内部治安保卫先进集体	安全保卫部
中国民生银行	零售业务风险管理先进集体	小微及小区授信评审部
	资产质量管理先进集体	零售资产监控部
	先进基层党组织	潍坊分行党委、东营分行党委、分行营业部党支部
授奖单位	奖项名称	获奖个人
山东省财贸金融工会	山东省财贸金融系统五一劳动奖章	张　晶
中国民生银行	优秀风险管理者	吕　堂
	优秀共产党员	马　涛　李　冉　尚永兴　程义伟
	优秀党务工作者	李秀荣　张　晶　谢渭源

中国民生银行股份有限公司青岛分行

【第一负责人简介】 杨新军，1970 年出生，管理学硕士，历任民生银行北京首体支行公司银行一处部门副经理、北京京广支行行长、呼和浩特分行副行长、青岛分行副行长（主持工作）；2014 年 3 月起，任民生银行青岛分行行长。

【综述】 中国民生银行股份有限公司青岛分行（以下简称“民生银行青岛分行”）成立于 2006 年 3 月 18 日，为中国民生银行一级分行，下辖青岛、烟台、威海、日照四地市的分支机构。经过 10 年发展，目前分行共有 37 家分支机构，其中 3 家二级分行，16 家县域支行，18 家同城支行。

【经营管理】 2016 年，民生银行青岛分行强化内部管理，推进机制改革，提升经营层次，发挥竞争优势，紧扣经济发展脉搏，强抓机遇，谋求更深层次的发展。

一、公司业务。加大对实体经济信贷支持力度，金融市场业务方面，加强业务营销力度，奠定良好的客户基础。票据业务方面，加强同业交流与业务合作，拓展完善同业转贴现业务网络和渠道。投行业务方面，梳理辖区内大型国企、民企，足客户的投资理财需求，实现分行中间业务收入。

二、零售业务。一是小微业务方面，发售“小微添利盈”专属理财产品，满足小微客户日趋增产的财富需求，同时积极推进新增抵押业务开展，借助“优房闪贷”平台获客，提升客户体验，提高产品知名度。二是个人金融方面，持续推进收入转型，基金销售注重静态向动态的转变，保险销售注重期、趸交协同发展。联合地产事业部及总行的网络金融部主动对接大型开发商，提高整体市场占有率。三是私人银行业务方面，做好高净值客户开发维护，以资本市场项目的落地为目标，进一步做好私人银行业务区域市场状况分析，组织分行私人银行市场开发、营销活动。

【中间业务】 2016 年，民生银行青岛分行根据市场变化不断调整策略，业务规模和质量都有明显进步，中间业务表现突出，公司业务中间业务收入仍然占据较高比重。收费业务管理体系进一步完善，确保达到监管要求的同时，没有出现不利舆情，维护了良好市场形象。业务收入从过去主要依靠结算手续费收入，逐渐向理财、托管等新业务领域转移，新产品和服务不断扩展，新的业务亮点不断涌现，已经成为节约资本和利润增长的助推因素。

【电子银行业务】 2016 年，民生银行青岛分行对手机银行、资金归集、乐收银和新网银等产品进行了重点推动以提升结算产品质量与客户覆盖率。截至 2016 年年末，95568 渠道共受理客服工单 6381 条。

【内部管理与金融文化建设】 2016 年，民生银行青岛分行多方位梳理分行组织架构，风险把控和业务服务水平进一步提升。一是狠抓预警管理，提高风险提示工作效果，提升对风险信息的敏感度，拓宽风险监控领域，紧密掌握经济动向，对受经济影响较突出的行业加大风险管控力度。二是关注职工权益，着力筑牢家园文化，建立特殊情况处理制度，加强员工人文关怀。

【大事记】 4 月 27 日 民生银行行长郑万春一行赴青岛分行调研指导工作。

5 月 18 日 民生银行青岛分行党委书记、行长杨新军赴海尔集团有限公司，拜会了海尔集团副总裁兼首席财务官谭丽霞、资金部总经理邵新智，就民生青岛分行与海尔集团开展战略合作进行磋商。

5 月 23 日 由民生银行企业客户部战略客户二中心牵头发起、青岛分行主办的海尔集团公司 80 亿元授信业务，获得公司业务风险管理部批复，为该行全面介入海尔集团公司的股权并购、资金交易、全产业链开发、公私联动等重点业务领域，奠定了坚实的基础。

5 月 28 日 民生银行青岛分行“阳光少年”慈善联名卡发卡仪式暨“阳光少年”俱乐部启动发布会隆重召开。中国民生银行青岛分行、青岛红十字会微尘基金、社会各界慈善人士、慈善青年志愿者协会、被捐助少年儿童、各大媒体记者等近 300 人参加。

10 月 1 日 民生银行青岛分行本部从市南区正式搬迁至崂山区上实中心办公，地处金家岭金融聚集区核心位置。

12 月 15 日 “人保资本——胶州湾大桥保险债权投资计划”项目在民生银行青岛分行成功落地，期限 5 年，新增托管规模 12.5 亿元。该项目以资产托管为平台，撮合客户资产与外部保险资金对接，丰富了青岛当地企业多渠道融资的成果。在项目实施过程中，分行加强与企业的联系，增强了银企合作，获得了较好的经济效益和社会效益。

（柴 静）

附表 1

机构概况一览表

行长（或其他称谓的第一负责人）		副行长（或其他称谓的同级领导）	
杨新军		高建绪　李加岭	
地址	山东省青岛市崂山区海尔路 190 号	邮编	266000
网址	http://www.cmbc.com.cn	客服电话	95568

附表 2

内设部门及分支机构一览表

年度	内设职能部门数量（个）	下设分支机构（个）					员工总人数（人）	
		总数	地市分行数	县区支行数	分理处、营业所数	储蓄所数		正式员工人数
2012 年	24	18	2	16	0	—	738	—
2013 年	24	21	3	18	0	—	888	—
2014 年	23	28	3	25	8	—	999	878
2015 年	21	33	3	30	44	—	1043	941
2016 年	21	37	4	33	47	—	1032	946

附表 3

主要统计指标 1

项目 \ 年度	2012	2013	2014	2015	2016	2016 年同比增幅（%）
本外币资产总额	414.24	420.11	387.09	420.73	389.24	-7.48
本外币存款余额	327.23	355.65	345.97	378.54	318.91	-15.75
人民币存款余额	322.89	353.90	344.27	368.74	311.24	-15.59
单位存款	242.11	258.75	259.09	297.26	238.84	-19.65
储蓄存款	80.78	95.15	85.18	71.48	72.4	1.28
本外币贷款余额	233.04	232.12	245.71	273.83	319.97	16.85
人民币贷款余额	233.04	232.12	245.71	273.83	319.97	16.85
短期贷款	167.35	175.29	161.22	138.57	165.48	19.42
中长期贷款	55.69	56.83	82.47	109.73	141.9	29.32
票据融资	0	1.35	2.02	25.51	12.6	-50.61
利润总额	6.03	5.54	0.25	2.92	-10.69	-466.1
不良贷款余额	1.79	1.56	13.48	8.66	21.68	150.35
不良贷款占比（%）	0.77	0.67	5.49	3.16	6.78	114.24

附表 4

主要统计指标 2

项目 \ 年度	2012	2013	2014	2015	2016	2016 年同比增幅（%）
单位结算账户（万户）	1.76	1.42	1.92	2.32	2.55	9.91
单位结算金额（亿元）	49.01	73.68	74.77	80.51	82.12	1.99

续表

项目 \ 年度	2012	2013	2014	2015	2016	2016年同比增幅（%）
个人结算账户（万户）	25.38	24.66	35.98	50.49	67.59	33.86
个人结算金额（亿元）	15.04	28.58	28.83	30.12	32.69	8.53
信用卡发卡量（万张）	25.66	31.07	37.68	46.16	59.2	28.25
信用卡消费额（亿元）	61.32	99.52	126.05	168.9	222.85	31.94
企业网银客户（万户）	—	—	—	1.63	1.93	18.4
个人网银客户（万户）	5.48	9.17	12.12	13.97	15.25	9
手机银行客户（万户）	2.16	11.66	28.27	42.70	59.83	40
现金自助设备（台）	102	176	215	240	242	0.01
营业网点（个）	18	21	36	77	84	9.1
自助网点（个）	40	104	165	125	76	-39.21

中国光大银行股份有限公司济南分行

【第一负责人简介】　陈贵明，男，汉族，1960年6月出生，中共党员，本科学历，高级经济师职称。历任中国人民银行济南分行营业管理部货币信贷统计处处长、中国光大银行济南分行行长助理、风险总监、副行长、纪委书记等职；2016年6月，任中国光大银行股份有限公司济南分行行长(代为履职)。

【综述】　2016年，光大银行股份有限公司济南分行(以下简称“光大银行济南分行”)不断改革创新，积极稳增长、调结构、防风险、树品牌、增效益，主要经营指标实现快速健康发展，内部管理水平进一步提升，全行员工的士气和凝聚力不断增强。

【公司业务】　2016年，光大银行济南分行打造符合区域发展的营销模式，坚持客户结构调整优化与分层次营销，围绕国家重点战略和重点项目，持续调整信贷结构，压缩产能严重过剩行业，提高对农林牧渔、医药卫生、旅游业等实体经济的支持力度，支持基础设施和城镇化建设。一是大力发展债券融资、托管业务，降低企业融资成本。二是加强资产业务统筹，将传统信贷与同业、投行、资金、租赁等业务横向打通，最大程度实现资源整合，提升客户服务能力和水平。截至2016年年末，对公贷款本外币余额294.27亿元，较年初增加52.62亿元，增幅21.78%。三是积极搭建小微业务平台，努力拓宽小微业务渠道，积极支持小微企业发展，完成国标小微贷款39.93亿元，高于全行贷款23.83%的平均增速6.4个百分点；申贷获得率95%，完成“三个不低于”的监管目标。

【个人业务】　2016年，光大银行济南分行认真贯彻落实总行发展战略，着力加快零售业务发展。突出AUM财富总量、代理理财、零售贷款、零售存款四大工作重点，在自营理财、代理理财双引擎驱动下，财富管理转型初见成效。一是围绕各类节日主题，开展了形式多样、丰富多彩的营销宣传活动，全行累计开展营销与培训活动785场。二是依托互联网渠道，通过项目带动，发挥信用卡、出国金融等业务优势，基础客户与中高端客户快速发展。三是成立私人银行部，从综合金融服务、增值服务及日常维护服务等方面开展私行客户服务体系建设，全面梳理私行客户服务接触点，优化私行客户服务体验，加快私人银行体系建设。四是光大银行与山东高速合作的ETC项目正式上线并实现发卡，同时山东高速ETC省内代缴平台项目可实现包括柜台签约、批量代扣和黑白名单机制等多项功能。五是持续加强信用卡团队建设，开展多样市场营销活动，加快客户引入，促进信用卡业务规模增长。

【贸金业务】　2016年，光大银行济南分行稳中求进，突出贸金产品特色。

一、推动重点产品发展。从制度建设、流程梳理等多方面入手，推动财政保理、租赁保理、同业保函、国内信用证，以及代付和福费廷等国际结算业务发展，提高贸金产品的综合收益。

二、推动贸金业务创新。推动自贸业务、跨境业务和电子支付业务发展，搭建境内外机构综合金融服务平台，探索境外分行和现有国际、国内业务协同发展的新型途径，协助光大银行首尔分行在系统内开立首个内部账户，同时帮助首尔分行进行信用证、电汇、代收项下的全流程测试。

三、充分利用分离式保函、非银同业保函等创新产品，带动对公存款、表外贸易融资及中间业务收入增长，提高贸金产品的客户粘性和综合贡献度。

【同业业务】 2016年，光大银行济南分行在持有到期业务、存单受益权业务、票据受益权业务等方面均取得了较大突破，同业资金业务继续稳步发展，“银贸通”业务规模继续保持系统内前列，积极开展同业授信业务，加强对二级分行业务管理与指导，促进业务快速发展。

【电子银行业务】 2016年，光大银行济南分行加强电子银行渠道服务，发力互联网金融，通过打造和推广“云缴费”“云支付”“e托管”“e电商”等重点优势项目推广，稳步提升电子渠道获客和盈利能力，实现电子银行业务新的发展。全年通过自助终端、柜台、网络实现水费、通信费、电费等代缴费60万笔。积极筹措建设山东E电商电子商务平台，制定营销方案，促进山东省知名特色企业更好发展。

【内部管理与金融文化建设】 2016年，光大银行济南分行坚持从严治行、以人为本，致力和谐分行建设。一是坚持业务发展与风险防范并重，高度重视合规风险管理，坚持守住底线，全面加强队伍建设不动摇。二是全面强化合规经营理念，进一步增强员工合规意识，邀请检察院开展职务犯罪警示教育讲座，公安局开展防金融犯罪讲座等，不断提升员工的防范意识。三是深入开展“两个加强、两个遏制”回头看活动，通过自查检查，查摆漏洞，认真整改，严守底线。四是持续抓好党建和金融文化建设不动摇，不断提升全行党员的党性修养。与各单位签订党风廉政建设责任书，做到廉政建设与经营管理同部署、同考核。不断强化员工思想教育，树立良好的行风正气。大力培育积极奋进的企业文化，深入搞好各业务条线的岗位培训和技能练兵活动，始终把员工技能提升作为一项基础性工作常抓不懈。

【大事记】 1月14日 光大银行济南分行召开2016年度工作会议。

3月25日 光大银行济南分行ETC卡正式上线使用。

4月初 光大银行济南分行与首尔分行办理首笔海外代付业务。

4月23日 光大银行济南分行在济南市植物园举行健步走活动。

5月12日 光大银行免去王欣光大银行济南分行行长职务。（光银任〔2016〕16号）

5月 光大银行济南分行开展阳光服务礼仪大赛活动。

6月8日 陈贵明任光大银行济南分行行长（代为履职）。（光银发〔2016〕63号）

7月2日 光大银行济南分行组织党员参观中国共产党山东省党史陈列馆。

7月9日 光大银行济南分行与济南市高新区签署战略合作协议。

9月9日 光大银行济南分行组织全行员工开展义务献血活动。

10月27日 光大银行济南分行召开光大集团驻鲁单位联动工作会议。

（刘 佳）

附表1

机构概况一览表

行长（或其他称谓的第一负责人）		副行长（或其他称谓的同级领导）	
陈贵明（代为履职）		黄炳华 林 燕 姜立惠 孙昌勇 王景春	
地址	山东省济南市经七路85号	邮编	250001
网址	http://www.cebbank.com/	客服电话	95595

附表2

内设部门及分支机构一览表

年度	内设职能部门数量（个）	下设分支机构（个）					员工总人数（人）	
		总数	地市分行数	县区支行数	分理处、营业所数	储蓄所数		正式职工人数
2012年	16	14	1	13	—	—	489	489
2013年	16	18	2	3	—	—	655	655
2014年	16	20	2	4	—	—	685	685
2015年	18	22	3	2	—	—	743	743
2016年	18	22	3	2	—	—	760	760

附表 3

主要统计指标 1

单位：亿元

项目＼年度	2012	2013	2014	2015	2016	2016 年同比增幅（%）
本外币资产总额	240.52	369.48	392.66	455.39	608.16	133.55
本外币存款余额	230.05	278.35	291.15	411.00	488.73	118.91
人民币存款余额	228.89	276.85	290.03	407.47	483.29	118.61
单位存款	199.76	239.67	241.29	348.07	418.37	120.20
储蓄存款	30.29	38.68	49.86	62.93	70.36	111.81
本外币贷款余额	173.61	192.59	221.30	285.59	353.63	123.82
人民币贷款余额	168.00	186.90	215.55	282.1	350.65	124.30
短期贷款	104.30	140.96	140.65	157.22	154.15	98.05
中长期贷款	63.19	49.03	57.90	107.55	178.27	165.76
票据融资	1.05	2.78	15.16	16.29	17.90	109.88
利润总额	4.52	5.37	2.55	3.42	4.61	134.80
不良贷款余额	1.63	2.54	1.77	4.73	6.20	131.08
不良贷款占比（%）	—	1.33	0.80	1.66	1.75	105.42

附表 4

主要统计指标 2

项目＼年度	2012	2013	2014	2015	2016	2016 年同比增幅（%）
单位结算账户（万户）	0.52	0.47	1.16	0.68	0.72	105.88
单位结算金额（亿元）	412.00	523.35	714.52	813.40	833.12	102.42
个人结算账户（万户）	53.28	60.47	61.25	84.00	88.20	105.00
个人结算金额（亿元）	5.82	12.30	13.13	18.56	21.33	114.92
信用卡发卡量（万张）	—	8.68	13.43	6.41	8.68	135.41
信用卡消费额（亿元）	—	238.00	334.89	443.22	526.00	118.68
企业网银客户（万户）	0.30	0.44	0.54	0.60	0.65	108.33
个人网银客户（万户）	11.55	31.97	36.50	58.00	62.13	107.12
手机银行客户（万户）	3.86	27.19	32.12	55.40	61.60	111.19
电话银行客户（万户）	—	—	—	—	—	—
现金自助设备（台）	278.00	193.00	221.00	225.00	220.00	97.78
营业网点（个）	14.00	18.00	20.00	22.00	22.00	100.00
自助网点（个）	2.00	8.00	11.00	11.00	11.00	100.00

附表 5

先进集体及个人一览表

授奖单位	奖项名称	获奖集体
中国光大银行	中国光大银行先进集体	光大银行潍坊分行
中国光大银行	中国光大银行先进集体	光大银行舜耕支行
中国光大银行	中国光大银行先进集体	光大银行章丘支行
中国光大银行	零售资产业务荣耀之星奖	光大银行济南分行小微金融部
中国光大银行	操作风险管理优秀分行	光大银行济南分行法律合规部
中国银行业协会	中国银行业文明服务千家示范单位	光大银行舜耕支行
山东省银监局	银监局直报机构监管统计工作先进单位二等奖	光大银行济南分行
授奖单位	奖项名称	获奖个人
中国光大银行	贸金条线先进个人	胡慎思
中国光大银行	全国电子银行先进个人奖	张晓光
中国光大银行	“十佳”保全客户经理	韩志伟
中国光大银行	纪检监察先进个人	曾　强

中国光大银行股份有限公司青岛分行

【第一负责人简介】　朱小庆，男，汉族，1967 年 10 月出生，中共党员，本科学历。1989 年 9 月参加工作。曾先后担任中国光大银行海口分行行长助理、南宁分行副行长、海口分行副行长、纪委书记，现任青岛分行党委副书记（主持工作）、副行长（主持工作）。

【综述】　2016 年，中国光大银行股份有限公司青岛分行（以下简称“光大银行青岛分行”）坚持稳中求进的工作总基调，稳增长、调结构、增效益、防风险，在全行营造“简单、务实、担当、进取”的工作氛围，与时俱进，解放思想，求真务实，积极进取，夯实基础，稳中求进，打造品牌，全面提高战斗力和执行力，内部管理不断加强，存款、贷款等主要业务指标完成了总行下达的任务，进入发展快车道。

截至 2016 年年末，光大银行青岛分行分行一般存款时点余额较年初增长 60 亿元，增幅 17.27%，系统内排名提升 2 个名次。贷款日均余额较年初增长 78.38 亿元，增幅 21.55%。不良贷款余额完成总行管控目标，低于全行不良率 0.35 个百分点。

【公司业务】　2016 年，光大银行青岛分行强化产品创新，完善客户经理考核系统，有效提升了对公客户经理的综合素质。截至 2016 年年末，光大银行青岛分行对公存款余额 308.37 亿元，较年初增加 40.77 亿元；对公存款日均余额 291.29 亿元，较年初增加 39.79 亿元，完成全年增量预算任务的 116.99%。

一、继续加强政府合作。行领导先后拜访高新区、黄岛区、崂山区、胶州市、平度市、日照市各级政府和城投、国信、世园等重点平台企业，与日照市、东营广饶市政府签订《银政合作协议》。全年实现表内贷款投放 32 亿元，投行资本金项目投放 10 亿元，储备政府项目 187 亿元。

二、大力发展轻资产业务，实现公司业务投行化，拓宽中收渠道。2016 年，光大银行青岛分行不断加强与保险、证券、信托等机构合作，围绕重点客户开展国内证、政府保理、结售汇、福费廷、高资、结构化融资、ABS、居间、并购业务、股票质押式回购、海外发债等轻资产业务，与外部机构实现资金和资产的对接，探寻新的利润增长点。

三、多措并举，不断加强对公队伍建设。一是建立“以存款为基础，利润为导向，兼顾战略管理和合规管理”直观、透明、合理的对公客户经理考核系统，充分调动了客户经理的工作热情和营销积极性。二是对公条线先后开展了为期四个月的“对公营销能力提升实战式辅导”、“一、三、五每早半小时”、以岗代训、赴先进分行学习等形式多样的培训活动，全年共组织大型培训 5 次，日常培训 20 余次。

【个人业务】　2016 年，光大银行青岛分行零售资产负债规模不断跃升，金融服务能力持续增强。一是 AUM（管理客户资产规模）突破 300 亿元大关，较年初新增 70 亿元，增量系统内全国排名第 3 位，任务完成率系统内全国排名第 1 位。二是对私存款日均余额较年初增长 20 亿元，增量系统内全国排名第 6 位，增幅 21%。三是不断优化个人贷款业务操作流程，提升品牌竞争力，以特色化的产品及优质的服务赢得客户口碑，2016 年年末个贷余额跨入百亿俱乐部，较年初新增 33 亿元。

【国际业务】 2016 年，光大银行青岛分行深挖存量客户、国际业务实现快速发展。一是加大客户储备协助营销，通过提供海关数据、重点客户名单等源头信息、加强存量授信客户挖潜、加快外汇衍生产品的研究应用和创新跨境人民币产品等措施加大客户储备力度，提高收付汇市场占比。二是继续通过梳理存量客户、加强渠道建设、加大与同业合作等各项措施，大力推动优势福费廷业务发展。三是继续制定经营单位走访、联络及培训计划，加大与经营单位的联络和培训力度，协助经营单位做好业务发展分析、为目标客户量身定制贸金产品、为营销新客户献计献策，为业务的长足发展提供了保障。截至年末，贸易融资业务余额 94.4 亿元，较年初增长 17.6 亿元，余额居全行首位，贸金中间业务收入在系统内排名第三位。福费廷业务发生额、单月业务量、实现收入等指标全行蝉联冠军，成为重要的利润增长点。

【同业业务】 2016 年，光大银行青岛分行同业业务增速放缓。一是发挥传统优势，继续鼓励经营单位发展票据业务。二是抢抓市场机遇，发展非银业务和同业理财业务。三是突出资本节约型业务发展，提高中间业务收入占比。四是扩大交易对手，吸收同业负债，保证流动性，有效降低负债成本；但受市场影响，同业利润较上年有大幅下降。

【电子银行业务】 2016 年，光大银行青岛分行顺利推进云支付商户拓展、网络缴费项目接入、二手房交易资金网上托管等业务，践行普惠金融，取得实效。一是发挥电子银行渠道优势，积极推进重点项目建设，全年在云缴费合作、云支付拓展、交易资金监管等领域突出重点，积极探索，推进各个重点项目的顺利完成。二是提升自助设备运行效能，确保安全高效运行，为客户提供优质便捷服务。

【内部管理与金融文化建设】 2016 年，光大银行青岛分行加强内部管理，推行精细化工作，倡导一线增强营销意识、二线增强服务意识，逐步形成“简单、务实、进取、担当”的良好工作氛围。

一、加强内部控制建设，推进全面风险管理。2016 年，光大银行青岛分行先后迎接了人行征信管理现场检查、总行和当地银监局“两个加强，两个遏制”回头看检查，开展了 4 次针对员工异常资金交易的飞行检查，根据“三道防线建设”要求制定了案件防控、员工异常行为、非法集资、柜台业务和代理销售等多个排查方案，内部合规风险管理和内控制度执行的全面性和有效性得到进一步提高。

二、加强企业文化建设，不断增强职工凝聚力。2016 年，光大银行青岛分行充分发挥工会、团委的作用，积极组织开展多层次，多形式的企业文化活动，尤其是以建行 22 周年为契机，先后组织开展了全行员工健步行、乒乓球比赛、摄影、书法绘画比赛等文体活动，有效地提高了团队凝聚力和员工归属感。

【大事记】 1 月 21 日 光大银行青岛重庆南路支行开业。

1 月 27 日 光大银行东营广饶支行开业。

3 月 12 日—13 日 光大银行青岛分行组织员工开展义务植树活动。

3 月 28 日 光大银行青岛劲松七路支行开业。

4 月 15 日 光大银行总行领导宣布任命情况，朱小庆担任青岛分行负责人，张博不再担任青岛分行负责人。

4 月 22 日 光大银行青岛分行组织中层以上干部赴青岛反腐倡廉警示教育基地学习参观。

4 月 26 日 光大银行日照分行开业，这是光大银行青岛分行在山东省设立的第三家二级分行。

6 月 16 日 光大银行青岛分行与农业发展银行青岛市分行签订战略合作协议，朱小庆行长出席签约仪式。

6 月 18 日 光大银行青岛分行员工参加城市乐跑活动。

12 月 27 日 中国光大银行资产托管青岛中心和青岛科技研发中心在青岛财富管理金融综合改革试验区揭牌成立。

（付培栋）

附表 1

机构概况一览表

<table>
<tr><td colspan="2">行长（或其他称谓的第一负责人）</td><td colspan="2">副行长（或其他称谓的同级领导）</td></tr>
<tr><td colspan="2">朱小庆</td><td colspan="2">韩曙光　颜庆迪　范华廷　叶长春　傅伟堂</td></tr>
<tr><td>地址</td><td>山东省青岛市香港西路 69 号</td><td>邮编</td><td>266071</td></tr>
<tr><td>网址</td><td>http://www.cebbank.com/</td><td>客服电话</td><td>95595</td></tr>
</table>

附表 2

内设部门及分支机构一览表

年度	内设职能部门数量（个）	下设分支机构（个）					员工总人数（人）	
		总数	地市分行数	县区支行数	分理处、营业所数	储蓄所数		正式职工人数
2012 年	16	19	1	3	—	—	—	—
2013 年	19	20	1	2	—	—	—	—
2014 年	22	23	1	2	—	—	—	—
2015 年	19	24	2	2	—	—	—	—
2016 年	18	29	3	3	—	—	—	—

附表 3

主要统计指标 1

单位：亿元

项目＼年度	2012	2013	2014	2015	2016	2016 年同比增幅（%）
本外币资产总额	528.19	492.42	520.22	918.00	814.95	-12.64
本外币存款余额	242.85	274.73	309.81	686.92	744.98	8.45
人民币存款余额	235.31	262.08	286.99	680.42	731.88	7.56
单位存款	178.84	188.83	202.27	249.31	300.26	20.44
储蓄存款	64.01	85.91	84.71	95.57	104.94	9.80
本外币贷款余额	245.13	269.59	300.27	363.57	423.06	16.36
人民币贷款余额	225.33	243.17	284.06	359.44	414.99	15.45
短期贷款	121.04	121.90	138.11	205.82	190.42	-7.48
中长期贷款	89.45	84.02	100.46	122.01	189.61	55.41
票据融资	5.54	3.63	18.18	30.08	32.49	8.00
利润总额	8.11	6.59	8.46	9.81	5.13	-47.71
不良贷款余额	1.41	1.08	2.06	1.8	4.81	157.22
不良贷款占比（%）	0.58	0.40	0.69	0.50	1.14	128.00

附表 4

主要统计指标 2

项目＼年度	2012	2013	2014	2015	2016	2016 年同比增幅（%）
单位结算账户（万户）	0.90	1.10	1.20	1.40	1.60	14.29
单位结算金额（亿元）	1926	2550	3177	2982	3127	4.86
个人结算账户（万户）	71.50	81.1	89.1	96.8	108.50	12.09
个人结算金额（亿元）	1219	1617	1711	2177	2621	20.40
信用卡发卡量（万张）	37.33	46.79	54.70	70.27	90.19	28.35

续表

项目＼年度	2012	2013	2014	2015	2016	2016年同比增幅（%）
信用卡消费额（亿元）	53.21	110.93	151.89	202.12	288.63	42.81
企业网银客户（万户）	0.42	0.59	0.74	0.81	0.88	8.67
个人网银客户（万户）	13.09	27.82	34.56	49.21	60.90	23.77
手机银行客户（万户）	3.74	17.09	23.37	36.71	55.99	52.50
电话银行客户（万户）	—	—	—	—	—	—
现金自助设备（台）	295	346	359	312	294	-5.77
营业网点（个）	19	20	25	25	29	16
自助网点（个）	36	40	48	48	57	22.92

附表 5

先进集体及个人一览表

授奖单位	奖项名称	获奖集体
中国光大银行	先进集体	光大银行青岛分行零售业务部
中国光大银行	先进集体	光大银行青岛分行营业部
中国光大银行	先进集体	光大银行青岛市南支行
授奖单位	奖项名称	获奖个人
中国光大银行	先进个人	杨　林　张建立　纪新仕　高　巍
中国光大银行	优秀对公客户经理	李明昕
中国光大银行	优秀对私客户经理	陈　敏
中国光大银行	十佳授信审批人	孙　青

中国光大银行股份有限公司烟台分行

【第一负责人简介】　彭毅平，男，1963年5月出生，中共党员，研究生学历。1985年8月参加工作，历任光大银行国际业务部总经理助理、光大银行香港代表处首席代表、光大银行国际业务部副总经理、光大银行国际业务部总经理、光大银行贸易金融部总经理；现任中国光大银行烟台分行党委书记、行长。

【综述】　中国光大银行股份有限公司烟台分行（以下简称“光大银行烟台分行”）成立于1993年12月29日，是直属总行管理的一级分行。

2016年，光大银行烟台分行持续深化改革创新，持续进行结构调整，不断夯实内控合规基础，持续开展党风廉政建设，自身实力不断壮大，主要指标位列当地股份制同业首位，经济利润快速增长，实现了人均利润过百万的目标。

【公司业务】　2016年，光大银行烟台分行不断调整优化对公业务的行业结构、客户结构、产品结构，加强精细化管理，营造了对公业务良好的发展态势。截至2016年年末，全行对公存款时点余额141.54亿元，较年初新增26.11亿元；对公贷款（本外币）余额132.21亿元，较年初新增20.72亿元。

一、贸金业务实现突破。2016年，全行贸金业务实现中收3901万元，收付汇量17亿美元，结售汇量5.6亿美元，贸金大资产余额合计50.6亿元，福费廷余额1.1亿元。内保外债、在线保理、二级市场外币资产买入业务、境外机构切分境内集团公司额度进口开证等创新产品实现突破，连续5年获得外汇管理局A类行。

二、创新渠道，妥善解决客户融资困境。全行积极开展包括信贷资产转让、高资理财及黄金租赁、持有到期模式收益权/

投行、资管类股权质押等新的融资模式，有效拓展了客户的融资渠道。

【个人业务】 2016年，光大银行烟台分行坚持围绕财富金融、小微金融、消费金融、社区金融、养老金融、出国金融六大板块开展业务，着重零售基础平台建设，保持了零售业务持续、快速、有效的增长势头。2016年度，光大银行烟台分行在与烟台当地可比股份制同业对标中，该行对私存贷款规模继续保持“双第一”的排名，其中对私存款余额63亿，对私贷款余额43亿；管理客户资产规模达到191亿，较年初增长15.83亿，网均增量排名系统内第10。2016年，该行零售业务先后获总行“网点效能大比拼优胜分行”“2016年金牌理财师大赛优胜团队”等多项荣誉。

一、深入贯彻国家普惠金融政策，持续推进社区银行业务全面发展。2016年，该行9家社区银行服务客户2.95万户，管理客户九项资产时点达到26亿元，较年初增长6.6亿元。对私存款日均达到7.5亿元，较年初增长3.12亿元。5家社区银行九项资产突破3亿元，2家社区支行跻身全国社区银行八项资产增长“前三十强”。

二、深入推进金融知识进社区，积极开展公益活动。一是先后举办电影进社区、免费拍摄全家福、养生讲座、趣味运动会、消夏晚会等各种活动414场，全面满足各层次客户的不同需求。二是数次邀请国内知名投资专家，分享震荡行情下的资本市场未来走向，为客户及理财经理答疑解惑。三是就客户普遍关心的子女教育、高考填报志愿等热点内容，邀请业内专家为客户提供免费的增值咨询服务，力求全面满足客户的“金融+非金融需求”。

三、持续加强零售条线团队建设，员工专业化素质快速提升。一是坚持每周一例会培训制度，不断提升零售条线队伍的业务能力。二是在总行举办的金牌理财师大赛中，选派的2名选手均跻身全国前50强。三是零售团队AFP /CFP持证人数达到55人，持证人数占比达80%。

【内部管理与金融文化建设】 2016年，光大银行烟台分行持续重视队伍建设，提高全员综合素质。

一、强化信用风险管理。一是实施动态监测和结构调整。进一步加强新增授信风险缓释措施，信贷资源向强担保抵押授信倾斜。二是积极组织行业和客户风险排查，强化贷后管理，及时发现和排除风险隐患，保证信贷资产安全。三是积极采取多种手段，持续加大清收化解力度，提升资产质量。

二、提升内控合规管理水平。一是深化内控合规与案件防控主题警示教育，按照计划开展内部审计和离任稽核，按照监管要求开展内控建设执行年活动，认真开展合规教育和合规宣讲。二是加大案件防控管理力度，组织开展员工异常行为、员工涉嫌非法集资、案件风险隐患等各类排查。

三、声誉风险和舆情管控到位。一是认真开展网点服务的现场巡检和监控抽检，每月开展一次现场检查并下发检查通报，督促提升窗口文明服务形象。二是组织开展网点标准化服务提升项目培训，邀请第三方公司对网点人员进行系统化和专业化的培训。三是积极履行社会责任，认真开展金融知识宣传和社会公益活动，妥善处置客服纠纷，得到客户和监管方的认可。

四、不断深化企业文化建设。坚持以人为本，和谐发展的理念，积极采取多种手段，包括开展健康讲座、改善餐饮条件、改善办公环境、建立行长信箱、召开职工运动会等多种方式，关心员工健康与成长，努力打造“努力进取、顽强拼搏、互助合作、团结友善”的分行级企业文化，提升内部凝聚力。

【大事记】 1月16日 光大银行烟台分行召开2016年合规教育暨2015年度总结表彰大会，开展合规教育，总结表彰2015年度全年工作。

4月13日 光银党任〔2016〕6号文件，任命彭毅平为光大银行烟台分行党委书记。

6月15日 光大银行烟台分行召开2016年度保密工作会议。

6月28日 光大银行烟台分行召开纪念“中国共产党建党95周年”活动大会。

10月22日 光大银行烟台分行联合光大证券烟台分公司开展集团驻烟企业联动趣味运动会。

11月30日 光大银行总行下发关于彭毅平等3人任职的通知（光银任〔2016〕115号），聘任彭毅平为光大银行烟台分行行长，聘任夏伟为光大银行烟台分行副行长，聘任年栗为烟台分行副行长。

（黄福壮）

附表1

机构概况一览表

行长（或其他称谓的第一负责人）		副行长（或其他称谓的同级领导）	
彭毅平		张永军 唐宁 夏伟 刘雨梦	
地址	山东省烟台市芝罘区南大街110号	邮编	264001
网址	http://www.cebbank.com/	客服电话	0535-6294327

附表 2

内设部门及分支机构一览表

年度	内设职能部门数量（个）	下设分支机构（个）					员工	
		总数	地市分行数	县区支行数	分理处、营业所数	储蓄所数	总人数（人）	正式职工人数
2012 年	10	8	0	8	—	—	356	350
2013 年	12	9	0	9	—	—	391	368
2014 年	16	10	0	10	—	—	491	374
2015 年	16	11	1	10	—	—	613	424
2016 年	17	11	1	10	—	—	618	429

附表 3

主要统计指标 1

单位：亿元

项目 \ 年度	2012	2013	2014	2015	2016	2016 年同比增幅（%）
本外币资产总额	161.06	168.95	227.96	314.92	269.72	-14.35
本外币存款余额	111.87	126.97	229.92	296.97	243.52	-18.00
人民币存款余额	99.66	113.73	154.75	274.77	221.80	-19.28
单位存款	62.29	64.29	143.25	213.00	158.59	-25.55
储蓄存款	37.37	49.44	85.1	61.77	63.21	2.34
本外币贷款余额	94.78	108.22	58.15	156.86	176.11	12.27
人民币贷款余额	83.36	96.97	130.51	149.31	162.53	8.86
短期贷款	48.72	56.81	120.06	76.91	61.32	-20.27
中长期贷款	33.25	38.81	69.65	66.24	91.14	37.59
票据融资	1.4	1.35	47.95	5.91	10.01	69.36
利润总额	2.8	2.66	2.45	3.89	3.86	-0.89
不良贷款余额	0.54	0.5	3.37	1.33	1.07	-19.76
不良贷款占比（%）	0.57	0.46	0.83	0.85	0.61	-0.24

附表 4

主要统计指标 2

项目 \ 年度	2012	2013	2014	2015	2016	2016 年同比增幅（%）
单位结算账户（万户）	0.45	0.51	0.52	0.42	0.42	0.00
单位结算金额（亿元）	2172.65	2570.59	2760.35	—	—	—
个人结算账户（万户）	61.57	63.45	68.20	68.30	83.36	22.05
个人结算金额（亿元）	1874.32	2532.35	3150.57	—	—	—
信用卡发卡量（万张）	19.69	24.01	27.55	39.82	52.00	30.59
信用卡消费额（亿元）	7.36	12.17	16.30	23.05	31.03	34.62

续表

项目＼年度	2012	2013	2014	2015	2016	2016 年同比增幅（%）
企业网银客户（万户）	0.12	0.32	0.41	0.46	0.50	8.70
个人网银客户（万户）	7.66	14.74	20.21	31.27	37.00	18.32
手机银行客户（万户）	1.35	7.35	12.54	19.59	35.20	79.68
电话银行客户（万户）	—	—	—	—	—	—
现金自助设备（台）	66	71	78	82	82	0.00
营业网点（个）	9	10	10	11	11	0.00
自助网点（个）	17	25	26	28	27	-3.57

附表 5

先进集体及个人一览表

授奖单位	奖项名称	获奖集体
中国光大银行	先进集体奖	光大银行烟台分行公司业务部
中国光大银行	先进集体奖	光大银行烟台分行同业票据部
授奖单位	奖项名称	获奖个人
中国光大银行	先进个人奖	张清艳
中国光大银行	先进个人奖	王晓平

华夏银行股份有限公司济南分行

【第一负责人简介】 夏阳，男，1968 年 11 月出生，中共党员，高级经济师。历任华夏银行杭州分行信贷科科长、资产保全处副处长（主持工作）、支行行长，华夏银行温州分行副行长、杭州分行副行长，华夏银行合肥分行党委书记、行长，华夏银行济南分行党委书记、行长。

【综述】 2016 年，华夏银行股份有限公司济南分行（以下简称“华夏银行济南分行”）认真贯彻落实年初各项工作部署，坚定实施“中小企业金融服务商”战略，持续深化转型发展和结构调整，强化全面风险管理，提高创新发展能力，努力打造“华夏服务”品牌，全面加强党的建设，推动各项业务持续健康发展。

【公司业务】 2016 年，华夏银行济南分行以提升融资服务能力为重点，强化新客户开发和低效客户提升，加强营销过程推动，在全行开展“学产品、促发展”专项活动，运用新的产品和服务手段，满足客户多元化需求。

一、以提升融资服务能力为重点，强化客户开发。一是组织全行“贴着政府找项目”，收集、整理省内重点客户和建设项目名单等，开展名录式营销。二是对用信客户进行综合价值测算，制定投放方案，加快项目进度。三是完善分层营销和细分服务，提高综合服务能力。

二、持续开展各类营销竞赛活动，实施重点突破。全行根据业务发展情况，重点围绕客户开发，持续开展形式多样的营销竞赛活动，强化营销条线与风险条线的前置沟通，提高客户开发质量和效率。

三、强化新业务、新产品营销。一是开展“学产品、促发展”专项活动，先后组织集中式培训 8 期，阶段性测验 4 次，举办了专题知识竞赛。二是加大总行重点产品的推广运用，将其纳入分行绩效考核，组织开展专项营销竞赛活动，举办“上市公司全方位一体化”金融服务推介会、绿色信贷金融服务对接会。三是强化托管业务营销，先后开办了银行理财产品托管、政府引导基金托管等业务。

四、主动调整客户结构。加强存量业务结构调整，重点支持优质的中小微客户和新兴业务，通过小微企业年审制贷款、网络贷、房抵贷等重点产品，进一步增强服务小微客户的能力。烟台福山崇文街社区支行等 4 家社区支行被评为“2016 年度山东省银行业普惠金融示范单位”。

【个人业务】　2016年，华夏银行济南分行坚持以客户为中心，通过构建金融生态圈，搭建营销平台，提升客户服务体验，强化重点产品营销，加快“第二银行”发展步伐。

一、积极拓宽储蓄增长源头。一是狠抓源头开发，组织开展“开门红”旺季营销和系列营销竞赛活动。二是加强产品运用，积极拓展理财业务、批量代发、拆迁款项目等重点增储源头，带动个人存款实现稳步增长。

二、积极构建金融生态圈，提升客户服务体验。该行全面启动社区、老年、出国、ETC四大金融生态圈建设，持续开展社区营销，以线上线下相结合的方式，开展贵宾客户专属生态农园、老党员俱乐部等定制化活动，创新了“乐义集”、“秋收节”等活动形式，2016年开展社区营销2500余场，是2015年活动数量的2倍以上。

三、加强重点业务营销。一是围绕ETC卡开展“一车一卡一家庭”价值链挖掘，召开ETC业务座谈会，积极搭建ETC业务多渠道营销平台，创新了上门办理的服务模式，全年新增ETC签约客户带动储蓄存款超过1亿元。二是结合公司业务，打造专属老年金融服务全产业链，举办了“华彩人生杯”老年客户才艺大赛。三是与新东方出国留学机构合作，培育出国金融品牌。

四、切实强化消费者保护工作。该行开展“千佳”网点创建，认真落实“服务语言标准化、服务流程标准化”的要求，持续开展网点纠偏检查和服务暗访，同时强化问题整改，实施减费让利，提升服务质量和服务形象。2016年，华夏银行烟台蓬莱支行被评为千佳示范网点。

【国际业务】　2016年，华夏银行济南分行以“抓客户、推产品、促中收、防风险”为主线，进一步加强本外币联动营销，强化营销组织推动与精细化管理，加大国际业务产品组合运用力度，实现国际业务收入、规模和客户的均衡增长。

一、强化联动营销，调整优化客户结构。该行分地区列明了省内进出口重点企业客户，制定《国际业务重点挖潜客户名单》，对名单内客户逐户制定针对性的营销策略和服务方案，在授信准入、资源配置等方面予以重点倾斜，进一步优化客户结构。

二、强化产品营销，提升服务能力。该行扎实推进低耗高效产品推广，进一步提升以产品拓市场、赢客户能力，大力推广进口信用证、进口代付、国内证及福费廷、出口保理等产品和业务组合，满足客户需求。

【中间业务】　2016年，华夏银行济南分行加快中间业务品种开发和创新，大力发展个人理财、基金代销、基金托管、投资银行、国际结算、银行卡等业务，提高中间业务占比，进一步优化盈利结构，提高可持续发展能力。

一、积极发展传统中间业务。在做好结算、担保、代理、咨询等业务基础上，持续推广票据类、委托类、保函类等表外信贷业务产品，通过表外业务、非信贷类金融业务等扩大与客户的合作，带动业务综合发展。

二、积极发展资产托管业务。该行积极拓展基金、券商资产管理、信托、银行理财产品、保险等各类托管业务和资金监管业务，扩大中间业务收入来源。

三、以现金管理和公司理财业务为重点，积极发展公司财富管理业务。该行进一步完善现金管理产品体系，对支付结算、账户管理、流动性管理、投融资管理等产品进行优化组合，将传统业务与非传统业务相结合，不断拓展现金管理服务范围。

【电子银行业务】　2016年，华夏银行济南分行加快电子银行业务发展，提高电子银行对传统渠道的交易替代率，提升客户体验。

一、提高电子银行交易替代率。该行依托网点转型和业务流程优化，加快产品、服务、营销创新，推进获客渠道、服务方式、运营模式等转型升级。全面整合网上银行、银企直联、现金管理、银商通等产品和服务。

二、强化综合服务，客户粘性进一步增强。一是开展分层次有针对性的营销，围绕目标客户群和中高端客户群，提高对客户的综合服务能力。二是引入优质平台客户，与指动生活、讯猫电商平台达成合作。三是加快个人移动银行、直销银行推广。持续开展移动银行“抢快乐”活动，新增客户活跃度达80%以上。

三、大力推动个人网银资金归集业务。该行重点锁定有贷款还款、理财购买、ETC充值、信用卡还款、连锁门店小企业客户资金集中管理需求的客户群，通过归集流动资金，沉淀存款。

【内部管理与金融文化建设】　2016年，华夏银行济南分行充分调动员工积极性，强化内部管理，为业务发展营造良好氛围。

一、强化授信全流程真实性管理。一是加大“三查”力度，对真实性问题坚持“零容忍”，召开了授信业务全流程真实性管理警示教育大会。二是组织开展煤炭行业客户等专项排查9次，大力推进“e实贷”系统建设，积极优化授信担保方式。三是清理担保链、担保圈，加固担保，五大产能过剩行业授信余额占比较年初下降2.6个百分点。四是加大不良贷款清收处置力度，将保全工作前移，加快处置进程，继续保持了较高的资产质量。

二、加强内控合规管理，实现“零案件”目标。一是深入开展“遏制违规经营和违法犯罪专项检查”，组织开展“回头看”活动，强化问题整改。二是加大“案防飞行检查”力度，加强营业场所和营销人员管理，对7家机构进行了电话“暗访”。三是邀请省检察院和市公安局做金融犯罪预防知识讲座，加强合规和案防教育。四是强化运营管理，实现影像集中处理系统成功上线运行，记账成功率在系统内名列前茅。

三、加强声誉风险管理。一是全面落实声誉风险“一把手”负责制，邀请专家开展声誉风险培训和演练。二是提前制定预案、设定口径、做好培训，强化日常风险监测及管理。

四、积极发挥工会和共青团组织作用。该行先后组织开展了读书、演讲、棋类、篮球等比赛活动，持续推进“职工之家”建设，举办20周年行庆联欢，增强了凝聚力和战斗力。

【大事记】 1月16日 华夏银行济南分行顺利完成网络系统升级改造工作。

3月3日 华夏银行济南分行在全辖开展为期4个月的“学产品、促发展”专项活动。

4月20日 华夏银行济南分行召开2016年党风廉政建设工作会议。

4月28日 华夏银行济南分行参加济南市人民政府组织的2016年银政企合作推进会，并作为股份制银行唯一代表现场签约。

5月14日 华夏银行济南分行在山东财经大学舜耕校区体育场举办第九届职工运动会。

6月16日 华夏银行济南分行一般性存款突破700亿元，达704亿元，较年初增长104亿元。

6月17日 华夏银行济南分行召开资产质量管控暨全面风险管理会议。

8月12日 华夏银行济南分行成功入围齐鲁交通发展集团有限公司权益融资金融机构库采购项目。

8月21日 华夏银行济南分行举办2016年“我的家规家训家风、纪律教育在身边”演讲比赛。

8月27日 华夏银行济南分行成功举办“学产品、促发展”主题知识竞赛。来自辖内经营单位的12支代表队、48名选手参加比赛。

9月8日 华夏银行济南分行影像集中处理系统成功上线运行。

9月19日 华夏银行济南分行邀请山东省检察院来行开展“爱岗敬业守法”预防职务犯罪警示教育宣讲，全行800余名干部员工参加。

11月14日 华夏银行济南分行与济南高新区、高新控股集团举行战略合作签约仪式。

12月14日 华夏银行济南分行举办20周年行庆“团聚小微”产品推介会。

12月18日 华夏银行济南分行在山东大厦举办“梦圆华夏 廿年精彩”成立20周年联欢会。

（张继林）

附表1

机构概况一览表

行长（或其他称谓的第一负责人）		副行长（或其他称谓的同级领导）	
夏 阳		刘增文 张沛儒 宁金龙 李延伟	
地址	山东省济南市市中区纬二路138号	邮编	250001
网址	http://www.hxb.com.cn/home/cn/branch/jinan/index.shtml	客服电话	95577

附表2

内设部门及分支机构一览表

年度	内设职能部门数量（个）	下设分支机构（个）					员工总人数（人）	
		总数	地市分行数	县区支行数	分理处、营业所数	储蓄所数		正式职工人数
2012年	16	28	5	23	—	—	1520	1087
2013年	17	32	5	27	—	—	1485	1140
2014年	17	38	6	32	—	—	1588	1258
2015年	17	46	7	39	—	—	1504	1343
2016年	19	47	7	40	—	—	1549	1410

附表3

主要统计指标1

单位：亿元

项目 \ 年度	2012	2013	2014	2015	2016	2016年同比增幅（%）
本外币资产总额	599.98	741.63	641.62	654.12	730.23	11.64
本外币存款余额	496.16	579.04	551.40	600.21	679.56	13.22

续表

项目＼年度	2012	2013	2014	2015	2016	2016年同比增幅（%）
人民币存款余额	463.83	562.92	529.97	561.96	647.51	15.22
单位存款	229.84	293.12	263.97	261.56	286.81	9.65
储蓄存款	92.58	116.87	112.68	118.71	135.55	14.19
本外币贷款余额	433.72	452.46	471.01	515.29	578.01	12.17
人民币贷款余额	402.43	419.48	437.77	475.51	551.85	16.05
短期贷款	295.05	302.96	305.94	333.54	355.18	4.65
中长期贷款	102.33	101.99	122.66	134.11	189.53	41.32
票据融资	4.44	10.64	6.63	4.81	3.3	-31.39
利润总额	11.58	11.50	11.19	13.22	14.22	7.56
不良贷款余额	2.62	4.24	4.07	3.98	5.88	47.74
不良贷款占比（%）	0.60	0.94	0.86	0.77	1.02	32.47

附表4

主要统计指标2

项目＼年度	2012	2013	2014	2015	2016	2016年同比增幅（%）
单位结算账户（万户）	1.74	1.94	2.11	2.34	2.55	8.97
单位结算金额（亿元）	6984	7952	9276	10789	12728	17.97
个人结算账户（万户）	69.34	81.35	95.62	108.20	121.13	11.95
个人结算金额（亿元）	3137	5134	5386	5885	6077	3.26
信用卡发卡量（万张）	4.37	4.81	4.45	7.05	15.03	113.19
信用卡消费额（亿元）	36.8	60.91	92.0	128.1	221.88	73.21
企业网银客户（万户）	0.68	0.86	1.01	1.25	1.56	25
个人网银客户（万户）	11.84	17.43	22.9	27.36	30.39	11
手机银行客户（万户）	0	0.48	10.70	24.01	38.45	60
电话银行客户（万户）	0.29	0.37	0.42	10.13	11.52	14
现金自助设备（台）	194	224	240	264	273	3.41
营业网点（个）	29	33	39	47	48	2.1
自助网点（个）	51	56	60	64	71	10.94

说明：在“营业网点”数据中，2014年含4家社区支行，2015年含10家社区支行，2016年含10家社区支行

附表5

先进集体及个人一览表

授奖单位	奖项名称	获奖集体
中国银行业协会	中国银行业文明规范服务千佳示范单位	华夏银行烟台蓬莱支行
中共华夏银行委员会	华夏银行先进基层党组织	华夏银行潍坊分行党总支、华夏银行济南分行机关第二党支部、华夏银行聊城分行第五党支部

续表

授奖单位	奖项名称	获奖集体
华夏银行	公司业务、个人业务、国际业务、信用卡业务、资产托管业务先进分行	华夏银行济南分行
华夏银行	个人电子银行业务十佳分行	华夏银行济南分行
华夏银行	金融市场业务创新产品组织与推动先进分行	华夏银行济南分行
华夏银行	授信管理先进单位	华夏银行济南授信运行部
华夏银行	夏季公司业务营销推动先进分行二等奖	华夏银行济南分行公司业务部
山东银监局	山东银行业“金融知识进万家”宣传服务月活动先进银行机构	华夏银行济南分行
山东省财贸金融工会	山东省财贸金融系统五一劳动奖	华夏银行济南分行
山东省银行业协会	山东省银行业普惠金融示范单位	华夏银行烟台福山崇文街社区支行、华夏银行济南文化东路社区支行、华夏银行济南大观园社区支行、华夏银行济南绿地新城社区支行
授奖单位	奖项名称	获奖个人
华夏银行	华夏银行劳动模范	杨艳红
华夏银行	授信审批先进个人	孟令国
山东银监局	金融知识进万家宣传服务月活动先进个人	赵国栋
中共华夏银行委员会	华夏银行优秀共产党员	杨坤 鞠伟 王子增 张勇 解文全 于歌 袁野
中共华夏银行委员会	华夏银行优秀党务工作者	李磊
共青团山东省金融工作委员会	山东银行业青年服务明星	邴绍磊
共青团山东省金融工作委员会	山东银行业青年岗位能手	袁守林

华夏银行股份有限公司青岛分行

【第一负责人简介】　于丰星，男，汉族，1968年4月出生，山东青岛即墨人。中共党员，会计师、工程师，在职研究生学历、硕士学位，毕业于武汉理工大学工商管理专业，1991年7月参加工作，历任中国银行即墨支行副行长，华夏银行城阳支行副行长、行长，华夏银行即墨支行行长，华夏银行青岛分行副行长等职，现任华夏银行青岛分行党委书记、行长。

【综述】　2016年，华夏银行股份有限公司青岛分行（以下简称“华夏银行青岛分行”）坚持以效益为中心，深化改革创新、加快经营转型，实现了增效益、保质量、调结构、稳增长的经营目标，各项业务呈现出积极向好的发展势头，为实现新突破奠定了基础。主要经营指标符合预期：全年实现拨备前利润11.66亿元，同比增长1.43亿元；中间业务净收入4.17亿元，完成计划115.57%；一般性存款余额328.3亿元，日均347亿元，增长7.96亿元；后三类不良5.67亿元，运营费用成本收入比降低，小企业贷款达到监管部门“三个不低于”的监管要求。

【公司业务】　2016年，华夏银行青岛分行积极融入本地主流经济，加快业务结构调整，深化营销机制转型，强化产品创新运用，着力打造“大公司”和“大资管”经营架构，融资服务能力和现金管理能力获得有效提升。全年新增对公客户2142户，新增表内贷款60.75亿元，新增理财项目融资、融资租赁等产品投放63.34亿元。一是持续拓宽深化政府合作，重点客户实现良好维护。二是投放“碧水蓝天”产业基金，践行“绿色金融”社会责任，与中石化、青岛港、海尔集团进行系统直连，供应链金融电子化发展和平台化建设迈上新台阶。三是创新APP信贷管理模式，公司业务营销保障能力和综合服务水平有效增强。

【个人业务】 2016 年，华夏银行青岛分行深化营销机制转型，个人业务稳健发展。一是提高零售业务贡献度，推进网点向零售业务转型，当年转型零售支行 1 家，累计转型 7 家。二是积极创新社区营销模式，成立市场平台型社区支行，围绕商贸类客户，通过专属队伍、专属产品、专属服务实现批量获客，年内新开业 1 家，在建 4 家，已开业的社区支行个人存款日均 7.33 亿，网均单产总行排名第三位。三是强化信用卡营销渠道建设，通过商户联动、银联合作、卡中心合作等多种举措，持续扩大用卡客户规模，优化用卡环境，提升客户体验，全年新增首卡 4 万张，新增易达金放款 7000 万元，拉动中收 1.35 亿元。

【国际业务】 2016 年，华夏银行青岛分行完成国际结算量 66.6 亿美元；实现国际业务收入 0.95 亿元；新增国际业务有效客户 62 户，达到 514 户；结售汇量 18.6 亿美元。一是持续深化业务结构、客户结构、融资结构调整，大力提升出口单证、汇款业务占比，加强条线综合管理能力，严控业务风险，2016 年年末汇款业务占比 53.5%，较上年提升 8 个百分点。二是国际业务实现创新发展，外汇保函、资金业务、同业业务均取得大幅增长。其中，买入同业福费廷实现“零”的突破，仅此项业务贡献中收 284 万元，利息 750 万元。

【金融服务】 华夏银行青岛分行创新思路，搭建电子银行综合金融服务平台。一是大力发展移动金融业务，依托手机银行、直销银行平台，通过互联网应用场景衔接，构建“直销银行 + 生态圈”的客户服务体系。二是全面深化社区活动，重点是对现有营业网点、自助银行结构布局的调整和优化上，完成迁址支行 1 家。截至年末，华夏银行青岛分行共有网点 31 家（含分行营业部），包括综合性支行 20 家，异地二级分行 1 家（日照分行），社区支行 10 家；累计设立自助银行 57 家，其中 28 家同城支行均设立了依附式自助银行，离行式自助银行共 29 家。

【电子银行业务】 2016 年，华夏银行青岛分行公司电子银行业务产品不断丰富，业务发展较快。公司网银客户余额达 1.20 万户，同比增长 21.64%；公司网银使用客户达 1.18 万户，同比增长 24.61%；公司网银交易客户达 8250 户，同比增长 18.21%；新开公司客户开通网银比例达到 85.25%；企业网银动账交易达 99.2 万笔，同比增长 20.57%。

【内部管理与金融文化建设】 2016 年，华夏银行青岛分行不断加强内部管理，为全行的业务发展营造了良好的内控合规管理氛围，保障了各项业务的依法合规运行。

一、党风廉政建设发展进一步完善。一是切实履行党风廉政建设党委主体责任和纪委监督责任，党委领导班子作为党风廉政建设领导者、执行者和推动者，坚持全面从严治党、依规治行。二是加强以“严明纪律，从严治党”为主题的党性党风党纪教育，持之以恒落实中央“八项规定”精神，严守纪律规矩。三是坚持联系群众、依靠群众和关心群众，坚持党务公开行务公开，密切党群关系，凝心聚力谋发展。

二、授信全流程管理进一步强化。一是全面加强贷前、贷中和贷后全过程管理，强化风险预警管理、实地见证管理和放款环节的管理，狠抓还款资金落实，多次开展联合实地风险排查。二是通过加强组织领导，强化问责考核，组建专业团队等系列措施，加大问题资产清收化解力度。全年清收不良贷款 5.15 亿元，完成了 3 户企业不良贷款的核销、4 户企业不良贷款的打包转让。

三、内控管理全面加强。组建了一支高素质的专兼职合规员队伍，依托合规管理工作平台，综合运用包括制度管理、问题整改、统筹检查、合规考核、差错积分在内的技术手段，充分发挥风险识别、评估、控制、检测、评价和持续改进的合规风险预警作用，合规管理和自我纠错能力不断提升，实现了全年“零案件”的管理目标。

四、积极开展公益活动。一是深入社会志愿服务，在“学雷锋日”到来之际，开展“共青团圆梦在行动”活动，向胶州市张应小学贫困学生捐赠学习用品、四大名著、体育用品和羽绒服等物品。二是先后开展节日慰问、植树造林、援建捐书、团聚小微、乡村儿童读诗等活动。三是在重阳节期间，免费为老年人义诊，举办独居老人联谊、干休所联欢会。

【大事记】 1 月 14 日 华夏银行青岛分行开展“抓客户，早投放，增质提效促发展”公司业务营销竞赛活动。

4 月 6 日 华夏银行青岛分行与诸城市经济开发投资公司达成战略合作关系，成功投放“碧水蓝天”产业投资项目。

5 月 18 日 华夏银行总行第一期社区支行行长培训会议在青圆满召开。来自全国 36 家分行的 80 多家社区支行行长参加了本次培训。其间，华夏银行总行行长樊大志亲自授课，并走访慰问青岛分行社区支行，现场指导工作。

6 月 14 日 华夏银行青岛分行首张华夏爱心卡正式发行。华夏银行与青岛热血英雄救助志愿者服务队携手举办“华夏银行爱心卡发卡仪式暨热血英雄爱心联盟启动仪式”，标志着华夏爱心联名卡正式面向广大无偿献血市民开始发行。

7 月 25 日 华夏银行青岛分行成功中标青岛市市级财政资金存放银行项目。

7 月 27 日 华夏银行青岛分行举办 2016 年“携手同心、聚智共赢”金融同业交流会，全国十余家金融单位参会。

8 月 26 日 华夏银行青岛分行与城发集团（青岛）产业资本管理有限公司签订战略合作协议，双方将在产业基金、股权投资、资本运作等领域开展战略合作。

8 月 31 日 华夏银行青岛分行实现华夏银行首笔中石化易派客金融项目落地。

11 月 11 日 华夏银行青岛分行开展“强抓资产营销、助力转型发展”公司业务专项竞赛活动。

（王　睿）

附表 1

机构概况一览表

行长		副行长	
于丰星		赵　劼　崔　巍　顾新静　韩　波　刘佳来	
地址	山东省青岛市市南区东海西路 5 号甲	邮编	266071
网址	http://www.hxb.com.cn/home/cn/	客服电话	95577

附表 2

内设部门及分支机构一览表

年　度	内设职能部门数量（个）	下设分支机构（个）					员工总人数（人）	
		总数	地市分行数	县域支行数	分理处、营业所数	储蓄所数		正式员工人数
2012 年	18	19	0	6	0	—	645	645
2013 年	18	20	1	6	0	—	707	707
2014 年	18	26	1	7	0	—	745	745
2015 年	17	30	1	7	10	—	750	750
2016 年	18	31	1	7	10	—	816	816

附件 3

主要统计指标 1

单位：亿元

项目＼年度	2012	2013	2014	2015	2016	2016 年同比增幅（%）
本外币资产总额	298.33	352.16	376.5	501.26	463.15	-7.50
本外币存款余额	280.9	334.75	345.47	348.13	331.23	-4.85
人民币存款余额	272.91	322.01	327.85	313.33	307.34	-1.91
单位存款	194.43	225.25	236.68	226.93	215.30	-5.13
储蓄存款	78.48	96.76	91.17	86.4	92.04	6.53
本外币贷款余额	220.2	237.9	274.95	310.07	363.43	17.21
人民币贷款余额	204.98	219.14	245.49	277.32	335.22	20.88
短期贷款	131.75	134.35	136.75	145.09	177.59	22.40
中长期贷款	72.28	84.79	108.74	132.23	157.63	19.21
票据融资	0.38	1.23	1.63	18.4	5.45	-70.38
利润总额	5.29	6.19	6.31	2.05	3.94	92.20
不良贷款余额	2.34	1.42	2.44	5.98	5.67	-5.18
不良贷款占比（%）	1.06	0.6	0.89	1.93	1.56	—

附件 4

主要统计指标 2

项目 \ 年度	2012	2013	2014	2015	2016	2016 年同比增幅（%）
单位结算账户（万户）	0.95	1.12	1.33	1.39	1.48	6.47
单位结算金额（亿元）	6687	9212	9329	7876.33	8984.15	14.01
个人结算账户（万户）	41.88	50.36	59.32	66.47	73.47	10.53
个人结算金额（亿元）	2526	3766	3712	3865.56	4017	3.92
信用卡发卡量（万张）	5.55	6.97	7.91	8.57	12.67	47.84
信用卡消费额（亿元）	19.51	20.4	85.03	130.97	201.73	54.03
企业网银客户（万户）	0.47	0.69	0.81	0.99	1.2	21.64
个人网银客户（万户）	7	10	14.1	16.62	17.96	8.06
手机银行客户（万户）	—	1.3	6.6	14.07	24.81	76.33
电话银行客户（户）	2900	3712	4079	4244	4416	4.05
现金自助设备（台）	303	342	280	281	229	-18.51
营业网点（个）	19	20	26	28	29	3.57
自助网点（个）	56	60	60	60	57	-5

广发银行股份有限公司济南分行

【第一负责人简介】 庞新锋，男，1963 年 7 月出生，大学本科，中共党员，经济师，金融从业年限 32 年。历任中国银行济南分行外汇信贷处副处长，公司业务处处长，党委委员、副行长；中国银行济宁分行党委书记、行长；现任广发银行股份有限公司济南分行党委书记、行长。获得山东省富民兴鲁劳动奖章、2012—2013 年全国金融系统思想政治工作先进工作者等荣誉称号。

【综述】 2016 年，广发银行股份有限公司济南分行（以下简称“广发银行济南分行”）紧抓中国人寿保险（集团）公司入主广发银行的历史机遇，围绕总行战略部署和分行经营目标，克服经济大环境带来的不利影响，坚持打基础、控风险、稳发展的经营管理思路，全力推进银政、银企、银保合作，积极开展大型战略客户营销及银保业务协同综合拓展，各项工作取得了积极进展。先后获得山东省“文明单位”“山东十大服务品牌”“济南市服务名牌”等荣誉称号。

【公司业务】 2016 年，按照国家经济和产业政策导向，广发银行济南分行在不断拓展和巩固核心客群的基础上，积极推动信贷结构调整和业务创新。制定了 2016 年重点行业客户“白名单”，选取风险可控的大型优质地方企业、高端制造业、优质基础设施产业基金、保障房建设项目等作为重点，强化行业分析，实施授信风险前置把控。截至 2016 年年末，制造业贷款占比 52.86%，下降 12.49 个百分点，两高一剩行业授信占比 30.49%，下降 9 个百分点，中型客户足值合格抵押授信占比达到 74.85%，授信结构不断优化，风险缓释水平逐步提升。以大公司业务为龙头，在加大实体经济支持力度的基础上，积极加强对地方政府基础设施建设项目的投入，落地了山东省首单 PPP 政府引导基金南郊电建基金枣庄中兴大道建设项目，实现了 PPP 银政合作的突破。借助省会经济圈，新增济南、潍坊等一批基础建设类项目，为地方经济发展作出了积极推动。

【个人业务】 2016 年，广发银行济南分行个人负债业务突破 40 亿元，信用卡发卡突破 100 万张，个人客户总数达 20 万户，较上年增加 9 万户，手机银行客户达 55 万人。经营类贷款积极拓展链式易渠道，围绕核心企业开展供应链业务，有效降低了纯信用经营类贷款的业务风险；消费类贷款针对政府公务人员等客群推出了自信一贷专案，新增授信 1.1 亿元；住房按揭贷款余额8.08亿元，新增5.16亿元。高风险类生意红贷款余额从年初的6.23亿元降低至5.76亿元，占比降低至32.5%。借助中国人寿集团(股份)有限公司入主广发银行的集团优势，积极加强与中国人寿山东分公司、中国人寿养老险山东分公司、中国人寿财产险山东分公司的联动协同工作，与中国人寿、国寿财险、国寿养老山东分公司隆重签署《全面战略合作协议》，12月20日，中国人寿—广发银行“国寿一账通”联名借记卡正式发行，银保合作掀开了崭新篇章。

【电子银行业务】 2016年，广发银行济南分行适应新技术、新模式的不断变化，成功上线了歌尔声学项目、公安交警罚没款非税代收项目、哇咔咔电子储值卡项目，搭建了网金业务新平台，增加了非税代收的中间业务收入，丰富了粘性客户的产品服务，带动了跨界合作商户的引入。

【内部管理与金融文化建设】 2016年，广发银行济南分行一是坚持强化风险管理，严控资产质量。成立了资产质量监测领导小组，建立了日常监测、月度报告、季度会议等工作机制，及时识别化解部分授信风险。二是围绕业务抓党建，组织开展了“打造坚强的基层党组织，让党旗在每个单位高高飘扬”“践行两学一做 让合格共产党员在平凡岗位上闪光”等讲座、党课活动。三是培育企业文化，组织召开年度员工分享会、“家人开放日”、“为残疾人送温暖”、“广发希望慈善基金”精准扶贫捐赠等活动，践行公益责任。

【大事记】 2月29日 广发银行济南分行撤销运营管理部，成立运营部和信息技术部、金融市场部。

4月27日 广发银行济南分行辖属临沂分行作为中国?临沂第二届资本交易大会签约成果，在第三届资本交易大会开幕式上举行了开业揭牌仪式。

5月9日 广发银行济南分行辖属东营分行开业。

6月23日 广发银行携手山东航空股份有限公司，共同推出了“凤凰知音”山航广发联名信用卡。

10月12日 “广发希望慈善基金”平邑县地方镇精准扶贫项目捐赠仪式在山东省临沂市举行，广发银行济南分行为平邑县地方镇的两所小学捐赠了“广发希望厨房”，为100余名学生提供助学金，共计捐赠精准扶贫物资20万元。

10月26日 广发银行济南分行营业部通过中银协检查组“中国银行业文明规范服务百佳示范网点”复查。

(郭经浩)

附表1

机构概况一览表

行长（或其他称谓的第一负责人）		副行长（或其他称谓的同级领导）	
庞新锋		杜经涛 许铁民 范广文 刘玉娟	
地址	山东省济南市经四路15号	邮编	250001
网址	http://www.cgbchina.com.cn	客服热线	400-830-8003

附表2

内设部门及分支机构一览表

年度	内设职能部门数量（个）	下设分支机构（个）					员工总人数（人）	
		总数	地市分行数	县区支行数	分理处、营业所数	储蓄所数		正式职工人数
2012年	8	1	1	0	—	—	164	149
2013年	10	4	1	3	—	—	263	238
2014年	11	7	3	4	—	—	420	400
2015年	13	14	4	10	—	—	520	502
2016年	15	22	6	16	—	—	607	597

附表3

主要统计指标1

单位：亿元

项目 \ 年度	2012	2013	2014	2015	2016	2016年同比增幅（%）
本外币资产总额	84.86	164.06	249.97	198.93	241.62	21.46
本外币存款余额	80.31	150.50	208.47	190.58	225.22	18 18

续表

年度 项目	2012	2013	2014	2015	2016	2016年同比增幅（%）
人民币存款余额	80.06	149.44	184.39	190.24	224.88	18.21
单位存款	75.73	142.16	196.67	176.38	187.15	6.11
储蓄存款	4.58	8.34	11.8	14.20	16.92	19.15
本外币贷款余额	54.20	77.96	103.45	159.41	236.21	48.18
人民币贷款余额	52.09	74.59	101.33	156.99	227.25	44.75
短期贷款	54.04	74.22	82.85	115.02	147.53	28.26
中长期贷款	0.16	3.74	20.6	42.10	75.57	79.50
票据融资	1.99	0.00	0	0.03	4.16	13766.67
利润总额	0.17	1.54	2.58	2.48	2.30	-7.26
不良贷款余额	0	0	0.04	0.84	0.88	4.76
不良贷款占比（%）	0	0	0.04	0.53	0.37	-30.19

附表4

主要统计指标2

年度 项目	2012	2013	2014	2015	2016	2016年同比增幅（%）
单位结算账户（万户）	0.09	0.14	0.20	0.30	0.33	10.00
单位结算金额（亿元）	28.78	21.87	28.65	61.95	182.42	194.46
个人结算账户（万户）	0.36	1.22	4.95	10.87	20.93	92.55
个人结算金额（亿元）	4.58	8.34	11.78	14.21	17.10	20.34
信用卡发卡量（万张）	3.24	15.1	37.1	70.1	108.60	54.92
信用卡消费额（亿元）	5.11	14.8	37.3	73.49	107.00	45.60
企业网银客户（万户）	0.03	0.07	0.12	0.23	0.22	-4.35
个人网银客户（万户）	1.04	6.79	21.16	44.08	75.39	71.03
手机银行客户（万户）	0.25	1.80	10.25	28.63	58.13	103.04
电话银行客户（万户	—	—	—	—	—	—
现金自助设备（台）	3	23	60	79	99	25.32
营业网点（个）	1	4	7	14	22	57.14
自助网点（个）	1	7	9	46	42	-8.63

附表5

先进集体及个人一览表

授奖单位	奖项名称	获奖集体
山东省精神文明办公室	山东省文明单位	广发银行济南分行办公室
山东银监局	2015年度消费者权益保护工作一级	广发银行济南分行办公室
山东银监局	2016年金融知识进万家“先进银行机构”	广发银行济南分行办公室
中国人民银行济南分行	2016年度山东省省级银行银行业金融机构统计工作优秀单位三等奖	广发银行济南分行计划财务部

续表

授奖单位	奖项名称	获奖集体
山东省财贸金融工会委员会	2016 年山东金融系统银行证券保险综合业务技能竞赛优秀组织奖	广发银行济南分行工会
山东省财贸金融工会委员会	山东省金融系统工会财务工作先进单位	广发银行济南分行工会
共青团山东金融工作委员会	山东金融五四红旗团委	广发银行济南分行团委
共青团山东金融工作委员会	2016 年度山东金融系统“双提升”活动优秀青年精品工作项目	广发银行济南分行团委
广发银行	明星网点	广发银行济南分行营业部
山东省财贸金融工会委员会	山东省财贸金融系统工会工作先进单位	广发银行济南山大路支行
山东省银行业协会	山东省银行业普惠金融示范单位	广发银行济南山大路支行
山东省财贸金融工会委员会	山东省财贸金融系统工人先锋号	广发银行济南山大路支行
中国人寿山东省分公司	代理保险合作标杆奖	广发银行济宁分行
山东省财贸金融工会委员会	山东省财贸金融系统五一劳动奖状	广发银行济宁分行工会
授奖单位	奖项名称	获奖个人
山东省财贸金融工会委员会	山东省财贸金融系统优秀工会工作者	陆清华
中国人民银行济南分行	2016 年度山东省省级银行银行业金融机构统计工作优秀个人	汪　泉
山东省财贸金融工会委员会	山东省金融系统工会财务工作先进工作者	曹伟飞
广发银行	广发银行 2015 年度十佳服务内训师	翟宏帅
山东省支付清算协会	优秀信息联络员	郭光彩
中国银联山东分公司	银行卡工作先进个人	张洪锦
中国银联山东分公司	银行卡工作先进个人	张淑萍
山东银监局	2016 年“金融知识进万家”宣传服务月活动先进个人	田　硕
中国银联山东分公司	2016 年度山东省银行卡发展先进个人	张桂滨
共青团山东省金融工作委员会	山东省银行业青年服务明星	刘　云
共青团山东省金融工作委员会	山东金融系统青年服务明星	李海柔
山东省财贸金融工会委员会	山东省财贸金融五一劳动奖章	孟昭祥
共青团山东省金融工作委员会	山东银行业青年岗位能手	李　彬
共青团山东省金融工作委员会	2016 年山东金融系统青年论坛获奖论文二等奖	刘　威
广发银行	2016 年第二期授信业务审查审批研修班三等奖、综合成绩第三名	孙　倩
共青团山东省金融工作委员会	山东金融系统青年岗位能手	刘　丹

平安银行股份有限公司济南分行

【第一负责人简介】　刘志刚，男，汉族，1963年4月出生，山东淄博人，中共党员，研究生学历，高级经济师。1980年11月参加工作，历任中国工商银行桓台县支行行长，中国工商银行淄博市临淄区支行行长，中国工商银行淄博市分行副行长，中国工商银行东营市分行副行长，中国工商银行山东省分行资产风险管理部副总经理，中国工商银行山东省分行风险管理部副总经理，中国工商银行威海分行党委书记、行长，中国工商银行山东省分行副行长。2013年11月调入平安银行股份有限公司济南分行担任党委书记、行长。

【综述】　2016年，平安银行股份有限公司济南分行（以下简称"平安银行济南分行"）按照全省金融系统"稳增长、促改革、调结构、惠民生、防风险"的总体思路，统筹推进经营管理各项工作，保持了持续健康发展的良好势头。

【公司业务】　2016年，平安银行济南分行在公司业务方面主要做了以下工作：

一、推动产业结构调整。发挥综合金融优势，对接平安集团各子公司，2016年累计向山东地区"两基一支"、绿色环保、养老、教育、现代农业等领域投放资金规模超2000亿元。实现产业基金出账141亿元，同比增长97.6亿元，增幅225%。落地银投综拓项目13笔，同比增长11笔，金额130.85亿元，同比增长125.85亿元。

二、强化涉农企业信贷支持力度。进一步关注农村二、三产业发展的新趋势、新特点，增加信贷供给，扶持农产品精深加工龙头企业，加快促进农业结构调整。截至2016年年末，涉农贷款余额217.84亿元，较年初增加43.29亿元，增幅24.8%；重点支持国家级和山东省级农业产业化龙头企业35户，授信余额23.16亿元；投放涉农项目贷款余额6.73亿元。

三、继续加大中小微企业信贷支持。积极推进发票贷、橙E税金贷等新业务发展，在风险可控的前提下，利用多渠道风险缓释措施，选择优质客群，切实加大对小微企业的授信支持力度。截至2016年年末，全行中小微企业贷款余额154.79亿元，同比增加37.78亿元，增幅32.29%；小微企业贷款增幅达66.37%。

【个人业务】　2016年，平安银行济南分行进一步建设零售队伍，健全制度流程，不断夯实客户基础，扎实推进各项工作任务。通过建立周例会制度，增进分支行沟通，提高执行力；通过举办大客户权益邀约活动、小微业务推介会等，推动客户体验提升和产品服务宣讲，提升零售业务发展水平。积极落实国家消费信贷政策，创新个人消费支持方式，2016年累计发放各类个人消费类贷款5.04亿元，年末余额8.79亿元，全年新增个人合理住房及消费贷款15.57亿元。

【国际业务】　2016年，平安银行济南分行把握国家放开原油"双权"难得机遇，制定国际贸融业务方案，获客户高度认可，全年共12户地炼企业完成终审批复，批复授信105.2亿元，实现中收3697万元，均较同期实现翻番增长。

【中间业务】　2016年，平安银行济南分行强化对投行、贸融、资金同业的一级经营和充分引领，转变过度依赖息差收入的传统业务模式。截至2016年年末，该行中收占营业收入比重达31.71%，同比提升7.72个百分点。

【电子银行业务】　2016年，平安银行济南分行积极推动产品创新，解决当前民营企业融资难、融资贵等问题。依托互联网技术手段，开发橙E税金贷系列产品，对客户进行跟踪，收集其连续纳税数据，对信贷资产风险开展动态监控、风险识别及风险防范。目前，该行橙E税金贷项下客户数累计达到50余户，累计贷款余额1.2亿元，有效解决中小企业的融资难、融资贵难题。

【内部管理与金融文化建设】　2016年，平安银行济南分行继续坚持稳健发展原则，不断深度优化整改检查机制，重磅整治违规违纪行为，全年保持零案件发生。一是开展各类检查20余次，内容涉及行政印章管理、理财经理履职、中介机构管理、反洗钱管理、运营管理、财务企划管理等多个条线，对所发现的问题坚持"零容忍"，对违规行为起到了较好的震慑作用。二是加大对违规违纪行为的处罚力度，对相关责任人实行管理责任和连带责任追究。三是按季召开案防合规会议，全年查找、发现并整改问题148项，推动解决合规工作难点问题。四是落实"十项禁令"行为排查，强化人员流动管理，严格落实离职人员工作交接和岗位脱密制度。

【大事记】　12月31日　杨景泉不再担任平安银行济南分行副行长职务，陈振华不再担任平安银行济南分行信贷执行官职务。

（张　睿）

附表 1

机构概况一览表

行长（或其他称谓的第一负责人）		副行长（或其他称谓的同级领导）	
刘志刚		张汉忠 吕爱琴 刘 明 杨景泉 陈振华 康 建 李春节 徐 丽	
地 址	山东省济南市经十路 13777 号	邮 编	250014
网址	http://bank.pingan.com/	客服电话	95511

附表 2

内设部门及分支机构一览表

年度	内设职能部门数量（个）	下设分支机构（个）					员工总人数（人）	
		总数	地市分行数	县区支行数	分理处、营业所数	储蓄所数		正式职工人数
2012 年	19	10	0	0	10	—	502	397
2013 年	18	14	1	0	13	—	624	493
2014 年	25	18	2	0	16	—	695	596
2015 年	25	21	3	1	17	—	755	673
2016 年	25	24	5	1	18	—	791	733

附表 3

主要统计指标 1

单位：亿元

项目 \ 年度	2012	2013	2014	2015	2016	2016 年同比增幅（%）
本外币资产总额	357.07	405.34	342.12	426.56	529.86	24.22
本外币存款余额	279.49	283.47	290.81	379.89	392.18	3.24
人民币存款余额	278.31	278.51	284.22	374.61	389.42	3.95
单位存款	248.36	248.73	250.85	349.23	360.89	3.34
储蓄存款	31.12	34.74	33.37	30.66	31.29	2.05
本外币贷款余额	186.67	182.13	276.80	350.64	444.21	26.69
人民币贷款余额	184.03	175.06	271.79	344.36	441.07	28.08
短期贷款	167.72	152.42	195.71	211.01	230.23	9.11
中长期贷款	18.95	29.71	76.70	139.63	213.98	53.25
票据融资	3.01	1.50	4.39	5.3	4.41	-16.79
利润总额	0.89	6.76	2.71	3.43	6.63	93.29
不良贷款余额	1.03	0.95	2.63	5.51	6.61	19.96
不良贷款占比（%）	0.54	0.52	0.95	1.57	1.49	-5.10

附表 4

主要统计指标 2

项目＼年度	2012	2013	2014	2015	2016	2016 年同比增幅（%）
单位结算账户（万户）	0.42	0.48	0.59	0.84	0.97	15
单位结算金额（亿元）	53.23	36.21	42.13	43.67	44.71	2.4
个人结算账户（万户）	46.90	48.09	5.79	7.80	9.03	16
个人结算金额（亿元）	7.26	7.94	7.97	7.98	8.00	0.2
信用卡发卡量（万张）	45.20	72.26	81.41	88.33	92.68	5
信用卡消费额（亿元）	78.30	193.04	133.04	183.7	218.25	19
企业网银客户（万户）	0.36	0.38	0.49	0.57	0.66	16
个人网银客户（万户）	32.60	37.65	11.97	21.28	32.26	52
手机银行客户（万户）	1.30	3.55	8.02	16.8	27.6	64
电话银行客户（万户）	43.50	42.63	42.74	42.81	42.93	0.2
现金自助设备（台）	25	51	61	72	74	3
营业网点（个）	10	14	18	21	22	4.7
自助网点（个）	13	23	35	36	31	-14

附表 5

先进集体一览表

授奖单位	奖项名称	获奖集体
山东银监局	2015 年山东银监局直报机构监管统计工作先进单位三等奖	平安银行济南分行
山东省财贸金融工会委员会	2015 年度山东省财贸金融系统工会工作先进单位、2015 年度山东省财贸金融系统五一劳动奖状	平安银行济南分行
共青团山东省金融工作委员会	山东银行业“双提升”精品青年工作项目优秀奖”	平安银行济南分行
山东省人民政府	2014-2015 年度山东省金融创新先进单位	平安银行济南分行

平安银行股份有限公司青岛分行

【第一负责人简介】　陈昊序，男，1970 年 2 月出生，硕士研究生学历，中共党员。历任深圳发展银行青岛城阳支行副行长，深圳发展银行青岛分行计划财务部总经理，深圳发展银行青岛分行财务执行官；2012 年 8 月起任平安银行青岛分行副行长（主持工作），2015 年 3 月起任平安银行青岛分行行长。

【综述】　2016 年，平安银行股份有限公司青岛分行（以下简称“平安银行青岛分行”）全面推进零售转型，依托集团综合金融优势和强大的零售客户基础，打造以智能化、移动化、专业化为特色的零售银行服务，各项业务实现平稳增长。

【公司业务】　2016 年，平安银行青岛分行公司积极推进各项公司业务健康发展，机构金融、银港通等业务实现重要突破。一是建立重点项目营销推动中心运行机制并已初见成效，通过周例会形式加强重点项目营销的日常推动管理，解决经营单位项目推动中的问题，同时也为经营单位解决业务难题提供了沟通平台。二是积极推动公私联动，在代发工资等传统公私联动项目方面积累了丰富的经验，为挖掘零售客户“触点”奠定了业务基础。三是贸融业务继续保持良好态势，实现付融通售后回租等新业务落地，黄金租赁、国内证、应收类商票等轻资产业务发展势头良好。四是与青岛港合作建设了“银港通”系统，并成为岛城首批签约的金融机构之一。五是机构金融业务实现历史性突破，财政竞争性存款业务和非税收入收缴业务并蒂开花，为存款结构调整奠定良好基础。

【小企业金融】 2016年，平安银行青岛分行以实际行动践行“扎根当地，服务小微”的理念，依托平安集团的综合金融服务平台，不断创新中小微金融服务模式。依托核心企业全产业链“C+SIE+R”服务模式，发票贷、税金贷、出口退税贷得到本地中小企业客户额一致好评，其中，“C+SIE+R”服务模式服务模式被青岛银监局评为2016年度小微经融服务优秀创新产品。同时，该行不断提升本地小微企业服务水平，不断创新担保和还款方式，形成“强抵押”“弱担保”“纯信用”的全产品序列，同时对小微企业进行减费让利，有效降低其融资成本，小微企业服务水平和服务满意度显著提高。

【投行业务】 2016年，平安银行青岛分行全力推动投行业务发展，各项转型措施稳步推进，在银政类产业基金、资本市场、债券承销、资产证券化、投后管理等方面均取得积极进展。成功落地了多笔特大型、创新型投行业务，实现了由过去三年传统投行的“自营”类作战模式战略转型为“立体化、网络化、全攻全守化”兵团式作战模式，深刻贯彻“精品投行、智慧投行、生态投行”的战略转型精神。

【资金同业】 2016年，平安银行青岛分行通过深入拓展客户渠道、不断提升客户营销能力、实现同业业务的稳定、持续发展。一是密切关注票据市场走势，做好存量客户的维护及新客户的开拓工作，适时开展电子票据业务，做好业务风险的把控。二是根据总行统一的期限与价格要求，结合资金市场的情况，适时操作同业存款业务。三是充分利用“行E通”系统平台的优势，提升理财产品销售能力，根据票据市场波动，加速票据资产的流转。

【国际业务】 2016年，平安银行青岛分行离在岸国际业务继续保持健康稳定发展，通过业务调整和客户结构调整，实现了规模和收益的双增长，并保持了极低的贸易融资不良率。一是在岸业务在调整客户结构、控制风险的前提下，加大对外向型实体企业、“走出去”大客户的支持力度，推动有真实贸易背景的进出口贸融、跨境投并购贷款、海外代付等业务的发展，实现了业务收益和结算量的较好增长。二是离岸业务继续加强客户风险排查和业务转型规划，大力推动离岸资产业务发展，加强与在岸业务的联动，为境内走出去企业和跨企业提供更大支持。三是国际业务部门人员稳定、经验丰富，总分行沟通顺畅，共同为内外部客户提供优质高效的服务。

【零售业务】 2016年，平安银行青岛分行继续推进零售战略转型，通过客户迁徙和科技创新，加速打造具有平安特色的智能化零售银行。

一、以提升财富客户为核心，以客户接触、权益推广、资产配置为导向，提升客户经营效率；从健康生活娱乐、家庭风险保障等方面，为客户提供全方位的服务；充分利用社区支行平台，紧紧围绕社区所在地周边开展客户服务及经营活动，与周边居民建立了良好的关系，为周边零售客户提供了优质的综合金融服务。

二、持续推动综拓业务稳步发展，稳步提升个推银业务平台的同时，搭建与养老险、产险、财富等子公司的业务合作平台，为客户提供一站式的综合金融服务。

三、消费金融业务，通过多种产品组合，优化业务结构，满足客户多重需求，提升获客质量，优化资产质量。采取多渠道经营策略，实现个贷、支行、综拓全渠道营销，不断加强公私联动。同时，实行全流程风险管理，实行贷前、贷中、贷后全面全方位风险管理措施。

【精神文化建设】 2016年，平安银行青岛分行继续秉承“对外以客户为中心，对内以人为本”的宗旨，坚持“变革、创新、发展”的经营理念，锐意创新，深化改革，强化信贷风险管理，突出创新驱动，加强内控合规建设，使全行员工的思想道德素质不断提高，分行的经营管理水平迈上了新的台阶。

【大事记】 2月26日 青岛港“银港通”系统已与我行橙E平台正式对接。平安银行青岛分行作为青岛港“银港通”第一批签约银行，成功实现“银港通”业务青岛金融机构第一笔放款之后，又成为第一家完成与青岛港系统对接的金融机构，在与青岛港“银港通”业务合作方面继续领跑青岛银行业。

5月20日 青岛市轨道交通项目金融合作签约仪式隆重举行，作为青岛市第一笔保险资金债权计划，平安银行青岛分行充分发挥综合金融优势，与平安资产管理公司强强联合，为青岛地铁1号线融资50亿元。该项目的成功签约，是平安银行青岛分行深耕本地市场、发挥综合金融优势取得的又一重大成果。

6月 平安银行青岛分行本部乔迁至崂山区金岭广场2号楼项目办公。

8月31日 平安银行青岛分行召开零售转型宣导会，标志着分行全面贯彻总行零售转型要求，加快分行零售转型工作步伐的新开端。

11月21日 平安银行日照分行银政银企战略合作协议签约仪式暨开业新闻发布会隆重举行。

（平安银行青岛分行）

附表1

主要统计指标1

单位：亿元

项目 \ 年度	2012	2013	2014	2015	2016	2016年同比增幅（%）
本外币资产总额	296.75	296.75	279.52	329.02	391.28	18.92
本外币存款余额	162.95	206.96	211.78	245.95	325.71	32.43
人民币存款余额	155.15	204.02	208.47	215.77	288.15	33.54
单位存款	134.92	177.6	173.13	190.58	222.43	16.71
储蓄存款	20.23	25.8	37.78	41.67	44.96	7.90
本外币贷款余额	120.07	133.01	178.71	262.42	290.44	10.68
人民币贷款余额	116.73	120.69	172.47	231.6	250.16	8.01
短期贷款	91.00	87.2	109.25	135.75	138.58	2.08
中长期贷款	25.73	33.49	49.45	122.52	149.43	21.96
票据融资	1.78	3.85	9.55	3.3	1.94	-41.21
利润总额	5.31	3.69	4.92	2.45	-0.83	-133.88
不良贷款余额	1.34	1.14	1.88	1.04	2.52	142.31
不良贷款占比（%）	1.11	0.85	1.05	0.40	0.87	117.50

附表2

主要统计指标2

项目 \ 年度	2012	2013	2014	2015	2016	2016年同比增幅（%）
单位结算账户（万户）	1.2	1.5	1.9	2.2	75.75	3343.18
单位结算金额（亿元）	3461.23	5123.72	4894.01	6342.47	9331.81	47.13
个人结算账户（万户）	35.52	36.67	42.86	57.44	71.51	24.50
个人结算金额（亿元）	2226.29	3241.93	1933	2234.07	2804.67	25.54
信用卡发卡量（万张）	15.86	18.42	11.81	14.28	16.26	13.87
信用卡消费额（亿元）	38.57	117.33	142.56	181.66	234.94	29.33
企业网银客户（万户）	1.15	1.72	0.8	0.73	0.80	8.34
个人网银客户（万户）	5.91	11.33	17.48	25.18	28.86	14.61
手机银行客户（万户）	1.48	3.06	8.56	15.63	21.67	38.64
现金自助设备（台）	41	62	85	85	101	18.82
营业网点（个）	10	13	16	17	19	11.76
自助网点（个）	12	22	33	33	39	18.18

渤海银行股份有限公司济南分行

【第一负责人简介】 金富祯，男，汉族，1968 年 7 月出生，江西永丰人，中共党员，大学学历，会计师、经济师。曾任民生银行北京管理部按揭中心主任、零售银行（北京）总裁助理兼财富中心主任、零售银行华北（石家庄）市场总监。2007 年 9 月入职渤海银行，历任北京分行副行长、总行个人金融部总经理、总行财富管理部总经理（兼）；2013 年 6 月起，任渤海银行济南分行党委书记、行长。

【综述】 2016 年，渤海银行股份有限公司济南分行（以下简称“渤海银行济南分行”）认真落实监管政策和总行发展战略，积极向以“投行和资管为特色的综合型银行”转型，规模和盈利能力大幅提升，生息资产、考核利润、经济增加值等都实现了同比倍增，资本回报率大幅提升。

2016 年，渤海银行济南分行获评总行“先进分行”和“综合竞争力奖”，综合绩效考核排名系统内第一。截至 2016 年年末，全行累计投放各类生息资产 628.72 亿元，实现考核利润 8.06 亿元，同比增加 4.17 亿元；实现经济增加值 5.47 亿元，同比增加 3.59 亿元。全年无案件、无重大操作风险事件，信贷资产质量稳定。

【公司业务】 2016 年，渤海银行济南分行重点开拓新型业务市场空间，加大信贷资产流转力度，大力发展私募资产证券化、国内证 + 福费廷、投行代销、行外发债和基金托管等新型产品和服务，“用好增量、盘活存量、做大流量”，实现资产、负债和收益同步增长轻资产发展模式。同时，依托渤海银行“快捷贷”、“小额快捷通”等符合小微企业融资需求的金融产品，积极支持小微企业发展。截至 2016 年年末，全行累计向优质客户发放各类表内外融资超过 530 亿元；小微企业贷款余额达到 30.25 亿元，较年初增加 23.95 亿元，贷款增幅 380.16%。

【个人业务】 2016 年，渤海银行济南分行零售财富资产增长迅速，保持系统内领先。一是代理类业务销售发展较快，零售轻资产业务实现有效突破。二是个贷业务量价兼顾，规模、收入大幅提升。三是信用卡业务取得快速突破，营销活动精彩纷呈。四是网点规范化管理进一步加强。五是积极践行公益活动，品牌形象进一步提升。

【国际业务】 2016 年，渤海银行济南分行着力推广贸易金融资源节约型服务方案，在控制风险前提下，大力发展贸融业务，通过银承、信用证、保函、保理、结售汇等多种产品，深度挖掘客户的贡献度，为客户提供综合金融服务方案。成功办理国内信用证福费廷转卖业务 15.5 亿元，有效替代了部分客户的贷款、银承融资需求，在节约资本的同时降低了客户融资成本。

【中间业务】 2016 年，渤海银行济南分行积极推动业务多样化，拓宽中间业务收入来源。一是大力推动债券融资工具承销等业务，助力企业直接融资，在降低融资成本的同时，进一步增加债券承销费收入。二是积极拓展国际结算业务、票据业务。截至 2016 年年末，该行实现中间业务净收入 5.48 亿元，同比增加 2.96 亿元，增长 117%。

【电子银行业务】 2016 年，渤海银行济南分行围绕“建虚拟平台、做资产流量、导外源客户、建跨界机制、通线上线下、树渤海品牌”的网络银行业务工作思路，全力打造“平台银行、资管银行和场景银行”。截至 2016 年年末，该行企业网银开户率达到 97.47%，直销银行客户新增 10434 户；通过支付产品消费场景和客户的交互，达成与全国性电商平台合作；夯实电子渠道硬件设施。顺利完成网点 VTM 投产运行，已上线设备运行情况良好，业务替代率不断提升。

【内部管理与金融文化建设】 2016 年，渤海银行济南分行内控管理完善，坚持以制度约束全体员工行为，打造了“团结友爱 奋发向上”干事创业氛围。

一、扎实开展“两学一做”学习教育活动。一是开展了“听”专家讲课、“观”警示教育、“讲”先进经验、“开”专题研讨等特色活动。二是围绕领导班子好、党员队伍好、工作机制好、工作业绩好、群众反映好的“五好”目标，开展“五好党支部”的创建活动。三是坚持抓党建促发展，加强反腐倡廉和制度建设。

二、深入践行渤海银行“客户为先 开放创新 协作有为 人本关爱”价值观。一是分支机构全部建立了员工食堂、活动室、图书室等，积极解决员工落户、子女上学等实际困难。二是开展“读书 让梦想成真”、零售服务大赛、营运知识技能大赛等活动，提升员工业务技能和文化素养。

三、积极践行社会责任，投身公益活动。全年先后开展了“春回大地 绿满泉城”公益植树、员工参与泉城义工团陪自闭症儿童踏青赏春、“老顽童”微信大讲堂、助力健身达人赛、“血脉相连爱心传递”志愿献血等公益活动。

【大事记】 1 月 18 日 渤海银行济南分行召开 2016 年工作会议。

2 月 渤海银行济南分行产品与市场开发部更名为公司业务管理部。

3 月 渤海银行济南分行新增设立监察室，与内控合规部合署办公。

3月10日 渤海银行济南分行成功加入山东省政府组建的政府债券承销团，成为2016年山东省政府债券承销团一般成员。

4月 渤海银行济南分行成功中标“山东省政府引导基金参股子基金托管金融机构”招标项目。

7月 渤海银行济南分行成立信用卡分中心。

12月2日 渤海银行济南分行召开“两学一做”专题教育民主生活会。

（刘向真）

附表1

机构概况一览表

行长（或其他称谓的第一负责人）		副行长（或其他称谓的同级领导）	
金富祯		宋　奇　孙开贤　祁树鹏　徐庆吉	
地址	山东省济南市经十路9777号	邮编	250011
网址	http://www.cbhb.com.cn/	客服电话	95541

附表2

内设部门及分支机构一览表

年度	内设职能部门数量（个）	下设分支机构（个）					员工总人数（人）	
		总数	地市分行数	县区支行数	分理处、营业所数	储蓄所数		正式职工人数
2012年	17	3	1	2	—	—	264	228
2013年	20	4	1	3	—	—	288	258
2014年	27	6	2	4	—	—	366	325
2015年	21	15	4	7	4（社区支行）	—	468	420
2016年	21	15	4	7	4（社区支行）	—	483	440

附表3

主要统计指标1

项目＼年度	2012	2013	2014	2015	2016	2016年同比增幅（%）
本外币资产总额	277.42	255.77	246.71	295.74	345.25	16.74
本外币存款余额	112.44	141.12	152.26	250.81	308.61	23.05
人民币存款余额	109.72	140.13	151.56	250.79	308.58	23.04
单位存款	98.55	125.03	137.83	236.93	294.52	24.31
储蓄存款	11.18	15.1	13.74	13.86	14.06	1.44
本外币贷款余额	78.19	87.92	110.67	122.97	176.94	43.89
人民币贷款余额	77.05	85.79	100.26	106.17	169.04	59.22
短期贷款	59.19	65.1	64.79	60.66	63.52	4.71
中长期贷款	17.85	20.69	35.47	45.51	105.52	131.86
票据融资	6.22	7.77	9.65	16.74	2.98	-82.20
利润总额	1.47	1.75	2.08	3.61	7.22	100.00
不良贷款余额	0	0	0.24	2.63	2.91	10.65
不良贷款占比（%）	0	0	0.2	1.88	1.61	-0.27

注：2015年人行更新存贷款统计口径。本外币存款、人民币存款、单位存款余额均包含非存款类金融机构存款，2015年为63.43亿元，2016年为68.62亿元

附表 4

主要统计指标 2

年度 / 项目	2012	2013	2014	2015	2016	2016 同比增幅（%）
单位结算账户（万户）	0.17	0.19	0.21	0.26	0.29	11.54
单位结算金额（亿元）	830.03	850.34	2375.71	3927.56	6214	58.22
个人结算账户（万户）	4.56	6.53	11.9	32.8	38.66	17.87
个人结算金额（亿元）	55.02	124.94	158.45	923.14	984	6.6
信用卡发卡量（万张）	0	0	0	0	0.41	—
信用卡消费额（亿元）	0	0	0	0	1.49	—
企业网银客户（万户）	0.10	0.15	0.17	0.22	0.24	9
个人网银客户（万户）	1.77	3.40	7.24	10.64	13.26	24
手机银行客户（万户）	0.4	1.86	5.40	8.62	11.17	29
电话银行客户（万户）	—	—	—	—	—	—
现金自助设备（台）	12	16	26	35	35	0
营业网点（个）	4	5	7	15	15	0
自助网点（个）	0	1	4	0	0	—

附表 5

先进集体及个人一览表

授奖单位	奖项名称	获奖集体
渤海银行总行	先进分行	渤海银行济南分行
渤海银行总行	综合竞争力奖	渤海银行济南分行
渤海银行总行	安全保卫工作先进单位	渤海银行济南分行
渤海银行总行	内控合规优秀分行	渤海银行济南分行
渤海银行总行	信息宣传先进单位	渤海银行济南分行
渤海银行总行	财富业务突出贡献奖	渤海银行济南分行
渤海银行总行	信用卡突出贡献奖	渤海银行济南分行
渤海银行总行	社区银行年度最佳管理分行	渤海银行济南分行
渤海银行总行	最佳营销组织奖	渤海银行济南分行
渤海银行总行	开源增收突出贡献奖	渤海银行济南分行
渤海银行总行	个贷业务最佳组织推动奖	渤海银行济南分行
渤海银行总行	优秀分支机构	渤海银行烟台分行
渤海银行总行	安全保卫工作先进单位	渤海银行淄博分行
渤海银行总行	优秀服务网点	渤海银行德州分行、渤海银行德州分行营业部
渤海银行总行	全国十佳社区银行	渤海银行济南阳光花园社区支行
山东省金融团工委	山东金融系统“五四红旗团委”	渤海银行济南分行团委
山东省金融团工委	优秀精品工作项目	渤海银行济南分行团委
渤海银行济南分行	先进集体	渤海银行济南阳光花园社区支行

续表

授奖单位	奖项名称	获奖集体
渤海银行济南分行	先进集体	渤海银行德州分行
渤海银行济南分行	先进集体	渤海银行济南解放路支行
渤海银行济南分行	内控合规及案防工作先进机构	渤海银行济南市中支行
授奖单位	奖项名称	获奖个人
渤海银行总行	先进个人	孙晓旭　于立宏　李志军　郭兆浩
渤海银行总行	个贷业务优秀个人奖	王天阳
渤海银行总行	全国十佳大堂经理	刘　琼
渤海银行总行	信息宣传先进个人	刘向真
渤海银行总行	风险管理先进个人	孙尉钧
渤海银行总行	优秀客户经理	郑　刚　鲁海涛
渤海银行总行	优秀保卫干部	韩　杰
渤海银行总行	内控合规优秀个人	邹伟杰
中国银联山东分公司	山东省银行卡工作先进个人	李艳萍
渤海银行济南分行	先进个人	刘伟亮　慕志新　张迎麟　李悦函　吴桃桃 王克雷　倪晓敏　邵　军　熊　伟　范新东 苏战楠　段　勇　左新宇　张　璐　侯小剑 陈冬玉　刘　豹　陈艳辉　高旭林　李　刚 吴永敏　赵学进　马凤双　王希成　张　波 于开慧　张上涛　肖文玲　夏丽君　李　娜 郭丛丛　刘　铁　安　然　赵宏斌　束　倩 李艳萍　张韩冰洁　白　冰　官　博 孙　欣　黄　卿　李传杰

浙商银行股份有限公司济南分行

【第一负责人简介】　张强，男，1966 年出生，河北唐山人，中共党员，硕士研究生学历。1987 年参加工作，2008 年加入浙商银行，历任浙商银行西安分行党委委员兼计划财务部总经理，浙商银行杭州分行行长助理，浙商银行西安分行行长助理，浙商银行西安分行副行长；2015 年 1 月任浙商银行济南分行党委书记、行长。

【综述】　2016 年，浙商银行股份有限公司济南分行（以下简称"浙商银行济南分行"）深入贯彻"全资产经营"战略，找准核心业务与山东经济社会发展的结合点，坚持转型发展，把握"综合化、数字化、扁平化"趋势，强化"问题导向、争先导向、结果导向、全局导向"，积极培育特色竞争力，着力打造综合服务型、客户中心型、智慧型、风险驾驭型、精益型银行，各项业务实现跨越式发展。

【公司业务】　2016 年，浙商银行济南分行深入贯彻"全资产经营"战略，积极探索新行业、新业态、新企业、新企业家服务模式，不断提升核心客户群规模，夯实基础客户储备，突出产品创新驱动，以打造流动性服务银行及全价值服务银行为目标，持续推进业务结构转型升级。

一、大力推进基础客户开发培育。一是强化战略客户分层管理，通过构建战略客户分层体系，进一步强化系统性客户的营销与深度合作，不断壮大战略客户群体。二是以优质大客户为核心，对省内企业集团、上市公司、财务公司、融资租赁公司及电子商务平台公司展开深入营销，延伸辐射其上下游供应链核心，实现基础客户批量拓展。三是加强主动授信申报与管理，房地产开发贷、结构化融资、物业通及商票入池等业务相继落地，有效带动了规模投放。

二、大力推进创新产品应用。一是以池化产品为抓手，先后与山东重工集团、山东省商业集团、中联集团、京博控股、西王集团、山东能源等省内优质大客户建立了合作关系。二是取得总行首批易企银平台试点资格，积极转变银企合作理念，创新推广易企银平台合作模式，成功举办了浙商银行济南分行易企银平台研讨会。三是积极推动黄金租赁业务，为山东地矿、烟建集团累计办理黄金租赁套保业务 1.26 亿元，储备了包括招金集团、恒邦股份、山东中矿、浪潮华光等一批优质目标客户。四是大力推广至臻贷业务，围绕企业“提高业务效率、降低融资成本”两大核心需求，以已批未用信的授信客户和短期资金需求量较大的“池化”类客户为目标，组织集中推介。五是重点拓展存管类、收付类、电商类、移动类等网络金融产品。

【零售业务】 2016 年，浙商银行济南分行坚持将零售业务作为全行战略业务，不断巩固和强化零售业务的“压舱石”地位，多维度拓展获客渠道，着力打造零售品牌。

一、完善组织架构和专业队伍建设。一是充实了分行本级及辖内各机构小企业条线、个人条线、信用卡条线骨干人员，组建了系统内第一支信用卡直销团队，引进了一批熟悉市场、能力出众的专业人才，业务支持和组织推动力大幅增强。二是通过制定考核办法、举办专业培训、组织资格考试、开展营销竞赛等，队伍整体素质、营销能力以及员工士气得到了提升。

二、零售业务发展全面提速。一是提升客户体验，突出差异化服务，发挥永乐理财“收益高、流动性强、服务好”的优势，定制系统首款私行客户专属产品；做大中高端客户群体，不断提升客户忠诚度与贡献度。二是全力拓展获客通道，推进客群快速扩张。公私联动，重点推进代发业务，获取优质客群；与山东省慈善总会共同设立“慈善联名卡”项目，成为系统内首个与总行系统进行嵌入链接的项目。三是持续开展市场特惠活动，信用卡客群初具规模，分期业务迅速铺开，先后开发了车位分期、购车分期、装修分期等多个分期项目。

【小企业业务】 2016 年，浙商银行济南分行积极探索适用于当地市场企业特点及经济发展状态的商业模式。一是加强专营团队建设，年内增设专营机构 2 家；二是积极探索集群开发新模式，齐鲁软件园创赢贷项目、济南联动 U 谷项目获批；三是积极引导各机构由小企业贷款向小企业金融服务的转变，年末分行小企业客户交叉营销产品数量达到 4.45 个。

【投资银行业务】 2016 年，浙商银行济南分行以国有大型企业为目标，积极构建良性的业务循环体系。在风险可控的前提下，适时推进与优质民营企业债务融资工具业务合作。一是延续与山东高速集团的债务融资工具业务合作，成功发行高速集团短期融资券与永续债中期票据。二是注册发行了中国建材股份有限公司两单债务融资工具。三是完成与烟台港的首次合作，成功注册 20 亿元超短融。四是发行了分行第一单民营企业债务融资工具业务西王集团 10 亿元超短融。五是不断加强与优质券商的业务合作，有效增强债券销售能力。

【国际业务】 2016 年，浙商银行济南分行积极克服全国进出口同比下滑的不利影响，借助“涌金出口池”和“对客外汇资金交易”两大战略产品，大力推进跨境金融服务，以产品带动客户，以客户带动规模增长。尝试客户集群开发、中小企业集中推介、出口信保项下买方信贷等新模式，取得了阶段性成果。

一、狠抓“涌金出口池”和“对客衍生产品”。梳理客户资源，制定重点客户名单，通过集中培训、客户走访、营销跟踪、考核激励等方式，加快产品落地，客户数量、融资金额、综合收益等多项核心指标均排名全行系统前列。

二、探索业务发展新模式、新方向。一是积极与金融同业、中信保、担保公司等三方机构开展业务合作，创新出口贸易型客户集群开发业务模式、不断改进合作方案，业务渠道得到有效拓宽。二是积极响应国家“一带一路”战略，通过分析调研山东省内境外工程承包企业业务需求和市场特点，创新推出“出口买方信贷产品”。

【内部管理与金融文化建设】 2016 年，浙商银行济南分行以转型发展为目标，不断加强内部管理与金融文化建设，着力优化体制机制，充分调动全员积极性与创造性，全面增强队伍凝聚力和战斗力，保障各项业务平稳健康发展。

一、强化战略导向。一是制定《济南分行公司类业务指引（2016 年版）》，从区域、行业、客户、产品四个维度，引导市场部门调整营销策略，优化信贷投向，深化结构调整；坚持做真实小企业，优先服务新行业、新产业、新升级企业。二是培育战略基础客户群，加强新兴产业、资本市场、转型升级等专题调研，梳理目标客户，积极创新并对接授信方案。三是加强区域特色行业调研，实地考察代表性企业，形成地炼行业调研报告，拟定行业开发及风险管控方案，持续推进行业开发。

二、强化合规管理。一是强化管理职能，充实内控合规人员队伍，进一步梳理条线及岗位职责，增强内控合规管理与指导。二是制定《济南分行分支机构内控合规管理指引》《济南分行营销部门负责人 2016 年风险控制及内控合规重点工作》及《二级分行分管内控合规和案防行领导工作要点》，修订分行内控考核办法，丰富内控合规管理手段和着力点。三是采取多种形式开展内控宣讲，组织新入职员工理念宣贯，落实一对一辅导，邀请法院、检查院、刑侦等外部专家现场交流。四是按季召开内控合规经理与联络员例会，通报全行内控案防情况，分析重大合规问题，提升合规经理履职能力。五是将突击稽核与‘两项排查”常态化，组织开展员工重要物品和资料保管突击检查，定期开展员工异常行为与不适合岗位行为排查，对员工思想动态和日常行为进行摸底和排查。

三、强化组织引领。一是依托党政工团，组织开展“两学一做”“沂蒙精神”等专题讲座、发展新党员、参观孟良崮革命烈士纪念馆等一系列党员活动。二是组织发动全行员工及社会爱心人士为分行困难员工捐款。三是以分行六周年行庆及品牌形象焕新为主题，组织开展全员登泰山、青年员工演讲比赛、环湖健身行、公益赠饮、设立环卫工人子女助学金等一系列活动，激励了员工士气，提升了品牌影响力和市场知名度。

【大事记】　1月15日　浙商银行济南分行与中国建材股份有限公司旗下中国联合水泥集团有限公司正式签署全面战略合作协议。

3月22日　浙商银行济南分行举办“对接资本市场 助推实体经济”商业银行服务资本市场业务探索专题研讨会。

4月16日　浙商银行济南分行举行“财富论道，‘浙’里启航”首届财富投资策略报告会。

8月16日　浙商银行烟台分行试营业。

8月26日　浙商银行济南分行举行“一杯水”公益赠饮活动。

9月8日　浙商银行济南分行协助公安机关成功堵截一起189.6万欧元跨境网络资金诈骗案，为企业避免了重大资金损失。

9月23日　浙商银行济南分行与西王集团正式签署战略合作协议。

10月12日　浙商银行济南分行成功办理首笔信用债投资业务，金额4000万元。

10月19日　浙商银行济南分行在杭州举行易企银平台业务研讨会。

10月26日　浙商银行济南分行辖内第2家同城支行济南高新支行开业。

11月3日　浙商银行济南分行举办重点战略客户中船重工“涌金票据池”专场推介会。

11月30日　浙商银行济南分行举行“融汇新渠道 助力新未来”境外发债专题研讨会。

12月23日　浙商银行与山东招金集团有限公司在杭州签署全面战略合作协议。

（李　阳）

附表1

机构概况一览表

行长（或其他称谓的第一负责人）		副行长（或其他称谓的同级领导）	
张　强		吴宝国　姜　兵　张宏华　迟英明	
地址	山东省济南市历下区黑虎泉西路185号	邮编	250011
网址	http://www.czbank.com/	客服电话	95527

附表2

内设部门及分支机构一览表

年度	内设职能部门数量（个）	下设分支机构（个）					员工总人数（人）	
		总数	地市分行数	县区支行数	分理处、营业所数	储蓄所数		正式职工人数
2012年	18	1	0	1	—	—	201	174
2013年	18	2	1	1	—	—	224	189
2014年	18	3	2	1	—	—	270	240
2015年	24	3	2	1	—	—	306	278
2016年	25	5	3	2	—	—	515	458

附表3

主要统计指标1

单位：亿元

项目＼年度	2012	2013	2014	2015	2016	2016年同比增幅（%）
本外币资产总额	173.58	191.70	184.92	330.47	418.25	26.56
本外币存款余额	107.69	130.77	145.09	216.51	322.05	48.75
人民币存款余额	106.32	130.14	145	215.49	316.44	46.85
单位存款	104.89	128.54	142.57	212.15	310.17	46.20
储蓄存款	1.43	2.22	2.43	3.34	6.27	87.72
本外币贷款余额	62.75	76.91	92.96	124.3	174.54	40.42

续表

项目＼年度	2012	2013	2014	2015	2016	2016年同比增幅（%）
人民币贷款余额	62.31	74.57	92.39	120.3	161.92	34.60
短期贷款	56.56	69.35	69.05	81.35	92.31	13.47
中长期贷款	5.75	5.22	23.34	38.95	69.61	78.72
票据融资	0	0	0.28	0.26	5.83	2142.31
利润总额	2.54	2.47	2.39	0.96	1.43	48.96
不良贷款余额	0	2.13	2.56	3.47	4.26	22.77
不良贷款占比（%）	0	2.77	2.75	2.83	2.44	-13.78

附表4

主要统计指标2

项目＼年度	2012	2013	2014	2015	2016	2016年同比增幅（%）
单位结算账户（万户）	0.03	0.03	0.11	0.12	0.25	108.33
单位结算金额（亿元）	2378.29	2368.93	2805.11	2973.55	4763.91	60.21
个人结算账户（万户）	0.15	0.12	0.56	0.67	8.12	1111.94
个人结算金额（亿元）	28.61	55.65	67.03	77.13	408.56	429.7
信用卡发卡量（万张）	0	0	0	0.48	5.28	1000
信用卡消费额（亿元）	0	0	0	0.72	6.42	791.17
企业网银客户（万户）	0.05	0.06	0.09	0.15	0.21	40
个人网银客户（万户）	0.06	0.11	0.18	0.67	1.84	174.63
手机银行客户（万户）	0	0.04	0.13	0.24	1.88	683.33
电话银行客户（万户）	0.01	0.01	0.02	0.02	0.04	100
现金自助设备（台）	2	3	4	5	9	80
营业网点（个）	1	2	3	4	6	50
自助网点（个）	1	2	3	4	6	50

附表5

先进集体一览表

授奖单位	奖项名称	获奖集体
中国银行业协会	中国银行业文明规范服务千佳示范单位	浙商银行德州分行营业部
浙商银行总行	总行级企业文化建设先进奖	浙商银行济南分行
济南市政府	济南市市级文明单位	浙商银行济南分行
济南市城管局	热心城管公益事业先进单位	浙商银行济南分行
中国银联山东分公司	山东银行卡工作先进单位（银联卡受理市场建设成长奖）	浙商银行济南分行
中国金融工会山东工作委员会	山东金融系统银行证券保险综合业务技能竞赛（银行类）优秀组织奖	浙商银行济南分行

恒丰银行股份有限公司

【第一负责人简介】　蔡国华，工商管理硕士，系统工程博士，应用经济学博士后。曾任山东省烟台市委常委、副市长、政府党组副书记兼市国资委党委书记，烟台市政府副市长、党组成员兼市国资委党委书记，2006年担任北大光华区域经济与地方金融研究中心副主任（兼职），2013年11月起担任恒丰银行党委书记、董事长。

【综述】　2016年，恒丰银行股份有限公司（以下简称"恒丰银行"）秉承"恒必成 德致丰"的核心价值观，全面实施"1112?5556"工程和"12345"行动纲领，强化服务实体经济能力。经营中坚持稳健发展、全面发展，以客户价值链为中心，以市场导向为原则，以数据为核心资产，以金融云平台和大数据平台为支撑，全力打造"精品银行、全能银行、百年银行"。在英国《银行家》杂志发布的"2016全球银行1000强"榜单中，排名第143位，获"2015年度中国优秀数据中心"、"2016年老百姓最喜欢的股份制商业银行"第二名、"2016年度互联网金融创新银行奖"、"2016年最佳网上银行安全奖"、"2016年度创新中国特别奖"等多项荣誉。

【公司业务】　2016年，恒丰银行基于客户价值链体系，以龙头金融和平台金融为引擎，以交易银行和投资银行为两翼，构建客户分层管理体系，创新产品服务体系，全力打造具有恒丰特色的对公业务。搭建完成对公体系资产平台——"丰银池"，实现了与多家互联网金融平台的产品对接；以"融资+融智"服务模式，对接教育部"全国教育机构融资需求申报平台"，同时推进Tronker平台与"中国教育智库"对接，开创了"政银企校"金融合作新模式。截至2016年年末，全行对公存款余额6447亿元，同比增长1350亿元，日均余额5865亿元，同比增长1417亿元，对公贷款(含贴现)余额4026亿元，同比增长1176亿元。

【个人业务】　2016年，恒丰银行通过规范服务标准、打造特色平台、扩大业务范围等方式方法，实现了个人业务的快速增长。截至2016年年末，个人储蓄存款余额1235亿元，日均余额1,250亿元，同比增长127亿元，增幅11.3%；存量客户296万人，同比增长40万人；个人消费贷款余额58.3亿元，同比增长35.3亿元，增幅153.5%，其中，纯消费贷款余额43.0亿元，同比增加33.2亿元，增幅338.7%；个人消费信贷总户数31.8万户，同比增加31.3万户。

【国际业务】　2016年，恒丰银行结合市场需求，发挥专业优势，稳步推动国际业务发展。截至2016年年末，恒丰银行国际业务结算量共105.87亿美元，外币对公一般性存款日均36.08亿美元，外币对公贷款日均26.93亿美元。

【中间业务】　2016年，恒丰银行在债券承销方面，完成国债承销564亿元，同比增加336.3亿元，增幅147.69%，国开债承销253亿元，进出口行债承销78.1亿元；代理贵金属业务方面，成交量为400.35亿元，代理法人贵金属交易业务成交量为67.1亿元；"E联盟"平台方面，"E联盟"平台是恒丰银行顺应互联网金融创新新业态，为金融机构客户构建的集金融资产交易、信息交流、社交生活于一体的金融同业线上平台。截至2016年年末，会员数达728家，同比增幅501.65%，实现平台交易量1067.46亿元；代发工资业务方面，客户数61万户，同比增加30万户，增幅为96.8%。全年代发工资流水额84亿元，同比增加55亿元，增幅为190%。

【电子银行业务】　2016年，恒丰银行个人电子银行客户存量121.5万户，同比增加53.9万户，增幅为80%。个人网银客户54.5万户，同比增加18万户，增幅为50%。手机银行客户67万户，同比增加35.9万户，增幅为115%；个人电子银行累计交易4206.72万笔，交易额1727.2亿元。个人网银交易1558.93万笔，交易额1161.3亿元；手机银行交易2647.79万笔，交易额565.9亿元。

【内部管理与金融文化建设】　2016年，恒丰银行在内部管理与金融文化建设方面。一是扎实开展风险管理工作，以"合规建设年"活动为契机，全面宣贯"恒丰小法"，不断加强内控管理。制定了《全面风险管理体系建设规划》、《全面风险管理纲要》，落实各类风险管理责任，全面风险管理工作推进有序。二是提升科技创新支撑能力，推进数字银行建设，全面提升科技对业务的支撑能力。特别是在金融云和大数据方面成绩突出。成为第一家把全部信息系统迁入云端安全运行的银行。三是多层次推进人力资源管理，在全行范围内推行行员等级制，加大对高、精、尖人才的引进力度，建立健全薪酬福利政策，完善激励约束机制，不断优化人力资源的区域、专业及素质结构，夯实了业务发展的人才基础。四是大力开展企业文化建设，梳理全行核心价值链体系，以"同一个恒丰，同一个家"为理念，完善愿景、使命、理念、价值观等企业文化要素，提炼打造以"开放、创新、竞争、协同、守规、执行"为核心的恒丰银行企业文化暨"狼兔文化"。组织编写《企业文化手册》，增强员工对企业文化的认知，真正做到了将企业文化在职工心中落地生根。

【大事记】　4月12日　恒丰银行第一家全功能旗舰型智慧

银行在西安曲江新区对外开业。

4月21日 恒丰银行入选投贷联动试点。

4月29日 恒丰银行郑州分行正式对外营业。

6月15日 恒丰银行在香港发布商品金融业务专属品牌——“商品+卓越商品财富管理”。

7月1日 恒丰银行金融云投入生产运营。

8月1日 恒丰银行现金管理平台首个产品“分账通”成功上线。

9月20日 恒丰银行筹建的“商品家俱乐部”在济南揭牌成立。

11月2日 恒丰银行与广东省深圳市前海管理局签署战略合作协议，双方就恒丰银行参与前海开发建设、促进前海经济社会发展达成重要共识。

12月6日 恒丰银行与中南财经政法大学、滇西应用技术大学共同组建“滇西金融研究院”。

12月29日 恒丰银行长沙分行获得开业批复。

12月30日 恒丰银行武汉分行获得开业批复。

（罗 康）

附表 1

机构概况一览表

董事长		副行长	
蔡国华		毕继繁	
地址	山东省烟台市莱山区港城东大街289号	邮编	264000
网址	http://www.hfbank.com.cn/	客服电话	95395

附表 2

内设部门及分支机构一览表

年度	内设职能部门数量（个）	下设分支机构（个）					员工总人数（人）	
		总数	地市分行数	县区支行数	分理处、营业所数	储蓄所数		正式职工人数
2012年	39	130	21	80	29	0	3604	3604
2013年	43	145	24	92	29	0	4254	4254
2014年	26	181	28	124	29	0	7469	6089
2015年	33	256	33	194	29	0	9550	7751
2016年	58	306	44	233	29	0	10855	9605

附表 3

主要统计指标 1

单位：亿元

项目 \ 年度	2012	2013	2014	2015	2016	2016年同比增幅（%）
本外币资产总额	6179.5	7722	8486	10682	12085	13.14
本外币存款余额	3065	3702	4766	6056	7621	25.84
人民币存款余额	3028	3607	4747	5773	7369	27.66
单位存款	2165	2279	2696	3813	5347	40.23
储蓄存款	548	835	1011	1254	1248	-0.48
本外币贷款余额	1716	2073	2390	3167	4300	35.76
人民币贷款余额	1677.9	1998	2263	2747	4145	50.93
短期贷款	1035.2	1508.7	1557	1904	1917	0.68
中长期贷款	473	489	466	729	1570	115.36
票据融资	160.5	149.95	188.28	156	408	161.54

续表

项目\年度	2012	2013	2014	2015	2016	2016年同比增幅（%）
利润总额	74.9	89.57	97.84	103.14	115.15	11.65
不良贷款余额	11.46	19.62	22.54	47.05	75.42	64.82
不良贷款占比（%）	0.67	0.95	0.94	1.49	1.77	20.41

附表4

主要统计指标2

项目\年度	2012	2013	2014	2015	2016	2016年同比增幅（%）
单位结算账户（万户）	4.52	5.03	5.49	7.39	12.1	63.73
单位结算金额（亿元）	61478.2	74708.1	91336	128135.8	209595.3	63.57
个人结算账户（万户）	120.87	144.59	186.93	244.34	286.68	17.33
个人结算金额（亿元）	3392.38	5093.99	7428.1	8853.1	10965.71	23.86
信用卡发卡量（万张）	0	0	0	0	0.015	--
信用卡消费额（亿元）	0	0	0	0	0.01	--
企业网银客户（万户）	1.43	1.80	2.25	3.44	4.69	36.34
个人网银客户（万户）	12.22	16.77	22.62	36.46	54.49	49.45
手机银行客户（万户）	0	2.69	9.08	31.1	66.99	115.40
电话银行客户（万户）	0.39	0.40	0.40	1.015	2.46	142.4
现金自助设备（台）	525	595	631	767	982	28.03
营业网点（个）	130	145	182	256	306	19.53
自助网点（个）	125	169	220	278	320	15.11

第六部分

城市商业银行

齐鲁银行股份有限公司

【第一负责人简介】 王晓春，女，汉族，1960 年出生，江苏邳州人，中共党员，研究生学历，管理学硕士学位，山东大学行政管理专业，高级经济师，现任齐鲁银行股份有限公司董事长、党委书记。自 1995 年 11 月起，历任中国人民银行山东省分行综合计划处副处长，中国人民银行济南分行货币信贷管理处副处长、处长，中国银行业监督管理委员会山东监管局政策法规处处长，中国银行业监督管理委员会山东监管局副局长、党委委员。2011 年 3 月任齐鲁银行股份有限公司董事长、党委副书记，2012 年 3 月任齐鲁银行股份有限公司董事长、党委书记。

【综述】 齐鲁银行股份有限公司（以下简称“齐鲁银行”）成立于 1996 年 6 月，是全国首批、山东省第一家设立的城商行，也是全国第四家、山东省首家引进境外战投、实现中外合作的地方银行。齐鲁银行现有机构网点 126 家，省内覆盖济南、青岛、聊城、德州、泰安、临沂、滨州（筹）、东营（筹）等八地市，省外延伸至天津，网点总数居省内城商行首位。

2016 年，面对宏观经济增速放缓、利率市场化快速推进、跨界竞争业态持续涌现、金融市场剧烈波动等挑战，齐鲁银行按照“开拓创新、特色经营、严控风险、突破发展”的指导思想，前瞻性开展战略布局，主动把握市场机遇，深入推进改革转型，取得了较为丰硕的经营成果，各项指标均保持良好发展态势，资产成功跨越 2000 亿大关，不良实现“双降”，顺利完成股债双发，成功获批信用卡、资产证券化、金融衍生品交易等业务资格，特色产业金融持续做优做强，科技系统顺利迁移至山东城商行联盟，科技支撑更加有力，全行整体发展迈上新台阶，行业影响力显著增强。

【公司业务】 2016 年，围绕济南“四个中心”建设，齐鲁银行大力发展特色金融。主动探索产业基金、PPP 等新兴业务模式，积极参与济南市 CBD、海绵城市、棚改旧改、二环西路南延等项目建设，共计授信支持 122 亿元，其中包含发起成立全省第一支面向家政、物流行业的产业基金——“山东宏阳光辉股权投资基金”（7000 万元），第一支旅游行业基金——“山东海滨旅游发展基金”（14.5 亿元），还包括支持民生工程的五里牌坊、国棉三厂、刘智远村等棚户区改造项目，发放棚改贷款 37.2 亿元。设立济南市首家物流专营支行，积极通过供应链系统及物流金融平台的建设，与物流公司共同打造物流信息互联共享体系，实现物流、资金流、信息流的三流合一。

【个人业务】 2016 年，齐鲁银行紧紧围绕“市民银行”为市民服务这一中心，立足 300 万零售客户，坚持做好城镇公共事业费用代发代缴服务；开办了多项代收代付业务，包括代缴水费、济南电费、历城电费、燃气费、联通固话费、电信话费、数字电视费、供热费、代缴自由职业者养老保险(医疗保险)、代征个体工商户税款等多个公用事业收费项目，是济南开办代缴费业务最全面的银行之一。在 2016 年，借助新核心系统升级时机，齐鲁银行进一步完善了科技服务支撑，为全市居民提供更好更优质的服务。针对城乡金融资源配置失衡、农村金融服务不足的现状，齐鲁银行积极响应国家大力发展普惠金融和改善农村支付环境的政策，齐鲁银行先后在章丘市刁镇旧军村、章丘市刁镇政务中心等 9 家银行卡助农取款服务点，村民足不出村，就可以办理小额存、取款、现金汇款、转账汇款、余额查询、代理缴费、密码修改等业务，真正打通了银行金融服务到农村的最后一公里的难题。为顺应客户消费习惯的改变，齐鲁银行紧扣市场脉搏，积极做好各项筹备工作，于 2016 年 6 月获得开办信用卡发卡业务资格。作为山东省首家取得信用卡业务资质的法人机构，开创了个人金融服务发展的重要里程碑。

【中间业务】 2016 年，齐鲁银行着力拓展新业务、打造新动能。近年来，大力发展国际业务、债券、理财等业务，在这些业务强势推动下，全行中间业务收入持续提升。2016 年，中间业务收入占比达到 11.69%。

【电子银行业务】 为进一步丰富互联网金融产品门类，着力提升渠道竞争力，齐鲁银行直销银行投产了“齐鲁智慧盈”投融资平台，并实现产品上线销售，成功拓展了互联网金融产品种类。与支付宝、微信、百度钱包等主流支付机构正式达成收单业务合作，实现了线上、线下收单业务功能的贯通，进一步稳固了收单市场占有率。借助齐鲁 e 家亲社区金融服务平台的线上跨行支付功能，打造了基于场景消费的“生活圈”。同时年内借助山东省城商行联盟的技术支持，渠道系统全新改版。

【内部管理与精神文化建设】 2016 年，齐鲁银行党委深入推进全行思想政治建设，紧密结合工作实际，坚持高标准、严要求，切实把全面从严治党要求落实到每一名党员。组织全行各级党组织丰富实践载体、认真组织实施，先后开展了群众路线教育实践活动、“三严三实”专题教育、“两学一做”学习教育等活动，具体表现在：严明各级党组织责任，确保各项任务落实到位；建设过硬党支部，调动发挥党支部的积极性；创新形式开展党日活动，讲好党课，统一思想认识；对照“四讲四有”合格党员的具体标准，组织开展党员“亮身份、亮承诺、亮业绩”活动；着力抓好“做”的实效，做到学做互进、学为所用；行党委紧跟济南市委市政府战略部署，在创造经济效益最大化的同时，积极服务社会民生事业，努力履行社会责任，做实“市民银行”。

在支持经济发展、完善金融服务的同时，齐鲁银行积极践行社会责任、不断提升公益能量，于不同领域开展了一系列公益活动。为整合系列活动，形成统一、鲜明的公益品牌，该行成立20周年之际，于2016年5月21日推出“泉心公益”品牌，用爱搭建平台，呼唤更多的人为爱接力，为公益贡献力量。

【大事记】 4月26日 由山东省金融工作办公室、山东省互联网传媒集团主办的山东金融业2015年“十件大事”发布会举行，齐鲁银行挂牌新三板榜上有名。

6月24日 齐鲁银行在全国银行间债券市场成功发行2016年第一期二级资本债券，募集资金20亿元。

6月27日 经山东银监局批准，齐鲁银行获得人民币信用卡发卡业务资格，是山东省首家取得信用卡业务资格的地方性法人机构。

8月12日 齐鲁银行成功发行20亿元优先股，成为除A股上市银行外全国首家在境内发行优先股的商业银行。

9月24日 齐鲁银行核心系统、电子银行系统等主要业务系统顺利迁移至城商行联盟系统，标志着该行建行以来规模最大的科技工程成功上线，科技系统跨上一个崭新发展平台。

12月27日 齐鲁银行金融衍生品交易业务开办资格获得山东银监局批准，成为全省首家获取该项业务资格的法人商业银行。

（张　娜）

附表1

机构概况一览表

行长（或其他称谓的第一负责人）		副行长（或其他称谓的同级领导）	
党委书记、董事长：王晓春 党委副书记：胡晓蒙 党委副书记、副董事长、行长：黄家栋 党委委员、监事长：王建军		党委委员、常务副行长、董事会秘书：赵学金 党委委员、纪委书记、工会主席：张常平 党委委员、副行长：柴传早　张　华　崔　香 首席审计官：张海燕 首席信息官：张殿东 行长助理：朱　宁　李九旭　葛　萍	
地址	山东省济南市市中区顺河街176号	邮编	250001
网址	www.qlbchina.com	客服电话	4006096588

附表2

内设部门及分支机构一览表

年度	内设职能部门数量（个）	下设分支机构（个）					员工	
		总数	地市分行数	县区支行数	分理处、营业所数	储蓄所数	总人数（人）	正式职工人数
2012年	19	82	3	79	0	0	2100	2100
2013年	19	86	3	83	0	0	2311	2311
2014年	21	101	5	96	0	0	2604	2604
2015年	21	113	5	108	0	0	2664	2664
2016年	21	124	6	118	0	0	2733	2733

附表3

主要统计指标1

单位：亿元

项目＼年度	2012	2013	2014	2015	2016	2016年同比增幅（%）
本外币资产总额	835.93	936.08	1222.59	1521.17	2059.45	35.39
本外币存款余额	712.22	827.96	1002.16	1224.2	1458.23	19.12

续表

项目 \ 年度	2012	2013	2014	2015	2016	2016年同比增幅（%）
人民币存款余额	710.3	823.93	998.47	1214.27	1445.09	19.01
单位存款	474.71	538.37	611.25	809.60	955.77	18.05
储蓄存款	196.57	245.71	306.46	349.74	450.25	28.74
本外币贷款余额	469.89	532.09	609.91	690.96	857.79	24.14
人民币贷款余额	469.19	529.76	609.07	682.23	848.33	24.35
短期贷款	210.16	253.66	296.03	313.92	317.87	1.26
中长期贷款	82.82	109.25	141.46	247.88	436.77	76.20
票据融资	174.91	163.93	157.42	108.08	75.41	-30.23
利润总额	10.7	12.38	13.37	14.26	19.52	36.89
不良贷款余额	5.42	5.15	10.56	15.23	14.53	-4.60
不良贷款占比（%）	1.15	0.97	1.73	2.2	1.69	-23.18

附表4

主要统计指标2

项目 \ 年度	2012	2013	2014	2015	2016	2016年同比增幅（%）
单位结算账户（万户）	2.47	4.31	4.62	4.90	6.73	37.34
单位结算金额（亿元）	15200.09	15901.75	19518.4	19508.83	24157.97	23.83
个人结算账户（万户）	247	226	257	284	316.87	11.57
个人结算金额（亿元）	4109	4849	5501.1	6208	8005.27	28.95
信用卡发卡量（万张）	0.27	0.38	0.45	0.56	0.79	41
信用卡消费额（亿元）	0.75	0.85	1.2	1.53	1.70	11.11
企业网银客户（万户）	2.07	2.66	3.44	4.17	4.81	15.35
个人网银客户（万户）	15.23	25.05	43.04	46.76	60.9	30.24
手机银行客户（万户）	—	2.33	18.44	39.06	56.54	44.75
电话银行客户（万户）	12.6	17.17	22.07	27.51	32.4	17.78
现金自助设备（台）	426	450	499	458	454	-0.87
营业网点（个）	82	86	101	113	124	9.73
自助网点（个）	58	70	93	107	114	6.54

附表5

先进集体及个人一览表

授奖单位	奖项名称	获奖集体
中国银行业协会	2015年商业银行理财产品发行机构及产品评价结果（投资收益排名前20名、风控能力排名前20名）	齐鲁银行
中国银行业协会	2015年度中国银行业社会责任工作先进机构和个人（年度最佳社会责任实践案例奖）	齐鲁银行
中国银行业协会	中国银行业理财机构最佳风控奖、最佳收益奖	齐鲁银行

续表

授奖单位	奖项名称	获奖集体
中国金融认证中心	2016年区域性商业银行最佳手机银行用户体验奖	齐鲁银行
中国金融认证中心（CFCA）	中国金融营销金栗子奖—“2016金融业社会化营销最佳平台”	齐鲁银行
中国金融工会山东工作委员会	2016年山东金融系统银行证券保险综合业务技能竞赛团体三等奖	齐鲁银行
授奖单位	奖项名称	获奖个人
中央金融团工委、全国金融青联	全国金融青年岗位能手	张立群
中国银行业协会	第三届中国银行业客户服务中心“优秀客服明星”	马乐冉

青岛银行股份有限公司

【第一负责人简介】　郭少泉，男，汉族，1962年出生，山东青岛人，中共党员，南开大学EMBA，现任青岛银行股份有限公司党委书记、董事长。自1996年7月起，历任建设银行青岛分行副行长，招商银行青岛分行行长、党委书记，招商银行天津分行行长、党委书记，青岛银行股份有限公司党委书记。2010年5月起任青岛银行股份有限公司党委书记、董事长。

【综述】　青岛银行股份有限公司（以下简称“青岛银行”）成立于1996年11月，并于2015年12月3日在香港联合交易所主板挂牌上市（股票代码：3866.HK），为山东省首家主板上市银行。截至2016年12月31日，青岛银行资产总额为2779.06亿元，同比增长48.43%。青岛银行在中国银行业协会发布的2016年度商业银行稳健发展能力“陀螺”评价体系综合排名中位居第五名，入围英国《银行家》杂志“2016世界银行1000强”，按核心一级资本排名位居第353位，较上年提升130个位次。

青岛银行总部设在青岛，目前在山东省内设有11家分行，2011年3月份，在全国城市商业银行中率先成立私人银行暨财富中心，为高净值客户提供公私一体、投融资一体、境内外一体的专业性、创新性和专属性的金融服务；还建立了网上银行（www.qdccb.com）、电话银行“400-66-96588（全国）”和“96588”（青岛）、手机银行、微信银行及直销银行等电子银行渠道，与全球各国家和地区的多家银行机构建立了代理行关系，为客户提供便捷的全天候线上服务；并已形成稳定的客户基础，与山东省战略性行业及新型行业的主要企业和大量高净值客户保持着密切的合作关系。

【公司业务】　除提供一般的存贷款业务外，青岛银行还提供以重大项目和重点工程为主的政府金融，以民生相关行业和项目为主的民生金融，以贸易金融、小企业金融等为主的特色金融，以已上市及拟上市企业为主的融创合赢服务和以集团客户为主的集团金融等。青岛银行自2012年开始探索实践“接口银行”发展模式，积极与国内外商业银行、保险公司、证券公司等金融机构开展各类金融合作。

【个人业务】　2016年，青岛银行以“打造最便民的一站式零售银行”为目标，通过服务创新、网点转型、产品创新等手段，提供覆盖全生命周期的“幸福家庭计划”消费金融服务，以“海融财富”系列理财产品和“1+1+N”顾问式服务模式为主的多层次综合财富管理，以园区、校区、社区、地铁金融IC一卡通为主的多应用服务。

【国际业务】　2016年，青岛银行以“专业、特色”作为经营思路，以“发展、创新”作为经营主线，以风险控制作为业务保障，以创造利润为核心，以特色行业、特色领域、特色化经营为突破点，以提供综合金融解决方案为理念，以国际贸易为基石，全面进军国内贸易市场；积极创新贸易金融业务特色商业模式，形成境内外市场联动的格局，推动贸易金融业务的发展。

【中间业务】　2016年，青岛银行坚持打造以资产配置为核心的动态财富管理顾问式金融服务，在强化业务风险控制的基础上，以完善财富管理的业务经营体系和丰富的产品线，通过发展基金、保险、资管、信托等第三方代理业务，提升金融服务能力，推进公司、个人客户财富管理业务。

【电子银行业务】　2016年，青岛银行围绕全行零售和公司业务的战略定位和目标客户，通过不断丰富互联网的应用和服务，为银行创造价值的同时，为客户创造一个好用、相互协同的智慧生活服务渠道，借力新一代网银、手机银行的建设，创建了"E 智青银"的电子银行服务品牌，为个人客户"开启财智人生"，为企业客户"开创财富未来"。

【内部管理与精神文化建设】 2016 年，青岛银行坚持以人为本，大力倡导"树正气、提凝聚、讲团结、促发展"的文化氛围，逐步总结形成了做好青岛银行人的六项标准，即不说不做不利于青岛银行的话和事；遵法守纪合规；相互关爱，上级关爱下级，下级关爱上级，全员关爱青银；员工与家人的成长、安康利于青银的发展，青银的稳健发展惠及员工和家人；做好本职工作，力争创新发展；孝敬长辈，尊敬师长，关爱晚辈。在企业文化建设中，这六项标准又分别细化成为关爱文化、服务文化、风险文化、合规文化、执行力文化、节俭文化、爱岗敬业文化、公益文化。

【大事记】 2月 22 日 青岛银行举行绿色金融债券发行暨支持绿色产业发展银企签约新闻发布会，公布 80 亿绿色债券发行计划，是全国银行中首批、城商行中首家发行绿色金融债券的银行。

3 月 10 日 青岛银行在全国银行间市场发行青岛银行 2016 年第一期绿色金融债券，发行规模 40 亿元。

7 月 27 日 中国银监会印发银监复〔2016〕220 号文件，批复同意青岛银行筹建青岛青银金融租赁有限公司。

9 月 26 日 青岛银行新客户服务系统成功上线。

12 月 15 日 青岛银行召开第六届监事第十次会议，选举陈青为青岛银行股份有限公司第六届监事会监事长。

12 月 23 日 青岛银行担任牵头主承销商发行首单社会效应债券，发行规模为 5 亿元，发行主体为沂南县城乡建设发展有限公司，募集资金全部用于山东省沂南县扶贫项目。

（康灵慧）

附表 1

机构概况一览表

行长（或其他称谓的第一负责人）		副行长（或其他称谓的同级领导）	
董事长：郭少泉 行　长：王　麟 监事长：陈　青		副行长：王　瑜　杨峰江　杨长德　陈　霜 纪委书记：肖　群 工会主席：姜福鑫 行长助理：潘丽宏　张巧雯 首席信息官：胡高雷 董事会秘书：吕　岚	
地址	山东省青岛市香港中路 68 号	邮编	266071
网址	http://www.qdccb.com	客服电话	4006696588

附表 2

内设部门及分支机构一览表

年度	内设职能部门数量（个）	下设分支机构（个）					员工总人数（人）	
		总数	地市分行数	县区支行数	分理处、营业所数	储蓄所数		正式职工人数
2012 年	28	51	2	9	0	0	2281	1939
2013 年	26	60	4	15	0	0	2748	2237
2014 年	24	76	6	11	0	0	3153	2655
2015 年	25	100	8	17	0	0	3409	2970
2016 年	25	111	10	19	0	0	3563	3167

附表3

主要统计指标1

单位：亿元

项目＼年度	2012	2013	2014	2015	2016	2016年同比增幅（%）
本外币资产总额	1016.58	1356.89	1561.66	1872.35	2779.06	48.43
本外币存款余额	767.61	979.65	1044.38	1227.34	1813.47	47.76
人民币存款余额	764.00	977.18	1030.55	1219.62	1805.18	48.01
单位存款	531.25	638.14	638.10	686.18	892.56	30.08
储蓄存款	213.49	319.41	372.52	448.93	438.95	-2.22
本外币贷款余额	457.23	556.30	629.88	727.00	872.65	20.03
人民币贷款余额	454.37	542.57	618.10	721.03	866.71	20.20
短期贷款	267.59	330.68	358.87	349.04	302.78	-13.25
中长期贷款	168.69	197.28	231.01	334.32	517.97	54.93
票据融资	17.52	14.00	25.52	35.71	38.74	8.49
利润总额	12.23	15.19	19.59	23.49	26.46	12.64
不良贷款余额	3.47	4.10	7.17	8.64	11.84	37.03
不良贷款占比（%）	0.76	0.74	1.14	1.19	1.36	14.29

附表4

主要统计指标2

项目＼年度	2012	2013	2014	2015	2016	2016年同比增幅（%）
单位结算账户（万户）	4.46	5.42	5.93	6.83	7.72	13.03
单位结算金额（亿元）	11647.73	17288.35	20120.64	20124.13	24025.91	19.39
个人结算账户（万户）	124.98	158.98	221.35	278.05	342.60	23.22
个人结算金额（亿元）	4461.32	8979.98	12873.02	18084.46	23755.57	31.36
信用卡发卡量（万张）	0.34	0.94	1.65	1.98	2.18	10.10
信用卡消费额（亿元）	1.12	1.97	5.57	4.42	4.80	8.60
企业网银客户（万户）	2.12	2.90	3.99	5.17	5.94	14.76
个人网银客户（万户）	11.19	22.00	41.60	58.17	64.58	11.02
手机银行客户（万户）	—	2.64	19.50	50.45	77.50	53.61
电话银行客户（万户）	1.51	1.54	1.55	1.55	1.55	0
现金自助设备（台）	195	224	269	313	468	49.52
营业网点（个）	51	60	76	100	111	11.00
自助网点（个）	54	62	67	84	98	16.67

附表 5

先进集体及个人一览表

授奖单位	奖项名称	获奖集体
中国银行业监督管理委员会	中国银行业信息科技风险管理课题二类成果奖	青岛银行
中央宣传部、司法部、全国普法办	全国法治宣传教育先进单位	青岛银行
授奖单位	奖项名称	获奖个人
山东省人民政府办公厅	山东省泰山产业领军人才——现代服务业及社会民生产业创新类别领军人才(鲁政办字〔2016〕190号	郭少泉

齐商银行股份有限公司

【第一负责人简介】　杲传勇，男，汉族，1960年出生，山东章丘人，中共党员，清华大学EMBA，现任齐商银行股份有限公司党委书记、董事长。自1989年6月起，历任中国人民银行临淄区支行副行长、外管局副局长、党组成员，中国人民银行临淄区支行行长、外管局局长、党组书记，淄博市城市信用合作社联合社主任、党总支书记、理事长、总经理，中国人民银行淄博市中心支行调研员(副处级)，淄博市城市信用合作社联合社党总支书记、理事长、总经理，淄博城市合作银行党委书记、董事长、行长，淄博市商业银行党委书记、董事长、行长，淄博市商业银行党委书记、董事长。2009年6月起任齐商银行股份有限公司党委书记、董事长。

【综述】　齐商银行股份有限公司(以下简称"齐商银行")的前身是淄博市商业银行，成立于1997年8月28日，是全国第四批由城市信用社组建的股份制商业银行，总部位于山东省淄博市，2009年2月13日，经中国银监会批准更名为齐商银行。现有注册资本金32.1316亿元，下辖西安、济南、滨州、东营、潍坊、济宁、威海、临沂等8家分行、98家传统支行(营业部)和22家小微、社区支行，在临沂市控股发起设立了1家村镇银行，全行营业网点达到128家。

自成立以来，齐商银行秉承"务实、创新、精细、卓越"的企业精神，立足"市民银行"和"中小企业主办行"的市场定位，坚持走稳健经营、稳中有进、"特色化、差异化、精细化"的可持续发展道路，打造经营特色，提升服务水平，在传统业务及新兴业务的发展方面取得了积极的成效和良好的业绩。截至2016年年末，全行资产总额1010亿元，各项存款余额735亿元，各项贷款余额498亿元。

【公司业务】　齐商银行信贷产品由原来的单一化向多元化发展。成立伊始，公司金融业务只有流动资金贷款，操作也是相当简单，而发展到现在，流贷、固贷、银团贷款、项目融资、贴现、透支、保理、票据承兑、保函、信用证、国际业务、个人及小微企业特色系列贷款等各类信贷产品应运而生，贷款总量也由1997年的18.6亿元，上升至2016年年末的497.9亿元。信贷产品的多元化极大地促进了齐商银行的经营发展，公司金融产品创新不断实现突破，应收账款融资、金融租赁、供应链金融、银团贷款及电子商业汇票业务得到广泛推广，信贷资产质押再贷款项目和信贷资产证券化项目顺利推进，丰富了资金投资渠道，扩大了创利空间，优化信贷资产结构。

【个人业务】　围绕"市民银行"的市场定位，齐商银行始终关注客户个人消费金融服务和需求，通过服务创新、网点转型、产品创新等手段，持续改善普惠消费金融服务，为客户提供产品及客户群体全覆盖的一站式个人消费信贷服务、以"金达"系列理财产品、代理代销产品为主的多层次综合财富管理服务，深挖线上消费金融，积极打造个人金融特色品牌。

【国际业务】　2016年，齐商银行打造"以合规发展为理念、以服务企业为导向"的条线运营模式，因时而变，顺势而为，通过走节约型资本创新之路，一级市场和二级市场联动、内外贸联动，加大自营外汇资金交易等方式，推动国际金融业务合规、稳健的发展。

【中间业务】　2016年，齐商银行始终坚持"市民银行"的市场定位，以产品创新为抓手，通过引进基金、保险、贵金属等代销业务，不断丰富金融产品种类，进一步提升金融服务水平，同时加强专业人才队伍建设，持续提升人员金融服务能力，打造齐商银行财富管理品牌。

【电子银行业务】　2016年，齐商银行牢牢把握创新驱动这一源动力，引领转型发展实现新突破，通过加强体制机制、制度流程和技术产品创新，借助新一代手机银行、个人网上银行、企业网上银行的建设，为银行创造价值的同时，为客户创造一个"服务贴心、使用顺心、理财安心"的智慧生活服务渠道。

【内部管理与精神文化建设】 2016 年，齐商银行积极倡导“稳健、理性、主动、全员”的风险管理文化，在经营中始终坚持资本、风险、收益平衡的理念，坚持风险最终可以为资本所覆盖，并通过形成健全的风险管理三道防线，协同解决各类风险管理问题，创造价值。同时坚持以“合规人人有责、主动合规、合规创造价值”的合规文化，通过多种途径和渠道积极开展丰富多彩的合规文化活动，逐步建立“业务经营集约化、内部管理规范化、市场营销专业化、风险控制流程化、考核激励科学化”的合规经营管理机制，形成了经营合规、管理有序、内控有效、执行得力的良好合规文化。在企业文化建设中，积极践行“服务社会、和谐共赢”的使命，弘扬“务实、创新、精细、卓越”的企业精神，始终坚持“市民银行”、“中小企业主办行”的市场定位，倾力服务客户、回报股东、成就员工、奉献社会，“齐心齐行，共商共赢”，朝着“行业精品、锻造经典”的宏伟愿景迈进。

【大事记】 2月28日 齐商银行个人网上银行境内汇款免收转账手续费。

8月26日 齐商银行举办专项扶贫产品“党贷福”发布会暨淄川区西河镇“党贷福”整镇脱贫光伏扶贫项目启动仪式。

8月28日 齐商银行联合山东一卡通公司正式推出“淄博约车”手机 App 软件。

10月14日 齐商银行柜面业务无纸化系统上线运行。

11月24日 齐商银行资产总额首次突破 1000 亿，达到 1000.34 亿元。

12月8日 齐商银行与济南铁路局、山东中铁旅广集团、神州数码金信科技联合举行“银铁通”开通暨战略合作签约仪式。

12月13日 齐商银行与淄博市“一卡通项目”合作签约仪式举行。

12月21日 齐商银行临沂分行开业。

12月22日 齐商银行首家转型零售专业支行黄金国际支行挂牌成立。

（刘锦程 王立哲）

附表 1

机构概况一览表

行长（或其他称谓的第一负责人）		副行长（或其他称谓的同级领导）	
杲传勇（董事长） 赵晓东（行长）		侯全明 韩兴柱 鞠 杰 王 强 丁树博 王 涛 郑文杰 曹爱萍 张东升 孙高荣 马慧玲	
地址	山东省淄博市张店区金晶大道 105 号	邮编	255000
网址	http://www.qsbank.cc/	客服电话	4008696588

附表 2

内设部门及分支机构一览表

年度	内设职能部门数量（个）	下设分支机构（个）					员工总人数（人）	
		总数	地市分行数	县区支行数	分理处、营业所数	储蓄所数		正式职工人数
2012 年	21	80	3	77	0	0	1867	1668
2013 年	20	86	5	81	0	0	2411	1810
2014 年	21	95	6	89	0	0	2621	2195
2015 年	23	114	7	107	0	0	2908	2367
2016 年	24	122	8	114	0	0	2962	2633

附表 3

主要统计指标 1

单位：亿元

项目＼年度	2012	2013	2014	2015	2016	2016 年同比增幅（%）
本外币资产总额	481.61	606.37	698.22	815.17	1010.23	23.93
本外币存款余额	406.25	513.49	579.09	654.52	735.31	12.34
人民币存款余额	405.40	511.32	578.00	648.28	729.56	12.54

续表

项目 \ 年度	2012	2013	2014	2015	2016	2016 年同比增幅（%）
单位存款	274.75	349.77	390.29	433.23	471.25	8.8
储蓄存款	130.65	161.55	187.71	215.05	258.11	20.02
本外币贷款余额	288.43	331.02	375.80	432.14	497.91	15.22
人民币贷款余额	281.40	322.93	369.51	428.10	489.93	14.44
短期贷款	262.22	298.65	333.82	371.32	381.12	2.64
中长期贷款	19.18	24.28	35.69	56.78	108.81	91.63
票据融资	43.93	35.42	35.43	39.50	37.99	-3.82
利润总额	9.90	9.47	9.17	7.11	6.73	-5.34
不良贷款余额	4.13	6.51	7.26	9.41	9.92	5.42
不良贷款占比（%）	1.43	1.97	1.93	2.18	1.99	-8.72

附表 4

主要统计指标 2

项目 \ 年度	2012	2013	2014	2015	2016	2016 年同比增幅（%）
单位结算账户（万户）	2.77	3.16	3.52	3.45	4.35	26.09
单位结算金额（亿元）	8528	9659	11268	10959	11746	7.18
个人结算账户（万户）	79.08	104.90	85.93	90.75	103.68	14.25
个人结算金额（亿元）	1785	2171	2507	2972	4173	40.41
信用卡发卡量（万张）	0.18	0.23	0.34	0.61	0.82	34.4
信用卡消费额（亿元）	0.25	0.37	0.75	1.89	3.52	86.2
企业网银客户（万户）	0.72	1.04	1.35	1.71	2.36	38.01
个人网银客户（万户）	1.87	3.19	5.50	9.24	13.23	43.18
手机银行客户（万户）	0	0.73	3.58	10.59	17.03	60.81
电话银行客户（万户）	32.62	33.12	31.04	33.66	36.59	8.7
现金自助设备（台）	234	257	314	375	414	10.4
营业网点（个）	80	86	95	114	122	7.01
自助网点（个）	82	89	108	136	148	3.8

附表 5

先进集体及个人一览表

授奖单位	奖项名称	获奖集体
山东省金融工作办公室、山东省互联网传媒集团	“齐商银行服务小微企业成效显著”获山东省金融业 2015 年“十件大事”入围奖	齐商银行股份有限公司
中央金融团工委	全国金融青年五四奖章集体	齐商银行股份有限公司小企业金融服务中心
中国银行业协会	“随鑫贷”系列产品荣获“2015 年服务小微五十佳金融产品”	齐商银行股份有限公司
山东省银行业协会	2016 年度山东省普惠金融示范单位	齐商银行股份有限公司小企业金融服务中心
中国金融科技创新大会组委会	金融科技支持小微模式产品创新奖	齐商银行股份有限公司
中国企业联合会	第二十三届全国企业管理现代化创新成果二等奖	齐商银行股份有限公司
授奖单位	奖项名称	获奖个人
全国企业管理现代化创新成果审定委员会办公室	第二十三届全国企业管理现代化创新成果二等奖	邹倩 姚彬 扈健 段闻捷

烟台银行股份有限公司

【第一负责人简介】 叶文君，1958 年出生，中共党员。1985 年 8 月任山东省莱阳市乡镇企业局副局长；1988 年 3 月任山东省烟台市财政局预算科科长；1994 年 12 月任烟台市财政局副局长；2001 年 8 月任烟台市财政局局长、党委书记；2012 年 2 月任烟台市政协副主席兼秘书长，烟台市财政局局长；2012 年 4 月任烟台银行股份有限公司党委书记，董事、董事长。

【综述】 2016 年，烟台银行股份有限公司（以下简称“烟台银行”）紧紧围绕“改革创新，转型发展”的战略目标，高点定位，只争朝夕，业务经营和转型发展都取得了明显成效。截至 2016 年年末，全行资产总额达到 697.6 亿元，各项存款余额达到 516 亿元，各项贷款余额达到 316.7 亿元，分别较年初增长 30.3%、13.2% 和 2.7%；实现净利润 4.77 亿元，同比增长 8.3%；2016 年入库缴纳企业所得税 1.44 亿元，同比增长 21.2%。

【公司业务】 2016 年，烟台银行紧紧围绕服务烟台市重点项目、创新创业、新农村建设、基础民生等领域，积极开展企业走访活动，制订分类支持信贷政策；进一步优化信贷结构，提升金融服务的能力和水平；大力推进特色支行建设，全年发放特色支行业务 246 户、金额 28.55 亿元，完成全年计划的 245%。

【个人业务】 2016 年，烟台银行充分发挥地方银行优势，把零售业务作为转型发展的重中之重。启动了集网点定位、岗位设置、销售流程等为一体的网点转型，统筹做好智能化自助设备的升级布放，有效提升网点产能；成立个人贷款经营中心，实现个人贷款“一站式”服务；启动助农取款服务项目，普惠金融服务向农村延伸取得实质性进展。

【国际业务】 2016 年，烟台银行助力中小企业外向型经济发展，业务保持了健康快速发展的良好势头；国际结算暨贸易融资产品体系日益丰富，国际结算量、结售汇量、市场占比逐年提高，综合效益不断提升。

【中间业务】 2016 年，烟台银行传统业务与创新业务同时发力，中间业务收入渠道进一步拓宽，截至 2016 年年末达到 1.85 亿元，同比增长 54%。

【电子银行业务】 2016 年，烟台银行推出财付通快捷支付、百付宝快捷支付、微信银行社区缴费等业务产品，新增 9 项便民缴费服务功能，实现了产品、客户、服务以及线上与线下的全面融合与互补。截至 2016 年年末，全行电子银行注册客户数 34.52 万户，个人手机银行新增 12.38 万户，个人网银新增 1.97 万客户，企业网银新增 0.35 万户，第三方快捷支付签约客户 8.12 万户。个人电子银行客户渗透率达到 45.09%，企业电子银行客户渗透率达到 43.13%，全行电子银行业务分流率达到 62.16%。

【内部管理与金融文化建设】 2016 年，烟台银行强化内部管理和金融文化建设。一是对总行现有部门进行优化、整合和精简，将原 25 个部门精简至 16 个；改造和建立 6 个事业部，逐步打造总行“利润中心”；优化部门职能，实施“定编、定岗、定责”，提升基层服务水平。二是加快业务流程再造。完成了电子印章 / 卡折合一项目，核心业务系统原有的 43 个交易整合为 13 个；移动终端设备、电子验印、银企对账、柜面无纸化系统先后上线，实现了远程集中授权和现金集中清分管理，大大提高了业务处理效率。三是深入实施全面风险管理项目建设。目前各项目推进顺利，是省内城商行联合实施参加行中实质建设项目最多、推进速度最快、建设质量最高的银行。四是制订了《烟台银行企业文化建设 2016 行动计划》，推动“员工关爱工程”，激发干部员工干事创业的决心和热情，获山东省企业文化学会颁发的“2016 年度山东省企业文化建设先进单位”及中国企业文化建设峰会组委会颁发的“2016 年度企业文化建设先进单位”荣誉称号。

【大事记】 1 月 6 日 烟台银行手机银行、自助终端十余项新功能同时上线。

3 月 24 日 烟台银行电子印章 / 卡折合一项目切换上线。

4 月 12 日 烟台银行正式发行代发工资客户专属品牌卡“薪瀛卡”。

4 月 烟台银行成功推出个人类新产品——“烟行宝”货币基金系列。

5 月 7 日 烟台银行与上海安硕信息技术股份有限公司共同举办“新常态下商业银行风险与资本管理实践论坛”。

6 月 2 日 烟台银行面向个人客户与机构客户成功发行首期非保本理财产品——“蓝海汇”蓝海风帆系列理财产品。

6 月 6 日 烟台银行个人贷款经营中心正式营业。

6 月 15 日 烟台银行召开 2016 年度股东大会。

8 月 31 日 烟台银行首批 10 家助农取款服务点正式运行。

9 月 19 日 烟台银行启动网点零售业务转型项目。

12 月 22 日 烟台银行柜面无纸化系统、事后监督系统顺利切换上线。

（郄丽宁）

附表 1

机构概况一览表

行长（或其他称谓的第一负责人）		副行长（或其他称谓的同级领导）	
石学东		张孝伟　孙　朋	
地址	山东省烟台市海港路 25 号	邮编	264001
网址	www.yantaibank.net	客服电话	4008311777

附表 2

内设部门及分支机构一览表

年度	内设职能部门数量（个）	下设分支机构（个）					员工总人数（人）	
		总数	地市分行数	县区支行数	分理处、营业所数	储蓄所数		正式职工人数
2012 年	18	72	0	71	1	0	1481	1396
2013 年	18	72	0	71	1	0	1463	1402
2014 年	17	72	0	71	1	0	1492	1343
2015 年	23	78	0	77	1	0	1506	1273
2016 年	16	78	0	77	1	0	1574	1277

附表 3

主要统计指标 1

单位：亿元

项目＼年度	2012	2013	2014	2015	2016	2015 年同比增幅（%）
本外币资产总额	379.36	420.61	479.66	535.46	697.58	30.28
本外币存款余额	336.78	366.32	415.80	469.35	533.1	13.58
人民币存款余额	336.39	365.57	414.79	467.13	529.26	13.30
单位存款	141.69	157.57	187.17	216.71	261.92	20.86
储蓄存款	194.54	207.91	227.35	237	250.54	5.71
本外币贷款余额	202.48	254.81	280.72	308.34	316.73	2.72
人民币贷款余额	201.35	253.64	278.63	304.89	312.8	2.59
短期贷款	135.73	163.09	172.25	180.59	181.47	0.49
中长期贷款	65.57	90.54	106.36	109.05	118.19	8.38
票据融资	0.00	0.00	0.00	15.17	13.14	-13.38
利润总额	2.08	2.48	4.13	4.41	4.77	8.16
不良贷款余额	4.75	4.72	7.30	8.56	7.89	-7.80
不良贷款占比（%）	2.34	1.85	2.60	2.78	2.49	-10.40

附表 4

主要统计指标 2

项目 \ 年度	2012	2013	2014	2015	2016	2016年同比增幅（%）
单位结算账户（万户）	5.42	5.39	5.41	5.24	5.92	13.00
单位结算金额（亿元）	4330.77	4977.56	5290.26	5878.1	6447.37	9.68
个人结算账户（万户）	106.68	111.39	123.75	94.22	129.80	37.76
个人结算金额（亿元）	934.50	950.50	889.91	923.04	1189.46	28.86
信用卡发卡量（万张）	—	—	—	—	—	—
信用卡消费额（亿元）	—	—	—	—	—	—
企业网银客户（万户）	0.29	0.34	0.44	0.65	1.05	61.53
个人网银客户（万户）	0.70	0.85	1.05	1.58	3.56	125.32
手机银行客户（万户）	0.00	0.00	0.27	3.81	16.19	324.93
电话银行客户（万户）	0.01	0.01	1.47	2.38	3.21	34.87
现金自助设备（台）	80	92	104	116	134	15.50
营业网点（个）	73	73	73	78	78	0.00
自助网点（个）	0	1	3	9	10	11.00

附表 5

先进集体及个人一览表

授奖单位	奖项名称	获奖集体
中国企业文化建设峰会组委会	2016年度企业文化建设先进单位	烟台银行
中国银联山东分公司	2016年度银行卡跨行交易成长奖	烟台银行
山东省银行业协会	2016年度山东省银行业信息宣传工作先进单位	烟台银行
授奖单位	奖项名称	获奖个人
中国银行业协会	2016年度中国银行法律风险管理工作先进个人	王　亮
中国银联山东分公司	2016年度山东省银行卡工作先进个人	邱韵韵　金　雪　郝韶丽　陈　鹏
山东省银行业协会	2016年度山东省银行业信息宣传工作先进个人	于　微

潍坊银行股份有限公司

【第一负责人简介】　郭虎英，男，汉族，1962年1月出生，中共党员，高级经济师。1979年11月参加工作，历任潍坊证券公司副总经理，山东省资金融通中心潍坊办事处副主任，中国人民银行潍坊市中心支行党委委员、纪委书记、监察室主任，潍坊银监分局党委副书记、副局长，聊城银监分局党委书记、局长。2016年4月到潍坊银行股份有限公司任职，现任潍坊银行股份有限公司 党委书记、董事长。

【综述】　2016年，潍坊银行股份有限公司（以下简称“潍坊银行”）直面复杂多变的经济金融形势，坚持固本强基、提质增效的发展主基调，强管理，控风险，抓创新，促发展，各项工作取得积极进展，总体指标向好。截至2016年年末，全行资产总额突破千亿，达到1015.13亿元，同比增长9.58%，步入中等规模城商行行列；各项存款735.47亿元，同比增长17.07%；各项贷款452.25亿元，同比增长5.67%；全年实现经营利润18.9亿元、净利润6.89亿元，上缴税金6.56亿元；不良贷款实现“双降”，年末不良率1.3%，下降0.63个百分点；资本充足率11.49%，拨备覆盖率263.06%。

【公司业务】 2016年，潍坊银行积极开展企业“进走访”活动，加强与重点项目对接，深入了解客户需求，走访企业300家，新增公司业务328户33.1亿元；积极参与PPP项目建设，投放贷款2.1亿元。

【个人业务】 2016年，潍坊银行在个人消费信贷方面推出了“爱家”系列消费贷款，满足客户购房、购车、装修、家居、婚庆、旅游、出国劳务等各个方面的个人消费需求。同时，针对高端优质个人客户，还推出了“金鼎之约—鸢都精英”系列的差异化信贷产品，满足了不同层次客户的服务需求。“鸢都绿卡”发行量达42.8万张，自行车骑行功能基本实现潍坊各区域互联互通。流动服务受到好评，流动服务车项目获潍坊市“优质服务项目奖”。

【国际业务】 2016年，潍坊银行专注为广大进出口企业提供优质高效的国际业务服务。针对不同的客户需求，积极开发各项外汇服务产品，产品涵盖国际结算业务、国际贸易融资业务和担保类业务。其中，国际结算产品主要包括外汇存款、汇款、托收、信用证业务、保函业务、跨境人民币结算业务；国际贸易融资产品主要包括进口押汇、出口押汇、汇款融资、打包贷款、信保通等。

【中间业务】 2016年，潍坊银行理财业务取得新突破，完成理财销售专区“双录”建设，2016年发行理财产品294期，实现中间业务收入6194万元，同比增长181%。发展艺术品仓储业务，2016年成功办理首笔社会艺术品异地客户保管业务。

【电子银行业务】 2016年，潍坊银行电子银行业务综合替代率达78.6%，物理网点渠道与电子银行渠道建设有效互补；增设各类自助设备212台，开发上线电子印章系统、WIFI统一管理平台等项目，“智慧网点”建设提速。直销银行功能持续优化，形成基金超市、筝飞e盈、理财u选、筝飞e投四大业务模块，注册客户超过3万人，获“中国网上银行促进联盟最佳业务模式创新奖”；引进人脸识别技术、互联网反欺诈系统和数据服务等，提高客户身份识别能力，降低网络欺诈风险，互联网风控体系初见雏形。

【内部管理与精神文化建设】 2016年，潍坊银行深入开展“两学一做”学习教育活动，深化党风廉政建设，坚持党建引领方向，以党建促发展；实施老党员、老干部节日走访慰问、困难职工补助、为全行员工及特定家属送生日祝福等关怀措施，提升员工幸福感；组织开展职工运动会、岗位练兵、业务技术比赛等，营造积极健康、拼搏向上的良好氛围；实施“幸福潍坊银行”咨询项目建设，对各层次员工幸福指数情况进行聚焦，为后续管理优化和员工幸福感建设提供支撑；通过内刊、微信、网站等渠道强化企业文化传播，行报《三足鼎》获“山东省企业文化建设十佳企业报(刊)”奖。

【大事记】 1月 举办“2016中国艺术金融年会”。

9月 潍坊银行受邀参加“2016中国艺术品产业博览会”，艺术金融成果受到中央电视台等主流媒体的采访报道。

9月 潍坊银行直销银行平台——风筝银行正式上线人脸识别功能，成为省内首家引入人脸识别技术的城商行。

11月 潍坊银行与山东城商行合作联盟举行“首期大数据研究成果发布暨大数据服务签约仪式”，发布了“潍坊银行网点服务大数据分析成果”和“双11数据分析报告”。其中，“网点服务大数据分析成果”以柜台客群数据为分析蓝本，开创了全国城商行以大数据手段提升网点服务的先河。

11月 诸城市公共自行车项目正式运行，潍坊银行银行卡自行车骑行功能基本实现潍坊各区域互联互通。

12月 潍坊市委任命郭虎英担任潍坊银行股份有限公司党委书记。(潍委〔2016〕148号《关于马跃启等职务任免的通知》)

12月 潍坊银行与山东财经大学合作建立艺术金融教学实践基地。

(闫少卿)

附表1

机构概况一览表

行长（或其他称谓的第一负责人）		副行长（或其他称谓的同级领导）	
董事长：郭虎英 行长：闫红兵 监事长：陈瑞源		副行长：仪修喜 朱毅达 李建卫 黄建军 副调研员：周世国	
地址	山东省潍坊市奎文区胜利东街5139号	邮编	261041
网址	http://www.bankwf.com	客服电话	4006196588

附表 2

内设部门及分支机构一览表

年度	内设职能部门数量（个）	下设分支机构（个）					员工总人数（人）	
		总数	地市分行数	县区支行数	分理处、营业所数	储蓄所数		正式职工人数
2012年	24	55	1	54	0	0	1698	1698
2013年	24	65	2	63	0	0	1956	1956
2014年	23	78	4	74	0	0	2172	2172
2015年	9	83	4	79	0	0	2218	2218
2016年	10	85	5	80	0	0	2261	2261

附表 3

主要统计指标 1

单位：亿元

项目 \ 年度	2012	2013	2014	2015	2016	2016年同比增幅（%）
本外币资产总额	519.10	625.34	805.36	926.37	1015.13	9.58
本外币存款余额	446.34	537.12	542.61	628.23	735.47	17.07
人民币存款余额	445.94	535.19	541.50	625.47	725.59	16.01
单位存款	274.38	330.40	309.89	364.19	403.53	10.80
储蓄存款	171.56	204.79	231.61	261.28	298.74	14.34
本外币贷款余额	310.49	354.15	415.02	427.98	452.25	5.67
人民币贷款余额	307.72	349.41	405.65	420.68	444.99	5.78
短期贷款	28190	319.26	362.43	356.44	319.76	-10.29
中长期贷款	25.82	30.15	43.22	64.24	125.24	94.96
票据融资	6.26	12.41	25.58	25.82	28.76	11.39
利润总额	9.50	9.66	8.76	9.73	9.10	-6.47
不良贷款余额	4.02	3.47	7.72	8.26	5.88	-28.81
不良贷款占比（%）	1.29	0.98	1.86	1.93	1.30	-32.64

附表 4

主要统计指标 2

项目 \ 年度	2012	2013	2014	2015	2016	2016年同比增幅（%）
单位结算账户（万户）	2.80	2.68	3.67	3.8	4.8	26.32
单位结算金额（亿元）	165.87	213.73	200.90	221.41	279.09	26.05
个人结算账户（万户）	151.72	162.15	228.93	285.78	336.12	17.61
个人结算金额（亿元）	171.56	204.79	231.36	251.83	295.51	17.35
信用卡发卡量（万张）	—	—	—	—	—	—
信用卡消费额（亿元）	—	—	—	—	—	—
企业网银客户（万户）	0.73	0.94	1.35	1.83	2.39	30.6

续表

年度 项目	2012	2013	2014	2015	2016	2016年同比增幅（%）
个人网银客户（万户）	2.72	6.68	24.68	36.35	45.01	23.82
手机银行客户（万户）	0.08	0.66	16.76	29.63	39.00	31.62
电话银行客户（万户）	10.82	11.02	11.57	12.04	—	—
现金自助设备（台）	173	217	284	324	366	12.96
营业网点（个）	55	65	78	83	85	2.4
自助网点（个）	9	11	16	20	23	15

附表5

先进集体及个人一览表

授奖单位	奖项名称	获奖集体
山东银监局	2016年度山东银监局辖区银行业信息科技风险管理课题研究一类成果	潍坊银行
中国银联山东分公司	2016年度银联卡跨行交易成长奖	潍坊银行
中国人民银行济南分行、山东省总工会、山东省人力资源和社会保障厅、共青团山东省委员会	山东省银行业金融机构金融统计竞赛团体三等奖	潍坊银行
山东省内部审计师协会	内审机构先进单位	潍坊银行
山东省内部审计师协会	全省内部审计信息化成果表扬项目	潍坊银行
山东省反假货币工作联席会议办公室	山东省打击整治假币违法犯罪专项行动先进集体	潍坊银行
中华全国总工会	工人先锋号	青州管辖行
中国银行业协会	中国星级银行网点（三星级）	青岛胶州支行
山东省银行业协会	2016年度山东省银行业普惠金融示范单位	青州支行、临朐管辖行、清平社区支行
山东省银行业协会	2016年度山东省银行业普惠金融示范单位（小微金融服务奖项）	望留支行
授奖单位	奖项名称	获奖个人
中共山东省委	泰山产业领军人才	闫红兵
山东省企业家协会、山东省企业联合会	山东省优秀企业家	闫红兵
共青团中央委员会	全国优秀共青团干部	宋欢欢
山东省总工会	山东省富民兴鲁劳动奖章	闫学顺
山东省总工会	齐鲁金牌职工	徐　芳
共青团山东省委	山东省优秀共青团员	刘　宁
中国银行业监督管理委员会山东监管局	2016年度山东银监局辖区银行业信息科技风险管理课题研究一类成果	于大勇　魏建国　王文娟　李茂镇
中国人民银行济南分行、山东省总工会、共青团山东省委员会	山东省银行业金融机构金融统计业务技能竞赛个人优胜奖	栾军委
山东省银行业协会	山东省银行业协会法律风险管理主题征文三等奖	赵　艳
中国银联山东分公司	2016年度山东省银行卡工作先进个人	王　仲　孙建亮

临商银行股份有限公司

【第一负责人简介】　钱进，男，汉族，山东昌乐人，研究生学历，高级经济师，现任临商银行股份有限公司党委书记、董事长。2011年获“全国五一劳动奖章”，2012年获“中国银行业年度人物”“创新型银行家”。

【综述】　2016年，临商银行股份有限公司（以下简称“临商银行”）在市委、市政府的坚强领导下，以质效发展观为统领，以“稳增长、调结构、促协调、控风险、提效益”为发展主线，凝心聚力促转型，精耕管理提质效，突出重点产业、骨干企业、小微三农、商贸物流、县域经济、金融扶贫等“六大重点”，全行事业在“高速增长”向“优化提升”拐点中，开创了规模稳步增长、质量有效改善、品牌显著提升、社会贡献不断增大的新局面。截至2016年年末，全行各项存款610亿元，综合用信690亿元，各项贷款456亿元，全年缴纳各项税收4.52亿元，现辖89家分支机构，横跨鲁浙两省，共有员工2200余人。

【公司业务】　2016年，临商银行以法人池库建设为抓手，突出结构调整和质量效益，细化存款提升管理，推动池库扩容提质，优化信贷资源配置，助推地方经济转型升级。

一、深化法人池库建设。主动对接全市战略企业、政府主导产业，重点介入发改委、“三引一促”优质企业、PPP项目，大力支持铁路、公路、高新科技园区、棚户区改造等重点建设项目，全年共准入法人客户66户，总量达到634户。按照监管部门“六类分策”信贷管理要求，对法人客户实行分类调整及名单制管理，在信贷营销、资源配置、贷款定价等方面差异化管理，不断优化客户池结构。细化存款提升管理。以客户池回报、资产拉动、存贷比、考核政策等为切入点，细化公司存款营销、管理和考核激励，公司存款稳步增长，全年新增公司存款7.51亿元，公司存款总量达203.74亿元。

二、优化信贷资源配置。充分发挥资金综合配置和金融杠杆作用，把好投向、盘活存量、用好增量，增加金融资源有效供给。突出支持骨干企业、重点项目，对全市重点培植龙头骨干企业中的41户授信64.65亿元，对46个重点项目授信70.85亿元，为众泰重点招引项目用信25亿元，确保了项目落地，被评为“招商引资先进单位”。

【个人业务】　2016年，临商银行加快推进网点转型、提升高端财富管理、完善零售渠道建设，全行存款总量稳步提升。截至2016年年末，全行各项存款608.7亿元，同比增加31.9亿元，增幅5.53%，居全市银行业第2位。其中，零售存款211.4亿元，占比35.6%，同比增加17.4亿元。

一、银行卡总量稳步增长。截至2016年年末，全行累计发行借记卡168万张，较年初增加31万张；沉淀资金84亿元，较年初增加13亿元。商户交易量显著提高。存量特约商户11845户，较年初增加660户，累计交易笔数1114.38万笔，交易金额981.29亿元。

二、高端拓户成效明显。紧盯高端客户群体，抓实分类施策和层级管理，深入实施“1+N”产品适配，有针对性地搞好深度营销和增值服务，全年新增个人高端客户3245户，总量达4.56万户；高端客户沉淀存款142亿元，占储蓄存款总量的67%，较年初增加14.4亿元，占增量的83%；百万元以上客户产品适配42.2%，较年初提升11个百分点；贵宾卡发放8884张，较年初增长3394张。

三、网点转型持续推进。制定网点功能分区改造提升计划，以标杆网点为建设模板，督导推进各分支机构网点分区改造，优化零售业务渠道建设，提升网点外在形象和服务效能。全年完成18家网点功能分区改造，网点转型率达60%。加快推进普惠金融便民服务站建设，研发上线便民服务终端，实现小额现金存取、转账汇款、查询缴费等功能，首批服务站正式开业运行，进一步拓展服务渠道，延伸服务半径。

【国际业务】　2016年，临商银行积极推行出口退税质押贷款，拓展国际业务新客户，全年累计发放出口退税质押贷款4.5亿元，同比增长2亿元，增幅80%，余额1.2亿元，有力支持了临沂市出口企业的发展，该做法被市里、省里列为支持出口的典型做法。截至2016年年末，全行实现国际业务结算总量19.8亿美元。按区域划分，临沂本埠实现国际业务结算量8.5亿美元；宁波分行实现国际业务结算量11.3亿美元。在贸易融资方面，截至2016年年末，表内外汇贷款（含贸易融资）余额为2.16亿美元。其中：临沂本埠余额0.5亿美元，宁波分行1.7亿美元。表外信用证未付余额7.8亿元。无新增不良，无逾期欠息，无账面外币不良贷款。

【中间业务】　2016年，临商银行继续推进中间业务转型创新，优化收入结构，在稳步发展资金结算、银行卡产品等传统中间业务的同时，重点加快电子银行、理财等新兴中间业务创新步伐，全年非利息收入3.99亿元，其中，手续费及佣金净收入1.05亿元。银行卡方面，全行累计发行借记卡168.5万张，沉淀资金84.46亿元，实现借记卡手续费收入2642.3万元；发行公务卡11193张，总授信额度3.4亿元，透支余额5393万元，实现公务卡手续费收入113万元。代理业务方面，稳步推进待客理财和代理保险业务，与工银瑞信基金合作，开发上线“惠商宝”产品，滚动发售“稳盈”“惠盈”两大系列理财产品，全年共实现理财业务收入4038万元，同比增加2855万元，增幅达

241%。全年实现代理保险业务3301笔，手续费收入92.07万元。银行承兑汇票方面，累计签发银行承兑汇票470亿元，实现银承手续费收入2350万元，同比增加32万元。国际业务方面，积极开展进口开证和结售汇业务，全年实现中间业务收入2696万元。

【电子银行业务】 2016年，临商银行秉承以技术提升服务、以客户服务为中心发展目标，先后对手机银行APP、手机HCE、短信平台、新版个人网银、直销银行、微信支付等业务实施创新研发，使全行各电子银行产品在易用性、服务领域和业务功能上均取得到较大提升，间接促进了我行各项业务的较快发展。截至2016年年末，全行电子银行产品用户超过100万，年度资金交易2190万笔，金额5200多亿元，电子替贷率达73.25%，同比提升7.4个百分点，较好的缓解柜台压力、提升了客户服务。其中，存量ATM机256台，累计交易535.6万笔，同比增加10.6万笔，交易金额106.7亿元，同比增加13.4亿元；网上银行12.7万户，同比新增加2.4万户，累计交易金额3721.6亿元，同比增加174.8亿元，增幅4.9%；手机银行存量客户8.9万户，同比增加3.5万户，累计交易金额442.7亿元，同比增加228亿元，增幅106%。

【内部管理与精神文化建设】 2016年，临商银行在内部管理方面主要做了以下工作：

一、夯实内控管理。开展"影子柜员"替岗、会计内控达标和飞行检查，完成数据中心SAN改造、异地灾备系统建设，上线法院案款管理、反电信诈骗、营改增项目、销售理财"双录"等10多个重点系统，对电子银行、集中对账、印章管理等高风险区域进行集中排查，对网点负责人、运营主管、风险经理等岗位进行重点管控，内控支撑能力稳步提升。

二、强化信贷风险管理。落实"源头严控、过程严管、后果严惩"，开展信贷质量提升年活动，组织押品、信贷审批、"531"执行等专项检查，抓实大额授信、异地授信、集团授信、抵质押率和风险退出等重点，全行抵质押率47.3%，同比提升1.7个百分点，退出风险贷款共计11.3亿元。狠抓不良控新降旧，逐行锁定风险贷款管控目标，严格逾期欠息、非应计管理，用好"债委会"平台，抓实重点客户风险化解，累计清收处置不良贷款18.76亿元。

三、加快创新发展。上线直销银行，升级推出PPP融资贷款、贵金属、留学宝、惠商宝、物流POS等新产品，经营活力全面激发。加快推进资产证券化，用好三农债、小微金融债、同业存单和大额存单等金融工具，拓宽融资渠道。优化服务创新，落实普惠金融，抓实网点转型，升级改造网点18家，设立10家便民服务网点，持续优化财富中心、理财中心等高端服务平台，布局电子银行建设，综合服务水平全面提升。兴华支行、市中中支营业部、东岳支行、北城中支营业部被评为"2016年临沂市银行网点服务标准化示范单位"。

四、加强自身建设。秉持从严治行，召开纪检监察工作会议，组织员工异常行为、非法集资专项排查，开展"两加强、两遏制"回头看，全年共给予20人警告以上行政处分，严肃党纪处理，先后给予3名醉酒驾驶人员开除党籍处分并解聘其行政职务，整肃了行风行纪，培育了令行禁止、违规必究、究责必严的合规氛围。推进文化转型，组织第二届感动临商人物评选、业务技术比赛和第四届职工运动会，抓实幸福家园、职工之家建设，营造了风正、气顺、心齐、劲足的良好氛围。连续五年蝉联全市行风评议金融机构第一名、市民最满意金融机构第一名，先后被授予"省级文明单位""全市金融贡献奖"等荣誉称号。

【大事记】 1月 临商银行以国税10245万元、地税18553万元，总计28798万元的地方贡献额列临沂市第4位，较2015年提升4个位次，连续四年蝉联全市银行业第一。

2月15日 临商银行被授予临沂市"2015年度贡献大美新临沂建设功勋企业"一等奖。

4月19日 临商银行被临沂市人民政府办公室授予全市"金融贡献奖"荣誉称号。

4月27日 中国·临沂第三届资本交易大会开幕。

5月16日 临商银行"三农"专项金融债券获准发行，成为临沂市首家获准发行"三农"专项债券的金融机构。

6月 山东银监局办公室下发《关于辖内部分城市商业银行2016年异地分行及专营机构设立规划的通知》(鲁银监办通〔2016〕18号)，准许临商银行设立潍坊分行。

6月16日 《经济日报》以《山东临沂商业银行：帮贫困户栽上"摇钱树"》为题报道临商银行精准扶贫成效。5月21日和8月2日以图片新闻报道临商银行开发公交卡、支持小微成效。

7月12日，临商银行首期三农专项债券10亿元成功发行。

11月 临商银行平邑支行被中央金融团工委授予2015—2016年度"团银合作优秀派出机构"，临商银行平邑支行"农村青年创业金融服务站"被授予2015—2016年度"团银合作优秀项目"。

12月23日 临商银行作为我国首单社会效应债券的定向投资人之一，认购债券1000万元。本次社会效应债券的成功投资，实现与地方政府扶贫工作的无缝对接，真正体现了精准扶贫。

（牛雅静）

附表 1

机构概况一览表

行长（或其他称谓的第一负责人）		副行长（或其他称谓的同级领导）	
钱 进		王君泰 庄 依 臧文勇 徐 毅 徐 建 韩 伟 刘建军 葛 磊 王庆仔 林学金 刘洪琪	
地址	山东省临沂市兰山区北京路37号	邮编	276037
网址	http://www.lsbchina.com	客服电话	4006996588

附表 2

内设部门及分支机构一览表

年度	内部职能部门数量（个）	下设分支机构（个）					员工总人数（人）	
		总数	地市分行数	县区支行数	营业所数	储蓄所数		正式职工人数
2011	20	69	1	67	0	0	1790	1652
2012	22	70	1	68	0	0	2085	1900
2013	22	73	1	71	0	0	1999	1826
2014	25	74	1	72	0	0	1956	1780
2015	25	81	1	79	0	0	2076	1967
2016	25	89	2	86	0	0	2111	2033

附表 3

主要统计指标 1

单位：亿元

项目 \ 年度	2012	2013	2014	2015	2016	2016年同比增幅（%）
本外币资产总额	487.06	571.42	636.6	692.37	751.94	8.6
本外币存款余额	393.07	483.19	532.96	576.83	608.74	5.53
人民币存款余额	390.72	475.19	527.37	559.97	598.81	6.94
单位存款	227.93	300.63	242.31	265.74	296.10	11.43
储蓄存款	162.04	173.76	177.81	197.48	215.24	8.99
本外币贷款余额	284.19	320.03	395.27	419.83	456.07	8.63
人民币贷款余额	275.63	304.58	380.43	395.35	441.05	11.56
短期贷款	237.5	262.13	322.77	317.26	354.36	7.49
中长期贷款	24.57	37.65	58.58	80.96	76.89	-5.02
票据融资	21.93	4.01	4.66	7.92	23.54	197.31
利润总额	9.16	11.78	15.97	16.01	13.06	-18.43
不良贷款余额	2.5	5.99	7.87	9.84	9.83	-0.19
不良贷款占比（%）	0.88	1.87	1.99	2.34	2.15	-8.12

附表 4

主要统计指标 2

项目 \ 年度	2012	2013	2014	2015	2016	2016 年同比增幅（%）
单位结算账户（万户）	2.16	2.39	2.01	2.29	2.3	0.44
单位结算金额（亿元）	135.02	198.27	237.19	165.20	194.50	17.74
个人结算账户（万户）	139.28	146.85	233.23	173.40	191.48	10.43
个人结算金额（亿元）	58.93	60.22	57.84	70.12	80.7	15.09
信用卡发卡量（万张）	0.14	0.3	0.54	0.79	1.12	41.77
信用卡消费额（亿元）	0.60	1.14	2.57	4.07	5.55	36.36
企业网银客户（万户）	0.60	0.86	1.09	1.25	1.48	18.4
个人网银客户（万户）	2.50	4.20	6.87	9.10	11.23	23.41
手机银行客户（万户）	1.60	2.12	3.52	5.37	8.89	65.55
电话银行客户（万户）	—	—	—	—	—	—
现金自助设备（台）	110	138	195	221	262	18.55
营业网点（个）	70	73	74	81	89	9.88
自助网点（个）	—	—	—	—	—	—

附表 5

先进集体一览表

授奖单位	奖项名称	获奖集体
临沂市委、市政府	“大美新”临沂建设功勋奖一等奖	临商银行
临沂市政府办公室	金融贡献奖	临商银行
中国银联山东分公司	银联卡风险防范贡献奖	临商银行

威海市商业银行股份有限公司

【第一负责人简介】 谭先国，男，汉族，1966 年 10 月出生，山东文登人，中共党员，研究生学历，1993 年 8 月参加工作，现任威海市商业银行股份有限公司董事长、党委书记，山东省人大代表，中共威海市第十四届委员会候补委员、威海市第十六届人民代表大会常务委员会委员。谭先国先后于 1996 年获“山东省优秀青年企业家”，2005 年获“山东省十大杰出青年企业家”，2008 年获“山东省优秀企业家”“山东省劳动模范”，2011 年获“全国五一劳动奖章”，2015 年获“全国劳动模范”等荣誉。

【综述】 2016 年，威海市商业银行股份有限公司（以下简称“威海市商业银行”）以科学发展观为指导，认真贯彻落实国家宏观政策，紧紧围绕山东省加快建设经济文化强省发展战略，积极应对市场变化，加快转变发展方式，坚持走差异化、零售化、精细化、综合化的创新型特色发展道路，各项业务实现了持续稳健发展。

一、业务规模平稳增长。资产总额达到 1870 亿元，较年初增加 350 亿元，增长 23%；各项存款余额达到 1105.87 亿元，较年初增加 174.64 亿元，增长 18.75%；各项贷款余额达到 585.70 亿元，较年初增加 62.15 亿元，增长 11.87%。

二、发展质量保持稳定。不良贷款比例为 1.07%，资本充足率保持在 12%以上，拨备覆盖率为 233.63%，贷款损失准备充足率为 222.07%，各项监管指标全面达标。

三、经营效益持续提升。实现经营利润 25.83 亿元，同比增加 2.27 亿元，增长 9.63%。

四、模式创新不断深化。坚持将创新作为引领发展的生命线和全行员工的幸福线，围绕“创新型零售银行”建设，紧扣“两端业务”，扎实开展资产、负债、效益等模式创新，通过模式创新深入推进转型发展。

五、机构建设扎实推进。淄博分行、莱芜分行、枣庄分行圆满开业，聊城分行顺利试营业，标志着“立足山东，环绕渤海，面向全国，放眼海外”的跨区域发展战略迈出了新步伐，服务区域经济社会发展能力得到进一步提升。

六、金租公司开局良好。6月份金租公司获批开业，各项业务发展平稳，综合化经营取得重大突破，对进一步加快业务创新、强化竞争优势、提升整体实力，具有重要而深远的意义。

七、上市工作实现突破。顺利完成上市材料申报，上市工作实现了实质性进展。将严格按照上市要求，扎实推进上市进程，通过“快乐上市”持续提升经营管理水平。

八、品牌影响不断扩大。获全国“十佳城市商业银行”，蝉联山东省地方金融企业绩效评价第一名，在山东省金融机构监管法规及岗位禁止性规定考试、金融统计业务技能竞赛中均取得第一名，特色品牌影响不断扩大。

【公司业务】 2016年，威海市商业银行准确把握宏观形势变化，积极适应金融改革大势，强化公司业务营销指导，加快推动“两端业务”、产品创新、客户经理改革、系统管理等工作，促进公司条线业务规模平稳增长，截至2016年年末，各项存款余额达到1105.87亿元，同比增长18.75%，各项贷款余额585.7亿元，同比增长11.87%。

威海市商业银行紧扣“两端”战略，开展“名单制”营销管理，以综合金融服务方案为手段，做深做细高端客户；推出大客户预审会商制度，加大总分联动力度，实现风控关口前移；加强客户经理外出营销拓展培训，全面提升业务人员综合素质；全面完成CRM系统二期、绩效考核系统等业务系统的开发、测试和上线工作，为业务发展提供科技支撑；积极推进总行干部员工基层机构体验活动，帮助分支机构解决实际困难，切实提升服务能力和服务效率。

【个人业务】 威海市商业银行个人业务经过多年发展，已经形成了较为完善的产品体系，包括储蓄存款、银行卡、个人消费贷款、代缴费、三方存管、银行理财产品、贵金属、代理基金、代理保险等；除传统综合性支行外，威海市商业银行积极探索服务小微企业的小微支行、服务社区居民的社区支行等创新型特色网点形式；为方便客户，设置了多家24小时自助银行，开通了网上银行、手机银行、微信银行、电话银行及直销银行等多种电子交易渠道。

截至2016年年末，威海市商业银行拥有个人客户170余万户，借记卡200多万张，管理客户零售金融资产400多亿元，奠定了较好的零售业务发展基础。

【国际业务】 贸易金融部是威海市商业银行贸易金融产品直营部门，负责全行贸易金融产品的组织推动和直营职能，同时负责全行国际结算等国际业务产品的研发、代理行拓展、辖内经营机构办理外汇业务审核审批、单证处理等业务。贸易金融部下设单证中心，并根据业务需要在异地设立贸易金融直营分部。

2016年，威海市商业银行设立了服务贸易支行，致力于为全市服务贸易企业提供更好的金融支持和服务，为区域经济社会发展做出更大贡献。2016年，威海市商业银行贸易金融业务实现了新的突破，截至2016年年末，全行外汇存款余额共计12584.43万美元，日均新增4924.79万美元，完成年度日均新增计划的410.4%；外汇客户数共计1371户，较年初增加306户，完成年度计划的102.00%。

【中间业务】 威海市商业银行开展五大类零售中间业务，一是包括网上银行、手机银行等在内的支付结算类中间业务，二是银行卡及收单类业务，三是代发工资、理财业务、代理保险、代理基金、代理贵金属业务等代理类中间业务，四是财务顾问类中间业务，五是保管箱等其他类中间业务。目前，威海市商业银行为三千余户企业提供代发工资服务，代理销售二十余家保险公司的近百余种保险产品、八家基金公司的三百余支基金产品。近年来，威海市商业银行中间业务健康快速发展，中间业务收入总量稳健增长、收入结构明显改善。

【电子银行业务】 2007年，威海市商业银行网银业务正式上线，为广大个人客户和企业客户提供网上银行服务。为满足客户多样化的需求，威海市商业银行分别于2009年4月和2014年10月对网银业务进行升级改造，丰富了网银产品种类，优化了网银产品功能。2014年，手机银行业务正式上线，2016年微信银行和企业手机银行业务正式上线。

截至2016年年末，威海市商业银行个人网银用户达到17.97万户，同比增长16.24%；企业网银用户达到1.58万户，同比增长33.90%；手机银行客户达到22.25万户，同比增长190.09%；电话银行用户达到18.03万户，同比增长10.6%；自助设备257台，同比增长18.98%；自助网点120个，同比增长22.45%。

【内部管理与精神文化建设】 多年以来，威海市商业银行在全行范围内深入开展精细化管理，扎实推进卓越绩效模式，持续提升企业文化内涵，在经营管理和产品服务等方面均实现了显著提升。

在精细化管理方面，威海市商业银行以体系建设和制度建设为载体，建立了科学高效的内部管理机制。2004年通过了ISO9000质量管理体系认证，在全国城市商业银行中率先建立了系统化、标准化的制度管理体系；每年通过开展“有制度、有监督、有检查、有考核、有评比”的制度“五有”大检查，评估制度的适宜性和有效性，并对制度进行动态调整；每年组织开展“制度建设系列月”活动，积极营造“尊重制度，学习制度，执行制度”的浓厚氛围，打造了独具特色的制度文化。

在企业文化方面，威海市商业银行形成了以持续打造“学习型快乐银行”为发展愿景，以“责任快乐”“学习快乐”“感恩快乐”等“快乐文化”为价值导向，以“学习节”“感恩节”“责任节”等特色节日为主要载体，以名家讲座、演讲比赛、兴趣小组、感恩社会等特色活动为具体抓手的特色鲜明的企业文化体系。

【大事记】 5月25日 威海市商业银行发起设立的山东省首家银行系金融租赁公司获批开业。

6月28日 威海市商业银行获山东省先进基层党组织（中国共产党山东省委员会鲁委〔2016〕379号文《中共山东省委关于表彰山东省优秀共产党员、优秀党务工作者和先进基层党组织的决定》）。

9月28日 威海市商业银行获山东省银行业金融机构金融统计业务技能竞赛团体第一名（中国人民银行济南分行、山东省总工会、共青团山东省委济银发〔2016〕336号文《关于表彰2016年山东省银行业金融机构金融统计暨跨境人民币业务技能竞赛获奖团体和个人的通报》）。

11月15日 威海市商业银行成立威海市首家服务贸易试点支行。

12月7日 威海市商业银行获2016年度中国银行业协会（花旗集团）微型创业奖（中国银行业协会文件银协发〔2016〕160号文《关于表彰2016年度中国银行业协会（花旗集团）微型创业奖获奖机构和个人的决定》）。

12月29日 山东省2016年度地方金融企业绩效评价AAA级（12月30日山东财政厅在官网发布下发《2016年山东“A”级以上地方金融企业名单》，根据《山东省地方金融企业绩效评价办法》评选出95家A级以上企业）。

（徐榕蔚）

附表 1

机构概况一览表

行长（或其他称谓的第一负责人）		副行长（或其他称谓的同级领导）	
谭先国		刘　河　张仁钊　刘昌杰　毕秋波　孟东晓	
地址	山东省威海市宝泉路9号	邮编	264200
网址	http://www.whccb.com	客服电话	96636

附表 2

内设部门及分支机构一览表

年度	内设职能部门数量（个）	下设分支机构（个）					员工总人数（人）	
		总数	地市分行数	县区支行数	分理处、营业所数	储蓄所数		正式职工人数
2012年	16	56	5	51	—	—	1865	1725
2013年	16	64	7	57	—	—	2374	2213
2014年	23	76	8	68	—	—	2732	2592
2015年	23	88	9	79	—	—	2838	2713
2016年	23	118	13	105	—	—	3103	2966

附表 3

主要统计指标 1

单位：亿元

项目 \ 年度	2012	2013	2014	2015	2016	2016年同比增幅（%）
本外币资产总额	720.63	1017.64	1173.34	1517.23	1827.73	20.46
本外币存款余额	536.56	708.44	795.37	907.93	1107.77	22.01
人民币存款余额	535.26	706.58	789.23	903.04	1099.04	21.70
单位存款	358.73	471.10	506.74	597.05	729.82	22.24
储蓄存款	177.83	237.34	288.63	310.88	377.94	21.57
本外币贷款余额	350.76	405.26	445.69	523.55	585.70	11.87

续表

年度 项目	2012	2013	2014	2015	2016	2016年同比增幅（%）
人民币贷款余额	347.14	402.05	441.95	519.13	583.09	12.32
短期贷款	241.05	286.37	313.1	335.91	335.59	-0.10
中长期贷款	74.24	103.49	114.34	153.34	198.08	29.18
票据融资	8.8	12.18	12.70	28.67	46.76	63.10
利润总额	8.66	11.64	16.15	20.49	21.42	4.53
不良贷款余额	2.01	1.86	3.14	5.06	6.29	24.31
不良贷款占比（%）	0.57	0.46	0.70	0.97	1.07	0.10

附表 4

主要统计指标 2

年度 项目	2012	2013	2014	2015	2016	2016年同比增幅（%）
单位结算账户（万户）	1.79	2.15	2.28	2.63	2.96	12.55
单位结算金额（亿元）	—	—	—	16840.73	22251.99	32.13
个人结算账户（万户）	71.26	88.87	105.21	124.71	175.50	40.73
个人结算金额（亿元）	—	—	—	2438.55	3075.33	26.11
信用卡发卡量（万张）	—	—	—	—	—	—
信用卡消费额（亿元）	—	—	—	—	—	—
企业网银客户（万户）	0.32	0.59	0.89	1.18	1.58	33.90
个人网银客户（万户）	3.12	7.14	11.57	15.46	17.97	16.24
手机银行客户（万户）	0	0	0.76	7.67	22.25	190.09
电话银行客户（万户）	6.64	13.20	14.28	16.30	18.03	10.60
现金自助设备（台）	106	128	166	216	257	18.98
营业网点（个）	56	64	76	88	118	34.09
自助网点（个）	23	42	55	98	120	22.45

附表 5

先进集体一览表

授奖单位	奖项名称	获奖集体
中国银行业协会	中国银行业协会（花旗集团）微型创业奖—最佳风险控制能力奖	威海市商业银行
山东省财政厅	绩效评价AAA级	威海市商业银行
山东省委组织部	先进基层党组织	威海市商业银行
中国人民银行济南分行、山东省总工会、共青团山东省委联合举办	山东省银行业金融机构金融统计业务技能竞赛团体一等奖	威海市商业银行
中国银监会山东监管局	案防法规及禁止性规定集中测试全省第一名	威海市商业银行
中国人民银行济南分行、山东省总工会、共青团山东省委联合举办	山东省银行业金融机构跨境人民币业务技能竞赛团体三等奖	威海市商业银行
中国银监会山东监管局	监管标准化数据报送优秀组织单位	威海市商业银行

续表

授奖单位	奖项名称	获奖集体
山东省银行业协会	山东省银行业法律风险管理主题征文集体三等奖	威海市商业银行
中国银行业协会	“中国银行业文明规范服务四星级营业网点”	高新支行、天津滨海支行
中国银行业协会	“中国银行业文明规范服务三星级营业网点”	济南分行营业部、青岛分行营业部、德州分行营业部

日照银行股份有限公司

【第一负责人简介】　王森，男，汉族，中共党员，1962 年 10 月出生，大学文化程度，高级经济师，工商管理硕士学位，现任日照银行党委书记、董事长。

【综述】　2016 年，在日照市委、市政府的坚强领导，监管部门的科学指导下，日照银行股份有限公司(以下简称“日照银行”)围绕“强管理、促转型、提效能”发展主题，实现新一轮五年规划和“二次创业”的良好开局。截至 2016 年年末，全行资产总额 1043 亿元，存款余额 759 亿元，贷款余额 508 亿元，实现经营利润 21.95 亿元，账面利润 8.86 亿元。监管指标总体上达到监管要求和经营预期。

日照银行始终把发展作为解决问题的根本，实现规模上台阶、位次保前列。资产规模突破千亿元。巩固传统信贷业务，积极投资优质资产，2016 年新增贷款 67 亿元、投资 61 亿元，资产规模突破千亿大关。负债来源更加多元。坚持把存款作为主要资金来源，全年新增存款 91 亿元。逐步形成有效的主动负债管理机制。同业位次保持前列。日照辖区存款市场份额 26%，继续保持同业第 1 位；新增贷款、新增表内外授信分别占全市的 57%和 76%，表内、表外授信总额均上升至第 1 位；缴纳入库各项税收 7.13 亿元，保持全市前 3 强。在山东银监局辖内 13 家城商行中，资产、存款、贷款规模及经营利润均排第 3 位，不良率处于中游，成本收入比处于最低水平，盈利能力和收益可持续性继续名列前茅。公开市场主体信用评级上升一级达到 AA 级。分行发展稳中有进。各分行开始形成各具特色的发展思路，存款总量、增量在当地同质同类金融机构中排名均居前列。威海分行正式营业，烟台分行获准筹建，“一基两翼”战略布局基本形成。

【公司业务】　金融对接地方经济战略走在前列，“突破园区、聚力招引”46 条行动计划持续推进，全年为港口办理融资 16 笔 21.93 亿元；与市区级平台公司全面合作授信 67 亿元；与各区县及园区全面合作，共签署 90 亿元授信的战略合作协议；积极招商引资，全年通过发行同业存单、票据转贴现等方式引进市外资金 367 亿元；制定实施“旅游富市”35 条推进计划，全年为旅游业提供各类融资 6.5 亿元，投放绿色节能减排贷款 2.6 亿元。货币市场交易量和净收入实现双突破，完成货币市场交易量 2.26 万亿元；有效发挥资金蓄水池作用，全年通过银行间市场累计净融入资金过万亿元；加快电票业务推广，全年完成电票贴现 81 亿元。投行与资管业务持续发力，全年办理结构化融资业务 30 笔、72.58 亿元；直融业务实现新突破，在北京金融资产交易所成功注册 10 亿元债权融资计划；创新设立日照投权投资引导基金首只子基金——园区产业发展基金，年末已成功投放 3.58 亿元。

【个人业务】　2016 年，日照银行以综合发展个人金融为目标，财富管理中心正式运行，财富客户达到 3.2 万人，全行个人客户金融资产达到 312 亿元。发行黄海 IC 卡附属卡，借记卡发卡达到 110.80 万张；大力开办代收社保费业务，社保卡发卡 25.34 万张。截至 2016 年年末，全行储蓄存款余额 255.5 亿元。开展“双录专区”建设，开办贵金属代销业务，上线综合理财营销服务平台系统，全年共发行 246 期对私理财产品，销售 186.75 亿元。推出公积金贴息贷款等多种个人贷款业务，个人消费贷款余额达到 13.60 亿元。继续深扎根、接地气，新设及筹建支行 12 处，在乡镇、农村开设助农取款服务点 59 处，全年累计开展社区金融服务活动 4230 场次。

【国际业务】　2016 年，日照银行加强产品创新，推进并完善了动产质押融资业务解决方案，通过该方案累计向 23 家企业投放表内外贸易融资 17.49 亿元，该方案获 2016 年中国金融创新奖“对公业务十佳金融产品创新奖”；创新推出“池融资”系列产品，其中已办理“票据池”业务金额累计达 3.77 亿元。截至 2016 年年末，全行外汇存款余额 3.37 亿美元，外汇贷款余额 1.36 亿美元。全年累计投放外币信贷资金 4.68 亿美元，实现国际结算量 31.89 亿美元。

【中间业务】　2016 年，日照银行细化贸金、投行、理财、零售等业务的中间业务收入考核，对中间业务收入相关业务进行营销指引，在持续加大相关产品营销力度的同时，拓展新的中间业务收入渠道，进一步丰富中间业务收入来源。全年实现中间业务收入 2.92 亿元。

【电子银行业务】 2016年，日照银行上线个人网银3.0版、财付通微信支付、手机云支付等新业务功能，推动智慧厅堂平台系统建设。截至2016年年末，电子银行客户数达22.9万户，实现年交易534.79万笔、交易金额3990.35亿元，电子银行动账替代率90.55%；第三方支付客户数18.3万户，实现年交易683.31万笔、交易金额51.62亿元；自助设备累计已达311台，实现动账交易581.72万笔，交易金额113.53亿元。

【内部管理与精神文化建设】 2016年，日照银行坚持把强管理作为事业长治久安的保障，推动依法从严治行常态化。制定新一轮五年战略规划，明确了2016年至2020年"一个愿景、两个定位、三个突破、四个翻番、五大转型、十大措施"的总体发展思路。全面风险管理规划开始落地实施，资产负债管理走在全省城商行前列，信息科技水平不断提升，实现安全无事故。继续把握依法从严治行不放松，全行呈现出讲规矩守纪律的新气象。坚持把提效能作为作风建设的催化剂，优化了内外部发展环境。召开全行党风廉政建设暨效能建设工作会议，制定66条主题工作方案，兴起强管理的风尚，掀起促转型的热潮，刮起提效能的风暴。全面焕发"二次创业"激情，增收节支成效显著，总行营业部又收获了"全国工人先锋号""中国银行业文明规范服务千佳示范单位"两项国家级荣誉，分支行成功争创三项荣誉9个。

（贾艳锋）

附表1

机构概况一览表

行长（或其他称谓的第一负责人）		副行长（或其他称谓的同级领导）	
董事长：王　森 行　长：闫　鸣 监事长：杨宝峰		副行长：焦自竺　黄　玲　王永健　袁玲玲　孙艺祥 工会主席：宋　文 首席风险官：王惠斌 董事会秘书：陈　迎	
地址	山东省日照市烟台路197号	邮编	276826
网址	http://www.bankofrizhao.com.cn	客服电话	4006896588

附表2

内设部门及分支机构一览表

年度	内设职能部门数量（个）	下设分支机构（个）					员工总人数（人）	
		总数	地市分行数	县区支行数	分理处、营业所数	储蓄所数		正式职工人数
2012年	16	35	2	33	0	0	1060	900
2013年	19	43	4	39	0	0	1340	1198
2014年	19	50	4	46	0	0	1587	1406
2015年	21	59	6	53	0	0	1824	1728
2016年	22	63	7	56	0	0	1928	1856

附表3

主要统计指标1

单位：亿元

项目＼年度	2012	2013	2014	2015	2016	2016年同比增幅（%）
本外币资产总额	507.99	642.2	726.69	910.91	1043.06	14.51
本外币存款余额	411.88	508.27	563.1	667.88	759.00	13.64
人民币存款余额	401.58	496.53	555.61	634.56	742.59	17.02
单位存款	318.95	382.61	414.77	456.95	487.98	6.79
储蓄存款	82.63	113.91	140.84	177.6	254.61	43.36

续表

项目 \ 年度	2012	2013	2014	2015	2016	2016 年同比增幅（%）
本外币贷款余额	281.05	313.48	367.21	441.37	508.20	15.14
人民币贷款余额	265.57	299.89	339.47	416.6	498.77	19.72
短期贷款	248.14	278.35	313.84	345.53	357.58	3.49
中长期贷款	17.43	21.54	25.63	71.07	141.19	98.66
票据融资	21.97	21.85	23.28	22.73	24.63	8.35
利润总额	13.3	14.51	14.5	9.65	8.86	-8.19
不良贷款余额	2.75	3.03	6.69	11.1	11.19	0.82
不良贷款占比（%）	0.98	0.97	1.82	2.52	2.20	-12.70

附表 4

主要统计指标 2

项目 \ 年度	2012	2013	2014	2015	2016	2016 年同比增幅（%）
单位结算账户（万户）	2.8	3.4	4.1	5.1	5.7	11.75
单位结算金额（亿元）	9940	13044	16435	20615	23817	15.53
个人结算账户（万户）	94.08	134.69	144.8	190.7	195.3	2.41
个人结算金额（亿元）	30.43	38.7	51.8	71.5	89.6	25.31
信用卡发卡量（万张）	0.158	0.495	0.83	1.02	1.15	11
信用卡消费额（亿元）	0.253	0.719	2.18	3.6	4.37	16
企业网银客户（万户）	0.67	1.11	1.74	2.28	3.04	33.33
个人网银客户（万户）	2.38	5.29	10.04	15.15	20.11	32.74
手机银行客户（万户）	1.16	1.63	6.03	13.07	16.20	23.95
电话银行客户（万户）	1.03	1.72	2.80	3.28	4.82	46.95
现金自助设备（台）	122	166	200	227	236	3.96
营业网点（个）	36	43	50	58	65	12.07
自助网点（个）	4	9	12	49	53	8.16

附表 5

先进集体一览表

授奖单位	获奖名称	获奖集体
中华全国总工会	全国工人先锋号	日照银行营业部
中国银联山东分公司	2015 年度银行卡跨行交易成长奖	日照银行
山东省企业联合会、山东省企业家协会	2016 山东服务业 50 强第 27 名	日照银行
人民银行济南分行、山东省人力资源和社会保障厅、山东省总工会、共青团山东省委	山东省银行业金融机构金融统计业务技能竞赛团体二等奖	日照银行
山东省银行业协会	2016 年度山东省银行业普惠金融示范单位	日照银行泰安路支行、日照银行莒县支行、日照银行济南平阴支行
中国银行业协会	中国银行业文明规范服务千佳示范单位	日照银行营业部

续表

授奖单位	获奖名称	获奖集体
银监会办公厅	2016 年度银行业信息科技风险管理课题研究三等奖	日照银行科技部
中央金融团工委、中国银行业协会	“送金融知识下乡”优秀项目	日照银行青岛即墨支行“文化惠民”公益电影进社区活动
中央金融团工委、中国银行业协会	2015—2016 年度全国“送金融知识下乡”工作先进单位	日照银行岚山中心支行

莱商银行股份有限公司

【第一负责人简介】 岳隆杰，男，汉族，1966 年 12 月出生，山东省淄博市人，中共党员，1985 年 7 月参加工作，毕业于山东银行学校城市金融专业，大学本科学历，高级经济师职称。毕业后在山东银行学校工作，1988 年 7 月至 2015 年 1 月在中国人民银行工作。2013 年 7 月至 2016 年 1 月，在山东省莱芜市人民政府任党组成员、副市长（挂职）。2015 年 6 月起，任莱商银行股份有限公司党委书记、董事长。

【综述】 2016 年，莱商银行股份有限公司（以下简称“莱商银行”）新一届领导班子主动担当作为，提出“高质量发展是解决当前一切问题的关键”的理念，不断加快改革转型，切实优化内部管理，全力防控各类风险，可持续发展能力不断增强，实现了质量和效益的协同发展。截至 2016 年年末，莱商银行资产总额 830.97 亿元，较年初增加 187.91 亿元，增幅 29.22%；各项存款余额 556.88 亿元，较年初增加 131.38 亿元，增长 30.88%；各项贷款余额 411.72 亿元，较年初增加 90.96 亿元，增长 28.36%，规模指标增速居全省城商行前列；累计缴纳各项税金 4.73 亿元；营业网点达到 91 家，员工 1900 余人。异地分支机构存贷款总额均已占到全行的 65%以上。

【公司业务】 截至 2016 年年末，莱商银行对公存款余额 402.08 亿元，较年初增加 102.78 亿元，增幅 34.34%，其中一般对公存款余额 288.56 亿元，较年初增加 89.03 亿元，增幅 44.62%；保证金存款余额 113.52 亿元，较年初增加 13.75 亿元，增幅 13.78%。对公贷款余额 400.52 亿元，其中实体贷款余额 374.53 亿元，贴现余额 25.99 亿元。

【个人业务】 截至 2016 年年末，莱商银行储蓄存款余额 149.85 亿元，较年初增加 30.96 亿元，增长 26.04%。其中活期储蓄 66.04 亿元，占比 44.07%，较年初增加 9.08 亿元，增长 15.94%；定期储蓄 83.81 亿元，占比 55.93%，较年初增加 21.88 亿元，增长 35.33%。个人贷款余额 11.2 亿元，较年初增加 5.61 亿元，增长 100.36%。其中，个人生产经营贷款 7.35 亿元，较年初增加 3.33 亿元，增长 83%；个人消费贷款 3.85 亿元，较年初增加 2.28 亿元，增长 145%。

【国际业务】 2016 年，莱商银行实现国际结算业务量 20.52 亿美元，实现国际业务利润 14364.2 万元，累计叙做表内外贸易融资折人民币约为 32.59 亿元，累计利用同业外汇资金 12.53 亿美元，同比增长 45.70%。

【中间业务】 2016 年，莱商银行实现中间业务收入 24753 万元，同比增加 11736 万元，同比增长 90.16%。其中，国内结算业务收入 19367 万元，同比增加 12861 万元，国际结算业务收入 5386 万元，同比减少 1125 万元。国内结算业务收入方面：理财业务收入 14973 万元，较同期增加 12046 万元（全年累计发行 600 期，发行规模 484.54 亿元，同比增加 260.07 亿元）。国际结算收入方面：实现信用证业务收入 1548 万元，同比减少 680 万元。实现结售汇收益 2568 万元，同比增加 137 万元。

【电子银行业务】 截至 2016 年年末，莱商银行借记卡发卡量 158.82 万张，较年初增长 35.13 万张，卡内存款 62.83 亿元，较年初增加 10.41 亿元；银行卡特约商户 6057 户，POS 机具 8228 台，分别较年初新增 1746 户，2342 台，收单资金 78 亿元；个人网银存量 18.03 万户，企业网银 2.11 万户，手机银行 20.54 万户，新增 ATM 机 37 台、智能柜台 55 台、高速现金出纳机 5 台、助农存取款机 15 台，电子银行交易替代率达到 86.83%。支付宝签约、京东签约、微信支付分别达到 21.78 万户、1.78 万户和 8.32 万户，总交易金额 18.32 亿元。

【内部管理与精神文化建设】 2016 年，莱商银行加强内部管理与企业文化建设。

一、着力加强领导班子建设。2016 年 1 月，莱商银行顺利地完成了领导班子换届工作，从基层和相关单位选调 4 名充实到了班子，补充了新鲜血液，并于 12 月经过市委组织部的牵头考核，引进一名经验丰富、思路先进的同业管理人员任总行行长。新一届领导班子根据莱芜市委、市政府各项工作要求和董事会各项战略部署，各司其职、密切配合，为全年各项业绩的取得提供了有力保障。

二、扎实开展“两学一做”学习教育，全面提升党员政治素质。在“两学一做”学习教育过程中，严格按照市委组织部有关要求，努力做到“规定动作不走样，自选动作有创新”。在全行管理人员中开展了在“团结、学习、敬业、创新、担当、廉洁”方面争当“六个表率”活动，管理人员率先垂范。先后以《与优秀者为伍，做合格共产党员》《在奔跑中调整姿态》为主题，在全行开展专题党课教育。自“两学一做”学习教育开展以来，广大党员干部政治素质明显提升，模范带头作用显著增强。

三、努力营造公平竞争、人尽其才的用人环境。坚持党管人才的原则，启动青年人才培养“百人工程”，初步建立了内训师队伍。以莱芜辖内管理架构调整为契机，组织辖内管理人员全部重新竞聘上岗，初步形成了“能上能下”的用人机制，在全行范围内形成了“心无旁骛干工作，一心一意谋发展”的良好氛围。

四、保护金融消费者权益。以“做客户放心满意的银行”为目标，从组织架构、服务、员工、客户体验入手，提升公司服务效率，赢得了客户的认可。同时，开展“金融知识进万家”等公众金融服务活动，配合各级监管部门开展各种金融宣传，切实维护金融消费者权益，普及金融知识，提升了公司服务形象。

五、树立企业公民形象。认真履行商业银行的社会公民责任，举办“徒步雪野、相约四季”徒步大赛活动，促进全民健身，倡导健康生活方式，受到广大市民的普遍好评；积极组织全行献爱心、送温暖，通过“圆梦行动”资助近 200 名贫困学子实现大学梦；采用“莱商银行慈母基金 + 员工献爱心”的方式，对困难职工和部分社会困难家庭进行了帮扶展示了良好的企业形象和风采。

【大事记】 2 月 4 日莱商银行在省内城商行率先推出手机支付新产品——“云闪付”。

4 月 12 日 莱商银行泰安东平支行正式挂牌营业。

4 月 25 日 莱商银行业务运营部获“全国工人先锋号”称号。

4 月 28 日 莱商银行临沂罗庄支行开业。

7 月 26 日 莱商银行泰安宁阳支行开业。

8 月 18 日 莱商银行聊城文化路支行开业。

8 月 23 日 莱商银行与中国银行莱芜分行举行全面战略合作框架协议签约仪式。

9 月 6 日 莱商银行济南世茂广场社区支行开业。

9 月 8 日 莱商银行徐州鼓楼支行开业。

9 月 29 日 莱商银行在全国银行间债券市场成功发行 20 亿元二级资本债。

10 月 21 日 第三方支付渠道——“百度钱包” 快捷支付上线。

10 月 25 日 莱商银行“携手前行合作共赢” 2016 银企恳谈会成功召开。

11 月 28 日 莱商银行济南平阴支行开业。

12 月 27 日 莱芜高新区与莱商银行战略合作签约暨科技支行成立仪式举行。

（王 星）

附件 1

机构概况一览表

行长（或其他称谓的第一负责人）		副行长（或其他称谓的同级领导）	
岳隆杰		朱 鸣 李学斌	
地址	山东省莱芜市高新技术开发区龙潭东大街 137 号	邮编	271100
网址	http://www.lsbankchina.com/	客服电话	4006695629

附件 2

内设部门及分支机构一览表

年度	内设职能部门数量（个）	下设分支机构（个）					员工总人数（人）	
		总数	地市分行数	县区支行数	分理处、营业所数	储蓄所数		正式职工人数
2012 年	11	44	3	41	0	0	1000	1000
2013 年	19	53	7	46	0	0	1351	1351
2014 年	20	61	7	54	0	0	1652	1652
2015 年	22	81	8	73	0	0	1885	1885
2016 年	19	91	8	83	0	0	1885	1885

附表 3

主要统计指标 1

单位：亿元

项目 \ 年度	2012	2013	2014	2015	2016	2016年同比增幅（%）
本外币资产总额	400.02	464.49	516.23	643.06	830.97	29.22
本外币存款余额	279.33	311.8	365.47	425.5	556.88	30.88
人民币存款余额	277.78	311.37	363.42	423.57	554.44	30.90
单位存款	211.37	233.23	157.83	199.53	288.56	44.62
储蓄存款	66.41	78.14	103.84	126.2	154.8	22.66
本外币贷款余额	151.87	194.82	265.08	317.62	411.72	29.63
人民币贷款余额	148.9	190.23	252.94	297.77	398.14	33.71
短期贷款	142.7	185.78	221.96	259.66	311.06	19.80
中长期贷款	6.2	4.45	10.74	19.38	55.99	188.91
票据融资	32.51	21.51	20.52	12.48	25.99	108.25
利润总额	8.11	6.52	7.26	3.24	3.96	22.22
不良贷款余额	0.92	3.1	4.43	10.41	11.34	8.93
不良贷款占比（%）	0.5	1.43	1.67	3.28	2.75	-16.16

附表 4

主要统计指标 2

项目 \ 年度	2012	2013	2014	2015	2016	2016年同比增幅（%）
单位结算账户（万户）	2.62	2.62	3.06	3.64	4.64	27.47
单位结算金额（亿元）	8529.33	10854.52	12721.52	12491.36	15698.5	25.67
个人结算账户（万户）	78.87	100.14	118.27	157.83	178.22	12.92
个人结算金额（亿元）	1289.68	1480.83	2486.61	2371.01	3095.8	30.57
信用卡发卡量（万张）	0.13	0.15	0.25	0.30	0.34	13.33
信用卡消费额（亿元）	0.01	0.30	0.37	0.70	0.72	2.86
企业网银客户（万户）	0.48	0.74	1.06	1.53	2.11	38.00
个人网银客户（万户）	1.07	1.89	6.41	13.30	18.03	35.51
手机银行客户（万户）	0.52	0.69	6.41	11.92	20.54	72.35
一电话银行客户（万户）	—	—	—	—	—	—
现金自助设备（台）	77	106	143	220	257	16.82
营业网点（个）	44	53	61	81	91	12.35
自助网点（个）	1	1	1	1	1	0

附表 5

先进集体及个人一览表

授奖单位	奖项名称	获奖集体
中国银行业协会	中国银行业文明规范服务千佳示范单位	莱商银行济南分行营业部
中国银行业协会	中国星级银行网点	莱商银行北苑支行
山东银监局金融团工委	“双线贷后”获得“双提升”优秀青年精品工作项目	莱商银行菏泽分行

续表

授奖单位	奖项名称	获奖个人
山东省金融团工委	山东省金融系统优秀团员	何雨晨
中国人民银行济南分行	山东省银行业金融机构人民币国际化业务技能竞赛个人优胜奖	张　梅
中国人民银行济南分行	山东省金融统计竞赛个人优胜奖	丁河丰
山东省公安厅	山东省公安厅单位内部治安保卫先进个人，记个人二等功一次	谢可瑶

东营银行股份有限公司

【第一负责人简介】　高传星，男，汉族，1970年出生，山东广饶人，中共党员，现任东营银行股份有限公司党委书记、董事长。曾任垦利县农村信用合作社主任，广饶县农村信用合作联社副主任，广饶农村合作银行行长、董事长，广饶农村商业银行股份有限公司董事长，2013年1月任山东省农村信用社联合社东营办事处党委副书记、副主任（主持工作），2014年1月任山东省农村信用社联合社东营办事处党委书记、主任，2016年5月起任东营银行党委书记，2016年6月起任东营银行股份有限公司董事长。

【综述】　东营银行股份有限公司（以下简称“东营银行”）前身为东营市商业银行，于2005年9月挂牌成立，2012年3月正式更名为东营银行。自成立以来，东营银行紧紧围绕建设符合上市要求的精品银行、特色银行、和谐银行的战略目标，坚持“立足东营、专注小微、服务市民”的市场定位，抢抓机遇，改革创新，实现持续稳健协调发展。截至2016年年末，东营银行资产总额为643.49亿元，较2016年初增加83.53亿元，增长14.92%。各项指标在全省城商行系统名列前茅，在全国同质同类商业银行位居前列。在全国商业银行竞争力排名中，位居资产规模500亿元~1000亿元城商行序列全国第二名。东营银行总部设在东营，截至2016年年末，共设立总行部门16个，分支机构60家，其中异地分行4家，异地支行11家，同城支行44家，小企业专营中心1家。

【公司业务】　2016年，东营银行立足以客户为中心，实施差别化、特色化金融服务，建立多元化产品服务体系，涵盖贷款、存款、结算、小微企业特色金融等业务模块。一是产品强调组合营销和个性化服务，根据客户特点为其提供高技术含量、高附加值的产品，满足其个性化服务需求。二是小微企业特色金融服务紧紧围绕“做小、做多、做优”的发展理念，着力挖掘符合当地经济结构和特色产业的小微企业群。近几年先后推出股权质押贷款、应收账款质押贷款、海权使用权抵押贷款、林权抵押贷款等产品。

【个人业务】　2016年，东营银行通过产品创新、提升服务、网点转型、客户维护等手段，打造广大客户最满意的市民银行。一是推出以儿童金融、福寿金融、瑞盈理财、无忧个贷等系列产品，满足广大客户多元化金融需求。二是下沉网点服务触角，建设亲民便民网点，提升网点营销服务效能。三是拓宽服务渠道，大力发展手机银行、网上银行和微信银行，重视客户体验进一步提高了知名度和美誉度。

【国际业务】　2016年，东营银行坚持内外贸并重的发展思路，以业务发展与风险防控为主线，以服务地方实体企业为己任，以“外汇业务、跨境人民币、国内信用证”为三大业务主线，以创利为核心，围绕客户“结算、避险、融资”三大需求，强化产品创新，打造“因为灵活、所以快捷”的国际业务品牌。

【中间业务】　2016年，东营银行坚持资产、负债、中间业务多元化发展道路。一是申请基金代理业务资格，完成贵金属业务制度建立，与资质良好的保险公司建立合作关系，推进代理保险业务进程。二是大力发展国际业务、资金业务，积极发展跨境人民币结算、信用证等业务，借助债券、票据等工具，积极发展理财业务，丰富理财产品。三是收入渠道不断拓展，中间业务收入占总收入比重稳步上升。

【电子银行业务】　2016年，东营银行以提升客户体验度为中心，以提升柜面分流度为目的，加快渠道建设和产品形象的树立，建成包含多应用的IC卡、自助终端及现金设备、电话银行、网上银行、直销银行、手机银行、微信银行在内的电子银行产品体系以及包括客服中心、特约商户体系、广泛第三方支付体系、电子银行业务监控体系、门户网站在内的电子银行服务支撑，进一步打造互联网+时代的新一代电子金融产品综合服务平台。

【内部管理与精神文化建设】　2016年，东营银行坚持内控优先原则，牢固树立“合规创造价值”的理念，全面梳理评价内控制度，规范制度编制流程，形成有效的内控制度体系。一是深入推进"家"文化建设,完善企业文化组成体系,将"家"文化嵌入客户服务环节,扩展到客户服务全过程当中,打造服务客户的亲情文化。二是强化"家"文化的引领渗透,使全行员工对"家"文化视之有形,闻之有声,触之有觉,感之有悟,行之有依,切实把"家"文化理念内化于心,外化于行,提升东营银行发展软实力。

【大事记】 3月29日 东营银行董事长出席中国银监会例行新闻发布会,在新闻发布会上介绍了东营银行小微金融发展情况,并接受媒体提问。

11月2日 东营银行发放东营市首笔光伏扶贫贷款。

11月8日 东营银行上线微信支付业务。

11月22日 东营银行上线扫码支付业务。

11月24日 东营银行新版网银正式上线。

12月6日 东营银行召开第四届董事会第一次会议,选举高传星为东营银行股份有限公司第四届董事会董事长。

12月6日 东营银行召开第四届监事会第一次会议,选举袁学军为东营银行股份有限公司第四届监事会监事长。

(丁玉磊)

附表1

机构概况一览表

行长(或其他称谓的第一负责人)		副行长(或其他称谓的同级领导)	
高传星(董事长) 袁学军(监事长) 高树松(行长) 韩其国(纪委书记)		付光远 张爱民 陶文军 王希凯 李德星 孟凡城 韩念华 石钦勇 张建国	
地址	山东省东营市东营区井冈山路808号	邮编	257000
网址	http://www.dyccb.net/	客服电话	4006296588(全国) 0546-96588(东营)

附表2

内设部门及分支机构一览表

年度	内设职能部门数量(个)	下设分支机构(个)					员工	
		总数	地市分行数	县区支行数	分理处、营业所数	储蓄所数	总人数(人)	正式职工人数
2012年	14	31	2	11	0	0	795	741
2013年	16	40	4	13	0	0	941	852
2014年	16	45	4	44	0	0	1154	1091
2015年	16	55	5	16	0	0	1261	1162
2016年	16	60	5	18	0	0	1329	1214

附表3

主要统计指标1

单位:亿元

项目 \ 年度	2012	2013	2014	2015	2016	2016年同比增幅(%)
本外币资产总额	307.50	389.55	461.54	559.96	643.49	14.92
本外币存款余额	266.31	326.03	388.74	450.29	524.82	16.55
人民币存款余额	265.29	324.88	387.87	449.62	522.86	16.29
单位存款	181.67	211.71	245.86	267.65	281.3	5.10
储蓄存款	83.62	113.17	142.01	181.97	241.56	32.75
本外币贷款余额	178.47	210.23	250.71	288.76	330.8	14.56
人民币贷款余额	174.86	207.64	246.34	281.13	319.48	13.64

续表

项目 \ 年度	2012	2013	2014	2015	2016	2016 年同比增幅（%）
本外币资产总额	307.50	389.55	461.54	559.96	643.49	14.92
本外币存款余额	266.31	326.03	388.74	450.29	524.82	16.55
人民币存款余额	265.29	324.88	387.87	449.62	522.86	16.29
单位存款	181.67	211.71	245.86	267.65	281.3	5.10
储蓄存款	83.62	113.17	142.01	181.97	241.56	32.75
本外币贷款余额	178.47	210.23	250.71	288.76	330.8	14.56
人民币贷款余额	174.86	207.64	246.34	281.13	319.48	13.64
短期贷款	154.55	183.92	213.88	247.2	260.89	5.54
中长期贷款	20.31	23.72	32.46	33.93	58.59	72.68
票据融资	16.19	15.85	13.99	16.33	16.99	4.04
利润总额	7.25	7.62	8.67	9.32	9.5	1.93
不良贷款余额	0.91	1.02	2.18	3.38	5.46	61.54
不良贷款占比（%）	0.51	0.48	0.87	1.17	1.65	41.03

附表 4

主要统计指标 2

项目 \ 年度	2012	2013	2014	2015	2016	2016 年同比增幅(%)
单位结算账户（万户）	1.34	1.54	1.96	2.16	2.57	18.98
单位结算金额（亿元）	116.09	121.76	127.7	143.25	203.22	41.86
个人结算账户（万户）	64.85	80.38	98.47	118.94	118.99	0.04
个人结算金额（亿元）	26.43	34.16	46.22	43.96	62.76	42.77
信用卡发卡量（万张）	0	0.25	0.52	0.66	0.73	10.61
信用卡消费额（亿元）	0	0.86	1.78	2.87	3.21	11.85
企业网银客户（万户）	0.5	0.71	1	1.3	1.6	23.08
个人网银客户（万户）	5.4	8.64	12.49	16.69	20.51	22.89
手机银行客户（万户）	0.03	0.05	1.48	6.81	11.59	70.19
电话银行客户（万户）	9.53	9.53	10.51	14.39	14.59	1.39
现金自助设备（台）	87	110	139	169	178	5.33
营业网点（个）	31	40	45	55	60	9.09
自助网点（个）	2	0	1	1	1	0

附表 5

先进集体及个人一览表

授奖单位	奖项名称	获奖集体
中国内审协会	内部审计信息化优秀成果奖	东营银行
山东省财政厅	地方金融企业绩效评价中，获评“AAA”级地方金融企业	东营银行
中国银联山东分公司	山东银行卡工作先进单位银联卡跨行交易质量奖	东营银行

续表

授奖单位	奖项名称	获奖集体
中国人民济南分行、山东省总工会、共青团山东省委	山东省跨境人民币业务技能竞赛团体三等奖	东营银行
外汇管理局山东分局	山东省银行执行外汇管理规定考核A级行	东营银行
山东银监局	监管标准化数据报送优秀组织单位	东营银行
授奖单位	奖项名称	获奖个人
中国人民银行济南分行、山东省人力资源和社会保障厅、山东省总工会、共青团山东省委员会	山东省银行业金融机构人民币国际化基础知识暨业务技能竞赛个人优胜奖	刘小明　刘　静
共青团山东省委	山东省青年岗位能手	刘　静

德州银行股份有限公司

【第一负责人简介】　牛洪春，男，汉族，1963年8月出生，中共党员，大学本科学历，高级审计师，1982年7月参加工作，2001年2月至2003年2月任乐陵市政府党组成员、副市长；2003年2月至2011年6月任德州市财政局党组成员、副局长；2011年6月至2012年3月任德州市财政局副局长、党组副书记；2012年3月至2016年4月任德州市财政局局长、党组书记；2016年4月至2016年7月任德州银行股份有限公司党委副书记；2016年7月起任德州银行股份有限公司党委书记。

【综述】　2016年，德州银行股份有限公司（以下简称“德州银行”）主动适应经济新常态，坚持改革转型和以规治行主题，实现经营管理平稳健康发展。截至2016年年末，全行资产总额达到468.29亿元，比年初增加54.10亿元，增长13.06%；其中贷款余额222.02亿元，比年初增加23.32亿元，增长11.73%。负债总额435.01亿元，比年初增加53.49亿元，增长14.02%；其中存款余额370.46亿元，比年初增加48.65亿元，增长15.12%；实现拨备前利润6.42亿元。提取拨备2.81亿元，实现净利润2.41亿元，缴纳税金2.13亿元。

【公司业务】　2016年，德州银行大力发展快易贷、政保贷、税银互动等重点业务产品。截至2016年年末，快易贷产品累计授信总额达到10.28亿元，累计授信户数328户；累计发放政保贷业务23笔，共计2960万元；与德州市国税局合作推出“税银互动”业务产品，支持A级纳税人名单中的110户优质中小企业，贷款余额9.86亿元。积极改造财富通系统产品，签约对公财富通业务客户31户，存款余额2.92亿元。成功上线出让土地竞拍交易平台。截至2016年12月末，该行土地保证金入账109笔，入账金额6.69亿元，余额4.05亿元。

【个人业务】　2016年，德州银行推出“月月赢”产品，签约客户1.44万户，截至2016年年末余额13.9亿元。取得贵金属代销资格；扩大合作券商数量，丰富证券基金产品库。同时完成手机银行、电子银行电子销售系统测试和基金销售系统建设。取得法人机构保险兼业代理许可证，成为新规后山东省首家取得许可的法人机构。

【国际业务】　2016年，德州银行成功购入道琼斯黑名单，为该行在办理跨境资金收付业务中反洗钱和反恐融资筛查提供重要依据。积极拓展同业合作网络，截至2016年年末，代理行发展到97家，网络覆盖美国、日本、德国、澳大利亚、印度、南非等48个国家和地区。新获得4家银行同业授信，授信金额22亿元，授信范围涵盖外币拆放、外币资金交易、贸易融资等业务。积极推广低风险和低资本占用产品，逐步实现国际业务“轻资产”运行。

【中间业务】　2016年，德州银行理财产品累计发行量超过百亿元大关。截至2016年年末，德州银行理财发行量179.83亿元，较去年增长146%。保本理财存量余额17.11亿元，非保本理财存量余额49.5亿元，同业理财存量余额19亿元。实现理财中间业务收入4151.02万元。

【电子银行业务】　2016年，德州银行大力推动手机银行（企业版）、个人网上银行3.0、直销银行、支付宝收单、单位结算卡、借记卡小额免密免签等创新业务项目发展。2016年该行电子银行替代率已高达99.61%；各项业务中间业务收入为782.77万元。大力发展电子银行，积极推广银行卡、手机银行、网上银行、微信银行、特约商户，累计发卡量106万张，拓展特约商户数4521户、布放POS机具5496台，开设手机银行16万户，开设网上银行 10 万户，实现电子银行中间业务收入 782.77 余万元。

【内部管理与精神文化建设】 2016 年，德州银行深入开展"十二回归深化年"和"两个加强、两个遏制"回头看自查整改活动，着力提升内部管控能力。根据监管要求及该行工作实际，由一把手亲自对两个活动进行周密部署和细致安排，针对自查发现问题，有针对性的拿出整改计划和措施，同时严格追究相关人员责任。

【大事记】 1 月 4 日 在由山东省财政厅组织的全省地方金融企业绩效评价工作中，德州银行再次获评最高级次——AAA 级，自 2012 年以来，已连续 4 年获评这一最高评级，得分居全省城商行第四位。

1 月 12 日 德州银行召开 2016 年第一次临时股东大会。

2 月 14 日 德州银行获评德州市 2015 年度推动科学发展建设协同发展示范区综合考评一等奖单位，同时，六度荣膺"全市依法纳税先进企业"荣誉称号，年纳税额位居全市金融企业首位。

3 月 22 日 德州银行首款面向特殊群体的定制化理财产品——"德财富""女神"理财产品实现成功发售。

4 月 12 日 德州银行聊城分行正式营业。

4 月 28 日 德州银行新生支行正式更名为文化路支行，营业地址由德城区三八中路 1738 号变更为德城区文化路 358 号。

5 月 6 日 德州银行与德州市国土资源局共同合作开发的公共资源竞拍系统成功上线。

6 月 1 日 德州银行成功上线资产负债管理系统。

6 月 27 日 德州银行提前完成营业网点理财产品（含代销产品）销售专区建设和销售专区内录音录像设备安装配置工作，理财产品风险管控平台（双录）系统正式上线运行。

7 月 24 日 德州银行完成人民银行济南分行异地灾备系统接入工作，接入质效评估在全省各参城商行中名列前茅。

8 月 17 日 德州银行产品定价系统顺利上线运行。

8 月 18 日 德州银行庆云祥云支行正式营业。

9 月 21 日 德州银行企业征信 2.2 系统成功上线。

10 月 12 日 德州银行 POS 贷业务正式上线。

（蒋 焱）

附表 1

机构概况一览表

行长（或其他称谓的第一负责人）		副行长（或其他称谓的同级领导）	
牛洪春（董事长） 郑亚林（行　长） 杜成金（监事长）		李书华 尹德恩 徐圣颖 吴玉华 张正忠 周成亮 侯玉荣 薛　梅 李金涛 蔡　敏	
地址	山东省德州市三八东路 1265 号	邮编	253077
网址	http://www.dzbchina.com/	客服电话	4008496588

附表 2

内设部门及分支机构一览表

年度	内设职能部门数量（个）	下设分支机构（个）					员工总人数（人）	
		总数	地市分行数	县区支行数	分理处、营业所数	储蓄所数		正式职工人数
2012 年	15	38	0	37	0	0	847	734
2013 年	19	41	1	40	0	0	960	960
2014 年	20	58	2	56	0	0	1201	1201
2015 年	21	66	2	64	0	0	1325	1325
2016 年	22	66	3	63	0	0	1360	1360

附表 3

主要统计指标 1

单位：亿元

项目 \ 年度	2012	2013	2014	2015	2016	2016 年同比增幅（%）
本外币资产总额	250.73	303.72	336.39	414.19	468.29	13.04

续表

项目 \ 年度	2012	2013	2014	2015	2016	2016年同比增幅（%）
本外币存款余额	193.46	222.10	254.19	321.80	370.54	15.15
人民币存款余额	193.23	221.90	253.95	321.60	370.13	15.09
单位存款	116.37	123.06	122.72	151.91	177.67	16.96
储蓄存款	77.09	99.04	131.47	169.89	170.71	0.48
本外币贷款余额	132.86	152.92	173.23	198.70	222.02	11.74
人民币贷款余额	132.60	151.33	171.63	196.89	221.48	12.49
短期贷款	101.58	105.99	114.81	124.76	122.88	-1.51
中长期贷款	7.52	20.74	27.05	36.66	60.09	63.91
票据融资	23.76	26.19	31.37	37.28	36.96	-0.86
利润总额	4.35	4.91	5.56	4.74	3.61	-23.84
不良贷款余额	2.19	2.75	3.92	5.16	5.74	11.24
不良贷款占比（%）	1.65	1.80	2.26	2.60	2.58	-0.02

附表4

主要统计指标2

项目 \ 年度	2012	2013	2014	2015	2016	2016年同比增幅（%）
单位结算账户（万户）	1.47	1.72	1.90	2.2	2.6	18.18
单位结算金额（亿元）	4190.84	5193.55	5182.93	4840.24	4553.61	-5.92
个人结算账户（万户）	51.75	68.86	84.15	100.46	114.36	13.84
个人结算金额（亿元）	1411.12	1739.17	1726.05	1859.9	2056.9	10.59
信用卡发卡量（万张）	0.18	0.24	0.31	0.36	0.39	8.33
信用卡消费额（亿元）	0.32	0.56	0.73	0.52	1.02	96.15
企业网银客户（万户）	0.43	0.63	0.82	1.08	1.38	27.78
个人网银客户（万户）	2.08	3.43	5.17	7.74	9.11	17.7
手机银行客户（万户）	2.79	3.08	5.24	7.20	17.04	136.67
电话银行客户（万户）	3.65	4.97	6.25	7.38	8.25	11.79
现金自助设备（台）	78	112	162	216	231	6.94
营业网点（个）	38	41	58	66	67	1.52
自助网点（个）	39	47	71	83	84	1.2

附表5

先进集体一览表

授奖单位	奖项名称	获奖集体
山东省财政厅	全省地方金融企业绩效评价AAA级	德州银行

续表

授奖单位	奖项名称	获奖集体
中国银行业协会	中国银行业文明规范服务五星级营业网点	德州银行武城支行
中国银行业协会	中国银行业文明规范服务四星级营业网点	德州银行营业部
中国银行业协会	中国银行业文明规范服务三星级营业网点	东风路支行
山东省妇女联合会	2015 年全省三八红旗集体荣誉称号	德州银行
中国内部审计协会	国家内部审计信息化优秀成果	德州银行

济宁银行股份有限公司

【第一负责人简介】　李敏，女，汉族，1958 年出生，山东济宁人，硕士研究生，高级经济师，现任济宁银行股份有限公司董事长、党委书记。2000 年被评为济宁市劳动模范，2002 年被评为济宁市"青春建功"先进个人，2004 年被评为济宁市优秀女企业家，2005 年当选为济宁市女企业家协会副主席，2006 年被中国妇女报社评为"2005 年中国经济女性年度突出成就人物"，2007 年被山东省妇联评为"三八"红旗手、山东省优秀女企业家、山东省优秀企业家；2008 年被评为山东省劳动模范，2009 年被评为"新中国建国六十周年感动济宁中区英雄模范人物"，2010 年被市委授予"济宁市有突出贡献的中青年专家"荣誉称号。

【综述】　济宁银行股份有限公司前身为济宁市商业银行，2009 年 12 月更名为济宁银行股份有限公司(以下简称"济宁银行")。截至 2016 年年末，全行资产总额达到 534.63 亿元，同比增长 22.12%；各项存款余额 390.74 亿元，同比增长 20.31%；各项贷款余额 264.50 亿元，同比增长 12.14%；上缴各类税金 2.42 亿元。2016 年，济宁银行紧紧围绕全市战略部署和工作重点，积极推动改革创新，全面提升服务质量和效率，全力打造区域性现代股份制商业银行。在 2016 年山东省财政厅地方金融企业绩效评价中位列全省商业银行第三位，连续八年获得"优秀"评价。

济宁银行总部设在山东济宁，全行目前共设 73 家分支机构，其中在菏泽、枣庄、淄博、泰安、日照、临沂设立 6 家分行。发起并控股设立了济宁儒商村镇银行，网点数量已达 9 家。建立网上银行(www.jn-bank.com)、电话银行 4006770537、手机银行、微信银行等电子服务渠道。

【公司业务】　2016 年，济宁银行积极参与地方政府主抓和主推的重点领域、重点项目和重点产品，以"供给侧结构性改革"等宏观经济调整为主线，积极适应区域经济发展新常态，切实担当"源于地方、服务地方"的职责使命。一是积极投放地方政府重大基础设施、棚户区改造、大班额等项目贷款，支持了地方党委、政府的重点工作。二是扶持中小企业发展，中小企业贷款占比和增速在全市银行业中名列前茅。

【个人业务】　2016 年，济宁银行零售服务功能进一步提升，丰富了包括手机银行、微信银行、新版网银等在内的多种电子银行服务渠道，儒商卡实现了城际公交一卡通功能，全市域际公交 14 条线路均可刷卡乘车，推出了"儒商财富"理财产品，发行量持续攀升。

2016 年，济宁银行开展零售信贷业务创新，陆续推出了"仓满贷""肉牛通""鱼米贷""租金贷""荷香贷""农易通""装居通""二手车交易通"等信贷产品，丰富了零售信贷业务的产品线，进一步提高零售信贷服务质量，多措并举实现业务战略转型上的新突破。

【国际业务】　2016 年，济宁银行不断拓展国际业务，服务外向型经济，贸易金融业务一直在全市金融系统中名列前茅，已与境内外 384 家银行建立了代理行关系，基本覆盖世界各主要国家和地区。

【中间业务】　2016 年，济宁银行逐步扩大金融市场业务投资范围，增强资产配置能力，审慎、稳健地实现多元化发展。以利润为导向，优化资产结构，增持高收益资产。理财产品市场认可度进一步增强。其中"儒商财富"已逐渐成为一个具有市场竞争力的理财品牌。

【电子银行业务】　2016 年，济宁银行围绕全行的战略定位，深挖客户需求，借助全新的互联网应用服务，不断创新金融服务。为客户创造便捷、智慧的金融服务通道。先后创建了济宁银行网银，济宁银行手机银行 APP、微信银行，为广大客户提供高效服务。

【内部管理与精神文化建设】 2016年，济宁银行在全力服务社会大众、不断发展壮大的同时，积淀了宝贵的精神财富，形成了富有特色的企业文化。一是坚持以人为本的文化理念，积极营造一个众人同心的大家庭，这种氛围不仅仅限于行内员工之间，更广泛存在与银行与客户、与社会大众之间。二是注重培养胜任流程银行运作管理的人才队伍，要求管理人员素质和全员业务技能的"双提升"。三是坚持制度创新，深化改革，在全行树立业绩为先、能力为先的用人氛围。

【大事记】 4月19日 济宁银行菏泽曹县支行、济宁银行菏泽巨野支行获得开业批复。

4月24日 济宁银行在济宁市鸟巢体育馆举行第6届职工运动会。

6月7日 济宁银行召开股东大会，会议通过了《2016年度工作计划》等九项议案。

9月8日 济宁银行淄博沂源支行揭牌营业。

（田 艳 郁之枫）

附表1

机构概况一览表

行长（或其他称谓的第一负责人）		副行长（或其他称谓的同级领导）	
李 敏（董事长） 李印喜（监事长） 杜 强（行长）		陈振勇 梁汝亮 张衍珍 焦春华 官 振	
地址	山东省济宁市金宇路6号	邮编	272000
网址	http: //www.jn-bank.com	客服电话	4006770537

附表2

内设部门及分支机构一览表

年度	内设职能部门数量（个）	下设分支机构（个）					员工总人数（人）	
		总数	地市分行数	县区支行数	分理处、营业所数	储蓄所数		正式职工人数
2012年	19	32	0	16	16	0	991	991
2013年	19	39	4	18	17	0	1103	1103
2014年	19	42	4	19	19	0	1335	1335
2015年	19	65	6	26	33	0	1449	1449
2016年	23	73	6	33	34	0	1486	1486

附表3

主要统计指标1

单位：亿元

项目 \ 年度	2012	2013	2014	2015	2016	2016年同比增幅（%）
本外币资产总额	244.47	298.44	335.21	437.79	534.63	22.12
本外币存款余额	200.10	257.10	279.03	324.78	390.74	20.31
人民币存款余额	199.70	256.01	278.69	324.04	390.27	20.44
单位存款	131.95	150.39	126.93	135.08	166.71	23.42
储蓄存款	66.02	104.37	150.76	183.87	214.44	16.63
本外币贷款余额	147.33	179.89	207.04	235.87	264.50	12.14
人民币贷款余额	145.98	176.80	206.84	235.60	264.05	12.08
短期贷款	118.04	145.20	159.01	150.84	157.71	4.55
中长期贷款	10.41	17.95	23.63	35.55	70.80	99.16
票据融资	17.49	13.20	21.16	48.59	35.12	-27.72
利润总额	5.04	5.58	5.90	5.27	5.79	9.92

续表

项目＼年度	2012	2013	2014	2015	2016	2016 年同比增幅（%）
不良贷款余额	1.09	1.47	4.07	6.47	4.63	-28.44
不良贷款占比（%）	0.74	0.82	1.97	2.74	1.75	-36.13

附表 4

主要统计指标 2

项目＼年度	2012	2013	2014	2015	2016	2016 年同比增幅（%）
单位结算账户（万户）	1.46	2.00	3.19	4.25	4.61	8.47
单位结算金额（亿元）	51.50	63.18	60.24	117.66	85.72	-27.15
个人结算账户（万户）	30.30	51.76	89.40	129.73	135.91	4.76
个人结算金额（亿元）	30.50	53.45	81.23	101.07	128.76	27.40
信用卡发卡量（万张）	—	—	—	—	—	—
信用卡消费额（亿元）	—	—	—	—	—	—
企业网银客户（万户）	0.65	1.04	1.49	1.98	2.57	29.80
个人网银客户（万户）	10.65	16.27	21.22	23.99	25.44	6.05
手机银行客户（万户）	—	1.13	2.13	7.11	14.88	109.29
电话银行客户（万户）	—	3.09	6.47	9.87	12.84	30.10
现金自助设备（台）	80	129	164	265	308	16.23
营业网点（个）	27	32	39	65	73	12.31
自助网点（个）	24	30	50	96	110	14.58

附表 5

先进集体一览表

授奖单位	奖项名称	获奖集体
山东省财政厅	荣获山东地方金融企业 2016 年绩效评价“A 级”优秀	济宁银行股份有限公司

泰安银行股份有限公司

【第一负责人简介】 展鹏，男，回族，1963 年出生，山东肥城人，中共党员，现任泰安银行股份有限公司党委书记、董事长。历任泰安城市信用社营业部主任、泰安市城市信用社票据贴现中心主任、泰安市商业银行副行长。2011 年 11 月起任泰安银行股份有限公司党委书记、董事长。

【综述】 泰安银行股份有限公司（以下简称“泰安银行”）成立于 1986 年，先后经历了泰山城市信用社、泰安市城市信用社中心社、泰安市城市信用社股份有限公司、泰安市商业银行、泰安银行五个发展时期，2015 年 11 月 12 日更名为泰安银行，目前注册资本 11 亿元，在职职工 1378 人，下设 51 家支行、1 个营业部，机关设有 21 个一级部室。

作为一家地方性金融机构，泰安银行始终坚持着眼区域经济、扎根泰安市场的战略发展方向，坚持专注于小、致力于快、凝聚于心的经营风格，秉承至诚入微、随需遂行的服务理念，倾力打造市民身边的社区银行。截至 2016 年年末，全行资产总额为 607.41 亿元，较年初增加 103.45 亿元，增幅 20.53%；各项存款规模 370.34 亿元，较年初增加 55.64 亿元，增幅 17.68%，信贷规模 193.06 亿元，较年初增加 27.91 亿元，增幅 16.90%，市场份额不断扩大，各项经营指标稳步提高。

【公司业务】 2016 年，泰安银行紧紧围绕“服务实体经济、助推地方经济发展”主题，以“创新政策、创新产品、创新服务”为抓手，致力于向客户提供“高效、细致、务实、稳健”的金融服务，建立“互信、合作、共赢”的新型银企合作关系，助力地方经济转型升级与中小企业成长发展。

坚持“以客户为中心”的服务方针，秉承“高效、灵活、便捷”的服务理念，与“精准研发、实现信贷产品与客户融资需求高度匹配”的服务目标，以适应市场、有效沟通为前提，相继推出变利贷、快易贷、接力贷等多款特色金融产品。

【个人业务】 2016 年，泰安银行零售业务创新发展，个人贷款产品全面丰富，产品涵盖无抵押、无担保的“泰山信易贷”，可随借随还、循环使用的泰山循环贷等特色口碑品牌，针对教师客户的教师贷和针对代发工资客户的泰山随薪贷细分领域专属产品以及综合消费贷款、泰山个人房屋按揭贷款等传统优势产品。践行普惠金融，全省第一家与微众银行合作推出“微粒贷”互联网贷款产品，贷款规模现已突破 19 亿元。开展村村通业务，目前银行卡助农取款服务点达到 217 家，辐射 45 个乡镇、2800 个行政村，惠及农民近 30 余万人。形成了独特的银行卡系列产品“岱宗卡”，岱宗 IC 卡、青年志愿者卡、老年安养卡、微商卡、金紫薇卡、DIY 卡、公共自行车租赁卡、公务卡、市民一卡通相继问世。

【国际业务】 2016 年，泰安银行依托灵活、高效、自主决策的独特优势，努力为泰安当地出口企业提供便捷、优质、高效的服务。国际业务突出一个“快”字，作为 SWIFT 一级会员单位，在纽约、法兰克福、东京、悉尼等地直接与世界排名前列的清算行建立账户关系，单据传递速度快，收付汇快捷。彰显一个“活”字，决策链条短，市场反应敏锐，服务灵活全面。作为泰安市唯一一家外汇交易中心直接会员单位，结售汇报价全市最优惠。

【中间业务】 2016 年，泰安银行强化对信托、证券、保险、基金等金融牌照的资源整合，逐步取得金融市场业务资格牌照，积极探索、参与资本市场业务，研究中小银行金融市场业务综合化、多元化的经营思路，实现全行金融市场业务的全方位布局，成为全行长期利润创造中心。泰安银行已经具备开展信贷资产证券化业务资格、成功发行二级资本债券、成为全国首批市场利率定价自律机制基础成员。被评为 2015 年度山东省银行间市场 A 类成员，相继获银行间本币市场交易前 100 强、中国外汇交易中心最佳进步奖等荣誉称号。

运用专业的投资工具和严格的风险控制措施以及专业管理团队，通过产品组合与创新，以向监管部门报备的低风险金融资产为基础资产，推出低风险人民币理财系列产品“金紫薇”理财产品，累计发售一千余期，为客户实现理财收益超过十亿元，理财规模稳居泰安各银行前列。

【电子银行业务】 2016 年，泰安银行已推出手机银行、网上银行、微信银行、直销银行、自助银行、短信银行等 9 大电子渠道，采用国内先进的软硬件加密技术，7*24 小时为客户提供转账汇款、生活缴费、理财购买、在线贷款、移动办公等几十项基本服务，还提供无卡取款、跨行资金归集、手机钱包、公交卡充值、生活圈等与生活息息相关的增值服务，并开通了支付宝、微信支付等快捷支付，让广大消费者足不出户就可享受到泰安银行功能丰富、操作简便、安全快捷的一站式金融服务。

【内部管理与精神文化建设】 2016 年，泰安银行逐步建立以风控为核心的管理机制和管控文化为目标，以建立健全全面风险管理体系、合规管理体系、内部控制体系为重点，加强风险管理政策与制度建设，健全完善风险治理架构，科学划分“三道防线”，严守风险管控底线，按照整体推进、层次清晰、重点突破的思路和规划开展全面风险管理体系各项目的建设工作，将提高制度执行力和风险管理有效性贯穿始终，逐步培育审慎的风险管理文化。

【大事记】 1 月 泰安银行核心业务系统成功切换升级。

4 月 泰安银行蝉联人民银行泰安市中心支行综合评价 A 级单位称号

11 月 泰安银行金融创新支持实体经济发展三十周年高峰论坛成功举办。

（王 莉）

附表 1

机构概况一览表

行长（或其他称谓的第一负责人）		副行长（或其他称谓的同级领导）	
展 鹏（董事长） 石占银（行 长） 史建国（监事长）		赵传迎 李志辉 李志辉 李成山 李成山 杨方步 王 琦 赵 阳 李 琳	
地址	山东省泰安市长城路 3 号	邮编	271000
网址	http://www.taccb.com/	客服电话	4006586588

附表 2

内设部门及分支机构一览表

年度	内设职能部门数量（个）	下设分支机构（个）					员工总人数（人）	
		总数	地市分行数	县区支行数	分理处、营业所数	储蓄所数		正式职工人数
2012 年	14	27	0	27	0	0	717	717
2013 年	15	29	0	29	0	0	1108	783
2014 年	16	33	0	33	0	0	1290	827
2015 年	21	42	0	42	0	0	1283	870
2016 年	21	61	0	26	0	0	1378	881

附表 3

主要统计指标 1

单位：亿元

项目 \ 年度	2012	2013	2014	2015	2016	2015 年同比增幅（%）
本外币资产总额	244.67	276.93	345.62	503.67	607.41	20.60
本外币存款余额	188.87	232.26	275.93	314.70	370.34	17.68
人民币存款余额	188.87	232.26	275.93	314.70	370.32	17.67
单位存款	86.14	101.71	117.14	105.65	137.40	30.05
储蓄存款	93.77	121.57	133.39	163.53	184.66	12.92
本外币贷款余额	108.88	126.58	141.34	165.15	193.06	16.90
人民币贷款余额	108.88	126.58	141.34	165.15	193.06	16.90
短期贷款	82.58	105.02	112.46	97.55	112.56	15.39
中长期贷款	5.68	10.59	22.84	57.89	68.47	18.28
票据融资	20.53	10.84	5.93	9.71	12.03	23.89
利润总额	2.63	2.54	3.06	3.36	3.91	16.37
不良贷款余额	1.95	3.5	3.6	3.78	3.75	-0.79
不良贷款占比（%）	1.80	2.76	2.52	2.29	1.94	-15.28

附表 4

主要统计指标 2

项目 \ 年度	2012	2013	2014	2015	2016	2016 年同比增幅（%）
单位结算账户（万户）	0.94	1.19	1.56	1.93	2.26	16.89
单位结算金额（亿元）	86.14	101.71	115.88	134.61	145.67	8.21
个人结算账户（万户）	36.54	45.07	50.75	64.19	78.35	22.07
个人结算金额（亿元）	9.54	12.3	15.16	30.55	33.08	8.28
信用卡发卡量（万张）	0	0	0	0.9	0.1	-88
信用卡消费额（亿元）	0	0	0	0.18	0.24	33.33

续表

年度 项目	2012	2013	2014	2015	2016	2016 年同比增幅（%）
企业网银客户（万户）	0.42	0.58	0.66	0.83	0.96	15.66
个人网银客户（万户）	1.51	3	4.31	5.46	6.69	22.52
手机银行客户（万户）	3.60	4.29	5.67	8.78	14.13	60.93
电话银行客户（万户）	0.17	0.19	0.32	1.52	2.34	53.95
现金自助设备（台）	76	129	141	191	208	8.90
营业网点（个）	27	29	33	42	61	45.24
自助网点（个）	32	43	48	62	68	9.68

附表 5

先进集体一览表

授奖单位	奖项名称	获奖集体
中国银行业监督管理委员会	中国银行业信息科技风险管理课题二类成果奖	泰安银行
中国银联	山东银行卡工作先进单位银联卡受理市场建设“成长奖”	泰安银行

枣庄银行股份有限公司

【第一负责人简介】 吕士伟，男，汉族，1964 年 2 月出生，中共党员，研究生学历，高级经济师。1984 年 7 月参加工作，2012 年 7 月，任枣庄银行股份有限公司党委书记、董事长。

【综述】 枣庄银行股份有限公司(以下简称“枣庄银行”)主动适应新常态，躬耕不辍，砥砺前行，始终围绕“我是正能量、我创新我转型我发展”的主线，深入推进战略转型，践行“服务下沉、服务渗透、服务覆盖”的三服务理念，各项业务稳步发展，有力地支持了实体经济的发展。截至 2016 年年末，全行共设置 17 个职能部室，下设济宁分行、菏泽分行和 26 家支行，员工总数 843 人。总资产 202.18 亿元，较年初增加 40.48 亿元，增幅 25.04%；总负债 183.16 亿元，较年初增加 39.35 亿元，增幅 27.36%；年增幅均位列全省城商行第四位。各项存款 153.20 亿元，较年初增加 19.68 亿元，增幅 14.74%，年增幅位列全省城商行第八位。各项贷款 103.84 亿元，较年初增加 15.33 亿元，增幅 17.32%，年增幅位列全省城商行第三位。其中，储蓄存款 82.16 亿元，较年初增加 26.96 亿元，增幅 48.83%，年增幅位列全省城商行第一位。实现经营利润 3.05 亿元，净利润 1.38 亿元。

【公司业务】 2016 年，枣庄银行通过科学规划资产规模，积极引导新业务对接推广，着力提高全行经济效益，推动公司业务再上新台阶。发挥优势做精做细，大力推进“大零售”转型。充分发挥地缘优势明显、经营体制活、决策链条短、决策效率高的优势，快速满足中小微企业的多元化金融需求。力推大额存单业务，公私联动，发展和巩固黄金客户群体，拓宽资金来源渠道，延伸服务领域和业务链条。主打“小精专特新”特色化服务。启动“小微信贷专项投放计划”，直销零售金融服务团队围绕“一链两圈三集群”主动开展“内涵式服务营销”，坚持做“精”品牌、做“专”业务、做“特”产品、做“深”服务、做“快”效率。主动对接地方经济转型战略，强化实体经济支持力度。坚持“合理安排信贷投放规模，科学把握信贷投放节奏”，支持工业转型振兴，不断加大对绿色信贷、工业技改、现代农业、现代服务业的金融支持，严把信贷准入关，完善“两高一剩”行业退出机制，合理调整贷款期限，提高资金配置使用效率。

【个人业务】 2016 年，枣庄银行不断加快金融创新的步伐，以客户为中心，强化风险管理，健全电子银行体系，丰富个人金融产品，借助产品的多元化、丰富化，实施零售转型。创新推出了“聚财通”系列存款产品，“幸福三金”、“幸福理财”广受市场欢迎。截至 2016 年年末，发行金融 IC 卡 31.7 万张，资金沉淀 20 亿元。依托幸福卡，推出“即时贷”个人循环贷款。“即时贷”系列业务为信用水平良好的高端客户群体，具有资金使用渠道广，放款手续便捷、贷款期限灵活、额度循环使用等特点。加强银企合作，深化民生服务力度。建立“惠生活”商圈，围绕市民工作、生活、娱乐、休闲等各环节，结合客户资源状况，积极开拓幸福卡消费优惠合作商户。截至 2016 年年末，建立合作关系的各类商家500余户，涉及大型的酒店餐饮、地方特色的旅游、喜闻乐见的影院、身边购物服装超市等。

【中间业务】 2016年，枣庄银行实现了由代理理财向自营理财的转变，理财中间业务收入实现零突破。截至2016年年末，国内结算业务、电子银行业务、理财业务、代收代付业务、代理资产、代理理财等代理业务收入等中间业务收入1579.59万元，同比增加567.17万元，增长56.02个百分点，占营业总收入的1.46%。在各项业务收入中，国内结算业务、借记卡业务收入、代理业务收入以及理财业务收入占中间业务收入的比重较高，分别为50.27%、19.37%、17.86%、12.15%。枣庄银行不断拓展中间业务经营范围，为客户提供更加贴心的金融服务。与枣庄人事考试中心合作，开展代缴考试报名费业务。与热力公司合作，开展代缴暖气费业务。拓展了代收业务合作地域，缴费地区拓宽至济宁市区、枣庄市中区、薛城区。与联通公司合作，代缴电话费业务。

【电子银行业务】 2016年，枣庄银行以幸福卡为载体陆续推出网上银行、手机银行、微信银行等电子银行业务功能，为了建立现代智能银行，不断完善了手机银行摇一摇转账、二维码收付款、小额免签等功能，不断满足客户资金交易掌上化的需求。设立了7*24小时自助银行，布放各类自助设备121台，截至2016年年底，电子银行签约户数已达到12万户，累计交易金额达162.9亿元。为了不断丰富电子银行产品，手机银行历经了三期升级改造，IC卡认证、扫一扫收付款，摇一摇转账、指纹认证等功能逐渐完善，网上银行历经全新改版，界面更加美观，功能更加丰富，逐渐实现了电子银行的安全化、专业化、人性化、智能化。

【内部管理与精神文化建设】 2016年，枣庄银行完善法人治理结构，健全科学的授权体系，明确职责边界，强化董事会的决策职能。以《商业银行资本管理办法》达标为直接目标，以风险管理能力全面提升为持续目标，建立全面风险管理体系。着力构筑“制度健全、执行有力、内控严密、持续有效”的案件防控体系，变事后处罚监督为事前辅导、防范，强化对支行的督导、引导，层层签订《案件防范工作责任书》和《安全保卫工作目标责任书》，强化责任意识，落实岗位责任。组织开展禁止性规定测试和场景式安保培训，提升全员案防知识水平，取得了全年“无案件、无责任事故”发生的明显成效，有效保障了全行安全稳健运行。

总行成立了幸福金融研究院。以提升五种能力、加快队伍转型为目标，全年组织中高层管理创新研修班、新新人幸福行等各类培训185次、受训2356人次，组织举办了枣庄银行第二届业务技能大赛，三支队伍快速成长。积极打造幸福家文化。先后组织了 “我爱我行”“秋天，我们一起来”“一起奔跑，留下我们的美”“我是正能量，我们一起前行”等丰富多彩的文化活动，充分彰显了员工青春正能量。

【大事记】 2月18日 枣庄银行召开资产负债管理委员会2016年度第一次会议。

3月1日 枣庄银行积极开展存款保险制度宣传活动。

3月22日 枣庄银行召开全面风险管理暨新资本管理办法建设项目启动会。

4月18日—30日 枣庄银行举办春季中高层管理创新研修班。

6月14日 枣庄银行启动“信用记录关爱日”宣传活动。

6月22日 枣庄银行菏泽分行与菏泽市人民政府战略合作签约仪式暨枣庄银行菏泽分行成立大会举行。

7月1日 枣庄银行举办2016年金融创新高端论坛。

8月2日 枣庄银行扎实开展“百号百企助百村”结对帮扶活动。

8月16日 枣庄银行举办业务技能大赛暨大堂经理风采展示决赛。

10月29日 枣庄银行董事长吕士伟出席全国地方金融二十次论坛(2016)年会——互联网金融与中小银行创新发展论坛并作主旨发言。

11月16日 枣庄银行牵手中国银行枣庄分行建立全面战略合作伙伴关系。

11月26日 枣庄银行顺利通过山东省标准化试点项目验收。

(张晨子)

附表1

机构概况一览表

<table>
<tr><td colspan="2">行长（或其他称谓的第一负责人）</td><td colspan="2">副行长（或其他称谓的同级领导）</td></tr>
<tr><td colspan="2">吕士伟</td><td colspan="2">樊印华 许太景 刘 永 崔 健 张德安 朱玉军</td></tr>
<tr><td>地址</td><td>山东省枣庄市市中区文化中路60号</td><td>邮编</td><td>277100</td></tr>
<tr><td>网址</td><td>http://www.zzbank.cc/</td><td>客服电话</td><td>4006896196</td></tr>
</table>

附表 2

内设部门及分支机构一览表

年度	内设职能部门数量（个）	下设分支机构（个）					员工	
		总数	地市分行数	县区支行数	分理处、营业所数	储蓄所数	总人数（人）	正式职工人数
2012年	9	16	0	16	0	0	459	372
2013年	12	18	0	18	0	0	567	460
2014年	15	22	0	22	0	0	683	577
2015年	17	24	1	23	0	0	737	638
2016年	17	28	3	25	0	0	843	687

附表 3

主要统计指标 1

单位：亿元

项目＼年度	2012	2013	2014	2015	2016	2016年同比增幅（%）
本外币资产总额	99.2	124.15	137.45	161.70	202.18	25.04
本外币存款余额	90.49	112.03	120.05	133.52	153.2	14.74
人民币存款余额	90.49	112.03	120.05	133.52	153.2	14.74
单位存款	63.15	74.33	73.03	78.32	71.04	-9.3
储蓄存款	27.2	37.56	47.02	55.20	82.16	48.84
本外币贷款余额	60	72.21	77.86	88.51	103.84	17.32
人民币贷款余额	60	72.21	77.86	88.51	103.84	17.32
短期贷款	40.46	56.2	60.11	68.90	82.15	19.37
中长期贷款	1.85	1.81	5.4	7.90	9.75	23.47
票据融资	17.68	14.2	12.35	11.71	10.27	-12.81
利润总额	1.46	1.87	2.37	1.89	1.83	-3.17
不良贷款余额	1.06	1.72	2.18	3.25	2.95	-0.31
不良贷款占比（%）	1.76	2.38	2.8	3.67	2.84	-0.84

附表 4

主要统计指标 2

项目＼年度	2012	2013	2014	2015	2016	2016年同比增幅（%）
单位结算账户（万户）	0.3	0.38	0.48	0.52	0.77	48
单位结算金额（亿元）	40.99	45.74	33.74	11.97	19.98	66.92
个人结算账户（万户）	9.65	11.95	20.47	41.41	49.72	20
个人结算金额（亿元）	4.3	5.72	7.53	32.13	27.55	-14.25
信用卡发卡量（万张）	—	—	—	—	—	—
信用卡消费额（亿元）	—	—	—	—	—	—

续表

年度 项目	2012	2013	2014	2015	2016	2016 年同比增幅（%）
企业网银客户（万户）	—	0.09	0.15	0.21	0.30	43
个人网银客户（万户）	—	1.13	3.20	5.30	6.53	23
手机银行客户（万户）	—	0	0.75	2.86	5.19	81
电话银行客户（万户）	—	—	—	—	—	—
现金自助设备（台）	—	19	58	120	121	0.8
营业网点（个）	16	18	22	24	28	17
自助网点（个）	—	11	15	32	71	122

附表 5

先进集体及个人一览表

授奖单位	奖项名称	获奖集体
金融时报社、 中国社科院金融研究所	2016 年中国最佳零售金融中小银行	枣庄银行
山东省发展和改革委员会 山东省质量技术监督局	山东省服务标准化试点单位	枣庄银行
山东省银行业协会	四星级网点	总行营业部
授奖单位	奖项名称	获奖个人
山东省总工会	山东省富民兴鲁劳动奖状	吕士伟

天津银行济南分行

【第一负责人简介】　姚志坚，男，1970 年 3 月出生，中共党员，政工师。其先后获“2014 年天津市五一劳动奖章”、2011 年、2014 年度济南市市中区“劳动模范”和“金融商务领军人才”、“影响济南”年度经济人物等多种荣誉与表彰，现任天津银行济南分行党委书记、行长。

【综述】　天津银行济南分行自 2010 年 5 月 28 日成立以来，牢固树立发展的责任意识和紧迫意识，以建设“好银行”为目标，不断深化改革，加强创新，健全管理和内控机制，提高防范风险的能力，在社会各界的大力支持下取得了长足的发展。

【公司业务】　2016 年，天津银行济南分行通过积极进行名单制营销、加强公私联动不断推动授信客户、结算业务客户、中小企业客户开户数量的迅速增加，实行差别化服务，全力促进负债业务的良性发展。同时，大力拓展国家重点支持行业，严格控制产能过剩的钢铁、电解铝、铁合金、焦炭、水泥等行业的客户授信，不断优化信贷资产结构，加大对中小企业信贷支持力度，完善贷款定价机制，强化贷款价格的分类控制，资产质量保持优秀。一是深化落实名单制营销，将名单制营销纳入考核体系，加大客户开发力度，并通过积极创新增存模式，推动存款稳步增长。二是积极探索市场、园区合作，开展对小微型企业营销。自 2015 年 11 月针对维尔康水产市场开发的特色产品“冻品贷”业务开展以来，已落地 43 笔，金额 4195 万元，目前该产品无任何不良、欠息等情况，真正实现了本地区域化优质资源集中进驻、特色营销，并充分发挥公私联动作用，将专业市场做出特色、做出亮点。三是面对复杂多变的经济环境，开拓思维，多策并举，依托债权融资计划，帮助企业拓宽融资渠道，降低融资成本，助力全省基础设施建设。

【个人业务】　2016 年，天津银行济南分行大力发展个人业务。一是发起个人业务旺季营销活动，带动储蓄存款日均新增 3.46 亿元、理财销售 10.2 亿元、保险销售 7560 万元、个贷发放

6.48亿元;借助2016年山东地区房地产市场交易火爆契机,全力发展一手房按揭贷款业务,全年累计发放房贷14.93亿元。二是加强公私联动、交叉营销,提高个贷综合收益率。截至2016年年末,个贷客户个人金融资产日均达6亿元,以明显优势位居全行首位。信用卡全年新增3078张,领先系统第二名851张位列第一,信用卡分期交易额及中间业务收入全面完成总行任务。

【风险管理】 2016年,天津银行济南分行围绕业务经营,以防控风险为重点,加强内部控制和安保案防。一是加强安全保卫队伍建设。根据总行《营业网点安全员管理制度》要求,整合安保人员力量,对各分支机构安全责任人、安全员进行了整编。二是加强安全培训,开展了"安全生产月"安防培训、案例宣讲培训、新入职大学生安全知识培训等,组织各条线、岗位人员每季进行安保考试,做到安全防范无死角。三是按季度进行安防、消防预案演练,并多次开展防电信诈骗、反恐,防抢、防盗等预案演练,有效提升突发事件应对能力和案防能力。四是强化各项检查,包含支行范围内的自查和互查,分行全方位检查和抽查等,并严格按照规章制度进行考核和奖惩。五是完善规范安全保卫工作制度,下发《安全保卫绩效考核办法》《安全评估评标准》《自助设备安全防范制度》《义务消防队组织构架应急预案办法》《安全员质量奖》等管理办法,实现安保工作制度流程化、操作具体化。

【内部管理与精神文化建设】 2016年,天津银行济南分行在用人导向上坚持"给想干事者以机会、给能干事者以舞台、给干成事者以平台";在人才使用上坚持"业务一线出干部""能者上、庸者下、劣者汰";在人员管理上坚持"按考核定级别,能上能下"、"按岗位定工资、以岗取酬"。

一、人员综合素质持续优化。一是将2016年定为"合规培训考试年",通过开展岗位职责梳理,明确每名员工的岗位职责、操作流程和工作要点,将具体工作流程化、风险管理精细化,切实提高工作效率,堵塞风险漏洞。二是通过对前台柜员、新入行员工和客户经理的培训考试,进一步提升了员工的业务能力和综合素质。三是选派分行服务骨干至总行现场学习、遴选优秀网点参与总行转型工作、调整完善考核激励机制,实现厅堂人员营销水平及服务水平的双提升其中,泉景天沅社区支行获普惠金融示范网点荣誉称号、济南分行营业部获网点转型先进支行荣誉称号

二、不断加强企业文化建设。2016年,天津银行济南分行坚持"文化兴行"战略,积极履行社会责任。一是开展丰富多彩的党群活动。组织党员领导干部、各重点岗位人员、关键部位员工观看警示教育片,前往"刘集党支部"接受红色教育,先后开展了"为党旗增辉、做合格党员"演讲比赛、"党章、两学一做测试"、"戴党徽、强服务" 等活动,切实改进领导班子及班子成员工作作风。二是加强金融文化建设。组织举办第三届业务技能比赛,激发了广大员工学技术、练技能、爱岗位、比贡献的热情,营造了行内"人人争当技术能手"的学习氛围。组织开展"庆三八,享自然之美,品峡谷之幽"户外穿越、"津彩无限,梦想起航"文艺汇演及"青春无畏洒激情,逐梦天行共成长"第二届职工运动会等活动,有效提升整体凝聚力和向心力。持续做好爱心基金的维护和落地工作,将分行大家庭的爱延伸至每名困难员工身边。开展"献血我为先,温暖注心田"志愿无偿献血活动,献血总量超过5000毫升。组织开展慈善捐款活动,捐款1.2万余元。三是争创青年文明号,号召全行青年立足岗位,以优质的服务、突出的业绩在各业务条线发挥生力军作用。四是组织开展"播种绿色,收获希望"为主题的植树活动,增强了员工爱心奉献、服务社会的热情。

【大事记】 2月26日 天津银行济南分行前往商河县房家村开展元宵佳节送温暖活动。

3月12日 天津银行济南分行在山青世界开展植树活动。

5月20日 天津银行烟台分行正式开业。

5月30日 天津银行聘任张维东为济南分行副行长、风险总监(兼),聘任张万良为济南分行副行长,聘任程晓琴为济南分行行长助理(天银任〔2016〕8号)。

6月12日 天津银行济南盖世物流小微支行开业。

6月17日 天津银行济南分行成功举办 "活力青春 逐梦天行"烽火篮球赛。

7月28日 天津银行济南时代总部小微支行开业。

10月 天津银行济南分行举行第二届职工运动会。

11月8日 天津银行济南卢浮宫馆社区支行开业。

11月30日 天津银行济南分行机构改革完毕。

12月1日 天津银行济南阳光100社区支行开业。

(王英姿)

附表1

机构概况一览表

行长(或其他称谓的第一负责人)		副行长(或其他称谓的同级领导)	
姚志坚		刘亚军 张维东 张万良 程晓琴(行长助理) 申凤玲(纪委书记)	
地址	山东省济南市市中区经十路20999号	邮编	250001
网址	http:// www.bankoftianjin.com/	客服电话	4006960296

附表 2

内设部门及分支机构一览表

年度	内设职能部门数量（个）	下设分支机构（个）					员工总人数（人）	
		总数	地市分行数	县区支行数	分理处、营业所数	储蓄所数		正式职工人数
2012 年	17	3	0	2	1	0	173	154
2013 年	20	5	0	4	1	0	246	208
2014 年	20	9	2	6	1	0	367	319
2015 年	19	12	3	8	1	0	525	470
2016 年	20	14	4	9	1	0	657	592

附表 3

主要统计指标 1

单位：亿元

项目 \ 年度	2012	2013	2014	2015	2016	2016 年同比增幅（%）
本外币资产总额	182.04	324.06	396.63	485.20	502.59	3.58
本外币存款余额	122.93	157.65	209.87	277.15	301.68	8.85
人民币存款余额	122.82	156.45	208.61	276.70	301.46	8.95
单位存款	119.14	150.93	199.74	228.69	248.33	8.59
储蓄存款	3.6	6.72	10.13	18.06	18.13	0.39
本外币贷款余额	79.17	110.21	158.12	200.40	285.5	42.47
人民币贷款余额	77.83	106.49	156.8	198.22	285.37	43.97
短期贷款	72.2	81.57	131.27	142.26	235.38	65.46
中长期贷款	4.38	11.24	26.85	28.03	47.47	69.34
票据融资	2.59	13.65	42.6	29.66	2.5	-91.57
利润总额	2.99	4.61	6.2	10.14	12.19	20.22
不良贷款余额	0	0	0.31	0.91	3.31	263.74
不良贷款占比（%）	0	0	0.20	0.45	1.16	157.78

附表 4

主要统计指标 2

项目 \ 年度	2012	2013	2014	2015	2016	2016 年同比增幅（%）
单位结算账户（万户）	0.1467	0.19	0.23	0.36	0.34	-5.56
单位结算金额（亿元）	1441	2154	1982	1043	1402.89	34.51
个人结算账户（万户）	0.31	0.85	2.31	4.69	7.91	68.66
个人结算金额（亿元）	1.87	2.23	7.9	165.59	220.54	33.18
信用卡发卡量（万张）	0.14	0.32	0.47	0.79	1.10	39.24
信用卡消费额（亿元）	0.30	1.21	2.68	5.03	8.38	66.6

续表

项目 \ 年度	2012	2013	2014	2015	2016	2016年同比增幅（%）
企业网银客户（万户）	0.05	0.07	0.10	0.20	0.93	365
个人网银客户（万户）	0.05	0.23	0.62	1.64	1.79	9.15
手机银行客户（万户）	0	0.26	0.35	1.55	1.8	16.13
电话银行客户（万户）	0	0	0	0	0	—
现金自助设备（台）	6	10	23	46	60	30.43
营业网点（个）	3	5	10	20	24	20
自助网点（个）	0	0	0	3	0	—

附表5

先进集体及个人一览表

授奖单位	奖项名称	获奖集体
山东省财贸金融工委	山东省财贸金融系统五一劳动奖状	天津银行济南分行
山东省财贸金融工委	山东省金融系统工会财务工作先进单位	天津银行济南分行
山东金融工委	山东金融系统银行证券保险综合业务技能竞赛（银行类）优秀组织奖	天津银行济南分行
人民银行济南分行	人民银行济南分行《山东金融年鉴》编辑一等奖	天津银行济南分行
山东金融团工委	山东金融系统“双提升”活动优秀青年精品工作项目奖项	天津银行济南分行团委
天津银行总行	天津银行先进党组织	天津银行济南分行
山东省财贸金融工委	山东省财贸金融系统工会工作先进单位	天津银行泰安分行
授奖单位	奖项名称	获奖个人
山东银监局	山东银监局2015年度重点研究课题一等奖	姚志坚
山东企业家协会	第十八届济南市优秀企业家	姚志坚
山东省财贸金融工委	山东省财贸金融系统优秀工会工作者	张维东
天津银行总行	天津银行优秀共产党员	张万良
山东企业家协会	济南市企业管理先进工作者	程晓琴

北京银行济南分行

【第一负责人简介】 魏昱，男，现年42岁，浙江大学(原杭州大学) 金融学本科毕业，2007年取得北京大学工商管理硕士学位。历任广发银行余杭支行副行长、广发银行佛山分行副行长、广发银行余杭支行行长、中信信托有限责任公司投行一部副总经理、北京银行杭州分行风险管理部总经理、行长助理、北京银行总行信用审批部副总经理，现任北京银行济南分行行长。

【综述】 北京银行济南分行是北京银行设在山东的省级管辖行，目前拥有二家异地分行，三家异地工作室，13 家同城支行、18 家社区支行和数十处自助银行，员工 600 余人。

【公司业务】 2016 年，北京银行济南分行公司业务均衡发展，资产结构更加优化。一是投行业务保持市场领先，发债规模达 191 亿，居北京银行外埠分行首位。2016 年，该行共办理投行业务 58 个，实现投行中收 2.17 亿元，派生存款 30 亿元。二是通过自持、代理投标等多种方式承销省地方债等业务，进一步加深了银政合作关系，共计承销山东省地方债 54 亿元，带动增加省市两级财政存款 33 亿元，地方债承销额和新增财政存款均居外埠分行前列。三是传统资产业务规模持续扩大，为中国重汽、鲁西化工、高新万达等省内重点企业提供融资超 100 亿元；深耕济南本地市场，与济南市城投、旧投、西城、滨河四大平台公司全部建立战略合作关系，共计为现代泉城建设实际投放融资 100 亿元。四是中小微业务稳健发展，国标小微贷款余额等四项考核指标完成总行指标，投贷联动、网速贷、LPR 放款均超额完成任务。同时，借助 " 营改增 " 的有利时机，率先推广法人按揭业务，帮助企业同时实现避税和融资目标，取得了良好的市场反响。

【个人业务】 2016 年，北京银行济南分行零售业务快速发展，市场份额显著提升。一是个人贷款突破 150 亿元大关，年内新增 47.4 亿元，指标完成率达 182%，济南市场排名第六位，仅次于工、农、中、建行和邮储银行。二是零售资金量实现了历史性突破，首次突破 100 亿元，年内新增 39.9 亿元，指标完成率达 143%，储蓄存款市场份额、排名双提升。三是优化了社区支行管理模式，社区支行贡献大幅提升。截至 2016 年年末，社区支行资金余额 13.66 亿元，较年初新增 8.3 亿元。四是私人银行业务有效提升，全年新增私行及潜力私行客户 277 户。家族信托新增资金 1.8 亿元，增长率居外埠分行首位。五是储蓄源头进一步拓宽，新增代发客户 99 户，指标完成率达 176%。六是电子银行、信用卡等指标均超额完成总行指标。

【国际业务】 2016 年，北京银行济南分行国际业务逆市上扬，在省内国际业务市场严重萎缩的情况下，该行依托存贷盈、代付盈等拳头产品，成功拓展富士康、汇丰石化等进出口客户，外汇存款新增 3.4 亿元，同比增幅 20%；结算量实现 26.37 亿美元，同比增幅 24%。

【同业业务】 2016 年，北京银行济南分行在同业业务方面主要做了以下工作：一是传统票据业务继续保持优势，截至 2016 年年末，该行共办理票据业务 188 亿元，实现利润 1.76 亿元。同时，储备各类票据业务 36 亿元，为 2017 年“开门红”奠定了基础。二是结构性融资快速增长，全年净增 95.64 亿元，成为该行新的利润增长点，余额位列外埠分行前列。三是同业资金业务规模稳步提升，进一步丰富了同业利润来源。截至 2016 年年末，办理存放同业 533 亿元、同业存放 370 亿元，实现利润 6500 万元，同比增长 216%。

【电子银行业务】 2016 年，北京银行济南分行以“互联网 + 渠道”构建智能网络、以“互联网 + 产品”实现精准营销，以“互联网 + 服务”营造极致体验为终极目标，把握技术发展新进步和客户服务新需求，增强大数据采集应用能力，搭建专业协同、高校联动、线上线下一体化的金融服务平台，探索全周期、全天候、全景式的智慧金融模式。创新推出涵盖第三代智能手机银行、二维码收单、移动收单平台、定慧盈、大额存单等 50 余项新产品和服务，塑造电子银行“获客 + 活客”业务发展新模式。

【内部管理与精神文化建设】 2016 年，北京银行济南分行积极开展文化建设。一是以“两学一做”学习教育为主线，切实发挥党支部战斗堡垒作用和党员先锋模范作用。二是出台了一系列强化内部管理、业绩考核的政策措施，切实将纪律和规矩挺在前面，坚决贯彻以“业绩论英雄”的考核导向。三是推进机构建设，潍坊分行、聊城冠县支行、章丘山水泉城支行顺利开业，青岛、东营工作室相继成立，形成了较为完善的机构服务网络。四是争创“千佳”提升服务软实力。季度服务排名在总行均位列三甲，五个网点在服务评比中获满分。五是扎实开展争先创优活动。千佛山支行、舜耕支行荣升市级文明单位；千佛山支行、聊城分行获评市级青年文明号；四位员工分获全国金融青年岗位能手、省级优秀共青团干部、省级青年服务明星等荣誉称号。六是建设家园文化，通过工会、团委等载体创办 9 个兴趣小组，进一步活跃了员工业余文体生活。

【大事记】 1 月 16 日 荣宝京行艺术馆开馆仪式在北京银行济南分行成功举办。荣宝京行艺术馆是北京银行与荣宝斋联手打造的高端文化艺术空间，是济南分行“文化金融”品牌的战略延伸。

3 月 10 日—11 日 聊城冠县支行、济南山水泉城支行相继开业运营。聊城冠县支行是分行首家由异地二级分行设立的县域支行，也是北京银行系统内首家在长江以北设立的县域支行。济南山水泉城支行是分行在章丘设立的第二家支行，也是济南第十家同城支行。

7 月 8 日 北京银行济南分行与济南旧城开发投资集团签署了全面战略合作协议。此次签约，在拓宽与平台企业全面合作的同时，也有利于双方共同为建设新泉城做出贡献。

8 月 24 日 时光艺术之城在济南西站东广场惊艳亮相。北京银行济南分行受邀参加开馆仪式，并与山东西域时光文化投资有限公司签署了战略合作仪式。双方就客户资源共享、艺术品融资、艺术品拍卖、展览合作及艺术品保管等达成共识。

9 月 北京银行济南分行携手荣宝斋、央视《百年巨匠》栏目组举办了“《百年巨匠》近现代大师书画展”。9 月 14 日，中央电视台新闻频道《新闻直播间》栏目对此进行了特别报道。

12 月 23 日 北京银行济南分行参展首届山东金融博览会暨金融 + 实体经济高峰论坛。

（季 玮）

附表 1

机构概况一览表

行长（或其他称谓的第一负责人）		副行长（或其他称谓的同级领导）	
魏 昱		孔海涛 田 宏 方 宜	
地址	山东省济南市经十路 11890 号	邮编	250014
网址	http://www.bankofbeijing.com.cn/	客服电话	（0531）82036666

附表 2

内设部门及分支机构一览表

年度	内设职能部门数量（个）	下设分支机构（个）					员工总人数（人）	
		总数	地市分行数	县区支行数	分理处、营业所数	储蓄所数		正式职工人数
2012 年	—	4	4	0	0	0	219	219
2013 年	—	6	5	1	0	0	274	274
2014 年	—	10	9	1	0	0	335	335
2015 年	13	12	10	2	0	0	438	438
2016 年	13	15	13	2	0	0	521	521

附表 3

主要统计指标 1

单位：亿元

项目 \ 年度	2012	2013	2014	2015	2016	2016 年同比增幅（%）
本外币资产总额	299.13	298.27	351.59	687.35	568.81	-17.25
本外币存款余额	88.4	143.25	212.48	279.12	372.5	33.46
人民币存款余额	87.09	141.13	209.61	273.36	363.19	32.86
单位存款	80.66	129.44	190.61	247.28	330.56	33.68
储蓄存款	6.43	11.69	19	26.08	32.63	25.12
本外币贷款余额	117.5	178.26	223.2	343.82	416.55	21.15
人民币贷款余额	110.66	168.87	214.4	330.52	403.44	22.06
短期贷款	84.84	119.38	136.41	121.55	152.86	25.76
中长期贷款	25.72	41.84	64.48	132.34	206.47	56.01
票据融资	0.1	7.65	13.51	76.63	44.11	-42.44
利润总额	1.45	2.28	3.8	6.67	6.17	-7.50
不良贷款余额	0	0.34	1.58	2.11	4.62	118.96
不良贷款占比（%）	0	0.19	0.71	0.61	1.11	81.97

附表 4

主要统计指标 2

项目 \ 年度	2012	2013	2014	2015	2016	2016 年同比增幅（%）
单位结算账户（万户）	0.12	0.20	0.25	0.26	0.28	7

续表

项目＼年度	2012	2013	2014	2015	2016	2016 年同比增幅（%）
单位结算金额（亿元）	88	143	193	253	333	32
个人结算账户（万户）	3.38	6.31	11.05	17.09	22.72	33
个人结算金额（亿元）	9.37	21.01	42.37	67.78	104.56	54.3
信用卡发卡量（万张）	0.82	0.92	1.84	2.61	2.55	-2.29
信用卡消费额（亿元）	3.21	8.01	15.97	24.82	23.42	-5.64
企业网银客户（万户）	0.05	0.09	0.13	0.15	0.16	11
个人网银客户（万户）	1.38	2.43	6.32	10.25	12.85	25.36
手机银行客户（万户）	0.06	0.70	1.68	3.22	6.06	88.28
电话银行客户（万户）	0.05	0.57	1.58	2.13	2.2	3
现金自助设备（台）	24	39	66	81	98	21
营业网点（个）	4	6	10	12	15	25
自助网点（个）	8	12	12	16	18	12.5

附表 5

先进集体及个人一览表

授奖单位	奖项名称	获奖集体
北京银行	"龙飞凤舞"大奖	济南分行
北京银行	指标完成奖	济南分行
北京银行	战略转型奖	济南分行
北京银行	中间业务奖	济南分行
北京银行	赢在网点转型奖	济南分行
授奖单位	奖项名称	获奖个人
中央金融团工委	全国金融青年岗位能手	谢瑞莹
共青团山东省委	省级优秀共青团干部	崔　斌

河北银行青岛分行

【第一负责人简介】　马照辉，男，汉族，1970 年 8 月出生，河北省石家庄市人，中共党员，硕士研究生，现任河北银行股份有限公司青岛分行行长、党委书记。曾先后担任石家庄市商业银行矿区支行行长；河北银行建华南大街支行行长、保定分行行长，多次获得全行"先进工作者""优秀共产党员"等荣誉称号。

【综述】　2016 年，河北银行青岛分行按照"一个转变、两条渠道、三驾马车"的发展主线要求，坚持"稳健、责任、规矩"的风险防控理念，秉持业务开拓与内部管理并重的原则，克服困难，抢抓机遇，奋发作为，各项业务取得了健康发展。

【公司业务】　2016 年，河北银行青岛分行一是大力发展投行业务，截至 2016 年年末，河北银行青岛分行投行业务发生额 18.3 亿元，实现投行中收 1861 万元。万达东方影都 10 亿元结构化融资业务成功出账和日照港集团有限公司 3 亿元理财直融工具成功发行，已与市级四家政府平台全面建立了业务合作，金额高达近35亿元。二是优化存款结构。实施产品带动，先后为20家重点客户办理结构化存款26.27亿元。另外，积极开展以结算性存款、非授信客户营销为主题的综合营销活动，共新开立结算账户109个。三是国际业务特色化发展。成功与青岛港签订了合作协议，积极推动"银港通"业务和信保融资业务。四是通过新产品业务提高收益。共销售对公理财19.07亿元，同业理财14亿元，办理同业存款5.65亿元，销售额均居系统首位。在资产业务方面，除基本授信业务，已经覆盖结构化融资、资产证券化、理财直融工具、同业投资、基金托管、债权融资计划等新业务。

【零售业务】　2016年，河北银行青岛分行一是批量项目带动个贷规模增长。个贷业务连续两年实现跳跃式发展。截至2016年年末，共40个个贷批量项目纳入营销推动表管理，推动个贷余额2015、2016连续两年分别增长4.77亿元、9.63亿元。二是理财产品带动基础客群增长。2016年，分行发售专属理财13期，金额 2.85亿元，其中客户新资金为1.9亿元，新增中高端客户1054户，实现拉动新客户与新资金的双增长。三是提升服务质量。为进一步提高网点服务管理质量和水平，开展"服务质量提升季"活动，推动服务制度标准化，持续开展班子巡视活动，切实从网点卫生环境、员工仪容仪表、服务礼仪等方面提升客户满意度。四是拓展渠道业务。成功拓展与阳光人寿保险青岛分公司的业务合作渠道，保险兼业代理业务资格实现由一家到全网点覆盖，同时，实现了网上银行渠道便民缴费业务上线。

【小微业务】　2016年，河北银行青岛分行小微业务发展整体向好。一是建设小微特色支行。打造即墨小微特色支行，鼓励支行立足本地，深入周边专业市场，运用支行授权打造快捷高效的市场口碑，通过"快速贷、年审贷"等特色产品打造市场竞争力，成效显著。2016年，即墨小微特色支行贷款余额1.88亿元，较年初增加7165万元。二是建立业务督导推动机制。通过深化营销宣传，建立"周、旬、月"业务督导机制。截至2016年年末，小微贷款余额4.35亿元，小企业客户结算率完成率达到513%，在系统机构中排名第1位。

【金融稳定】　2016年，河北银行青岛分行不断增强风险防控能力。一是优化贷款结构。截至2016年年末，最大十家客户贷款余额占比较年初下降10.87%；退出授信敞口6.1亿元，较年初降低2.37%。二是对风险管控薄弱环节进行了改进。对操作风险较高的账易贷、应收账款质押等产品进行了优化。对面签、评估机构管理、押品管理办法进行了改进，对贷后管理进行了强化。坚持不懈抓好案防和安保工作。全年未发生重大案件和责任事故，实现了安全稳健运营。三是多措并举防范操作风险，培养风险文化及合规意识，进一步加强案防教育，加大查处力度，严格责任追究。

【内部管理与精神文化建设】　2016年，河北银行青岛分行持续加强队伍建设，成效显著。一是坚持"请进来，走出去"，加大骨干人才培养力度，坚持将好的经验做法请进来丰富员工培训体系，在2016年青岛市金融系统银行证券保险综合业务技能竞赛中，青岛分行代表队凭借过硬的操作技能获团体三等奖，并斩获多个个人奖项；坚持在工作实践中抓住机会走出去，在2016年山东省金融理财师专业大赛中，青岛分行理财师团队获得包括"优胜理财师团队""优秀理财师一等奖"等在内的5个奖项。二是结合企业文化和作风建设，扎实开展青年文明号创建等团队精神构建活动。积极引导员工树立团结协作的作风，树立团队"比、学、赶、帮、超"的良性竞争氛围，2016年，青岛大尧三路社区支行被青岛银监局、共青团青岛市委授予青岛市金融业"青年文明号"荣誉称号，青岛莱西支行被莱西市监管部门授予莱西市金融业"青年文明号"荣誉称号。三是大力开展品牌建设，树立形象。抓住行庆契机加强宣传营销，扩大品牌影响，通过组织海滨健步接力走竞赛、"行庆杯"足球赛等系列企业文化宣传活动及分支行联动举办行庆主题广场舞大赛、汉字大赛等厅堂营销宣传活动，向青岛市民展示和宣传企业形象，扩大知名度，树立"朋友金融"服务品牌。其中，青岛啤酒节系列营销活动为河北银行在青品牌形象树立进行了有益的尝试，有力传播了河行品牌文化。

（闫　伟）

附表1：

机构概况一览表

行长（或其他称谓的第一负责人）		副行长、行长助理（或其他称谓的同级领导）	
马照辉		张　鹏　聂双双　温宏亮	
地址	山东省青岛市市南区香港中路61号乙远洋大厦A座1层、5层	邮编	266071
网址	—	客服电话	（0532）66985080

附表 2

内设部门及分支机构一览表

年度	内设职能部门数量（个）	下设分支机构（个）					员工总人数（人）	
		总数	地市分行数	县区支行数	分理处、营业所数	储蓄所数		正式职工人数
2012 年	11	2	1	1	0	0	104	87
2013 年	11	4	1	3	0	0	145	101
2014 年	11	8	1	7	0	0	198	135
2015 年	11	9	1	8	0	0	208	153
2016 年	11	11	1	10	0	0	207	162

附表 3

主要统计指标 1

单位：亿元

项目＼年度	2012	2013	2014	2015	2016	2016 年同比增幅（%）
本外币资产总额	27.81	42.97	45.44	60.79	73.08	20.22
本外币存款余额	26.43	40.90	43.61	42.79	55.72	30.22
人民币存款余额	26.39	40.89	41.20	42.78	55.68	30.15
单位存款	23.88	37.50	38.72	37.28	48.47	30.02
储蓄存款	2.51	3.39	2.48	5.50	7.21	31.09
本外币贷款余额	23.12	31.84	39.74	61.13	63.01	3.08
人民币贷款余额	22.08	29.18	27.32	58.09	61.75	6.3
短期贷款	17.30	19.44	15.15	30.15	23.07	-23.48
中长期贷款	4.78	9.74	12.17	27.94	38.68	38.44
票据融资	1.05	0.41	6.15	1.00	10.98	998
利润总额	0.06	0.43	-1.21	-0.15	0.28	286.67
不良贷款余额	0.00	0.05	2.48	1.95	1.95	0
不良贷款占比（%）	0.00	0.16	6.24	3.19	3.09	-0.1

附表 4

主要统计指标 2

项目＼年度	2012	2013	2014	2015	2016	2016 年同比增幅（%）
单位结算账户（万户）	0.04	0.07	0.08	0.09	0.16	77.78
单位结算金额（亿元）	—	—	—	—	—	—
个人结算账户（万户）	0.24	0.62	1.15	2.39	3.69	54.39
个人结算金额（亿元）	—	—	—	—	—	—

续表

项目＼年度	2012	2013	2014	2015	2016	2016年同比增幅（%）
信用卡发卡量（万张）	0.00	0.15	0.40	0.00	0.01	—
信用卡消费额（亿元）	0.02	0.31	2.60	3.63	3.30	-9.09
企业网银客户（万户）	0.02	0.03	0.04	0.04	0.05	25.00
个人网银客户（万户）	0.10	0.24	0.48	0.91	1.90	108.79
手机银行客户（万户）	—	0.06	0.07	0.26	2.00	669.23
电话银行客户（万户）	—	—	—	—	—	—
现金自助设备（台）	6	10	18	20	22	10.00
营业网点（个）	2	4	8	9	10	11.11
自助网点（个）	2	4	8	9	10	11.11

附表5

先进集体及个人一览表

授奖单位	奖项名称	获奖集体
中国银行业协会	三星级网点称号	河北银行青岛分行营业部
中国金融工会青岛工作委员会	青岛市金融系统银行综合业务技能竞赛团体三等奖	河北银行青岛分行
共青团青岛市委、青岛银监局	2015—2016年度青岛市金融业“青年文明号”	河北银行青岛大尧三路社区支行
授奖单位	奖项名称	获奖个人
中国金融工会青岛工作委员会	青岛市金融系统银行综合业务技能竞赛手工技能项目三等奖	黄　峰
中国金融工会青岛工作委员会	青岛市金融系统银行综合业务技能竞赛零售技能项目三等奖	梁　芮
中国金融工会青岛工作委员会	青岛市金融系统银行综合业务技能竞赛对公技能项目三等奖	隋　妍

第七部分

农村合作机构

山东省农村信用社联合社

【第一负责人简介】 王献玲，男，汉族，中共党员，1962 年 12 月出生，山东菏泽定陶人，1983 年 7 月毕业于北京大学哲学系。历任菏泽师专教师、团总支书记，泰安市委宣传部理论教育科科长，泰安市供销社副主任、党委委员，省供销合作社联合社理事会副主任、党组成员，潍坊市委常委、副市长、市政府党组成员、市政府党组副书记、潍坊高新技术开发区党工委书记、潍坊市委副书记。2016 年 12 月起，任山东省农村信用社联合社党委书记、理事长。

【综述】 2016 年，面对宏观经济持续下行，产业结构加速调整，市场竞争日趋激烈，整个银行业普遍存在风险持续暴露，不良贷款不断攀升，利润增速放缓等严峻复杂的经济金融形势，山东省全省农商银行顶住压力，全面完成银行化改革，各项业务稳健发展，质量效益基本稳定，风险防范能力明显增强，各项重点工作扎实推进，改革发展迈出坚实步伐。

【内部改革】 2016 年，山东省农商银行全部挂牌开业，银行化改革工作全面完成，是继安徽、湖北、江苏之后全国第 4 家完成银行化改革的省份。通过银行化改革，现代商业银行制度框架初步确立，法人治理取得初步成效，法人机构履职能力和服务水平进一步提高。

【经营管理】 2016 年，山东省农村信用社联合社（以下简称“省联社”）坚持服务“三农”的市场定位，进一步提高金融服务水平，提质增效，各项业务持续稳健发展。截至 2016 年年末，存贷款市场占有率连续十二年稳居全省银行业金融机构首位；涉农贷款余额达 6814 亿元，余额、增加额连续 11 年在全省金融机构以及全国同行业排名第一；小微企业贷款余额 4051 亿元，占各项贷款余额的 41.95%。不良贷款余额 271.7 亿元，占比 2.81%，分别较年初增加 5.57 亿元和下降 0.1 个百分点。2016 年实现各项收入 977 亿元，实现利润 196 亿元，成本收入比 38.56%。全省统算资本充足率达 13.28%，较年初提高 2.78 个百分点。拨备覆盖率 167%，较年初提高 17 个百分点。

【信息科技建设】 2016 年，省联社大力推进信息科技建设，不断强化内部管理，科技服务水平再上新台阶。核心银行系统转型升级工程实施项目全面启动，金融服务平台、理财业务系统、资金业务系统等 110 个项目成功上线，上线数量创历史新高。建设了移动应用安全管理平台，实现 49 家法人机构移动应用的安全接入，累计完成济南社会保障卡、青岛网银代缴非税收入业务等法人机构特色需求 23 项，支持法人机构自主研发特色需求 143 项，法人服务支持力度进一步加大。全面建成省联社数据中心，获得国家 A 级机房证书和牌照。2016 年日均业务量 1604 万笔，峰值业务量突破 2771 万笔，重要信息系统系统可用率指标超过 99.9%，实现了全年信息系统安全稳定运行。

【内控管理与队伍建设】 2016 年，省联社强化对信贷风险的过程管理与控制。一是完善信贷风险预警管理系统，提高信贷流程管理水平。二是坚持惩防并举，强化对违法违规行为的处置力度，有针对性的开展各条线的检查和审计，审计监督能力和风险防控水平明显提升。三是继续坚持专家治社、人才兴社，持续引进高素质大学生，不断满足改革发展对人才的新要求，2016 年共招聘大学生员工 1158 人，转正编外员工 282 人。四是完善干部选拔任用制度，进一步完善上挂下派、异地交流、岗位轮换制度，畅通干部职工交流渠道，创造人才培养锻炼平台，员工队伍整体素质进一步提高。

【大事记】 1 月 20 日 省联社二届八次社员大会在济南召开。

3 月 17 日 全省农村信用社网点转型工作推进会议在济南召开。

5 月 19 日 省联社与山东省工商行政管理局在济南签订服务企业发展战略合作协议。

9 月 1 日 全省农村商业银行（农村信用社）网点转型工作（视频）培训会议在济南召开。

10 月 19 日 省联社与齐鲁股权交易中心战略合作签约仪式在济南举行。

11 月 10 日 省联社数据中心建设工程竣工验收总结会议暨 A 级机房授牌仪式在济南召开。

11 月 25 日 省联社与华为技术有限公司战略合作签约仪式在济南举行。

12 月 16 日 省联社组织召开核心银行系统转型升级工程实施启动大会。

12 月 21 日 中共山东省委下发鲁委〔2016〕870 号文件，任命王献玲同志为省联社党委书记，并下发鲁委〔2016〕871 号文件，推荐王献玲同志为省联社理事长。

附表1

机构概况一览表

党委书记、理事长		党委副书记、主任	
王献玲		孙开连	
地址	山东省济南市历下区转山西路1号	邮编	250000
网址	http://www.sdnxs.com	客服电话	96668

附表2

内设部门及分支机构一览表

年度	内设职能部门数量（个）	下设分支机构（个）					员工总人数（人）	
		总数	地市机构	县区机构	营业网点	储蓄所数		正式职工人数
2012年	14	5260	17	119	5067	57	77189	67803
2013年	14	5220	17	115	5046	42	77399	71120
2014年	16	5192	17	111	5012	52	77150	73774
2015年	18	5086	17	109	4908	52	76634	74886
2016年	20	5046	17	108	4892	29	75533	74616

附表3

主要统计指标 1

单位：亿元

项目 \ 年度	2012	2013	2014	2015	2016	2016年同比增幅（%）
本外币资产总额	11669	13563	15535	17944.73	20046.16	15.17
本外币存款余额	9319.54	10897.19	12257.82	13559.56	15160.73	11.88
人民币存款余额	9319.54	10891.7	12250.86	13549.91	15146.79	11.79
单位存款	1535.47	1868.54	1993.56	2163.24	2656.85	22.82
储蓄存款	7764.57	8989.48	10216.4	11235.54	12191.50	8.51
本外币贷款余额	6669.1	7517.9	8448.58	9159.4	9655.61	5.42
人民币贷款余额	6669.1	7499.39	8419.67	9131.17	9653.19	5.72
短期贷款	5010.83	6054.89	5836.5	6083.26	6215.65	2.18
中长期贷款	1058.9	1444.5	2025.76	2485.2	2788.70	12.21
票据融资	586.6	545.73	542.49	556.03	646.16	16.21
利润总额	143	172	204.07	204.3	195.54	-1.05
不良贷款余额	—	—	—	—	—	—
不良贷款占比（%）	—	—	—	—	—	—

附表4

主要统计指标 2

项目 \ 年度	2012	2013	2014	2015	2016	2016年同比增幅（%）
单位结算账户（万户）	40	43.78	46.15	48	53	10.42

续表

项目 \ 年度	2012	2013	2014	2015	2016	2016 年同比增幅（%）
单位结算金额（亿元）	—	—	—	—	—	—
个人结算账户（万户）	9850	11022.87	12753.58	13800	15093	9.37
个人结算金额（亿元）	—	—	—	—	—	—
银行卡发卡量（万张）	2874	3842	5144	6243	6849	9.71
银行卡消费额（亿元）	1119	1225	2063	2460.48	2987.11	21.40
企业网银客户（万户）	8.7	12.2	14.74	17.7415	21.21	19.55
个人网银客户（万户）	184.97	275.89	365.91	456.48	454.66	-0.40
手机银行客户（万户）	101.65	150.79	235.31	408.67	501.77	22.78
电话银行客户（万户）	500.68	85.97	237.87	314.24	371.32	18.16
现金自助设备（台）	6488	7823	9715	11321	12286	8.52
营业网点（个）	5183	5163	5126	5097	—	—
自助网点（个）	468	2269	2995	4309	—	—

附表5

先进集体及个人一览表

授奖单位	奖项名称	获奖集体
中国支付清算协会网络支付应用工作委员会和移动支付工作委员会	中国支付清算协会创新实践奖	山东省农村信用社联合社
中国金融认证中心	2016 年区域性商业银行最佳网上银行用户体验奖	山东省农村信用社联合社
中央金融团工委、全国金融青联	精品工作项目	山东省农村信用社联合社
中国人民银行	科技发展三等奖	山东省农村信用社联合社
山东省财贸金融工会委员会	山东省金融系统工会财务工作先进单位	山东省农村信用社联合社
中国人民银行	山东省银行业金融机构金融统计业务技能竞赛笔试团体第一名	山东省农村信用社联合社
省财贸金融工会	山东省财贸金融系统五一劳动奖状	兰陵农商银行
省财贸金融工会	山东省财贸金融系统工人先锋号	阳谷农商银行
省财贸金融工会	山东省财贸金融系统工会工作先进单位	青州农商银行
中国支付清算协会	普及电子支付安全常识维护消费者合法权益优秀组织奖	山东省农村信用社联合社
授奖单位	奖项名称	获奖个人
山东金融团工委	青年岗位能手	荆　杰
省财贸金融工会	山东省财贸金融系统五一劳动奖章	胡予宁　刘玉明
省财贸金融工会	山东省财贸金融工会系统优秀工会工作者	张　慧
中国金融文学艺术界联合会	中国金融书法家协会第三届全国书法篆刻作品展优秀奖	薛兆东
农信银资金清算中心	2016 年度农信银支付清算系统业务运行管理先进个人	张　焰
中国银联山东省分公司	2016 年度山东省银行卡工作先进个人	张　焰

潍坊市农村信用合作社联合社

【第一负责人简介】 王祖玉，男，中共党员，1959年4月出生，山东荣成人。大学文凭。自1994年5月起，历任荣成市农村信用合作社联合社副主任、主任，环翠区农村信用合作社联合社主任，山东省农村信用社联合社威海办事处副主任，潍坊市农村信用合作社联合社党委副书记、主任。从2013年5月起，任潍坊市农村信用合作社联合社党委书记、理事长。

【综述】 2016年，潍坊市农村信用合作社联合社（以下简称"潍坊市联社"）以"三大理念"为统领，有力推动了全辖农商银行健康发展、转型发展、创新发展。

【经营管理】 2016年，潍坊农商银行系统各项资产总额3039亿元，其中各项贷款余额1076亿元，比年初增加42亿元，占全省农商银行系统贷款总额的1/8，占潍坊金融机构的21.94%；各项负债总额2834亿元，其中各项存款余额1883亿元，比年初增加169亿元，占全省农商银行系统存款总额的1/8，占潍坊金融机构的26.95%；2016年实现各项收入143亿元，经营利润41.56亿元；所有者权益达204.65亿元，较年初增加3.47亿元；经营成本2.93%，同比下降0.54个百分点。各项存、贷款余额、增量，存、贷款市场占有率、账面利润总额、上缴税金等8项主要业务指标继续在潍坊市金融机构居第一位。

【电子化建设】 2016年，潍坊市联社牢固树立"科技兴行"理念，引导全市农商银行创新发展。一是建立了以"农商宝"为代表，以先进技术为依托的农村支付结算体系，累计为1866个村庄布放了"农商宝"设备，全市4000余行政村老百姓得到了即时的金融服务。二是顺应时代发展大势，推动互联网金融战略开创新格局。成立互联网金融业务领导小组，全市9家农商行全部上线商城服务。着力建设"鸢e汇"金融综合服务平台，打造本地商圈，平台注册客户已达12458户，交易笔数26928笔，交易金额322万元。为全辖提供全方位信息科技支撑服务。三是互联网金融业务服务平台运行稳健，初期目标基本实现。108家金融机构在平台注册入会，已累计成功交易66笔，金额72亿元。

【内部管理】 2016年，潍坊市联社以信贷资产结构调整为核心，立足定位优化投向，信贷精细化管理水平进一步增强。一是制定并实施信贷资产结构调整战略。截至2016年年末，全市农商行均实现"两个不低于"目标，信贷资产结构优化调整工作稳健有序推进。二是建立"6+1"管理机制，对信贷资产结构进行战略性、强制性调整。通过实施公司类贷款"熔断式"管理、落实新增大额信贷业务承诺责任制、提高零售类贷款计酬比例等六项措施，进行信贷资产结构调整。三是抓好重点环节领域的风险防控。强化信贷业务备案管理，加强大额存量贷款管控。四是积极开展"排风险、堵漏洞、强管理"专项活动，加大信贷风险排查力度，截至2016年年末，综合问题整改率达到了98%。

【大事记】 1月8日 潍坊市联社农商宝系列软件V4.08获得国家版权局计算机软件著作权登记证书。

3月18日 在人民银行潍坊中支组织举办的2016年全市金融机构征信业务竞赛中，潍坊市农信联社代表队荣膺"优秀团体一等奖"。

3月 建设实施监控中心分级报警工程，有效提升了监控工作效率。

5月 上线运行内部资金转移定价系统。

6月28日—30日 山东省联社在高密农商行举办了全省农村信用社"智e购"商城业务试点培训班。

7月 "产权贷"被中国银行业协会评为"2015年服务三农五十佳金融产品"。潍坊市农信联社创新研发的"农商宝2.0"移动银行获"2015全国农村金融十佳移动服务平台"。潍坊市农信联社"农商宝2.0移动银行"正式通过国家商标局注册。创新推广"家庭银行"商业模式，大力拓展以家庭为单位德优质零售客户群体。

9月20日 上线推广电子验印系统，告别手工验印时代。

9月23日 潍坊农信代表队参加潍坊市银行业第七届业务技术比赛，再次夺取团体总分第一名的优异成绩，实现全市银行业业务技术比赛"七连冠"。

10月28日 研发的零售贷款审查（审批）策略管理项目上线运行，这是新资本协议实施的重要落地应用项目。

（范向东 马伊璇）

济南农村商业银行股份有限公司

2016年，济南农村商业银行股份有限公司（以下简称“济南农商银行”）紧紧围绕济南市委市政府“打造四个中心、建设现代泉城”总体要求，坚持面向“三农、社区、小微企业、区域经济”的市场定位，全员团结一致，转变发展理念，创新业务产品，改进营销模式，转换经营机制，推进管理升级，经营实力和质量效益稳步提升，综合实力再上新台阶。

一、立足地方经济，实现规模实力与质量效益双提升。截至2016年年末，全行总资产成功突破1000亿元，各项存款余额664.57亿元，同比增加85亿元，增幅14.41%；各项贷款余额425.20亿元，同比增加31.99亿元，增幅8.15%。在经济下行、利率市场化和金融业态竞争形势日趋严峻的环境下，坚持传统业务和新兴业务双轮驱动战略，全年实现经营利润13.17亿元，同比增加2.07亿元，增幅18.64%，实现经营利润的逆势增长；其中，金融市场业务总收入和净收入分别实现16.80亿元和11.10亿元，银行间市场交易量位居全省农商银行第一名；资本充足率12.97%，同比增加2.04个百分点；拨备覆盖率152%。

二、加强产品和业务创新，助推服务转型升级。2016年济南农商银行加强业务创新力度，上线小微贷、绩效考核系统、规范化服务和资产经营中心四大项目，提升发展支撑力；上线“智e购”电商平台；推出“家庭银行”商业模式；发行同业存单20亿元、大额存单4.2亿元、理财产品417.50亿元、二级资本债20亿元；国际业务涵盖八大币种；推出保管箱业务；建立网银集团客户三级资金归集关系；成功开办代收水费业务；创新推出新三板信贷业务、法人客户房产按揭贷款、政府采购贷款、房地产免评估抵押贷款、PPP项目贷款等多种公司类贷款产品；取得全国市场利率定价自律机制基础成员资格、小微企业债发行资格及省政府债券承销团成员资格，成为省内首家独立承销省级地方债的农商银行等，业务创新成果显著。

三、加强内部治理，提升精细化管理水平。不断加强各条线制度建设，全年制定各项制度126项，加强中后台保障力量，加强全面风险管理、优化信贷管理组织架构、充分发挥审计监督职能作用、加强科技运维管理、细化会计运营、加强合规风险管理，全面提升内控管理水平；健全完善案防管理体系，加大违规问责力度，全面增强案防安全管理能力，为合规经营营造良好氛围。

四、加强党建工作，促进企业文化建设。积极发挥党建核心作用，以深入开展“两学一做”学习教育和反对“自以为是”活动为契机，促使全体党员精神面貌、工作作风焕然一新，形成真抓实干、争先进位、立说立行、争创一流的氛围；建立健全工会组织，并依托工会开展一系列丰富多彩的活动，充实员工业余文化生活，提高全行凝聚力和向心力。依托党建和工会工作开展，全面加强队伍建设，企业文化建设取得新进展。先后被授予“省级文明单位”、山东省富民兴鲁劳动奖状、“济南市三八红旗集体”，全国债券业务自营机构优秀发行机构奖及债券业务进步奖第一名、省外汇局外汇考核A级行、花旗银行“美元清算直通率卓越奖”等荣誉。

（赵　兵　刘　峰）

山东济阳农村商业银行股份有限公司

2016年，面对严峻复杂的经济形势、面对竞争激烈的金融环境，山东济阳农村商业银行股份有限公司（以下简称“济阳农商银行”）全体员工团结一致、并肩作战，用智慧和勇气、用辛勤和汗水，实现了各项业务稳健发展。截至2016年年末，各项存款余额607050万元，较年初增长69051万元，增幅12.83%；各项贷款余额366785万元，较年初增加30664万元，增幅9.12%；实现中间业务收入243万元，较同期增加22万元；实现经营利润11620万元，较同期增加9万元，增幅0.08%。资本充足率、不良贷款率、贷款拨备覆盖率、资产利润率、资本利润率分别为：13.78%、2.26%、230.66%、1.17%、15.65%，监测监管指标全面升级，抗风险能力进一步提高。

一、改革创新，文明规范，不断提升服务水平。一是注重文明服务。自改制以来，济阳农商银行处于转型发展、改革创新的关键时期，该行党委高度重视精神文明建设和规范化服务工作，始终将创建文明单位、优化金融服务作为内强素质、外树形象的“硬指标”。经济南市精神文明建设委员会评审认定，获评2016年度“市级文明单位”。二是注重品牌建设。全行紧紧围绕全辖改革发展大局，坚持“积极作为、科学务实、服务总行中心工作”的理念，切实履行综合服务职能，本着“以外为主、内外兼顾”的原则全面加强信息宣传，有效发挥了“助力业务发展、服务中心工作”的积极作用，被省联社授予“信息工作先进集体”荣誉称号。三是注重社会责任。全行全面加强社区金融服务，大力实施便民利民富民工程，加强营业网点、自助设备及电子渠道建设，完善农区基础金融服务设施。2016年，共缴纳税金

3923 万元，县域金融机构纳税排名第一；投放实体贷款 271961 万元，涉农贷款 263766 万元；累计安装 POS 机 1170 台、ATM 自助设备 82 台，新增有效发卡量 36946 张。为地方经济建设做出了积极贡献，客户服务满意度进一步提升，树立起良好的品牌价值和社会形象，被中共济阳县委和济阳县人民政府联合授予“服务中心工作先进单位、突出贡献企业”荣誉称号。

二、主动营销，综合服务，努力推进业务拓展。为进一步加大实体贷款营销力度，适应经济发展新常态，济阳农商银行大力推广实施“家庭银行”商业模式，不断丰富生产性融资需求产品，推出幸福“家庭贷”“鲁青基准贷”等一系列惠农助富产品。同时，瞄准县域消费市场，推出“速贷通”消费贷、“幸福之家”住房按揭贷、汽车消费贷等，挖掘消费潜力，助推经济增长。济阳农商银行以客户关系维护为核心，以业务拓展为主线，在 2016 年首季业务“开门红”活动的基础上，扎实开展“个十百”贷款营销、网格化营销、落实主办行制度等一系列转型探索，主动营销氛围进一步浓厚。借助网格化营销活动，对切实有实际经营项目和贷款需求的个人进行评级、授信、建档，有效满足辖内存贷款资金需求。截至 2016 年年末，共维护家庭银行客户 169 户，办理“幸福家庭贷”90 笔、1032 万元；带动签约手机银行 84 户，网上银行 44 户，安装 POS 机 20 部；共发放“速贷通”消费贷 616 笔、3729 万元，“幸福之家” 住房按揭贷 90 笔、1032 万元；新营销客户 3750 余人，网格化营销共建档客户信息 5380 人。

三、夯实内控，合规管理，稳步强化制度建设。一是启动“合规文化建设年”活动。为进一步树立“人人合规、时时合规、事事合规”的合规文化理念，推动稳步经营，稳步发展，济阳农商银行制定《合规文化建设三年规划》，定 2016 年为“合规文化建设年”开局之年，通过贯穿“一条主线”，开展“一系列活动”，不断培育合规文化理念，确保依法合规经营。结合各营业区域实际贷款需求，审慎设置独立审批权限，严格控制授信额度，使质量与效率并行不悖；把信贷业务工作重点落脚到提升资产质量上来，逐步探索实行内部审计介入贷款“三查”环节，将企业贷款审批门槛标准化，监督信贷部门做好“四面签”，逐步建立健全贷款营销、审查、放款、检查、贷后管理“五个中心”运行机制，实现信贷业务分权制衡、流程化管理。二是制定三年（2016 年—2018 年）发展战略规划。提出“打造成真正的流程银行和区域良好银行，争创一流金融机构”的战略目标，以及“保增长、增效益、促发展、抓合规、强管理、育文化”的详实工作计划，逐步建立完善统筹管理机制。在党建工作、业务拓展、队伍建设、风险合规、企业文化等各领域全面发力，稳步实现“一年打基础，两年有势头，三年大发展”。

四、管控源头，积极处置，全力压降不良资产。济阳农商银行设立资产经营中心，遵循“集中管理、责任不变、上下联动、专业清收”的基本思路，采取集中化管理、专业化清收的运作模式。结合济阳实际，制定资产运营中心管理提升工作初步方案，印发“资产经营中心不良资产清收处置奖励及绩效考核暂行办法”“不良资产清收处置暂行办法”等管理制度，配备清收队伍，细化管理与考核，明确任务与目标，推进不良清收管理向不良清收经营转型。截至 2016 年年末，该中心新诉讼案件 52 户、684 万元，立案执行 168 户、2336 万元，查封存款 200 余万元，查扣车辆 63 辆，现金清收 220 笔、404 万元。同时，该行组织开展不良贷款专项清收“冬季会战”活动，树立“向不良贷款要资金、要效益”的思想理念，采取“市场化、多元化、综合化”处置方案，不遗余力“降旧”、多措并举“控新”。在坚持层层包靠、周周督导、月月调度、约见谈话的基础上，采取了分类考核、挂钩绩效考核、加大责任追究等措施，营造了良好的清收氛围。活动开展期间，累计上门清收 2151 户涉及贷款 8600 余万元。其中，现金清收 895 户、1742 万元，借新还旧及债务重组 6 户、215 万元，签催收通知单 128 户，制定还款计划 409 户、2043 万元，取得了良好的清收效果。

（赵　磊　朱潇潇）

山东章丘农村商业银行股份有限公司

2016 年，山东章丘农村商业银行股份有限公司（以下简称“章丘农商银行”）紧抓改革引擎，坚持稳健经营、稳步发展的经营理念，稳步扩大业务规模，积极改善金融服务，扎实开展各项工作，促进了主要业务稳步发展。截至 2016 年年末，各项存款 145.30 亿元；各项贷款 89 亿元；实现营业总收入 6.68 亿元，实现账面利润总额 1.24 亿元，实现经营利润 1.58 亿元；资本充足率 14.48%，拨备覆盖率 151.54%，监管指标均符合监管要求；2016 年上缴各项税款 5560 万元。

一、以转型发展为核心，银行化改革圆满完成。2016 年 5 月 22 日，在全体干部职工的共同努力下，章丘农商银行正式挂牌开业，由农信社改为农商行，由合作制改为股份制，实现了几代农信人的梦想。成立一年来，制定了从严治行意见，理顺了奖罚制度，完善内控制度 40 余项。组建了新一届中层干部队伍。设置了金融市场部、公司业务部等营销型部室。确立了“立足县域、拓展市区，辐射周边”的市场定位，明确了“三农银行、百姓银行、社区银行”的办行宗旨，树立了 “百年老店、百年银行”的奋斗的目标。

二、以业务发展为主题，稳步扩大存贷款规模。一是大力营销存款，筑牢发展根基。二是全力开展社保卡业务。积极协调政府职能部门，成功争取 34 万张社保卡业务。三是协调地方党委政府，积极争取征地补偿存款资金。四是大力推广“金惠章丘家庭银行”特色金融服务。走访采集 3565 户家庭信息、签约家庭银行客户 282 户、商家 33 户、营销家庭银行贷款 1265 万元。五是积极拓展消费贷款业务。重点针对公务员、教师等高端客户开展消费贷款业务，累积发放各类消费贷款 2.13 亿元。六是持续加大金融精准扶贫力度。对辖内 10219 户建档立卡贫困户全部逐一对接，信贷支持贫困户数 84 户，贷款余额 654 万元，支持符合金融扶贫政策的新型农业经营主体 3 个，贷款余额 2850 万元。七是“智 e 购”网上商城章丘馆上线运行，上线 27 家商户、180 余种农副产品、吸收商户存款 160 万元，商品总销售量 4200 余件，订单金额 8 万余元，开辟了业务发展的新渠道。

三、以不良贷款清收为重点，努力提高资产质量。一是 11 月、12 月集中开展清收风暴活动，全体干部职工冒严寒顶风雪、披星戴月，发扬无私奉献、勇于拼搏的精神，取得了丰硕成果，累计清收处置不良贷款 2094 笔、3959 万元。二是加大表外不良贷款清收力度。积极做好每笔贷款的尽职调查、“笔笔动”、“户户到”工作，2016 年累计清收表外不良贷款 2363 笔、本息 5691 万元。三是加大财政供养人员不良贷款清收处置力度，现金清收本息 369 万元。四是强化清收大队的清收职能，发挥专业清收优势。清收大队累计催收不良贷款债务人 1936人，现金收回不良贷款本息 3697 万元。

四、以业务创新为抓手，进一步丰富业务品种。一是完成同业大额存单发行备案工作，成功取得同业大额存单发行资格。二是完善硬件设施，积极开办保管箱业务。将刁镇支行金库改造成专业代保管库。三是积极与贵金属公司业务合作，推出代售贵金属业务。四是积极推广电票业务，主动深入重点企事业单位，了解客户需求，突出宣传电票在防伪、便利企业融资、降低财务成本等方面的优势，取得了良好效果。五是全力做好国际业务和小微贷项目建设工作，先后选派 8 名员工到外地先进单位学习国际业务、小微贷业务，为下步开办业务打下坚实基础。六是成功开办货币市场业务。2016 年实现收入 3 亿元，较传统业务增收 3000 万元，提高了资金利用率，开辟了新的效益增长点。七是聘请专业公司开发新的绩效考核系统，进一步提升了考核效能。

五、以强化内控为保障，风险管理能力稳步提升。一是充分发挥贷款审查审批中心风险防控作用，2016 年共审批贷款 1592 笔、19.90 亿元。二是明确大额贷款审批职责。对单户超 8000 万元、单一客户超资本金净额 8%、集团客户超资本金净额 12%的贷款提交董事会进行审批。三是加强会计内控管理。按季考评分管副行长履职，组织会计辅导、突击检查、风险排查 26 次，内容覆盖银企对账、资金汇划、大额支付等重要领域和关键环节。四是深入开展“排风险、堵漏洞、强管理”活动，组织辖内各支行对信贷业务开展四期自查及高管层交叉排查工作。共排查贷款 18067 户、21736 笔，金额 48.80 亿元。五是加强科技安全管理。坚持 24 小时值班制度，举办信息系统应急演练 4 次，提高应急处置能力。六是实施形式多样的审计，开展了 8 类审计项目，投入 444 人次，提出并采纳审计建议 43 条，整改率 100%，有力保障了全行稳健运营。七是严格落实四项制度，干部交流 45 人，内部退养 10 人，岗位轮换 353 人，强制休假 170 人，亲属回避 2 人。八是全面做好安全管理和警示教育工作。签订岗位安全责任状 700 份，安装监控等设备 86 套件，开展防暴及消防演练 12 次，提高了一线员工处置突发事件能力。组织 260 余名干部员工到检察院开展警示教育。九是全面做好党建工作。顺利完成了行党委、各支部换届工作，扎实开展“两学一做”学习教育活动，建立了常态化的学习机制。

（张　雨）

山东商河农村商业银行股份有限公司

2016 年，山东商河农村商业银行股份有限公司（以下简称“商河农商银行”）主动调整结构，提升发展质量，各项经营指标全面向好。截至 2016 年年末，全行总资产 59.4 亿元，同比增长 11.25%；存款余额 51.67 亿元，同比增长 11.26%；贷款余额 33.6 亿元，同比增长 2.54%；实现经营利润 0.9 亿元；实现净利润 0.33 亿元；不良贷款率 2.64%，控制在目标范围之内；资本充足率 14.7%，拨备覆盖率 152.51%；主要监管指标全面达标，业务规模及综合实力在全县金融系统中占居首位。

一、银行化改革任务全面完成。按照《国务院关于印发深化农村信用社改革试点方案的通知》《山东省人民政府关于进一步深化全省农村信用社改革的意见》等有关文件精神，通过增资扩股、优化股权结构、加快业务发展、提高盈利水平和资本充足能力，如期实现了银行化改革目标。经山东银监局批准，商河农商银行于 2016 年 4 月 26 日召开创立大会暨第一次股东大会，2016 年 5 月 22 日挂牌开业，标志着商河农商银行改制工作顺利完成。

二、公司治理日益完善。一是完善法人治理制度。2016 年，商河农商银行从健全机制，完善公司治理体系入手，组织修订了公司治理制度和整体运作框架，制定了规范的“三会”议事规则，设置了董事会、监事会和高级管理层下设的相关委员会，完善了股东大会、董事会、监事会的议事制度和决策程序，明确划分了股东、董事、监事的职责、权利和义务，根据董事会确定的市场定位、经营方向、管理目标、风险防范等所授权限，逐级授权，形成了分工明确、责权清晰、运作协调、决策民主、制衡有效的公司治理体系。二是建立内控制度体系。按照现代金融企业要求，制定了较为完备的内部管理制度及有效的激励约束机制，积极推动流程银行建设，通过完善和再造业务流程、组织流程、管理流程和决策流程，提升了精细化管理水平和客户服务效率。三是科学制定发展规划。按照地方性、社区性和零售银行的市场定位，商河农商银行制定了《2016—2018 年经营方针及业务发展规划》，以支持城乡一体化发展为重点，以创新服务方式为手段，以完善公司治理机制为保障，通过转换经营机制，拓展发展空间，强化品牌建设，加快业务发展，努力构建"产权明晰、资本充足、机制健全、内控严密、运行安全、效益良好"的现代化商业银行。

三、产品创新不断推进。一是明确市场定位。商河农商银行按照"四个面向"市场定位，创新营销模式，积极与辖内企业、社区、农区和农户对接，实施优质客户精准营销，加大对"三农"、小微企业、新型农业经营主体及个体工商户的支持力度，提高了优先类、零售类、小微类客户数量和占比。二是创新产品和服务。商河农商银行先后在钱铺、商中路、城区、营业部等机构网点推出了汽车消费、"幸福之家"和"爱乐家"个人住房按揭、"银泰通"商铺按揭和小额担保等一系列信贷新产品，在全县逐步推广了 "信保农村产权贷"、"双保惠农贷"、"信保扶贫贷"、"速贷通"、"薪用贷"、房地产免评估抵押等信贷新产品。同时借鉴聊城和莘县农商银行营销先进经验，在实施分片划区、责任到人、深入农户、社区、合作社和中小企业走访对接、全员营销的基础上，以"家庭银行"商业模式为主导，创新营销方式，加大住房按揭贷款、消费贷款等零售贷款投放。"家庭银行"商业模式运行推广以来，发放"家庭贷"370 户，金额 6614 万元，实现"家庭银行"模式签约 384 户。

四、网点转型实现新突破。一是提升网点服务功能。为树立窗口服务品牌，打造"精品网点"、"旗舰网点"，商河农商银行通过规范化服务导入，推行"微笑"和"一站式"服务，营业网点设立引导区，统一配置大堂经理，提升了服务质量和客户满意度。二是完善支付结算服务体系。充分发挥现代化支付系统和支付工具作用，大力推进自助银行、网上银行、手机银行、电话 POS 等电子银行渠道建设，进一步扩大农民自助服务终端、ATM、POS 等自助设备布放量，打造功能完善、快捷高效的支付结算服务体系。2016 年，个人网上银行签约客户客户 2.6 万户，企业网银签约客户 598 户；手机银行签约客户 2.5 万户；累计办理有效银行卡 20 万张，电子银行业务替代率 54%，自助还贷率 50.28%。2016 年，取得辖内社保卡数据 15.4 万户。三是加快新兴业务发展。通过开办货币市场业务、开展"智 e 购"商城"双 12"秒杀、年货节等营销活动，截至 2016 年年末，智 e 购商河馆已入驻商户 21 家，上架产品 120 余种，其中商品购买交易 1300 余笔；货币市场业务总规模达到 30.3 亿元，其中同业存款 3.4 亿元，理财产品 6.3 亿元，同业存单 8.7 亿元，债券质押式逆回购 0.4 亿元，政策性金融债 0.6 亿元，约期存款存出 1.3 亿元，转贴现贴入银行承兑汇票 9.6 亿。

五、风控水平不断提高。一是按照现代金融企业的要求，制定了《信贷管理基本制度》等一系列风险防控管理制度，建立了较为全面的风险控制体系、规范的业务处理和监督机制，构建了风险防范和业务创新相协调的制度基础，提高了风险识别、预测及风险防控能力。二是健全和完善信贷审批制度，强化授权授信管理，加强贷款"三查"制度，有效控制新增贷款风险。建立信贷风险预警机制，密切监测信贷客户动态变化情况，重点关注其财务状况，资信状况，担保情况和发展情景，以降低贷款风险。三是通过开展"排风险、堵漏洞、强管理"系列清收活动，签订清收责任状，强化压降措施，加大清收力度。同时，按照"向表外资产要效益"的清收思路，在全县范围内开展不良贷款"清收风暴" 和风险互助基金不良贷款专项清收活动，2016 年，全行累计清收表外不良贷款本息 2849 万元。

六、企业文化建设呈现新面貌。一是加强员工合规道德建设。通过设立道德讲堂和廉政文化、企业文化墙，聘请专业公司合作和邀请有关部门联合举办各类培训班，经常性开展党风廉政教育专题讲座、道德讲堂"每月开讲"等一系列学习教育和道德建设活动，加强全员的职业操守、思想道德、履职尽责、守法合规、形势警示等各方面的引导和教育，提高了全员的自警、自控、自律能力，在全行营造了良好的合规、廉政文化氛围。二是加强全员学习教育培训。定期组织员工对各类监管法律法规和行业管理制度、业务操作规范等进行学习培训和考试。2016 年，分专业组织各类业务培训 41 期，培训员工近 3500 人（次）。通过加强员工教育培训，组织员工开展法规知识学习、案例教育、岗位练兵、业务技能和知识竞赛等活动，培育了一支思想过硬、作风扎实、业务精湛的员工队伍。三是稳步推进人力资源及薪酬分配改革。从"以岗定薪"的理念出发，建立科学合理的岗位管理体系，实行"以岗定级、以级定薪、以绩付酬"的薪酬分配模式，建立全新的工资考核奖惩机制，实行薪酬总额增长与经营利润、监管评级实行"双挂钩"，充分调动员工的积极性、主动性和创造性，努力实现商河农商银行三年规划目标。

（贾存华　赵　婷）

山东平阴农村商业银行股份有限公司

山东平阴农村商业银行股份有限公司(以下简称“平阴农商银行”)于2016年5月正式挂牌成立,其前身是始于1953年的平阴县农村信用合作联社,历经60多年的发展历程,已成长为全县资金实力最强、机构网点最多、服务区域最广、税收贡献最大、具有独立法人资格的金融机构。截至2016年年末,该行各项存款余额45.45亿元,各项贷款余额25.72亿元,实现各项收入2.55亿元,经营利润7261万元。近三年累计缴纳税金6000余万元,位列县域金融机构之首。

多年来,平阴农商银行认真贯彻落实国家宏观金融政策和县委、县政府的各项决策部署,秉承服务“三农”、服务社区、服务中小企业,服务县域经济的宗旨不动摇,为全县农民增收、农业发展、农村稳定和城乡经济社会发展发挥了积极作用。2016年,面对利率市场化改革持续深化、整体经济形势继续下行、县域银行业群雄逐鹿格局等严峻的竞争形势,平阴农商银行认真贯彻市委市政府各项工作部署,加快改革发展、加大信贷支持、优化金融服务,助力区域性金融中心建设,稳扎稳打,多项工作呈现新气象,业务经营取得明显成效,在全市范围内保持了相对靠前的发展势头,在实现自身发展的同时赢得了社会各界支持和信赖。

一、深耕县域经济,加大业务创新,服务经济发展。一是提质金融服务水平,创新推出农易贷、商誉贷、速贷通、林权抵押贷款、动产质押监管贷款等多项新产品,首推可“持卡自助发放”的福农卡,推行“存货质押+股东担保”破解企业“连环保”,积极响应政府“不抽贷、不断贷”号召,坚持支小、支散、支微,多措并举减轻企业融资成本。积极开展“个、十、百”贷款营销活动。推出“家庭银行”服务新模式,为县域家庭提供一站式金融服务。二是加强业务创新,各项工作呈现发展新局面。面对严峻的经济形势和激烈的同业竞争,积极转变营销理念,主动推进网点转型,增强自身竞争能力,从厅堂营销氛围、客户关系管理、营销队伍战斗力等方面入手,全面提升网点转型成效。积极开展网格化营销,开办“赢之翼”外拓营销训练营,有效强化了员工营销意识,业务营销能力得到较大提升。加快推广“家庭银行”等新型业务,全方位加大宣传营销和产品整合力度,“智e购”商城(玫城馆)按时推广上线,填补了电子商务业务空白。电子银行业务新增预约排号、网上申贷、大额提现预约等一系列便民功能,柜台分流作用明显,有力提升了电子渠道综合服务水平。三是积极创新资金运营业务,在原同业存款、票据转贴现业务的基础上新增债券投资、同业理财、票据回购等业务品种,提高资金营运水平。截至2016年年末,转贴现余额7.38亿元,存放同业定期款项9.55亿元,同业理财9.5亿元。资金运作总量约28亿元,累计实现资金运营收益1.1亿元。积极开通理财业务,先后取得开办理财及代销理财的资格。积极丰富银行间市场业务,完成债券市场准入资格变更备案工作,取得同业拆借资格,确定了债券市场投资顾问,正式开展债券市场业务,目前有8名员工参加债券市场培训,后备人才储备进一步加强。

二、践行社会责任,心系精准扶贫,促进群众增收致富。一是打造普惠金融,提高客户满意度。大力实施村村通工程,累计投入近1000万元布放ATM等电子机具,搭建起覆盖全县337个行政村的金融服务网络。同时,为客户提供民生便民金融服务,为全县城乡居民代收取暖费、电费等业务,代发粮补、新农保、库区移民补贴、玉米补贴、家电下乡补贴、农村低保等惠民补贴。加快推进网点转型升级,提质服务水平。与县域50余家商户组成“玫城惠生活”商户联盟,实现银行、商户、客户的三方共赢。二是心系精准扶贫,积极开展帮扶救助活动,向社会和困难职工开展捐款,积极开展精准扶贫工作。2016年,在前期帮扶安城镇兴隆镇村、玫瑰镇东唐村贫困户的基础上,按照县委组织部安排,加大对东阿镇北张村精准扶贫力度。领导班子成员对东阿镇北张村共62户188名贫困人口分别包户,并派出人员常驻帮扶,帮助建设基础设施,多次开展捐赠活动;推出“信保扶贫贷”业务,制定扶贫计划,对有经营项目的贫困户进行重点支持。累计投入信贷扶持资金逾1亿元,帮扶救助资金近10万元。

三、稳抓资产质量,创新活动载体,夯实业务发展基础。一是深入开展不良贷款“清收风暴”活动,组建清收突击队实行全员清收,通过采取“早晚堵被窝、中午堵饭桌”等清收方式,实行盯靠清收,户户到、笔笔动,同时该行通过内、外结合的方式为清收工作营造浓厚活动氛围。二是对内利用员工微信群开展活动比拼。全行参与清收的员工逐一入群,并随时上传活动状态、活动心得、活动成效照片或文字,员工们被彼此的“颗粒归仓”清收精神所鼓舞,纷纷投入到清收活动中去。三是对外利用多种媒介营造清收还贷氛围。利用县电视台、《济南日报·新平阴》、营业网点LED等渠道面向社会加大活动宣传力度,施加社会舆论压力,有力营造了浓厚的活动氛围。多年来,平阴农商银行先后获“省级文明服务单位”、市“五一劳动奖状”、县民主评议满意单位等荣誉称号,先后涌现出省管企业道德模范杨彬等道德先进人物。

(高红新)

青岛农商银行股份有限公司

2016年，青岛农商银行股份有限公司（以下简称“青岛农商银行”）面对严峻复杂的经济金融形势和前所未有的经营发展压力，团结拼搏，开拓进取，坚持“转型发展、坚守底线、对标夺标、创新超越”的工作主基调，紧抓“一体两翼”（以“大零售”为主体，以公司业务、国际业务为两翼）的转型方向和“轻型银行”（轻资本、轻资产、轻渠道）的转型策略，深入推进跨区域发展，全面启动集团化布局，加快转型创新，强化市场拓展，提升管理效能，坚守风险底线，实现了各项业务持续稳健快速高效发展。

一、经营情况。2016年，青岛农商银行资产总额2065.28亿元，同比增长24.4%；实现各项收入102.04亿元，同比增长3.21%；净利润19.51亿元，同比增长14.03%，各项主要监管指标持续达标。2016年青岛农商银行IPO成功报会，章丘支行、烟台分行、8家村镇银行的挂牌开业以及金融租赁公司即将批筹为标志，青岛农商银行站上了“公众银行、省级银行、集团银行”的新平台。

二、存贷款业务。2016年，存款余额1524.18亿元，同比增长17.74%；贷款余额1002.35亿元，同比增长5.75%。章丘支行、烟台分行先后开业，8家村镇银行全部开业，2016年，合计存款13亿元、贷款余额8亿元。2016年，青岛农商银行在全国3家政策性银行、6家大型商业银行、12家股份制银行、133家城市商业银行、70余家市级农村商业银行排名中跻前60位。小微金融全面完成“三个不低于”的监管指标。信贷投向由加大对政府项目、类房地产领域转向“双创”、科技、环保、海洋工程等战略新兴产业以及“三农”、小微、健康养老、安居工程等民生领域，精细化、集约化的管理转型走向深入，青岛农商银行站上了中等规模银行的新起点。

三、中间业务。2016年青岛农商银行以持有分行级独立牌照的金融市场中心的挂牌开业、2016年度综合理财能力排名位居全国农商银行前4位和网络金融业务的快速发展为标志，“轻型银行”的内涵、业务、手段更为丰富，全年中间业务净收入2.09亿元，同比增长46.87%，中间业务收入占比1.66%，同比提高0.51个百分点。金融市场资产占比由2014年23.4%提升到2016年年末36.5%、净收入占比由22.6%提升到33.2%，理财业务存续规模由2014年末的25.7亿元提升到2016年年末的241亿元，互联网金融客户数达到2.85万户，业务转型、结构调整正在逐渐深入、效果逐渐显现，青岛农商银行站上了轻型银行发展的新方位。

四、内部管理。一是紧紧围绕转型创新方向和业务发展需要，建设新系统，实现了发展需求与管理能力的协调匹配。2016年试点总行岗位平移竞聘，推进管辖支行定岗定编，扁平化的架构活力得到逐步释放。二是全面实施对公信贷业务集中管理，推进会计运营“三大集中”，2016年试点不良资产集中经营，集约化的管理模式逐步成型；优化FTP、EVA等考核工具设置，推行产品计价考核模式，深化员工绩效管理改革，第一年实现了全市统一的绩效挂钩考核，做到了费用与利润挂钩、薪酬与业绩挂钩，效益为先的经营理念深入人心；启动核心业务系统建设项目，上线资产负债管理、电子验印、事后监督、诉讼管理等信息系统30余个，科技支撑作用持续增强。三是坚持审慎稳健发展战略，明确风险管理策略，加强风险监测预警，强化合规内控管理，实现了风险管理与业务拓展同步发展。年内编写推行合规手册，建立员工轻微违规行为积分管理模式，合规文化建设取得显著成效；明确岗位禁止性规定，落实案防工作责任，实现了全年安全运营零案件目标；完善内部管理架构，积极开展内控排查，内控管理水平持续提升；建立审计项目量化积分制度，实施监审联动机制，2016年开展审计项目151个，发现问题1910个。全面开展了以“清非化险”、“笔笔动”交叉检查、财政供养人员为主题的三大攻坚活动，累计清收非应计贷款52.78亿元，同比多收9.18亿元；处置抵债资产1.63亿元，收回代理清收不良9亿元。从而实现了“稳健、高效、质量、安全”的管理模式，有效保障了审慎经营、合规发展。

（吴元军）

山东张店农村商业银行股份有限公司

2016年，山东张店农村商业银行股份有限公司（以下简称“张店农商银行”）紧紧围绕“改革创新、转型发展”的战略目标，牢固坚持“面向三农，面向社区，面向中小企业，面向区域经济”的服务定位，全行上下锐意进取，创新实干，实现了资产规模、发展质量、经营效益的稳健提升，在业务创新、营销转型、风控管理、品牌建设等方面均取得了显著成绩。先后被评为“省级文明单位”，被中央金融团工委授予“2015—2016年度‘银团合作’工作优秀派出机构”荣誉称号，被山东省外汇管理局评为“2016年度山东省银行执行外汇管理规定A级行”，被山东省农村信用社联合社评为“全省农村商业银行先进集体”。

一、主要经营指标完成良好。截至2016年年末，全行总资产202.08亿元，同比增加25.51亿元，增幅14.45%；总负债185.15亿元，同比增加24.39亿元；实现拨备前利润3.73亿元，所有者权益16.93亿元，同比增加1.13亿元。新口径资本充足率为14.71%，较上年末增加2.43个百分点；拨备覆盖率为161.82%，较上年末增加0.06个百分点；拨备充足率为208.08%，贷款拨备率为3.14%。各项监管指标均实现高达标，连续三年被银监部门评定为监管评级二级。

二、深化转型改革，增强发展活力。在淄博全市法人银行机构中率先发行6亿元二级资本债，成功开办同业存单和大额存单业务，FTP、事后监督管理系统等平台项目先后上线。创新推出"财政贴息贷""政府采购贷"等一揽子金融产品，成功开办"速汇金"、国内证福费廷等新兴国际业务，每月分期发行理财产品，在全省农商银行率先推出"银医一卡通"联名卡。

三、加强政银对接，助力实体经济。扎实开展"进走访"活动，做好客户优选、业务创新、服务改进，行党委班子成员带队深入企业"送产品、送服务、送资源"，确保金融服务实体经济质效。在支持重点项目建设方面，参照淄博市2015年和2016年重大项目名单，逐户梳理业务情况，共支持名单内企业9户，2016年年末授信余额达2.08亿元。

四、强化风险管控，夯实经营基础。主动争取地方党委政府和公检法部门支持，扎实开展"整顿金融秩序优化金融生态环境"专项行动，重拳打击逃废银行债务行为，持续实现了全行资产质量和经营发展的稳定。完善信访投诉制度，及时处理办结广大客户和人民群众来信来访问题。严格执行金融稳定重大事项报告制度，切实杜绝风险隐患。

五、完善机构设立，优化网点布局。为加快转型，深化改革，新设立行政管理部和公司业务审查中心，对小微贷中心进行了优化整合，健全完善"职能中心"建设，严格执行"贷审分离"、"贷放分控"，细分营销部门，明确营销主体，形成了以客户需求为中心的信贷管理和服务体系。在网点建设方面，2016年，新设3家支行。首家异地分行，青岛西海岸支行获批筹建，跨区域经营实现新进展。

六、深耕企业文化，提升社会形象。大力推进服务提升，分批建设精品旗舰网点，打造了厅堂服务"金字招牌"。建立了淄博全市首家农村金融消费维权联络点，扎实开展金融维权和金融宣传工作，保障了农村地区消费者公平享有金融服务的权利。全行74家营业网点全天候为环卫工人和出租车司机等群体提供免费饮水、纳凉取暖等服务，为广大人民群众提供便利。加强与各级新闻媒体、社会各界的沟通联系，丰富举办社会公益活动，大力宣传并积极开展助力"大众创业、万众创新"、"精准扶贫"、普惠金融等活动，树立了银行业良好的社会形象。

（王梓樯）

山东周村农村商业银行股份有限公司

山东周村农村商业银行股份有限公司（以下简称"周村农商银行"）在区委、区政府的正确领导下，始终坚持"面向三农、面向社区、面向中小企业、面向县域经济"的市场定位，自觉承担"普及城乡、惠及大众"的社会责任，致力于为广大城乡居民和中小微企业提供更全面、更便捷的金融服务，为全区经济社会发展做出了积极贡献。

一、优化网点布局，服务惠及城乡。近年来，周村农商银行积极适应城乡经济发展新常态，主动跟进城区和新农村建设步伐，大力开展营业网点转型工作，使网点布局更加广泛合理，业务办理更加快捷便利，社会影响力、认可度和满意度大幅提升。

二、加大信贷投放，支持实体经济。一是助力地方经济加快发展。紧紧围绕金融服务体经济的本质要求，紧跟区委、区政府的工作部署，不断加大信贷投放力度，突出对新型农业经营主体的信贷投放力度，加大对小额农户贷款、优质个体经营业户和消费类贷款客户等小微客户贷款的信贷投放，全力支持发展转型快、技术先进、有发展潜力的行业和优质中小企业客户。二是大力支持农民增产增收致富。扎实做好信用工程建设，在人财物方面重点向农区营业网点倾斜，不断夯实涉农服务基础，积极创新信贷支农模式，推出"农户经营贷""惠农消费贷"等贷款产品，全面满足"三农"多样化贷款需求。截至2016年年末，涉农贷款余额已达26.31亿元，占各项贷款余额的73.08%。积极配合政府做好"快易贷"创业贷款推广，助推创业行动，积极满足有创业意愿、创业能力的失业人员、高校毕业生、被征地农民、返乡农民工及城乡妇女等从事自出创业的小额资金需求。三是扶持小微企业成长壮大。加强小微企业贷款营销，积极开发推广适应小微企业发展的贷款方式，完善小企业贷款管理机制，规范简化业务流程，畅通小微企业贷款渠道。四是解决融资难担保难问题。针对小微客户群体分布广、市场潜力大、担保准入高等特点，借鉴小微贷技术，创新推出"家庭贷"贷款产品，将家庭成员纳入担保范围，有效解决了小微客户"担保难、融资难"的问题，充分发挥家庭成员在约束和制衡借款人规范贷款用途、监控资金使用、防范信用风险等方面的作用。

三、加快产品创新，拓宽服务渠道。一是全力打造电子银行服务平台。构建"多种类、全覆盖、全天候"的自助机具结算体系，加大自动存取款机、农金通、农商宝、POS机等布设力度，加快推广网上银行、手机银行、微信银行等"智能化、便捷化、立体化"的电子银行服务渠道，为城乡居民带来便捷、低廉、均等的金融服务。二是打通农村金融服务"最后一公里"。积极推动金融服务下沉，通过布设农民金融服务终端、延伸金融服务网络、建立农村金融消费维权联络点等措施大力推进普惠金融服务。

三是试水"社区金融"新模式。以网点转型为契机,积极推进社区金融便利店建设,使社区居民足不出社区就能办理小额存取款、转账、理财、业务咨询及贷款业务。四是打造一站式信息化金融服务平台。依托全省农村商业银行"智 e 购"商城,立足服务"三农"的定位,整合线上线下金融服务,汇集本地农副产品,通过与龙头企业、大型超市、专卖店对接,为居民提供购物消费、便民缴费、电子银行产品、社区生活 O2O、理财融资等金融服务,打通"农副产品进城,农用物资下乡"流通渠道。

四、下沉服务重心,践行社会责任。一是推广"家庭银行"商业模式。积极通过"家庭"这一最广泛、最稳定的社会单元,以家庭的资产、负债、收入、支出及所有成员信誉为基础,向家庭成员提供包括优惠贷款、便捷存款、缴费结算、增值服务、专业理财等在内的综合金融服务,得到了城乡居民的普遍认可。二是开展金融服务专项对接活动。通过召开座谈会的方式,邀请村庄、社区、企业中有话语权、声望高的村(居)委会成员、教师、医生、农金员、企业中层等代表性人物,重点介绍金融服务知识、防电信诈骗常识,宣传惠农惠民产品及服务,形成金融知识普及的链式宣传格局。三是畅通客户投诉和廉洁从业监督渠道。将投诉机制建设作为提升服务水平、维护消费者权益的重要工作,有效满足了客户咨询、投诉、建议及紧急业务变更等服务需求。全面落实党风廉政建设各项规定,向社会公布"阳光信贷"监督电话,提升工作作风,促进廉洁从业。四是承担社会责任,爱心回馈社会。开展金融知识进万家、进走访暨四个一工程、金融知识进校园等活动,积极与人社部门合作,全面实现新农保的全覆盖,开展慈心一日捐、帮扶救助、"爱心墙"衣物捐赠等活动,联合社区举办广场舞大赛、社区趣味运动会、老年人防诈骗专题讲座、"小小银行家亲子体验"等文体活动,大力支持社区文化建设,真正实现了"政府满意、企业发展、社会和谐"的良好局面。

(王　鑫)

山东高青农村商业银行股份有限公司

2016 年,山东高青农村商业银行股份有限公司(以下简称"高青农商银行")坚持以转型发展为主线,坚持以提质增效为中心,坚持以创新驱动为手段,牢固树立科学发展观念,创新务实,拼搏进取,积极作为,争取主动,各项工作取得显著成效。

一、信贷结构调整稳步推进,各项指标稳步提升。坚持支农、支小、支微、支散的市场定位不动摇,以农户贷款营销为重点,以福农卡信用贷款为突破口,利用福农卡放款、还款方便的优势,重点推广小额信用贷款、小额农户贷款,注重借款人第一还款来源,减少担保人个数,提高办贷效率,助推信贷结构优化升级。截至 2016 年年末,各项贷款余额 35.52 亿元,较年初实际增长 3.66 亿元,其中个人贷款 17.96 亿元,较年初增长 3.79 亿元,个人贷款占比达 50.56%,个人贷款客户数 9190 户,较年初增加 2059 户,信贷结构调整初见成效。

二、信贷流程实现优化升级,三天放款深入人心。一是先后设立贷款受理中心、贷款审查审批中心、放款中心、档案管理中心,有效防范信贷风险,初步实现信贷管理流程化。二是推行阳光办贷,全员营销,实行"首问负责制",进一步树立了农商银行贴心、廉洁、高效的社会形象。三是拓宽信贷服务渠道,设立贷款申请热线"6788888",并在微信平台开通贷款申请通道,便利客户申贷,提高办贷效率。客户通过手机即可随时查看贷款进度,从贷款申请到发放,整个流程环环相扣,"三天放款"深入人心。截至 2016 年年末,微信平台受理 5145 笔,成功办理 4289 笔,金额达 6.56 亿元,申贷成功率达到 83.36%。

三、信贷管理制度形成体系,信贷产品日益丰富。高青农商银行先后出台了《客户经理动态管理办法》《客户经理风险金管理办法》《客户经理管理办法》《信贷人员行为规范》等文件,初步建立了客户经理日常管理、风险金、动态管理的考核体系。先后推出了"家庭幸福贷""家庭致福贷""扶贫农户贷""扶贫生产贷""农机贷""悦行贷""悦居贷""创业贷"等信贷产品,优化组合贷款额度、利率、期限、担保方式,初步形成了全行的信贷产品体系。

四、资产处置手段形式多样,资产质量不断提升。一是扎实开展"巩固银行化改革成果,集中清收不良贷款"专项行动,积极主动与公、检、法等部门对接,切实提高信贷资产质量,净化金融生态环境。截至 2016 年年末,全行清收处置不良贷款 143 笔、金额 1.04 亿元,其中现金清收 9786 万元,盘活 442 万元,现金清收比例达 47.14%。二是充分挖掘内部清收潜力,全员参与清收。制定全员清收活动实施方案,积极动员全体员工参与到专项清收行动中来。三是采用公告催收、信函催收等方式,解决不良贷款催收难问题,确保不超诉讼时效;对已经诉讼未申请执行的案件,及时申请执行,确保不超执行期限。截至 2016 年年末,表内不良贷款余额 1.06 亿元,较年初下降 2877 万元,不良占比为 2.99%,较年初下降 0.72 个百分点。

五、创新服务,提升体验,助推信贷结构优化升级。一是积极推广"客户地图",及时掌握客户信息,直观的发现营销空白区域,实现客户资料快速查询与客户分类,为客户经理快速融入工作提供便利,为科学决策提供了帮助。二是大力推广家庭银行商业模式,通过微信平台、LED 等多种方式宣传家庭银行产品,与客户签订家庭银行服务协议,不断增强客户的粘度,维护优质客户。截至 2016 年年末,共签订家庭银行服务协议 800 余份。

(郑保义　焦　娇)

山东桓台农村商业银行股份有限公司

2016年，山东桓台农村商业银行股份有限公司（以下简称“桓台农商银行”）主动适应经济发展和银行业发展新常态，认真贯彻落实科学发展观，坚持“稳健经营、稳步发展”的经营理念，苦练内功，强化管理，深化改革，防范风险，不断提高经营管理水平，各项业务实现了稳健发展。

一、全力支持地方经济发展。一是严格把握资金走向和支持重点。在优化贷款投放结构的基础上，进一步加大涉农贷款投放力度，对农村特色种养业、加工业和小微企业加大资金支持力度，全力支持三农经济和中小企业发展。截至2016年年末，借入支农再贷款余额2.5亿元，投放涉农贷款67.49亿元，较年初增长4.24亿元，有力的支持了农村产业化、集约化生产发展，满足了农民生产生活资金需求。二是支持县域重点项目建设。充分掌握县域工业经济发展情况，按照整体工作要求，对省、市政府及有关部门确定的重大项目、重点企业进行金融支持。积极推进“进走访”活动，以深入企业、重点项目、园区调研和了解实际情况为基本，以解决企业、重点项目、园区融资难为主线，由董事长、行长分别带领信贷业务部门人员实地逐户走访考察企业、重点项目、园区，面谈面议，查看其生产经营情况、财务管理情况、项目建设情况，了解和掌握企业资金和金融服务需求的第一手资料，按要求逐户详细填写走访情况反馈单及融资需求表，确保走访调研内容的真实有效。截至2016年年末，走访15家民营企业，6家重点项目，3家创业园区。三是创新金融扶贫模式，将精准扶贫做实做细。根据省联社金融扶贫创新要求，针对青年创业、下岗职工再就业、贫困学生等困难群体，积极推广升级“农户生产经营性贷款”“双保惠农贷”“信保扶贫贷”等新型金融扶贫业务品种。加强与财政、社保、团委等部门合作，积极推广青年创业贷款、鲁青贷等贷款品种，带动脱贫致富。截至2016年年末，发放下岗失业贴息贷款61笔，金额580万元。根据办事处统一部署，与淄博电视台联合拍摄《精准扶贫在行动：桓台农商行精准扶贫暖人心，创新举措忙落实》宣传片，加大精准扶贫宣传力度。积极建立部门工作联动机制，与县扶贫办签订《淄博市扶贫小额信贷业务合作协议》，向符合条件的各类主体发放“富民农户贷”、“富民生产贷”等扶贫贷款。充分发挥农商银行的精准融资优势，加快贫困户脱贫致富步伐，截至2016年年末，共发放扶贫贷款9笔、金额91.5万元。

二、全面提升金融服务水平。一是细分市场，打造多维金融服务。针对中小学校、幼儿园等客户群体策划开展了“e家亲”金融知识宣传活动和“儿童专属卡”业务，截至2016年年末，共计开立“儿童专属卡”1100余张。依托电子银行业务，实现电子银行业务与传统业务的交叉渗透。充分利用“互联网+”效应，发挥微信公众号的平台作用，通过在微信公众号上推出丰富多彩的活动，上线智e购网上商城“桓台馆”，拓展商户20余家，构建起“农商行+农户+商户”的产品宣传阵地，拓展了网络服务范围，提供了更加高效便捷的金融服务。充分发挥社保卡即时开卡优势，拓宽市场覆盖面。6月15日成功发行全省首张即时社保卡，全年总计达到21万余张，基本实现对全县新农保社保卡的全覆盖。二是延伸服务触角，深挖农村市场。通过农金通、农商宝等农民自助服务终端的安装，打通金融服务最后一公里，发挥助农服务点“桥头堡”的作用，构建更加完善的金融服务网络，以点带面，深入挖掘农村金融市场，优化存款结构，降低资金成本，不断提升低成本存款等零售业务的贡献度。截至2016年年末，全行累计安装农金通311台，较年初新增101台，累计办理账务性交易业务25万余笔，账务性交易累计交易金额1.9亿元，累计吸收存款达到5.31亿元。三是全面开展营业网点厅堂服务“百日提升”活动。制订《山东桓台农村商业银行营业网点厅堂服务“百日提升”活动实施方案》，通过组织员工学习充分调动员工参与积极性。积极推选优秀服务精英参加“厅堂服务之星”评选，甄选12名服务骨干参加全市厅堂服务骨干培训，带动全体员工服务意识的提升，有效提高客户服务体验，增强客户粘性。四是科学调整网点布局。结合县域经济总体布局和发展趋势，研究制定了2016年机构规划，有计划的对部分营业网点进行迁址或终止。2016年，终止营业2家城区网点，迁址并更名1家城区网点。

三、切实做好企业文化建设。一是做好基层党建工作。认真落实党风廉政建设责任制，组织全行共产党员学习了《中国共产党廉洁自律准则》《中国共产党纪律处分条例》《党的基本知识100问》；下发了2016年党风廉洁建设及工作作风建设考核办法，以此推动全行党员保持纯洁性和先进性工作建设。截至2016年年末，共组织全行党员参加“两学一做”知识测试四次，通过率达到100%。二是加强员工教育培训工作，提高员工的综合素质。制定《桓台农商银行第一届业务技术比赛实施方案》，共计选拔参赛人员110余人，营造了“比学赶帮超”的良好氛围，于9月中旬成功举办了农商银行成立以来首届业务技术比赛，进一步提高了全体员工的专业技能和服务水平，在全市农商银行业务技术比赛中获得团体第三名的成绩。制定了《2016年度教育培训工作计划》，突出培训重点，落实培训任务，全年共举办各类员工培训班106次，累计培训148天，参训人员7407人次。三是丰富企业文化，提高凝聚力和向心力。组织了庆“三八”女职工趣味运动赛、五四青年节专题演讲比赛、每周例会个人学习心得交流；组成员工方队参加由该行联合团县委、县文明办等单位主办的首届“爱我家乡·环保健行”农商行杯大型户外健行活动；开展困难职工爱心救助和“慈心一日捐”活动，共计捐款6.79万元；组织干部员工参加全市农商银行乒乓球比赛，取得了女子团体第一的成绩；12月，与县人社局联合举办元旦文艺晚会，进一步丰富和活跃广大职工的文化生活；开展文明交通劝导服务，在交通要道统一农商银行服装和标识，引导民众文明出行、创建文明交通环境；组织开展金融知识万里行、“入校进园”校园行系列电信防诈骗宣传等活动，活动期间累计发放宣传品近万份，提高了防范意识，宣传了业务产品，提升了农商银行的社会形象。截至2016年年末，通过各类媒体累计发表市级以上稿件130余篇，对全行的各项业务起到了良好的宣传效果。

（于　聪）

淄博淄川农村商业银行股份有限公司

2016年2月3日，淄博淄川农村商业银行股份有限公司（以下简称“淄川农商银行”）正式挂牌开业，顺利实现由农信社向农商银行的改制升级，掀开了发展的新篇章。

一、夯实发展基础，增强发展后劲。坚持向作风转变要效益，以经营转型求发展，靠创新驱动促提升，实现了规模扩张与质量提升、经营转型与队伍建设、基础夯实与结构优化协调发展，综合实力和发展能力排名逐年提升。各项业务保持强劲增长，创新发展亮点纷呈，员工面貌焕然一新，社会贡献和品牌影响力大幅提升，2016年，继“山东省消费者满意单位”“山东省服务名牌”“振兴淄博劳动奖状”等荣誉称号后，再获“山东省工人先锋号”殊荣。

二、坚持市场定位，服务地方经济。坚持“四个面向”的市场定位，主动跟进地方重点项目建设，全面加大三农、小微企业信贷支持力度，近5年来，存款规模连续突破90、100、110、120亿元大关，贷款累计投放额超过300亿元，存贷款规模、贷款绝对额、新增量、涉农贷款等指标稳居全区金融机构首位。累计缴纳各项税金3.7亿元，位居全区综合纳税前列，是名副其实的地方金融主力军和利税大户。

三、加强产品创新，提升服务精度。坚持创新发展的工作导向，先后推出“绿色希望”信用同盟、林权抵押、“生物资产”质押、农民住房贷款、土地承包经营权抵押、富民农户贷、富民生产贷等支农惠农产品，形成商贷通、财富通、票据通、养老贷、创业贷、贴息贷、服商贷、的哥贷等品类齐全的小微信贷产品体系，有效满足了客户多元化的资金需求。

四、强化经营管理，增强发展活力。坚持“以效益为中心、以业绩论英雄”，通过实施分理处直管、客户经理跨社交流、班子成员联系点、部室挂包一线网点、重要事项督办等制度，充分发挥“能人效应”，激发全员的工作积极性和主动性，形成发展合力，带动各项业务稳健快速发展。坚持从严管理的工作思路，通过开展“作风建设年”“内控管理提升年”“合规文化建设年”等活动，全面改进工作作风，强化内部管控，保持违规违纪行为严厉惩处的高压态势，全面净化员工队伍和发展环境，经营管理再上新台阶。

五、加强文化建设，树立良好形象。坚持文化立行的战略思维，通过班子成员下基层、举办各条线员工座谈会，开通董事长热线和邮箱，组织演讲征文比赛、羽毛球、乒乓球、篮球比赛，开展慈心一日捐、困难职工走访慰问，成立员工爱心基金，改善员工就餐环境，推出员工交通补贴等方式，实现发展成果共享，增强了企业凝聚力和向心力，展示了农商人良好的精神风貌。

（柳亚平）

山东沂源农村商业银行股份有限公司

2016年，山东沂源农村商业银行股份有限公司（以下简称“沂源农商银行”）紧紧围绕“识变、应变、求变”的发展主线，全行上下坚定信念，在市场竞争中敢于亮剑、赢得主动，并以壮士断腕的改革决心，坚决摒弃过去落后管理状态下的陈规、陋习，自我加压，严要求，多个条线工作取得重大突破。一年来，全行职工奋勇争先，共受到省市级表彰69次，其中个人表彰54次，集体表彰15次，获得全市农商行业务技能比赛团体二等奖、厅堂服务大赛团体一等奖、淄博市金融机构反洗钱金融知识竞赛团体第一名，该行团委被评为全市银行业优秀团组织，“精准扶贫计划”被山东省金融团工委授予优秀精品工作项目，被人民银行评为A级金融机构，全省农商银行系统综合竞争力进步评价第12名。

一、主要经营指标完成良好。截至2016年年末，全行资产余额81.47亿元，较年初增加11.69亿元；实现各项存款余额66.98亿元，较年初增加5.41亿元；各项贷款余额45.37亿元，其中涉农贷款占比90.36%；不良贷款率2.92%，较年初下降0.08个百分点；实现各项收入4.13亿元，较同期增加615万元；各项支出3.26亿元，较同期减少3633万元；资本充足率12.48%，较同期下降0.93个百分点；拨备覆盖率182.55%，较同期提高26.97个百分点。

二、针对信用环境建设，毫不松懈开展清收活动。结合国家倡导社会诚信的有利外部社会环境，大力营造“守信光荣 失信可耻”的舆论氛围。全行积极协调法院部门，建立快立、快审、快执“绿色通道。通过法院通过内部系统，每日查询被执行人财产信息，推进案件快执。截至2016年年末，查控案件197笔，查获存款273万元，奥迪、思铂睿、马自达等车辆40辆，贵州茅台等沪深股票39万余元。

三、针对农区服务短板，加快支付渠道建设。目前社保卡发行26.62万张，占农村人口的95.67%，有着坚实而广泛的客户基础。针对沂源多山区，依然存在交通不便、客户办理业务不方便的问题，通过发展农金员工、布设“农金通”，打造“1公里用卡圈”。截至2016年年末，全县共部署ATM机66台、银联POS机1367台、农商宝97台，累计发展手机银行3.34万户，网上银行2.64万户；面向年轻人群重点宣传微信、QQ钱包、支付宝、扫码支付四大快捷支付服务。

四、开展营销活动，“走村串户”成为状态。持续推动网格化营销，各支行绘制“营销地图”，客户经理配备平板电脑，客户信息档案化，方便客户信息存储、分类、调阅，有目的的后续跟进营销。各支行自行开展进村入社区宣传活动，每周选择一处重点村庄社区举办有仪式感的活动（如金融知识讲座、联谊晚会、棋牌比赛、体检义诊、有奖问答、电影下乡等），风险管理部门专人统计并通报。各支行营销活动经验不断丰富，金星支行“丽人节广场舞大赛”、城区支行“小小银行家”活动等形式新颖，客户踊跃参与，收到良好效果。

五、绩效革命，“多劳多得”成为常态。把“绩效体制改革”作为一项重点工作，年内，重点推动“二次考核”：要求各支行长、分理处负责人摒弃“老好人”思想，参考总部指导意见，根据实际情况合理设置考核指标，并报行总部备案；总部对二次考核执行情况重点督导，各单位二次考核必须于月初10日内计算完成，在本单位公示，充分发挥各单位负责人的管理控制作用，实现经营压力由负责人向员工传导。

（秦昌颖）

山东临淄农村商业银行股份有限公司

2016年是山东临淄农村商业银行股份有限公司（以下简称“临淄农商银行”）全面推进创新驱动、转型升级的启动之年。一年来，面对异常严峻的宏观经济形势、持续加大的经济下行压力以及各类新型金融业态的强力冲击，全行以稳增长、调结构、控风险、促转型为主线，紧紧围绕年初工作会议确定的发展思路和目标要求，抢抓机遇、凝聚力量、精心安排、攻坚克难，圆满完成了年度经营目标，取得来之不易的成绩。

一、跨区域经营迈出坚实步伐。面对繁重的改革发展任务，全行将进一步深化改革、完善治理作为推动各项业务持续稳健发展的重要助推力，积极引进战略投资者，进一步明晰产权关系，完善法人治理机制、风险管理机制和激励约束机制，全面提高自我约束能力和经营管理水平。积极推动村镇银行组建和市场拓展，在2015年年末芝罘、新泰村镇银行开业的基础上，2016年年初，泗水、蒙阴、莱山、冠县村镇银行陆续开业，全行跨区域经营迈出坚实步伐。截至2016年年末，6家齐丰村镇银行各项存款余额达到8.9亿元，各项贷款余额达到4.2亿元，各项业务实现良好开局。

二、狠抓营销、深化转型，规模实力迅速壮大。面对经济形势严峻、企业经营普遍困难、对公存款下降明显、储蓄存款多元化分流的不利局面，全行牢固树立危机意识，扎实开展了“存款百千万工程”，做实做稳分类营销、精准营销、“扫街”营销、“网格”营销等基础性工作，逐步建立完善以营业网点为基础，各种机具为补充，移动互联网为主体的线上线下立体化、多维度、全覆盖的农村金融服务体系，推动各项存款快速增长，规模实力迅速壮大。截至2016年年末，全行各项存款余额达到163.7亿元，较年初增加13.3亿元，存款日均增加额19亿元，分别完成任务的102.3%和240.9%，存款市场占有率24.8%，稳居全区金融机构首位。

三、资产结构得到逐步优化。一是，以“优化结构”为重点，以“家庭银行”商业模式推广为契机，认真贯彻国家货币政策，合理把握投放节奏。零售业务部创新推出“家庭信用贷”等个人消费贷款产品和“私人定制”商业模式，积极营销小微贷款，努力提高个人贷款和抵质押贷款占比，服务实体经济发展。截至2016年年末，全行各项贷款余额108.8亿元，剔除股东购买、打包处置因素，实际较年初增加10亿元；个人贷款余额19.8亿元，较年初增加4.1亿元，个人贷款增幅26.5%，分别完成任务的154%和166.8%；抵质押贷款占比38.1%，较年初提高4.6个百分点。签约“家庭银行”客户12205户，家庭银行特色产品“家宜贷”累计授信客户219户，办理贷款3495万元。二是资产运营中心、各公司业务部密切配合，以全市“巩固银行化改革成果集中清收不良贷款专项行动”为契机，实行公司类贷款无缝隙办理，建立公安、法院派驻农商银行联动清收机制，一手抓源头、控新增；一手抓清收、降存量，资产质量得到控制、优化。

四、统筹兼顾、重视文化，精神面貌大为改观的。全行以“两学一做”学习教育活动深入开展为契机，以知行合一、以知促行为工作目标，高标准、严要求，将业务工作与绩效改革、教育培训、合规文化建设等工作有机结合起来。党委办公室扎实推进“两学一做”学习教育从“关键少数”向全体党员拓展、从集中性教育向经常性教育延伸，广泛开展了形式多样的主题活动，全行党建工作水平得到提高。人事综合部编写《走向成功》企业文化手册，开展员工“岗位之星”评比，设定重点工作、好人好事，岗位之星、先进单位等固定栏目，组织拍摄形象宣传片，有效发挥企业文化对全行干事创业正向推动作用。

（乔 斌）

淄博博山农村商业银行股份有限公司

2016 年，淄博博山农村商业银行股份有限公司（以下简称“博山农商银行”）顺利完成银行化改革，于 4 月 29 日顺利揭牌。一年来，博山农商银行以夯实经营根基为纽带，以提升经营效益为重点，持续加大实体经济支持力度，全力提升风险防控能力，各项工作实现稳步健康发展。截至 2016 年年末，各项存款余额 807401 万元，较年初增加 68870 万元，增幅 9.33%；各项贷款余额 566578 万元，较年初增加 50345 万元，增幅 9.75%。

一、全力服务实体经济发展。博山农商银行始终坚持面向县域经济的市场定位，以支持地方经济发展为己任，不断加大对地方实体经济的支持力度，充分发挥支农、惠商、助工的地方金融主力军作用。对全区信贷资源进行整合，打破地域界限，合理划分营销片区，将信贷队伍整合成 11 个精品信贷团队。在充分做好市场调研的基础上，以城区范围专业市场、商户为重点客户目标，不断加快个贷业务发展，实现个人贷款和客户数量大幅增长。创新推出助业贷、惠享贷、孝乡贷、精英贷等个人类信贷产品，进一步优化贷款审批流程，灵活设计贷款还款周期，根据客户需求量为量身设计信贷产品。2016 年，累计投放贷款 3.36 亿元，支持 11 个市重点项目发展；累计投放贷款 2 亿元，助力中小企业实现技术改造；累计投放贷款 5.3 亿元，支持博山区教育、卫生事业发展。

二、切实提升网点服务质效。根据省联社旗舰网点建设指引，结合网点实际，对全区营业网点升级改造，将营业部、城区支行打造成为旗舰网点，并以旗舰型网点为标杆，对全区各网点营业大厅、自主设备间等进行改造升级。加大对电子器具、农民自助终端、自助取款机的布放力度，对自助服务设备进行全面检修、维护、升级，营造良好的自助服务环境。加强人员业务培训，熟练掌握电子银行、网银、贷款等业务产品，利用柜面服务、大堂引导、外拓营销等时机，积极向客户营销业务产品。扎实做好智 e 购商城推介工作，累计拓展优质商户 28 家，其中 b2c 商户 12 家，o2o 商户 16 家。组织全区客户经理前往阳光村镇银行、聊城农商行等先进单位考察学习，学习先进外拓营销模式与制度。组织开展客户经理选拔工作，及时补充个人类客户经理、小微贷队伍，并对新客户经理进行多频次培训，提升业务素质和客户服务能力。

三、不断加强内控管理工作。深入开展“两学一做”教育学习活动，坚持把党章党规和系列讲话贯通起来学习、统一起来领会，教育引导党员学做结合、以知促行，争做“四讲四有”合格党员。加强合规管理，组织开展规章制度的梳理与评价，完善内部管理机制，充分利用合规风险提示和合规短信两大平台，做好风险提示工作。上线内部资金转移定价（FTP）系统，不断优化资产负债结构，提高财务管理的精细化水平。扎实开展内部审计工作，在全区组织开展整体移位审计、常规审计、飞行审计、岗位审计等工作，坚持现场审计与非现场审计相结合的原则，建立审计问题整改“三见面”制度，强化问题的整改落实。深入推进贷款审查审批工作，在总结完善贷款集中审查审批工作的基础上，进一步修订相关制度办法，优化审查审批流程，实行信贷审查简报制度，按月对集中审查审批工作中发现的问题实行分类汇总、通报，有效调动了工作积极性，减少了问题差错率，提升了贷款规范化管理水平。

（高 宁）

枣庄农村商业银行股份有限公司

2016 年，枣庄农村商业银行股份有限公司（以下简称“枣庄农商银行”）围绕改革发展中心工作，突出业务经营管理，认真践行“稳健经营、稳步发展”经营理念，积极创新业务发展，加大支农支小力度，全面完成主要经营目标。截至 2016 年年末，全行各项存款余额 196.07 亿元，较年初增加 19.23 亿元，同比多增 4.87 亿元，增幅 10.87%；各项贷款余额 142.44 亿元，较年初增加 16.44 亿元，增幅 13.13%；实现各项收入 11.26 亿元，同比增加 227 万元；净利润 2.29 亿元，同比增加 6827 万元。上缴各项税金 17670 万元，同比增加 32.4%。资本充足率 14.37%，拨备覆盖率 155.93%。被市委、市政府授予枣庄市五一劳动奖状、科学发展综合考核先进单位、金融支持地方经济发展先进集体等荣誉称号。

一、聚焦实体经济，助力企业转型升级。坚持聚焦信贷投放重点领域，加大支持实体经济力度。全面优化信贷营销模式，推行阳光办贷。实行“一站式”服务和流动上门服务，在全省农信系统率先开展微信预约贷款；同时，不断丰富“主办行”制度内涵，向企业提供授信、结算等综合性金融服务。大力培育新型农业经营主体，支持农业产业化龙头企业发展，促进现代农业建设，辐射带动农民就业增收。坚持“不压贷、不抽贷、不惜贷”，倾力支持小微企业，实现了银企双赢、政府满意的良好局面。截至2016年年末，小微企业贷款余额75.01亿元，较年初增加9.13亿元，增幅13.86%。到年末，实体贷款余额121.41亿元，较年初增加9.64亿元，增幅9.62%。

二、聚力精准扶贫，支农支小持续发力。坚持做好精准扶贫与支持三农发展结合工作，多措并举，确保扶贫贷款精准到位。到年末，信贷扶贫覆盖贫困村91个，贫困户241户，发放扶贫贷款1806笔，金额4220万元。一是实施“信用工程”搭建扶贫平台。累计集中评级授信村庄780余个，评定信用户13万户，涉农贷款余额达到96亿元。二是实施“金融+产业”提升扶贫力度。充分发挥信贷资金撬动产业发展的杠杆力量，以能带动贫困户致富的能人大户、龙头企业作为支持重点，加大对种植、养殖、农产品深加工等农业产业化龙头企业、新型农业经营主体等项目的信贷投放力度，促进相关产业的发展升级，变“输血”为“造血”，变帮扶一户为带动一片，帮助贫困户迅速实现脱贫致富。三是实施“金融+生态”拓展扶贫宽度。积极做好旅游精准扶贫村融资需求对接工作，对接旅游精准扶贫村14个，融资需求项目14个，对接融资需求1920万元，带动271户贫困户创业致富。四是实施“产品创新”扩宽融资渠道。成功发放全市首批光伏扶贫贷款4户，金额1.2万元，在信贷扶贫上取得了新突破。五是实施“政银联动”提升扶贫效率。加快“富民农户贷”、“富民生产贷”的推广，积极主动与市扶贫办协作，加快与山东省农业融资担保有限公司合作，利用商业化的担保模式破解扶贫贷款发放瓶颈。

三、实施创新驱动，业务转型有效推进。坚持以“客户需求”为中心，加快产品研发，创新服务模式，推进网点转型，初步形成了具有自身特色的产品服务体系。一是全方位推进产品创新。研发推出“融易贷”系列信用贷款，设计推出“易农贷”“易商贷”“精英易贷”三大主打产品，发放了首笔光伏扶贫贷款，有效推动了小额信贷的投放。启动“家庭银行”商业模式，创新推出“家庭贷”系列产品，已办理家庭银行授信209户，金额2410万元。发行了泰山如意公务卡，开办代理理财业务，结束了没有信用卡和理财业务的历史。通过建设运营团队，积极选择试点商户，智e购商城成功上线。截至2016年年末，全行电子银行客户数17.54万户，较年初新增3.4万户，增幅22.38%；电子银行业务替代率60.15%，较年初提高5.15个百分点。二是全条线推进网点转型。按照“先行试点推广、后续全面覆盖”的总体思路，筛选年轻客户经理开展移动办贷推广试点。积极开展跨行异业合作，与中泰证券枣庄分公司、枣庄移动、枣庄百卡通签订战略合作协议。优化总行部门设置和营业网点布局，实施了转型发展暨业绩提升项目。引入小微贷技术，首家微贷中心顺利开业。开展智能机器人进网点、进社区，提升了服务形象。加强市场分析，提高金融市场业务规模、议价能力和管理水平。三是全渠道推进科技创新。完成核心服务器集中统一管理，实现异地双“心”，解决了单点故障风险，保障了全行的业务连续性。搭建便民服务平台，拓展了代缴暖气费、收银系统、互动平台等功能。开发了固定资产二维码移动管理系统，提高了设备运转效率。完成全行102家网点和14家离行网点的网络升级和Wi-Fi建设，组织了冠字号服务器上收和ATM跨平台升级，为全行业务快速运转提供强有力的科技支撑。

四、建设和谐文化，发展环境不断优化。先后组织开展了“业务技能大比武”、“干在当下、成在实处”主题演讲比赛、服务礼仪风采大赛、迎国庆、庆行庆暨“两学一做”学习教育书画摄影作品展等活动。冠名并主办了枣庄市机关第二届“枣庄农商银行杯”运动会，组织各级党组织走访慰问老党员和困难党员，增强了全体党员和群众的凝聚力。继续加强人才库建设，实施了全员、全条线、全层面员工培训计划。开展业务技能大练兵，在枣庄市第七届职工职业技能大赛中勇夺团体第一，组织爱心妈妈团，开展慈善捐款活动，树立了负责任的企业形象。

（崔　东　孟　杰）

滕州农商银行股份有限公司

近年来，滕州农商银行股份有限公司（以下简称“滕州农商银行”）牢牢抓住“稳增长、提质量、增效益、控风险”这个根本，努力在业务增长、不良防控上取得新突破，在改革创新、转型发展上取得新进展，在质量效益、服务水平上取得新提升，有效发挥了农村金融主力军作用。该行业务规模连年稳居全市金融机构首位，网点数量、人员居全市金融机构首位，纳税能力和缴税金额居全市金融机构首位，先后被授予全国最具成长力农村金融机构、滕州市诚信纳税示范企业等荣誉称号。

一、强化信贷支持，争做滕州经济发展的引擎。滕州农商银行坚持面向“三农”、面向社区、面向中小企业、面向县域经济的市场定位，5年来累计投放贷款430多亿元，支持市重点建设项目45个，支持中小微企业600多家，支持个体工商户和农户3万余户。针对小微企业，先后推出钢结构厂房抵押贷款、应收账款质押贷款、农民专业合作社贷款等10多种信贷产品。创新开办“家庭亲情贷”，无须抵押，只要家庭成员担保即可办理贷款。创新开办“一贷通”企业循环流动资金贷款，使企业在2~3年的授信期限内随贷随还、随还随贷、循环使用，免去中间审批环节，提高资金周转率，降低了企业融资成本，深受企业的欢迎;针对农户和市民担保难、贷款难问题,先后推出了林权抵押贷款、农民住房财产权抵押贷款、福农卡、光伏贷、二手房屋贷款、“速贷通”消费贷款等信贷产品。积极创新流程化信贷管理模式,新组建中小企业专业支行,配备24名高素质的客户经理,专门为中小企微业提供信贷、结算、理财等全方面的金融服务;为解决小微企业倒贷问题和到期还款压力,创新推出“无缝办贷”贷款方式,对继续有资金需求的企业在贷款到期前15天办理贷款手续,有效降低企业融资成本。先后被评为山东省小企业金融服务先进单位、枣庄市农村工作先进集体。

二、强化金融服务,争做百姓“贴心银行”。着力发展网络金融,畅通支付结算渠道,形成集物理网点、网上银行、电话银行、手机银行等为一体的多元金融服务网络。去年以来,推出“微信银行”,实现网上办贷、现金预约、生活服务、幸运抽奖等功能;推出“幸福e家”家庭银行商业模式,通过互联网渠道为家庭提供包括存款理财、贷款融资、支付结算、便民金融等一揽子金融服务。打造精品网点,强化网点装修改造,统一形象标识。对城区营业网点实施亮化工程。推行规范化服务,在营业室配齐饮水机、雨伞等,配备大堂经理和保安,为客户营造舒适服务环境。常年推出“援助服务”,为由于身体疾病、年龄偏大的客户提供上门服务1200多人次。积极宣传金融知识。坚持做好“金融知识进万家”活动,累计开展各类宣传60余次,发放宣传材料10万份。维护消费者权益,严格执行银监会“七不准、四公开”规定,完善贷款利率定价,设立投诉电话,主动接受社会监督。先后被评为山东省服务名牌单位、省级标准化服务单位。

三、强化责任履行,担当社会责任。积极开展“温暖信贷工程”,支持弱势群体。滕州农商银行扎实做好金融扶贫工作,2016年6月,开办“信保扶贫贷”,累计发放建档立卡贫困户贷款82户、金额1068万元;开办下岗失业人员再就业小额贷款,累计发放下岗失业贷款980万元,帮助340名下岗职工实现再就业;与市妇联共同开展农村妇女创业行动,累计发放农村妇女创业贷款2500万元,支持460多名农村妇女实现创业;与团市委联合实施“贷你圆梦”创业青年培养计划,积极办理“鲁青基准贷”业务,累计发放2600多万元的青年创业贷款。积极积极支持新型农村合作金融试点工作。为全市5家农民专业合作社进行信用互助账户托管服务,免收账户托管费用。积极支持社会慈善事业。每年组织开展“慈善一日捐活动”,五年累计捐款108.75万元;积极开展“代理妈妈”“为贫困儿童送暖冬包裹”等爱心活动,累计帮助贫困儿童400多人次。

(李其鹏)

东营农村商业银行股份有限公司

2016年3月26日,东营农村商业银行股份有限公司(以下简称“东营农商银行”)正式挂牌开业,是在原河口农村商业银行、胜利农村合作银行基础上发起设立的股份制商业银行。东营农商银行注册资本12亿元,内设10个职能部门,下辖1家营业部、62家分支机构。其中,一级支行5家、二级支行32家、分理处25家。

一、紧紧围绕“三农”服务需求,不断提升金融服务水平,持续提升质量效益,各项业务实现健康稳步发展。截至2016年年末,全行各项存款余额136.48亿元,各项贷款余额105.90亿元,五级分类不良贷款余额3.69亿元,不良贷款占比3.48%;实现各项收入101738.54万元,账面利润23366.57万元,经营利润(老口径)47768.47万元,资本充足率13.74%,拨备覆盖率176.36%,分别高于监管标准3.24和26.36个百分点。

二、将风险防控作为重中之重来抓,贯穿于各项工作之中。一是加强信贷风险预警,严格落实信贷“三查”制度,做好投放行业和具体客户的风险分析,从源头上把好风险关。二是将离任审计、大额贷款审计、内控制度审计、常规审计及后续审计作为重点审计项目。三是在一级支行、二级支行设立了安全联络员A、B岗,在各部门、各网点设立了合规管理人员,确保违规事件早发现、早解决。

(缪金青)

山东广饶农村商业银行股份有限公司

山东广饶农村商业银行股份有限公司(以下简称“广饶农商银行”)始终坚持建设一流地方金融机构的目标,不断加快业务创新,夯实发展根基。截至2016年年末,全行下辖13个部室、15家支行、59家分理处,发起设立村镇银行3家,从业人员640余人。各项存款余额194.18亿元,各项贷款余额134.79亿元。电子银行客户总数12.86万户,拓展银联POS商户1448户,布放ATM等自助银行设备160台。始终坚持立足地方经济发展,持续提升支农支小实力和民生服务水平。扎实开展文明信用工程，“走村、入户、进社区、访企业”进行信用评定，进一步加大对涉农行业和小微企业的扶持力度。推出“家庭银行”服务模式，助力创业致富。2016 年，上缴各类税金 2.11 亿元，位居全县百强纳税企业第五位。在山东省财政厅 2016 年绩效考核中，广饶农商银行得分再次位列全省农村商业银行首位，连续六年被评为山东省“AAA”级优秀地方金融企业。

（燕小蒙）

山东利津农村商业银行股份有限公司

2016 年，山东利津农村商业银行股份有限公司（以下简称“利津农商银行”）紧紧围绕年初确定的任务目标，加大业务拓展，全面提升金融服务水平，实现了各项业务的平稳发展。

一、强化营销拓展，存款规模持续扩大。截至 2016 年年末，全行存款余额 50.51 亿元，较年初增加 7.24 亿元；存款存量市场占有率 33.24%，居全县首位。

二、强化产品和服务创新，管理能力不断增强。坚持“四个面向”，着力提升小微客户需求满足度和贷款覆盖率。截至 2016 年年末，各项贷款余额 37.94 亿元，较年初增加 4.87 亿元，其中公司类贷款余额 28.79 亿元，较年初增加 3.94 亿元；个人类贷款余额 9.12 亿元，较年初增加 0.89 亿元。

三、强化普惠金融建设，综合服务水平不断提高。对利津支行进行升级改造，打造全行第二家精品网点；开通电子银行渠道缴纳电费、取暖费；加大 ATM、POS 机具的布放力度，新增 ATM 9 台；新增银联 POS 机具 284 台；新增电子银行客户 1.02 万户，累计办理账务性交易 48.07 万笔，交易金额 581.50 亿元。

（崔志远）

山东垦利农村商业银行股份有限公司

2016 年，山东垦利农村商业银行股份有限公司（以下简称“垦利农商银行”）坚持以转型发展为主线，以业务发展为中心，不断深化改革，开拓市场，强化管理，防控风险，各项业务持续健康发展。

一、坚持市场定位，服务地方经济能力不断增强。以“一十百千万工程”为核心，提升社会形象，夯实各项业务发展基础；立足“四个面向”的市场定位，信贷资产结构更加优化；强化贷款产品创新，满足不同客户信贷需求，增强业务拓展针对性。

二、注重统筹兼顾，金融服务水平不断提升。科学制定网点发展规划，优化物理网点布局；引进流动汽车银行，将金融服务延伸至最后一公里；加强支付结算渠道建设，形成了以营业网点为支撑、以自助设备为辅助、以电子产品为延伸的服务渠道体系。

三、加强内控管理，风险管控水平不断提高。积极开展“排风险、堵漏洞、强管理”活动，不断提升风险管控水平；落实信访稳定工作第一责任人制度，切实提高反映问题的查实率和问题解决率；完善合规管理制度体系，强化合规条线队伍建设，从源头上预防违规违纪问题的发生。

（王晓强）

烟台农村商业银行股份有限公司

2016 年，烟台农村商业银行股份有限公司（以下简称“烟台农商银行”）牢牢把握“服务三农、服务社区、服务工商业户、服务小微企业”的市场定位，坚持以合规稳健经营为前提，以提高经营效益为中心，充分发挥地方法人机构的效率优势，各项业务持续、快速、稳健发展，内部管理不断增强，金融服务水平进一步提高，各项工作取得明显成果，为全市经济社会发展做出了积极贡献。

一、发挥本土银行优势，大力支持实体经济发展。以服务实体经济为导向，以政府产业结构调整为主线，抓住与牟平区、莱山区等地方政府签订战略合作协议的有利时机，积极拓展优质客户群体，重点向政府民生、基础设施、特色产业、片区改造等项目提供信贷资金支持，不断拓展服务地方实体经济的深度和广度。在总行引入事业部运行机制，面向全行员工聘用专业营销人员，推动全行主动营销。重点投放 1500 万元以下的小微企业及个人类贷款，圆满完成监管部门布置的小微企业贷款“三个不低于”目标。

二、优化业务办理流程，不断提高金融服务效率。重新梳理信贷业务流程，缩短审批环节，下放存量贷款审批权限，对符合认定条件的小微企业贷款，推行小微企业循环贷，合理确定贷款期限，为客户提高便捷高效的金融服务。加大自助设备推广力度，在大型社区、商场、港站等人口活跃地段增设自助银行。积极推广网上银行和手机银行，加大“农金通”和“富民宝”等电子机具布放力度，全面提升电子银行在社区金融服务建设中的应用。2016 年，新上线了特色电商平台智 e 购，积极引入优质企业入驻，为客户提供了更加多元化的金融服务。

三、加强员工队伍建设，提升企业文化创建水平。烟台农商银行大力倡导和弘扬“服务客户、关注员工、回报股东、奉献社会”的宗旨理念、“诚信为基、人才为本、质量为命、创新为魂”的价值理念、“同舟共济、求精务实、创新开拓、追求卓越”的精神理念和“勤勉、严谨、睿思、敏行”的行训。继续深入实施“以考促学、奖惩挂钩”机制和“周六学习日”制度，助力员工职业发展。积极开展文体活动，举办了青年员工座谈会、演讲比赛、业务技能比赛，开展了羽毛球、乒乓球、登山、烟台农商银行第三届职工运动会等形式多样的体育活动，丰富了员工的业余生活。

四、积极履行社会责任，树立良好企业形象。赞助支持烟台市第三届足协杯比赛，组织开展扶危济困活动，积极参与慈善捐助，干部员工累计捐款达 20 余万元。2016 年，连续获省级文明单位称号，并在地方媒体发起的年度市民评选活动中赢得“最佳服务金融品牌”“烟台银行业最具影响力品牌”“金融行业最具创新力工匠品牌”等荣誉。

（苏　宁　宋冠男）

山东龙口农村商业银行股份有限公司

2016 年，山东龙口农村商业银行股份有限公司（以下简称“龙口农商银行”）坚持“稳健经营、稳步发展”的经营理念，努力克服宏观经济下行及同业竞争加剧、利率市场化等不利因素，全行上下团结拼搏，埋头实干，努力推动各项业务稳步增长。截至 2016 年年末，各项存款余额为 222 亿元，各项贷款余额为 127 亿元，实现经营利润 4.26 亿元，不良贷款占比 0.68%，内控管理方面实现了零发案、无事故。

一、以创新转型为动力，助推各项业务全面发展。一是全力以赴抓好存款组织。加快营销型网点转型，增强网点吸引力；加大对公共事业单位存款营销力度。二是全面加大贷款营销力度。在信用工程全覆盖的基础上，全面开展重点客户走访，利用税务部门提供的纳税明细表，准确锁定优质客户，加快小微企业贷款营销。三是加快新业务拓展步伐。不断完善业务操作流程，丰富产品服务体系。探索尝试优质客户综合授信管理方法；推出了国内信用证融资、“富民－丰润共盈”系列理财等新产品，截至年末共计发行 19 期，累计金额 14.82 亿元。

二、以资产质量为中心，提高内部管理水平。一是加强信贷管理，提升风控能力。通过对辖内 396 户公司客户资产负债状况、经营状况等项目综合摸底，形成信贷准入“黑名单”，目前累计主动退出客户贷款 2.5 亿元。二是加紧结构调整和不良资产压降工作。通过建立关联用信大户清单、新增大户贷款台账，对大户贷款动态监控，累计压缩大户贷款 1.2 亿元。三是继续推行市场化处置，加大不良贷款及抵债资产的推介招商力度，全年清收处置非应计贷款 4752 万元，处置抵债资产 2697 万元，抵债资产处置实现全部清零。

三、以风险防控作保障，提升企业核心竞争力。一是拓展审计领域，强化监督落实。在开展好常规审计、飞行审计和专项审计的基础上，进一步扩大审计监督的覆盖面，着重加大新业务推广、新产品发售、新系统应用方面审计力度，及时发现新风险点，实现审计效能前置。二是坚持案件防控常态化。以条线管理为抓手，以季度风险排查为切入点，将案防责任层层分解，传导压力，累计排查 905 人，处理违规违纪行为 97 人次。

四、创新内部管理机制，加强人才队伍建设。一是大力推进管理平台建设。持续推进流程梳理再造，从班子成员到基层一线员工进一步明晰岗位职责、每个环节的操作标准和罚则，促进在岗人员知其任、明其职、尽其责，不断提升精细化管理水平。二是全面加强人才队伍建设。围绕全行发展战略和人才需求，研发上线了网上学校和在线考试系统，促进教育培训、选拔考试高效化、网络化。

五、加快推进跨区域经营战略，稳步推进异地支行和烟台分行建设工作。继续推进跨区域经营战略，8 月份招远支行顺利开业，目前运营良好。海阳支行筹建工作基本完成，拟于 2017 年年初正式开业。设立烟台分行获批规划，目前分行管理人员招聘、网点选址、管理架构设计等前期筹建准备工作正在稳步推进。

（张　振）

山东莱州农村商业银行股份有限公司

2016年以来，山东莱州农村商业银行股份有限公司（以下简称“莱州农商银行”）加快结构调整和战略转型步伐，迎难而上，拼搏奋进，推动各项业务持续健康发展，先后获得省级文明单位、先进基层党组织、烟台市经济发展标兵单位、地方社会形象奖、企业贡献奖等多项省、市、县级荣誉称号。

一、坚持“稳健经营，稳步发展”理念，业务拓展稳步推进。以“双稳”理念为指导，以业务竞赛活动为抓手，加大考核激励力度，有效应对经济下行压力。截至2016年年末，总资产达209.29亿元，总负债达263.85亿元；各项存款余额为221.25亿元，各项贷款余额为117.41亿元，存、贷款市场占有率分别为33.67%和43.98%。积极融入地方经济发展大局，支持当地农户、个体工商户、小微企业及大中型企业近8000户，累计投放贷款105亿元。2016年，实现各项收入14.13亿元，实现经营利润4.82亿元，资本充足率为17.03%。

二、强化风险防控，风险抵御能力进一步提高。结合信贷“排风险、堵漏洞、强管理”等专项活动，加大风险排查和飞行检查力度，开展专项审计和常规审计，落实问题整改，加大问题处罚力度，及时堵塞管理漏洞。充分利用业务风险预警系统、视频监控系统等，对发现的问题汇总分析，做好风险提示。加强信息安全教育和案防教育，开展了“庆五四·青年员工合规大讲堂”活动，提高全员合规意识，营造了良好的合规文化氛围和安全稳定的工作环境。

三、不断加强产品创新，金融服务能力显著增强。2016年，成功发行第1期同业存单，成为烟台农信系统首家发行同业存单业务的法人单位；在烟台农信系统中首家发行8亿元二级资本债券，资本结构进一步优化；开通公务卡业务，并新推出了个人住房贷款，产品体系不断丰富。

四、加快跨区域发展步伐，机构建设进一步完善。加快异地支行和村镇银行的设立步伐，截至2016年年末，胶州支行和10家村镇银行已正式开业，各项业务指标发展向好。龙口和栖霞支行正在积极筹建中，异地支行、村镇银行共覆盖省内7个地区。

五、重视人才培养，队伍素质进一步提高。2016年共举办各类专业培训42期，累计培训3156人次，提高了员工的业务知识和技能水平，开展全行持证上岗考试。在烟台农信系统第十届业务技术比赛中，莱州农商行代表队连续第三年获得冠军。开展全员“树典型、学能手、提效能、做标兵”主题学练活动，通过开展典型事迹报告、员工座谈等形式，引导和鼓励广大员工奋勇争先，打造了一支作风优良、业务过硬、服务优质的员工队伍。

（于　珣）

山东长岛农村商业银行股份有限公司

2016年，山东长岛农村商业银行股份有限公司（以下简称“长岛农商银行”）努力克服金融改革、经济下行带来的困难和挑战，以转变业务发展方式和提高风险管控水平为重点，努力提高资产质量，降低经营风险，在严峻的经营形势下保持了稳健的运行态势。

一、总体业务经营平稳发展。截至2016年年末，各项存款余额168028万元，市场占有率37.41%；各项贷款余额99929万元，市场占有率74.87%；全年实现净利润1488万元；全行发卡总量5.24万张，特约商户总量243户，POS机具数量246台，各类自助设备22台；所有者权益23003万元，拨备覆盖率163.53%，资本充足率12.83%；全年上缴各项税款1310万元，位列全县前列。

二、实体经济支持力度不断增强。长岛农商银行坚持积极配合落实地方政府和上级单位的各项工作部署，积极投身于“生态旅游度假岛”建设和促进地方经济发展中来。针对长岛县域经济发展特点，结合实际，重点对渔养业、海产品加工业、旅游业、航运业等产业进行金融信贷支持。通过深入基层调研、召开银企座谈会等方面，详细了解长岛经济产业的特点、经营情况，为中小企业融资拓宽道路，搭建支持海岛经济发展的金融平台。2016年，累计投放各类贷款78110万元，其中小微企业累计投放贷款49801万元。

三、普惠金融服务深入推进。一是贯彻上级工作精神，积极推进金融扶贫工作。2016年，长岛农商银行以中央扶贫工作会议精神为指针，认真贯彻省、市、县三级政府脱贫攻坚战的部署要求，积极履行扶贫责任，自觉参与脱贫攻坚。加强组织领导，成立了金融扶贫工作领导小组；进行业务规划，制定实施方案；进行立体化的宣传，营造浓厚的扶贫氛围；研发扶贫信贷产品，开办下岗失业小额政府贴息贷款，全年为40余位创业者提供400多万元资金支持。通过提供无偿帮扶资金及投入信贷资金方式，积极支持帮扶渔村的生产经营和惠民设施改造。为大黑山乡北庄村投入资金 3 万元，支持安装太阳能路灯 16 个，无偿提供 3 间房屋用于村民净化水改造，投入信贷资金 120 万元支持该村居民发展生产经营。同时积极参与县妇联“春蕾女童”计划，捐款 3000 元资助 6 名春蕾女童。二是“智 e 购”商城建设取得积极进展。自“智 e 购”商城上线以来，共拓展商户 13户，其中 B2C 商户 3 户，O2O 商户 10 户，并制作了特色馆 PC、特色馆 APP、社区生活 PC 和社区生活 APP 网页，为全县商户拓宽电商销售渠道。三是以“让群众用放心钱、用干净钱、用满意钱”为主题，认真开展优化现金流通环境，提升现金服务水平活动，实现所有网点现金业务无投诉；根据冠字号码采集规划要求，截至 2016 年年末全行 12 个网点和自助设备全部具备冠字号码采集查询功能。四是进一步构建完善银行卡、网上银行、手机银行、短信银行、电话银行、农信银等电子银行服务渠道，ATM 机、POS 机、农金通完成了全县全覆盖，产品服务体系日益完善，结算渠道通畅，资金汇划实现实时到账。

四、风险防控工作取得良好成效。一是多措并举，抓好表内外不良贷款清收工作。落实三类高风险贷款预见式风险分析和不良贷款剖析制度，防患于未然；落实班子成员包大户清收制度，以点带面抓清收；落实债权转让、风险代理等处置措施，提高清收实效性；加强与法院联系，开展好积案集中执行活动，保障诉讼效果。二是抓好不良贷款压降工作，加强诉讼时效管理、不良贷款尽职调查、诉讼案件盯靠、不良贷款清收等方面工作，2016 年通过诉讼清收处置不良贷款 3800 余万元。三是做好审计监督工作。扎实开展飞行检查、专项审计、非现场审计、内控评价审计等审计工作，发现各类问题 497 个，促进了全行内控体系的完善和改进。同时积极开展了员工异常行为排查、双遏活动、案防检查、合规考试等活动，全员合规意识取得了明显提高，全年未发生重大责任事故和案件。

（田德明）

山东栖霞农村商业银行股份有限公司

2016 年，山东栖霞农村商业银行股份有限公司（以下简称“栖霞农商银行”）面对复杂严峻的经济金融形势，主动顺应新常态，以改革发展为动力，以防范风险为主线，以提高效益为中心，紧紧抓住扩大存贷款规模、提升资产质量和队伍素质等工作重点，努力克服发展中的不利因素，各项业务保持了持续良好的发展势头。截至 2016 年年末，各项存款余额 95.24 亿元，较年初增加 6.05 亿元；各项贷款余额 73.32 亿元，较年初增加 8.34 亿元；实现账面利润 1.11 亿元，经营利润 1.55 亿元。

一、狠抓资金组织工作，各项存款实现大幅增长。面对存款利率长期处于低位、存款理财化趋势明显、资金争夺异常激烈的发展态势，提出“打响存款市场保卫战、打赢失地收复反击战”的口号，通过实施区域化、差别化考核，开展分层级营销走访等形式，抢市场、抢客户，夯实存款基础。同时加强与政府、社保等部门的合作，力争财政、社保资金足额到位，拓宽低成本资金组织渠道。

二、狠抓信贷产品和服务功能创新，支农支小能力不断增强。紧跟新形势下农业、农村发展趋势，创新信贷产品服务方式，扎实推进“家庭银行”商业模式，以“富栖贷”为品牌，以“光伏贷”、按揭贷等为切入点，全面推进“家庭亲情贷”业务，推动零售业务的转型升级。同时全面加强信贷精细化管理，优化客户经理队伍建设，有效夯实了信贷管理基础。

三、狠抓不良贷款清收处置，资产质量进一步提高。积极应对不良贷款反弹严峻形势，探索防范化解新思路、新举措，相继实施了风险化解例会制度、包大户清收责任制等，组织开展了“向不良贷款宣战”活动，开展全员清收。同时，通过依法清收、代理清收、异地执行、债权转让、整体处置等多手段加快不良贷款清收处置步伐，向不良贷款要效益。

四、狠抓网点转型和电子渠道建设，服务水平明显提升。以客户为导向，顺应互联网金融发展大势，进一步整合网点和人员资源，深入推进网点转型。同时，围绕拓展有效客户和提升交易量两大核心目标，加快布设机具，加大营销和培训力度，努力提升电子银行业务发展速度和质量，提高电子银行业务占比。

五、狠抓创收增效工作，努力实现监管达标。深入分析业务发展状况，积极拓宽国际业务收入、贷款利息收入、金融机构往来收入、中间业务收入和投资收益“五个增收渠道”，深入挖掘创收潜力，大力拓宽收入来源。同时，坚持“讲求效益、集中管理、权限审批、监督制约、量入而出”的原则，全面增收节支。截至 2016 年年末，新口径资本充足率为 12.77%，拨备覆盖率为 151.98%，均达到监管要求。

六、狠抓内控管理，案防审计工作深入推进。坚持惩防并举、标本兼治，通过梳理完善制度、组织案防风险排查、加强审计监督、强化安全保卫等，进一步建立完善案件防控和内控管理工作长效机制，努力从根本上杜绝违规违纪行为和屡查屡犯的问题，全年保持“无事故、零发案”，实现了安全稳健经营。

七、狠抓干部员工队伍建设，工作作风进一步转变。以优化队伍结构、提升队伍综合素质为目标，认真落实党委主体责任，全面加强党风廉政建设，完善优秀人才培养机制，扎实推进作风建设，工作作风进一步改善，员工凝聚力和向心力进一步增强，社会形象进一步提升。栖霞农商行继续被授予省级“文明单位”称号，其营业部被授予“省级青年文明号”，另有有 2 个支行被评为栖霞市文明单位。

（郑志鹏）

山东蓬莱农村商业银行股份有限公司

山东蓬莱农村商业银行股份有限公司(以下简称"蓬莱农商银行"),于2015年5月6日经中国银行业监督管理委员会批准正式挂牌开业。2016年,蓬莱农商银行始终坚持一手抓改革促发展,一手抓内控防风险,实现了全行各项经营管理工作持续健康发展。

一、主要经营指标完成良好。截至2016年年末,全行各项存款余额92.46亿元,较年初上升4.34元;各项贷款余额67.61亿元,较年初增加0.8亿元;累计收回表内外不良贷款4346万元;各项收入达5.78亿元,实现经营利润1.77亿元;资本充足率为14.31%;拨备覆盖率为159.89%。

二、稳步推进全面风险管理。2016年,蓬莱农商银行坚持加强对行业、企业经营发展状况、产品特点、信誉和管理能力等方面的前瞻分析和研判,把准贷款投向,并严格按照"制度公开化、流程规范化、行为标准化"要求,科学放贷、审慎管理,信贷质量稳健提升;同时,深入开展"排风险、堵漏洞、强管理"活动,加强贷款源头管控,切实防范操作风险,累计检查2427户客户,检查总金额达61.9亿元,发现问题并整改101户。

三、创新服务践行普惠金融。一是主动优化服务。创新推出了"燃气代收费"业务,与17个小区签订合作协议,累计代收燃气费4000余笔、80余万元;积极与银联公司对接,推出减免POS机具押金优惠政策,有效提高业务吸引力,全年累计新增POS机具165台,完成2016年计划的206.3%。二是丰富贷款品种。推出了"信保扶贫贷"、"双保惠农贷"、家庭贷系列产品、薪易贷、富农贷、生意贷、POS流水贷等信贷产品,并围绕旅游、葡萄酒、海洋渔业等地方特色产业,创新推出特色服务,最大化满足客户需求,打造特色品牌。三是提升业务替代率。通过引入"厅堂营销"、"外拓营销"模式、开展农金员业务竞赛、系列营销宣传活动等,着力打造大堂经理、农金员、电子银行管理员三支营销队伍,在深挖客户潜力、满足客户需求的同时,实现了客户的有效分流。2016年,蓬莱农商银行农金通使用率达94%,较年初提高了7个百分点,电子银行交易笔数达618.5万笔,替代率达68.89%,创历史新高。

四、拓宽渠道助推网点转型。一是加强渠道建设。2016年,对照最新服务标准规范改造4家乡镇网点,在43家网点设置了网银、手机银行体验区,新布放ATM机5台、小微云3台,安放"警银亭"4处,有效满足客户的自助金融服务需求,增强服务吸引力。二是优化金融服务。创新推出"家庭银行"商业模式,确定了"制定战略规划,整合内部资源,打造营销团队,精准施策发力"四步走规划,打造了"仙境生活惠"商圈,实现签约商户、客户的互惠互利。三是创新金融平台。以省联社信息科技平台为支撑,推出了"智E购商城–蓬莱馆",打造线上、线下金融服务新体验,为全市个体商户拓展盈利空间、广大市民享受便捷服务提供了强有力的金融服务支撑。截至2016年年末,商城注册用户已突破1000人。

五、提升队伍建设。一是提升人员素质。根据省联社制度规定,完善了中层干部选拔任用机制,建立了"后备人才库"制度,新任用7人;围绕"打造学习型企业、争做知识型员工"的目标,实行全员培训考试制度,累计组织开展各类培训4900余人次,并连续三个季度在办事处电子银行考试中获团体第一名。二是提升党性修养。以全面开展"两学一做"学习教育工作为契机,细化了"三会一课"制度规定,2016年度累计召开党员干部专题党课6次、集中学习讨论会12次,开展义务献血、志愿服务等党员主题活动9次,并制定出台了《中层干部履职评价考核办法》,全面提升党性修养,提升党员干部的执行力、战斗力。三是严格制度执行。严格落实"一案四问责""双线问责"制度,切实增强干部队伍拒腐防变的能力,消除风险隐患,2016年度共开展各类审计检查38项,下发审计提示22份,发现并整改问题183个,涉及金额7331万元。

(徐浩珲)

山东海阳农村商业银行股份有限公司

2016年,山东海阳农村商业银行股份有限公司(以下简称"海阳农商银行")始终坚持"面向三农、面向社区、面向中小企业、面向县域经济"的市场定位,不断丰富产品种类,致力提升服务质量,稳步经营、稳健发展,取得了丰硕的改革发展成果。被评为省级文明单位,被中国金融工会全国委员会授予"十二五"期间"全国金融系统劳动竞赛示范单位"荣誉称号等。

一、深化改革,经营管理持续向好。全行干部员工众志成城,奋发作为,夺取了经营发展的丰硕成果和深化改革的阶段性胜利,发展能力和综合实力跃升全省农商银行中上游水平。截至2016年年末,各项存款余额达到106亿元,成为海阳市第一家、烟台市农商银行系统第四家存款突破100亿元的银行。各项贷款余额达到77.6亿元,贷款市场占有率达到29.27%,

居海阳市13家银行机构首位。全行实现各项收入6.05亿元，实现经营利润2.21亿元，实现了财务指标和监管指标的稳健发展。

二、多措并举，风险管理全面加强。狠抓信用风险管理，单一客户贷款集中度逐步下降，资本充足率达12.28%，拨备覆盖率达151.85%，贷款拨备计提充足。狠抓市场风险管理，重点管好了投资业务和票据转贴现等业务，杜绝了因利率变动可能导致的合同违约、重大损失等事件发生。狠抓流动性风险管理，健全了应对流动性风险的预警机制，提高了防范流动性风险的能力。狠抓操作风险管理，严格按照监管部门的要求，通过持续深入的检查辅导，有效促进了内部管理工作水平的提高，各项业务得以规范、有序开展。狠抓贷款预见式管理，通过开展政府联合清收、债权转让、诉讼清收、以资抵债、专项竞赛等多种清收活动，不良贷款余额和占比“双下降”，不良贷款占比较省联社平均水平低0.07个百分点，不良贷款整体控制在目标以内。

三、创新发展，服务实体，深耕“三农”。总行党委把2016年定为“海阳农商银行管理提升年”，全行上下重管理、严管理，对规章制度进行了梳理整合，对工作流程和岗位职责进行了明确规定，进一步提高了工作效率；把教育培训作为增强企业发展活力和竞争力的重要手段，先后组织内外部培训18次，培训干部员工1500余人次，取得了明显效果。积极探索信贷管理新模式，创新推出“金领贷”“白领贷”“光伏贷”等新产品，全年累计投放信贷资金94亿元，支持小微企业259户、农户和个体工商户1291户，全年累计缴纳各项税收7827万元，位列海阳市第二位，既实现了贷款投放和信贷管理“双提升”，又为海阳市财税建设做出了重要贡献。

四、夯实基础，内部管理亮点纷呈。始终保持案件防控高压态势，层层签订了《案件防控目标责任书》。扎实开展网点飞行检查、行长离任审计、财务管理审计、农金通审计等审计活动，从严治行要求进一步落实。先后开展了职工登山比赛，职工运动会，员工技能比赛等活动，展现了全员的团结拼搏精神和发自内心的集体荣誉感。扎实开展“两学一做”学习教育，把学习教育与党风廉政建设、转变工作作风相结合，持续深入贯彻落实中央八项规定，全行上下沟通更加顺畅，干部员工关系更加融洽，党的建设全面加强。

（徐　健）

山东招远农村商业银行股份有限公司

2016年，山东招远农村商业银行股份有限公司（以下简称“招远农商银行”）牢牢把握“稳增长、调结构、促创新”的主线，以转型升级为重点，以改进作风为保障，充分发挥金融支农主力军作用，不断强化金融服务，为支持招远经济发展作出了积极贡献。

一、积极创造条件，全力支持“三农”和中小企业发展。一是充分运用信用工程建设成果，研究制定了符合区域实际的“家庭亲情贷”、“双保惠农贷”等8个贷款新品种，有效解决三农贷款无担保人、无抵押物的问题。二是乘借招远市“金融创新大会”东风，紧紧围绕“黄金”这一特色产业，将各项信贷业务纳入统一授信额度内进行统一管理，为客户提供贷款、贴现、银行承兑汇票等一揽子综合服务，加大金融服务力度。三是建立贷款业务限时办结制度，使贷款业务从受理到发放原则上不超过一周，最长不超过10天。四是积极走访客户，搞好客户资金需求调查，及时为客户提供个性化、立体式的金融产品和服务。截至2016年年末，全行各项贷款余额达到58.82亿元，较年初增加2.29亿元。

二、推广电子银行，大力发展普惠金融业务。根据文明规范化服务要求，加大电子设备布放和电子银行推介力度，新安装“小微云”服务终端10台，在144个行政村安装农民自助服务终端（农金通）144台，23家支行安装了无线网络，网银自助终端达到30台，打通农村金融服务“最后一公里”。

三、强化资金组织，壮大信贷资金实力。适时调整资金组织策略，充分激发全员揽储积极性。加大对各网点文明规范化服务的检查监督力度，促使各网点切实提高柜台服务质量和服务效率，靠优质服务吸引更多客户。强化班子成员、部门经理对所包支行督导调度，采取布放农金通、安装POS机、强化电子银行宣传和实时跟进服务等措施，推进存款工作均衡发展。截至2016年年末，全行各项存款余额达到91.44亿元，较年初增加4.29亿元。

四、强化不良压降，资产质量稳步提高。综合采取正向激励、责任认定、依法诉讼、打包拍卖、风险代理市场化处置等多元化举措，取得了贷款风险明显弱化、资产结构显著优化的良好业绩。

五、推动转型发展，让“家庭银行”走进千家万户。制定了《招远农商银行“家庭银行”发展规划》，按照以“户”为点，“街道”为线，“社区”为块的标准，将全辖划分成“家庭银行”单元服务网格，将“网格”内客户作为服务对象，明确至每个客户经理，大力实施“网格化”营销，实施“家庭银行”全覆盖、无死角的精准化营销服务，为服务地方经济发展、造福城乡居民探索了一条新路径。

六、持之以恒抓防控，内控管理工作安全无事故。持续抓好合规文化教育，规范业务操作流程，严守“红线、铁律”，关注员工思想动态，提高案防工作的敏锐度和执行力；认真受理、妥善处置各类信访事件，将各类问题消灭在萌芽状态。

七、强化“两学一做”学习教育，制度执行力显著提高。成立了以党委书记为组长的活动领导小组，制定了“两学一做”学习教育活动方案，按照“基础在学、关键在做”的活动要求，区分层次、分类指导，带着问题学，针对问题改，抓在日常，抓在排查整改，充分发挥党组织的战斗堡垒作用，促进了全员工作责任心、制度执行力和工作效率的大幅提高。

八、积极履行责任，树立良好社会形象。2016年，累计发放新农保和粮补、油补、库区移民补助款18万笔、3318万元，及时把党和政府的温暖送到了千家万户。积极开展"金融知识进万家"等宣传普及等活动，全年组织开展各类志愿活动达187人次，开展打击非法集资、维护消费者权益等大型宣传活动9次，宣传受众逾10万人次。2016年，继续被省文明委授予"文明单位"称号，辖内三家支行继续获市级"文明单位"称号，总行营业部被省联社纳入省级文明服务单位评选对象。

（刘　荷　吴桂忠）

山东莱阳农村商业银行股份有限公司

2016年，山东莱阳农村商业银行股份有限公司（以下简称"莱阳农商银行"）紧紧围绕"改革 发展 转型"这一主题，以"夯基础、提效益、强管理"为工作重点，高标定位，跨越发展，推动了各项工作持续稳步健康发展。截至2016年年末，全行各项存款余额突破100亿元大关，达到100.3亿元，同比增长7.97%；各项贷款余额66.3亿元，同比增长7.65%；实现经营利润1.65亿元，同比增长51.38%；各项监管指标全面达标。

一、强管理，防风险，推动风控能力稳步提升。废止各项制度6项，新建制度11项，补充制度7项，出台了《莱阳农商银行信贷责任追究管理办法》、《莱阳农商银行各条线员工违规违纪行为处罚办法》、法律事项审查机制等一系列制度办法，基本建立了有序衔接、相互制约的风险防范体系。按照信贷全流程管理和前中后台彻底分离、相互制衡的原则，设立了6家"阳光信贷服务中心"，实现公司业务全面下沉，融合营销调查、贷中审查及放款职能，真正建立前、中、后台分离，流程化管理运作的信贷管理模式，实现风险控制的硬约束。推行信贷档案精细化管理，完成了6个阳光信贷服务中心涉及的28家支行、2476笔信贷档案分类整理工作。实行员工积分管理、信贷责任追究制度，按季度组织各条线开展风险排查，出台一系列规范员工行为，防范操作风险和道德风险的制度文件，形成了风险防范的红线、铁律，确保责任追究"横向到边、纵向到底"。推进案件防控长效机制建设，合理运用业务异常运行风险预警、柜员指纹认证等系统，按季按业务条线开展风险排查和风险隐患专项整治活动，推行异地值守，为监控中心配备了4名专职值守人员，顺利实现全年零发案目标。

二、提服务，创特色，推动经营活动不断释放。开展了以"服务环境、服务礼仪、服务效率、服务替代"四方面为主要内容的"服务提升年"活动，对柜面服务流程、服务时限进行了系统规范。改造装修网点3家，配备新式填单台、电视、大堂经理桌等10余种办公服务设施，配备种类之多，覆盖范围之广，创历年之最。开展社会监督活动，向社会征集监督意见126条，社会评议满意度大幅提升。创新推出了以"梨乡生活惠"和"家庭诚信贷"为主要内容的"家庭银行"商业模式、"房地产抵押免评估"、"分还续贷"、"诚薪贷"等业务产品。推出的"梨乡一卡通"银行卡，涵盖了代收物业费、电费、幼儿园入托费、非税收费及小额信贷等功能，基本实现了"一卡在手 走遍梨乡"。与部分镇街政府合作召开"银企座谈会"16期，有效对接企业融资需求，累计发放贷款7000余万元。

三、抓队伍，夯基础，持续加强企业文化建设。深入开展"两学一做"学习教育活动。组织党员开展"学党规党章、学系列讲话、做合规党员"活动，开展党员组织关系集中排查，确保238名党员纳入党组织有效管理。按照换届流程，圆满完成党委及基层党组织换届工作。出台《员工积分管理办法》，对员工日常行为、业绩考核、自我提升等方面以积分的形式予以量化，营造了积极主动、奋勇争先的良好氛围。出台了《员工竞聘管理办法》，对员工进城、进总行机关、竞聘正副职干部等作了明确规定，进一步畅通了员工职业成长通道。建立全辖技能练兵的长效机制，按季开展技术比赛，取得了省银监局岗位禁止性考试全省第三名、烟台市第一名，省联社电子银行业务培训考试第一名，办事处会计制度考试团体第二名的好成绩。充分发挥共青团等组织作用，开展了"新春文艺晚会"、"身边的故事"摄影比赛等文体活动。广泛听取基层意见建议，班子成员带队到各支行召开员工座谈会，征集反馈意见建议121条，全部予以处理反馈。组织员工开展"慈心一日捐"等活动，累计爱心捐款近百万元。

（初金一）

潍坊农村商业银行股份有限公司

截至2016年年末，潍坊农村商业银行股份有限公司（以下简称"潍坊农商银行"）下辖13家一级支行、1家营业部，104家二级支行，注册资本26.76亿元，在岗员工1720人；资产总额564.37亿元，较年初增加88.55亿元，其中各项贷款余额201.84亿元，较年初减少16.81亿元；负债总额522.8亿元，较年初增加82.63亿元，其中各项存款余额389.9亿元，较年初增加36.28亿元；所有者权益41.57亿元，较年初增加5.92亿元；实现经营利润6.75亿元；上缴税金1.67亿元；新资本充足率12.65%；贷款损失准备充足率215.55%；拨备覆盖率104.85%。

一、"支农支小"实现新变化。立足三农，充分发挥金融服务"三农"主力军作用，大力推广"土地流转一抵通"、"农村集体股权质押"等贷款业务，激活农村沉睡资产，着力破解农业现代化、规模化发展的融资难题，2016年发放涉农贷款67亿元。立足小微，创新金融服务，持续推进"提前介入"和"无缝隙"信贷服务，实现客户续贷"零等待"，2016年发放小微企业贷款61亿元，累计办理"无缝隙"贷款9054笔、金额48.94亿元，为客户节约财务成本480万元。立足助力大众创业万众创新，全力跟进实体经济新业态，积极对接高新科技朝阳企业、节能环保类、高端装备制造类等新兴产业发展，2016年支持科技企业54户、金额2.2亿元。

二、声誉形象实现新提升。优化网点布局，提高物理网点与金融资源、客户资源的匹配度，2016年迁址及重建4处、撤并6处。关注民生建设，2016年对辖内55处网点进行零星维修，对30处网点的伙房、宿舍等基础设施进行修缮，从根本上改善了基层网点工作、生活环境建设。丰富业余生活，组织开展了"巾帼集体、巾帼能手"评选、拔河比赛、摄影比赛、素质拓展、爱心捐助等多项活动，有效增强了员工凝聚力与向心力。2016年度，潍坊农商行获得山东省文明办授予的"省级文明单位"、潍坊市中小企业办公室授予的"中小企业公共服务三级平台体系先进单位"、潍坊市联社授予的"信贷结构调整优胜奖"等称号。

（秦红金）

山东青州农村商业银行股份有限公司

2016年，面对错综复杂的经济金融形势和不良反弹的巨大压力，山东青州农村商业银行股份有限公司（以下简称"青州农商银行"）围绕年初确定的工作思路和任务目标，科学谋划，攻坚克难，团结协作，奋勇拼搏，各项工作保持了良好的发展态势。

一、各项业务稳健发展。截至2016年年末，全行各项存款余额（剔除非银存款3亿元）239.47亿元，较年初增加14.78亿元，存款市场占有率为33.31%；各项贷款余额（还原核销、以资抵债、资产置换14.24亿元）153.96亿元，其中零售贷款69.16亿元，较年初增加0.72亿元，信贷资产结构不断优化，贷款市场占有率为32.46%，存贷款市场占有率继续保持青州市各金融机构首位；全年发行理财产品80期，金额37.8亿元；电子银行动户率达到66.1%；国际业务外汇结算量达1.6亿美元。

二、运营质量总体平稳。截至2016年年末，资产总计289.13亿元，较年初增加24.32亿元，增长9.18%；负债合计262.4亿元，较年初增加24.72亿元，增长10.4%；资本充足率为12.09%，一级资本充足率及核心一级资本充足率为11.12%，均超过监管指标目标值。

三、风险管控扎实有效。综合采取呆账核销、打包处置、资产置换、转贷盘活等多种措施处置不良贷款，年末五级分类不良贷款余额3.95亿元、占比2.83%，分别较年初下降1.28亿元和0.66个百分点，有效遏制了不良贷款反弹趋势；积极推进联保联盟类贷款拆分工作，全年累计拆分联保联盟类贷款1595户；开展信贷业务"排风险、堵漏洞、强管理"活动，确保及时堵塞信贷业务风险漏洞；严格落实"两个意见"和"五项制度"，全年组织高管交流27人、重要岗位轮换314人、强制休假211人；切实加强案防长效机制建设，努力建成覆盖全流程、全岗位的案件风险防控机制，对全体在岗员工进行了行为失范监察，对888个员工账户进行了排查；强化科技运维管理，按月开展信息科技自查整改，保障业务系统安全运行；充分发挥审计监督职能，审计检查涉及64处网点，网点审计覆盖面积达100%。

四、发展转型工作深入推进。2016年，明确建设主题银行、平台银行、社区银行的工作思路，以创新发展增强市场竞争力，深入推动发展转型。建设主题银行，选择儿童早教、骑行、摄影等作为网点主题，按照相应主题风格进行网点装修、宣传推广、活动策划，将相同爱好的客户吸引到一起，实现客户分群维护，逐渐将金融服务与非金融服务结合起来，促进业务发展。建设平台银行，积极稳步推进"智e购"、"鸢e汇"试点工作，以互联网思维为引领，以信息科技为支撑，坚持创新与传统相结合，搭建开放、包容、共建、共享的互联网金融综合服务平台。建设社区银行，考虑辖内营业网点区位优势、服务群体、市场竞争、发展前景、业务规模等因素，对4处网点迁址、5处网点进行撤并，使网点布局更为优化。在农村依托农金员，在城区通过自助银行，构建起了“多层次、全覆盖”的社区金融服务体系。

五、社会形象不断提升。树立“以客户为中心”的服务理念，通过组织座谈会、客户体验活动、内训师讲解、形态礼仪授课等形式，累计培训1181人次，提升了员工规范化服务水平；坚持信贷“无缝隙”服务，落实“阳光信贷”政策，实行“首问负责制”、“一次性告知制”，切实提高信贷服务效率。大力发展普惠金融，积极推广“富民农户贷”“富民生产贷”“幸福阳光扶贫贷”等扶贫贷款，助力扶贫攻坚，全年发放扶贫贷款778万元；发挥党、团、工、妇带动作用，组织新春联欢晚会、绿色出行公益宣传、自行车联赛、庆国庆演讲比赛等文体活动，开展“慈心一日捐”、“物久情深”捐赠等活动，共向社会捐赠衣物2142件、爱心款项76200元；成立金融志愿者团队，利用节假日时间投身公益事业，先后走访慰问王坟镇侯王村、邵庄镇西薛村、黄楼街道小陈村、口埠镇口埠村等地生活困难的老年人150余人；全行扎实开展党风廉政建设，营造风清气正的工作氛围，全员凝聚力、向心力进一步增强，社会美誉度进一步提高。2016年，获得“全国银行业理财信息登记工作优秀农村合作金融机构”“山东省财贸金融系统工会工作先进单位”“潍坊农信系统经营管理创新奖”“青州市先进基层党组织”等荣誉称号。

（张　琳）

山东安丘农村商业银行股份有限公司

2016年，山东安丘农村商业银行股份有限公司（以下简称“安丘农商银行”）积极深化改革，创新工作思路，探索转型发展，资产规模不断扩大，经营实力不断增强，社会形象不断提升，各项业务实现稳健快速发展。

一、经营业绩大幅提升。截至2016年年末，全行各项存款余额159.9亿元，较年初增加17.8亿元；各项贷款余额105.9亿元，较年初增加12.1亿元，新增贷款投放位居潍坊市农商银行系统第一位；不良贷款余额1.2亿元，较年初下降0.9亿元，占比1.1%，较年初下降1.1个百分点；实现经营利润4.5亿元，较2015年增加0.7亿元，增幅达18%，是潍坊市农商银行系统增幅最高的单位。在全省农商银行系统上半年综合实力排名中位居全省第7位，潍坊市第1位；在前三季度法人机构经营管理综合考评中又跃居全省第2位，潍坊市第1位，在系统内的影响力日益增强。

二、支农支小措施有力。一是积极推广贴息贷款。积极与市人社局、创业担保中心对接，成为发放小额创业贴息贷款的主办行，并实行“薄利多销”的批量营销政策，加大投放力度，成功激发了“五类人群”（下岗职工、返乡创业农民工、失地农民、退伍军人、创业大学生）的创业融资需求。同时，紧跟安丘市委市政府关于“建设大棚给予贷款全额贴息”的扶持政策，适时推出大棚建设贴息贷款。截至2016年年末，共发放各类贴息贷款2388笔，金额3.1亿元。二是有效对接精准扶贫。将产品研发与国家“精准扶贫”工作相结合，研发推出了“扶贫惠农－信保贷”、“扶贫惠农－阳光贷”、“扶贫惠农－信用贷”和“扶贫惠农－亲情贷”四款“扶贫惠农系列”产品，将优惠信贷政策和富裕资金优先向弱势群体、“三农”倾斜，助力贫困户脱贫致富。截至2016年年末，累计发放扶贫贷款148笔，金额2008.5万元，帮扶带动500名贫困户脱贫。“扶贫惠农系列”产品被共青团山东省金融工作委员会授予2016年度山东金融系统“双提升”活动优秀青年精品工作项目。三是打造“家庭银行”模式。按照先行试点、打造样板、引领效应、批量营销的要求，大力推广“家庭银行”业务模式，以家庭的生产生活需求为切入点，为家庭客户提供“一揽子”金融服务。截至2016年年末，共采集家庭基础信息档案户数8329户，签约家庭户数4726户，新拓展“家庭银行”客户1998户，新拓展家庭贷金额2.6亿元。

三、为民服务优质高效。一是推行阳光信贷。向社会公开承诺“不喝客户一杯水、不吃客户一顿饭、不抽客户一支烟、不收客户一份礼”的“四不政策”和首问负责制、服务承诺制、限时服务制“三项制度”，只要客户准备好资料提报，信贷资金三天到账；对办贷过程中存在的违规违纪行为，被举报且经查属实的，奖励举报人3万元，由被举报人支付，并由纪委对被举报人进行严肃处理，有效提高了办贷透明度，获得客户好评。二是开辟绿色通道。加强与市不动产登记中心对接，在服务大厅设立业务办理窗口，开辟办贷绿色通道，为办理不动产抵押贷款业务的客户提供“一站式”服务，并主动承担客户房屋抵押登记费用，大大节省了客户办理业务的时间，取得了客户好评、社会肯定、银行发展三方共赢的效果。三是落实减负举措。在全市率先推出手机银行、网上银行本地、异地、本行、跨行转账全免费服务和“短信通”业务免费服务，预计每年将为客户减少手续费支出250多万元。

四、转型发展提档升级。一是加快互联网金融发展。推出“鸢e汇”金融服务平台和“智e购”商城，凝聚商户及客户资源，提供增值服务。截至2016年年末，入驻鸢e汇、智e购金融服务平台商户368户，注册商城用户1449户，累计销售笔数1347笔，累计交易金额103.1万元。二是建设社区金融服务点。全面加大离行式自助设备、农金员自助设备、社区金融服务点和社区银行试点布放建设力度，抢占商贸市场交易结算份额，构建起多层次全方位的支付结算网络。共建设“农金员+”社区金融服务点2处,“自助网点+”金融便利店1处,自助设备网点4处,社区金融服务水平进一步提升。三是稳步实施跨区域经营。积极实施“走出去”战略,按照银监局批复和机构规划方案要求,在滨州市沾化区设立青云村镇银行,推动当地经济更好更快发展。

五、社会履责担当有为。一是致力公益事业。积极参与市扶贫办组织的“雨露计划——公益助学活动”,为全市72位贫困家庭中小学生,一次性发放生活补助近15万元,树立了良好的企业形象。在“6·14”特大暴雨风雹灾害中,为灾区筹集善款73800元,帮助受灾群众早日渡过难关、恢复生产,用爱心善举彰显了强烈的社会责任意识。二是普及金融知识。先后开展了打击和防范非法集资宣传、征信知识宣传、金融知识普及和金融知识进万家等金融宣传活动,将金融知识送进了社区、农户、课堂,并通过微信、报刊等媒体扩大宣传范围,增强了消费者的风险防范意识,保护了消费者的合法权益,有效改善了金融生态环境。三是增加地方税收。主动把自身改革发展融入地方经济社会发展的大局,积极缴纳税金,全年共上缴税金1.13亿元,较2015年增加2871万元,为地方经济社会发展做出了突出贡献。

(郭光香)

山东寿光农村商业银行股份有限公司

2016年,面对复杂严峻的经济金融形势,山东寿光农村商业银行股份有限公司(以下简称“寿光农商银行”)认真落实各项监管政策,立足县域经济,创新服务模式,提升服务水平,有力地发挥了金融支撑作用。截至2016年年末,全行资产总额341.6亿元,净资产31.5亿元;各项存款余额288.8亿元,各项贷款余额160.8亿元,存贷款余额稳居全市第一;实现各项收入16.7亿元,实现经营利润6.2亿元,各项业务稳健快速发展。

一、立足三农,服务县域,切实支持地方实体经济发展。一是紧跟地方政策走向,注入贷款投放源动力。把握寿光大棚“两改”的战略机遇,创新推出“3+7”信贷服务,满足“三农”金融需求。全年发放大棚“两改”贷款1248笔、金额1.2亿元,占全市大棚“两改”贷款的87%;积极试点农村承包土地经营权抵押贷款,创新推出“土地承包经营权+”贷款产品,满足不同经营主体客户的融资需求。2016年,共办理农村承包土地经营权抵押贷款39笔、金额3404万元;结合市政府库存商品房补贴优惠政策,支持农村居民进城贷款买房,累计发放住房按揭贷款1860笔2.7亿元;借助当地政府为创业担保贷款财政贴息的时机,主动与人社局、创业担保中心合作,积极发放创业担保贷款。全年新发放创业担保贷款396笔6664万元,申请贴息资金142万元。二是提高金融服务效率,全力助推中小微企业提速发展。实行贷款“限时办结”制度和“无缝隙”衔接服务,提升办贷效率,做到客户归还贷款次日即可放款,实现客户贷款“零等待”。三是实施“网格化”营销,夯实贷款投放支撑力。积极开展“网格化”管理,建立总部、支行、分理处和农金员四级营销服务体系,下沉和延伸金融服务,让居民在家门口便能办理金融业务。同时,对全市975个行政村、115个重点社区、36个大型商场的15.3万名客户进行走访,通过对“网格化”管理工作中搜集的数据进行再筛选、再回访,增加客户黏性,提高客户忠诚度,推动了农金服务“上档升级”。截至2016年年末,零售类贷款贷款客户2.2万户,较年初增加1143户,新投放零售类贷款11.2亿元,较2015年同期多2亿元。

二、突出重点,强化措施,金融消保工作再上新台阶。一是加大农村金融消费维权站建设力度。在11个乡镇建立农村金融维权服务站,通过定期开展金融宣传教育、接受金融消费咨询、受理与自身业务相关的金融消费者投诉,进一步保护了农村金融消费者合法权益,拓宽消费者维权途径。二是加大规范化服务力度。对所有营业网点进行了3次全覆盖式的规范化服务检查,网点的环境卫生、服务效率、服务行为有了很大的改善。加大了监控录像抽查力度,及时纠正日常工作中的不规范行为,提升员工服务水平,推动规范化服务水平进一步提高。三是信访事项大幅度减少。按照“属地管理、分级负责、谁主管、谁负责,依法、及时、就地解决问题”的原则,抓组织领导、抓制度规范、抓信访队伍、抓隐患排查、抓工作创新,不断提高处理信访工作的质量和效率,切实把矛盾解决在基层,把苗头性问题化解在萌芽。

三、主动作为,勇于担责,群众员工满意度不断提高。一是履行社会责任,提升社会形象。积极与当地党委进行对接,主动参与“双联双评”和“第一书记”包村活动,全面提高群众满意度和幸福感,社会形象大幅提升。2016年,共走访联系群众821户,调解决群众问题321件;收到群众有效投诉3笔,同比减少14笔,群众满意度不断提高。二是强化关心关爱,增强凝聚力。开展“亮洁行动”,为职工解决工作、住宿、餐饮、培训等难题131件次;依托工会组织了职工篮球、乒乓球比赛等文体活动,丰富员工业余文化生活;组织了“慈心一日捐”活动,募集善款11.03万元;为病重员工爱心捐款8.6万元,帮扶困难职工16人次,走访慰问退休老干部、老党员87人次;为282员工子女报销幼儿园收费29万元,形成了民主、温馨、和谐的发展氛围。

(王希强)

山东昌乐农村商业银行股份有限公司

山东昌乐农村商业银行股份有限公司(以下简称"昌乐农商银行")通过认真贯彻落实监管部门和省市联社发展战略部署要求,以"争创标杆银行"为目标,强化党建引领作用,凝心聚力、攻坚克难,推动经营管理工作全面跨越发展。2016 年,先后获全国金融系统思想政治工作先进单位、全国农村金融十佳品牌创新机构、全国服务县域经济领军银行等重量级荣誉称号。在全省法人机构经营管理阶段性综合考评中持续名列全市第一,全省前列,各项指标全部达到银监局创建"标杆银行"定量指标要求和监管评级二级标准。

一、实施网点转型工程。转"业务流程",打造流程银行,优化信贷业务流程,组建公司业务部和"四个中心",实现信贷业务专业化和流程化;转"服务形象",打造精品银行,制定实施网点建设三年规划,持续优化调整网点布局。全县 21 处乡镇网点中,已完成 18 处网点的装修或翻建;转"发展渠道",打造智慧银行,在全省率先开展电子银行示范网点建设;转"结算方式",打造社区银行,打造农信系统社区银行新样本;转"人员结构",打造零售银行。

二、创新乐融易贷快贷模式。将"大数据思维"嫁接到信贷服务模式,创新研发"乐融易贷"系统,开创了全省乃至全国农信系统信贷服务模式的"二次革命"。客户只需通过手机微信即可办理贷款,省去大量繁琐手续,打造出真正的"快银行",从根本上解决了"贷款难、难贷款"的问题,是践行央行"普惠金融"重大战略,更是服务实体经济发展的生动实践。

三、扎实履行社会责任。顺应互联网 + 金融模式,打造普惠金融升级版。目前全行已布放 ATM96 台,POS 机具 957 台,农民自助服务终端 33 台,农商宝 270 台;累计发放"齐鲁惠农一本通"12.7 万本,发放国家惠农补贴近 30 种,"1510"金融服务体系基本完成,打造了半小时金融服务圈;履行社会责任,推动全县开展整治社会信用环境活动和诚信昌乐人评选活动,不断优化社会信用环境。持续开展为高崖库区捐款、捐建希望乐园等社会公益活动。税收贡献度持续位居全县前列,为促进全县经济健康持续发展做出了积极贡献。

(张志强)

山东诸城农村商业银行股份有限公司

截至 2016 年年末,山东诸城农村商业银行股份有限公司(以下简称"诸城农商银行")总资产 239 亿元,存款余额 201.8 亿元,贷款余额 115.5 亿元,存、贷款规模继续位居辖内各金融机构首位;实现经营利润 4.64 亿元,上缴各项税金 1.37 亿元,社会贡献度稳步提升。

一、坚定从严治行理念,全面提升作风建设水平。从机制建设、制度完善、平台构建等方面主动突破,探索构建作风建设长效机制。一是深化党的建设。严格落实"党要管党、从严治党"的根本要求,以抓好党建带动全面工作开展。目前,设立党组织 40 个,其中党委 1 个、党支部 39 个,在职党员 258 人。二是实行班子"一包到底"制度。班子成员进驻一线现场办公,率先推行班子成员包靠清收,缴纳保证金,实行专户管理,考核班子成员真割肉、办实事。三是率先打造阳光信贷 2.0 版。着力在机制上根治员工特别是信贷人员"吃拿卡要"行为,打造廉洁从业的员工队伍。

二、坚定风控优先理念,全面提升信贷资产管理质量。一是行班子成员带头包靠清收。每名班子成员每周至少三天驻点包靠支行,切实发挥班子成员带头清收作用。二是及时拆分联盟联保贷款。通过"家庭贷"办理,每个家庭确定一名贷款主体,其配偶、父母、子女全部担保,贷款由原来传统互保贷款转为家庭成员担保,担保对象由原来横向转为纵向。三是创建风险"前置双控"管理制度。通过提前处置风险,实现控违约、控不良的目的,推行贷款提前 1 个月办理收回再贷。

三、坚定转型发展理念,全面提升信贷结构水平。一是推行公司事业部改革。实行公司事业部制,公司业务集中分类管理,客户经理依托每笔授信业务提供结算、银行卡、国际业务、电子银行、保管箱、理财等"管家式"服务,实现了客户营销集中化管理、业务集约化经营。二是深推结构转型。对公司业务实行事业部专营后,其他支行只做零售业务。对产品类别全面调整,农区创新"闪贷"模式,5 万元以下贷款实现当天放款,城区在系统内率先实行独立审批人制度,缩短办贷流程。三是加强客户经理队伍建设。改革客户经理薪酬管理办法,区分存量与新增,管理新增贷款的客户经理绩效薪酬全部挂钩业绩,引导信贷人员走向市场、拓展客户。

四、坚定服务至上理念,全面提升业务发展能力。一是落地家庭银行服务模式。从服务文化、管理机制、产品流程、民生服务四个方面积极稳妥推进,率先组建家庭零售银行事业部。目前,已与 2.1 万名客户签订框架合作协议。二是做好"智 e 购"

商城试点运行。积极推广“智e购”商城平台，打造“购物消费+金融服务”全方位体验场景。目前，商城入驻商户300多家，发布商品5000余种。三是代理各类民生领域业务。研发推进水电、物业、教育、医疗及购物等与生活高度关联的服务项目，将金融服务渗透到每个家庭。目前，发行银行卡132万张，有效卡75.3万张，占全市银行卡总量的45%。

五、坚定以人为本理念，全面提升员工队伍素质。一是加大教育培训改革力度。完善员工职业生涯规划，建立以内训师培训为主、外部机构培训为辅的培训机制，提高岗位人员基本知识熟知程度。二是持续推进中层队伍梯队建设。创新实施中层“两考一推”选拔机制，把优秀员工纳入后备人才库管理，并按成熟性、成长性和可塑性针对性培养锻炼。截至2016年年末，中层后备人才库达到92人，选拔了33名骨干人才、33名新锐人才。三是全面提高服务质量。撤并迁址低产能网点，实施“大堂致胜”发展模式，充分发挥大堂引导员的网点主动营销、业务主动分流作用。坚持神秘人季度暗访，定期通报不规范服务行为，出重拳、下狠招根治服务劣迹行为。

（杨　林）

山东昌邑农村商业银行股份有限公司

2016年，山东昌邑农村商业银行股份有限公司（以下简称“昌邑农商银行”）紧紧围绕省市联社工作部署，扎实落实人民银行、银监局相关监管要求，坚持“稳健经营、稳步发展”理念，各项指标稳步提升、各项业务有序开展。

一、践行“双稳”理念，业务持续健康发展。截至2016年年末，昌邑农商银行本外币存款余额156.9亿元，市场占有率40.7%，新增存款市场占有率25.1%；本外币贷款余额83.3亿元，市场占有率38.4%，存贷款市场占有率稳居昌邑市首位；全年实现考核利润3.3亿元，上缴税金8412万元。扎实推进跨区域经营战略，稳健运作商河、临淄两家村镇银行，推动高青汇金村镇银行顺利开业。截至2016年年末，三家村镇银行资产总额共计8.3亿元，较年初增加5.9亿元；各项存款余额共计3.62亿元，较年初增长2.9亿元；各项贷款余额共计3.64亿元，较年初增长2.7亿元。

二、改进金融服务，支持实体经济发展。一是明确信贷投放重点，合理制定投放政策。坚持“面向三农、面向社区、面向中小企业、面向县域经济”的市场定位，按照“有扶有控”的信贷政策，以农户贷款和中小微企业贷款为投放重点，以制造业、批发零售业、服务业、农林牧渔业、高科技产业和绿色行业为主要目标，采取多项措施加快贷款投放。二是做好信贷产品创新，拓宽贷户融资渠道。开展“准地贷”企业专项贷款业务。与金融办、财政局、国土资源局联合下发《土地使用权抵押贷款创新业务实施方案》，推行“准地贷”业务，向先期已履行完土地招、拍、挂手续，但因资金问题未办理土地使用权的企业，发放“过渡性”办证信贷资金，目前已发放1866万元；开展银税合作。与昌邑市国税局合作，为出口企业办理“税贷通”流动资金贷款，解决出口企业因出口退税未能及时到账而出现的短期资金困难；推广“续贷通”服务模式。为符合条件的企业提供“续贷通”信贷服务，进一步提高企业续贷效率，保护资金链安全。目前已有19家企业纳入“续贷通”服务名单，已累计发放“续贷通”2笔3000万元。

三、审慎合规经营，严格管控各类风险。一是严格落实安全管理、案件防控及信访稳定工作责任制。制定《2016年度党风廉政建设、安全管理、案件防控及信访稳定工作考核办法》，并纳入年度经营目标考核，推动责任落实。组织开展员工行为失范监督检查活动，共排查员工600余人次。二是强化重点领域风险防控，提高案防水平。全年共安排强制休假233人，监测员工帐户600余人次，帐户核对覆盖面达到规定要求；开展业务风险排查活动，各业务条线共组织检查项目27个，检查业务笔数4200笔。三是夯实会计内控基础，有效降低操作风险。加大会计检查辅导力度。强化内勤人员管理考核，加大对屡查屡犯类问题的检查力度，全年检查辅导网点52处，解剖式检查10处，规范违规问题369个；强化审计监督职能。坚持点面结合、突出重点的原则，进一步加大现场检查力度。全年开展各类审计项目36个，累计审计营业网点48家，发现问题470个次，问题整改率100%。四是规范经营行为，保护金融消费者权益。严格执行银监会“七不准”“四公开”等规定，规范服务收费行为，并将最新的收费价目表在各营业厅进行公示，提高金融服务收费透明度；推行阳光信贷，让客户明明白白贷款。将信贷产品、基本申报条件、办理流程等九项内容，通过多种载体全部公开，为客户提供公开透明、规范高效的信贷绿色通道。

（于满江）

山东高密农村商业银行股份有限公司

2016 年，山东高密农村商业银行股份有限公司（以下简称“高密农商银行”）以争创“标杆银行”为目标，坚持“四个面向”的市场定位不动摇，紧扣中央金融扶持“三农”和小微企业的政策导向，深化改革，强化管理，创新服务，防控风险，各项工作保持了持续发展的良好势头。截至 2016 年年末，全行各项存款 160.29 亿元，较年初增加 15.09 亿元；各项贷款 113.68 亿元，较年初增加 6.48 亿元；不良贷款余额 2.02 亿元，占比 1.96%，分别较年初下降 0.96 亿元和 0.81 个百分点；全行实现各项收入 10.10 亿元，实现经营利润 4.06 亿元。资本充足率（按照新口径）达到 12.7%，拨备覆盖率达 151.41%，拨贷比达 2.99%。

一、创新金融产品，满足实体经济融资需求。高密农商银行紧跟当前“三去一降一补”、大众创业万众创新、精准扶贫等政策导向，充分发挥自身信贷业务灵活、快捷的优势，进一步加大信贷投放力度，为实体经济发展营造良好的融资环境。一是积极参与精准扶贫工程，履行社会责任。积极与扶贫办、财政局等部门对接，推出了“富民农户贷”和“富民生产贷”，现已完成 1.35 万户贫困家庭的信息采集和融资需求调研工作，累计发放各类扶贫贷款金额 640 万元，预计带动 231 户、368 人脱贫。二是开展“两权”抵押贷款试点，支持新型农业主体发展。与齐鲁产权交易中心合作，推出了以农村土地承包经营权和农民住房财产权作为抵押物的“两权”抵押贷款。截至 2016 年年末，累计办理该类贷款 484 笔、金额 3795 万元，有效推动了现代农业集约化、产业化进程。三是开办“家庭银行”业务，以“小家”诚信促“大家”繁荣。推出了以家庭资产、负债、收入、支出及所有成员的信誉等信息为基础，围绕家庭成员的生产、生活实际需求，提供一揽子金融服务的“家庭银行”业务。有效解决了担保难、贷款难，以及担保链、担保圈的风险传染问题。2016 年，共投放该类产品 6958 万元。四是推广财政贴息贷款，助推全民创业。与省担保中心、高密人社局、团市委合作，针对小微企业、下岗职工、失地农民、返乡创业农民工等群体发放小额贴息贷款。2016 年累计发放快易贷、创业贴息贷、鲁青基准贷、畜牧业贴息贷等各类财政贴息贷款 9.5 亿元，为小微企业及创业者贴息 2000 余万元，扶持创业青年及小微企业 550 余人（家），带动就业 1 万余人。

二、提高办贷效率，降低实体经济融资成本。认真落实国家关于减费让利的系列要求，进一步简化信贷流程，降低企业融资成本，推行阳光信贷，有效完善企业融资链条。一是践行“四不”承诺，增强实体经营信心。通过各种形式向社会公开承诺限时办结、服务规范等“阳光信贷”服务事项。针对当前复杂多变的经济形势，继续践行特殊时期对实体企业不惜贷、不惧贷、不抽贷、不压贷“四不”承诺，与广大企业抱团发展，共度难关。二是构建贷款“绿色通道”，缩短企业融资时间。借助公司业务和零售业务专职审查审批中心，实行贷款专业化集中管理，不断简化信贷手续和环节，对续贷业务提前办理报批手续，确保贷款收回后次日即可发放，构建贷款“绿色通道”，在同业中率先实现续贷“零等待”。累计发放续贷“零等待”贷款 76.2 亿元，为企业节省融资成本 3200 余万元。三是实行抵押“免评估”，降低企业融资成本。推出抵押“免评估”贷款，对价值在 2000 万元以下的抵押贷款，实行“免评估”政策，节省第三方评估费用。2016 年累计办理抵押“免评估”贷款 2245 笔，金额 61.2 亿元，支持中小微企业 656 户，累计为客户节省评估费用 600 余万元。四是推出分还续贷，缓解企业融资压力。适应当前形势，推出中长期贷款分还续贷业务，贷款期限延长为 3 年，进一步缓解企业融资压力。

三、畅通结算渠道，构建多层次广覆盖可持续的金融服务体系。全面实施农村地区“支付畅通工程”，截至 2016 年年末，在全市安装布放农商宝 366 台，各类 POS 机具 3617 台，ATM、CRS 142 台，自助银亭 14 处，建设社区银行 5 处，在全市建立起全方位、多层次的金融服务网络。按照省、市联社安排部署，进一步丰富互联网 +“625”规划内涵，加快推进省、市联社“金融综合服务平台”上线，积极构建“跨界”金融服务体系，拓宽客户结算服务渠道。截至 2016 年年末，“智 e 购”商城高密馆已入驻商户 71 户，发布商品 610 款，订单成功交易 4082 笔、21.5 万元；“鸢 e 汇”平台该行签约商户 112 户，发布商品 181 款，完成订单 2185 笔、2.62 万元。同时，坚持“本外币一体化”营销理念，认真落实市联社“1123”工程相关要求，加大“境外结汇通”推介营销力度，完善外汇服务功能，提升外汇客户满意度。截至 2016 年年末，全行国际业务结算量达 4.8 亿美元，发放贸易融资贷款 0.64 亿元，有效满足了外汇企业需求。

（楚晓光）

山东临朐农村商业银行股份有限公司

2016年，面对复杂多变的经济形势和激烈的竞争形势，山东临朐农村商业银行股份有限公司（以下简称“临朐农商银行”）坚定转型发展战略，锐意进取，奋发有为，推动全行经营管理再上新台阶。截至2016年年末，全行资产总额184.79亿元，较年初增加20.2亿元，负债总额169.74亿元，较年初增加20.31亿元，实现各项收入8.93亿元，实现经营利润3.68亿元，资本充足率12.53%，拨备覆盖率153.61%，贷款拨备比5.35%，主要监管指标均达标。

一、结构调整成效显著，转型发展后劲十足。2016年临朐农商银行坚定支农支小市场定位，大力实施精耕细作“责任田”战略，坚定农村市场“寸土不让、寸土必争”战略。一是划分责任片区。将全县划分为21个片区，分片包干，定员定责，大力实施“无缝隙、全覆盖”的扫街扫社区活动和声势浩大的宣传活动。二是大力推行家庭银行服务模式，以家庭为基本单位，为家庭提供存款、贷款、支付结算、电子银行等一揽子金融服务，临朐农村商业银行“您的管家银行”逐步塑造成形。三是大力支持实体经济发展，扎实开展“进走访”活动，实地对接企业融资信贷需求，为企业量身定制信贷支持方案。截至2016年年末，新增零售类贷款占比86.77%，零售类贷款余额占比66.6%，较年初提高1.11个百分点，抵质押贷款占比53.37%，较年初提高3.39个百分点。

二、服务模式不断创新，社会形象稳步提升。一是探索金融扶贫新途径。与县扶贫办、县金财担保公司签订三方协议，创新推出“富民生产贷”和“富民农户贷”等信贷产品，打造了金融扶贫临朐样板工程，截至2016年年末，发放扶贫贷款2765万元，带动贫困户1086人走上发家致富道路，金融扶贫工作走在了全省前列。二是开展“规范化服务建设年”活动。规范服务标准，重塑服务流程，新建设营业楼3处，新装修网点8处，培养了内训师队伍，组织了规范化服务培训，打造了9家标杆网点，全行服务质量和水平得到极大提升。三是品牌形象得以提升。2016年，临朐农商银行被国家省市县各级媒体报道200余次，省市人民银行和银监局先后9次转发典型做法，报送的呈阅件被临朐县委书记亲笔批示并转发全县学习。四是普惠金融工程稳步推进。2016年新增自助银亭14处，新布放农商宝85台，各类自助机具和电子设备全县全覆盖，依托科技支撑，实现了电子银行渠道缴纳社保费、取暖费、有线电视费、资金圈存等“互联网+”新业务，实现了“金融服务村村通”。五是电商业务实现突破。依托“智e购”电商平台，在全省率先推出“智e购+农资下乡”项目，实现了经销商、农商行、农户三方共赢，开辟了转型发展新途径。

三、工作措施全面强化，风控水平显著提高。一是有序开展联保联盟贷款拆分。将风险较高的联保联盟贷款逐步转化为信用贷、亲情贷和抵押贷等低风险贷款，有效防范并化解了“担保圈”风险，提升了信贷资产质量。二是大力推行无还本“续贷通”服务。面对企业资金周转困难的现状，主动推出无还本“续贷通”服务，企业无需借助过桥资金即可实现贷款到期续贷，减少企业融资成本，帮助企业延续信用。三是全面加强信贷管理。完善信贷管理流程，堵塞信贷漏洞，严把信贷“准入关”，对存量风险贷款，加强跟踪监测，提早制定风险处置化解方案，防范风险于“萌芽“状态。

四、队伍建设稳步实施，员工素质不断提升。一是以党建为统领，扎实开展“两学一做”学习教育，严格执行组织生活制度，组织管理人员到淌水崖水库纪念馆和牛寨“犟支部”接受红色教育，增强攻坚克难的信心和决心。二是组织了中层人员竞聘上岗，提拔了27名“80后”员工，选拔了4名硕士研究生和3名本科生充实到行总部，全行有49名干部员工获得市级以上表彰奖励，树立了“能者上、平者让、庸者下”的干部选拔导向，激发了广大青年员工工作热情。截至2016年年末，中层干部队伍平均年龄比2015年降低4.2岁，第一学历专科以上占比较2015年提高24.1个百分点。三是抓住换届选举契机，积极争取人大代表和政协委员名额，全行共产生市人大代表1名，县人大代表、政协委员和党代表12名，镇人大代表和党代表14名，社会影响力与日俱增。

（吕学杰　胡　亮）

济宁农村商业银行股份有限公司

2016年，经山东银监局批准，山东圣泰农村合作银行和济宁市任城区农村信用合作联社合并改制为济宁农村商业银行股份有限公司(以下简称“济宁农商银行”)。济宁农商银行主动适应经济新常态，积极转变经营思路，以银行化改革为主线，以全员营销、网格化管理为抓手，有效推动了全行存款、贷款、非应计、网点转型等各项工作的持续稳步发展。

一、以业务营销为突破口，逐步实现三个优化。一是存款结构逐步优化。借助城区棚户区改造的有利时机，先后争取到8个街道办事处及11个行政村的棚改资金落户该行；累计营销补偿款9.83亿元，沉淀资金4.6亿元，个人理财较年初增加3.32亿元。相继开通网上银行、手机银行投资理财功能，大力推广了理财pos机。二是信贷结构逐步优化。把城区居民、小微客户作为重点营销对象，先后推出诚信贷、小贷通、汽车消费贷等10余个信贷产品；累计压降500万元以上大额贷款2亿元，全部用于支持零售类客户。截至2016年年末，零售类贷款余额78.72亿元，较年初增加1.02亿元，占实体贷款的87.70%，较年初增加5.47个百分点。三是收入结构逐步优化。把加大中间业务收入作为突破口，先后取得再贴现、支小再贷款及国际业务等资格，累计实现非利息收入4.05亿元，同比增加9028万元。

二、加大风险防控，稳步推进非应计压降工作。一是大力推行“一线工作法”，班子成员每周深入基层，一笔一策拟定化解措施；层层签订责任状，形成“逐级负责、逐层落实”的管理体系。二是对全部存量贷款开展摸排，真实、全面的掌握信贷资产质量，对于发现的主要风险点，做到提前介入、提前应对、提前化解。三是寻求政府支持，集中化解处置辖内担保圈风险；主动与法院对接，设立巡回法庭，成立由起诉、审理、执行为一体的专案组，畅通依法维权渠道，2016年累计清收盘活2.8亿元。

三、转变营销理念，深入推进网点转型工作。一是整合网点资源，在居民聚集的城乡结合部，建成5家社区银行，覆盖38个行政村，服务居民6万余人。二是加大自助设备布放，今年共安装惠金通46台，安装ATM机12台，基本实现了农村地区电子机具全覆盖。三是增强全员营销意识。先后组织人员赴先进单位进行学习，充分借鉴先进经验；开展5期社区银行培训，显著增强了员工的营销意识和营销技能。

四、以体系建设为抓手，风险管控水平不断提升。一是全面梳理两区现有制度办法，先后制定完善了续贷、循环贷等10个制度办法。二是加强内控检查。按月组织开展常规审计、离任审计、飞检、专项审计等多种内控检查，推动各项内控制度的规范执行。2016年立项34个项目，共查出问题1585个，提出审计建议108条，向专业部室发送风险提示书34份。三是加强案防管理。按季度开展全辖网点安全检查，堵塞安全风险漏洞；全面细致梳理各条线、各岗位风险点，定期开展风险排查，做好关键岗位、重点人员的风险防控。

(田　艳　王一鸣)

山东邹城农村商业银行股份有限公司

2014年，经山东银监局批准，邹城市农村信用合作联社顺利改制为山东邹城农村商业银行股份有限公司(以下简称“邹城农商银行”)。邹城农商银行以“抓改革、推普惠、控风险”为重点，凝神聚力，真抓实干，为地方经济发展做出了突出贡献，被邹城市委、市政府授予“2016年度金融支持地方经济贡献单位”荣誉称号。

一、强化资金组织，带动存款稳步增加。积极开展全员营销和普惠金融建设，实行内外部同时发力，带动全行存款增长。2016年，通过全员营销活动带动存款增长3.7亿元，新开立银行卡26.12万张，安装POS机1566台，开立电子银行3.23万户，全年累计发放营销奖励650万元，调动了全员营销的积极性；加强普惠金融服务员管理和考核，全年新增存款1.64亿元。成功发行“富民—聚财”理财产品，募集资金4.19亿元。

二、加大实体贷款投放，促进地方经济发展。邹城农商银行推出“富农、兴商、福民”三个系列、十七个贷款产品，开通“5559999”贷款受理热线，设立小微贷专营中心，为当地农户及小微企业提供优质高效信贷服务。2016年累计办理无缝隙对接贷款241笔、15.17亿元，扶持了一大批畜牧养殖业、农副产品加工等农业龙头企业。

三、实施普惠金融工程，提高居民金融服务可得性。在全市各行政村聘用了688名普惠金融服务员，布放惠金通机具278台，POS机2300台，让老百姓实现了足不出村就可以办理各项金融业务。通过开办“家庭银行”，组织客户经理走村入户，为农户建立金融信息档案，实现了金融服务向村一级延伸，构筑起“网点+乡村服务点、实体+网络”的多重农村金融服务体系。截至2016年年末，累计建档村庄200个，走访1.5万户、建档8848户、预授信金额1.04亿元。

四、狠抓队伍建设，打造一支卓越团队。一是加大青年员工的选拔和培养力度，对非业务岗客户经理后备库人员和科室人员实行“双向选择”，进一步完善后备人才库建设。二是先后开展全员营销督导培训、卓越团队培训、“二扫五进外拓营销特训营”、小微贷项目培训等活动，着力打造一支能打硬仗、能打胜仗的卓越团队。

五、开展社会公益活动，积极履行社会责任。开展关爱农村留守儿童活动，举办了第二届“邹城农商银行杯”农村留守儿童演讲比赛和农村留守儿童捐赠仪式，向受助农村留守儿童发放了 9 万元爱心捐款、450 套书籍。开展形式多样的金融宣传活动，在“3·15”消费者权益保护日、“6·14”征信记录关爱日等重要日期，到集市街头宣传金融知识信息，积极培养社会公共金融安全意识，维护客户自身金融权益。

（朱自强　王一鸣）

山东鱼台农村商业银行股份有限公司

2016 年，经山东银监局批准，鱼台县农村信用合作联社顺利改制为山东鱼台农村商业银行股份有限公司（以下简称“鱼台农商银行”）。鱼台农商银行以提升质量为中心，以加快转变发展方式为主线，坚持“稳健经营，稳步发展”的经营理念，积极应对经济新常态，全面提升金融服务水平和市场竞争力，各项工作得到健康平稳发展。

一、立足市场，积极拓展各项业务。一是主动实施“走出去”战略，开展逐村逐户“网格化”走访和存款预约活动，针对大蒜销售旺季，开通“农金员 + 客户经济 + 大堂经理”绿色服务通道，有效开拓存款来源。二是拓宽贷款申请渠道，建立微信贷款申请平台，开通电话申贷渠道，并将电话申请作为主渠道，全年受理电话申请 1436 笔，发放贷款 13920 万元。三是积极研发信贷业务产品，相继推出了“速贷通”消费贷款、“房易贷”个人商品房按揭贷款、“温情一家” 家庭综合授信等十余种贷款品种。同时积极推广“家庭银行”商业模式，为客户“量身”办理集存款、贷款、理财、电子银行等一揽子金融服务，实现对客户的综合营销。

二、加强内控管理，转变合规理念。一是加强内部检查监督，严格查处各类违规行为，增强员工警觉意识，全年共处理违规人员 480 人次。二是充分发挥内部审计作用，全面共开展内部审计项目 20 个，网点覆盖率达到 90%，发现问题 371 笔，落实责任人 111 人。三是深入开展打击和预防职务犯罪活动，提高干部遵章守纪、合规履职的自觉性。

三、充分论证，加快网点转型。一是成立网点转型办公室，制定网点转型实施方案，从物理网点规划、营销模式转型、业务流程再造和考核机制转型四大方面进行规划。二是指导各支行做好与辖区大型商户的对接工作，开展形势多样的主题营销活动，转变传统营销理念。三是优化人力资源配置，引导客户利用自助设备、电子银行渠道办理业务。

四、优化队伍管理，提升全员素质。一是大力开展温馨家园建设，对离县城较远的 9 个乡镇支行进行温馨家园升级达标建设，积极改善办公环境、生活环境和学习环境。二是积极向省联社、省慈善总会、银行业协会等申请大病困难救助、银光基金救助、银行业特困职工慈善救助等，全力做好困难职工救助工作。三是联合外部培训机构，对全体在岗职工进行卓越团队集中封闭式训练，激发了员工的进取心、责任心，增强团结协作意识。

（田　艳　陈　彬）

山东梁山农村商业银行股份有限公司

2016 年，经山东省银监局批准，梁山农村信用合作联社成功改制为山东梁山农村商业银行股份有限公司（以下简称“梁山农商银行”）。梁山农商银行从“深化改革、加快发展、提升形象、防范风险”四个方面扎实开展工作，始终坚持“面向三农、面向社区、面向中小企业、面向县域经济”的市场定位，加大对地方经济的支持力度，深化银行化改革，推动转型发展，主营业务稳步增长，风险化解积极推进，增收渠道不断拓宽，内外形象明显改善，整体经营管理工作保持平稳向好发展。

一、探索体制机制转型。全面完成银行化改革，梁山农商银行挂牌开业；积极推行法人治理结构改革，初步建立了“三会一层”组织架构体系；引入事业部制，加强事业部建设，完善了内部组织架构。

二、主营业务稳步发展。全力抓好业务发展工作。持续开展存款营销活动，发挥好普惠金融服务员的作用，不断拓展新客户，存款市场占有率达 27.35%；合理把握贷款投向，推广“家庭银行”商业模式，完善产品体系，开发“白领通”“装修贷”“亲情贷”等信贷产品。

三、服务水平逐步提高。优化网点布局，、完成了 9 家支行的装修改造，标准化网点达到 12 处，聘请专业机构，组织规范化服务导入，完善晨夕会制度，规范化服务水平大幅提升，韩垓支行被评为省级普惠金融示范网点；推动“温馨家园”标准再提升，实现了“温馨家园”全覆盖；按照商业银行科技建设标准，完成了机房改造。

四、从严立行力度不断加大。一是加强内部审计监督。2016年组织开展审计项目27个，涉及信贷管理、财务管理、法人治理等多个业务条线，累计发现问题576个，督促整改率100%。二是扎实开展“排风险、堵漏洞、强管理”活动、“两加强、两遏制”回头看，组织相关条线进行逐一排查，以查促改，不断提高风险防范意识。加强培训学习，组织全体员工进行案防知识测试，测试合格率达100%，在全省案防考试中取得第八名的优异成绩。三是加强安全管理。按季度对各营业网点进行安全检查，着手对总行中心库房进行升级改造，加强监保人员队伍建设，在全市比武中取得综合成绩第五名的优异成绩。

（朱自强　王一鸣）

山东金乡农村商业银行股份有限公司

2016年，经山东银监局批准，金乡县农村信用合作联社顺利改制为山东金乡农村商业银行股份有限公司（以下简称“金乡农商银行”）。金乡农商银行积极应对市场竞争和经济新常态，坚持目标不动摇，加快改革不观望，狠抓落实不懈怠，实现各项改革发展工作稳步推进。被金乡县政府授予“纳税功勋企业”“支持金乡发展突出贡献单位”“工人先锋号”等光荣称号。

一、坚持改革创新，发展基础日益稳固。一是压缩部门数量，精简机关人员，实行“等级行”管理，增强全员工作积极性。二是开展全员“定编、定员、定薪”工作，合理控制机关和内勤人员数量，引导员工向营销岗位流动。三是推行独立审批人制度，加强贷款准入管理，提高贷款审批质量和效率。四是积极推广“仓储配资”信贷产品，不断拓宽配资农产品覆盖面，目前可适用农产品达到6种，2016年发放该类贷款96笔、5.1亿元，有效促进了地方经济发展。五是在全省农村金融机构中率先建成千兆级网络，完成了“远程智能监控管理平台”建设，实现了营业网点现金、重要凭证出入库的远程控制。

二、突出工作重点，主要业务再创佳绩。一是信贷管理实现新发展。进一步丰富贷款申请渠道，搭建客服热线、微信平台两个线上贷款受理平台，全年通过线上渠道受理贷款咨询523人次，办理贷款82笔，授信近1000万元。二是积极开展金融扶贫工作，完成对全县9643户建档立卡贫困户摸排工作，累计发放个人贫困户贷款54户、金额551万元，发放扶贫生产经营主体贷款3户、金额5820万元。三是大力推广“家庭银行”信贷模式，累计为2350户家庭客户建立信息档案，签订“家庭银行”业务合作协议1254份。

三、深化网点转型，服务能力显著提升。一是优化网点布局，提升服务能力。全年完成2处网点的迁址装修、对3处网点升级改造，2处银亭、6处自助银行投入运行，新增布设自助设备16台。二是优化业务流程，增强客户黏性。实行“弹性柜员”制度，提高了人力资源效能；推出“你下班、我上班”的‘错时服务”模式，为客户提供人性化金融服务。三是大力开展流动金融服务，充分利用MTM设备，实行流动柜组进社区、进商场、进学校，全年开展此类活动6次。

四、加强自身建设，竞争能力持续增强。一是加强教育培训，提升全员素质。2016年开展各类培训项目40个，参训人员2834人次，有效提高了员工的业务能力和综合素质；二是加大宣传力度，塑造良好形象。综合运用《对话农商银行》电视节目、微信公众平台、公交电视广告等多种渠道，不断提高业务宣传覆盖面。广泛参与公益活动，向10名困难学生捐款2万元，向450名留守儿童捐赠文具450套、现金9万元，进一步提升了金乡农商银行的社会形象。

（田　艳　王一鸣）

山东济宁兖州农村商业银行股份有限公司

2016年，经山东银监局批复，兖州农村信用合作联社顺利改制为山东济宁兖州农村商业银行股份有限公司（以下简称“兖州农商银行”）。兖州农商银行牢固树立“转型发展”理念，围绕“发展”和“风控”两大核心任务，强化激励机制和工作措施，努力提高发展质量和效益，各项业务保持良好的发展态势，并获“2016年度山东省服务名牌”称号。

一、创新产品和服务方式。一是积极推出新型信贷产品。围绕地方经济结构调整、消费转型升级的需要，兖州农商银行推出“经营周转、消费分期、政银合作、综合服务”四个系列、36种信贷产品，满足客户经营、教育、消费等不同信贷需求。二是优化“打个电话办贷款”模式。为真正解决客户贷款不方便的问题，兖州农商银行在全区首推“打个电话办贷款”模式，客户仅需拨打一个电话，客户经理会在第一时间上门调查。同时，大力推行“阳光办贷”工程，严格落实限时办结制度，大力提升办贷效率,提高信贷服务质量。办贷专线开通以来,新受理客户申请2759户,6.5亿元,其中新增客户1682户,发放贷款3.3亿元。

二、扎实推进金融扶贫工作。制定"金融精准扶贫工作实施方案",强化扶贫工作措施。积极与区扶贫办对接,先后为4300余户贫困户建立信息档案,累计发放扶贫贷款3307万元,带动42户贫困户、59名贫困人口实现就业。同时,积极响应"大众创业、万众创新"号召,与区就业办联合推出创业贴息贷款,帮助待业、失业等人群实现创业,先后向22名创业者授信280万元,为创业者搭建"金桥",带动社会就业。

三、优化网点布局促进转型升级。一是扎实开展营业网点标准化建设。完善网点功能分区,改善网点服务环境,打造一批"业务多样、服务高端、形象突出"的旗舰型网点。二是引导柜面业务分流。修订"柜员考核办法""大堂经理绩效考核办法",制定业务分流方案,积极开展"去折换卡""去存单化"等活动,有针对性的引导客户减少柜面业务,使业务分流更细化、更高效。三是加快推进社区网点布局。紧跟辖内新农村社区建设步伐,精准选点,合理布局,黄屯街道金色嘉园社区自助银亭、大安镇房院社区银行顺利使用。试运行期间,在社区内开展"社区磨刀"等特色便民活动,进一步增强了社区网点的吸引力。

四、积极履行社会责任。一是大力推进普惠金融建设,加大农村地区自助设备布设力度,先后建成自助银亭、社区银行、离行式自助银行等共7处。二是大力开展农村金融服务点建设,选聘普惠金融服务员277名,覆盖辖内所有村庄、社区。三是积极承担免费代发低保、高龄老人补贴、孤儿补贴、伤残军人补贴等社会重任。四是连续多年开展"慈心一日捐"、关爱留守儿童、暖心助学等活动,累计向全区1500余名留守儿童捐款30万元,捐赠学习用品10余万元,帮助部分困难大学生圆了大学梦。

(田 艳 王一鸣)

山东泗水农村商业银行股份有限公司

2016年,经山东银监局批复,泗水农村信用合作联社顺利改制为山东泗水农村商业银行股份有限公司(以下简称"泗水农商银行")。泗水农商银行深入推进转型升级,坚持"稳健经营、稳步发展"的经营理念,坚持"面向三农、面向社区、面向中小企业、面向县域经济"的市场定位,改革、转型、创新、发展等工作稳步推进,总体上实现了业务发展、效益增长、风险可控的良好局面。

一、强化自身建设,拓展业务渠道。一是调整组织架构,及时成立公司业务部、金融市场部、资产经营中心、贷款检查中心、小微贷中心、客服中心,进一步理顺工作开展思路。二是加强制度建设,印发了《劳动人事管理办法》等30余个制度办法,为业务发展、内控管理提供了制度依据。三是加强员工队伍建设,开展了中层后备人才选拔,对部分中层管理人员进行了调整,逐步建立能上能下的用人机制。四是突出抓好贷款营销,按照"四个面向"的市场定位,组织开展了农户信用评定和机关事业单位全覆盖。

二、推进深化改革。一是全面推行贷款风险监测分析机制等"六项机制",规范完善新型信贷管理架构运作,进一步加大重点领域风险防控力度,认真组织开展"防风险、堵漏洞"排查工作,及时发现风险点,提前采取措施,积极防范信贷风险。二是筑牢案件防控防线,通过开展季度案防工作排查活动,加大对"十种人"和员工不良行为的排查力度,并对重点人员建立监控档案,持续加大对违规人员的惩处力度,2016年,共处理违规责任人183人次,提高了员工依法合规操作的自觉性。三是针对经营成本上升、经营效益下滑的现状,进一步强化成本意识、核算意识,统筹考虑分红、员工薪酬、各项准备提取、不良贷款反弹等因素,结合FTP系统,优化经营考核方案,加强利率管理、费用管理,努力压控成本收入比,逐步建立财务自律和内部监督机制。

三、推动网点转型。一是加强网点规划,实施硬转型,对高峪、星村、中册、华村等4家支行和泗河南路分理处进行重建或装修改造,优化网点功能,提升服务形象。二是优化渠道建设,辖内电话POS数量维持在850台,银联POS数量790台,较年初增加342台,累计布放农金通125台。三是规范服务流程,加快营销模式转型。修订了规范化服务实施细则,开通了微信平台火车票预订等功能,积极搭建泗水"惠民商圈"平台,推动"智e购"商城稳步运行。

四、加强文明创建工作与党建工作。一是开展系列企业文化活动,成功申报了省级文明服务单位,围绕文明创建活动,对总行党建室、荣誉室、活动室、会议室、道德讲堂等重新进行了规划建设。二是积极履行社会责任,积极组织开展"送金融知识下乡"等宣传活动,持续开展驻村联户、慈心捐款、关爱留守儿童等活动,增强社会责任感。三是积极开展各项宣传,提升社会形象,利用辖内LED、电视、喷绘广告、县电视台等媒体开展滚动宣传,组织员工开展进村入户、赶大集等业务集中宣传,抓好信息宣传工作。

(王一鸣 陈 彬)

山东汶上农村商业银行股份有限公司

2016年，经山东银监局批准，汶上县农村信用合作联社顺利改制为山东汶上农村商业银行股份有限公司（以下简称“汶上农商银行”）。汶上农商银行以提升各项经营指标、优化资产质量和信贷结构、保障各项工作安全稳健运行为根本，各项工作取得了较好进展。先后获全国支农工作先进集体、山东省思想政治工作优秀企业、济宁市五一劳动奖状、济宁市依法治理先进单位等多项荣誉称号。

一、改革转型积极推进。一是全面推行以“万元工资含量”为核心的客户经理、柜员、非涉贷支行等系列绩效考核办法，真正体现多劳多得，激发员工干劲。二是以IPC技术和评分卡技术为支撑，结合“家庭银行”商业模式，创新推出了宜家贷、装修贷等六款信贷产品。三是积极网点建设工作，完成了各支行网点升级，以崭新的面貌，更好地服务客户。

二、各项业务健康发展。一是强化社区金融建设，以普惠金融服务农村市场，2016年新增普惠金融服务人员67人。二是信贷投放稳中有进，相继印发了“白领通”个人消费贷款管理办法等十余项，在制度层面上为贷款投放行业、区域提供方向。三是积极推进精准扶贫工作，解决广大贫困户贷款难、贷款贵、担保难、门槛高的问题。截至2016年年末，共有建档立卡贫困户11069户，贫困人口22761人，其中已脱贫5458户，11512人。四是有效防控信贷风险，做到审慎放贷、严格审贷，规范贷款手续，及时反映修订阻碍业务发展的制度办法，保障各项贷款顺利开展。

三、内部控制持续加强。一是强化基础工作管理，确保业务制度、办法的贯彻和落实，提高会计管理水平和会计人员素质，提升会计核算质量。二是发挥内审作用，提升审计效能。突出业务重点，充分利用非现场审计模型，扎实开展各类审计项目，为业务发展保驾护航。三是做好安全保卫工作，认真落实安全制度，增强防范能力，深入开展信访工作，努力化解矛盾。四是做好科技保障工作，加强培训教育，提高科技人员素质；做好信息科技检查与维护，提升安全水平。

四、企业文化建设成果显著。组织员工成立了乒乓球队、篮球队、足球队、舞蹈队、书画摄影协会等活动组织。多年来，全行干部职工积极参加公益活动，到贫困村、困难留守儿童家庭、敬老院、重症患者家庭等送温暖、送礼品，走访上千人次，捐款达60余万元，捐赠实物数千件。农商银行及其管辖支行先后获全国支农工作先进集体、山东省思想政治工作优秀企业、省市级文明单位、六型团队，获济宁市五一劳动奖状、济宁市依法治理先进单位等多项荣誉称号。

（朱自强　王一鸣）

山东曲阜农村商业银行股份有限公司

2016年，经山东银监局批准，曲阜农村信用联合社正式改制为山东曲阜农村商业银行股份有限公司（以下简称“曲阜农商银行”）。面对新形势、新任务，全行上下以坚定的信念，谋发展不动摇，促改革不懈怠，在逆境中奋进突破，各项业务快速稳健发展。

一、坚持“四个强化”，资金实力持续增强。一是强化考核，完善考核激励机制，划拨专项资金用于拓展奖励。二是强化公关，对存款客户分层营销，加大对学校等单位的公关、营销力度。三是强化督导，建立信息快报机制，总行领导和包保部室对任务差距较大的单位则跟进督导，重点帮扶。四是强化服务，强化规范化服务明察暗访力度，按季评选“服务明星”，确保为客户提供优质服务。

二、坚守市场定位，贷款营销持续推进。一是提高办贷效率，在各村庄安装驻村客户经理金融服务公示牌，总行设立贷款受理中心，整合优化贷款资料，简化贷款手续，提高了办贷效率。二是建设“零售银行”，扎实推进社区零售银行建设，截至2016年年末，全行共采集客户信息15748份。三是打造“最快银行”，成立微贷中心，制定《微贷中心运行办法》等一系列办法，布局城区小微贷业务，全年微贷中心授信101户、1669万元。四是实施精准扶贫，承担社会责任，在完成贫困户信息采集工作的基础上，发放扶贫贷款42户、金额186.5万元；发放经营主体贷款4户、2860.3万元。

三、创新引领，网点转型稳步推进。一是实施物理网点转型。完成对3个支行的重建工作，对城区内12家分理处重新进行定位，打造出2家社区金融便利店、1家自助银行、1家特色支行。二是加强人员素质培养。建立晨夕会学习制度，变集中式学习为分散式学习，提高了员工学习能力与业务水平。三是创新绩效考核机制。制定、完善《“五个一”工程考核办法》《机关人员业务营销考核办法》《等级客户经理考评办法》等一系列考核办法。四是释放网点人力资源。通过加快推广电子银行产品，提升电子银行业务替代率，为释放人力资源创造基础，截至2016年年末电子银行有效客户数达到3.43万户，人均有效客户数

85.7户，柜面业务替代率70.21%。

四、先行先试，加快推广“家庭银行”。作为全省“家庭银行”试点单位，曲阜农商银把家庭银行推广与社区零售银行建设相结合，通过签约家庭银行、带动业务增长、制定服务方案、建设特惠商圈四个环节，促进“家庭银行”推广质、量双升，提升服务客户的水平与质量。截至2016年年底，签约家庭银行客户4884户，开立贵宾卡452张、普通卡1800张，新增电子银行3089户，销售各类金银441.2克、代理保费72万元。

（田　艳　王一鸣）

山东微山农村商业银行股份有限公司

2016年，经山东银监局批准，微山县农村信用合作联社顺利改制为山东微山农村商业银行股份有限公司（以下简称“微山农商银行”）。微山农商行以服务“三农”为宗旨，坚持稳健发展主基调，突出清非压不良，严守风险底线，创新管理方式，规范经营操作，拓宽增收渠道，各项工作实现了稳步发展。

一、不断加强创新力度，推进基础业务发展。一是通过各种营销活动拓展基础存款，建立商圈联盟实施网格化精准营销，采取分层维护，对重点客户实施协议利率未定大客户存款。二是深化家庭银行营销模式，向优质家庭客户提供一揽子金融服务；在全市率先推出光伏信贷扶贫，提高扶贫精准度；推进普惠金融全覆盖，延伸金融扶贫链条。三是畅通电子服务渠道，实现由传统银行向智能银行的转变，完成全部支行存取款一体机全覆盖，智e购等电子服务渠道。

二、找准“着力点”，不断提升风险控制能力。实行专人专管制度，全程跟踪，形成方案制定、计划实施、督办进展、反馈落实的一整套管理机制。同时，加大自主清收力度，通过开展“清收风暴”“家园保卫战”“不良贷款百日攻坚战”活动，加快风险化解处置。截至2016年年末，累计处置表内不良贷款2933万元，表外不良1531万元。

三、聚焦“网点转型”，全面激发经营活力。一是对现有网点进行升级改造，将微山岛支行打造为旗舰网点，将南阳支行、马坡支行打造为精品网点。二是引进北京社科润融教育投资管理公司运作网点转型培训项目，充分挖掘发展潜力。三是构建“2+6清收模式”、“四层督导机制”、“5+7+9”实效管理等，被全省借鉴推广。

四、锤炼“向心力”，不断加强干部员工队伍建设。一是以“两学一做”为契机，抓好温馨家园建设，提高员工幸福指数。为在职职工宿舍配置空调、电视、冰箱等，为离退休人员投保意外伤害险，提高员工福利待遇。二是分层次、多渠道、多方式开展对案件防控、合规建设、员工管理及业务操作等方面的教育培训活动，逐步落实年度各项培训计划，2016年共计培训136期，参训18791人次，达到全员覆盖。

（朱自强　田　艳）

山东嘉祥农村商业银行股份有限公司

2016年，经山东银监局批准，嘉祥县农村信用合作联社顺利改制为山东嘉祥农村商业银行股份有限公司（以下简称“嘉祥农商银行”）。嘉祥农商银行积极深化改革，加快转型发展，创新金融服务，严守风险底线，各项业务保持了良好发展势头，“三农”服务水平实现显著提升，连续多年获得支持县域经济发展“功勋企业”荣誉称号。

一、抓好市场定位，迎合信贷资金市场需求。一是组织开展了客户信贷资金需求调研活动，注重调研信息的真实性，掌握好客户需求。2016年走访客户 3299户，走访企业187个，建立客户档案2892户。二是推出“家庭银行”业务，在农村地区以小额贴息贷、创业贷、家庭贷、惠农贷、住房贷、消费贷为主打产品；城市地区以商户家庭贷、白领家庭贷、消费贷、按揭贷、商户贷为主打产品。三是针对中小微企业贷款，推出“循环贷”业务，实行无缝隙链接，全面“减化流程”。四是开展精准扶贫小额信贷工作，推出免担保免抵押3万元以下的“扶贫信用贷”，多渠道对贫困户进行信贷扶持。

二、加快支付结算体系建设，增强综合服务能力培养。一是推出了联名卡、生肖卡、福农卡、VIP卡、金融IC卡与社保卡等新卡种。截至2016年年末，累计发行银行卡46余万张。此外，又推出了国际业务、代理理财、代售贵金属等新业务。二是持续加大在农村地区ATM、POS机、农金通、惠金通等便民设备的布放力度，积极拓展网上银行、手机银行等新型产品，畅通农村地区支付结算渠道。三是加大网点装修改造力度，推行网点智能设备布设，营业网点服务水平实现了质的提升。

三、积极应对信贷风险，筑牢信贷风险防线。一是认真组织开展“防风险、堵漏洞”排查工作，进一步加大重点领域风险防控力度，积极防范信贷风险。二是通过开展季度案防工作排查活动，加大对“十种人”和员工不良行为的排查力度，并对重点人员建立监控档案，持续加大对违规人员的惩处力度。三是筑牢财务监督防线，优化经营考核方案，加强利率管理、费用管理，努力压控成本收入比，逐步建立财务自律和内部监督机制。四、积极开展文明创建，认真履行社会责任。开展了书画名家送春联、庆“三八”妇女节、农商行杯微视频大赛、农商行杯创业大赛、农商行杯美丽乡村行等活动，积极履行社会责任，用实际行动回报社会。积极组织开展“送金融知识下乡”等宣传，持续开展驻村联户、爱心捐款、关爱留守儿童等活动，增强社会责任感。在县电视台开办了《解读农商行》栏目，每周一期，普及金融知识、传播支农信息、回馈社会大众。

（田　艳　陈　彬）

泰安泰山农村商业银行股份有限公司

2016年，泰安泰山农村商业银行股份有限公司（以下简称“泰山农商银行”）加快机制转型，抢抓发展机遇，强化营销拓展，严控经营风险，推动了各项工作的平稳较快发展。截至2016年年末，资产总额132.88亿元，同比增长17.64%；存款余额95.2亿元，同比增长11.73%；贷款余额64.93亿元，同比增长3.67%；实现收入7.1亿元，经营利润2.69亿元，同比增长0.32%；实现净利润1.5亿元，同比增长89.88%；上缴税金7108万元；资本充足率13.74%，拨备覆盖率152.59%，主要监管指标全面达标，并先后获国家级“守合同重信用”企业、“省级文明单位”、泰山区“双十强”企业等荣誉称号。

一、加快转型，发展活力不断增强。2016年，泰山农商银行坚持“四个面向”市场定位，不断加快改革发展步伐，通过深化银企合作，开展营销竞赛，强化激励约束，坚持“支农支小”，精心调整结，积极转变方式，推进了“一体两翼”协调发展，综合实力明显增强。截至2016年年末，全行日均存款95.25亿元，同比增长11.83%；涉农贷款38.24亿元，同比增长4.53%；小微企业贷款32.39亿元，同比增长12.62%。

二、坚守特色，差异化战略不断推进。一是丰富信贷产品体系。加强市场调研，针对买方市场，创新研发了“惠农贷”“出国劳务贷”“喜事贷”等“微时贷+”系列产品，推出了小企业贷款，提高信贷产品供给。二是建立营销团队。建立由各支行、市场营销部负责营销，微贷中心独立审批的运营模式，借鉴并引进济宁英特力小微贷技术和镇江农商银行IPC技术，为微贷审查中心提供技术支持，提高了审批效率。三是货币市场和中间业务实现突破。货币市场拓展新合作伙伴，增加业务投资范围，扩大了价差收益；借助投顾平台，实施了跨品种套利策略和做空策略；坚持“双轨并行”，推动理财业务发展，提高理财产品的发行频率，并注重多元投资，分散业务风险，提高了盈利范围；自主开办国际业务，实现了外汇业务“零”的突破；围绕民生需求，发展了代收水电气暖等服务；开展银保合作，实现资源共享，效益共赢；深化银银合作，积极开办第三方存管业务。

三、强化管理，案防水平不断提升。一是加强教育培训。采取“走出去”和“请进来”的方式，加强学习培训，提升了全员素质。二是发挥监督效能。开展屡查屡犯审计、远程视频审计、内控评价审计、尽职免责审计等审计项目，提升了审计监督效能，增强了风险预警能力。三是加强安全防控。开展“两个加强、两个遏制”回头看检查和信贷业务风险排查工作，夯实了风险防控基础；开展安全排查，消除了安全隐患；密切关注舆情，及时化解矛盾问题。

四、凝心聚力，队伍建设不断提升。一是坚持从严治党。加强总行党委和7个基层党支部建设，通过召开民主生活会，举办专题讲座、党委书记讲党课，设立党员示范岗等，增强全员“四个意识”，开创了从严治党新局面。二是加强党风廉政建设。组织观看专题片《永远在路上》，看到党中央反腐惩恶的成效，从反面典型身上吸取教训，给全行员工敲响了警钟。三是加强企业文化建设。通过开展登山比赛、岗位能手和服务明星评选、参加全市职工运动会等活动，丰富了员工文化生活；大力弘扬爱岗敬业精神，在全市银行业首届业务技能比赛中，获团体一等奖。四是履行社会责任。积极开展送温暖、扶贫帮困工作，开展了“爱心助学”“慈善捐款”“帮扶救助”等一系列活动；积极参与市委、市政府关于黄前水库水源地“地企共建文明乡村”活动；组织志愿者服务队伍，积极参与文明城市创建，宣传交通安全法规，劝阻不文明交通行为，号召“安全出行、文明行车、绿色环保”，营造文明、安全、畅通、和谐、有序的交通出行环境，员工素质和企业形象得到社会广泛认可。

（孙崇祯　韩少洁）

山东宁阳农村商业银行股份有限公司

2016 年，山东宁阳农村商业银行股份有限公司（以下简称“宁阳农商银行”）主动调整结构，提升发展质量，整体经营实现科学、稳健发展。截至 2016 年年末，全行总资产 113 亿元，同比增长 8.75%；存款余额 86.77 亿元，同比增长 10.89%；贷款余额 49.22 亿元，同比下降 0.47%；实现经营利润 2.08 亿元，同比增长 2.17%；实现净利润 9089 万元，同比增长 5.25%；上缴税金 5750 万元；不良贷款率 2.61%，控制在目标范围之内；资本充足率 14.39%，拨备覆盖率 163.88%；主要监管指标全面达标。

一、各项业务实现平稳发展。一是各项存款稳步增长。在全市率先推出“金荷包 惠家”乐享积分业务，有效应对同业竞争；先后开展“庆新春，迎金猴”、“泼墨大师送‘豪’礼”、季度存款专项竞赛等系列活动和紧抓农金员管理，开展营销竞赛等措施，促进存款稳定增长。二是信贷投放稳中有升。坚持“支农支小”方向，重点做好“家庭银行”商业模式的推广和“微时贷”业务的营销。2016 年累计发放“幸福家庭贷”贷款 2517 万元；进一步加大抵质押贷款和住房按揭、汽车消费贷款的营销；积极支持中小微企业，推行“分还续贷”“无缝办贷”等信贷便利措施，将主办行制度与家庭银行相结合，为企业做好信贷、结算、理财、代发工资等一揽子金融服务。三是资金营运和中间业务快速发展。2016 年，宁阳农商银行发行理财产品 59 期、11.65 亿元，同业存单 16 期、30.5 亿元，办理大额存单业务 6191 万元；率先在银行间债券市场开立理财专户，开启理财业务“去通道化”时代。同时，在全市率先独立开办外汇业务，累计发生国际业务结算量 57.23 万美元。

二、信贷管理基础逐步夯实。一是优化客户经理队伍。持续推进客户经理分类管理，评定客户经理等级，适当提高业绩好的客户经理的薪酬待遇；实施客户经理准入退出机制，通过考试、考核，新增客户经理 8 人，退出 5 人。二是做好贷款“预见式”分析。提前介入并重点加强对关注类、借新还旧贷款、大额贷款的预见式风险分析和逾期、欠息贷款的管理，进一步强化风险防控。

三、资产质量控制在合理区间。一是加强内部清收。通过开展表内外不良贷款专项清收、“金秋亮剑”全员清收、公职人员不良贷款清收、强化资产经营中心专业清收等措施，全力压控不良贷款。二是坚持依法清收。积极协调公检法等部门，深入开展“依法打击骗贷行为”“未执结案件集中执行”等活动，加大不良贷款处置力度，净化信用环境。年内共开展集中行动 6 次，强制拘留 11 人，新立案 107 笔、1.68 亿元，公布失信人 147 人。三是严格考核奖惩，与各支行签订《不良贷款防控和压降责任书》，明确支行的清收任务，全员清收意识得到强化。

四、转型发展成效逐步显现。一是稳步推进网点转型。与上海银翱公司合作，从“软转型”和“硬转型”两个方面全面实施，完成了四家支行的导入工作，员工的营销及服务意识得到强化，队伍士气高涨，效果明显。二是加快管理机制转型。持续推进流程银行建设，2016 年上线运行财务预算管理等 6 个系统，固化运作程序，进一步明确各部门责任，提高工作效率。三是加快考核机制转型。改革考核办法，实行全员考核，增加贡献度和进步度考核指标，促进考核更加科学、合理，全员营销意识和能力持续增强。

五、经营效益达到预期目标。一是努力增收。通过科学合理定价存贷款利率、强化贷款利息收入、加强其他应收款清理等措施，不断提升收入水平。二是合理控制费用增长，节约开支。按照成本收入比原则对费用实行双线控制、总额控制，努力压缩公共费用支出。截至 2016 年年末，成本收入比 40.4%，同比下降 0.51 个百分点。三是做强做大货币市场业务，实现利润最大化。通过债券投资回购、同业存放、票据贴现等业务，提高资金收益水平。2016 年实现净收益 2.59 亿元，同比增加 4100 万元，增幅 19.06%。

六、工作作风明显改善。抓好“两学一做”学习教育，深入开展“作风建设提升年”活动，组织举办卓越团队训练营以及开展外拓式营销培训等活动，管理人员的工作作风明显转变，服务基层的意识得到增强，员工的工作积极性和工作热情有效提高，主动营销拓展的意识明显提升。2016 年，全行顺利通过“省级文明单位”的复审，先后获“省联社先进基层党组织”“全省农村商业银行信息工作先进集体”“泰安市最美纳税人提名奖”“金融机构综合评价 A 级单位”等称号。

（胡传波　裴学迪）

山东东平农村商业银行股份有限公司

山东东平农村商业银行股份有限公司（以下简称“东平农商银行”）内设 14 个部（室、中心），辖 1 个营业部、18 家支行、14 家分理处，共有员工 537 人。截至 2016 年年末，资产总额 1387044.96 万元，较年初增加 245087.64 万元，其中各项贷款

500234.37万元，较年初增加10150.62万元；负债总额1274716.99万元，比年初增加242898.63万元，其中各项存款余额995294.97万元，较年初增加93270.50万元；所有者权益112327.97万元，比年初增加2189.01万元。全年实现各项收入63297.85万元，同比增加2468.89万元，各项支出52350.65万元，同比增加支出1848.02万元，实现账面利润10947.20万元，同比增加620.87万元，经营利润19424.34万元，同比增加1556.84万元。

一、东平农合行成功改制东平农商银行。2016年5月，经中国银监会山东银监局批准东平农商银行正式成立，是具有独立企业法人资格的地方性银行机构。2016年共通过董事会29个议题，监事会24个议题，股东大会19个议案，确保公司治理机制各项工作的正常有序运作。

二、智e购商城上线。在省联社及泰安办事处智e购商城推广工作小组精心指导下，东平农商银行法人特色馆于2016年11月11日，入驻山东农信智e购商城，成为泰安市首家上线运行机构。截至2016年年末，成功拓展19家商户，含39款商品，其中已注册用户的商户12家，共上架商品18款。

三、创新贷款产品。农商银行围绕“夯基础、强管理、抢市场、提质量”四个重心，加大信贷产品创新推广力度，取得一定成效。一是大力推动扶贫贷款。截至2016年年末，共发放金融扶贫贷款10849万元，贫困户贷款7549万元，生产经营主体贷款3300万元，扶持贫困户833户，扶持贫困人口3000余人。二是推广“微时贷”系列产品。重点采取微时贷实战营销、信贷扫街（支行）营销、360网点效能营销、彭集支行专项营销。截至12月底，累计放款447笔，金额为4934.53万元。三是稳步做强特色产品。新增住房按揭开发商8户，新发放住房按揭贷款8200万元；发放鲁青基准贷240万元；发放汽车消费贷款130笔、600余万元。

四、信贷管理向规范、防控型体系转型。一是修订客户经理等级评定管理办法，根据客户经理的业务素质、工作业绩和客户拓展能力等指标确定综合得分，划分出A级至5A级五类，分别对应4至8级工资，拉开收入差距，实现责、权、利相对等。二是建立新形成非应计贷款责任认定追究流程。月初由业务管理部提供新形成非应计贷款清单，由审计部对上月新形成非应计贷款进行逐笔检查认定，7日内移交至总行责任认定委员会审议，实行末尾淘汰制。三是开展“排风险、堵漏洞、强管理”活动，制定并印发《东平农商银行信贷业务“排风险、堵漏洞、强管理”活动实施方案》，截至2016年年末，共交叉检查969户、1671笔、124292万元，发现问题289户、333笔、金额60277万元，已整改132户、151笔、金额6322万元，138户、156笔、40861万元已制定了整改计划。

五、电子银行业务稳健发展。一是围绕目标市场，认真分析客户需求，采取多种形式开展有针对性的宣传营销活动。共累计开展现场宣传50余次，发布微信、WIFI平台信息60余篇，刊发报纸15期。二是充分发挥营业网点的营销主阵地作用，在营业厅开辟网上银行体验区和服务咨询台等方式，将客户“请进来”，手把手教会客户使用电子银行办理各类业务。三是根据不同的客户群，实行差别化、个性化服务，真正做到金融服务贴基层、接地气。四是开展电子银行存量客户激活活动、电子银行业务竞赛活动和“幸运大转盘、欢乐赢好礼”微信抽奖活动，推动电子银行业务稳健发展。五是自2016年3月1日起，凡在东平农商行行办理电子银行产品签约业务的，免收工本费及一切转账交易手续费，正式开启电子银行业务零手续费时代。截至2016年年末，累计签约电子银行客户47880户，活动率达67.32%；激活存量电子银行客户25958户；东平农商行个人网银、手机银行、企业网银有效客户占比及替代率均居全市前列。

（屈克涛　谢　梅）

山东肥城农村商业银行股份有限公司

山东肥城农村商业银行股份有限公司（以下简称“肥城农商银行”）是在原肥城市农村信用合作联社的基础上改制成立的，具有独立企业法人资格的股份制商业银行。截至2016年年末，肥城农商银行有营业部1家、支行22家、分理处18家，分支机构总数41个，在岗员工582人，是肥城市机构网点最广、从业人员最多、存贷款规模最大的地方性金融机构。

截至2016年年末，肥城农商银行各项存款余额达153.34亿元，各项贷款余额达79.76亿元，存贷款规模均居肥城市同行业之首。连续多年被评为肥城市“工作先进单位”“融资贡献先进单位”“党建先进单位”“工会先进单位”“平安建设先进单位”“十大文明诚信行业”“桃乡先锋”，连续几年被命名为泰安市“文明单位”“文明诚信金融单位”“十佳文明示范窗口”，并获泰安市级“青年文明号”、泰安市“巾帼文明示范岗”、泰安市AAA级劳动关系和谐企业等荣誉称号，连续多年荣立泰安市内部治安集体三等功。

一、深化改革，综合实力稳步增强。2016年，肥城农商银行在银行化改革时间紧、任务重、压力大的形势下，行总部在通盘考虑和精细测算的基础上，倒排工期，倒推进度，细化责任分工，定期督办考核。经山东银监局批准，2016年5月19日山东肥城农村商业银行股份有限公司正式挂牌开业，银行化改革取得圆满成功。改制后的肥城农商银行，抗风险能力更强、业务范围更广、法人治理更加规范，支农实力和服务地方经济发展的能力进一步提升，各项业务持续稳健增长，市场份额稳步提升。

二、加强精细化管理，盈利能力不断提高。一是严格落实信贷政策。组建了小微贷技术兴趣小组，进一步推动小微贷技术的应用和落实；积极推广等额还本付息贷款方式，提高了贷款管理的有效性。二是阳光信贷服务实现全覆盖。在全辖41个网点放置了阳光信贷服务公示栏，对辖区内客户经理的姓名、联系电话、服务范围、办理流程、申贷条件等内容进行了公开公示，同时开通了微信申贷、电子邮箱申贷等线上渠道。三是从严管控信贷风险。坚持落实不良贷款剖析长效机制深入查摆信贷管理中存在的问题，进一步增强了信贷管理的责任意识；严格落实新形成不良贷款责任追究制度，对2015年新形成的不良贷款进行了责任认定及追究；持续加大工作力度，开展了非应计贷款清收"百日攻坚"活动，加强对非应计贷款的压降。

三、加快创新转型步伐，市场竞争力不断提升。一是重新定位网点功能。把网点分为旗舰网点、全功能网点、基础网点、自助网点四类。对营业部进行了装修改造，重新进行了功能分区，将其打造为设施到位、功能齐全、流程顺畅、服务规范、产品丰富、队伍过硬的旗舰网点，成为对接优质客户，展示形象的窗口。二是积极推进电子商务进社区。积极学习借鉴聊城农商行先进经验，借助肥城市电子商务总平台，以农金员作为服务站，在尚古庄社区进行了电子商务试点。三是加大社区金融服务点建设力度。以"农村金融社区服务点"为依托，以农金通、全民付、电话POS三大渠道为平台，以开展"去存单化"为总抓手，全面推进农村金融服务网络建设。四是创新营销模式。建立了微信公众号和外部网站，搭建网上社区平台，拓展了宣传销售渠道。五是完善绩效考评体系。正式启用绩效考核系统，并同步进行全员计价考核，建立起了以岗位为基础、以工作绩效为核心、以计价考核为辅助的差异化绩效考核体系，合理拉开了工资差距，调动了全员营销积极性，起到了引导员工"后台上前台，前台转客户经理"的作用。

四、加大风险防控力度，合规水平不断提高。一是精细会计内控管理。对现有会计业务中常用业务流程进行了调整和规范，重新编制了会计业务流程图，提升了员工业务办理的规范化水平。为防范重要空白凭证自行领用过程中的风险，改变以往由基层社自行领用重要空白凭证的方式，在泰安农信系统内率先实施集中解送重要空白凭证。二是加强员工培训和管理。2016年，共举办各类培训项目25项，培训天数51天，培训人次2619人次。严格落实"四项制度"，加强员工日常管理，按月进行员工异常行为排查。

（杨振宁）

山东新泰农村商业银行股份有限公司

2016年，山东新泰农村商业银行股份有限公司（以下简称"新泰农商银行"）稳步推进机制转型，积极拓展市场份额，持续优化资产质量，努力提升经营效益。在外部经济形势持续下行、市场竞争日趋激烈的形势下，顺利完成了银行化改革任务，各项业务保持了持续、稳健发展的良好局面。截至2016年年末，全行各项存款余额149亿元，同比增长12.03%；各项贷款余额86.88亿元，同比增长9.34%；五级分类不良贷款余额2.38亿元，控制在目标范围内；实现各项收入8.74亿元，实现经营利润2.58亿元，同比增加760万元。

一、突出中心工作，银行化改革顺利完成。2016年，围绕银行化改革这一中心任务，全行上下凝心聚力、攻坚克难、积极行动，先后开展了股金规范和募集、战略投资者引进、土地资产处置、房产土地确权等一系列工作，规范存量股金5.15亿元，新募集股金4.95亿元，引进战略投资者3家，成功处置土地资产4亿元，争取政府帮扶资金1.95亿元，对全辖房产、土地全部进行了确权办证，累计消化改革缺口14.6亿元，银行化改革工作顺利完成，5月18日新泰农商银行成功实现挂牌开业。

二、立足机制转型，发展能力明显提升。一是优化部门设置。整合个人贷款审查审批中心、风险管理部职能，成立信贷管理部，增设合规风险部，进一步强化了各项业务的条线管理职能。二是加强营销团队建设。从机关总部开始，核定岗位和人数，在全行开展"三定、双选"，通过"双选"，实现了总部人员向基层流动，内勤人员向外勤流动，后台向前台流动，总部减员20人，各支行柜员减少57人，客户经理、理财经理及营销队伍增加92人，总部中后台人员占比11.4%，客户经理及营销人员占比达到了27.1%，为业务转型发展提供了坚实的人力资源保障。三是强化绩效考核。按照"全员营销、以绩取酬、多劳多得"的考核导向，认真做好了价格测算、存量认领等工作，绩效考核系统全面上线运行。同时，在全行实行班子成员、部室经理绩效与条线和包点任务完成情况挂钩，严格奖惩。

三、坚持精细化管理，业务发展质量进一步优化。加强信贷管理，进一步夯实信贷业务基础。持续优化贷款结构。坚持"支农、支小、支散"的市场定位，重点加大10万元以内小额农户贷款投放力度，全年办理小额贷款2.69亿元。全面推行等额本息贷款，累计办理等额还本付息贷款3775笔、6.39亿元。努力提高贷款抵质押率水平，全行抵质押贷款余额23.93亿元，占一般性贷款31.21%，较年初提高0.16个百分点。强化信贷风险防控。密切关注辖内"担保圈"和煤贸、钢贸等重点行业领域贷款风险，提前做好风险化解工作，稳妥处置和化解担保圈和煤贸、钢贸风险贷款。加大到期贷款收回率考核，提升信贷资产质量。2016年到期贷款收回率98.56%，同比提升0.05个百分点。

四、激发全员活力，作风形象取得新提高。一是加强作风建设，实行班子成员、部门经理绩效工资与包支行业绩进行挂钩制度，要求机关工作人员每月拿出2天时间到所包支行开展业务外拓营销，全员作风明显改善。二是坚持开展规范化服务明察暗访活动，加强对网点晨会、夕会的监督，积极参与开展了

"新泰农商银行杯"全国跳棋比赛、"同系红丝带，共创文明城"等活动，服务水平和社会形象进一步提升。三是加强党建工作，认真开展"两学一做"专题教育、"五化五星"党组织创建工作，总行党委被泰安市委组织部授予"五星级党组织"，机关党支部被授予"全市先进基层党组织"。四是组织开展"三八"妇女节讲座、"五四"青年演讲比赛、义务植树、"慈心一日捐"、"七一"党员走访慰问等文体、公益活动，进一步激发广大职工的工作热情。

（张 帅 陈海波）

泰安岱岳农村商业银行股份有限公司

2016年泰安岱岳农村商业银行股份有限公司（以下简称"岱岳农商银行"）以银行化改革为目标，以提高质量效益为核心，突出抓好市场拓展、基础管理、机制建设等重点工作，取得了令人鼓舞的显著成绩。

一、体制改革开辟新纪元。面对重重困难和压力，按照农商行筹建要求，压茬进行了清产核资、资产评估、银监局验收、整改复验等工作，岱岳农商银行于2016年5月18日正式挂牌开业，建立了"三会一层"组织体系和"三长"工作协调机制，法人治理架构初步形成，实现了由农信社到农商行的历史性转变，具有划时代和里程碑式的意义。

二、各项业务实现持续稳健发展。狠抓市场营销，通过全力巩固农区市场，有效拓展城区业务，抓好内部挖潜，搭建营销平台和渠道，带动了业务份额的增长；逐级签订责任状，扎实推进不良资产集中管理，广借外力，持续开展专项清收活动。截至2016年年末，全行各项存款余额177.38亿元，较年初增加18.12亿元，增幅11.38%；各项贷款余额102.64亿元，较年初增加5.88亿元，增幅6.07%，共发放"微时贷"贷款854户，贷款余额达8605万元；电子银行业务替代率65.05%，较年初上升10.04个百分点；实现各项收入10.88亿元，同比增加1980万元，实现经营利润3.64亿元，同比增加1100万元；全年缴纳税收8103万元，同比增加2720万元，增幅50.5%。

三、机制建设工作迈出新的步伐。一是推动营销机制建设。积极引导内勤人员向外勤转移，新增客户经理11人；实施"瘦身健体"计划，在部室及城区网点开展了"三定""双选"，共分流人员60人；创新实行营销人员外包，招聘营销大堂经理26人。二是建立健全薪酬机制。以绩效考核系统为总抓手，坚持薪酬向一线倾斜，绩效考核"指挥棒"作用初步显现；实施了总部人员绩效工资与包点、存款揽存相挂钩的考核机制；探索实行管理人员竞标竞岗，严格落实履职考核。三是加快推进网点转型发展。将城区的3个分理处升级为支行；转型升级农金员办公点4个；新开业金融便利店3家；新增农金通31台，总数达到396台。

四、基础管理工作得到进一步夯实。一是信贷基础管理水平显著加强。实施了"213"客户营销工程，先后开展了"走进农商行" 市场营销百日竞赛、"基础客户提升暨微贷业务营销拓展"等活动，累计走访客户9553户，表内有余额贷款户数较年初增加1996；将客户经理队伍分为管理存量类客户经理和营销新增类客户经理；健全考核机制，实行了以计价为主体的绩效考核和全新客户经理评级管理办法；在"信贷工厂"模式基础上，组建成立了自身微贷审查审批团队。二是产品服务模式创新步伐加快。整合个人和公司类系列产品，创新推出了"易房贷""易车贷""家庭贷"等信贷产品；做好"家庭银行"、"智e购"商城推广工作，累计签约家庭银行3736户；开通手机扫码业务，累计签约户数达655户。三是案防工作扎实推进。开展了"防风险、堵漏洞、强管理"信贷风险排查活动、"两加强 两遏制"回头看自查等；加强合规制度建设，共梳理各项规章制度104个。

五、农商银行形象实现总体提升。一是营业网点社会形象实现大幅提升。对角峪支行、望山支行、长城支行等网点进行了新建和搬迁，新建志高、九州等4个离行式自助网点，营业网点布局更加科学，客户服务环境实现了更新升级。二是企业文化建设丰富多彩。初步形成了"稳健如山 灵动如水"的企业文化内涵；举办了员工书画大赛和各专业条线培训；开展了困难职工慰问、贫困学子志愿服务、贫困村对接帮扶活动，社会美誉度有效提高。三是进行了覆盖电视、广播、网络、公交车体、报纸等全方位、各维度的宣传活动，有效提升了品牌形象，先后获"全省内部治安保卫工作集体二等功""文明规范服务示范单位""全区政风行风建设先进单位"等荣誉称号。

（户安乐）

山东威海农商银行股份有限公司

2016年，山东威海农商银行股份有限公司（以下简称“威海农商银行”）各项监管指标持续向好，资产总额193.2亿元，较年初增加24.2亿元，增幅14.35%；各项存款余额125.1亿元，较年初增加6.2亿元，增幅5.21%；各项贷款余额88.3亿元，较年初增加2.8亿元，增幅3.23%。全年实现各项收入9.2亿元，同比增加4452万元；实现经营利润2.7亿元，同比增加500万元。全口径累计信贷投放86.4亿元，累计缴纳各类税金9138万元，同比增加779万元，连续4年被中国银监会评为二级银行。

一、加快实施战略转型，成为全市首家发行同业存单、大额存单的法人机构，累计发行同业存单6期、大额存单4期，募集资金12亿元。稳步推进跨区域经营，7月25日烟台莱山异地支行银监会备案，12月21日山东银监局批复筹建。增资扩股溢价募集股金2.2亿，吸收资金4.62亿.仅用时一个月面向全国银行间债券市场募集6亿元二级资本债，进一步增强了资本实力，优化了资本补充渠道。

二、探索金融服务新模式，创新推出“家庭银行”服务模式，开发家庭荣誉贷、家庭经营贷等6个系列产品，发放“幸福家庭贷”1.2亿元。扎实做好金融扶贫工作，发放“双保惠农贷”、“富民生产贷”等贷款2.3亿元。参与举办“银企对接”活动20余次，累计投放小微企业贷款401笔、15.21亿元，扶持小微企业369户。

三、积极履行社会责任，累计捐款金额超过150万元，向各类社会公益组织捐款达60余万元。成立志愿者团队，开展金融知识公益宣传、公园捡拾垃圾、路口指挥交通、站点引导排队上下车、重阳节献爱心等志愿活动50余次，获得社会各界的一致好评，成功由“市级文明单位”升格为“省级文明单位”，连续多年获市委、市政府“工作优秀单位”“纳税明星企业”等荣誉称号。

（兰　旋　杨春明）

山东荣成农村商银行股份有限公司

2016年，山东荣成农村商业银行股份有限公司（以下简称“荣城农商银行”）紧紧围绕荣成市经济社会发展重点工作，不断加大对创业创新、扶贫开发的信贷支持力度，为促进荣成市经济发展和社会进步全力提供强力的金融支撑。截至2016年年末，资产总额252亿元，比年初增长2.2亿元；各项存款余额213.43亿元，比年初增加15.74亿元，增幅7.96%。各项贷款余额132亿元，比年初减少8.5亿元。纳税连续6年过亿元，达1.4亿元。资本充足率12.63%，比年初提高0.38个百分点，各项监管指标持续达标，年内继续保持监管二级评级，是全国农商银行61家“标杆银行”之一。

一、倾力支持地方经济发展。围绕荣成市产业转型升级需求，大力扶持环保、科创型新兴产业发展，为沙窝岛国家远洋渔业基地、康派斯新能源、青木高新材料、市固废综合处理与应用产业园等重点项目授信近10亿元。持续扎实开展信用评定工作，评定信用户25588户，发放贷款49亿元；上门为356家企业评级授信，投放信贷资金77亿元。助力中韩自贸区建设，在全国第二家、威海首家开办韩元贷款，累计发放贷款2.82亿韩元，全年外汇结算量3.62亿美元，同比增加8205万美元，增幅29%，市场占有率12%，在荣成市金融机构中排名第三。

二、大力推进普惠金融建设。在全市城乡布设各类自助设备127台、农金通323台、电话POS1066台、商户POS2778台。扎实开展金融扶贫、送金融知识下乡、捐资助学、扶贫帮困、打击和防范非法集资、电信网络新型违法犯罪等活动，社会形象不断提升。作为荣成市金融扶贫的主办银行，率先在全市发放“脱贫贷”，将符合信贷准入条件的200余户贫困户和60个贫困村经营实体纳入“开发式扶贫”范围，不断加大对农村党员、青年、妇女、致富带头人的信贷支持力度，创新发放“脱贫贷”1216万元，惠及248名贫困人口。

三、主动履行社会责任。扎实开展金融扶贫、送金融知识下乡、捐资助学、扶贫帮困、打击和防范非法集资、电信网络新型违法犯罪等活动，社会形象不断提升。深入开展银团合作，受到各级表彰，挂职工作继续深入进行，总行被团省委授予“五四红旗团委”，银团合作工作受到各级表彰，被团省委授予“五四红旗团委”，被中央金融团工委同时授予“2015—2016年度银团合作优秀派出机构”“2015—2016年度银团合作优秀项目”，成为全省唯一一家同时获得两项荣誉的金融机构。

（赵　霖）

山东乳山农村商业银行股份有限公司

2016年，山东乳山农村商业银行股份有限公司（以下简称“乳山农商银行”）坚持以科学发展为主题，以改革为动力，不断优化服务功能，加大信贷投放力度，为支持乳山经济社会发展做出了积极的贡献，银行化改革顺利完成。截至2016年年末，该行各项存款121.95亿元，各项贷款70.05元，存贷款总量、增量均居乳山市金融机构之首。

一、全力推进改革创新，银行化改革顺利完成。1月22日，山东银监局批准山东乳山农村商业银行股份有限公司及山东乳山农村商业银行股份有限公司诸往支行等32家分支机构开业，并核准《山东乳山农村商业银行股份有限公司章程》。1月27日，山东乳山农村商业银行股份有限公司正式成立。1月30日，山东乳山农村商业银行股份有限公司揭牌仪式盛大举行，顺利完成了银行化改革。

二、加大信贷投入力度，全力支持“三农”、小微企业发展。重点加大了对“三农”、中小微企业及高新技术产业的扶持力度，2016年累计发放贷款53亿元。积极推进金融业务创新：成功开办了威海市农信系统首笔应收账款质押业务；向237名福农卡客户发放贷款595笔，金额6476万元；加大微信申贷推行力度，通过微信申贷平台办理贷款136笔，金额2939万元；积极推广“信保扶贫贷”“信保农村产权贷”“双保惠农贷”等精准支农扶贫产品。

三、积极履行社会责任，提升社会形象。在加快业务发展的同时，乳山农商银行积极参与社会公益事业，主动履行社会责任。全年缴纳税金5983万元，居乳山市首位；认捐慈善基金70万元；冠名“乳山农商银行杯”大秧歌比赛、2016乳山市农商银行杯“互联网+”创新创业大赛、“乳山农商银行”杯全民生态健步行、“乳山农商银行杯”2016市直机关篮球赛篮球比赛；与市委宣传部联手举办了“消夏晚会”；组织员工开展“慈心一日捐”活动，共捐款85400元；组织青年员工参加了“党旗飘扬、走在前列”纪念建党95周年暨长征胜利80周年企业职工歌咏比赛；积极参与“荧光行动”，向中小学生捐赠了1000件爱心荧光衣；积极做好包扶工作，年内投入包村物资及现金4.9万元，为该村7户贫困家庭送去价值7000元的现金和物品；为全市种养大户赠订2016年度《山东科技报》550份。

（李晓莉）

山东文登农村商业银行股份有限公司

山东文登农村商业银行股份有限公司（以下简称“文登农商银行”）2016年5月24日挂牌开业，注册资本10亿元，辖38家分支机构，其中，支行25家，分理处13家，金融服务覆盖文登城区及所有镇村。文登农商银行秉承“改制不改向、更名不改姓”的宗旨，坚持“稳健经营、稳步发展”的经营理念，以服务“三农”、小微企业和县域经济发展为重点，立足文登、贴近实际，发扬“改革创新、团结实干、廉洁高效、争创一流”的企业精神，努力打造机制灵活、管理规范、服务一流、经营卓越的现代化金融企业。截至2016年年末，各项资产总额174亿元，负债总额160亿元，所有者权益14亿元。其中各项存款余额141亿元，各项贷款余额87亿元，存贷款规模连续多年居文登区各金融机构首位。

一、顺利完成银行化改革的历史任务。2015年6月初，文登市农村信用合作联社全面启动银行化改革工作并成立银行化改革小组。2016年5月19日，经中国银行业监督管理委员会山东监管局批准同意并核准高管任职资格。5月24日，山东文登农村商业银行股份有限公司正式挂牌开业，实现了农村信用社到股份制商业银行的历史性跨越，开启了文登农商银行打造普惠金融主力银行的历史新篇章。

二、信贷营销及服务实体经济明显加强。文登农商银行秉承服务“三农”的战略定位不动摇，以支农、支小、支微、支散为发展己任，积极推进供给侧结构性改革。贷款营销管理新机制逐步形成，各项制度日益健全，贷款质量稳步提高。全面转换营销思路，不断实现信贷产品创新，拓宽了信贷支持实体经济发展的新渠道。截至2016年年末，各项贷款余额87亿元，较年初增加3.33亿元。其中，实体贷款余额83.24亿元，较年初增加2.34亿元，为文登区经济社会发展做出了积极贡献。

三、积极做好志愿服务及工会组织建设。为做好文明城市创建工作，充分发挥市级文明单位先锋带头作用，组建学雷锋志愿服务队，每周六上午开展“志愿服务日”活动。自2015年5月30日活动启动以来，累计开展活动95个周，参加人次570余人。通过设立“爱心基金”，开展“送温暖”“慈心一日捐”“节约十元钱，姐妹献爱心”等慈善活动，共帮扶困难职工217人次，累计捐助128万元。

（韩慧敏）

山东五莲农村商业银行股份有限公司

2016年，山东五莲农村商业银行股份有限公司(以下简称“五莲农商银行”)积极适应新常态，牢牢把握转型发展的主题，坚持“认知、可控、主动、超越、持续”的经营理念，主动作为，危中求机，攻坚克难，创新突破，始终立足县域经济，着力打造支农主力银行、小微企业首选银行、百姓身边贴心银行。截至2016年年末，各项存款余额104.08亿元，较年初增加14.87亿元，增长率16.67%；各项贷款余额55.81亿元，较年初增加2.01亿元，增长率3.74%。五级分类不良贷款余额0.98亿元，较年初减少0.31亿元，占比1.76%，较年初下降0.64个百分点；实现经营利润2.34亿元，同比减少0.11 亿元，降幅4.39%；上缴各类税收7897万元，较去年同期增加144万元。2016年年末，在全省110家农村商业银行中，经营管理综合考评居第9位，综合实力排名居第18位，发展能力排名居第13位。

一、加强党建工作，发挥党员模范带头作用。一是强化责任意识，以上率下抓党建。落实从严治党、党委书记抓基层党建第一责任人制度，建立党委书记抓党建责任清单、问题清单、任务清单三张清单，全面落实党风廉政建设党委主体责任、班子成员“一岗双责”。二是抓好党建基础工作，落实基层党建七项重点任务，优化党支部，做好党员关系排查、党费收缴等，推进三会一课常态化。三是创建活动载体，开展“戴党徽、亮身份、当先锋”、“重温入党誓词”、“领导干部上讲台”、红色教育、党务培训等活动。四是加强“两学一做”学习教育，开设“两学一做”、“党员社区”微信平台，推送60篇学习内容，组织4期专题讨论，加强学习提高政治素养。五是抓督导，确保措施落实到位。全年督查4次，对问题通报批评，做好后续跟踪整改。

二、积极支持三农、小微企业和实体经济发展。一是扎实开展“金秋富农”和全员营销活动，主动服务，坚定不移地推进支农惠农强农富农金融服务。截至2016年年末，涉农贷款余额40.73亿元，较年初增加0.37亿元，实现涉农贷款稳步增长。二是落实“主办银行”制度，扎实开展“金融服务企业百日行”活动、“进走访”活动。截至2016年年末，小微企业(不含个体工商户、小微企业主)贷款余额24.9亿元，较年初增加3.43亿元，增幅15.98%，实现了三个不低于目标。三是积极开展“精准扶贫”工作。积极投放“富民农户贷”“富民生产贷”贷款品种。为17户贫困户发放“富民农户贷”80万元，办理“双保惠农贷”55户金额163万元，“速贷通”63户金额507万元。支持农业龙头企业10户贷款余额1.14亿元；培育地区优势特色产业，继续加大对家庭农场、种养大户、农民专业合作社等现代农业的信贷支持力度，支持专业合作社57户余额0.2亿元，辐射带动更多贫困农户脱贫。2016年，累计发放创业担保贷款760户，金额8062.3万元，发放青年创业贷款37户，金额906万元。截至2016年年末，共办理创业担保贷款1793笔，累计发放2亿元，累计为1500余名失业人员和返乡农民工提供创业贷款，累计为客户争取财政贴息1500余万元。

三、发扬“超越”精神，创新贷款产品及营销方式。一是组建“金智囊”创新策划团队，开展20余期专题营销活动。二是创新开办股权反担保业务，共办理10户，金额1.9亿元。三是创新推出“农业装备产品购机贷”、“亲情致富贷”、“安居增福贷”、“电商创业贷”等，量体裁衣，打造不同客户圈，细分市场满足不同客户需求。四是开展“全员贷款营销”活动。共拓展客户895户，贷款余额6.23亿元。五是试点推行“家庭银行”商业模式，推行“立贷”模式。

四、实施不良贷款复活行动，积极化解金融区域风险。一是积极响应县委县政府号召，主动作为，积极协调各金融机构，帮助企业找出路、想办法，通过债务重组、新增授信、利率优惠等措施，让进退维艰的企业复活，有效地化解了区域金融风险。二是不断创新贷款产品解决企业融资难题，2016年为全县58家企业发放125笔续贷资金贷款8.64亿元，为69家企业发放小微企业循环贷款6.94亿元，减轻了企业经营、还款压力，降低了企业融资成本，促进健康发展；三是加大市场化资产处置力度，打包处置不良贷款0.5亿元，核销贷款0.58亿元，办理了2亿元信贷资产债权、收益权转让业务。全年盘活清收处置不良贷款5.4亿元。防止了风险蔓延，维护了区域金融稳定。

五、加强科技服务体系建设，推进互联网金融。截至2016年年末，新签约电子银行客户2.79万户，累计签约客户6.64万户，签约代收代缴物业费小区12家，拓展智e购商城商户12家。开展惠民村居通工程，加大电子机具的布放力度，健全农村金融服务体系。截至2016年年末，共有农金通388台，安装运行的ATM机24台，CRS机46台，新建自助银行1处，新增POS商户454台，有效银行卡16.98万张，建立了“全方位、立体化、多层次、无盲区”的农村金融服务渠道体系。

六、加强企业文化和员工队伍建设，提升团队凝聚力。开展系列学习读书活动，打造“学习型”企业。一是开展“同读一本书建设‘书香银行’”活动。二是开展首届“认知杯”辩论赛，“以辩明理、以论布道”。三是创建“小白板”特色文化。四是规范学习日制度，每周二晚上开设“学习讲堂”，人人做讲师、轮流领讲，打造崇学尚学的文化氛围。五是开展了“提升职业素养 打造凝聚力”全员培训班，提升了职业素养。

七、勇担社会责任，开展文明规范服务创建工作。2016年，五莲农商银行经营发展获得社会各界认可，获多项荣誉。先后获得“山东省富民兴鲁劳动奖状”“山东省农村信用社先进基层党组织”“山东省农村信用社先进集体”“山东省农村信用社

2016年金纽带春天行动先进单位”“山东省农村商业银行信息宣传工作先进集体”“五莲县十佳职工职业道德先进单位”“财源建设功勋企业”等荣誉称号。

（厉昌锋）

山东莒县农村商业银行股份有限公司

山东莒县农村商业银行股份有限公司（以下简称“莒县农商银行”）于2014年3月29日挂牌开业，目前下设21处职能部室，辖属40处营业网点，共有在岗职工630人。是莒县服务网点最多、存贷款规模最大、经营实力最强的金融机构。

一、不断加大创新力度，提高支农服务水平，各项业务取得了跨越式发展。截至2016年年末，各项存款余额174.49亿元，较年初增加23.34亿元，增幅15.4%，高于全市农商行平均增幅0.92个百分点，余额和增量分别占全市农商行的34.3%和36.2%，各项贷款余额92.81亿元，较年初增加3.96亿元，增幅4.45%，其中个人贷款余额20.09亿元，较年初增加5288万元，个人贷款客户11499户，较年初增加180户，同比多增205户，五级不良贷款余额20759万元，较年初下降363万元，不良贷款占比2.24%，较年初下降0.14个百分点，实现各项收入101384万元，各项支出81340万元，经营利润38200万元，资本充足率11.52%，贷款损失准备充足率159.15%，拨备覆盖率158.48%。

二、服务渠道及服务产品日臻完善。全面开通了网上银行、手机银行、电话银行等电子银行产品，服务功能逐步提高，服务范围覆盖城乡。截至2016年年末，共安装ATM、CRS等自助设备113台，银联POS1725台，安装农民自助服务终端510台，电子机具覆盖面达到了100%，农民足不出户就能享受便捷、高效的金融服务。

三、始终坚持以服务“三农”发展为重点，以促进地方经济建设为己任。2016年累计发放农业贷款450多亿元，累计发放中小企业贷款400多亿元，真正发挥了农村金融主力军作用，有力地支持和促进了县域经济的发展。先后被评为“省级文明单位”“全省农村信用社纪检监察先进单位”“支持地方经济发展先进单位”“全县经济工作特别贡献奖”等荣誉称号。

（张　浩）

日照岚山农村商业银行股份有限公司

2016年，面对空前严峻的经济金融形势和激烈的市场竞争，日照岚山农村商业银行股份有限公司（以下简称“岚山农商银行”）牢固树立质量效益理念，全面提升经营管理水平，主动改革、创新发展，发挥农村金融主力军作用，实现稳健经营、稳步发展。截至2016年年末，各项存款余额92.50亿元，当年新增存款10.02亿元；各项贷款余额60.65亿元，实际新增贷款11亿元。

一、提升服务，打造便民式普惠金融。作为“农民自己的银行”，岚山农商银行牢记使命，情系“三农”，多举措提升服务水平，着力打造便民式普惠金融，满足客户个性化需求。在深入调研、广泛了解农民金融服务需求的基础上，优化支付结算渠道，广泛布设各类电子机具，提高业务办理便利。目前，全行营业网点达到19处，“农金通”自助服务点达到291处，自助设备达到85台，电子银行客户达到7.02万户，农民足不出户就可享受便捷金融服务。开展创新服务，试点微信预约贷款，将服务送到田间地头，已有300余名客户享受了便利。加强优质文明服务，开展文明服务竞赛活动，提高业务办理效率，减少客户等候时间，提升客户体验。加大业务创新力度，成功开办公务卡、代销理财、外汇自营等业务，满足不同客户个性化需求，不断增强服务能力。

二、推进改革，提升综合竞争实力。全行不断完善现代银行治理体系，推进改革发展，实施网点转型，提升经营管理水平和综合竞争实力。立足全行实际，持续优化网点布局，不断扩大服务覆盖面，做到乡镇网点一个不撤，产品服务延伸到重点村。结合改革发展需要，设立社区银行，打造智慧营业厅，对全行所有营业网点进行装修升级，满足客户需求。实施人力资源改革，开展定员定编，优化人员配置，充实人员到业务一线，致力为客户提供更加优质服务；实行支行负责人竞标竞聘上岗，签订军令状、责任状，激发全行干部员工干事创业激情。主动改革创新，实施走出去战略，开展“夏日风暴”等专项营销活动，拉近与客户距离，树立良好社会形象。一系列改革举措，正在不断提升全行竞争实力，推动全行快速发展。

三、立足实际，全力助推经济发展。全行立足地方经济实际，牢固树立服务“三农”的理念，将方便农民贷款、加强支农服务作为信贷工作的重点,以信用工程建设为基础,着力解决农民贷款难问题。评定信用乡镇4个,信用村95个,信用户5.98万户。推广"阳光办贷",实现阳光流程、阳光申贷、阳光授信、阳光监督,建立和完善农户贷款"绿色通道",办理个人贷款客户达到1.2万户,余额达到24.96亿元,帮助广大农民发家致富。从"三农"和小微企业的金融需求多样化、多层次的实际出发,"量体裁衣",丰富信贷产品,创新推出"梦想起航"系列信贷产品,努力满足"三农"和小微企业信贷需求,2016年累计发放信贷资金100余亿元,支持了地方经济社会发展。

四、履行责任,持续为地方发展贡献力量。为更好地服务全区经济社会发展,注重与政府部门、企业等社会各界的沟通、合作,开创了优势互补、互惠共赢的局面。与团区委合作,组织开展了"青春建功新农村——百千万农村青年创业计划"。2016年,共为全区办理青年创业贷款198笔,授信金额1.37亿元。与区人社局合作,提供小额贴息信贷项目。2016年办理小额贴息贷款1660笔,贴息贷款1.06亿元,贴息金额1255万元,扶持了一大批创业者走上致富创业道路。与区妇联合作,开展信贷助推百万农村妇女创业行动。帮助农村妇女选择致富项目,给予信贷支持和技术服务。截至2016年年末,发放妇女创业贷款余额1300万元。时刻履行"企业公民"的社会责任,将社会履责持续化、制度化。2016年,缴纳各项税金4074万元,连续九年成为全区五大纳税企业,全市60强纳税企业名列第52位,为地方经济发展做出了突出贡献。累计发放各类政策性惠农补贴5亿元,代发项目12个,年代发数量超过16万户次,及时将国家政策关怀送到老百姓手中。组织开展"慈心一日捐"、牵手关爱行动、"1+1"结对帮扶等活动,继续捐建黄墩、中楼两所小草学堂,全年共计捐款10余万元,充分展示了农商行服务社会、感恩社会的良好形象。

五、创先争优,精神文明建设喜结硕果。加强党建工作,深入开展"两学一做"学习教育,市委、市纪委领导到岚山农商行召开党风廉政建设现场会,并在市电视台作为典型宣传报道。重视企业文化建设,建立了职工之家、阅览室、荣誉室、健身房等职工文体娱乐活动场所,获"日照市健康促进示范企业"荣誉称号。组织举办了"相亲相爱一家人"家属联谊座谈会、健康徒步行等精彩纷呈的文体活动,不断丰富员工的文化生活,把企业建成员工的和谐家园。全行靠优质服务和高效、廉洁的作风赢得了社会各界的赞誉,被授予了"银团合作优秀项目"奖、"省级文明单位"、市级"先进基层党组织"等众多荣誉称号。

(刘保春)

日照东港农村商业银行股份有限公司

日照东港农村商业银行股份有限公司(以下简称"东港农商银行")是在原日照市东港区农村信用合作联社的基础上发起设立,于2015年12月29日挂牌开业,注册资本83500万元人民币,在职员工624人,设15个部室,1处营业部、27处支行和21处分理处。服务范围覆盖东港区、开发区、山海天旅游度假区和国际海洋城四个行政区域。

一、立足三农,信贷特色业务不断创新。坚持"手握手的承诺,心贴心的服务",与"三农"心手相牵,先后创新推出了青年创业贷、妇女创业贷、小额贴息贷、金桂飘香系列贷、速贷通、富民农户贷等特色信贷品种,资金实力不断增强,服务领域不断拓宽。截至2016年年末,各项存款余额达到138亿元,各项贷款余额达到98亿元。

二、金融惠农,支付结算体系不断完善。实施"金融惠民村居通工程",大力布设银联POS、农金通、自助银亭等支付结算便利工具与服务设施,开展送金融知识进万家活动。目前,全行共设69处自助银行,8处警银亭,配备145台存取款机,270台农民金融自助服务终端,1465台银联POS,打通了农村金融服务最后一公里。

三、履行责任,社会贡献度不断提高。年均投放各类贷款118亿元,其中投放涉农贷款61亿元,投放小微企业贷款69亿元。2016年,已缴纳各项税金10400万元,连续七年被区委、区政府表彰为"目标管理绩效考核先进单位",成为推动城乡发展和社会进步的中坚。

四、创先争优,社会形象不断提升。全行通过强抓优质文明服务和企业文化建设,不断改善员工服务形象和企业社会形象。先后获得新农村建设金融示范单位、国家级巾帼文明岗、省级青年文明号、省级文明单位、山东省劳动关系和谐企业、省城乡妇女岗位建功先进集体、省级文明服务单位、五一劳动奖状、日照市金融发展贡献奖、日照市银行业文明规范服务先进单位等多项荣誉称号。

(王栋晖)

山东莱芜农村商业银行股份有限公司

2016年,山东莱芜农村商业银行股份有限公司(以下简称"莱芜农商银行")紧紧围绕"组建莱芜农商行、打造当地主流银行"的奋斗目标,积极深化改革,加强内部管理,加快工作创新,加大业务拓展,全面提高金融服务水平,顺利完成了银行化改革,实现了各项工作的持续稳健发展。2016年9月28日,莱芜农商银行正式挂牌开业,成立了山东省第二家地市级统一法人农村商业银行。

一、综合实力进一步提升。截至2016年年末,各项存款余额210亿元,余额市场占有率23%,新增市场占有率26.1%;各项贷款余额160亿元,余额市场占有率23.8%,新增市场占有率56.9%,存、贷款余额及新增额均居全市金融机构首位;全年实现各项收入10.8亿元、账面利润1.4亿元,缴纳各项税款2.5亿元,综合实力和经济社会贡献度大幅提升。获省级文明单位、山东省企业思想政治工作先进单位、市级金融业发展贡献奖等荣誉称号。

二、支持实体经济发展力度进一步加大。坚持"做小、做散"的信贷战略和"四个面向"市场定位,以支持十大产业振兴提升、推动地方经济发展为重点,大力推广家庭银行服务模式,深入开展全员营销和网格化精准营销工作,推出了"亲情贷""商务贷""致富通"小额信用贷款及烟草贷、银税贷、芝麻贷等创新型信贷产品,建立了存款类、信贷类、国际业务、中间业务类4大系列139个金融产品。深入研究莱芜地方产业优势,加大对农业产业化龙头企业、农民专业合作社、种养大户、家庭农场等新型农业经营主体的培育和支持力度,对规模大、效益好、金融需求旺的生产经营主体给予重点信贷支持,大胆扶持培育、支持地方特色产业发展。截至2016年年末,涉农贷款余额81.96亿元,较年初增加10亿元,增幅13.87%。加快小微贷技术应用,积极推广主办行业务,全面推行提前报批制度,积极开展"银企心连心 共谋新发展""金融服务企业百日行""进走访"等活动,开启"银商联盟 合作共赢"新模式,着力解决企业融资难题。截至2016年年末,公司类贷款余额105亿元,较年初增加12.53亿元,增幅13.55%;小微企业贷款余额102.87亿元,较年初增加27.45亿元,增幅36.4%。深入开展精准扶贫工作,推出了光伏发电贷、信保扶贫贷、富民生产贷、农业产业链贷款等系列产品,采取"龙头企业+贫困户""合作社+贫困户""脱贫项目+贫困户"等产业发展模式,加大对建档立卡的贫困户及帮助贫困户脱贫致富的新型农业经营主体的信贷扶持力度。截至2016年年末,对13户建档立卡的贫困户发放贷款114万元;向7户新型农业经营主体发放贷款1000万元,带动超过200余户贫困户走上脱贫致富道路。

三、金融服务水平进一步提高。积极开展创建文明单位、文明服务行业、青年文明号、工人先锋号、文明服务单位、五星级网点和争当青年岗位能手、文明服务明星、最美柜员等活动,细化网点建设功能分区和打造标准,加强员工规范化服务的提升培训,进一步提高了规范化服务质量和水平。加快推进网点转型,撤并网点4家,建立社区金融家园1家;继续推进普惠金融和农村金融自助服务建设,大力发展网上银行、手机银行、自助银行,加大自助服务网点、银亭建设和ATM、农金通、POS等自助机具的布放力度。截至2016年年末,电子银行客户总量达到10.4万户,新安装自助设备20台、农金通10台,总量分别达到133台、273台;电子银行柜面业务替代率64.9%,电子机具村覆盖面达到100%,进一步优化了农村金融支付环境。

四、风险防控能力进一步提高。坚持从严治行,严格落实案件防控责任制,层层签定《案件防控和安全管理责任书》、《信访稳定责任书》,按业务条线按季对重点业务、重点环节、重点岗位等开展风险排查,及时落实整改和责任追究,有效防范风险;扎实做好非法集资预警监测工作,抓好员工合规教育,组织开展了经营指标真实性检查等19项专项审计和新增公司保证类贷款专项排查、电子银行业务专项检查、会计检查辅导等检查活动,加大违规问题责任追究力度,切实提高了制度执行力,确保了各项业务稳健运行、合规操作,实现了全年安全经营。

五、工作作风进一步优化。扎实开展"两学一做"学习教育,深入推进述职述廉、行务公开制度,层层签订党风廉政建设责任书,开展了"党员在行动",实行党员佩戴党徽、亮明党员身份、到革命圣地接受现场教育等,进一步净化思想、提升境界;继续实行领导班子分片包行制度,大力推行"一线工作法",在全行范围内开展了征集党建工作意见、党员群众问卷大调查和"共建新农商,全员献言献策"调研活动,班子成员带队深入基层通过现场调查、与员工座谈等形式,深入了解经营发展现状,广泛征求员工意见建议,共谋发展合力,营造了干事业、谋发展、思进取、争一流的良好氛围。

六、企业凝聚力进一步增强。按照精简、高效、分工明确的原则和农商行组织架构要求,对部室职能进行了整合调整,健全完善一级支行管理办法,打造一个运作顺畅、竞争有力的管理架构。大力倡导"家文化"的理念,严格落实关爱职工送温馨"四个一、五到场"制度,开展了"心系员工送清凉"、员工查体、关爱女职工、帮扶救助病困职工、走访慰问老党员和生活困难党员活动,增强了员工的归属感和认同感;组织开展金融知识、信贷知识、反洗钱知识竞赛,举办了第六届职工运动会,进一步凝聚全体员工团结一心、拼搏向上,爱岗敬业、争创一流的精神动力。组织开展了"树形象、创品牌、促发展"集中宣传、普及金融知识万里行、金融知识进万家、"青年文明号助百村"结对帮扶脱贫活动、无偿献血、爱心助学、交通协勤、环境清洁志愿服务等社会公益活动,增强了员工关爱他人、奉献社会的责任意识,树立了良好社会形象。

(王润亮　李　静)

德州农村商业银行股份有限公司

2016年，德州农村商业银行股份有限公司（以下简称“德州农商银行”）紧紧围绕“提质量、控风险、抓管理、增效益”的发展思路，明确目标、强化管理、真抓实干、锐意进取，服务于地方经济发展大局，市场竞争力、社会影响力及客户满意度得到大幅提升。

一、上下齐动，存款增长创出新高。面对激烈的市场竞争，全行上下开拓思路，开展“厅堂营销”、深挖营销潜力；借力“家庭银行”商业模式推广，延伸服务链条。发挥大额存单、理财产品优势，适度“饥饿营销”。2016年，累计发行理财109期、大额存单28期，累计募集金额分别为80.58亿元、4.39亿元；在全市率先上线发售2017年贺岁纪念币及纪念钞。截至2016年年末，全行各项存款余额达113.2亿元，较年初增长16亿元。

二、优化结构，信贷业务调整转型。以细分客户为基础，调小、调散、调优，持续优化信贷结构，在原有的德城区、经济技术开发区两家小微贷营销中心的基础上，2016年成立了运河经济开发区小微贷营销中心，形成小微业务三区并进的发展格局；不断加大支农力度，以黄河涯镇为试点，积极探索金融助推农村产业结构升级之路。同时不断加快信贷产品研发，先后研发推出“冷链贷”“住房按揭贷款”“二手车贷款”“家庭装修贷”“农户种植贷”“惠农养殖贷”等20余款信贷产品，打造信贷产品的“私人订制”。截至2016年年末，各项贷款余额62.99亿元，其中，涉农贷款余额50.38亿元，小微贷款余额46.57亿元，完成了“三个不低于”和“一个不低于”的监管指标。

三、加快创新，电子银行业务提质增效。深化“社区银行”建设，在翟时社区建设落成全市首座“社区银亭”，自主研发“农商E生活”系统；不断优化自助设备布局，扩大服务范围，2016年自助设备达157台、农金通52个、银亭6座。研发的“网上贷”系统获“全省农村信用社第三届智慧献企业优秀金点子”特等奖。推进“智e购”商城上线，优选辖区内特色鲜明、评价较高的商户入驻商城，并与商户联合开展了团购、秒杀、满减、满赠等优惠活动。积极对接区财政局等有关单位，开办公务卡业务，共为财政供养人员及内部员工发卡365张，授信额度2324万元。

四、从严治行，内控管理不断加强。持续做好制度更新，完善内控制度框架，加强员工学习内控制度，按月组织员工技能练兵和业务知识测试，提高员工合规操作水平和业务技能。在全辖开展了“十二回归”专项活动，编制了《员工合规操作手册》，建立旬报制度和督查督办机制，采取“专题会议、现场观摩、交叉检查”等方式，不断提升合规操作水平。开展“两个加强、两个遏制”回头看活动，逐级签订2016年案件防控和安全管理责任书；组织了参观德州监狱、廉政教育基地、观看警示教育片等活动，进一步强化干部员工的法律法规意识和职业道德素养。深入开展“两学一做”学习教育工作。采取集中学习和自学相结合的方式，开展专题讲座，撰写学习笔记，组织集体研讨，不断提高提高党性观念，坚定理想信念，凝聚了改革发展的强大力量。

五、争先创优，社会形象不断提升。2016年相继开展了“助力高考 让梦飞扬”“八一慰问子弟兵”“金秋助学 爱心圆梦”“青年员工公益献血”“文明交通志愿服务”等活动，成功堵截两起电信诈骗案件，树立了良好的社会形象，全行连续两年被评为“省级文明单位”。开展以“社会监督＋专项督导”的文明服务管理模式，全行文明服务水平不断提升，获“德州市银行业十佳金融服务单位”荣誉称号。

（房　晖）

山东禹城农村商业银行股份有限公司

山东禹城农村商业银行股份有限公司（以下简称“禹城农商银行”）自2013年12月7日挂牌成立以来，始终坚持以“面向三农、面向社区、面向中小企业”为经营理念，通过持续发展与稳健经营，现已成为一家实力雄厚、品种多元、服务领先的金融企业，综合实力不断增强。截至2016年年末，全行存款余额79.33亿元、贷款余额50.7亿元，分别较年初增加9.43亿元和4.34亿元。实现各项收入6.81亿元、经营利润2.73亿元、净利润1.41亿元，分别同比增加1.03亿元、0.51亿元、0.43亿元，同比增幅分别达到18%、23%和44%。

一、搭建“一部四中心”发展格局，网点转型实现重大突破。一是成立集约化管理的业务发展部。将存款、贷款、理财、互联网金融等业务集中管理，提升一体化营销水平。二是打造专业化经营的资产管理经营中心。2016年累计清收处置表内不良1909万元，现金清收表外不良789万元，分别占全行清收额的93.9%和35.5%。三是打造高效经营的小微信贷中心。引入德国IPC微贷技术，探索出“主动、高效、创新”的营销理念和“三不一要”的信贷服务文化，2016年建立有效客户档案3336户，营销贷款233户、3482万元。四是打造市场化经营的金融市场部。实行同业、债券、理财“三路并进”的资金运营模式，2016年实现资金市场业务收入3.22亿元，占全行总收入的47.28%以上；账面收益1.77亿元，同比增加6485万元。五是打造商业化经营的电商服务中心。2016年，拓展电商服务点72家，销售农资化肥及饲料810吨，刷卡交易额突破200万元，维系客户1867户，投放农资贷35万元。同时，设立异地分支机构的申请也获得了省联社的批准。

二、夯实业务发展根基，发展潜力实现重大提升。一是内部管理更加积极。建立贯穿全年的网点差别化绩效考评体系，取消第一责任人制度，推行尽职免责制度。二是激励奖惩更加高效。对新增贷款户、率先办理创新业务、开通福农卡的客户经理进行正向奖励，对优先完成当月新增贷款户数任务的单位给予排名奖。三是外拓营销更加主动。依托客户关系管理系统，开展贷动春天、点燃盛夏激情、客户综合营销走访、农村产业转型升级和家庭银行建设“五大营销活动”，创新推出“家庭亲情贷、惠农消费贷、购车贷、小额信用贷”等10余种信贷产品。四是金融创新更加务实。全市率先上线智e购法人馆，组建微信商圈异业联盟，开办理财POS、大额存单业务，柜面预处理系统和柜员服务评价系统实现网点全覆盖；上线信贷影像系统，开通贷款受理热线“6156555”和微信公众号申贷渠道。创新开办“社保资金”定存、“财政资金”定存和征地补偿资金代管业务。发行全市首笔3亿元二级资本债。

三、夯实内控管理基础，不良贷款压降实现重大创新。一是完善信贷风险管控体系。连续实施预见式分类管理，掀起不良贷款“清收风暴”，12月创新开办“收益权转让业务”，成功缓释个人类不良贷款6000万元。二是夯实合规经营基础。扎实开展“十二回归”、“两个加强、两个遏制”、“排风险、堵漏洞、强管理”、“信贷业务档案排查”和“财务内控检查”等专项排查活动，狠抓合规、审计、党风廉政建设不放松。三是夯实案件防控基础。建立押运验证制度，开展安全管理暨消防管理培训和安全管理提升月活动，全年投入210万元维护更换安防设施，消除安全管理漏洞。四是开展“暖心工程”。重启“六小建设”，持续开展员工“六项关怀”，扎实开展“两学一做”学习教育。

四、扎实推进“十二回归”活动，经营理念实现重新回归。坚持“与业务发展同安排、同督促、同考核”的工作思路，高起点规划、高标准要求、高效率推进。一是搭建立体组织架构。组建“三个小组、一个办公室、一批联络员”；制定“两书、一办法、一制度”；落实“三会、两专栏、一简报、一交流群”。二是牢牢把握风险导向。在办事处“六大机制”的基础上，创新“盖章确认”机制，自主开展“八大排查”，确保问题找准找实。三是坚持问题查改结合。排查发现问题32类、6728个，规范信贷档案资料426份，保全诉讼时效45个，调整管理岗位4人；梳理制度267个、完善32个、废止1个、新建21个；组织条线培训32次、专题活动6次，培训人员522人次；编制“十二回归”学习题库，组织集中测试9场、374人次。

（于景振　高　天）

山东齐河农村商业银行股份有限公司

山东齐河农村商业银行股份有限公司（以下简称“齐河农商银行”）于2013年12月23日挂牌开业，有21家支行、11家分理处，8个行管部室、6个职能中心，坚持深化改革、加强管理、优化服务、加快发展，为全县经济社会发展提供有力地金融支撑。截至2016年年末，各项存款87.64亿元、贷款54.78亿元，分别较年初增加8.05亿元和3.57亿元，增幅10.11%和6.96%；实现各项收入6.79亿元，完成经营利润2.86亿元，拨备覆盖率达205.52%。

一、牢牢把握改革创新强大动力。一是增强深化改革创新性。2016年，新设立贷款检查受理中心、小微金融服务中心、不良资产经营中心和资金营运中心，体制机制改革取得实质性进展；开辟电话贷、微信贷、网上贷三大贷款受理平台，真正做到便民利民，实现了管理集中化和客户管理服务精细化。二是增强信贷营销针对性。真正围绕市场和客户，创新推出“家庭银行贷款”、“党员信用消费贷款”、“文明村信用贷”、公务卡、农村“两权”抵押贷、“鲁青基准贷”等更加适合客户需求的信贷产品。三是增强金融扶贫的积极性。对全县贫困户全部进行了调查摸底，因地制宜开展金融服务，创新富民生产贷、富民农户贷扶贫专项贷款品种，发放资金4056万元，完成县政府分配计划的135.20%，积极履行社会责任。

二、牢牢把握提升金融服务工作重点。一是大力深化网点转型工作，全力助推转型发展，以第三方劳务派遣方式招聘22名青年大堂经理队伍，聘请培训公司进行专业培训、寻入、固化，加大管理和正向激励考核力度，从营销氛围、岗位联动、客户维护等方面带来积极变化；对地理位置差、设施陈旧的网点，果断实施改造和转迁，目前全辖34处营业网点基本实现了网点布局科学、功能分区完善、服务设施完善和整体形象的不断提升。二是贴近市场，走进社区，新建14家便民、利民的社区金融服务点，安装ATM（CRS）82台，网点覆盖面达241%，布放POS机912台、农金通183台，行政村布放率过100%，安装CIPS预处理系统58台，网点覆盖率达171%，科技创新驱动力量和金融服务水平进一步增强。

三、牢牢把握内外稳定重要前提。一是加强不良贷款管理。发挥贷款审查审批中心、贷款检查中心、审计部等职能作用，加强线上线下和前中后台分离制约管理，理顺内部风险防范机制流程，提升风险预警能力和风险控制能力；通过提高依法收贷能力、提高自主清收能力、提高批量化处置能力，着力提高了清收处置效益。二是加强内控管理。扎实开展“十二回归”活动，在贷款三查、业务发展、信息科技等 8 个方面组织排查 57 次，对存在问题，深挖根源、狠抓整改，并修订完善制度文件 101 项；从严推进“排风险、堵漏洞、强管理”活动，严格落实责任，加快排查进度，提高排查质量。三是加强案件防控管理。将检查监督重点向协理员、现金授权、银企对账等重点领域和重点岗位，强化责任追究，严惩各类违规；组织签订案防责任书，落实案防责任，调动全员参与案防工作；更换监控设备 12 处，维护保养各类案防设备 252 次，投资 33 万元引入指纹押运系统，提高押运安全系数，加强金库、监控中心和枪支弹药管理，提高安全防范能力；建立首问负责制度，认真开展矛盾纠纷排查，妥善处置各类信访事件，有效维护了发展稳定的大局。

四、牢牢把握“四个全面加强”重要保障。一是全面加强从严治党。顺利完成各基层党支部换届工作，新建廉政教育基地和党建活动室，组织开展警示教育和党员生活，组织举办“廉洁自律准则和纪律处分条例”学习和入党宣誓活动，坚持将纪律规矩挺在前面；扎实开展“两学一做”学习教育，不断激发全体党员担当奉献内生动力。二是全面加强人才队伍建设。打破“铁交椅”，通过“赛场选马”，营造“人尽其才、才尽其用”的用人环境；以比业绩、比作风、比奉献为导向，通过公开透明，全流程监督的方式分别选拔 2 名和 13 名员工充实到中层正副职队伍当中；加强全员教育培训，建立起分岗位、分专业，多渠道、多层次的季度教育培训机制，以不低于 16 课时的要求保障学习效果；新建多媒体电教室，按月组织开展各类在线考试和业务大练兵活动，培养了一批的业务能手。三是全面加强企业文化建设。创新提出“三有三禁”（心中有党、有责、有戒；禁止不作为、慢作为、乱作为）文化理念，按执行力、创新发展、合规文化等内容制作各类墙体企业文化展板 56 块，鞭策全员做到不断修身立德，坚持求真务实，奋发向上；全面抓好基层“四小建设”，打造“家文化”；在举办各类主题节日活动的基础上，组织举办跳绳比赛、乒乓球比赛、摄影比赛等文体活动，丰富员工业余活动。四是全面加强社会形象建设。坚持服务地方，回馈社会，勇于担当，无私奉献，准确及时为 12 万农民朋友代发各类惠农补贴 3.49 亿元，独立承担着社保卡的代理发行工作，分别组织“慈心一日捐”和“寒冬送温暖”活动，募集爱心资金 53600 元，捐赠棉衣 468 件，促进了全县社会和民生事业发展。

（杨相磊）

山东庆云农村商业银行股份有限公司

2016 年，面对供给侧改革纵深推进、经济企稳渐缓、产业景气偏弱的经济形势，山东庆云农村商业银行股份有限公司（以下简称“庆云农商银行”）扎扎实实干工作、一心一意谋发展，推进业务产品创新，转型升级迈出坚实步伐。

一、立足地方，支持实体经济发展。2016 年，全行持续加大农户及小微企业支持力度，拓宽扶持渠道，创新产品服务，全力破解农户及中小微企业融资难、融资慢的难题。一是信贷助力农户发展，依托地方资源优势，突出发展特色产业，将信贷资源重点向种植大户、特色养殖、农民专业合作社及农产品加工作坊等倾斜，通过逐户上门走访、“金融夜校”宣传等方式，对有资金需求的客户及时调查、授信、核发贷款证，努力满足广大农户生产资金需求，为农业生产提供了强有力的资金保障，截至年末，涉农贷款增长 1.67 亿元，增幅 6.94%。二是探索助企新模式，推广贷款“主办银行”制度，对签订《银企战略协议》的客户提供结算、查询等综合服务的同时，实行贷款优先受理审批，利率优惠等政策。截至 2016 年年末，签约主办银行客户 19 家、贷款余额 2.5 亿元；推广“无缝续贷”模式，对即将到期贷款，提前 1 个月通知客户准备续贷资料，到期前 10 天审查资料，确保贷款到期次日放款，最大限度缩短客户资金占用时间，受益该服务模式客户达 50 余户，4.6 亿元，每笔贷款续贷时间平均缩短了 3~5 天，累计为客户节约续贷成本 45 万元。

二、创新产品，提升金融服务水平。一是量身定制信贷产品。根据“增户扩面”的要求，分别与教育局、扶贫办、团委等对接，研发了“园丁贷”“光伏贷”“富民生产贷”“富民农户贷”“鲁青基准贷”“应收账款抵押贷”等产品，撬动潜在客户需求 300 余户，投放贷款 4600 余万元，其中，光伏贷已作为金融扶贫贷款案例在全市推广。二是发行理财产品，拓宽金融服务渠道。围绕投资业务及代客理财业务做文章，满足了日益多元化的客户服务诉求，截至 2016 年年末，利用自有资金购买理财、资管产品 22.02 亿元，累计发行理财产品 38 期 52.61 亿元。三是全面推广电子银行产品，电子银行客户总量较年初增长 4.46 万户，业务替代率达 69.05%；同时实现“智 e 购”商城上线，配齐营销宣传、商户管理、运营支持等岗位，动员全行积极营销特色商户，严把商户资质，实现“智 e 购”商城于 11 月 1 日正式上线，截至年末，“庆云馆”入驻商户 13 个，已开展“秒杀”活动 3 次，销售额达 11 万元。四是创新普惠金融服务，一方面延伸服务触角，畅通结算服务网络。将金融服务延伸到每个村庄、每个社区作为普惠理念的初衷，广泛布设“农金通”、银联 POS 等电子机具，加快推进社区银行建设，全面推广网上银行、手机银行等电子银行体系。2016 年，设置 2 处社区金融服务点，3 处“警银亭”,布设“农金通”40台,POS机具912台。另一方面组织“金融服务进万家”、“送金融知识下乡”等活动,增强群众反假币、防范电信诈骗意识,全面提升辖内群众金融知识水平。

三、强化制度,提升内控管理质量。一是扎实开展了“十二回归”动员、自查、检查、整改、建章立制、验收等各阶段内容,并印制了“十二回归”笔记、开展了“十二回归”演讲比赛、设立了“十二回归”展览室等,有效丰富了活动开展深度,期间,共修订完善各类制度128项。二是认真开展了“两个加强、两个遏制”回头看活动,开展内部审计,涉及全部业务,通过活动,员工合规操作的意识明显增强,业务操作流程更加规范。三是开展员工行为排查。以部室、支行为单位,根据排查方案,对所有员工排查了“九种人”“五类行为”“八条禁令”“从严治社十项规定”参与民间借贷,影子银行,非法集资情况、“员工经商办企业”员工上班时间购买股票、基金等金融衍生产品情况。

四、培育人才,加强企业文化建设。一是做好党建工作,认真开展“两学一做”学习教育,开展专题教育党课2次,专题学习研讨会3次;组织党员领导干部、各重点岗位人员、关键部位员工观看警示教育片,参观警示教育基地。二是加强员工队伍建设。选拔16名业务熟练的大堂经理充实到支行,有效推动了队伍转型;组织部分中层人员赴北京及伊川农商银行参加战略发展培训,有效拓宽了中层人员转型思路及发展视野。三是充分发挥党团、工会引导作用,先后组织开展了“辉煌新征程、梦想新跨越”2周年行庆文艺汇演、“新常态、新作为、新风尚”职工运动会等文体活动,开展了“慈心一日捐”、深入敬老院等爱心公益活动。先后获“省级文明单位”“德州市银行业2016年度十佳服务单位”“庆云县2016年度综合考核先进单位”“庆云县支持地方经济建设先进单位”等荣誉称号。

(王新波　吕建楠)

山东夏津农村商业银行股份有限公司

2016年2月,山东夏津农村商业银行股份有限公司(以下简称“夏津农商银行”)顺利改制成功,全行始终坚持“面向三农、面向社区、面向中小企业、面向县域经济”的经营理念,在支持地方经济的进程中发挥了不可替代的作用。截至2016年年末,全行资产规模70.88亿元,实现各项存款60.35亿元,较年初增加4.77亿元,增幅8.58%;各项贷款30.59亿元,较年初增加0.51亿元,增幅1.71%;经营利润11245万元,同比增加653万元,增幅6.17%,是夏津县规模最大、从业人员最多、覆盖范围最广的金融机构。

一、夯实“基础管理”,落实职能提升。一是夯实信贷基础管理。实行15日预结息,将自动扣息率纳入绩效考评;推行“三无”支行、“三无”客户经理评选常态化,发挥典型引领;定期预警监测,下发重点行业、区域风险提示;梳理整合信贷文本,推行调查报告模板建设;通过一系列举措,提升信贷业务发展综合竞争力、战斗力。二是强化客户经理管理。深化星级管理,打通晋升渠道;严格准入退出机制,今年新进9人、退出5人;实行晨夕两会、严禁坐班制度,高效履职;选取3家标杆网点实行“五日工作法”,即周一至周五全天住行,白天走访营销,完善整理手续,周末双休;按月组织客户经理培训、座谈,提升综合技能,打造精干客户经理队伍。三是完善信贷全流程运行机制。推行对私信贷及公司类贷款审查无纸化办公,确保贷款快捷投放;强化放款环节管理考核,重点防范合同签订、抵质押登记风险;充实贷后检查队伍,制定《检查操作规程》,明确考核,实现发现问题至纠改问责全流程,提高监督服务效能。四是由经营业务向经营客户转变。立足客户需求,创新信贷品牌,增强客户黏性,研发“福民贷”(宝宝贷、园丁贷、喜盈门、按揭贷、聚宝贷、创业贷、养殖贷、富路贷)等系列产品,满足城乡居民融资需求;创新推出“商标权质押贷”“应收账款质押贷”等贷款品种,满足小微企业融资需求。五是积极加入宏观审慎评估。通过全面认真准备,成为央行审慎评估系统观察成员,取得发行同业存单、大额存单资格;在人行审慎评估评级工作中,各季度评级均不低于B级,并在二季度成为全省6家、全市唯一1家获得评级为A级的金融机构。

二、践行社会责任,落实精准扶贫。截至2016年年末,累计发放扶贫贷款44笔,3193万元,可有效带动661户贫困户脱贫致富。其中发放贫困户贷款9笔,38万元;发放新型农村经营主体带动贫困户贷款35笔,3155万元。一是成立金融扶贫工作领导小组,具体负责与县政府、扶贫办、省农业融资担保公司等部门沟通协调,确保信息传递渠道畅通,为金融扶贫工作顺利开展打好基础。二是签订三方战略合作协议,由政府提供风险补偿金,由省农业融资担保公司提供担保,由银行提供贷款,由三方共同分担风险,实现政府引导、政策性担保、银行金融服务三方优势资源的聚集,共同推进扶贫小额信贷工作。夏津县也成为与省农担合作方式改为签订三方协议后全省第二家、全市第一家签订县市,4月28日省农担到该县进行了现场考察。三是根据《夏津县创新发展扶贫小额信贷工作实施意见》要求,印发《关于开展金融扶贫工作的通知》,明确具体操作细则及办理流程,并实行限时办结制度,确保扶贫贷款快捷、有效投放。四是根据人行安排的金融扶贫走访要求,组织开展金融扶贫融资需求大走访活动,将全县贫困户清单根据辖区分配至20家支行进行逐户走访对接,同时做好与省派、市派驻村第一书记对接,深入到贫困村、贫困户,摸清每家每户融资需求等详细情况。同时,充分利用人行扶贫再贷款资金,对有融资需求且符合信贷条件贫困户全部进行贷款投放,切实保障金融扶贫工作顺利有序开展。五是将能够带动贫困户脱贫的新型经营主体列为扶持重点,创新推出"公司+贫困户"的集中高效服务模式,围绕产业带动、就业带动,全力帮扶贫困户脱贫。同时对接畜牧局、扶贫办,依托辖区六和集团繁育基地这一优势,创新推出"公司+合作社+贫困户"的金融扶贫模式,通过输血、造血,打好金融助推脱贫攻坚战。

三、支持实体经济,持续"进走访"。对辖区内13家民营企业,6个项目,3个园区进行了走访,共制定综合金融服务方案6个,累投放贷款金额5500万元,通过进走访活动切实解决了企业融资问题,有效提升农商行社会形象。一是强化组织领导,确保走访"落地有声"。为确保活动有效开展,制定《走访活动实施方案》,明确具体工作要求。同时,成立由"一把手"为组长、其他班子成员为副组长,相关部室总经理为成员的实施小组,具体落实活动开展。二是明确时间配档,畅通银企合作交流。结合该行自身实际,重点围绕民营企业、重点项目、创业园区三类主体开展走访活动,建立走访配档表,明确企业联络员、走访领导、走访时间、解决问题等具体要求,带着答案进企业,切实解决企业融资问题和金融服务问题。三是优化流程,创新产品,确保活动取得实效。依据"进走访"过程中发现的金融服务问题,对无缝隙办贷、限时办贷等业务流程进行梳理再造,进一步缩短办贷时间、提高办贷效率;同时依据企业运行实际,创新推出"商标权质押贷"、"应收账款质押贷"等贷款品种,满足不同企业融资需求。四是将"进走访"常态化进行。把"进走访"活动作为构建和谐银企关系、拓展业务发展的重要手段,持续开展好、运用好,进一步拓宽思路,推动"进走访"活动常态化。

四、加快推进转型发展。一是加强支农支小。强化涉农贷款和小微企业贷款管理,推行"分还续贷""无缝隙办贷""限时办结"等制度,有效提高涉农贷款与小微贷款投放规模与速度,确保完成涉农贷款"一个不低于"和小微企业贷款"三个不低于"监管指标要求。二是深入落实精准扶贫。通过对辖区1.5万户贫困户进行全面走访,有效掌握贫困户的融资需求;同时积极利用人民银行扶贫再贷款,放大扶贫信贷投放规模,切实推进地区信贷扶贫工作有效开展。三是调整信贷投放结构,坚持"调小、调散、调优"的信贷政策,有效控制大额贷款与社团贷款发放,缓解贷款行业集中度较高的情况。同时依托"家庭银行"服务模式,加大力度开展个贷攻坚活动,对辖区农户开展全面的走访营销,确保个人类贷款的有效增长。四是加强客户管理与考核,通过完善薪酬考核制度与尽职免责程序,有效减少客户经理顾虑,调动客户经理营销积极性。同时明确责任追究处理,提高客户经理风险防控责任心与自觉性。

(于习武)

山东乐陵农村商业银行股份有限公司

2016年,在省联社、办事处的正确领导下,山东乐陵农村商业银行股份有限公司(以下简称"乐陵农商银行")于3月10日正式挂牌成立,标志着银行化改革工作圆满完成。改制成功后,面对复杂多变的外部形势及市场竞争压力,紧紧围绕既定的各项工作计划,创思路、抓执行,确保配套措施落地,经营管理逐渐走向正轨,各项业务稳步转型发展。截至2016年年末,实现各项存款余额67.63亿元,较年初增加6.22亿元,增幅为10.13%;各项贷款余额47.35亿元,较年初增加2.66亿元,增幅为5.95%,存量市场份额均居同业之首;运行自助银行设备55台套、开通农村农民自助终端(农金通)57台,发展系统内电话POS及银联POS1127个,网银、手机银行业务开户存量7.15万户;资产总额80.77亿元,负债总额72.98亿元。2016年,通过山东省政府"省级文明单位"验收,并获得"乐陵市2016年度科学发展综合考评一等奖""乐陵市2016年度支持地方发展先进单位""乐陵市依法纳税先进单位"称号。

一、统筹兼顾,促进业务发展质量提升。一是通过抓市场份额、强化与其他金融机构新增存款增长对比考核力度;抓重点客户对接;抓活动带动,组织开展"三扫五进"外拓营销活动,制定全年节假日营销活动规划;依托"主办行",实施"一揽子"工程,24家优质小微企业签订主办行协议。二是持续加大贷款投放力度。通过创新信贷产品,推出公职人员"亲情消费贷"、企业"应急贷"、"商标质押亲情贷"等新型信贷产品;做好金融扶贫工作,创新推出"土地经营权流转"扶贫模式;积极探索"两权抵押"贷款,开展"农村土地承包经营收益权抵押+担保"相结合贷款模式;积极响应政府项目融资,授信审批PPP项目贷款4000万元,成为全省首家办理PPP项目贷款农商行。三是狠抓资金营运,加快业务转型步伐,积极拓展资金业务种类。四是抓电子银行,实现业务互动发展。

二、科学施策,促进经营管理水平的提升。一是提升信贷管理水平,不断提高信贷资产质量。以"防风险、堵漏洞、强管理"活动为契机,深入开展信贷业务风险自查自纠活动;落实好预见式风险管理,对存量风险进行全面摸底,提前分析研究风险化解措施;加大大额贷款管理,严把准入关,审慎办理,抵押优先;推行"独立审批人"机制,缩短审批周期,降低信贷风险。二是加大不良贷款清收处置力度。巧借"查线索、找资产"活动,多措并举,力促首季"开门红";建立资产经营管理中心,不良贷款专业化管理，吹响二季度清收号角；开展多元化活动，多管齐下，奏响三季度清收乐章；开展联合清收活动，重拳出击，打好清收收官之战。三是强化财务管理提实现增收节支，通过完善考核机制，加大收息考核力度；做好资金营运管理，提高资金收益率；进一步优化财务管理办法、细化开支流程、强化预算管理，提高财务精细化管理水平，以节支促增收加强财务精细化管理。四是强化信息科技管理。通过抓好辅助系统研发上线工作，为各项业务发展起到了明显的带动作用；通过安装“理财双录系统”，协助业务发展部上线上清所、中债登、本笔交易系统等，科技部为业务发展提供服务的功能得到了充分发挥；积极做好智 e 购上线工作。

三、自我查体，强化内控管理水平的提升。一是强化整改导向，提升审计效能，将银监局提出的“十二回归”活动及《商业银行内部审计指引》自查自纠、省联社对屡查屡犯问题重点整治对象的要求及法人治理、会计结算、信息科技三个条线的内部控制评价为工作重点。审计成效突显，审计监督作用有效发挥，审计成果实现最大运用。二是强化案件防控。扎实开展按季按业务条线开展风险排查工作，依托业务异常运行风险预警，强化案防专项检查监督力度。三是强化安全保卫。按季度对辖内 35 家营业场所、4 处离行自助、1 个中心金库进行安防自查；规范守押工作流程，使押运过程各环节都得到有效管理；采取“会会讲”“月月查”“季季考”的形式，全年对全辖全部在职在岗员工进行了安全管理知识测试；在总行设立了“微型消防站”，未雨绸缪做好消防安全保障工；通过定期组织消防演练、开展夜间突击查岗、每天两次夜间监控查岗等方式，确保网点运行安全。

四、强化建设，促进企业文化底蕴的提升。一是强化公司治理。严格按照《商业银行法人治理指引》，监管部门要求及公司章程，不断理清“三会一层”职责，严格规范操作。二是强化党建工作。夯实“两学一做”，通过召开动员大会、党委书记上党课、开展参观冀鲁边区革命纪念馆、重温入党誓词、全体党员干部佩戴党徽、走访慰问退休老年党员干部等活动，将两学一做成果真正转化到转型发展工作上来；同时顺利完成党支部换届工作。三是加强队伍建设。通过组织开展了中层干部全部重新竞聘，优化管理队伍；通过推行客户经理准入退出机制，优化客户经理队伍，通过组织开展中层正副职后备人才竞聘，优化后备人才队伍。四是加强企业文化建设。通过组织召开职工运动会，篮球、足球、羽毛球等比赛，组织员工查体，实行带薪休假，“十二回归”专题演讲活动、承办商业系统技能大赛等活动 以文化建设促进内部提升。通过开展“精准扶贫、圆梦大学”活动，无偿献血、“慈心一日捐”、爱心捐赠困难儿童、慰问武警战士等活动，“助力高考”与疏导交通等志愿活动、设立爱心驿站、积极参与卫生城市建设等活动，不断提升品牌形象、打造精品银行。

五、搞好专项活动，提升整体形象。一是通过档案规范月。不断加强档案规范化管理，提升风险防控能力。二是通过转作风、提效能，打造“班子为中层服务、中层为员工服务、机关为支行服务”的良好氛围，激发机关员工“争先进、做标杆、创一流”的工作激情。三是严格按照分局要求制定方案并开展了“十二回归”活动，坚持做到“抓铁有痕”，自上而下深入推进活动开展，同时通过远程监控系统对各网点业务运行活动进行非现场检查，在建章立制阶段，对所有现行规章制度进行了重新梳理，累积梳理、规范文件 191 份，活动开展的有声有色。四是通过召开动员大会、签订责任状等形式，强力推进“排风险”活动开展，通过各项活动落实，确保活动见效果、见成效。五是通过组织文明服务督导、网点观摩学习等活动，相互学习、取长补短，确保服务质量稳步提升；为关心员工业余生活，积极推进“六小建设”，为员工打造舒适的工作、生活环境，让员工在单位感受到家的温暖。

（孙立彬　张馨月）

山东临邑农村商业银行股份有限公司

2016 年以来，山东临邑农村商业银行股份有限公司（以下简称“临邑农商银行”）总体运行稳健高效，各项贷款持续增加，经营效益稳步回升，内控管理趋于完善，金融风险总体可控，主要运营指标向好。5 月 10 日临邑农商银行正式挂牌开业，改制后，以防控为第一重点，发展为第一要务，化解为第一关键，转型为第一抓手，提升为第一目标；围绕存款市场争份额，贷款营销增规模，不良贷款压余额，经营利润保提升等重点工作，创新思路，强化措施，各项重点工作取得较好成效。截至 2016 年年末，各项贷款余额达 339033 万元，其中小微企业贷款余额 271244 万元。全年实现各项收入 32334 万元，经营利润 10393 万元，同比增幅分别为 11.91% 和 20.61%，资本充足率达 16.18%，拨备覆盖率 155.78%；结合智 E 购上线，借助家庭主办行推广、农金通拓展，落实精准营销，电子银行指标进一步提升，截至 2016 年年末，推出商品 91 款，订单 3401 笔，交易金额 12.86 万元；个人网银、企业网银、手机银行客户数分别较年初增加 3631 户、121 户、6334 户，电子银行业务替代率 67.56%，同比提高 7.24 个百分点。

一、夯实三项基础管理，促进综合管理水平提升。一是强化信贷基础管理,积极扶持正常企业,关注并跟进困难企业,破圈解链担保圈企业,重组关联企业,及时处置僵尸企业,严厉打击逃债、赖账企业,风险防控工作取得显著成效。二是强化内部控制基础管理,通过深入开展贷款质量、飞行检查、内部控制监督评价等活动,审计监督能力和风险防控水平明显提升;通过与会计辅导员签订《责任承诺书》,对网点实行包片管理,开展现场蹲点、非现场监控调阅等辅导方式,发现各类问题96个,整改94个,整改率98%,内部控制管理水平明显提高。三是强化案防安全基础管理。结合"十二回归"等活动,完善规章制度、健全操作流程、合理岗位设置,明晰岗位职责,充分利用视频监控等非现场检查手段,搭建"常规、飞行、视频监控"三位一体的检查监督体系,确保问题及时发现,漏洞及时堵塞,严防死守各类风险点。

二、抓份额,抢市场,各项业务指标明显好转。一是巩固农村阵地,抢攻城区市场,确保各项存款稳步增长。通过加大与邮储市场份额对比考核,加强与社区超市、农资门市等商户合作,深挖员工、客户"两个朋友圈"潜力,延伸存款客户资源链条、发展信息联络员队伍,全面落实精准营销,提高农村存款市场竞争力。通过建立对公存款客户管理台账,划片包干,重点加大财政局、社保局等优质客户和建设、畜牧、民政等基础客户的走访公关力度,抢攻城区市场。二是以家庭主办行为切入点,加大个贷营销力度,着力优化信贷结构。以拓展"四区"(农区、园区、社区、商区)为重点,逐村逐户走访,开展村级家庭信息收集活动,筛选排查潜在客户群体,巩固老客户,发展新客户;优化微信、电话受理贷款咨询申请渠道,实现"7*24小时"实时受理客户贷款咨询及申请,限定办结时限,提高办贷效率;依托家庭主办行,主推"信易贷""速贷通""富民农户贷""富民生产贷""光伏贷"等创新产品,以特色产品服务引导挖掘客户需求。逐级落实精准扶贫责任。组织网点客户经理,根据县扶贫办和乡镇政府确定的贫困户名单,及时跟进考察,建立健全档案,对符合条件的及时给予资金帮扶。

三、拓宽收入渠道,合理摆布费用,经营效益稳步提升。一是根据全年利润计划,倒推收息任务,分解到月,确保表内正常类应收尽收,全年组织各项收入32334万元,同比多收3461万元,增幅11.99%。二是坚持向表外不良资产要效益,加大表外收息力度,全年表外收息3478万元。三是合理框算资金头寸,与其他商行签订协议,约定优惠利率,将10亿元闲置资金存放同业,全年资金收益9336万元,同比增加1017万元,增幅12.22%。四是优化负债结构,定期存款利息支出同比少支出2094万元。五是合理摆布费用,严格控制节支,成本收入比44.05%,同比下降4.23个百分点。

四、精心组织,强力推进,扎实开展"十二回归"活动。一是组织全体干部员工开展谈心得、谈体会活动,对员工进行一对一的辅导讲解,帮助理解掌握"十二回归"的本质内涵,为开展活动提供有效的组织思想保障。二是建立微信交流平台,制定晨会学习制度,采取定期集中组织学习与业余学习相结合方式,将"十二回归"精神实质潜移默化到工作、学习和生活之中,让员工真正从内心接受,切实增强依法合规经营的主动性和自觉性。三是分条线编制"十二回归"专项合规题库,加大信贷操作流程、内控制度、业务技能学习培训力度,通过考试测评、操作演练、风险点分析、典型案例解读、知识竞赛、演讲比赛等形式,加强员工风险防范教育。四是搜集整理与活动有关文件、讲话及配档表,确保全面掌握"三性、三铁、三查、三分离"具体内容和要求,正确认识当前存在的不足和差距,增强提升内控管理水平的紧迫感和责任感。

(郭俊洁　朱庆阳)

德州陵城农村商业银行股份有限公司

德州陵城农村商业银行股份有限公司(以下简称"陵城农商银行")于2016年5月正式挂牌开业。开业后,坚持以"普惠金融、覆盖城乡、品质服务、创新发展"为经营宗旨,以创新转型促发展为主线,以增收节支创效益为目标,以高品质、专业化服务为抓手,积极拓展市场、创新产品、培育客户,实现了各项业务的稳健发展。截至2016年年末,各项存款余额75.87亿元,较年初增加5.30亿元,较年初提高7.51个百分点;各项贷款余额37.83亿元,较年初增长4.31亿元;存、贷款存量市场占有率分别为42.01%、45.65%,均居全区各金融机构首位,并先后获"2016年全国内部审计信息化优秀成果奖""2016年度省级文明单位""先进基层党组织""山东省银行业普惠金融示范单位""山东金融五四红旗团委""巾帼文明岗"等荣誉称号。

一、多措并举,促进各项业务稳健发展。一是以深化"存款是立行之本"理念为突破口,强化同业间数据比对分析,加大对新增存款市场占有率的考核力度;积极对接辖区关键性客户,建立起客户金融服务需求台账,定期开展银企对接座谈等活动,构建和谐的客户关系;规划全年特色营销活动,进一步增强金融服务实力。二是为有效解决担保难的问题,全行加大对担保方式、业务载体和产品创新力度,开办林权抵押贷款、"助保贷"养老保险贷款、双保惠农贷、光伏贷、家庭亲情贷等信贷产品;与精准扶贫政策有机结合,研发开办助保贷、富民生产贷、富民农户贷等定向信贷产品;增设微信银行、客户营销中心、电子银行自助设备等申贷办贷渠道,并充分发挥"审批快"优势。三是组建金融市场部,积极探索理财、债券等资金业务,加快业务转型步伐。

二、强化措施，加快不良贷款清收步伐。一是强化内部清收力量。发挥班子成员、部室总经理分片包支行制度，以督促指导增强各支行自主清收执行力，确保自主清收质效；组建资产经营管理中心，不断补充年轻信贷力量，通过专业培训和学习，加快专业化清收步伐；针对大额公司类不良贷款，该行组建“特别清收处置小组”，相关部门配合衔接，积极奔走协调，一户一策清收化解。截至 2016 年年末，累计处置表内公司类不良贷款 10 户，共计 5645 万元；处置表外登记贷款 11 户，共计 3840 万元。二是联合外部清收力量。在地方党委政府的大力支持下，该行在全区范围内开展“不良贷款清欠集中行动”，各乡镇政府对辖区内不良贷款拉网清收，公安部门采取强制措施重点清收骗贷人员，同时加强与法院沟通协调，解决立案难问题。截至 2016 年年末，累计查封存款 324 万元，房产 76 处，累计执结案件 82 宗，收回不良贷款 2383 万元。

三、统筹规划，实现网点转型重点突破。一是推广“家庭银行”商业模式。该行借助网点分布广、员工数量多的优势，以支行、部室为单位建立微信客户群，以家庭为服务对象，向家庭成员提供存款、贷款、助农取款点等全方位、个性化的综合性服务。二是开通全市首家“银铁通”自助服务机具，开通全区首家自助警银亭，并加快对社区银行和金融服务点进行布局和装修工作，打造一批“自助银行 + 人员引导”模式的社区银行、“农金员 + 自助机具 + 自助银行”的金融服务点，网点转型步伐明显加快，对外形象和服务效率大幅提升。三是加大网点布局和升级改造力度，推进营业网点标准化建设，已完成对黄集支行、滋镇支行、宋家支行、新东方支行的升级改造工作。

四、多点发力，不断夯实内控管理基础。一是扎实开展“十二回归”“两个加强、两个遏制”“排风险、堵漏洞、强管理”活动，确保经营理念重新回归，组建制度梳理小组，逐步完善各项规章制度，确保做到合法经营、合规经营；通过组织经营性人员进行合规测试，以考促学，提高员工合规意识。二是该行组织开展“两学一做”教育活动，制定了《陵城农商银行“两学一做”学习教育方案》，并组织召开民主生活会、民主评议会等，强化了党内生活制度。三是强化责任监督机制，通过常规检查和突击检查相结合的方式，加强人员及设施管理，做好夜间值班以及押运、守库、枪支、消防等工作；自上而下逐级签订党风廉政、案件防控、安全管理责任书共计 330 余份。四是该行积极做好信访工作，增强接访人员处结办理能力，及时处置有关情况，营造了和谐稳定的发展环境。

（孙希良）

山东宁津农村商业银行股份有限公司

山东宁津农村商业银行股份有限公司（以下简称“宁津农商银行”）于 2016 年 5 月挂牌开业，机关设 13 个部室（含营业部），2016 年新设合规部，营业网点 31 个，其中营业部 1 家，支行 24 家，分理处 6 家。截至 2016 年年末，在职员工 429 人，具有大专以上学历的员工 345 人，占比 80.42%，是全县资产规模最大、营业网点最多、服务范围最广的地方性金融机构，先后获省级文明单位、省级文明服务单位、支持地方经济发展先进单位、依法纳税先进企业等荣誉称号。截至 2016 年年末，各项存款余额 66.78 亿元，较年初增加 3.91 亿元，增幅 6.21%，市场占有率 32%；各项贷款余额 41.02 亿元，较年初增加 2.34 亿元，增幅 6.06%，市场占有率 55.49%。累计安装 ATM 机 44 台、农民自助服务终端 61 台、POS 机 1506 台，开通个人网银、企业网银、手机银行 5 万余户；电子银行业务替代率 62.46%；自助渠道还款率 92.13%。

一、围绕一个中心，实现农信社向农商行的转型改制。2016 年 5 月 10 日，宁津农商银行挂牌开业，在贷款额度、服务范围等方面，能够为县域经济、“三农”、小微企业发展提供更加快捷、高效、优质的服务。同时，成立阳光大街科技支行、小微金融部，重点支持科技成长型企业，积极推进知识产权质押融资，扶持中小型知识密集型企业创业发展。截至 2016 年年末，累计扶持小微企业 173 家，投放贷款 14.58 亿元。

二、突出四项重点，增强业务发展动力。一是突出存款重点。通过综合采取分层维护、重点走访，开展“相约 5·21 爱你存款有惊喜”“感恩九月情·农商礼相伴”“喜迎国庆·农商献礼”系列激励营销活动，导入积分营销、二次考核等措施，拉动存款稳步增长。二是突出贷款重点。积极细分客户群体，创新推出房地产免评估抵押贷款、白领通、幸福家庭 1 号、2 号、3 号产品，满足各层面客户融资需求；结合“行长走访企业”活动，通过推行循环贷、限时贷、主办行制度，加大对新型农业经营主体、小微企业、“互联网 +”电商的支持力度，深入推进精准扶贫，实现贷款可控有序增长。三是突出电子银行重点。做实柜面、考核传统营销基础上，放宽营销视角，联合德百集团、沈氏扒鸡等商家开展“十日乐刷卡”、“喜迎开学季·礼包大派送”、“月圆中秋·乐享好礼”活动，带动新增电子银行用户 400 余户，实现电子银行产品数量和质量的双提升。四是突出资金业务重点。针对利差收窄、主营业务收入下滑的现状，通过优化投资、期限结构，合理调配资金头寸，提高主动负债能力、加强收益和风险监测评估，做大做活债券、理财、同业等资金市场业务。

三、强化五精管理，夯实经营发展基础。一是深化信贷基础管理。通过简化贷款手续、完善调查审批流程、导入内外部规范培训、实施整章建制，推动业务流程优化和再造，全年梳理业务制度23项、修订13项、新增7项，实现刚性约束信贷人员行为。二是深化信用风险管理。深入开展信贷管理缺位集中整治、“排风险、堵漏洞、强管理”活动、推行“四步催收法”、强化逾期贷款管理、非应计预警清控，在防控措施上形成了严密的体系。三是深化不良清收管理。一方面，启动不良贷款尽职调查外核，逐笔摸清风险底数，开展不良贷款清收竞赛活动、建立常态化集中清收机制、推行班子、中层包干清收，通过强化调度督导、驻行帮包，提升内部清收成效；一方面，协调法院、经侦部门，锁定执行案件、骗贷赖账目标，重点打击，加大媒体曝光力度，营造震慑氛围。四是深化财务精细管理。通过加大应收息压降考核、增加贷款收息率考核，狠抓贷款利息收入，积极压降非升息资产，深挖中间业务收入潜力，继续向表外资产要效益，不断拓展收入来源；同时，严格按照成本收入比和费用增幅双线控制费用总额，坚持以收定支，加强费用管控，积极向一线倾斜，向增收、创收倾斜。五是深化审计监督管理。充分运用非现场模型，提取违规疑点数据，开展现场核查验证，提高检查的针对性，进一步优化审计管理、方案制定、现场进驻过程、现场实施过程、事实确认、审计成果运用等流程，促进审计质效提升，全年累计开展常规审计、飞行审计、后续审计、内控评价等项目8类、95个次，发现问题463个，提出审计建议362条。

四、深推三大专题活动，提升服务品牌形象。一是深入开展“十二回归”专项活动。按照规定动作，开展问题查摆、整章建制、整改落实、总结验收工作，共查摆问题808个、整改503个。同时，并行开展第三方监管业务风险排查、内控检查问题整改、全员自查剖析、主题演讲比赛等活动，初步实现了全员思想回归。二是深入开展“两学一做”学习教育。通过支部集中学习、党委书记上党课、领导干部轮流上讲台、参加团县委“手抄党章60天?青春逐梦跟党走”活动、开展集中宣传等，着力建设“理论、宣传、实践”三大课堂，促进党员受教育、长知识，营造讲政治、有信念，讲规矩、有纪律，讲道德、有品行，讲奉献、有作为的良好氛围。三是深入开展精准扶贫活动。通过协调开办学龄前贫困生资助卡代理业务、推出信保扶贫贷、青年文明号结对帮扶、委派“第一书记”驻村帮包、开展扶贫一日行活动等，采取综合性、多元化措施，推动精准扶贫落到实处。

（许　鑫）

山东平原农村商业银行股份有限公司

2016年，山东平原农村商业银行股份有限公司（以下简称“平原农商银行”）于5月10日正式挂牌成立，银行化改革工作圆满完成。改制成功后，面对复杂多变的外部形势及市场竞争压力，全行紧紧围绕既定的各项工作计划，狠抓改革攻坚，加快推动业务发展，全力防范和化解风险，加大支农支小力度，全面提升质量效益，转变工作作风，经营管理逐渐走向正轨，各项业务稳步转型发展。截至2016年年末，各项存款63.68亿元，较年初增长4.79亿元，增幅8.13%；各项贷款28.68亿元，较年初增长1.79亿元，增幅6.64%。实现各项收入3.44亿元，降幅0.10%；各项支出2.65亿元，降幅13.58%；经营利润9157万元，增幅24.10%；拨备覆盖率151.06%，新口径资本充足率15.54%，拨贷比3.97%，一般风险准备1.55%。获得“市级文明单位”“平原县2016年度支持地方发展先进单位”“平原县依法纳税先进单位”称号，在全省农商银行综合考评中排名第3。

一、内部改革，夯实高效发展基础。面对改制历史包袱重、缺口大、困难多等不利形势，全行积极作为，多措并举，主动攻坚，顺利完成了银行化改革；围绕基层客户服务需求，稳步推进职能转型，履职能力和服务水平进一步提高，有效发挥了对“三农”的支撑服务和保障作用。为确保后续工作稳步推进，制定了三年发展规划，狠抓承诺事项落实，进一步完善现代化公司制度，巩固发展成果，夯实了转型发展的基础。

二、统筹兼顾，业务发展再上新台阶。一是建立贯穿全年的网点差别化绩效考评体系，推行尽职免责制度。二是对新增贷款户、率先办理创新业务、开通福农卡的客户经理进行正向奖励，对优先完成当月新增贷款户数任务的单位给予排名奖。三是制定全年节假日营销活动规划，外拓营销更加主动。通过抓市场份额、强化与其他金融机构新增存款增长对比考核力度，依托客户关系管理系统，抓重点客户对接，开展客户综合营销走访、农村产业转型升级和家庭银行建设等集中营销活动，创新推出家庭贷等10余种信贷产品，四是积极响应政府项目融资，大力支持棚户区改造、民生基础设施建设，积极服务地方经济发展。五是狠抓资金营运，加快业务转型步伐，积极拓展资金业务种类。上线智e购法人馆，组建微信商圈异业联盟，柜面预处理系统和柜员服务评价系统实现网点全覆盖。

三、科技建设，助力网点转型新突破。2016年，全行全面实施科技引领战略，加快推动信息科技建设，提高创新研发能力，信息科技服务水平大幅提升。发行银行卡23万张，电子银行产品用户6.62万户，业务替代率65%，较年初提高6个百分点，银联POS503台，ATM68台，其中离行式自助银行10处，农民自助终端存量达114台。完成3个网点改造升级工作，在辖内15个网点安装柜面预处理系统，配备柜员评价系统。

四、内部管理，促进业务发展质量提升。该行强化对信贷风险的过程管理与控制。一是建设信贷风险预警管理系统，强化对重点行业、区域的风险信息支持，并贯穿于授信申请、审查审批、放款、贷后管理等环节，实现全客户、全产品、全流程的风险预警覆盖。二是组织开展了经营管理指标真实性检查、新增不良贷款审计、业务连续性审计等活动，审计监督能力和风险防控水平明显提升。三是加强合规管理，完善合规管理体系建设，制定了合规风险管理要点和监测报告制度，建立违规问题目录表，强化对违规问题的监测管理。

五、队伍建设，促进企业底蕴的提升。该行坚持人才治行、人才兴行，不断满足业务转型、金融创新对人才建设的新要求。一是分层次、分条线建立后备人才库，进一步完善岗位轮换制度。二是完善人才引进、培养和交流机制，与山东大学合作办学成效显著，组织“破茧重生 业绩倍增”行动学习，开办中层干部专项培训班。三是开展分层级、分岗位、分专业的教育培训活动，员工队伍整体素质进一步提高，召开“爱岗敬业 锐意进取 我为农商行发展建言献策”青年员工座谈会。四是关心员工生活，与县团委联合举办“青春飞 young·与你有约”青年联谊会。

（王　志）

山东武城农村商业银行股份有限公司

山东武城农村商业银行股份有限公司（以下简称“武城农商银行”）是在武城县农村信用合作联社基础上改制而来经银行业监督管理部门批准设立的具有独立法人资格的地方性股份制商业银行，于 2016 年 5 月 5 日挂牌开业，注册资本 5 亿元。全行始终坚持“面向‘三农’、面向社区、面向中小企业、面向县域经济”的市场定位，放大自身优势，优化金融服务，努力满足多层次、多元化的金融需求。截至 2016 年年末，资产总额 67.05 亿元，负债总额 60.03 亿元，存款余额 53.16 亿元，支持企业 180 家 17.43 亿元，开展文明富民工程，评定信用户 8251 户，用信 15.98 亿元，开通网上银行 30458 户、手机银行业务 25166 户，在全县共布设 POS 机具 866 台、农金通 56 台，打通了农村金融服务最后 1 公里，实现了电子机具布设实现全覆盖。截至 2016 年年末，全行设有营业部 1 家，一级支行 17 家，分理处 5 家，共有营业网点 23 家，在岗员工 366 人。先后获“市级文明单位”“市慈善工作先进单位”“市思想政治工作优秀企业”“支持地方经济发展先进单位”“全县企业文化建设先进单位”“依法纳税先进企业”等荣誉称号。

一、统筹策划，提升经营管理水平。一是通过抓宣传，制作专题宣传片；抓服务，推行柜面营销服务“七步曲”；抓考核，将任务层层分解到人；抓客户关系维护、抓农金员管理、抓电子机具布设，强化资金组织，夯实发展基础。二是持续加大贷款投放力度。推行差别化营销，城区网点积极开办住房按揭、公职人员消费、个体工商户贷款等业务，2016 年新增贷款 9600 万元；乡镇网点重点加大对两区同建、青年创业、专业合作社、种养殖大户的支持力度，2016 年新增贷款 3200 万元；开展进走访活动，对接重点项目 10 个，企业 33 家，工业园区 2 个，2016 年新发放贷款 6866 万元。三是推动资金营运多元化。设置了资金营运部，积极拓展资金业务种类，有序开展各类资金业务，加快业务转型步伐。

二、重点推进，不断优化资产质量。一是强化不良贷款清控。加强欠息、逾期、非应计贷款管控，对个人类贷款每 5 日下发督导台账，通报各行压降情况，加强提示督导，按旬召开预见式风险管理会议，逐笔落实风险化解情况；对于公司类贷款，由行长和分管副行长带领公司一、二部人员全面实地催收，落实风险化解措施，严格控制不良贷款新增；开展跨辖区清收，按系数向全辖 AB 岗客户经理和支行行长下发清收计划，按照“先辖内后辖外”的原则开展认领清收；开展诉讼清收，安排专人对接法院，积极推进涉诉案件进程，落实抵押或查封款项划转情况；开展不良清收专项活动，加强不良贷款清收。二是加强收支管理，将应收利息欠息与客户经理工资挂钩，按应收息余额比例奖惩；通过大力发展电子银行、银行卡等业务，吸纳和沉淀低成本活期存款，稀释和摊薄存款直接成本，截至 2016 年年末，各项活期存款余额为 10.69 亿元，较年初增长 1.42 亿元。三是加强科技支撑。推进客户关系维护系统、FTP 系统、理财双录系统等系统的应用推广。

三、关键把控，加强内部控制管理。一是严格执行贷款“三查”制度。严格贷前调查，明确了行业、客户准入标准，统一调查模版，重点对借款人资产、经营情况、资金流水等内容进行细化；加强贷中审查，按照贷款主体、行业、担保方式、贷款类型四个方面，总结审查要点 127 个，建立开放式审查要点模型；加强贷后管理，对贷后检查工作的检查方法、频率、范围等要素进行明确说明，制定详细标准。二是组织开展经营管理指标真实性检查、新增不良贷款审计、高管履职审计、业务连续性审计等，审计监督能力和风险管控水平明显提升。三是加强合规管理。成立了合规部，进一步建立健全了合规组织架构，对 156 项制度进行了梳理，制定了合规风险管理要点和监测报告制度，建立了包括 12 个业务条线 150 个主要业务种类的违规问题目录表，强化对违规问题的监测管理。

四、优化队伍，提升综合竞争能力。2016 年，武城农商银行坚持人才兴行，不断满足业务转型、金融创新对人才建设的要求。一是严格干部选拔任用程序。按照后备人才选拔、中层岗位竞聘、党委集体研究、职务任免等程序进行，重点把控报名审核、知识测试、演讲答辩、民主评议、全辖公示等关键环节，确保中层干部符合任用条件、选拔任用程序合法合规。二是实行结对帮扶，动态管理。通过召开座谈会、业务培训、考核测试等措施，动态跟踪中层正副职后备人才工作学习情况。三是目标激励，考核引导。根据岗位不同，制定不同的考核办法。

五、专项落实，树立员工整体形象。一是以“两学一做”活动促党建工作提升。制定活动方案和配档表，健全了 18 个党支部的组织架构、细化 191 名党员信息台账。二是以“十二回归”活动促管理水平提升。专题召开党委会、行长办公会研究制定活动实施细则，成立活动领导小组和督导工作小组，全面剖析自身经营理念、操作层面、信用风险防控、内部控制存在的问题，完成全面自查、验收、整章建制和教育培训，共发现问题 403 个，金额 2.2 亿元。三是以“两个加强、两个遏制”回头看和“排风险、堵漏洞、强管理”活动促案防水平提升。通过自查、现场督查与实地检查结合的方式完善活动流程，建立“回头看”周报制度，每周通报进度、做法、发现问题；签订《“排风险、堵漏洞、强管理”活动承诺书》371 份，按条线制定活动方案并组织排查。

（赵长志　顾春泽）

山东费县农村商业银行股份有限公司

山东费县农村商业银行股份有限公司（以下简称“费县农商银行”）前身是山东费县农村合作银行，由农村信用社改制而来，截至 2016 年年末，在岗干部职工 501 人，内设 12 个职能部室，下辖 1 个营业部、24 个支行、13 个分理处，是费县机构、人员最多和信贷规模最大的金融机构。监管评级连续 5 年被评为 2 级，被山东银监局树为全省“标杆银行”。被山东省农村信用社联合社临沂办事处授予“经营管理先进单位”。

一、各项业务稳步增长。截至 2016 年年末，各项存款余额 117.6 亿元，较年初增加 12.5 亿元，增幅 11.9%，市场占有率 43.3%；各项贷款余额 71.9 亿元，较年初增加 7.1 亿元，增幅 10.9%；市场占有率 48.67%。电子银行业务发展迅速，截至 2016 年年末，电子银行客户 10.6 万户，较年初增加 2.7 万户。实现电子银行业务替代率 71.2%，较年初提高 1.8 个百分点。风险抵御能力进一步增强，截至 2016 年年末，资本充足率 13.53%，拨备覆盖率 359.09%，以上指标均高于监管标准值，应付利息备付率 100%。经营效益和社会贡献度稳步提升，截至 2016 年年末，实现各项收入 88098 万元，经营利润 37235 万元，增幅分别为 13.7% 和 27.7%；缴纳税款 10626 万元，增幅 20%。被临沂市委、市政府授予“2016 年度“大美新”临沂建设功勋企业三等奖。

二、加大信贷投放和管理，构建“网格化”营销新模式，以优质服务促业务营销。一是举办网格化精准营销特训营。将营业区域划分为“六区”，张贴“网格服务牌”，公示客户经理工作职责、服务范围和联系方式。组织开展“地毯式”营销和“包片制”回访，建立横到边、纵到底的网格化精准营销新模式。二是实施主办行制度。开展银企洽谈，大力推广实施主办行制度，与 9 家企业签订了银企合作协议，授信 1.38 亿元，发放贷款 1.14 亿元。三是紧跟政策实施金融扶贫。制定金融扶贫工作规划、实施方案及考核细则，大力推广“富民农户贷”、“富民生产贷”等扶贫信贷产品，针对朱田镇崔家沟村整体搬迁扶贫的实际，创新推出“富民安居贷”扶贫产品，截至 2016 年年末，扶贫贷款覆盖 9 个乡镇、84 个行政村，发放扶贫贷款 1.61 亿元，帮扶带动贫困户 3228 户。四是推广“家庭银行”商业模式。实施“金点子”工程，梳理包括存款、贷款、电子银行条线近 20 类配套产品，按照“总有一款适合您”的原则进行精准服务营销。将辖内家庭客户分为农区、城区两大类七种类型，农区家庭客户包括稳健、创富、富裕家庭客户，城区家庭客户包括一般居民客户、白领工薪客户、创业经营客户、高端家庭客户。并建立数据库进行细分，分别推出特色金融产品与服务包，实施精准服务，签约家庭主办合作协议客户 2148 户，集合客户存款 1.44 亿元，发放贷款 3.06 亿元。

三、普惠金融建设。加快电子服务渠道建设，紧跟“互联网+”趋势，探索金融服务新平台，加大网银、手机银行推广力度，开展 4 次电子银行主题营销活动，利用微信平台开展“砸金蛋”、“刮刮乐”等活动，实现了线上线下业务的逐步融合，电子银行客户数量提升，电子银行业务考核始终保持全市前两名。全力推广智 e 购商城平台，打造特色“沂蒙馆”。通过组织调研、摸底目标商户，逐街、逐村开展商户营销拓展工作，截至 2016 年年末，沂蒙馆入驻 22 家商户，上架 118 款产品，注册会员 1317 户。加快推进网点转型和社区金融服务，依托社区深入推进“金融便民服务进村”工程，累计建设 249 处金融服务点，打造旗舰社区服务点、“农金员 + 农金通 + 自助设备”、“农金员 + 农金通”、“自助银行”、“流动汽车银行”五大服务模式，2016 年 10 月 18 日中国人民银行总行及新华网、经济日报、金融时报等 5 家中央媒体采访团到费县农商银行金融服务点采访。2016 年 11 月 29 日全省农村商业银行网点转型现场推进会议在费县召开。

四、扎实开展“两学一做”学习教育。认真落实党委主体责任，组织召开动员会议和培训会议，深入组织开展“两学一做”学习教育；全面加强党的阵地建设和党员政治思想教育，组织到党员干部到大青山接受革命传统教育，利用道德讲堂开设红色教育主题党课，对表现突出的 4 个先进党支部和 15 名优秀共产党员进行了表彰。2016 年 7 月 5 日县直机关党建学习观摩会议在费县农商银行召开，109 个县直机关的 234 名党务工作者参观学习观摩。深入推进工作作风转变，将学习教育与转变工作作风相结合，加强党风廉政建设和党员警示教育，坚持用制度管权、管事、管人，从机关抓起，制定部室工作周报制度，部经理、党员干部带头，增强了全员纪律执行力、规矩执行力和工作执行力。全行106名党员干部与2158名群众结成联系对象开展“结亲连心”和“三问三清”扶贫走访活动，帮助解决群众实际困难43件。选派“第一书记”挂职贫困村，党员干部带头开展慈心捐款捐物活动，捐款8.84万元，捐赠物品2030件。关心关爱员工，营造和谐发展氛围。

（柴士高）

山东沂水农村商业银行股份有限公司

山东沂水农村商业银行股份有限公司（以下简称“沂水农商银行”）于2013年改制成立。2016年，沂水农商银行有在岗员工607人，辖1个营业部、27家支行、22家分理处。近年来，沂水农商银行致力于服务县域经济产业结构转调，全力推进金融精准扶贫工作，持续加大信贷投放力度，为全县经济社会发展提供了良好的金融保障。2016年，综合实力排名居全省农商银行第15位；经营管理综合考评位居全市第2位，全省第13位；存贷款总量、增加额，信贷资产质量，到期贷款收回率等主要经营指标均居全省农商银行前列；全年纳税1.06亿元，连续三年纳税超亿元。2016年，沂水农商银行”被省联社评为“先进集体”；被市委、市政府评为“贡献大美新临沂建设功勋企业”“先进基层党组织”；被省联社临沂办事处评为“经营管理先进单位”；被县委、县政府授予“贡献沂水功勋企业”“金融支持经济发展先进单位”“服务业发展优秀企业”“脱贫攻坚工作先进单位”等荣誉称号。

一、截至2016年年末，各项存款余额188.02亿元，较年初增加22.34亿元，居全市农商银行第1位，同比多增5.54亿元，增幅为13.49%，存款增加额和增幅均为历年最高，各项存款余额和增加额分居全省农商银行第15位和第14位。存款余额市场占有率达44.5%。一是与北京泰格方略公司合作，集中开展了为期一个月的厅堂服务营销和外拓实战营销活动，通过集中培训、网点PK、每日小结、即时激励、经验分享等方式，逐步树立了全员营销、主动营销的服务理念，有力推进了“家庭银行”商业模式推广和智e购商城建设。活动期间，累计营销存款43054万元，签订“家庭银行”服务协议4922户，拓展智e购商户183户。二是扎实开展了首季开门红、客户经理揽储、对公存款营销等专项活动，并采取农金员专项奖励、提高计酬比例等措施，有效调动员工和农金员揽储能动性。三是普惠金融快速发展。新布放自助取款机、存取款一体机29台，总量达130台；新安装农金通38台，总量达508台，居全省农商银行第1位。加快推进全县92个重点扶贫村“金融超市”建设，已完成52个。全年新增电子银行客户数1.93万户，其中个人网上银行总量3.74万户，新增7331户；企业网上银行1589户，新增430户；手机银行4.45万户，新增1.15万户；POS机具总量1387台；银行卡发卡总量超60万张。

二、截至2016年年末，各项贷款余额126.04亿元，较年初增加11.94亿元，居全市农商银行第1位，增幅为10.5%，各项贷款余额和增加额分居全省农商银行第12位和第10位，贷款市场占有率达44%。其中实体贷款余额102.23亿元，较年初增加16.48亿元，增幅达19.23%，实体贷款增加额和增幅为历年最高。一是全力推进金融精准扶贫工作，2016年沂水农商银行成功办理全省首笔扶贫再贷款，截至2016年年末扶贫再贷款余额5.5亿元，占全市扶贫再贷款的20.6%。沂水农商银行充分运用扶贫再贷款资金，全力投放扶贫贷款、涉农贷款和小微企业贷款，连续多年完成“三个不低于”监管目标。2016年累计发放富民农户贷1410户、5138万元；富民生产贷55户、13750万元，扶贫贷款总量居全市第2位，占全县扶贫贷款总量的63.14%。二是持续加大住房按揭、公职人员消费、商铺按揭、福农卡等零售业务营销。2016年新发放住房按揭贷款950笔、3.23亿元；公职人员消费贷款2258笔、2.79亿元。

三、创新信贷产品、服务，持续做好服务县域经济发展。一是推出“短贷宝”业务解决企业“续贷难”问题，此项业务得到全市推广。“短贷宝”业务贷款期限从3天至60天，担保方式灵活，由行总部直接调查审批，最短可在一天内完成放款，有效解决了企业客户突发性资金短缺和续贷难问题，降低了融资成本。截至2016年年末，累计发放“短贷宝”业务贷款189笔、18.2亿元，充分满足小微企业资金需求“短、小、频、急”的要求。二是受当前经济下行影响，企业与企业之间不愿相互担保，尤其是发展较好的企业更不愿提供担保，导致企业“担保难”问题突出。为此，主动与亿盛、临沂中小企业、沂合等担保公司达成合作协议，由担保公司为企业提供贷款担保，并对担保公司担保贷款实行利率优惠，切实帮助企业解决了“担保难”、“融资贵”问题。2016年，累计发放担保公司担保贷款457笔、金额2.29亿元。三是新设立了贷款直销中心，配备了9名专职客服人员。客户通过拨打400-13-96668即可申请贷款，直销中心受理后，1~2个工作日内安排客户经理上门为客户提供信贷服务，畅通客户直接融资渠道。

四、全面抓好“两学一做”学习教育工作，队伍作风进一步转变。一是成立了董事长任组长，其他班子成员任副组长，各部室总经理为成员的“两学一做”学习教育协调小组，具体负责全行"两学一做"学习教育工作开展。二是行领导班子成员分组对基层党支部进行包扶,定期到党支部参加学习、指导学习教育工作开展。三是针对行领导班子、全行党员、基层网点党员三个层面制定印发"两学一做"学习教育工作方案,细化学习内容,制定集中学习配档表和专题讨论计划安排表,切实抓牢"学"这个基础工作。2016年,累计组织党员学习14次,4320余人次。四是组织召开了"两学一做"学习教育工作座谈会、党委书记上党课、党务工作培训等专题会议,开展了党员赴大青山党性教育基地学习、重温入党誓词等活动,确保了各项规定动作落实到位,不断激发党员干部干事创业的积极性和能动性。

(曹　蒙)

山东蒙阴农村商业银行股份有限公司

2016年以来,山东蒙阴农村商业银行股份有限公司(以下简称"蒙阴农商银行")充分估计面临的挑战,始终保持清醒的头脑,着力解决信贷管理基础性、机制性和瓶颈性问题,着力提升经营管理流程化、科学化和精细化水平,着力增强核心竞争力、发展创造力和风险控制力,各项工作呈现良好的上升态势。

一. 推进"家庭银行"建设,打造一体化营销"拳头"产品切实把"家庭银行"作为巩固零售业务市场、化解担保圈风险的"拳头"产品,全力以赴开展营销活动,组建异业联盟延伸"农商银行金融+"服务领域,家庭银行推广工作取得初步成效。整合信贷产品,主打"家庭亲情贷"。以贷款客户为突破口,延伸家庭银行服务圈。边推广边完善,助推零售业务营销开拓新局面,积极推进"智E购"上线。

二、推进"七大中心"建设,理顺"专业人干专业事"的精细化管理机制。一是在为资产经营中心充实了多名客户经理,总人数配备达到23人,内设清收组、综合组和内勤组,建立了前、中、后台协同配合机制,对表外登记贷款实行独立核算、集中管理、划片清收。二是为资金营运部配备本科以上学历专业人才数名,建立了票据、同业存放、理财投资、债券、同业存单投资等业务相结合的多层次复合型资金运用模式,资金营运收入大幅度提升。三是对信贷流程"五大中心"明确机构设置、人员配备、工作职责、业务流程和监督管理,建立监督公示制度,落实"派单制"、"分片管理制" 等管理措施, 真正实现 "专业人干专业事"。通过调整,业务营销中心增加了存款、贷款、结算"一揽子"营销职责;贷款调查中心增加了"特定范围的个人类客户贷款调查"职责;审查审批中心由"线下审批"向"线上审批"转换;放款中心运行模式不作调整;贷后检查中心由"抽查式"监督职能向全部公司类贷款和一定额度个人类贷款的"全覆盖式"检查职能转变,办贷效率、质量以及规范化管理水平明显提升。现在,对网点权限内贷款能够实现当日放款;超权限大额贷款当天提报当天调查,最长在5个工作日内能够办结。

三、精细化管理,提升管理质量、经营效益和风险防控能力。一是狠抓基础管理提质增效。修订完善了全行综合绩效考核办法,由原来的18项指标调减为9项指标,能够最直观反映各网点的经营状况;对各分支机构进行"二次考核"授权,明确各分支机构领导班子对各岗位人员的考核权限,提高了各分支机构的经营管理自主权。修订完善了客户经理准入退出制度、薪酬管理办法,调整客户经理薪酬模式,对新任客户经理落实积极的保护政策,引导内勤员工、大学生员工走出来壮大客户经理队伍。二是狠抓非应计贷款压降。通过有效运用"续贷宝"、"家庭银行"、"亲情贷"等清收措施,非应计贷款前清后增的现象正在逐步改变。三是狠抓隐性不良贷款风险化解。针对全行借新还旧、欠息转贷、利随本清等隐性不良贷款笔数多、金额大、对经营管理影响明显的实际情况,蒙阴农商银行成立专门的工作组,逐行、逐户、逐笔研究隐性不良贷款化解措施,强化责任落实和激励考核,整体资产质量得到有效提升。

四、人力资源改革,打造精干高效员工队伍。一是对全体中层干部进行了年度工作考评。依据评议结果,确定了全体中层干部的年度考评综合排名,综合中层干部的工作业绩、岗位职责履行情况、日常工作表现以及通过座谈、谈话等渠道了解到的实际情况,共对全县45名中层干部进行了调整。通过这次调整,全行中层干部队伍在年青化、战斗力、积极性等各个方面都得到全面提升。二是对各行总部各部门、各分支机构一般员工进行了岗位轮换和全面调整。按照"总部向网点、城区向基层、内勤向外勤"流动的原则,共对97名员工进行了岗位调整,调整面达到20%。通过调整,全体柜员达到了银监部门及省联社的轮岗要求;新推出大学生客户经理18人,客户经理占比超过27%,有效壮大了信贷营销能力和服务社会的能力。

五、营造和谐上进氛围,有效理顺内外部发展环境。今年县政府主持召开了由各部门、各乡镇负责人参加的依法清收不良贷款专题会议, 全力协助蒙阴农商银行清收公职人员不良贷款。组织开展了征求"金点子"活动、党委成员到基层"和员工一起吃顿饭"座谈活动,累计收集问题、意见和建议9大类、418条。针对员工高度关注的考核、岗位、薪酬、福利、费用等焦点问题,该行在充分调查、广泛征求意见后,相继出台办法措施,修订了全员绩效考核办法,加强了"五小设施"建设,落实了偏远地区交通补助、生日祝福、健康查体等制度,组织举办了运动会、足球赛等活动。

(于海峰　李　扬)

山东郯城农村商业银行股份有限公司

2016年，山东郯城农村商业银行股份有限公司（以下简称“郯城农商银行”）紧紧围绕转型升级和提质增效的发展主线，全行上下拼搏奋进、创新实干，全力加大业务发展、普惠营销、支农支小工作力度，各项业务稳健发展，支农服务水平持续提升，为当地经济社会发展做出了积极贡献。

一、围绕地方经济建设，不断提升金融服务水平，各项业务稳健发展。截至2016年年末，存款余额101.26亿元，较年初增加11.26亿元，增幅12.51%，存款存量市场占有率为43.37%；各项贷款余额60.23亿元，较年初增加2.06亿元，贷款存量市场占有率为44.11%；实现各项收入6.69亿元，经营利润2.65亿元，资本充足率12.91%，贷款损失准备充足率509.68%，拨备覆盖率285.61%。

二、建成全市农商银行首家“智慧网点”，融合近20项智能化应用系统，配置电子银行体验区、24小时服务区等五大功能分区，布放自助填单机等10大类16台设备，提高了服务效率，提升了客户体验。二是打造“家庭银行”新名片，推出“家庭亲情贷”公职人员信用贷款、“商户家庭贷”信用贷款等家庭银行产品，提供“亲情贷+大额存单+电子银行”服务，对商铺客户提供“金铺惠+智e购+电子银行”服务，通过丰富的产品配置，打造属于客户的“家庭银行”。三是创新推广“微信贷”服务模式，解决了客户和银行之间信息不对称、申请贷款渠道单一问题。四是拓展结算服务渠道，为全行银联商户同步安装绑定二维码，客户可通过支付宝、微信、QQ钱包等支付工具直接扫码支付，实现二维码支付与银联支付同步运行。

三、全面开展“两进三送”普惠营销活动，主动进社区、进村庄，逐户拜访，将信贷产品、金融知识和微信银行服务送上门，走访小区（村庄）615个、客户2.55万户，发放宣传单3.96万份，采集客户信息表2.11万份，新增授信1.23亿元，发放贷款5989万元。推进普惠金融工程，确立了以“现金类自助设备+农金通+电子银行产品”为组合的社区银行建设模式，截至2016年年末建成社区银行9处，离行自助网点达到16处，布放现金类自助设备114台，设立农村金融知识宣传站498处、农村金融服务点675处，安装电话POS机1055台、银联POS机772台、农金通248台。持续开展流动金融服务，将银行开到工厂，搬进学校，走进村庄，强化金融知识宣传力度，提高农村地区群众的金融消费权益保护意识，普及现代化支付结算知识和渠道。在中央金融团工委和中国银行业协会联合开展的“送金融知识下乡”先进评比活动中，“两进三送”普惠营销活动被评为2016年度全国“送金融知识下乡”优秀项目，重坊支行入选2015—2016年度全国“送金融知识下乡”宣传服务站名单。

四、深入落实“两学一做”学习教育活动，组织了党员廉洁自律警示教育培训会、优秀党员和先进党支部评选表彰、到红色基地接受传统革命教育等主题党日活动。完成24个基层党支部换届选举工作，培养入党积极分子7人、预备党员4人。组织会计主管交流竞聘，分条线开展员工岗位培训，提高队伍业务水平。加强文明创建活动，积极参与全县“结亲连心”活动、扶贫帮困活动，对全市迷你马拉松比赛进行冠名宣传，举办职工文艺汇演、运动会，树立了良好的责任型企业形象。加强“五小”建设，畅通合理化建议渠道，关心关爱职工生活。

（徐梦琴　徐　刚）

山东平邑农村商业银行股份有限公司

山东平邑农村商业银行股份有限公司（以下简称“平邑农商银行”）由原平邑县农村信用合作联社改制而来。现有在岗员工555人，内设15个职能部室（中心），下设36家营业网点，其中营业部1家，支行22家，多功能分理处5家，一般分理处8家，综合业务网络遍布城乡，承担着平邑县九成以上的农户贷款重任，服务着三分之二以上的中小微企业，是平邑县营业网点和从业人员最多、服务范围最广、资金规模最大的综合性、多功能商业银行。

一、精细管理，提职增效。截至2016年年末，平邑农商银行各项存款111.5亿元，较年初增加9.2亿元，市场占比44.10%。各项贷款65.1亿元，较年初增加3.7亿元，贷款市场占比46.1%。实体贷款59.7亿元，较年初增加5.8亿元。存贷规模持续位居全县金融机构首位。全年实现各项收入7.04亿元，各项支出4.88亿元，实现账面利润2.07亿元，同比增加2500万元，增幅13.7%，利润总额居全市第5。成本收入比37.73%，同比下降0.33个百分点，经营效率稳步提高。资本充足率达12.58%，较年初提高0.39个百分点，拨备覆盖率达241.1%，同比提高1.37个百分点。全年上缴各类税金9648万元，在全县纳税单位中排名第二。2016年度，平邑农商银行在全市农商银行经营管理考核中排名第6，较2015年提升4个名次。全省法人机构综合排名21位，较2015年提升3个名次。

二、立足"三农"，服务县域。创新推出福农卡、惠农贷、扶贫贷、家庭贷、"幸福+"商业模式等一系列信贷产品和循环贷款、无缝续贷、分期还款等差异化的信贷服务模式，推行阳光办贷、限时办结，信贷服务水平不断提升。响应国家精准扶贫号召，发放扶贫贷款12580万元，"惠农贷"贷款6026万元，创业担保贴息贷款3497万元，惠及农户2.6万户，中小企业100余家。免费代发农机购置补贴、独生子女父母奖励、新农保、库区移民补助等多项惠农补贴，年发放金额1.3亿元，惠及21万人次。扎实推进第一书记任职村帮扶工作，投资10万元为任职村打井，方便了村民的生产生活。积极参与结亲连心、三问三清和志愿服务工作，累计走访联系村、贫困户7000余人次。

三、科技创新，拓宽渠道。开通400-16-96668贷款申请免费电话和微信申贷平台，截至2016年年末，累计受理客户有效来电和微信信息4214个，其中受理贷款申请1899个，金额2.57亿元，成功办理授信956户，发放贷款1.24亿元。为客户解答业务咨询2315个，客户回访满意度达99%。在成功办理授信的客户中，授信10万元以下的客户占比75%，新客户占比71%。加快金融服务平台建设，加大农金通、POS机等自助机具布放和网上银行、手机银行等特色电子银行产品营销推广。截至2016年年末，共建立社区金融服务示范点13，布放农金通199台、POS机具1900台；拓展手机银行用户5.3万户、网上银行用户3.3万户，全行电子银行业务替代率达68.55%；智e购商城"平邑馆"10月份上线，入住商户15家，上线产品77件。

四、引领文化，争创文明。平邑农商银行制定了《平邑农商银行宣传文化工作方案》，凝聚人心，鼓舞士气，激发干劲，为农商行改革发展提供强有力的思想基础、舆论保障、精神动力和文化引领。强化文明单位创建工作，开展思想道德建设、志愿服务、网络文明传播、身边好人线索推荐、等工作，继续被评为"省级文明单位"；加强文化宣传工作，在省、市、县级各类媒体上累计发表稿件130余篇，获得"宣传思想文化工作先进集体"荣誉称号；开展文体娱乐活动，举办职工运动会、拓展训练、周年晚会等员工喜闻乐见的文体活动，增强全行干部员工的凝聚力、向心力和幸福感。

（王兆基　魏磊磊）

山东兰陵农村商业银行股份有限公司

山东兰陵农村商业银行股份有限公司（以下简称"兰陵农商银行"）全面强化以人为本，深入推进内部管理提档升级，激发业务发展活力，有效推动转型升级和提质增效，综合竞争力和社会贡献度不断提升。

一、经营能力不断提升。2016年，兰陵农商银行经营管理综合考核居全市农商银行第1位、全省农商银行第2位，综合实力排名居全省农商银行第5位，人民银行宏观审慎评估（MPA）为A档机构。

二、积极履行社会责任。兰陵农商银行主动担当社会责任，积极支持政府重点项目和民生工程建设，充分发挥金融纽带作用，助力精准扶贫和小微企业成长。深入开展金融精准扶贫工作，主动对接当地党委政府，按照"宜种则种，宜养则养，宜游则游，宜商则商"的思路，积极为不同贫困户"量体裁衣"，制定针对性的综合金融解决方案；优化小微企业信贷服务，研究分析小微企业资金需求周期，积极运用"无缝隙"信贷服务模式，有效满足小微企业客户资金需求。

三、服务质量逐步提升。2016年，兰陵农商银行紧跟政府社区建设规划，建立以支行为主体，分理处为补充，自助银行和社区金融服务点为延伸的社区金融服务网络，发挥分理处的灵活性和社区金融服务点的便利性，实现优化网点布局、贴近基层、融入社区的目的。同时以狠抓窗口服务、提升行业形象为重点，通过规范化服务导入、现场指导提升等方式，做到"服务环境、服务礼仪、服务行为、服务技能、服务纪律、处理客户投诉"六个规范。

（陈晶晶）

山东临沂河东农村商业银行股份有限公司

山东临沂河东农村商业银行股份有限公司（以下简称"河东农商银行"）是经山东银监局批准，在原河东农村合作银行基础上，发起设立的股份制商业银行，于2016年7月19日挂牌开业。在服务区域经济、服务中小企业、服务"三农"中，各项业务实现了稳健快速的发展，是河东区营业网点和从业人员最多、服务范围最广、资金规模最大的综合性、多功能性地方金融机构，存贷款总量、信贷投放总量、农业贷款投放额、纳税金额等均高举河东区各金融机构首位。

一、深化改革，持续发展。在复杂严峻的经济形势下，全行上下突出抓早、抓实、抓准，把握发展主动权，促进了存款快速增长，截至2016年年末，全行各项存款余额在河东区市场份额占比31%，较年初增加13.89亿元，增幅14.1%，同比提高了1.55个百分点，较全市平均增幅高2.68个百分点，完成办事处全年计划的132.09%，全市排名第一位。河东农商银行从营销机制、管理机制、制度执行力、信贷队伍建设等方面进行深入研究、狠抓落实，推动贷款增规模、上层次、提质量。截至2016年年末，全行各项贷款余额在河东区市场份额占比36%，较年初增加7.65亿元，增幅10.76%，较全市平均增幅高2.6个百分点，全年上缴各项税金4453万元，全区纳税排名第五位；在省联社2016年度全省法人机构经营管理综合考评中排名第24位，位列B级。

二、坚守信念，服务三农。河东农商银行牢牢把握服务"三农"和实体经济的经营宗旨，坚持"面向'三农'、面向社区、面向中小企业、面向县域经济"的市场定位，努力发挥服务"三农"金融主力军的作用。截至2016年年末，全行涉农贷款45.62亿元(在河东区市场份额占比63%)，小微企业贷款45.91亿元(在河东区市场份额占比45%)，扶贫贷款119笔(其中富民农户贷103笔，富民生产贷16笔)、额度1.2亿元。

三、完善机构，优化布局。为加快转型，深化改革，成立了河东农商行信贷服务中心。在网点建设方面，本着"农村市场寸土不让，市场寸土必争"的原则，用"创业"的手段"守业"，深入推动网点转型，加快推进社区金融建设工作，按照社区规模、居民类型、消费水平等因素，考虑未来业务发展潜力，在城区、农村、城乡结合部等不同区域，灵活确定社区金融建设模式，明确规范服务标识，整合优化资源配置，推动"金融进社区，服务进家庭"，依托社区金融建设做深网格化营销，巩固拓展农村和城区市场，全面提升社区金融服务水平和核心竞争力，打造最优零售行。

四、加强建设，凝聚力量。2016年，河东农商银行积极推进员工队伍建设，加强员工教育培训，打造学习型、敬业型团队。全年共组织举办各类培训22项，培训天数35天，培训人次1881次。全行积极开展创先争优活动，打造一流的团队，顺利通过"升级文明单位"复查验收，被市政府授予"全市金融工作先进单位"，被省联社临沂办事处授予经营管理先进单位、信贷管理先进单位、纪检监察先进单位；被市档案局评为"档案工作先进集体"，被团市委评为"志愿服务先进集体"，被临沂日报报业集团评为"金融消费者信得过单位"，被区委、区政府授予"发展河东功勋企业""全区支持地方经济发展金融突出贡献奖""纳税功勋企业"等荣誉称号。河东农商银行的知名度和社会影响力不断提升。

(郭步庭)

山东莒南农村商业银行股份有限公司

山东莒南农村商业银行股份有限公司(以下简称"莒南农商银行")是经山东银监局批准，在原莒南县农村信用合作联社的基础长，变更组织形式组建成立的具有独立法人资格的股份制商业银行。

一、2016年，莒南农商银行始终坚持"四个面向"，坚定"零售银行"市场定位，深入推进"阳光信贷工程建设"，创新推出"惠农致富工程贷款""福农卡""安居贷""双保惠农贷""速贷通"等特色产品。

二、牢牢把握"转型升级"主题，重点推动网点向特色化、专业化、精品化转型，大力推进网点门市规范化建设，打造功能全面的社区金融服务点，面向广大农村、农户提供即时、便捷的一揽子支付结算服务，打通金融服务"最后一公里"，实现金融服务全覆盖，各项业务突飞猛进，持续保持了县域内支农、扶农、富农的金融排头兵地位。截至2016年年末，全行辖1家营业部，31家支行(分理处)，共有营业网点46家，行本部内设16个部(室)、中心，各项存款余额175.68亿元，各项贷款余额92.34亿元，市场占有率分别48.02%和40.77%，是莒南县从业人员和营业网点最多，资金实力最强，支农贡献最大的地方性金融机构，为县域经济发展提供了优质金融服务保障。

三、品牌形象高度认可。2016年全行累计上缴各类税金6233万元，居莒南县纳税大户第三位，并先后获中国百佳最优服务农村信用合作联社、全国模范职工之家、省级文明单位、山东省服务名牌、山东省农村信用社"创先争优、打造六型团队"先进单位、临沂市百万农户致富工程先进单位和振兴沂蒙劳动奖状等荣誉称号。

(张守英　张顺远)

山东临沂兰山农村商业银行股份有限公司

2016 年，山东临沂兰山农村商业银行股份有限公司（以下简称“兰山农商银行”）认真贯彻落实省联社、临沂办事处各项重大决策部署，以党建工作为前提，加强改革发展思想保障和组织保障；以农商行战略转型为重点，打造最优零售银行；以网点转型升级为方向，加快推进社区银行建设；以提质增效为目标，加强流程建设、队伍建设；以重点工作项目为主线，力促各项业务实现稳健发展。

一、强化党建引领作用，助推经营管理转型发展。明确党组织的领导核心和政治核心作用，充分发挥基层党组织的战斗堡垒作用和党员干部的先锋模范作用，加强党员思想政治建设，强化党员干部“四个意识”，规范党委会议事规则，推动党的工作与全行改革发展同频共振、互促互进。

二、落实督察督办工作制度，强化执行力监督机制建设。全行以提升工作效能为出发点，对现有的管理组织流程进行了全面的梳理、完善，明确部门职能，制定部门工作亮点计划，挖掘部门潜能，加强督察督办，推动重点工作与上级各项精神政策落实，不断提升机关部室执行力与工作效率。

三、创新营销模式，市场渗透能力不断增强。以“家庭亲情贷”、“小企业主贷”、“创业助力贷”、福农卡消费贷款等为主打产品，开展个人类贷款营销挑战赛、业务营销“开门红”争霸赛、“新春贺福，农商有情”等业务营销活动，各支行也踊跃策划组织了内容丰富、形式新颖的联谊活动，如集体观影、猜灯谜、闹元宵、儿童益智活动等，全面加强客户关系管理和对零售类客户的营销力度。

四、加快推进事业部制改革，增强转型发展内生动力。兰山农商银行积极推进小微贷营销中心、资产经营事业部的筹备工作，本着“先行先试、大胆摸索、动态调整”的原则，完成了两个事业部的人员配备和试运行工作，标志着兰山农商银行的小微贷营销业务、资产经营业务进入了新的发展阶段。

五、加快社区金融建设，网点转型取得新突破。2016 年，兰山农商银行加快社区金融服务点转型升级，根据网点转型发展要求，将现有营业网点分为市场型、社区型和农区型三种类型，积极推进自助型、体验型网点建设，同时创新推出“管家银行”“社区驿站”“客户之家”等综合服务新模式，引进智能服务机器人，将保险、物业、快递等与居民生活密切相关的需求纳入到社区金融建设中，把社区化、智能化和差异化的零售金融服务融入社区金融经营实践。

（陆建民）

山东临沭农村商业银行股份有限公司

2016 年，山东临沭农村商业银行股份有限公司（以下简称“临沭农商银行”）牢固坚持银行化改革、业务发展与经营管理水平提升“三驾齐驱”的工作理念，坚持以服务实体经济和县域经济发展为己任，狠抓内部机制体制改革，强抓业务营销与不良贷款管理，制定实施了一系列行之有效的措施，各项业务稳健快速发展，经营管理水平快速提升。

一、坚持以“双稳”理念为引领，业务规模持续扩大。截至 2016 年年末，全行各项存款余额 86.95 亿元，较年初增加 8.02 亿元，增幅 10.17%，存款市场占有率为 36.56%，新增市场占有率为 39.21%；各项贷款余额 53.74 亿元，较年初增加 2.69 亿元，增幅 5.26%，贷款市场占有率为 28.69%，新增市场占有率为 14.27%；实现各项收入 4.19 亿元，实现经营利润 0.95 亿元；全年累计缴纳各项税金 3184 万元，居全县金融机构第 1 位。

二、坚持以标本兼治为举措，信贷资产风险整体可控。截至 2016 年年末，全行五级分类不良贷款余额 1.14 亿元，占比为 2.12%，不良贷款余额、占比分别较年初增加 1486 万元和 0.18 个百分点；全年贷款收回率达到 99.05%，较年初增加 0.56 个百分点；抵质押贷款余额 28.14 亿元，较年初增加 2.90 亿元，占实体贷款比为 57.33%，新增实体贷款抵质押占比 50.23%，在经济金融形势下行的趋势下，全行信贷资产风险整体可控。

三、坚持以强化监督检查和责任追究为依托，实现安全无事故运营。一是建立协理业务四级管理体制，以县政府打击非法集资宣传活动的开展为契机，组织召开全行农金员会议，在全县范围内开展为期 2 个月的打非宣传活动，印制各类宣传品 25 万份，有效杜绝了各类非法融资风险向内部传导。二是强化风险和问题导向，注重发挥内部审计的医生、谋士职能。2016 年对全行 32 家营业网点进行了审计，发现 77 类 180 项 695 个问题，下发风险提示 16 篇，提出审计建议 96 条，制定整改措施 435 项；审计发现问题经济处罚 160 人次，金额 4.61 万元。三是推进安全保卫精细化管理，对总部监控中心进行了智能化升级改造，实现了全年安全运营无事故。四是严格落实属地管理责任，对信访稳定工作坚持常抓不懈，全年共接待来信来访78件，同比下降27件。

四、以服务地方经济为已任，社会贡献度和认可度显著提升。一是认真落实县政府金融精准扶贫攻坚部署，创新推出“富民农户贷”“富民生产贷”，主动加强与县扶贫办的对接沟通，本着“先建档、后调查、再贷款”三步走的方式，对辖内建档立卡贫困户进行再走访、再摸底、再跟进，持续满足广大贫困户的信贷资金需求。全年累计发放扶贫贷款267户、金额9553万元，扶贫贷款发放任务完成率居全县第一，间接带动1933户贫困户脱贫，扶贫贷款投放数及任务完成率均居全县银行第一。二是诚信纳税，全年累计缴纳各类税金3184万元，居全县金融机构首位，被县政府授予“特别贡献企业”荣誉称号。三是深入推进“三大工程”建设，涉农贷款及小微企业贷款稳步增长，均实现“两个不低于”的工作目标。四是文明单位创建工作实现新突破，2016年度临沭农商银行被授予省级文明单位荣誉称号。

五、规范管理为本，深入推进内部管理机制、体制改革。一是听取民意，集思广益。自5月份开始，在全行范围内开展了“社情民意”走访调研活动，对21家支行202名客户经理、柜员和105名农金员进行了走访调研，收集各类意见、建议208条，为新班子迅速有效开展工作奠定了基础。二是制定实施农金员年龄优化方案。引导65岁以上的农金员主动进行业务移交，并通过农商行、村委和新老农金员四方协议的方式予以固定，在不增加自身费用支出的前提下，稳定并优化了农金员队伍。三是牢固树立“大内管”的理念，将会计主管统一调至营业厅外作为内管行长管理，着重履行好内控风险管理、合同面签和规范化服务三大职能。四是对业务考核办法进行适当调整，引入淘汰机制，建立了干部能上能下的管理机制。五是重新梳理信贷产品和操作流程，整合形成了白领、富家、普惠等5大系列20款信贷产品。六是按照“多劳多得”的原则，对客户经理等级管理和薪酬考核办法进行了修订，其中7星级客户经理的绩效工资高于中层正职，客户经理队伍的工作积极性显著提高。

六、持以“两学一做”学习教育为抓手，全面加强党的思想、作风建设和组织建设。一是坚持以学为基础，以做为关键的工作思路，全面加强党员学习，建立固定日学习制度，全力做好各项规定动作。二是严格抓好党风廉政建设和反腐败工作，认真落实“两个责任”，加大对重点领域和关键岗位监督，尤其在贷款发放、资产处置、基建装修、招标采购、干部任免等重点领域重点环节，让权力在规章制度下运行。三是以“学习教育”的开展为主线，全面加强党的思想、组织和作风建设，并于2016年11月份顺利完成了党委换届工作。

（李　峰）

山东临沂罗庄农村商业银行股份有限公司

2016年，山东临沂罗庄农村商业银行股份有限公司（以下简称“罗庄农商银行”）坚持以创建一流农商银行为目标，以“创新发展 追求卓越”为发展理念，统一思想、凝心聚力、攻坚克难，各项工作实现了快速健康发展。截至2016年年末，罗庄农商银行各项存款余额104.71亿元，较年初增加11.68亿元，增幅12.56%；各项贷款余额74.70亿元，较年初增加5.2亿元，增幅7.45%；不良贷款余额1.46亿元，较年初下降3368万元，占比1.95%，较年初下降0.64%；资本充足率12.62%，拨备覆盖率258.41%；微信银行微友数突破15.5万人，上缴各类税金4361万元。

一、理念先行，文化塑造深入推进。结合“两学一做”活动，统一思想，锻造文化，彰显形象，罗庄农商银行深入开展了以“新农商 新起点 新梦想”为主题的大讨论活动，充分倾听员工心声，广泛征集员工建议，归纳形成50个讨论议题，确立了“打造临沂人最喜爱的普惠银行”的企业愿景。

二、提质增效，业务经营健康发展。狠抓存贷款营销，夯实发展根基。围绕资金组织工作，罗庄农商银行深入开展“春天行动”“夏季综合营销”等竞赛活动，发挥全员力量，拓展基础客户，真正做到面向全临沂、打造最普惠的农商银行。一是坚持“支农、支小、支散”的市场定位，做好三农服务，坚守住农村市场，其中，涉农贷款余额55.65亿元，较年初增加4.91亿元，小微企业贷款19.82亿元，增速高于各项贷款平均增幅，为推动农村产业结构调整、农业资源整合和农业现代化做出了贡献；从严把控信贷投向，积极支持地方经济发展，切实发挥地方金融主力军作用。二是加快产品研发，推出“珍爱”系列存款产品，推出“快易贷”系列贷款产品，包括福农卡、亲情贷、金领贷、金铺旺等在内的4款产品，各产品市场反映良好。

三、加快转型升级，构建全方位服务体系。一是加快微信银行建设。依托微信平台，为客户提供业务办理咨询等全方位的生活服务，并结合大数据战略，对客户实行精准营销；突出微信申贷功能，按照“接收申请并派单、接收派单办理、及时反馈”的流程，逐步构建起“普惠式、智能化”网络营销的新金融模式，简化贷款申请流程。二是加快社区银行建设。积极探索便民服务新模式，依托农金员管理系统，逐步将农金通服务网点打造成新型农村金融服务超市，实现服务点由家庭式向沿街式的转变；进一步加大便民设备布放，打通了金融服务“最后一公里”，初步构建起农金通＋农金员，农金通＋离行式自助设备和银亭，农金通＋自助设备＋便民超市（便民服务）三种新型社区金融服务模式。加快家庭银行模式推广。结合家庭对金融需求的特点，确立了"幸福 +"主办行业务，"幸福 +"微信银行服务，"幸福 +"渠道建设，"幸福 +"便民服务的推广内容，通过"家庭主办、社区和村庄主办、街道办事处及乡镇主办"三级联建方式的措施，真正打造"千家万户的主办银行"。

四、开源节流，千方百计增收节支。一是提升资金营运收入。发挥资金营运中心效能，强化资金头寸管理，根据市场行情及时调整营运结构，在风险可控的前提下，将更多资金投入期限灵活、流动性强、收益率高的业务。二是全力向表外不良资产要效益。罗庄农商银行自足业务发展实际，积极推进"争先进位、提质增效"利息增收工作，加大表外欠息清收力度，实现应收尽收。

五、稳字当头，从严把控经营风险。深化案件防控体系建设，充分发挥法人机构案防主体地位；打造合规文化，全员开展合规知识考试，筑牢员工思想道德防线；做好信访稳定工作，及早发现，确保问题在萌芽阶段得到解决，为业务经营发展营造良好的内外部环境。

六、践行使命，履行企业社会责任。积极响应党中央、省委省政府号召，高度重视精准扶贫工作，促进民生改善，累计发放扶贫贷款 4511 万元，带动 900 余人脱贫致富；在全区范围内开展反对非法集资、重视个人信用等宣传活动，推动社会信用体系建设、维护金融秩序稳定；深入开展"结亲连心"活动，选派第一书记到村任职，切实帮助群众解决实际困难。

七、以人为本，着力构建和谐农商。深化人力资源改革。实施"人才库"管理，打造一支素质优良、结构合理的专业人才梯队；加快薪酬体系改革，突出"以业绩论英雄"导向，加大绩效考核工资的比例，薪酬激励作用得到有效发挥；加强员工培训教育工作，采取"请进来"和"走出去"的方式，员工综合素质明显提升。

（王　凡）

山东沂南农村商业银行股份有限公司

2016 年，面对复杂多变的经济、金融和竞争形势，山东沂南农村商业银行股份有限公司（以下简称"沂南农商银行"）以转型升级为主题，以创新发展为动力，以提质增效为核心，以有效管控风险为底线，激发全员创新创业热情，圆满完成银行化改革工作，开启了沂南改革发展的新篇章。截至 2016 年年末，各项存款余额 131.7 亿元，较年初增加 13.09 亿元，增幅 11.04%，各项贷款余额 72.4 亿元，较年初增加 8.4 亿元，增幅 13.13%，其中，实体贷款余额 65.71 亿元，较年初增加 9.33 亿元，增幅 16.54%，为县域经济发展提供了有力支持。

一、紧密配合，协调跟进，银行化改革工作圆满收官。经过精心筹备，在县委县府、人民银行、银监部门和办事处的指导支持下，4 月 15 日，召开了沂南农商银行创立大会，按照法定程序，选举产生了第一届董事会、监事会，聘任了高级管理人员，完善了组织架构；6 月 30 日，沂南农商银行正式挂牌开业，标志着沂南农信成功转型升级，进入了崭新的发展阶段，经营管理和法人治理水平迈上了新台阶。

二、完善经营管理机制，运行质效进一步提升。重新梳理制定了公司治理 16 项制度，建立了与农商银行发展相适应的法人治理架构；完善考核机制，费用向一线倾斜，形成了以业绩为导向的考核激励机制；加强信贷流程建设，成立了贷后检查中心，对各中心职能进行优化，进一步提高了信贷流程化、标准化水平；注重发挥金融市场业务调整优化资产负债结构、改善流动性、增收增效的作用，形成了资产负债业务协调发展的良好格局。

三、转变营销观念，建立起"无缝隙"营销体系。一是加快实现"五大观念转变"，建立起"本支行外拓营销、支行之间交叉营销、行总部督导营销"的网格化外拓营销体系。二是打造"扶贫样板"工程，以扶贫贷款培植潜在客户，创新推出"富民农户贷"、"富民生产贷"，累计发放"富民农户贷"1337 户，金额 5022 万元，发放"富民生产贷"61 户，金额 2.18 亿元，获评"2016 年度中国精准扶贫十佳县域银行"。三是丰富服务模式。着力推动"家庭银行"模式推广，签约"家庭银行"827 户，发放贷款 1.26 亿元。对"特色产业、专业市场、成熟社区、居家消费"四个领域商户进行分类排队，挖掘本地优质品牌产品，打造"智 e 购"商城优质特色商圈。四是继续推行小微企业"主办行"服务，做好优质客户关系维护，小微企业贷款较年初增加 2.26 亿元，增幅达 13.64%。

四、以网点转型为抓手，全面畅通服务渠道。一是加快网点优化，畅通服务渠道。新建辛集房庄子蔬菜批发市场、苏村北于社区金融服务点 2 处；自助银行较年初增加 3 处，总量达 25 处；增设现金类自助设备 6 台，总量达 124 台；增设"农金通"21 台，总量达 349 台；新建了经济开发区标准网点，面积达 700 余平米，填补了开发区金融综合服务网点空白。二是大力推广电子银行服务渠道。手机银行用户 34841 户，较年初增加 4127 户；网上银行用户 29420 户，较年初增加 1674 户；电子银行业务替代率 68.71%，较年初提高 5.47 个百分点。

（岳龙传）

聊城农村商业银行股份有限公司

2016年，形势复杂，挑战严峻，聊城农村商业银行股份有限公司（以下简称“聊城农商银行”）提升发展质量，运营模式日趋完善，格局更加清晰，各项目标任务圆满完成。存款再登新阶。截至2016年年末，各项存款余额205亿元，比年初增加42亿元，增幅26%，成为全市首家，全省第12家突破200亿元的农商银行；各项贷款余额126亿元，比年初增加18.21亿元，增幅16.88%，增量、增幅均居全市第1位。在信贷管理上，划分公司、生产经营、消费、农户四大板块，形成65款产品。不良实现双降，表内不良贷款余额1.62亿元，占比1.29%。全年累计清收处置不良资产1.48亿元，“金秋亮剑”活动收回8200万不良贷款中，82%为现金收回。各项收入14亿元，同比增加1.6亿元，增幅12.9%，居全省前列。资金业务收入占比25.36%，多元化收入格局基本形成。经营利润5.63亿元，同比增加9363万元，增幅19.93%。资本充足率14.75%，拨备覆盖率301.94%。

一、家庭银行初步成型，营销管理模式完善。一是以家庭银行为总抓手，立足“春天行动”“夏日风暴”“金秋亮剑”“冬日会战”四季营销活动，构建了市场管理和客户营销新模式。二是网格管理持续推进，完成对908个行政村建档，及150个居民小区和330个企事业单位总体评价，实现近10万客户信息录入及分类。通过网格管理，明确了客户经理责任田，建立了分层分类体系。三是品牌打造成效显现。打造“幸福+”品牌，推出“富生活、惠生活、乐生活”三大增值服务联盟；构建“产品营销”“增值服务”“客户管理”“综合评价”“考核保障”五大版块；创新营销理念，打造满足家庭成员“文化、娱乐、教育、就业、消费”等需求的综合服务平台，初步实现客户“融资”、“融惠”和“融智”，以金融服务为主向“情感体验”为主的服务转化，提高了客户粘性，实现了可持续发展的战略转型。

二、持续提升农村金融服务水平。一是产业结构调整成果显著。依托信用工程建设，以农村产业结构调整为切入点，累计推动村庄211个，参与户数1741户，调整土地7566亩，授信1115户、8797万元，用信7144万元。二是农村金融综合服务平台稳步推进。以实现农村金融服务覆盖为目标，持续改变农村金融生态，全力打造村头银行，全年新布设电商138台，累计330台，行政村覆盖率37%；合作商117家；有效用户4万户，覆盖率80%。农区电商已深入人心，得到政府及社会各界好评，获“全国十佳电商”称号，真正实现了金融服务最后一公里的突破，为未来农村金融发展坚定了方向。

三、产品体系日趋完善，市场空间不断拓宽。一是完善产品体系。在信贷上，按客户类型，担保方式，额度大小等维度，推出“家庭贷”“流水贷”“建棚贴息贷”等多系列产品线。在负债端，开拓农区理财市场，让更多农户享受到更高金融收益，创新系列产品，满足城区理财需求。二是拓展业务领域。在国际业务上，陆续开办订单融资、打包贷款、出口押汇、商票融资、减免保证金开证；在金融市场上，建立与优质券商、基金、信托机构合作，推动资管、信托、理财业务，上海产品研发中心成功设立；在全市率先推动保险箱业务，打造功能齐全、服务多元的金融超市。三是拓宽金融渠道。在电子银行领域，电子银行业务替代率76.1%，布设ATM96台，社区覆盖率100%；农金通422台，助农取款服务点1018处，实现农区全覆盖。在网点建设上，网点总数达44家；打造一批旗舰店、全功能网点；陈庄社区银行、盖世物流金融工作室服务模式逐步推进。

四、流程运营日趋成熟，管理格局更加明晰。一是经营管理架构逐渐成熟。推行区域管理模式，着力打造管营中心，小微中心，直管行三大版块，实现机构分类管理、分级考核，区域管控科学有序。二是管理工具体系完善。形成以工作要点为导向，行动计划为指引，问题清单为改进，工作日志为保障的管控机制，提升了运营效率。三是内控管理持续提升。信贷、财务、合规、科技、案防、运营等各条线，制度不断健全，机制运行流畅。智能防卫系统不断完备；监控科技化不断加强；押运队伍素质持续提升；实现全年安全无事故。四是队伍管理逐步深化。持续倡导能人效应，实施等级考核，探索积分管理，人才有序流动、干部能上能下、评价体系成熟的格局逐步形成，员工思想觉悟、主人翁及责任意识和凝聚力全面提升。

（韩晶奇　王晓飞）

山东聊城润昌农村商业银行股份有限公司

2016年，山东聊城润昌农村商业银行股份有限公司（以下简称“润昌农商银行”）紧紧围绕“转型发展”和“提质增效”两大主题，强化制度执行，优化服务质量，提升支农支小能力，各项业务实现稳健发展。

一、存款规模不断发展壮大。一是在全行开展“争分夺秒破百亿”存款竞赛活动，为存款破百亿加油提速。在支行之间开展揽储PK竞赛，按月兑现奖惩，有效调动基层支行揽储热情。二是实施客户分层，实现精准营销。依托客户关系管理系统和VIP客户服务系统，对客户进行分类分层营销，借助“家庭银行”营销模式的推广，逐步实现由“拉存款”向“拉客户”的转变。三是丰富存款理财产品，拓展优质对公客户资源，增强同业竞争力。截至2016年年末，各项存款103.70亿元，较年初增加14.31亿元。

二、信贷投向不断优化。坚守“支农、支小、支微、支散”的市场定位，优先选取清泉等4家支行为试点单位，打造家庭银行服务样板。先后举办了“状元来了”，大棚生产技术“田间课堂”等活动，与实验高中签署战略合作，探索批量化营销模式。借助应收账款融资平台，开办收费权质押贷款，大力推广双保惠农贷、家庭亲情贷、速贷通等新型信贷产品，丰富信贷产品及服务。截至2016年年末，各项贷款66.85亿元，较年初增加7.77亿元。

三、网点转型步伐加快。为满足城乡居民金融服务需求，在城区开通了5处社区金融便利店和4处离行式自助银亭。在农区推行“农金员＋农金通＋商超”服务模式，新布放农金通22台，总量为423台，村庄覆盖率达到56%。不断优化渠道建设，2016年新增存取款自助设备12台，总量达到91台。新增银联POS机657台，总量达到1994台，年内冠县一中、实验高中、冠县职业高中等3所学校的“校园一卡通”全部上线运行，用卡环境不断优化。营业部“智慧银行”建设项目运行良好，配备了机器人大堂经理、智能超级柜台、微信照片打印机、互动体验屏等设备，进一步增加了客户体验，提高了服务效率。上线贷款受理中心流程管理系统，实现了个人贷款从申请到办理的全流程跟踪监测。

四、内控管理更加规范。开展全员禁止性规定测试、合规知识测试，组织开展合规知识竞赛、合规演讲及主题征文活动，树立合规经营的理念。对17家农区支行全面实施业务库异地值守，有效降低了偏远地区押运在途风险。23家网点全部引入信贷“双录”系统，有效防范信贷风险。强化审计监督力度，对违规违纪行为，坚持从严问责。

五、企业文化不断丰富。一是在全行党员干部中集中开展学习党章、党规、习总书记系列讲话活动，定期检查学习笔记，组织观看红军长征胜利80周年、永远在路上等专题教育片，增强全体党员的“政治意识、大局意识、核心意识、看齐意识”。二是以精神文明单位创建巩固为抓手，开展“美丽支行”创建，完善基层“六小建设”，改善员工生活条件，建立员工业余兴趣小组，组织参加篮球赛、广场舞比赛等文体活动，营造以行为家、爱岗敬业的干事氛围。三是先后组织开展外拓训练、高效执行力提升培训班，举办团队凝聚力与执行力训练营，培育全员团队协作意识，提升制度执行力。成立志愿服务小组，开展爱心护考、圆梦助学行动等公益活动，深入开展反假币、防范电信诈骗等金融知识宣传，积极履行社会责任。

（许钦民）

山东莘县农村商业银行股份有限公司

2016年，山东莘县农村商业银行股份有限公司（以下简称“莘县农商银行”）认真贯彻落实省联社、办事处决策部署，围绕转型变革主旋律，以开展“找户获户行动”为主抓手，以巩固拓展城乡市场为总任务，以“转型升级、创新驱动”为主基调，坚定信心，扎实肯干，改革创新，防控风险，经营管理稳健有序，转型发展成效突显，业务结构持续优化，各项工作稳中向好、稳中有进、稳中有为，预期目标圆满实现，确保了业务经营管理的持续稳健发展。2016年，莘县农商银行在全省110家法人机构经营管理考核中获全省第五名。

一、拓宽思路，创新模式，提升贷款营销和服务水平。一是加大“家庭银行”商业模式推广，促进小额贷款投放。通过开展以“找户获户行动”为主题的营销活动，对客户实行综合授信、一体化营销，黏住客户、锁住家庭、防范风险、拓展业务。二是创新营销方式，实行网格化营销。按照客户总量30%的标准明确营销主攻方向，借助客户分析实现“化解不良客户，消灭空白客户，巩固基础客户，培育核心客户，锻造高端客户”的目标。三是研发设计产品服务，满足客户个性化需求。对“福民贷”系列产品进行精细化研发设计，探索实施“自然增长”模式，以家庭信用为基础广泛推行公证抵押模式，加快发放“按揭贷”，试点推行“合家贷”，实现小额贷款跨越发展。四是多方施策，增强公司业务支撑作用。大力推行“主办行”制度，推行公司类客户数量倍增计划。

二、坚持“四项原则”，落实“三项目标”，推动存款规模增长和结构优化。一是始终坚持“增加总量、优化结构、降低成本、提高效益”的资金组织原则。紧扣“三个抓手”，量化“三个增幅”，着力提高“三个占比”。明确存款新增市场占比必须达到60%这一刚性要求。利用全面开展“找户获户行动”时机，制定“交叉营销”策略，将资金组织贯穿始终，做到淡季不淡、余额不减。二是攻关重点客户，推动大额资金组织。落实“以贷引存、以存定贷、存贷联动”制度，提高资金归行率。三是发挥渠道作用，借力“农金点＋农金员＋农金通＋自助机具＋电子银行”服务模式，带动闲散资金沉淀。

三、扩充服务渠道，增强替代效应，推进“智慧银行”建设。一是实施“去单（折）用卡”，突出“社保卡”发卡全覆盖的强大优势，目前，已做好全县56万张社保卡发放准备工作，是全县唯一一家获得“双账户”社保卡代理发行权的金融机构。二是推进金融服务点建设。实施“农金点＋农金员＋农金通＋自助机具＋电子银行”战略，推进农金员向农金点转变、协理业务向经营客户转变。取消农金员代办存单业务、经手大额现金业务和报账业务。加快“自助银行”推进步伐，探索试行“自助银亭＋”模式。三是加大电子银行业务宣传、营销、推介力度，优化电子银行体验区，实施WIFI网络全覆盖，不断提升客户体验。截至2016年年末，全行离柜业务占比达到84.75%，较年初提高4.32个百分点。四是充分学习利用省联社研发的现有项目成果，同时主动研发完善自有系统，确保系统稳定、网络畅通、功能实用、支撑有力。

四、强化内控，提升管理，驱动业务全面发展。一是精减总部人员。通过“定岗、定编、定员”“双向选择”“薪酬调节”等一系列措施，以人员的转移带动营销力量的充实和工作作风的转变。二是优化客户经理、内勤柜员、农金员三个队伍配置，明确晋升路径。三是绩效考核全覆盖。打破“只考核网点，不考核总部”的现状，建立全方位的考核体系。四是加大会计辅导、风险排查、审计监督作用。推进会计档案集中管理，提升会计检查辅导工作水平。采取现场和非现场相结合的方式开展重点审计，不断加大审计监检力度。五是加强员工教育。全面抓好各岗位人员培训，推行持证上岗制度；严格总行集体晨会制度；开展“合规大讨论”系列活动，提高员工对风险的识别、防范能力。

五、抓好案件防控、纪检监察和信访维稳，为稳健发展保驾护航。一是安全保卫方面，全部乡镇网点实现异地值守。充分发挥远程监测服务中心职能作用，实现风控集中化。组织开展灭火演练、火灾逃生演练等，加强守押人员培训，引导全员时刻绷紧“安全弦”。二是案件防控方面，实行“一岗双责”、“双线管理”，完善案防工作机制，健全案防工作体系；逐级签订案件防控目标责任书483份。三是信访稳定方面，通过明确属地责任、强化渠道建设、推行依法信访等手段，扭转了以往信访多发高发的状态，今年以来，共接待来访来电来信16起，较去年同期减少11起，实现了信访总量以及越级访的全面下降，治理效果显著。四是纪检监察方面，逐级签订党风廉政建设责任书，落实党风廉政建设责任制；加大员工异常行为的排查力度，严肃执纪问责。

（吕　霞）

山东高唐农村商业银行股份有限公司

2016年，高唐农村商业银行股份有限公司（以下简称“高唐农商银行”）始终坚持“面向三农、面向社区、面向中小企业、面向县域经济”的市场定位，贷款投放优先支持农户、个体工商户和涉农企业，优先支持绿色经济、低碳经济和循环经济。坚守支农为本的战略定力，在市场调研的基础上，大力推广蔬菜大棚种植、扶持规模养殖，通过与农业产业化龙头企业合作，积极创新贷款模式，拓宽普惠金融覆盖面，将信贷服务延伸到整个产业链，助推重点涉农产业做大做强。

一、紧扣“工业经济提档升级”，强力支持实体经济。2016年累计投放实体贷款52亿元，支持规模以上企业193户，中小企业贷款余额 28亿元，较年初增加2亿元。一是创新扶企。为破解企业抵押难、担保难，推出“公证抵押”、“钢构厂房抵押”、“循环贷”等7大类产品和模式，精准对接企业需求。二是让利于企。推行主办银行模式，建立战略合作关系，对优质企业实行“利率优惠、贷款优先”，最大限度让利，贷款加权利率为全市系统内最低。三是高效助企。简化审批流程，成立专业机构，推行限时服务，企业贷款从受理至审批不超7个工作日，不随意抽贷压贷，降低企业融资成本。

二、紧扣“现代农业提质增效”，倾心助推农业经济。坚守支农为本的战略定力，2016年投放涉农贷款51亿元，涉农贷款余额44亿元。涉农贷款规模、增量稳居全县银行业首位。一是信贷推动产业结构调整。协调农委、林业、畜牧等部门，跟进冬暖式大棚示范基地建设，送资金、送技术、打通销售渠道，2016年为辖内的137个大棚累计放贷1200万元。二是延伸服务涉农经济链条。立足“激活一家，带动一片”思路，推行“企业＋种养户”“企业＋家庭农场”等方式，通过扶持涉农龙头企业，将服务延伸至整个产业链，助推重点涉农产业做大做强，为全县肉鸭、锦鲤、肉牛、药材种植等重点特色产业投放专项贷款1.3亿元，扶持了全县90%以上的种养殖户。

三、紧扣“服务行业提速发展”，打造全新服务体系。一是推进普惠金融。在农区实行“农金员＋农金通”，实现金融机具村村通，打通“最后一公里”。在城区打造“金融便利店”，网点走进居民社区。深化“金融＋”模式，为企事业单位提供资金结算、信贷服务、投资理财“一体化”服务。二是发展互联金融。建立网上银行、微信银行，推广“线上申贷”服务，推出“智e购”电子商城、“智e生活”社区O2O服务和“智e付”互联网支付，建立了全天候、立体式、广覆盖的服务体系，有效满足城乡居民各类金融服务需求。

（宋洪雷　臧国正）

山东东阿农村商业银行股份有限公司

2016年，山东东阿农村商业银行股份有限公司(以下简称"东阿农商银行")面对复杂多变的经济形势,坚持以打造东阿人民最满意的银行为总引领,化压力为动力,化危机为机遇,进一步深化转型创新,加快业务拓展,全面提升金融服务水平,各项工作保持了快速发展的良好态势。

一、综合实力增强,经营效益稳步提升。一是年初扎实开展好"金纽带"春天行动,借助"两节"有利时机,开展"送春联、送礼品进万家"等各类宣传、优质客户对接营销活动。构建分层、分级的全员考核体系,不断加大对"揽储能人"的奖励力度。二是采取网格化营销模式,开展形式多样的营销活动,促进市场份额稳步提升。三是努力拓宽收入渠道。紧跟市场客户需求,积极拓展潜力大、风险小、成本低、收益高的中间业务产品,不断拓宽中间业务收入渠道;大力开展理财业务,研发适合客户需求的理财产品;强化资金多元化有效运营,做稳、做活、做精货币市场业务。四是压缩各项支出。压缩公用费用,增加拓展费用,合理匡算各项开支,确保业务费用向一线倾斜。截至2016年年底,存款市场占有率38.61%,新增存款市场占有率32.34%,新增和存量市场占有率均居全县银行业首位。

二、加快产品和创新步伐,信贷投放明显加大。一是全面推广"家庭银行"服务模式,在农区以产业结构调整为切入点,以点带面、逐步推广;在城区以社区为单位,以企事业单位为主攻点,主抓消费类贷款。加快微贷技术应用推广,不断创新信贷品种,开展链式营销、批量营销。二是强化公司类贷款营销,开展"进走访"活动,主动挖掘优质客户,大力支持了阿胶、钢球等县域支柱企业发展。三是积极践行社会责任,针对贫困户、有扶贫意愿的新型农业经营主体,推出了"富民农户贷"和"富民生产贷"信贷产品,加大扶贫贷款投放。

三、资产质量持续优化,推进涉诉贷款及表外不良贷款集中管理。三季度集中开展了不良贷款"清收风暴"活动,全县划分四大战区,由领导班子成员担任战区司令,开展清收竞赛。在清收方式上,各支行、不良资产经营中心多措并举,运用全员清收、责任清收、依法清收等综合性手段,不断扩大清收成果。活动期间上门清收2560户,逮捕18人,累计清收处置表内外不良贷款本息6945万元。坚定了全体员工改革发展的信心,严厉打击了赖账户的嚣张气焰,净化了辖内信用环境。积极开展债权转让、以资抵债、债务重组等工作,不良贷款清收处置力度进一步加大。2016年累计清收处置表内不良贷款16575万元、表外不良贷款本息2497万元,同比分别多处置5472万元、1563万元。

四、转型创新扎实推进,不断完善金融服务。加快推进网点转型,将网点转型工作与社区金融建设、农金员管理及普惠金融建设相结合,在城区建设金融便利店一家,在农区建设3家金融服务点,采用"农金员+农金通+自助设备"模式,真正让金融服务进村入社区。拓展离行式自助设备18台,进一步完善金融服务网络。强化电子银行、网银等产品营销,不断完善服务渠道建设。智e购商城东阿馆运营初见成效,达到预期效果。

五、围绕提高执行力,坚持从严治行常抓不懈。一是坚持依法从严治行不放松,加强合规文化建设,开展"合规大讨论"系列活动,进行全员合规测试,举办合规演讲比赛、知识竞赛、征文比赛等活动,营造了浓厚的合规氛围,合规理念得到深化。二是强化审计监督,组织开展了1次常规审计、17次飞行检查、5次专项审计,定期开展信贷、会计检查辅导等检查活动,修订完善了责任追究操作规程和考核办法,加大对违规问题的责任追究力度,切实维护制度权威。

六、抓好党的建设,党风行风不断优化。扎实开展"两学一做"学习教育,对全体党员进行了党章党规和习总书记系列重要讲话知识培训教育。调整配齐了党委、各党支部成员,实行党员佩戴党徽、亮明党员身份,引导党员立足岗位做贡献,进一步增强了基层党组织的战斗力和凝聚力。持续深入推进作风建设,加大督查督办力度,采取专项检查、随机抽查等方式,加大对值班守库、工作日中午饮酒等问题的监督检查力度,深入开展"十个严禁""九种人""十不准"行为排查,不断增强党员干部的廉洁自律意识和拒腐防变能力,打造了一支清正廉洁的干部员工队伍。

七、积极开展文明规范服务创建工作。经营发展获得社会各界认可,获多项殊荣。2016年,东阿农商银行继续保持"省级文明单位"、"山东省消费者满意单位"荣誉称号;被省联社授予"省级先进集体""全省农村商业银行信息工作先进集体";省委党校授予"服务农业与农村经济榜样银行";市委、市政府授予"2016年度全市脱贫攻坚工作先进企业""全市对地方贡献前50强企业";市公安局授予"全市单位内部治安保卫集体三等功";聊城银监分局授予"监管统计先进单位";聊城办事处授予"2016年度先进单位""2016年度信息宣传工作先进单位";县委、县政府授予"平安东阿建设先进单位""先进基层党组织""2016年科学发展综合考核优秀企业""2016年度金融工作先进单位"等荣誉称号。

(周　丽)

山东阳谷农村商业银行股份有限公司

2016 年，山东阳谷农村商业银行股份有限公司（以下简称“阳谷农商银行”）坚持“面向三农、面向社区、面向中小企业、面向县域经济”的“四个面向”市场定位，改革创新，深化转型，网点遍布阳谷县城区和乡镇，各项工作扎实推进，各项业务规模实现稳定增长、资产质量进一步向好，服务地方经济能力不断增强，对地方税收贡献稳居前列。

一、积极服务实体经济发展。立足地方经济，加快创新步伐，实现逆势发展。坚持服务地方经济，打造地方品牌的定位，加快职责对接和工作部署，充分依托机构、团队和产品优势，确保营销服务全覆盖。截至 2016 年年末，各项存款余额 140.59 亿元，各项贷款余额 77.79 亿元，其中实体贷款余额 69.68 亿元，涉农贷款余额 66.83 亿元，有效支持了当地实体经济，维护了地方稳定。

二、持续提升金融服务水平。进一步加大金融机具布放力度，在城区通过建设社区银行、布放存、取款机，打造 5 分钟金融服务圈；在农区通过安装农金通、电话 POS、存取款机，对全县所有行政村实现金融服务全覆盖。农村偏远地区实现了基础金融服务不出村、综合金融服务不出乡镇。上线微信银行、手机银行，不断丰富电子服务渠道。积极推广“金融夜校”模式，开展金融知识下乡活动，“金融夜校” 获得中央金融团工委授予的“银团合作优秀项目”。

三、加快产品和业务创新步伐，提高金融服务能力。面对经济下行压力和利率市场化挑战，围绕客户需求，加快产品创新，不断提高金融服务能力，打造特色品牌。一是先后推出“家庭贷”“婚庆贷”“信保扶贫贷”“薪易贷”等对私信贷产品，在支持小微企业方面以破圈拆链为抓手，推出以“弱担保”为主要内容的小企业信易贷信用贷款，非上市公司股权质押贷款，“医保贷”“税易贷”“出口退税贷”信贷产品。全部信贷产品达到 30 余种，从产品期限、担保方式等方面满足不同客户多元化的信贷需求。二是进一步细化利率定价，对小微企业实行一户一利率，进一步帮助企业解决融资困难，减轻融资压力；截至 2016 年年末，小微企业贷款余额为 37.87 亿元，为推动当地特色经济做出了突出贡献。三是在全省率先实行小微信贷技术的基础上，在全县范围内推广使用微贷技术，使小微信贷技术在本地落地生根，强化信贷人员培训，提高业务操作水平，实现了微贷技术的全覆盖。

四、稳步推进全面风险管理。坚守风险底线，构建全面风控体系，实施全面风险专项评估、规划设计、风控治理体系建设等工作，实施审查人员委派制度和全面风险监测报告机制，基本形成全面风险管理体系框架。推进风险管理信息化建设。强化信贷“三查”，加强信用风险防控；加强信贷业务、资金业务的限额管理，加入山东省农村信用合作社联合社流动性互助机制，加强流动性风险防控；通过强化培训、内控合规管理、员工异常行为排查机制和飞行检查机制，加强操作风险防控。

（王纪昌）

山东临清农村商业银行股份有限公司

2016 年，山东临清农村商业银行股份有限公司（以下简称“临清农商银行”）以提质增效为导向，以转型发展为目标，围绕拓展业务、管控风险两条主线，攻坚克难、奋力拼搏，各项工作平稳健康发展，改革发展迈出坚实步伐。2016 年全省农信系统 110 家法人机构中，临清农商银行综合实力排名第 25 位，连续 15 年获“省级文明单位”，被聊城市总工会授予“工会工作先进单位”、“模范职工之家”，连续多年被临清市委市政府授予“支持地方经济发展优秀奖”。

一、支持地方经济发展力度加大。一是延伸服务半径。积极践行普惠金融，在 31 个网点基础上加快社区金融和农村金融便利店建设，相继在城区设立了 11 处自助银行，在农村建设了 298 处农村金融便利店和 800 多个农村金融服务点，累计布设了 ATM、农金通、POS 机等自助设备 2297 台，有效满足了辖内企事业单位和城乡居民的生产生活和各类金融需求。二是全力支持实体经济。2016 年累计投放贷款 69.95 亿元，积极帮助企业扩大生产、转型升级。特别是经济结构调整、行业形势不景气的困难时期，临清农商银行充分担当金融主力军作用，不抽贷、不压贷，一方面简化贷款流程，提高办贷效率，缩短等“贷”时间，解客户燃眉之急，另一方面创新信贷产品，先后研发了应收账款质押贷款、三权抵押贷款、“生意贷”等适销对路、接地气的贷款品种，有力支持了实体经济的健康快速发展。三是积极贡献财政税收。2016 年，累计缴纳各项税金 6714 万元，稳居全市金融纳税第一，成为贡献地方财政的主要支柱。四是主动践行社会责任。2016年累计发放各类助农补贴资金21万户、金额2.3亿元，累计开展金融知识普及、公益宣传、志愿服务27次，累计捐款、活动赞助等公益事业支出达50多万元，先后上线了代收水费、天然气费、有线电视费、刷卡乘公交等项目，极大便利了城乡居民的“衣食住用行”，有力支持了临清文化、体育事业的繁荣发展。

二、主营业务快速发展。一是实施一体化营销。先后开展了“存款送健康”“掘金行动”“奋战40天、献礼一周年”“约惠送礼”等活动，组织了厅堂营销竞赛、飞跃行动、提质增效百日会战、“增户扩面，挑战自我”贷款营销大赛等业务营销竞赛，定期组织PK活动阶段性总结，充分激发了各单位、不同岗位员工营销存款、贷款、电子银行等业务的积极性。二是开展差异化营销。各支行主动进村庄社区、进企事业单位、进市场商场，采用链式营销、集中式营销、点对点式营销等方式，积极推广家庭银行商业模式。同时根据自身实际主动开展营销活动，挖掘客户、拓展周边市场，不仅为全行赢得了广泛的社会声誉，还直接带动了全行存款、贷款、电子银行业务的快速发展。截至2016年年末，各项存款110.43亿元，较年初增加12.65亿元；各项贷款64.85亿元，较年初增加8.81亿元。电子银行客户数达到6.12万户，较年初增加2.27万户，增幅59%，柜面业务替代率67.08%，较年初上升11.58个百分点。

三、资产质量平稳可控。坚持把不良贷款降控作为“第一硬任务”来抓。一方面控新增。加大到逾期贷款和预警非应计管控力度，严控不良贷款反弹。开展“排风险、堵漏洞、强管理”活动，实施高风险贷款“预见式”管理，推动管控关口前移。密切关注担保圈风险，因企而异，分类施策，逐步“拆圈解链”，避免风险传染。另一方面压存量。利用260天时间，连续打响了双百风暴行动、资产保卫战、收官之战三大战役，多管齐下，不良清收成效明显。

四、创新转型步伐加快。一是开展业务创新。先后发行了首期同业理财产品和首笔同业存单，创新研发了“成长贷”“丽人贷”“POS贷”等主题特色信贷产品。作为全省三家县域现金中心试点之一，成功代理了人民银行发行库。二是实施管理创新。实行经营单位ABC分类考核，支行员工工作积极性得到有效激发。在全市率先配备了大堂主管、开展了农金员转型农村金融便利店试点，网点转型扎实推进。三是加快科技创新。主动与学校、天然气、水务、公交等单位开展战略合作，先后研发了校园卡圈存系统，天然气、水费代收系统，成功上线了金融IC卡加载公交应用项目，自主研发了农金员管理系统。通过内部自主创新，为全行转型发展增强了信心和动力。

五、从严治行氛围浓厚。坚持依法治行、严字当头，有力维护了全行和谐稳定大局。一是强化审计监督。全年开展审计项目15个，发现问题4类48项233个，下发风险提示书21份，提出合理化建议233条。二是从严执纪问责。强化行为检查，把牢执纪关口，全年共给予违规违纪人员纪律处分17人次。三是强化合规管理。在全员中开展了“一个反思，两项学习、三类竞赛”的合规大讨论活动，全辖“主动合规、自觉合规”的氛围进一步浓厚。四是抓好安全维稳工作。加快安防设施改造升级，妥善处理信访问题，保证了各项工作安全稳定运行。

六、干劲活力不断增强。一是组织特训培养人才。全年紧锣密鼓开展了服务营销标准化建设、外拓营销、清收效能提升等培训项目20余个，培训时间90余天。系列培训的开展，增强了全员服务营销能力和清收技巧，树立起了良好的职业形象和企业外部形象。二是开辟“练兵场”发掘人才。注重从外拓营销、贷款清收等重点工作中挖掘吃苦耐劳、作风扎实、业绩突出的员工。全年有16名先进员工在工作中脱颖而出，先后走上管理岗位。三是“竖梯子”选拔人才。先后选拔了8名员工担任内训师，31名员工担任网点大堂主管；9名青年员工担任小微客户经理，20人补充到了后备人才库，予以重点培养。四是“建舞台”积聚人才。员工先后自编、自导、自演了“最美女员工·三八女神节晚会”“我们正青春·五四青年节晚会”“阳光路上、逐梦前行——商行成立一周年行庆晚会”。系列晚会的举办，丰富了员工业余文化生活，增强了凝聚力和向心力，全行干事创业氛围更加浓厚。

（尹德军）

山东茌平农村商业银行股份有限公司

2016年，山东茌平农村商业银行股份有限公司（以下简称“茌平农商银行”）认真落实上级部署及工作安排，科学把握形势，不断强化发展意识，创新发展思路，加大工作力度，突出重点，扎实工作，总体上实现了业务持续发展、效益稳步增长、服务不断提升的良好局面。

一、强化资金组织，壮大经营实力。加快网点建设，提高农村地区金融服务硬件水平，实行规范化服务导入，提高软件素质，加强电子机具布放，实现了ATM乡镇全覆盖，电子机具村村通，带动了存款的增长。截至2016年年末，各项存款余额97.08亿元，比年初增加15.24亿元，增幅18.63%，其中储蓄存款90.33亿元，比年初增加13.71亿元。

二、加强创新，提升支持实体经济力度。为应对市场需求，积极创新和丰富信贷产品，突出支持重点，科学把握投放节奏。一是深入调研，开展走街访户营销活动。结合“家庭银行”模式推广，开展村级数据建档工作，积极宣传信贷政策，有效解决与客户之间的信息不对称问题，使贷款投放做到“有的放矢”。二是提升信贷服务水平。推行“阳光信贷”，提高透明度，推行“限时服务”，开辟小微企业贷款绿色通道，对于信贷手续齐全、诚信度高、急需信贷资金的客户，及时召开贷审会，第一时间发放贷款，降低客户办贷“隐性”成本。三是优化信贷资产结构。通过加大抵质押贷款考核，引导企业办理抵质押贷款业务，提高抵质押贷款占比，优化信贷资产质量。四是积极推出新型信贷产品。新推出了富农家庭贷、速贷通消费贷、股权质押等新业务，切实提高贷款覆盖面。截至2016年年末，各项贷款余额58.81亿元，较年初增加6.14亿元，增幅为11.65%；其中，小微企业贷款余额34.56亿元，较年初增加8.07亿元，增幅30.47%；涉农贷款余额52.15亿元，较年初增加5.5亿元，增幅11.79%。

三、多项措施并举，抗风险能力持续增强。组建新形成不良贷款责任认定与追究委员会，与公检法等部门联合开展联合清收，加大自主清收力度等措施，提升信贷资产质量，

截至2016年年末，茌平农商银行表内不良贷款余额为1.57亿元，不良占比为2.67%，累计处置表内不良贷款2.03亿元；共收回表外不良贷款本息合计2.22亿元，其中现金清收1494万元，损失退出20706万元。

四、优化支付网络，加快电子银行建设。加大宣传力度，引导城乡居民开办手机银行、网上银行等新业务，提高支付结算的便利性。截至2016年年末，共有电子银行客户48177户，较年初新增9876户；手机银行客户端10494户，较年初新增5864户，有效客户占比为54.79%；电子银行渠道业务交易量为441.37万笔，金额达301.88亿元，电子银行业务替代率达68.90%，金融服务水平和支付结算能力进一步提高。

（徐海威）

滨州农村商业银行股份有限公司

2016年，滨州农村商业银行股份有限公司（以下简称“滨州农商银行”）充分发挥金融主力军作用，坚持面向“三农”、面向社区、面向中小企业、面向县域经济“四个面向”的市场定位，深耕三农市场、关注民生、聚焦地方经济、发展普惠金融，在做大总量中优化结构，在加快发展中提高质量，在协调互动中促进转型，在圆满完成改革工作的同时，为滨州经济社会发展做出了积极贡献。

一、银行化改革顺利完成，服务能力大幅提升。滨州农商银行是经中国银行业监督管理委员会批准，以原滨州市滨城区农村信用合作联社、沾化县农村信用合作联社为基础组建成立的市级股份制商业银行。自银行化改革工作启动以来，滨州农商银行严格按照规定程序和要求，精心组织、认真筹备，积极推进改革进程，于2016年6月28日正式挂牌成立，改革工作顺利完成。滨州农商银行下设滨城、经济开发区、高新区、沾化4个一级支行及65家二级支行，干部职工811人。资金实力和综合服务能力均实现了大幅提升。

二、加大信贷投放力度，全力支持地方经济社会发展。一是作为本地银行和服务“三农”的金融主力军，滨州农商银行始终致力于支持地方经济建设、“三农”发展和全市人民生活水平的提高，不断加大信贷投放力度，2016年累计投放各类贷款123.06亿元，各项贷款余额达到123.24亿元，较年初增加24.63亿元，增幅24.89%。二是全力支持当地中小企业发展。积极开展中小企业贷款业务流程再造、机制和产品创新，在办理资产抵押贷款、保证担保贷款基础上，推出了仓单、应收账款质押贷款、第三方监管动产抵押贷款、农村土地承包经营权抵押贷款等信贷产品。截至2016年年末，中小企业贷款余额93.24亿元，较年初增加24.69亿元，增幅36.02%，成为中小企业发展路上的“助推器”。三是不断加大支农力度。作为“三农”金融主力军，滨州农商银行不断加大支农力度、突出支农重点、加大信贷投入。截至2016年年末，涉农贷款余额达89.71亿元，较年初增加17.99亿元，增幅25.08%。四是服务百姓生活。滨州农商银行针对广大百姓日益增长的消费需求，不断加大零售类贷款的产品创新和拓展力度，相继推出了“商户家庭贷”“枣乡惠农贷”“房贷通”“白领家庭贷”“车贷通”“速贷通”等六大体系的零售贷款业务品种，通过不断加大零售贷款投放，有效提高广大百姓生活质量和消费水平。五是大力支持青年创业。积极落实市团委鼓励当地青年干事创业的工作部署和第二届滨州青年创新创业大会的相关要求，滨州农商银行结合当地实际和青年创业人员的实际需求，为创业人员量身定制了便捷、优惠的信贷支持产品，确保为符合活动条件的广大创业青年提供最大的资金支持，2016年累计发放青年基准贷款300万元。六是认真落实精准扶贫。积极响应中央和上级党委工作号召，按照市委、市政府脱贫攻坚大会总体部署，结合滨州农商银行实际，扎实做好金融扶贫工作，2016年累计发放扶贫贷款20笔，金额695万元，为全市“精准扶贫”工作的迅速开展起到了积极的推进作用。

三、切实发挥自身职能，推进“普惠金融”体系建设。一是加快实现农村支付工具的全覆盖。结合政府推进“普惠金融”体系建设的工作要求，滨州农商银行不断加大“农金通”、ATM等电子机具的投放力度，特别是对金融服务需求旺盛以及地处偏远、网点辐射不足的乡村、社区等着重加大自动设备的应用和部署力度。截至2016年年末，累计布放ATM、POS、农金通等各

类自助机具 3683 台，逐步完善全方位、多功能、全天候的支付结算服务体系。二是努力提高金融服务水平。滨州农商银行积极探索提高农村金融服务水平的新路子，加快农金员 + 自助终端设备方式的农村服务网点的推进工作，9 月 26 日，在狮子刘村新建的农金通服务点正式开通，为当地群众提供了更加优质、便捷的金融服务。三是不断完善结算渠道建设。滨州农商银行积极拓展农村消费服务渠道，不断提升综合服务能力，与“乐村淘”“村村乐”等农村电商平台达成合作意向；新推出的智 E 购商城已加入商户 20 余户、商品 90 余种；在馨和社区组建的商户联盟已拓展商家 36 个，囊括衣、食、住、行等多类行业；另外，为适应现代市场支付需求，与通联支付公司合作，推出了“微信收单”当面付业务，目前已拓展商户 3300 余户，有效满足客户网上消费和一体化的结算服务需求。四是积极履行社会责任。作为联系农民最好的金融纽带，有责任、有义务将金融服务“送到农民家门口”，一直以来，滨州农商银行不忘扎根农村、服务“三农”的光荣使命，第一时间将党和政府的各种惠民政策落实到位，承担着辖内 58 万户农民的惠农补贴代理发放，每年发放 20 余种国家、省、市的惠农补贴，业务量超过 150.09 万笔，金额 2.51 亿元。

四、全面推进业务转型，发展实力显著增强。滨州农商银行成立后，确立了着眼未来盈利增长、培育基础客户群体的核心任务和以零售业务为主的突破方向，在巩固现有业务的基础上，通过加快推进网点转型和业务结构调整，不断增强改革发展动力。截至 2016 年年末，各项存款余额 141.17 亿元，较年初增加 14.05 亿元，增幅 11.05%，为各项贷款持续稳定增长奠定了坚实的基础。在推进业务发展的同时，经营效益也稳步提高，实现各项收入 9.07 亿元、实现利润 1.41 亿元，实现各项税款 7000 万元，同比增加 700 万元，增幅 11.11%，为地方税收做出了积极贡献。

（颜　坤）

山东邹平农村商业银行股份有限公司

2016 年，面对经济转型、利率市场化、同业竞争加剧、监管约束日趋刚性所带来的严峻挑战，山东邹平农村商业银行股份有限公司（以下简称“邹平农商银行”）积极应对，正视差距，突破短板，调整结构，全面推进业务创新和管理变革，培育差异化竞争优势，转型发展初见成效。

一、多项措施齐头并进，加大资金组织力度。充分研判资金组织工作的严峻形势，及早谋划、抢抓先机，强化三种意识，多方位立体营销，拓展客户资源，推动各项存款稳步增长。截至 2016 年年末，各项存款余额 151.21 亿元，较年初增加 16.53 亿元，增幅 12.27%；存款日均余额 150.2 亿元，较年初增加 15.52 亿元，增幅 11.52%。存款市场占有率 22.26 %。

二、提高理财产品发行频率，实现理财业务常态化。配备专人负责理财产品的研发设计，逐步提高发行理财的频率，实现理财产品滚动发行，合理进行期限错配，增强发行能力，培育有核心竞争力的理财产品。不断丰富理财产品种类，坚持长期理财与短期理财相结合，发行适用于县域经济发展的理财产品，针对机构类客户发行“富民盛源—智盈”系列、针对个人类客户发行“富民盛源—睿盈”系列、针对同业客户发行“富民盛源—同盈”系列。2016 年累计发行理财产品 70 期，金额 62.92 亿元。

三、强化金融市场分析，促进业务迅猛发展。2016 年以来，受国内宏观调控及国内监管政策影响，银行间市场出现波动。根据宏观政策、监管部门相关规定，结合业务发展情况，分析金融市场业务发展趋势，加强预测管理、统筹管理，通过做实金融市场业务管理、完善市场业务流程再造等手段，积极克服市场利率波动影响，实现金融市场业务收入稳定增长。2016 年，累计办理金融市场业务 151 笔金额 162.7 亿元，实现各类金融市场业务收入 1.79 亿元。

四、大力发展国际业务，外汇结算突飞猛进。截至 2016 年年末，共完成国际业务结算量 17647 万美元，增幅 206.60%，实现外汇业务总收入 469 万元人民币，净利润 460 万元。累计办理代客结售汇 6880 万美元，银行间外汇市场业务 4162 万美元，累计为客户办理贸易融资业务 14914 万元人民币，融资收入共计 264 万元人民币，各项指标较去年大幅提高。

五、加大不良资产处置力度，提高管控水平。2016 年，邹平农商银行以强化资产管理为工作要点，严格落实不良贷款“管控红线”，以加大清收处置力度为手段，持续监测督导，强化措施执行，不良资产管理处置水平得到了较大提高。开展打击逃废债务行为专项行动，明确打击重点，积极协调有关部门，强化舆论宣传，拓宽处置渠道，持续加大打击逃废债务行为工作力度。设立资产运营中心，构建“诉讼专线”，实行信息共享，强化案件执行，提升了依法清收的力度和广度。开展表外登记贷款“笔笔动、笔笔核”活动，加强尽职处置，广泛发动清收人员运用上门催收、重整盘活、依法诉讼、风险代理等多种手段，推动活动取得预期目标。

六、实施文明服务提升，提高服务水平。一是制定制度，形成规范化服务长效机制。制定了《文明服务提升活动落实方案》《规范化服务考核管理办法》《星级柜员管理办法》《大堂经理考核管理办法》等服务类专项办法 8 个，细分岗位职责、工作流程、绩效考核，让前台柜员明确干什么、怎么干。二是加大检查监督考核力度，加强制度执行力。抽调3名精干力量成立专门的规范化服务办公室，通过实地检查、调阅监控录像，每月进行检查。三是组织活动，广泛宣传，树立社会形象。2016年，围绕规范化服务，先后组织开展了“阳光微笑随手拍”活动、“青春飞扬，逐梦农商”文艺晚会、“新希望、梦飞扬”爱心“10+1”圆梦大学公益晚会、“出彩农商人、魅力新形象”服务礼仪大赛。员工队伍执行力、凝聚力、向心力明显提升，金融服务水平得到明显提高。

（刘　聪）

山东博兴农村商业银行股份有限公司

2016年，山东博兴农村商业银行股份有限公司（以下简称“博兴农商银行”），狠抓改革攻坚，加快推动业务发展，全力防范和化解风险，加大支农支小力度，全力提升质量效益，转变工作作风，各项工作取得积极成效。

一、围绕“三农”服务需求，不断提升金融服务水平，持续提升质量效益，各项业务健康发展。截至2016年年末，全县各项存款余额112.69亿元，较年初增加10.39亿元，增幅10.16%。各项贷款余额89.72亿元，较年初增加10亿元，增幅12.54%。全年实现经营利润39374万元，同比增长1034万元，增幅2.7%。贷款投向主要面向“三农”，以支持地方特色产业和龙头企业为主，最大限度的满足辖内农业生产资金的需求。截至2016年年末，博兴农商行涉农贷款余额86.18亿元，较年初增加10.57亿元，占各项贷款余额的96.05%，增幅13.98%；小微企业贷款余额59.66亿元，较年初增加7亿元，增幅13.35%，高于各项贷款增速0.81个百分点，小微企业贷款户数803户，高于去年同期3户，小微企业审贷获得率100%，高于2015年同期1.89个百分点，实现“三个不低于”。

二、加强对信贷风险的过程管理与控制。一是信贷精细化管理全覆盖。所有新增贷款必须上报商行审批，商行公司部和个人贷款审批中心二次调查成为主要控制环节，贷款审查时网点负责人和个贷中心人员必须全部电话回访，建立回访登记簿。二是征信实行集中管理。配备专人进行查询，并在征信中心安装监控设备，降低征信风险。三是提高抵质押占比，大力开展机器设备抵押、第三方监管动产质押、国有土地使用权抵押贷款，新增贷款一律实行抵质押加担保，办理企业股权质押，增强信贷风险防控能力。

三、大力发展创新业务。2016年，共发行14期理财产品，发行理财产品19.8亿元，理财余额12.8亿元。5月，发行首期同业存单，募集同业资金1.98亿元。11月，通过中债发行系统在全国银行间债券市场簿记发行首期二级资本债5亿元。公共资源网上交易结算系统、京博香驰银企直联、智e购商城相继上线，全市农信系统第一家自助银亭落地开花。

四、努力提高金融服务水平。特聘培训机构，带动外拓营销；对接博华农业，助推金融扶贫；推行异地值守，做好安全保卫；举办安贷宝培训班，提升员工素质。创新“雪中送炭”“银税合作”“靶向营销”“阳光信贷”“无纸移动办贷”，带动小微企业发展；借助“农村金融社区服务点”，升级改造为“农村金融消费维权联络点”。

（胡菲菲）

山东惠民农村商业银行股份有限公司

山东惠民农村商业银行股份有限公司（以下简称“惠民农商银行”）2005年12月实行县一级法人管理，2015年12月改制成立惠民农村商业银行。2016年辖11个职能部室、1家营业部、26家支行，网点遍布城乡，建设标准高，设施齐全、环境整洁，软硬件服务水平不断提高；在岗从业人员314人，员工队伍建设不断优化。多年来，惠民农商银行多措并举，大刀阔斧促改革，齐心协力谋发展，有序推动各项工作健康快速开展。

一、提质增效，促进各项业务稳健发展。一是改革发展中的惠民农商银行以提质量、增效益为首要切入点，不断加大服务民生工作力度，拓展存款市场份额。截至2016年年末，各项存款余额70.13亿元，较年初增加8.05亿元，增幅12.97%；存款日均余额68.56亿元，较年初增加6.48亿元，增幅10.43%。二是不断加强信贷支持地方经济发展力度。截至2016年年末，各项贷款余额65.63亿元，较年初增长10.73亿元，增幅19.54%；全年累计发放贷款82.53亿元；办理银行承兑汇票，年末余额13.05亿元，敞口资金4.72亿元，支持了机械制造、医药包装、绳网加工、生态农业、畜禽养殖等产业的发展。三是不断夯实业务发展基础，2016年实现各项收入49151万元，中间业务收入

772.93万元，银行卡收入138.12万元；个人客户、企业客户电子银行全部交易额达到620.55亿元，交易笔数122.02万笔，电子银行柜面替代率达到67.67%。四是积极履行社会责任，提高社会贡献度，2016年实现各项税收6696万元，代理发放各类政策性惠农补贴3326.10万笔、16256.90万元，新农保144.12万笔、14592.75万元。

二、惠泽三农，助推区域经济快速发展。惠民农商银行结合地方经济发展现状，转换经营理念，始终坚持"面向三农、面向社区、面向中小企业、面向县域经济"的市场定位，以支持"三农"、小微企业和县域经济为重点，深入推进各项工作的开展。一是以信用工程建设为切入点，不断夯实涉农营销基础，加大信贷投放力度，支持农民增收致富。截至2016年年末，涉农贷款余额64.53亿元，较2015年同期增加1.09亿元，增幅20.27%。二是着力扶持小微企业成长，围绕产业化经营的骨干项目，重点选择对农村经济发展具有一定辐射能力的涉农型主导产业企业、农业产业化龙头企业进行重点培植，既实现了银企互惠双赢，也为县域经济发展和社会主义新农村建设做出了积极的贡献，全年累计发放各类企业贷款63.74亿元，支持企业281家。三是扶持特色经济，大力支持以皂户李镇为主的苗木基地绿色苗木发展，大力支持以李庄、姜楼镇为主的绳网加工产业发展，利用当地现有资源积极开展贷款新业务，推动特色产业走向正规化、规模化、产业化，助推区域经济不断向前发展。四是全面改善农村金融服务，积极布放各类网上银行、手机银行、自助存取款机、农金通等电子机具、助农机具。截至2016年年末，电子银行客户数2.49万户、自助存取款机46台、农金通30处，持续改善了县域金融支付环境和服务环境。

三、狠抓思想引领，深入开展"四大活动"。一是认真组织"两学一做"学习教育，提升党性修养，坚定政治立场。通过抓排查，按部就班摸排实情；抓问题，集思广益征求意见；抓学习，努力提升思想认识；抓组织保障，健全完善长效管理机制。二是贯彻落实"全面依法治行、从严治行"活动，对职工开展警示教育培训活动，邀请惠民县检察院宣讲团进行宣讲，到检察院警示教育基地进行参观学习，开展"合规文化演讲比赛"、"合规文化征文活动"等，传导合规知识，增强全员合规经营意识，营造良好的合规文化氛围，筑牢发展根基。三是全面开展"排风险、堵漏洞、强管理"活动，提高风险意识，确保稳健经营。四是扎实推进"两个加强、两个遏制"回头看活动，加强内控管理，防范金融风险。

四、深入开展金融扶贫工作，推动县域经济发展。一是摸清全县建档立卡贫困户情况，通过走访、调研及与当地政府沟通，进一步了解全县符合"四有两好一项目"条件的贫困户情况，制定合理的信贷帮扶措施。二是强化与扶贫部门沟通，从县扶贫办等机构了解全县带动建档立卡贫困户脱贫致富的新型经营主体，深入调查，对符合条件的给予支持。三是拓宽扶贫工作思路，对符合条件的旅游扶贫项目、电商扶贫项目等新的扶贫经营主体进行支持，有效的解决了部分贫困户劳动能力不足致贫的问题，金融精准扶贫工作取得良好效果，推动了全县金融扶贫攻坚工作开展。

五、积极开展文明服务提升，加快推进网点转型。一是推动规范化服务导入工作开展，积极践行"服务至上、服务致胜"的理念，提升网点服务水平，打造一流服务品牌，全面开展全县农村商业银行文明服务提升活动，牢固树立"服务制胜"特别是"大堂服务制胜"的服务理念，明确"惠济民生、情系三农、服务城乡"的服务战略规划，打造"惠民人自己的银行"服务品牌。二是完善基础设施，全面提升服务水平，努力构建营业网点、自助渠道、电子渠道"三位一体"的"全方位、立体化、多层次、无盲区、全天候"的服务渠道体系，发挥各渠道协同作用，努力实现服务渠道"全覆盖"，科学规划网点布局，积极适应市场的金融服务需求，不断对网点布局进行调整优化，使营业网点布局更加科学合理，服务更加便利，现辖11个职能部室、1家营业部、26家支行，网点遍布城乡，建设标准高，设施齐全、环境整洁，软硬件服务水平不断提高。

六、加强企业文化建设，打造一流服务团队，提高员工凝聚力。一是开展多种形式的宣传，通过报纸、电视、广播电台以及户外宣传栏位积极宣传农商行新形象，提高社会公众认知度，扩大影响力。二是实行客户经理、柜员、部室员工等级管理，组织开展员工等级考试评定，充分调动员工学习、工作积极性，加强员工队伍建设，筑牢人才根基。三是制定青年员工职业发展规划，选拔优秀青年员工充实后备人才库，实施动态管理，为优秀人才畅通晋升通道。四是与培训公司合作，制定员工培训方案，通过课堂培训和户外拓展训练相结合的方式，提高员工综合素质水平。五是抓队伍、树形象，始终坚持以人为本，努力打造高素质员工队伍，注重加强大堂经理配备，积极完善大堂经理准入、选拔、培养、使用、考核、监督等工作机制，明晰岗位职责，发挥其在网点服务、营销中的重要作用，促进了网点服务质量和水平的进一步提高。

（王冠男）

山东无棣农村商业银行股份有限公司

2016年度，山东无棣农村商业银行股份有限公司（以下简称"无棣农商银行"）面对日益激烈的同业竞争，银行化改革的紧迫形势和复杂严峻的金融环境，全行干部员工不畏艰难，争先创优，积极推进转型创新，严守风险底线，在复杂的经济金融形势下保持了稳定较快发展。

一、银行化改革顺利完成。2016年6月16日，山东无棣农村商业银行正式挂牌成立，下辖20家营业网点，在职员工258人，是当地营业网点最多、服务范围最广、存贷款规模最大金融机构。

二、信贷产品创新和精细化管理促进业务增长。一是坚持“做三农、做小微、做零售”的市场定位，积极应对市场需求，创新和丰富信贷产品。全行响应县政府号召，推出“富民生产贷”，有效满足了扶贫资金需求，促进了信贷业务的增长。截至2016年年末，共发放扶贫再贷款16笔1.29亿元。二是重新梳理信贷流程，做好信贷管理过程中的“三防一保”工作，防止信贷流程不简洁，防止存量客户流失，防止目标客户服务不到位，力保信贷精细化管理，将管理从粗放式向精细化转变，进一步提升了服务水平，将巩固和拓展客户落到了实处。三是学而致用、先行先试，在以家庭为单位的市场营销和业务拓展方面，推出“家庭贷”贷款新品种，加快了营销方式的转变，带动了各项业务的发展，为明年全面推广实施“家庭银行”商业模式积累了宝贵经验。

三、倾力金融扶贫促发展。2016年，克服投放资金短缺困难，把从人民银行申请的3亿元涉农扶贫资金全部投放，用于帮扶我县涉农扶贫企业；投放金融精准扶贫贷款共1.08亿元，富民生产贷3120万元，累计帮扶贫困户624户，光伏扶贫贷100万元，帮扶贫困户20户，有效帮助扶贫人口脱贫致富。

四、业务创新有所突破。一是成功推广“金融IC卡校园一卡通”，开立银行卡4000多张，圈存资金2000多万元；成功争取到社会保障卡发行工作，发卡4.4万张，惠及群众2万多户。二是智e购网上商城推广上线前期准备工作顺利进行，目前开始试运行，现已有5家店铺、54种产品入驻商城。

五、提供优质服务促发展。一是不断增强服务发展的主动性，积极推介特色服务形式和服务内容，寻求好的合作项目，切实提高项目对接的针对性和实效性，做到充分信任，敢于放贷，加大扶持力度，确保企业资金需求。二是拓展服务领域，加大农民自助终端布放力度，打通农村金融“最后一公里”，让农民“足不出村”便可享受到像城市居民一样的金融便利。三是进一步加强队伍建设，提升素质，转变作风，深入基层了解客户需求，及时宣传金融政策，搞好各类金融服务，努力争当促进地方经济发展的服务先锋。

六、强化内部管理，夯实审慎发展的基础。一是制定了《2016—2018年三年发展规划》，进一步明确了发展方向、发展目标、转型总体思路，为未来发展指明了方向。二是制定了《无棣农商银行员工上下班管理办法》等24项内部管理制度，进一步规范了员工行为。

七、金融服务遍地开花。无棣农商银行共安装56台农民自助终端，经由农民自助终端办理业务43.33万笔，累计业务金额2.55亿元，为80%的村庄提供了便利的金融服务。

八、积极开展文明规范服务创建工作。无棣农商银行大力倡导“以客户为中心”的服务理念，深入开展文明规范服务创建活动，以打造当地金融业客户满意度最高和客户首选银行为目标，以创建中国银行业文明规范示范单位为抓手，采取扎实有效的措施，进一步提升了无棣农商银行在无棣的窗口服务形象，实现了经济效益和社会效益的双促进。2016年度，无棣农商银行被省文明办授予“省级文明单位”荣誉称号。

（高　杨　王　旺）

山东阳信农村商业银行股份有限公司

2016年，山东阳信农村商业银行股份有限公司（以下简称“阳信农商银行”）以银行化改革为总抓手，以2016—2018年三年发展规划为引领，以“阳光　诚信　和谐　奋进”的企业文化为核心，奋发有为，攻坚克难，各项工作稳步推进，农村商业银行按时组建，员工精神面貌焕然一新，开启了阳信农商银行的新纪元。

一、改革发展、创新转型，开创阳信农商银行新纪元。阳信农商银行把银行化改革作为压倒一切的工作来抓，动员全体员工心往一处想，劲往一处使，确保了阳信农商银行于2016年6月13日揭牌开业，阳信农商银行也成为滨州市2016年首家开业的农商银行；结合实际制定了2016—2018年发展规划，为加快转型发展，提升质量效益，全面提升经营管理水平指明了发展方向；制订《山东阳信农村商业银行股份有限公司法人治理指导意见》，并明确授权范围，确保各项工作有的放矢的开展。

二、立足县域、加大力度，支持地方经济发展作出新贡献。阳信农商银行坚持“立足当地，服务县域”的原则，持之以恒的对县域企业开展好“锦上添花”和“雪中送炭”工程建设，同时积极协调支农再贷款和社团贷款，支持县域企业发展，确保县域企业壮大。积极推广“家庭银行”商业模式，开展了一体化营销试点，促进经营模式的优化转型。截至2016年年末，阳信农商银行各项贷款余额35.95亿元，较年初增加5.05亿元，增幅16.33%，其中涉农贷款余额34.95亿元，较年初增加4.92亿元，增幅16.38%；公司类贷款余额22.4亿元，较年初增加3.72亿元，增幅19.91%。全面做好金融扶贫工作，制定了“十三五”时期金融扶贫工作规划和2016年金融扶贫工作计划，消除贫困户创业、就业的融资障碍，为贫困户提供低成本、全覆盖的金融服务体系，确保完成金融扶贫任务。截至2016年年末，阳信农商银行累计向14家企业发放“富民生产贷”11950万元，支持建档立卡贫困户538户，帮扶建档立卡贫困人口828人。

三、夯实基础、强根固本，自身经营能力得到稳步提升。在执行差异化岗位绩效考评考核、开展全员营销等活动的同时，将协理存款作为农村市场资金组织的着力点，逐步壮大农金员队伍，合理提高协理存款占比，促进农村市场个人存款和基础客户数量“双增长”。结合“智e购”商城商户拓展，与本地龙头企业、便民商户和物流公司开展合作，以社区、营业网点和农村助农服务点为支点，在努力打造社区和村镇小型服务商圈的同时，加大了揽储力度，确保存款稳步增长。截至2016年年末，阳信农商银行各项存款余额46.06亿元，较年初增加6.68亿元，增幅16.96%，存款市场占有率达31.77%，居全县各金融机构首位，为服务地方经济建设奠定了坚实的基础。

四、多措并举、防控风险，信贷资产质量不断提升。阳信农商银行在加大自身清收工作力度的同时，以银行化改革为契机，在借助政府“一办四组”清收不良贷款的基础上，以打击逃废银行债务专项活动为契机，继续加大依法清收工作力度；实行“独立核算、集中管理、专职清收”的运营模式，成立了资产管理运营中心，实现不良贷款的专业化清收。在加强预见式风险管理，前移风险防范关口的同时，成立了专职贷款审查审批中心，提高了贷款审查工作的专业性和合规性，严把贷款“三查”关。扎实开展了信贷业务“排风险、堵漏洞、强管理”活动，坚决防控信贷风险。

五、主动营销、加大力度，确保市场不断拓展。对辖内企业、个体工商户进行无缝隙综合营销，将银联POS、银行卡、电子银行产品、评级授信进行打包营销，拓宽了服务渠道；选取优质商户进行调研，通过帮助客户装修商铺店面等方式，拓展优质客户入驻智e购商城，确保智e购商城顺利运营。截至2016年年末，共有12家商户入驻智e购商城，营销手机银行21112个，网上银行15281个，POS机2452台，电子银行产品柜面替代率58.59%。

六、网点转型、提升形象，社会美誉度不断提升。阳信农商银行以网点转型工作为契机，在加大规范化服务培训力度，努力提升员工服务水平的同时，加快网点建设步伐，为网点配备了绿色植物、报刊架、老花镜、饮水机、轮椅等便民服务设施，并在有条件的网点设置了儿童游乐区，充分体现了对客户的关心和关爱，确保了服务能力和服务水平不断提升，也赢得了广大客户的认可。

七、干事创业、凝心聚力，良好的文化逐步形成。为进一步激发青年员工奋发有为的主动性和积极性，组织了中层副职及支行行长竞聘，通过现场抽取评委、现场打分等方式，增加了竞争的透明度，进一步畅通了晋升渠道；实行了员工等级管理，将员工等级与绩效薪酬结合起来，确保做到了“多劳多得，少劳少得，不劳不得”，激发了员工争先进位的主动性。先后组织开展了阳信农商银行首届职工趣味运动会、征文活动、足球联赛、献爱心志愿活动等，进一步增强全体员工的向心力、凝聚力；组织全体员工进行体检，让员工感受到农商大家庭的温暖；在中国共产党成立95周年之际，冠名参加了阳信县爱国歌曲大合唱，并获得了第一名的优异成绩；在滨州市银行业协会组织的微电影评比中，参与制作了《爸爸的梦想》，被组委会评为二等奖，进一步激励了广大员工干事创业、为阳信农商梦想继续前行的工作激情。

（程　娟）

山东菏泽农村商业银行股份有限公司

截至2016年年末，山东菏泽农村商业银行股份有限公司（以下简称“菏泽农商银行”）在职员工1129人，下设分支机构80家。机关设置办公室、人力资源部、政策法规部、财务会计部、信贷管理部、监察保卫部、资产管理部、网络金融部、审计稽核部、风险管理部、市场拓展部、公司业务部等12个部门，实行一级法人、统一核算、分级管理、授权经营的管理体制。

一、主营业务保持较快发展势头。面对银行业普遍存在发展减速、资产质量下滑、盈利能力下降等系列问题，全行加大基础客户拓展力度，大力开办金融夜校、综合营销等活动，坚持早计划、早部署，抓实旺季存款营销，进行重点项目攻关，优化业务流程，加强产品创新，积极抢占农村和城区两大市场，主要业务保持了较快发展。截至2016年年末，各项存款余额218.91亿元，各项贷款余额151.34亿元，分别较年初增加28.69亿元和16.29亿元，增幅分别为15.08%和12.06%，存贷款余额和新增额均居辖区各金融机构首位；抵质押贷款95.63亿元，占比66.86%，较年初提高1.75个百分点。

二、经营效益保持较快增长。针对经济环境不利形势，始终把质量效益摆在首位，加大不良贷款清收处置力度，大力开展不良贷款集中执行、公职人员欠款清收、打击逃废债、冬季攻坚战等活动，不良贷款清收处置效果明显。2016年，累计现金清收表内外不良贷款 9043 万元，五级分类不良贷款余额 2.99 亿元，较年初增加 4643 万元，占比 1.98%，较年初提高 0.11 个百分点，在经济下行期保持了资产质量稳定。针对利差逐步收窄，不断强化利率定价管理，加大收贷收息力度，强化成本和费用管控，大力增收节支，同时积极拓展货币市场、国际业务和中间业务，经营业绩持续攀升。2016 年，实现各项收入 14.9 亿元，同比增加 6603 万元，增幅 4.64%；实现经营利润 6.89 亿元，同比增加 9763 万元，增幅 16.52%；成本收入比 33%，同比下降 1.75 个百分点；资本充足率 13.03%，较年初下降 0.26 个百分点；拨备覆盖率 230.22%，较年初提高 2.31 个百分点。

三、合规经营基础不断夯实。持续加强内控管理，严格落实贷款"三查"制度，及时开展各项检查、专项审计和会计辅导，规范违规违纪行为调查处理流程，加大对违规问题的责任追究力度。坚持抓好案件防控和合规建设，严格落实案件防控责任制，加大安全检查力度，完善信访、舆情监测与处置机制，及时化解各类矛盾纠纷，营造了和谐稳定的发展环境。

四、员工队伍风貌进一步转变。建立完善双向选择机制，激发了员工爱岗敬业的工作热情，38 人由内勤转岗为客户经理，进一步充实了客户经理队伍。优化选拔晋升渠道，给更多青年员工提供展示自我的机会，2016 年新提拔青年管理人员 40 名，对 19 名管理人员进行了职务调整。强化员工教育培训，积极实施文明单位创建，组织各类文体活动，推进星级标杆网点建设，员工队伍的工作作风和精神面貌大幅改善，社会知名度、美誉度明显提升。

五、党建的政治引领作用充分发挥。扎实开展"两学一做"专题教育，强化理论学习，不断提高干部员工的政治思想素质。加强基层党组织建设，重新调整建立 27 个党支部，使基层党组织的战斗堡垒作用得以有效发挥。及时召开民主生活会，大力开展批评与自我批评。完善有效的教育、制度、监督并重的惩治和预防体系，强化廉洁从业理念，改进作风、纯洁队伍，预防腐败的思想道德防线进一步巩固。

（陆全新）

山东郓城农村商业银行股份有限公司

山东郓城农村商业银行股份有限公司（以下简称"郓城农商银行"）于 2013 年 12 月 28 日，由郓城县农村信用联社改制而成，现有在职职工 607 人，20 个内部职能部门，1 处营业部，40 处支行，是全县网点最多、服务最广、业务齐全、资金雄厚的综合性地方金融机构。截至 2016 年年末，各项存款余额 170.15 亿元，各项贷款余额 93.46 亿元，实现经营利润 3.83 亿元，缴纳各项税款 8876 万元。先后获省级文明单位、市创先争优先进单位、优秀金融服务单位、支持地方经济先进单位、人民满意服务单位、青年文明号等荣誉称号。

一、创新信贷产品，支持贫困户脱贫致富。创新推出了"农民工返乡创业贷款""青年创业贷款""妇女创业贷款"等信贷产品，不断加大扶贫支持力度。成立扶贫攻坚领导小组，积极对接县扶贫办，对有贷款需求的贫困户实行限时办结，重点扶持，有力地支持了贫困户创业带动就业并脱贫致富，促进了劳动密集型小企业快速健康发展。截至 2016 年年末，全行共发放扶贫贷款 233 笔，金额 10670 万元，带动 1271 名建档立卡的贫困户实现脱贫致富。同时，与郓城县下岗失业人员小额贷款担保中心及郓城县财政局签订了小额担保贷款合作协议，对通过郓城县下岗失业人员小额贷款担保中心资格审查，且符合农商行贷款条件的贷款客户给予财政贴息，有力地支持了贫困户创业带动就业并脱贫致富，促进了劳动密集型小企业快速健康发展，为下岗职工提供了更多的再就业机会。

二、加强对重点行业和薄弱环节的支持力度。坚持传统业务为基础，大力推广家庭银行、企业主办行，以农户、小微企业、优质高端客户为发展重点，支持种养殖大户、家庭农场、农副产品加工等农村新型经营主体，扶持优质个体工商户，重点满足小微企业对新技术、新工艺、新设备、新材料等项目的信贷资金需求，优先加大对具有自主知识产权、自主品牌和高附加值产品小微企业的信贷支持力度。推行高管带头，开展全员营销。鼓励非信贷人员积极与客户对接，营销优质客户，全年共营销贷款 2.1 亿元。积极做好银企对接，组织上百家辖内企业家代表召开"企业客户答谢会"，现场签约贷款意向 5.8 亿元，现已投放 3.22 亿元，有效地扶植了辖内传统产业的协调发展。

三、积极履行社会责任。一是做好各类补贴的发放工作，优先办理各类补贴支取业务，加班加点，确保粮食直补、低保金、新农村养老保险等各项补贴迅速、准确地发放到居民手中，做到让群众满意，让政府放心，让老百姓及时享受到各项政府惠民政策。二是积极开展"一对一"定点扶贫包村帮扶活动，为所帮扶的 5 个贫困村送去资金 60 多万元，帮助贫困村建设扶贫就业点；为水堡乡赵北村建立"农村书屋"，购买 800 余本科技书籍，帮助农民学习科学知识，增长科技手段；帮扶孤寡老人、留守儿童、智障肢残等困难群众和生活困难的建国前农村老党员，为他们送去生活用品和慰问金，真正做到为困难群众排忧解难。三是积极开展"双联双创"工作，对所包 22 个村，建立包村台账，制作联系卡，确保每户群众随时都能联系到人。积极回报社会，开展"慈善一日捐"活动，共捐资 7.2 万元，帮助残疾弱势群体，资助寒门学子入学。

四、打造客户至上的企业文化。一是树立客户至上的服务文化。想客户所想，解客户所忧，引领客户的消费需求和生活需求，一切规划围绕客户走，一切创新围绕客户转，与客户携手同行，相融共生，实现共赢。二是树立合规创造价值的合规文化。在全行上下推行“合规人人有责”、“主动合规”、“合规创造价值”的合规理念，不断提升合规经营管理水平。三是树立态度决定成败的制度文化。加强制度文化建设，通过制度的约束使价值观贯彻到员工的行为中，让企业的核心价值观变为员工的自觉行为。四是树立以人为本的亲和文化。构建和谐有序的民主管理环境，坚持行务公开，广开言路征求职工意见建议；建立平等尊重关系，释放全员活力；塑造团队精神，建立起大病救助、困难救助基金，让员工享受家庭的温暖；加快温馨家园建设，让家园真温馨更温馨，为员工工作生活提供最大便利。五是让各种协会真正运行起来。有人组织、有人参与、有资金保障，让员工在各种竞技运动中感受温暖舒心生活。六是提升企业形象，树立发展第一，效益并重，合规可持续性经营的核心价值观念，促进员工爱岗敬业，增强团队协作能力，将企业逐步打造成团结协作、积极进取、顽强拼搏并乐于奉献的坚强团队。

（刘　惠　赵凤良）

山东成武农村商业银行股份有限公司

山东成武农村商业银行股份有限公司（以下简称“成武农商银行”）由原成武县农村信用合作联社改制而来。内设综合部等 11 个职能部室，辖属 27 家支行和 1 家分理处。营业网点遍及全县各个乡镇和街道办事处；员工总数 385 人，是全县规模最大、资金实力最强、服务范围最广的金融机构。

一、各项业务快速发展。2016 年，成武农商银行不断提高金融服务水平，各项业务保持持续、快速、健康发展的同时，为成武县经济社会的发展作出了积极贡献。截至 2016 年年末，全行各项贷款余额 50.06 亿元，较年初增加 4.12 亿元，增幅 8.97%，增量、存量市场占有率分别为 194.47%和 53.73%，均居于全县各金融机构首位；各项存款余额 82.76 亿元，较年初增加 12.84 亿元，增幅 18.36%，增量、存量市场占有率分别为 37.46%、42.14%；实现经营利润 2.13 亿元，累计缴纳税收 5182 万元，居全县非工业企业纳税第 1 位。

二、服务县域经济能力进一步增强。一是深入推进贷款受理中心建设，简化贷款手续和办贷流程，创新信誉贷、快易贷等贷款品种，重点加大小额农户贷款投放。截至 2016 年年末，贷款受理中心共受理贷款申请 3708 笔，金额 3.65 亿元，其中发放贷款 2461 笔、金额 2.37 亿元，审批通过率 66.37%，平均单户发放贷款 9.64 万元。二是常态化开展“金融服务三下乡”活动，按月上报活动计划，定期检查督导，采集客户信息，深入了解客户资金需求，拉近与客户关系，树立良好银行形象，与客户互利共赢。

三、着力加强精准扶贫。一是成立金融精准扶贫工作领导小组，加强组织领导，明确工作目标和任务。二是发挥人员优势，成立精准扶贫工作队，与 12540 户贫困户逐户对接，建立扶贫信贷档案，为精准扶贫打基础。三是申请人民银行扶贫再贷款 1.5 亿元，充实信贷资金实力，创新 12 种扶贫信贷品种，开通绿色审批通道，加大扶贫信贷投放。2016 年，信贷支持贫困户户数共 873 户，贷款金额 11141 万元。其中，发放五万元以下农户小额贴息贷款 213 笔，金额 1030 万元；发放扶贫贴息企业类贷款 3 笔，金额 700 万元，带动 150 余名贫困户就业，有效助推了成武县的精准扶贫、脱贫工作。

四、合力保全信贷资产。一是抢抓政策机遇，主动汇报取得地方党委政府的支持，深入开展公职人员拖欠贷款专项清理活动，收回公职人员拖欠贷款 3588 万元；利用政府债券置换资金收回陈欠贷款 2210 万元。二是借助司法力量，常年开展集中执行活动，推动依法清收工作常态化。共依法申请执行欠贷人员 1730 人次，拘留 678 人，清收不良贷款 3288 万元。三是打好法律“组合拳”，借助法院“查控”“黑名单”系统，查封被执行人财产，维护债权。四是建设资产管理系统，对借款、担保人住所进行现场拍照、卫星定位，实现坐标、图像、轨迹三位一体，形成不良贷款基础数据库，便于不良贷款集中管理，解决管理难、执行难问题。截至 2016 年年末，已导入不良贷款 2407 笔，涉及借款人和担保人 8546 人。

五、丰富企业文化。利用自身资源挖掘企业文化建设内涵，着力构建“改革创新、团结实干、廉洁高效、争创一流”的核心价值体系，打造客户至上的服务文化、锐意进取的竞争文化，差异争先的创新文化，履职尽责的执行文化，实现了“凝心聚力，引领发展”的目标。一是坚持以人为本，助推企业文化建设。深入开展“创建学习型组织，争做学习型员工”活动，坚持每周例会学习制度，组织业务练兵和岗位培训，提升个人综合能力。二是创新活动载体，丰富职工文体生活。建立 28 处文体活动室，组建足球队等体育团队，开展“共建书香农商、尽享阅读人生”全员阅读活动。三是建立专职志愿者队伍，积极履行社会责任。组建党员志愿者队伍，慰问老党员、困难老党员活动。成立金融扶贫工作队，逐户走访贫困户，建立扶贫信贷档案，为精准扶贫打基础，取得了“扶贫”“增效”的双丰收。2016 年，全行 1 人获得全国五一劳动奖章，1 人获得山东省文明服务标兵，被复评为山东省文明单位。

（朱国朝）

山东鄄城农村商业银行股份有限公司

山东鄄城农村商业银行股份有限公司（以下简称“鄄城农商银行”）下辖32处营业网点、14个职能部室，职工478人。截至2016年年末，各项存款余额113.45亿元，较年初增加13.09亿元，存量和新增市场占比分别为50.54%和45.12%；各项贷款余额65.48亿元，较年初增加5.48亿元，存量和新增市场占比分别为64.03%和66.41%；上缴税金7243万元。

2016年，鄄城农商银行被银监局监管评级评为2级，在全省农商银行经营发展进步评价中排第3名，在全省农商银行经营管理综合考评中排第8名，在全省农商银行综合实力排第9名，中国人民银行菏泽市金融机构综合评价中等级A级。先后获菏泽市思想政治工作优秀企业、全县金融工作先进单位、履行社会责任先进单位、农村支付环境先进单位等荣誉称号，改革发展多个亮点被中国农村信用合作报、中国县域经济报、齐鲁晚报、山东科技报、菏泽日报等媒体宣传报道，金融扶贫工作受到国务院扶贫办领导的肯定。

一、坚持党的领导，加强党的建设。建立健全基层党支部，督促各党支部进行了换届工作，并配齐了组织委员等相关人员。举办党委书记“两学一做”专题党课等活动，加强对党员职工的党性教育。组织150余名党员到鄄城县看守所，接受预防职务犯罪警示教育。开展“迎七一 比贡献，党员在行动”活动，发动全体党员吸收存款、发放贷款、清收不良，带动业务发展。

二、切实支农支小，充当金融主力军。一是提升信贷服务水平。开展“访客户、拓市场”活动，共走访企业229户，达成贷款户数186户，授信14.7亿元；推出电话受理、微信受理等方式，实行信贷人员送贷上门服务；优化贷款手续，推行“限时服务”“无间隔服务”，实现还贷、放贷同步；深入推广福农卡小额循环贷款，实现了电子渠道自助办贷，累计发放福农卡小额贷款3477笔、金额2.93亿元；推行“家庭主办行”商业模式，对客户提供全方位的金融服务，针对不同客户群体的资金需求，量身定制信贷产品，先后推出速贷通、城乡个人消费贷、家庭亲情贷、惠农消费贷、园丁家庭贷等信贷产品，2016年共发放上述贷款6980万元。

三、支持主导产业和城乡基础设施建设。2016年累计向本县主导的人发、户外家具、化工、中药材、牡丹种植、电子商务等重点领域和产业发放贷款3193笔、15.86亿元；向PPP项目发放贷款1.68亿元；推出农民住房贷款、城乡个人消费贷款等信贷产品，对接棚户区改造项目；针对家庭农场、种养大户等新型经营主体，推出预期收益权质押等信贷产品。开展“进走访”活动，筛选出辖内重点民营企业、重点项目、创业园区等，分组进行走访调研，了解企业经营状况、信贷需求、融资困难等，根据走访调研情况，为企业量身定制信贷产品，实行差别化的利率政策；共走访100家重点企业、16个重点项目、2个创业园区，授信17.35亿元，发放贷款13.34亿元。

四、支持小微企业发展。先后推出钢结构抵押贷款、应收账款质押贷款、收费权质押、第三方监管质押贷款等产品，2016年发放贷款3.55亿元，破解小微企业抵质押不足难题；开办了流动资金循环贷和分还续贷的模式，企业可在授信范围内根据资金需求随还随贷，减轻了还款压力；为12家企业提供临时周转金贷款22笔、金额1.19亿元，有效防止和化解了企业资金链断裂风险；小微企业申贷获得率98.87%；积极参加政银企对接会，特别是5月初菏泽市银企对接会在鄄城召开，鄄城农商银行作为支持地方经济发展的金融机构代表发言，并现场和企业签订信贷合作协议。

五、履行社会责任，积极参与金融扶贫。一是开展信贷扶贫。先后推出富民农户贷、富民生产贷、鲁青基准贷、小额创业担保贷、光伏扶贫贷等信贷产品；2016年累计发放小额贴息贷款2318万元，支持创业人员183人；发放富民农户贷款252笔、金额990万元，帮扶人口829人；发放富民生产贷18笔、金额2190万元，带动588名贫困人员就业；发放鲁青基准贷、菏青基准贷8户、余额460万元。对金融扶贫实行网格化管理，将城乡分别划分为24个网格，对网格内带动贫困户就业的企业和贫困群众逐户走访，进行“一对一”精准对接。在全县金融扶贫工作业绩展评会上，鄄城农商银行夺得桂冠。二是积极履行社会责任。鄄城农商银行响应脱贫攻坚战略部署，在引马镇、李进士堂镇、彭楼镇无偿援建四个“双联双创扶贫就业点车间”，做好精准扶贫工作；深入开展“双联双创”工作，组织全行50余名中层党员干部，深入引马镇高垓、南王庄、张堂行政村，开展一对一帮扶工作；积极履行社会责任，到凤凰镇中心敬老院慰问孤寡老人，送去食品和生活用品；去引马镇高垓小学开展“爱心捐助帮扶”活动，为60余名贫困儿童送上了书包、文具盒、作业本等学习用品，以及员工自发捐助的儿童衣物、儿童读物。

（刘淑敏）

山东曹县农村商业银行股份有限公司

山东曹县农村商业银行股份有限公司（以下简称“曹县农商银行”）下设 13 个职能部室、3 个公司部、1 个营业部、38 个基层网点，在岗员工 516 人。是全县营业网点最多，资金实力最强，服务范围较广的县域金融机构。截至 2016 年年末，各项存款余额 126.34 亿元，较年初增加 18.28 亿元；各项贷款余额 77.99 亿元，较年初增加 6.81 亿元，实现各项收入 9.07 亿元，经营利润 3.92 亿元。全省 110 家法人机构综合考评居第 14 位，同比上升 22 个位次。顺利通过“省级文明单位”复评，并连续多年被评为系统内市级考评先进单位。

一、转变营销模式，优化信贷结构。一是发挥自身灵活优势，创新信贷产品，研发了小额农户“生活贷”“惠商贷”“优农贷”“电商贷”“双保惠农贷”等，以“总有一款适合您”为目标，着力解决农村贷款难、难贷款的问题。二是简化贷款审批流程，缩短办贷时间。5 万元以下的小额农户贷款，实行总行线上审查、审批，行内发放；10 万元以下生产、生活、消费类贷款申请材料，印发明白纸，一次告知客户申请资料，限时办结并进行考核，真正践行了阳光办贷服务承诺。截至 2016 年年末，信贷客户增长 3075 户，居全市第一位。三是发挥家庭银行优势，改善金融服务模式。变为单个客户提供单一服务向为家庭成员提供综合服务，让客户享受到买车有车贷、买房有放贷、装修有消费贷、生产有经营贷的信贷服务，同时，结合“银社通”“银交通”“银校通”“银医通”“智 E 购商城”“商户联盟”等延伸增值服务，将存款、理财、电子银行等产品融入客户生活，多元化服务提升市场竞争力。9 月 2 日，菏泽市“家庭银行”现场会在曹县农商银行召开。四是组建贷款受理中心，畅通受理渠道。打通服务贷户最后一公里，全年累计接听业务咨询电话 17569 个，贷款申请电话 15260 个，发放贷款 5256 户，金额 3.76 亿元。

二、加强各类补贴的发放和管理。2016 年，曹县农商银行分别代发了粮食直补、种粮补贴、粮种补贴、棉花补贴等各类粮补资金。其中粮食直补和种粮补贴约 30 万户，粮食直补资金量达到 1.99 亿元。为了做好各类粮补资金的发放和管理，一方面加强沟通合作，由营业部与县财局对口联系，进行资金往来和发放情况的沟通；全县 40 家营业网通力合作，设置农补专柜，优先办理，以确保各类补贴及时发放到位。另一方面，加大助农设备布放力度，为了方便农民群众更加方便的领取资金，在全县众多行政村布放了 500 余台农金通，农民群众不出村就可以进行资金的存取。2016 年，根据水库移民补贴工作要求，全行为全县约 12 万户水库移民代发了移民补贴。全年共发放 4 次，每人每次 75 元，全年资金量约 3600 万元。

三、加强现代农业的支持力度。全行紧密结合“一乡一业、一村一品”的发展规划，把农民专业合作社、种养殖大户、家庭农场等新型农业经济体作为信贷支持切入点，全力推动现代农业建设。一是从思想上高度重视。组织支行行长、信贷主管 30 余人，赴全县 10 处现代农业产业园观摩，掌握县域发展动态，后又选定邵庄等种养殖较为突出的乡镇进行座谈，了解资金需求，寻找信贷支持切入点。二是发扬“挎包”精神。积极与现代农业经营主体交朋友、结对子，采用“融资、融智、融商”的三融理念，主动为他们联系项目，提供资金、引进技术。三是签订战略合协议，全面支持现代农业发展。2016 年 12 月由总行牵头，与县委、县政府、各乡镇政府签订“信贷支持现代农业战略合作协议”，签约资金 10 亿元。

（黄大朝）

山东单县农村商业银行股份有限公司

2016 年，在经济下行压力加大、产业结构调整加速的形势下，山东单县农村商业银行股份有限公司（以下简称“单县农商银行”）狠抓落实、攻坚克难、奋力拼搏，各项工作平稳健康发展，主要经营指标达到预期目标，改革发展迈出坚实步伐。

一、存贷款业务稳健发展。紧抓外出务工人员返乡过年及农产品季节性增长的有利时机，加大存款宣传及营销力度。同时，持续推行阳光办贷，限时办结，创新信贷品种，优化信贷结构，提高抵质押贷款占比。全行存贷款业务增长快速稳健，截至 2016 年年末，各项存款余额 110.66 亿元，较年初增加 14.61 亿元，增幅 15.21%；各项贷款余额 80.83 亿元，较年初增加 7.1 亿元，增幅 9.63%。

二、质量效益持续提升。不良贷款余额 1.68 亿元，占比 2.08%。2016 年实现各项收入 8.11 亿元，，账面利润 1.51 亿元。全行贷款拨备覆盖率 151.34%，资本充足率 13.17%，分别高出监管标准 1.34 个和 2.67 个百分点。

三、不良资产清收效果明显。不良资产经营中心充分发挥清收职能，对不良贷款进行集中管理，联合公安、法院、纪委开展集中清收，坚持表内、表外一起抓，不断加大不良贷款压降力度，开展了“不良贷款清收百日赛”、“公职人员欠款专项清收”和“不良贷款全诉讼、全控告”等专项清收活动，取得了明显成效。2016 年，共清收表内外不良贷款 2281 笔、金额 5712 万元，其中依法清收不良贷款 235 笔、金额 1275 万元。

四、信贷模式进一步创新。一是充分发挥贷款受理中心的作用，为客户提供更加透明、便捷、高效的信贷受理渠道。2016 年共受理贷款电话 1624 个，向支行下发贷款派单 1518 份，办结贷款 1066 笔、金额 2667 万元。二是创新开展 PPP 项目贷款业务，共发放 PPP 项目贷款 6 笔，金额 9200 万元，走在全市前列。三是全面推广“家庭银行”商业模式，稳步拓展基础客户，先后推出速贷通、家庭亲情贷、惠农消费贷等信贷产品。至 2016 年末，全行累计拓展“家庭银行”客户 699 户、1420 人，覆盖存款、贷款、理财、网上银行等各项业务。

五、增收渠道进一步拓宽。一是增加中间业务创收，加大网上银行、手机银行等产品的推广力度，进一步畅通结算渠道，2016 年实现中间业务收入 822.45 万元。二是银行卡业务发展势头良好，2016 年实现银行卡业务收入 469.4 万元。三是以保证资金流动性安全为前提，不断优化资产结构，拓展融资新渠道。全年累计办理银行间市场业务 1052 笔，金额 891.59 亿元，实现收入 1.8 亿元，占当期营业总收入的 22.41%。

六、履行社会责任的效果更加显著。一是扎实开展金融精准扶贫。2016 年，全行主动承担起金融精准扶贫的重任，先后开办了“富民农户贷”、“富民生产贷”等金融产品，为金融扶贫提供全方位支持。截至 2016 年年末，累计发放富民农户贷 198 户、金额 766 万元；富民生产贷 78 户、金额 1143 万元；其他扶贫贷款 689 笔、金额 18303 万元。二是深入开展“双联双创”活动，认真贯彻落实脱贫攻坚战略部署，捐资 20 万元，在单县东城办事处韩庙村援建 1 个“双联双创就业点车间”，组织中层党员干部对贫困群众进行一对一帮扶。三是充分发挥支持地方经济发展的主力军作用，实现社会效益与企业效益的双丰收。全年缴纳税金 7141 万元，位居全县纳税企业前列。四是深入开展金融知识普及宣传工作。县行先后组织开展 “送金融知识下乡”、“金融知识进万家”等活动，进一步增强了社会公众对金融知识和金融产品的了解，提高了金融消费者对农商银行的认知度。2016 年，单县农商银行先后被山东省精神文明委员会复评为“省级文明单位”、被省联社评为“全省农村信用社文明服务单位”、被菏泽市总工会评为“菏泽市推行协商民主强化社会责任先进党委”、被单县县委授予“支持地方经济发展突出贡献先进单位”等称号。

（张金洋　王南京）

山东东明农村商业银行股份有限公司

山东东明农村商业银行股份有限公司（以下简称“东明农商银行”）于 2015 年 12 月 26 日挂牌成立，是原东明县农村信用合作联社改制成立的商业银行。东明农商银行坚持“面向三农、面向社区、面向中小企业、面向县域经济”的市场定位不动摇，从信贷支持、规范服务等方面入手，不断创新贷款品种，调整信贷结构，优化金融服务，取得了良好的经济效益和社会效益。曾先后获“工人先锋号”国家级荣誉 1 项，“省级文明单位”等省级荣誉 5 项，“菏泽市创先争优先进基层党组织”等市级荣誉 5 项，“支持地方经济发展先进单位”等县级荣誉 24 项。

一、主要经营指标完成良好。截至 2016 年年末，各项存款余额 77.33 亿元，各项贷款余额 52.22 亿元，市场占有率均居全县各金融机构首位。全年缴纳税额 6210 万元，居全县纳税企业第 2 位，居非工业企业纳税第 1 位。

二、全力抓好业务发展。开展全员营销，调动全员的积极性深度挖掘优质客户资源，巩固农村和城区市场，打造“责任网格化、建档标准化、营销精准化、服务精细化”的金融服务体系，截止目前共走访客户 1.31 万户。以“支农、支小、支微、支散”为立足点，结合精准扶贫，用足用活扶贫再贷款政策资金，优先扶持特色农业、农业龙头企业、家庭农场等新型农业经济组织，对有劳动能力、创业意愿、创业项目的贫困户重点对接，优先满足信贷需求。2016 年年初以来，累计发放涉农贷款 5.5 亿元，发放扶贫贷款 307 户 4840 万元，共帮扶和带动 1039 户贫困户增收脱贫。

三、全力推动业务创新。东明农商银行开办了“金融知识大讲堂”宣讲活动。各支行每周两次开办金融讲堂，宣传推介存、贷款、结算、电子银行等业务产品，普及个人征信、反假币、非法集资、金融诈骗等基础金融知识。自开展以来共在 522 个村庄和社区开展“金融知识大讲堂”733 场，惠及客户 5.18 万人，取得了明显效果。加大新业务推广和推介力度。以提升银行卡附加值为切入点，拓展特约商户联盟，与商户签订协议，实现在商场的打折消费。以“家庭银行”为依托创新推出“富农家庭贷”、“富商家庭贷”、“金领家庭贷”、“工薪家庭贷” 等幸福家庭贷系列产品，满足不同层次的客户需求。

四、全力提升品牌形象。扎实推进“双联双创”、扶贫等重点工作，积极发动全体人员对帮扶村段末营村贫困户捐赠棉衣、棉被，发放米、面、油等物资。并组织整修村内广场，受到了村民高度赞扬。联合县委、县政府先后举办了“农商银行杯”广场舞大赛、“农商银行杯”两学一做知识竞赛等大型活动。开展“五项关爱”，节日期间走访困难职工、老党员，先后分2次组织员工捐款6万余元，对员工子女在高考中取得优异成绩的优秀学生给予奖励，累计资助11人、1.9万元。举办春节晚会、技能比赛、演讲比赛、书法比赛等活动5次，营造了团结、积极、和谐的良好氛围。

（史卫龙　陈秋丽）

山东定陶农村商业银行股份有限公司

2016年以来，山东定陶农村商业银行股份有限公司（以下简称“定陶农商银行”）加快转型发展速度，推出“家庭银行”商业模式，引入绩效考评系统，不断加强企业文化建设，营造积极向上的工作氛围。截至2016年年末，定陶农商银行各项存款余额66.92亿元，比年初增加8.71亿元，增长14.96%；各项贷款余额 51.39 亿元，比年初增加6.3亿元，增长13.96%；不良贷款余额1.62亿元，不良贷款率 3.15 %；实现中间业务收入505万元，同比增加121万元，增长 31.68 %。

一、强化资金组织，夯实经营基础。完善考核办法，加强考核调度，通过全员营销与重点营销相结合，促进存款业务稳步开展。一是把握有利时机，狠抓“春天行动”。 明确目标，提前谋划，以“春天行动”为契机，创新考核方法，将城区与乡镇区别考核，提高考核合理性及公平性，有效地激发了基层员工的工作积极性，最终一季度新增存款8.31亿元，一举完成全年任务的88.79%。二是全员揽储与重点客户揽储相结合。继续开展全员揽储，充分发挥全员力量，扩大揽储力度与广度。在重点客户上，先后争取国土资源局保证金7000余万元、人社局医疗保险费8000余万元、飞机场拆迁款3000余万元等，监管棚户区改造贷款4亿元。三是结合全年的外拓营销活动，收集基础客户信息，重点收集农村外出务工人员信息，截止2016年年末，累计采集外出务工人员信息14068户，为下一步的揽储工作奠定了坚实基础。

二、强化信贷管理，提升信贷质量。一是强化贷款受理中心职能，创新贷款受理流程，实现“零距离”营销、“阳光办贷”、“廉洁办贷”。有效缩短贷款办理时间，同时增加贷款办理透明度，做到让客户“放心贷”。二是产品创新，助推小微企业发展，针对小微企业资金需求“短、小、频、急”特点，积极探索新型担保方式。创新推出准抵押贷款、钢结构抵押贷款、仓单质押贷款、土地流转抵质押贷款、第三方监管等10多个贷款新品种，满足小微企业不同“口味”需求。三是实施金融扶贫，履行社会责任。强化领导，明确责任，创新思路，积极对接、主动作为，加快信贷产品创新力度，创新担保方式，多举并措，取得显著成效，实现了内部可持续发展和承担社会责任的双赢。截至2016年年末，共发放金融扶贫贷款9212万元。其中，扶贫农户贷款256户，金额3460万元，发放生产经营主体贷款17户，金额5750万元。四是完善考核体系，强化责任追究，严把信贷质量关。2016年，总行通过灵活运用考核措施，做到奖惩并举、恩威并用，在信贷综合性考核、信贷队伍管理考核、具体信贷业务考核等方面，先后下发了十几个考核办法。通过下发考核文件制定工作目标，明确工作思路，从而保证业务的稳步和健康发展。

三、强化不良清收，改善资产质量。在不良贷款清收上，突出重点，强化措施，加大清收力度，坚持表内、表外一起抓，不断加大不良贷款压降力度。一是结合区纪委清欠办抽调专职人员，成立清收小组，对重点区域进行重点清收。二是全年相继开展“不良清收百日赛”“公职人员不良贷款清收”“冬日暖阳·追责清收”等专项清收活动，强化对不良贷款的分类清收。三是不断加大表外不良贷款诉讼力度，对多年来失去诉讼时效的贷款，选派人员常驻法院跟踪审理，缩短从立案到执行时间，加快债权实现进程，收到良好效果。

四、加强财务管理，稳固改革成果。一是为应对经济下行、收入减少的不利影响，全行通过加强财务精细化管理、细化责任分工、深挖增收潜力、优化资产机构、强化成本核算等方式，努力增收节支，有效缓解费用紧张的问题。二是加强应收息管理，通过利率优惠、电话通知、短信提醒、失信惩戒等方式，培养客户预存贷款利息的习惯，切实提高利息自动扣划率和当期利息收回率。三是加强对到期贷款收回率的监测和分析，对到期和欠息贷款提前着手处理，摒弃“欠息才去收，反弹再压降”的滞后做法，提高到期贷款收回率。四是加强闲置实物资产管理，利用现有资产获得更多收益。对常年被外部无偿占用和对外出租费用低的门市房屋进行集中清理。

五、加强企业文化建设，营造积极向上的工作氛围。一是引入绩效考评系统。建立以业绩为驱动的经营管理体系，激发经营活力、激励员工在各自岗位创造业绩，引入广州天维公司绩效考评系统，目前，考核体系整体搭建完成，各条线考核模块系统录入也已完成，并根据业务数据初步测算出绩效薪酬。二是开展形式多样的文体活动，丰富员工精神文化生活。2016年举办了“舞动金纽带 献礼农商行”为主题的演讲比赛、以提高营销水平为目地的的信贷人员外拓营销培训班以及全员合规知识竞赛等活动，丰富了员工的精神文化生活。三是定期召开全员双向竞聘及信通员工座谈会。通过全员双向竞聘，实现优化总行部室和基层支行的人员组合，增强竞争意识和忧患意识的目的。通过召开信通员工座谈会，了解信通公司员工工作现状，为其解决工作生活困难，大大提升了员工的工作积极性。

（房　鲁　王　景）

山东巨野农村商业银行股份有限公司

2016 年，山东巨野农村商业银行股份有限公司（以下简称“巨野农商银行”）秉承“稳健经营、稳步发展”的经营理念，履行“担当、奉献、求实、创新”新时期巨野精神，依托本土银行的体制机制优势，较好地发挥了农村金融主力军作用。

一、转型发展成效明显。截至 2016 年年末，全行资产总额 153.81 亿元，同比增加 16.25 亿元，增幅 11.81%；负债总额 142.64 亿元，同比增加 15.61 亿元，增幅 12.29%；存贷款规模及增量市场占有率居全县金融机构首位；实现账面收入 9.37 亿元，上缴税金 8363 万元，居全县非工业企业入库税金首位。

二、机制创新步伐加快。2016 年，按照全省网点转型工作要求，从网点布局、产品创新等七个方面入手，对旗舰型网点、综合型网点、社区型网点、体验型网点进行升级改造。探索建立了以客户为中心的营销体系，功能齐全的渠道服务体系，快速响应的产品研发体系；创新研发了“富民农户贷”“富民生产贷”两大系列 12 个贷款品种，金融扶贫工作受到省市电视台采访报道，在全市金融扶贫现场会上进行了经验介绍；持续推进“阳光信贷”工程，开通运行“线上申贷”服务模式，实行“派单式”管理，上门服务、限时办结，办贷效率提高 30%以上；全面推广“家庭银行”服务模式，为家庭客户提供存款、贷款、理财等一揽子金融服务。

三、风险防控能力不断增强。继续保持从严治行的高压态势，严守规章制度红线，结合业务异常运行风险预警和案防报告两个科技系统支撑，通过横到边、纵到底的内审外查体系，严惩违规行为，风险防控能力不断增强。

四、企业文化建设效果明显。2016 年，根据“企业文化建设年”规划目标，相继组织开展了“职工运动会、颁奖文艺晚会、羽毛球比赛”等系列文体活动 10 期；分层次组织开展了“效能提升培训班”“清收训练营”等 4 期；组织开展了“无偿献血”“牵手关爱留守儿童”“献爱心、送温暖”等系列社会公益活动；组建了内训师队伍，开展了“标杆网点服务导入”活动；成立了“员工午餐配送中心”，每天为驻城支行统一配送午餐。通过“文体活动＋关爱行动＋人才培养”三位一体的方式，打造出独具特色的“家文化”，让员工感到家的温馨，感到家的氛围，员工的凝聚力、向心力和归属感得到了极大提升，促进了各项业务稳定发展。

（任成亮）

第八部分

其他金融机构

一、邮政储蓄银行

中国邮政储蓄银行山东省分行

【第一负责人简介】 马洪宁，山东单县人，1964年11月出生，大学本科学历，中共党员，经济师。1982年1月参加工作，历任江苏省邮政储汇局副局长、党委书记，中国邮政储蓄银行江苏省分行党委书记、行长；2013年4月起任中国邮政储蓄银行山东省分行行长。

【综述】 2016年，中国邮政储蓄银行山东省分行（以下简称"邮储银行山东省分行"）立足于服务城乡、服务社区、支持"三农"的零售银行定位，紧紧围绕"稳中求进、进中求好"工作主线，以提高发展质量和效益为中心，以深化改革和精细化管理为手段，实现了在改革中加快发展，在发展中推动转型，在转型中强化管理，加快向全功能商业银行转型，整体工作呈现出良好的发展势头。

【经营管理】 2016年，邮储银行山东省分行加快各项业务转型升级，不断提高发展质量和效益，收入结构进一步优化，经营管理和市场竞争能力有效提升，大公司、大零售并驾齐驱，带动了整体发展快步提速，业务收入居全国邮储同业第6位。

一、风险管理水平有效提升。一是持续推进全面风险管理体系建设，初步形成闭环信用风险管理机制。二是资产质量不断优化，不良额和不良率均低于总行下达的限额标准，不良资产连续三年实现"量率双降"。不良资产现金清收再创新高，资产处置手段更趋多样化。

二、合规管理有效加强。一是深化合规检查转型，组织11个专项检查，自主创建32个非现场数据模型，重大违规问题数量同比下降83%。二是扎实开展"自律回头看"、"两加强，两遏制"回头看、"内控达标年"等活动，试点完成合规管理系统并上线推广。

三、审计监督评价作用进一步强化。开展各类审计活动33个，提出审计建议80条。完成对各市分行内控评价的效果评价和评价校正工作，有效识别和评估业务环节中存在的主要风险，推动内控风险管理水平不断提高。

四、安全保卫工作能力进一步提升。持续开展安全教育培训和应急处置预案演练，组织开展"安防知识微信答题季"、营业场所安全管理达标试点活动，实行安全员轮值制度，发挥视频监控系统远程监督检查和预警作用，网点安全管理能力进一步加强。

【电子银行业务】 2016年，邮储银行山东省分行丰富互联网金融产品体系，优化客户线上体验，个人网银新增客户234.2万户，手机银行新增298.1万户，均位居全国邮储同业第2位。电子银行交易替代率达87%，实现了客户交易渠道的线上迁移。积极推动新型自助设备使用，大力推广移动展业设备，探索智慧网点建设，拓宽网点营销渠道，业务办理效率和服务能力有效提升。

【大事记】 1月12日 邮储银行山东省分行工作会议在济南召开。

1月15日 邮储银行山东省分行个人消费贷款余额突破500亿元。

7月13日 邮储银行山东省分行在济南召开半年工作会议。

9月27日 邮储银行山东省分行个人金融业务旺季动员会在泰安召开。

9月29日 邮储银行山东省分行与山东国惠投资有限公司战略合作签约仪式成功举行。

12月 山东省文明委授予邮储银行山东省分行及29家市县行省级文明单位称号。

（梁 骞）

附表1

机构概况一览表

行长		副行长	
马洪宁		常江 赵峰 韩勇 李强	
地址	山东省济南市黑虎泉西路181号	邮编	250011
网址	http://www.psbc.com/cn/index.html	客服热线	95580

附表 2

内设部门及分支机构一览表

年度	内设职能部门数量（个）	下设分支机构（个）					员工总人数（人）	正式职工人数
		总数	地市分行数	一级支行数	二级支行数	邮政代理网点数		
2012年	17	2698	16	108	1110	1464	11611	6617
2013年	19	2740	16	109	1226	1514	13179	7571
2014年	19	2738	16	109	1219	1519	12795	8809
2015年	20	2718	16	109	928	1665	12443	11445
2016年	20	2695	16	109	668	1902	12247	11384

附表 3

主要统计指标 1

单位：亿元

项目＼年度	2012	2013	2014	2015	2016	2016年同比增幅（%）
本外币资产总额	2943.44	3132.55	3611.78	3954.68	4852.88	22.71
本外币存款余额	2827.16	3047.70	3507.34	3840.02	4712.26	22.71
人民币存款余额	2827.09	3047.32	3507.20	3839.76	4711.51	22.70
单位存款	377.29	408.75	474.42	426.88	522.05	22.29
储蓄存款	2449.80	2638.57	3032.78	3412.88	4159.37	21.87
本外币贷款余额	422.07	576.70	751.63	1070.04	1202.27	12.36
人民币贷款余额	422.05	576.09	751.63	1070.04	1202.27	12.36
短期贷款	229.84	243.59	266.31	416.26	360.30	-13.44
中长期贷款	192.21	332.49	485.31	653.78	841.97	28.78
票据融资	57.37	25.48	51.12	81.05	175.05	115.98
利润总额	14.06	9.63	13.38	15.89	19.25	21.17
不良贷款余额	6.32	9.05	8.44	8.20	7.27	-11.39
不良贷款占比（%）	1.32	1.50	1.05	0.71	0.49	-30.71

附表 4

主要统计指标 2

项目＼年度	2012	2013	2014	2015	2016	2016年同比增幅（%）
单位结算账户（万户）	4.91	5.32	5.12	5.05	5.33	5.54
单位结算金额（亿元）	6990.77	10248.15	12172.02	11060.01	16116.17	45.72
个人结算账户（万户）	6453.48	7952.07	6960.70	8525.35	8782.46	3.02
个人结算金额（亿元）	682.90	884.83	866.67	955.64	1106.85	15.82
信用卡发卡量（万张）	10.39	11.06	8.84	14.20	15.02	5.77
信用卡消费额（亿元）	58.29	110.89	155.52	202.17	242.57	19.98
企业网银客户（万户）	0.4	0.75	1.08	1.43	1.51	5.59
个人网银客户（万户）	292.64	529.17	729.3	914.05	1157.28	26.61

续表

项目 \ 年度	2012	2013	2014	2015	2016	2016年同比增幅（%）
手机银行客户（万户）	74.0	288.57	485.5	713.66	1012.4	41.86
电话银行客户（万户）	329.7	566.28	707.4	806.92	—	—
现金自助设备（台）	2481	3350	3974	4617	5453	18.1
营业网点（个）	2694	2727	2738	2714	2689	-0.92
自助网点（个）	873	1155	—	1396	1374	-1.58

附表5

先进集体一览表

授奖单位	奖项名称	获奖集体
山东省文明委	省级文明单位	中国邮政储蓄银行山东省分行
山东省文明委	省级文明单位	中国邮政储蓄银行济南市分行
山东省文明委	省级文明单位	中国邮政储蓄银行淄博市分行
山东省文明委	省级文明单位	中国邮政储蓄银行烟台市分行
山东省文明委	省级文明单位	中国邮政储蓄银行德州市分行
山东省文明委	省级文明单位	中国邮政储蓄银行滨州市分行
山东省文明委	省级文明单位	中国邮政储蓄银行东营市分行
山东省文明委	省级文明单位	中国邮政储蓄银行泰安市分行
山东省文明委	省级文明单位	中国邮政储蓄银行枣庄市分行
山东省文明委	省级文明单位	中国邮政储蓄银行菏泽市分行
山东省文明委	省级文明单位	中国邮政储蓄银行潍坊市分行
山东省文明委	省级文明单位	中国邮政储蓄银行威海市分行
山东省文明委	省级文明单位	中国邮政储蓄银行莱芜市分行
山东省文明委	省级文明单位	中国邮政储蓄银行临沂市分行
山东省文明委	省级文明单位	中国邮政储蓄银行日照市分行
山东省文明委	省级文明单位	中国邮政储蓄银行济宁市分行
山东省文明委	省级文明单位	中国邮政储蓄银行聊城市分行
山东省文明委	省级文明单位	中国邮政储蓄银行枣庄峄城区分行
山东省文明委	省级文明单位	中国邮政储蓄银行武城县分行
山东省文明委	省级文明单位	中国邮政储蓄银行沂水县支行
山东省文明委	省级文明单位	中国邮政储蓄银行莒南县支行
山东省文明委	省级文明单位	中国邮政储蓄银行陵县支行
山东省文明委	省级文明单位	中国邮政储蓄银行夏津县支行
山东省文明委	省级文明单位	中国邮政储蓄银行单县支行
山东省文明委	省级文明单位	中国邮政储蓄银行宁津县支行
山东省文明委	省级文明单位	中国邮政储蓄银行乐陵市支行
山东省文明委	省级文明单位	中国邮政储蓄银行临邑县支行

续表

授奖单位	奖项名称	获奖集体
山东省文明委	省级文明单位	中国邮政储蓄银行高密市支行
山东省文明委	省级文明单位	中国邮政储蓄银行昌乐县支行
山东省文明委	省级文明单位	中国邮政储蓄银行金乡县支行
山东省文明委	省级文明单位	中国邮政储蓄银行齐河县支行

中国邮政储蓄银行青岛分行

【第一负责人简介】 银青志，1966年3月出生，毕业于北京邮电大学，中国共产党党员，高级经济师。1987年7月参加工作，历任河南省辉县市邮政局局长、党委书记，新乡市邮政局局长、党委书记，中国邮政储蓄银行河南省分行副行长，中国邮政储蓄银行总行信贷业务部副总经理；2012年11月起任中国邮政储蓄银行青岛分行行长、党委书记。

【综述】 中国邮政储蓄银行青岛分行（以下简称“邮储银行青岛分行”）秉承“普惠金融”理念，坚持服务“三农”、服务中小企业、服务社区的市场定位，在市场大潮中孕育、成长、腾飞，为服务地方实体经济做出了积极贡献，打造了岛城金融服务的“邮储银行”样本。

【内控管理】 2016年，邮储银行青岛分行筑牢风险防线，内控管理再上新台阶。

一、风险管理能力持续提升。全面完成以资产质量控制为核心的总分行各项限额管控目标，资产质量居全国前列，风险管理能力持续提升。明确保全考核激励机制，夯实保全基础管理，全面推行重点不良贷款集中管理模式，加大保全督导力度，全年超额完成总分行各项保全计划，资产保全工作有序推进。

二、法律与合规工作服务支撑到位。开展了“内控达标年”活动、“两个加强、两个遏制”回头看工作，以及防范“非法集资及电信网络新型违法犯罪”工作，保持经营活动零案件。强化问责，认真落实“十条禁令”要求，开展不良资产责任认定工作，提升责任认定管理水平。

三、审计监督职能进一步强化。加大对新业务、高风险、管理相对薄弱等领域关注，推进分行整改机制持续完善，制定了《审计结果运用实施细则》《审计追踪工作指引》，开展了“十项重点问题”审计追踪。

四、安保能力提升活动完美收官。充分发挥技防平台作用，通过远程视频监控系统开展非现场安全检查、营业场所安全巡查，及时发现、消除安全隐患。

【电子银行建设】 2016年，邮储银行青岛分行立足于本行电子银行业务发展特点和实际，进一步理顺和明晰条线管理流程，全面建设网点体验环境，加大营销宣传力度。电子银行交易替代率不断提高，分流作用日益凸显，截至2016年年末，自营机构累计结存个人网银客户约38.6万户，手机银行客户约31万户，微信银行约2.5万户。2016年新增激活个人网银、手机银行和微信银行共计10万户。电子银行交易替代率达87%，其中不含ATM的电子渠道交易替代率达59.5%，有效缓解了柜台压力，并将服务延伸到农村金融市场

【大事记】 8月 邮储银行青岛分行成功发放首笔农村承包土地经营权抵押贷款，也是青岛市金融机构发放的首笔“无附加第三方担保或其他抵质押物”的农村承包土地经营权抵押贷款。

9月 邮储银行总行在香港成功上市，募集资金总额达591.5亿港元（行使超额配售选择权后）。

（陈艳梅）

附表1

机构概况一览表

<table>
<tr><td colspan="2">行长（或其他称谓的第一负责人）</td><td colspan="2">副行长（或其他称谓的同级领导）</td></tr>
<tr><td colspan="2">银青志</td><td colspan="2">江守湖　王　平　孙　皓　陈光灵</td></tr>
<tr><td>地址</td><td>山东省青岛市延安三路222号</td><td>邮编</td><td>266071</td></tr>
<tr><td>网址</td><td>http://www.psbc.com/cn/index.html</td><td>客服热线</td><td>95580</td></tr>
</table>

附表 2

内设部门及分支机构一览表

年度	内设职能部门数量（个）	下设分支机构（个）					员工总人数（人）	正式职工人数
		总数	地市分行数	县区支行数	分理处营业所数	储蓄所数		
2012 年	14	255	—	8	99	148	1116	681
2013 年	17	262	—	8	99	155	1185	845
2014 年	17	266	—	8	100	158	1147	945
2015 年	18	266	1	87	179	0	1145	1077
2016 年	18	—	—	—	—	—	1154	1115

附表 3

主要统计指标 1

单位：亿元

项　目	2012	2013	2014 年	2015 年	2016 年	2016 年同比增幅（%）
本外币资产总额	288.93	320.60	544.8	412.58	476.74	15.55
本外币存款余额	280.40	310.74	348.63	401.12	462.50	15.30
人民币存款余额	280.24	310.53	348.28	400.55	460.82	15.05
单位存款	19.47	23.33	22.96	34.16	32.83	-3.91
储蓄存款	260.93	287.41	325.61	366.62	415.94	13.45
本外币贷款余额	38.09	72.20	128.12	187.55	254.48	35.69
人民币贷款余额	38.09	72.20	128.12	187.53	254.23	35.57
短期贷款	14.08	22.00	35.12	37.62	41.79	11.08
中长期贷款	24.02	50.20	83.65	120.63	167.41	38.78
票据融资	9.31	6.25	9.35	23.57	43.62	85.07
利润总额	0.47	0.29	0.61	0.94	1.28	35.88
不良贷款余额	0.247	0.2994	0.58	1.04	1.19	14.83
不良贷款占比（%）	0.52	0.38	0.46	0.56	0.47	-16.20

附表 4

主要统计指标 2

年度 项目	2012	2013	2014	2015	2016	2016 年同比增幅（%
单位结算账户（户）	3327	3891	4199	4365	5061	15.95
单位结算金额（万元）	196943.67	237132.87	12981243.47	11474608.52	13740051.87	19.74
个人结算账户（万户）	784.32	708.69	769.23	732.85	796.82	8.77
个人结算金额（亿元）	1456.43	1797.78	1961.36	2291.37	2605.50	13.73
信用卡发卡量（张）	4324	5362	12311	13415	15682	16.90
信用卡消费额（万元）	10488.47	15813.10	36662.01	67158.79	89951.75	33.94
企业网银客户（户）	399	762	1024	1353	1839	35.92
个人网银客户（户）	244233	408901	593920	780803	982880	25.88

续表

年度 / 项目	2012	2013	2014	2015	2016	2016年同比增幅（%
手机银行客户（户）	39218	190353	368012	588964	840678	42.74
电话银行客户（户）	337892	531366	639589	621112	615923	-0.83
现金自助设备（台）	319	423	509	537	656	22.16
营业网点（个）	255	263	266	266	266	0
自助网点（个）	1	10	11	11	11	0

附表 5

先进集体及个人一览表

颁奖单位	奖项名称	获奖单位
中国邮政集团公司	《以“三大平台”为核心的商业银行内控管理体系建设》获评邮政企业现代化创新成果奖三等奖	青岛分行
中国邮政储蓄银行	安保干部岗位练兵优胜奖	青岛分行
中国邮政储蓄银行	案件防控工作先进单位	青岛分行
中国邮政储蓄银行	全行法律与合规工作考核	青岛分行
中国邮政储蓄银行	消费者权益保护工作考核第三名	青岛分行
中国邮政储蓄银行	手机银行“新一代、新体验”劳动竞赛“优秀团体奖”	青岛分行
中国邮政储蓄银行	“服务行为改进年”活动优秀组织单位	青岛分行
中国邮政储蓄银行	总行信息采用量计划单列市分行第1位	青岛分行
中国邮政储蓄银行	总行舆情管理排名计划单列市分行第1位	青岛分行
中国邮政储蓄银行	中国邮政储蓄银行首批安全管理标准化达标网点	青岛分行
中国邮政集团工会	中国邮政储蓄银行巾帼建功集体	平度支行
中国邮政集团工会、中国邮政储蓄银行委员会	财务基础规范达标劳动竞赛三等奖	青岛分行
中国邮政储蓄银行党委	党建研究论文二等奖	青岛分行
山东省精神文明建设委员会	山东省文明单位	青岛分行
青岛银监局	监管统计工作二等奖	青岛分行
青岛银监局	青岛银行业“金融知识进万家”活动先进单位	青岛分行
青岛银监局	青岛银行业小微企业金融服务“优秀创新产品”	青岛分行
青岛银监局	青岛银行业小微企业金融服务先进单位	青岛分行
青岛银监局	辖区银行业政务信息报送先进单位	青岛分行
共青团青岛市委、青岛银监局	2015—2016年度青岛市金融业“青年文明号”	威海路支行营业部、开发区支行营业部、香港花园支行
颁奖单位	奖项名称	获奖个人
中国邮政集团公司	第十二届全国邮政企业管理现代化创新三等成果	王　平　孙　皓　扈文洁 许东昕　吕瑞德　马　漩 王　筠　宋琳杰
中国邮政集团公司、中国邮政集团工会	优秀运维员	刘宏汉
中国邮政集团公司、中国邮政集团工会	“营销创优”优秀营销员	赵文玲

续表

颁奖单位	奖项名称	获奖单位
中央金融团工委	2015—2016年度“银团合作优秀个人”	尚鲁璐
中国邮政集团工会	中国邮政储蓄银行巾帼建功标兵	于　彬
中国邮政集团工会	全国邮政系统优秀工会工作者	刘　霞
中国邮政储蓄银行	“服务管理标兵”	徐　静
中国邮政储蓄银行	优秀支行长	韩晓明
中国邮政储蓄银行	安全保卫工作监控管理专家	王　磊
中国邮政储蓄银行	十佳大堂经理	贾莉莉
山东银监局、共青团山东省委、中国人民银行济南人行	山东省第四批（2015—2016年度）金融系统青年干部赴共青团系统挂职工作先进工作者	宋琳杰
山东省公安厅	全省单位内部治安保卫成绩突出个人	邸建庭
青岛银监局	青岛银行业“金融知识进万家”活动先进个人	郭吉昕　李珺玮

二、外资银行

渣打银行(中国)有限公司青岛分行

【第一负责人简介】 陈国华，毕业于首都经济贸易大学，硕士学位。2009年5月20日，任渣打银行(中国)有限公司青岛分行行长。

【综述】 2016年，渣打银行(中国)有限公司青岛分行(以下简称"渣打银行青岛分行")积极响应国家政策，支持产业转型升级，从网点建设、产品和服务等多方面重点支持小微企业。积极响应青岛市政府提出的"把青岛建成区域性金融中心"的目标，提升财富管理水平。

【经营管理】 2016年，渣打银行青岛分行各项业务发展良好，资产负债各项指标发展稳定，不良贷款维持在较低水平，营业收入稳定增长。渣打银行青岛分行设有企业及机构客户部、商业银行客户部、以及个人客户部三个客户单元；网点设置包括一家分行、四家支行。渣打银行青岛分行积极参与青岛市财富管理中心的建设工作，充分考量市场风险与客户需求，不断丰富产品线和提升产品开发能力，满足客户资产配置需求。

中小微企业金融服务是渣打银行特有的业务单元。渣打银行青岛城阳支行是渣打中国在华北区设立的除北京之外的唯一专门以小微企业作为服务对象的专营支行，也是外资银行在青岛开设的第一家小微企业专营支行，为各类小微企业提供企业贷款、现金管理、贸易与供应链融资等金融产品。

【内部管理】 2016年，凭借国际银行的优势和经验，以及对本地市场的深入了解和业务能力，渣打银行青岛分行为客户提供一流的产品和增值服务，包括市场信息、贸易融资、跨境业务等，并致力于成为企业客户和个人客户的首选国际银行。

凭借国际银行的优势和经验，以及对本地市场的深入了解和业务能力，渣打银行青岛分行将继续为客户提供一流的产品和增值服务，包括市场信息、贸易融资、跨境业务等，并致力于成为企业客户和个人客户的首选国际银行。青岛市已被列入国家一带一路战略的重要节点城市，渣打在47个"一带一路"的沿线国家和地区设立有网点，并在东南亚、南亚、西非及北非与"一带一路"高度重合。渣打银行青岛分行将借助于渣打银行在人民币国际化市场的领先地位，助力于中国企业对外投资、贸易，并为人民币清算开拓海外市场，致力于为企业客户提供全方位的创新金融服务。

【金融文化建设】 2016年，渣打银行青岛分行致力于服务当地社会，保持可持续性发展，在当地积极开展"看得见的希望"、保护环境、低碳办公等公益活动。

【大事记】 6月 为支持青岛市建设区域财富管理中心的战略，渣打集团全球投资委员会主席Alixis Calla到访青岛，参加"青岛·中国财富论坛"并发表主题演讲，向当地客户介绍财富管理理念和资产传承概念及投资展望，围绕财富管理、人才培养、人民币国际化、支持一带一路战略等课题作出积极努力。

6月 渣打银行青岛分行在青岛成功举办以"一带一路"为专题的中国企业高端金融论坛，与本地客户分享资本和金融市场的最新动态，更好地帮助本地企业准确把握国内外发展环境和条件的深刻变化，抓住用好"一带一路"和自贸区等重要战略机遇。

8月 渣打银行青岛分行成功举办专门针对中小企业的"企业家高峰论坛"，邀请超过100余家企业出席活动，有力支持了当地中小企业的发展。

12月12日 因业务发展需要，渣打银行(中国)有限公司青岛香港中路支行进行营业场所搬迁。该支行由原地址位于青岛市香港中路10号105户，搬迁至青岛市市南区香港中路9号香格里拉中心商场一层L101、L102和L107单元。

(宋 柏)

附表1

机构概况一览表

行长（或其他称谓的第一负责人）		副行长（或其他称谓的同级领导）	
陈国华			
地址	山东省青岛市市南区香港中路40号数码港旗舰大厦35层	邮编	266071
网址	http://www.sc.com/cn/	联系电话	4008888083

附表 2

内设部门及分支机构一览表

年度	内设职能部门数量（个）	下设分支机构（个）					员工总人数（个）	
		总数	地市分行数	县区支行数	分理处、营业所数	储蓄所数		正式职工人数
2012 年	11	5	1	0	0	0	120	120
2013 年	11	5	1	0	0	0	121	121
2014 年	11	5	1	0	0	0	112	112
2015 年	11	5	1	0	0	0	77	77
2016 年	11	5	1	0	0	0	56	56

附表 3

先进集体及个人一览表

授奖单位	奖项名称	获奖集体
共青团青岛市委 中国人民银行青岛市中心支行	“青春与志愿同行”青岛市银行业青年职员服务风采展示活动优秀奖	渣打银行（中国）有限公司青岛分行
中国人民银行青岛市中心支行	青岛市金融统计工作先进单位三等奖	渣打银行（中国）有限公司青岛分行
中国人民银行青岛市中心支行	青岛市征信工作先进单位	渣打银行（中国）有限公司青岛分行
中国人民银行青岛市中心支行	青岛市金融机构信息交流工作先进单位“二等奖”	渣打银行（中国）有限公司青岛分行
中国人民银行青岛市中心支行	青岛市银行业机构综合评价试评价 A 等机构	渣打银行（中国）有限公司青岛分行
授奖单位	奖项名称	获奖个人
中国人民银行青岛市中心支行	青岛市征信工作先进个人	宋　柏
青岛银行业协会	ATM 金融自助终端服务工作先进个人	于佳佳
中国人民银行青岛市中心支行	青岛市金融机构信息交流工作先进个人	宋　柏

企业银行(中国)有限公司青岛分行

【第一负责人简介】　申成雨，男，1965 年 10 月出生，毕业于韩国弘益大学。1990 年进入韩国中小企业银行工作，2004 年任韩国中小企业银行沈阳分行开业筹备委员；2005 年任韩国中小企业银行沈阳分行部长；2011 年担任企业银行（中国）有限公司副行长；2015 年 1 月起任企业银行（中国）有限公司青岛分行行长。

【综述】　企业银行（中国）有限公司青岛分行（以下简称“企业银行青岛分行”）前身是韩国中小企业银行青岛分行，成立于 2003 年 7 月 15 日，现地址位于青岛市崂山区苗岭路 36 号国际发展中心一层、二层网点，是中国加入世界贸易组织后第一家落户青岛的外资银行，也是青岛第一家韩国独资银行。2009 年 6 月 22 日转制为外商独资银行分支机构。2010 年 1 月 15 日，企业银行（中国）有限公司城阳支行作为青岛分行辖属的第一家支行正式开始对外营业；2013 年 12 月 19 日，企业银行（中国）有限公司青岛经济技术开发区支行（以下简称“企业银行开发区支行”）正式开始对外营业，并首次聘用中方职员作为支行长。企业银行青岛分行秉承“审慎经营”的理念经营对各类客户的外汇业务及人民币业务。

2016 年，企业银行青岛分行及下辖 2 家支行在总行的领导下，严格遵守监管法律法规，积极配合当地监管机构有效地开展各项工作。

【经营管理】　2016年，企业银行青岛分行努力开展业务、拓宽服务领域、提高服务质量。一是致力于对小微企业的贷款扶持。二是通过人民币业务、外币业务服务的不断完善，在保有原有客户的基础上不断增加新业绩。三是利用理财产品、CMS服务、远期结售汇业务等产品、服务来加大宣传力度、扩展服务领域，努力打造“风雨相伴、值得信赖”的金融机构形象。

截至2016年年末，企业银行青岛分行资产总额18.76亿元，同比增长22.37%；存款余额17.43亿元，同比增长22.44%；贷款余额10.41亿元，同比下降16.67%。受新常态经济形势的影响，韩资企业来青岛进行投资设立公司的优势条件日趋减少，劳动力成本增加，韩资企业转至东南亚国家设立公司，企业银行青岛分行出现了优质客户流失的现象，在一定程度上影响了贷款规模。2016年，该行实现净利润1370.88万元，同比增加17.31%。不良贷款余额29.46万元，不良贷款率为0.03%。在不良贷款飙升的大环境中，企业银行青岛分行能有效地防范和化解各类金融风险，将不良贷款率控制在较低水平，确保了金融资产的稳健性，得益于该行合规经营理念的深入贯彻。

【大事记】　6月　企业银行青岛分行举办企业银行（中国）有限公司成立7周年纪念仪式。

8月　企业银行（中国）有限公司金学明行长到青岛进行现场经营交流。

8月　企业银行开发区支行行长刘国忠因工作调动关系，调回烟台分行，由刘金迪接任企业银行开发区支行行长一职。（企银人〔2016〕140号）

（种　冲　杨　倩）

附表1

机构概况一览表

行长（或其他称谓的第一负责人）		副行长（或其他称谓的同级领导）	
申成雨			
地址	山东省青岛市崂山区苗岭路36号国际发展中心	邮编	266061
网址	https://www.ibkcn.com	客服电话	400-606-9000

附表2

内设部门及分支机构一览表

年度	内设职能部门数量（个）	下设分支机构（个）					员工总人数（人）	
		总数	地市分行数	县区支行数	分理处营业所数	储蓄所数		正式职工人数
2012年	5	2	1	1	—	—	52	52
2013年	6	3	1	2	—	—	57	57
2014年	8	3	1	2	—	—	58	58
2015年	8	3	1	2	—	—	60	60
2016年	8	3	1	2	—	—	60	60

附表3

先进集体及个人一览表

授奖单位	奖项名称	获奖集体
中国银监会青岛监管局统信处	青岛辖区银行业金融机构监管统计三等奖	企业银行青岛分行
中国人民银行青岛市中心支行	青岛市金融统计业务竞赛团体三等奖	企业银行青岛分行
中国人民银行黄岛支行	青岛黄岛区2016年外汇业务知识竞赛团体二等奖	企业银行开发区支行
授奖单位	奖项名称	获奖个人
中国人民银行青岛市中心支行	青岛市金融统计业务竞赛个人三等奖	郭忠辉　黄晓来

续表

授奖单位	奖项名称	获奖个人
中国银行业监督管理委员会青岛监管局	"金融知识进万家"宣传服务月活动先进个人	种　冲
中国人民银行黄岛支行	青岛黄岛区2016年外汇业务知识竞赛个人二等奖	金雯雯　刘海燕

瑞穗银行(中国)有限公司青岛分行

【第一负责人简介】 吉川宙(Kikkawa Hiroshi),毕业于日本横滨市立大学商学系。先后在日本第一劝业银行羽田分行、北京办事处、上海分行、日本瑞穗实业银行股份有限公司上海分行、营业第十部、营业第十八部、上海总行营销第一部、营销第二部等部门任职。2015年5月,任瑞穗银行(中国)有限公司青岛分行行长。

【综述】 瑞穗银行(中国)有限公司(以下简称"瑞穗中国")是日本瑞穗银行股份有限公司的全资子公司,总部位于上海。2007年6月,作为首批外资银行之一和首家日资银行,完成了本地法人注册。2008年4月,经中国银监会核准,瑞穗银行(中国)有限公司青岛分行(以下简称"瑞穗银行青岛分行")成立,2008年4月28日正式开业,营业地址位于青岛市香港中路59号青岛国际金融中心44楼。瑞穗银行青岛分行是瑞穗中国在中国开设的第八个营业网点,同时也是瑞穗中国法人改制后申请设立的第一家分行。截至2016年年末,瑞穗中国已拥有16个营业网点,注册资本95亿元人民币。

【经营管理】 瑞穗银行青岛分行经营的业务范围为对各类客户的外汇业务以及对除中国境内公民以外客户的人民币业务,包括:存款、贷款、票据承兑与贴现、提供信用证服务及担保、办理国内外结算、提供资信调查和咨询服务等。服务区域主要覆盖山东省和部分周边地区。

瑞穗银行青岛分行自开业以来,已经与山东地区众多中外资企业建立了银企业务往来关系。同时,为了实现收益结构多样化的发展,进一步扩大非日资客户的开拓范围,加大营销力度。利用全球网络优势和我行设立在海外的Global China Desk(全球中国业务办公点)加强对跨境业务的开拓,为进一步繁荣山东地区的金融环境而努力,积极投入社会公益事业,履行银行的社会责任。

2016年,瑞穗中国为配合总行新一轮中期计划的实施,在2013年开始实施的"瑞雪计划"的基础上,制定了"瑞新计划"。该计划对象期间为2016年—2018年,围绕"挑战变革"、"追求速度"、"激发创意"推出多项举措,创造由中国发起的全球范围内业务合作,同时打造让员工引以为豪的职场。

【大事记】 5月　瑞穗银行青岛分行分行长由广濑俊变更为吉川宙。(青银监复〔2016〕165号)

6月　瑞穗中国竹田和史副行长到瑞穗银行青岛分行视察指导工作。

6月　瑞穗银行青岛分行邀请省内日资企业,分别在青岛和烟台举办了中文场及日语场研讨会。研讨会围绕中国经济动向、中国国内外金融市场动向及人民币汇率预测等内容展开。

6月　瑞穗中国冈丰树行长以及瑞穗银行青岛分行吉川宙分行长参加了山东省政府在济南举办的"跨国企业山东行"活动。冈丰树行长作为出席的外资企业代表之一,就外资企业如何参与山东省的十三五规划的专题进行了演讲。

9月　瑞穗金融集团东亚地区总负责人安原贵彦常务董事到瑞穗银行青岛分行视察指导工作。

12月　瑞穗银行青岛分行邀请省内日资企业在青岛颐中皇冠假日酒店举办研讨会。

(李香淑)

附表1

机构概况一览表

行长(或其他称谓的第一负责人)		副行长(或其他称谓的同级领导)	
吉川宙		李　忠	
地址	山东省青岛市香港中路59号青岛国际金融中心44楼	邮编	266071
网址	https://www.mizuhobank.com/china/cn/index.html	客服电话	80970001

附表 2

内设部门及分支机构一览表

年度	内设职能部门数量（个）	下设分支机构（个）					员工	
		总数	地市分行数	县区支行数	分理处、营业所数	储蓄所数	总人数（人）	正式职工人数
2012年	6	0	0	0	0	0	59	49
2013年	7	0	0	0	0	0	56	47
2014年	7	0	0	0	0	0	54	48
2015年	7	0	0	0	0	0	55	46
2016年	7	0	0	0	0	0	56	51

附件 3

先进集体及个人一览表

授奖单位	奖项名称	获奖集体
国家外汇管理局青岛市分局	银行执行外汇管理规定考核等级评定B级	瑞穗银行（中国）有限公司青岛分行
授奖单位	奖项名称	获奖个人
中国银行业监督管理委员会青岛监管局	辖区银行业监管统计劳动竞赛监管统计部门负责人成绩前十名	孙锡友

新韩银行(中国)有限公司青岛分行

【第一负责人简介】 姜成逸（KANG SUNGIL），1964年3月04日出生，韩国国籍。1990年3月进入新韩银行工作，2014年1月任新韩银行（中国）有限公司青岛分行行长。

【综述】 新韩银行（中国）有限公司青岛分行（以下简称“新韩银行青岛分行”）成立于2005年10月25日，2008年转制成法人分支机构。经营业务：各类客户的外汇业务和人民币业务，包括存款、贷款、人民币结算、票据承兑与贴现、贸易融资、国际结算业务、理财产品的销售。截至2016年年末，新韩银行青岛分行资产总额28.22亿元，各项存款总额26.50亿元，各项业务稳步发展。

【经营管理】 2016年，新韩银行青岛分行提高业务处理效率，拓宽业务办理渠道，不断努力加强对小企业金融服务创新，为客户提供安全便捷、优质高效的服务。

一、业务经营。

（一）手机银行。2016年8月，新韩银行青岛分行正式上线个人手机银行和企业手机银行，实现账户管理、存款、贷款、审批等功能，并通过手机银行对银行服务及产品进行宣传。同时，针对手机银行业务设定中长期计划，坚持不断创新、不断完善的理念，为客户提供更好的服务体验。

（二）财付通快捷支付和微信支付。2016年1月，为进一步丰富借记卡应用场景，拓宽支付渠道，新韩银行青岛分行与财付通签署合作协议，在经过将近10个月的开发、测试、试运行后，11月17日正式上线财付通快捷支付和微信支付服务。

（三）小企业金融服务创新。2016年3月，新韩银行青岛分行与中国中小企业协会签订战略合作协议，以金融服务创新为基础，通过加强双方客户共享、中小企业信用体系建设、金融产品创新、投行业务合作等多方面的合作，积极推进中小企业产业转型升级，扩大双方在中小企业金融服务领域影响力，树立金融服务新典范，带动全社会资源共同参与，合力助推中小企业成长。

（四）“新韩全球实时汇入”产品。2016年5月18日，新韩银行青岛分行“新韩全球实时汇入”产品系统开发完毕，并于5月16日正式上线。“新韩全球实时汇入”使新韩总行个人客户在办理单笔金额5000美元以下（含）的境外汇款业务时，可以直接汇款至新韩中国的个人账户，收款人实时收到资金。

二、风险管理。一是严格授信条件，选择优质客户，加强业务审查和放贷审核，防范信用风险和操作风险，加强贷后管理，强化预警管理。二是继续加强对企业材料真实性的调查审核，准确把握信贷政策，开展抵质押物的风险排查，加强贷后风险预测、评估。

三、合规管理。一是认真梳理规章制度，细化操作流程，规范业务操作，构建较为完善的风险管理体系。二是制订全年的合规自查计划，每月进行月特命检查，提高业务规范化管理水平。三是加强对高级管理层、员工的合规文化教育，进行警示教育及合规宣讲。

四、服务管理。一是重视客户服务，在总行组织的客服评比中继续保持优秀水平。自开业以来，未发生过客户不满，客户投诉事件。二是设置专人负责消费者权益保护工作，认真梳理消保制度，消保工作在当地监管机构的指导下，取得良好的成果。

五、安保工作。一是全员签订安全保卫工作责任书，实行安全工作责任制，加强常规性检查与突击性排查，提高全体员工的安全保卫意识。二是顺利通过青岛市公安局、青岛银监局联合开展的全市银行金融机构安全评估，获青岛市公安局颁发的“先进集体”。

【大事记】 1月 新韩银行青岛分行与财付通签署合作协议。

3月 新韩银行青岛分行与中国中小企业协会签订战略合作协议。

8月 新韩银行青岛分行正式上线个人手机银行和企业手机银行。

5月16日 新韩银行青岛分行开发的“新韩全球实时汇入”产品正式上线。

11月17日 新韩银行青岛分行正式上线财付通快捷支付和微信支付服务。

（刘素娟）

附件1

机构概况一览表

行长（或其他称谓的第一负责人）		副行长（或其他称谓的同级领导）	
姜成逸		朴正一	
地址	山东省青岛市南区东海西路28号中信万通证券大厦4楼	邮编	266071
网址	http://www.shinhanchina.com/html/main/main.html	客服电话	400-6688-600

附件2

内设部门及分支机构一览表

年度	内设职能部门数量（个）	下设分支机构（个）					员工总人数（人）	
		总数	地市分行数	县区支行数	分理处、营业所数	储蓄所数		正式职工人数
2012年	5	2	1	1	0	0	48	48
2013年	5	2	1	1	0	0	62	62
2014年	5	2	1	1	0	0	65	65
2015年	5	2	1	1	0	0	61	61
2016年	5	2	1	1	0	0	63	63

附件3

先进集体及个人一览表

授奖单位	奖项名称	获奖集体
青岛市公安局 中国银行业监督管理委员会青岛监管局	安全保卫先进单位	新韩银行（中国）有限公司青岛分行
授奖单位	奖项名称	获奖个人
中国银行业监督管理委员会青岛监管局	金融知识进万家活动先进个人	刘素娟
中国人民银行青岛市中心支行	统计优秀个人	王　瑜

汇丰银行(中国)有限公司青岛分行

【第一负责人简介】 刘晓晨,男,1979 年 12 月出生,清华大学技术经济及管理专业硕士。2005 年 7 月加入汇丰银行家管理培训生计划,历任汇丰沈阳分行工商金融服务部助理副总监、青岛分行工商金融服务部副总监、济南分行副行长、北京分行工商金融服务部总监等职,2013 年 5 月任汇丰银行(中国)有限公司东莞分行行长。2016 年 1 月至今,任汇丰银行(中国)有限公司青岛分行行长。

【综述】 香港上海汇丰银行有限公司于 1865 年在香港和上海成立,是汇丰集团的创始成员和集团在亚太区的旗舰。

汇丰银行(中国)有限公司由香港上海汇丰银行有限公司全资拥有,作为首批本地注册的外资法人银行于 2007 年 4 月 2 日正式开业。截至 2016 年 12 月 31 日,汇丰中国已在内地 50 多个城市设立了超过 170 个服务网点,是中国内地覆盖地域最广、服务网点最多的外资银行。

汇丰银行于 1992 年 1 月在青岛设立代表处,1993 年 2 月升格为分行。2007 年 4 月,汇丰银行(中国)有限公司青岛分行(以下简称“汇丰银行青岛分行”)取得了对本地居民提供人民币零售业务的资格,全面开展外汇业务和人民币业务。截至 2016 年年末,该行在青岛拥有一家分行和四家同城支行,是青岛地区网点最多,所占市场份额最大的外资银行之一。

【经营管理】 2016 年,汇丰银行青岛分行经营稳健,资产信贷质量良好,有效控制业务管理费用增长,业务发展在汇丰中国的分行中继续名列前茅。一是按照总行的统一安排,积极落实公司治理及内控与风险管理的各项措施,推进各项业务的平稳开展。二是依托集团广泛的全球网络,帮助本地企业把握中国深入参与世界经济合作的机遇,并借助人民币国际化的发展趋势,更好的捕捉中国与世界其他地区日益增长的机会。

【大事记】 3 月 汇丰银行青岛分行在人民银行青岛市中支 2015 年度反洗钱年度考核评级工作中被评为 A 级行,是唯一获得 A 级的外资银行。

9 月 汇丰银行青岛分行举办年度高端经济论坛,汇丰银行大中华区首席经济学家屈宏斌先生以及汇丰中国环球资金管理部、并购及融资业务部门总监向与会的省内近 200 余名企业高管解析中国宏观经济环境概览、经济新常态下跨境资金管理和环球资本融资与并购,帮助企业了解最新经济、金融动态,助力企业捕捉发展机遇。

12 月 汇丰银行青岛分行在国家外汇管理局青岛市分局 2016 年度执行外汇管理规定考核中为被评为 A 级行,是唯一获得 A 级的外资银行。

(安　源)

附件 1

机构概况一览表

行长(或其他称谓的第一负责人)		副行长(或其他称谓的同级领导)	
刘晓晨		孙翠霞　陈　炯	
地址	山东省青岛市香港中路 76 号颐中皇冠假日酒店 8 楼、711-714、718、911、918 及 1209 房间	邮编	266071
网址	http://www.hsbc.com.cn	客服电话	0532-80978088

附件 2

内设部门及分支机构一览表

年度	内设职能部门数量(个)	下设分支机构(个)					员工总人数(人)	
		总数	地市分行数	县区支行数	分理处、营业所数	储蓄所数		正式职工人数
2012 年	15	5	1	4	—	—	137	137
2013 年	12	5	1	4	—	—	125	125
2014 年	12	5	1	4	—	—	133	133

续表

年度	内设职能部门数量（个）	下设分支机构（个）					员工总人数（人）	
		总数	地市分行数	县区支行数	分理处、营业所数	储蓄所数		正式职工人数
2015 年	12	5	1	4	—	—	124	124
2016 年	12	5	1	4	—	—	124	124

三、保险公司

中国人寿保险股份有限公司山东省分公司

【第一负责人简介】　白彬，男，回族，1958年2月出生，中共党员，高级经济师、高级工商管理硕士（EMBA）。山东省保险行业协会常务理事，山东大学经济学院特聘教授、硕士生导师。1975年11月参加工作，现任中国人寿保险股份有限公司业务总监，山东省分公司党委书记、总经理。

【综述】　2016年，中国人寿保险股份有限公司山东省分公司（以下简称“人寿保险山东省分公司”）扎实推进经营管理和运营服务升级，强化风险防控体系建设和干部队伍建设，各项业务稳健持续发展。

【经营管理】　2016年，人寿保险山东省分公司全面加强企业经营管理，实现快速健康发展。

一、创业人力突破20万。11月18日，全省三渠九部创业人力突破20万元，人寿保险山东省分公司成为全行业首家达成这一目标的省级机构。

二、总保费突破300亿元。11月30日，系统总保费突破300亿元，人寿保险山东省分公司成为行业第三家迈入“300亿俱乐部”的省级机构。年末总保费突破317亿元，总资产达到1257亿元。

三、业务结构和队伍质态取得新突破。2016年，人寿保险山东省分公司首年期交保费突破77亿元，增速超过61%；10年及以上期交保费突破41亿元，增速超过67%；短险保费突破20亿（营改增前口径），增速超过27%；续期保费突破162亿元，占总保费的53.6%。全省月均3000年化标保举绩人力突破4.15万人，个险季均有效人力突破5.06万人，同比增长73.2%，新人年化3000举绩贡献度达到57.9%。

四、整合资源深化合作取得新突破。一是牵头国寿财险、国寿养老险山东公司与广发银行济南分行签订“三司一行”全面合作协议，主导“三司一行”与省老龄办、省妇联签订战略合作协议、为建档立卡贫困人口提供保险保障。二是以总分第一的投标成绩获得新一轮全省城镇职工及城乡居民大病保险服务省级资格。

【内部管理】　2016年，人寿保险山东省分公司进一步加强内部管理，积极推动风险管理与业务拓展同步发展，有力推进党建工作顺利开展，取得显著效果。

一、着力推动运营服务提质增效。2016年，人寿保险山东省分公司新单收费、续期收费、付费授权银行转账率分别达98.9%、97.4%、99.7%。全面推广智能核保和理赔，新契约短险电子化出单率达89.1%，保全电子化服务推广度43.2%，智能理赔推广度91.7%。理赔客户临柜率43.5%，同比下降7个百分点。全年支付意外和疾病保险金35.19亿元。95519人工应答155.38万通，日间接通率93.2%，客户满意度99.9%。微信公众号、e宝账、云助理、国寿e家用户数分别达202万元、111.2万元、20.9万元和17.1万元。

二、着力推动风险防控关口前移。一是全方位开展对所辖单位的巡视回头看、专项巡视和综合检查，完成32个市县班子成员的经济责任审计。二是强化教育警示，发送内部通报32期，利用公司内网和微信平台发布重要文件、典型案例、节假日行为规范等提示性邮件65次，举办“廉政·合规”大讲堂139期。三是查处销售人员违规行为350起，更新客户信息保单4477件。四是组织“两两”回头看和非法集资专项治理，接受人民银行反洗钱现场检查。五是扎实推进满期给付、客户投诉等工作。截至年末，给付满期保单37.35万件、金额85.39亿元，满期转保6.12万件、金额8.3亿元，复效保单17.8万件、金额7.42亿元。客户撤诉率92.4%，同比提高2.14个百分点。

三、着力增强抓党建促发展能力。一是深入开展“两学一做”学习教育。各级公司党组织书记和班子成员讲授专题党课480余次。二是加大干部竞聘选拔、交流锻炼力度，调整充实了10家市级班子成员。三是制定《关于加强基层党组织建设为阔步迈向十三五提供坚强政治保障的意见》和《关于贯彻保险业助推脱贫攻坚工作的实施意见》。四是联合省妇联开展“关爱女性 精准扶贫”行动，并在菏泽举办现场启动仪仪式。五是全年举办培训班430期，培训4.2万人次。深入基层提供培训支援526人次，受训人数3.5万人。

四、隆重开展20周年纪念活动。2016年，人寿保险山东省分公司精心组织“营销20年”和“分业20年”纪念活动，隆重召开分业20周年暨创业人力突破20万大会，集团公司杨明生董事长为大会题词，缪建民总裁亲临大会，省金融办、老龄委、山东保监局主要负责人出席大会。

【大事记】　1月28日—29日　人寿保险山东省分公司在济南召开全省系统工作会议。

3月12日　人寿保险山东省分公司组织本部员工参加大众网联合山东各机关事业单位、驻济高校、爱心企业组织的“植绿母亲河”植树活动。

3月29日　人寿保险山东省分公司联合财产险公司、养老险公司召开山东省第三次职业年金拓展联席会。

4月15日　中国人寿保险股份有限公司“感动国寿”先进人物事迹巡回报告会在山东分公司隆重举行。

4月27日　中国·临沂第三届资本交易大会在临沂开幕，人寿保险山东省分公司作为主办单位组织大会主题活动——保险创新支持临沂民生工程推介会。

5月15日—16日　人寿保险山东省分公司组织召开全省系统运营服务体系建设工作会议。

5月18日　人寿保险山东省分公司党委委员、副总经理周曙光出席中国·德州第六届资本交易大会暨京津冀协同发展金融创新高峰会金融助力德州建设“京津冀协同发展示范区”研讨会，并作主题演讲。

7月1日　人寿保险山东省分公司召开全省系统纪念建党95周年暨“两学一做”专题党课视频大会。

8月16日　人寿保险山东省分公司召开全省系统寿险营销机制建立20周年纪念大会。

8月26日　人寿保险山东省分公司组织省公司本部及济南市分公司员工参加省血液中心组织的无偿献血活动。

9月13日　人寿保险山东省分公司与省妇联联合举办山东省“关爱女性 精准扶贫”行动启动仪式。

10月26日　人寿保险山东省分公司与山东省老龄办、省老年学学会联合举办山东省“孝行齐鲁关爱银铃”老年人健康大讲堂公益巡讲启动仪式。

11月19日　人寿保险山东省分公司召开纪念分业经营20周年暨庆祝三渠九部创业人力突破20万大会。

12月16日　人寿保险山东省分公司联合广发银行济南分行召开“携手同行 全鑫启动”开门红启动大会。

12月28日　人寿保险山东省分公司联合省老龄办召开全省实施银铃安康工程2016年度总结表彰大会，同时联合国寿财险、国寿养老险山东省分公司、广发银行济南分行与山东省老龄办签订战略合作协议。

（宋璐璐）

附表 1

机构概况一览表

总经理		副总经理	
白　彬		侯清英　胡　斌　李恩林　周曙光　吴　锋	
地址	山东省济南市泺源大街88号	邮编	250011
网址	http://www.e-chinalife.com/	客服电话	95519

附表 2

内设部门及分支机构一览表

年度	内设职能部门数量（个）	下设分支机构（个）				员工	
		总数	地市分公司数	县区支公司数	农村营销服务部数	总人数（人）	正式职工人数
2012年	14	147	16	131	1103	5452	5452
2013年	14	147	16	131	1255	5466	5466
2014年	15	147	16	131	1256	5465	5465
2015年	15	147	16	131	1156	5476	5476
2016年	15	125	16	109	1226	5503	5503

附表 3

主要统计指标

项目＼年度	2012	2013	2014	2015	2016	2016年同比增幅（%）
总资产（亿元）	908.39	954.16	1015.81	1101.15	1,257.01	14.15
签单数量（万件）	548.93	436.78	564.39	589.78	663.42	12.5

续表

项目＼年度	2012	2013	2014	2015	2016	2016 年同比增幅（%）
保费收入（亿元）	202.91	218.71	234.63	258.51	317.25	22.73
处理赔案（万件）	34.48	36.36	37.36	38.89	44.78	15.14
赔付支出（亿元）	51.25	102.66	87.64	90.97	149.47	64.32

附表 4

先进集体及个人一览表

授奖单位	奖项名称	获奖集体
中国人寿集团公司	个险业务发展奖	人寿保险山东省分公司
中国人寿保险股份有限公司	价值贡献奖	人寿保险山东省分公司
中国人寿保险股份有限公司	创新贡献奖	人寿保险山东省分公司
中国人寿保险股份有限公司	个险双领先奖	人寿保险山东省分公司
中国人寿集团公司	模范职工之家	人寿保险潍坊分公司工会工作委员会
中华全国总工会	全国工人先锋号	人寿保险济南章丘市支公司
中国金融工会	全国金融先锋号	人寿保险威海分公司
山东省妇联	妇女岗位建功先进集体	人寿保险临沂分公司城区收展部
中国人寿保险股份有限公司	第六届劳模先进模范集体	人寿保险威海分公司、临沂分公司
授奖单位	奖项名称	获奖个人
中国金融工会	金融五一奖章	李洪涛
山东省妇联	巾帼建功标兵	曹爱芳
中国人寿集团公司	巾帼建功标兵	刘建芳
中国人寿集团公司	巾帼建功能手	张红颜
中国人寿集团公司	工会积极分子	慈大鹏　朱　倩
中国人寿保险股份有限公司	第六届劳先评比劳动模范	曹雪臣　张红颜　张秋云

泰山财产保险股份有限公司

【第一负责人简介】　郭永利，男，汉族，1964 年 5 月出生，研究生学历。历任山东省国税局稽查局副局长、办公室副主任，莱芜市国税局党组书记、局长，莱芜市委常委、副市长，山东省金融工作办公室党组副书记、副主任等职，现任泰山财产保险股份有限公司党委书记、董事长。

【综述】　2016 年，泰山财产保险股份有限公司（以下简称“泰山财险公司”）秉承“规范治理、稳健发展、创新经营、诚信服务”的经营理念，奉行“忠诚、责任、专业、共赢”的核心价值观，建立了由股东大会、董事会、监事会和管理层组成的公司治理架构，形成了权力机构、决策机构、监督机构和执行机构权责清晰、运行规范的内部治理机制。

【经营管理】　2016 年，泰山财险公司以“坚持质量效益不动摇、坚持结构调整不动摇、坚持转型升级不动摇、坚持创新发展不动摇”为指导。截至 2016 年年末，泰山财险公司实现保费收入14.01亿元，同比增长11.90%，预算达成率105.55%，实现利润2386.13万元，同比增长10.37%，预算达成率238.37%，连续两年扭亏为盈；总资产达 36.85亿元，资产负债率47.08%，偿付能力充足率468.74%，整体经济效益再创历史最好成绩。

一、深化改革发展，坚持市场化运作模式。注册成立了全国性的泰盛保险销售公司，参股设立了山东金融资产交易中心、泰山民间资本管理公司、山东泽泰农业科技有限公司。联合光大永明资管公司及4家中小保险公司发起设立保险业首家私募股权投资公司，重点为中小微企业融资提供服务。牵头10余家中小财险保险公司筹划发起设立保险资产管理公司，积极推动发起设立泰山健康保险股份有限公司。

二、加大创新力度，聚焦服务山东经济社会发展大局。全面参与了食品安全责任险、医疗责任险和安全生产责任险的试点工作，提供各类社会保障1211亿元，为社会稳定和化解矛盾发挥了积极作用。大力推进农业保险创新工作，积极助力精准扶贫，主导了全省农产品价格指数保险推广工作，为农户提供生产和销售环节“双保险”，共为山东90.34万户农户提供了21.18亿元的风险保障。

三、拓宽融资渠道，大力支持地方经济建设。积极引进外部投资助力优质中小微企业和战略新兴产业发展，服务地方经济建设。通过与滨州、商河和诸城等市县政府合作设立私募基金的形式，持续为地方经济建设提供资金支持，基金募集规模超过6亿元。创新信用保证保险运作模式，与京东商城旗下“京东金融”签署互联网金融业务合作协议，帮助省内企业融资1.93亿元，打造了互联网资金支持山东经济发展的新模式。

四、深化结构调整，努力实现提质增效。一方面，坚持以创新为驱动，着力推进车险直销和网电销发展，提高业务品质；另一方面，重点发展财意险、责任险、农业险和信用保证保险等非车险业务，促进规模险种出效益、效益险种上规模，盈利能力进一步增强，经营效益水平再上新台阶。

【客户服务】 2016年，泰山财险公司通过细化理赔服务流程和深入推广人性化服务，进一步提高了客户服务质量。一是进一步完善了保险消费者权益保护工作机制，明确了客户服务部为保险消费者权益保护工作的第一责任部门和投诉处理部门，负责具体协调、处理保险消费者权益保护事宜；督导各分支机构成立了保险消费者保护事务委员会，设立投诉处理专岗，优化投诉受理转办流程和应急事件处置措施，加大了“保险消费者权益保护”工作的流程化、制度化力度。二是研发上线全新智能调度管理系统，有效提高了40060-77777客户服务热线响应速度以及投诉处理效率，为客户提供了更加高效快捷的绿色通道服务。三是积极践行“理赔服务承诺”，通过小额案件快赔、预付服务等方式，让客户不再为理赔而困扰，并在完成保险客户理赔案件给付后，及时对客户进行电话回访，了解客户对公司理赔过程的满意度，认真听取客户意见建议，有针对性的改进服务措施，不断提高理赔服务品质。

【大事记】 2月24日 泰山财险公司与京东金融签署合作协议。

3月28日 泰山财险公司推出樱桃种植保险，是山东省内唯一承保主体。

4月20日 泰山财险公司出资参股设立上海保险交易所股份有限公司，该公司是由国务院批准设立的国内首家保险交易所。

5月3日 泰山财险公司推出茶叶种植保险，是山东省内唯一承保主体。

6月1日 泰山财险公司中标济青高铁7个标段，提供风险保障130.45亿元。

7月1日 泰山财险公司成功出具首张城乡居民住宅地震巨灾保险保单。

7月27日 泰山财险公司与山东省财政厅、中国建设银行山东省分行等多家银行业金融机构签订了山东省“政银保”贷款保证保险业务合作协议，是参与本次签约的唯一地方保险法人机构。

9月7日 泰山财险公司推出政策性冬枣种植保险，是山东省内唯一承保主体。

10月13日 泰山财险公司与山东省滨州市政府签署股权基金合作协议。

10月25日 泰山财险公司河南分公司获中国保监会批准开业，是继山东、青岛、江苏、河北、内蒙古、浙江、宁波、北京分公司之后泰山保险成立的第9家分公司。

12月30日 泰山财险公司召开中国共产党第一次代表大会，选举产生第一届委员会和纪律检查委员会。

（朱 峰 吕 龙）

附表1

机构概况一览表

董事长 党委书记	董事 总经理	董事党委 副书记	党委委员 副总经理	副总经理	党委委员 纪委书记	党委委员 组织部长	董事会 秘书	总经理 助理	总经理 助理
郭永利	纪 律	牟文军	安中涛	郑 青	刘 敏	迟家明	魏光明	曹义勇	尹黎民
地址	山东省济南市高新技术开发区舜华路1173号				邮编	250101			
网址	http://www.taishanpic.com.cn				客服电话	40060-77777			

附表 2

内设部门及分支机构一览表

年度	内设职能部门数量（个）	下设分支机构（个）					员工总人数（人）	
		总数	省级分公司数	城市分公司数	地市中心支公司数	县区支公司数		正式职工人数
2012年	17	42	5	2	19	16	972	972
2013年	12	58	5	2	22	29	1268	1268
2014年	15	83	5	2	29	47	1416	1416
2015年	16	115	6	2	35	72	1460	1460
2016年	15	126	7	2	36	81	1395	1395

附表 3

主要统计指标

单位：亿元

项目 \ 年度	2012	2013	2014	2015	2016	2016年同比增幅（%）
总资产（亿元）	23.91	26.58	30.70	34.63	36.09	4.23
签单数量（万件）	16.7	44.18	58.01	69.59	85.25	22.51
保费收入（亿元）	3.86	8.61	11.14	12.52	14.01	11.90
处理赔案（万件）	2.09	7.76	11.79	10.82	9.64	-10.90
赔付支出（亿元）	0.51	2.71	4.74	5.81	6.79	16.89

附表 4

先进集体及个人一览表

授奖单位	奖项名称	获奖集体
共青团山东省国资委委员会	山东省省管企业五四红旗团委	共青团泰山保险委员会
共青团山东省国资委委员会	山东省省管企业五四红旗团支部	共青团泰山保险委员会
共青团山东省国资委委员会	山东省省管企业五四红旗团支部	济南中心支公司团支部
共青团山东省国资委委员会	山东省省管企业青年文明号	泰山保险车险部
共青团山东省国资委委员会	山东省省管企业青年文明号	客户服务部呼叫中心
共青团山东省国资委委员会	山东省省管企业青年文明号	泰山保险河北分公司客户服务部
共青团山东省国资委委员会	山东省省管企业青年文明号	青岛分公司客户服务部
共青团山东省国资委委员会	山东省省管企业青年文明号	江苏分公司行政人事部
山东省财政厅	BBB级地方金融企业	泰山财产保险股份有限公司
山东省保险行业协会	山东保险业通讯工作先进单位	泰山保险山东分公司
授奖单位	奖项名称	获奖个人
共青团山东省国资委委员会	山东省省管企业优秀共青团干部	吴治峰
共青团山东省国资委委员会	山东省省管企业优秀共青团员	辛萌萌

中国太平洋财产保险股份有限公司山东分公司

【第一负责人简介】　武博，男，汉族，1970 年 6 月出生，中共党员，高级政工师、经济师、市场营销总监；博士研究生学历，先后获北京大学金融学硕士学位、南开大学保险学博士学位，中央财经大学兼职教授，山东大学保险专业硕士研究生合作导师，现任中国太平洋财产保险股份有限公司山东分公司党委书记、总经理。

【综述】　2016 年，中国太平洋财产保险股份有限公司山东分公司（以下简称“太平洋产险山东分公司”）通过深入调整业务结构、不断优化经营管理、加大新领域创新等一系列经营管理措施，进一步增强经营稳定性，持续提升服务能力，实现了经济效益与社会效益、自身发展与行业发展“两个结合”，各项工作有序推进。

【经营管理】　2016 年，太平洋产险山东分公司切实加强经营管理，增强经营活力、提高竞争能力。

一、持续优化销售体系，提升专业化销售能力。不断探索和推动销售模式转型，积极实施以“关注客户需要，改善客户界面，提升客户体验”为总体目标，以客户需求为导向的转型工作。不断理顺组织架构，逐步建立起个人客户与团体客户相辅相成、直销业务与渠道业务“双轮”并驾齐驱的专业化、垂直化销售组织模式，为销售能力的全面提升奠定了基础。进一步提升公司资源对各渠道业务的支持效能，有效推动内涵式发展，实现客户价值的不断提升和公司价值的可持续增长。

二、不断优化服务流程，提供便捷周到服务。提供满足客户需求的保险产品，推广中小企业专属产品“财富 U 保”、小额贷款保证保险、出口和国内短期信用险、产品责任险、汽车延保等产品；加快三农保险、巨灾保险以及食品安全、环境污染、医疗责任等与公众利益密切相关的责任保险。推进标准化服务门店建设，成功通过中国质量协会“全国现场管理星级评价五星级现场”认定，成为山东省保险业首家五星级示范服务门店。倾力为客户提供风险预警服务，帮助客户规避潜在的损失风险，将贴心周到的服务贯穿于产品生命周期的全流程。在业内和系统内率先推广应用 3G 快速理赔系统、微信自助理赔、智能核赔系统等创新应用，车险赔款时效行业领先。积极推行“人伤全程通服务”，从报案环节的短信通知专人负责、到查勘环节全程指导、随时反馈，再到调解环节的专家介入指导，真正体现为客户服务宗旨。

三、增强客户体验，打造便捷服务平台。开通了“太平洋财产保险山东分公司”微信公众号，实现了网上投保、自助查询、微信自助理赔、道路救援、车辆检测、代驾红包以及积分兑换服务等功能，让客户享受到更加便捷的承保、理赔及增值服务。依托微信平台，推出保险“微店”，借力于“粉丝营销”，实现产品与顾客、店主与买家的“零距离”互动，通过扫二维码、朋友圈、海报、个人名片等即可实现产品推广和购买流程，努力为客户提供便捷高效的个人保险业务投保服务。

四、加强企业文化建设，自觉践行企业社会责任。开展保险进社区、进农村、进学校、进企业、进机关“五进入”活动，为群众讲解保险知识，通过与地方媒体合作宣传保险知识，利用网络社交公众与公众互动等方式传播保险理念积极参与传播保险文化，传递保险理念。在以产品及服务保障、基础设施投资推动经济民生和社会发展的基础上，主动承担社会责任，倡导和承办山东省环责险高端论坛，发展环境友好型产品，践行低碳运营和绿色办公，倡导绿色环保活动，取得了良好成效。

【大事记】　1 月 11 日　太平洋产险在山东发布个人信用保证保险业务品牌——“太享贷”，在济南和潍坊两地同步正式推出“太享贷”个人信用保证保险业务。

1 月 27 日　由太平洋产险山东分公司承办的山东省“科贷保”暨烟台市知识产权质押贷款市场化运营项目签约启动仪式成功举行，产险山东烟台中支、青岛银行、中恒信融资担保有限公司、山东山琦知识产权运营管理有限公司四方合作单位正式签约，标志着山东省内首个知识产权质押贷款市场化运营项目正式启动。

1 月　太平洋产险山东分公司参与承保北京京港地铁财产一切险、机器损坏险项目，项目总保额 252 亿元。

2 月　太平洋产险山东分公司承保国网山东省电力公司下属供电公司财产一切险项目，项目总保额 101 亿元。

3 月 15 日　太平洋产险山东分公司辖内组织开展各机构“3·15”国际消费者权益日活动。

3 月 23 日　太平洋产险山东分公司与山东省公安厅经侦总队警保法律协作备忘录签署仪式暨法律协作办公室揭牌仪式在山东分公司会议室隆重举行，双方签署法律协作备忘录，成立法律协作办公室，共同打击保险诈骗行为。

5 月 3 日　太平洋产险山东分公司第一张增值税发票在威海中心支公司成功开出，标志着自 5 月 1 日在全国范围全面推开的营业税改征增值税(简称“营改增”)试点工作在该公司正式落地,也标志着营改增由准备期向实施期的顺利过渡。

5月12日 太平洋产险山东分公司承保的山东潍坊某集团公司发生火灾事故,造成建筑物及存货损失,太平洋产险快速赔付2600万元,帮助企业快速恢复生产。

5月25日 太平洋产险山东分公司鸡蛋价格指数保险推介会在济南舜耕山庄隆重召开,会上签订了全国第一单商业性鸡蛋价格指数保险。

6月 太平洋产险山东分公司承保晨鸣纸业集团财产综合险、机器损坏险项目,项目总保额707亿元。

7月8日 太平洋产险山东分公司举办创新体验官聘任仪式,11位客户受聘担任该公司创新体验官,并现场体验新技术应用成果。

10月 太平洋产险山东分公司团委与山东青少年发展基金会联合组织开展了“希望工程·爱心圆梦”活动,共捐助学生94人,捐款金额近10万元。

11月 太平洋产险山东分公司在业内首创“在线直播+微信营销”模式,开展“双十一、双十二”直播间活动,同步在线观看量达6.5万人次。

11月25日 太平洋产险山东分公司与HAN SHIP MANAGEMENT PTE. LTD.在济南签署赔款协议,向该企业赔付旗下一货轮火灾和机器损失共计322.5万美元。

12月15日 太平洋产险山东分公司与中国邮政集团山东分公司在济南签署战略合作协议,开启“邮保”战略合作的新篇章。

(张吉龙)

附表1

机构概况一览表

总经理		副总经理	
武 博		韦 慧 徐建勋 徐 冰	
地址	山东省济南市经十路13777号中润世纪广场15栋	邮编	250014
网址	http://www.cpic.com.cn/cx/sd/	客服电话	95500

附表2

内设部门及分支机构一览表

年度	内设职能部门数量(个)	下设分支机构(个)				员工	
		总数	地市中心支公司数	县区支公司数	营销服务部数	总人数(人)	正式职工人数
2012年	17	156	16	138	2	3225	3130
2013年	18	158	16	140	2	3309	3309
2014年	18	165	16	144	5	3425	3425
2015年	19	171	16	148	7	3409	3409
2016年	20	179	16	152	11	3145	3145

附表3

主要统计指标

项目 \ 年度	2012	2013	2014	2015	2016	2016年同比增幅(%)
总资产(亿元)	6.59	8.46	7.85	7.97	8.98	12.67
签单数量(万件)	544.92	914.97	1274.49	1755.24	2358.65	34.38
保费收入(亿元)	43.14	49.61	49.79	45.14	43.22	-4.25
处理赔案(万件)	41.90	55.9	59.07	49.94	36.42	-27.07
赔付支出(亿元)	21.40	25.59	29.07	26.79	25.76	-3.84

附表 4

先进集体一览表

授奖单位	奖项名称	获奖集体
山东省政府	山东省金融发展贡献先进单位	太平洋产险山东分公司
太平洋保险集团公司	品牌建设优秀分公司	太平洋产险山东分公司
太平洋产险总公司	“天眼”试点优秀机构	太平洋产险山东分公司
太平洋保险集团公司	2016 年度十大“太平洋保险好品牌”	太平洋产险山东分公司
太平洋产险总公司	产险公司 2016 年打假优秀团队	太平洋产险车险理赔督察团队
太平洋产险总公司	保险小额理赔竞速赛（全国一等奖）	太平洋产险山东分公司
太平洋产险总公司	“首台（套）综合保险”专项营销奖	太平洋产险山东分公司

中国平安人寿保险股份有限公司济南分公司

【第一负责人简介】 黄炳杰，毕业于中国人民大学会计学专业，1996 年 11 月进入平安。历任平安人寿厦门分公司组训、营业区区经理、客户服务部副经理、区域拓展部副经理；2004 年 8 月担任平安人寿福建分公司泉州中心支公司营销培训部经理；2006 年 1 月担任平安人寿福建分公司三明中心支公司总经理；2007 年 5 月担任平安人寿福建分公司副总经理，分管本部销售；2011 年 9 月担任平安人寿浙江分公司副总经理兼温州中心支公司总经理。2015 年 3 月担任平安人寿济南分公司临时负责人，同年 6 月被正式任命为平安人寿济南分公司副总经理（主持工作）。

【经营管理】 2016 年，中国平安人寿保险股份有限公司济南分公司（以下简称“平安人寿济南分公司”）产品体系清晰完整，涵盖寿险、健康险和意外险。公司的个险业务范围包括济南、泰安、莱芜、德州、聊城、菏泽、济宁、枣庄共 8 个地市，银保业务范围包括山东省除青岛之外的其余地市。平安人寿济南分公司现有营销员超过 2.3 万人，通过“开放式的 O2O 客户经营”平台，线上线下融合互补，产品与服务全面开放，推出“平安金管家”APP，为所有公众提供“医食住行玩财”全方位服务，打造“移动化、专业化、社交化、场景化”的客户体验。

【客户服务】 2016 年，平安人寿济南分公司倾力为客户打造“简单便捷、友善安心”的服务体验。

一、理赔服务。2016 年 5 月，平安人寿济南分公司依托寿险线上平台，口袋 E 行销和平安金管家 APP，重磅上线“安 e 赔”，实现了客户、业务员的场景化自助理赔。客户只需通过两步简单操作，即填写客户银行账号、上传资料影像便可完成在线理赔申请，足不出户享受安逸、安心、安全的理赔服务。医疗险、重疾险、残疾险等均可通过“安 e 赔”渠道申请理赔，平均案件时效仅 0.26 天，最快仅用时 3 分钟结案。2016 年，平安人寿济南分公司实现标准案件 2 日结案率 96.10%，平均结案时效 1.71 天，用实际行动兑现了“标准案件、资料齐全、2 日赔付”的服务承诺。截至 2016 年年末，平安人寿济南分公司累计结案 7.60 万件，同比增长 12.93%；累计赔付金额 3.79 亿元，同比增长 18.97%。

二、基础服务。一是结合客户需求及日常客户满意度情况反馈，明确要求续期服务人员在接到客户需求时必须在两个工作日内进行响应，在五个工作日内完成客户服务需求，同时通过对续期服务人员的技能培训全面提升续期服务人员的服务技能，为客户提供更为满意的续期服务。二是适时推出多渠道服务，以“E 时代，易渠道，逸生活”为主题进行大力推广。三是建立各接触点客户信息维护制度，定期检视客户联系信息的完整性和准确性，确保客户信息准确，切实维护客户权益。

三、加值服务。2016 年，平安金管家 APP 继健康管理服务后，正式上线“生活助手”模块。模块内容涵盖教育咨询、问律师、海外体检、查快递、查违章等众多服务功能。其中，教育咨询与新东方强强联合，首推 6 大爆款游学营路线，寿险客户还可专享优惠；“问律师”与“法律网”联合，先服务后收费，为客户提供随时随地的法律咨询服务。

【大事记】 5 月 平安人寿济南分公司以以防范和处置非法集资、打击违规代销非保险金融产品为核心，开展“慧眼·守信·明责”为主题的宣传月专项活动，有效提升员工和广大营销队伍的合规意识。

6月1日　平安人寿济南分公司联合济南市儿童医院、济南市青少年宫、齐鲁网开展“特别的爱给特别的你”爱心公益活动，为长期接受康复训练的脑瘫儿童带来别样的节日盛宴。

6月14日　平安人寿济南分公司携手山东省献血中心，举行“执善心，筑大业”2016“血液连接你我”大型献血活动。

8月21日—9月2日　平安人寿济南分公司联合济南电视台都市频道、济南市体育局、济南市园林局联合举办济南泉城公园“平安RUN夜跑看济南”大型新生活健跑活动，吸引了逾1500名平安客户和市民朋友的热情参与。

9月　平安人寿济南分公司在全省范围内征集了20名家境贫寒的大一新生，为每人资助2000元助学金，旨在帮助寒门学子解决家庭生活方面的困难，使他们能顺利完成大学学业。

9月　平安人寿济南分公司积极响应“精准扶贫”的号召，扶持长清区五峰山脚下的贫困山村陈庄村发展蒲公英茶产业，购买陈庄的蒲公英茶，并将“爱心茶”赠送给济南火车站派出所民警，表达对奋战在基层的民警同志的慰问。

9月　平安人寿济南分公司携手奥运健儿杨哲，一同来到长清区张夏镇诗庄小学，为学生带来普类、益智类、中外名著、辅导教材等书籍，建立“我与奥运健儿”爱心书库。

11月28日　平安人寿济南分公司乔迁新址，位于市中区胜利大街56号。

（张力韦）

附表1

内设部门及分支机构一览表

年度	内设职能部门数量（个）	下设分支机构（个）				员工总人数（人）	
		总数	地市中支数	县区营销服务部数	分理处、营业所数		正式职工人数
2012年	14	83	8	0	75	1262	1262
2013年	16	84	8	0	76	1377	1377
2014年	16	85	8	0	77	1347	1337
2015年	16	92	8	0	84	1632	1621
2016年	16	107	8	0	99	1890	1750

注：1. 三级机构数据填写在“地市中支数”一栏，营销服务部和支公司填写在“分理处、营业所”一栏

2. 表格数据含烟台

中国平安人寿保险股份有限公司青岛分公司

【第一负责人简介】　张毅，1965年生，河北省石家庄人，中共党员，中国人民大学MBA专业研究生学历。1996年加入平安人寿，历任烟台中心支公司副总经理、甘肃分公司副总经理、重庆分公司总经理，2012年9月起任平安人寿青岛分公司总经理。

【综述】　中国平安人寿保险股份有限公司青岛分公司（以下简称“平安人寿青岛分公司”）是中国平安人寿保险股份有限公司在山东省设立的第一家二级机构，管辖青岛、淄博、潍坊、临沂、日照、威海、东营、滨州8地市业务。多年以来，该公司致力于提供最能满足客户需求的产品，依托平安保险集团的综合优势，逐渐形成了以人身险产品为核心的综合金融服务平台。2016年，平安人寿青岛分公司通过4万余名寿险代理人和133个营销服务网点，为364万余名客户提供了保险保障服务。

【经营管理】　2016年，平安人寿青岛分公司以自身发展规划为依托，以思想和战略作为提升该公司未来竞争力的核心，将该公司各级员工的管理思想升级为经营思想，利用科技手段辅助内勤员工和保险营销员，实现了效益最大化的经营目标。

一、重点举措。2016年，平安人寿青岛分公司树立内部竞争文化的发展要求，秉持“队伍为基、客户经营、荣誉为先、共好成长”的经营方向，以“健康人海、结构优化、客户经营、PK文

化、共好成长、科技进步”为经营策略，全面落实推进总公司各项要求，分阶段达成规划目标，助力总公司及片区达成整体经营目标。

二、保费收入。2016 年，平安人寿青岛分公司实现总保费收入 99.67 亿元，同比增长 31.57%，保费规模在中国平安人寿保险股份有限公司的所有子公司中排名第 5 位。其中，新业务规模保费 37.68 亿元，同比增长 50.27%；期末保户储金及投资款 195.87 亿元，年度净增 28.38 亿元；期末有效客户存量 364.97 万人，同比增长 8.00%。

三、产品结构。2016 年，平安人寿青岛分公司继续贯彻以客户需求为导向的产品推动理念，以费率市场化产品和互联网保险产品作为新的增长点，持续推动产品结构的优化调整，保障型产品的保费收入实现快速增长。其中，普通寿险新单保费收入 9.33 亿元，同比增长 75.93%；健康险新单保费收入 11.15 亿元，同比增长 47.32%；意外险新单保费收入 2.17 亿元，同比增长 25.20%。这三类纯保障型产品新单保费合计 22.65 亿元，新单保费占比达到 60.10%。

四、渠道表现。2016 年，平安人寿青岛分公司通过个险、银保、公司直销三条渠道服务客户。其中，个险渠道实现保费收入 88.19 亿元，同比增长 28.73%；直销渠道实现保费收入 6.80 亿元，同比增长 40.94%；银保渠道实现保费收入 4.69 亿元，同比增长 93.07%，取得突破性的成长。

五、人力发展。2016 年，平安人寿青岛分公司的人力发展工作效果显著。截至 2016 年年末，代理人规模达到 4.04 万人，同比增长 22.85%；营销员 13 月留存率 31.01%，同比下降 2.95 个百分点；营销员人均月收入 4858.75 元，同比增长 13.69%。

【客户服务】 2016 年，平安人寿青岛分公司注重提升客户体验，以科技手段为核心，为客户提供全方位、多角度的优质服务。

一、在销售环节，进一步强化以平安金管家 APP 为核心的线上平台的功能。不仅将传统的保险销售、保单维护、客户服务等功能进一步向线上平台转移，同时不断丰富线上平台的产品线，添加生活产品、服务产品、金融产品等，形成金融生活生态圈，满足客户全方位的需求。

二、在理赔环节，通过“安 e 赔”的落地，实现极速理赔服务，带来更优质的客户体验。安 e 赔实现了在线申请理赔功能，客户电子签名确认后，只需拍照上传理赔资料即可进入理赔处理环节，30 分钟之内完成理赔，避免了客户来回奔波、排队等待、复印大量纸质材料等环节。

【大事记】 1 月 15 日 平安人寿青岛分公司召开 2016 年管理干部经营规划会，该公司总经理室成员、全体管理序列员工、营销总监、区拓经理等 200 余人参会，会上，总经理张毅作题为《协同作战 剑指辉煌》主题报告。

1 月 21 日 平安人寿青岛分公司召开第一届职工代表大会。

3 月 1 日 平安人寿“安 e 赔”项目试点工作在平安人寿青岛分公司顺利启动，当日处理“安 e 赔”理赔案件 33 件，件均处理时效 12 分钟，最高赔付金额 7400 元，最快赔付时效 6 分钟。

3 月 15 日 平安人寿青岛分公司开展“诚信保险·自主消费”3·15 保险消费者知识宣传活动。

5 月 15 日 平安人寿青岛分公司参加由青岛市公安局主办的“2016 年青岛市打击和防范经济犯罪宣传日”大型户外宣传活动。

9 月 9 日 平安人寿青岛分公司对后援部门组织架构进行调整，调整后该公司后援条线包含两核风险管理部、运营管理部、客户服务部、运营督导部。

（洪 正）

附件 1

机构概况一览表

<table>
<tr><td colspan="2">总经理</td><td colspan="3">副总经理</td></tr>
<tr><td colspan="2">张 毅</td><td colspan="3">智 勇 徐 前 宋本荣 薛 军 逯星火 李邦海 逄锦逄 马 健</td></tr>
<tr><td>地址</td><td colspan="2">山东省青岛市香港中路 61 号甲远洋大厦 B 座 5、6 层</td><td>邮编</td><td>266071</td></tr>
<tr><td>网址</td><td colspan="2">http://www.pingan.com/</td><td>客服电话</td><td>95511</td></tr>
</table>

附件 2

内设部门及分支机构一览表

<table>
<tr><td rowspan="2">年度</td><td rowspan="2">内设职能部门数量（个）</td><td colspan="5">下设分支机构（个）</td><td colspan="2">员工</td></tr>
<tr><td>总数</td><td>地市分行数</td><td>县区支行数</td><td>分理处、营业所数</td><td>储蓄所数</td><td>总人数（人）</td><td>正式职工人数</td></tr>
<tr><td>2012 年</td><td>16</td><td>137</td><td>7</td><td>62</td><td>68</td><td>—</td><td>1347</td><td>1100</td></tr>
</table>

续表

年度	内设职能部门数量（个）	下设分支机构（个）					员工总人数（人）	正式职工人数
		总数	地市分行数	县区支行数	分理处、营业所数	储蓄所数		
2013年	16	131	7	62	62	—	1352	1099
2014年	16	127	7	62	58	—	1455	1183
2015年	15	130	7	64	59	—	1807	1239
2016年	15	133	7	67	59	—	1660	1370

附件3

主要统计指标

项目 \ 年度	2012	2013	2014	2015	2016	2016年同比增幅（%）
总资产（亿元）	329.07	383.21	431.61	497.39	576.63	15.93
签单数量（万件）	24.75	25.82	29.07	41.15	51.83	25.94
保费收入（亿元）	45.24	54.21	63.75	75.76	99.67	31.57
处理赔案（万件）	6.07	7.53	9.28	10.98	13.09	19.22
赔付支出（亿元）	12.18	12.37	12.30	12.06	15.99	32.60

注：本表数据根据2010保险业新会计核算准则确认

附件4

先进集体及个人一览表

授奖单位	奖项名称	获奖集体
平安人寿保险股份有限公司	先进单位	潍坊中心支公司
平安人寿青岛分公司	先进单位	业务管理部
平安人寿青岛分公司	先进单位	银行保险部
平安人寿青岛分公司	先进单位	青岛本部区拓
平安人寿青岛分公司	先进单位	青岛本部第三营业区
平安人寿青岛分公司	先进单位	潍坊中心支公司第二营业区
平安人寿青岛分公司	先进单位	淄博中心支公司第四营业区
授奖单位	奖项名称	获奖个人
平安人寿青岛分公司	优秀经理	马　健
平安人寿青岛分公司	优秀经理	王　涛
平安人寿青岛分公司	优秀经理	刘桂俊
平安人寿青岛分公司	优秀经理	李宝通
平安人寿青岛分公司	优秀经理	梁艳霞
平安人寿青岛分公司	优秀经理	薛　梅

太平财产保险有限公司山东分公司

【第一负责人简介】 陈中乾，男，汉族，1968 年 11 月出生，中共党员，大学本科学历，曾经在平安保险、安邦保险及太平财产保险有限公司任职，2009 年 12 月调任太平财产保险有限公司山东分公司党委书记、总经理，2016 年 3 月起，任太平财产保险有限公司市场总监兼山东分公司党委书记、总经理。

【综述】 2016 年，太平财产保险有限公司山东分公司（以下简称“太平财险山东分公司”）完成保费收入以超行业 20 个百分点的速度实现了“跑赢大市”；市场排位为 8 位，同比前进 1 位，实现了“争先进位”；实现利润 0.65 亿元，连续 7 年经营盈利，实现保费规模与经营效益的持续增长。

【经营管理】 2016 年，太平财险山东分公司积极贯彻落实“乘势而上，践行精品战略，砥砺奋进，推动创新发展”经营思路，进一步深化改革、完善管理、提升服务、有效创新，取得了较好的效果。

一、2016 年经营管理所取得的主要成绩：一是保费规模持续上升，增长率超行业增速。截至 2016 年年末，保费达 15.31 亿元，同比增长为 30.72%，超行业增速 20 个百分点。二是市场排名连续攀升，位列市场第八，同比前进 1 位。三是综合成本率持续优化，品质持续向好。截至 2016 年年末，综合成本率为 94.92%；实现利润 6547.64 万元。四是各渠道专业化能力显著提升，渠道结构合理。各渠道实现了高速增长，战略客户渠道从无到有完成保费 0.14 亿元。五是各项客服指标名列系统前列。车险万元以下结案周期及结案率指标，均位列系统前茅；理赔打假成果显著，打假减损 2800 万，超额完成全年打假任务；推行人伤快赔和住院快赔，并与多地多家法院建立人伤调解点。六是三、四级机构发展迅猛。

二、2016 年经营管理亮点：一是建立了“机构、渠道、产品”三维业务发展体系，及时搜集市场信息，对市场快速反应，有效组织销售。二是积极筹建机构，辖内唯一一家未开设机构的莱芜中心支公司接近完成筹建进度；同时，在周村、临沭、巨野、垦利、高唐、招远、金乡、临清、滕州先后开设 9 家四级机构，另有郯城、乐陵、庆云、栖霞、沂源、商河 6 家四级机构在筹。三是建立了核保人对口负责机制，定期赴基层现场调研和指导；强调车险全成本管理，坚持效益导向，筛选优质车系、优质业务进行精准营销，通过产品结构的不断优化，公司赔付率持续低于市场平均水平；建立了承保牵头人体系，提高机构自主经营能力。四是农险业务领域持续突破，创新开办并持续优化了海水养殖天气指数保险；针对种植户个性化风险需求量身定制保险产品；通过新型“政银保”合作模式，为潍坊寿光“两棚”改造项目提供贷款保证保险；创新设计贫困农户家庭综合保险方案，积极探索推进保险扶贫试点。五是创新渠道模式，促进业务发展。六是加强党风建设，提高廉政水平。

【客户服务】 2016 年，太平财险山东分公司通过持续督导实施“一张纸”、“太平安心”、“交强险优先结案”、E 直通、E 查勘等措施，结案率不断提高，结案周期不断缩短；根据客户需求不断完善增值服务，持续全面优化客户体验。

一、推出多项便民举措，全面提升客户服务水平。设立了统一客户服务热线“95589”，提供全年 24 小时全天候的专业服务。推出了“万元以下，8 小时赔付”和“快易赔”服务、非事故道路救援服务、“法律直通车”免费法律咨询服务、市区范围内免费上门收取理赔材料服务，以及承保商业险 VIP 客户酒后代驾服务。同时，加强对服务承诺的执行情况进行追踪检查，有效的提高服务水平和质量。

二、推动客户服务标准化建设，提升品牌影响力。对机构客服大厅统一改造，加强客服系列人员的理赔服务标准化培训工作，加大机构客服大厅配置、柜面服务及现场查勘服务检查监督力度，提高客户服务体验。

三、创新理赔技术，提升客户体验。在“E 理赔”移动查勘服务的基础上，推出了“微信直赔”服务，利用微信实现客户自助查勘、自助上传索赔资料，减少客户现场等待时间，万元以下案件无需客户再上门递交索赔资料，提高客户服务体验，获得广大客户一致好评。

【大事记】 1 月 11 日 山东保监局以《关于设立太平财产保险有限公司淄博市周村支公司的批复》（鲁保监许可〔2016〕51 号）同意太平财产保险有限公司淄博市周村支公司开业。

2 月 1 日 山东保监局以《关于设立太平财产保险有限公司东营市垦利支公司的批复》（鲁保监许可〔2016〕105 号）同意太平财产保险有限公司东营市垦利支公司开业。

2 月 22 日 山东保监局以《关于设立太平财产保险有限公司临沂市临沭支公司的批复》（鲁保监许可〔2016〕157 号）同意太平财产保险有限公司临沂市临沭支公司开业。

4 月 6 日 山东保监局以《关于设立太平财产保险有限公司荷泽市巨野支公司的批复》（鲁保监许可〔2016〕305 号）同意太平财产保险有限公司荷泽市巨野支公司开业。

4 月 6 日 山东保监局以《关于设立太平财产保险有限公司聊城市高唐支公司的批复》（鲁保监许可〔2016〕306 号）同意

太平财产保险有限公司聊城市高唐支公司开业。

5月8日　山东保监局以《关于设立太平财产保险有限公司济宁市金乡支公司的批复》(鲁保监许可〔2016〕391号)同意太平财产保险有限公司济宁市金乡支公司开业。

8月4日　许新华被太平财产保险有限公司任命为太平财险山东分公司副总经理(太平财发〔2016〕273号)。

9月1日　太平财险携手华安保险、泓贵保险在章丘市文祖街道西田广村举办"保险精准扶贫试点村"揭牌仪式。

10月10日　山东保监局以《关于设立太平财产保险有限公司聊城市临清支公司的批复》(鲁保监许可〔2016〕1046号)同意太平财产保险有限公司聊城市临清支公司开业。

10月24日—25日　由山东省农业厅主办,太平财险山东分公司等9家农业保险承保机构共同协办的"山东农业保险十周年成果展"在济南国际会展中心举行。

12月9日　山东保监局以《关于设立太平财产保险有限公司德州市乐陵支公司的批复》(鲁保监许可〔2016〕1214号)同意太平财产保险有限公司德州市乐陵支公司开业。

12月9日　山东保监局以《关于设立太平财产保险有限公司枣庄市滕州支公司的批复》(鲁保监许可〔2016〕1215号)同意太平财产保险有限公司枣庄市滕州支公司开业。

(杜钦杰)

附表1

机构概况一览表

行长(或其他称谓的第一负责人)		副行长(或其他称谓的同级领导)	
陈中乾(总经理)		张欣岩(副总经理)　欧汉斌(副总经理) 许新华(副总经理)　闫　雁(市场总监)	
地址	山东省济南市英雄山路129号祥泰广场1号楼19层	邮编	250004
网址	http://www.etaiping.com	客服电话	95589

附表2

内设部门及分支机构一览

年度	内设职能部门数量(个)	下设分支机构(个)					员工总人数(人)	
		总数	地市分行数	县区支行数	分理处、营业所数	储蓄所数		正式职工人数
2012年	10	30	11	19	—	—	362	362
2013年	11	35	12	23	—	—	556	556
2014年	12	37	12	25	—	—	757	757
2015年	11	46	15	31	—	—	1339	1339
2016年	12	58	16	42	—	—	1583	1583

附表3

主要统计指标

项目＼年度	2012	2013	2014	2015	2016	2016年同比增幅(%)
总资产(亿元)	0.37	0.47	0.49	0.94	1.04	10.64
签单数量(万件)	17.96	35.98	52.75	76.96	96.47	25.35
保费收入(亿元)	3.32	5.96	8.39	11.71	15.31	30.72
处理赔案(万件)	2.92	5.61	10.42	10.99	16.40	49.23
赔付支出(亿元)	1.02	2.19	3.23	4.26	5.99	40.61

附表 4

先进集体及个人一览表

授奖单位	奖项名称	获奖集体
中国太平保险集团有限责任公司	优秀管理奖	山东分公司
中国太平保险集团有限责任公司	优秀展业团队	太平财险淄博市高青支公司经代一部
中国太平保险集团有限责任公司	优秀展业团队	太平财险济南市章丘支公司经代一部
太平财产保险有限公司	优秀管理奖	太平财险山东分公司车险部
太平财产保险有限公司	优秀管理奖	太平财险山东分公司综合开拓部
太平财产保险有限公司	优秀管理奖	太平财险山东分公司客户服务部
太平财产保险有限公司	优秀管理奖	太平财险山东分公司滨州中心支公司
太平财产保险有限公司	争先进位奖	太平财险山东分公司德州中心支公司
授奖单位	奖项名称	获奖个人
中国太平保险集团有限责任公司	太平三级勋章	陈中乾
中国太平保险集团有限责任公司	优秀管理人员银奖	许新华
中国太平保险集团有限责任公司	特殊贡献奖	彭振国
中国太平保险集团有限责任公司	优秀员工奖	刘　展
中国太平保险集团有限责任公司	优秀综拓专员	丁江英
中国太平保险集团有限责任公司	工会先进工作者	杜钦杰
太平财产保险有限公司	优秀管理者	张欣岩　巩选伟
太平财产保险有限公司	优秀员工	庞　伟　杜钦杰　高　雷　刘金果　赵　磊

太平人寿保险有限公司山东分公司

【第一负责人简介】　彭献民，男，汉族，中共党员，1967 年 6 月出生，毕业于南开大学，全日制本科学历。1989 年 7 月起任中国人民保险公司江西分公司讲师；1993 年 1 月起任职于平安保险深圳分公司、总公司、石家庄分公司、福州分公司，历任总公司部门科室主任、分公司部门经理、分公司总经理助理等职务；2001 年 11 月起任职于太平人寿总公司、山东分公司、大连分公司、苏州分公司，历任总公司部门负责人、分公司负责人等职务；2016 年 5 起任太平人寿山东分公司总经理。

【综述】　太平人寿保险有限公司山东分公司（以下简称“太平人寿山东分公司”）是太平人寿总公司下设的省级分公司之一，自 2003 年 6 月在齐鲁大地成功复业以来，秉承“用心经营、诚信服务”的经营理念，全面落实科学发展观，严格执行总公司的各项方针政策，经过十余年的发展，在齐鲁大地上逐步树立了专业、诚信、合规、持续健康成长的公司形象。该公司成立至 2016 年年末，合计总保费收入共 399 亿元，期末有效承保全额 2064.92 亿元，共计为 277.75 万余客户提供了保险保障。

【经营管理】　2016 年，太平人寿山东分公司 2016 年累计总规模保费收入 84.03 亿元，同比增长 20.47%。其中新单保费 35.3 亿元，续期保费 48.7 亿元。总规模保费市场排名第五，市场份额 6.0%。在总公司系统内，总规模保费贡献率排名第二。

一、业务结构持续优化。个险渠道新单保费 20.3 亿元，同比增长 46%；银保渠道新单保费 15 亿元，同比增长 5%。从业务结构来看，个险期交保费 17.2 亿元，同比增长 46%；银保期交保费 2.7 亿，同比增长 49%，个险、银险期交保费已占新单保费的 56.4%。

二、高度重视业务品质和合规经营。组织了涵盖全分公司的检查和风险排查，对合规风险进行了及时的处置，对违规行为进行了严格的责任追究，进一步夯实了分公司合规经营的基础。在2016年度人民银行反洗钱综合评价工作中，该公司及下辖8家机构取得了“A”类评级。

三、服务网络覆盖全省，三级机构强大。16家中心支公司中个险期交保费在太平人寿总公司226家三级机构中排名前十的有6家，银保期交标保排名前十的有4家。

四、队伍稳定，员工素质高。截至2016年年末，在册员工全部签订了正式劳动合同并享受公司的五险一金等福利待遇，82.7%的员工学历为大专以上，其中本科学历占比为59.6%，五年以上司龄人员占比达31.9%。营销员共计24200人，学历为大专及以上的占比为31.6%。

【客户服务】 2016年，太平人寿山东分公司在客户服务方面主要做了以下工作：一是主办了高端客户专刊，这是太平人寿为VIP客户精心打造、量身定做的保险消费工具书，每季度一期，内容立足于客户利益和市场规则，每期针对健康、教育、养老、女性等热点话题组稿服务专栏，透析保险消费本质，倡导客户品质生活风尚。二是名家之约高端讲座，是回报高端客户关爱而推出的系列客户服务项目之一。三是客户服务节，以“健康、少儿、公益、关怀”为主线开展系列主题活动，为期三个月。四是健康管理服务项目，在既有项目的基础上，整合属地健康资源，为VIP客户提供山东三甲医院专家门诊预约、预约住院安排及导医陪检服务，以提升客户体验度，打造太平服务品牌。

【大事记】 4月 聘任彭献民为太平人寿山东分公司临时负责人，免去金依群太平人寿山东分公司总经理职务（太平寿人〔2016〕34号）。

5月 聘任彭献民为太平人寿山东分公司总经理（太平寿人〔2016〕44号）。

6月 太平人寿山东分公司领导走进济南平阴实验小学李沟分校，给该校贫困学子送去两万元爱心善款，这是太平人寿山东分公司第6年对该校进行捐助。

9月 太平人寿山东分公司设立日照市市中支公司（鲁保监许可〔2016〕1016号）。

11月 太平人寿山东分公司设立东营市利津支公司（鲁保监许可〔2016〕1113号）。

（邱 晶）

附表1

机构概况一览表

总经理		副总经理（或其他称谓的同级领导）	
彭献民		张永森 刘 敬 张教强	
地址	山东省济南市市中区共青团路25号绿地中心	邮编	250012
网址	http://www.cntaiping.com/	客服热线	95589

附表2

内设部门及分支机构一览表

年度	内设职能部门数量（个）	下设分支机构（个）				员工总人数（人）	
		总数	中心支公司数	支公司数	营销服务部数		正式职工人数
2012年	12	83	15	40	27	1468	1468
2013年	13	84	15	41	27	1351	1351
2014年	14	86	16	55	15	1718	1718
2015年	14	91	16	59	16	1736	1736
2016年	16	94	16	62	16	2212	2212

附表3

主要统计指标

项目＼年度	2012	2013	2014	2015	2016	2016年同比增幅（%）
总资产（亿元）	5.30	22.87	40.42	38.68	28.41	-26.55
签单数量（万件）	88.77	100.57	117.15	150.34	163.87	8.90

续表

项目 \ 年度	2012	2013	2014	2015	2016	2016年同比增幅（%）
保费收入（亿元）	30.96	46.53	60.52	69.75	84.03	20.47
退保金额（亿元）	1.55	2.79	10.16	21.62	15.98	-26.09
赔付支出（亿元）	2.35	2.85	5.07	14.63	13.70	-3.36

附表 4

先进集体及个人一览表

授奖单位	奖项名称	获奖集体
太平人寿保险有限公司	优秀管理单位	山东分公司
太平人寿保险有限公司	创新组织推动奖	山东分公司
太平人寿保险有限公司	特殊贡献单位	山东分公司（个险）、山东分公司（银保）、山东分公司（续收）
太平人寿保险有限公司	资源整合先进单位	山东分公司（中石化）
太平人寿保险有限公司	创纪录单位	山东分公司（个险）、山东分公司（银保）、山东分公司（续收）
太平人寿保险有限公司	先进集体	山东分公司银行（保险业务发展部）、山东分公司（保费部）
授奖单位	奖项名称	获奖个人
太平人寿保险有限公司	优秀管理人员	彭献民　张永森　刘　敬　张教强
太平人寿保险有限公司	特殊贡献人员	傅春华　赵洪顺　陈广勇　李　青　周　江　柳　涛　汤振宇
太平人寿保险有限公司	优秀员工	孙　蕾　孙衍东　姜　磊　王　永　郭　琛　王　岩　傅春华　杨　磊　赵洪顺　王　军　张文腾　汤振宇　曾　志　于立新　董学军　朱云涛　孙广勇　迟国峰　孙　松　刘　丽　丁建荣　彭　晶　翟　婷　张　磊　王翌绚　姜俊杰　周　江　崔　晓　吕志容　王纪凯　张　静　管明芳　韩作超　李青杰　李大鹏　范丽杰　杨喻舜　陈广勇　赵永江　柳　涛　徐本君　孙进春　孙　华　孙　亮　许庆金　王　琰　谭　啸　周　敏　徐宗辉　王　华　吴丽丽　秦玉梅　刘艳龙　赵清江　邱继卿
太平人寿保险有限公司	创新工作优秀个人	黄吉波

四、信托公司

山东省国际信托股份有限公司

【第一负责人简介】 王映黎，女，1961年9月3日出生，1981年毕业于山东大学电子系，2005年毕业于新加坡南洋理工大学，高级工程师。1992年加入山东信托，先后担任基金项目管理部高级业务经理、基金贷款管理部经理，山东信托副总经理、总经理等职务。现任鲁信集团党委常委兼山东信托党委书记、董事长。

【综述】 山东省国际信托股份有限公司（以下简称“山东信托”）初创于1987年3月，是经中国人民银行和山东省人民政府批准设立的非银行金融机构。2007年6月，获中国银监会批复同意换发新的金融许可证，名称变更为“山东省国际信托有限公司”。2015年7月，完成股份制改造工作，正式更名为“山东省国际信托股份有限公司”。现为中国信托业协会理事单位。

2016年，山东信托深入研判形势，沉着应对挑战，积极谋划发展，围绕转型创新发展这一中心工作，坚持稳健经营的基本原则，坚持转型创新与筑牢传统业务的基本路径，坚持差异化、专业化、规范化发展策略，严控风险，精细管理，经营业绩稳步增长，保持着平稳健康运行。

【信托业务】 2016年，山东信托不断优化信托产品结构，提升风险管控能力，转型创新发展初见成效，信托业务结构进一步优化，信托产品自主发行能力增强，信托主营业务规模和效益显著提升。

一、主动管理能力得到持续锻炼提升。山东信托着重从资产端和资金端两端发力，向深扎根，锻炼资产主动管理能力，向细延伸，运用多元工具满足资金需求，私募投行业务和财富管理业务的主动管理水平均有较大提升。

二、深耕多层次资本市场创新业务显成效。山东信托围绕不断完善的多层次资本市场寻求热点创新，挖掘业务机会。一是先后成立定向增发、员工持股、“上市公司+PE”并购主题、可交换债、场内股票质押等创新信托产品，上市公司综合金融服务信托产品链不断拉长。二是依托私募基金管理人资格，积极尝试基金化管理运作资本市场项目，契约型基金、定增基金项目和新三板优选基金落地。三是注重债券业务的自主管理团队建设，加快债券业务“去通道化”。

三、回归信托本源业务走在行业前列。山东信托紧盯高净值客户需求动向精耕细作，在单纯以货币资金设立信托之外，新增两单保险金信托业务，并在业内首创保留自主投资权类型的家族信托。一是积极开展标准化慈善信托，形成山东信托·大同系列慈善信托。二是通过类慈善信托业务受托管理山东省公安厅慈善类基金，充分体现主动履行社会责任的国企担当。

四、新兴领域特色业务取得突破。山东信托顺应监管政策导向，围绕服务重大在建续建项目、文化产业、社会民生领域等实体经济发展，积极试水PPP信托、演艺信托、不良资产处置信托等新兴特色业务，引导社会资本投向战略新兴产业、绿色环保产业、文化产业以及传统产业的优化升级环节，提升服务实体经济的效能。

【自营业务】 2016年，山东信托加强自有资金管理和运用，自营业务在支持公司信托业务创新方面发挥了重要作用，同时，通过开拓自有资金运用途径和金融产品投资运作，获取了较好收益。围绕国家供给侧结构性改革，着眼提高企业活力和效益，在长期股权投资管理、“僵尸企业”处置和非金融股权退出工作方面下大工夫，取得较大进展。

【内部管理】 2016年，山东信托以健全工作机制、优化管控模式、提高工作效能为着力点，持续推进精细化的内部管理，管理效能逐步提高，为业务转型创新提供了坚实保障。

一、公司治理工作进一步规范。修订《公司章程》和“三会”议事规则，完成董事会精简改组，完善董事会下设委员会设置，各司其职、各负其责，“三会一层”治理结构持续优化。

二、风险管理和合规建设效果显著。强化抵押物价值复核、贷后管理和实地访谈督查，更加注重压力测试环节，有效防范和控制了风险。年内，信托流动性风险项目规模及占比、固有不良规模及占比同时大幅下降，完成监管“四下降”风险控制目标。

三、专业子公司设立取得实质进展。加快推动设立子公司步伐，按照“成熟一个推动一个”的原则，资本市场专业子公司基本实现落地。

四、财务管理更为精细化、科学化。制定流动资金管理制度办法，充分挖掘流动性管理、负债管理等财务管理功能，促进创新业务的开拓和信托业务的提质增效；年内顺利实现“营改增”工作的平稳过渡。

五、信息化建设取得新进步。一是大力推进信托业务财务信息一体化，实现信托业务全流程电子化。二是对机房进行扩容改造，更新配套设备，机房安全、稳定运营能力进一步提高。

六、深入推进廉洁从业体系建设。一是配备专职纪委书记，有力推动公司纪检监察和廉洁从业体系建设落到实处。二是与中层以上人员签订《廉洁从业责任书》，层层落实廉洁从业责任制和廉洁从业谈话制度。

【大事记】 3月14日 山东信托－恒赢17号集合资金信托计划正式发行成立，标志着首单上市公司可交换债项目落地。

5月11日 《大众日报》刊发《山东信托发力综合金融服务产品链》一稿，全面介绍山东信托在积极创新可交换债业务、发力资本市场综合金融业务和强化本源信托业务优势等方面取得的成绩。

7月20日 《大众日报》刊发《山东信托启动信托产品销售"双录"机制》，报道山东信托启动实施信托产品销售的"双录"工作机制，即在销售信托产品、签署信托合同时，同步对销售全过程进行录音和录像。

7月27日 山东银监局核准贺创业任山东信托董事会秘书（鲁银监准〔2016〕283号），核准付吉广任山东信托风控总监（鲁银监准〔2016〕284号）。

7月28日 山东信托向中国证券投资基金业协会成功登记备案首只契约型基金——尊岳成长8号证券投资基金，这是一只纯股型基金，主要投资于二级市场。

8月10日 《大众日报》以《山东信托打造党建"家"文化》为题，对山东信托努力营造和谐"家"文化，探索出一条抓党建、促发展、聚人心的国有企业党建特色之路进行了重点报道。

8月19日 山东银监局（鲁银监准〔2016〕261号）核准王映黎任山东信托董事长。

9月1日 山东信托正式启动"进万家民营企业、走千个重点项目、访百处创业园区活动"即鲁企"进走访"活动。

9月2日 中国信托业协会向山东信托发来《关于信托公司行业评级初评结果的通知》，山东信托获得最高评级A级。

11月16日 山东信托作为顾问单位加入全国首个慈善信托行业联合体——中国慈善联合会慈善信托委员会。

11月24日 山东信托收到山东银监局批复，获得特定目的信托受托机构资格，标志着有能力开展信贷资产证券化业务。

12月28日 山东省财政厅公布2016年山东454家地方金融企业绩效评价结果，山东信托获评最高评级AAA级，这是公司纳入该绩效评价以来连续第四年获得AAA评级。

（周晓艳）

附表1

机构概况一览表

董事长	总经理	副总经理	财务总监	副总经理	纪委书记	风控总监
王映黎	万 众	周建蕖 贺创业	马文波	宋 冲	张永兴	付吉广
地址	山东省济南市解放路166号		邮编		250013	
网址	http://www.sitic.com.cn/		客服电话		0531-86566888	

附表2

内设部门及分支机构一览表

年度	2012年	2013年	2014年	2015年	2016年
内设职能部门数量（个）	27	29	30	28	30
员工总人数（个）	157	173	186	209	205
正式职工人数（个）	136	154	167	192	192

附表3

主要统计指标

单位：亿元

项目＼年度	2012	2013	2014	2015	2016	2016年同比增幅（%）
本外币资产总额	—	69.28	76.35	81.71	86.48	5.84
本外币负债总额	—	32.52	22.38	21.73	23.07	6.15
营业收入	—	15.37	17.66	18.42	13.48	-26.85
投资收益	—	0.15	0.49	3.91	2.22	-43.16

续表

项目＼年度	2012	2013	2014	2015	2016	2016年同比增幅（%）
利润	—	11.43	12.86	13.46	10.77	-19.96
净利润	—	8.90	9.86	10.76	8.33	-22.55

附表4

先进集体一览表

授奖单位	奖项名称	获奖集体
山东省人民政府	山东省金融发展贡献先进单位	山东信托
山东省企业联合会、山东省总工会、山东省企业家协会、山东省工业经济联合会	山东省维护女职工权益先进企业	山东信托
共青团山东省国资委委员会	山东省省管企业五四红旗团委	山东信托团委
山东省企业文化学会	山东省企业文化建设优秀企业报刊	山东信托内刊《山东信托》

五、资产管理公司

中国华融资产管理股份有限公司山东省分公司

【第一负责人简介】　解瑶琛，男，1965 年 11 月出生，汉族，河北石家庄人，中共党员，大学本科学历，经济师。1986 年 8 月参加工作，历任河北经贸大学教师，工行河北石家庄分行和平路办事处信贷员、法律处副处长，中国华融资产管理公司法律事务部经理、高级副经理、高级经理、总经理助理、副总经理，中国华融资产管理公司天津办事处党委副书记、副总经理、纪委书记，中国华融资产管理公司业务审查部副总经理、业务审查部副总经理，中国华融资产管理股份有限公司山东省分公司党委副书记、副总经理(主持工作)，2016 年 4 月任中国华融资产管理股份有限公司山东省分公司党委书记、总经理。

【综述】　2016 年，中国华融资产管理股份有限公司山东省分公司(以下简称"华融山东分公司")紧紧围绕"调结构、促转型、补短板、防风险、提质量"五大中心任务和"五年三翻番"战略布局，以"两学一做"学习教育和"向浙江分公司学习"专题活动为抓手，认真加强党建工作，稳步推进风险防化，积极进取开拓市场，全面完善内部管理，各项经营计划执行情况良好，按时完成了 2016 年利润目标。

【资产管理业务】　2016 年，华融山东分公司坚决贯彻落实公司做强资产管理主营业务的战略目标，创新发展思路，调整业务发展模式，转变增长方式，以资产管理为切入点，充分运用投资银行手段，在收购银行及非银行金融机构债权并实施债务重组、进行资产整合上下功夫，密切与金融机构、大企业的联系，主动寻找市场，做实、做新资产管理业务。充分利用中国华融与各金融机构的长期合作关系，主动根据客户的需求开发、设计产品，通过收购并重组等创新手段；结合省情，积极探索尝试了"房地产 + 实业"的业务模式，使资产管理业务继续保持了大跨步发展态势，全年实现资产管理业务收入 6.91 亿元，占商业化收入总额的 91.77%。

【平台公司与机构业务】　2016 年，华融山东分公司确定将重点拓展全国百强县政府平台公司，先后与山东省内多家政府平台公司进行了接洽。向政府平台公司聊城市兴业经济开发有限公司投放资金 1 亿元，拓展了业务领域。

【不良资产的收购与处置】　2016 年，华融山东分公司更加重视不良资产包业务，制定了多项优惠政策，鼓励开展不良资产包收购业务。为提高不良资产包收购处置业务水平，邀请律师事务所专家为全体员工讲解不良资产包收购处置操作实务，就实践中遇到的亟需解决的法律问题进行了交流和讨论。2016 年，共收到各家银行投标邀请 85 个，参加了其中 44 个资产包的尽职调查。根据公司总部指示，山东分公司参与不良资产包竞价 29 次，代表公司总部成功竞得济南浦发银行、青岛中信银行等 28 个资产包。与山东金融产权交易中心和山东省产权交易所签署了战略合作协议，并积极进行资产合作推介。通过公开竞价、拍卖等方式累计处置资产 23 户，实现现金回收 8632.92 万元，实现收益 2465.5 万元。

【中间业务】　截至 2016 年年末，中国华融已经设立了华融证券股份有限公司、华融金融租赁股份有限公司、华融湘江银行股份有限公司、华融国际信托有限责任公司、华融期货有限责任公司、华融融德资产管理有限公司、华融置业有限责任公司、中国华融国际控股有限公司等多家平台公司，中国华融山东分公司均可代理其在山东的业务。

2016 年，华融山东分公司加强与平台公司业务的合作，在严格控制风险的前提下，大力拓展信托、融资租赁、票据、增信、置业等中间业务，全年实现中间业务收入（含咨询服务收入）800.74 万元，占商业化收入总额的 1.06%。

【债转股股权管理】　2016 年，为做好股权资产的管理和处置工作，华融山东分公司主要采取了四项措施：一是加强股权资产的日常管理工作；二是认真执行公司《对股权企业重大事项的内部决策程序》，对股权企业股东会、董事会、监事会会议题严格按权限履行审批程序，依据授权进行表决，维护了股权权益；三是抓住资本市场向好的有利时机，积极通过二级市场竞价减持山东如意股票，超额完成了公司下达的股权利润和现金流计划；四是经过多轮谈判，达成将山东机器股权减资回购、青岛钢铁有限公司股权增资青岛特殊钢有限公司的方案，维护了公司权益，为今后的股权变现工作奠定了良好的基础。

【内部管理与金融文化建设】　2016 年，华融山东分公司进一步加强内部管理和员工队伍建设，增强风险意识，完善合规管理，促进了内部管理工作水平的提高。一是积极开展"两学一做”学习教育活动，加强分公司党员队伍思想和作风建设，为分公司各项工作的开展提供坚实保障。二是加强廉政建设，与各部门签订了《勤政廉政目标责任书》，员工签订了《员工廉洁自律承诺书》，集中开展业务廉洁承诺专项检查工作，确保“不发一案、不倒一人”。三是完善覆盖全流程、全业务、全产品、全环节、全新方法的“五全”风险管控机制，认真开展“操作风险就在我身边”百日主题活动和“两个加强、两个遏制”回头看自查，加强风险管理基础性工作。四是制定业务、管理方面的制度办法，加强对公司文件制度的学习和解读，全面提升内部管理水平。

【大事记】　1月8日　经公司党委研究决定，免去明航华融山东分公司副总经理职务，另有任用（华融任〔2016〕9号）；颜慧卿任公司股权事业部副总经理、风险总监（华融任〔2016〕11号）。

1月13日　中国华融副总裁章琳、董事会办公室总经理助理刘彩娜一行莅临华融山东分公司，指导2015年党员领导干部民主生活会。

3月2日　经公司党委研究决定，侯训和任华融山东分公司总经理助理（华融任〔2016〕124号）。

4月6日　经公司党委研究决定，解瑶琛任华融山东分公司党委书记、总经理职务（华融党发〔2016〕404号、华融任〔2016〕202号）

7月22日　经公司党委研究决定，王丙亮任华融山东分公司副总经理；免去尚海涛华融山东分公司副总经理职务，另有任用（华融任〔2016〕149号）。

11月23日—24日　中国华融副总裁熊丘谷莅临华融山东分公司调研指导工作。

（武振全　黄　升）

附表1

机构概况一览表

总经理（或其他称谓的第一负责人）		副总经理（或其他称谓的同级领导）	
解瑶琛		王丙亮　徐翀旻　侯训和（总经理助理）	
地址	山东省济南市经三路89号	邮编	250001
网址	http://www.chamc.com.cn/	服务热线	—

附表2

内设部门及分支机构一览表

年度	内设职能部门数量（个）	下设分支机构（个）					员工总人数（人）	
		总数	市地分行数	县区支行数	分理处、营业所数	储蓄所数		正式职工人数
2012年	9	—	—	—	—	—	74	54
2013年	9	—	—	—	—	—	72	52
2014年	12	—	—	—	—	—	74	52
2015年	12	—	—	—	—	—	83	55
2016年	12	—	—	—	—	—	85	60

附表3

先进集体及个人一览表

授奖单位	奖项名称	获奖集体
中国华融资产管理股份有限公司	2015年度财务决算工作先进集体	计划财务部
授奖单位	奖项名称	获奖个人
中国华融资产管理股份有限公司	建党95周末“优秀共产党员”	董　华
中国华融资产管理股份有限公司	建党95周末“优秀党务工作者”	薛　萍
中国华融资产管理股份有限公司	“五优五户”优秀个人	薛　萍　崔建魁　杨文涛

中国长城资产管理股份有限公司山东省分公司

【第一负责人简介】 刘学堂，男，1962年出生，中共党员，高级会计师。1981年7月参加工作，历任农业银行山东省分行会计出纳处科员、副科长、科长；1995年2月任农业银行山东省分行财务会计处副处长；1997年1月任农业银行威海市分行副行长、党委委员；1999年1月任农业银行山东省分行国际业务部总经理；2000年2月任长城公司济南办资产经营部、处置办处长；2006年12月起先后任中国公司南宁办副总经理、党委委员、党委副书记（主持工作）；2011年2月任长城公司济南办党委副书记、副总经理（主持工作）；2011年12月至2016年12月任长城公司济南办党委书记、总经理；2016年12月起任中国长城资产管理股份有限公司山东省分公司党委书记、总经理。

【综述】 2016年，中国长城资产管理股份有限公司山东省分公司（以下简称“长城山东分公司”）把握“稳中求进、提质增效”的工作基调，按照“大资管、大投行、大协同”的经营思路，在加大市场拓展力度的同时，严格风险管控，全面提升质量，优化业务结构，实现了可持续发展新局面，实现营业收入5.86亿元，利润3.77亿元。

【不良资产经营处置】 2016年，长城山东分公司积极抢抓主业发展机遇，对山东省内金融机构拟转让的传统不良资产包，认真调查，合理定价，积极投标，全年累计成功收购各类银行传统不良资产包14个，涉及债权金额55亿元，大大提升了金融机构服务经济的投放空间和能力。同时，积极对接大型国企、上市公司、非上市优质企业，通过非金融债权收购重组及增信服务为企业提供资金支持。2016年，共为实体企业提供融资12亿元，盘活了市场主体之间沉淀的往来应收账款，及时为企业注入新鲜血液，有力支持了地方经济的发展。

【中间业务】 2016年，长城山东分公司积极探索和尝试运作新的业务品种。一是大力拓展山东金融租赁市场，实施租赁项目9个，投放金额9亿元，推动了重点行业和实体企业转型发展。二是充分发挥公司“大投行”品牌优势，向省内160家上市公司发送了《业务合作邀请函》，与71家省内、外上市公司或关联企业进行了业务洽谈；实施股权投资及定向增发业务共计出资13亿元。

【内部管理与金融文化建设】 2016年，长城山东分公司以落实职代会制度为抓手，不断提升民主管理水平。一是以“快乐工作、健康生活”为主题，积极开展诸如乒乓球比赛、羽毛球和瑜伽兴趣小组、健康徒步走、烘焙体验等形式多样、精彩纷呈的文体活动。二是开展送温暖活动，发放生日贺卡、组织健康体检、慰问住院及困难员工和老干部等。三是积极履行社会责任，开展了以“共筑绿色长城、建设美好家园”为主题的义务植树活动。四是助力力诺集团打造“光伏发电与中草药种植一体化、精准扶贫项目”，为沂蒙山区部分贫困乡村开启了脱贫致富新路径。五是与当地政府携手，认真组织陕西陇县、甘肃临洮县（中国银监会的定点扶贫县）的考察团赴沂南县学习借鉴精准扶贫的成功经验。

【大事记】 1月11日 长城山东分公司组织召开全体员工述职述廉考评大会。

1月15日 长城山东分公司党委班子召开“三严三实”专题民主生活会。

2月25日 长城山东分公司召开第三届一次职工代表大会。

3月8日 长城山东分公司举办“三八”国际妇女节烘焙体验培训活动。

3月12日 长城山东分公司团委组织开展以“共筑绿色长城、建设美好家园”为主题的义务植树活动。

3月23日 长城山东分公司总经理刘学堂会见来访的前韩国友利金融控股集团F&I专务理事、现韩国TECHNOVALUE技术投资公司财务总监朱志錬。

3月25日 长城山东分公司被授予“山东省财贸金融系统工会工作先进单位”荣誉称号，总经理刘学堂被授予“山东省财贸金融系统五一劳动奖章”。

4月8日 长城山东分公司2016年全员健步走活动在长清园博园正式启动。

4月28日 长城山东分公司与韩国技术与价值株式会社举行战略合作备忘录签署仪式。

5月6日 长城山东分公司团委开展“勿忘国耻、重温历史”五四主题团日活动，组织青年员工参观南京大屠杀纪念馆。

7月8日 长城总公司党委书记沈晓明一行到济南，考察了力诺集团，并与力诺集团董事长高元坤进行了亲切交谈。

8月23日 长城山东分公司总经理刘学堂赴禹城考察山东龙力生物科技股份有限公司。

11月21日 长城山东分公司召开党委中心扩大会议，集中学习了党的十八届六中全会精神。

12月6日 长城山东分公司保密工作通过山东省国家保密局督查验收。

（王朝山 陈 娟）

附件1

机构概况一览表

总经理（党委书记）		副总经理（党委委员）	
刘学堂		崔福成 郭小霞 李西方 荆 珂	
地址	山东省济南市经七路168号	邮编	
网址	http://www.gwamcc.com	客服热线	0531-82079792

附件2

内设部门及分支机构一览表

年度	2012年	2013年	2014年	2015年	2016年
内设职能部门数量（个）	7	7	7	7	7
员工总人数（个）	110	89	73	70	69
正式职工人数（个）	83	77	73	70	69

附件3

先进集体及个人一览表

授奖单位	奖项名称	获奖集体
长城资产管理公司	先进单位	长城山东分公司
长城资产管理公司	纪检监察先进单位	长城山东分公司
山东省财贸金融工会	工会工作先进单位	长城山东分公司
山东省财贸金融工会	五一劳动奖状	长城山东分公司
山东省财贸金融工会	工会财务工作先进单位	长城山东分公司
山东省财贸金融工会	“安康杯”竞赛先进集体	长城山东分公司
授奖单位	奖项名称	获奖个人
长城总公司	先进工作者	冯益国
长城总公司	先进工作者	张 满
长城总公司	先进工作者	雷 娟
长城总公司	优秀纪检监察干部	崔福成
长城总公司	优秀共产党员	刘学堂
长城总公司	优秀共产党员	冯益国
长城总公司	优秀共产党员	李 立
长城总公司	优秀党务工作者	高 婷
中国银监会	银监会系统优秀党务工作者	李 伟
山东省财贸金融工会	山东省财贸金融系统“五一劳动奖章”	刘学堂
山东省财贸金融工会	“安康杯”竞赛组织工作优秀个人	张启兰
山东省财贸金融工会	山东省金融系统工会财务工作先进工作者	高彩霞

中国信达资产管理股份有限公司山东省分公司

【第一负责人简介】 陈正斌，男，1966 年 3 月出生，1988 年 7 月毕业于贵州财经学院基建财务信用专业，大学本科学历。1988 年 7 月任贵州省建行干校教务科科长，1995 年 5 月起先后任贵州省建行白云专业支行办公室主任、沙冲办事处主任、白云专业支行行长助理，1999 年 7 月起先后任贵州省建行贵阳市河滨支行副行长、城东支行行长，2001 年 7 月起先后任信达贵阳办事处执行高级经理、主任助理，2010 年 6 月任信达贵州分公司副总经理；2013 年 12 月起，任中国信达资产管理股份有限公司山东省分公司总经理。

【综述】 中国信达资产管理股份有限公司山东省分公司（以下简称“信达山东分公司”）自 1999 年 9 月成立以来，秉承“化解金融风险、支持国企改革”的使命，始终致力于不良资产经营主业，综合运用债转股、债务重组、资产收购等多种手段，在支持地方经济建设和企业发展的同时，逐步确立了在不良资产行业的优势地位。尤其是 2010 年改制以来，信达山东分公司围绕总公司提出的以不良资产经营为核心，全力打造以资产管理和金融服务为发展重点的国际化、综合化的金融集团的目标，不断提高经营效益和内控管理水平。同时，依托总公司各项业务平台，积极为地方经济建设和广大客户提供各项优质的金融服务，目前已与省、市政府及多家金融机构和大中型企业建立了战略合作关系。

2016 年，信达山东分公司深化改革，锐意创新，深耕主业，均衡发展，优化结构，提质增效，开拓创新，较好的完成了全年经营计划目标。全年实现考核口径利润 18.2 亿元，在公司系统综合排名中位列第三，在地区同业中继续保持行业领先的竞争优势。

【不良资产收购】 2016 年，信达山东分公司新增商业化不良资产收购 35 项，实现投放金额 154 亿元。

【不良资产处置】 2016 年，信达山东分公司实现经营现金回收 152.2 亿元。其中，传统债权业务现金回收 45.1 亿元，附重组类业务实现现金回收 80.5 亿元，资产管理及投资类业务实现现金回收 26.4 亿元，其他现金回收 0.2 亿元。

【投资类业务】 2016 年，信达山东分公司新增投资类业务 14 项，实现投放 41.6 亿元。

【集团协同及中间业务】 2016 年，信达山东分公司实现协同业务利润 3201 万元，实现中间业务 1 项。

【债转股股权管理】 2016 年，信达山东分公司实现政策性股权分红收益 10.06 亿元。

【大事记】 1 月 6 日 信达山东分公司总经理陈正斌与农业银行山东省分行副行长王延磊商谈业务合作事宜。

3 月 4 日 信达山东分公司总经理陈正斌与山东省政府副秘书长刘宏华、山东省金融办主任李永健、副主任刘晓商谈业务合作事宜。

4 月 6 日 信达山东分公司总经理陈正斌与西王集团董事长王勇商谈业务合作事宜。

4 月 13 日 信达山东分公司总经理陈正斌与南洋商业银行（中国）有限公司青岛分行行长李向前商谈业务合作事宜。

6 月 1 日 信达山东分公司总经理陈正斌与中国银行山东省分行副行长张守川商谈业务合作事宜。

9 月 22 日 信达山东分公司总经理陈正斌与山东山水水泥集团有限公司董事长李和平、安永董事总经理廖耀强商谈业务合作事宜；与鲁泰控股集团公司总经理李合军商谈业务合作事宜。

10 月 11 日 信达山东分公司总经理陈正斌与建设银行山东省分行党委书记、行长段红涛，副行长李建平商谈业务合作事宜。

（吴新明 赵利国）

附表 1

机构概况一览表

<table>
<tr><td colspan="2">总经理（或其他称谓的第一负责人）</td><td colspan="2">副总经理（或其他称谓的同级领导）</td></tr>
<tr><td colspan="2">陈正斌</td><td colspan="2">赵 波 苏爱珍</td></tr>
<tr><td>地址</td><td>山东省济南市经三路 293 号</td><td>邮编</td><td>250021</td></tr>
<tr><td>网址</td><td>http://www.cinda.com.cn/</td><td>客服电话</td><td>86-10-38086816</td></tr>
</table>

附表 2

内设部门及分支机构一览表

年度	2012 年	2013 年	2014 年	2015 年	2016 年
内设职能部门数量（个）	7	7	7	8	9
员工总人数（个）	49	52	50	55	55
正式职工人数（个）	43	44	43	48	49

六、银联公司

中国银联股份有限公司山东分公司

【第一负责人简介】 李金良，山东宁津人，研究生学历，高级工程师。历任中国人民银行济南分行科技处处长，山东银行卡网络服务中心总经理，2002 年 3 月至今任中国银联山东分公司总经理。李金良长期从事银行卡工作，2006 年被评为中国人民银行系统"优秀共产党员"，2009 年获得"山东省富民兴鲁劳动奖章"荣誉称号，为山东银行卡产业发展做出了突出贡献。

【综述】 2016 年，中国银联股份有限公司山东分公司（以下简称"银联山东分公司"）继续围绕打造具有全球影响力的开放式平台型综合支付服务商的战略，积极推进三年战略规划落地，扎实做好各项工作，较为出色的完成了全年工作任务。2016 年全年实现银行卡清算交易 12.22 亿笔，清算金额 3.35 万亿元，同比增长 24.5%和 30.3%。银联信用卡继续占据山东地区卡品牌市场份额第一，全年完成银联信用卡交易 8418 亿元，银标高端信用卡实现交易金额 1636 亿元，占全部高端信用卡的 56.75%。全年完成移动互联网线上消费交易金额 137 亿元；完成云闪付移动终端近场支付 935 万笔，全国排名第 5；完成非接交易笔数 1.36 亿笔，全国排名第 4 位。

【业务发展】 2016 年，银联山东分公司工作积极有序开展。

一、发展与规范并举，传统受理市场稳步有序发展。一是通过租赁维护费优化调整、非金机构落地管理等工作，与产业各方多方共赢、共同推动市场发展。二是顺利完成银行卡手续费调整专项工作，保证了受理市场的平稳过渡。三是大力推广 ATM 跨行转账业务。四是研发了物流代收货款应用、助农取款应用和智能终端打印纸质发票等应用。五是加快地市乡县市场布局，推动受理市场纵深发展，实现了银行卡助农取款服务点的行政村全覆盖。六是加大市场规范工作力度，抓好风险控制工作，维护产业各方利益，优化受理市场环境。七是通过建立沟通机制、定期跟踪、积极协助等措施，保证辖内成员机构免签免密业务发卡端系统改造工作的顺利实施。八是积极开展收银员培训，联合银联商务组织多层次的收银员比赛。

二、兼顾发卡和用卡，推动银联卡份额持续提升。一是突出重点行与重点卡产品，"一行一策" 推动银联卡的发卡用卡，先后开展了观影、商圈 62 折、开卡赠礼以及重点卡产品营销等多种活动，通过二代营销平台协助各行开展线下银联卡营销活动 170 余项、涉及商户 3500 多家。二是以地方特色权益为抓手，从持卡人端推动银联卡的发卡和用卡，初步打造形成了以"惠"生活为主题的银联卡持卡人本地权益体系。三是与银座旅游集团、中国人民财产保险等大型行业商户开展平台合作，提升各自品牌和标准化服务效应，形成发卡用卡产业氛围。四是充分利用银行端和"银联山东"微信等宣传渠道，提高银联卡的认知度。

三、攻坚克难，创新业务取得阶段发展。一是积极拓展威海社保、山东航空、济南交警罚没款等重点行业性商户，推动银商、高速信联、易通等具备资质的非金机构发展银联在线及移动支付商户，多措并举加速移动互联网业务发展。二是继续在公交、出租、菜市场、早餐快餐等民生领域实现金融 IC 卡"闪付"应用推广。三是借助租赁补偿机制这一抓手，增加"有效机具"认定标准中的闪付相关指标，调动机构布放"闪付"受理终端、更新机具程序和开展收银员培训的积极性，取得良好的效果。四是与成员机构和收单机构开展项目合作和联合营销，先后开展了间连收单机构闪付受理环境共建、银商闪付受理环境建设营销等活动。五是成功开展了统一银座、华联、麦当劳等"云闪付"优惠营销活动，有效带动了"云闪付"的绑卡和体验热潮，对业务宣传及交易量增长起到了积极作用。六是积极试点贷记业务新模式，已与中信、广发、民生、恒丰等股份制银行和易通、运达等非金机构开展了贷记业务合作，与齐商、威海、潍坊、泰安等 4 家区域银行签订了业务合作协议。七是借助事件营销，拓展银联钱包业务。顺利组织了焕新季、畅爽季两个重点营销活动，两次活动期间的本地商户门店均在 1500 家左右。基本完成了百货、超市、餐饮、电影、加油、洗车等多业态商户的综合布局，为下一步业务推广奠定基础。

四、精益求精，确保生产系统安全稳定运行。继续贯彻安全生产、科学运营的工作理念，深化落实和推进运维保障、交易质量管理、技术项目实施和网络扩容、信息安全机制、技术支持服务等各项工作，实现全年系统网络可用率 100%，网络可用率 100%，无重大安全责任事故，交易质量达到考核满分标准。技术运营工作稳步推进，与成员机构和第三方公司建立了顺畅沟通机制，共同提升运营质量。不断改进和提升技术支持工作，为公司内部和外部提供了更加专业化和系统化的服务。

五、深化内部管理，打造高效执行力团队。一是适应市场需要，增设创新推广部，全力推动创新业务发展。二是严格按照总公司部署，做好营改增各项工作。三是充分利用工会力量，组织

"小手牵大手"家庭日活动、承接中国银联工会第一届乒乓球东北部赛区预赛、总决赛。四是做好员工招聘、总公司新员工交流服务、员工培训等工作,不断提高分公司员工工作能力、调动员工积极性。五是加强纪检工作,认真梳理廉政风险点,签订廉政建设责任书,纪检工作常抓不懈。

【大事记】 1月15日 银联山东分公司召开"2016年山东省银行卡工作座谈会",35家成员机构银行卡业务主要负责人及骨干、山东分公司经营班子及各部门主要负责人出席会议。

5月21日 配合"2016年全国科技活动周"金融科普活动,银联山东分公司在济南成功举办了"安全用卡、一路随行"现场宣传活动。

7月1日 由中国银联工会主办,银联山东分公司承办的2016年银联系统"银联杯"乒乓球决赛在山东举行。

9月6日 按照人民银行、发改委和总公司要求,银联山东分公司成功完成山东地区的银行卡手续费调整切换。辖内共计136.5万户受理商户在切换前全部完成换签,19家区域性收单机构全部提前完成系统改造和联调测试,整个价改工作周期市场反应和主流媒体舆情稳定,保证了受理市场的平稳过渡。

9月26日 由山东省人力资源和社会保障厅、山东省总工会、山东省妇女联合会和中国银联山东分公司共同主办,银联商务山东分公司和山东省财贸金融工会共同承办的第七届"银联杯"山东省商业服务业收银员职业技能大赛决赛在济南成功举办。

(刘 勇)

附表1

机构概况一览表

总经理(或其他称谓的第一负责人)		副总经理(或其他称谓的同级领导)	
李金良		张春玲 钟 玮 孟光勇	
地址	山东省济南市高新区舜风路1006银山大厦	邮编	250101
网址	http://cn.unionpay.com/shandong/	客服热线	95516

附表2

内设部门及分支机构一览表

年度	2012年	2013年	2014年	2015年	2016年
内设职能部门数量(个)	5	5	5	5	6
员工总人数(个)	39	40	40	41	42
正式职工人数(个)	37	38	38	39	40

附表3

主要统计指标

项目\年度	2012	2013	2014	2015	2016	2016年同比增幅(%)
入网特约商户(万家)	22.83	38.41	65.2	105.25	136.71	29.89
POS终端(万台)	35.14	53.03	84.03	155.61	169.82	9.13
POS机实现交易	—	—	—	—	—	—
交易业务(亿笔)	3.37	4.38	5.72	7.99	10.13	26.78
交易金额(亿元)	8119	11984	14980	22000	26400	20.00
ATM机具(万台)	2.59	3.27	4.59	5.13	5.46	6.43
ATM机实现交易	—	—	—	—	—	—
交易业务(亿笔)	1.03	1.23	1.42	4.01	4.02	0.25
交易金额(亿元)	1041	1356	1728	2400	3200	33.33

续表

项目 \ 年度	2012	2013	2014	2015	2016	2016 年同比增幅（%）
借记卡发行（万张）	1810	2105	3400	3700	3950	6.76
信用卡发行（万张）	390	376	380	379	600	58.31

注：1. ATM 交易数据为银联统计的跨行清算交易数据，不含银行本行卡在本行 ATM 机具上交易数据。2. 表中 POS/ATM 交易业务笔数为清算交易笔数。3. 表中借记卡/信用卡发卡量为银联卡品牌发卡量，不含 VISA、万事达等国际卡品牌双币卡。

中国银联股份有限公司青岛分公司

【第一负责人简介】　赵振祥，高级经济师，历任中国银联股份有限公司山东分公司副总经理、宁夏分公司总经理，2015 年 1 月起，任中国银联股份有限公司青岛分公司总经理。

【综述】　2016 年，中国银联股份有限公司青岛分公司（以下简称“中国银联青岛分公司”）携手全市银行卡产业各方，创新发展，合作共赢，积极拓展辖区银行卡受理市场，不断提高对商户和持卡人的服务水平，共同做大做强银行卡市场，开创了业务发展新局面。全年岛城银行卡交易笔数、交易金额，同比分别增长 14%和 41%，继续保持了健康、快速增长的发展势头。

【经营管理】　2016 年，中国银联青岛分公司不断提升经营管理水平。

一、强化银行卡产业联盟。全面深化与辖内银行的沟通合作，加大对重点商户的有效投入，充分发挥银联商务、非金机构的作用，调动市场各方的积极性，推动银行卡市场加速增长。

二、完成银行卡价格改革。多次召开辖内价改工作交流会，持续加大对银行、非金机构的培训宣贯和点对点的服务推动，高效完成商户协议换签、存量非标商户现场注册、系统改造测试等工作。在市场各方的通力配合下，价改政策平稳落地，规范了银行卡收单市场。

三、持续加快业务创新步伐。与辖区各家商业银行、手机厂商加紧合作，大力推广银联“云闪付”，持续做好非接 IC 卡受理环境改造和商圈建设，日常小额支付更加方便，市民消费进入“一挥而就”的“闪付”时代；大力推广银联钱包，联合辖内银行连续开展营销活动，与海信广场、万象城、麦凯乐等重点商户深度合作，拉动注册用户数和交易量迅速增长。

四、全力推进行业合作。重点加强了与交通行业的业务合作；积极探索开展二维码支付试点，率先推出了青岛地税缴税、社保卡缴费的二维码行业应用，极大地方便了市民，同时青岛地铁二维码支付项目也取得明显进展。

五、稳步提升银联信用卡市场份额。深化与发卡行的合作关系，与辖内所有银行卡中心签订发卡协议，锁定新增发卡份额，约定活卡率指标，大力推广银联信用卡；实施高端信用卡精准营销，推动重点发卡银行，以银联高端信用卡为新增发卡主打产品，有效提升高端卡活卡率；围绕增强“购物、出行、休闲”权益，持续开展权益营销，引导各行将银联权益加载到本行银联信用卡权益中，提升银联卡的含金量。全年辖内银联信用卡活卡率同比提升 6.7 个百分点。

【内控与风险管理】　2016 年，中国银联青岛分公司不断加强内控与风险管理。一是内控与风险搭建信息服务平台，实现了中国银联青岛分公司数据处理、业务报表、信息服务的系统化和自动化。二是进一步加强内部管理，继续实施重点岗位轮换，设立内部审计、采购评审小组，完善制度流程，落实岗位监督职责，有效防范了经营风险。三是加强与员工的交流沟通，建立起乒乓球活动室，组织了读书、健走、乒乓球比赛等积极向上的文体活动。四是加强党建及党风廉政建设，全面落实“两个责任”“一岗双责”，深入开展“两学一做”教育。

【大事记】　6 月　银联青岛分公司全面完成辖区银行卡市场价格改革工作。

12 月　银联青岛分公司冠名青岛地铁 3 号线“中国银联号”。

（任　辉）

附表 1

主要统计指标

项目 \ 年度	2012	2013	2014	2015	2016	2016年同比增幅（%）
入网特约商户（万家）	3.6	4.7	7.8	11.6	15.2	31
POS终端（万台）	5.5	7.8	10.9	24.7	27.6	12
POS机实现交易	—	—	—	—	—	—
交易业务（亿笔）	0.83	1.02	1.18	1.52	1.76	15.8
交易金额（亿元）	1899	2809	3069	3949	5338	35.2
ATM机具（万台）	0.57	0.63	0.71	0.96	0.72	-25
ATM机实现交易	—	—	—	—	—	—
交易业务（亿笔）	0.27	0.30	0.33	0.34	0.33	-2.9
交易金额（亿元）	255	312	360	470	550	17
借记卡发行（万张）	2890	3299	3449	3842	4239	10.3
信用卡发行（万张）	550	683	780	879	989	12.5

七、财务公司

中国重汽财务有限公司

【第一负责人简介】　韩文杰，男，1967年12月出生，山东济南人，中共党员，复旦大学经济法专业毕业，高级经济师。1988年7月参加工作，历任中国建设银行济南分行副科长、科长、舜耕办事处主任、票据贴现中心主任，华夏银行济南分行营销部总经理。现任重汽财务公司副董事长兼总经理。

【综述】　2016年，中国重汽财务有限公司（以下简称“重汽财务公司”）秉承“依托中国重汽 服务中国重汽”的经营宗旨，不断强化合规经营意识，围绕集团公司成员单位积极开展各项金融服务，资产规模实现200亿元的历史突破，经济效益大幅提升，逐步融入了集团公司整体发展，金融服务实体经济发展效果显著，新一代信息科技系统顺利上线，经营水平、管理水平得到了进一步提高，风险管控能力得到了进一步增强，对集团公司的贡献度进一步加大，实现了持续健康发展，主要经营指标均居山东省行业首位，被山东省人民政府评为山东省金融发展贡献先进单位，在全国行业评级中达到A，在集团公司年度考核中被评为优秀。

【公司经营】　2016年，重汽财务公司积极构建服务于集团公司的金融产业平台，有效开展各项金融服务业务，不断加大金融创新力度，积极服务于中国重汽，产融结合效果明显。一是有效利用票据、汽车金融、保兑仓等金融产品积极推动集团产品销售，金融渗透率已达60%以上。二是积极坚持普惠金融，创新金融产品营销模式，支持产业链中小企业发展，进一步提高了财务公司在集团公司的地位和金融作用。三是积极搭建国际金融业务服务平台，跨境本外币业务开展顺利，助力集团公司国际化战略实施。四是不断加强信息科技工作，在全国率先上线新一代信息科技系统，为财务公司更好的服务于集团发展和金融产业平台建设提供了有力保障。五是继续发挥电子票据业务优势，不断优化集团公司回款结构，有力支持了集团公司生产销售。

【内控与风险管理】　2016年，重汽财务公司认真落实监管要求，紧紧围绕“两加强，两遏制回头看”活动，强化合规经营管理，进一步提升公司风险管理水平。一是根据“两加强、两遏制回头看”活动的工作要求，深入开展自查及整改工作，依法合规经营效果明显。二是积极与集团公司、汽车金融公司沟通，做好存量汽车金融业务的管理工作。三是根据政策法规发布及业务需要，及时修订、完善各类合同、协议文本。四是稽核审计工作做到全覆盖，开展20项专项审计，并对发现的问题督促整改。五是提高贷审会审批质量，贷审会成员主动加强同业务部门的沟通，把风险控制前移，不断加强贷中、贷后管理，有效降低信贷风险。

【大事记】　3月3日　重汽财务公司获得银行间市场交易商协会会员资格，并于3月14日与交易商协会签署了《中国银行间市场债券回购主协议》。

4月20日　重汽财务公司与交通银行山东分行签署《全面战略合作协议》。双方将在长期合作、互利共赢的基础上建立全面战略合作伙伴关系，实现银企双赢。

4月21日　重汽财务公司召开2015年度股东大会。

5月9日　国家外汇管理局核准公司结售汇业务资格，核定结售汇综合头寸限额上限为5000万美元，下限为-5000万美元。

5月20日　在上海清算中心开立债权托管结算账户，公司可以参与在上海清算中心托管的各类债券交易业务。

5月30日　中国人民银行济南分行核准重汽财务公司作为中国重型汽车集团有限公司主办企业开展跨境双向人民币资金池业务。

6月　中国财务公司协会发布了中国企业集团财务公司2015年度行业评级结果，重汽财务公司获评最高等级A类财务公司，标志着公司已进入国内先进财务公司行列。

7月12日　重汽财务公司成功办理了首笔电子商业承兑汇票再贴现业务，有效促进了电子票据业务发展。

7月15日　重汽财务公司获批成为银行间外汇市场会员。

8月3日　山东银监局副局长艾建华、非银处处长王安水、副处长范琳和监管员张琪一行4人到公司进行调研指导。

9月13日　重汽财务公司作为唯一一家财务公司代表在山东省第二届电子商业汇票暨电子现金业务推进会上介绍电子商业汇票业务推广工作经验。人民银行济南分行副行长董龙训对公司依托供应链业务推进电子商业汇票发展的做法给予了高度评价。

9月26日　在人民银行清算总中心和人民银行济南分行

的大力支持下，重汽财务公司与交通银行合作的新一代业务信息系统正式上线。

12月22日　重汽财务公司申报的《以财务公司为平台的全球资金管理体系构建与实施》项目获“第三十届山东省企业管理现代化创新成果一等奖”，并作为27项典型成果案例之一，入选《企业界—山东省企业管理现代化创新成果》，得到了各位专家的认可和好评。

12月30日　经山东银监局核准（鲁银监准〔2016〕449号、鲁银监准〔2016〕450号），谭义德、冯敏任公司董事。

（冯晨光）

附表1

机构概况一览表

行长（或其他称谓的第一负责人）		副行长（或其他称谓的同级领导）	
韩文杰		刘敬斌　刘德英　刘其贵	
地址	山东省济南市华奥路777号	邮编	250101
网址	http://www.cnhtc.com.cn	客服电话	58062525

附表2

内设部门及分支机构一览表

年度	内设职能部门数量（个）	下设分支机构（个）					员工总人数（人）	
		总数	地市分行数	县区支行数	分理处、营业所数	储蓄所数		正式职工人数
2012年	9	—	—	—	—	—	90	90
2013年	9	—	—	—	—	—	97	97
2014年	9	—	—	—	—	—	113	113
2015年	7	—	—	—	—	—	48	48
2016年	7	—	—	—	—	—	47	47

附表3

主要统计指标

单位：亿元

项目 \ 年度	2012	2013	2014	2015	2016	2016年同比增幅（%）
本外币资产总额	57.17	57.13	115.07	121	206.74	70.86
本外币负债总额	44.93	44.42	101.79	106.85	179.60	68.09
营业收入	2.65	2.77	3.98	4.69	5.31	13.22
利润	1.73	1.88	2.00	1.88	2.36	25.53
净利润	1.29	1.41	1.49	1.42	1.66	16.90
上交税金	0.54	0.64	0.63	0.66	0.86	30.30

注：2016年统计数据未经审计，最终数据以审计机构3月份出具审计报告为准。

附表4

先进集体一览表

授奖单位	奖项名称	获奖集体
山东省企业管理现代化创新成果评审委员会	第三十届山东省企业管理现代化创新成果一等奖	中国重汽财务有限公司

续表

授奖单位	奖项名称	获奖集体
山东省人民政府	2014 年度至 2015 年度山东省金融发展贡献先进单位	中国重汽财务有限公司
中国财务公司协会	2015 年度行业评级 A 类财务公司	中国重汽财务有限公司
山东省银监局	统计工作考核三等奖	中国重汽财务有限公司

南山集团财务有限公司

【第一负责人简介】 隋政，男，山东乳山人，1963 年 5 月出生，工商管理硕士。1979 年参加工作，1992 年 10 月起，历任香港中银集团投资有限公司副经理、经理、高级经理、副总裁、中国银行威海分行副行长、东方资产管理公司青岛办事处副总经理、南山集团公司董事、副总经理兼财务公司筹备组组长等职；2008 年 8 月起任南山集团财务有限公司副董事长兼总经理，2014 年 1 月 1 日起任南山集团财务有限公司董事长。

【综述】 2016 年，南山集团财务有限公司（以下简称“南山财务公司”）在董事会的决策部署下，准确把握复杂多变的经济金融形势，积极推动业务创新，强化内部管理和队伍建设，较为圆满地完成了各项工作任务。

【公司经营】 2016 年，南山财务公司紧密围绕集团金融需求，不断提升服务能力。一是通过为企业提供个性化的账户管理体系、归集集团“票据池”资金、优化异地企业集中管理模式等措施，拓宽资金来源渠道，截至年末，可归集口径资金归集度达到 90.48%。二是发挥专业优势，引导企业做好结售汇管理，共办理结售汇 420 笔，金额逾 6 亿美元，为企业节省汇兑成本 800 多万元。三是充分发挥资金调节职能，加大对集团产业的支持力度，累计投放 33.7 亿元，贷款平均利率下调近 1 个百分点，为企业减少贷款利息支出 3000 多万元。四是加强与各银行沟通，确保资金枢纽畅通，办理结算业务 13.2 万笔，通过优化系统功能，开发了自动付款、内部账号直入账等业务模块，更加便利企业结算。五是通过“资产打包、集合竞价、集中承保、统一理赔”保险管理新模式，保费同比降低 10%，组织风险评估公司、保险经纪公司等对集团下属重点企业进行走访摸排，逐一提供投保建议以及防灾防损保险方案，为企业安全生产保驾护航。六是通过抓好资产负债结构性管理、大力发展金融市场业务等手段，提高经营水平，资产收益率达 2.18%，净资产收益率达 14.35%。

【内控与风险管理】 2016 年，南山财务公司加强内控及全面风险管理体系建设，继续保持开业八年“零”案件。一是对 58 项业务 920 多个风险点重新进行了梳理，明确了控制措施，设计风险量化模型 30 个，运用技术手段防控风险，做到“风控在前”，使风险管理工作有抓手。二是加大监督检查力度，新编制了 21 项业务审计手册，确保“无死角、全覆盖”，累计开展各类检查近 40 次，对发现的问题监督整改，不断提高内控水平。三是根据管理需要对制度进行梳理，目前各类制度达到 200 多篇，切实做到“制度先行、与时俱进”。四是按照监管部门要求，先后组织开展了票据业务风险、案件风险、“两个加强、两个遏制”回头看专项检查等各类排查活动，认真落实监管排查要求，及时消除了风险隐患。五是组织开展 6 次应急演练、主备设备切换 40 多次，通过以练代训，着力提高应急管理能力。六是继续推动合规文化建设，通过参观龙口市检察院预防职务犯罪教育基地等，促使全体员工警钟长鸣、警示自我、打牢了案防的思想长堤。

【队伍建设】 2016 年，南山财务公司深入实施综合性人才培养工程，着力打造一支专业过硬、富有创新精神的专业金融队伍。一是围绕“强化培训工作的前瞻性、实用性，与时俱进，构建学习型组织”指导思想，共开展集中培训 107 次，总计达 370 多个小时，培训内容更加丰富、有针对性，开阔了员工视野，增强了知识储备。二是提拔有能力、有干劲的干部员工走上管理岗位，有针对性加强对部门经理 B 角的培养，打造干事创业的舞台。三是通过定期与员工开展考核辅导方式，引导员工快速成长；四是开展学习集团发展史、参观主导产业等系列主题鲜明的集体活动，进一步凝练了以“团结、进取、务实、创新”为企业文化。

【大事记】 3 月 10 日 南山财务公司发放首笔 500 万跨境贷款，标着着该公司为集团搭建起了境内外资金互联互通的桥梁，对实现集团全球资金集中管理，助推国际化战略的实施具有非常重要而现实的意义。

（高玉臣）

附表 1

机构概况一览表

董事长		总经理	副总经理	总经理助理
隋　政		隋　政（代）	郭　芸	朱元森　战永磊
地址	山东省龙口市南山工业园南山南路4号		邮编	265706
网址	http://www.nanshan.com.cn		服务热线	—

附表 2

内设部门及分支机构一览表

年度	内设职能部门数量（个）	下设分支机构（个）					员工总人数（人）	
		总数	城市分行数	县区支行数	分理处、营业所数	储蓄所数		正式职工人数
2012年	7	—	—	—	—	—	31	30
2013年	7	—	—	—	—	—	31	30
2014年	8	—	—	—	—	—	34	33
2015年	8	—	—	—	—	—	37	37
2016年	8	—	—	—	—	—	36	36

附表 3

主要统计指标

单位：亿元

项目 \ 年度	2012	2013	2014	2015	2016	2016年同比增幅（%）
本外币资产总额	45.73	69.08	56.39	85.56	83.30	-2.64
本外币负债总额	37.21	59.15	44.91	73.16	70.09	-4.20
营业收入	2.56	3.29	4.1	3.81	3.29	-13.65
利润	1.57	1.88	2.99	2.57	2.32	-9.73
净利润	1.18	1.41	2.25	1.95	1.84	-5.64
上缴税金	0.57	0.68	0.91	0.79	0.54	-31.65

海信集团财务有限公司

【第一负责人简介】　舒鹏，男，中共党员，1975年8月出生，上海理工大学工商管理硕士，研究生学历。曾任海信科龙电器股份有限公司财务部副部长、青岛海信电器股份有限公司董事会秘书兼证券部部长，现任海信集团财务有限公司副总经理（代为履职）。

【综述】　2016年，海信集团财务有限公司（以下简称“海信财务公司”）面对存贷利差收窄、同业利率下行等严峻复杂的经济形势，稳步推进原有业务品种做大做强，积极探索新的业务增长点和模式，以期更好的发挥为集团成员单位提供金融服务的基本职能。截至2016年年末，海信财务公司资产总额为152.84亿元，同比增长68.42%；全年累计实现利润总额2.80亿元，同比增长14.42%。2016年年末，海信财务公司资本充足率为19.08%，流动性比率59.76%，各项指标均优于监管要求。

【公司经营】 2016年，海信财务公司在新任领导班子带领下，引进市场化经营理念，探索利润增长点，各项工作取得了良好的经营业绩。特别是公司资产总额突破百亿，达到152.84亿元，同比增长68.42%，资产大幅增长的原因：一是成员单位经营良好和公司电票推广使得成员单位资金量增大，吸收存款规模随之增大。二是本年度实现利润2.80亿元，使得所有者权益有较大幅度增长。

一、加强资金集中管理，资金归集率保持在较高水平。海信财务公司通过升级结算系统、推行集中收付、完善结算功能等多措并举，使集团资金归集率得到明显提升。截至2016年年末，公司全口径资金归集率为81.87%，可归集口径资金归集率为98.28%。

二、海信电子商业汇票推广成效显著，集团整体支付能力持续提高。海信财务公司各成员单位累计对外签发电票230.31亿元，同比增长86.62%。公司通过多次召开海信电票宣传会来加大电票推广力度，成效显著，主要体现在：一是增加了公司基于票据业务的相关收入；二是改善了各成员单位现金流状况，使得集团整体资金沉淀量增大；三是提升海信品牌在金融市场的信誉度，降低集团对商业银行融资的依赖度。

三、积极探寻新的业务增长点。为应对同业存放利率下行的市场形势，在严控风险的前提下，公司开展投资理财业务，全年操作理财87.98亿元，实现投资收益2038.64万元。

【内控与风险管理】 2016年，海信财务公司加强内控建设和风险管理，促进业务合规经营。一是完善公司治理，在组织架构上增设审计委员会和风险管理部，审计委员会负责检查公司风险及合规状况、会计政策、财务报告程序和财务状况，风险管理部负责公司内控、合规、风险管理及贷审等工作，进一步强化风险管理职能。二是加强内控制度建设，根据公司业务开展情况，及时修订和发布制度，确保各项制度及时更新并有效执行。三是加强稽核检查频度，针对公司各项业务进行专项稽核检查，并根据检查情况提出整改意见，跟踪整改落实情况，以加强事后监督管理。

【大事记】 4月15日 海信财务公司获批成为银行间外汇拆借会员，外币拆借业务由线下交易转为线上交易，节约时间和成本，有利于争取更优惠的价格。

6月13日 海信财务公司成功获准外汇资金池对外放款额度调增，并新增外债额度，为集团全球资金的融通提供了前提和保障。

10月8日 海信财务公司电子验印系统正式上线运行，采集图像核验处理代替人工核验，提高了印鉴核验工作效率。

11月29日 海信财务公司在原有的境外外汇资金境内归集、外债和对外放款额度集中调配两项业务资质的基础上，又获批增加境内外币归集、经常项下集中收付汇和货物贸易轧差净额结算三项业务资格，为实现集团全球外汇资金集中管理及集中收付汇提供了前提保障。

12月2日 海信财务公司与招商银行成功办理电票转贴现业务，为后续电票融资及同业合作奠定基础。

12月31日 海信财务公司成立审计委员会和风险管理部。

（李　芳　李　月）

附表1

主要统计指标

单位：亿元

项目 \ 年度	2012	2013	2014	2015	2016	2016年同比增幅（%）
本外币资产总额	46.13	62.87	87.08	90.74	152.85	68.42
本外币负债总额	38.57	53.94	70.42	74.05	134.05	81.01
营业收入	1.50	2.03	2.48	2.79	3.16	13.23
利润	1.45	1.84	2.30	2.45	2.80	14.42
净利润	1.09	1.38	1.73	1.84	2.10	14.41
上缴税金	0.43	0.58	0.63	0.66	0.76	15.15

中国石化财务有限责任公司山东分公司

【第一负责人简介】　宫琳，中共党员，教授级高级会计师。曾任中国石化青岛石油化工有限责任公司副总会计师兼财务管理部主任、党支部书记，2013年7月任中国石化财务有限责任公司山东分公司经理。

【综述】　中国石化财务有限责任公司山东分公司（以下简称“中石化财务山东分公司”）是经中国银行业监督管理委员会批准，2007年7月成立，中国银行业监督管理委员会青岛监管局监管的非银行金融机构。2007年9月1日正式营业，公司设在山东省青岛市，营运资金1亿元，设有综合部、内控稽核部、财会部、信贷部、结算部5个部门，现有从业人员29人。

2016年，中石化财务山东分公司秉承“立足石化、服务主业、争创一流”的经营宗旨，重点为山东辖区的胜利油田、齐鲁石化、青岛炼化和青岛石化等90多家成员企业提供金融服务。

【公司经营】　2016年，中石化财务山东分公司累计办理资金结算297.86万笔，金额1.62万亿元；日均向成员企业发放贷款24.78亿元、票据贴现3.66亿元。2016年，中石化财务山东分公司新增开户企业3家，新启用银行分账户13个，新签订服务协议8份，服务范围进一步扩大，资金集中管理平台作用得到有效发挥。

【内控与风险管理】　2016年，中石化财务山东分公司注重风险防控和稽核管理工作，始终把风险防范和业务安全作为一切工作的重中之重，加强内控制度落实和业务合规自查，实现内控管理的全流程和常态化运行。严格执行内控制度，加强贷款、票据等业务日常审查力度，强化贷前调查、综合授信、业务签报、合同签订和贷后跟踪等过程控制，严把业务风险关口。创新稽核检查方式方法，制定每季度稽核工作方案，持续深化稽核力度，推进稽核工作真正落实到实处，收到良好的稽核检查效果。

【大事记】　1月11日　中石化财务公司党委副书记、纪委书记、工会主席王安莅临山东分公司检查指导工作。

6月6日　中石化财务公司副总经理高中元参加在青岛召开的中石化财务公司与招商银行“票据池”项目对接会。

7月6日　中石化财务公司党委书记、总经理张保龙莅临山东分公司检查指导工作。

10月26日　中石化集团公司“票据池”项目在山东分公司顺利上线。

（许昭君）

附表1

机构概况一览表

经理		副经理	经理助理	
宫　琳		吕固江　赵　博	张明华	
地址	山东省青岛市市南区山东路2号甲华仁国际大厦26层		邮编	266071
网址	http://www.sfc.sinopec.com		客服电话	0532-83096195

附表2

内设部门及分支机构一览表

年度	内设职能部门数量（个）	下设分支机构（个）					员工总人数（人）	
		总数	地市分行数	县区支行数	分理处、营业所数	储蓄所数		正式职工人数
2012年	5	—	—	—	—	—	34	31
2013年	5	—	—	—	—	—	34	31
2014年	5	—	—	—	—	—	35	32
2015年	5	—	—	—	—	—	33	30

续表

年度	内设职能部门数量（个）	下设分支机构（个）					员工总人数（人）	正式职工人数
		总数	地市分行数	县区支行数	分理处、营业所数	储蓄所数		
2016 年	5	—	—	—	—	—	33	30

附表 3

主要统计指标

单位：亿元

项目 \ 年度	2012	2013	2014	2015	2016	2016 年同比增幅（%）
本外币资产总额	156.02	72.96	43.03	25.81	18.42	-28.63
本外币负债总额	154.55	69.99	41.39	25.06	17.75	-29.17
营业收入	5.21	3.76	2.01	1.55	1.27	-18.06
利润	1.96	2.62	0.86	1.00	0.89	-11.00
净利润	1.47	1.96	0.65	0.75	0.67	-10.67
上交税金	0.50	1.01	0.31	0.34	0.31	-8.82

附表 4

先进集体及个人一览表

授奖单位	奖项名称	获奖集体
中石化财务公司	“强化管理严细实、创新服务增效益”主题演讲比赛优秀组织奖	山东分公司
中石化财务公司	先进基层党组织	山东分公司党支部
授奖单位	奖项名称	获奖个人
中石化集团公司	技术能手	许昭君
中石化财务公司	优秀共产党员	许钦珍
中石化财务公司	年度先进个人	岳增强
中石化财务公司	业务知识竞赛一等奖	许昭君
中石化财务公司	“强化管理严细实、创新服务增效益”主题演讲比赛二等奖	岳增强　王维康

山东重工集团财务有限公司

【第一负责人简介】　吴汝江，1960 年出生，大学文化，高级经济师。历任潍坊市工商银行科长、办公室主任、副行长、行长、党委书记，山东省工商银行营业部（原济南市分行）总经理、党委书记，民生保险经纪公司董事长、民生典当有限公司董事长，山东重工集团财务有限公司筹备组副组长，具有董事任职资格。现任山东重工集团财务有限公司总经理、党支部书记，山东重工集团有限公司金融总监，潍柴控股集团有限公司监事会主席，山推工程机械股份有限公司董事。

【综述】　山东重工集团财务有限公司（以下简称“山东重工

财务公司”)成立于2012年6月11日，是由山东重工集团有限公司、潍柴动力股份有限公司、潍柴重机股份有限公司、山推工程机械股份有限公司、中国金谷国际信托有限责任公司(现已将股份转让至山东重工集团)共同出资成立，经中国银监会批准设立的非银行金融机构，地址位于山东省济南市燕子山西路40-1号，注册资本金10亿元人民币，现有员工45人。

山东重工财务公司设有资金结算部、公司业务部、投资运营部、资金管理部、风险合规部、审计部、财务统计部、信息技术部、综合管理部，并在潍坊、济宁、西安、扬州地区设有客户服务部。经营范围包括：吸收成员单位的存款；办理成员单位之间的内部转账结算及相应的结算、清算；办理成员单位之间的委托贷款；对成员单位办理票据承兑与贴现；对成员单位办理贷款；对成员单位办理财务和融资顾问及相关的咨询、代理业务；协助成员单位实现交易款项的收付；办理保险代理业务；对成员单位提供担保；从事同业拆借；承销成员单位的企业债券；有价证券投资(股票二级市场除外)；成员单位产品的消费信贷、买方信贷及融资租赁等。

【公司经营】 2016年，山东重工财务公司依托集团和服务主业，以资金集约管理为核心，为成员单位提供综合化、专业化、个性化的金融服务，各项业务指标整体向好。

截至2016年年末，公司各项存款余额147.96亿元，同比减少1.38%，资金归集率60.51%。各项贷款余额74.69亿元，同比增长60.38%。全年共办理即期结售汇业务415笔，金额2.14亿美元，同比增长19.55%。累计开立电票60.18亿元，同比增长115.70%。全年实现营业收入3.07亿元，同比增长4.78%；实现利润总额2.02亿元，同比增长32.89%。资本充足率为13.07%，不良资产率和不良贷款率均为零，资产损失准备充足率190.26%，贷款损失准备充足率210.00%，流动性比例64.46%。

【内控与风险管理】 2016年，山东重工财务公司进一步完善各项业务和管理制度，树立全员合规遵章意识，建立全面风险管理体系。

一、建立执行、检查、处罚标准，修订完善制度。一是从最主要、最常用的制度入手，按照符合监管要求、符合风险管理要求、符合公司实际的原则，修订重点制度21项，明确了各业务条线、各工作岗位的执行标准。二是结合审计和风险管理要求，以执行标准为基础，建立各项检查标准，解决了执行、检查标准不统一的问题。三是建立具体、明晰、量化的处罚标准，使“三个标准”(执行、检查、处罚标准)相互对应，标准统一。

二、以“合规管理年”活动为抓手，落实“三个标准”。2016年，山东重工财务公司开展了“风险合规管理年”活动，按照活动方案，按月进行活动调度，按季度开展专项检查，落实发现问题的处罚。

【大事记】 2月18日 山东重工财务公司召开“风险合规管理年”动员大会，从公司层面开展各项风险合规管理活动。

11月17日 山东重工集团颁文《山东重工集团有限公司关于陈朝晖免职的通知》(山东重工干字〔2016〕45号)：经研究决定，免去陈朝晖山东重工集团财务有限公司副总经理职务。

12月5日 山东重工财务公司与工商银行合作开发的虚拟账户功能上线，实现了公司内部结算账户一个账户两个账号，达到内外通用的效果，极大便利了客户的收款和对外付款，完善了结算服务功能。

12月7日 外汇管理局山东省分局颁文《关于山东重工集团财务有限公司开展外汇资金集中运营管理业务的备案通知书》(鲁汇备〔2016〕16号)，批准该公司开展“跨国公司外汇资金集中运营管理业务”。

(宋晓阳)

附表1

主要统计指标

单位：亿元

项目＼年度	2012	2013	2014	2015	2016	2016年同比增幅(%)
本外币资产总额	34.70	74.54	140.82	162.98	162.48	-0.31
本外币负债总额	24.58	63.85	129.42	151.11	149.09	-1.33
营业收入	0.39	1.28	2.35	2.93	3.07	4.78
利润	0.17	0.75	1.46	1.52	2.02	33.33
净利润	0.12	0.57	1.09	1.14	1.51	33.35
上交税金	0.03	0.22	0.55	0.58	0.85	46.55

八、金融院校

山东大学经济学院

【第一负责人简介】 李长英，山东大学经济学院院长，教授、博士生导师，美国科罗拉多大学经济学博士。主要研究方向：产业组织理论、国际经济学、微观经济理论与应用。2010 年南开大学优秀博士论文指导教师；2007 被列入教育部“新世纪优秀人才支持计划”；2007 年南开大学经济学院优秀教师（科研）；The prize for “best paper in policy research in 2006” among econ faculty (University of Colorado at Boulder)；2006 年（第 14 届）“安子介国际贸易研究奖”优秀论文二等奖（一等奖空缺），2006 年美国科罗拉多大学经济系教师最佳政策性研究论文奖。

【综述】 山东大学经济学院是在原山东大学经济学系的基础上，于 1988 年组建而成的。学院下设经济学系、财政学系、金融学系、国际经济与贸易学系、风险管理与保险学系等 5 个系，以及产业经济研究所、泰岳经济研究中心、博弈论与经济行为研究中心等研究机构，拥有应用经济学、理论经济学一级学科博士学位授予权和应用经济学博士后流动站，目前设有 10 个博士专业、20 个硕士专业（含 6 个专业硕士专业）和 6 个本科专业，其中产业经济学为国家重点学科，金融工程和财政学本科专业为国家级特色专业，与山东大学数学学院共建校级人才培养基地“金融数学与金融工程人才培养基地”（彭实戈班）。2012 年，学院选拔组成了“经济与金融卓越人才培养国际化实验班（下简称全英实验班）”，设置经济学和金融学两个专业方向，采用全英文授课，开辟了经济金融类国际化人才培养的新途径。

【教学工作】 2016 年，山东大学经济学院加强本科教学相关制度建设，制定了《山东大学经济学院本科教学课程助教制度实施细则》，完善了《经济学院优秀本科生推免计划分配方案（暂行）》。研究生招生规模稳步扩大，生源质量明显提升。研究生培养制度建设方面，实施了新修订的研究生培养方案，优化了研究生课程库；制订并实施研究生课堂教学质量评价办法；实施“优博培养计划”和“研究生创新项目”，资助优秀博士生 5 人、优秀硕士生 10 人。2 人获得山东省优秀硕士论文，1 人获得山东省研究生创新成果奖，1 名博士获得校长奖学金，16 名博士和硕士获得国家奖学金。

2016 年，山东大学经济学院相继与美国约翰霍普金斯大学、英国约克大学等欧美名校签署了研究生联合培养合作协议；与美国加州大学伯克利分校、法国雷恩一大续签了合作协议；积极协商与加拿大达尔豪斯大学的 2+2 本科生联合培养、与美国伊利诺伊大学芝加哥分校的金融硕士项目，以及美国明德国际研究院的国际贸易与商务外交硕士项目。在继续巩固与世界名校的交流合作基础上，一个覆盖欧洲、美洲、澳洲的全方位的国际合作网络正在逐渐形成。2016 年学院聘请了 11 个国家和地区，30 余所高校或科研机构的 35 位专家来访。

【内部管理】 2016 年，山东大学经济学院认真落实党风廉政建设责任制，严格执行《中共山东大学委员会 2016 年党风廉政建设工作要点》，不断完善各项管理制度和流程，使工作有章可循。在网站专门设立“党政信息”“院务公开”“规章制度”“会议纪要”等栏目。充分做好学院党政工作的公开，接受学院全体师生的监督，使广大师生了解各项工作程序、服务标准，增强透明度，进一步提高了办事效率。以“凝聚校友资源、培育校友意识、培养后备校友骨干”为宗旨，围绕“校友返校接待与服务”“校友录编撰”“优秀校友访谈”、“新媒体宣传运营”4 个方面开展校友工作，赴北京、潍坊、青岛等地走访优秀校友 25 位，搜集整理了一手的校友访谈资料，创办《聚贤语录》。

【成人教育】 2016 年，山东大学经济学院非学历继续教育创新形式，不断提升培训工作对周边省份的辐射，并成功入选内蒙古自治区培训定点招标单位。

【科研工作】 2016 年，山东大学经济学院“应用经济学”学科积极参加教育部第四轮学科评估，作为“特色学科”入选山东大学首批“学科高峰计划”，获得经费 170 万元。将“山东大学经济学院学术繁荣计划”纳入“学科高峰计划”。学院获得国家社科一般项目 1 项；国家自科面上项目 1 项；教育部人文社科项目 1 项，山东省社科项目 4 项，实到科研经费达 465.44 万元，其中纵向经费 360.34 万元，横向经费 105.1 万元。

【精神文化建设】 2016 年，山东大学经济学院充分发挥党委的核心作用；关心青年教师成长，加大党员发展力度。以“学生、学者、学术”为重点，做好宣传和思想政治工作，营造“温暖、和谐、干事、创业”的良好氛围；关爱学生，服务学生，尽力做到“思想上关心，生活上关爱，培养上用心，投入上舍得”，努力打造“最关爱学生的学院”。鼓励教师党支部与学生党支部合作申请基层党组织立项，2015-2016 年联合申请立项 6 个，既密切了师生关系，又发挥了教工党员在学生培养中的模范示范作用，营造了优秀党员教师带动年轻学生学习进步的氛围。

【大事记】 5 月 11 日 山东大学经济学院与英国约克大学签署研究生联合培养合作协议。

6 月 28 日 山东大学经济学院与美国加州大学伯克利分校续签了合作协议。

7 月 11 日 山东大学经济学院与美国约翰霍普金斯大学签署研究生联合培养合作协议。

11 月 11 日 山东大学经济学院成立山东大学区域金融改革与发展研究中心。

（山东大学经济学院）

第九部分

区域性金融运行报告

济 南 市

【经济金融概况】 2016年，济南市银行业金融机构坚持稳中求进的工作总基调，认真贯彻落实稳健的货币政策，大力优化融资结构和信贷结构，努力增加有效信贷供给，保持货币信贷及社会融资规模的合理增长，金融运行呈现总体宽松、稳中有进态势，为加快推进市委、市政府“打造四个中心、建设现代泉城”的战略部署奠定了坚实基础。

【货币政策实施】 2016年，中国人民银行济南分行营业管理部认真贯彻落实稳健的货币政策，运用多种政策工具，引导经济金融平稳发展。

一、把握政策意图，加强“窗口指导”。全面贯彻中央经济工作会议和人民银行工作会议精神，密切结合济南实际，提出了关于贯彻稳健货币政策，促进产融结合、支持“四个中心”建设的16条措施意见，积极配合政府有关部门制定出台了加快区域性金融中心建设三年行动规划和若干扶持政策、坚决打赢脱贫攻坚战的若干政策措施等。在此基础上，着力引导驻济银行业金融机构准确把握稳健货币政策的内涵和要求，积极跟进“四个中心”和“五大任务”，突出加强金融与产业、财政等政策的结合衔接，扩大有效信贷供给，保持了金融运行总体平稳、稳中有进。

二、搭建对接平台，助力“经济中心”建设。联合市发改委、金融办组织召开了2016年银企合作推进会，共有30家银行机构对接重点企业项目253个，达成综合授信意向1169亿元。截至2016年年末，实际授信金额691.1亿元，占即期有效签约授信金额的93.5%，促进了济南市经济结构调整和产业转型升级。同时，针对经济下行的大背景，坚持问题导向，从实体经济资金需求方一端入手，引导金融机构改进信贷服务，重点面向500户中小民营企业等，集中开展了“金融服务企业百日行”“行长走厂长”活动，实行“一企一策”，合理有效满足企业融资需求204.5亿元；引导银行机构建立债券融资后备企业库，推动符合条件的24户企业及时在银行间市场发行短期融资券等各类债券1479.5亿元，平均利率3.44%，相对节约利息成本22.9亿元；通过贷款核销、地方债置换、资产证券化和贷款净转出等总计606.9亿元，有效促进了“降成本”“去杠杆”，改善了企业融资结构，提高了融资效率。

三、用足用活货币政策工具，推动“金融中心”建设。充分发挥再贷款、再贴现的引导作用。成立营业管理部信贷政策支持再贷款审贷委员会，并首次对6家法人金融机构提供授信30.65亿元，累计为辖内中小金融机构办理支小再贷款3亿元、再贴现27.74亿元。有效落实存款准备金政策。对21家中小金融机构实施定向降准2个百分点和分步调整存款准备金率，释放可用信贷资金33.89亿元。同时，建立“平均法考核存款准备金工作提示函”制度，先后对2家法人机构下发了“提示函”，对1家村镇银行按照法定程序进行了处罚。指导法人金融机构积极参加合格审慎评估。指导5家法人金融机构积极参加合格审慎评估，4家农商行分别获得全国市场利率自律机制基础成员资格和观察员资格，1家城商行顺利通过年检，累计发行大额存单和同业存单101.2亿元和324.3亿元。支持法人金融机构壮大资金实力。支持2家法人金融机构在银行间市场发行二级资本债40亿元，小微金融债60亿元。

四、强化金融创新，助推“物流中心”建设。引导银行业金融机构加快融资产品和服务方式创新，努力打造“物流金融特色品牌”。推动天津银行、齐鲁银行分别成立了盖世物流小微支行和物流特色专业支行，积极与物流企业对接合作，做物流行业的“金融管家”，为物流企业量身打造专业化金融产品和金融服务，创新了物流企业短期小额资金周转信贷产品“随心贷”“物流贷”；增加物流企业应收货款质押、仓单质押等融资手段；推出丰富物流行业支付手段的“物流卡”“物流POS收单”“物流金融结算通”业务；研发了“政企增信贷”“互助基金”等批量化融资产品，支持了各类物流企业合理有效融资需求。截至2016年年末，为140户物流企业累计发放贷款49.7亿元，表外融资41.6亿元；207户物流企业贷款余额58.4亿元，比年初增加22.4亿元，表外融资余额19亿元，比年初增加1亿元。

五、促进金融与科技深度融合，支持“科创中心”建设。与市科技局共同启动了“科技金融支撑计划”，通过市场化竞标方式确定齐鲁、北京、招商、民生4家银行为科技金融合作银行，齐鲁银行成立“科技金融特色支行”，中信银行济南分行在高新区产业工业园内成立科技支行，针对科技型企业资产轻质化及难以量化的特点，开发了“助科贷”“展翼通”“软件贷”“科融贷”“智权贷”“网络贷”等26项科技类特色信贷产品，实施特别授权制度，提供专属定制化金融服务。截至2016年年末，为532户科技型企业累计发放贷款123.8亿元，表外融资132.9亿元；692户科技型企业贷款余额142亿元，比年初增加27亿元；表外融资余额95.4亿元，比年初增加16.8亿元。

六、开展“联学联创”，实施精准扶贫。联合市扶贫办、组织涉农金融机构，创新开展了“联学联创主题服务活动”，实施金融精准扶贫“百日攻坚”。与市扶贫办签署了《金融扶贫合作框架协议》，联合出台了《济南市开展小额扶贫信贷工作指导意见》，推进落实贷款贴息、风险补偿等相关配套政策。组织各涉农金融机构全面走访对接建档立卡贫困户、扶贫经营主体和扶贫重点项目，逐户建立金融服务档案。截至2016年年末，金融机构已对建档立卡贫困户、扶贫经营主体、扶贫项目分别发放贷款1.75亿元、2.19亿元、40万元，覆盖贫困户2836户，帮扶贫困人口8337人。

七、落实差别化住房信贷政策，促进房地产市场平稳健康发展。加强对房地产金融监测与分析，加强与市建委、房管局、住房公积金中心等部门的沟通协调，确保济南作为总行确定的房地产市场重点监测城市数据的准确、完整。引导金融机构全面落实差别化住房信贷政策，2016年，济南市个人住房贷款加权平均首付款比例35.88%，同比下降5.80个百分点；加权平均利率4.58%，同比下降0.87个百分点。同时，密切关注进入三季度以来济南市房地产市场“量、价加速上升，区域分化明显，个贷增长过快”的突出变化，加强向上级行和市政府的反映汇报，及时按程序配合济南市政府出台了提高首套房、二套房商业贷款最低首付比例等差别化信贷政策；12月，人民银行济南分行营业管理部认真落实总行对重点城市的调控政策，按日监测调度，加强窗口指导，圆满实现了“增量、同比双下降”、增量减少10个百分点”等预期调控目标。

八、加强金融机构利率定价管理，促进降低社会融资成本。加强利率执行情况监测分析，引导辖内金融机构根据自身经营策略，完善利率自主定价机制，维护利率市场秩序，促进降低信贷融资成本。12月份，辖内企业贷款加权平均利率为4.64%，较同期下降0.36个百分点。据此测算，相对为企业年节约贷款成本57.1亿元。同时，建立债券融资后备企业库，推动符合条件的企业及时在银行间市场发行短期融资券、中期票据、资产支持债券等各类债券1760.5亿元，平均利率3.44%，相对节约利息成本22.7亿元，改善了企业融资结构，提高了融资效率。

九、落实普惠金融政策，做好民生领域的金融服务。认真落实总分行关于改进小额担保贷款管理积极推动创业促就业等一系列政策，积极推动劳动、财政、银行多部门联动，促进金融支持创业促就业工作，同时，引导银行业金融机构加大对保障性安居工程的信贷支持，利用“金融进校园”等方式广泛宣传落实助学贷款政策。截至2016年年末，济南市小额担保贷款余额1.2亿元，保障性住房开发贷款余额1093.3亿元，助学贷款余额41.1亿元，均实现了应贷尽贷。

【金融稳定】 2016年，中国人民银行济南分行营业管理部认真落实金融稳定全年工作部署，加强辖区金融风险监测、评估、预警、报告，扎实做好存款保险制度组织实施工作，不断提升金融稳定履职能力，牢牢守住不发生系统性金融风险的底线，切实维护辖区金融稳定。

一、完善金融风险监测管理。对辖区银行机构金融稳定风险监测数据、报告报送情况进行了通报。坚持监测全覆盖，在原有对银行业金融机构风险监测的基础上，将法人保险机构德华安顾纳入监测范围。继续发挥风险分析例会作用，累计选取近30家不同类型的银行机构，多次组织召开风险形势分析例会，第一时间掌握金融机构运营和风险情况，及时通报辖内风险变化和特点，对突出风险进行提示。建立重大事项约谈常态化模式，全年共处理重大事项报告600余件，对金融机构重大事项报告制度执行情况开展了现场核查。先后4次对金融机构违反重大事项报告制度的行为进行纠正。

二、深入开展重点领域风险评估和处置。参加不良资产真实性核实现场评估和同业业务现场督导工作。组织对辖内法人金融机构进行多种情形压力测试。继续落实大型风险企业风险处置进展情况监测制度，督促银行机构化解企业债务风险。

三、创新机制推动存保制度平稳有效实施。开发应用存款保险数据核对工具，在全省人民银行系统推广使用。在全省率先制定《存款保险档案管理暂行规定》。积极推进存款保险风险评级结果运用，逐家梳理法人投保机构在法人治理、风险管理等方面存在的问题，通过约见谈话等形式督促积极整改，促进其稳健经营。

【金融服务】 2016年，基层央行服务社会民生的效率显著提升。

一、在全省率先开发“银行卡特约商户信息管理系统”，进一步提升银行卡收单市场管理效率；大力推动移动金融发展，已在出租车等领域实现金融IC卡“闪付”刷卡消费。

二、在全省率先成功上线运行财关库银横向联网系统，修订完善《预算收入退库业务操作手册》、开发集中支付事中监督系统，在全省推广使用。

三、科学摆布、调拨发行基金，继续加大原封新券投放、残损人民币回收力度，确保现金供应“总量充足，结构合理，票面整洁”。

四、深入推进社会信用体系建设，切实发挥好牵头作用，积极推动济南市市场主体事中事后监管服务平台建设，推进跨部门、跨行业信用信息的互联共享和应用；在全省率先将企业高速公路缴费信息纳入省域征信服务平台。

五、加强重点可疑交易分析、识别和报告，1份重要线索被公安机关立案侦查。

六、全面开展“依法治行从严治行”推进年活动，继续做好综合评价和新设机构管理。

七、实现农村金融消费维权联络点四县（市）乡镇全覆盖，认真做好金融消费者申诉处理工作，有效维护群众合法权益。

【金融监管】 2016年，中国人民银行济南分行营业管理部依法规范开展执法检查，共开展专项检查21项，涉及反洗钱、支付结算、代理国库业务、财政缴存款、金融统计、征信管理、金融稳定重大事项报告、跨境人民币、金融消费权益保护、现金收付等专业。严格实施行政处罚，对辖内银行机构和有关责任人罚款26.6万元；空头支票罚款金额3.46万元。组织开展金融机构综合评价工作，牵头对济南市122家金融机构2015年度工作进行综合评价。认真做好新设银行业金融机构开业管理工作，完成了对莱商银行城南支行等17家新设机构的金融管理与服务工作。牵头组织开展打击利用离岸公司和地下钱庄转移赃款专项行动，建立健全内部信息交流机制。

【保险业务】 2016年，济南市保险业市场实现平稳发展，呈现业务较快增长、改革创新推进、服务能力增强、风险总体可控的良好局面。2016年，济南市共实现保费收入347.5亿元，同比增长56%；支付各项赔款与给付78.68亿元，同比增长19.83%。保险业服务经济社会发展的力度不断加大，积极推进保险精准扶贫，财政补贴农业保险险种增加到17个，保费补贴比例提升至80%，开展了大葱、玫瑰、驴驹养殖保险等特色险种。大力支持实体经济，在全国率先建立保险资金对接信息平台，有效扩大了投资资产池，创新了保险资金支持实体经济的途径。创建了"政银保"等模式，提高了贷款保证保险服务小微企业的效果。积极参与灾害事故救助，各类保险赔付达78.68亿元。

【证券业务】 2016年，济南市资本市场较快发展。截至2016年末，济南市证券经营机构共计119家、期货经营机构39家，私募投资基金管理机构91家。全年实现有价证券交易成交总量3.47万亿元，同比下降36.44%，实现利润总额0.97亿元，同比下降93.85%。济南地区期货营业部代理交易额4.53万亿元，同比下降28.2%，实现利润总额7945.51万元，同比下降22.1%。登记私募投资基金机构较年初减少48家，注册资本109.5亿元，管理基金141支。截至2016年年末，济南市区域内上市公司32家，上市公司总市值4267.07亿元，股票融资总额达839.77亿元。

【精神文化建设】 2016年，济南市金融系统扎实推进文明单位创建工作。

一、2016年，人民银行济南分行营业管理部开展了"精准扶贫、慈善捐款"活动。部领导带头捐款、干部职工积极响应，共募集善款32700元，后送交济南慈善总会资金管理部。

二、人民银行济南分行营业管理部联合日照银行济南分行、润华集团，借助济南市第三十七届趵突泉元宵灯会，开展了以"金猴献瑞满城春·征信连着你我他"为主题的征信及相关金融知识宣传活动。山东省金融办、人行济南分行征信管理处、金融稳定处、团委及分行营业管理部领导和有关部门负责人亲临现场指导，与工作人员共同宣传并接受市民咨询。

三、人民银行济南分行营业管理部团委被共青团中国人民银行委员会授予"2015年度中国人民银行五四红旗团委"称号。

四、日照银行济南分行团委联合济南市市中区区委组织部，共同前往兴隆街道办事处涝坡村开展送温暖扶贫活动。

五、东亚银行济南分行在济南商河县沙河乡冯楼小学开展了以"一字一句·书享童年"为主题的六一关爱活动，并为同学们送上书籍和文具。

六、中信银行济南分行为贫困地区—临沂费县龙雨村一次性捐赠专项扶贫款20万元，并为其援建了"中信图书文化室"，为小学送去了电脑、书籍、文具等教学用品，开展了特困户和孤寡老人慰问走访。

【大事记】 1月5日 中国邮政储蓄银行完成对济南二环西路南延项目的第二期投资，标志着济南市政府唯一设立的产业基金第一笔业务项目资金全部到位。

1月18日 人民银行济南分行营业管理部组织开发完成银行卡收单特约商户信息系统。

3月20日 中信银行济南分行为济南市社保局开发的社保网上服务大厅、自助服务终端的跨行支付结算系统正式在济南市推广上线，济南市社会保障事业局多银行资金管理系统上线运行。

3月28日 济南农商银行通过人民银行债券发行系统成功在全国银行间债券市场公开招标发行首期二级资本债券。

4月19日 中国银行山东省分行由青岛迁至济南，揭牌暨政府签约仪式在济南举行。

5月22日 山东章丘、平阴、商河农村商业银行股份有限公司挂牌开业。

6月7日 贾广军就任中国人民银行济南分行党委委员、分行营业管理部党委书记、主任。（银任〔2016〕71号，银党任〔2016〕37号）

7月27日 青岛银行济南分行参加山东省"政银保"贷款保证保险业务合作签约仪式，与省财政厅、信达财险、泰山财险签订了"政银保"合作协议。

8月12日 齐鲁银行成功发行20亿元优先股，成为除A股上市银行外全国首家在境内发行优先股的商业银行。

9月8日 浙商银行济南分行成功堵截一起189.6万欧元跨境网络资金诈骗案，为企业避免了重大资金损失。

12月9日 人民银行总行官方网站以"人行济南分行营业管理部统筹联动，分类实施精细化金融扶贫"为题，对济南金融支持精准扶贫工作情况进行了报道。

（窦重田 李红云）

附表 1

济南市(县)主要经济指标 1

地区	指标	土地面积(平方公里)	人口(万人)	地区生产总值(亿元)	财政总收入(亿元)	财政总支出(亿元)	全社会固定资产投资(亿元)
章丘市	2016年	1719	106.4	924.88	50.95	71.39	676.23
	同比增幅(%)	—	3.57	8.0	8.40	13.30	20.0
平阴县	2016年	827	37.42	245	17.82	28.31	260
	同比增幅(%)	—	0.13	7.9	-0.36	13.47	12.6
济阳县	2016年	1098.8	57.85	295.02	18.58	34.191	305.76
	同比增幅(%)	—	0.03	7.9	10.58	17.5	16.3
商河县	2016年	1162.9	64.19	179.21	8.81	29.86	126.97
	同比增幅(%)	—	0.8	7.8	2.2	5.5	10.9
济南市	2016年	8177	710	6536.1	641.2	741	3974.3
	同比增幅(%)	—	14.2	-7.8	9.9	12.5	13.7

济南市(县)主要经济指标 2

地区	指标	进出口总值(亿美元)	实际利用外资(亿美元)	社会消费品零售总额(亿元)	居民消费价格指数(%)	城市居民人均可支配收入(元)	农村居民可支配收入(元)
章丘市	2016年	8.94	2.3	390.4	—	33067	17982
	同比增幅(%)	-2.1	10.5	11.1	—	8.5	7.9
平阴县	2016年	6.66	0.22	96	—	24400	12850
	同比增幅(%)	0.2	29.41	10.85	—	8.7	8.9
济阳县	2016年	2.87	0.83	125.9	—	27087	14298
	同比增幅(%)	2.4	3.75	10.8	—	8.8	8.1
商河县	2016年	1.13	0.45	88.81	—	23751	12674
	同比增幅(%)	9.3	12.7	11.2	—	8.6	8.0
济南市	2016年	639.7	112.3	3764.8	102.7	43052	15346
	同比增幅(%)	13.0	14.7	10.4	1	7.9	7.8

附表 2

济南市(县)主要金融指标 1

地区	指标(亿元)	银行类							
		本外币存款余额	住户存款	非金融企业存款	本外币贷款余额	第一产业贷款	第二产业贷款	第三产业贷款	个人贷款及透支
章丘市	2016	612.82	403.27	126.11	325.47	1.14	92.13	47.72	127.47
	同比增幅(%)	16.80	9.14	46.66	5.25	5.28	0.003	-10.84	14.16
平阴县	2016年	173.73	115.92	31.13	94.22	0.085	30.99	13.73	36.09
	同比增幅(%)	20.12	11.72	70.72	35.95	175.08	35.92	184.44	14.55

续表

地区	指标（亿元）	银行类							
		本外币存款余额	住户存款	非金融企业存款	本外币贷款余额	第一产业贷款	第二产业贷款	第三产业贷款	个人贷款及透支
济阳县	2016 年	183.74	130.35	19.24	114.24	1.59	7.29	8.36	71.49
	同比增幅（%）	17.01	13.06	16.89	27.97	1.64	-52.02	-31.34	34.85
商河县	2016 年	167.93	118.60	20.97	84.69	1.76	10.7	9.69	52.95
	同比增幅（%）	21.17	14.08	78.97	9.14	-23.74	21.84	0.88	7.04
济南市	2016 年	15537.45	4344.84	6797.65	13096.14	42.6	3384.5	4669.5	2469.4
	同比增幅（%）	9.61	8.84	22.96	15.32	-1.39	8.36	12.56	37.38

济南市（县）主要金融指标 2

地区	指标（亿元）	保险类			证券类		
		保险公司保费收入	保险公司赔款和给付支出	当年结益	证券市场成交总额	投资者保证金余额	年末证券账户开户数（万户）
章丘市	2016 年	6.22	0.83	0.04	346.74	1.81	3.78
	同比增幅（%）	18.7	-78.99	-96.9	129	60	70
平阴县	2016 年	4.96	0.82	0.38	55.4	—	2.43
	同比增幅（%）	12.73	2.5	35.7	17.1	—	273.85
济阳县	2016 年	6.44	0.97	0.21	—	—	—
	同比增幅（%）	30.90	12.79	0.3	—	—	—
商河县	2016 年	3.14	1.7	0.02	—	—	—
	同比增幅（%）	17	7.1	0	—	—	—
济南市	2016 年	347.5	78.68	—	34687.23	125.86	366.37
	同比增幅（%）	56	19.83	—	-36.44	-19.9	102

附表 3

济南市主要金融机构概况

单位名称	行长（或其他称谓的第一负责人）	副行长（或其他称谓的同级领导）	员工总数	辖内营业网点数
人民银行济南分行营业管理部	贾广军	张海清　关志勇　孙国强　王　刚	240	5
农业发展银行山东省分行营业部	许　静	邢怀超　刘　健　张为民　李　慧	219	7
工商银行山东省分行营业部	朱岩峰	邵理瑞　刘　静　王　波　金　滨　吕建军　滕云静　汤　凯	3834	144
农业银行山东省分行营业部	翟世勇	王旭光　牟国媛　田树江　董厉冰　许永增	3109	144
中国银行济南分行	仲维功	孙照联　周　鲁　张　树　王建卫　马　波　王　敏　陈宗山	1503	74
建设银行山东省分行营业部	刘春龙	陈颖钰　鲍金磊　赵海红　刘　兴	2832	131
中信银行济南分行	李国峰	柳永生	891	19
光大银行济南分行	陈贵明	黄炳华　林　燕　姜立惠　孙昌勇　王景春	760	22

续表

单位名称	行长（或其他称谓的第一负责人）	副行长（或其他称谓的同级领导）	员工总数	辖内营业网点数
华夏银行济南分行	夏　阳	刘增文　张沛儒　宁金龙　李延伟	1549	48
平安银行济南分行	刘志刚	刘　明　康　建　洪　帅 李春节　徐　丽	772	20
招商银行济南分行	李　锋	张　洪　于　冬　伊晓棠 郑　玲　娄文杰	890	30
浦发银行济南分行	孔　建	钟明明　丛威娜　杨宏峰　孙　旭	1444	59
兴业银行济南分行	俞裕辉	魏　军　曾　勇　穆晓达　胡　斌	1774	38
民生银行济南分行	张春方	孙　兴　彭曙光　韩咏军 蔡丹平　王　磊	1960	53
恒丰银行济南分行	梁科杰	李　静　赵先海　房　毅	1018	26
渤海银行济南分行	金富祯	宋　奇　孙开贤　祁树鹏　徐庆吉	277	9
浙商银行济南分行	张　强	吴宝国　姜　兵　张宏华　迟英明	515	6
广发银行济南分行	庞新锋	杜经涛　许铁民　范广文　刘玉娟	607	22
邮储银行济南市分行	张　文	孙　成　赵晓军　潘红梅	1020	190
齐鲁银行	王晓春	胡晓蒙　黄家栋　王建军　赵学金 张常平　柴传早　张　华　崔　香 张海燕　张殿东　朱　宁　李九旭 葛　萍	2733	125
北京银行济南分行	王淑梅	孔海涛　田　宏	438	11
天津银行济南分行	姚志坚	刘亚军　张维东　申凤玲	656	25
威海市商业银行济南分行	邢志强	谢　磊　王建红　邹　鹏	249	12
日照银行济南分行	焦自竺	王云龙　王　刚　王志刚 焦　磊　赵一锦　王　芳	192	7
青岛银行济南分行	潘丽宏	张甲富　张渤林　王　彦	329	15
莱商银行济南分行	李华珍	巩长青　李　燕	216	15
东营银行济南分行	韩念华	张广宇　高宗岚	65	2
齐商银行济南分行	张　波	张振焱　王建平	73	1
济南农村商业银行	董事长：马立军 行长：郑爱华	范钦键　薛建波　杨　艳 李占杰　颜世宝　何继军	2737	202
济南槐荫沪农商村镇银行	曹洪忠	杨　爽	34	2
济南长清沪农商村镇银行	李军昌	陆　勇	47	3
济南历城区圆融村镇银行	刘海涛	吴英杰　丁加林　孙剑锋	72	3
济南高新区北海村镇银行	贾文涛	毛晓鹏　李　伟	24	1
济南商河县汇金村镇银行	韩明华	刘维忠　张传民	35	2
济南市济阳县北海村镇银行	葛精兵	李兴家　杨雅雯	28	1
济南平阴蓝海村镇银行	董事长：李　帅	李水青（行长）　郭建忠（副行长） 丁士杰（副行长）	19	1
济南市章丘区村镇银行	杨长春	王　芳　程　峰　张成强	70	4
汇丰银行济南分行	薛　洁	冯建伟　孔祥宇	32	1
渣打银行济南分行	王敬禹		24	1

续表

单位名称	行长（或其他称谓的第一负责人）	副行长（或其他称谓的同级领导）	员工总数	辖内营业网点数
东亚银行济南分行	马金玉	赵　云　田中胜　时　浩	35	1
恒生银行济南分行	何　川	李　斌	15	1
中国重汽财务有限公司	韩文杰	刘敬斌　刘德英　刘其贵	45	1
山东商业集团财务有限公司	董事长：张建军 总经理：张志强	马玉义　吕元忠　周卫民　刘先成	35	1
山东重工集团财务有限公司	吴汝江	黄　震	45	1
山东钢铁集团财务有限公司	总经理：李凤强 总支书记：鹿凡伟	张云庭　于基勇　杨士东	34	1
山东黄金集团财务有限公司	董事长：汪晓玲 总经理、法定代表人：吴　晨	齐宗弟　于志强	35	1
山东能源集团财务有限公司	徐立波	王立春　张述明	30	1
山东晨鸣集团财务有限公司	常德生	阎向阳　周　兵	28	1
新凤祥集团财务公司	李国庆	徐朝霞　李少峰　张保秋	69	1
山东汇通金融租赁有限公司	姜雪松	陈　威	38	1
山东通达金融租赁有限公司	董事长：赛志毅 总　裁：张仁钊 监事长：吴　潇	楚丽明　张　静　陶遵建	37	1
山东豪沃汽车金融有限公司	田玉伟	类淑志　李其威　李玉智　窦水清	105	1
泰山财产保险股份有限公司	董事长：郭永利 总经理：纪　津	安中涛　郑　青	1407	128
中泰证券股份有限公司	董事长：李　玮 监事会主席：杨　峰 总裁：毕玉国	陈　方　孙培国　何振江 钟金龙　侯祥银　吕祥友 刘珂滨　黄　华　张　晖 袁西存　李恒第	6408	278
鲁证期货股份有限公司	董事长：陈　方 总经理：刘天斌	刘运之　姜　辉　裴英剑 刘建民　季秋红	462	26

附表 4

济南市主要金融机构业务概况

单位：亿元

单位名称	本外币存款余额	人民币单位存款	人民币储蓄存款	本外币贷款余额	人民币短期贷款	人民币中长期贷款
国家开发银行山东省分行	922.74	618.18	—	3902.50	119.54	2082.16
农业发展银行山东省分行营业部	41.73	41.59	—	69.50	38.63	30.86
工商银行山东省分行营业部	1626.11	877.66	629.29	1100.46	134.70	774.57
农业银行山东省分行营业部	1672.37	855.40	670.05	939.57	88.01	633.68
中国银行济南分行	944.38	543.64	213.66	459.70	126.13	295.26
建设银行山东省分行营业部	1627.39	825.55	626.54	729.33	146.63	512.93
交通银行山东省分行	550.48	413.27	92.66	133.41	31.91	100.56
中信银行济南分行	619.67	418.61	92.28	363.51	89.20	260.13

续表

单位名称	本外币存款余额	人民币单位存款	人民币储蓄存款	本外币贷款余额	人民币短期贷款	人民币中长期贷款
光大银行济南分行	345.36	253.34	46.91	251.11	115.25	116.06
华夏银行济南分行	197.97	147.88	36.20	151.93	74.03	71.22
平安银行济南分行	288.34	241.40	24.27	329.60	127.99	192.40
招商银行济南分行	419.51	233.92	142.61	382.59	111.28	176.46
浦发银行济南分行	343.43	226.69	78.44	217.04	101.19	104.27
兴业银行济南分行	378.43	303.83	44.17	250.94	31.85	196.39
民生银行济南分行	574.63	429.61	95.03	400.30	169.32	178.99
恒丰银行济南分行	166.54	86.48	10.43	52.28	16.04	19.16
渤海银行济南分行	162.03	153.72	7.21	139.65	53.61	73.90
浙商银行济南分行	236.95	224.81	4.13	130.14	65.50	48.06
广发银行济南分行	96.49	67.26	8.51	100.62	70.94	26.62
齐鲁银行	1168.45	686.15	393.50	495.32	200.49	230.65
威海市商业银行济南分行	157.37	120.32	18.70	66.65	45.39	19.11
青岛银行济南分行	60.66	49.19	11.46	77.61	51.50	25.86
日照银行济南分行	55.08	33.65	16.47	26.02	15.05	10.74
天津银行济南分行	185.74	164.31	11.22	186.89	150.53	35.32
北京银行济南分行	333.37	293.58	28.62	389.89	140.26	201.40
莱商银行济南分行	85.34	63.21	7.84	48.97	25.75	6.4
东营银行济南分行	12.49	6.47	3.01	3.72	2.53	1.18
邮储银行济南市分行	318.35	69.95	246.11	264.88	49.78	202.41
汇丰银行济南分行	14.4	7.67	2.10	34.47	20.19	9.2
渣打银行济南分行	21.32	0.67	0.02	6.23	0.89	4.76
东亚银行济南分行	15.16	11.83	0.23	11.37	2.65	3.29
农村商业银行合计	970.1	195.29	699.27	610.17	272.99	233.40
农村信用合作机构合计	970.1	195.29	699.27	610.17	272.99	233.40
村镇银行合计	37.77	20.75	17.02	23.22	19.57	3.59
重汽财务公司	175.96	174.74	—	125.06	108.48	3.29
鲁商财务公司	54.59	54.59	—	27.40	23.40	3.5
山钢财务公司	131.73	131.73	—	104.97	91.8	5.00
山东重工财务公司	147.96	147.90	—	74.69	45.62	25.06
中国电力财务公司	149.36	149.36	—	148.54	13.1	127.58
山东黄金集团财务公司	39.13	39.13	—	28.94	17.25	6.79
山东能源集团财务公司	66.78	66.78	—	33.94	33.70	—
山东晨鸣集团财务公司	42.75	42.75	—	53.58	3.82	44.44

附表 5

济南市金融机构统计指标

指标（个） \ 年度		2012	2013	2014	2015	2016	2016 年同比增幅（%）
银行类	法人机构	16	17	19	21	21	0
	省级分行	28	29	29	29	29	0
	二级分行	14	14	14	14	14	0
	县区支行	200	205	210	215	215	0
	分理处、营业所	263	284	299	320	320	0
	储蓄所	—	—	—	—	—	—
	从业人员总数	26298	27910	29636	30667	31844	3.84
保险类	保险机构	72	74	75	250	315	26.00
	财险机构	30	31	30	117	129	10.26
	省级分公司	15	24	16	17	17	0.00
	地市分公司	6	6	23	26	28	7.69
	县区支公司	49	49	64	74	84	13.51
	寿险机构	42	43	45	133	186	39.85
	省级分公司	29	36	36	37	41	10.81
	地市分公司	4	6	20	21	35	66.67
	县区支公司	42	45	77	75	110	46.67
	从业人员总数	31124	31200	37392	49303	66191	34.25
	财险人员	5156	5240	6429	9462	11112	17.44
	寿险人员	25968	25477	30963	39841	55079	38.25
证券类	证券机构	62	70	92	102	119	16.67
	证券公司	1	1	1	1	1	0
	证券营业部	57	60	72	78	83	6.41
	证券服务部	4	9	19	23	35	52.17
	从业人员总数	1618	1650	1779	2011	2164	7.61
	投资者开户	121.5	125.82	132.06	181.36	194.83	7.43
	境内上市股票支数	28	25	23	24	24	0
	境外上市股票支数	4	7	6	8	8	0
	辖区上市公司总数	30	30	28	31	31	0

青岛市

【经济金融概况】 2016 年，青岛市以推进供给侧结构性改革为主线，适度扩大总需求，加快培植新动能，扎实推进改革，妥善应对风险，经济运行保持在合理区间，呈现稳中有进、稳中向好的态势，实现了"十三五"良好开局。全年生产总值增长 7.9%，一般公共预算收入增长 10.3%，城镇新增就业 68 万人，全体居民人均可支配收入增长 8.5%，居民消费价格上涨 2.5%。

【货币政策实施】 2016 年，中国人民银行青岛市中心支行认真贯彻落实稳健货币政策，为区域经济发展营造良好的金融环境。

一、加强货币信贷政策引导。召开两次金融机构政策通报会，传达总分行政策要求；制定金融支持全市供给侧结构性改革意见；组织实施 12 家法人机构宏观审慎评估工作。

二、推进银企对接常态化长效化。开展"千户企业走访""金融服务企业百日行""规模以上工业企业走访"等 3 次银企对接活动，组织辖内银行走访企业 3334 家次，银企达成融资协议 1224.80 亿元。

三、引导推动信贷结构优化。探索金融支持科技创新的有效方式，会同市科技局制定了"投保贷"联动办法，累计为 328 家科技型企业提供 10.80 亿元贷款支持；创新绿色金融服务，会同市环保局制定了排污权抵押贷款管理办法。

【金融稳定】 2016 年，中国人民银行青岛市中心支行加强业务管理和风险防范，有力维护辖区金融稳定。

一、完成存款保险风险评级、费率核定、保费缴纳、风险监测等一系列工作。

二、对银行不良资产真实性、同业业务进行了评估核查。

三、推动化解信贷风险，截至 2016 年年末，青岛市不良贷款率 1.98%，比年初下降 0.06 个百分点。

【金融服务】 2016 年，中国人民银行青岛市中心支行坚持普惠金融导向，大力提升金融服务水平。

一、深入开展金融扶贫与两权抵押贷款试点工作。印发《金融支持脱贫攻坚实施方案》等 4 个扶贫文件，与市扶贫办建立信息共享机制，开展"金融精准扶贫融资需求对接百日攻坚"活动，组织银行对 1.30 万贫困户进行逐户走访，1600 多贫困户获得支持。农村承包土地权经营权抵押贷款试点取得阶段性成效，截至 2016 年年末，贷款余额 1.23 亿元，同比增长 191%。

二、创新金融消费权益保护工作。加强金融消费权益保护协会建设；建立金融消费纠纷诉调对接机制，调解协议首次经法院认定合法有效，成为全省首例；连续 4 年组织开展金融知识进军营、进老年大学宣传活动。

三、加强支付服务。完善农村支付环境，助农取款服务点超过 1 万个，日均交易笔数达 2.17 万笔；全市行政村"助农缴费"服务 100%全覆盖。大力推广电子商业承兑汇票业务，财务公司全部接入电票系统，辖区电票签发金额同比增长 87%。

四、推进金融 IC 卡多领域应用。推进金融 IC 卡在地铁、出租车、公交、农贸市场等多领域应用，实现银行获得金融 IC 卡在地铁行业应用主导权，为全国首例，累计发行地铁金融 IC 卡 99.50 万张。

五、加强现金流通管理与服务。现金净投放增长 16%。优化人民币流通环境，回笼残损币增长 4.25%，现金全额清分工作完成率达 92.90%。在全省率先上线发行库批量物流智能系统，5 家机构接入系统。积极实施小面额票币硬币化工程，均衡有序完成投放任务。

六、全面履行经理国库职责。守住资金和系统运行安全底线，办理预算收入笔数同比增长 8%；在全国率先开展 TBS 作为 TCBS 应急备用系统实战演练。配合完成"营改增"改革及金税三期上线。

七、提升征信服务。率先在全省探索个人信用报告自助查询机布放商业银行，方便群众就近查询。应收账款融资服务平台成交额达 420 亿元，较上年翻番。会同市发改委推动国家社会信用体系示范城市建设，国家发改委和总行评估组给予肯定，青岛市被认可为北方信用体系建设的标杆城市。在全国率先推动青岛港与征信中心建立仓单质押融资服务平台。

【金融监管】 2016 年，中国人民银行青岛市中心支行严格依法实施金融管理。

一、2016 年，组织 1 次综合执法检查、100 余次专项检查，对 24 家机构进行开业验收。

二、深入开展互联网金融风险专项整治。牵头组织对 75 家企业进行摸排并发现 5 家企业开展互联网资产管理业务，组织有关部门进行分类清理整顿。

三、严厉打击电信网络新型违法犯罪。成立青岛市联合整治支付结算重大违法犯罪办公室，联合开展整治非法买卖银行卡信息专项行动。配合成立青岛反诈骗分中心，覆盖山东省东片区域，应急处置并成功劝阻受害人 32 起，紧急止付 598 起。

四、加强个人信用信息保护。创新监管监测技术手段，精准锁定并有效阻断、防范异常查询，人民银行总行证信局评价该项工作走在全国前列。

五、打击新型非法集资、打击利用离岸公司和地下钱庄转移赃款专项行动受人民银行总行表彰。

【外汇管理】 2016年，国家外汇管理局青岛市分局严格落实"控流出、扩流入"措施，全市结售汇顺差76.26亿美元，位居全国前列，保持了辖区跨境资金流动大局稳定。

一、监测大额、异常购付汇企业675家，约谈银行和企业134家(次)。

二、与青岛海关签订合作备忘录，在信息共享、打击进出口收付汇违规等方面展开深度合作。

三、建立银行外汇与跨境人民币业务展业自律机制。

四、严厉打击跨境资金违规行为，开展检查6次，立案调查12起，实施罚款330万元，1起案件移交公安部门立案查处。

【金融改革】 2016年，中国人民银行青岛市中心支行落实金融改革部署，多项改革工作实现突破。

一、率先开展绿色金融债试点。引导青岛银行在全国地方法人机构率先发行绿色金融债券，已完成两批债券发行，共募集资金80亿元，发放贷款26.80亿元。组织农商行40亿绿色债上报工作。

二、推动跨国公司外汇资金集中运营扩容。新增10家集团企业参与跨国公司外汇资金集中运营，是全国唯一一年内两次扩容且获批数量最多的地区，参与企业累计达到14家，涉及境内外成员企业260家，实现境内外资金归集400亿美元。

三、实现跨境融资新突破。推动全口径跨境融资宏观审慎政策落地，15家企业按照宏观审慎模式办理18笔融资业务，合计金额2.50亿美元。推动境外有限合伙人试点(QFLP)，首批3支基金进入实际操作阶段。

四、财富管理金融改革成绩名列前茅。在中央深化改革办公室对全国金融改试验区的首次评估中，青岛试点评估取得优异成绩，在全国名列前茅。改革成绩得到市委市政府认可，荣获2016年青岛市金融创新贡献一等奖。

【保险业务】 2016年，青岛市保费收入成功突破300亿元大关。在五个计划单列市中，青岛保险业保费规模列第2位，保费增速列第1位。

一、青岛保险业改革创新步伐加快，有力地推动了实体经济发展。小微企业专利权质押贷款保证保险作用充分发挥。2016年，34家青岛市科技型中小微企业通过保险获得银行授信，撬动银行发放贷款1.22亿元，企业整体融资成本均低至5.20%以内。

二、有效服务"三农"建设。在胶州市保险创新发展试验区内开展的农产品价格指数保险，承保生猪6000头、大白菜300亩、马铃薯9447亩，增强了种养殖户抵抗市场风险能力，推动农险从"保成本"向"保价格"转变。

三、加大保险资金在青岛的投资运用。2016年10月，中国人寿资产管理有限公司中标青岛市地铁4号线PPP项目，投资约25亿元，占比13.80%。该项目成为全国首个保险资金中标的轨道交通PPP项目，对保险资金支持国家基础设施PPP项目建设具有示范意义。

【证券业务】 2016年，青岛证券市场服务实体经济的能力进一步增强。

一、企业上市挂牌工作取得突破性进展，上市公司在2016年由20家升至25家。

二、新三板挂牌公司新增52家，达到103家。新三板股权融资8.45亿元，同比增长29%。青岛蓝海股权交易中心挂牌企业570家，纯托管企业23家，展示企业1177家。

三、多层次股权市场全年实现境内直接融资约285亿元，同比增长373%。境内A股上市公司首发与再融资合计147亿元，同比增长196%。辖内8家企业发行公司债券126亿元，发行规模是去年的7.40倍。2016年，辖区企业资产证券化融资实现零突破。

四、证券期货基金行业规模发展迅速。截至2016年年末，辖内财富管理规模总额为3311.70亿元，较年初增加581.83亿元，增长率21.31%。

【精神文化建设】 2016年，青岛市金融系统扎实推进文化建设。

一、组织青岛市银行业青年志愿者联盟单位围绕金融精准扶贫、定点扶贫认真做好金融服务、积极开展青年志愿活动。作为联盟成员的10家银行机构与9家市郊新市民子弟小学、县市困难小学结对共建，为251名贫困儿童送上精心准备的帮扶物资，并给小朋友们现场进行金融知识讲解。与援派西藏那曲的青年志愿者协同推进对口支援工作，13家银行机构积极为那曲贫困儿童捐赠书籍近800本，在那曲地区中学捐建"阳光书屋"，广受好评。

二、开发"青助小额贷"创业青年信贷专属产品、养殖户一站式担保贷款，设立精准扶贫培训创业基地，帮助农村青年争取创业小额贷款6642万元，帮扶595人农村青年实现就业创业。

【大事记】 3月10日 青岛银行在全国银行间市场发行青岛银行2016年第一期绿色金融债券，发行规模40亿元，是全国银行中首批、城商行中首家发行绿色金融债券的银行。

4月19日 中国银行青岛市分行揭牌暨签字仪式在青岛国际金融中心举行。

5月14日 财富管理创新发展论坛暨2016中国(青岛)财富管理创新创客大赛颁奖典礼在青岛大剧院举行。

6月4日 2016青岛·中国财富论坛开幕。此次论坛，以"全球视野下的财富管理趋势"为主题，围绕宏观的全球经济与财富发展趋势、经济新动能与财富增长之道等话题开展深入探讨。

6月19日　新常态下金融创新与金融风险管理趋势研讨会暨中国金融风险量化研究协同创新中心、青岛协同创新金融研究院、山东大学青岛金融与财富管理研究院揭牌仪式在青岛举行。中国金融风险量化研究协同创新中心是国家“2011计划”的载体之一。该中心以彭实戈、严加安院士等为学术带头人，由8位中国科学院院士组成学术委员会，北京大学等8家院所作为重点协同单位。

7月20日　由中国金融学会、青岛市人民政府联合主办的区域金融改革座谈会和人民银行总行研究局工作会在青岛黄海饭店召开。

9月28日　人民银行青岛中支深入开展“金融知识进军营”活动，总行金融消费权益保护局和人民银行济南分行法律事务处的部分领导、部队首长以及100多名部队官兵参加了活动。

9月30日　由意大利联合圣保罗银行发起筹建的青岛意才财富管理有限公司经欧洲央行、意大利央行正式批准，在青岛完成工商注册，注册资本1.46亿元人民币。全国首家外商独资财富管理公司在青岛正式落户。

10月12日　青岛市金融消费权益保护协会完成全省首例金融消费纠纷司法确认。

（张　琳）

附表1

青岛市（县）主要经济指标1

地区	指标	土地面积（平方公里）	人口（万人）	地区生产总值（亿元）	公共财政预算收入（亿元）	公共财政预算支出（亿元）	全社会固定资产投资（亿元）
平度市	2016年	3176	137.8	812.70	49.78	96.68	778.30
	同比增幅（%）	—	-0.56	4.29	13.90	15.60	14.81
即墨市	2016年	1780	121.45	1180.48	105.05	129.48	1048.9
	同比增幅（%）	—	1.04	7.23	15.40	12.70	15.56
莱西市	2016年	1522	74.8	560.33	51.92	69.27	670.13
	同比增幅（%）	—	0.00	6.52	9.00	13.50	11.33
黄岛区	2016年	2117	151.59	2765.70	212.40	185.20	2003.50
	同比增幅（%）	—	1.49	10.61	13.13	8.66	17.15
胶州市	2016年	1324	87.8	1035.90	92.07	104.79	1039.39
	同比增幅（%）	—	0.23	5.57	15.40	12.80	15.74
青岛市	2016年	11282	920.40	10011.29	1100.00	1352.81	7454.70
	同比增幅（%）	—	1.40	7.90	10.25	10.63	13.70

青岛市（县）主要经济指标2

地区	指标	进出口总值（亿美元）	实际利用外资（亿美元）	社会消费品零售总额（亿元）	居民消费价格指数（%）	城市居民人均可支配收入（元）	农村居民可支配收入（元）
平度市	2016年	21.68	5.8	386.30	—	36359	17223
	同比增幅（%）	17.60	1.05	10.37	—	8.40	7.43
即墨市	2016年	42.14	8.30	424.09	—	39543	18199
	同比增幅（%）	0.20	3.75	9.56	—	7.95	7.61
莱西市	2016年	24.52	5.91	294.43	—	36523	17639
	同比增幅（%）	-8.70	-28.55	10.60	—	8.16	7.25
黄岛区	2016年	130.32	17.3	516.00	—	43156	18008
	同比增幅（%）	1.70	5.4	12.41	—	8.37	7.20

续表

地区 \ 指标		进出口总值（亿美元）	实际利用外资（亿美元）	社会消费品零售总额（亿元）	居民消费价格指数（%）	城市居民人均可支配收入（元）	农村居民可支配收入（元）
胶州市	2016 年	65.61	8.04	373.25	—	38765	18518
	同比增幅（%）	2.60	0.37	13.46	—	8.05	7.54
青岛市	2016 年	695.22	70.02	4104.90	102.50	43598	17969
	同比增幅（%）	-0.20	11.30	10.50	2.50	8.00	7.40

附表 2

青岛市（县）主要金融指标 1

地区 \ 指标（亿元）		银行类							
		本外币存款余额	住户存款	非金融企业存款	本外币贷款余额	第一产业贷款	第二产业贷款	第三产业贷款	个人贷款及透支
平度市	2016 年	607.38	440.89	80.10	326.74	7.13	68.22	118.39	131.08
	同比增幅（%）	11.46	8.85	10.77	24.59	13.84	19.81	39.09	16.97
即墨市	2016 年	819.78	507.09	165.57	828.22	2.29	186.04	389.90	247.40
	同比增幅（%）	10.70	7.60	11.00	18.70	-46.87	9.89	26.73	16.59
莱西市	2016 年	388.44	267.65	55.93	309.76	8.35	74.32	129.42	90.08
	同比增幅（%）	14.53	7.51	25.82	24.96	15.53	4.25	39.48	19.50
黄岛区	2016 年	1486.28	711.33	545.70	1281.44	19.83	291.97	418.86	537.30
	同比增幅（%）	14.73	8.35	21.35	16.33	4.20	4.75	3.31	35.33
胶州市	2016 年	681.57	400.43	178.18	555.52	3.69	140.33	195.84	215.04
	同比增幅（%）	24.80	12.34	43.73	16.13	28.53	-1.91	39.29	12.27
青岛市	2016 年	14673.78	5460.16	5483.67	12955.30	93.53	3270.87	5235.13	3387.47
	同比增幅（%）	11.54	6.79	10.60	11.91	2.48	1.46	7.68	27.65

青岛市（县）主要金融指标 2

地区 \ 指标（亿元）		保险类			证券类		
		保险公司保费收入	保险公司赔款和给付支出	当年结益	证券市场成交总额	投资者保证金余额	年末证券账户开户数（万户）
平度市	2016 年	20.13	3.42	—	—	—	—
	同比增幅（%）	2.62	19.31	—	—	—	—
即墨市	2016 年	23.65	3.79	—	—	—	—
	同比增幅（%）	30.87	8.76	—	—	—	—
莱西市	2016 年	11.60	2.14	—	—	—	—
	同比增幅（%）	22.14	9.85	—	—	—	—
黄岛区	2016 年	33.21	7.23	—	—	—	—
	同比增幅（%）	16.98	26.89	—	—	—	—
胶州市	2016 年	17.12	3.43	—	—	—	—
	同比增幅（%）	15.53	17.29	—	—	—	—
青岛市	2016 年	335.90	113.65	—	34455.18	121.86	372.11
	同比增幅（%）	37.60	29.13	—	-50.35	-27.60	65.60

附表 3

青岛市主要金融机构概况

单位名称	行长（或其他称谓的第一负责人）	副行长（或其他称谓的同级领导）	员工总数	辖内营业网点数
人民银行青岛中支	王均坦	朱传友 顾延善 王富全 邹蜀宁 管发进 陈海青	464	6
银监会青岛监管局	王忠坦	王永存 罗 中 徐 强 李继明 邢安锋	144	6
国家开发银行青岛市分行	张华国	李国颂 钱 兵 张艳国 唐 力 马鲁海	130	1
中国进出口银行山东省分行	李忠元	刘景欣 牟 毅 李 明	70	1
农业发展银行青岛市分行	刘书香	江胜世 高玉国 姜绍华	196	6
工商银行青岛市分行	付 捷	程 青 薛德贵 毛 波 陈 兵 赵晓滨 孙 伟 李 霞	3574	124
农业银行青岛市分行	杨国月	于 东 兰卫东 毕吉宝 孙文秀 范久顺 吴显明	4285	190
中国银行青岛市分行	蒋 昕	隋春玲 郑文礼 刘 钝 王仁堂 曾钰恒 付连晔	3378	98
建设银行青岛市分行	郝子建	郭中华 王士清 刘从正 王德平 徐 海 宋敬宗 孙祥久 周兆华 刘远方 管恩新	3248	122
交通银行青岛分行	杨 勇	刘鹏涛 马泽泉 徐建民	1361	59
中信银行青岛分行	杨 威	邢丽青 黄树彬 张强军 黄千文	1793	52
光大银行青岛分行	朱小庆	韩曙光 颜庆迪 范华廷 叶长春 傅伟堂	878	24
华夏银行青岛分行	于丰星	赵 劼 崔 巍 顾新静 韩 波 刘佳来 邵作钢	816	31
平安银行青岛分行	陈昊序	纪小倩 迟珊珊 赵学军 王 珺 卢玉君	716	19
招商银行青岛分行	张连怀	姚 红 綦 琨 王 智	1420	37
浦发银行青岛分行	孙轶卿	刘建波 丁剑波 王 静	747	36
兴业银行青岛分行	沈 健	步延进 廖卫华 丁武民 刘方勃	473	24
民生银行青岛分行	杨新军	高建绪 李加岭 林 青	1005	37
恒丰银行青岛分行	李诚志	贾淑萍 刘剑锋 孟 凯 宿捷昌	448	18
青岛银行	郭少泉	王 麟 陈 青 王 瑜 杨峰江 杨长德 陈 霜 肖 群 姜福鑫	3563	111
齐鲁银行青岛分行	韩 松	范炳亮	140	6
潍坊银行青岛分行	张天轶	齐寿东 冷本光 耿相伟	192	11
威海银行青岛分行	王绍训	许 强 马 军	197	10
日照银行青岛分行	杨宝峰		191	7
河北银行青岛分行	马照辉	张 鹏 聂双双 温宏亮	207	10

续表

单位名称	行长（或其他称谓的第一负责人）	副行长（或其他称谓的同级领导）	员工总数	辖内营业网点数
青岛农商银行	刘仲生	刘宗波 刘承林 柳兴刚 贾承刚 丁明来 王建华 李春雷	5105	361
邮储银行青岛分行	银青志	江守湖 王 平 孙 皓 陈光灵	1154	266
汇丰银行青岛分行	刘晓晨	孙翠霞 陈 炯	124	5
东亚银行青岛分行	吴小军	孙善功 隋 青 李子辉 冯 蕾 陈 萍 王姿人	116	1
渣打银行青岛分行	陈国华		58	5
山口银行青岛分行	清水雅彦	竹中健二	27	1
瑞穗银行青岛分行	吉川宙	李 忠	56	1
企业银行青岛分行	申成雨		60	3
新韩银行青岛分行	姜成逸	朴正一	63	2
韩亚银行青岛分行	贾 葳	于以宁	83	4
南洋商业银行青岛分行	李向前	马 勇 夏晓晖	95	4
华侨永亨银行青岛分行	邹仁杰		22	1
三菱东京青岛分行	室井清孝	陶薇敏	64	1
釜山银行青岛分行	金柄淇	余大雄	18	1
德意志青岛分行	曹丹青		14	1
国泰世华青岛分行	阮培盛	洪怡琦	20	1
星展银行青岛分行	仇吉媛	刘 华 方 琳	19	1
澳新银行青岛分行	姜 鲁		8	1
产业银行青岛分行	高 淞		23	1
海尔财务公司	李占国	温淑惠 赵晓燕	144	1
海信财务公司	舒 鹏		34	1
青啤财务公司	徐振声	张德志 冯雪峰	33	1
青岛港财务公司	杨 倩	王伟强 贾卓鹏	22	1
中石化财务公司	官 琳	吕固江 赵 博	29	1
银联青岛分公司	赵振祥	吴 坚	29	1
陆家嘴国际信托有限公司	常 宏	丁文忠	295	1

附表 4

青岛市主要金融机构业务概况

单位：亿元

单位名称	本外币存款余额	人民币单位存款	人民币储蓄存款	本外币贷款余额	人民币短期贷款	人民币中长期贷款
国家开发银行青岛市分行	224.17	224.15	—	1468.72	28.29	1184.84
进出口银行青岛分行	11.50	10.19	—	803.13	160.23	416.95

续表

单位名称	本外币存款余额	人民币单位存款	人民币储蓄存款	本外币贷款余额	人民币短期贷款	人民币中长期贷款
农业发展银行青岛市分行	35.70	35.58	—	239.47	34.97	204.50
工商银行青岛市分行	1280.23	584.78	634.72	1298.63	271.77	947.67
农业银行青岛市分行	1616.78	679.03	866.07	1045.57	361.40	583.69
中国银行山东省分行	1075.23	403.08	486.42	866.26	259.10	497.97
建设银行青岛市分行	1117.58	525.46	499.70	1151.70	221.31	782.03
交通银行青岛分行	918.14	557.84	286.58	540.97	143.60	355.33
中信银行青岛分行	551.82	305.95	115.20	477.40	171.99	268.68
光大银行青岛分行	630.04	192.25	98.22	329.25	135.22	152.39
华夏银行青岛分行	306.02	183.79	89.25	338.74	157.30	146.57
平安银行青岛分行	268.55	189.92	40.70	274.25	102.82	129.10
招商银行青岛分行	432.07	235.56	147.28	306.61	95.59	182.51
浦发银行青岛分行	391.58	159.81	50.08	229.33	66.94	143.45
兴业银行青岛分行	478.45	206.17	33.10	208.16	81.00	123.63
民生银行青岛分行	214.93	153.08	54.64	214.45	97.73	104.27
恒丰银行青岛分行	242.85	198.67	23.53	133.05	67.75	59.36
青岛银行	1463.54	651.35	431.25	530.57	135.81	361.94
齐鲁银行青岛分行	73.97	57.39	5.28	63.88	24.24	35.52
潍坊银行青岛分行	63.66	42.88	10.80	51.07	37.21	12.36
威海市商业银行青岛分行	65.82	34.12	8.26	50.12	32.04	16.03
日照银行青岛分行	84.59	46.32	14.47	30.15	16.96	10.17
河北银行青岛分行	55.72	48.47	7.21	73.99	23.07	36.73
青岛农村商业银行	1524.18	536.01	959.41	1002.35	292.51	689.69
苏州张家港农村商业银行	9.08	7.10	1.91	7.12	6.05	0.99
邮储银行青岛市分行	462.67	32.01	415.13	254.48	43.20	167.41
汇丰银行青岛分行	37.23	14.80	5.76	60.76	31.73	19.18
东亚银行青岛分行	32.37	18.56	1.57	25.57	3.44	14.25
渣打银行青岛分行	8.78	3.29	2.57	6.71	1.70	2.33
山口银行青岛分行	2.22	0.65	0.01	7.08	3.99	1.05
瑞穗银行青岛分行	14.51	9.69	0	18.15	5.79	0.25
企业银行青岛分行	17.43	10.93	0.34	10.41	2.27	2.08
新韩银行青岛分行	26.50	11.12	1.25	18.39	3.77	3.30
韩亚银行青岛分行	38.77	28.43	2.07	31.77	5.08	13.90
南商银行青岛分行	62.12	55.58	2.01	62.56	36.08	14.17
华侨永亨银行青岛分行	8.30	8.03	0	10.24	3.09	3.75
三菱东京青岛分行	9.62	9.61	0	31.29	10.12	2.13

续表

单位名称	本外币存款余额	人民币单位存款	人民币储蓄存款	本外币贷款余额	人民币短期贷款	人民币中长期贷款
釜山银行青岛分行	0.78	0.75	0	4.08	0.57	0.57
德意志银行青岛分行	0.42	0.12	0	13.47	8.60	0
国泰世华青岛分行	0.08	0.05	0	0.23	0.08	0.15
星展银行青岛分行	3.91	2.05	0	1.52	1.00	0
澳新银行青岛分行	1.89	1.01	0	1.31	0	0
产业银行青岛分行	0.54	0.15	0	11.29	3.63	0.15
海尔财务公司	525.71	445.60	0	485.55	165.57	166.25
海信财务公司	129.67	126.18	0	51.63	36.65	3.90
青啤财务公司	87.97	87.97	0	13.44	13.44	0
青岛港财务公司	106.37	106.37	0	34.17	4.03	28.85
中石化财务公司	7.38	7.38	0	16.61	8.25	4.50

附表 5

青岛市金融机构统计指标

	年度 指标（个）	2012	2013	2014	2015	2016	2016年同比增幅（%）
银行类	法人机构	14	14	16	15	17	13.33
	省级分行	34	36	38	41	42	2.44
	二级分行	1	1	2	2	4	100.00
	县区支行	729	852	917	943	937	-0.64
	分理处、营业所	334	433	425	547	561	2.56
	储蓄所	108	132	131	127	157	23.62
	从业人员总数	33503	33674	33124	34956	34269	-1.97
保险类	保险机构	586	588	595	612	644	5.23
	财险机构	270	288	292	304	310	1.97
	省级分公司	30	32	31	33	33	0
	地市分公司	2	2	3	2	2	0
	县区支公司	238	254	138	148	275	85.81
	寿险机构	316	300	280	308	334	8.44
	省级分公司	29	29	24	26	31	19.23
	地市分公司	1	1	7	9	9	0
	县区支公司	287	270	88	93	294	216.13
	从业人员总数	32273	33637	39262	62173	118664	90.86
	财险人员	7474	8513	8843	13251	20042	51.25
	寿险人员	24799	25124	30419	48922	94054	92.25

续表

指标（个）＼年度		2012	2013	2014	2015	2016	2016年同比增幅（%）
证券类	证券机构	63	68	90	100	106	6.00
	证券公司	1	1	1	1	1	0
	证券营业部	62	67	89	99	105	6.00
	证券服务部	0	0	0	0	0	—
	从业人员总数	—	—	—	—	—	—
	投资者开户（万户）	182.30	186.20	191	282.42	372.11	31.76
	境内上市股票支数	20	18	18	20	25	25.00
	境外上市股票支数	1	1	1	1	1	0
	辖区上市公司总数	20	19	19	20	25	25.00

淄 博 市

【经济金融概况】 2016年，面对错综复杂的国内外经济环境，淄博市按照"一个定位、三个着力"的总体要求，坚持稳中求进的工作总基调，推进供给侧结构性改革，国民经济运行呈现总体平稳、稳中趋升、稳中有进的良好态势，实现了"十三五"良好开局。2016年，淄博市实现生产总值(GDP)4412.01亿元，同比增长7.7%。工业生产稳中有升，产业结构进一步优化，消费市场稳中有进；财政稳定增长、居民消费价格保持适度涨幅。

【货币政策实施】 2016年，中国人民银行淄博市中心支行积极落实稳健货币政策，牢牢把握金融服务实体经济本质要求，大力推动金融创新，切实维护金融稳定，促进辖区经济金融和谐发展。

一、优化信贷结构，支持供给侧结构性改革。开展法人金融机构合格审慎评估和宏观审慎评估工作，严格落实全口径宏观审慎管理要求，增强货币政策执行力。制定实施《金融支持工业稳增长调结构增效益实施方案》《关于强化金融创新与服务 推动金融支持大众创业万众创新的意见》。组织金融机构走进山东方达电子商务园等创新创业一线，加强银企现场对接，加大金融支持力度。

二、多举措降低企业融资成本。落实《淄博市顺位抵押贷款业务暂行管理办法》，抵质押范围由传统的土地、房屋等不动产扩展到存货、应收账款、专利权等动产和权益类资产，全年办理顺位抵押贷款32.45亿元。开展信贷资产质押再贷款试点工作，利用再贷款授信、存款准备金率优惠等加大对法人金融机构的支持。完善利率定价机制，规范存贷款利率定价和宣传行为。落实《关于深化银行业金融创新 推动全市实体经济多元化融资的意见》，淄博市首只法人金融机构6亿元二级资本债在全国银行间市场成功发行，4家企业发行9支直接债务工具，总额67亿元。

三、支持重大项目建设和民生领域发展。完善常态化银企对接机制，加大对重点项目的信贷支持。组织开展"金融服务企业百日行"和"金融支持外贸稳增长"活动。推动农村承包土地经营权抵押贷款在辖内沂源县的试点，继续落实小微企业主办银行制度，扎实做好金融助推脱贫攻坚工作，辖内通过六种模式推进金融助推脱贫攻坚工作。

【金融稳定】 2016年，中国人民银行淄博市中心支行修订完善了《银行业金融机构金融稳定工作管理办法》，完善金融风险监测分析机制，在全省率先试点建立金融风险观察员制度。进一步完善地方投保机构存款保险评级、适用差别费率工作，建立实施存款保险主管理员制度等。突出金融稳定对外履职，管控金融风险，开展不良资产真实性评估与流动性风险压力测试，成功处置宏达矿业短期融资券违约事件，关注地方性法人机构风险专报被市政府主要领导批示。落实风险企业主办银行报告制度，建立重点企业信用风险预警与控制缓释路线图。推动辖内担保圈风险处置，积极配合严厉打击非法集资活动和逃废银行债务行为，优化区域金融生态环境。

【金融服务】 2016年，中国人民银行淄博市中心支行积极推动普惠金融发展，注重金融服务质量效率提升，积极发挥基层一线职能，切实加强金融服务。

一、继续全面深化农村支付服务环境建设，建立6205个助农取款服务点，金融基础设施、支付系统覆盖率等指标均居全省前列。积极开展整治支付结算领域违法犯罪工作，联合市公安局成立"联合整治支付结算领域重大违法犯罪办公室"；切实改进帐户服务与管理，扎实推进非现金支付发展；加强互联网金融风险排查，维护辖区良好支付结算秩序。

二、平稳有序做好纪念币发行兑换工作，全面完成全额清分和冠字号码查询，试点推广"零币池"工作，"人民币净化工程"取得明显成效。

三、继续做好国债发行宣传，依托TCBS信息化支撑优势，新增国库直接支付项目2项，拓宽国库服务领域。扎实做好应收账款融资服务平台推广应用，融资平台业务成交额位列全省第二位。

四、推进社会信用体系建设，加强信用风险管理和征信合规自查自纠，依托山东理工大学开设征信知识选修课，强化诚信知识普及教育。加大金融IC卡推广运用，举办第三届"银商杯"收银员技能大赛。大力推进移动金融O2O应用实现新突破，组织齐商银行实施手机院线通项目。

五、进一步发挥"金融顾问团"作用，围绕金融运行中存在的问题，组织金融顾问团成员深入区县把脉会诊、研究对策。

六、与团市委组建团银共建金融知识宣教平台，丰富金融知识宣教载体，服务社会民生。强化法人机构监管，在全市农商行和村镇银行等机构派驻反洗钱监管辅导员，施行"一对一"辅导，提升业务水平。

七、强化金融研究服务决策水平，与省政府研究室联合承担承担省政府重点研究课题。建立486处农村金融消费维权联络点，联络点数量列全省第三位；妥善处理金融消费纠纷和业务咨询170余起，赢得社会公众认可。

【金融监管】 2016年，中国人民银行淄博市中心支行深入研究经济发展新常态对基层央行金融宏观管理工作的新要求，强化问题导向，注重防范风险，进一步提升管理水平。召开银行机构综合评价通报会，对3家"A"级银行机构进行表彰。规范程序，提高效率，完成对5家市级银行机构开业申报检查验收。坚持依法行政，组织开展了货币信贷、征信管理、反洗钱等11

个专业56家金融机构执法检查，加强约见谈话力度，维护良好金融管理秩序。规范自由裁量权运用，依法对违规办理业务的金融机构进行行政处罚，促进其依法合规经营。重新梳理并向社会公布行政审批项目，对行政审批事项和涉企收费项目进行清理。

【外汇管理】 2016年，国家外汇管理局淄博市中心支局深入推进外汇主体监管，加强外汇均衡管理。扎实推进"控流出、扩流入、促平衡"工作，召开4次会议传达落实总分局政策要求，制定了"控流出"大额报告制度，对重点企业进行约谈，对17家企业发放风险提示函，加大外汇执法力度，对存在外汇违规行为的银行、企业依法进行查处。加强政策宣传，多次联合市政府有关部门举办全市外汇政策培训会，推动贸易投资便利化，促进外贸企业发展。以省分局"学系统、用系统劳动竞赛"为契机，提升全员应用系统非现场核查操作能力和水平，非现场竞赛阶段取得全省第三名，决赛获得团体三等奖。落实货物贸易分类管理政策，进一步加大现场和非现场核查力度，筛查案件线索，加大案件查处力度，B、C类企业占比和案件线索查实率居全省首位。组织开展外汇统计数据质量提升年活动，开展业务竞赛，提升外汇统计数据质量，实现"零差错"。严格依法行政，防范各类风险，配合省分局顺利完成内控专项检查。全面落实简政放权要求，实现外汇管理行政审批"一个窗口"受理，把经常和资本项下所有审批和服务项目统一纳入综合服务大厅窗口办理，窗口办结率达到100%。

【保险业务】 截至2016年年末，淄博市保险市场共有56家市级机构。其中，财产险公司29家、人身险公司35家。全市区县支公司及营销服务部350个，保险网点遍布全市城乡。全市保险从业人员33414人。2016年，全市保险业务全年实现保费收入132.08亿元，同比增长33.23%。服务社会能力逐步增强，保险业全年为全市单位和个人提供风险保障11297.53亿元，2016年全市保险深度2.99%，保险密度2818.01元。

【证券业务】 截至2016年年末，淄博市有27家上市公司，29只股票在境内外证券市场上市交易，累计实现直接融资532.55亿元；2016年上市公司实现IPO和再融资22.55亿元，其中，山东赫达在深交所中小板实现上市，募集资金2.37亿元；联创互联通过增发股票融资12.29亿元；龙泉股份通过增发股票融资3.5亿元；山东药玻通过增发股票融资6.76亿元。强力推进企业在"新三板"挂牌交易，2016年全市有17家企业在"新三板"挂牌，总挂牌家数达44家。区域性股权交易市场方面取得重大突破，共有333家企业在齐鲁股权交易中心实现挂牌，截至2016年年末，全市挂牌企业家数达到426家。

【精神文化建设】 2016年，淄博市金融系统扎实开展推进精神文明建设，取得了良好成效。

一、中国人民银行淄博市中心支行按照"提精神、提素质、提质效"的要求，组织开展了"2016年我们这样干""我与行长面对面""红五月"等专题系列活动，开展了"劳动美——我身边的榜样"推荐评选。依托"八号大院"微信群等平台，广泛宣传典型，营造了学习先进、争当先进的良好氛围。组织了庆祝建党95周年歌曲演唱会、纪念红军长征胜利80周年"重走长征路、跨越两万五"健步走、长征故事展播等主题活动，进一步坚定了广大员工"感党恩、跟党走"的信念。先后组织开展"党员进社区志愿我先行"、"金融宣传进社区"和"金融助学乡村行"等志愿服务活动，提升了队伍素质和凝聚力。

二、工商银行淄博分行深入深入推进"客户满意银行"建设，开展了"服务面貌专项整治季""三亮三比三抓三评"活动。推进企业合规文化和服务文化建设。

三、交通银行淄博分行认真开展"我的交行，我负责"责任文化建设主题活动，聘请服务监督员对网点服务进行客观评价。推动标准化建设，为21家网点增配便民服务设施，完成无障碍设施改造。

四、浦发银行淄博分行着力发挥党建和企业文化建设的引领作用，对干部员工进行警示教育视频培训，开展"为爱开跑"、爱心捐资助学等系列活动。

五、齐商银行秉承"务实、创新、精细、卓越"的企业精神，以培育和践行社会主义核心价值观为主线，扎实推进思想道德建设，持续开展四德工程建设。积极参与创建全国文明城市活动，开展"关爱孤寡老人、留守儿童、爱心助困、爱心助学"等活动。为沂源县南鲁山镇中心小学赠送爱心物资，捐建计算机室，并与50多名特困生"结对子"。聚焦精准扶贫。参与"聚焦沂源红"扶贫活动、"党贷福"光伏扶贫项目。

【大事记】 1月1日 淄博市个人外汇业务监测系统正式上线运行，进一步便利了银行和个人办理外汇业务，提升了个人外汇业务监管效率。

1月4日 作为全省5个试点地市之一，人民银行淄博中支为齐商银行办理首笔3亿元信贷资产质押支小再贷款。

1月14日 建设银行淄博分行与淄博职业学院举行智慧校园建设项目签约仪式。

1月15日 渤海银行淄博分行个人结售汇业务系统顺利上线，实现了业务种类由单一人民币业务向全币种的转变。

2月24日 人民银行淄博中支组织召开全市银行业金融机构综合评价暨货币信贷、外汇政策通报会，对获得综合评价A级的银行机构进行了表彰，并通报2015年全市金融运行情况及2016年货币政策、外汇政策取向。

2月27日 齐商银行完成新版网银互联平台切换上线及前置机合并工作，顺利通过人民银行验收。

2月 农业银行淄博分行利用小额支付系统，成功开发了社保卡跨工、农、中、建、农信、邮储六家银行发放失业保险金业务。

3月4日 邮储银行淄博市分行成功发放该行首笔供热收费权质押贷款。

3月9日 淄博市政府印发《沂源县农村承包土地的经营权抵押贷款试点工作实施方案》，推动农村承包土地经营权抵押贷款试点工作开展。

3月15日　《中国人民银行淄博市中心支行信贷政策支持再贷款审批制度》和《关于成立中国人民银行淄博市中心支行再贷款审贷委员会的通知》发布，进一步规范了辖内人民银行再贷款审批制度和流程。

4月14日　人民银行淄博中支在淄博市高青县举办“省级现金服务示范网点”授牌暨“反假货币宣传站进社区”活动启动仪式。

4月20日　渤海银行淄博分行自助存取机现钞循环功能顺利开通并通过总行验证，成为渤海银行济南分行辖内首家实现自助存取款机钞箱循环功能的机构。

4月　农业银行淄博分行成功办理济青高铁淄博段征地拆迁PPP项目首期提款业务，该PPP项目是淄博市政府第一笔成功运作的PPP项目。

5月3日　人民银行淄博中支增设国家金库淄博经济开发区支库。截至2016年年末，淄博市各级人行经理国库12个。

6月15日　人民银行淄博中支与山东省青联“走进创新创业一线”暨金融支持“大众创业、万众创新”启动仪式在山东方达电子商务园区举行。

6月15日　山东省农信联社淄博办事处成功实现社保卡即时发卡项目落地，当日全省农信系统首张社保卡在淄博市实现即时发卡。

6月　人民银行淄博中支与淄博市扶贫办联合制定《淄博市金融扶贫工作考核办法》，按季度对金融机构予以量化考核，强化扶贫责任落实制度。

8月26日　人民银行淄博中支与淄川区委区政府、齐商银行在淄川区西河镇联合举办“党贷福”整镇脱贫光伏扶贫项目启动仪式。

8月—11月　人民银行淄博中支在全市范围内组织开展“金融服务企业百日行”活动，引导金融机构对350户重点企业开展走访对接，与165家企业签约42.27亿元，落实融资支持23.85亿元。

9月19日　人民银行淄博中支组织召开全市“零币池”建设启动会议。

10月14日　齐商银行柜面业务无纸化系统成功上线运行，成为山东省内首家实现柜面业务无纸化的城商行。

10月　张店农商银行以小徐村金融助农取款服务点为基础，建立全市首家正式挂牌的农村金融消费维权联络点。

11月　齐商银行二维码微信支付功能上线试运行，成为省内第一个上线二维码支付业务的城商行。

12月2日　人民银行淄博中支开发建设的“淄博市硬币调剂信息平台”APP和微信公众号上线。

（冯　波）

附表1

淄博市（县）主要经济指标1

地区	指标	土地面积（平方公里）	人口（万人）	地区生产总值（亿元）	财政总收入（亿元）	财政总支出（亿元）	全社会固定资产投资（亿元）
淄川区	2016年	960	73.34	599.4	30.66	37.83	433.98
	同比增幅（%）	—	0.55	6.01	8.60	8.32	15.63
博山区	2016年	698	46.5	367.3	23.12	30.91	346.28
	同比增幅（%）	—	0.43	5.73	12.44	14.46	10.6
临淄区	2016年	667	61.64	867	64.7	46.2	468.9
	同比增幅（%）	—	0.3	7.6	6.2	-5.5	13.1
沂源县	2016年	1635.6	56.76	265.8	19.14	32.95	212.28
	同比增幅（%）	—	0.42	6.88	4.25	20.34	12.16
桓台县	2016年	509	524750	536.10	33.12	37.17	430.36
	同比增幅（%）	—	1.52	7.30	7.1	4.1	13
高青县	2016年	831	36.8	205.26	13.9	24.74	155.2
	同比增幅（%）	—	0	7.5	13.5	18.1	9.6
淄博市	2016年	5965.00	432.4	4412.01	345.38	418.43	3099.8
	同比增幅（%）	—	0.65	7.7	9.2	9.3	13.4

淄博市(县)主要经济指标2

地区	指标	进出口总值（亿美元）	实际利用外资（亿美元）	社会消费品零售总额（亿元）	居民消费价格指数（%）	城市居民人均可支配收入（元）	农村居民可支配收入（元）
淄川区	2016年	10.95	0.85	286.71	—	34011	15555
	同比增幅（%）	0.56	19.72	10.11	—	7.70	7.91
博山区	2016年	4.83	0.66	252.15	—	33026	14659
	同比增幅（%）	-2.2	19.89	10.84	—	8	8.2
临淄区	2016年	11.7	0.6	267.9	—	37793	17988
	同比增幅（%）	17.6	168.4	11.5	—	7.8	7.9
沂源县	2016年	4.27	0.41	148.4	—	33036	14788
	同比增幅（%）	-0.9	-65.25	10.81	—	8.13	9.25
桓台县	2016年	19.97	0.69	214.61	—	35070	16856
	同比增幅（%）	48.7	22.29	10.1	—	7.4	7.9
高青县	2016年	1.06	0.38	65.86	—	19290	12897
	同比增幅（%）	1.3	110.5	7.7	—	9.8	11.6
淄博市	2016年	78.92	6.36	2155.03	102.3	36436	15674
	同比增幅（%）	10.5	14.8	10.5	2.3	7.8	7.9

注：1.2016年淄博市统计局“利用外资”类统计指标为“实际道长外资额（人民币万元）”，按照2016年人民银行公布的全年美元对人民币平均汇率6.6423计算折合为亿美元，相应同比增幅按照统计局公布数据

2.(1)淄博市目前各区县统计局已不再公布各自区县的居民消费价格指数，对外公布消费价格指数统一采用市统计局公布的全市指标；(2)沂源县统计局无法提供实际利用外资数据，因此没有填写

附表2

淄博市（县）主要金融指标1

地区	指标（亿元）	银行类							
		本外币存款余额	住户存款	非金融企业存款	本外币贷款余额	第一产业贷款	第二产业贷款	第三产业贷款	个人贷款及透支
淄川区	2016年	517.03	362.22	96.73	261.38	1.85	125.28	66.03	60.83
	同比增幅(%)	11.62	6.98	33.16	17.26	20.12	-2.07	92.79	21.83
博山区	2016年	299.02	226	43.78	134.05	1.31	69.39	24.72	34.59
	同比增幅(%)	10.14	8.37	11.34	4.07	57.83	-11.36	56.06	15.18
沂源县	2016年	233.30	149.49	51.53	153.05	4.19	55.26	35.35	57.75
	同比增幅(%)	18.34	13.31	54.69	10.49	-5.84	-4.66	42.60	16.45
临淄区	2016年	667.0	439.1	158.0	520.0	2.6	303.6	124.0	89.8
	同比增幅(%)	4.0	9.4	-6.1	-0.3	8.8	-4.0	4.2	32.4
桓台县	2016年	364.56	191.91	131.83	378.05	0.70	229.57	66.81	80.97
	同比增幅(%)	8.15	9.18	6.91	2.72	-22.54	-9.99	35.43	19.71
高青县	2016年	147.95	104	18.89	108.48	4.45	37.36	25.36	41.32
	同比增幅(%)	16.2	14.9	14.9	-9.7	-42	-19.5	122.3	-24.4
淄博市	2016年	4204.43	2498.84	1134.47	2871.66	23.53	1217.7	727.52	757.11
	同比增幅(%)	10.3	9.97	10.15	7.9	-4.19	-6.18	27.88	18.74

淄博市（县）主要金融指标 2

地区	指标（亿元）	保险类			证券类		
		保险公司保费收入	保险公司赔款和给付支出	当年结益	证券市场成交总额	投资者保证金余额	年末证券账户开户数（万户）
淄川区	2016 年	—	—	—	—	—	—
	同比增幅（%）	—	—	—	—	—	—
博山区	2016 年	—	—	—	—	—	—
	同比增幅（%）	—	—	—	—	—	—
临淄区	2016 年	—	—	—	—	—	—
	同比增幅（%）	—	—	—	—	—	—
沂源县	2016 年	—	—	—	—	—	—
	同比增幅（%）	—	—	—	—	—	—
桓台县	2016 年	—	—	—	—	—	—
	同比增幅（%）	—	—	—	—	—	—
高青县	2016 年	—	—	—	—	—	—
	同比增幅（%）	—	—	—	—	—	—
淄博市	2016 年	132.08	21.14	—	—	—	—
	同比增幅（%）	33.23	15.55	—	—	—	—

注：保险和证券数据基本无分区县数据，只从保险行业协会取到分区县的保费收入总额数据。证券市场统计数据淄博市金融办未提供

附表 3

淄博市主要金融机构概况

单位名称	行长（或其他称谓的第一负责人）	副行长（或其他称谓的同级领导）	员工总数	辖内营业网点数
人民银行淄博中支	张光森	宋洪礼 徐 宁 刘 洁 张维建 王 剑	354	7
银监会淄博监管分局	陈保君	郭传刚 房爱国 宋海澎 杨鲁燕	64	7
农业发展银行淄博分行	张志强	李 钢 杨庆岭 李建民	190	7
工商银行淄博分行	王学俭	亓登明 肖芳俊 段 军 李 炬 孔德宽 王 磊 王延峰	1665	83
农业银行淄博分行	马志军	张连海 何宝林 范建强 徐其栋 郑建春 赵葛夫	1954	114
中国银行淄博分行	张 军	慕永仕 郑桂峰 王青华 郑召勇	1010	43
建设银行淄博分行	李 波	郭 峰 张兆鹏 王德仲 姚立军 孟祥晶	1456	70
交通银行淄博分行	桑 剑	鲁林法 丁绍波 柴 广 杨 毅	516	21
中信银行淄博分行	李志强	朱 刚 廖鲁军 张 文 李双杰	228	9
齐商银行	杲传勇（董事长）赵晓东（行长）	侯全明 韩兴柱 鞠 杰 王 强 丁树博 王 涛 郑文杰 曹爱萍 张东升 孙高荣 马慧玲	2962	122
山东省农村信用社联合社淄博办事处	赵雪银	杨忠诚 钟金铭	4193	384
邮储银行淄博市分行	王金虎	徐华锋 王大明 魏会敏 张素婷	1347	144

续表

单位名称	行长（或其他称谓的第一负责人）	副行长（或其他称谓的同级领导）	员工总数	辖内营业网点数
浦发银行淄博支行	丁福昌	吴　卫　史新海　郑拥军　李春波	121	7
招商银行淄博分行	黄建坤	杨卫国　刘　钧　王　浩	176	7
兴业银行淄博支行	程谦	邹　峰　陆　强	116	7
光大银行淄博分行	单　锋	衣奎树　荆　飞　翟洪涛	112	5
东营银行淄博分行	崔永明	张行辉　卜祥永　孙立俊	81	3
青岛银行淄博分行	牛建祥	李振国　巩向忠	113	3
济宁银行淄博分行	李壮志	李　生　吴　虎　张粤鲁　曲　慧	76	3
渤海银行淄博分行	韩纪宏	张荣博　张立伟	42	1
恒丰银行淄博分行	张晓黎	郑　山　王丽华	65	1
威海市商业银行淄博分行	王希峰	王　峰　宋艳群	54	1
民生银行淄博分行	朱国庆	王　锐　贾洪伟　王春晓	41	1
中国人民财产保险股份有限公司淄博市分公司	展海勇		630	39
中国人寿保险股份有限公司淄博分公司保险公司	杨建敏		121	59
中国太平洋财产保险股份有限公司淄博中心支公司	国先建		113	9
中国太平洋人寿保险股份有限公司淄博中心支公司	马希梅		142	14
中国平安财产保险股份有限公司淄博中心支公司	刘　旺		102	8
中国平安人寿保险股份有限公司淄博中心支公司	杜有光		175	13
泰康人寿保险股份有限公司淄博中心支公司	唐　静		51	24

附表4

淄博市主要金融机构业务概况

单位：亿元

单位名称	本外币存款余额	人民币单位存款	人民币储蓄存款	本外币贷款余额	人民币短期贷款	人民币中长期贷款
农业发展银行淄博市分行	63.44	63.44	—	128.48	3.55	124.93
工商银行淄博分行	519.45	182.38	329.67	358.62	165.93	192.69
农业银行淄博分行	638.88	194.57	444.31	374.54	190.55	183.99
中国银行淄博分行	317.26	110.85	179.02	249.83	119.24	115.86
建设银行淄博分行	446	177.2	168.8	256.8	164.1	96.2
交通银行淄博分行	247.94	159.94	88.00	152.93	111.31	41.3
中信银行淄博分行	69.65	45.94	23.21	72.13	36.79	32.13
齐商银行	735.31	307.75	243.91	497.91	329.48	108.81

续表

单位名称	本外币存款余额	人民币单位存款	人民币储蓄存款	本外币贷款余额	人民币短期贷款	人民币中长期贷款
山东省农村信用社联合社淄博办事处	811.52	152.11	655.63	546.43	375.81	159.58
邮储银行淄博市分行	218.42	22.02	196.38	65.63	31.88	33.75
浦发银行淄博分行	39.57	37.68	1.46	71.99	46.25	22.10
招商银行淄博分行	51.34	31.22	15.22	57.34	31.46	11.67
兴业银行淄博支行	62.62	52.72	9.91	44.83	27.78	17.05
光大银行淄博分行	42.05	31.04	10.52	31.51	14.82	15.77
东营银行淄博分行	17.87	7.7	10.17	11.96	9.17	2.19
青岛银行淄博分行	30.23	7.62	22.54	36.90	19.47	17.43
济宁银行淄博分行	7.2	4.67	2.51	6.46	2.46	3.69
渤海银行淄博分行	7.81	6.05	1.76	2.62	0.76	1.85
恒丰银行淄博分行	39.93	36.83	2.94	21.4	14.42	5.26
威海市商业银行淄博分行	10.98	7.34	3.64	11.06	4.82	6.24
民生银行淄博分行	23.91	16.01	1.89	20.19	3.06	17.13

附表 5

淄博市金融机构统计指标

指标（个）		2012	2013	2014	2015	2016	2016年同比增幅（%）
银行类	法人机构	10	10	10	12	16	33.33
	省级分行	0	0	0	0	0	—
	二级分行	15	17	18	18	19	5.56
	县区支行	463	477	487	507	489	-2.40
	分理处、营业所	488	482	475	460	477	3.70
	储蓄所	0	0	0	0	0	—
	从业人员总数	13998	14617	14878	15125	15187	0.41
保险类	保险机构	204	230	227	233	347	48.93
	财险机构	111	113	107	109	143	31.19
	省级分公司	0	0	0	0	0	—
	地市分公司	22	24	25	27	29	7.41
	县区支公司	89	89	82	82	114	39.02
	寿险机构	93	117	120	124	204	64.52
	省级分公司	0	0	0	0	0	—
	地市分公司	23	27	29	29	34	17.24
	县区支公司	70	90	91	95	170	78.95
	从业人员总数	—	—	23742	25000	33414	33.66
	财险人员	—	—	7654	7912	575	-92.73
	寿险人员	—	—	16088	17088	32839	92.18

续表

指标（个） \ 年度		2012	2013	2014	2015	2016	2016年同比增幅（%）
证券类	证券机构	8	9	14	14	2	-85.71
	证券公司	8	9	14	14	2	-85.71
	证券营业部	18	20	25	28	35	25.00
	证券服务部	0	0	0	0	0	—
	从业人员总数	—	—	670	772	—	—
	投资者开户	931700	714200	775200	1118100	—	—
	境内上市股票支数	23	23	23	23	29	26.09
	境外上市股票支数	5	5	5	5	5	0.00
	辖区上市公司总数	26	26	26	26	27	3.85

注：填写“—”的内容为淄博市金融办未提供

枣庄市

【经济金融概况】 2016年，在市委、市政府的坚强领导下，枣庄市面对错综复杂的国内外宏观经济形势，坚持把供给侧结构性改革作为引领发展新常态的主线，把“抗下行、稳增长”作为最紧迫的阶段性任务，主动作为，奋力攻坚，经济社会发展保持“缓中趋稳、稳中向好”的基本态势，实现了“十三五”的平稳开局。枣庄市产业结构进一步优化，经济增长的协调性不断增强。三次产业结构由2015年的7.6:52.7:39.7调整为2016年的7.6:51.2:41.2。农村改革不断深化，农村土地承包经营权确权登记完成99%，农民合作社、家庭农场分别达到4994家、854家，土地适度规模经营比重达到49%。建立全省首家农村综合产权交易二级市场，127个村完成农村集体产权股份制改革，新型农村合作金融试点发展到131家。产业转型升级加快，规模以上工业企业1406家，规模以上工业增加值同比增长6.2%。高新技术产业不断发展，规模以上高新技术企业269家，实现工业总产值780.32亿元，同比增长6.5%，占规模以上工业比重达到22.62%，比上年提高2.79个百分点。固定资产投资达到1788.51亿元，同比增长10.0%，累计新开工投资过亿元项目98个，其中投资过10亿元大项目12个。57个市级重点项目入库50个，完成投资186.23亿元。供给侧结构性改革成效初显，过剩产能化解率达到80%以上，工业企业产成品存货下降9.9%，工业企业资产负债率同比下降1.8%。城乡建设不断推进，城市基础设施建设完成投资24.2亿元，建成区面积达到207平方公里，实施城市基础设施建设改造提升项目153个、生态水系建设项目11个。

【货币政策实施】 2016年，中国人民银行枣庄市中心支行根据总分行稳健货币政策和差别调控政策精神要求，以服务地方经济发展为着力点，认真贯彻执行稳健的货币政策，引导金融机构加大对去产能、去库存、去杠杆、降成本、补短板五大任务的支持力度，不断加大对实体经济发展的信贷支持力度。

一、强化精准引导。研究制定了改进金融服务和外汇管理支持全市经济发展意见、支持工业稳增长调结构增效益等23个信贷指导意见，引导金融机构大力调整优化信贷结构，加大对全市转调创重点领域和薄弱环节的信贷支持力度。加大再贷款、再贴现等货币政策工具运用力度，成立再贷款审贷委员会，争取支农、支小再贷款额度20亿元，全年累计发放支农再贷款3亿元、扶贫再贷款5000万元，再贴现2343万元，信贷资源向“三农”和小微企业倾斜力度不断加大。

二、强化精准对接。全面推行中小微企业主办银行制度，印制《中小民营企业信贷产品宣讲推介手册》，金融机构与中小微企业建立“一对一”新型合作关系，10家银行机构与50家中小企业建立了主办银行关系，授信总额15.75亿元，年度累计发放贷款7亿元。加大与市发改委、经信委、商务局等部门协作配合，组织开展各级各类别的银企对接和项目推介。开展“金融服务企业百日行”活动，下发通知要求各银行机构无遗漏、全对接，累计走访71家企业进行“一对一”对接。在薛城召开“金融工作暨政银企合作推进会议”，各金融机构与23家企业达成协议贷款29.5亿元。

三、强化精准试点。率先在全省召开“两权”抵押贷款试点工作会议，引导金融机构出台“两权”抵押贷款管理办法，推动滕州市、台儿庄区政府出台风险补偿基金管理办法。建立“两权”抵押贷款专项统计制度。开展2次“两权”抵押贷款专题督导，加快推进确权颁证、抵押贷款发放等工作，累计发放“两权”抵押贷款2450万元。台儿庄区创新推出“结对融”信贷模式，累计为69位农户授信483万元。

四、强化精准扶贫。组织开展了“建立一整套考评机制、创新一揽子信贷产品、培育一大批示范项目、组织一系列扶贫宣传”的“四个一”活动，按月调度扶贫工作进展情况，对12家县域涉农金融机构开展3轮次督导。制定下发金融扶贫融资对接方案等制度办法，扎实推动融资对接、扶贫百日攻坚等工作，引导金融机构创新推出“信保扶贫贷”、“惠农易贷”、“光伏扶贫贷”等扶贫专属信贷产品。截至2016年年末，全市金融精准扶贫贷款余额6.62亿元，较年初增加0.58亿元。

【金融稳定】 2016，中国人民银行枣庄市中心支行真贯彻落实人民银行济南分行金融稳定工作会议精神和工作要求，围绕“一个中心”，把握“三个重点”，即以存款保险制度的组织实施为工作中心、以金融风险监测、以金融稳定重大事项报告、稳健性评估为基本点，扎实推进金融稳定工作，牢牢守住区域不发生系统性金融风险的底线。

一、认真做好存款保险各项工作。依托投保机构压力测试、季度运行分析、存款保险风险评级等手段，加强投保机构风险监测分析，及时掌握投保机构真实经营状况。认真做好辖区投保机构存款保险风险评级、费率核定、保费收缴与存款保险现场核查等工作。积极开展存保业务培训和知识宣传，组织开展“深化存款保险机制建设 促进经济金融健康发展”劳动竞赛活动。

二、强化风险监测分析与应对处置。加强对辖区经济发展、结构调整和转型升级等方面情况的跟踪分析，对辖区金融领域风险隐患进行排查，配合做好非法集资专项整治活动；跟踪监测煤贸风险状况，密切关注实体经济存在的不良贷款、担保圈等风险隐患，特别是产能过剩行业、房地产、地方政府性债务等领域风险排查。

三、落实重大事项报告制度。创新编制《重大事项“零报告”月报表》，及时了解银行业金融机构重大事项报告情况；组织银行业金融机构重大事项报告业务培训，建立了《重大事项信息联络员制度》。

四、做好防范和打击非法集资宣传。组织全辖银行业金融机构依托辖区金融机构网点和柜台，设立专门的咨询台，以及运用短信平台，播放LED电子宣传屏等形式，开展防范打击非法集资宣传活动。加强与市金融办、公安局等枣庄市打击和处置非法集资工作领导小组成员单位的沟通联系，共享非法集资信息，防范非法集资案件和民间借贷等外部风险向银行领域传导扩散。

五、加强信息反馈。深入部门、银行、企业、农村开展调查研究，完成了20多项专题调研和临时调研工作任务，为领导决策提供了有效的信息支持。

【金融服务】 2016年，中国人民银行枣庄市中心支行大力深化金融服务，着力提高服务水平，赢得社会各界的广泛好评。

一、现金流通环境不断优化。开展全额清分冲刺年活动，95%银行营业网点实现现金全额清分。人民币1元券硬币化工程进展加快，布放硬币清分机、纸硬币兑换机17台。深化鲁豫苏皖毗邻县域反假合作机制建设，构建起条块结合、区位协同、联动响应、群防群治反假货币合作机制。扎实做好纪念币发行工作，完成各类纪念币预约兑换154万枚。

二、城乡支付环境不断优化。引导支付服务主体参与农村支付基础设施建设和助农取款服务，使助农取款服务点升级为综合性支付服务点，做法被《金融时报》报道。清理整治无证支付机构，规范枣庄同城一卡通退出多用途卡领域。积极引导商业银行拓展金融IC卡行业应用，实现金融IC公交闪付、医疗记录、工会保障一卡多用，涉及全市31条公交线路，6条BRT线路，惠及人口240万人，总行科技司给予认可。开展电信网络新型违法犯罪整治活动，全市银警联动“紧急止付”3笔，挽回损失12.5万元。

三、国库管理服务范围持续拓展。开展金融支持水库移民脱贫致富专题调研，创新开办屠宰办人员补助资金直接支付。完成辖区各级国库“营改增”及配套财税体制改革任务。上线国库收支报表核对管理系统，帮助税务部门完成“金税三期”换版。组织辖区金融机构做好国债发行，累计销售32933万元。

四、社会信用环境建设实现新突破。农村、中小企业征信数据库实现“双达标”，采集上传11.16万户农户和4.5万户企业信用信息。推广应收账款融资服务平台，审核贷款1.5亿元，成交4000万元。个人信用报告自助查询实现全覆盖，自助查询率超过95%。受理信用查询9万余笔，处理异议投诉35笔，查处金融机构违法和不规范查询行为，保护信用信息主体权益。

【金融监管】 2016年，中国人民银行枣庄市中心支行积极强化金融管理，努力打造管理服务型基层央行。

一、依法依归开展行政执法检查。中国人民银行枣庄市中心支行严格按照执法检查计划和分行安排开展执法检查，对不同类别金融机构开展了综合执法检查和专项执法检查。2016年度，共实施24次执法检查及调查，其中综合执法检查6次，检查机构6家，并对部分违法行为进行了行政处罚，有力促进依法行政工作的开展。

二、进一步完善两管理两综合工作。完成威海市商业银行枣庄分行等4家银行业金融机构开业管理及系统接入工作，及时修订《新设银行业金融机构管理操作规程》，停止开业管理考试工作，不断优化管理流程，强化事前监管与服务。

三、创新金融消费维权模式。联合市综治办、司法局召开金融消费纠纷人民调解工作推进会议，成立调解委员会，建立金融纠纷调解专家库，印发《调解工作实施办法》，明确调解工作组织架构和法律效力。联合仲裁委成立金融纠纷调解中心，打造“仲裁+调解”金融纠纷柔性处置平台，引导商业银行利用仲裁，一裁终局、调解优先、快捷低费等优势，累计处置不良贷款639笔、金额1467万元。推动枣庄市委将金融消费纠纷化解工作纳入市矛盾纠纷多元化解系统平台。在全省率先实现与法院、司法和仲裁部门的全方位对接，形成了“三位一体”的纠纷解决工作格局。推进农村金融消费维权网络建设，建成农村金融消费维权联络点126个，维权服务实现乡镇全覆盖。

【外汇管理】 2016年，国家外汇管理局枣庄市中心支局认真贯彻落实全省外汇管理工作会议精神，按照“精准扶持、协作共赢”的总体思路，扎实开展四项活动，以“四轮”驱动全市重点外贸企业稳增长，积极助推地方涉外经济健康发展，较好地完成了各项工作任务，被枣庄市政府授予“全市对外开放工作先进单位”。

一、联合商务局等部门，组织人员深入全市169家外贸企业开展实地大调研，切实摸清外贸企业生产经营状况、出口订单及成本变化情况、资金运转及需求情况、企业面临的困难及需要政府支持情况，探索建立全市重点外贸企业信用信息数据库，打造重点外贸企业良好信誉。

二、建立重点外贸企业资金需求推介制度。筛选出资金需求迫切的中小外贸企业作为重点支持对象，按季向银行推介企业资金需求情况。

三、引导银行结合重点外贸企业资金需求情况实施信贷产品创新，“一企一策”制订具体融资方案，破解融资难题，促进全市重点外贸企业发展。

四、组织银企项目对接签约会议。先后10余次深入外贸企业调查走访，组织召开全市进出口贸易融资银企对接会，推介金融创新产品。11家银行与全市59家重点外贸企业进行了有效对接，达成合作协议27.03亿元，较好满足了重点外贸企业生产经营有效资金需求。

五、强政策指导，便利企业外汇服务。组织开展重点监测企业外汇管理新政策培训，对25家重点外贸监测企业50余名业务人员进行货物贸易、贸易信贷等外汇管理最新政策解读和相关业务操作培训，确保便利化政策惠及该市所有企业。同时，积极向企业宣传全口径跨境融资宏观审慎管理文件内容，为企业提供合理化境外融资建议，帮助企业计算投注差及跨境融资宏观审慎管理额度，提供便利化服务。

【金融改革】 2016年，枣庄市各金融机构继续深化金融改革，为金融业务发展、助推地方经济转型提供了新的动力。中国人民银行枣庄市中心支行率先在全省召开“两权”抵押贷款试点工作会议，引导金融机构出台“两权”抵押贷款管理办法，推动滕州市、台儿庄区政府出台风险补偿基金管理办法，2016 年累计投放“两权”抵押贷款 2450 万元。中国工商银行枣庄分行大力发展分期付款、POS 收单、基金、保险等零售业务，大零售口径全年实现中间业务收入 1.69 亿元，占全行中间业务收入的 73.49%，比年初提升了 16.55 个百分点，大零售业务转型发展成果凸显。中国建设银行枣庄分行通过融资租赁、投行业务、新型跨境贸易融资、国际融资等多种融资方式满足企业资金需求。2016 年，该行通过新型融资累计融通资金超过 3 亿元，办理承兑 11 亿元、贴现近 20 亿元。中国邮政储蓄银行枣庄分行积极开展扶贫对接工作，通过落实融资需求对接走访、量身定制扶贫小额新产品、开发“光伏扶贫”等方式做好精准扶贫工作，对接客户 1178 户，对接率在 95.62%，累计发放 423 万元，带动贫困人口脱贫的各类经营主体累计放款 173 万元。威海商业银行枣庄分行正式对外营业，全市多元竞争、错位发展的金融组织体系进一步完善。

【保险业务】 2016 年，枣庄市保险业保费规模稳步增长，保费收入 68.05 亿元，同比增长 14.3%。其中，财产险保费收入 14.13 亿元，同比增长 11.5%；人身险保费收入 53.93 亿元，同比增长 15.1%。保险赔款与给付 20.24 亿元，同比增长 35.7%，其中，财产险赔款与给付 7.35 亿元，同比增长 27.6%；人身险赔款与给付 128.89 亿元，同比增长 40.8%。全市市级保险机构达 43 家，其中，财险机构 19 家，寿险机构 24 家，从业人员 3.37 万人，缓解了就业压力，促进了社会稳定。

【证券业务】 2016 年，枣庄市证券市场呈现良好发展态势。证券市场成交量继续上涨，证券账户开户数明显增多，利润显著增长。

【精神文化建设】 2016 年，枣庄市金融系统始终坚持把精神文明建设摆在重要位置，积极加强和改进金融服务，提高服务质量效率，受到社会各界广泛好评。

一、中国人民银行枣庄市中心支行深化央行文化建设，积极倡导“快乐工作、健康生活”，组织举办迎新春职工演唱会等系列活动，在分行第三届职工乒乓球比赛中荣获团体亚军。召开女职工“三项创建”表彰大会，实施“魅力女性”圆梦工程，搭建女职工成长、履职、活力“三大平台”。

二、农业发展银行枣庄市分行深入推进企业文化建设，营造团结向上的工作氛围，2016 年，该行被市总工会评为“工人先锋号”。

三、工商银行枣庄分行深入开展“我为社会公益事业作贡献”活动，成立志愿服务队，积极参与“讲文明树新风”、“普及金融知识万里行”等志愿服务，组织全行干部员工参加慈心一日捐、希望工程、抗震救灾、见义勇为基金募捐等社会公益事业活动。一年来，工商银行枣庄分行累计捐款、捐物 80 余万元，为社会困难群体献上了一份爱心，先后获得“全国金融先锋号”“总行级模范职工之家”“总行级五一劳动奖状”“枣庄市工人先锋号”“枣庄市五一劳动奖状”“枣庄市党风政风行风建设满意单位”等荣誉称号。

四、农业银行枣庄分行坚持党建引领，开展“两学一做”学习教育和“双提高”大讨论活动，在全省农行第九届产品创意大赛中，获得了一个二等奖、一个优秀奖的历史最好成绩；组织员工开展了“金融知识进万家”、“金融知识普及月”、“服务企业百日行”等宣传活动，积极普及金融知识。

五、建设银行枣庄分行继续保持了“全国文明单位”形象，连续两年在全市行风评议中保持金融行业首位，先后被评为“枣庄人心目中效率最高的银行”和“枣庄人心目中服务最好的银行”，获枣庄“科学发展先进集体”、全省建行党建工作先进单位，该行安全保卫部还被省公安厅记集体二等功。

六、邮储银行枣庄分行把创建省级文明单位与该行始终秉承的践行服务城乡大众、服务社区、支持“三农”和中小企业的零售银行定位紧密结合，积极服务全市经济战略发展大局，中国邮政储蓄银行枣庄市分行、中国邮政储蓄银行枣庄市峄城区支行为 2016 年度省级精神文明单位，其余 5 家区县级支行均为 2016 年度市级精神文明单位。

【大事记】 1 月 13 日 农业发展银行山东省分行与枣庄市政府签订三年 300 亿元战略合作协议。

2 月 3 日 人民银行枣庄中支组织召开 2016 年工作会议。会议传达贯彻分行工作会议精神，总结 2015 年工作，明确 2016 年工作思路，部署 2016 年全行工作任务。

2 月 15 日 农业银行枣庄分行召开领导干部会议。省行党委书记、行长益虎出席会议并作讲话，任命张清民为枣庄分行党委副书记，主持全面工作。

3 月 4 日 人民银行枣庄中支团委组织开展“宣传金融知识 传递环保理念”学雷锋青年志愿服务活动。

4 月 19 日 人民银行枣庄中支组织召开“三严一践行”专项活动动员会议，传达分行开展“三严一践行”专项活动有关精神和要求，对辖区开展“三严一践行”活动进行动员部署。

4 月 19 日 人民银行枣庄中支组织召开青年成长 “薪传工程”启动仪式。

4 月 20 日 枣庄市政府组织召开全市金融助推脱贫攻坚会议，全面部署金融扶贫工作。

5 月 12 日 人民银行枣庄中支组织召开“两权”抵押贷款试点工作督导会。

5 月 31 日 人民银行枣庄中支与市扶贫办举行金融精准扶贫联组学习。

6 月 29 日 中国银行枣庄分行联合枣庄市总工会、枣庄公交总公司，在新城开元凤鸣山庄举办中行工会卡优惠乘公交启动仪式。

7 月 8 日 人民银行枣庄中支和市扶贫办联合召开全市金融扶贫工作座谈会。

7 月 28 日 枣庄市政府召开全市“金融服务企业百日行”

部署会议。

9月9日 人民银行枣庄中支、枣庄市金融办联合召开了全市“金融服务企业百日行”活动推进会暨金融服务集中宣讲会。

10月26日 人民银行枣庄中支组织各相关职能部门与威海市商业银行枣庄分行筹备组负责人约见谈话。重点听取了威海市商业银行有关筹备工作进展情况汇报，告知了加入人民银行业务系统和开办相关业务应当履行的义务，并就执行货币信贷政策、接受监督管理方面提出了具体要求。

12月 日照银行枣庄分行被山东省文明委评为省级“文明单位”。

（邢衍栋）

附表1

枣庄市（县）主要经济指标1

地区	指标	土地面积（平方公里）	人口（万人）	地区生产总值（亿元）	公共财政预算收入（亿元）	公共财政预算支出（亿元）	全社会固定资产投资（亿元）
市中区	2016年	373.92	50.67	224.37	22.21	28.56	223.12
	同比增幅（%）	—	—	7	6.5	7.6	8.2
薛城区	2016年	422.71	46.25	299.07	14.67	21.2	267.37
	同比增幅（%）	—	—	6.6	8.3	5.9	10.9
峄城区	2016年	635.01	38.68	167.68	8.99	18.35	212.77
	同比增幅（%）	—	—	6.3	8.1	5.5	12.9
台儿庄区	2016年	533.30	31.4	168.21	7.98	19.31	139.65
	同比增幅（%）	—	—	7.2	8	22.4	10.9
山亭区	2016年	1018.93	48.69	135.35	5.22	21.15	128.73
	同比增幅（%）	—	—	6.7	8.2	8.1	9.2
滕州市	2016年	1494.24	166.66	1064.8	69	88.16	655.92
	同比增幅（%）	—	—	7.3	1.2	3.3	9
高新区	2016年	85.11	9.21	83.15	7.26	6.99	160.93
	同比增幅（%）	—	—	10.9	8.6	3.2	11.4
枣庄市	2016年	4563	391.56	2142.63	147.4	246.87	1788.51
	同比增幅（%）	—	1.03	7.2	3.8	4.4	10

枣庄市（县）主要经济指标2

地区	指标	进出口总值（亿元）	实际利用外资（亿美元）	社会消费品零售总额（亿元）	居民消费价格指数（%）	城市居民人均可支配收入（元）	农村居民可支配收入（元）
市中区	2016年	24.58	0.14	130.84	—	28169	13559
	同比增幅（%）	-8.4	70.2	10.3	—	7.4	8.1
薛城区	2016年	4.71	0.2	103.34	—	25692	12521
	同比增幅（%）	-31.6	-19.7	10.1	—	7.3	8.2
峄城区	2016年	12.6	0.15	71.37	—	25102	13178
	同比增幅（%）	43.9	199.6	10.9	—	7.2	7.9
台儿庄区	2016年	5.1	0.002	73.87	—	23158	11436
	同比增幅（%）	-18.7	-98	10.8	—	6.9	8
山亭区	2016年	8.67	0.12	79.85	—	18957	11080
	同比增幅（%）	-19.2	536.6	11.6	—	7	8.5

续表

地区	指标	进出口总值（亿元）	实际利用外资（亿美元）	社会消费品零售总额（亿元）	居民消费价格指数（%）	城市居民人均可支配收入（元）	农村居民可支配收入（元）
滕州市	2016 年	26.62	0.36	404.38	—	30705	14005
	同比增幅（%）	-16.4	-22.6	11	—	7.5	8.4
高新区	2016 年	7.33	0.074	28.64	—	—	—
	同比增幅（%）	-6.8	153.8	10.7	—	—	—
枣庄市	2016 年	89.85	1.05	892.28	101.7	27708	13018
	同比增幅（%）	-9.4	5.3	10.8	0.7	7.4	8.1

注：枣庄市统计局提供的进出口总值数据为人民币计价

附表 2

枣庄市（县）主要金融指标 1

地区	指标（亿元）	银行类							
		本外币存款余额	住户存款	非金融企业存款	本外币贷款余额	第一产业贷款	第二产业贷款	第三产业贷款	个人贷款及透支
市中区	2016 年	386.08	262.13	41.56	291.61	1.79	42.53	46.15	83.74
	同比增幅（%）	7.45	12.48	0.08	1.18	0.09	-0.12	-0.36	0.03
薛城区	2016 年	304.71	178.76	65.66	203.24	0.43	74.38	58.07	44.43
	同比增幅（%）	10.23	9.11	0.18	5.87	-0.26	0.03	0.00	0.26
峄城区	2016 年	101.73	67.08	13.04	79.59	0.21	22.33	31.63	17.22
	同比增幅（%）	17.56	15.28	0.35	9.47	0.50	0.01	0.15	0.12
台儿庄区	2016 年	93.04	65.67	11.56	62.5	0.25	12.44	20.77	25.94
	同比增幅（%）	19.07	14.84	0.55	12.36	-0.28	-0.05	0.19	0.11
山亭区	2016 年	101.34	65.93	9.16	46.97	0.65	24.54	4.98	14.66
	同比增幅（%）	24.56	14.83	0.13	18.41	0.55	0.34	-0.02	0.04
滕州市	2016 年	634.41	440.4	123.92	397.85	0.66	136.97	81.42	129.83
	同比增幅（%）	25.48	13.07	38.85	-4.25	-0.31	-0.24	-0.16	0.00
高新区	2016 年	41.43	25.54	—	18.58	0.97	34.67	55.19	8.95
	同比增幅（%）	12.1	6.05	—	6.31	—	6.06	21.34	0.89
枣庄市	2016 年	1672.73	1101.46	312.5	1100.32	4.96	316.44	295.6	338.14
	同比增幅（%）	16.41	12.41	29.04	1.78	11.46	-11.8	-7.1	9.67

枣庄市（县）主要金融指标 2

地区	指标（亿元）	保险类			证券类		
		保险公司保费收入	保险公司赔款和给付支出	当年结益	证券市场成交总额	投资者保证金余额	年末证券账户开户数（万户）
市中区	2016 年	29.8	9.89	—	848.15	4.41	11.17
	同比增幅（%）	12.15	44.14	—	—	—	—

续表

地区	指标（亿元）	保险类			证券类		
		保险公司保费收入	保险公司赔款和给付支出	当年结益	证券市场成交总额	投资者保证金余额	年末证券账户开户数（万户）
薛城区	2016年	7.95	2.21	—	336.54	1.76	4.67
	同比增幅（%）	14.46	32.17	—	—	—	—
峄城区	2016年	3.37	0.94	—	27.56	0.1	0.45
	同比增幅（%）	5.13	25.06	—	—	—	—
台儿庄区	2016年	3.69	0.86	—	52.75	0.59	0.98
	同比增幅（%）	1.13	34.99	—	—	—	—
山亭区	2016年	1.74	0.52	—	134.87	0.22	0.56
	同比增幅（%）	-8.16	10.24	—	—	—	—
滕州市	2016年	20.06	6.48	—	611.76	2.03	7.16
	同比增幅（%）	18.48	61.18	—	—	—	—
高新区	2016年	0.8	0.14	—	2.87	0.06	0.17
	同比增幅（%）	41.36	18.7	—	—	—	—
枣庄市	2016年	67.31	21.05	—	2044.5	9.17	25.17
	同比增幅（%）	12.58	44.76	—	—	—	—

注：证券类数据口径调整，同比增幅无法计算

附表3

枣庄市主要金融机构概况

单位名称	行长（或其他称谓的第一负责人）	副行长（或其他称谓的同级领导）	员工总数	辖内营业网点数
人民银行枣庄中支	陈宜民	罗亮森　张善杰　孙　斌　朱传辰　吴　静	292	4
银监会枣庄监管分局	马天奎	周保舰　倪　辉　贾守乔　王　芳	55	1
农业发展银行枣庄市分行	徐文君	侯海峰　周长民	149	6
工商银行枣庄分行	张东海	姜　凯　胡吉平　王晓刚　张延文　合朝晖　张义辉　宋　勇　王洪娟	805	38
农业银行枣庄分行	张清民	何修崟　陈晓明　刘　炜　李庆阳	1038	55
中国银行枣庄分行	薛　涛	金　冬　丛　凯　刘成田	525	22
建设银行枣庄分行	张夫顺	崔广磊　张守义　王　磊　刘　涛	923	36
交通银行枣庄分行	朱广雷	刘书伟　傅　强　张新磊	48	3
枣庄银行	吕士伟	樊印华　许太景　刘　永　崔　健　张德安　朱玉军　李新亚	815	25
威海商业银行枣庄分行	陈新波	祝汉甲　褚秀芳	41	1
济宁银行枣庄分行	权志辉	张　营	110	6
青岛银行枣庄分行	甄彦忠	彭德成　褚彦博	93	3
枣庄农商银行	卜昭路	徐福春　蒲祖华　张佰奎　孔祥文　洪继承	1721	107
滕州农村商业银行	王　伟	刘志强　李继堂　姜　洪　陈　涛　刘思宏	806	58

续表

单位名称	行长（或其他称谓的第一负责人）	副行长（或其他称谓的同级领导）	员工总数	辖内营业网点数
邮储银行枣庄市分行	仇洪建	苗常青　杨　佳	492	105
滕州建信村镇银行	刘向群	马　骏　张金国　郑　斌　李海东	29	1
中国人民人寿保险股份有限公司枣庄市分公司	李　莉	赵琳琳	56	6
中国人寿保险股份有限公司枣庄市分公司	曹雪臣	刘书宏	211	44
泰康人寿保险股份有限公司枣庄中心支公司	李　彦	尹　雪　李晓丽	124	29
中国太平洋人寿保险股份有限公司枣庄中心支公司	姜　岩	李永军　郭承刚	135	20
新华人寿保险股份有限公司枣庄中心支公司	陈　强	代　林　曹永昌	85	4
安华农业保险股份有限公司枣庄中心支公司	韩建国	房　伟	45	3
中国人民财产保险股份有限公司枣庄市分公司	杨志勋	韩建勤　候　彬	21	19
中国大地财产保险股份有限公司枣庄中心支公司	刘　涛	刘建立	24	4
阳光人寿保险股份有限公司枣庄中心支公司	孙彦东	王海燕	40	4
阳光财产保险股份有限公司枣庄中心支公司	代广珍	宋　静	106	5
太平人寿保险股份有限公司枣庄中心支公司	梁宗岭	迟国峰	107	5
华泰人寿保险股份有限公司枣庄中心支公司	张建永		15	2
中华联合财产保险股份有限公司枣庄中心支公司	王国敏	王　东	110	7
中国太平洋财产保险股份有限公司枣庄中心支公司	赵新祥	张东旭　马洪坤　李兴珍	145	8
天安人寿保险有限公司枣庄中心支公司	张云飞	杨其慧	75	3
中国国寿财产保险股份有限公司枣庄中心支公司	刘玉柱		100	4
中国平安财产保险股份有限公司枣庄中心支公司	华洪星	王春鹏	69	6
天安保险股份有限公司枣庄中心支公司	王　坤		60	6
中国平安人寿保险股份有限公司枣庄中心支公司	邢德杰	张正锋	48	5
合众人寿保险股份有限公司山东分公司枣庄营销服务部	胡红梅	周玉梅	31	3
百年人寿保险股份有限公司枣庄中心支公司	鄢武文		15	2
华夏人寿保险股份有限公司枣庄中心支公司	杨世西		26	3
民生人寿保险股份有限公司枣庄中心支公司	靳　东		50	7
信泰人寿保险股份有限公司枣庄中心支公司	任　彬		18	2

续表

单位名称	行长（或其他称谓的第一负责人）	副行长（或其他称谓的同级领导）	员工总数	辖内营业网点数
永安财产保险股份有限公司枣庄中心支公司	程海云		30	4
安邦财产保险股份有限公司枣庄中心支公司	杜厚民		55	6
安盛天平汽车保险股份公司枣庄中心支公司	吴成东		17	2
生命人寿保险股份有限公司枣庄中心支公司	孙会香		62	4
恒安标准人寿保险有限公司枣庄中心支公司	王　静		6	1
华安财产保险股份有限公司枣庄中心支公司	陈　鹏		17	2
泰山财产保险股份有限公司枣庄中心支公司	孙雪平		16	3
农银人寿保险股份有限公司枣庄中心支公司	李　明		25	3
建信人寿保险股份有限公司枣庄中心支公司	朱会华		15	1
中泰证券公司枣庄市分公司	陈志伟	毕跃国	85	8
中信证券公司枣庄文化中路营业部	王　震	闫寅贵	35	1
海通证券枣庄分公司	陈文龙	颜　申	5	1
国泰君安枣庄营业部	刘日群		5	1

附表 4

枣庄市主要金融机构业务概况

单位：亿元

单位名称	本外币存款余额	人民币单位存款	人民币储蓄存款	本外币贷款余额	人民币短期贷款	人民币中长期贷款
农业发展银行枣庄市分行	47.87	47.87	—	71.01	21	50.01
工商银行枣庄分行	236.31	85.79	148.42	219.18	31.95	172.66
农业银行枣庄分行	232.86	50.1	180.92	124.73	50.47	56.61
中国银行枣庄分行	129.13	61.97	62.99	120.95	38.56	77.19
建设银行枣庄分行	288.33	121.28	165.79	143.36	28.33	102.98
交通银行枣庄分行	26.8	21.88	4.92	15.43	7.11	8.32
枣庄银行	132.94	57.13	75.81	91.67	72.93	7.96
济宁银行枣庄分行	19.25	9.42	9.83	18.49	6.85	7.8
青岛银行枣庄分行	15.12	9.63	5.48	8.62	1.84	4.3
枣庄农商银行	196.07	31.47	164.6	142.44	68.46	52.94
滕州农村商业银行	166.51	27.23	139.28	99.21	48.28	29.24
日照银行枣庄分行	11.31	8.93	2.37	3.03	2.12	0.91

续表

单位名称	本外币存款余额	人民币单位存款	人民币储蓄存款	本外币贷款余额	人民币短期贷款	人民币中长期贷款
邮储银行枣庄市分行	153.52	15.18	138.14	37.72	7.51	26.9
滕州建信村镇银行	6.72	4.78	1.94	4.47	2.99	1.41

附表 5

枣庄市金融机构统计指标

指标（个）	年度	2012	2013	2014	2015	2016	2016年同比增幅（%）
银行类	法人机构	8	8	4	4	4	0
	省级分行	0	0	0	0	0	—
	二级分行	8	8	9	10	11	10
	县区支行	146	149	153	155	155	0
	分理处、营业所	303	467	460	465	466	0.21
	储蓄所	0	0	0	0	0	—
	从业人员总数	6871	7075	7545	7517	7492	-0.33
保险类	保险机构	29	31	32	39	43	10.26
	财险机构	12	14	14	18	19	5.56
	省级分公司	0	0	0	0	0	—
	地市分公司	12	14	14	18	19	5.56
	县区支公司	0	0	0	0	0	—
	寿险机构	17	17	18	21	24	14.29
	省级分公司	0	0	0	0	0	—
	地市分公司	17	17	18	21	24	14.29
	县区支公司	0	0	0	0	0	—
	从业人员总数	14713	17361	19424	25063	33742	34.63
	财险人员	2454	2849	2741	3232	5969	84.68
	寿险人员	12259	14512	16683	21831	27773	27.22
证券类	证券机构	0	0	0	0	0	—
	证券公司	2	2	2	3	4	33.33
	证券营业部	5	5	7	10	11	10
	证券服务部	0	0	0	0	0	—
	从业人员总数	66	96	84	119	133	11.76
	投资者开户	128593	140252	148887	211155	251677	19.19
	境内上市股票支数	0	0	0	0	1	—
	境外上市股票支数	0	0	0	0	0	—
	辖区上市公司总数	0	0	0	0	1	—

东营市

【经济金融概况】 2016年,东营市全力贯彻落实稳增长、调结构、补短板、防风险、促发展、惠民生各项部署,全市经济平稳健康发展。全市银行业金融机构认真贯彻稳健货币政策,创新融资方式,加大信贷投放,不断提升金融服务实体经济质效,全市金融运行总体健康平稳。

【货币政策实施】 2016年,中国人民银行东营市中心支行不断强化"窗口指导",增强基层货币政策调控的灵活性、针对性和有效性,引导辖内金融机构信贷投放合理适度增长,强力支持地方经济的快速发展。

一、积极传导稳健货币政策,促进信贷总量合理较快增长。制定下发《关于增强信贷服务有效性 加大对实体经济资金支持力度的通知》,引导金融机构加大对工业转型升级和经济结构调整的支持力度。印发《贯彻稳健货币政策 改进金融服务和外汇管理 支持全市推进结构性改革和经济转型升级的意见》《金融支持石油化工橡胶轮胎结构调整转型升级指导意见》,引导金融机构将更多的信贷资源配置到三农、小微企业、节能环保、科技等重点领域和薄弱环节。充分发挥货币政策工具的引流示范作用,做好再贷款、再贴现发放工作。制定《货币信贷管理督查督办制度》《信贷业务重要事项报告管理办法》,创新信贷管理。

二、加强银企精准对接,增强信贷服务有效性。一是开展"金融服务企业百日行"活动。引导银行机构对辖内重点企业逐户走访,摸清企业需求和实际困难。组织金融产品和服务宣传推介会,为银行机构和企业搭建面对面沟通平台。二是做好扶贫开发金融服务工作。制订《东营市金融助推脱贫攻坚工作实施方案》和《2016年东营市金融助推脱贫攻坚宣传方案》,深入开展金融精准扶贫融资需求对接百日攻坚活动和"金融扶贫青春同行"活动。

三、大力推进创新和试点工作开展。积极稳妥推进"两权"抵押贷款试点工作。成立全市农村承包土地的经营权抵押贷款试点工作金融业务领导小组和推进小组,协助河口区政府完善试点工作的配套机制建设。积极做好信贷资产质押再贷款试点工作。制定《东营市债务融资工具发行企业后续监测管理办法》,分类建立全市债券融资后备资源库,完成首次债务融资工具发行企业后续监测工作。

【金融稳定】 2016年,中国人民银行东营市中心支行不断扩大风险监测范围,实现风险监测全覆盖。一是密切关注银行业金融机构资产质量变化、流动性风险状况、违规经营和案件风险。二是建立重点企业监测制度,分区域、分情况制定具体监测指标,重点关注大型企业融资和担保状况,加强风险监测和预警。三是建立重大事项报告情况通报制度,实现重大事项检查全覆盖。四是积极推进"打击利用离岸公司和地下钱庄转移赃款专项行动"。五是做好存款保险组织实施工作。建立投保机构预审、县支行初审、中支复审的三重保障机制,圆满完成存款保险保费核算和缴纳工作。

【金融服务】 2016年,中国人民银行东营市中心支行坚持把强化金融服务作为新时期履行基层央行职责的新的切入点,面向金融和社会民生难题,积极创新金融服务措施,大力发展普惠金融,促进金融服务工作不断取得新亮点。

一、扎实推进农村支付服务环境建设工作,在三县全面推开新型助农取款服务点建设工作。组织开展联合整治支付结算重大违法犯罪工作,与市公安局牵头成立联合整治支付结算重大违法犯罪办公室,建立电信网络新型违法犯罪涉案账户紧急止付和快速冻结机制。

二、组织落实个人银行账户分类管理制度。加强电子商业汇票推进力度,电子商业汇票业务量位居全省前列。

三、金融科技建设快速发展。加强宣传,积极推进东营市菜市场、出租车、校园园区的金融IC卡项目建设。开展银行卡信息泄露风险专项排查工作,防范支付敏感信息和资金的安全风险,切实保障消费者合法权益;开展东营市第三届"银商杯"收银员知识与技能竞赛,推进银行卡受理环境建设。

四、开发完成"三方协议"网上签约程序,在全国率先实现TIPS业务全程电子化。开发《政府收入电子缴库业务处理系统》(一期)在全省率先实现海关税款当日入库。开发《政府收入电子缴库业务处理系统》(二期)在全省率先实现非税收入电子入库。

五、在全省率先实现中小企业和农户信用信息数据库双库同步达标;应收账款融资服务平台推广应用工作继续保持全省领先地位,实现应收账款融资金额110.77亿元;与各县区政府、市发改委等36家单位和部门建立了信用信息共享机制,构建了全市守信联合激励失信联合惩戒机制,不断推进"信用东营"建设进程。跨境人民币业务平稳推进。

六、大力推进农村金融消费维权联络点建设,开展金融消费纠纷仲裁中心建设,设立金融消费站,实现金融消费保护下沉县乡,有效提高金融消费纠纷处理效率。金融服务的规范化管理水平不断提升。

【金融监管】 2016年,金融监管部门持续强化风险管控,成功守住了不发生系统性、区域性风险的底线。

一、做好信用风险防控化解工作。一是积极督导各机构树立"在发展中实现风险化解"的应对思维,在信用风险暴露期继续保持对实体经济的资金支持，确保了授信政策的连续性。二是依托债委会平台，做好大额信用风险处置工作。三是扎实做好担保圈风险化解工作。四是突出政府在风险防控化解中的重要作用。

二、大力防范社会融资风险。一是开展非法集资整治活动。二是开展P2P网贷风险专项整治活动。三是开展打击金融逃废债专项行动。

三、严密紧盯内控合规风险。一是扎实开展“两个加强、两个遏制”回头看工作。二是开展案防法规和岗位禁止性规定集中测试。三是组织开展票据业务案件风险排查，排除案件隐患。

四、统筹管控其他各类风险。一是要求各行完善流动性风险预警机制，加强流动性风险的识别、计量和监测，提升突发事件应急处置能力。二是督导法人机构顺利完成相关报表报送工作，实现对融资平台全口径负债变化的动态监测。三是督促东营银行完成异地灾备机房搬迁、金融外部大数据平台等重大基础设施建设，实现数据标准化处理和有效整合。

【外汇管理】 2016年，国家外汇管理局东营市中心支局改进外汇管理与服务方式，促进全市贸易投资便利化。

一、加强对外投资、利润汇出、个人购付汇、异地购付汇等重点交易项目监测分析和核查检查，及时了解企业大额购付汇交易背景及总量差额较大深层次原因。

二、加强预期管理，做好大额购付汇约谈工作，重点关注石油化工、有色金属冶炼等行业大额购付汇，先后对25家企业进行了约谈，是全省约谈企业数量最多的地市。

三、加强外汇核查检查，提高管理检查威慑力，在非现场监测分析的基础上，加强对重点行业、重点区域、重点交易渠道异常数据持续动态监测。

四、利用金融消费者权益保护、轮胎展、石油装备展等大型活动，组织多次跨境人民币结算、外汇管理改革政策宣传，并赴外汇指定银行进行现场指导，做好相关服务。

五、扎实推进跨国公司资金集中运营工作，服务外汇资金流入。

【金融改革】 2016年，东营市金融主管部门着力深化银行业改革，完善现代金融体系，稳步推进辖区金融改革与创新。

一、持续推进东营银行改革转型。督导东营银行圆满完成“三会”换届，进一步完善公司治理架构，初步搭建全面风险管理体系框架，明确组织架构、职责分工和边界，实现了对定量定性风险指标的全面监测分析。引导东营银行服务网点设置下沉，重点面向县域、社区设置，提高普惠金融的支持力度。

二、持续推进农商银行深化改革。胜利农合行、河口农商行合并组建东营农商行工作顺利完成，辖内农合机构改革全面完成。督促4家农商行进一步明晰“三会一层”职责边界，健全议事规则，以“分权”与“制衡”为核心改进公司治理，完善内部管理模式。

三、村镇银行完善公司治理取得明显进展。督导东营融和村镇银行更换董事长，解决了该行董事长长期履职缺位的问题。推动东营莱商村镇银行股权结构优化，股权集中度进一步降低，本地股东持股比例稳步提升。

【保险业务】 2016年，东营市保险市场继续保持良好的发展态势。全年保费收入89.69亿元，同比增长13.8%。其中，财产险保费收入27.34亿元，同比增长4.0%；人寿险保费收入62.35亿元，同比增长18.8%。全年赔付额16.10亿元，同比增长11.9%。其中，财产险赔付额14.14亿元，同比增长11.9%；人寿险赔付额1.96亿元，同比增长12.2%。

【证券业务】 2016年，东营市新增上市挂牌39家，其中新三板挂牌5家、区域股权交易市场挂牌34家，累计融资11.44亿元。2016年全年，全市证券交易额达3902.18亿元，客户交易结算资金余额22.08亿元，托管股份总市值230.20亿元。期货公司实现期货交易额1122.20亿元，累计成交264.86万手，客户保证金余额5398.93万元。

【精神文化建设】 2016年，东营市金融系统全面推进精神文明建设，促进各项工作顺利开展。

一、2016年，中国人民银行东营中心支行金融支持农村妇女创业、金融支持青年创业、青年优学汇等品牌项目被《东营日报》、东营电视台等多家媒体专题报道，“互联网＋新媒体＋党建”品牌项目得到上级行肯定，东营电视台作了专题采访。先后组织开展全市银行系统业务技能竞赛、“劳动美——我身边的榜样”等活动。组织健步行、员工读书活动以及摄影、书法、羽毛球比赛，营造健康向上、凝心聚力的文化氛围，关注职工的身心健康。

二、工商银行东营分行被中国金融工会授予“全国金融五一劳动奖状”，工商银行东营东城支行被中国工商银行授予“中国工商银行五一劳动奖状”。

三、农业银行广饶大王分理处被授予“中国农业银行先锋号”，农业银行东营区支行营业部被总行命名为“女职工文明示范岗”，农业银行西城支行营业部被评为总行“青年文明号”。

四、青岛银行东营分行以创建“文明单位”为主抓手，开展创建“青年文明号”、创建“巾帼文明岗”等活动，不断扩展文明创建活动内涵，扩大文明创建活动的覆盖面和影响力。先后获得“山东省富民兴鲁劳动奖状”荣誉称号、“山东省思想政治工作优秀企业”荣誉称号、东营市银行业文明服务“双十佳”荣誉称号、“东营金融五四红旗团委” 荣誉称号、“2016年度青岛银行工人先锋号”荣誉称号，获得“2016年度业务大练兵优胜团体奖”。

五、东营莱商村镇银行各项经营指标继续保持全省村镇银行序列第一，全国前列。该行连续六年被山东省财政厅评为AAA级村镇银行，被山东省办公厅评为“山东省金融发展贡献先进单位”。

六、东营银行着眼于统一思想、凝聚共识、形成合力，重点围绕创新、管理、市场、发展等方面，引导和统一全员思想，畅通员工建言献策的渠道。组织开展职工运动会、青年员工技能比武、零售业务风采大赛、新春晚会等一系列活动，展现了全行员工爱家、建家、兴家的精神风貌。

七、为纪念中国共产党建党95周年，农业发展银行东营市分行党委组织该行党员、入党积极分子和员工举办了“农发行东营市分行党员献爱心捐款活动”，收到捐款12700元。该行先后被市人民政府和省银监分局授予“全市农业产业化先进单位”“全市金融服务先进单位”“良好银行”和“市级文明单位”等荣誉称号。

八、恒丰银行东营分行连续7年与东营市日报社、东营市教育局联合开展“恒丰银行杯”小学生征文比赛，切实履行社会责任，为全市教师和学生提供了展现自我的平台。另外，该行在垦利支行、利津支行开业当天向对应县区捐赠助学款、扶贫款10万元，塑造恒丰银行良好的社会形象。

【大事记】 2月23日 青岛银行东营西城支行正式更名为青岛银行东营东营区支行。

3月24日 东营市政府办公室印发《关于建立东营市企业和农户信用信息报送制度的通知》，授权人行东营中支对信用信息报送工作督查督办。

3月26日 东营农村商业银行股份有限公司揭牌开业。

4月5日 人民银行东营中支与发改委联合下发了《东营市公共信用信息平台建设总体方案》。

4月20日 人民银行济南分行党委委员、副行长董龙训赴人民银行东营中支，宣布霍成义任中支党委书记、行长、外汇管理局局长。

4月26日 青岛银行东营分行被山东省总工会授予“富民兴鲁劳动奖状”称号。

4月29日 人民银行东营中支与东营市公安局、滨海公安局牵头成立了东营市联合整治支付结算重大违法犯罪办公室。

5月23日 杨奎胜调任东营办事处党委书记、主任。

5月26日 平安银行东营分行开业，并与东营市政府签订战略合作协议。

6月12日 垦利乐安村镇银行手机银行业务成功上线。

7月21日 东营市金融消费纠纷仲裁中心成立。

8月1日 人民银行东营中支负责开发的银行贸易融资统计系统在全省范围推广运行。

11月12日 人民银行东营中支完成TCBS系统新建环境迁移切换工作业务验证。

11月18日 东营银行召开第三届董事会第十八次会议，审议通过有关报告。

11月19日 人民银行东营中支与东营市国税局联合开发推广TIPS系统“三方协议”网上签约程序，在全国率先实现TIPS系统全程电子化。

12月5日 建设银行与东营市住房公积金管理中心联合开发的东营市住房公积金综合管理系统（DG系统）正式投产使用。

12月10日 宋秀峰任农业银行东营分行党委书记、行长。

12月21日 王树青担任兴业银行东营分行党委书记、行长。

12月26日 人民银行东营中支“东营市企业和农户信用信息系统”完成测试。

12月28日 建设银行东营农高区支行落户黄河三角洲农业高新技术产业示范区，正式营业。

（刘春华 任小强）

附表1

东营市（县）主要经济指标1

地区 \ 指标		土地面积（平方公里）	人口（万人）	地区生产总值（亿元）	公共财政预算收入（亿元）	公共财政预算支出（亿元）	全社会固定资产投资（亿元）
垦利县	2016年	2204	22.21	410.92	21.27	27.82	297.39
	同比增幅（%）	—	0.14	7.3	3.4	8.4	-31.9
利津县	2016年	1666	29.50	263.59	12.88	22.65	134.58
	同比增幅（%）	—	1.41	7.6	0.8	-2.7	21.6
广饶县	2016年	1138	52.35	790.96	40.94	49.91	650.06
	同比增幅（%）	—	1.30	7.5	-5.6	-2.7	-15.6
东营市	2016年	8243	213.21	3479.6	221.87	268.2	2472.55
	同比增幅（%）	—	1.02	7	2.4	4.1	-19.8

东营市(县)主要经济指标 2

地区 \ 指标		进出口总值（亿元）	实际利用外资（亿美元）	社会消费品零售总额（亿元）	居民消费价格指数（%）	城市居民人均可支配收入（元）	农村居民可支配收入（元）
垦利区	2016 年	88.17	—	67.71	—	38341	15605
	同比增幅（%）	69.6	—	11.2	—	7.8	8.1
利津县	2016 年	84.64	—	33.2	—	32787	14751
	同比增幅（%）	220.2	—	0.4	—	7.8	7.9
广饶县	2016 年	31.03	—	192.74	—	37108	17249
	同比增幅（%）	-5.2	—	11.3	—	7.9	7.9
东营市	2016 年	995.88	2.23	789.72	101.7	41580	14999
	同比增幅（%）	24.7	0.5	8.5	1.7	7.3	8

附表 2

东营市（县）主要金融指标 1

地区 \ 指标（亿元）		银行类							
		本外币存款余额	住户存款	非金融企业存款	本外币贷款余额	第一产业贷款	第二产业贷款	第三产业贷款	个人贷款及透支
垦利区	2016 年	342.92	144.01	160.74	407.83	4.83	263.81	72.04	57.84
	同比增幅（%）	6.93	7.57	10.10	20.36	12.59	-7.53	14.13	7.67
利津县	2016 年	123.45	71.84	31.61	122.04	1.17	77.99	23.14	22.78
	同比增幅（%）	14.86	19.79	8.74	23.36	-27.78	-3.63	20.84	12.00
广饶县	2016 年	642.34	231.01	333.12	884.31	11.41	780.00	87.94	79.24
	同比增幅（%）	4.40	13.99	1.81	15.25	-1.13	11.06	-5.36	4.69
东营市	2016 年	3683.47	1329.54	1720.20	3031.24	34.00	2213.72	550.38	512.09
	同比增幅（%）	11.62	9.02	17.77	16.58	3.53	12.20	17.10	5.46

东营市（县）主要金融指标 2

地区 \ 指标（亿元）		保险类			证券类		
		保险公司保费收入	保险公司赔款和给付支出	当年结益	证券市场成交总额	投资者保证金余额	年末证券账户开户数（万户）
垦利区	2016 年	—	—	—	—	—	—
	同比增幅（%）	—	—	—	—	—	—
利津县	2016 年	—	—	—	—	—	—
	同比增幅（%）	—	—	—	—	—	—
广饶县	2016 年	—	—	—	—	—	—
	同比增幅（%）	—	—	—	—	—	—
东营市	2016 年	89.69	16.10	—	4829.13	22.28	41.36
	同比增幅（%）	13.8	11.9	—	-31.5	-34.0	13.9

附表 3

东营市主要金融机构概况

单位名称	行长（或其他称谓的第一负责人）	副行长（或其他称谓的同级领导）	员工总数	辖内营业网点数
人民银行东营中支	霍成义	李刚 岳弘 李永清 梁久科 段作强	226	4
农业发展银行东营市分行	官波	孙振亭 王学良 张献忠	129	5
工商银行东营分行	冯建军	任德富 牛明贤 李琰 段其明 王海平 王英利 张金清 王玉芹	1057	53
农业银行东营分行	宋秀峰	韩怀德 董月民 刘明鹤 徐文波	1133	61
中国银行东营分行	汪雷	朱兵 孙涛 张铭	656	27
建设银行东营分行	王广升	赵安臣 张建平 李发新 西同光	1060	47
交通银行东营分行	苏兴越	丛林 米振欣 张德彪	82	4
东营银行	高传星	袁学军 高树松 王希凯 韩其国 付光远 张爱民 陶文军 李德星 孟凡成 韩念华 石钦勇 张建国	856	45
邮储银行东营市分行	席晓琳	宋道峰 刘彦军 张立民	497	77
农村信用社东营办事处	杨奎胜	张德兵 高平 王鹏兰 魏民	2018	193
恒丰银行东营分行	晁前程	张启新 毕宜龙 万秀美 张明泽 孙妍	109	6
华夏银行东营分行	刘国辉	杨坤 刘光 李龙吉 刘峰	121	4
中信银行东营分行	康立博	韩学斌 黄涛 波纯阳	167	6
招商银行东营分行	张广信	牟德华 司德臻	125	4
民生银行东营分行	尚永兴	曹恩伟 李延锋 印振学 王虎	159	9
浦发银行东营分行	边盛强	贾国良 李建成 郭海珑	94	5
青岛银行东营分行	王鹏华	刘元华 冯勋斌 郭鹏	204	5
光大银行东营分行	杨林	王守奇 吕景峰 李明昕	89	5
齐商银行东营分行	陈永顺	陆怀军 冯磊 孙刚	135	4
兴业银行东营分行	王树青	肖宏杰 刘宝营	90	3
天津银行东营分行	张万良	刘海林 马斌	83	2
威海市商业银行东营分行	于胜勇	郭华 王文良	73	1
广发银行东营分行	武明国	王金秀 张岩磊 冯翠娥 王新国	47	1
平安银行东营分行	宗继科	任向阳 薛峰 明欣 李滨	52	1
莱商村镇银行	李翠芳	刘汉忠 范水波 丁娜 吴术华	401	34
乐安村镇银行	吴海滨	孙怀华 李跟锋	74	5
梁邹村镇银行	张立	杨月 张增强 徐奇志	60	5
融和村镇银行	利永辉	谭晓军	43	2
舜丰村镇银行	赵伟	庄向波 刘卫平	74	3
中成村镇银行	余胜国	吴红艳 韩晓冬	23	1
中国人寿保险股份有限公司东营分公司	张波	燕山华	6710	6

续表

单位名称	行长（或其他称谓的第一负责人）	副行长（或其他称谓的同级领导）	员工总数	辖内营业网点数
中国太平洋人寿保险股份有限公司东营中心支公司	李　涛	窦爱国	2820	6
中国平安人寿保险股份有限公司东营中心支公司	温玉明		2064	6
中国人民人寿保险股份有限公司东营中心支公司	张伟军		830	6
泰康人寿保险股份有限公司东营中心支公司	石　磊		1941	6
新华保险股份有限公司东营中支	段俊超	吕学文	564	3
农银人寿股份有限公司东营中心支公司	孟　彬		498	3
太平人寿东营中支	蒋爱民		—	—
合众人寿保险东营中支	陈　毅		201	3
平安养老保险股份有限公司东营中心支公司	史　进		—	—
建信人寿保险有限公司东营中心支公司	卞馥玉		64	3
阳光人寿保险股份有限公司东营中心支公司	黄敬山	马海涛	199	3
国华人寿保险东营中心支公司	鲁小杰		71	2
华泰人寿保险东营中心支公司	王　峰		83	2
天安人寿东营中心支公司	邵　冉		178	2
富德生命人寿保险股份有限公司东营中心支公司	鲍　凯		225	2
华夏人寿保险东营中心支公司	周志建		533	4
工银安盛人寿保险有限公司东营中心支公司	冷振兴	刘尚东	12	1
信泰人寿保险股份有限公司东营中心支公司	张好东		—	—
中国人民财产保险股份有限公司东营分公司	李亚力	魏艳萍	543	6
中国平安财产保险股份有限公司东营中心支公司	马洪涛	卢建波	208	6
太平洋财产保险东营中心支公司	陈杰明		219	6
中国大地财产保险股份有限公司东营中心支公司	刘修顺		131	6
中国人寿财产保险股份有限公司东营市中心支公司	刘云洲		—	—
永安财产保险股份有限公司东营中心支公司	刘小林		34	2
天安财产保险股份有限公司东营中心支公司	吴　剑		71	6
都邦财产保险股份有限公司东营中心支公司	李秀春	耿　新	20	1
永诚财产保险股份公司东营中心支公司	马德民		15	1
中华联合财产保险东营中心支公司	杨金杰	王丽君	83	3
阳光财产保险东营中心支公司	顾征海		81	3
安邦财产保险东营中心支公司	江淑英		26	1
亚太财产保险公司东营市中心支公司	李剑嵩	黄　磊	20	1
泰山财险保险东营中心支公司	曹　冉		—	—
太平财产保险有限公司东营中心支公司	李凤英		95	6
渤海保险股份有限公司东营中心支公司	李振海		20	1

续表

单位名称	行长（或其他称谓的第一负责人）	副行长（或其他称谓的同级领导）	员工总数	辖内营业网点数
浙商保险有限公司东营中心支公司	于秀莉		16	1
中银保险有限公司东营中心支公司	李玉芹		12	1
安华农业保险股份有限公司东营中心支公司	石　岍		57	2
华海财产保险股份有限公司东营中心支公司	宋秀珍		28	2
长安责任保险股份有限公司东营中心支公司	于海军		16	1
英大泰和财产保险股份有限公司东营中心支公司	李　平		13	1
信达财产保险股份有限公司东营中心支公司	王仙胜		—	—
中泰证券有限公司东营分公司	董典波		148	6
中信证券东营北一路营业部	岳建军		14	1
广发证券股份有限公司东营济南路证券营业部	徐超平		13	1
东方财富证券股份有限公司东营东三路证券营业部	李德亮		10	1
长江证券东营北一路证券营业部	李仁业		7	1
中信建设证券公司东营东三路营业部	许明磊		9	1
银河证券股份有限公司东营府前大街营业部	车晓宇		8	1
国泰君安证券东营黄河路营业部	高　博		13	1
海通证券东营东三路营业部	许永健		14	1
国盛证券有限责任公司东营天目山路证券营业部	初　雨		7	1
安信证券股份有限公司东营东三路证券营业部	庄会江		8	1
光大证券股份有限公司东营府前大街证券营业部	刘收田		10	1
广州证券股份有限公司东营济南路证券营业部	马增华		11	1
山西大同证券有限责任公司东营黄河路证券营业部	商志诚		13	1
鲁证期货股份有限公司东营营业部	方　正		7	1
烟台中洲期货有限公司东营营业部	韩明延		8	1
上海东证期货有限公司东营营业部	马洪广		9	1

附表4

东营市主要金融机构业务概况

单位：亿元

单位名称	本外币存款余额	人民币单位存款	人民币储蓄存款	本外币贷款余额	人民币短期贷款	人民币中长期贷款
农业发展银行东营市分行	71.39	71.32	—	85.47	19.31	65.39
工商银行东营分行	560.08	286.88	234.67	483.91	224.98	196.76
农业银行东营分行	459.89	225.13	175.25	470.56	322.94	113.68
中国银行东营分行	292.63	160.65	103.20	366.95	232.88	98.65
建设银行东营分行	420.25	221.93	175.95	356.73	205.59	122.10
交通银行东营分行	61.52	54.26	7.22	75.87	53.97	9.03

续表

单位名称	本外币存款余额	人民币单位存款	人民币储蓄存款	本外币贷款余额	人民币短期贷款	人民币中长期贷款
东营银行	524.82	275.28	241.56	330.80	243.01	58.59
邮储银行东营市分行	155.34	34.70	120.64	94.60	23.27	51.45
农合机构合计	447.04	153.95	292.51	330.53	310.09	14.43
恒丰银行东营分行	170.36	141.50	27.45	116.75	84.39	18.31
华夏银行东营分行	72.20	63.34	8.78	77.73	68.37	9.36
中信银行东营分行	132.87	106.02	14.78	105.50	76.97	12.90
招商银行东营分行	55.31	44.01	10.46	94.41	43.17	49.13
民生银行东营分行	70.60	56.71	13.83	94.74	46.86	10.56
浦发银行东营分行	79.94	76.33	3.53	107.39	67.82	27.01
青岛银行东营分行	79.04	69.20	6.82	79.19	67.45	11.36
光大银行东营分行	80.79	76.74	3.84	57.80	40.51	15.89
齐商银行东营分行	31.56	25.78	4.61	18.77	16.24	1.20
兴业银行东营分行	56.51	50.65	4.75	48.09	26.35	16.32
天津银行东营分行	60.38	46.91	3.45	53.68	47.29	5.13
威海市商业银行东营分行	38.36	29.03	4.30	23.81	19.20	4.26
广发银行东营分行	26.42	24.51	1.91	22.47	15.18	1.29
平安银行东营分行	35.72	34.61	1.11	33.48	33.16	0.08
莱商村镇银行	72.53	33.90	38.63	50.15	38.69	10.66
乐安村镇银行	5.67	3.59	2.08	7.22	7.21	0.01
梁邹村镇银行	4.72	2.73	1.99	4.13	4.13	—
融和村镇银行	1.89	1.16	0.72	2.01	1.74	0.27
舜丰村镇银行	2.15	0.23	1.92	2.19	2.11	0.07
中成村镇银行	0.60	0.32	0.28	0.80	0.74	0.05

附表 5

东营市金融机构统计指标

指标（个） \ 年度		2012	2013	2014	2015	2016	2016 年同比增幅（%）
银行类	法人机构	9	9	10	12	11	-8.33
	省级分行	0	0	0	0	0	—
	二级分行	16	17	17	19	21	10.53
	县区支行	456	458	517	582	586	0.69
	分理处、营业所	445	447	506	571	575	0.70
	储蓄所	11	11	11	11	11	0.00
	从业人员总数	7053	7976	8358	9429	9711	2.99

续表

指标（个）＼年度		2012	2013	2014	2015	2016	2016年同比增幅（%）
保险类	保险机构	29	29	29	37	42	13.51
	财险机构	16	16	16	19	23	21.05
	省级分公司	0	0	0	0	0	—
	地市分公司	16	16	16	19	23	21.05
	县区支公司	0	0	0	0	0	—
	寿险机构	13	13	13	18	19	5.56
	省级分公司	0	0	0	0	9	—
	地市分公司	13	13	13	18	19	5.56
	县区支公司	0	0	0	0	0	—
	从业人员总数	8988	9128	9300	11500	11800	2.61
	财险人员	1452	1503	1600	2100	2200	4.76
	寿险人员	7536	7625	7700	9400	9600	2.13
证券类	证券机构	10	10	10	12	17	41.67
	证券公司	0	0	0	1	1	0.00
	证券营业部	10	10	10	11	16	45.45
	证券服务部	0	0	0	0	0	—
	从业人员总数	337	—	—	—	—	—
	投资者开户	265100	295000	324432	363017	413557	13.92
	境内上市股票支数	4	4	4	4	4	0.00
	境外上市股票支数	3	1	3	3	3	0.00
	辖区上市公司总数	7	5	7	7	7	0.00

烟台市

【经济金融概况】 2016年，面对复杂严峻形势和经济下行压力，烟台全市实现经济社会平稳发展，实现了"十三五"良好开局。初步核算全市GDP总量达到6925.7亿元，位居全国各地级市第20位；实有企业数量、万人拥有企业数量均从全省第4位前进到第3位；服务业发展活力不断增强，比重达到43.3%，同比提高1.66个百分点；现代农业稳步发展，莱州市的烟农1212小麦高产攻关田亩产828.5公斤，以领先原记录11.5公斤的优势刷新全国冬小麦亩产最高纪录。

2016年，烟台市金融机构认真贯彻实施"稳健"的货币政策，存贷款等主要金融数据均保持平稳增长，本外币存款年末余额突破7500亿元大关，本外币贷款余额同比多增81.2亿元，结构更加优化。

【货币政策实施】 2016年，中国人民银行烟台市中心支行认真贯彻落实稳健的货币政策，积极开展宏观审慎管理，用足用好货币政策工具，不断优化信贷结构，扎实推进金融扶贫工作，强化利率和金融市场管理。

一、积极开展宏观审慎评估，强化调查研究和监测分析工作。一是建立了宏观审慎评估工作机制，成立了中心支行宏观审慎评估委员会。二是建立宏观审慎政策信息监测制度。三是加强对评估结果的运用。

二、紧紧围绕供给侧改革推进信贷政策工作，促进区域信贷平稳健康运行。一是去产能调结构，重点促进有效信贷投放。二是"补"短板，重点发展普惠金融。三是打造银企对接常态化机制，金融服务百日行活动成效显著。

三、严格管理、规范使用货币政策工具取得良好成效。一是完成2016年度辖区法人机构再贷款授信申请工作。二是稳步推进信贷资产质押试点和央行内部评级工作。三是加强再贷款、再贴现管理，强化效果考核。四是加强存款准备金管理。

四、加强利率管理，落实利率市场化改革各项措施。一是做好金融机构合格审慎评估的初审工作。二是积极推动法人金融机构同业存单的发行工作。

五、强力助推脱贫攻坚，提升金融扶贫的精准度和有效性。一是强化组织领导，构建市县两级工作机制。二是扩大宣传力度，实现扶贫政策进村入户。三是开展金融扶贫融资摸底，切实满足贫困户信贷需求。

【金融稳定】 2016年，中国人民银行烟台市中心支行紧密结合辖区金融运行实际，通过加强现场核查和非现场评估、强化风险监测预警、加强内外部沟通共享等多种措施有效维护了辖区金融稳定。

一、现场评级与非现场评估兼顾，扎实做好存款保险工作。一是严格存款保险制度落实，切实做好存款保险评级、保费核定和收交等基础履职工作。二是通过开展存款保险基数报送准确性的现场核查及建立存款保险评级基础数据库等措施提高工作效率。三是根据现场评级和非现场评估结果做好风险监测预警。

二、持续强化对辖区金融机构重大事项报告的监督管理。一是以现场核查促制度有效执行。二是以考试促制度学习落实。三是以跟踪调研促制度成果转化。

三、丰富风险监测手段，加强对类银行业的风险监测。一是通过与政府部门以及内部科室之间的信息共享机制拓展风险监测渠道。二是通过网络舆情监测，加强对类银行资金平台的风险监测。三是通过现场评估，加强对证券公司等非银行金融机构风险监测。

【金融服务】 2016年，烟台市各金融部门不断改善金融服务方式，积极深化普惠金融，全市金融服务水平再上新台阶。

一、大力推进农村金融基础设施建设，新设立助农取款服务点100多个，推动地方法人创新农村助农取款模式，成功争取村镇银行开办助农取款业务试点工作。

二、大力推进电子商业汇票业务规范、快速发展。

三、大力推进社会信用体系建设，烟台信用指数位居全国259个地级市第9位。

四、扎实开展金融消费者权益保护网上平台建设，启动了地市级金融消费纠纷诉调对接工作，实现农村金融消费维权联络点乡镇全覆盖。

五、国库管理多点开花。惠农资金补贴实现国库直接支付、恒丰银行在省内首家开办"凭证式国债到期约定转存业务"、完成全面推开"营改增"试点财政体制改革。

六、金融IC卡应用领域居于全省前列。

七、创新开展"小面额票币定向投放"活动，超额完成一元人民币硬币化工作任务。

【金融监管】 2016年，烟台市金融监管部门以促改革、防风险、助实体、强监管为主线，积极应对复杂严峻的经济金融形势，全面加强金融监管。

一、突出提质增效，尽职尽责支持实体经济。一是着力支持供给侧结构性改革，认真落实"去库存、降杠杆、补短板"工作任务。推动政府融资平台贷款到年末仅剩1.7亿元，商品房去化周期同比减少8.5个月，累计为近千家科创企业提供贷款70.5亿元，帮助企业节省利息支出1.7亿元。二是扎实开展企业走访活动。累计走访民营企业1653家，重点项目156个次，创业园区100个次，授信总额超过1000亿元。

二、突出守住安全底线，千方百计控风险。一是加强区域风险防控，研究提出规范授信上限测算的基本原则和联合授信管理的明确要求，获山东银监局陈颖局长充分肯定。二是强化担保圈风险化解，成功处置几个大额授信风险事件，妥善化解个别风险暴露的担保圈风险。三是加强不良贷款管控，推动化解不良贷款73.7亿元，同比增加29.9亿元。

【外汇管理】 2016年，国家外汇管理局烟台市中心支局紧紧围绕“控流出、扩流入”工作中心，扎实推进各项外汇管理改革，有效防范跨境资金流动风险，积极创新外汇服务措施，各项工作取得明显成效。

一、扎实开展“控流出、扩流入”工作，有效防控跨境资金流动风险。一是有效整合外汇三科室内部资源，形成涵盖监测分析、约见谈话、检查核查、总结反馈为一体的完整工作链条，工作效率明显提高。二是充分发挥银行传导中枢作用。通过召开工作会、通报银行业务差错等措施，督促银行加强真实性审核力度，充分发挥银行在控流出工作中的关键作用。三是有针对性的开展企业座谈与约谈，要求企业正确理解政策意图，不打政策“擦边球”。四是不断完善与海关、税务局、商务局等部门信息共享与联合监管工作。五是及时抑制异常境外投资行为。限制个别企业的异常境外直接投资，指导银行严格审查资金来源和用途，制止了相关业务的汇出行为。

二、有序推进外汇管理改革，切实便利涉外企业。一是切实落实总局相关规定，便利化措施使企业办理业务的时间成本大幅降低，资金周转效率明显提高。二是积极推动外债结汇管理改革。将外债登记权限下放至支局，便利企业跨境融资。2016内，全市企业借入外债资金6.83亿美元，同比增长136.33%。三是推动全口径宏观审慎跨境融资政策落地。联合跨境人民币业务主管部门共同大力发展跨境借款业务，目前全市已实际借入资金14.3亿元，位居全省首位。四是大力推进跨国公司总部外汇资金集中运营试点。据试点企业测算，累计节约财务成本近300万元人民币。

三、将银行放在第一线，强化对银行履职的监管督导。一是建立大额资金外流事前报告制度，高效收集流出信息。二是督促银行落实控流出政策。三是创新运用政策工具，加强银行日常管理。四是首创银行激励行为监管，有效纠正银行不当激励行为。五是加强对银行内控问题的分析研究，切实提高银行内控水平。

四、充分发挥现场与非现场联动优势，加强事中事后监管。一是率先在全省开展企业历史业务的关联性分析和非现场核查。二是开展专项核查10多项，对5000多家次企业进行非现场和现场核查，筛选出可疑违规线索量居全省前列。三是积极开展各类异常线索现场核查，检查项目与处罚总额连续多年位居全省前列。

【金融改革】 2016年烟台市金融业改革不断取得进步。

一、突出强化法人，加快银行业改革发展。一是烟台银行综合化改革取得新成效。烟台银行总行部门架构进一步优化调整，全面风险管理体系建设走在全省城商行前列；开放式理财、资产证券化等业务类型不断丰富；监管评级逆势提升，首家异地分行威海分行获批筹建。二是农村中小金融机构后续改革取得新进展。莱州农商行获批发行10亿元二级资本债，在全省布局的10家异地村镇银行已全部开业；各农商行均已上线FTP系统；部分村镇银行高管履职、存款偏离度超标等问题得到解决；牟平、莱阳胶东村镇银行的5家支行获批开业。

二、鼓励创新，加快保险品种的丰富完善。一是发展首台套重大技术装备保险。承保中集来福士海洋钻井平台首台套重大技术装备保险项目，预计共支付赔款1.25亿元，力促设备的国产化水平提升。二是推动保险公司参与烟台市知识产权质押贷款市场化运营，推出政采贷等新型保险产品，为企业贷款提供风险保障。三是小额信贷保证保险业务取得快速发展。全年小额贷款保证保险为10.09亿元的贷款提供了保障，帮助14638名客户获得了消费金融资金支持。

【保险业务】 2016年，烟台市保险行业持续健康发展。

一、保险业保费收入突破200亿元，保费规模继续居全省第2位（不含青岛）。

二、保险市场体系日益完善。截至2016年年末，烟台市共有保险总公司1家，地市级机构72家，其中2016年新增地市级机构5家，另有1家正在筹建；各类专业中介法人机构14家，分支机构180家。

三、保险保障功能日益发挥。烟台市保险企业全年共缴纳各类税收12.86亿元，同比增长24.18%；累计赔款和给付支出42.68亿元，同比增长23.31%。

四、行业经营效益和质量稳步提升。财产险公司实现承保利润1.34亿元，承保利润率2.64%，高于全国平均水平2.16个百分点；人身险业务结构持续优化，人身险新单期交率42.97%，高于全省2.68个百分点，高于全国9.93个百分点。

【证券业务】 2016年，烟台市证券市场持续健康发展。

一、烟台建设区域性基金管理中心方案获山东省批复，各类基金及管理机构达到208家，基金总规模达到926亿元。

二、随着玲珑轮胎和威龙股份两家公司的成功上市，烟台市上市公司总数达到42家，居全省首位。

三、2016年，烟台市新增“新三板”挂牌企业32家、总数达到73家，新增区域股权交易市场挂牌企业38家，总数达到119家。

【精神文化建设】 2016年，烟台市金融系统按照党中央及各级党委的安排和部署，与时俱进，不断丰富金融文化内容，不断完善金融文化体系。

一、发挥党建统揽作用，打造特色党建文化。积极提升党员干部的党性修养，切实将“从严治党”观念传导到党组织的每个“细胞”；大力开展“微课堂”“微话语”“微典型”“微平台”“微公益”等活动，在形式、内容和组织上不断探索党建工作新思路；扎实开展“两学一做”学习教育，开展了“学党章100天硬笔书法比赛”、“两学一做”知识竞赛等主题实践活动。

二、开展丰富文体活动，打造和谐团队文化。全市金融机构全年累计组织开展趣味运动会、茶话会、爬山、采摘等文体活动上百次。

三、成立烟台金融团工委，完善了青年工作的组织架构，并组织青年开展“学雷锋”志愿服务活动、植树活动、“金融知识进万家”等公益活动，引导金融青年向上向善。

【大事记】 1月15日 芝罘齐丰村镇银行开业。

1月18日 宋豪被聘任为恒丰银行烟台分行行长（恒银发〔2016〕10号）。

2月18日 莱山齐丰村镇银行开业。

3月17日 烟威人身险公司投保影像留存制度正式启动。

3月24日 潍坊银行烟台分行开业。

4月6日 李磊被聘任为中国民生银行股份有限公司烟台分行行长（民银青任〔2016〕26号）。

5月20日 天津银行股份有限公司烟台分行开业。

6月2日 烟台银行成功发行首期非保本理财产品。

8月25日 李艳霞被聘任为华夏银行烟台分行党总支书记、行长（华银发〔2016〕391号）。

9月18日 周金秀被任命为德州银行烟台分行行长（德银党委〔2016〕30号）。

9月27日—28日 中国保监会党委委员、纪检组组长陈新权同志一行到烟台保监分局调研。

11月30日 彭毅平被聘任为光大银行烟台分行行长（光银任〔2016〕115号）。

（张 众 姜 全）

附表1

烟台市（县）主要经济指标1

地区 \ 指标		土地面积（平方公里）	人口（万人）	地区生产总值（亿元）	公共财政预算收入（亿元）	公共财政预算支出（亿元）	全社会固定资产投资（亿元）
牟平区	2016年	1381.70	45.92	318.33	23.96	28.13	474.56
	同比增幅（%）	—	0.30	8.80	5.00	-3.60	14.20
蓬莱市	2016年	1128.60	44.77	502.01	31.5	39.8	457.3
	同比增幅（%）	—	-0.22	7.60	9.50	5.50	14.00
龙口市	2016年	901.05	63.7	1111.0	94.8	91.7	688.3
	同比增幅（%）	—	0.00	8.1	9.5	5.5	13.8
招远市	2016年	1432.80	56.35	687.26	54.74	51.28	460.11
	同比增幅（%）	0.04	-0.53	8.5	8.0	6.9	14.2
莱州市	2016年	1928	85.03	766.77	61.86	63.57	500.84
	同比增幅（%）	—	-0.11	8.00	6.30	2.70	13.90
莱阳市	2016年	1732.00	86.08	350.59	15.67	32.34	181.13
	同比增幅（%）	—	-0.14	8.20	11.40	9.30	14.00
栖霞市	2016年	2016.00	61.97	249.97	11.25	26.90	178.21
	同比增幅（%）	—	-0.08	8.20	18.90	8.30	13.00
海阳市	2016年	1909.69	65.36	302.58	29.39	35.06	442.66
	同比增幅（%）	—	-0.23	8.5	14.6	5.1	14.1
长岛县	2016年	56.00	4.2	67.17	1.26	7.1	7.4
	同比增幅（%）	—	0.00	7.65	9.54	5.8	12.5
烟台市	2016年	13851.50	706.40	6925.66	577.11	679.26	5297.22
	同比增幅（%）	—	0.71	8.1	8.6	5.6	13.5

烟台市（县）主要经济指标 2

地区	指标	进出口总值（亿美元）	实际利用外资（亿美元）	社会消费品零售总额（亿元）	居民消费价格指数（%）	城市居民人均可支配收入（元）	农村居民可支配收入（元）
牟平区	2016 年	17.32	1.52	172.61	101.8	37606	17272
	同比增幅（%）	10.7	5.5	11.30	1.8	8.90	7.50
蓬莱市	2016 年	12.63	1.62	163.89	101.2	39541	18273
	同比增幅（%）	3.00	8.1	11.2	1.2	7.9	7.8
龙口市	2016 年	33.79	2.04	393.9	101.5	41708	19049
	同比增幅（%）	-0.9	17.7	11.1	0.39	7.8	7.6
招远市	2016 年	24.10	1.73	190.3	101.9	38982	18257
	同比增幅（%）	6.0	8.4	12.1	0.6	7.9	7.7
莱州市	2016 年	14.33	2.01	339.82	100.7	38965	18135
	同比增幅（%）	-29.7	-1.2	10.80	0.70	8.00	7.60
莱阳市	2016 年	9.46	0.87	287.92	101.80	29842	14319
	同比增幅（%）	2.2	8.0	11.10	1.00	8.10	7.90
栖霞市	2016 年	5.06	0.27	151.50	101.8	28548	13529
	同比增幅（%）	7.2	15.9	10.90	-1.83	7.60	7.60
海阳市	2016 年	10.35	0.86	185.31	102.3	37348	16215
	同比增幅（%）	6.7	11.9	11.0	1.79	8.6	8.0
长岛县	2016 年	0.86	0.01	20.9	101.8	30596	18502
	同比增幅（%）	50.4	-78.9	7.7	1.0	8.0	7.5
烟台市	2016 年	467.20	21.88	2976.07	101.8	38744	16721
	同比增幅（%）	-5.4	14.2	11.1	1.8	7.9	7.6

附表 2

烟台市（县）主要金融指标 1

地区	指标（亿元）	银行类							
		本外币存款余额	住户存款	非金融企业存款	本外币贷款余额	第一产业贷款	第二产业贷款	第三产业贷款	个人贷款及透支
牟平区	2016 年	402.78	241.70	115.63	213.75	1.61	114.07	43.16	54.91
	同比增幅（%）	15.11	3.96	63.20	15.06	-43.90	28.22	1.35	6.91
蓬莱市	2016 年	421.43	260.73	103.06	304.64	22.05	119.86	106.24	37.31
	同比增幅（%）	10.56	9.20	37.81	7.70	12.30	1.89	0.76	1.21
龙口市	2016 年	871.03	491.51	307.67	585.84	5.25	278.17	207.06	86.10
	同比增幅（%）	6.05	9.73	5.45	-1.81	-2.92	-12.49	15.68	2.93
招远市	2016 年	531.64	324.96	156.69	263.91	2.52	160.75	38.37	35.45
	同比增幅（%）	12.48	9.20	29.55	-2.53	31.45	-6.25	-23.70	6.87

续表

地区	指标（亿元）	银行类							
		本外币存款余额	住户存款	非金融企业存款	本外币贷款余额	第一产业贷款	第二产业贷款	第三产业贷款	个人贷款及透支
莱州市	2016 年	657.68	496.24	100.98	266.99	3.54	115.61	47.49	72.79
	同比增幅（%）	10.01	6.83	38.72	-0.01	-12.56	-1.64	-0.88	3.86
莱阳市	2016 年	383.64	290.08	58.86	175.25	1.39	83.44	37.75	51.30
	同比增幅（%）	9.89	8.55	13.50	-2.24	21.62	-7.41	-6.03	9.15
栖霞市	2016 年	241.39	194.60	20.99	126.42	3.18	34.03	48.54	31.61
	同比增幅（%）	9.12	8.83	40.04	7.77	127.05	7.44	0.72	4.53
海阳市	2016 年	369.96	257.42	61.75	273.06	8.72	140.22	60.78	61.80
	同比增幅（%）	15.12	9.88	46.11	11.95	13.01	13.70	20.36	-1.28
长岛县	2016 年	45.11	29.72	7.99	13.35	2.12	1.14	3.98	4.98
	同比增幅（%）	2.23	6.50	-2.67	-14.25	-7.49	-59.29	-21.16	-3.20
烟台市	2016 年	7580.07	4026.79	2504.14	4736.75	79.71	1978.53	1374.04	1007.75
	同比增幅（%）	7.83	8.62	18.44	5.96	6.77	3.04	2.69	7.09

烟台市（县）主要金融指标 2

地区	指标（亿元）	保险类			证券类		
		保险公司保费收入	保险公司赔款和给付支出	当年结益	证券市场成交总额	投资者保证金余额	年末证券账户开户数（万户）
牟平区	2016 年	8.97	3.16	--	281.12	1.59	3.42
	同比增幅（%）	6.41	-26.00	--	-56.95	-39.31	10.09
蓬莱市	2016 年	8.99	3.47	--	318.12	1.95	4.05
	同比增幅（%）	23.83	-3.34	--	-54.13	-12.56	24.62
龙口市	2016 年	14.57	6.08	1.83	1215.45	5.29	6.78
	同比增幅（%）	23.79	3.93	6.39	-21.49	-20.00	17.26
招远市	2016 年	10.81	5.42	2.23	595.43	2.43	0.60
	同比增幅（%）	167.57	192.97	168.67	-29.17	-12.91	-82.15
莱州市	2016 年	16.32	5.61	0.76	443.31	0.34	1.22
	同比增幅（%）	170.20	72.62	1.97	-49.64	-89.10	-38.07
莱阳市	2016 年	11.70	4.61	1.87	152.57	1.37	2.83
	同比增幅（%）	5.12	121.63	14.02	15.86	8.73	1.43
栖霞市	2016 年	7.16	2.89	1.56	51.20	0.13	0.52
	同比增幅（%）	16.23	-4.30	-6.59	-50.57	-38.10	24.84
海阳市	2016 年	8.85	3.28	—	136.6	0.51	1.71
	同比增幅（%）	230.22	203.70	—	-29.00	-26.09	16.00

续表

地区	指标（亿元）	保险类			证券类		
		保险公司保费收入	保险公司赔款和给付支出	当年结益	证券市场成交总额	投资者保证金余额	年末证券账户开户数（万户）
长岛县	2016年	1.02	0.43	0.08	—	—	—
	同比增幅（%）	13.33	377.78	18.83	—	—	—
烟台市	2016年	206.48	72.10	—	14336.79	43.57	87.38
	同比增幅（%）	24.30	28.02	—	-39.24	-23.74	9.91

附表3

烟台市主要金融机构概况

单位名称	行长（或其他称谓的第一负责人）	副行长（或其他称谓的同级领导）	员工总数	辖内营业网点数
人民银行烟台中支	吴明理（党委书记、行长）	徐忠波 王卫东 官志诚 官云美 林 琳 车宗山 徐小林 张春晓 张春生 林学龙 夏法云	469	10
银监会烟台监管分局	李明强	于 海 孙宝刚 李开宇 张衍武	85	10
保监会烟台监管分局	李大平	田世波	18	1
农业发展银行烟台市分行	刘贞建	官 波 于忠保 李 涛	220	10
工商银行烟台分行	陈国立	宫毓昌 王存东 柳峻林 杨 明 唐学政 丛德有 张立涛 于忠全 李 敏 刘进胜	1828	84
农业银行烟台市分行	刘剑波	李 杰 吴鸿琦 朱永平 王晓鹏 周伟伟 施寿松	2866	158
中国银行烟台分行	王 骏	丁明忠 焉长海 刘 健	1663	58
建设银行烟台分行	陈海东	王腾江 王曙光 张宏伟 杨德庆 王 健 刘忠涛	1745	73
交通银行烟台分行	祝 威	鲁林法 张立华 赵 涛	443	19
邮储银行烟台分行	许凤亮	车宗洪 史靖宇 周艳艳	941	277
农信社烟台办事处	纪中慷	申大田 孙益平	5572	463
恒丰银行烟台分行	宋 豪	刁玉波	1501	77
中信银行烟台分行	张佑晶	冷庆辉 邢秀鹤 赵 明 林向进	234	10
光大银行烟台分行	彭毅平	张永军 唐 宁 夏 伟 年 粟	618	11
华夏银行烟台分行	李艳霞	潘 涛 王志范 王立宏	320	11
招商银行烟台分行	史小东	王智华 于泽增	351	9
浦发银行烟台分行	任志昱	刘进杰 赵凌云 包 溢	131	7
渤海银行烟台分行	孙晓旭	毕志军 马 成	74	3
兴业银行烟台分行	闫 明	柯文强 王寿松 刘 勇	172	11
民生银行烟台分行	李 磊	周海燕 董红伟 王 顺 黄吉鹏	151	22
平安银行烟台分行	李伟杰	李淑梅 封 妍 孔 立	65	2
广发银行烟台分行	吴语田	吕学彬 赵劲勇 秦建伟 于孟洲	69	2

续表

单位名称	行长（或其他称谓的第一负责人）	副行长（或其他称谓的同级领导）	员工总数	辖内营业网点数
浙商银行烟台分行	鹿悦军	邢新波　蔡新源　孙建波　黑大磊	65	1
烟台银行	石学东	张孝伟　孙　朋	1574	78
烟台农商银行	董事长：赵广孝 行长：王英成	李元辉　余黎平　王凤军　徐　杰 赵庆光　张　涛	1718	112
威海市商业银行烟台分行	于建刚	于　波　迟兴光	118	5
青岛银行烟台分行	苏展	王报春	86	2
德州银行烟台分行	周金秀	赵德彬　郭　强	114	4
潍坊银行烟台分行	傅希宝	田　峰　苏　浩　官晓辉	49	1
天津银行烟台分行	刘亚军	张　强	63	1
芝罘齐丰村镇银行	齐建岗（副董事长）	崔　凯（行长）	57	1
莱山齐丰村镇银行	张春生	钟高建	50	1
企业银行烟台分行	金英浩	金庆洙	39	2
韩亚银行烟台分行	杨　涛		39	2
山东招金集团财务有限公司	曲丽华	王康立　张瑛拮	28	1
中国人寿烟台分公司	李洪涛	徐元本　姜　军　李　艳　沈佩江	439	18
太平洋人寿烟台中心支公司	郑文杰	陈　艳　楚丽云　万红立 于红梅　王德宁	188	21
平安人寿烟台中心支公司	童　燮	毕英杰　慕永航　陈明星	352	23
泰康人寿烟台中心支公司	王学军	王佐华	97	17
新华人寿烟台中心支公司	徐忠涛	王洪春　李　蕤　周俊梅	740	13
太平人寿烟台中心支公司	汤　伟		186	9
民生人寿烟台中心支公司	王　浩		38	7
合众人寿烟台中心支公司	蒋如民	刘磊南	29	6
恒安标准人寿烟台中心支公司	李　志		10	1
中英人寿烟台中心支公司	房瑞营		14	2
同方全球人寿烟台中心支公司	张华涛		19	1
中宏人寿烟台中心支公司	欧　红		13	1
中荷人寿山东省分公司烟台营销服务部	曾　禹	王云红	8	1
中国人民健康保险烟台中心支公司	牟红霞	高广吉	28	2
富德生命人寿烟台中心支公司	崔　晋		91	5
中国人民人寿烟台中心支公司	王　辉	于永志　于雪霞	55	7
华夏人寿烟台中心支公司	张建平		86	9
陆家嘴国泰人寿烟台营销服务部	王义春（拟任）		8	1
国华人寿烟台中心支公司	葛懋忠	卢福尧	37	3

续表

单位名称	行长（或其他称谓的第一负责人）	副行长（或其他称谓的同级领导）	员工总数	辖内营业网点数
华泰人寿烟台中心支公司	盖文欣		33	6
信诚人寿烟台中心支公司	张美欣		28	4
阳光人寿烟台中心支公司	牟洪武	尉世振	66	7
英大泰和人寿烟台中心支公司	刘自勉		26	5
长城人寿烟台中心支公司	张文博		18	4
信泰人寿烟台中心支公司	赵　宁		40	3
幸福人寿烟台中心支公司	辛　飞	刘道全	28	4
平安养老保险烟台中心支公司	冯　南		29	1
中德安联人寿烟台营销服务部	官斌基		6	1
中意人寿烟台中心支公司	姜洪祚	郝丽玲	15	1
招商信诺人寿烟台中心支公司	魏　涛		17	1
中银三星人寿烟台中心支公司	况红伊		42	3
北大方正人寿烟台中心支公司	朱　亮	廖小平	8	1
安邦人寿烟台中心支公司	李延波		15	1
农银人寿烟台中心支公司	王爱虹	张玉芳　毕海红	73	3
建信人寿烟台中心支公司	阎洪茂		49	1
工银安盛人寿烟台中心支公司	王　亮	洪　霞	7	1
德华安顾人寿烟台中心支公司	刘宝玉		36	6
利安人寿烟台中心支公司	周志建		26	5
交银康联人寿烟台中心支公司	单　娜		6	1
天安人寿烟台中心支公司	吕广玉	高　磊	45	1
百年人寿烟台中心支公司	韩建国		13	1
人民财产保险烟台市分公司	黄　海	于树文　王永明　王志平　牟新春　迟建政	840	20
太平洋财产保险烟台中心支公司	李宏宇		278	14
平安财产保险烟台中心支公司	霍　明	王维国　宿寒青　张　杰	165	11
华泰财产保险烟台中心支公司	姚红梅		20	1
天安财产保险烟台中心支公司	吕志兴		141	13
永安财产保险烟台中心支公司	姜德军	卢举昌	140	11
大地财产保险烟台中心支公司	曹雪梅	李　征　杨勇正	198	13
太平财产保险烟台中心支公司	王永进	丁江英	270	8
安邦财产保险烟台中心支公司	李　刚	辛　强	54	14
华安财产保险烟台中心支公司	官晓燕	吕永桥	17	4
中华联合财产保险烟台中心支公司	岳进军	林　健　刘维东　杨爱民	266	22
阳光财产保险烟台中心支公司	王冬青	林　平	85	12

续表

单位名称	行长（或其他称谓的第一负责人）	副行长（或其他称谓的同级领导）	员工总数	辖内营业网点数
永诚财产保险烟台中心支公司	王曙光		35	1
安华农业保险烟台中心支公司	徐敬伟		129	13
都邦财产保险烟台中心支公司	王　敏	崔盛家　王　崇	78	7
渤海财产保险烟台中心支公司	田志军		45	7
亚太财产保险烟台中心支公司	唐咏蕾	李逢春	42	10
中银保险烟台中心支公司	栾萍萍		17	1
安盛天平财产保险烟台中心支公司	张　镇	马洪雷	42	3
中国人寿财产保险烟台中心支公司	冯前程	刘　健	333	10
长安责任保险烟台中心支公司	姜　峰	邢令强	36	8
浙商财产保险烟台中心支公司	李长坤	杨朝晖	74	5
英大泰和财产保险烟台中心支公司	谢　建		38	3
紫金财产保险烟台中心支公司	蒋德国		19	8
安诚财产保险烟台中心支公司	赛　波		28	1
泰山财产保险烟台中心支公司	吴建新	任承珍	54	6
信达财险保险烟台中心支公司	姜仪蔚	周　莉	55	2
华海财产保险烟台中心支公司	姜　锋		183	6
利宝保险烟台中心支公司	李建学		23	2
长江财产保险烟台中心支公司	于云腾		15	3
中路财产保险烟台中心支公司	王长春		29	1
华海财产保险股份有限公司	赵小鸣		49	1

附表 4

烟台市主要金融机构业务概况

单位：亿元

单位名称	本外币存款余额	人民币单位存款	人民币储蓄存款	本外币贷款余额	人民币短期贷款	人民币中长期贷款
农业发展银行烟台市分行	69.20	69.00	—	112.34	25.90	86.44
工商银行烟台分行	550.63	236.42	279.97	478.78	150.18	302.28
农业银行烟台市分行	938.38	218.22	614.97	504.26	175.42	239.16
中国银行烟台分行	566.80	192.38	274.81	404.27	140.35	217.72
建设银行烟台分行	730.51	357.36	299.87	500.42	182.56	257.07
交通银行烟台分行	186.29	123.50	56.39	107.36	70.57	35.20
邮储银行烟台市分行	396.37	44.90	351.33	150.76	44.41	95.25
农信社烟台市办事处	1264.46	191.73	1071.21	827.72	643.71	119.34
恒丰银行烟台分行	1001.20	446.58	536.21	429.92	164.45	145.25
光大银行烟台分行	233.02	113.06	59.42	151.22	52.11	75.59

续表

单位名称	本外币存款余额	人民币单位存款	人民币储蓄存款	本外币贷款余额	人民币短期贷款	人民币中长期贷款
招商银行烟台分行	112.51	57.46	40.96	78.95	34.13	38.03
中信银行烟台分行	124.48	76.41	27.37	68.48	40.62	15.74
华夏银行烟台分行	119.51	73.37	32.10	107.30	79.87	21.49
浦发银行烟台分行	74.67	57.60	1.44	62.64	34.77	9.06
渤海银行烟台分行	103.16	33.47	2.14	23.85	0.76	23.09
兴业银行烟台分行	163.78	121.16	13.20	87.59	36.15	21.27
民生银行烟台分行	45.20	35.18	7.66	63.97	43.14	19.99
平安银行烟台分行	55.77	31.25	33.47	13.58	8.16	5.11
广发银行烟台分行	25.45	24.56	0.78	25.60	7.82	17.11
浙商银行烟台分行	20.30	19.53	0.42	13.51	5.09	8.42
烟台银行	533.10	261.92	249.97	316.73	181.48	118.19
烟台农商银行	318.31	85.12	232.46	229.71	203.53	24.04
威海市商业银行烟台分行	53.13	33.27	9.96	27.91	15.51	11.83
青岛银行烟台分行	30.53	10.83	1.69	20.33	2.26	17.41
德州银行烟台分行	23.72	14.38	2.24	18.65	5.66	6.13
潍坊银行烟台分行	7.46	6.02	1.44	8.68	6.48	2.19
天津银行烟台分行	21.39	15.97	0.43	18.21	14.78	2.94
企业银行烟台分行	13.32	9.04	0.33	11.47	5.26	0.21
韩亚银行烟台分行	11.17	7.37	1.00	4.64	2.59	1.72
山东招金集团财务有限公司	19.87	19.61	0.00	13.83	12.96	0.00

附表 5

烟台市金融机构统计指标

指标（个）		2012	2013	2014	2015	2016	2016年同比增幅（%）
银行类	法人机构	15	12	12	13	15	15.38
	省级分行	3	4	3	4	6	50.00
	二级分行	16	16	18	22	25	13.64
	县区支行	296	308	274	308	358	16.23
	分理处、营业所	801	963	1012	1026	955	-6.92
	储蓄所	176	165	161	178	210	17.98
	从业人员总数	20432	22238	22957	23297	22775	-2.24
保险类	保险机构	61	63	65	67	73	8.96
	财险机构	28	28	28	29	32	10.34
	省级分公司	0	0	0	1	1	0.00
	地市分公司	28	28	28	28	31	10.71

续表

指标（个） \ 年度		2012	2013	2014	2015	2016	2016年同比增幅（%）
保险类	县区支公司	171	155	200	229	233	1.75
	寿险机构	33	35	37	38	41	7.89
	省级分公司	0	0	0	0	0	0.00
	地市分公司	33	35	37	38	41	7.89
	县区支公司	286	152	276	263	267	1.52
	从业人员总数	32415	31430	34310	43866	68972	57.23
	财险人员	6703	4659	6290	6561	14428	119.91
	寿险人员	25712	26771	28020	37305	54544	46.21
证券类	证券机构	—	—	3	3	5	66.67
	证券公司	—	—	3	3	5	66.67
	证券营业部	—	—	38	42	45	7.14
	证券服务部	—	—	0	0	0	—
	从业人员总数	—	—	798	941	902	-4.14
	投资者开户	593416	617833	635383	794983	873800	9.91
	境内上市股票支数	27	28	29	32	34	6.25
	境外上市股票支数	6	4	6	7	7	0.00
	辖区上市公司总数	32	32	34	38	40	5.26

潍 坊 市

【经济金融概况】 2016年，潍坊市金融机构认真贯彻执行稳健货币政策，积极拓宽融资渠道，努力为全市经济稳增长与供给侧结构性改革营造良好的金融环境。

【货币政策实施】 2016年，面对复杂的经济金融形势，中国人民银行潍坊市中心支行充分发挥组织协调和引导作用，助推政银企通力合作，疏通信贷梗阻环节，促进货币政策有效落实，有力支持了实体经济发展。

一、信贷结构不断优化。2016年，潍坊市银行信用总量累计增加2938.9亿元，同比多增321.2亿元，增长12.3%。各项贷款余额4906亿元，居全省第3位。全市各项存款余额7094.8亿元，较年初增加877.2亿元，其中，储蓄存款余额3448.6亿元，较年初增加253亿元，居全省第1位。

二、多元化融资力度加大，支持实体经济发展。2016年，潍坊市银行业机构通过证券、信托、融资租赁等机构或通道，积极利用融资租赁、资管计划、信托、内保外贷、债券市场融资等方式，累计办理融资业务178.9亿元，同比多增36.5亿元，对实体经济的支持力度明显增强。

三、对重点民生领域支持力度加大。2016年，潍坊市涉农贷款、小微企业贷款和现代服务业贷款分别新增103.2亿元、101亿元和217.6亿元，比年初分别增长3.5%、8.2%和19.7%，分别高于各项贷款增速0.4个、5.1个和16.6个百分点。中长期贷款增加460.8亿元，是新增贷款的3.2倍，同比多增272.2亿元，其中基础设施贷款增加246.1亿元，同比多增172.1亿元。

四、建立金融机构走访对接企业活动机制。制定了《潍坊市金融机构走访对接企业活动机制》，每年根据辖区经济发展实际，确定年度银企对接方案，不断提升实体经济与金融服务对接质效。

五、组织开展“金融服务企业百日行”活动，全市金融机构共走访企业416家，达成融资意向80亿元。制定《<潍坊市企业问题需求协调解决工作制度>金融配套工作机制》，各金融机构积极响应，及时解决处理企业反映问题，全年先后为12家企业解决问题20项，协调解决企业融资5亿元。

六、加强信贷政策与产业政策协调配合，做好重大项目推介，联合市经信委向全市金融机构推介“十三五”制造业重大项目及2016年重点产业技术升级改造项目。

【金融稳定】 2016年，中国人民银行潍坊市中心支行扎实推进金融稳定工作，认真落实存款保险制度，创新建立与金融机构的日常联络和舆情监测机制，确保了存款保险制度的顺利实施。

一、加强各类金融风险的监测研判，对各类机构约见谈话7次，风险提示6次。扎实做好全市21家法人银行机构存款保险评级和保费交纳工作，组织对9家农商行的存款保费基数进行核查。

二、牵头落实非银行支付机构等两个领域的金融风险专项整治和处置工作，共排查出疑似无证机构5家，占全省的26.3%。积极参与互联网金融风险专项整治工作，牵头落实“通过互联网开展资产管理及跨界从事金融业务”与“非银行支付机构”两个领域的专项整治工作。

三、加强对非银行支付机构的专项整治和管理。联合市公安、工商等五部门组织开展联合整治非法买卖银行卡信息专项行动及打击电信网络新型违法犯罪专项行动。

【金融服务】 2016年，中国人民银行潍坊市中心支行不断优化金融服务，开展了一系列务实为民的工作。

一、积极推进金融消费纠纷非诉第三方调解机制建设，联合中级人民法院签订诉调对接合作协议，推动奎文法院成立全省首家基层法院金融审判庭，建立了协会申诉处理、中级法院委派诉前调解、奎文法院审理“三位一体”维权机制。

二、在农村地区建成500余家金融维权联络点，形成了市有协会、县有办事处、镇和社区有联络点的架构，实现了金融维权体系的城乡全覆盖。持续推动支付服务优化，依托青州农村淘宝服务站，建立34处综合性惠农支付服务点，青州中银富登村镇银行成为全省第一家获准提供助农取款服务的村镇银行。在广大县域地区组织开展“迎新春·换新钱·送温暖”活动，依托人民银行青州市支行原有发行库，探索建成功能齐全的“县域现金中心”。

三、努力提升征信管理服务水平，率先在全省实现自助查询机市县全覆盖，在大大缩短业务办理时间的同时，规避了征信查询风险。会同发改委共同发挥社会信用体系建设双牵头作用，推动潍坊市获批全国创建社会信用体系建设示范城市。

【金融监管】 2016年，中国人民银行潍坊市中心支行正确处理监管与服务的关系，积极履行监督管理职能，全年组织调查统计、支付结算、科技、国库、反洗钱和征信等专业执法检查14项，检查涉及银行、证券、保险和非银行支付机构40余家，维护了良好的金融秩序。扎实做好全市21家法人银行机构存款保险评级和保费交纳工作，组织对9家农商行的存款保费基数进行核查。

【外汇管理】 2016年，国家外汇管理局潍坊市中心支局按照“控流出、扩流入、促平衡”工作要求，强化外汇管理，优化外汇服务，有力支持涉外经济发展。一是加强与潍坊市公安局的协作配合，组成专案组，成功破获并查处“5.05”地下钱庄案。二是联合商务局等 7 个部门，组织“千家外贸企业大走访”活动，为全市 300 余家企业开展政策宣讲。三是坚持重点企业服务制度，支持潍柴集团完成全省最大一笔 8000 万欧元的境外投资林德液压项目。

【保险业务】 2016 年，潍坊市保险业健康发展，驻潍市级保险机构达到 70 家，较 2015 年增加 5 家。其中，财产险机构 34 家，人身险机构 36 家。全年保费收入 186 亿元，同比增长 16%；各项赔给付 58.5 亿元，同比增长 20.3%。其中，财产险保费收入 58.5 亿元，同比增长 11.1%，赔款支出 30.1 亿元，增长 13.6%；人身险保费收入 127.8 亿元，同比增长 18.4%，赔给付 28.5 亿元，同比增长 28.3%。承担社会风险 2.6 万亿元，同比增长 23.4%。

【证券业务】 2016 年，潍坊市资本市场保持较快发展，企业直接融资能力增强。全年新增 265 家企业在“新三板”和齐鲁股权交易中心挂牌，在“新三板”挂牌企业累计达到 41 家，在齐鲁股权交易中心挂牌企业累计达到 306 家。债券融资力度加大，企业通过发行短期融资券、中期票据、集合债、商业银行债券、私募债等方式募集资金 320.5 亿元。依托潍坊市金融控股集团累计设立专业子基金 30 支，基金滚动投入 229.2 亿元，直接撬动金融及社会资本 227.9 亿元，间接撬动其他金融及社会资本 267 亿元，累计支持了 190 个重点园区、重点产业链、重点企业和项目。

【精神文化建设】 2016 年，潍坊市不断加强精神文化建设。

一、中国人民银行潍坊市中心支行不断以文明单位创建为载体，积极培育和践行社会主义核心价值观，广泛开展“劳动美—我身边的榜样”“为身边好人点赞” 等先进典型事迹宣传，提升了全行凝聚力和向心力。

二、工商银行潍坊分行深入开展精神文明单位创建、特色企业文化建设、员工思想政治工作等活动。

三、农业银行潍坊分行以价值观培育和企业文化践行为出发点，推动企业文化核心理念融入业务经营全过程，开展党员佩戴党徽“亮身份”、庆“七一”、寻找发现身边“最美共产党员”等活动。

四、中国银行潍坊分行加强企业文化建设，着力打造以人为本、公平公正、开放包容的企业文化。

五、建设银行潍坊分行牢固树立“抓文化就是促发展、促发展就要抓文化”的理念，大力推进企业文化建设，获得建设银行总行级“企业文化建设先进单位”荣誉称号。

六、潍坊银行实施“幸福潍坊银行”项目建设，组织开展第八届企业文化节、职工体育运动会等文体活动。

七、恒丰银行潍坊分行组织开展了儿童福利院定点帮扶捐助活动、金融知识进万家活动、消费者权益保护宣传活动、消防安全知识培训等活动。

八、日照银行潍坊分行联合潍坊市关工委、妇联和团市委，启动“梦想 1+1”微公益援助活动，为潍坊各县市区 530 余名贫困儿童成功圆梦。

九、奎文中成村镇银行践行“家”文化、“水”文化和“互联网”文化，将“用心服务每一位客户”理念渗透到每位员工心里。

十、寒亭蒙银村镇银行组织开展了“舞动寒亭舞蹈大赛”、“蒙银之夜广场文化活动”、“书香寒亭”全民阅读等宣传活动。

【大事记】 3 月 24 日 潍坊银行烟台分行开业。

3 月 26 日 恒丰银行高密支行开业。

5 月 10 日 人民银行潍坊中支与市公安局召开联席会议，推进打击地下钱庄非法买卖外汇工作。

6 月 16 日 青岛银行潍坊分行试营业。

6 月 16 日 兴业银行潍坊昌邑支行开业。

7 月 29 日 潍坊潍城北海村镇银行开业。

11 月 26 日 兴业银行潍坊分行迁址高新区金融广场。

11 月 28 日 日照银行潍坊青州支行获准筹建。

12 月 14 日 潍坊银行与山东财经大学合作建立艺术金融教学实践基地。

12 月 26 日 广发银行潍坊寿光支行成立。

（庆建奎 杨 红）

附表 1

潍坊市（县）主要经济指标 1

地区	指标	土地面积（平方公里）	人口（万人）	地区生产总值（亿元）	公共财政预算收入（亿元）	公共财政预算支出（亿元）	全社会固定资产投资（亿元）
青州市	2016 年	1561	96.31	615.68	45.99	49.42	576.2
	同比增幅（%）	—	0.3	8	10.1	5.4	13.5
诸城市	2016 年	2151	111	794.5	73.2	76.2	635.5
	同比增幅（%）	—	0.7	8.1	7.6	8.5	13.4
寿光市	2016 年	2072	108.5	856.8	94.69	97.15	630.87
	同比增幅（%）	—	1.5	7.6	6	2.4	10.5

续表

地区	指标	土地面积（平方公里）	人口（万人）	地区生产总值（亿元）	公共财政预算收入（亿元）	公共财政预算支出（亿元）	全社会固定资产投资（亿元）
安丘市	2016年	1712	96.08	306.37	20.8	38.68	321.41
	同比增幅（%）	—	0.57	8	12.08	8.82	13.5
高密市	2016年	1526.63	89.33	623.18	48.05	51.88	563.24
	同比增幅（%）	—	0.42	6.24	5.91	5.28	17.46
昌邑市	2016年	1582	61.4	399.5	29.91	36.64	380.1
	同比增幅（%）	—	0	6.2	5.8	-13.1	13.5
临朐县	2016年	1831	85.59	261.1	15.7	32.28	330
	同比增幅（%）	—	0.93	8	12.1	8.6	13.06
昌乐县	2016年	1100.6	63.02	292.64	23.59	27.95	349.9
	同比增幅（%）	—	0.98	7.8	9	-0.2	13.4
潍坊市	2016年	16005	935.7	5522.68	521.54	637.05	5112.53
	同比增幅（%）	—	0.86	8	9.1	4.1	13.2

潍坊市（县）主要经济指标2

地区	指标	进出口总值（亿美元）	实际利用外资（亿美元）	社会消费品零售总额（亿元）	居民消费价格指数（%）	城市居民人均可支配收入（元）	农村居民可支配收入（元）
青州市	2016年	5.98	0.69	235.83	101.8	32468	16180
	同比增幅（%）	13.9	27.8	10.2	1.8	8.2	8.3
诸城市	2016年	13.77	0.99	257.1	101.8	34222	17210
	同比增幅（%）	-20.2	16	10.4	1.8	8.3	8.7
寿光市	2016年	36.46	2.07	296.44	—	34735	17652
	同比增幅（%）	14.4	14.7	10.27	—	8.4	8.8
安丘市	2016年	8.04	0.52	171.83	—	29452	15161
	同比增幅（%）	-8.6	21.7	12.6	—	8	7.9
高密市	2016年	19.26	1.01	208.98	—	33262	15589
	同比增幅（%）	4.1	22.9	12.02	—	8.2	8.2
昌邑市	2016年	8.06	0.27	181.06	106.7	31168	16304
	同比增幅（%）	-4.4	-62.9	11.6	1.3	8.1	8.1
临朐县	2016年	3.5	0.45	144.09	102.4	29356	14700
	同比增幅（%）	-1.2	8.1	11.3	2.4	8	8
昌乐县	2016年	11.73	0.21	138.5	102.4	30529	15450
	同比增幅（%）	2	-51.5	12.3	-0.7	8.1	8.1
潍坊市	2016年	180.03	10.2	2514.9	102.4	33609	16098
	同比增幅（%）	6.3	13.2	10.4	2.4	8.2	8.1

附表 2

潍坊市（县）主要金融指标 1

地区	指标（亿元）	银行类							
		本外币存款余额	住户存款	非金融企业存款	本外币贷款余额	第一产业贷款	第二产业贷款	第三产业贷款	个人贷款及透支
青州市	2016 年	734.25	503.32	153.92	449.82	2.62	168.93	146.28	121.34
	同比增幅(%)	10.9	10.7	7.2	-1.5	-2.2	-9.5	5.5	2.3
诸城市	2016 年	638.71	401.32	185.05	507.46	7.73	228.03	101.51	170.19
	同比增幅(%)	15.22	11.38	17.09	3.28	-24.8	-11.7	41.11	10
寿光市	2016 年	857.13	519.85	259.78	725.67	6.62	361.59	186.74	136.55
	同比增幅(%)	1.49	11.07	-15.74	-3.09	-43.37	10.09	18.53	-1.8
安丘市	2016 年	412.78	293.49	80.19	317.67	6.32	120.28	60.03	118.33
	同比增幅(%)	14.28	11.58	22.37	13.18	86.43	2.37	13.63	19.2
高密市	2016 年	485.62	316.45	139.38	360.96	2.22	148.06	83.64	118.7
	同比增幅(%)	23.32	15.19	42.72	5.41	0.1	-10.02	45.33	5.15
昌邑市	2016 年	404.58	288.61	68.46	216.93	14.41	78.96	62.36	61.2
	同比增幅(%)	12.67	8.09	29.98	11.5	-6.91	-12.71	2.43	3.03
临朐县	2016 年	379.81	277.62	99.46	232.65	1.83	76.7	45.13	102.84
	同比增幅(%)	19.67	14.02	40.12	5.41	-3.28	-8.08	36.74	4.45
昌乐县	2016 年	329.95	213.36	86.4	243.68	92.32	107.23	44.13	85.4
	同比增幅(%)	22.3	12.91	54.96	9.66	4.5	1.34	6.38	1.25
潍坊市	2016 年	7094.81	4025.09	2204.92	4905.98	54.85	1843.38	1325.56	1483.78
	同比增幅	14.11	11.6	17.75	3.06	-10.08	2.91	22.9	6.65

潍坊市（县）主要金融指标 2

地区	指标（亿元）	保险类			证券类		
		保险公司保费收入	保险公司赔款和给付支出	当年结益	证券市场成交总额	投资者保证金余额	年末证券账户开户数（万户）
青州市	2016 年	12.86	4.69	—	291.57	1.68	0.43
	同比增幅（%）	2.7	35.9	—	-56	-26	-35.7
诸城市	2016 年	15.07	5.3	0.33	380.34	2.76	1.22
	同比增幅（%）	25.68	40.2	17.86	-46.7	12.65	813.33
寿光市	2016 年	18.2	4.44	13.76	372.63	2.29	1.04
	同比增幅（%）	8.14	19.03	5.04	-45.25	5.04	-16.8
安丘市	2016 年	9.99	2.95	7.04	125.87	0.42	1.45
	同比增幅（%）	30.95	40.37	27.36	-20.41	-23.9	22.69
高密市	2016 年	10.25	4.36	5.89	196.71	1.14	5.92
	同比增幅（%）	14.53	67.69	-7.24	-52.85	-26.45	111.43

续表

地区	指标（亿元）	保险类			证券类		
		保险公司保费收入	保险公司赔款和给付支出	当年结益	证券市场成交总额	投资者保证金余额	年末证券账户开户数(万户)
昌邑市	2016年	7.4	3.65	—	—	—	—
	同比增幅（%）	3.78	19.28	—	—	—	—
临朐县	2016年	8.16	2	—	210.24	0.78	1.44
	同比增幅（%）	11.47	32.45	—	-27.72	-25.71	33.24
昌乐县	2016年	6.43	1.46	4.97	—	—	—
	同比增幅（%）	26.98	16.31	31.23	—	—	—
潍坊市	2016年	186	58.5	—	1018	—	44.84
	同比增幅（%）	16	20.3	—	-52.38	—	0.7

附表3

潍坊市主要金融机构概况

单位名称	行长（或其他称谓的第一负责人）	副行长（或其他称谓的同级领导）	员工总数	辖内营业网点数
人民银行潍坊中支	刘福毅	华志远　李万友　陈光升　王新军　王曙平	434	9
银监会潍坊监管分局	刘世明	张志荣　宋孚军　王会锋　璩新民	73	8
农业发展银行潍坊市分行	韩玉忠	杜　军　庄红梅　隋全亮	281	11
工商银行潍坊分行	陈　文	杨宗海　娄　波　韩志忠　姜克才　孔　咏	1912	90
农业银行潍坊分行	付　晓	贾建生　张俊国　黄砚章　王永明　张文刚	2918	175
中国银行潍坊分行	汪　雷	曹亚军　付廷泉　林志明	1255	50
建设银行潍坊分行	陈　鹏	王佳军　辛立国　刘志勇　王德春　刘光辉	1665	72
交通银行潍坊分行	李相伟	陈允建　秦海花　齐文江	507	19
潍坊银行	郭虎英	闫红兵　陈瑞源　仪修喜　朱毅达　李建卫　黄建军	2261	85
招商银行潍坊分行	郭志强	董绍东　董　栋　王少波	282	6
兴业银行潍坊分行	吴永林	马曙平　吴健飞　郭　强	190	9
浦发银行潍坊分行	朱金禄	刘兆建　刘　炜　宋立华	137	5
华夏银行潍坊分行	杨晓丽	栾桂旭　孙绍军　秦国栋	88	2
中信银行潍坊分行	李　淳		140	5
民生银行潍坊分行	马　涛	井　昌	195	8
光大银行潍坊分行	韩桂志	孙志勇　高梦南	75	1
恒丰银行潍坊分行	孟　凯	于乃里　张　勇	116	3
平安银行潍坊分行	刘名江	程　皓	48	1
浙商银行潍坊分行	李　炘	陈相远　李世俊　黄建光	66	1
广发银行潍坊分行	张　勇	李广全　刘宝新　张　燕　王甜甜	70	1

续表

单位名称	行长（或其他称谓的第一负责人）	副行长（或其他称谓的同级领导）	员工总数	辖内营业网点数
齐商银行潍坊分行	李　庆	王　文　李　涛　付宪桐	166	4
东营银行潍坊分行	赵新中	刘永国	99	2
威海银行潍坊分行	丛　健	郝　平　刘　磊	72	1
日照银行潍坊分行	郭全海	李文超	105	2
邮储银行潍坊分行	路　滔	张俊兰　薛　梅　梁伟业	1125	270
农信社潍坊市联社	王祖玉	马春成　邹　维　曹洪启　颜廷军　赵宝修　闫洪江　单亦聚　王继坤	7056	544
北京银行潍坊分行	张兆福	刘耀军	43	1
青岛银行潍坊分行	袁　菲	陈少磊　张海英	69	1
寒亭蒙银村镇银行	王全宏	于彩丽　刘　俊　王晓丹	92	5
奎文中成村镇银行	卢华金	邓道刚　江　涛	28	1
潍城北海村镇银行		刘　鹏	34	1
诸城建信村镇银行	鹿桂波	单连彪　毕昆明　刘建民	25	1
寿光张农商村镇银行	刘永建	周兴江　王景林　孙清水	42	3
中银富登村镇银行	荆聿明	刑立平　刘建毅	62	3
昌乐乐安村镇银行	李　建	丁黎明	42	2
安丘北海村镇银行		曲伟涛	29	1
昌邑北海村镇银行	刘旭卿	李娜娜　李娟娟	26	1
临朐聚丰村镇银行	丁万刚	彭　栋　郭　志　胡义学　潘　刚	89	5
高密惠民村镇银行	王国栋	李　萍　刘　海　李阿娜	91	5
中国人民保险财产保险股份有限公司潍坊市分公司	李东峰	陈庆春　袁吉强　曹岩萍　高仁强　董延兴	762	81
中国太平洋财产保险股份有限公司潍坊中心支公司	陈洪英		110	15
中国平安财产保险股份有限公司潍坊中心支公司	王琛松	王　勇　孙　浩　荀　帅	340	12
天安财产保险股份有限公司潍坊中心支公司	侯成伦	杨宏伟　张华伟　郭　涛	124	14
中国大地财产保险股份有限公司潍坊中心支公司	郭少波	郑延光　邱　强	146	11
太平财产保险有限公司潍坊中心支公司	张克国		35	6
永安财产保险股份有限公司潍坊中心支公司	谭东升		85	9
中华联合财产保险股份有限公司潍坊中心支公司	冯卫国	孙运磊　刘　翔　王新坤	270	17
阳光财产保险股份有限公司潍坊中心支公司	国　光	刘命建　刘维周　房永胜	238	12
华安财产保险股份有限公司山东分公司潍坊中心支公司	陶金强	范金龙	39	8
安邦财产保险股份有限公司潍坊中心支公司	尹宪凯		20	11

续表

单位名称	行长（或其他称谓的第一负责人）	副行长（或其他称谓的同级领导）	员工总数	辖内营业网点数
安华农业保险股份有限公司潍坊中心支公司	潘保华	张明霞	93	11
永诚财产保险股份有限公司潍坊中心支公司	孙　虎	谭好凯	56	4
都邦财产保险股份有限公司潍坊中心支公司	蒋余波		20	2
渤海财产保险股份有限公司潍坊中心支公司	张德林		44	6
亚太财产保险有限公司潍坊中心支公司	逄　梅	陈向平	39	3
安盛天平财产保险股份有限公司潍坊中心支公司	宗全民	侯俊梅　张　颖	67	7
中银保险有限公司潍坊中心支公司	张宝平		15	1
长安责任保险股份有限公司潍坊中心支公司	崔晓莹		241	10
中国人寿财产保险股份有限公司潍坊市中心支公司	梁宝龙	孙在亮　夏效群	290	8
浙商财产保险股份有限公司潍坊中心支公司	徐　惠	李　明	39	7
英大泰和财产保险股份有限公司潍坊中心支公司	杨俊鹏		19	3
华泰财产保险有限公司潍坊中心支公司	于吉平		9	21
泰山财产保险股份有限公司潍坊中心支公司	周廷泽	李玉倩	39	7
信达财产保险股份有限公司潍坊中心支公司	李　勇	桑　华	63	4
安诚财产保险股份有限公司潍坊中心支公司	王军伟	张　谦	67	4
紫金财产保险股份有限公司潍坊中心支公司	陶　健		18	4
华海财产保险股份有限公司潍坊中心支公司	董有海	王树波　王　飞	34	4
鑫安汽车保险股份有限公司潍坊中心支公司	孙吉礼		6	1
国泰财产保险有限责任公司潍坊中心支公司	李储杰		40	1
利宝保险有限公司潍坊中心支公司	李向阳		17	1
长江财产保险潍坊中心支公司	胡振海	杨　振	9	13
中煤财产保险股份有限公司潍坊中心支公司	齐　晖		5	1
中路财产保险股份有限公司潍坊中心支公司	张成堂	聂春生	10	1
中国人寿保险股份有限公司潍坊分公司	王晓晨	程金虎　刘遵友　郭福义　田春生	396	17
中国太平洋人寿保险股份有限公司潍坊中心支公司	王　崇	徐强　杨金志　刘志华　王湘宁　孟凡超	90	33
中国平安人寿保险股份有限公司潍坊中心支公司	王　孟	荣晓燕　徐　强	202	20

续表

单位名称	行长（或其他称谓的第一负责人）	副行长（或其他称谓的同级领导）	员工总数	辖内营业网点数
泰康人寿保险有限责任公司山东潍坊中心支公司	刘　锋	李　旭	91	8
新华人寿保险股份有限公司潍坊中心支公司	刘兆军		187	14
太平人寿保险有限公司潍坊中心支公司	徐本君	初立鹏	76	7
民生人寿保险股份有限公司潍坊中心支公司	李建政		30	8
合众人寿保险股份有限公司潍坊中心支公司	潘　卓		28	6
中英人寿保险有限公司潍坊中心支公司	辛　艺		8	1
平安养老保险股份有限公司潍坊中心支公司	郑　伟		36	1
中宏人寿保险有限公司潍坊中心支公司	王　霞		15	1
同方全球人寿保险有限公司山东分公司潍坊营销服务部	朱　圆		5	1
北大方正人寿保险有限公司潍坊营销服务部	石　萍	孙　健	7	1
中国人民人寿保险股份有限公司潍坊中心支公司	张伟军		50	10
中国人民健康保险股份有限公司潍坊中心支公司	王国栋	李兆盈　常　虹	28	1
富德生命人寿保险股份有限公司潍坊中心支公司	历春晖		113	6
农银人寿保险股份有限公司潍坊中心支公司	刘永欣	韩志强	38	3
华泰人寿保险股份有限公司潍坊中心支公司	冯　波	裴永涛	33	6
陆家嘴国泰人寿保险有限责任公司山东分公司潍坊营销服务部	李振元		15人	2
恒安标准人寿保险有限公司潍坊中心支公司	刘敬斌		9	1
国华人寿保险股份有限公司潍坊中心支公司	张树富		24	4
阳光人寿保险股份有限公司潍坊中心支公司	徐海泉	张　强　徐英杰	74	8
中德安联人寿保险有限公司山东分公司潍坊营销服务部	李　政		5	1
长城人寿保险股份有限公司潍坊中心支公司	张效军	郑怀善　王春光	18	2
百年人寿保险股份有限公司潍坊中心支公司	袁向阳		18	2
华夏人寿保险股份有限公司潍坊中心支公司	陈　霞	昂春明　马　丽　赵　磊	195	7
中意人寿保险有限公司潍坊中心支公司	王乔生	吴　丹	22	1
幸福人寿保险股份有限公司潍坊中心支公司	梁玉国	郭江红	29	2
信泰人寿保险股份有限公司潍坊中心支公司	曹风川		29	2
英大泰和人寿保险股份有限公司潍坊中心支公司	王丰庆		15	2
建信人寿保险股份有限公司潍坊中心支公司	台晓龙		8	1
工银安盛人寿保险有限公司潍坊中心支公司	张道奎		24	1
天安人寿保险股份有限公司潍坊中心支公司	张向阳	孟春艺　刘金龙	31	1
德华安顾人寿保险有限公司潍坊中心支公司	王海霞		31	6
安邦人寿保险股份有限公司潍坊中心支公司	王　伟		11	1
中银三星人寿保险有限公司潍坊中心支公司	姚荣强		6	1

附表4

潍坊市主要金融机构业务概况

单位：亿元

单位名称	本外币存款余额	人民币单位存款	人民币储蓄存款	本外币贷款余额	人民币短期贷款	人民币中长期贷款
农业发展银行潍坊市分行	97.51	97.4	—	300.55	37.11	263.4
工商银行潍坊分行	585.93	238.58	327.93	648.86	193.07	408.12
农业银行潍坊分行	941.34	220.54	675.38	551.58	272.58	230.74
中国银行潍坊分行	496.45	267.37	194.59	444.21	212.69	186.38
建设银行潍坊分行	658.47	276.59	365.09	430.57	110.77	294.45
邮储银行潍坊分行	389.83	35.33	354.45	99.29	20.75	69.09
交通银行潍坊分行	254.42	173.87	74.86	180.34	66.03	109.33
华夏银行潍坊分行	47.28	40.84	5.62	59.5	22.01	31.73
招商银行潍坊分行	60.66	36.53	21.67	60.03	29.65	27.14
浦发银行潍坊分行	95.36	86.1	6.93	87.83	64.5	22.45
兴业银行潍坊分行	170.43	148.43	17.01	113.97	43.89	62.06
民生银行潍坊分行	128.98	100.07	19.38	77.63	48.07	27.11
中信银行潍坊分行	103.24	87.71	12.33	79.43	39.32	33.63
恒丰银行潍坊分行	103.39	92.4	10.03	44.46	31.02	12.84
光大银行潍坊分行	71.07	62.03	8.32	57.3	56.76	35.97
浙商银行潍坊分行	38.31	37.54	0.75	11.2	9.08	0.06
广发银行潍坊分行	42.31	40.04	1.99	26.71	20.23	3.08
平安银行潍坊分行	37.48	34.7	1.87	38.2	18.66	19.14
潍坊银行	630.58	299.94	279.39	369.28	227.96	104.87
农信社潍坊办事处	1882.72	303.33	1565.14	1075.79	796.52	227.19
齐商银行潍坊分行	31.15	23.77	6.92	28.11	20.36	5.58
日照银行潍坊分行	38.14	31.45	5.43	19.43	16.99	1.72
东营银行潍坊分行	30.07	18.27	7.79	24.57	12.59	3.99
威海银行潍坊分行	26.91	14.93	2.89	13.74	8.88	4.62
北京银行潍坊分行	5.32	5.05	0.27	1.08	1.06	0.02
青岛银行潍坊分行	19.06	17.72	1.33	20.35	0.34	20.01
奎文中成村镇银行	0.59	0.16	0.43	0.6	0.48	0.12
寒亭蒙银村镇银行	8.17	4.39	3.66	6.22	6	0.05
潍城北海村镇银行	0.53	0.26	0.27	0.05	0.05	0
高密惠民村镇银行	15.32	8.23	7.09	8.57	8.57	0
临朐聚丰村镇银行	10.14	3.5	6.62	7.74	7.61	0.12
昌邑北海村镇银行	0.32	0.03	0.29	0.02	0.02	0
安丘北海村镇银行	0.34	0.01	0.32	0.02	0.02	0

续表

单位名称	本外币存款余额	人民币单位存款	人民币储蓄存款	本外币贷款余额	人民币短期贷款	人民币中长期贷款
昌乐乐安村镇银行	1.52	0.08	1.44	1.19	1.19	—
中银富登村镇银行	2.99	0.48	2.51	4.18	2.18	2
寿光张农商村镇银行	13.74	3.77	9.96	10.45	10.38	0.06
诸城建信村镇银行	3.46	1.47	1.97	2.95	2.56	0.39

附表 5

潍坊市金融机构统计指标

指标（个） \ 年度		2012	2013	2014	2015	2016	2016 年同比增幅（%）
银行类	法人机构	18	19	20	20	23	15.00
	省级分行	0	0	0	0	0	—
	二级分行	15	18	22	22	22	0
	县区支行	195	854	858	849	875	3.06
	分理处、营业所	1135	498	479	490	481	-1.84
	储蓄所	5	4	4	0	0	—
	从业人员总数	19023	20173	20510	21002	21006	0.02
保险类	保险机构	316	518	500	503	499	-0.80
	财险机构	156	284	303	304	314	3.29
	省级分公司	0	0	0	0	0	—
	地市分公司	28	28	29	30	34	13.33
	县区支公司	128	256	274	283	280	-1.06
	寿险机构	160	234	197	199	185	-7.04
	省级分公司	0	0	0	0	0	—
	地市分公司	30	32	33	35	37	5.71
	县区支公司	130	202	164	173	148	-14.45
	从业人员总数	32870	29968	33933	34136	65455	91.75
	财险人员	8283	8717	8710	8738	12341	41.23
	寿险人员	24587	21251	25223	25398	53114	109.13
证券类	证券机构	23	25	31	31	33	6.5
	证券公司	5	6	8	8	9	12.5
	证券营业部	15	16	20	20	21	5
	证券服务部	3	3	3	3	3	0
	从业人员总数	508	472	405	495	506	2.2
	投资者开户	383584	403048	416305	445236	448362	0.7
	境内上市股票支数	20	20	20	20	20	0
	境外上市股票支数	19	19	20	20	20	0
	辖区上市公司总数	35	35	36	36	36	0

济 宁 市

【经济金融概况】 2016年，济宁市金融机构主动适应经济发展新常态，准确把握“稳中求进”和“实体优先”的总基调，积极落实定向调控措施，稳步增加信贷供给，着力优化融资结构和信贷结构，大力创新金融服务，继续加大对全市经济提质增效升级和持续健康发展的支持力度。

【货币政策实施】 2016年，中国人民银行济宁市中心支行以强化宏观审慎管理为基础，以有效实施信贷政策、优化信贷结构为重点，灵活运用货币政策工具，有效的贯彻实施稳健的货币政策。

一、强力助推脱贫攻坚，提升金融扶贫的精准度和有效性。一是联合市扶贫办、金融办、银监局牵头制定了《关于大力推进金融精准扶贫工作的意见》《金融助推脱贫攻坚实施方案》《济宁市金融扶贫工作考核办法》，就金融扶贫工作的目标任务、重点工作、职责分工、配套保障、工作考核等进行统筹安排。二是组织涉农金融机构制定了金融扶贫精准对接专项工作方案，积极对接落实，已累计为满足信贷条件的2271户贫困户和208家扶贫生产经营主体建立金融服务档案。三是积极发挥金融精准扶贫牵头引导作用，组织开展“创建地方金融精准扶贫品牌”活动，创新推出“质押＋担保＋保险＋财政贴息”光伏扶贫贷等十余种精准扶贫信贷模式或产品。

二、强化传导体系建设，着力提升货币信贷政策实施成效。一是制定印发《认真贯彻稳健货币政策 改进金融服务和外汇管理 支持全市推进结构性改革和经济转型升级的意见》，切实增加对实体经济结构调整和转型升级的支持力度。二是继续推进实施大中型企业主办银行制度，助推大中型企业转型升级。三是综合运用激励约束手段，发挥评估结果的导向作用，强化货币信贷政策落实督导效果。

三、以创新为主线，发挥信贷政策支持实体经济的积极作用。一是依法稳妥规范推进农房抵押贷款试点。协调推动汶上县政府制订了《农民住房财产权抵押贷款试点实施方案》，制定了确权颁证计划，明确建立农村产权流转交易平台、财政补贴和风险补偿机制。二是加强金融产品创新力度，联合市工商局制定出台了《济宁市注册商标专用权质押贷款工作指导意见》，为中小企业打破传统融资渠道创造了全新的渠道，切实满足了中小企业融资需求。

【金融稳定】 2016年，中国人民银行济宁市中心支行以促稳定、防风险为目标，以重大事项报告和突发事件演练等为抓手，保证了辖内经济金融稳定运行。

一、周密部署，完成存款保险制度实施各阶段工作。一是组织做好法人金融机构风险评级和差别费率实施。成立了存款保险评级工作领导小组、存款保险费率与评级审核工作小组。制定实施了《2016年存款保险评级工作实施方案》和《济宁中支存款保险现场核查制度》。二是探索建立存款保险脆弱性金融机构精准帮扶机制，制定实施了《存款保险脆弱性金融机构精准帮扶工作方案》。

二、扩展监测分析制度框架，全面提升风险监测质效。一是印发实施《济宁市金融稳定远程实时监测工作制度》，组建全市金融稳定远程监测员队伍，建立全市金融稳定远程实时监测工作模式。二是在主体监测及企业担保圈风险监测基础上，开展全市重点企业金融稳定政银企互助帮扶专题活动，联合部分金融机构，排查企业风险苗头。三是开展法人机构压力测试，探索法人机构风险监测新方式。

【金融服务】 2016年，济宁市各金融部门不断完善金融服务方式、积极深化普惠金融，不断提高辖区金融服务水平。

一、农村支付环境建设持续深化。一是在保障助农取款服务点覆盖面和跨行支付开通率的基础上，组织制定《济宁市银行卡助农取款点标准化建设方案》，持续推进综合性惠农支付服务规范建设，提高支付机具使用率。二是组织各银行机构落实《山东省助农取款服务点业务管理办法》，构建安全高效的农村支付环境。

二、科技金融保障服务功能充分发挥。一是积极推动金融IC卡发卡及拓展行业应用。金融IC卡发卡进度继续保持快速增长，全市发卡行达到26家，发卡总量1567.8万张，济宁市1400余辆城际公交将分批推广应用金融IC卡刷卡乘车。二是积极完成金融机构代码赋码工作，省内首家完成对辖内500余家证券保险业机构的金融机构代码赋码工作。

三、国库经理职责有效发挥。一是开展“国库业务素质提升年”主题活动，创新建立县支库国库业务岗位轮换机制。二是成功运行国库监管子系统（TSIS），实现全辖事后监督电子化，顺利完成全市“营改增”改革任务和经济开发区新库设立工作。

四、社会信用体系建设进展顺利。一是联合发改委制订出台《济宁市社会信用体系建设规划（2015—2020年）》正式公开对外发布，推动“信用济宁”官方网站正式上线。二是信息采集工作稳步进行，全市已累计收集23个部门近100万条小微企业社会信用信息，2016年新采集数据26.47万条。三是信用体系建设成果广泛应用，与市国土资源局就房地产开发利用主体信用信息纳入征信服务平台达成合作。

五、金融消费权益保护工作成效凸现。截至2016年年末，济宁市累计受理投诉236件，办结230件，受理咨询265次，全部予以答复，协会调解金融消费纠纷的作用得到社会各界的充分肯定。

【金融监管】 2016年，中国人民银行济宁市中心支行和中国银行业监督管理委员会济宁银监分局认真履行监管职责，稳中求进，稳中有为，银行业整体运行稳健。

一、强化风险监测和处置化解工作。一是举办济宁市防范和处置金融风险专题培训班，建立《金融风险远程实时监测制度》，进一步延伸金融稳定风险监测触角。二是综合运用多种手段推进重点领域风险排查，制定《信贷资产质量分类真实性评估工作方法》，开展全市重点企业金融稳定政银企互助帮扶专题活动。

二、强化重点领域金融风险防范。组织完成对全市73家机构执法检查工作。做好防范打击非法集资工作，组织13家地方性法人银行接入“电信诈骗风险交易事件管理平台”，参与筹建济宁市反电信网络诈骗中心，会同市公安局成立联合整治支付结算重大违法犯罪办公室。完善反假币综合治理长效机制建设，与公安局联合开展打击整治假币违法犯罪专项行动，成效显著。

三、积极构建立体化反洗钱监管架构，为辖区105家金融机构建立了反洗钱监管档案，有效提升了法人机构反洗钱工作水平。

【外汇管理】 2016年，国家外汇管理局济宁市中心支局全面落实各项改革措施，强化跨境资金流动监测预警，创新工作机制，外汇工作稳步推进。

一、强化监督检查，维护安全稳定的外汇市场秩序。一是建立“综合监测＋约谈核查检查”的“1+1”工作机制，及时发现和锁定大额、异常流出企业，有效防范了跨境资本流动冲击。二是通过外汇执法检查，对违法违规行为保持高压态势，维护了辖区安全稳定的外汇市场秩序。

二、创新宣传指导模式，有效提升外汇服务水平。一是创新政策传导方式，畅通政策传导渠道。制定《国家外汇管理局济宁市中心支局“外汇讲堂”活动规则》，坚持“一企一策”，开展个性化服务。先后赴兖州煤业等6家大型企业开展外汇政策定点宣讲，参加“济宁外贸企业发展论坛”，向300余家企业传达外汇管理新政。二是综合运用多种方式，多渠道加强外汇新政宣传力度。借助“金融公益行”主题宣传，组织21家金融机构开展“外汇知识进企业”、“外汇知识进社区”等活动13次；联合济宁“大众网”开展小记者外汇知识普及实践活动。编制“外汇一点通”指南，帮助社会主体快速了解外汇政策。

三、持续优化服务环境，有效提升服务质量。一是进一步优化中心支局外汇管理岗位设置和业务流程，坚持行政审批“一个窗口”集中办理模式，简化审批手续，转变工作作风。二是积极主动为涉汇主体提供先期评估、政策辅导和跟踪服务，提高窗口服务水平和业务办理效率。三是优化外汇业务市场准入流程，进一步提升全市外汇服务承载能力。

【金融改革】 2016年，济宁市银行业深化改革创新，持续推进银行业改革转型。

一、推进银行机构改革与覆盖面。一是全面完成济宁辖区农村信用合作社改制为农村商业银行。二是新成立4家村镇银行，实现了村镇银行在各县市的全面覆盖，银行机构类型进一步充实。

二、济宁银行启动事业部制流程银行改革工作，将原有的科层制组织架构转变为事业部制架构，组织内部运作更加专业化、垂直化、扁平化和流程化。

三、建设银行济宁分行积极推进“两化融合深度行”活动，借助建行的善融商城平台，打通商户与市民的交易渠道。创新“悦生活”幼儿园收费模式，解决学校、家长收费、缴费难题。

【保险业务】 2016年，济宁市保险业协会深化行业自律，推动全市保险业平稳健康发展，服务领域不断拓展，功能作用进一步体现。一是召开全市保险业助推扶贫推进会议，深化保险参与社会管理、服务保障民生、助推扶贫攻坚业务的开展。2016年，先后有11家产、寿险公司积极与13个政府部门合作，直接开展参与社会管理、服务保障民生、助推扶贫攻坚的保险业务，涉及政府性农业保险、安全局生产责任险、食品安全责任险、大病补偿保险等39个险种，承担社会风险2275.57亿元，较好地发挥了“社会稳定器”和“经济助推器”的作用。二是发挥保险服务经济结构调整作用，完善首台（套）重大技术装备及关键核心零部件保险补偿机制，推动了全市装备企业转型升级，促进企业创新和科技成果转化。三是推动保险资金支持实体经济发展，编印《济宁市保险业创新产品汇编》，宣传推广保险产品。

【证券业务】 2016年，济宁市证券市场平稳发展。一是2016年末证券账户开户数明显增加，投资者保证金余额平稳上升。二是新成立了3家证券营业部，证券市场功能进一步完善。

【精神文化建设】 2016年，济宁市金融系统扎实推进金融精神文化建设工作。

一、中国人民银行济宁市中心支行大力推行金融文化建设，被表彰为国家级节约型公共机构示范单位，被总行评为“模范职工之家”，被分行评为目标综合管理考核先进单位，被地方党委政府授予支持经济发展突出贡献单位、群众满意先进单位等荣誉称号。

二、建设银行济宁分行扎实开展十小文明和服务质量提升年活动，着力优化服务环境、提升服务质量，着力打造一批服务与业绩俱佳、带动整体服务品质提档升级示范网点。

三、中信银行济宁分行充分发挥企业文化引导作用，将企业文化建设融入到员工日常行为中去，成立了网球协会、羽毛球协会、乒乓球协会等一系列文体活动协会，先后组织开展“中信之春”音乐会、第一届“中信好声音”选拔赛等一系列员工活动，满足了广大员工精神文化需求。

【大事记】 1月4日 人民银行济宁中支被总行表彰为“模范职工之家”。

1月4日—31日 人民银行济宁中支对辖内500余家证券保险业机构开展金融机构代码赋码工作，是省内第一家完成此项工作的中心支行。

1月12日　国家外汇管理局济宁市中心支局会同济宁商务局、济宁国税局、济宁海关、济宁检验检疫局等部门组织开办2016年济宁外贸企业发展论坛。

5月31日　人民银行济宁中支同市公安局联合印发《2016年全市打击整治假币违法犯罪专项行动方案》。

7月29日　人民银行济宁中支召开济宁市“鲁青基准贷”推进会暨“创客贷”项目启动会议。

9月2日　人民银行济宁中支联合市扶贫办、发改委等部门，开展了为期3个月的金融精准扶贫融资需求对接百日攻坚活动。

11月24日　人民银行济宁中支组织召开济宁市金融学会第七次会员代表大会，银行业金融机构、保险机构、证券机构、济宁学院等会员代表130余人参加会议。

11月30日　人民银行济宁中支联合银联商务有限公司济宁分公司共同举办济宁市第三届“银商杯”收银员知识与技能竞赛。

（朱自强　田　艳）

附表1

济宁市（县）主要经济指标1

地区	指标	土地面积（平方公里）	人口（万人）	地区生产总值（亿元）	公共财政预算收入（亿元）	公共财政预算支出（亿元）	全社会固定资产投资（亿元）
曲阜市	2016年	814.75	65.45	413.69	26.71	43.56	273.16
	同比增幅（%）	—	0.58	8.4	6.5	5.4	14.8
泗水县	2016年	1118.11	55.08	171.07	9.01	28.06	149.14
	同比增幅（%）	—	0.66	8.1	10.6	3.0	13.5
邹城市	2016年	1616.56	115.03	869.29	73.51	78.76	473.85
	同比增幅（%）	—	0.53	8.3	9.2	12.9	13.6
微山县	2016年	1737.57	65.01	410.16	33.37	42.02	220.2
	同比增幅（%）	—	0.60	7.4	6.5	4.0	-4.9
鱼台县	2016年	653.07	45.19	169.62	10.42	24.67	150.39
	同比增幅（%）	—	0.83	7.9	10.0	20.3	13.9
金乡县	2016年	887.67	64.53	205.93	13.56	32.42	170.42
	同比增幅（%）	—	0.64	8.5	11.0	10.6	14.7
嘉祥县	2016年	975.16	70.31	269.84	16.3	34.14	226.98
	同比增幅（%）	—	0.60	8.1	9.1	12.9	14.1
汶上县	2016年	889.11	70.24	264.97	14.15	30.35	232.52
	同比增幅（%）	—	0.59	8.7	9.0	8.7	15.3
梁山县	2016年	960.81	74.98	265.04	13.53	30.38	227.43
	同比增幅（%）	—	0.47	8.1	26.2	9.6	14.7
济宁市	2016年	11186.98	835.44	4301.82	391.52	555.95	3278.97
	同比增幅（%）	—	0.67	8.0	9.0	7.9	13.4

济宁市（县）主要经济指标2

地区	指标	进出口总值（亿美元）	实际利用外资（亿美元）	社会消费品零售总额（亿元）	居民消费价格指数（%）	城市居民人均可支配收入（元）	农村居民可支配收入（元）
曲阜市	2016年	19.92	1.11	202.14	—	25861	13129
	同比增幅（%）	49	-83.6	13.1	—	7.6	8.4

续表

地区	指标	进出口总值（亿美元）	实际利用外资（亿美元）	社会消费品零售总额（亿元）	居民消费价格指数（%）	城市居民人均可支配收入（元）	农村居民可支配收入（元）
泗水县	2016 年	5.3	0.16	96.5	—	20898	10312
	同比增幅（%）	-31.1	-91.8	12.9	—	7.9	8.6
邹城市	2016 年	17.49	4.51	297.87	—	31700	14369
	同比增幅（%）	63.3	-50.6	13	—	7.4	8.2
微山县	2016 年	3.92	0.34	123.87	—	26521	13132
	同比增幅（%）	-26.3	-86.9	8.4	—	7.5	8.4
鱼台县	2016 年	6.43	0.15	96.25	—	24804	12599
	同比增幅（%）	1.3	-91.0	13.2	—	8.1	8.7
金乡县	2016 年	40.76	0.31	110.96	—	26749	13712
	同比增幅（%）	51.5	-82.3	13.4	—	7.6	9.0
嘉祥县	2016 年	11.74	1.55	115.37	—	25182	12778
	同比增幅（%）	16.4	-11.4	13.0	—	8.0	8.5
汶上县	2016 年	7.95	0.15	117.58	—	25804	13094
	同比增幅（%）	9.9	-91.9	12.4	—	7.8	8.4
梁山县	2016 年	5.6	0.27	102.27	—	24706	12460
	同比增幅（%）	18.3	-83.8	13.2	—	8.2	8.8
济宁市	2016 年	359.84	34.02	2071.89	102.2	29987	13615
	同比增幅（%）	6.5	-40.6	8.4	2.2	7.5	8.3

附表 2

济宁市（县）主要金融指标 1

地区	指标（亿元）	银行类							
		本外币存款余额	住户存款	非金融企业存款	本外币贷款余额	第一产业贷款	第二产业贷款	第三产业贷款	个人贷款及透支
曲阜市	2016 年	290.28	201.65	37.74	146.75	0.93	47.40	31.63	58.41
	同比增幅（%）	9.46	11.53	-5.20	3.58	55.00	-1.11	-10.12	18.72
泗水县	2016 年	161.24	133.28	12.41	87.72	0.36	20.10	11.15	47.37
	同比增幅（%）	13.00	15.53	11.90	4.38	-65.05	-29.55	58.16	12.84
邹城市	2016 年	711.30	357.25	293.29	539.76	2.55	398.64	56.38	65.54
	同比增幅（%）	0.81	9.83	-5.19	0.08	7.60	-1.06	-13.03	19.21
微山县	2016 年	219.44	143.93	34.61	96.80	0.21	25.55	31.78	34.44
	同比增幅（%）	18.09	14.89	22.21	1.50	5.00	17.04	-0.94	0.23
鱼台县	2016 年	142.34	111.78	15.96	52.54	0.01	11.48	8.69	29.35
	同比增幅（%）	24.80	19.30	87.10	10.54	0	-12.23	82.95	7.79

续表

地区	指标（亿元）	银行类							
		本外币存款余额	住户存款	非金融企业存款	本外币贷款余额	第一产业贷款	第二产业贷款	第三产业贷款	个人贷款及透支
金乡县	2016年	237.30	193.45	19.12	120.22	2.64	38.51	20.69	51.50
	同比增幅（%）	25.89	25.00	67.57	9.60	-7.37	-1.51	12.20	10.56
嘉祥县	2016年	288.28	230.15	23.54	122.61	2.37	40.32	18.10	49.91
	同比增幅（%）	20.87	16.54	51.97	6.47	63.45	-0.37	11.94	5.61
汶上县	2016年	242.00	180.63	18.49	119.39	0.05	18.86	26.82	55.64
	同比增幅（%）	17.30	14.90	20.06	-0.33	-54.55	-19.57	2.37	3.57
梁山县	2016年	281.69	230.55	26.91	104.57	1.13	26.43	16.46	51.93
	同比增幅（%）	22.29	21.35	61.82	10.11	28.41	-7.91	17.15	9.35
济宁市	2016年	4612.11	2803.91	1211.04	2879.27	14.40	1254.90	674.44	742.73
	同比增幅（%）	12.54	13.92	12.61	5.71	2.13	-1.83	12.33	8.81

济宁市（县）主要金融指标2

地区	指标（亿元）	保险类			证券类		
		保险公司保费收入	保险公司赔款和给付支出	当年结益	证券市场成交总额	投资者保证金余额	年末证券账户开户数（万户）
曲阜市	2016年	7.38	3.42	—	121.61	0.59	4.38
	同比增幅（%）	2.93	31.03	—	-51.02	-41.58	18.06
泗水县	2016年	5.62	1.99	—	—	—	—
	同比增幅（%）	21.65	20.61	—	—	—	—
邹城市	2016年	11.5	5.37	—	721.42	4.01	10.15
	同比增幅（%）	9.00	10.49	—	-29.52	-12.83	10.33
微山县	2016年	6.72	2.69	—	—	—	—
	同比增幅（%）	6.67	43.85	—	—	—	—
鱼台县	2016年	6.25	2.61	—	—	—	—
	同比增幅（%）	11.41	25.48	—	—	—	—
金乡县	2016年	8.5	3.34	—	—	—	—
	同比增幅（%）	4.17	30.47	—	—	—	—
嘉祥县	2016年	9.27	3.5	—	—	—	—
	同比增幅（%）	19.77	56.25	—	—	—	—
汶上县	2016年	6.31	2.88	—	—	—	—
	同比增幅（%）	-4.39	16.60	—	—	—	—
梁山县	2016年	9.54	3.81	—	—	—	—
	同比增幅（%）	22.62	10.12	—	—	—	—
济宁市	2016年	161.79	61.37	—	5666.20	35.51	138.80
	同比增幅（%）	27.39	30.49	—	-8.82	39.09	100.12

附表 3

济宁市主要金融机构概况

单位名称	行长（或其他称谓的第一负责人）	副行长（或其他称谓的同级领导）	员工总数	辖内营业网点数
人民银行济宁中支	郑现中	林 飞 杨家杰 孙义昌 颜道盛 孙秋生	456	11
银监会济宁监管分局	陈大章	朱 杰 王国恩 王泰辉 路 冰	73	11
农业发展银行济宁市分行	单民生	董 旭 王学义 万鲁峰	247	11
工商银行济宁分行	张冠军	周宁宁 庄 敏 张 弛 朱 筠 夏春秋 王卫星 黄际丰 任军英 段仰建 赵 鹏	1506	79
农业银行济宁分行	孙培国	罗秉环 赵焕军 柳永光 范学坤	2264	122
中国银行济宁分行	陈 涛	李亚军 孔令国 苏世普 田 文	894	36
建设银行济宁分行	马天军	任 军 张 峰 张建房 刘伯乐 魏 林	1607	63
交通银行济宁分行	郭玉华	张新宇 裴云锋 霍 露	299	11
中信银行济宁分行	王中兴	李文利 宋 杨 王 雷 高艳梅	207	8
招商银行济宁分行	郭 骁	孙永刚 戴 园	240	7
浦发银行济宁分行	倪向涛	王米沙 刘志光 蔡胜利	102	6
兴业银行济宁分行	王成军	许家兴 马金旭 葛 亮	153	7
民生银行济宁分行	谢渭源	徐文浩 杨艺军	150	5
广发银行济宁分行	李 冰	刘 澎 张 拓 张振华 王瑞昌	77	3
恒丰银行济宁分行	韩伟杰	杨振国 谢永利 郭剑锋	156	5
莱商银行济宁分行	张 虹	崔孝国 闵祥符	110	5
齐商银行济宁分行	郑海赢	张 涛 杨清源	136	8
威海市商业银行济宁分行	李传月	郑 涛 许占忠 孔 亮	152	7
华夏银行济宁分行	孙静霞	施 涛 郑 岩 吴 凯 李兆宏	73	2
渤海银行济宁分行	邵 军	于 勇 张明进	46	1
枣庄银行济宁分行	李新亚	刘启明 王书央 罗志方	62	2
日照银行济宁分行	杨 靖	曾凡成 赵玉庆 王为华	57	1
济宁银行	李 敏（董事长） 李印喜（监事长） 杜 强（行长）	陈振勇 梁汝亮 张衍珍 焦春华 官 振	1486	73
农信社济宁市办事处	陈运成	杨春河 程 斌 蒋 伟	5587	343
邮储银行济宁市分行	顾春旺	邓连伟 范建国	1076	228
兖矿集团财务公司	张胜东（董事长） 单光辉（总经理）	李井良 翟玉峰	33	1
济宁儒商村镇银行	何瑞东	吴玉宝	155	10

续表

单位名称	行长（或其他称谓的第一负责人）	副行长（或其他称谓的同级领导）	员工总数	辖内营业网点数
济宁高新村镇银行	陈祥秘（董事长） 郑绪宝（行长）	倪孝军　宋文宁	80	5
人保财险济宁市分公司	任玉宏	徐建东	2204	15
中国人寿济宁分公司	田亚平	王新忠　侯　强　张　庆	16785	15
太平洋财险济宁中心支公司	赵善勇	徐　涛	224	13
太平洋人寿济宁中心支公司	王　凯	于生涛　朱敦峰　李　杰	3715	12
平安财险济宁中心支公司	赵　辉	于玉娟　吴亚杰　郑玉玲	305	12
平安人寿济宁中心支公司	李　菲	安　霞	6450	19
泰康人寿济宁中心支公司	闫　燕	赵利華	5473	12
新华人寿济宁中心支公司	邹军龙	侯颂霞　岳艳芳　张世杰	1747	9
人保寿险济宁中心支公司	王海涛	李传超	1926	11
中泰证券股份有限公司济宁分公司	张　雷	姜新春　梁　军	157	8
中信证券（山东）有限责任公司济宁吴泰闸路营业部	张桂峰		40	1
国泰君安证券股份有限公司济宁吴泰闸路证券营业部	张荣荣		15	1

附表 4

济宁市主要金融机构业务概况

单位：亿元

单位名称	本外币存款余额	人民币单位存款	人民币储蓄存款	本外币贷款余额	人民币短期贷款	人民币中长期贷款
农业发展银行济宁市分行	54.2	54.15	—	103.38	40.36	62.92
工商银行济宁分行	549.5	192.96	307.31	390.23	141.89	226.03
农业银行济宁分行	442.43	171.69	231.65	262.82	93.47	148.1
中国银行济宁分行	677.26	210.43	426.64	356.72	135.71	217.92
建设银行济宁分行	373.14	180.87	149.96	256.57	95.37	113.11
交通银行济宁分行	100.24	58.18	23.58	75.11	69.27	3.8
中信银行济宁分行	91.41	45.94	10.17	78.23	57.31	20.93
招商银行济宁分行	28.47	17.51	9.76	16.39	8.17	7.34
浦发银行济宁分行	44.15	23.74	0.75	59.36	29.85	28.35
兴业银行济宁分行	92.24	47.11	14.16	87.6	41.1	46.1
民生银行济宁分行	45.63	31.28	5.99	38.33	28.77	3.4
恒丰银行济宁分行	67.13	40.07	7.43	62.58	45.78	10.89
广发银行济宁分行	23.75	20.5	2.71	41.91	19.21	22.69
华夏银行济宁分行	36.43	26.8	2.41	31.97	12.08	12.95
渤海银行济宁分行	20.86	19.78	0.97	12.78	6.92	5.85
莱商银行济宁分行	15.01	10.89	3.87	26.31	15.2	10.5

续表

单位名称	本外币存款余额	人民币单位存款	人民币储蓄存款	本外币贷款余额	人民币短期贷款	人民币中长期贷款
齐商银行济宁分行	27.77	18.27	8.69	12.3	9.77	2.32
威海市商业银行济宁分行	40.22	24.72	8.33	31.65	19.98	11.24
枣庄银行济宁分行	12.03	8.51	3.51	8.34	7.49	0
日照银行济宁分行	15.74	12.88	2.79	2.71	1.79	0.77
济宁市商业银行	327.91	123.02	193.52	197.3	121.65	48.65
农村商业银行合计	882.86	89.6	762.93	548.11	302.96	150.9
村镇银行合计	67.85	37.13	28.86	42.26	34.48	6.1
邮储银行济宁市分行	478.46	70.2	156.77	84.14	20.61	54.11
兖矿集团财务公司	72.72	72.72	0	52.19	42.9	8.9

附表 5

济宁市金融机构统计指标

指标（个） \ 年度		2012	2013	2014	2015	2016	2016 年同比增幅（%）
银行类	法人机构	19	20	22	23	26	13.04
	省级分行	0	1	1	1	1	0
	二级分行	13	21	22	27	27	0
	县区支行	182	211	222	268	269	0.37
	分理处、营业所	550	651	762	778	758	-2.57
	储蓄所	207	16	1	1	0	-100
	从业人员总数	14679	16128	16628	17654	17370	-1.61
保险类	保险机构	51	52	54	56	58	3.57
	财险机构	24	24	24	25	26	4.00
	省级分公司	0	0	0	0	0	—
	地市分公司	24	24	24	25	26	4.00
	县区支公司	117	101	104	144	149	3.47
	寿险机构	27	28	30	31	32	3.23
	省级分公司	0	0	0	0	0	—
	地市分公司	27	28	30	31	32	3.23
	县区支公司	122	126	129	148	155	4.73
	从业人员总数	30554	34937	34486	48314	48845	1.10
	财险人员	6237	6517	6837	8806	8768	-0.43
	寿险人员	24317	28420	27649	39508	40077	1.44
证券类	证券机构	9	11	12	16	21	31.25
	证券公司	0	0	0	0	0	—
	证券营业部	9	11	12	16	19	18.75

续表

指标（个） \ 年度		2012	2013	2014	2015	2016	2016年同比增幅（%）
证券类	证券服务部	0	0	0	0	0	—
	从业人员总数	254	223	226	300	325	8.33
	投资者开户（万个）	31.82	32.60	32.39	40.76	39.96	-1.96
	境内上市股票支数	5	6	6	6	6	0
	境外上市股票支数	0	0	0	0	0	—
	辖区上市公司总数	5	6	6	6	6	0

泰安市

【经济金融概况】 2016年,泰安市紧紧围绕推进富民强市、建设幸福泰安奋斗目标,稳增长、调结构、促改革、惠民生、防风险,砥砺奋进,扎实工作,全市经济综合实力稳步提升。2016年,实现生产总值3316.80亿元,同比增长7.20%。第一产业增加值280.90亿元,同比增长3.5%;第二产业增加值1485.5亿元,同比增长6.3%;第三产业增加值1550.4亿元,同比增长8.7%。三次产业结构由上年的8.5:46.3:45.2调整为8.5:44.8:46.7。完成固定资产投资额2899.60亿元,同比增长10.70%。

【货币政策实施】 2016年,中国人民银行泰安市中心支行坚持稳中求进总基调,适应把握引领经济发展新常态。制定中支1号文件《关于认真贯彻稳健货币政策 改进金融服务和外汇管理 支持全市推进结构性改革和经济转型升级的意见》,以服务供给侧结构性改革为主线,把贯彻稳健货币政策的着力点放在疏通金融支持实体经济渠道和优化金融资源配置上,加大对先进制造业、战略性新兴产业、传统产业升级改造等重点领域和薄弱环节的信贷支持。截至2016年年末,泰安市金融机构人民币各项存款余额3056.2亿元,比年初增加351.2亿元,同比多增101.3亿元;比年初增长13%,同比提高2.8个百分点。人民币各项贷款余额1936.7亿元,比年初增加136.1亿元,同比少增72.8亿元;比年初增长7.6%,同比回落5.6个百分点。

【金融稳定】 2016年,中国人民银行泰安市中心支行深入推进存款保险制度实施,完成对12家法人投保机构的风险评级工作,根据不同风险状况实施差别费率。完善重大信用风险报告制度,密切跟踪大型有问题企业风险及处置状况,坚守不发生系统性金融风险的底线。2016年,开展对全市银行、保险、证券业机构的综合执法和专项检查32次,作出行政处罚3笔,维护正常金融秩序。认真开展宏观审慎评估,对4家评为C类的金融机构约见谈话,提高稳健经营能力。

【金融服务】 2016年,中国人民银行泰安市中心支行贯彻落实普惠金融理念,坚持民生导向,制定金融服务民生实事清单,引导和督促金融机构为政府、企业和个人提供更加安全便捷的金融服务。

一、应收账款融资。2016年,泰安市召开全市金融机构应收账款融资服务平台推广工作会议,推动重点企业加入应收账款融资服务平台,发挥产业链中核心企业辐射带动作用。全年泰安市促成融资交易139笔,金额86.47亿元,初步缓解企业融资难、融资贵和担保难题。

二、POS贷业务。2016年,泰安市累计办理POS贷924笔、金额1.69亿元,有效缓解中小微企业和农村个体工商业户的融资难题。

三、惠农支付体系建设。2016年,泰安市积极推进农村支付环境建设,规范助农取款服务点业务。2016年,泰安市存量助农取款服务点1.03万个,安装助农取款机具1.59万台、转账电话1.25万台,覆盖全市3635个行政村。

四、电子商业汇票。2016年,泰安市积极推广电子商业汇票业务发展,加快票据电子化进程。全年泰安市共办理电子商业汇票10671笔,金额473.83亿元,位居全省前列。

五、国库业务。2016年,泰安市认真履行经理国库职能,积极拓展非税收入直缴入库和国库直接支付项目。全年全市办理直缴入库3.3万笔,金额1.4亿元;办理直接支付108万笔,金额1.6亿元。

六、现金服务。2016年,泰安市积极开展人民币净化工程,做好1元硬币推广工作,组织金融机构做好贺岁普通纪念币、孙中山先生诞辰150周年普通纪念币的预约兑换工作。

七、社会信用体系建设。2016年,泰安市全面推进小微企业、农村和校园信用体系建设,全年创建信用乡镇26个、信用村1871个,建立农户信用档案80.7万户,相关贷款余额235亿元。拓宽征信查询渠道,全年共办理各类信用报告查询12.5万笔。

【金融监管】 2016年,中国银行业监督管理委员会泰安监管分局面对“三期叠加”的风险防控形势,坚持守土有责,坚决贯彻落实银监会和山东银监局各项工作要求,深入把握研判风险形势,进一步加大工作力度,针对性采取风险防控措施,坚决守住不发生区域性、系统性风险的底线。

一、加强重点领域风险防控。进一步完善债权人委员会管理机制,制定《泰安市银行业债权人委员会管理办法》《银行业债权人委员会考核评价办法》《大额授信联合管理试点工作实施方案》等制度,辖区符合条件的47家企业全部组建债委会,涉及授信1327.39亿元,推动了债委会季度分析例会制度常态化运行,开展了大额授信联合管理试点,在支持企业发展、防范资金链风险方面发挥了积极作用。

二、加大风险压降化解力度。截至2016年年末,各行充分利用核销、打包处置、资产证券化等手段,累计处置不良贷款达到49.8亿元,超过计划12亿元;不良贷款余额54.46亿元,不良贷款率2.81%,与年中基本持平,完成了计划目标。

三、严格开展“两个加强、两个遏制”活动和“回头看”工作。

督促各行深入推进自查和“上查下”工作，应自查机构总数459家，应督查机构总数269家，“上查下”机构总数171家，均100%完成；监管自查梳理各类问题76个，其中有47个已按照“边查边改”的原则整改到位，剩余29个正在积极整改中；对8家机构实施监管检查，发现各类问题244个，金额58.23亿元；对5家机构实施了行政处罚，罚款100万元，对2名责任人进行了行政处罚，切实提升“回头看”工作质效。

【外汇管理】 2016年，国家外汇管理局泰安市中心支局坚持以“五个转变”为指导，紧紧围绕“推改革、优服务、抓监测、促调研、强队伍”五个重点，求真务实，开拓创新，外汇履职不断取得新进展。

一、“控流出、扩流入”工作取得明显成效，辖区保持国际收支和结售汇“双顺差”，且实现较大增幅。2016年，辖区实现收支顺差10.6亿美元，同比增长73.8%；结售汇顺差6.6亿美元，同比增长17.9%，较好地促进了全省“控流出、扩流入”工作；“一个窗口”建设和依法行政工作在省分局外汇管理工作会议和分管局长座谈会上做经验交流。

二、督促金融机构认真落实各项外汇政策便利化措施，坚持“三个面对面”开展直通车服务，与企业面对面沟通交流、解释政策、解决问题，量身提供外汇政策支持，有效解决企业资金需求。

三、推动跨境双向人民币资金池业务，帮助企业运用衍生产品管理汇率风险，开展人民币境外放款、跨境担保业务，积极支持企业“走出去”。指导岱银纺织集团获得跨国公司外汇资金集中运营试点资格，实现辖区试点资格“零”突破。

【金融改革】 2016年，泰安市深入推动各项金融改革事业，重点做好法人机构银行化改革工作和任务，确保稳步推进。

一、信贷资产证券化项目顺利获批。年内山东省银监局核准开办信贷资产证券化业务，正式具备了开展信贷资产证券化业务的资格。

二、小微企业专项金融债发行项目正式启动，正在稳步推进。同业拆借限额调整申请获批，同业拆借限额由原来的6亿元调整为24亿元，积极推进同业存单发行，年内发行量超过100亿元，有效满足了资金需求。

三、农商行系统认真履行改革主体责任，明确改革任务目标，加强调度和督导，积极向省联社、监管部门汇报协调，加快推进农商行组建审批步伐，按时完成4家机构银行化改革。同时，指导各法人机构认真做好银行化改革后续指标达标工作，各项风险指标总体保持稳定。

【保险业务】 2016年，泰安市保险机构数量和保费收入均取得快速增长，对地方经济和社会发展的服务能力明显增强。

一、公司机构增加较快。截至2016年年末，驻泰保险公司已达53家，其中：财产险公司24家，人身险公司29家。2016年新筹备开业的公司共6家，其中财产险公司2家，人身险公司4家。全市县级以下保险分支机构总量达281家，其中：财产险公司125家，人身险公司156家。2016年新增10家，其中：财产险7家，人身险3家。全市保险从业人员达4万余人，比2015年增加近万人。

二、保费规模实现新突破。2016年，全市保险业保费收入共计93.75亿元，同比增长22.14%。其中财产险实现保费收入20.61亿元，同比增长13.63%；人身险实现保费收入73.14亿元，同比增长24.77%，实现新的历史性突破。

三、服务地方经济社会发展的能力明显增强。一是经济补偿功能不断增强，“社会稳定器”的作用明显。全年累计各项赔款和给付支出32.24亿元，较2015年增长36.72%，其中财产险赔款支出9.38亿元，增长12.66%，赔付率45.53%；人身险赔款（给付）支出22.86亿元，增长49.85%，为泰安经济发展和社会稳定做出了贡献。二是上缴税金增幅较大。全年保险业上缴税款4.12亿元，较2015年增长13.82%。三是政策性保险和星火计划实现新突破。在开展小麦、玉米等传统政策性农业保险和责任险的基础上，拓展领域，创新发展，首台套保险、助贷险、价格指数保险、环境污染责任险等创新险种陆续开办。全年仅农业险承保金额34.61亿元，保费收入1.19亿元，赔付8790.9万元，在服务“三农”、稳定社会、助推扶贫脱困做出了积极贡献。

四、承办城镇职工大额医疗保险和城乡居民大病医疗保险，有效提升城乡居民基本医疗保障。我市保险业积极承担社会责任，承办了城镇职工大额医疗保险和城乡居民大病医疗保险，充分发挥保险行业服务优势，为我市400多万城乡居民提供医疗保险服务。中国人寿泰安分公司承办的城镇职工大额医疗保险，累计承保泰安城镇职工62.61万余人次，应收保费6261万元，实收保费4927余万元。截至年末，赔款3111件，赔款支出3448余万元；太平洋寿险泰安中心支公司承办的城乡居民大病医疗保险，实现泰安市居民大病医疗保险服务全覆盖，应收保费2.17亿元，理赔录入案件83121件，支付金额13395余万元，为城乡居民提供了大病补充保险保障。

【证券业务】 2016年，泰安辖区共5家券商，中泰、海通、国海、太平洋、中信（山东），14家营业部，全市证券机构继续大力拓展“新三板”项目，寻找在大投行业务方面的合作机会；完成股权托管账户开户、市值托管落户及个人股东的股权质押工作，海通证券泰安营业部新增市值托管20余亿元，新增股权质押1.4亿元；落实股权投资基金开户落地工作和目标企业中期票据发行事宜；新签约3个协同业务项目，其中“新三板”2单（德鲁泰、创宇环保），服务城投债（高新区城投债财务顾问）1单。中泰证券泰安分公司完成挂牌“新三板”2单（德鲁泰、金盾安保），积极推进银证合作（泰安银行、泰安农商行系统）。

【精神文化建设】 2016年，全市金融机构不断推进精神文化建设。

一、中国人民银行泰安市中心支行先后被表彰为泰安市科学发展综合考核先进单位、泰安市商务工作服务先进单位、济南分行政务信息工作示范行、山东省档案工作科学化管理先进单位、山东省“齐鲁文化大道建设”先进单位，连续13年保持省级文明单位荣誉称号；保卫科、工会办公室分别被推荐为总行保卫、工会专业先进集体。

二、银监会泰安监管分局获泰安市委市政府“科学发展综合考核先进单位”“安全生产先进单位”“小微企业金融服务先进单位”等荣誉称号，顺利通过省级“文明单位”复评；1个集体被评为银监会系统青年文明号。

三、工商银行泰安分行被泰安市委、市政府授予“2015年度科学发展综合考核先进单位”荣誉称号。

【大事记】　3月13日　人民银行泰安中支联合泰安市金融消协开展“金融消费者权益日”主题宣传活动。

3月21日　人民银行泰安中支召开泰安市银行业机构利率定价督导会。

4月12日　莱商银行东平支行正式开业。

5月18日　岱岳区农村信用社改制为岱岳区农商行。

5月18日　新泰市农村信用社改制为新泰市农商行。

5月18日　肥城市农村信用社改制为肥城市农商行。

5月18日　东平县农村信用社改制为东平县农商行。

6月17日　人民银行泰安中支联合泰安市发改委、经信委、金融办等单位组织举办全市金融产品展示会暨银企洽谈会。

7月26日　莱商银行宁阳支行正式开业。

10月13日　人民银行泰安中支召开全市银行行长联席会议。

10月18日　济宁银行泰山支行正式开业。

（冯　科）

附表1

泰安市（县）主要经济指标1

地区	指标	土地面积（平房公里）	人口（万人）	地区生产总值（亿元）	财政总收入（亿元）	财政总支出（亿元）	全社会固定资产投资（亿元）
新泰市	2016年	1933	142.81	815.6	—	—	650.9
	同比增幅（%）	—	1.09	6.7	—	—	12.2
肥城市	2016年	1277.3	96.78	730.04	57.92	70.34	607.11
	同比增幅（%）	—	0.54	7.11	3.65	14.37	10.92
宁阳县	2016年	1125	77.33	404.51	16.18	44.90	396.36
	同比增幅（%）	—	0.69	7.33	-7.96	0.16	13.6
东平县	2016年	1340	76.21	372.1	16.16	46.26	332.1
	同比增幅（%）	—	0.65	7.6	-18.09	-4.22	13.27
泰安市	2016年	7762	563.7	3316.8	206.7	330.6	2899.6
	同比增幅（%）	—	0.65	7.2	3.6	1.1	10.7

泰安市（县）主要经济指标2

地区	指标	进出口总值（亿美元）	实际利用外资（亿美元）	社会消费品零售总额（亿元）	居民消费价格指数（%）	城市居民人均可支配收入（元）	农村居民可支配收入（元）
新泰市	2016年	2.37	—	315.5	—	31110	14444
	同比增幅（%）	3.4	—	7.9	—	7.6	8.2
肥城市	2016年	4.16	6.69	290.6	—	31721	15130
	同比增幅（%）	-28.14	-13.65	10.83	—	7.8	8.0
宁阳县	2016年	1.30	4.47	163.82	—	29756	—
	同比增幅（%）	-13.39	9.63	8.48	—	8	—

续表

地区	指标	进出口总值（亿美元）	实际利用外资（亿美元）	社会消费品零售总额（亿元）	居民消费价格指数（%）	城市居民人均可支配收入（元）	农村居民可支配收入（元）
东平县	2016年	1.00	0.74	155.6	—	26116	13157
	同比增幅（%）	-11.1	11.5	9.12	—	7.9	8.5
泰安市	2016年	20.06	34.13	1462.8	101.6	30299	14428
	同比增幅（%）	-12.2	10.6	9.9	1.6	7.7	8.3

注：自2016年起，泰安市统计局实际利用外资指标采用亿元为单位

附表2

泰安市（县）主要金融指标1

地区	指标（亿元）	银行类							
		本外币存款余额	住户存款	非金融企业存款	本外币贷款余额	第一产业贷款	第二产业贷款	第三产业贷款	个人贷款及透支
新泰市	2016年	592.97	415.48	109.64	380.98	1.39	228.86	60.19	61.13
	同比增幅（%）	17.15	12.99	61.35	5.77	13.93	6.3	-3.59	14.87
肥城市	2016年	465.09	340.23	50.54	286.83	0.9	161	26.41	88.86
	同比增幅（%）	9.42	11.91	0.08	6.06	-40	-0.73	32.51	14.17
宁阳县	2016年	231.71	178.57	51.12	101.31	0.54	38.99	9.65	39.27
	同比增幅（%）	17.13	13.79	32.5	-0.58	-47.06	-2.65	-18.15	3.29
东平县	2016年	239.98	190.22	21.25	167.39	0.73	80.11	8.78	66.54
	同比增幅（%）	7.18	13.56	-22.78	11.28	5.8	23.78	-35.11	11.35
泰安市	2016年	3078.71	1958.58	656.93	1938.58	9.47	853.66	385.92	586.47
	同比增幅（%）	13.16	13.07	18.49	7.3	-26.19	5.62	-0.46	16.55

泰安市（县）主要金融指标2

地区	指标（亿元）	保险类			证券类		
		保险公司保费收入	保险公司赔款和给付支出	当年结益	证券市场成交总额	投资者保证金余额	年末证券账户开户数（万户）
新泰市	2016年	16.08	—	—	287.09	1.78	4.29
	同比增幅（%）	15.77	—	—	-57.61	-32.83	-2.98
肥城市	2016年	12.92	—	—	308.79	1.16	4.62
	同比增幅（%）	20.86	—	—	-39.45	-31.89	14.98
宁阳县	2016年	7.54	—	—	78.91	0.26	0.08
	同比增幅（%）	28.67	—	—	-42.43	-33.33	-71.43
东平县	2016年	6.93	—	—	34.91	0.15	0.04
	同比增幅（%）	23.75	—	—	-39.37	-34.78	-76.7
泰安市	2016年	93.74	22.86	—	2333.22	12.6	9.48
	同比增幅（%）	22.14	66.13	—	-47.37	-29.25	-16.91

附表 3

泰安市主要金融机构概况

单位名称	行长（或其他称谓的第一负责人）	副行长（或其他称谓的同级领导）	员工总数	辖内营业网点数
人民银行泰安中支	杨化军	庞建敏 刘慧英 孙世超 王伟 高露蒙 司斌涛	161	1
银监会泰安监管分局	王希娟	刘健 孙钦波 蒋代明 张琳	63	1
农业发展银行泰安市分行	王烽	巩克深 王君 李元华	169	6
工商银行泰安分行	刘洪波	姚伟勇 李新武 梁尔政 梁化新 陈福五 周成芳 张福震 李蕴 陶晶 田海建	998	49
农业银行泰安分行	孟宪军	戴国文 金俊凌 刘学德 王会堂 刘文国	1584	75
中国银行泰安分行	李波	王洪军 周源 冯德厚	684	29
建设银行泰安分行	张岱山	李晋 张开锦 张冬凌 李军 孙良 刘峰	1210	45
交通银行泰安分行	梁发强	楚增明 姜宏	221	9
兴业银行泰安分行	耿伟	邱海涛 徐恒超	145	8
泰安市商业银行	展鹏	石占银 史建国 李志辉 李成山 赵传迎 杨方步	982	62
农信社泰安市办事处	辛士勇	焦学杰 郑允幸	3581	251
邮储银行泰安市分行	金卫东	谢强 许兴常 刘兴红 周鲁	571	140
人保财险泰安市分公司	李茂富	杜庆凯 陈铁壁 马兵建	3404	18
中国人寿泰安分公司	刘新乐	冯金国 余巍 段崇申 张博	10922	7
海通证券泰安营业部	项颖	王琳琳	18	1
中泰证券泰安分公司	于波	赵杰	111	9

附表 4

泰安市主要金融机构业务概况

单位：亿元

单位名称	本外币存款余额	人民币单位存款	人民币个人存款	本外币贷款余额	人民币短期贷款	人民币中长期贷款
农业发展银行泰安市分行	41.60	41.58	—	82.46	22.11	60.35
工商银行泰安分行	307.50	110.04	193.23	235.78	60.06	150.43
农业银行泰安分行	446.08	141.06	290.86	284.39	116.28	166.31
中国银行泰安分行	206.97	95.72	97.83	174.25	59.91	110.93
建设银行泰安分行	273.41	103.06	160.95	188.50	67.93	114.72
交通银行泰安分行	92.83	71.57	21.07	72.39	48.99	19.67
兴业银行泰安分行	67.53	58.73	8.64	41.50	18.51	22.34
泰安银行	375.32	153.52	184.64	193.06	112.55	68.48

续表

单位名称	本外币存款余额	人民币单位存款	人民币个人存款	本外币贷款余额	人民币短期贷款	人民币中长期贷款
邮储银行泰安市分行	294.06	23.23	270.23	55.97	24.57	26.21
莱商银行泰安分行	29.19	24.36	4.60	21.76	20.44	0.89
济宁银行泰安分行	7.25	5.37	1.88	11.09	6.82	3.28
齐鲁银行泰安分行	30.86	27.96	2.90	26.88	6.85	20.03
农信社泰安市办事处	761.43	69.04	692.39	433.46	222.10	164.44

附表5

泰安市金融机构统计指标

指标（个） \ 年度		2012	2013	2014	2015	2016	2016年同比增幅（%）
银行类	法人机构	11	11	11	12	12	0
	省级分行	0	0	0	0	0	—
	二级分行	11	12	14	18	18	0
	县区支行	91	93	94	95	116	22.11
	分理处、营业所	121	125	127	135	135	0
	储蓄所	413	403	415	424	424	0
	从业人员总数	9399	9822	10006	10890	10885	-0.05
保险类	保险机构	—	—	—	—	—	—
	财险机构	—	—	—	—	—	—
	省级分公司	0	0	0	0	0	—
	地市分公司	12	12	18	22	24	9.09
	县区支公司	98	98	106	116	125	7.76
	寿险机构						
	省级分公司	0	0	0	0	0	—
	地市分公司	20	20	24	25	29	16
	县区支公司	75	75	144	175	156	-10.86
	从业人员总数	19765	20516	20683	28666	40184	40.18
	财险人员	3447	4039	4144	5753	7019	22.01
	寿险人员	16318	16477	16539	22880	33165	44.95
证券类	证券机构	—	—	—	—	—	—
	证券公司	0	0	0	0	0	—
	证券营业部	8	8	9	9	14	55.56
	证券服务部	1	1	1	1	0	0
	从业人员总数	213	218	142	143	179	25.17
	投资者开户	59823	61450	63226	114116	94770	-16.95
	境内上市股票支数	3	3	3	3	3	—
	境外上市股票支数	2	2	2	2	2	—
	辖区上市公司总数	5	5	5	5	5	—

威 海 市

【经济金融概况】　2016年，威海市金融系统主动适应经济发展新常态，着力推进供给侧结构性改革，经济结构进一步优化，新旧动能转换步伐加快，“三去一降一补”任务有效落实，对外开放取得新突破，重点领域改革继续深化，市域一体化发展进程加快，生态环境质量持续提升，民生保障持续加强，经济社会保持平稳健康发展。

【货币政策实施】　2016年，中国人民银行威海市中心支行深刻理解和把握稳健货币政策更加注重总量稳定和结构优化的要求，发挥信贷政策导向作用，着力疏通金融支持实体经济渠道和优化金融资源配置，为加快结构性改革创造适宜的货币金融环境。

一、注重加强窗口指导，推动落实金融宏观调控政策。一是搭建银企“双向”推介平台，举行银企对接13次，签约授信金额212亿元。二是拓宽企业融资渠道。支持威海农商行发行二级资本债6亿元、威高集团发行短期融资券20亿元；引导荣成农商行向人总行申请开办中韩货币互换项下韩元贷款业务，成为省内继青岛之后第二个开办该项业务的城市。三是注重优化信贷结构。积极向支农支小力度较大、资金不足的法人金融机构发放再贷款23.5亿元、办理再贴现11.39亿元；在全国首推服务贸易支行建设，引导科技支行持续加大对创新型企业信贷支持，累计发放贷款35.11亿元；积极协调地方政府设立4500万元小微企业贷款风险补偿基金，累计发放贷款101笔、1.98亿元；指导金融机构做好利率定价自律管理，指导3家地方法人机构获得大额存单发行资格。

二、落实宏观审慎评估要求，保持广义信贷合理增长。组织落实宏观审慎评估规定，开展法人金融机构培训，指导城商行、农合机构、村镇银行等8家地方法人金融机构加强宏观审慎管理，针对部分金融机构存款定价偏离较大、广义信贷增速过快、资本充足水平相对不足等问题实施逐一指导，督促合理定价，把握广义信贷增速。

三、落实金融精准扶贫任务，扎实推动“补短板”。会同市扶贫办等部门多次召开对接会，区市两级财政共安排贴息资金1000万元、风险补偿基金2000万元，用于专项扶贫工作，着力解决金融机构“不敢贷、不愿贷”与贫困户“贷不起、贷不着”的问题。组织开展金融精准扶贫融资需求对接百日攻坚活动，对全市建档立卡农村贫困人口、带动农村贫困人口实现稳定就业或稳定增收的各类经营主体信贷需求情况进行了全面走访调查，摸清全市61户建档立卡贫困户融资需求217.5万元、45户经营主体融资需求9295万元，组织金融机构积极对接。依托金融精准扶贫信息管理系统，定期对各银行脱贫攻坚金融服务工作进展及成效进行评估考核。

四、开展企业融资状况大走访，落实结构性改革任务。制定《全市企业生产经营及融资状况大走访活动方案》，筛选了455户重点企业，组织全市26家金融机构走访4910人次，深入了解企业真实融资需求和存在困难与问题，通过开辟重点企业融资绿色通道、实施专项信贷资源切块等措施，切实加强对企业的资金支持，与196户企业达成融资意向210.8亿元，占企业融资需求总额的75.1%。根据中国人民银行济南分行要求，组织开展了“金融服务企业百日行”活动，对171个中小微企业、科技及外贸企业64.06亿元的项目融资需求进行了推介，努力提高金融服务效率和水平。创新建立了“三去一降一补”重点行业监测制度，对威海市的船舶、轮胎及房地产业进行重点监测，定期追踪行业的“去产能、去库存”变化情况，引导金融机构积极开展供应链融资业务，通过为核心企业经销商提供授信支持，帮助工业企业“去库存”。

【金融稳定】　2016年，中国人民银行威海市中心支行针对宏观经济下行、结构性改革不确定因素增加、金融风险加速暴露甚至出现新形式的局面，坚持风险监测全覆盖，积极推动地方金融风险处置，不断完善金融稳定工作机制，营造良好的金融生态环境。

一、加强金融风险监测预警，积极参与处置金融风险。坚持金融风险监测全覆盖，依托多个金融服务系统，构建全面监测分析体系。对三进船业、荣喜集团担保圈风险实施跟踪监测分析，推动担保风险的拆解。引导金融机构增强使命感和担当意识，先后组织银行机构为三进船业和神飞造船等破产重组企业办理续贷5.6亿元、发放破产重组贷款1.2亿元、给予免停息680万元、核销不良债务4.6亿元，盘活企业资产11.29亿元。推动2家农合机构改制为农商行，并进行跟踪监测，评估银行化改革成效。

二、认真落实存款保险制度实施各项工作。开展辖区农合机构2015年下半年存款保险保费基数调查核实工作，对辖内8家投保机构开展存款保险评级，促进投保机构稳健经营和健康发展；开展不良资产真实性现场评估，掌握金融机构不良资产情况；在全省率先开展存款保险流动性压力测试，强化区域性系统重要性机构的风险监测。

三、进一步强化金融秩序维稳机制。分别建立了联合整治支付结算重大违法犯罪工作机制、协助打击互联网金融犯罪机制，先后开展互联网金融专项整治、支付机构客户备付金风险和跨机构清算业务整治、无证经营支付业务专项整治，清理全省首家无证经营POS收单机构，维护金融市场秩序。

【金融服务】 2016 年，中国人民银行威海市中心支行注重基层央行金融服务的基础性、社会性、管理性，进一步完善金融服务体系，加强金融机构管理，提高服务效率，不断提升金融服务经济社会协调健康发展的能力和水平。

一、创新服务手段，拓展金融服务广度与深度。深化农村支付环境建设，实现行政村助农取款点及手机支付业务 100%全覆盖，惠及农村居民超过 150 万；联合下发《促进支付机构与电子商务企业对接工作实施方案》，推动电子支付与电子商务融合发展；统筹推进“信用威海”建设，推动建立公共信用信息平台和“信用威海”网站，威海市、荣成市被列为全国创建社会信用体系建设示范城市；推进省域征信服务平台征信数据库建设，为全市 10 万户农户建立信用档案；加大应收账款融资服务平台推广力度，平台质押贷款金额同比增长 249%；加强国库管理理论调研，召开“财税库”三方联席会，确保营改增后各项税款入库工作平稳过渡；为 1000 余家企业进行本币结算培训与政策宣讲，推动跨境人民币业务放量增长；拓展金融 IC 卡在社保、交通、医疗、教育等领域应用加载，推动金融 IC 卡发卡持续增长；持续推进 POS 终端非接受理改造，改造比例达 91%。

二、完善维权机制，加强金融消费者权益保护。推进非诉第三方调解机制建设，指导金融消费权益保护协会与法院建立诉调对接机制，从银行、法院、仲裁、高校等部门遴选 80 名调解员组成专家库，增强非诉调解执行力，各区市相关部门负责人 90 余人现场观摩。开展征信、反洗钱、反假、支付结算、存款保险、国债等各类金融知识宣传活动 30 余次，受众超过 1 万人。

【金融监管】 2016 年，中国人民银行威海中心支行不断加大金融监管力度，提升金融监管水平。

一、切实防范跨境资金违规流动风险。扎实做好“控流出”工作，加强外汇业务监管和专项检查，查处虚假投资及无真实贸易背景的对外付汇 1.05 亿美元，查处上市公司利用变造的出口报关单办理贸易融资 610 万美元。牵头与海关等部门建立联合监管机制，组织对 9 家企业开展异常购付汇约谈 23 次，督促其合理安排购付汇计划，及时向地方政府报告上半年外汇收支情况并提出合理化建议。

二、深挖洗钱和涉恐案件异常线索。年内移送公安机关案件线索 4 起，以非法集资立案侦查 1 件，涉案金额 1.7 亿元；以涉恐融资移送公安部侦办 1 起；协助公安机关破获暴恐团伙 1 个，抓捕涉恐犯罪嫌疑人 27 人；配合公安机关成功破获一起地下钱庄案件，涉案金额 12.26 亿元，中支反洗钱科和外汇管理科被中国人民银行、公安部、国家外汇管理局表彰为打击利用离岸公司和地下钱庄转移赃款专项行动成绩突出集体。

三、合力打击电信网络新型违法犯罪。联合公安局成立了威海市反电信网络诈骗中心，探索建立涉案账户“快查快处”机制，先后配合公安部门侦破案件 7 起，控制可疑账户 133 个，堵截涉案资金 860.6 万元。

【外汇管理】 2016 年，国家外汇管理局威海市中心支局坚持以外汇管理“五个转变”为指导，把“控流出、扩流入、稳预期”作为外汇管理的核心点和着力点，全面落实各项改革部署，进一步促进贸易投资便利化，切实加强事中事后管理，严厉打击外汇违法活动，各项外汇管理工作取得了新的成果。

一、强化窗口指导与专项检查，“控流出、扩流入、稳预期”工作取得新成效。一是加强商业银行窗口指导。二是根据省局下发企业名单，组织对 9 家企业进行 24 次约谈。三是开展流出项下外汇业务专项检查。四是继续保持对地下钱庄的高压打击。五是组织开展贸易融资业务专项检查。六是加强对银行不当外汇业务宣传的监测管理。

二、认真落实外汇管理重点项目改革，促进贸易投资便利化有新措施。一是进一步扩大跨国公司外汇资金集中运营试点。二是进一步深化贸易投资便利化措施。三是支持设立个人本外币特许兑换机构。四是积极推进外商投资企业年度存量权益申报工作。

三、加强监测与分析，事中事后管理有新手段。一是重监测，严核查，实现货物贸易外汇管理改革成果转化。二是建立健全资本项目事后核查工作机制。三是加强个人外汇业务监测。四是积极探索服务贸易非现场监测和现场核查。五是加强形势监测与调研分析。

四、收支统计核查实施精细化管理，数据质量有新提升。一是完善核查制度，夯实基础工作。二是加大非现场核查力度，实现外汇局和银行齐抓共管的良性互动。三是查训结合，全面提高现场核查的实效性。四是多措并举，加大直接申报与贸易信贷数据核查力度。五是加强对各类申报主体的培训指导，提高申报队伍素质。

五、坚持依法行政，金融机构管理和内部管理有新提高。一是做好银行结售汇业务备案及信息变更等工作。二是加强考核管理，促进银行依法合规经营。三是积极做好相关机构赋码工作。四是积极推进“一个窗口”服务建设，认真组织开展业务竞赛活动。五是加强内部监督检查工作。六是加强作风建设和廉政建设。

【金融改革】 2016 年，中国人民银行威海市中心支行推动落实金融改革创新政策，求突破谋发展，为地方经济发展注入新活力。

一、不等不靠，抢抓服务贸易创新发展试点重大机遇。威海市服务贸易创新发展试点只有 2 年时效，为使更多政策红利落实到位，中国人民银行威海中心支行专门组织人员进行政策研究，从优化产业结构与破解融资瓶颈等多角度出发，建议大力发展融资租赁业务，推动服务贸易发展，实现产业升级。构建完善的服务贸易统计体系，依托国家外汇管理局现有的统计监测系统，对威海市服务贸易数据开展统计分析。

二、求实求先，深入落实中韩金融合作成果。引进宇鑫（厦门）货币兑换股份有限公司在威海设立分支机构，成为威海市首家本外币兑换特许机构。密切关注总分行金融创新政策的最新进展，根据总行决定在银行间外汇市场实行人民币对韩元直接交易相关情况，及时向地方政府建议加快推进中韩自贸区地方经济合作示范区建设。

三、继续落实外汇管理重点领域改革措施。大幅简化资本项下业务办理流程，直接投资业务平均办理时间缩短50%左右，企业业务办理成本下降25%左右。率先在全省开展外贸综合服务平台外汇监管模式，推动盛世物流开展"集中进口、独立付汇"先行试点，实现进口报关报检统一代理，为威海市逾百家中小外贸企业节约成本200万元。加强新型外贸综合服务平台监管研究。认真落实全口径跨境融资宏观审慎管理政策措施，及时向地方政府报告新政的相关内容、对威海市企业跨境融资的有利影响并提出合理化建议。先后辅导华岳集团、三角集团、金猴集团、鑫发渔业集团4家企业获得跨国公司外汇资金集中运营管理试点资格，集中运作外汇资金2282万美元。

【保险业务】 2016年，威海市保险业签发各类保单367.38万件，承担各类风险责任约11171.81亿元。保费收入88.02亿元，同比增长21.60%。2016年，全市保险业缴纳和代收代缴地方税收为4.92亿元，同比增长13.10%，其中个人所得税0.97亿元，同比增长56.45%；代收代缴车船使用税2.23亿元，同比增长了5.19%。提供就业岗位2.7万多个，在地方经济社会建设中发挥了重要作用。

【证券业务】 2016年，威海市证券市场平稳健康发展。一是成交量明显放大，投资者保证金余额大幅上升。二是新成立中信建投、光大证券、广州证券等3家证券营业部，证券市场功能进一步加强。

【精神文化建设】 2016年，威海市各金融机构坚持将精神文明建设放在重要位置，组织开展形式多样、内容丰富的活动，收到良好效果。

一、中国人民银行威海市中心支行坚持以人为本，打造和谐机关生态。丰富职工文体活动，成立了羽毛球、篮球、乒乓球、摄影等专项兴趣小组并举办培训班，组织开展青年拓展训练，倡导健康生活与有为工作相结合，获得总行模范职工之家称号；增加职工健康查体项目，办理工会会员爱心互助补充医疗保险等4项特殊疾病保险；组建"向阳花"志愿服务队，与支行组建联合团支部，开展各类宣传和志愿服务50余次；开展节能宣传，中支机关被山东省机关事务管理局授予节约型公共机构示范单位。

二、农业发展银行威海市分行以开展"两学一做"、党建"双创"专题教育活动为主线，着力加强思想道德建设，全面深化文明单位创建工作。建设了党建文化长廊，开展了"学身边人身边事"及比思想境界、比道德水准的"六比六看"活动；制定并落实《加强和改进机关作风建设的工作意见》以及《首问负责制》、《限时办结制暂行规定》，努力消除推诿扯皮、庸软懒散现象，全行精神面貌进一步好转。

三、山东省农村信用社联合社威海办事处引领全市农商行继续强化思想道德教育，扎实开展"两学一做"学习教育活动，组织多次主题党日和专题教育活动；关心呵护职工生活、切实履行好社会责任，走访慰问老干部、老党员和困难职工等共计97人，发放慰问金29.4万元、救助金25.9万元；开展文明单位创建工作，建立健全志愿者队伍和志愿者服务机制，邀请道德模范做专题报告，确保"道德讲堂"长办不辍。

【大事记】 1月3日 山东乳山农村商业银行股份有限公司创立大会暨第一届股东大会第一次会议顺利召开，选举产生了乳山农商银行首届董事会及监事会成员，乳山农商银行正式创立。

1月18日 中国民生银行威海文登支行开业。

2月1日 中国民生银行威海分行积极联合微尘公益组织推出了"wei民有我"微尘公益借记卡，该借记卡除具备中国民生银行借记卡所有功能及权益外，还可以帮助微尘公益基金累计公益资金，累积善款将通过微尘基金用于帮扶贫困儿童、贫困小学，主要用来购买应季生活物资、捐助图书馆等。

3月7日 吴照军任农业银行威海分行行长（农银鲁任〔2016〕21号）。

3月20日 中国民生银行股份有限公司威海世纪新城社区支行正式挂牌成立，标志着该行7家获批社区支行营业网点全部实现开业。

3月26日 齐商银行股份有限公司威海荣成支行正式开业。

5月19日 中国银监会山东监管局核准山东文登农村商业银行股份有限公司及分支机构开业，标志着威海辖内农村信用社全部改制为农村商业银行（鲁银监准〔2016〕170号）。

5月25日 威海市商业银行发起设立的山东省首家银行系金融租赁公司获批开业。

7月12日 隋学海正式就任山东文登建信村镇银行董事长（威银监准〔2016〕38号）。

7月15日 邮储银行威海分行成功办理进口项下开立国际信用证业务，金额155万美元，这也是全省（邮政储蓄银行系统内，不含青岛）首笔"部分保证金部分占用风险敞口"的开立国际信用证业务。

9月20日 齐商银行威海分行行长由王洪刚变更为袁峰（齐银字〔2016〕193号）。

11月15日 威海市商业银行成立威海市首家服务贸易试点支行。

11月22日 恒丰银行荣成支行正式开业。

12月29日 威海荣成俚岛社区支行、威海文登泽头社区支行、威海文登宋村社区支行终止营业。

（梁　霞　刘晓丹）

附表 1

威海市（县）主要经济指标 1

地区	指标	土地面积(平方公里)	人口（万人）	地区生产总值（亿元）	公共财政预算收入（亿元）	公共财政预算支出（亿元）	全社会固定资产投资（亿元）
荣成市	2016年	1526	66.71	1078.02	68.83	95.76	8282.78
	同比增幅（%）	—	-0.10	8.50	10.00	-4.80	12.90
文登区	2016年	1645	58.13	766.39	49.52	60.95	6643.81
	同比增幅（%）	—	0.02	7.90	10.00	5.20	12.80
乳山市	2016年	1668	55.58	512.12	31.33	41.14	535.80
	同比增幅（%）	—	-0.45	8.20	10.00	1.30	12.80
威海市	2016年	5698	281.93	3212.20	260.50	338.60	2879.35
	同比增幅（%）	—	0.50	8.00	10.20	0.10	13.20

威海市（县）主要经济指标 2

地区	指标	进出口总值（亿元）	实际利用外资（亿元）	社会消费品零售总额（亿元）	居民消费价格指数（%）	城市居民人均可支配收入（元）	农村居民可支配收入（元）
荣成市	2016年	203.79	10.10	363.01	101.80	38084	19231
	同比增幅（%）	9.90	2.80	11.20	0.79	8.30	7.70
文登区	2016年	129.91	8.59	344.13	101.80	37322	18737
	同比增幅（%）	18.10	0.60	11.00	0.79	8.30	7.60
乳山市	2016年	53.43	5.52	237.64	101.80	32955	14828
	同比增幅（%）	8.00	2.20	10.90	0.79	8.20	7.60
威海市	2016年	119.05	79.92	1456.73	101.80	39363	17573
	同比增幅（%）	13.00	15.00	11.10	0.79	8.30	7.70

注：进出口相关数据从2016年起使用人民币口径，含一达通公司；合同外资和实际到账外资从2016年10月起使用人民币口径

附表 2

威海市（县）主要金融指标 1

地区	指标（亿元）	银行类							
		本外币存款余额	住户存款	非金融企业存款	本外币贷款余额	第一产业贷款	第二产业贷款	第三产业贷款	个人贷款及透支
荣成市	2016年	692.28	419.91	147.72	465.19	66.50	159.03	115.66	119.42
	同比增幅（%）	13.38	10.42	40.85	11.79	6.35	20.20	35.92	-7.18
文登区	2016年	520.03	328.89	106.59	289.70	5.32	58.97	124.10	93.93
	同比增幅（%）	20.73	10.22	70.91	0.44	23.06	-10.13	13.10	-4.84
乳山市	2016年	312.12	243.93	35.11	167.24	5.33	32.20	34.48	83.60
	同比增幅（%）	11.33	8.50	55.15	-11.56	0.96	-11.03	-16.14	-3.28

续表

地区 \ 指标（亿元）		银行类							
		本外币存款余额	住户存款	非金融企业存款	本外币贷款余额	第一产业贷款	第二产业贷款	第三产业贷款	个人贷款及透支
威海市	2016 年	3112.83	1691.64	852.65	1902.40	88.51	546.15	540.01	622.87
	同比增幅（%）	11.55	10.18	25.71	3.27	1.15	-38.20	10.51	3.31

威海市（县）主要金融指标 2

地区 \ 指标（亿元）		保险类			证券类		
		保险公司保费收入	保险公司赔款和给付支出	当年结益	证券市场成交总额	投资者保证金余额	年末证券账户开户数（万户）
荣成市	2016 年	13.52	6.10	—	135.81	1.67	6.15
	同比增幅（%）	-0.65	7.52	—	17.78	-0.79	14.3
文登区	2016 年	13.50	5.46	—	517.92	26.64	3.17
	同比增幅（%）	30.79	40.43	—	-0.74	2.07	11.87
乳山市	2016 年	6.96	3.16	—	191.00	0.91	2.06
	同比增幅（%）	9.58	50.49	—	-49.07	-31.58	18.39
威海市	2016 年	88.02	34.02	—	4103.26	18.37	50.38
	同比增幅（%）	21.60	31.30	—	29.36	20.07	13.37

附表 3

威海市主要金融机构概况

单位名称	行长（或其他称谓的第一负责人）	副行长（或其他称谓的同级领导）	员工总数	辖内营业网点数
人民银行威海中支	王延伟	曲吉光 吴志家 李少伟 董国胜 李东亮	256	4
银监会威海监管分局	侯庆华	刘文正 吕苏越 王卫东	46	4
农业发展银行威海市分行	曲天军	陈 建 孙 波	106	4
工商银行威海分行	刘光海	宋建军 隋志勇 常乃海 邱义闽 张明军 王庆毅	851	45
农业银行威海分行	吴照军	陈 鹏 孙树东 王君兰 宋学峰	1142	67
中国银行威海分行	高 智	邵 军 王军法 谢书波 于 飞	772	28
建设银行威海分行	李海建（主持工作）	孙传波 刘 辉 隋学海 宋旭东 吴明凯	889	37
中信银行威海分行	姜海青	崔毅敏 于春燕 林 波 刁世波 王文达	315	10
交通银行威海分行	王 洁	苏先锋 王士功 于军伟	335	13
招商银行威海分行	王智华	钟震宙	179	7

续表

单位名称	行长（或其他称谓的第一负责人）	副行长（或其他称谓的同级领导）	员工总数	辖内营业网点数
浦发银行威海分行	隋岳峰	韩晓健　于　涛	88	6
威海市商业银行	谭先国	刘　河　张仁钊　刘昌杰　毕秋波　孟东晓	3103	118
青岛银行威海分行	梁华杰	于忠强　张永胜　姚霄丽	180	6
农信社威海市办事处	刘韶伟	肖军晖　吕增兵　王兆新　刘玉洋	2722	187
邮政储蓄银行威海市分行	李　忠	宋京成　车延宁　丁永生　林　霖	502	108
友利银行威海分行	金显哲	金　芸	23	1
威海富民村镇银行	段爱军	李　镇	56	3
中国人寿保险公司威海市分公司	马常清	谷庆雨　刘洪涛　王洪涛	414	50
中泰证券公司威海分公司	段少波	迟法泉　赵锦敏	135	8

附表 4

威海市主要金融机构业务概况

单位：亿元

单位名称	本外币存款余额	人民币单位存款	人民币储蓄存款	本外币贷款余额	人民币短期贷款	人民币中长期贷款
农业发展银行威海市分行	64.78	64.77	--	117.51	11.94	105.57
工商银行威海分行	235.49	105.42	103.33	185.64	46.65	126.76
农业银行威海分行	309.74	95.95	181.95	188.40	88.62	94.29
中国银行威海分行	278.68	85.56	102.53	165.16	66.72	91.28
建设银行威海分行	249.65	107.69	108.80	161.17	45.19	105.46
交通银行威海分行	139.70	77.99	27.66	76.91	43.40	30.25
中信银行威海分行	103.17	59.59	24.60	74.66	43.96	29.54
招商银行威海分行	47.67	28.72	15.06	43.56	29.53	13.73
浦发银行威海分行	42.99	34.99	2.51	37.69	20.88	11.49
威海市商业银行	1107.77	729.82	377.94	585.70	335.59	198.08
青岛银行威海分行	74.40	58.84	6.49	65.16	17.67	43.99
农信社威海市办事处	602.09	120.67	454.09	375.81	166.31	176.43
邮政储蓄银行威海市分行	222.52	20.99	42.98	48.69	14.61	29.46
友利银行威海分行	5.25	3.20	0.75	5.22	1.50	0.75
村镇银行合计	21.11	7.05	13.35	15.85	99.95	5.85

附表 5

威海市金融机构统计指标

指标（个）		2012	2013	2014	2015	2016	2016 年同比增幅（%）
银行类	法人机构	7	8	8	9	9	0
	省级分行	0	0	0	0	0	—
	二级分行	11	15	13	15	16	6.67
	县区支行	161	245	183	184	185	0.54
	分理处、营业所	286	297	289	332	420	26.51
	储蓄所	82	20	81	39	7	-82.05
	从业人员总数	8504	9293	9495	9781	9790	0.09
保险类	保险机构	147	174	161	166	182	9.64
	财险机构	89	104	92	102	112	9.80
	省级分公司	0	0	0	0	0	—
	地市分公司	22	24	22	22	23	4.55
	县区支公司	67	80	70	80	89	11.25
	寿险机构	58	70	69	64	70	9.38
	省级分公司	0	0	0	0	0	—
	地市分公司	21	21	21	21	22	4.76
	县区支公司	37	49	48	43	48	11.63
	从业人员总数	12051	14827	11781	12809	24891	94.32
	财险人员	1817	3306	1903	2102	2985	42.01
	寿险人员	10234	11521	9878	10707	21906	104.60
证券类	证券机构	10	4	—	14	17	21.43
	证券公司	—	—	—	—	—	—
	证券营业部	10	11	-	14	17	21.43
	证券服务部	0	0	0	0	0	—
	从业人员总数	195	223	197	380	307	-19.21
	投资者开户	48533	50524	77838	84022	100019	19.04
	境内上市股票支数	8	8	8	8	10	25
	境外上市股票支数	5	5	5	5	5	0
	辖区上市公司总数	13	13	13	13	15	0

日 照 市

【经济金融概况】 2016年，面对错综复杂的国内外经济环境，日照市各级部门坚持稳中求进工作总基调，全面深化改革、化解贸易融资风险，聚力突破县域经济等重大决策部署，抢抓发展机遇，国民经济运行稳中向好，全市实现地区生产总值(GDP)1802.49亿元，按可比价格计算，同比增长8.1%，增速分别高于全国、全省1.4个和0.5个百分点，比2015年提高0.6个百分点，列17市第二位。截至2016年年末，金融机构本外币各项存款余额合计2080.62亿元，比年初增加209.28亿元，增长11.18%，本外币各项贷款余额合计2274.15亿元，比年初增加114.85亿元，增长5.32%。

【货币政策实施】 2016年，中国人民银行日照市中心支行指导辖区金融机构进一步明确"防风险"与"稳增长"两手抓的主导思路，在扎实做好风险防控的同时，强化信贷投放，优化信贷结构，进一步加大金融支持实体经济发展的力度。

一、引导法人机构加强审慎经营和管理。制定了《关于加强货币信贷工作支持全市经济结构调整和转型升级的意见》，加大调研、督导、评估力度，确保政策落地见效。

二、全力助推银企对接合作。以人民银行济南分行和日照市政府名义联合举办了"诚信共赢·再扬风帆"2016日照银企合作促进暨金融产品推介会，银企现场签约109.8亿元，向企业推介特色金融产品45项。

三、落实金融扶贫工作。制定了《日照市金融扶贫实施方案》，汇编《日照市金融精准扶贫手册》，建立了金融扶贫信息共享机制，开展了金融助推脱贫融资需求调查对接活动和百日攻坚活动。支持大众创业万众创新。

四、探索创新"政策性创业贷款+商业性创业贷款"的创业金融服务新模式，围绕下岗失业人员、城乡妇女、大学生、农民工特色创业群体，制定有针对性的特色信贷扶持计划，进一步扩大创业担保贷款规模。

【金融稳定】 2016年，中国人民银行日照市中心支行以化解处置贸易融资风险为重点，加强监测预警，及时建言献策，推动强化"政府主导、多方联动"的金融风险防控处置机制，全面推进风险化解处置，牢牢守住不发生系统性风险的底线。进一步深化政银协调联动，市委市政府先后5次召开专题会议，建立重点风险企业市级领导包保工作机制，部署落实风险处置任务书、路线图和时间表。积极维护良好金融生态环境。成立打击逃废银行债务行动指挥部，由市政法委书记任总指挥，抽调精干力量集中办公，建立成员单位联络员制度，强化督导调度、协调联动和考核奖惩等配套机制，在全社会形成严打逃废银行债务的强大合力。开展联合整治非法买卖银行卡信息暨打击电信网络新型违法犯罪专项行动。深入推进社会信用体系建设，推动市政府印发了全市"十三五"社会信用体系建设规划，建立了诚信"黑红名单"制度，加快推进"信用日照"网站建设，不断强化守信联合激励和失信联合惩戒机制。

【金融服务】 2016年，中国人民银行日照市中心支行坚持普惠金融工作导向，面向社会民生，紧贴基层，强化创新，进一步提升普惠金融服务水平。创新拓展金融消费维权。利用3·15消费权益日、6·14信用记录关爱日等时机，组织支付、征信、反假货币等金融知识宣传30余次。大力推进普惠金融建设。开展"金融知识普及月"、《反洗钱法》颁布十周年宣传等活动。深入推进综合性惠农支付服务建设，打造"智慧农贸市场"，积极推广金融IC卡电子现金支付、闪付等新型支付方式。联合市总工会举办了"普惠金融杯"金融消费权益保护知识竞赛。

【金融监管】 2016年，日照市新引进金融机构成效明显。全年新增银行、保险、证券等金融机构21家，全市各类金融组织、金融机构累计达到158家。贸易融资风险化解取得新突破。不良贷款处置成效明显。打击逃废银行债务成果明显。成立日照市打击逃废银行债务行动指挥部，挽回直接经济损失2.60亿元，实现现金清收27.43亿元，盘活不良贷款12.16亿元。

【外汇管理】 2016年，国家外汇管理局日照市中心支局大力支持涉外经济健康发展。深入推进"控流出、扩流入"各项工作，积极落实外汇改革新政，完善事中事后管理措施，不断提升外汇政策传导效果，进一步促进改革红利惠及更多市场主体。强化外汇宣传培训力度，提升外汇政策传导效果。加大外贸"稳增长"政策宣传力度，促进贸易投资便利化改革落地见效，惠及更多市场主体。大力推进跨境人民币结算业务。进一步深化人民币国际化"宣传面对面、服务到一线"政策宣讲活动，印发了《跨境人民币结算业务宣传手册》，突出政策优势，加强宣传引导，不断提升企业对跨境人民币结算的认知度和接受度。

【金融改革】 2016年，日照市金融改革创新取得新成效。大宗商品交易市场建设全省领先。推动日照大商交易中心与鲁证期货合作创新推出CPE调期交易，是全省第一个获准开展衍生品交易的大宗交易市场。新型农村合作金融试点有序推进。在2015年莒县试点的基础上，2016年新增五莲县试点，莒县新增2家合作社试点，试点社累计达到4家。小额贷款保证保险快速发展。全市共开展小额贷款保证保险业务100笔，累计提供融资额5595万元，较2015年增长179%。特色农业保险加快发展。实现桑蚕养殖保险纳入政策性农业保险范畴。

【保险业务】 2016年，日照市保险业快速发展。截至2016年末，全市保险公司40家，专业中介机构4家。实现保费收入53.10亿元，同比增长22.1%。其中财产险保费收入20.03亿元，增长7.5%；寿险保费收入33.06亿元，同比增长33.1%。全市保险服务能力进一步提升，支付各项赔款与给付20.53亿元，同比增长23.2%。其中，财产险赔付11.12亿元，同比增长21.5%；寿险赔款及各项给付9.41亿元，同比增长25.3%。

【证券业务】 2016年，日照市证券期货业实现快速发展。截至2016年年末，全市证券公司本年新开户18158户，累计交易额1591亿元；期货公司本年新开户190户，累计代理交易量127万手，交易额557.25亿元。全市完成规范化公司制改制企业82家，完成年度目标的149%；年内新增齐鲁股权交易中心挂牌企业46家，全市区域性股权交易市场挂牌企业累计达93家，全年挂牌企业数量超过历年总和；新设立基金7支，累计14支，管理基金规模63亿元，累计72.2亿元；全年共实现债券、股票融资131.59亿元。

【精神文化建设】 2016年，日照市金融系统精神文明建设取得全面进展。

一、日照银行营业部获得"全国工人先锋号""中国银行业文明规范服务千佳示范单位"两项国家级荣誉称号。

二、日照农信和辖内各农商行先后获得全国送金融知识下乡服务站、全国银团合作优秀项目、省级文明单位、省管企业文明单位、省级纪检监察先进集体、省级综合考评定级A类行、市级先进基层党组织、创新创业先进集体等荣誉称号。

三、农业发展银行日照市分行连年保持市级文明单位称号，机关被授予"总行级文明单位"称号。

四、工商银行日照分行发展"互联网+"金融服务，借助工商银行"融e购"电商平台，将日照地区绿茶、海鲜、黑陶等农产品、海产品等地方特产推向全国市场。

五、中国银行日照分行大力发展便民金融，满足广大市民金融服务需求。积极营销华润置地、招商地产、市直三区等大型房地产项目，2016年累计投放个人贷款10.89亿元。运用中银e社区等网络金融业务，与80家社区签订合作协议，建设生态社区11家，为小区居民提供全方位的社区生活服务。

六、建设银行日照分行先后被建总行授予"中国建设银行文明单位"称号，被省文明办授予"省级文明单位"荣誉称号，被市总工会授予"全市工会工作先进单位"等荣誉称号。

【大事记】 2月24日 日照市创业特色银行建设启动暨日照银行创业特色支行揭牌仪式举行。

2月27日 莒县金谷村镇银行获得"第五届全国十佳村镇银行"称号。

5月18日 山东银监局下发《山东银监局关于日照港集团财务有限公司开业的批复》(鲁银监准〔2016〕169)，成立日照港集团财务有限公司。

6月27日 中国民生银行日照分行开业，并与日照当地大型企业、私营企业及外资企业签署战略合作签约仪式。

8月5日 日照市组织召开全市金融扶贫工作推进会议。

9月1日 五莲农村商业银行首款理财产品——"富民-莲盈"系列2016第1期(TLY2016001)成功发行，这也是全市农村商业银行的首款理财产品。

9月8日 人民银行日照中支联合日照市总工会、日照市金融消费权益保护协会共同举办了日照市"普惠金融杯"金融消费权益保护知识竞赛。

9月28日 由中国人民银行济南分行、山东省人力资源和社会保障厅、山东省总工会、共青团山东省委联合举办的金融统计业务技能竞赛现场决赛在人民银行济南分行举行，日照银行以总分第二名的优异成绩获得团体二等奖。

9月29日 兴业银行日照支行取得山东省银监局升格的批复，正式升格为分行。根据兴业银行总行统一部署，日照分行上级管辖行由青岛分行转为济南分行，2017年1月1日起正式交由济南分行管辖。

10月14日 根据《关于王向文、王运访职务任免的通知》(鲁邮银行任〔2016〕30号)，王向文任中国邮政储蓄银行日照市分行副行长(主持工作)。

10月19日 人民银行日照中支与市工商局联合召开了全市"三押一推"助企发展工作会议。

10月30日 在全国地方金融二十次论坛(2016)年会上，日照银行荣获"中国地方金融(2015)十佳竞争力银行"称号。

11月12日 人民银行日照中支联合日照市公安局组织开展"落实支付结算新规，防范电信诈骗风险""打击非法买卖银行卡信息，保障人民群众财产安全"主题宣传活动。

11月1日 招商银行青岛分行张连怀行长到日照分行召开干部大会，宣布主要负责人任免决定：根据《招商银行青岛分行关于侯海滨任职的通知》(招银青任〔2016〕42号)，侯海滨为招商银行日照分行临时负责人。

11月4日 东港农村商业银行和东港区扶贫办、日照新东港城乡建设有限公司签订小额扶贫信贷(委托经营)三方合作协议，通过"委托经营、保底收益"的方式帮助全区建档立卡的7700户贫困户脱贫。

11月7日 中国人民银行济南分行、日照市政府联合举办"诚信共赢·再扬风帆"2016日照银企合作促进暨金融产品推介会。

11月21日 平安银行日照分行银证银企战略合作协议签约仪式暨开业新闻发布会隆重举行，此举标志着新的一家金融机构正式进驻日照。

(牟宗杰 王永亮)

附表 1

日照市（县）主要经济指标 1

地区	指标	土地面积（平方公里）	人口（万人）	地区生产总值（亿元）	公共财政预算收入（亿元）	公共财政预算支出（亿元）	全社会固定资产投资（亿元）
五莲县	2016年	1496.96	49.72	219.97	10.79	26.41	156.59
	同比增幅（%）	—	0.44	12.3	8.5	7.2	13.7
莒县	2016年	1818.32	98.22	329.74	14.37	41.68	257.91
	同比增幅（%）	—	0.69	8.6	18.2	15.0	13.7
日照市	2016年	5358.57	290.11	1802.49	128.73	205.05	1597.78
	同比增幅（%）	—	0.73	8.1	10.6	10.6	13.5

日照市（县）主要经济指标 2

地区	指标	进出口总值（亿美元）	实际利用外资（亿美元）	社会消费品零售总额（亿元）	居民消费价格指数（%）	城市居民人均可支配收入（元）	农村居民可支配收入（元）
五莲县	2016年	2.27	0.28	87.66	—	23330	13037
	同比增幅（%）	-7.9	1.8	10.4	—	8.3	8.5
莒县	2016年	14.05	0.51	170.97	—	22997	12775
	同比增幅（%）	-29.4	6.2	9.0	—	8.10	8.70
日照市	2016年	118.25	5.55	660.09	101.9	28340	13379
	同比增幅（%）	-12.7	7.0	9.3	0	8.1	8.6

附表 2

日照市（县）主要金融指标 1

地区	指标（亿元）	银行类							
		本外币存款余额	住户存款	非金融企业存款	本外币贷款余额	第一产业贷款	第二产业贷款	第三产业贷款	个人贷款及透支
五莲县	2016年	237.61	169.56	38.62	145.79	4.45	64.60	32.66	40.04
	同比增幅（%）	15.82	13.41	40.03	-10.34	0.20	-4.21	-8.84	-15.53
莒县	2016年	402.39	288.62	70.99	344.73	4.46	157.07	99.03	54.08
	同比增幅（%）	12.84	15.85	-1.16	13.61	17.24	9.5	11.87	10.75
日照市	2016年	2080.62	1114.31	597.56	2274.15	16.71	671.03	1065.51	409.00
	同比增幅（%）	11.12	14.75	6.38	5.32	23.27	5.62	-1.63	9.41

日照市（县）主要金融指标 2

地区	指标（亿元）	保险类			证券类		
		保险公司保费收入	保险公司赔款和给付支出	当年结益	证券市场成交总额	投资者保证金余额	年末证券账户开户数（万户）
五莲县	2016年	0.85	0.47	—	30.17	0.09	0.07
	同比增幅（%）	-46.88	-31.88	—	-28.4	-32.29	-59.21

续表

地区	指标（亿元）	保险类			证券类		
		保险公司保费收入	保险公司赔款和给付支出	当年结益	证券市场成交总额	投资者保证金余额	年末证券账户开户数（万户）
莒县	2016 年	6.48	2.21	—	95.91	0.53	0.18
	同比增幅（%）	0.62	11.61	—	-44.42	-19.70	-12.95
日照市	2016 年	53.10	20.53	—	1591	7.69	7.82
	同比增幅（%）	22.11	23.23	—	-45.8	-11.4	0

附表 3

日照市主要金融机构概况

单位名称	行长（或其他称谓的第一负责人）	副行长（或其他称谓的同级领导）	员工总数	辖内营业网点数
人民银行日照中支	赵　杰	尹峰世　苏　涛　刘茂伟　孙元学　庄举伦	174	3
银监会日照监管分局	陈振业	罗玉民　刘兰设　于加富	33	1
农业发展银行日照市分行	王　华	李绪光　孙海平　王宗桂	89	3
工商银行日照分行	鞠立坤	刘　森　丁凤海　单新磊　周　华　徐巳冉	584	20
农业银行日照分行	单伟强	张庆伟　孔令军　刘　江	1040	36
中国银行日照分行	冯传亮	柳世良　徐立军　商玉平　玄祖平	609	20
建设银行日照分行	刘　军	王洪波　赵　晋　朱风华	692	22
农信社日照办事处	胡予宁	马德勤　张　立　李宗丰	1931	134
邮储银行日照市分行	王向文	郑　森　种　钢	340	77
交通银行日照分行	牟典华	陈维福　焦自钦　吕　峰　宋玉珍	56	4
招商银行日照分行	兰冰心	夏　波　唐筱飞　徐　勇	162	7
兴业银行日照分行	李　军	张　弘　杨恩兵	134	5
华夏银行日照分行	邵作钢	臧家胜　王海云　王大伟	71	2
浦发银行日照分行	钱翊君	范　鹏　牟海涛	59	2
中信银行日照分行	臧绍奎	魏大柱　惠吉明	44	1
民生银行日照分行	孙　靖	郭　伟　孙全超　谭向荣　侯　健	40	1
光大银行日照分行	牟　磊	战祥增　李　晨	41	1
平安银行日照分行	惠文峰	董衍利　张玉强	31	1
日照银行	王　森	闫　鸣　杨宝峰　焦自竺　黄　玲　王永健　袁玲玲　宋　文　孙艺祥　王惠斌　陈　迎	1929	65

续表

单位名称	行长（或其他称谓的第一负责人）	副行长（或其他称谓的同级领导）	员工总数	辖内营业网点数
莱商银行日照分行	李标实	张晓晨　单士旗	48	1
济宁银行日照分行	刘志刚	时运吉　张　国　杜福东	50	1
临商银行日照分行	葛长安	刘成才　李　静	40	1
莒县金谷村镇银行	邹方军	张治国　孙世涛　赵　烨	90	7
日照九银村镇银行	许　鑫	汤盛波	80	6
日照沪农商村镇银行	黄耀俊	冯艳云	34	2
日照蓝海村镇银行	韩丰超	崔　燕　赵崇宾	22	1
五莲中银富登村镇银行	朱云涛	何　峰	59	3
日照港集团财务公司	马先骅	费　萌	28	1
中国人民财产保险日照市分公司	郭和平	申志军　张　涛　房克旭	2120	14
中国人寿保险日照分公司	李　勇	何召理　王　林	3500	5
中国太平洋财产保险日照中心支公司	李　霞	安伯森　徐茂林	151	6
中国太平洋人寿保险日照中心支公司	徐振军	徐志刚　杨金涛	1737	5
中国平安财产保险日照中心支公司	孔　杰	陈　强　肖　光　庄乾顺	168	5
中国平安人寿保险日照中心支公司	刘智海	郑　军　费红霞	2670	7
泰康人寿保险日照中心支公司	周广凯	张　河　王云翔	2281	6
天安保险日照中心支公司	李　玲	尹德峰　栾　波	206	5
中国大地财产保险日照中心支公司	曹向东	陈利军　秦泗法	748	7
安邦财产保险日照中心支公司	赵陆明	匡胜利	93	8
太平人寿保险日照中心支公司	李　青	孔　娜	1673	6
中华联合财产保险日照中心支公司	杜洪波	张贵东　孙正喜	492	7
阳光财产保险日照中心支公司	耿维刚	许　立　赵开明	656	7
中国人民人寿保险日照中心支公司	孙桂利	王　芳	1061	5
中国人寿财产保险日照中心支公司	王玉森	刘　伟　穆乃森	848	6
太平财产保险日照中心支公司	薄振山	李　楠	64	2
华海财产保险日照中心支公司	何树良	王文民	21	3
中路财产保险日照中心支公司	刘汉青	申　剑	8	1
华夏人寿保险日照中心支公司	杨盛涛	刘志波	1398	4
生命人寿保险日照中心支公司	王　强	杨晓文　张晓雷	314	1
中泰证券公司日照市分公司	施凯鸣	白桂文	72	6

续表

单位名称	行长（或其他称谓的第一负责人）	副行长（或其他称谓的同级领导）	员工总数	辖内营业网点数
中信证券公司日照市营业部	赵世军		34	1
银河证券公司日照市营业部	邢　琳		8	1
国盛证券公司日照市营业部	韩锡征	李宗光	5	1

附表 4

日照市主要金融机构业务概况

单位：亿元

单位名称	本外币存款余额	人民币单位存款	人民币储蓄存款	本外币贷款余额	人民币短期贷款	人民币中长期贷款
农业发展银行日照市分行	32.42	32.33	0	91.07	53.66	37.31
工商银行日照分行	124.80	48.53	65.78	317.12	167.53	128.85
农业银行日照分行	174.28	75.49	93.73	236.04	139.08	74.83
中国银行日照分行	158.67	74.80	67.58	345.27	174.91	112.31
建设银行日照分行	156.31	73.98	69.90	187.59	72.28	103.91
交通银行日照分行	23.61	20.32	1.62	33.72	25.44	8.08
华夏银行日照分行	25.19	22.45	2.17	24.66	12.95	11.03
招商银行日照分行	17.41	8.33	8.18	46.04	23.06	5.98
浦发银行日照分行	18.13	16.52	1.21	51.67	35.68	10.59
兴业银行日照分行	44.62	39.49	4.92	48.74	27.65	12.57
中信银行日照分行	26.74	24.91	1.06	50.08	31.19	17.91
民生银行日照分行	1.58	1.27	0.14	17.09	7.88	9.11
光大银行日照分行	10.66	9.53	0.91	10.58	0.83	9.75
平安银行日照分行	1.33	1.03	0.29	2.54	2.33	0.20
邮储银行日照市分行	104.74	9.41	29.23	44.98	11.88	19.26
日照银行	536.98	316.87	189.66	396.15	248.06	113.87
莱商银行日照分行	14.33	12.68	1.60	16.03	14.94	0.01
济宁银行日照分行	5.52	4.43	0.99	8.24	3.02	2.19
临商银行日照分行	13.36	12.74	0.58	6.93	6.93	0
农信社日照市办事处	509.21	66.51	431.25	307.30	258.22	44.12
日照港集团财务公司	33.18	33.18	0	17.85	13.14	4.71
村镇银行合计	28.21	13.25	14.60	14.48	12.66	1.81

附表 5

日照市金融机构统计指标

年度	指标（个）	2012	2013	2014	2015	2016	2016年同比增幅（%）
银行类	法人机构	8	9	9	9	11	22.22
	省级分行	0	0	0	0	0	—
	二级分行	9	11	11	13	17	30.77
	县区支行	110	114	117	209	213	1.91
	分理处、营业所	233	238	245	155	209	34.84
	储蓄所	0	0	0	0	0	—
	从业人员总数	6337	6833	7332	7616	8303	9.02
保险类	保险机构	106	114	117	125	138	10.4
	财险机构	68	72	74	80	88	10
	省级分公司	0	0	0	0	0	—
	地市分公司	16	19	19	22	26	18.18
	县区支公司	52	53	55	58	62	6.90
	寿险机构	40	42	43	45	50	11.11
	省级分公司	0	0	0	0	0	—
	地市分公司	10	11	11	11	14	27.27
	县区支公司	30	31	32	34	36	6.25
	从业人员总数	—	11272	13241	17226	22276	29.32
	财险人员	—	3068	3191	4687	4928	5.14
	寿险人员	—	9264	10050	12539	17348	38.35
证券类	证券机构	5	6	7	8	9	12.5
	证券公司	0	0	1	1	1	0
	证券营业部	5	6	6	7	8	14.3
	证券服务部	0	0	0	0	0	—
	从业人员总数	109	112	130	142	119	-16.20
	投资者开户	94091	101614	105899	119393	150276	25.87
	境内上市股票支数	1	1	1	1	1	0
	境外上市股票支数		1	1	2	2	0
	辖区上市公司总数	1	2	2	3	3	0

莱芜市

【经济金融概况】 2016年，莱芜市认真贯彻落实稳增长、促发展的各项决策部署，坚持稳中求进工作总基调，主动适应经济发展新常态，扎实推进供给侧结构性改革，优化服务职能，加快产业振兴提升，鼓励创新创业，全市经济运行总体平稳，新动能不断积聚，转调发展取得积极成效。莱芜市各金融机构认真贯彻市委市政府工作部署和货币信贷政策要求，围绕稳增长、兴实体、促改革工作部署，在保持货币信贷适度增长、疏通货币政策传导渠道、支持实体经济发展等方面下功夫，为加快全市供给侧结构性改革营造了适宜的货币金融环境。

【货币政策实施】 2016年，中国人民银行莱芜市中心支行贯彻稳健货币政策成效明显。

一、存贷款结构进一步优化。截至2016年年末，莱芜市本外币各项贷款余额672.2亿元，较年初增加32.85亿元，增长5.14%，增幅列全省第14位。

二、认真实施宏观审慎评估，创新再贷款管理方式，提高信贷政策对重点领域的金融服务水平。

三、组织开展以“银企心连心，共谋新发展”为主题的银企对接活动，举办“金融支持供给侧结构性改革政策宣讲和融资需求对接”，累计发放贷款44.38亿元，重点企业资金满足率达到92.88%。积极帮助拓宽融资渠道，支持泰钢集团利用银行间市场完成10亿元债券额度的发行注册，支持莱商银行发行20亿元二级资本债券。

四、扎实做好金融助推脱贫攻坚工作，2项扶贫模式入选山东金融扶贫36计，“金融扶贫10计”助力精准扶贫工作得到好评。

【金融稳定】 2016年，中国人民银行莱芜市中心支行积极维护辖区金融稳定。依托金融机构稳健性评估、重大事项报告、联席会议等平台，强化金融风险监测分析和报告，对法人金融机构贴身监测，做到风险早发现、早识别、早处置、早报告。强化金融风险化解和处置，支持有关部门组建债权人委员会26个，帮助20余家企业化解担保圈风险。在全省率先制定《存款保险工作专员管理办法》，完成对4家投保机构的存款保险评级，确保了存款保险制度有序实施。密切关注银行机构信贷资产质量，强化法人机构风险指标月度动态监测，组织开展重点机构信用风险、流动性风险压力测试，及时总结不良贷款风险防范情况。

【金融服务】 2016年，中国人民银行莱芜市中心支行金融服务管理水平稳步提升。在全省首推“手机云闪付”优惠早餐活动。设计反假人民币漫画原创宣传作品被总行成方三十二微信公众号采用。顺利完成“营改增”相关参数修改和POS机优化改造工作。推动市政府出台《莱芜市社会信用体系建设规划（2016—2020年）》，应收账款融资服务平台累计融资4.12亿元。在全省率先建立法人银行反洗钱督查员制度，组织开展纪念《反洗钱法》颁布十周年知识竞赛活动。全年办理跨境人民币结算30.7亿元。扎实推进“两管理、两综合、一保护”工作。

【金融监管】 2016年，中国人民银行莱芜市中心支行坚持以制度规范内部管理，以检查树立央行监管权威，不断规范执法行为，为金融运行营造良好法治环境。2016年共检查立项22宗，立案处罚1宗，罚款合计0.6万元。组织开展对35家金融机构的2015年度综合评价，确定“A级”机构7家，“B级”机构28家。在全省率先建立法人银行反洗钱督查员制度，派驻反洗钱监管专员，探索建立“银－银”网状分析研商机制，向公安机关移交线索10条，其中1起案件被列为莱芜市委市政府重点督办的违法案件。

【外汇管理】 2016年，国家外汇管理局莱芜市中心支局工作取得新成果。扎实推进外汇管理改革，进一步促进贸易投资便利化。有效落实“控流出、扩流入”措施。国际收支申报工作保持零差错，数据质量居全省前列。指导莱商银行用好跨境融资新政，增加融资额度39.34亿元人民币。指导两家企业分别实现资本金流入9394万元人民币、4900万美元，支持地方涉外经济发展。全年收到感谢信6封、锦旗1面。

【保险业务】 2016年，莱芜市积极拓宽保险服务领域，服务经济社会发展。

一、积极发挥经济补偿作用。2016年财产险为经济社会承担这各类风险责任4536亿元，财产险、人身险累计支付赔款支出8.23亿元，赔付率为31.76%。

二、服务新农村建设取得新成效。在当地政府的大力支持下，政策性农业保险发展快速，承保小麦、玉米、蜜桃、棉花、苹果、公益林、商品林、花生、育肥猪、奶牛、日光温室90余万亩，能繁母猪1.4余万头，奶牛60头，育肥猪11.6万头，支付赔款达1400余万元，农业保险发挥了积极的作用。

三、积极服务社会治安管理。人保莱芜市分公司共承担全市农村治安保险7.91万户，赔付金额27.17万元，中国人寿银龄安康承保48096人次，支付赔款122.62万元，为广大农村居民提供了安全保障。四是全年上交各类税收达1.27亿元，为地方经济社会发展贡献了力量。

【证券业务】 2016年，莱芜市证券市场业务发展良好。

一、中泰证券莱芜分公司积极与地方政府、银行机构建立战略合作关系，截至2016年年末，已与莱芜市政府、莱城区政府、钢城区政府、高新区政府相关部门、雪野旅游区政府接洽并建立战略合作关系；与莱芜农商银行签署全面合作协议，在经纪业务、资金融通、资产管理、投资银行、基金业务、期货业务、资源共享等方面开展全面互补合作，共同推动金融业务创新。

二、中信证券（山东）有限责任公司莱芜花园北路证券营业部大力开展证券知识宣传，与银行机构合作开展会议营销和高端交流会。根据客户抗风险能力，向客户讲解和宣传证券市场基础知识，讲解开户和交易流程、证券投资常识与风险控制等。

【精神文化建设】 2016年，莱芜市金融机构多年来始终高度重视金融文化建设，努力营造健康向上的文化氛围。

一、中国人民银行莱芜市中心支行全面贯彻落实分行党委“快乐工作、健康生活”理念，以“职工之家”建设为抓手，多渠道丰富职工文化生活；充实职工书屋，投资12万元新购图书2000余册，投资5.8万元购买中国知网和万德数据库，方便员工学习研究查阅资料使用；努力打造“书香央行”品牌，创立《每月荐读》内部刊物，每月通过业务网邮箱向全行员工推荐5–6本书籍。组织开展全员健身登山、徒步行走、羽毛球和乒乓球培训等各类文体活动，展示职工精神风貌。中支宣传群工部被全国总工会授予“模范职工小家”荣誉称号。

二、农业银行莱芜分行严格落实各项规章制度，深化内控管理，完善考核机制，创新营销思路，推进网点转型，提升服务质量，有效促进了各项业务又好又快发展。2016年，在农总行先进评选中，寨里支行被授予“中国农业银行先锋号”荣誉称号。

三、中国银行莱芜分行积极探索党建创新动作，启动“党员融合计划”，扎实推进“两学一做”学习教育。通过“素质拓展训练提升”、“部门支行结对帮扶”、“党员业务营销竞赛” 三项内容，增强了党员员工之间的凝聚力，加强了不同岗位党员员工的沟通交流，激发了广大党员干部干事创业的热情。

四、建设银行莱芜分行在省建行举办的“党建引领聚合力 转型发展谱新篇”庆祝建党95周年系列主题活动中，以绝对优势获得第一名，拍摄的微电影在省分行“党建促发展，合规固基础”金融法规知识竞赛及主题宣讲活动中获得第一名，取得了莱芜分行近年来在省行比赛中的最好名次。

五、邮储银行莱芜分行重视和加强群团工作，组织党务干部参加“五大发展理念”网络培训等工作，提升了党务干部理论水平和工作能力。完成了团组织换届选举。开展了志愿者服务、贫困学生帮扶等工作，通过了2016年省级精神文明单位和青年文明号复审，更好地发挥了群团职责。

六、莱芜农商银行大力倡导“家文化”的理念，凝聚全体员工团结一心、拼搏向上，爱岗敬业、争创一流的精神动力；开展“青年文明号助百村” 结对帮扶脱贫活动，增强了员工关爱他人、奉献社会的责任意识，树立了农商银行的良好社会形象。

七、莱芜珠江村镇银行打好品牌宣传牌，通过组织五周年回馈感恩文艺汇演，展现本行日新月异、蓬勃发展的良好风貌；通过电台、报纸、公交车载、街道墙体广告、冠名公交站牌等方式加大宣传力度，提高品牌认可度。

八、威海市商业银行莱芜分行围绕“学习型快乐银行”的愿景，加大企业文化宣传力度，加深分行干部职工对全行企业文化的理解、认同和融入，实现了总行文化与莱芜当地实际相结合，形成了“良心→忠诚→责任→快乐→幸福”的快乐文化链条。

【大事记】 2月15日 人民银行莱芜市中支在莱芜市2016年总结表彰大会上，被市委市政府授予2015年度“金融业发展贡献奖”“工作实绩考核先进单位”“群众满意度奖” 等荣誉称号。

6月22日 银监会莱芜监管分局下发莱银监准〔2016〕10号《关于核准杨新志任职资格的批复》，核准杨新志莱芜珠江村镇银行董事长任职资格。

6月29日 莱芜市农村信用联社理事长崔建强获 “全国金融五一劳动奖章”荣誉称号。

7月25日 中国人民银行济南分行决定，免去崔玉林的中国人民银行莱芜市中心支行行长、国家外汇管理局莱芜市中心支局局长职务，由刘大勇主持全面工作。

7月5日—6日 山东省农村信用联合社主任孙开连深入莱芜市农村信用联社部分一级社、二级社和基层网点进行实地调研。

7月14日—15日 中国银行山东省分行重大不良资产项目清收化解座谈会在莱芜成功召开。

8月23日 中国银行莱芜分行与莱商银行全面战略合作协议签署仪式召开。

9月12日，山东莱芜农村商业银行股份有限公司创立大会暨第一次股东大会在龙园宾馆隆重召开。

9月22日 山东省财金发展有限公司、莱芜市教育局、莱芜市财政局和莱芜市财源棚改建设投资有限公司在农行莱芜分行签订了大班额建设项目政府购买服务协议。

9月28日 莱芜农村商业银行正式揭牌开业，圆满完成银行化改革任务目标。

9月28日 经市委组织部同意，崔建强任山东莱芜农村商业银行股份有限公司党委书记，陈志刚、王鑫任党委副书记，魏忠东、王其学、朱大伟、马秀东任党委委员，王其学任山东莱芜农村商业银行股份有限公司纪委书记。（莱组干〔2016〕35号）

10月25日 青岛银行莱芜分行试营业。

11月3日 莱芜市金融学会第七次会员代表大会在莱芜宾馆隆重召开。

11月17日 中国银行山东省分行下发《关于徐林职务聘任的通知》（鲁中银任〔2016〕111号）的通知，聘任徐林为中国银行股份有限公司莱芜分行行长。

（朱凤华　吕　华）

附表 1

莱芜市主要经济指标 1

地区 \ 指标		土地面积（平方公里）	人口（万人）	地区生产总值（亿元）	公共财政预算收入（亿元）	公共财政预算支出（亿元）	全社会固定资产投资（亿元）
莱芜市	2016 年	2246	137.58	702.76	53	86.58	635.67
	同比增幅（%）	—	1.79	7.2	7.1	3.26	2.7

莱芜市主要经济指标 2

地区 \ 指标		进出口总值（亿美元）	实际利用外资（亿美元）	社会消费品零售总额（亿元）	居民消费价格指数（%）	城市居民人均可支配收入（元）	农村居民可支配收入（元）
莱芜市	2016 年	112.57	10.33	347.8	102.8	32364	14852
	同比增幅（%）	1.9	25.19	8.4	1.8	7.1	8.3

附表 2

莱芜市主要金融指标 1

地区 \ 指标（亿元）		银行类							
		本外币存款余额	住户存款	非金融企业存款	本外币贷款余额	第一产业贷款	第二产业贷款	第三产业贷款	个人贷款及透支
莱芜市	2016 年	914	541.76	189.15	672.2	7.02	330.28	169.35	92.46
	同比增幅（%）	9.58	10.15	17.46	5.14	21.22	-2.43	-1.34	17.22

莱芜市主要金融指标 2

地区 \ 指标（亿元）		保险类			证券类		
		保险公司保费收入	保险公司赔款和给付支出	当年结益	证券市场成交总额	投资者保证金余额	年末证券账户开户数（万户）
莱芜市	2016 年	25.92	8.23	—	1014	6.33	1.33
	同比增幅（%）	32.28	31.76	—	-0.47	0.03	-0.17

附表 3

莱芜市主要金融机构概况

单位名称	行长（或其他称谓的第一负责人）	副行长（或其他称谓的同级领导）	员工总数	辖内营业网点数
人民银行莱芜市中心支行	刘大勇	李念国　李玉祥　刘登振　毕文靖　王秀芸	95	1
银监会莱芜监管分局	苏明军	孟兆杰　桑少敏	24	1
农业发展银行莱芜市分行	常宏建	王世军　康荫斌	37	1
工商银行莱芜分行	李沧海	亓立刚　亓建国　冯万杰　王中平　王文力　宋　芸	445	19

续表

单位名称	行长（或其他称谓的第一负责人）	副行长（或其他称谓的同级领导）	员工总数	辖内营业网点数
农业银行莱芜分行	许孝忠	徐希民　何祥芝　王秀斌　张向坤	368	19
中国银行莱芜分行	徐　林	孙庆洲　纪兆峰　刘新宇　沈波涛　陶　伟	307	14
建设银行莱芜分行	刘军政	张爱忠　刘庆富　唐元锋　边永彪	302	12
交通银行莱芜分行	史晓杰	李朴实　王子敬	55	7
莱商银行	岳隆杰	朱　鸣　李学斌	709	28
莱芜市农村商业银行	崔建强（董事长） 陈志刚（行长） 魏忠东（监事长）	王　鑫　王其学　朱大伟　马秀东	997	82
邮政储蓄银行莱芜市分行	吕　军	吴　斌　王　健　郑志梅	569	50
威海市商业银行莱芜分行	赵晓博	刁新忠　孙丰山	42	1
青岛银行莱芜分行	王　磊	李朴山　李正山	43	1
莱芜珠江村镇银行	刘桂宾	田书东	111	8
莱芜中成村镇银行	江　涛	尚怀杰	24	1
中泰证券莱芜分公司	马　军		62	2
中信证券（山东）莱芜营业部	毕鑫磊		30	1
中国人民财产保险莱芜市分公司	李东防	路　阳	142	15
中国人寿保险莱芜分公司	张期亮	张延彪	5300	19
中国太平洋财产保险莱芜中心支公司	魏　兵	徐茂林	55	2
中国太平洋人寿保险莱芜中心支公司	刘立功	李　玮	1365	3
天安保险莱芜中心支公司	刘国明	初冰梅	34	3
中国平安财产保险莱芜中心支公司	兰建军	陶　鹏	41	1

附表 4

莱芜市主要金融机构业务概况

单位：亿元

单位名称	本外币存款余额	人民币单位存款	人民币储蓄存款	本外币贷款余额	人民币短期贷款	人民币中长期贷款
农业发展银行莱芜市分行	5.91	5.91	—	9.03	0.86	8.18
工商银行莱芜分行	119.99	47.67	66.73	98.73	45.62	36.32
农业银行莱芜分行	80.95	32.66	44.42	82.03	53.83	25.38
中国银行莱芜分行	103.07	54.63	38.71	100.61	80.67	12.86
建设银行莱芜分行	77.99	41.04	34.71	61.63	35.36	16.17
交通银行莱芜分行	27.56	21.82	2.47	10.81	7.58	0.62
莱商银行	176.34	98.55	70.9	129.78	91.87	15.36
莱芜市农村商业银行	209.73	30.96	173.72	159.83	99.72	33.71

续表

单位名称	本外币存款余额	人民币单位存款	人民币储蓄存款	本外币贷款余额	人民币短期贷款	人民币中长期贷款
邮政储蓄银行莱芜市分行	77.4	4.75	72.66	7.63	1.85	4.57
青岛银行莱芜分行	3.01	2.46	0.43	0.05	0.007	0.045
威海市商业银行莱芜分行	10.38	7	3.14	3.61	1.92	1.56
莱芜珠江村镇银行	12.87	7.29	5.58	7.49	6.7	0.57
莱芜中成村镇银行	1.25	0.79	0.46	0.95	0.86	0.09

附表 5

莱芜市金融机构统计指标

指标（个）		2012	2013	2014	2015	2016	2016 年同比增幅（%）
银行类	法人机构	3	3	4	4	4	0
	省级分行	0	0	0	0	0	—
	二级分行	32	33	40	14	9	-35.71
	县区支行	104	77	113	169	86	-49.11
	分理处、营业所	115	70	85	69	135	95.65
	储蓄所	41	41	41	41	1	-97.56
	从业人员总数	3590	3425	4547	4778	4009	-16.09
保险类	保险机构	22	22	22	25	27	8
	财险机构	11	11	11	13	15	15.38
	省级分公司	0	0	0	0	0	—
	地市分公司	11	11	11	13	15	15.38
	县区支公司	14	14	14	14	23	64.29
	寿险机构	11	11	11	12	12	0
	省级分公司	0	0	0	0	0	—
	地市分公司	11	11	11	12	12	0
	县区支公司	10	12	12	13	13	0
	从业人员总数	16078	19803	17264	18245	10088	-44.71
	财险人员	657	678	581	612	684	11.76
	寿险人员	15421	19125	16683	17633	9404	-46.67
证券类	证券机构	2	2	2	2	2	0
	证券公司	1	1	1	1	1	0
	证券营业部	3	3	3	3	3	0
	证券服务部	0	0	0	0	0	—
	从业人员总数	83	76	76	88	92	4.54
	投资者开户	4453	3133	3891	23180	31273	34.91
	境内上市股票支数	0	0	0	1	0	—
	境外上市股票支数	0	0	0	0	0	—
	辖区上市公司总数	0	0	0	1	0	—

德州市

【经济金融概况】 2016年，德州市经济保持中高速增长，结构向好，社会事业全面发展，实现了“十三五”的良好开局。全市实现地区生产总值2932.99亿元，按可比价格计算，同比增长7.2%。其中，第一产业增加值增长3.7%，第二产业增加值增长6.2%，第三产业增加值增长9.2%。产业结构进一步优化，三次产业比例由上年的10.3:49.4:40.3调整为10.1:47.8:42.1。人均GDP达到50856元，增长6.4%。

2016年，德州市金融体系运行平稳，金融机构积极贯彻实施稳健的货币政策，保持适度的流动性，不断优化调整信贷结构，截至年末，德州市本外币各项存款余额为2868.63亿元，较年初增加384.42亿元，增长15.47%；本外币各项贷款余额为1659.79亿元，较年初增加109.04亿元，增长7.03%。

【货币政策实施】 2016年，中国人民银行德州市中心支行综合运用各项货币政策工具，落实稳健货币政策，促进辖区经济金融平稳健康发展。

一、强化银企重点项目对接服务。组织金融机构落实《金融支持德州市加快融入京津冀协同发展的指导意见》、《关于做好重点企业流动资金需求的意见》等指导性文件。开展“金融服务企业百日行”活动，在全市筛选200家民营中小企业、科技创新企业、外贸重点企业组织金融机构进行融资需求走访对接，共发布走访企业41.99亿元融资需求信息，已签约融资意向30.32亿元，投放22.6亿元。

二、开展“中小微企业主办银行＋活动”。制定《2016年德州市中心支行“中小微企业主办银行＋”制度推进工作方案》，进一步丰富主办银行业务模式，被列为德州市政府“三个100企业培植工程”重要措施。全年主办银行签约企业556家，贷款余额达到63.8亿元。签约企业贷款新增授信15.2亿元，签约企业资金满足率96.7%；426家签约企业获得主办银行贷款利率优惠，节约财务费用2350万元。

三、推进金融扶贫工作。成立扶贫开发金融服务工作领导小组，制定《德州市扶贫开发金融服务工作实施方案》，组织全市22家法人金融机构制定“十三五”时期扶贫金融服务工作规划和2016年工作计划。建立脱贫攻坚金融服务专项统计监测制度，组织34家金融机构编发《德州市金融扶贫政策和信贷产品汇编》1万份。向8家法人机构累计发放扶贫再贷款2.73亿元。全年共向建档立卡贫困户或带动贫困户发展的生产经营主体发放扶贫贷款5.06亿元，帮扶贫困户5034户、13068人。

【金融稳定】 2016年，中国人民银行德州市中心支行扎实做好金融稳定工作，守住了系统性风险底线，各项工作取得新进展。

一、加强金融风险监测和预警。探索“单一监测”向“监测＋管理”模式转变，组织开展农商行、保险机构现场评估，印发《德州市金融机构风险动态监测办法（试行）》，发放《风险提示书》10期，约谈3次。建立重大事项月度汇总机制，推动市县两级行、金融机构形成金融风险联防联治局面。

二、稳步推进存款保险制度落实。制定《德州市地方法人机构存款保险工作管理办法（暂行）》，建立存保数据“四级”审核机制、投保机构早期纠正机制。

三、不断提高反洗钱工作水平。制定《反洗钱考核评级工作实施细则》，向法人金融机构派驻反洗钱监管专员进行监督辅导。加强工作交流，创办《反洗钱工作简报》，开展“反洗钱法颁布10周年”主题宣传活动。现场检查、评估金融机构5家，移交洗钱案件线索8条。

【金融服务】 2016年，中国人民银行德州市中心支行进一步提高金融管理和服务水平，有效维护辖区金融秩序。

一、积极优化支付结算环境。编纂《支付结算突发事件应急处置指南》，推动电子商业汇票业务发展，签发量同比增加70.23亿元，增长97.93%。会同市公安局、工商局建立电信网络新型违法犯罪涉案账户紧急止付和快速冻结机制。自主开发人民币结算账户核准资料目录辅助工具，账户核准效率提高70%。

二、加强人民币流通管理。全市现金供应充足，券别结构合理。禹城现金中心试点建设进展顺利，各项准备工作都已就绪。残损币分类缴存、发行基金先进先出、纪念币发行等工作进展顺利。

三、深入推进信用体系建设。牵头社会信用体系建设，德州被列为全国“创建社会信用体系建设示范城市”。加强征信业务合规监督检查，与市国地税局、金融办、银监会德州监管分局建立合作信息共享框架，加强征信宣传和教育，在大众网德州站开辟专题宣传栏，在德州学院开设现代征信学课程。

四、努力提高国库经理水平。深入推进国库事中监管、季度检查、执法检查、联席会议等工作，组织金融系统举办金融系统国库业务知识竞赛。与财政、海关、国地税等部门签订五方合作备忘录。

五、稳步推进跨境贸易人民币结算业务。截至2016年年末，全市跨境人民币结算企业325家，比年初增加61家，跨境人民币结算业务量累计61.64亿元。与境外79个国家和地区实现人民币结算。

六、健全金融消费权益保护工作长效机制。继续做好德州晚报"普及金融知识,保障消费权益"周刊、共享市民投诉平台等工作,受理金融消费者投诉满意率基本达100%。建设农村金融消费维权联络点167家,全省排名第4位。

【金融监管】 2016年,中国人民银行德州市中心支行和银监会德州监管分局依法加强金融监管,切实维护金融稳定,促进辖内银行业金融机构的规范经营和稳健发展。

一、加强依法行政工作。编发《2015年度依法行政报告》,制定《推广随机抽查实施方案》《简化优化公共服务流程方便基层群众办事创业的工作方案》等,建立"双随机"抽查机制名录库,强化依法行政工作基础。对金融机构金融统计、支付结算、代理国库、征信业务、现金业务、反洗钱、外汇管理等业务开展专项检查。

二、全力管控信用风险。开展"拉网式"信用风险排查,实行目标考核和任务包干,严控增量不良,加大存量不良资产处置力度,有效遏制不良贷款快速上升,实现不良贷款"双降",成为全省2家"双降"地市之一。

三、提高非现场监管效能。继续实行双向目标承诺式监管,加强日常监管,成立非现场监管委员会,制定工作规则,强化监管约谈,全年累计发出非现场监管意见书、监管提示、走访核查、约见高管谈话57份(次)。

【外汇管理】 2016年,国家外汇管理局德州市中心支局紧紧围绕"扩流入、控流出"中心工作,强化监测核查工作考核,创新外汇服务方式,有力推进各项工作的高效开展。

一、推进"扩流入、控流出"工作。组织成立两个督导小组,对农业发展银行德州分行等6家银行进行现场督导。建立大额购付汇约谈和报备制度,制定大额购付汇和大额利润汇出报备制度。开展货物贸易、服务贸易、资本项目资金流出等5项专项核查工作,对辖内7家银行、40家企业进行核查,发现各类问题30多个,对3家银行进行约谈,对4家企业进行降级处理。

二、实行全面监测,进一步提升服务贸易监测核查水平。对37家企业的94笔异常业务实施非现场核查,核查金额合计6142.31万美元,对预警机构核查率达100%,相关核查情况均已录入系统。组织对辖内9家企业开展异地购付汇核查工作。

三、加强外汇检查工作。组织开展两期流出项下专项检查工作,共对2家银行、20家企业的外汇业务进行检查。对2家银行、1家企业存在的违规问题进行立案处罚,结案率达100%,收缴罚没款48万元。

四、提升外汇宣传服务工作水平。组织开展"外汇服务进千家 凝心聚力促发展"优质服务竞赛活动,开展政策宣讲11次,"一对一"服务重点企业23次,编发《外汇管理业务疑难问题百问百答》1100册,覆盖企业600多家。简化涉外企业收汇手续,全市99.54%的涉外企业享受外汇便利政策。支持企业"走出去",帮助7家企业成功境外投资合计6124.63万美元。利用外债新政帮助企业借入外债4350万美元,节约财务成本约700万元。

【金融改革】 2016年,中国人民银行德州市中心支行与银监会德州监管分局紧跟全国经济金融改革热点,突出解决实际问题,促进实体经济更好更快发展。

一、深入推进农村土地经营权抵押贷款试点。制定《推进农村承包土地的经营权抵押贷款试点工作的实施意见》,在武城县完善简易评估、风险补偿、担保缓释等配套机制建设,创新推出二次流转"项目池"和五种抵押贷款模式。积极引导非试点县法人金融机构开展农村承包土地的经营权抵押贷款工作,截至2016年年末,全市农地经营权抵押贷款余额10896.6万元,比年初增加9661.6万元。武城县主要做法在全省"两权"抵押贷款试点工作会议上交流,被《金融时报》刊发,中央电视台、新华社等15家新闻媒体采访报道。

二、积极推动科金产融合工作,德州被确定为全省首家"科技金融产业融合创新综合试验区"。出台《扎实做好科技金融服务的指导意见》,推动全市新成立科技支行5家,实行"四个单独"的科技型中小企业金融服务专营机构管理体制。开展金融产品和服务创新,引导和推动各金融机构不断扩大抵质押物范围,开展股权、知识产权、商标权、专利权等质押融资,为科技型企业提供16亿元知识产权、股权质押贷款支持。拓宽融资渠道,推动形成多元化科技成果转移转化融资模式,德州科技企业已有上市企业7家,新三板挂牌企业8家,区域性场外市场挂牌企业81家。推动政府筹备设立规模5亿元的市级股权投资引导基金、2亿元的齐鲁创新基金、2亿元的京津科技成果转化基金和2亿元的新兴产业发展担保基金。

三、全面完成农信社银行化改革工作。5月在全省改革难度较大的地市中率先保质完成农信社银行化改革任务,督导农商行制定落实改革后续事项三年规划,持续做实银行化改革后续工作。指导省联社德州办事处制定《德州市农村商业银行法人治理机制规范运行指导意见》。

四、持续推进德州银行完善公司治理机制。加大监管力度,通过召开年度审慎监管会议、多次约见高管谈话、下发非现场监管意见书、提出限制分红、暂停市场准入、限制高风险权重资产扩张、开展贷款分类真实性现场检查等监管措施,督促指导德州银行加强内部管理,完善公司治理,强化授信管理,提高信贷资产质量,加快战投引进,加快资本补充。

【保险业务】 2016年,德州市保险市场发展迅速,保险公司达到49家,全年实现保费收入92.36亿元,同比增长20%;其中,财险收入26.18亿元,同比增长9.38%;人身险收入68.18亿元,同比增长24.92 %。全年赔付额34.51亿元,赔付率37.36%。其中,财险赔付13.55亿元,赔付率51.78%;人身险赔付20.96亿元,赔(给)付率31.66%。

【证券业务】 2016年，德州市证券市场稳步发展。全市上市公司5家，新增"新三板"挂牌企业6家，融资额20.8亿元(其中新增上市再融资19.03亿元，新三板定向增发融资1.8亿元)；区域性场外市场挂牌企业103家，新增5家。发行各类债券4只，融资额38亿元。证券交易场所7处，股民18.61万户，客户保证金余额173.81亿元，年交易额1637.1亿元。

【精神文化建设】 2016年，德州市各金融机构广泛开展形式多样的精神文明创建活动，取得了良好成果。

一、人民银行德州中支连续10年蝉联省级文明单位殊荣。中支团委被评为"德州市共青团系统先进集体"。会计财务科被评为德州市巾帼文明岗、分行"女职工文明示范岗"。

二、人民银行乐陵市支行被总行授予"中国人民银行标杆职工之家"称号。

三、建设银行德州分行荣获德州市金融工作先进单位荣誉称号，列银行组第二名。4月1日，建设银行总行精神文明建设工作调研小组在该行召开座谈会。

四、农业银行德州分行连续14年获"省级文明单位"称号。被银监会和团中央授予2015—2016年度"银团合作优秀派出机构"荣誉称号，是全省农行系统唯一受到表彰的分支机构。

【大事记】 2月24日 齐鲁银行宁津支行正式营业。

2月25日 人民银行德州中支、市国税局、市地税局、市金融办、银监会德州监管分局联合召开举办税银合作签约仪式。

4月24日 人民银行德州中支联合市委宣传部、市文明办等单位，举办"青岛银行杯·迎五一 倡文明"金融系统演讲比赛。

5月10日 陵城、平原、武城、临邑、宁津五家农村商业银行同时挂牌开业，德州市农村信用社银行化改革圆满完成。

5月18日 德州市第六届资本交易大会成功召开。

6月28日 恒丰银行禹城支行正式营业。

6月29日 恒丰银行德州开发区支行正式营业。

8月9日 银监会德州监管分局召开全市P2P网络借贷专项整治工作推进会。

7月7日 人民银行德州中支成功举办2016年德州市"聚龙杯"现金业务技能竞赛。

9月7日 威海市商业银行齐河支行正式营业。

9月 人民银行各县(市、区)支行完成内设机构职能调整，内设机构由原来的"两部两室"调整为"三科一室"或"四科一室"，即办公室(纪检监察室)、货币信贷调统科、金融稳定科、金融服务管理科、外汇管理科。

11月2日 人民日报、新华社、金融时报、大众日报、齐鲁晚报、山东电视台等新闻媒体，对武城县农村承包土地的经营权抵押贷款试点工作和金融扶贫工作进行专题采访。

11月30日 人民银行总行联合中央电视台新闻中心、财经频道等13家全国性新闻媒体再次来武城对承包土地经营权抵押贷款试点工作进行采访。

12月19日 人民银行德州中支联合共青团德州市委、市农信办等单位，共同举办"农商银行杯"德州市第二届青年创新创业大赛决赛。

(杜 群 张利华)

附表1

德州市(县)主要经济指标1

地区 \ 指标		土地面积(平方公里)	人口(万人)	地区生产总值(亿元)	财政总收入(亿元)	财政总支出(亿元)	全社会固定资产投资(亿元)
德城区	2016年	539	72.29	591.58	43.97	41.15	483.61
	同比增幅(%)	—	1.35	7.7	-4.66	6.7	8.81
陵城区	2016年	1213	58.41	242.35	11.79	25.01	215.63
	同比增幅(%)	—	0.68	5.2	10.0	10.9	13.1
乐陵市	2016年	1172	67.63	238.52	10.06	26.24	236.71
	同比增幅(%)	—	0.74	7.8	8.5	-11.5	13.5
禹城市	2016年	990	51.81	264.11	19.05	28.32	272.07
	同比增幅(%)	—	0.89	8.8	15.7	3.8	14.3
宁津县	2016年	833	46.73	202.25	6.75	18.4	212.18
	同比增幅(%)	—	0.88	6.5	5.0	7.6	13.3

续表

地区	指标	土地面积(平方公里)	人口（万人）	地区生产总值（亿元）	财政总收入（亿元）	财政总支出（亿元）	全社会固定资产投资（亿元）
庆云县	2016年	502	30.68	146.80	5.64	16.48	132.27
	同比增幅（%）	—	0.96	4.2	7.6	-8.9	11.0
临邑县	2016年	1016	53.28	264.35	14.04	22.94	241.08
	同比增幅（%）	—	0.78	7.6	8.2	1.5	14.1
齐河县	2016年	1411	61.99	430.06	28.77	37.02	276.2
	同比增幅（%）	—	0.78	8.9	11.2	0.9	13.9
平原县	2016年	1047	45.86	203.64	8.26	20.24	144.73
	同比增幅（%）	—	0.82	6.9	7.0	10.3	13.3
夏津县	2016年	872	52.01	187.53	7.82	21.94	126.88
	同比增幅（%）	—	0.90	5.0	9.2	3.6	12.3
武城县	2016年	751	38.54	186.46	8.62	18.4	196.43
	同比增幅（%）	—	0.65	6.7	8.1	0.5	13.6
德州市	2016年	10356	579.23	2932.99	183.51	332.09	2537.78
	同比增幅（%）	—	0.87	7.2	7.1	-1.7	13.4

德州市(县)主要经济指标 2

地区	指标	进出口总值（亿元）	实际利用外资（亿美元）	社会消费品零售总额（亿元）	居民消费价格指数（%）	城市居民人均可支配收入（元）	农村居民可支配收入（元）
德城区	2016年	63.5	0.29	320.63	101.8	21344	12639
	同比增幅（%）	38.21	-34.1	11.56	1.8	9.4	8.9
陵城区	2016年	11.7	0.04	100.76	101.8	16482	12189
	同比增幅（%）	-18.2	-71.4	9.7	1.8	8.4	8.5
乐陵市	2016年	17.48	0.12	125.18	101.8	16913	12332
	同比增幅（%）	-27.5	-17.9	11.1	1.8	11.6	9.3
禹城市	2016年	22.23	0.195	124.06	101.8	17418	12389
	同比增幅（%）	19.3	24.4	11.6	1.8	9.3	9.0
宁津县	2016年	9.08	0.01	109.88	101.8	16552	12235
	同比增幅（%）	26.4	-34.0	10.7	1.8	8.2	8.4
庆云县	2016年	5.43	0.08	77.56	101.8	16162	11839
	同比增幅（%）	94.1	1651.1	9.4	1.8	8.0	8.2

续表

地区	指标	进出口总值（亿元）	实际利用外资（亿美元）	社会消费品零售总额（亿元）	居民消费价格指数（%）	城市居民人均可支配收入（元）	农村居民可支配收入（元）
临邑县	2016年	34.75	0.01	126.08	101.8	17389	12368
	同比增幅（%）	-9.2	-59.1	11.2	1.8	9.3	9.0
齐河县	2016年	33.29	0.31	131.08	101.8	17738	12426
	同比增幅（%）	2.6	80.0	11.3	1.8	10.9	9.1
平原县	2016年	8.26	0.1	99.63	101.8	16848	12201
	同比增幅（%）	-6.6	250.2	10.9	1.8	8.7	8.6
夏津县	2016年	3.74	0.05	92.4	101.8	16550	11843
	同比增幅（%）	5.4	-33.7	9.8	1.8	7.9	8.1
武城县	2016年	1.75	0.02	87.72	101.8	17384	12260
	同比增幅（%）	179.2	—	11.0	1.8	8.7	8.6
德州市	2016年	211.23	1.21	1394.97	101.8	17467	12248
	同比增幅（%）	7.3	1.9	10.9	1.8	9.0	8.7

附表2

德州市（县）主要金融指标1

地区	指标（亿元）	银行类							
		本外币存款余额	住户存款	非金融企业存款	本外币贷款余额	第一产业贷款	第二产业贷款	第三产业贷款	个人贷款及透支
德城区	2016年	983.39	517.05	294.77	659.99	6.06	220.39	211.64	167.37
	同比增幅（%）	15.28	10.75	3.66	12.02	-24.55	-3.28	29.47	22.33
陵城区	2016年	186.67	151.59	12.95	82.65	1.52	40.82	7.69	32.59
	同比增幅（%）	11.14	11.48	-3.35	4.46	4.15	-7.85	25.3	19.78
乐陵市	2016年	196.89	153.22	19.2	128.57	4.22	64.62	14.48	45.26
	同比增幅（%）	12.7	13.01	-2.27	5.52	8.88	-5.89	81.92	9.44
禹城市	2016年	224.65	145.34	56.32	160.6	2.25	76.94	26.04	54.85
	同比增幅（%）	27.54	15.3	6.62	5.05	28.75	1.69	-8.22	16.44
宁津县	2016年	208.13	175.47	13.31	73.91	1.15	21.3	5.31	46.14
	同比增幅（%）	13.7	14.48	-1.57	11.46	16.77	11.88	14.68	10.79
庆云县	2016年	105.69	77.88	14.76	61.35	0.81	25.31	4.24	30.98
	同比增幅（%）	11.12	12.13	5.49	-3.42	61.81	-21.23	5.85	15.55

续表

地区	指标（亿元）	银行类 本外币存款余额	住户存款	非金融企业存款	本外币贷款余额	第一产业贷款	第二产业贷款	第三产业贷款	个人贷款及透支
临邑县	2016 年	218.43	155.08	43.9	113.77	0.48	64.74	12.84	30.17
	同比增幅（%）	22.83	11.99	-1.54	-1.43	2.94	-10.13	-21.73	13.75
齐河县	2016 年	248.19	165.94	41.67	156.02	4.17	56.83	42.95	52.04
	同比增幅（%）	18.06	10.92	-17.01	6.58	10.95	0.45	5.4	17.99
平原县	2016 年	176.5	142.45	14.91	70.37	0.97	26.46	7.27	35.05
	同比增幅（%）	10.65	12.27	-0.45	12.9	7.56	12.75	10.27	12.98
夏津县	2016 年	160.26	129.50	17.88	72.53	1.59	24.82	6.48	39.65
	同比增幅（%）	10.06	11.49	-2.45	9.97	6.46	-3.77	-11.3	26.42
武城县	2016 年	159.83	129.78	15.06	80.02	3.85	34.05	5.24	36.88
	同比增幅（%）	13.41	12.92	-1.31	-8.85	-23.02	-19.56	-16.45	7.89
德州市	2016 年	2868.83	1943.3	544.72	1659.79	27.06	656.26	344.17	570.97
	同比增幅（%）	15.47	12.12	0.67	7.03	-4.08	-4.59	17.92	16.97

德州市（县）主要金融指标 2

地区	指标（亿元）	保险类 保险公司保费收入	保险公司赔款和给付支出	当年结益	证券类 证券市场成交总额	投资者保证金余额	年末证券账户开户数（万户）
德城区	2016 年	45.84	20.03	2.61	—	—	—
	同比增幅（%）	18.97	21.29	45.16	—	—	—
陵城区	2016 年	2.70	0.49	2.03	—	—	—
	同比增幅（%）	22.73	0	20.91	—	—	—
乐陵市	2016 年	5.83	0.56	2.96	—	—	—
	同比增幅（%）	17.78	-13.45	25.42	—	—	—
禹城市	2016 年	3.48	1.22	—	56.36	0.21	0.62
	同比增幅（%）	2.05	90.63	—	-17.81	16.67	193.01
宁津县	2016 年	2.07	0.68	0.36	—	—	—
	同比增幅（%）	25.08	31.08	7.2	—	—	—
庆云县	2016 年	4.18	3.22	0.28	—	—	—
	同比增幅（%）	3.98	3.54	7.69	—	—	—

续表

地区	指标（亿元）	保险类			证券类		
		保险公司保费收入	保险公司赔款和给付支出	当年结益	证券市场成交总额	投资者保证金余额	年末证券账户开户数（万户）
临邑县	2016年	4.49	2.98	0.53	34.58	0.15	0.8845
	同比增幅（%）	12.53	-4.18	112	-44.39	-0.18	78.80
齐河县	2016年	4.91	2.43	0.26	66.9	0.09	0.19
	同比增幅（%）	28.47	13.26	1.58	170	4.78	29.60
平原县	2016年	3.68	1.19	0.04	—	—	—
	同比增幅（%）	12.27	80.16	33.33	—	—	—
夏津县	2016年	2.92	1.10	0.10	—	—	—
	同比增幅（%）	8.10	12.9	11.11	—	—	—
武城县	2016年	3.56	0.59	0.48	—	—	—
	同比增幅（%）	16.72	11.32	14.28	—	—	—
德州市	2016年	92.36	34.51	9.65	1637.1	173.81	18.61
	同比增幅（%）	20.00	17.38	18.55	-36.95	20.51	8.89

附表3

德州市主要金融机构概况

单位名称	行长（或其他称谓的第一负责人）	副行长（或其他称谓的同级领导）	员工总数	辖内营业网点数
人民银行德州中支	董昕	马兴国 徐靖元 高文博 杨德阔 廉龙 张伟明 李淑华	428	11
银监会德州监管分局	田邦升	唐玉明 张清林 毕爱玲 王雪双	84	4
农业发展银行德州市分行	赵性存	刘玮 杨富格 陈瑞吉	263	11
工商银行德州分行	赵忠江	王立亭 王向东 朱广明 马士军 孙刚 方玉林	1085	48
农业银行德州分行	董洪秋	王文平 张海山 郭延超 孙林华	1418	68
中国银行德州分行	尹卫东	郭兴盛 李爱东 夏爱华	564	21
建设银行德州分行	靳晓海	肖长智 杨江水 王清杰 徐常青	1088	46
交通银行德州分行	冯景伦	李保军 侯键东	47	3
德州银行	牛洪春	郑亚林 杜成金 李书华 尹德恩 徐圣颖 吴玉华 张正忠 周成亮 侯玉荣 薛梅 李金涛 蔡敏	1085	54
农信社德州市办事处	巩方波	宋修宝 邓兆卫	4472	324
邮储银行德州市分行	周振忠	房振平 牛金军 宋妍	919	244
恒丰银行德州分行	孙惠良	魏玲 张宁 毕懿	80	4

续表

单位名称	行长（或其他称谓的第一负责人）	副行长（或其他称谓的同级领导）	员工总数	辖内营业网点数
浙商银行德州分行	兰志良	张　栋　杨宪宇	61	1
威海市商业银行德州分行	姬　刚	王　邕　耿晓旭　李　颖	144	5
青岛银行德州分行	胡少华	孙晓斌　苗　鹏	90	2
齐鲁银行德州分行	侯　彬	刘洪起	70	2
渤海银行德州分行	傅长清	赵宏斌　张广春	39	1
陵城圆融村镇银行	周长清	赵洪永　赵都永　张续建	52	2
乐陵市圆融村镇银行	袁　泉	王述忠　董　彬	72	3
禹城胶东村镇银行	辛　文	赵　奎　呼勋光　徐家茂　李　峰	50	2
宁津胶东村镇银行	刘祈宁	杨继忠	37	3
庆云乐安村镇银行	徐帅祥	张吉贵　孙树兵	43	2
临邑中银富登村镇银行	赵立新	许双林　曹维勇	51	3
齐河胶东村镇银行	曲焕鹏	宋曰胜　慕永梅	54	2
平原圆融村镇银行	谢　伟	徐忠国　王　斌	46	2
夏津胶东村镇银行	王　伟	艾庆国　蔺秀君	48	3
武城圆融村镇银行	杨海丰	朱丙强　张万珠	39	2
中国人民财产保险德州市分公司	孙传鲲	张宪仁　王现琪　王　冰	501	18
民生人寿保险德州中心支公司	张　罡		138	8
中国大地财产保险公司德州中心支公司	张相武	张金勇　张振巧	182	13
永安财产保险德州中心支公司	白延庆		42	5
中国人民人寿保险德州中心支公司	纪　宁	刘顺卿	1158	10
中国人寿保险德州分公司	张　美	刘文栋	374	11
太平人寿保险德州中心支公司	赵永江	宋　戈	910	5
太平洋财产保险德州中心支公司	孙春龙	王登峰　吴　静　刘持海	140	11
太平洋寿险保险德州中心支公司	宋俊杰	张爱新　齐　卫　王俊朋　仁恒森	5500	12
阳光人寿保险德州中心支公司	朱维娜	史桂华	642	10
阳光财产保险德州中心支公司	张　勇	李　媛	136	11
泰康人寿保险德州中心支公司	赵爱红	朱宝红	2277	10
中华联合财产保险德州中心支公司	齐　强	陶铁军　王保景　宋红星	145	3
天安财产保险德州中心支公司	张治国		96	9
天安人寿保险德州中心支公司	马春国	黄景辉　刘　忠	65	5

续表

单位名称	行长（或其他称谓的第一负责人）	副行长（或其他称谓的同级领导）	员工总数	辖内营业网点数
中国人寿财产保险德州市中心支公司	侯　波	陈忠明　刘　彬	179	7
渤海财产保险德州中心支公司	夏志红		31	3
英大人寿保险德州中心支公司	卢庆海		261	3
太平财产保险德州中心支公司	黄忠升	谢春雨　潘桂兰	130	6
新华人寿保险德州中心支公司	张同保	韩玉冰	685	7
信泰人寿保险德州中心支公司	张俊杰		17	1
富德生命人寿保险德州中心支公司	王　强		731	5
长城人寿保险德州中心支公司	谢风亭	赵秀文	357	3
华夏人寿保险德州中心支公司	杨海波	孙长领　任立章	169	6
德华安顾人寿保险德州中心支公司	张春祥	韩　恺	76	2
华泰人寿保险德州中心支公司	杨艳红	张晓亮	196	3
中国平安财产保险德州中心支公司	刘敬国		132	9
中国平安人寿保险德州中心支公司	刘金鹏	赵　茜　樊新清	1575	7
国华人寿保险德州中心支公司	魏克久	程淑兰	300	2
安盛天平财产保险德州中心支公司	齐　璨	刘　彬	29	6
华海财产保险德州中心支公司	刘国亮		31	2
安邦财产保险德州中心支公司	石　磊		21	6
中泰证券德州分公司	周顺远		76	4
中信证券德州湖滨中大道证券营业部	邵从波	刘保国	45	1
国都证券德州东方红路证券营业部	司　维		13	1
鲁证期货德州营业部	唐　震	尹希龙	8	1

附表 4

德州市主要金融机构业务概况

单位：亿元

单位名称	本外币存款余额	人民币单位存款	人民币储蓄存款	本外币贷款余额	人民币短期贷款	人民币中长期贷款
农业发展银行德州市分行	24.38	24.25	—	75.58	45.78	29.50
工商银行德州分行	347.32	147.97	174.13	299.29	98.37	180.12
农业银行德州分行	277.17	77.13	180.74	125.50	52.96	72.44
中国银行德州分行	171.06	67.79	81.70	113.77	48.13	63.18
建设银行德州分行	327.70	112.33	185.97	197.39	53.63	141.52
交通银行德州分行	19.82	17.35	0.91	19.25	4.38	14.87
恒丰银行德州分行	50.50	34.78	5.84	29.86	20.77	7.49
浙商银行德州分行	26.49	25.39	0.75	19.67	5.88	13.06
渤海银行德州分行	14.75	12.89	1.69	2.29	1.48	0.82

续表

单位名称	本外币存款余额	人民币单位存款	人民币诸蓄存款	本外币贷款余额	人民币短期贷款	人民币中长期贷款
邮储银行德州市分行	399.13	36.58	106.23	54.26	10.05	41.58
德州银行	319.94	143.56	162.02	181.2	101.80	47.22
威海市商业银行德州分行	37.66	22.35	9.2	30.75	25.22	4.54
青岛银行德州分行	20.86	16.92	2.17	15.88	4.83	9.89
齐鲁银行德州分行	33.18	20.79	1.85	30.48	8.87	21.41
农信社德州市办事处	753.50	91.38	632.87	444.96	337.77	106.37
村镇银行	24.65	8.90	14.02	19.66	17.61	2.05

附表5

德州市金融机构统计指标

指标（个）	年度	2012	2013	2014	2015	2016	2016年同比增幅（%）
银行类	法人机构	13	13	18	22	22	0
	省级分行	0	0	0	0	0	—
	二级分行	6	10	10	13	13	0
	县区支行	158	175	195	208	216	3.84
	分理处、营业所	652	642	663	522	519	-0.57
	储蓄所	12	7	6	143	148	3.5
	从业人员总数	10673	11007	11542	11598	11963	3.15
保险类	保险机构	32	35	37	40	49	22.5
	财险机构	15	16	18	20	26	30
	省级分公司	0	0	0	0	0	—
	地市分公司	15	16	18	20	26	30
	县区支公司	91	97	90	93	97	4.3
	寿险机构	17	19	19	20	23	15
	省级分公司	0	0	0	0	0	—
	地市分公司	17	19	19	20	23	15
	县区支公司	93	105	109	110	110	0
	从业人员总数	16133	15089	16693	21905	30226	37.99
	财险人员	2511	1682	3045	3296	4682	42.05
	寿险人员	13622	13407	13648	18609	25544	37.27
证券类	证券机构	5	6	6	6	6	0
	证券公司	0	1	1	1	1	0
	证券营业部	5	5	5	5	5	0
	证券服务部	0	0	0	0	0	—
	从业人员总数	103	97	122	111	134	20.72
	投资者开户	91133	82090	84421	49335	38759	-21.44
	境内上市股票支数	5	5	5	5	5	0
	境外上市股票支数	0	0	0	0	0	—
	辖区上市公司总数	5	5	5	5	5	0

临沂市

【经济金融概况】 2016年,临沂市遵循五大发展理念,适应引领新常态,按照"走在前列"的要求,统筹抓好稳增长、调结构、促改革、惠民生、防风险各项工作,全市经济社会呈现出平稳健康发展的势头。

【货币政策实施】 2016年,中国人民银行临沂市中心支行有效的贯彻落实稳健货币政策,对企业融资需求对接力度进一步加大,金融精准扶贫工作全面推进。

一、高度重视监测分析和引导。面对错综复杂的经济金融形势,加强对经济金融形势的调研分析和研判。注重加强对金融机构的窗口指导和稳健货币政策传导,制定金融支持全市经济持续健康发展、金融支持服务业等专项指导意见,全面实施宏观审慎评估,按季召开货币政策与金融管理工作通报会,灵活运用差别存款准备金、再贷款等货币政策工具,引导金融机构坚持有扶有控,加大对重点领域和薄弱环节的支持力度,促进全市货币信贷和社会融资规模平稳适度增长。

二、加大对企业融资需求对接力度。联合政府相关部门组织召开全市政银企合作推进会,引导全市金融机构加大对重点建设项目、重点技改项目、重点企业流资需求项目和高新技术企业的信贷支持。

三、金融精准扶贫工作全面推进。指导沂南农商行在全省率先推出"富民农户贷"和"富民生产贷",推动全国首单社会效应债券在沂南发行。中国人民银行临沂市中心支行被市委市政府评为"脱贫攻坚工作先进单位"。大力推进"农地"抵押贷款试点,指导邮储银行沂南县支行在全国系统内率先创新推出"富民发展贷"抵押贷款试点业务。在全省改革交流研讨会议上,人民银行沂南县支行作典型发言。

【金融稳定】 2016年,中国人民银行临沂市中心支行金融稳定工作积极作为,履职能力不断提高。一是实施金融风险监测全覆盖,完善《金融机构金融资产分析报告制度》,健全银行业机构表内、表外风险监测体系,强化重大事项报告管理,督导金融机构合规稳健经营。二是创新实施投保机构积分行为考核管理,扎实推进存款保险制度落实。三是探索风险预警管理名单制,增强现场评估、核查针对性。四是建立鲁南五市金融稳定协调机制,强化区域金融风险管控。五是积极组织开展金融机构突发事件应急预案演练。六是健全地方稳定协调机制,建立全市重点企业信贷风险监测平台,有力维护了区域金融稳定。

【金融服务】 2016年,中国人民银行临沂市中心支行夯实基础,加强创新,普惠金融服务取得新突破。

一、在全省率先建设了集助农存取款、农产品收购非现金结算、残损币兑换、金融消费权益保护、金融知识宣传和农村电子商务"六位一体"的多功能农村金融综合服务点,指导农行临沂分行创新打造施可丰金穗惠农通服务新模式,辖区农村普惠金融服务网络更加丰富。

二、推动市政府制定发布《临沂市社会信用体系建设工作方案》,促进信用与融资有效对接;在全省率先探索农村小微经营主体信用评级试点,有效缓解县域小微经营主体融资难题。

三、推进金融IC卡推广应用工作,推动临商银行与市公交集团合作开发公交行业应用,临沂市成为国内首批公交线路交通一卡通系统改造城市。

四、提升国库管理服务水平,在全省率先开展市级国库集中支付电子化改革试点。

五、顺利实施"1元券硬币化工程"试点,稳步推进沂水现金中心建设,全面提升现金管理服务能力。

六、深入推动普惠金融综合示范区试点工作,平邑县被济南分行批复为普惠金融综合示范区。

【金融监管】 2016年,中国人民银行临沂市中心支行扎实推进依法行政,金融监管能力不断提升。对辖区18家县域银行业金融机构开展综合执法检查,对28家市级机构开展专项执法检查,金融机构执行人民银行制度规定的自觉性有效提高。探索完善金融消费权益保护工作运行机制,在全省率先开展银行营业网点服务标准化示范单位创建。协助公安机关破获山东省建国以来最大假币案件。成功推动临沂市首例以洗钱罪定罪的地下钱庄案件判决,临沂中支反洗钱科被评为总行反洗钱工作先进集体。积极发挥纪委监察、内审和职能部门检查监督合力,加强对依法行政、财务预算管理等重点领域的审计监督,制定实施县支行内控监督检查办法,深入开展"财务管理规范化精细化推进年"活动,持续推进平安央行建设。

【外汇管理】 2016年,国家外汇管理局临沂市中心支局深入贯彻总分局工作部署,加强政策传导,全力做好"控流出、扩流入、稳预期"工作,外汇综合管理和服务不断强化。加强现场核查检查工作力度,对12家银行、76家企业开展现场核查检查,查处外汇违规案件16起。积极改善外贸企业融资环境,鼓励金融机构创新出口退税账户托管贷款模式,指导澳美纺织有限公司做成全省首笔全口径跨境融资业务。积极推进跨国公司外汇资金集中运营管理试点工作，大力支持临沂商城旅游购物、市场采购出口模式发展，成功办理山东省首单市场采购贸易方式业务。加强跨境资金流动监测预警和风险应对，监测核查及信息工作走在全省前列。

【金融改革】 2016年，中国人民银行临沂市中心支行扎实有效的开展了金融改革创新试点工作。

一、大力推进沂南县"农地"抵押贷款试点。指导沂南县支行加强与财政、农业等部门的联系，建立1000万元的贷款风险补偿金资金池和信用评价、风险处置等六大系统，为农村承包土地经营权抵押贷款试点创造了良好的外部环境。邮储银行沂南县支行在全国邮储银行系统率先创新推出"富民发展贷"抵押贷款试点业务，省"两权"抵押试点工作督导组给予肯定。

二、积极探索贷款保证保险试点。组织召开贷款保证保险试点新闻发布会和业务推进会，协调市财政出资4000万元设立小额贷款保证基金，探索运用"政府+银行+保险"的贷款保证保险产品，有效解决贷款难、担保难问题。

三、积极推动利率市场化改革基础准备工作。通过合格审慎评估推进会、政策提示等手段，全面推动合格审慎评估工作。8家法人机构获得同业存单和大额存单发行资格，7家机构获得同业存单发行资格，法人机构主动负债能力不断提高。

四、推动人民币境外(韩国)借款业务顺利落地。

【保险业务】 2016年，临沂市保险业保持了持续健康的发展态势，支持经济社会发展和服务民生的能力不断增强。

一、保险服务网络不断完善。2016年，市级保险公司稳步增加，全年新增市级保险机构4家，总计67家，其中财产险公司31家、人身险公司36家，服务网点达到700余家；市级保险专业保险中介机构16家(法人机构)。全市保险从业人员近8.5万人，新增就业岗位27700余个。

二、保险保障能力不断提高。2016年全市实现保费收入193.7亿元，同比增长28.36%。其中：产险稳中有升，实现保费收入66.4446亿元，同比增长17.42%，人身险较快增长，实现保费收入127.2743亿元，同比增长34.91%。

三、保险服务地方经济发展的作用显著增强。2016年各保险机构为全市承担各类风险责任总额超过2万亿元，已处理赔案近70万件，支付赔款63.6亿余元。上缴税金11.87亿元，时间点存款10.25亿余元，保单抵押贷款12.19亿余元。

【证券业务】 2016年，临沂市证券公司营业部网点数量呈现稳步上升趋势，新增3家证券营业部，证券机构总数达30家，在全省位居第五位(不含青岛)；期货营业部总数为5家，在全省位居第二位(不含青岛)。

【精神文化建设】 2016年，临沂市各金融机构不断创新工作思路，深入扎实开展富有特色的精神文化建设活动，取得了较好成果。

一、中国人民银行临沂市中心支行连续第七年荣获分行目标管理综合考核先进单位，被市委市政府授予科学发展综合考核先进单位一等奖；团委被团省委表彰为"山东省五四红旗团委"，被总行评为青年工作先进集体；工会被总行工会授予"模范职工之家"荣誉称号。

二、日照银行临沂分行被临沂市总工会授予"振兴沂蒙"五一劳动奖状；辖内费县支行被授予2016年度市级"文明单位"，营业部和市中支行被授予2016年度市级"青年文明号"。

三、莱商银行临沂分行营业部被评为"2016年临沂市银行网点服务标准化示范单位"。

【大事记】 1月18日 临沂市政府在人民银行临沂中支召开贷款保证保险试点工作新闻发布会。

1月29日 人民银行临沂中支召开2016年辖区工作会议，学习传达2016年总分行工作会议精神，总结2015年工作，明确2016年辖区工作总体要求和重点任务。

2月16日 中国银行临沂分行召开2016年工作会议暨开门红推动会议。

2月29日 经临沂银监分局任职资格审核同意，经济南分行研究决定，聘任杨金波为招商银行临沂分行行长。(招银济任〔2016〕10号)

3月10日 莱商银行临沂河东支行正式开业。

3月11日 人民银行临沂中支联合市发改委、经信委、科技局等部门组织召开2016年全市政银企合作推进会。

3月18日 山东省金融学会第五家"金融理论研究与实践基地"揭牌仪式暨临沂商城国际化进程中金融配套政策研讨会在临沂举办。

3月21日 广发银行临沂分行正式试营业。

4月13日 中国人民银行临沂市中心支行对沂水农商行发放全省第一笔扶贫再贷款，金额1.5亿元。

4月27日 临沂市举办第三届资本交易大会，中国人民银行临沂市中心支行牵头举办银行助力临沂商城扬帆"一带一路"研讨会，并组织中支各部门参观资本交易大会金融创新产品展示会。

4月28日 莱商银行临沂罗庄支行正式开业。

6月22日 人民银行临沂中支、临沂市扶贫办、临沂市财政局联合下发《关于全面深化金融助推脱贫攻坚工作的实施意见》(临银发〔2016〕83号)。市扶贫办在16部门推广人民银行经验"。

6月27日 中国银行临沂分行组织全辖党支部书记到沂蒙红嫂革命纪念馆、大青山胜利突围纪念馆进行党性教育。

8月24日 山东卫视山东新闻联播节目以《山东：精准对

接出实招、金融扶贫见实效》对临沂市平邑县利用扶贫再贷款精准帮扶贫困户脱贫做法进行专题报道。

10月17日—19日　人民银行总行党委宣传部率《新华网》《经济日报》《金融时报》《中国经济导报》《中国金融家》杂志社等5家中央新闻媒体组成“发挥基层行党委谋篇布局作用助力金融惠民小康社会发展”专题新闻采访团，来临沂市现场采访助力金融惠民、推动小康社会发展情况。

11月25日　农业发展银行临沂市分行发放系统内首笔旅游扶贫贷款1亿元，用于支持沂南县红色旅游扶贫项目。

12月15日　中国银行临沂分行举办35周年行庆表彰大会。

12月16日　中国银行临沂分行该行成立35周年。

12月23日　沂南县成功发行全国首单扶贫社会效应债券。

（翁洪服　时　婧）

附表1

临沂市（县）主要经济指标1

地区	指标	土地面积（平方公里）	人口（万人）	地区生产总值（亿元）	公共财政预算收入（亿元）	公共财政预算支出（亿元）	全社会固定资产投资（亿元）
沂南县	2016年	1719.28	94.83	242.7	14.7	38.6	245.2
	同比增幅（%）	—	1.74	7.8	10.2	9.1	23.2
郯城县	2016年	1195	97.79	281.8	12.0	35.3	238.5
	同比增幅（%）	—	0	10.9	13.7	7.0	25.6
沂水县	2016年	2434.80	115.96	374.0	22.9	49.1	328.5
	同比增幅（%）	—	0.74	6.6	10.9	9.1	22.1
兰陵县	2016年	1724.87	140.1	358.4	15.0	43.9	215.7
	同比增幅（%）	—	1.91	6.8	14.2	13.9	17.5
费　县	2016年	1660.11	88.02	282.5	18.0	37.8	185.3
	同比增幅（%）	—	0.35	9.5	14.2	8.0	22.3
平邑县	2016年	1825	93.64	283.7	10.7	36.1	195.7
	同比增幅（%）	—	1.27	6.4	-3.5	2.5	16.2
莒南县	2016年	1388	84.66	264.5	13.6	34.3	207.2
	同比增幅（%）	—	0.7	7.4	6.4	1.5	10.4
蒙阴县	2016年	1601.6	57	183.5	10.0	35.0	139.1
	同比增幅（%）	—	0	6.8	11.9	14.0	16.8
临沭县	2016年	1010	65.84	228.3	13.9	32.3	185.5
	同比增幅（%）	—	1	7.6	14.0	6.3	3.0
临沂市	2016年	17184.1	1044.3	4026.8	293.9	574.3	3603.3
	同比增幅（%）	—	1.27	7.6	11.7	7.6	11.9

临沂市（县）主要经济指标2

地区	指标	进出口总值（亿美元）	实际利用外资（亿美元）	社会消费品零售总额（亿元）	居民消费价格指数（%）	城市居民人均可支配收入（元）	农村居民可支配收入（元）
沂南县	2016年	2.9	0.05	132.1	101.7	30184	11200
	同比增幅（%）	13.3	-74.8	10.6	1.7	8.30	8.20

续表

地区	指标	进出口总值（亿美元）	实际利用外资（亿美元）	社会消费品零售总额（亿元）	居民消费价格指数（%）	城市居民人均可支配收入（元）	农村居民可支配收入（元）
沂南县	2016 年	2.9	0.05	132.1	101.7	30184	11200
	同比增幅（%）	13.3	−74.8	10.6	1.7	8.30	8.20
郯城县	2016 年	1.7	0.19	148.0	101.7	30953	11660
	同比增幅（%）	−19.8	85.1	10.7	1.7	8.19	7.10
沂水县	2016 年	10.7	0.54	190.2	101.7	31132	11993
	同比增幅（%）	44.9	144.9	10.9	1.7	7.10	6.91
兰陵县	2016 年	1.0	1.7	226.6	101.7	28285	12046
	同比增幅（%）	−60.6	1596.0	10.6	1.7	8.4	8.6
费　县	2016 年	4.1	0.35	117.3	102.5	31068	11347
	同比增幅（%）	13.5	5152.2	10.8	2.5	37.51	−13.34
平邑县	2016 年	1.7	0.05	173.9	101.7	30004	11589
	同比增幅（%）	4.6	400.0	10.7	1.7	8.5	7.4
莒南县	2016 年	6.7	0.16	132.8	101.7	28255	—
	同比增幅（%）	−0.7	−57.8	10.6	1.7	—	7.9
蒙阴县	2016 年	1.9	0.02	108.0	101.7	29042	10895
	同比增幅（%）	75.7	159.7	10.6	1.7	8.7	8.5
临沭县	2016 年	5.4	0.05	105.3	101.7	31672	11100
	同比增幅（%）	27.4	−91.3	10.6	1.7	7.6	6.7
临沂市	2016 年	580.2	5.1	2488.0	101.7	30859	11646
	同比增幅（%）	6.5	27.6	11.3	1.7	7.8	7.6

注：统计局“进出口总值”指标单位为“元”，此处统一按 2016 年末汇率换算成美元；“居民消费价格指数”除费县外，其他各县均无统计数据，此处按临沂市数据填报

附表 2

临沂市（县）主要金融指标 1

地区	指标（亿元）	银行类							
		本外币存款余额	住户存款	非金融企业存款	本外币贷款余额	第一产业贷款	第二产业贷款	第三产业贷款	个人贷款及透支
沂南县	2016 年	289.35	231.91	27.13	135.78	4.87	42.24	24.46	57.53
	同比增幅（%）	17.57	13.41	71.79	14.05	−26.77	10.58	24.19	22.66
郯城县	2016 年	233.49	196.53	14.99	136.54	0.07	19.60	31.76	78.08
	同比增幅（%）	15.51	13.70	27.61	24.14	1320.00	−12.51	107.67	16.48
沂水县	2016 年	427.59	317.30	59.61	287.70	1.62	110.08	75.21	75.68
	同比增幅（%）	17.30	11.55	73.07	15.82	215.48	4.70	55.41	14.73

续表

地区	指标（亿元）	银行类							
		本外币存款余额	住户存款	非金融企业存款	本外币贷款余额	第一产业贷款	第二产业贷款	第三产业贷款	个人贷款及透支
郯城县	2016 年	233.49	196.53	14.99	136.54	0.07	19.60	31.76	78.08
	同比增幅（%）	15.51	13.70	27.61	24.14	1320.00	-12.51	107.67	16.48
沂水县	2016 年	427.59	317.30	59.61	287.70	1.62	110.08	75.21	75.68
	同比增幅（%）	17.30	11.55	73.07	15.82	215.48	4.70	55.41	14.73
兰陵县	2016 年	310.53	234.45	46.89	193.47	9.33	44.10	43.37	87.69
	同比增幅（%）	17.91	18.60	17.23	15.70	15.34	-2.07	36.02	20.06
费县	2016 年	273.93	209.73	28.89	147.74	0.60	40.29	21.44	76.24
	同比增幅（%）	15.51	12.35	48.96	21.37	645.68	19.37	62.69	14.02
平邑县	2016 年	254.54	190.06	26.94	141.13	0.16	32.71	18.61	84.31
	同比增幅（%）	15.19	12.53	33.26	11.49	100	-8.14	53.73	18.03
莒南县	2016 年	365.86	269.81	63.79	226.47	1.32	82.78	62.51	60.46
	同比增幅（%）	21.74	15.87	71.00	21.18	95.81	9.14	40.08	27.00
蒙阴县	2016 年	186.23	142.65	15.87	101.56	1.42	20.09	19.46	54.61
	同比增幅（%）	11.31	11.11	52.69	16.46	59.02	11.27	25.80	16.63
临沭县	2016 年	245.67	164.70	42.02	188.06	2.41	80.35	24.39	76.11
	同比增幅（%）	3.69	11.59	-22.23	11.40	17.56	-1.58	56.78	23.59
临沂市	2016 年	5333.75	3322.60	1245.25	3960.59	42.33	1286.18	841.69	1585.85
	同比增幅（%）	12.00	12.42	11.23	16.50	26.08	6.88	28.02	19.44

临沂市（县）主要金融指标 2

地区	指标（亿元）	保险类			证券类		
		保险公司保费收入	保险公司赔款和给付支出	当年结益	证券市场成交总额	投资者保证金余额	年末证券账户开户数（万户）
沂南县	2016 年	9.60	2.65	—	45.98	0.17	0.48
	同比增幅（%）	25.31	44.62	—	-12.69	0	42.98
郯城县	2016 年	8.98	2.40	—	54.67	0.2	0.12
	同比增幅（%）	29.49	40.51	—	-50.13	-83.49	-52.94
沂水县	2016 年	11.74	3.04	—	192.55	0.83	0.37
	同比增幅（%）	22.66	53.49	—	-43.36	-25.89	-39.34
兰陵县	2016 年	10.18	3.45	—	—	—	—
	同比增幅（%）	20.75	57.39	—	—	—	—
费县	2016 年	12.11	2.92	—	138.25	0.12	0.32
	同比增幅（%）	41.35	35.38	—	-43.89	-83.33	-45.76

续表

地区	指标（亿元）	保险类			证券类		
		保险公司保费收入	保险公司赔款和给付支出	当年结益	证券市场成交总额	投资者保证金余额	年末证券账户开户数（万户）
平邑县	2016 年	8.74	2.91	—	—	—	—
	同比增幅（%）	26.90	41.74	—	—	—	—
莒南县	2016 年	8.35	2.73	—	54.17	0.17	0.16
	同比增幅（%）	8.77	19.87	—	-13.53	-36.9	-51.43
蒙阴县	2016 年	8.12	2.96	—	—	—	—
	同比增幅（%）	30.27	46.04	—	—	—	—
临沭县	2016 年	7.12	2.27	—	49.77	0.15	0.19
	同比增幅（%）	22.30	35.57	—	-15.39	15.52	44.12
临沂市	2016 年	193.72	63.63	—	4856.05	17.38	50.12
	同比增幅（%）	28.36	25.36	—	-58.2	-6.56	12.88

注：兰陵、平邑、蒙阴县无证券营业网点

附表 3

临沂市主要金融机构概况

单位名称	行长（或其他称谓的第一负责人）	副行长（或其他称谓的同级领导）	员工总数	辖内营业网点数
人民银行临沂中支	吴金忠	陈　刚　许　波　郭元华 薛昭顺　王　森　高　翔 王均涛　惠广城	399	10
银监会临沂监管分局	汲长虹	公冶颂　于兆林　吕　娟 刘智波　蒋卫红	82	10
农业发展银行临沂市分行	吴德轩	徐振云　李广军	207	10
工商银行临沂分行	杨　峰	陈维东　叶清涛　魏宗杰 伦九亮　韩亚鹏	1246	58
农业银行临沂分行	宋红光	王明军　安　勇　张炳臣 高　峰　戴启威　鲁海峰	2378	235
中国银行临沂分行	王志江	翟玉林　葛庆亮　李成忠 杨在志　吕兰涛　李学贤	870	37
建设银行临沂分行	刘月余	邢成华　张全刚　袁雪峰 郝培涛　田福兴　陶绪云	1347	59
交通银行临沂分行	刘金柱	李纯东　李海源　黄大海	84	3
邮储银行临沂市分行	刘　欣	赵验昌　鲁成军　陈海卫	1005	265
民生银行临沂支行	秦　剑	赵海燕　赵建涛 曹恩伟　吴　梅	330	62
浦发银行临沂分行	姜　健	宋兖成　景海燕 张艳红　王志军	110	7
招商银行临沂分行	杨金波	魏东国　吴洪光	85	3

续表

单位名称	行长（或其他称谓的第一负责人）	副行长（或其他称谓的同级领导）	员工总数	辖内营业网点数
兴业银行临沂分行	谭　林	曹洪根　王　鹏	126	6
华夏银行临沂分行	尼云山	魏晓敏　徐　伟　杨德国	101	3
中信银行临沂分行	杨玉君	戴　毓　宋保华 于春亭　孙　艳	103	4
平安银行临沂分行	邢　斌	张继诚　葛　海	68	3
光大银行临沂分行	吕　杰	张　鑫　郑洪亮　刘洪云	67	1
广发银行临沂分行	陈锡滇	朱崇强　王恒者　冯应春	52	1
恒丰银行临沂分行	王晓峰	陈虎田　程　伟	38	1
日照银行临沂分行	张秋生	陈正凯　李　泓	163	5
威海市商业银行临沂分行	姜　毅	刘元磊　王济鹏	121	6
莱商银行临沂分行	赵　强	贾守强	140	6
济宁银行临沂分行	刘彦平	张池云　胡勤习	48	1
齐鲁银行临沂分行	韩明磊	孙振军　吕　辉	60	1
临商银行	钱　进	王君泰　庄　依　臧文勇 徐　毅　徐　建　韩　伟 刘建军　葛　磊　王庆仔 林学金　刘洪琪	2110	89
农信社临沂市办事处	孔祥波	李玉林　庄　涛　毛克付	7885	530
临沂兰山农村商业银行	毛晓辉	孙宝华　刘国强　鞠佃军 诸葛凤沂　丁万刚　邵景东 徐小强　林存亮	1200	88
临沂河东农村商业银行	莫沂海	庄　红　王兆聚　赵振响 衣艳珍　张守山　张效英 宋广厦　陈德强	599	39
临沂罗庄农村商业银行	刘　春	程洪德　张华龙 王献伟　孔爱芹	585	41
河东齐商村镇银行	葛　涛	李广州	125	9
人保财险临沂分公司	崔建生	王海峰	2960	75
中国人寿临沂分公司	李瑞华	张文成　赵彦东　王秀泰 谭啸然　窦世泉	29800	185
齐鲁证券公司临沂分公司	张学林		135	7

附表 4

临沂市主要金融机构业务概况

单位：亿元

单位名称	本外币存款余额	人民币单位存款	人民币储蓄存款	本外币贷款余额	人民币短期贷款	人民币中长期贷款
农业发展银行临沂市分行	75.90	75.50	—	16.48	28.49	136.35

续表

单位名称	本外币存款余额	人民币单位存款	人民币储蓄存款	本外币贷款余额	人民币短期贷款	人民币中长期贷款
工商银行临沂分行	357.53	121.11	207.52	404.41	122.18	273.54
农业银行临沂分行	768.41	196.94	535.59	430.50	158.69	262.40
中国银行临沂分行	248.73	111.12	112.99	252.18	109.93	136.94
建设银行临沂分行	467.06	241.89	173.90	398.94	81.03	308.12
交通银行临沂分行	85.45	60.10	7.05	52.13	34.41	11.78
邮储银行临沂市分行	381.63	29.16	141.50	87.04	28.54	56.18
民生银行临沂支行	192.87	104.11	58.93	195.14	116.47	58.95
浦发银行临沂分行	74.90	69.31	4.12	96.16	39.93	53.15
招商银行临沂分行	19.74	14.67	4.52	30.60	18.72	9.66
兴业银行临沂分行	73.02	60.75	11.07	88.47	52.79	34.48
华夏银行临沂分行	59.62	54.90	3.88	44.56	27.07	16.36
中信银行临沂分行	76.75	65.42	5.15	63.36	19.97	36.15
平安银行临沂分行	33.47	29.76	3.18	42.88	36.68	2.35
光大银行临沂分行	23.49	21.74	0.89	25.44	13.86	11.58
广发银行临沂分行	10.80	10.28	0.39	18.91	14.14	4.78
恒丰银行临沂分行	7.84	0.35	7.49	3.08	3.08	0
日照银行临沂分行	50.71	37.54	11.32	30.71	26.70	3.00
威海市商业银行临沂分行	36.18	23.88	3.78	22.53	16.89	2.59
莱商银行临沂分行	80.69	68.27	10.04	55.97	43.78	11.17
济宁银行临沂分行	6.67	5.51	0.91	7.10	3.92	3.18
齐鲁银行临沂分行	12.51	11.12	0.69	11.84	4.98	6.86
临商银行	526.53	319.68	182.22	381.15	283.33	69.93
农信社临沂市办事处	1581.37	175.57	1364.71	1002.00	699.20	179.55
临沂兰山农村商业银行	238.48	73.27	156.84	163.92	123.25	21.40
临沂河东农村商业银行	112.44	13.18	98.33	78.71	53.73	11.54
临沂罗庄农村商业银行	104.71	18.30	83.22	74.70	47.91	23.54
河东齐商村镇银行	30.89	18.47	12.36	21.39	18.52	2.87

附表5

临沂市金融机构统计指标

指标（个）	年度	2012	2013	2014	2015	2016	2016年同比增幅（%）
银行类	法人机构	19	20	22	22	23	4.55
	省级分行	1	1	1	1	1	0
	二级分行	13	18	17	19	21	10.53
	县区支行	201	213	223	690	600	-13.04
	分理处、营业所	961	977	992	554	705	27.26
	储蓄所	30	—	—	—	—	—
	从业人员总数	17735	15411	16524	17978	17999	0.12
保险类	保险机构	584	607	628	655	705	7.63
	财险机构	217	237	254	274	309	12.77
	省级分公司	1	1	1	1	1	0.00
	地市分公司	25	25	25	27	29	7.41
	县区支公司	111	123	141	157	183	16.56
	寿险机构	367	370	374	381	396	3.94
	省级分公司	1	1	1	1	1	0
	地市分公司	27	28	30	32	35	9.38
	县区支公司	111	111	111	114	129	13.16
	从业人员总数	33966	35867	39371	56813	84473	48.69
	财险人员	5900	5966	6666	7873	12355	56.93
	寿险人员	28066	29901	32705	48940	72118	47.36
证券类	证券机构	12	16	25	27	30	11.11
	证券公司	0	1	1	1	1	0
	证券营业部	12	15	24	26	29	11.53
	证券服务部	0	0	0	0	0	—
	从业人员总数	312	283	316	459	420	-8.50
	投资者开户	247461	272526	292058	443993	501227	12.89
	境内上市股票支数	4	4	4	4	4	0
	境外上市股票支数	20	17	17	17	9	-47.06
	辖区上市公司总数	24	21	21	21	13	-38.10

注：银行类指标中“县区支行”“分理处、营业所”指标2015统计口径有所调整，分别为“支行机构数”“支行以下分支机构数”，现统计口径与之前数据不可比

聊 城 市

【经济金融概况】 2016年,聊城市按照"作风引领、团结实干、争先进位、科学发展"的总体要求,改革创新,攻坚克难,全市经济保持平稳较快发展,经济结构不断优化,发展质量逐步提升,综合实力显著增加,社会生产总值2859.2亿元,同比增长7.3%;第一产业增加值338.11亿元,同比增长4.4%;第二产业增加值1414.66亿元,同比增长6.2%;第三产业增加值1106.41亿元,同比增长9.6%。产业结构更加优化。三次产业比例由2015年的11.9:51.0:37.1调整为11.8:49.5:38.7,第三产业比重比2015年提高1.6个百分点。就业形势保持稳定,城镇新增就业5.32万人。登记失业率控制在3.09%,社保基金征缴总额增长12.2%。城乡居民人均可支配收入分别达到23277元和11387元,同比分别增长7.9%和8.3%。聊城市旅游消费总额增长13.5%。电子商务交易额达到935.8亿元,增长43%。聊城市服务业增加值增长9.6%,聊城市招商引资到位资金803.9亿元,完成进出口总额375.4亿元,同比增长19.5%,其中出口197.8亿元,同比增长25.4%,实际利用外资4.4亿元,同比增长26.8%,对外投资20.7亿元,同比增长104%。

【货币政策实施】 2016年,中国人民银行聊城市中心支行认真贯彻宏观调控政策,助力供给侧结构性改革,促进经济"补短板、调结构",强化银企合作,服务聊城市企业"稳增长、降成本"。

一、加大货币政策执行传导力度。印发指导文件9个、召开信贷政策宣讲会等11次,引导金融机构加大对扶贫领域、基础建设项目、企业转型升级等重点薄弱环节的支持。

二、加大薄弱环节金融支持力度。用好货币政策工具,引导金融机构支农支小,对全市4家农商行实施比正常标准低1个百分点的激励措施,增加法人机构可用资金4.22亿元;2016年,发放支农再贷款、扶贫再贷款3.5亿元,办理再贴现3.98亿元;为聊城农商行发放首笔常备借贷便利1.8亿元。

三、加大金融市场业务发展力度。建立多种形式的县级市场利率定价自律机制,指导辖区法人机构参加合格审慎评估,8家机构被全国市场自律机制评为基础成员,1家机构为观察成员,通过率全省最高。指导全市8家农商行全部开展债券买卖和债券回购业务,债券余额突破120亿元;指导全市8家农商行发行同业存单6亿元,该项业务实现"零"的突破;推动聊城农商行和阳谷农商行在全国银行间债券市场发行"二级资本债券"。深入推进金融精准扶贫,建立健全金融扶贫信息统计、监测和共享机制,开展金融扶贫政策宣传和多层次扶贫融资供需对接活动,引导金融机构推出富民农户贷等10余种扶贫贷款产品。

【金融稳定】 2016年,中国人民银行聊城市中心支行推动构建地方政府牵头、各部门协调联动的区域金融风险处置模式,建立跨部门的信息交流与磋商机制,联合制定风险处置方案,及时妥善处置金融风险。

一、强化风险监测全面覆盖。坚持早发现、早报告、早处置的原则,拓展银证保风险监测,开展重要实体经济监测,按月对法人机构风险状况进行监测、按季开展风险评估。

二、强化风险处置化解工作。积极创新宣传形式,集中开展"防范和打击非法集资知识宣传月"活动。结合金融稳健经验面临的挑战和县支行金融稳定理事会刚组建的实际,加大风险处置能力建设,在系统培训基础上组织开展了金融风险处置模拟训练。

三、强化存款保险评级工作。持续开展存款保险相关知识的学习和宣传。通过座谈会、风险提示会、微信工作圈、风险提示书等途径指导投保机构进行早期纠正,使投保机构对差别费率有了较强预期。在稳步推进存款保险制度实施的同时,拓展银证保风险监测,开展重要实体经济监测,努力摸清辖区风险底数,对证券、上市公司、保险、小贷公司各行业风险排查,制定印发了《金融险预警提示制度》,积极参与辖区金羊集团、同创生物、广庆新材料、港海薄板、华美电缆、四强化工等风险处置10起,处置次数64次,涉及核心企业或银行12家,融资额47.21亿元。

【金融服务】 2016年,中国人民银行聊城市中心支行继续开展形式多样的金融知识宣传活动。

一、加大农村金融宣传力度。以深化农村金融知识宣教为重点,在山东省首创"金融夜校",全力推进农村金融维权联络点建设,乡镇覆盖率达到了100%。

二、推进辖区普惠金融建设。继续深化农村支付服务环境建设,手机支付业务行政村覆盖率达到100%,被中国人民银行济南分行确定为辖区三个普惠金融综合示范区试点地区之一。

三、开展"6·14信用关爱日——图说诚信"宣传活动,将"征信知识讲堂"受众面从大学扩展至中学;稳妥推进小微企业评级(评分)试点工作;积极推动辖区社会信用体系建设,在该行综合服务大厅配置了自助查询机,提高了征信查询服务效率。成功发行公交金融IC卡,实现了金融IC卡在聊城公共服务领域应用的突破,积极开展"现金全额清分冲刺年"活动。

四、组织开展“金融服务企业百日行”活动，集中走访中小企业、科技创新企业和外贸重点企业224家，为87家企业提供融资支持29.44亿元；积极协助政府部门开展“金融工作日”活动，现场解决企业融资难题。构建金融支持经济发展长效机制。在聊城市金融机构中选取40名业务专家组成了“金融顾问团”，长期为企业提供金融政策、融资顾问和咨询服务，切实帮助企业解决发展。

【金融监管】 2016年，聊城市全面夯实依法监管基础，规范依法监管行为，提高银行法治水平。

一、中国人民银行聊城市中心支行开展“依法治行从严治行”推进年和“法治示范机关(单位)”创建活动，开展金融机构2项综合执法检查、12项专题执法检查，对9家机构进行了开业审批，对4家村镇银行实施行政处罚，罚款2.6万余元；深入推进普法工作，举办了全市2011—2015年金融系统普法依法治理评选表彰和“七五”普法启动仪式暨法治文艺汇演，稳步推进金融法治建设，开展辖区无证经营支付业务机构的摸排工作，建立联合整治支付结算重大违法犯罪机制，进一步净化了支付服务市场。

二、中国银行业监督管理委员会聊城监管分局协助配合公安部门形成打击治理电信网络新型违法犯罪活动的合力；继续严格规范高管测试分工负责模式；持续监测，依托自主研发担保圈风险分析系统，建立重点担保圈台帐制，及时跟踪监测担保圈变动情况；推进辖区担保圈风险化解；共享信息，深入挖掘客户风险统计系统功能，保障共享信息应用贯穿于风险管控全流程；引导辖区银行业用好“冻保续贷、关联承接、抵质置换、信用置换、优化重组、隔离处置”等六大工具，有效化解风险担保圈风险1个，控制重点担保圈风险3个，缓释贷款风险38.8亿元。有效化解风险担保圈风险1个，控制重点担保圈风险3个，缓释贷款风险38.8亿元。

【外汇管理】 2016年，国家外汇管理局聊城市中心支局深入贯彻落实外汇重点领域改革政策。

一、进一步促进贸易投资便利化。坚持管理与服务并重，加大异常外汇资金流动监控，严格内部管理，全面提高支持涉外经济发展的能力和水平，支持临清三和纺织集团成功通过总局审查，获得业务资格。协助阳谷祥光铜业有限公司完成了业务变更备案，调整了外债、对外放款额度，满足了企业的资金需求。

二、认真落实全口径跨境融资宏观审慎管理政策，成功为临清三和纺织集团有限公司办理了首笔中资企业跨境融资业务。与聊城市国税局、齐鲁银行聊城分行共同推出了“出口退税贷款”创新金融产品。建立了银行结售汇市场准入许可登记，严格执行外汇管理行政许可制度，为辖区金融机构办理结售汇市场准入，制定了《国家外汇管理局聊城市中心支局货物贸易监测核查工作考核办法》，以制度规范提升非现场和现场核查工作质效，取得了良好效果。建立了银行结售汇市场准入许可登记，严格执行外汇管理行政许可制度，为辖区金融机构办理结售汇市场准入。

【金融改革】 2016年，聊城市引导发展转型，持续推进农合机构改革提升。引导农商行业务和管理实现科学转型发展，促进改革，探索建立农村中小金融机构监审联动工作机制，引导省联社聊城办事处加快向区域审计中心转型；实现数据归集分析，建设风险审查中心，建设贷后检查中心，建设不良资产经营管理中心，提高不良清收质效。全面推行主发起行派驻风险主管制度，加强银政深度合作，不断健全完善银行业服务体系，配合政府引导辖外银行业金融机构进驻；优化完善银行机构网点布局，鼓励重点向县域、乡镇等金融服务薄弱地区下沉延伸服务网络，实现市县乡机构平衡协调发展。鼓励组建面向“三农”、小微企业的专营机构和专业支行，支持批量申报组建社区支行和小微支行。2016年以来，德州银行聊城分行、威海市商业银行聊城分行顺利开业，辖区新设县域支行12家、筹建小微支行1家。

【保险业务】 2016年，聊城市保险业实现保费收入84.85亿元，同比增长13.68%。其中，财产险实现保费收入30.76亿元，同比增长16.96%；人身险实现保费收入54.09亿元，同比增长11.9%。开业的保险公司达到50家，其中，财产保险公司27家，人身险公司23家。目前还有1家财产险和2家人身险正在筹建。各县市区、各乡镇保险公司分支机构达到307多家，使保险服务延伸到基层、延伸到农村。2016年，聊城市保险业共为社会承担各类风险责任2.62万亿元，同比增长13.3%。支付各项赔款和给付保险金33.9亿元，同比增长49.48%。上缴地方税收4.84亿元，同比增长24.4%。农业保险实现了“扩面、提标、增品”，风险保障能力不断增强。开办黑驴养殖保险，积极参与脱贫攻坚。责任险险种不断增多，覆盖面进一步扩大。消费者对保险服务的满意度不断提升，行业发展基础更加牢固。

【证券业务】 2016年，聊城市创新推出国内首支市级挂牌企业股权质押融资增信基金和省内第三支市级政府直投基金，新增“新三板”挂牌企业10家，新增齐鲁股权交易市场挂牌企业263家。新成立中国银河证券股份有限公司聊城市东昌西路证券营业部和招商证券聊城东昌路证券营业部两家证券公司营业部。

【精神文化建设】 2016年，聊城市各金融机构积极推进精神文化建设。

一、中国人民银行聊城市中心支行继续以文明单位创建为平台凝聚干部职工力量，将无烟单位创建作为文明单位建设的重要内容，被评为全市首批25家无烟单位之一。国库科作为济南分行辖区唯一、人民银行系统8个集体之一被总行推荐到团中央参加2015—2016年度全国青年文明号评选，荣获“山东省财贸金融系统五一劳动奖状”。组织开展庆祝建党95年文艺汇演、“我们的中国梦”、“最美女工 幸福我家”、女职工“随手拍”摄影大赛等系列活动，举办辖区乒乓球和羽毛球比赛，激发了大家“快乐工作 健康生活”和创先争优的热情。搭建平台促进青年员工成长，开展了“激扬青春 奉献央行”拓展训练、手抄党章100天等主题教育实践活动；成立“萤火虫”青年志愿服务队，积极开展金融扶贫等志愿服务10余次。

二、恒丰银行聊城分行组织“恒丰银行杯行走见证成长徒步活动”，吸引千余市民参加，传递了“绿色、爱和成长”的恒丰正能量。

三、交通银行聊城分行建成交通银行总行级“模范职工之家”。

四、工商银行聊城分行开展“立足岗位学雷锋，争做工行好员工”活动，激励和促进学雷锋活动的深入开展。引领员工献爱心积极履行社会责任，对聊城大学“女大学生支持行动”，捐资助学，专项扶助资金4万元。积极与聊城市聋哑学校联系，购买了学生急需的篮球、排球、足球、呼啦圈、跳绳等一批物资，到该校慰问。

【大事记】 1月28日 人民银行聊城中支联合市银监局、扶贫办印发《全面做好扶贫开发金融服务工作 助力全市脱贫攻坚的实施意见》（聊银发〔2016〕1号），正式启动聊城市金融扶贫工作，并成为山东省第一个制定金融扶贫意见的地市。

5月4日 王艳峰任工商银行聊城分行行长。（工银鲁任免〔2016〕34号）。

5月20日 人民银行聊城中支在全市部署“扶贫企业融资需求调查对接活动”，累计走访扶贫龙头企业342户，达成融资协议9.09亿元，涉及帮扶1.87万贫困户，5.59万贫困人口。

5月23日 张从文任恒丰银行聊城分行行长（恒银济发〔2016〕48号）。

6月19日 聊城市公交金融IC项目启动仪式在阿尔卡迪亚大酒店成功举行。该项目已于6月10日在所有公交车车载终端测试成功，出行居民均可实现刷金融IC卡乘车。

7月4日 人民银行聊城中支完成对阳谷农商行在全国银行间债券市场公开发行二级资本债券的初审并上报，目前已获总行批复。

8月11日 山东省“两权”抵押贷款试点工作（莘县）督导会在莘县举行。

8月24日 恒丰银行聊城分行成立茌平支行筹建工作领导小组。

8月30日 人民银行聊城中支金堤河流域片区扶贫开发金融服务工作领导小组成立（聊银办发〔2016〕70号）。

9月1日 人民银行聊城中支成立聊城市金融顾问团，构建银企长效沟通服务机制。

9月8日 以“预防洗钱活动、打击洗钱犯罪、维护金融秩序”为主题的山东省纪念《中华人民共和国反洗钱法》颁布实施十周年集中宣传活动启动仪式暨聊城市金融机构反洗钱知识竞赛在聊城隆重举行。

10月19日 人民银行聊城中支举办“聊城市跨境人民币结算业务6周年工作情况发布会暨征文演讲比赛”。

（徐立巍）

附表1

聊城市（县）主要经济指标1

地区 \ 指标		土地面积（平方公里）	人口（万人）	地区生产总值（亿元）	公共财政预算收入（亿元）	公共财政预算支出（亿元）	全社会固定资产投资（亿元）
临清市	2016年	950	82.12	389.68	19.12	33.50	284.52
	同比增幅（%）	—	2.34	6.3	10.8	5.54	5.8
阳谷县	2016年	1065	79.6	315.58	13.45	32.67	322.53
	同比增幅（%）	—	0.76	6.91	9	4.51	19.38
莘县	2016年	1420	108.07	319.11	11.03	37.81	258.31
	同比增幅（%）	—	2.56	5.98	7.09	5.41	14.30
茌平县	2016年	1003	56.4	468	31.03	38.2	308.9
	同比增幅（%）	—	1.02	6.06	5.37	-6.26	11.42
东阿县	2016年	729	40.42	199.92	11.89	19.08	108.35
	同比增幅（%）	—	0	6.26	9.59	-6.56	-12.99
冠县	2016年	1161	86.5	287.19	11.35	34.63	242.84
	同比增幅（%）	—	2.71	6.78	9.98	10.15	10.5

续表

地区 \ 指标		土地面积（平方公里）	人口（万人）	地区生产总值（亿元）	公共财政预算收入（亿元）	公共财政预算支出（亿元）	全社会固定资产投资（亿元）
高唐县	2016年	949	51.2	388.05	15.03	26.92	299.28
	同比增幅（%）	—	1.15	6.4	9	8.2	15.4
聊城市	2016年	8715	603.68	2859.18	187.50	357.81	2357.57
	同比增幅（%）	—	-2.9	7.3	8.6	3.2	12.2

聊城市（县）主要经济指标2

地区 \ 指标		进出口总值（亿美元）	实际利用外资（亿美元）	社会消费品零售总额（亿元）	居民消费价格指数（%）	城市居民人均可支配收入（元）	农村居民可支配收入（元）
临清市	2016年	28.41	0.07	162.85	103.5	22284	11210
	同比增幅（%）	19.01	-86.75	9.3	4.55	7.6	8.1
阳谷县	2016年	27.32	0.02	168.53	102.4	21812	11239
	同比增幅（%）	34.78	—	12.61	0.1	8.2	8.6
莘县	2016年	0.58	0.01	123.7	102.5	21177	11436
	同比增幅（%）	-1.69	-63.33	10.55	0.10	8.3	8.5
茌平县	2016年	5.47	0.20	100.2	103.1	24460	11813
	同比增幅（%）	-28.22	-31.04	9.89	1.9	-21.43	-7.41
东阿县	2016年	9.63	0.0284	43.76	101.8	19541	11288
	同比增幅（%）	441	-64.5	10.31	-2.51	7.99	8.32
冠县	2016年	29.64	0.17	87.61	102.2	22657	11308
	同比增幅（%）	6.4	750	-1.31	1	7.9	8.4
高唐县	2016年	23.9	0	105.98	102.2	23108	11634
	同比增幅（%）	-7.2	0	10.1	0.99	7.8	-8.89
聊城市	2016年	307.44	4.42	1173.13	102.2	23277	11387
	同比增幅（%）	18.1	26.8	10.7	0.6	7.9	8.3

附表2

聊城市（县）主要金融指标1

地区 \ 指标（亿元）		银行类							
		本外币存款余额	住户存款	非金融企业存款	本外币贷款余额	第一产业贷款	第二产业贷款	第三产业贷款	个人贷款及透支
临清市	2016年	306.39	253.56	31.84	197.87	4.19	131.05	11.93	46.72
	同比增幅（%）	13.49	15.77	0.62	17.02	-4.74	20.64	-15.47	11.47
阳谷县	2016年	331.57	232.85	64.78	209.64	4.88	136.54	18.83	48.89
	同比增幅（%）	13.23	13.05	8.86	13.77	-16.39	2.92	232.69	32.58

续表

地区		银行类							
	指标（亿元）	本外币存款余额	住户存款	非金融企业存款	本外币贷款余额	第一产业贷款	第二产业贷款	第三产业贷款	个人贷款及透支
莘县	2016年	264.92	220.46	17.10	127.75	1.17	53.23	12.30	57.06
	同比增幅（%）	18.90	20.02	5.99	8.70	109.47	8.74	-6.68	10.75
茌平县	2016年	271.62	195.33	43.35	191.82	3.62	117.38	29.58	36.79
	同比增幅（%）	12.96	18.67	-11.84	-5.06	-9.36	-6.84	-11.99	-0.93
东阿县	2016年	179.29	124.61	31.88	120.82	1.69	66.14	11.55	40.43
	同比增幅（%）	14.74	14.19	14.01	11.75	77.49	7.01	-1.08	21.47
冠县	2016年	261.10	188.75	41.11	172.50	1.87	104.43	13.01	49.96
	同比增幅（%）	20.45	22.50	15.16	14.81	35.41	9.23	54.69	11.91
高唐县	2016年	198.60	140.91	40.64	191.75	2.11	141.57	4.92	38.07
	同比增幅（%）	9.23	16.39	-8.43	7.70	28.33	8.63	-38.38	18.25
聊城市	2016年	3032.48	1936.04	739.11	2130.41	26.63	1114.52	337.22	591.91
	同比增幅（%）	16.98	17.05	16.85	13.78	14.04	9.31	16.21	16.56

聊城市（县）主要金融指标2

地区	指标（亿元）	保险类			证券类		
		保险公司保费收入	保险公司赔款和给付支出	当年结益	证券市场成交总额	投资者保证金余额	年末证券账户开户数（万户）
临清市	2016年	4.78	0.73	—	134.42	2937.19	0.4
	同比增幅（%）	5.9	1.39	—	-7.9	-17.7	-20
阳谷县	2016年	3.97	1.08	—	65.16	0.28	0.38
	同比增幅（%）	5.0	89.47	—	-25.24	-3.45	-15.56
莘县	2016年	4.99	—	—	—	—	—
	同比增幅（%）	9.5	—	—	—	—	—
茌平县	2016年	4.78	—	—	—	—	—
	同比增幅（%）	8.9	—	—	—	—	—
东阿县	2016年	4.28	—	—	—	—	—
	同比增幅（%）	10.7	—	—	—	—	—
冠县	2016年	4.76	—	—	—	—	—
	同比增幅（%）	-2.7	—	—	—	—	—
高唐县	2016年	3.83	—	—	—	—	—
	同比增幅（%）	6.4	—	—	—	—	—
聊城市	2016年	84.36	33.9	—	3582.1	116.85	25.24
	同比增幅（%）	13.7	49.48	—	27.63	424	335

附表3

聊城市主要金融机构概况

单位名称	行长（或其他称谓的第一负责人）	副行长（或其他称谓的同级领导）	员工总数	辖内营业网点数
人民银行聊城中支	刘贤军	姚 冬 王武声 崔长夫 李振林 彭凤祥	345	8
银监会聊城监管分局	徐志国	盛作安 杨 磊 郝志华 陈彦芳	57	8
农业发展银行聊城市分行	徐敬喜	郭 莹 王士韬 张 健	215	8
工商银行聊城分行	王艳峰	狄建明 叶晓升 谢林明 李建印 冯保勇	883	43
农业银行聊城分行	潘兆华	司 峰 巩稚峰 宋光涛	1566	58
中国银行聊城分行	钟学德	汪文泰 邵新宇 纪利兵	615	24
建设银行聊城分行	李清华	魏相军 韩文广 王乃峰 任 健	925	42
交通银行聊城分行	董经庆	李瑞杰 王荣云	63	4
邮储银行聊城市分行	任之国	胡建民 王建华 秦 君 朱秀岭	1717	189
华夏银行聊城分行	薛丙珠	颜 文 杨玉民 路 海	232	6
恒丰银行聊城分行	张从文	陶东升 李志春 王存彬	171	5
浦发银行聊城分行	房志波	苑广新 韩 进 娄 宁	73	3
招商银行聊城分行	鹿桂涛	王德强 韩 勇 孙 原	73	2
齐鲁银行聊城分行	张克非	潘清亮 孙宝军 李 强	264	12
潍坊银行聊城分行	冯怀春	王育智 燕东勇 张德印	93	3
莱商银行聊城分行	段元香	高 立 金 鑫	73	4
北京银行聊城分行	肖之寅	郝红梅 陈建华	71	2
德州银行聊城分行	刘学成	贾孟军	56	1
兴业银行聊城分行	张 军	盛 达 李 阳	65	1
农信社聊城市办事处	张新华	魏凤阳 张念才	34	1
润昌农村商业银行	高月河	魏保胜	469	23
聊城农村商业银行	颜景元	邵景国	802	44
莘县农村商业银行	安信民	燕东杰	468	29
高唐农村商业银行	牛为勇	季文岗	437	25
东阿农村商业银行	张兆起	王 因	364	23
阳谷农村商业银行	吴士合	杨茂合	480	30
临清农村商业银行	王怀瑞	李 然	496	31
茌平农村商业银行	郝 彬	冯俊湖	464	29
聊城沪农商村镇银行	梁友华	张玉修	53	2

续表

单位名称	行长（或其他称谓的第一负责人）	副行长（或其他称谓的同级领导）	员工总数	辖内营业网点数
临清沪农商村镇银行	李　华	马道华　李　伟	68	3
阳谷沪农商村镇银行	李　滨	吴光清	32	1
茌平沪农商村镇银行	杨　霞	庞合汉	47	2
东阿青隆村镇银行	潘　军	姜月增	39	2
莘县青隆村镇银行	冀勇力	杨建国	46	2
高唐青隆村镇银行	兰　海	付以银	40	2
冠县齐丰村镇银行	邵承信	张　勇	49	1
中国人民财产保险聊城市分公司	姚志宏	王　伟　刘立中　张德柱	954	28
中国太平洋财产保险聊城中心支公司	靳　刚	张　霞　吴思杰	264	10
天安保险聊城中心支公司	刘　勇	刘　勇	163	8
中国平安财产保险聊城中心支公司	王鑫烈	薄乃强	132	9
中华联合财产保险聊城中心支公司	郑中霞	孙广彦　李红梅	1174	15
阳光财产保险聊城中心支公司	任建国		512	8
永安财产保险聊城中心支公司	布占峰	赵　峰　张　冰	411	9
中国大地财产保险聊城中心支公司	季树山	窦　斌　宋一兵	104	8
安邦财产保险聊城中心支公司	游　泳	孙　祥	98	7
永诚财产保险聊城中心支公司	张建新		68	1
亚太保险（中国）聊城中心支公司	李广森	高文英	54	4
渤海财产保险聊城中心支公司	于晓磊		25	1
长安责任保险聊城中心支公司	石保兵		78	5
中国人寿财产保险聊城市中心支公司	管瑞岩	王法建　李朝阳	684	5
安盛天平保险聊城中心支公司	王　峰	刘　璐	33	3
英大泰和财产保险聊城中心支公司	李　洁		0	2
浙商财产保险聊城中心支公司	宋　光	尹　飞	59	2
泰山保险聊城中心支公司	郑安局		34	3
华安财产保险聊城中心支公司	关大新	吕振宇	74	1
华泰财产保险聊城中心支公司	高学智		4	30
太平财产保险聊城中心支公司	彭振国		839	3
紫金财产保险聊城中心支公司	王树森	杨宝林	23	1

续表

单位名称	行长（或其他称谓的第一负责人）	副行长（或其他称谓的同级领导）	员工总数	辖内营业网点数
信达财产保险聊城中心支公司	吴法太		22	1
华海财产保险聊城中心支公司	任士峰		17	2
鑫安汽车保险聊城中心支公司	赵艳霞		7	1
安诚财产保险聊城中心支公司	张延磊		61	2
安华农业保险聊城中心支公司	韩　兵		9	1
中国人寿保险聊城分公司	李海帆	常向东　张　猛　贾德浩	6883	67
中国太平洋人寿保险聊城中心支公司	宗群力	郑玉亭　郭红霞	3859	26
泰康人寿保险聊城中心支公司	赵育科	魏恩山	2998	26
新华人寿保险聊城中心支公司	陈传宝	陶九鑫　王　青　李钦敬	2824	8
中国人民人寿保险聊城中心支公司	柴树明	时　强　张　楠	981	8
富德生命保险聊城中心支公司	赵　勇	姚桂峰　王胜超	838	5
中国平安人寿保险聊城中心支公司	渠述磊	李鹏飞	1527	6
合众人寿保险聊城中心支公司	白太军		385	4
太平人寿保险聊城中心支公司	刘津朋	孙　松	189	3
民生人寿保险聊城中心支公司	李　刚		493	7
信泰人寿保险聊城中心支公司	王　琪		208	4
长城人寿保险聊城中心支公司	郭东宁		289	2
中国人民健康保险聊城中心支公司	张　健	李浩然	186	2
阳光人寿保险聊城中心支公司	孙合玉		109	3
华泰人寿保险聊城中心支公司	丁应祈	孔祥健	276	2
华夏人寿保险聊城中心支公司	华晓君		1283	5
信诚人寿保险聊城中心支公司	张福明		1043	1
国华人寿保险聊城中心支公司	孙来奎		76	1
幸福人寿保险聊城中心支公司	孙　立	王志国	266	1
天安人寿保险聊城中心支公司	张连滨	孙天航	1296	4
建信人寿保险聊城中心支公司	韦亮余		25	1
德华安顾人寿保险聊城中心支公司	张旭杰	岳友杰	164	1
农银人寿保险聊城中心支公司	吕成刚	周　洁	295	9
中泰证券聊城分公司	张大伟	张晓娟	74	5
国都证券聊城花园北路营业部	赵靖侃		7	1

续表

单位名称	行长（或其他称谓的第一负责人）	副行长（或其他称谓的同级领导）	员工总数	辖内营业网点数
海通证券东昌路证券营业部	王鹏飞		12	1
招商证券聊城东昌路证券营业部	关　辛		8	1
西部证券聊城兴华西路证券营业部	李翠萍	王　东	10	1
恒泰证券聊城黄山南路证券营业部	汪　鹏		11	1
中信证券（山东）聊城东昌东路证券营业部	张　璞		56	2
中国银河证券聊城市东昌西路证券营业部	王咏梅		12	1

附表 4

聊城市主要金融机构业务概况

单位：亿元

单位名称	本外币存款余额	人民币单位存款	人民币储蓄存款	本外币贷款余额	人民币短期贷款	人民币中长期贷款
农业发展银行聊城市分行	29.12	28.97	0.00	87.90	48.44	39.46
工商银行聊城分行	297.79	134.49	146.28	333.61	159.64	160.90
农业银行聊城分行	298.44	102.39	177.91	222.88	98.80	120.17
中国银行聊城分行	198.89	94.70	83.16	196.80	113.28	81.19
建设银行聊城分行	298.34	139.79	132.93	168.10	68.21	82.67
交通银行聊城分行	46.31	38.14	3.22	27.15	15.03	5.81
邮储银行聊城市分行	375.67	32.17	103.60	58.57	21.84	33.32
招商银行聊城分行	30.09	26.51	3.21	50.25	33.06	10.90
浦发银行聊城分行	64.83	51.22	3.21	70.64	46.11	23.99
华夏银行聊城分行	127.06	82.28	41.71	90.02	65.84	21.79
恒丰银行聊城分行	58.94	40.93	8.78	55.29	36.63	6.03
北京银行聊城分行	34.57	29.90	1.71	27.57	13.53	5.05
齐鲁银行聊城分行	110.03	69.13	31.72	90.11	59.24	29.45
潍坊银行聊城分行	19.69	14.13	4.32	14.28	13.70	0.48
莱商银行聊城分行	18.85	16.70	1.98	18.75	15.13	3.58
兴业银行聊城分行	28.12	25.02	2.14	21.32	9.21	6.78
德州银行聊城分行	6.19	4.77	1.35	7.74	5.20	2.55
农合机构	927.54	94.89	818.50	568.26	499.12	59.90
村镇银行	33.75	12.00	21.48	21.17	20.64	0.53

附表 5

聊城市金融机构统计指标

指标（个）	年度	2012	2013	2014	2015	2016	2016 年同比增幅（%）
银行类	法人机构	12	12	12	15	16	6.67
	省级分行	0	0	0	0	0	—
	二级分行	12	13	16	16	17	6.25
	县区支行	94	106	99	64	72	12.5
	分理处、营业所	401	380	431	340	482	41.76
	储蓄所	14	27	11	27	27	0
	从业人员总数	10172	10567	11157	11286	11543	2.28
保险类	保险机构	38	42	43	46	50	8.69
	财险机构	19	22	23	26	27	3.85
	省级分公司	0	0	0	0	0	—
	地市分公司	19	22	23	26	27	3.85
	县区支公司	76	83	93	102	107	4.9
	寿险机构	19	20	20	23	23	0
	省级分公司	0	0	0	0	0	—
	地市分公司	19	20	20	23	23	0
	县区支公司	66	68	71	73	80	9.6
	从业人员总数	16840	16963	18643	23676	32692	38.1
	财险人员	3421	3493	3802	4828	6199	28.4
	寿险人员	13419	13470	14841	18848	26493	40.6
证券类	证券机构	2	2	4	6	8	33.33
	证券公司	2	2	4	6	8	33.33
	证券营业部	5	5	8	10	13	30
	证券服务部	0	0	0	0	0	—
	从业人员总数	141	99	121	155	190	22.58
	投资者开户	165111	121922	178893	238471	266823	11.89
	境内上市股票支数	4	4	4	4	4	0
	境外上市股票支数	0	0	0	0	0	—
	辖区上市公司总数	4	4	4	6	6	0

滨 州 市

【经济金融概况】 2016 年,滨州市深化经济改革,大力加强基础设施建设,经济金融总体保持平稳发展态势,产业升级稳步推进。全年经济增速 7.2%,较上年提高了 0.1 个百分点,增速呈恢复态势。一般公共预算收入完成 220 亿元、同比增长 8.2%(列全省第 10 位,增幅列第 12 位)。规模以上工业增加值增长 6%;固定资产投资完成 2150 亿元,同比增长 8%左右;社会消费品零售总额 887 亿元,同比增长 9%左右;进出口总额 556 亿元,同比增长 10%。"去库存"进度快于全省要求,全年去化 103 万平方米、完成年度任务的 206%。各项金融工作稳步推进,金融业平稳健康发展,对经济社会发展的支撑保障作用进一步增强。截至 2016 年年末,滨州市金融机构本外币存款余额 2697.92 亿元,较 2011 年末增长 1.06 倍。五年来各项存款年均增长率 15.55%,高于全省平均存款增速 2.8 个百分点,除 2014 年以外,各年增幅均列全省前六名;同期,滨州市本外币贷款余额 2394.29 亿元,较 2011 年年末增长 90.55%。五年来各项贷款平均增长率 13.76%,高于全省平均贷款增速 2.07 个百分点,其中 2015、2016 年贷款增幅分别列全省第 6 名和第 4 名。

【货币政策实施】 2016 年,中国人民银行聊城市中心支行科学制定货币政策贯彻和指导意见,与市经信委、发改委联合推介 248 个工业技改项目、104 个省市重点建设项目,开展金融支持重点项目县区行,加大对经济转型重点领域的支持力度,多种形式推进银企对接。

一、推进社会融资成本下降。社会融资渠道更趋多元,融资结构进一步优化。2016 年全市社会融资规模增量为 709.58 亿元,企业债、公司债发行量居山东省前列,企业直接融资比例进一步提高,社会融资成本进一步下降。累计发放再贷款 14.3 亿元,全面完成全市农信社银行化改革任务。加强部门协调推进金融扶贫,开展金融扶贫融资需求百日攻坚活动,发放扶贫再贷款 6.32 亿元,结合县域特点开展精准扶贫小额信贷工程、金融支持光伏扶贫工程。

二、继续突出实效搭建多层次银企合作平台,着力加大经济稳增长重点领域的支持力度。召开第三届全市资本对接大会、2 届县域银企洽谈会,累计签约金额 1399 亿元。

【金融稳定】 2016 年,中国人民银行聊城市中心支行稳妥实施存款保险制度,投保机构报表审核工具在全省推广。认真做好费率管理、保费核定与交纳等基础工作,收缴保费 570.6 万元。认真落实金融风险常规监测制度,加大对重点领域、重点企业的跟踪监测,开展现场检查强化重大事项报告制度执行效果,对 1 家农商行开展稳健性现场评估,在重点县域召开金融风险防范工作报告会,不断提升金融风险监测的针对性和有效性。推动市政府成立打击逃废银行债务联席会议,出台《打击逃废银行债务管理办法》,筛选 36 家企业进行重点打击。

【金融服务】 2016 年,中国人民银行聊城市中心支行重点推进普惠金融,优化金融服务水平。

一、推进普惠金融发展的做法,先后 2 次被《金融时报》刊发。拓宽助农取款点惠农功能,累计办理各类转账汇款业务 56.9 万笔,发放各类惠农补贴 966.4 万笔。在全省率先实现"银医保"金融 IC 卡多用途应用业务三甲医院全覆盖。

二、开展全市金融机构征信业务知识竞赛,完成征信服务窗口标准化建设。

三、在全省率先开发人民币零币预约管理系统,作为全省两家试点行之一,人民币物联网试点工作取得积极进展。

四、履行全面经理国库职能,在全省率先建立市县两级预算监督工作协调机制。

五、与地方法院建立金融消费纠纷诉调对接工作机制,300 个农村金融消费维权联络点实现县域全覆盖,开展全市金融系统微电影创作大赛,围绕存款保险知识实施一周年、《中华人民共和国反洗钱法》颁布实施十周年等内容,开展形式多样的金融知识宣传普及活动。

【金融监管】 2016 年,中国人民银行聊城市中心支行强化管理力度提升依法合规经营水平,对 2 家机构开展综合执法检查,开展 18 次专业执法检查,向法人机构派驻反洗钱监管专员,开展金融统计数据质量提升年、个人信用报告查询专项整治年、现金全额清分冲刺年等主题活动,以制定监督管理办法、签订自律公约为抓手,进一步完善支付机构管理体系,强化国库监管的做法在分行国库工作会议上经验交流。

【外汇管理】 2016 年,国家外汇管理局滨州市中心支局以"控流出、扩流入"为中心,落实汇改政策,服务全市贸易投资便利化。

一、创新开展"流入驱动稳增长"项目,积极落实全口径跨境融资宏观审慎管理等便利化政策,帮助 5 家企业申请外债额度 8.3 亿美元,1 家银行、1 家企业送来锦旗致谢,相关做法在省分局座谈会上经验交流。

二、开展国际收支统计制度学习年活动,数据核查、贸易信贷调查工作先后两次在分行会议上经验交流。

三、建立涉外重点企业和宣传责任银行制度,开展跨境人民币政策巡回宣讲,积极推进跨境人民币资金集中运营试点,全年跨境人民币业务稳步发展，在涉外收支占比中居全省第五位。

四、加快构建对外开放新格局，强化与跨国公司的交流合作，预计实际利用外资22亿元。积极推动企业"走出去"，新设境外企业14家，魏桥集团印尼氧化铝项目自2015年8月累计回运28万吨，几内亚铝土矿全年回运1500万吨。西王集团投资7.3亿美元成功并购了加拿大科尔公司。

【金融改革】 2016年，滨州市金融组织体系日趋完善、运行日趋健康。扎实稳妥推进沾化区、滨城区农村信用联社合并重组改革工作，6月挂牌成立滨州农村商业银行。组建了注册资本2亿元的市资产管理公司和17亿元的再担保公司，化解金融不良力度进一步加大。合理布局，积极引入金融机构，齐鲁银行滨州分行筹备工作稳步开展。2016年推动农村商业银行成立1家村镇银行。进一步规范和引导小额贷款公司业务，登记备案民间融资登记服务公司，成功解决融资需求3525万元，为借贷双方搭建起了服务平台，引导民间金融健康发展。信用互助业务试点的农民专业合作社总体运营良好，内生金融改革有条不紊推进。

【保险业务】 2016年，滨州市46家地市级保险公司分支机构，其中财产险公司26家，人寿20家。总计辖内保险公司网点197个，同比增长8.24%。从业人员1.39万人，同比增长0.18%。共完成保费收入85.5亿元，同比增长31.13%；支付赔款与给付28.67亿元，同比增长24.38%。与此同时，保险行业创新步伐不断加快。小额贷款保证保险、生猪价格指数保险、诉讼保全责任保险、电梯责任保险、首台综合责任保险、水产养殖保险等顺利开展。保险业"社会稳定器""经济助推器"的功能作用得到进一步发挥。

【证券业务】 2016年，滨州市证券机构网点共计11个，同比增长22.22%，其中证券机构营业额10家。证券从业人员160人，同比增长7.38%。投资者开户数达21.82万人，同比增长16.69%。证券市场交易总额1723亿元。滨州市直接融资全面发展。2016年，有3家企业上市申请材料已经报中国证监会审核；7家企业实现"新三板"挂牌上市，多家企业实现区域股权挂牌。截至目前，全市拥有境内外上市公司15家，从资本市场累计募集资金列全省前列。

【精神文化建设】 2016年，滨州市各金融机构继续坚持以文化促管理，以"和美文化"凝聚人心人力。坚持实践育人、典型育人，通过身边事教育身边人，在全辖形成崇尚先进、学习先进、争当先进的良好风气。

一、选树先进典型，开展"寻找最美央行人"活动，集中表彰10名扎根基层、默默奉献的"最美央行人"。1名员工获得人民银行功德奖，1名员工获得"滨州最美青年"，1名员工在分行"劳动美——身边的榜样"事迹报告会上典型发言。

二、继续通过业务竞赛锻炼队伍、增长才干、发现人才，在中国人民银行济南分行金融统计业务竞赛中获得团体三等奖，在外汇管理局山东省分局"学系统 用系统"业务竞赛中获得团体三等奖。

三、围绕中心工作推进文明单位创建，中支机关连续9年获得全省文明单位，调查统计科连续3年获得"总行青年文明号"称号。

【大事记】 1月11日 根据《恒丰银行关于"中国银行业文明规范服务全国明星大堂经理" 获奖情况的通报》(恒银发〔2016〕7号)，恒丰银行滨州分行营业部获"中国银行业文明规范服务四星级营业网点"称号。

2月 招商银行滨州分行获得济南分行"优秀二级分行"、"2016年度服务明星团队"。

2月29日 兴业银行滨州分行行被山东省妇联授予省三八红旗集体荣誉称号(鲁妇发〔2016〕6号)。

3月10日 招商银行滨州分行办理全国首笔错币种背对背信用证业务。

3月12日 中国农业银行滨州分行与大众网滨州频道联合举办的"践行绿色生活 改善生态环境"大型植树活动在莲池夜月风景区举行。

5月16日 于明臣任德州银行滨州分行行长，原滨州分行行长王福刚调整至总行群工部任总经理(德银党委发〔2016〕13号)。

5月23日 省联社任命吴加军主持滨州办事处全面工作，解聘杨奎胜省联社滨州办事处主任职务。

6月10日 沾化、滨城区农村信用联社合并的滨州农村商业银行挂牌成立。

8月17日 乔宏宇任中国工商银行滨州分行党委书记、行长(工银滨党委发〔2016〕17号)。

10月17日 邮储银行滨州分行收到滨州市银监分局批复，对滨城区渤海十路支行、邹平县魏东支行、阳信县城东支行完成终止营业。

10月20日—21日 滨州市第三届资本对接大会召开，大会共邀请省内外多家银行、保险、境内证券交易市场、区域股权交易市场和知名券商、投资机构参加，大会实现银企对接额1256亿元。

11月24日 由滨州市文明办、人民银行滨州中支主办的滨州市金融系统"创文明城市，建和谐金融"2016年微电影创作大赛圆满结束。

11月29日 博兴农村商业银行成功在全国银行间债券市场簿记发行首期5亿元二级资本债券，成为全市第一家成功发行二级资本债券的农商行。

(郑方敬　李　颜)

附表 1

滨州市(县)主要经济指标 1

地区 \ 指标		土地面积（平房公里）	人口（万人）	地区生产总值（亿元）	地方财政收入（亿元）	地方财政支出（亿元）	全社会固定资产投资（亿元）
惠民县	2016 年	1363	62.02	192.92	9.59	29.40	221.04
	同比增幅（%）	—	0.71	7.6	12.75	4.60	12
阳信县	2016 年	793	44.15	146.53	8.05	24.76	145.6
	同比增幅（%）	—	0.79	8.5	11.6	6.88	11
无棣县	2016 年	1963	40.7	246.07	15.07	28.82	218.25
	同比增幅（%）	—	0.81	5.2	7.13	10.9	13.1
博兴县	2016 年	900.7	50.57	323.71	27.83	34.69	274.59
	同比增幅（%）	—	0.81	6.0	7.95	-8.45	10.0
邹平县	2016 年	1252	80.71	869.77	63.61	63.53	286.67
	同比增幅（%）	—	0.8	6.5	-0.49	-4.75	13.8
滨州市	2016 年	9660	389.10	2470.1	220	316.07	2156.57
	同比增幅（%）	—	0.83	7.2	8.23	2.09	8.5

滨州市(县)主要经济指标 2

地区 \ 指标		进出口总值（亿美元）	实际利用外资（亿美元）	社会消费品零售总额（亿元）	居民消费价格指数（%）	城市居民人均可支配收入（元）	农村居民人均可支配收入（元）
惠民县	2016 年	3.21	0.12	111.75	—	29614	13141
	同比增幅（%）	29.13	575.4	9.6	—	7.3	8.6
阳信县	2016 年	2.63	—	69.35	—	29620	12531
	同比增幅（%）	12.53	—	9.0	—	8.4	8.3
无棣县	2016 年	1.39	—	89.4	—	29632	14195
	同比增幅（%）	-18.97	—	10.5	—	7.1	8.0
博兴县	2016 年	33.57	0.37	111	—	30740	14419
	同比增幅（%）	29.87	22.2	10.6	—	7.7	7.8
邹平县	2016 年	26.14	1.82	176.78	—	31216	15794
	同比增幅（%）	0.02	-45.8	6.7	—	7.5	7.6
滨州市	2016 年	82.79	4.10	889.7	101.9	30583	13736
	同比增幅（%）	14.45	0.1	9.4	0.59	7.7	7.9

注：各县均未编制本县的居民消费价格指数

附表 2

滨州市（县）主要金融指标 1

地区 \ 指标（亿元）		银行类							
		本外币存款余额	住户存款	非金融企业存款	本外币贷款余额	第一产业贷款	第二产业贷款	第三产业贷款	个人贷款及透支
惠民县	2016 年	204.56	130.65	50.70	147.45	10.91	63.51	36.33	30.96

续表

地区	指标（亿元）	银行类							
		本外币存款余额	住户存款	非金融企业存款	本外币贷款余额	第一产业贷款	第二产业贷款	第三产业贷款	个人贷款及透支
阳信县	2016年	145.75	90.39	36.60	103.19	1.75	54.12	12.07	35.25
	同比增幅(%)	22.39	19.83	35.09	13.75	73.53	8.52	22.17	18.67
无棣县	2016年	195.15	111.65	58.80	146.27	7.29	77.31	25.78	35.89
	同比增幅(%)	17.52	13.57	23.80	10.52	19.28	1.64	28.13	21.03
博兴县	2016年	426.90	227.27	149.94	420.97	10.27	246.47	64.68	63.52
	同比增幅(%)	-1.09	14.37	-18.23	6.79	-16.95	-5.19	90.40	6.13
邹平县	2016年	679.44	289.74	341.35	753.96	8.41	543.98	66.09	64.28
	同比增幅(%)	11.02	15.25	7.99	6.32	2.02	0.73	5.88	17.43
滨州市	2016年	2697.92	1287.40	1100.83	2394.29	51.09	1348.15	395.77	426.67
	同比增幅(%)	13.44	14.49	14.97	14.26	3.03	5.81	34.34	12.08

滨州市（县）主要金融指标2

地区	指标（亿元）	保险类			证券类		
		保险公司保费收入	保险公司赔款和给付支出	当年结益	证券市场成交总额	投资者保证金余额	年末证券账户开户数（万户）
惠民县	2016年	6.88	2.70	—	43.97	0.17	0.67
	同比增幅（%）	25.78	81.67	—	-38.02	-15	21.82
阳信县	2016年	4.33	1.86	—	—	—	—
	同比增幅（%）	24.07	62.57	—	—	—	—
无棣县	2016年	7.05	2.75	—	35.75	0.26	0.82
	同比增幅（%）	30.56	43.28	—	-5.92	-44.44	49.10
博兴县	2016年	9.80	4.72	—	68.15	0.33	1.26
	同比增幅（%）	14.89	66.60	—	-31.07	-21.2	26.0
邹平县	2016年	12.01	5.15	—	330.32	1.88	5.62
	同比增幅（%）	12.88	49.17	—	387.85	1153.33	462.0
滨州市	2016年	85.50	28.67	—	1723.02	10.62	21.82
	同比增幅（%）	31.13	24.38	—	-57.90	7.82	16.68

附表3

滨州市主要金融机构概况

单位名称	行长（或其他称谓的第一负责人）	副行长（或其他称谓的同级领导）	员工总数	辖内营业网点数
人民银行滨州中支	韩　伟	李秀杰　贾克玲　李庶泳 王晓黎　葛大江　李　虹 栾金泉　徐书亮	298	7
银监会滨州监管分局	刘兆胜	胡宏坚　刘寿章　赵　峰	51	7

续表

单位名称	行长（或其他称谓的第一负责人）	副行长（或其他称谓的同级领导）	员工总数	辖内营业网点数
农业发展银行滨州市分行	段宗臣	刘志波 张炳俊 耿大伟	190	7
工商银行滨州分行	乔宏宇	李 战 朱前锋 陈 辉 唐鸿雁	850	42
农业银行滨州分行	袁朝阳	董建俊 丁 捷 徐兴岭 梁明明	1276	68
中国银行滨州分行	钟学德	万志强 杨 明 卜庆凯 王金东	496	20
建设银行滨州分行	刘廷涛	徐元兴 封汇泉 夏 青 张厚森 刘福军 赵延军 杜希波	882	35
交通银行滨州分行	孙传刚	孙丽君 贾 红	42	4
华夏银行滨州分行	李兆亮	孟繁胜 王 静 赵洪卫	61	1
招商银行滨州分行	王大鹏	杨汉文 李东方 贾学英	96	3
兴业银行滨州分行	陈连合	刘广东 马宝玲 刘 栋	84	8
恒丰银行滨州分行	林 灵	王文博 祁 明	101	5
青岛银行滨州分行	刘同刚	马修忠 刘铁柱	78	1
齐商银行滨州分行	高 军	林学强 张玉鹏 傅士仁 刁立波	233	10
东营银行滨州分行	石钦勇	耿小军 朱玉平 赵 凯	160	9
德州银行滨州分行	于明臣	张海波 颜旭红 马 勇 韩 磊	109	8
潍坊银行滨州分行	张竹峰	张国磊 候光伟 崔玉川	55	1
农信社滨州市办事处	吴加军	李 臣 邢大举	2476	212
邮储银行滨州市分行	赵 林	许欣山 张 萍 牛丙武	586	136
邹平浦发村镇银行股份有限公司	丁 平	刘向来 谭大鹏	97	5
山东邹平青隆村镇银行	李柏万	陈 工 朱建航 褚立伟	70	4
山东博兴新华村镇银行	汪 超	贾晓宁	34	2
无棣中成村镇银行	林吉友	王建中	22	1
阳信河海村镇银行	白树军	武 迪	26	1
山东惠民舜丰村镇银行	王 雷	赵国良 张林海	43	1
滨州河海村镇银行	薛 静	李宝生	25	1
西王集团财务公司	裴建光	刘 钧 王 健	24	1
人保财险滨州市分公司	于 航	刘艳玲 郝永生 白岩波	400	35
中国人寿滨州分公司	黄 斌	陈秀利 卞建忠 张 钦	260	61
平安财险滨州中心支公司	方 平	周 华 姚荣周 刘 鹏	143	16
平安人寿滨州中心支公司	张校铭	王 刚 高 凯	82	9
泰康人寿滨州中心支公司	石正强	李常春	80	14

续表

单位名称	行长（或其他称谓的第一负责人）	副行长（或其他称谓的同级领导）	员工总数	辖内营业网点数
太平洋财险滨州中心支公司	于　磊	高　侃　范秀青	130	7
太平洋人寿滨州中心支公司	张　青	王鲁燕　刘海霞 尹普东　张洪滨	88	16
新华人寿滨州中心支公司	刘学谦	张玉文　许红玉	86	8
天安财险滨州中心支公司	丁希华	韩　勇	66	5
中华财险滨州中心支公司	陈　红	武东义　刘恩猛	155	10
大地财险滨州中心支公司	刘海春	桑华强　安丽丽	94	12
安邦财险滨州中心支公司	陈立华		33	7
合众人寿滨州中心支公司	商长华		16	3
华安财险滨州中心支公司	吴雪飞		17	4
安华农险滨州中心支公司	朱　伟		80	6
阳光财险滨州中心支公司	安晋清	赵玉娟　李航远	141	8
永安财险滨州中心支公司	赵黎军		58	5
太平财险滨州中心支公司	巩选伟		18	4
都邦财险滨州中心支公司	杨文旭		35	4
人保寿险滨州中心支公司	吕学功	刘素芬　刘　伟	55	7
农银人寿滨州中心支公司	臧秀红		29	3
太平人寿滨州中心支公司	张鹏轩	徐　娜	80	5
渤海财险滨州中心支公司	何建军	齐秀珍	25	1
长安保险滨州中心支公司	孙　涛		28	1
国寿财险滨州中心支公司	李长夏	韩立霞	130	4
浙商财险滨州中心支公司	张翠霞	吴雪飞	101	3
英大人寿滨州中心支公司	张海鹏		30	5
安盛天平滨州中心支公司	于卫东	卢红建	22	2
长城人寿滨州中心支公司	曹爱华		11	11
国华人寿滨州中心支公司	王　煜	蒋义通	21	1
英大财险滨州中心支公司	王俊梅		31	1
生命人寿滨州中心支公司	李　娜		25	1
华夏人寿滨州中心支公司	常爱华		32	2
泰山财险滨州中心支公司	闫　卉		22	1
人保健康滨州营销服务部	陆佳岩		6	1
信达财险滨州中心支公司	张　林	胡清润	38	2
民安财险滨州中心支公司	刘宜洲		13	1
建信人寿滨州中心支公司	王兴亮		50	1
安诚财险滨州中心支公司	李　明		17	1

续表

单位名称	行长（或其他称谓的第一负责人）	副行长（或其他称谓的同级领导）	员工总数	辖内营业网点数
德华安顾人寿滨州中心支公司	李和明		20	1
华泰财险滨州中心支公司	孙洪峰		11	1
华海财险滨州中心支公司	汪永涛		13	1
平安养老滨州中心支公司	李子华		6	1
中信证券（山东）滨州黄河二路营业部	杜　芳		32	1
中信证券（山东）滨州黄河五路营业部	魏兰州		34	1
中信证券（山东）滨州邹平营业部	马　军		35	1
中泰证券公司滨州分公司	张继庆		56	8

附表4：

滨州市主要金融机构业务概况

单位：亿元

单位名称	本外币存款余额	人民币单位存款	人民币储蓄存款	本外币贷款余额	人民币短期贷款	人民币中长期贷款
农业发展银行滨州市分行	80.29	79.63	—	138.72	59.34	79.38
工商银行滨州分行	365.28	185.73	175.59	458.38	254.22	135
农业银行滨州分行	441.20	176.59	250.84	366.41	188.26	106.70
中国银行滨州分行	197.70	131.91	60.13	263.80	129.85	102.20
建设银行滨州分行	366.80	195.84	166.54	245.32	144.06	85.08
交通银行滨州分行	35.58	32.10	3.48	32.23	17.83	12.97
华夏银行滨州分行	23.01	21.07	1.94	14.97	9.27	5.63
招商银行滨州分行	30.77	22.43	7.93	35.41	24.85	5.91
兴业银行滨州分行	70.45	63.28	6.37	65.61	38.90	26.37
恒丰银行滨州分行	89.07	74.65	14.31	47.77	39.85	7.04
青岛银行滨州分行	17.03	12.50	4.53	17.65	1.63	10.72
齐商银行滨州分行	59.53	39.97	12.33	60.43	44.49	6.21
东营银行滨州分行	57.31	36.32	20.87	46.06	39.11	4.93
潍坊银行滨州分行	14.08	11.56	2.50	8.95	3.62	5.33
德州银行滨州分行	20.69	14.96	5.71	14.43	10.22	4.19
农信社滨州市办事处	573.21	196.56	369.83	469.95	432.75	36.46
邮储银行滨州市分行	192.65	33.86	158.78	65.45	19.07	36.29
邹平浦发村镇银行	21.14	6.80	14.34	18.24	17.32	0.92
邹平青隆村镇银行	6.04	2.68	3.36	6.38	6.37	0.01
博兴新华村镇银行	1.48	0.24	1.24	2.35	1.30	1.05
无棣中成村镇银行	0.56	0.24	0.32	0.47	0.42	0.05
阳信河海村镇银行	0.42	0.14	0.28	0.07	0.07	—

续表

单位名称	本外币存款余额	人民币单位存款	人民币储蓄存款	本外币贷款余额	人民币短期贷款	人民币中长期贷款
惠民舜丰村镇银行	2.16	0.81	1.35	1.23	1.19	0.04
滨州河海村镇银行	0.66	0.16	0.50	0.56	0.56	—
西王集团财务公司	17.99	17.99	—	13.21	12.73	—

附表5

滨州市金融机构统计指标

	指标（个）/年度	2012	2013	2014	2015	2016	2016年同比增幅（%）
银行类	法人机构	9	10	12	13	15	15.38
	省级分行	0	0	0	0	0	—
	二级分行	13	13	14	16	16	0
	县区支行	87	88	94	101	111	9.90
	分理处、营业所	286	96	95	95	95	0
	储蓄所	15	129	125	125	125	0
	从业人员总数	6821	7336	7661	8020	8116	1.20
保险类	保险机构	93	102	170	182	197	8.24
	财险机构	46	50	98	108	116	7.41
	省级分公司	0	0	0	0	0	—
	地市分公司	18	20	22	24	26	8.33
	县区支公司	28	30	76	84	90	7.14
	寿险机构	47	52	72	74	81	9.46
	省级分公司	0	0	0	0	0	—
	地市分公司	12	15	16	17	20	17.65
	县区支公司	35	37	56	57	61	7.02
	从业人员总数	13716	13750	13871	13890	13915	0.18
	财险人员	1699	1716	1727	1740	1750	0.57
	寿险人员	12017	12034	12144	12150	12165	0.12
证券类	证券机构	7	8	9	9	11	22.22
	证券公司	0	0	0	0	1	—
	证券营业部	7	8	9	9	10	11.11
	证券服务部	0	0	0	0	0	—
	从业人员总数	127	129	131	149	160	7.38
	投资者开户	141260	143034	154000	186999	218200	16.69
	境内上市股票支数	8	8	8	8	8	0
	境外上市股票支数	7	7	7	7	7	0
	辖区上市公司总数	15	15	15	15	15	0

菏泽市

【经济金融概况】 2016年，菏泽市紧紧围绕加快实现“科学赶超、后来居上”的奋斗目标，统筹推进稳增长、促改革、调结构、惠民生、防风险等各项工作，经济金融持续快速发展。各项存款余额首次突破3000亿元，比年初增长18.59%，位居全省第一；各项贷款增长10.37%，位居全省第七位。

【货币政策实施】 2016年，中国人民银行菏泽市中心支行积极贯彻落实稳健货币政策，健全货币信贷政策传导机制，不断优化信贷结构。

一、畅通货币信贷政策传导渠道，强化窗口指导作用。制定《关于金融全面支持菏泽经济发展工作的意见》，畅通货币信贷政策传导渠道。通过召开全市货币信贷政策与金融管理工作通报会、开展涉农和小微企业信贷政策导向效果评估、货币信贷管理工作检查等方式，督促货币信贷政策有效贯彻执行。

二、扎实推进金融扶贫工作，助推精准扶贫效果初现。2016年为辖区8家法人银行业机构办理扶贫再贷款8.76亿元，创建16个金融扶贫“示范镇”和16个金融扶贫“示范村”，通过组建扶贫队伍、选定主办行、创新扶贫信贷产品与模式等方式，以点带面带动全市金融扶贫创新。6种特色金融扶贫方式被《山东省金融扶贫三十六计》予以全省推介，占全省六分之一。

三、搭建多层次政银企对接平台，缓解企业融资难题。2016年，组织多层次银企对接活动32次，落实资金414.15亿元，有效缓解了企业融资难题。深入开展“金融服务企业百日行”活动，督促各金融机构加大对有融资需求企业的“一对一”走访，各金融机构成功对接了161家走访企业，提供融资支持共计149.02亿元。

四、大力推进金融支持农村电子商务工作。积极搭建金融支持农村电子商务对接平台，深入全市8个农村电子商务产业园区、54家农村电子商务骨干企业与2900余家网商实地调研，累计融资3.03亿元。

【金融稳定】 2016年，中国人民银行菏泽市中心支行扎实做好存款保险制度组织实施工作，全面加强金融风险监测、评估、报告和处置。

一、健全风险化解常态化工作机制。中国人民银行菏泽市中心支行与中国银行业监督管理委员会菏泽银监分局、菏泽市金融工作办公室、菏泽市公安局、菏泽市工商局联合建立了金融稳定会商机制，推动市政府成立金融风险化解和处置工作领导小组，出台各项化解和处置措施，印发《菏泽市金融突发事件应急预案》，从金融风险监测、预警、报告、处置等方面，构建了一套系统的常态化工作机制。

二、做好存款保险制度实施工作。与全市15家法人银行业机构签署存款保险业务自律公约，采取“模块化+主动分析”模式，顺利完成辖区首次正式存款保险评级工作。

三、创新实施金融稳定前置工作法。成立金融稳定前置工作领导小组，共搭建各类风险前置监测平台3个，开展风险排查13次，前置保全金融风险资产15.27亿元，相关做法在全省推广。

【金融服务】 2016年，中国人民银行菏泽市中心支行坚持普惠金融发展理念，围绕社会民生难题不断创新金融服务措施，努力提高辖区金融服务水平。

一、支付环境持续优化。落实账户分类管理政策，督导辖内银行业金融机构开展个人银行结算账户区分和标识工作。大力推广电子商业汇票、电子现金等非现金结算工具，全市金融IC卡累计发卡740万张，IC卡消费交易额占银行卡消费交易额比例居全省第二位。

二、征信体系建设进一步完善。建设完成全市农村征信数据库和小微企业征信数据库，采集涉农信息9.8万户、240余万条，入库小微企业2.5万家。

三、全面经理国库水平不断提升。加强和改进国债发行管理与服务，在全省率先完成TMIS系统无记名国债历史数据核对与补录工作。做好“金税三期”换版、市级国库集中支付电子化等工作，探索“互联网+云支付”税收征缴入库模式，在全省完成首笔“云闪付”缴税业务。

四、金融知识宣传普及更加有效。实施“助农取款点+”工程、开展“骑行+”活动，打造综合服务载体，拓展金融服务链条，让群众得到了实惠。依托“杜玉静志愿服务队”品牌，借助“金融人说金融事”、“晓琼说事”等电视栏目，以群众喜闻乐见的形式宣传普及金融知识，提升金融宣传效果，累计开展各类金融宣传活动500余次，受众达8万余人。

【金融监管】 2016年，中国人民银行菏泽市中心支行依法实施金融监管，维护辖区金融稳定。

一、继续抓好“两综合、两管理”工作。组织审核新设机构11家，引入宏观审慎评估体系，对50家机构进行综合评价，对9家机构开展现场执法检查，促进金融机构加强经营管理。

二、清理整顿金融市场。开展打击逃废债专项行动、优化金融环境、维护金融稳定专项行动等，建立逃废债“黑名单”，采取“全面政策引导+重点跟踪化解”方法，有效遏制了非法集资苗头，促使银行回流资金6亿元，及时、有效化解县域联保体贷款风险。

三、加强洗钱风险防范。坚持"风险为本"的监管思路，向辖内法人银行机构派驻反洗钱监管专员，对58家市级金融机构开展了反洗钱自律风险评估，成功制止持虚假证件办理业务20余人次，涉及金额40余万元。

【外汇管理】 2016年，国家外汇管理局菏泽市中心支局强化监测分析，加大现场检(核)查，积极落实政策，促进贸易投资便利化，支持辖区涉外经济平稳健康发展。

一、积极落实外汇改革政策，促进贸易投资便利化。深化推进贸易便利化改革措施，与支付结算、跨境办等部门联合推进跨境电商发展，加强跨境电商外汇政策宣传，指导建立菏泽外贸通一站式综合服务平台，指导鼓励外汇银行积极参与跨境电商服务平台建设，为跨境电商提供外汇融资服务和其他外汇服务。

二、加大对银行的外汇业务监管。督促银行切实履行好真实性、合规性审核职责，引导跨境资金合理合规流动。加大对违法违规行为的打击力度，组织开展专项检查，提高外汇业务合规性经营水平。

【金融改革】 2016年，菏泽市金融改革稳步推进，取得了良好效果。

一、中国人民银行菏泽市中心支行完成县支行内设机构调整。科学制定县支行内设机构调整方案，顺利完成内设机构调整，支行形成了"三科(四科)一室"组织框架。

二、山东省农村信用社联合社菏泽办事处加快业务转型。一是实施网点转型。在城内中心地带、农村中心镇，建设了以"旗舰店"为龙头，"综合店"相配套，"自助卫星店"为流动的小区域金融模式。二是推广"家庭银行"服务。以居民家庭为服务对象，围绕家庭的"衣食住行用"需求，根据客户群体、所属行业等因素，为家庭成员提供存款、贷款、支付结算、便民金融服务及增值延伸服务等一站式服务，实现"家庭+银行"共赢的综合服务模式。

【保险业务】 2016年，菏泽市保险业务快速发展，保险保障职能不断增强。

一、市场体系不断完善。2016年，保险机构达到43家，其中，财险公司22家，寿险公司21家，各县(区)保险分支机构、乡镇营业网点近408个。随着保险经营主体的不断增多，保险服务遍布城乡，市场活力不断增强。

二、加大检查督导力度，促进保险行业健康有序发展。依据行业自律公约，菏泽市保险行业协会对菏泽寿险市场进行了全面检查，对十二家寿险公司进行了常规检查，从根本上遏制客户反映比较集中的误导保险消费、"投保容易理赔难等"一些不当行为，对规范菏泽保险市场起到了一定作用。

【证券业务】 2016年，菏泽市各证券机构以服务菏泽资本市场作为发展战略，以证券经纪业务为基础，不断完善服务网络，加大对机构客户的服务力度，为菏泽经济社会和资本市场发展提供研究、咨询和资金支持，为各类企业的改制、上市融资、债券融资、场外市场挂牌等业务提供全方位、深层次、多渠道的资本市场服务，在加快菏泽资本市场发展、推动产业结构调整升级、促进经济增长方式转变等方面发挥了积极作用。

【精神文化建设】 2016年，菏泽市各金融机构认真贯彻落实中共十八届历次全会和习近平总书记系列重要讲话精神，以党建工作统领辖区工作全局。

一、打造"央行·我家"文化品牌。中国人民银行市菏泽市中心支行积极适应新形势下加强精神文明建设新要求，打造"央行·我家"文化品牌，进一步提升文明单位创建质量。以导入"家之训"、培育"家之风"、深化"家之教"、同担"家之责"、共创"家之荣"为主线，通过"线下职工书社+线上媒体群组""统一主题项目+兴趣结对自发""会上征求意见+闭会建言献策""有形设备搭建+无形疏导帮扶"、"同行金融扶贫+志愿公益服务"的"5+5"无缝管理创建模式，实施单位统筹和职工自发纵横结合，使"央行·我家"理念深入人心，有效增进了职工的文化认同感和归属感。

二、深入践行社会主义核心价值观。中国人民银行市菏泽市中心支行先后开展"我们的价值观·我践行"系列活动、"弘扬女排精神，做合格党员"征文活动等，取得了较好的宣教成效；充分利用道德讲堂、"我与行长面对面"等活动开展社会主义核心价值观宣讲。建设银行菏泽分行组织开展"心系员工情，温暖送家庭" 主题活动，走访慰问特困员工23人，送去慰问金73500元。

三、开展形式多样的文体活动。中国人民银行市菏泽市中心支行开展小型化、多样化、趣味性的系列职工文体活动，举办了"央行我家"春节联欢会、职工趣味运动会、摄影采风、职工羽毛球比赛、乒乓球比赛、书法展评等活动，进一步活跃了职工文体生活，营造了和谐向上的工作氛围。交通银行股份有限公司菏泽分行举办乒乓球、羽毛球等内容丰富、积极向上的文体活动；开展"红色党日之旅""员工疗养""拓展训练"等外出参观活动，进行爱国主义教育，陶冶员工情操；通过开展"如何缓解压力"专题讲座，注重人文关怀和心理疏导。莱商银行菏泽分行开展了"浪漫莱商·相约女人节"客户答谢活动，举行"莱商八年·感恩有你"公共自行车骑行及"互动母亲河"清理黄河滩公益活动；召开"五四"青年大讲堂，进一步激发了青年员工干事创业的积极性和团队战斗力。

【大事记】 2月 建设银行菏泽分行完成山东郓城圣元环保电力有限公司郓城生活垃圾焚烧发电项目的授信审批，授信额度3.5亿元。

4月1日 建设银行菏泽分行首期3亿元银政合作产业基金成功落地，是全省建设银行系统内首笔银政合作产业基金项目。

5月31日 常永峰任莱商银行菏泽分行行长（莱商银发〔2016〕452号）。

6月16日 济宁银行菏泽曹县支行挂牌营业。

6月20日 李大庆任中国农业发展银行菏泽市分行党委书记、行长（鲁农发银党〔2016〕61号、鲁农发银任〔2016〕52号）。

6月22日 济宁银行菏泽巨野支行挂牌营业。

6月22日 枣庄银行菏泽分行开业。

6月24日 周登宪主持人民银行菏泽中支全面工作（济银任〔2016〕42号）。

9月27日 人民银行菏泽市中心支行召开第二届职工代表大会第一次会议暨机关职工全体会议。

10月21日 菏泽市金融学会第八次会员代表大会隆重召开，人民银行菏泽中支副行长（主持工作）周登宪当选新一届会长。

11月3日—4日 新华社山东分社、《大众日报》《齐鲁晚报》《山东商报》等省媒体来菏泽专题采访金融精准扶贫工作开展情况及工作效果。

（许加宏 徐惠娟）

附表1

菏泽市（县）主要经济指标1

地区	指标	土地面积（平房公里）	人口（万人）	地区生产总值（亿元）	公共财政预算收入（亿元）	公共财政预算支出（亿元）	全社会固定资产投资（亿元）
定陶区	2016年	846	69.50	158.40	8.20	36.63	83.40
	同比增幅（%）	—	0.29	9.24	6.49	47.82	14.00
曹县	2016年	1974	169.18	329.26	23.07	58.74	155.92
	同比增幅（%）	—	1.02	5.18	4.67	6.39	15.50
单县	2016年	1670	126.51	298.93	16.38	44.23	107.82
	同比增幅（%）	—	0.88	8.8	10.5	1.7	16.2
成武县	2016年	988	63.27	185.68	9.06	25.79	86.83
	同比增幅（%）	—	1.39	5.20	0.67	3.45	12.31
巨野县	2016年	1303	108.62	272.5	37.53	35.01	114.61
	同比增幅（%）	—	1.15	8.5	-7.3	-6.32	14.5
郓城县	2016年	1643	128.21	332.6	22.7	52.2	144.73
	同比增幅（%）	—	0.92	8.9	3.0	11.37	14.5
鄄城县	2016年	1032	91.94	174.51	8.73	32.73	82.3
	同比增幅（%）	-0.86	1.2	5.05	4.43	6.99	10.53
东明县	2016年	1370	86.4	281.5	16.47	33.76	157.64
	同比增幅（%）	—	1.05	9.3	9.61	1.11	19
菏泽市	2016年	12239	862.26	2560.24	185.04	429.65	1218.21
	同比增幅（%）	—	1.44	8.5	8.8	7.3	13.5

菏泽市（县）主要经济指标2

地区	指标	进出口总值（亿美元）	实际利用外资（亿美元）	社会消费品零售总额（亿元）	居民消费价格指数（%）	城市居民人均可支配收入（元）	农村居民可支配收入（元）
定陶区	2016年	0.67	0.02	95.30	—	20420	10685
	同比增幅（%）	-2.90	-33.33	11.07	—	31.22	8.70

续表

地区		进出口总值（亿美元）	实际利用外资（亿美元）	社会消费品零售总额（亿元）	居民消费价格指数（%）	城市居民人均可支配收入（元）	农村居民可支配收入（元）
曹县	2016年	9.43	0.3	235.53	101.9	21963	10592
	同比增幅（%）	4.47	0	11.63	0.79	8.52	-6.27
单县	2016年	3.41	0.02	185.85	101.9	21134	10677
	同比增幅（%）	-45.7	-65.3	11.5	8.2	8.9	9.4
成武县	2016年	1.21	0.028	105.11	—	21208	10771
	同比增幅（%）	1.98	-45.1	11.38	—	8.40	9.18
巨野县	2016年	4.44	0.11	151.15	101.9	22821	10838
	同比增幅（%）	29.17	-26.66	11.48	1.9	8.4	9.2
郓城县	2016年	0.68	0.05	182.2	—	22452	10926
	同比增幅（%）	-29.37	—	11.5	—	8.8	9.5
鄄城县	2016年	3.27	0.004	123.03	101.9	20133	10377
	同比增幅（%）	10.19	-0.007	11.64	0.79	8.6	9.16
东明县	2016年	7.62	0	121.37	105.69	21458	10601
	同比增幅（%）	-11.7	0	11.43	1.51	8.5	9.1
菏泽市	2016年	52.86	—	1503	101.9	22122	10705
	同比增幅（%）	30.0	—	11.2	0.8	8.6	9.2

附表2

菏泽市（县）主要金融指标1

地区	指标（亿元）	银行类							
		本外币存款余额	住户存款	非金融企业存款	本外币贷款余额	第一产业贷款	第二产业贷款	第三产业贷款	个人贷款及透支
定陶区	2016年	172.46	132.38	1.88	91.80	0.70	28.08	15.53	42.52
	同比增幅(%)	17.10	13.67	32.39	10.36	118.75	-8.68	6.52	13.30
曹县	2016年	322.62	266.72	27.68	207.24	0.18	50.48	73.16	83.42
	同比增幅(%)	18.25	15.78	77.07	17.83	-34.57	12.28	27.24	14.04
单县	2016年	274.29	230.74	19.34	164.53	0.79	60.35	15.49	87.90
	同比增幅(%)	16.57	15.05	34.68	10.04	41.07	10.89	-7.13	13.33
成武县	2016年	196.64	161.31	17.88	93.18	0.24	41.58	6.15	42.49
	同比增幅(%)	21.23	20.60	31.66	2.33	-41.46	2.01	-9.82	2.21
巨野县	2016年	314.28	240.57	41.71	171.69	0.98	56.52	33.42	75.99
	同比增幅(%)	21.46	15.15	66.93	14.41	-59.90	2.67	50.22	10.87
郓城县	2016年	380.46	319.06	27.24	184.53	0.85	93.60	17.20	54.48
	同比增幅(%)	18.72	15.19	55.04	11.83	64.78	3.16	-5.08	-0.33
鄄城县	2016年	224.47	191.98	9.66	102.27	0.59	28.31	22.86	42.85
	同比增幅(%)	14.85	13.92	23.73	8.77	3.32	6.96	16.66	5.60

续表

地区	指标（亿元）	银行类							
		本外币存款余额	住户存款	非金融企业存款	本外币贷款余额	第一产业贷款	第二产业贷款	第三产业贷款	个人贷款及透支
东明县	2016 年	240.14	160.28	47.67	192.12	0.93	128.76	19.97	41.27
	同比增幅(%)	15.21	13.24	11.64	1.21	25.54	-1.97	8.92	4.73
菏泽市	2016 年	3024.71	2216.64	433.34	1805.06	8.4	692.17	361.29	668.63
	同比增幅(%)	18.59	15.92	31.72	10.37	-2.89	3.27	27.26	10

菏泽市（县）主要金融指标 2

地区	指标（亿元）	保险类			证券类		
		保险公司保费收入	保险公司赔款和给付支出	当年结益	证券市场成交总额	投资者保证金余额	年末证券账户开户数（万户）
定陶区	2016 年	3.96	1.62	—	—	—	—
	同比增幅（%）	-5.26	-6.36	—	—	—	—
曹县	2016 年	8.89	2.03	—	43.47	0.17	0.25
	同比增幅（%）	1.94	7.98	—	186.84	4.85	76.31
单县	2016 年	7.30	2.06	—	—	—	—
	同比增幅（%）	-42.06	9.57	—	—	—	—
成武县	2016 年	5.60	1.67	—	—	—	—
	同比增幅（%）	-6.20	-1.76	—	—	—	—
巨野县	2016 年	10.6	2.41	—	—	—	—
	同比增幅（%）	3.82	51	—	—	—	—
郓城县	2016 年	10.22	2.56	—	46.7	0.14	0.34
	同比增幅（%）	6.9	12.78	—	-0.98	-31.3	39.38
鄄城县	2016 年	4.66	0.52	—	—	—	—
	同比增幅（%）	-14.02	26.82	—	—	—	—
东明县	2016 年	5.86	1.46	—	63.3	0.54	0.78
	同比增幅（%）	-5.94	37.74	—	-46.67	-5.67	0.06
菏泽市	2016 年	99.42	27.82	—	935.15	3.36	21.96
	同比增幅（%）	10.85	54.56	—	-47.43	-35.24	145.09

附表 3

菏泽市主要金融机构概况

单位名称	行长（或其他称谓的第一负责人）	副行长（或其他称谓的同级领导）	员工总数	辖内营业网点数
人民银行菏泽中支	周登宪	石建民　郑　丽 孟宪东　孟宪彦	388	9
银监会菏泽监管分局	王　升	朱凤德　张以良　孔凡申 杨爱军　党明娜	62	9

续表

单位名称	行长（或其他称谓的第一负责人）	副行长（或其他称谓的同级领导）	员工总数	辖内营业网点数
农业发展银行菏泽市分行	李大庆	杨其斌 刘源炎 李从阁	212	9
工商银行菏泽分行	许在敏	刘虎臣 周林建 王忠轩 宋红毅 王国友 黄腾坤 刘振民 王艳丽 赵 斌	941	45
农业银行菏泽分行	贺祥君	曹明钊 张 民 段中锋 张洪敏	1457	64
中国银行菏泽分行	邵新宇	冯德厚 王海刚 焦晓华 刘 仪	575	24
建设银行菏泽分行	刘建伟	王怀阁 朱坤礼 陈俊德 李 涛 周在军 刘明振 王 斌 张益民 房秀霞	953	37
交通银行菏泽分行	商敬文	许慧媛 梁新军	56	4
邮储银行菏泽市分行	李长立	陈海东 桑 辉 孙 强	879	192
农信社菏泽市办事处	崔玉光	曾庆红 衣兰林 崔荣国	5927	380
浦发银行菏泽分行	房居超	张玉民	68	2
恒丰银行菏泽分行	李 丽	杨长山 刘殿强 田智勇 李 燕	63	1
莱商银行菏泽分行	常永峰	姜继军 赵 鹏	262	14
济宁银行菏泽分行	王文丰	李继臣 李伟民	114	7
枣庄银行菏泽分行	林志辉	丁首江 郭 健 肖付庆	48	1
中国人民财产保险菏泽市分公司	李立辉	宋红亚 孙云峰	447	15
中泰证券公司菏泽分公司	邵德玉	闫桂玲 冯德锋 杨胜利 高 燕	50	5
中信万通证券公司菏泽营业部	王建强		25	1
西部证券公司菏泽人民路证券营业部	刘 林		9	1
国盛证券公司菏泽永昌路证券营业部	蒋 珂		4	1

附表 4

菏泽市主要金融机构业务概况

单位：亿元

单位名称	本外币存款余额	人民币单位存款	人民币储蓄存款	本外币贷款余额	人民币短期贷款	人民币中长期贷款
农业发展银行菏泽市分行	50.30	50.28	—	115.83	74.08	41.75
工商银行菏泽分行	309.72	110.80	177.40	285.64	92.03	175.59

续表

单位名称	本外币存款余额	人民币单位存款	人民币储蓄存款	本外币贷款余额	人民币短期贷款	人民币中长期贷款
农业银行菏泽分行	326.22	85.82	225.4	153.60	44.58	102.41
中国银行菏泽分行	161.04	70.94	79.1	129.88	61.91	61.55
建设银行菏泽分行	306.50	126.95	154.86	193.87	54.29	132.9
交通银行菏泽分行	39.97	33.31	2.15	26.13	10.34	5.65
邮储银行菏泽市分行	526.99	39.76	185.89	48.60	11.55	28.89
农村商业银行合计	1096.99	127.9	934.56	711.30	373.23	311.09
浦发银行菏泽分行	36.43	34.73	1.36	46.68	22.97	22.48
恒丰银行菏泽分行	27.62	26.89	0.65	8.38	4.73	2.71
莱商银行菏泽分行	81.23	46.06	32.97	48.98	45.57	1.86
济宁银行菏泽分行	16.93	11.16	5.58	15.81	12.89	1.87
枣庄银行菏泽分行	8.23	5.4	2.82	3.83	1.74	1.79

注：农村商业银行包括辖区 9 家农村商业银行。

附表 5

菏泽市金融机构统计指标

指标（个） \ 年度		2012	2013	2014	2015	2016	2016 年同比增幅（%）
银行类	法人机构	12	14	15	15	15	0
	省级分行	0	0	0	0	0	—
	二级分行	8	10	11	11	12	9.09
	县区支行	153	164	173	185	565	205.41
	分理处、营业所	442	431	434	435	82	-81.15
	储蓄所	134	137	139	139	131	-5.76
	从业人员总数	12233	12558	12696	12665	13119	3.58
保险类	保险机构	159	173	213	223	235	5.38
	财险机构	89	89	106	118	121	2.54
	省级分公司	0	0	0	0	0	—
	地市分公司	13	17	17	20	22	10
	县区支公司	76	72	89	98	99	1.02
	寿险机构	70	84	107	105	114	8.57
	省级分公司	0	0	0	0	0	—
	地市分公司	14	15	17	18	21	16.67
	县区支公司	56	69	90	87	93	6.90
	从业人员总数	20387	23206	25661	30966	35261	13.87
	财险人员	3416	3298	3413	3301	3955	19.81
	寿险人员	16971	19908	22248	27665	31306	13.16

续表

年度 指标（个）		2012	2013	2014	2015	2016	2016年同比增幅（%）
证券类	证券机构	4	4	5	6	8	33.33
	证券公司	1	1	1	1	1	0
	证券营业部	3	3	4	5	7	40.00
	证券服务部	0	0	0	0	0	—
	从业人员总数	62	51	51	73	109	49.32
	投资者开户	57051	61255	66742	89625	113752	26.92
	境内上市股票支数	0	0	0	0	1	—
	境外上市股票支数	3	3	3	3	3	0
	辖区上市公司总数	3	3	3	3	4	33.33

第十部分

金融统计资料

一、综合信贷业务情况

山东省金融机构（含外资）人民币信贷收支表

单位：亿元

栏目 项目	2016 年	比年初增减数	栏目 项目	2016 年	比年初增减数
各项存款	83414.88	8887.72	各项贷款	61726.88	6289.88
1. 住户存款	41350.93	4030.91	1. 住户贷款	16496.62	2516.20
（1）活期存款	12402.10	1713.13	（1）短期贷款	4018.88	-163.34
（2）定期及其他存款	28948.83	2317.78	消费贷款	973.83	13.67
2. 非金融企业存款	26654.73	3952.39	经营贷款	3045.05	-177.01
（1）活期存款	11314.65	2703.88	（2）中长期贷款	12477.74	2679.54
（2）定期及其他存款	15340.08	1248.50	消费贷款	11253.40	2642.17
3. 广义政府存款	12671.98	1185.89	经营贷款	1224.34	37.37
（1）财政性存款	1013.17	92.21	2. 非金融企业及机关团体贷款	45096.44	3767.75
（2）机关团体存款	11658.80	1093.68	（1）短期贷款	22982.39	347.91
4. 非银行业金融机构存款	2639.67	-233.82	（2）中长期贷款	18282.51	2510.72
各项准备	1813.83	205.60	（3）票据融资	3576.37	828.92
			（4）融资租赁	112.94	88.69
			（5）各项垫款	142.24	-8.50
			3. 非银行业金融机构贷款	7.11	4.99
资金来源总计	85408.23	10254.58	资金运用总计	85408.23	10254.58

注：本表机构包括中国人民银行、银行业存款类金融机构、银行业非存款类金融机构

山东省金融机构（不含外资）人民币信贷收支表

单位：亿元

栏目 项目	2016 年	比年初增减数	栏目 项目	2016 年	比年初增减数
各项存款	83149.57	8879.35	各项贷款	61427.96	6261.15
1. 住户存款	41330.91	4029.82	1. 住户贷款	16468.68	2506.96
（1）活期存款	12394.96	1712.59	（1）短期贷款	4018.22	-163.00
（2）定期及其他存款	28935.94	2317.23	消费贷款	973.77	13.68
2. 非金融企业存款	26438.96	3939.92	经营贷款	3044.45	-176.68
（1）活期存款	11277.31	2694.92	（2）中长期贷款	12450.47	2659.96
（2）定期及其他存款	15161.64	1245.00	消费贷款	11227.42	2632.22
3. 广义政府存款	12670.65	1185.68	经营贷款	1223.04	37.75
（1）财政性存款	1013.17	92.21	2. 非金融企业及机关团体贷款	44830.01	3752.52
（2）机关团体存款	11657.48	1093.48	（1）短期贷款	22825.32	338.55
4. 非银行业金融机构存款	2626.26	-228.12	（2）中长期贷款	18209.31	2506.66
各项准备	1811.49	206.64	（3）票据融资	3540.34	826.64
			（4）融资租赁	112.94	88.69
			（5）各项垫款	142.09	-8.01
			3. 非银行业金融机构贷款	5.11	2.99
资金来源总计	85128.31	10285.78	资金运用总计	85128.31	10285.78

注：本表机构包括中国人民银行、银行业存款类金融机构、银行业非存款类金融机构

山东省政策性银行人民币信贷收支表

单位：亿元

项目 \ 栏目	2016 年	比年初增减数	项目 \ 栏目	2016 年	比年初增减数
各项存款	1744.97	609.49	各项贷款	6092.37	859.16
1. 个人存款			1. 短期贷款	884.45	24.31
其中：活期储蓄存款			（1）个人贷款及透支		
定期储蓄存款			（2）单位贷款及透支	884.45	24.31
2. 单位存款	1733.87	657.04	2. 中长期贷款	5099.29	844.92
其中：活期存款	1447.86	597.34	（1）个人贷款	40.74	3.24
定期存款	153.91	69.21	（2）单位贷款	5058.55	841.68
保证金存款	36.52	-13.96	3. 票据融资	0.90	-7.28
代理财政性存款	98.80	26.78	4. 各项垫款	2.53	-1.10
资金来源总计	6926.63	1554.63	资金运用总计	6926.63	1554.63

山东省股份制商业银行人民币信贷收支表

单位：亿元

项目 \ 栏目	2016 年	比年初增减数	项目 \ 栏目	2016 年	比年初增减数
各项存款	16169.47	975.85	各项贷款	11649.03	1891.00
1. 个人存款	3424.77	160.39	1. 短期贷款	5605.18	-190.27
其中：活期储蓄存款	1171.12	178.43	（1）个人贷款及透支	397.09	-115.13
定期储蓄存款	1448.69	-70.25	（2）单位贷款及透支	5208.09	-66.55
2. 单位存款	11224.01	1241.42	2. 中长期贷款	5278.26	1821.32
其中：活期存款	3399.98	760.91	（1）个人贷款	2253.10	879.10
定期存款	1880.64	-39.42	（2）单位贷款	3025.16	942.22
保证金存款	2786.54	-384.82	3. 票据融资	709.49	262.77
代理财政性存款	28.29	23.29	4. 各项垫款	53.65	-4.22
资金来源总计	18760.19	1208.06	资金运用总计	18760.19	1208.06

山东省城市商业银行人民币信贷收支表

单位：亿元

项目 \ 栏目	2016 年	比年初增减数	项目 \ 栏目	2016 年	比年初增减数
各项存款	10453.36	1910.12	各项贷款	6388.62	969.21
1. 个人存款	3666.10	576.21	1. 短期贷款	3686.57	220.05
其中：活期储蓄存款	835.20	122.32	（1）个人贷款及透支	282.26	-4.10
定期储蓄存款	2438.01	257.13	（2）单位贷款及透支	3398.28	218.16
2. 单位存款	5964.28	958.37	2. 中长期贷款	2198.20	800.51
其中：活期存款	2383.92	447.36	（1）个人贷款	700.73	215.32
定期存款	1066.33	-21.01	（2）单位贷款	1492.47	580.19
保证金存款	1443.18	-0.89	3. 票据融资	466.69	-46.77
代理财政性存款	16.55	3.60	4. 各项垫款	37.13	-4.61
资金来源总计	14889.52	2867.56	资金运用总计	14889.52	2867.56

山东省农村合作金融机构人民币信贷收支表

单位：亿元

项目＼栏目	2016 年	比年初增减数	项目＼栏目	2016 年	比年初增减数
各项存款	15155.78	1597.79	各项贷款	9646.54	507.84
1. 个人存款	12338.59	1041.25	1. 短期贷款	6205.77	115.00
其中：活期储蓄存款	2252.12	279.64	（1）个人贷款及透支	2184.26	-37.28
定期储蓄存款	9682.22	650.54	（2）单位贷款及透支	4021.51	153.28
2. 单位存款	2661.42	474.46	2. 中长期贷款	2789.77	303.54
其中：活期存款	1688.85	356.87	（1）个人贷款	958.31	145.36
定期存款	473.45	42.86	（2）单位贷款	1831.38	158.17
保证金存款	322.60	1.74	3. 票据融资	646.20	90.11
代理财政性存款	9.14	3.24	4. 各项垫款	4.81	-1.82
资金来源总计	20333.52	2552.01	资金运用总计	20333.52	2552.01

山东省农村商业银行人民币信贷收支表

单位：亿元

项目＼栏目	2016 年	比年初增减数	项目＼栏目	2016 年	比年初增减数
各项存款	15155.57	5670.53	各项贷款	9646.54	3195.56
1. 个人存款	12338.59	4611.07	1. 短期贷款	6205.77	1932.38
其中：活期储蓄存款	2252.12	859.02	（1）个人贷款及透支	2184.26	685.75
定期储蓄存款	9682.22	3567.59	（2）单位贷款及透支	4021.51	1246.62
2. 单位存款	2661.28	965.92	2. 中长期贷款	2789.77	911.68
其中：活期存款	1688.71	690.11	（1）个人贷款	958.31	404.29
定期存款	473.45	99.16	（2）单位贷款	1831.38	507.40
保证金存款	322.60	98.13	3. 票据融资	646.20	351.65
代理财政性存款	9.14	6.57	4. 各项垫款	4.81	-0.15
资金来源总计	19198.93	7531.88	资金运用总计	19198.93	7531.88

山东省农村合作银行人民币信贷收支表

单位：亿元

项目＼栏目	2016 年	比年初增减数	项目＼栏目	2016 年	比年初增减数
各项存款		-606.95	各项贷款		-415.07
1. 个人存款		-442.23	1. 短期贷款		-305.94
其中：活期储蓄存款		-139.12	（1）个人贷款及透支		-111.52
定期储蓄存款		-291.61	（2）单位贷款及透支		-194.42
2. 单位存款		-162.92	2. 中长期贷款		-62.20
其中：活期存款		-110.95	（1）个人贷款		-34.44
定期存款		-16.47	（2）单位贷款		-27.76
保证金存款		-31.24	3. 票据融资		-45.87
代理财政性存款		-0.06	4. 各项垫款		-1.07
资金来源总计		-753.08	资金运用总计		-753.08

山东省农村信用合作社人民币信贷收支表

单位：亿元

项目	2016年	比年初增减数	项目	2016年	比年初增减数
各项存款	0.21	-3465.79	各项贷款		-2272.66
1.个人存款		-3127.59	1.短期贷款		-1510.44
其中：活期储蓄存款		-440.26	（1）个人贷款及透支		-611.51
定期储蓄存款		-2625.45	（2）单位贷款及透支		-898.92
2.单位存款	0.14	-328.53	2.中长期贷款		-545.95
其中：活期存款	0.14	-222.29	（1）个人贷款		-224.49
定期存款		-39.84	（2）单位贷款		-321.46
保证金存款		-65.15	3.票据融资		-215.67
代理财政性存款		-3.27	4.各项垫款		-0.60
资金来源总计	1135.47	-4226.11	资金运用总计	1135.47	-4226.11

山东省村镇银行人民币信贷收支表

单位：亿元

项目	2016年	比年初增减数	项目	2016年	比年初增减数
各项存款	661.80	157.87	各项贷款	481.54	103.83
1.个人存款	364.75	102.63	1.短期贷款	411.64	82.42
其中：活期储蓄存款	73.49	16.33	（1）个人贷款及透支	170.99	37.84
定期储蓄存款	272.33	76.86	（2）单位贷款及透支	240.65	44.80
2.单位存款	297.04	55.47	2.中长期贷款	66.31	19.51
其中：活期存款	190.23	48.55	（1）个人贷款	35.88	10.97
定期存款	52.53	7.88	（2）单位贷款	30.44	8.54
保证金存款	40.86	-5.86	3.票据融资	3.49	1.86
代理财政性存款	0.02	-0.22	4.各项垫款	0.10	0.04
资金来源总计	826.96	176.50	资金运用总计	826.96	176.50

山东省信托投资公司人民币信贷收支表

单位：亿元

项目	2016年	比年初增减数	项目	2016年	比年初增减数
各项存款			各项贷款		-3.00
1.个人存款			1.短期贷款		-3.00
其中：活期储蓄存款			（1）个人贷款及透支		
定期储蓄存款			（2）单位贷款及透支		-3.00
2.单位存款			2.中长期贷款		
其中：活期存款			（1）个人贷款		
定期存款			（2）单位贷款		
保证金存款			3.票据融资		
代理财政性存款			4.各项垫款		
资金来源总计	121.15	17.46	资金运用总计	121.15	17.46

山东省财务公司人民币信贷收支表

单位：亿元

栏目 项目	2016年	比年初增减数	栏目 项目	2016年	比年初增减数
各项存款	1813.83	413.94	各项贷款	1254.56	330.96
1.个人存款			1.短期贷款	681.73	279.38
其中：活期储蓄存款			（1）个人贷款及透支	0.02	-0.47
定期储蓄存款			（2）单位贷款及透支	670.21	273.55
2.单位存款	1813.61	414.64	2.中长期贷款	458.55	75.77
其中：活期存款	740.23	78.35	（1）个人贷款	16.10	-6.32
定期存款	381.91	105.04	（2）单位贷款	442.45	82.09
保证金存款	273.71	95.95	3.票据融资	100.45	-1.33
代理财政性存款			4.各项垫款		
资金来源总计	2283.10	484.00	资金运用总计	2283.10	484.00

山东省外资银行人民币信贷收支表

单位：亿元

栏目 项目	2016年	比年初增减数	栏目 项目	2016年	比年初增减数
各项存款	265.38	8.43	各项贷款	299.52	29.33
1.个人存款	20.02	1.08	1.短期贷款	158.33	9.63
其中：活期储蓄存款	7.14	0.53	（1）个人贷款及透支	0.67	-0.33
定期储蓄存款	7.89	-0.63	（2）单位贷款及透支	157.07	9.37
2.单位存款	217.10	12.67	2.中长期贷款	102.47	15.64
其中：活期存款	37.41	8.12	（1）个人贷款	27.27	9.57
定期存款	52.10	-12.54	（2）单位贷款	73.20	4.07
保证金存款	47.62	-3.90	3.票据融资	36.02	2.28
代理财政性存款			4.各项垫款	0.14	-0.49
资金来源总计	361.03	44.45	资金运用总计	361.03	44.45

1993—2016年山东省人民币人均储蓄存款

单位：万元

项目名称 年　度	城乡储蓄		人均储蓄余额（元）
	年　末　余　额	比年初增加额	
1993年	8841510	1625326	1030.48
1994年	11182415	2340696	1297.26
1995年	16003992	4820864	1849.52
1996年	21971982	5953088	2525.22
1997年	28177108	6127582	3221.35
1998年	32657331	4106722	3706.85
1999年	37353766	4705196	4210.30
2000年	41098425	3695061	4606.41
2001年	44667153	3568728	4964.67

续表

年度 \ 项目名称	城乡储蓄		人均储蓄余额（元）
	年末余额	比年初增加额	
2002年	50637936	5977509	5600.90
2003年	58057165	7464182	6392.55
2004年	67683453	9601347	7417.37
2005年	77214610	9510874	8411.18
2006年	90351351	13136739	9769.64
2007年	103580272	13236721	11127.00
2008年	114381079	10800146	12211.11
2009年	143821895	29440935	15272.21
2010年	196482092	25654535	20747.84
2011年	221732725	25455312	23147.79
2012年	263433050	41700326	27200.47
2013年	297960833	34527783	30612.24
2014年	331785596	33824763	33892.23
2015年	373200242	33244098	37899.28
2016年	413509329	40309087	41572.77

2016年山东省各县（市）储蓄存款余额排序

单位：万元

序号	地区	储蓄存款余额	序号	地区	储蓄存款余额
1	寿光市	5184224.26	17	郓城县	3188505.69
2	即墨市	5033567.60	18	沂水县	3166629.18
3	青州市	5008651.85	19	高密市	3155708.82
4	莱州市	4937126.88	20	安丘市	2928246.71
5	龙口市	4887521.81	21	邹平县	2892457.60
6	滕州市	4394273.09	22	莱阳市	2881956.44
7	平度市	4386000.58	23	昌邑市	2880006.18
8	新泰市	4154832.70	24	莒县	2858884.44
9	荣成市	4150372.34	25	临朐县	2767090.86
10	章丘市	4019771.67	26	莒南县	2694717.40
11	诸城市	3995030.25	27	曹县	2664776.40
12	胶州市	3975002.75	28	莱西市	2653236.23
13	邹城市	3559732.95	29	广饶县	2615006.13
14	肥城市	3402304.94	30	兖州市	2600803.67
15	文登市	3247342.73	31	蓬莱市	2590703.37
16	招远市	3229553.00	32	海阳市	2562598.22

续表

序　号	地　区	储蓄存款余额	序　号	地　区	储蓄存款余额
33	临清市	2532910.52	65	垦利县	1533735.17
34	乳山市	2414497.86	66	乐陵市	1530958.2
35	巨野县	2404813.84	67	陵县	1513912.97
36	兰陵县	2342066.49	68	沂源县	1494859.40
37	阳谷县	2326642.86	69	禹城市	1451049.20
38	沂南县	2314610.1	70	微山县	1438040.07
39	单县	2307467.34	71	平原县	1422967.92
40	梁山县	2302597.32	72	蒙阴县	1419856.22
41	嘉祥县	2298482.15	73	高唐县	1407109.01
42	博兴县	2268431.07	74	定陶县	1323801.24
43	莘县	2204332.94	75	惠民县	1305714.58
44	昌乐县	2133631.87	76	济阳县	1302027.14
45	费县	2090744.71	77	泗水县	1298308.34
46	曲阜市	2010676.36	78	武城县	1296006.55
47	郯城县	1962490.24	79	夏津县	1293116.90
48	茌平县	1951221.82	80	东阿县	1244944.63
49	栖霞市	1939299.58	81	商河县	1185694.20
50	金乡县	1932438.91	82	平阴县	1156922.36
51	鄄城县	1918609.74	83	鱼台县	1117018.57
52	桓台县	1912435.69	84	无棣县	1114876.03
53	东平县	1902175.40	85	高青县	1038445.80
54	平邑县	1898227.15	86	阳信县	902155.79
55	冠县	1885553.87	87	利津县	856405.97
56	汶上县	1804251.14	88	庆云县	778636.91
57	宁阳县	1785717.15	89	沾化县	750545.10
58	宁津县	1753895.37	90	长岛县	296093.50
59	五莲县	1693006.04	65	垦利县	1533735.17
60	齐河县	1656981.09	66	乐陵市	1530958.2
61	临沭县	1644484.66	67	陵县	1513912.97
62	成武县	1611895.84	68	沂源县	1494859.40
63	东明县	1600871.81	69	禹城市	1451049.20
64	临邑县	1548014.68	70	微山县	1433040.07

山东省金融机构（含外资）外汇信贷收支表

单位：亿元

项目	2016年	比年初增减数	项目	2016年	比年初增减数
各项存款	327.03	-22.75	各项贷款	506.94	-51.50
1.住户存款	58.24	15.77	1.住户贷款	0.15	-0.01
（1）活期存款	33.05	8.71	（1）短期贷款	0.14	-0.01
（2）定期及其他存款	25.19	7.07	消费贷款	0.14	-0.01
2.非金融企业存款	202.64	-11.48	经营贷款		
（1）活期存款	94.10	11.66	（2）中长期贷款	0.01	0.00
（2）定期及其他存款	108.54	-23.14	消费贷款	0.01	0.00
3.广义政府存款	1.05	0.47	经营贷款		
（1）财政性存款		0.00	2.非金融企业及机关团体贷款	225.01	-85.89
（2）机关团体存款	1.05	0.47	（1）短期贷款	148.95	-69.95
4.非银行业金融机构存款	8.44	-0.39	（2）中长期贷款	73.80	-11.22
各项准备	31.34	-0.75	（3）票据融资	0.02	0.01
			（4）融资租赁		
			（5）各项垫款	2.24	-4.73
			3.非银行业金融机构贷款	0.00	
资金来源总计	519.01	-54.45	资金运用总计	519.01	-54.45

注：本表机构包括中国人民银行、银行业存款类金融机构、银行业非存款类金融机构

山东省金融机构（不含外资）外汇信贷收支表

单位：亿元

项目	2016年	比年初增减数	项目	2016年	比年初增减数
各项存款	314.64	-25.85	各项贷款	492.36	-49.63
1.住户存款	56.85	15.50	1.住户贷款	0.15	-0.01
（1）活期存款	32.38	8.58	（1）短期贷款	0.14	-0.01
（2）定期及其他存款	24.48	6.92	消费贷款	0.14	-0.01
2.非金融企业存款	194.65	-14.61	经营贷款		
（1）活期存款	90.39	11.83	（2）中长期贷款	0.01	0.00
（2）定期及其他存款	104.26	-26.43	消费贷款	0.01	0.00
3.广义政府存款	1.05	0.47	经营贷款		
（1）财政性存款		0.00	2.非金融企业及机关团体贷款	212.17	-84.34
（2）机关团体存款	1.05	0.47	（1）短期贷款	139.90	-69.30
4.非银行业金融机构存款	8.44	-0.39	（2）中长期贷款	70.08	-10.32
各项准备	30.98	-0.75	（3）票据融资		
			（4）融资租赁		
			（5）各项垫款	2.18	-4.73
			3.非银行业金融机构贷款		
资金来源总计	503.77	-52.37	资金运用总计	503.77	-52.37

注：本表机构包括中国人民银行、银行业存款类金融机构、银行业非存款类金融机构

山东省政策性银行外汇信贷收支表

单位：亿元

项目 \ 栏目	2016年	比年初增减数	项目 \ 栏目	2016年	比年初增减数
各项存款	42.84	-30.05	各项贷款	299.14	20.31
1.个人存款			1.短期贷款	4.61	0.02
其中：活期储蓄存款			（1）个人贷款及透支		
定期储蓄存款			（2）单位贷款及透支	4.61	0.02
2.单位存款	3.28	-1.69	2.中长期贷款	40.49	-3.91
其中：活期存款	3.26	-1.59	（1）个人贷款		
定期存款		-0.10	（2）单位贷款	40.49	-3.91
保证金存款	0.01	0.00	3.票据融资		
代理财政性存款			4.各项垫款	0.15	-0.13
资金来源总计	278.28	20.73	资金运用总计	278.28	20.73

注：本表机构包括银行、信用社和财务公司

山东省股份制商业银行外汇信贷收支表

单位：亿元

项目 \ 栏目	2016年	比年初增减数	项目 \ 栏目	2016年	比年初增减数
各项存款	73.14	-0.74	各项贷款	52.34	-8.28
1.个人存款	12.00	4.63	1.短期贷款	44.20	-8.45
其中：活期储蓄存款	6.72	3.06	（1）个人贷款及透支		
定期储蓄存款	3.60	1.14	（2）单位贷款及透支	44.20	-8.45
2.单位存款	54.91	-6.23	2.中长期贷款	6.74	-0.39
其中：活期存款	18.47	-3.13	（1）个人贷款		
定期存款	13.59	-8.33	（2）单位贷款	6.74	-0.39
保证金存款	21.93	6.49	3.票据融资		
代理财政性存款		0.00	4.各项垫款	0.86	0.02
资金来源总计	91.42	5.22	资金运用总计	91.42	5.22

注：本表机构包括银行、信用社和财务公司

山东省城市商业银行外汇信贷收支表

单位：亿元

项目 \ 栏目	2016年	比年初增减数	项目 \ 栏目	2016年	比年初增减数
各项存款	12.47	0.71	各项贷款	12.93	-4.52
1.个人存款	0.33	0.11	1.短期贷款	9.95	-5.42
其中：活期储蓄存款	0.06	0.04	（1）个人贷款及透支		
定期储蓄存款	0.27	0.08	（2）单位贷款及透支	9.95	-5.42
2.单位存款	9.31	0.95	2.中长期贷款	2.85	0.81
其中：活期存款	3.79	1.09	（1）个人贷款		

续表

项目 \ 栏目	2016年	比年初增减数	项目 \ 栏目	2016年	比年初增减数
定期存款	3.08	-0.97	（2）单位贷款	2.85	0.81
保证金存款	2.33	0.73	3.票据融资		
代理财政性存款			4.各项垫款	0.13	0.08
资金来源总计	32.50	3.94	资金运用总计	32.50	3.94

注：本表机构包括银行、信用社和财务公司

山东省农村合作金融机构外汇信贷收支表

单位：亿元

项目 \ 栏目	2016年	比年初增减数	项目 \ 栏目	2016年	比年初增减数
各项存款	2.02	0.53	各项贷款	2.33	-2.01
1.个人存款	0.06	0.03	1.短期贷款	2.30	-1.97
其中：活期储蓄存款	0.02	0.01	（1）个人贷款及透支		
定期储蓄存款	0.04	0.01	（2）单位贷款及透支	2.30	-1.97
2.单位存款	1.96	0.50	2.中长期贷款		
其中：活期存款	1.61	0.65	（1）个人贷款		
定期存款	0.06	0.03	（2）单位贷款		
保证金存款	0.29	-0.19	3.票据融资		
代理财政性存款			4.各项垫款	0.04	-0.04
资金来源总计	7.66	-1.12	资金运用总计	7.66	-1.12

注：本表机构包括银行、信用社和财务公司

山东省农村商业银行外汇信贷收支表

单位：亿元

项目 \ 栏目	2016年	比年初增减数	项目 \ 栏目	2016年	比年初增减数
各项存款	2.02	0.56	各项贷款	2.33	-1.86
1.个人存款	0.06	0.03	1.短期贷款	2.30	-1.84
其中：活期储蓄存款	0.02	0.01	（1）个人贷款及透支		
定期储蓄存款	0.04	0.01	（2）单位贷款及透支	2.30	-1.84
2.单位存款	1.96	0.52	2.中长期贷款		
其中：活期存款	1.61	0.68	（1）个人贷款		
定期存款	0.06	0.03	（2）单位贷款		
保证金存款	0.29	-0.19	3.票据融资		
代理财政性存款			4.各项垫款	0.04	-0.01
资金来源总计	7.66	-0.81	资金运用总计	7.66	-0.81

注：本表机构包括银行、信用社和财务公司

山东省农村合作银行外汇信贷收支表

单位：亿元

项目 栏目	2016 年	比年初增减数	项目 栏目	2016 年	比年初增减数
各项存款		-0.01	各项贷款		-0.16
1. 个人存款			1. 短期贷款		-0.12
其中：活期储蓄存款			（1）个人贷款及透支		
定期储蓄存款			（2）单位贷款及透支		-0.12
2. 单位存款			2. 中长期贷款		
其中：活期存款			（1）个人贷款		
定期存款			（2）单位贷款		
保证金存款			3. 票据融资		
代理财政性存款			4. 各项垫款		-0.03
资金来源总计		-0.28	资金运用总计		-0.28

注：本表机构包括银行、信用社和财务公司

山东省农村信用合作社外汇信贷收支表

单位：亿元

项目 栏目	2016 年	比年初增减数	项目 栏目	2016 年	比年初增减数
各项存款		-0.01	各项贷款		
1. 个人存款			1. 短期贷款		
其中：活期储蓄存款			（1）个人贷款及透支		
定期储蓄存款			（2）单位贷款及透支		
2. 单位存款		-0.01	2. 中长期贷款		
其中：活期存款		-0.01	（1）个人贷款		
定期存款			（2）单位贷款		
保证金存款			3. 票据融资		
代理财政性存款			4. 各项垫款		
资金来源总计		-0.04	资金运用总计		-0.04

注：本表机构包括银行、信用社和财务公司

山东省信托投资公司外汇信贷收支表

单位：亿元

项目 栏目	2016 年	比年初增减数	项目 栏目	2016 年	比年初增减数
各项存款			各项贷款		
1. 个人存款			1. 短期贷款		
其中：活期储蓄存款			（1）个人贷款及透支		
定期储蓄存款			（2）单位贷款及透支		
2. 单位存款			2. 中长期贷款		

续表

项目 \ 栏目	2016年	比年初增减数	项目 \ 栏目	2016年	比年初增减数
其中：活期存款			（1）个人贷款		
定期存款			（2）单位贷款		
保证金存款			3.票据融资		
代理财政性存款			4.各项垫款		
资金来源总计	0.01		资金运用总计	0.01	

注：本表机构包括信托投资公司、金融租赁公司、汽车金融公司和贷款公司等银行业非存款类金融机构

山东省财务公司外汇信贷收支表

单位：亿元

项目 \ 栏目	2016年	比年初增减数	项目 \ 栏目	2016年	比年初增减数
各项存款	12.91	0.16	各项贷款	15.84	2.36
1.个人存款			1.短期贷款	1.66	-0.71
其中：活期储蓄存款			（1）个人贷款及透支		
定期储蓄存款			（2）单位贷款及透支	1.66	-0.71
2.单位存款	2.00	0.01	2.中长期贷款	0.06	0.00
其中：活期存款	1.77	-0.23	（1）个人贷款		
定期存款	0.18	0.18	（2）单位贷款	0.06	0.00
保证金存款	0.01	0.01	3.票据融资		
代理财政性存款			4.各项垫款		
资金来源总计	19.59	2.18	资金运用总计	19.59	2.18

注：本表机构包括银行、信用社和财务公司。

山东省外资银行外汇信贷收支表

单位：亿元

项目 \ 栏目	2016年	比年初增减数	项目 \ 栏目	2016年	比年初增减数
各项存款	12.40	3.10	各项贷款	14.59	-1.86
1.个人存款	1.39	0.27	1.短期贷款	9.05	-0.65
其中：活期储蓄存款	0.67	0.13	（1）个人贷款及透支		
定期储蓄存款	0.71	0.15	（2）单位贷款及透支	9.05	-0.65
2.单位存款	7.98	3.13	2.中长期贷款	3.71	-0.90
其中：活期存款	3.71	-0.17	（1）个人贷款		
定期存款	4.26	3.37	（2）单位贷款	3.71	-0.90
保证金存款	0.01	-0.05	3.票据融资	0.02	0.01
代理财政性存款			4.各项垫款	0.06	
资金来源总计	20.10	0.25	资金运用总计	20.10	0.25

注：本表机构包括银行、信用社和财务公司。

二、分机构本、外币存贷款情况

山东省人民银行人民币信贷收支表

单位：亿元

项目 \ 栏目	2016年	比年初增减数	项目 \ 栏目	2016年	比年初增减数
一、货币发行			一、金融机构贷款	345.61	148.64
二、金融机构存款	5292.84	469.17	中资大型银行		
（一）境内金融机构存款	5292.84	469.17	中资中小型银行	334.44	172.36
中资大型银行	51.85	-10.93	农村信用社	9.65	-23.45
中资中小型银行	5029.74	1027.87	财务公司		
农村信用社	101.26	-571.43	外资金融机构		
财务公司	107.93	22.95	其他金融机构	1.52	-0.27
外资金融机构	1.70	0.45	其中：资产管理公司		
其他金融机构	0.37	0.25	二、再贴现	55.58	-1.98
（二）境外金融机构存款	0.00	0.00	三、专项贷款		
三、金融机构特种存款			四、金银占款		
四、财政存款	527.74	-96.35	五、外汇占款		
其中：中央财政存款			六、有价证券及投资		
地方财政存款	527.74	-96.35	七、买入返售证券		
五、商业银行划来财政性存款	130.44	40.11	八、存放金融机构		
六、卖出回购证券			九、清算资金往来（净）	5470.85	266.59
七、中央银行债券			十、其他资产	33.56	2.05
八、清算资金往来（净）					
九、其他负债	34.01	1.97			
十、国家资本					
十一、当年结益	-79.43	0.41			
资金来源总计	5905.60	415.31	资金运用总计	5905.60	415.31

山东省国家开发银行人民币信贷收支表

单位：亿元

项目 \ 栏目	2016年	比年初增减数	项目 \ 栏目	2016年	比年初增减数
各项存款	853.43	183.50	各项贷款	3513.41	403.01
1. 个人存款			1. 短期贷款	147.83	-1.89
其中：活期储蓄存款			(1) 个人贷款及透支		
定期储蓄存款			(2) 单位贷款及透支	147.83	-1.89
2. 单位存款	842.33	231.06	2. 中长期贷款	3267.00	411.56
其中：活期存款	743.19	232.25	(1) 个人贷款	40.74	3.24
定期存款	12.08	4.34	(2) 单位贷款	3226.26	408.32
保证金存款	3.04	0.09	3. 票据融资		
代理财政性存款			4. 各项垫款		
资金来源总计	3457.81	397.57	资金运用总计	3457.81	397.57

山东省中国农业发展银行人民币信贷收支表

单位：亿元

栏目 项目	2016年	比年初增减数	栏目 项目	2016年	比年初增减数
各项存款	881.35	420.02	各项贷款	1993.02	369.11
1. 个人存款			1. 短期贷款	576.38	-17.91
其中：活期储蓄存款			(1) 个人贷款及透支		
定期储蓄存款			(2) 单位贷款及透支	576.38	-17.91
2. 单位存款	881.35	420.02	2. 中长期贷款	1415.34	394.63
其中：活期存款	700.53	362.04	(1) 个人贷款		
定期存款	140.57	63.62	(2) 单位贷款	1415.34	394.63
保证金存款	28.70	-15.70	3. 票据融资	0.90	-7.28
代理财政性存款	98.80	26.78	4. 各项垫款	0.40	-0.34
资金来源总计	2895.03	1067.64	资金运用总计	2895.03	1067.64

山东省中国进出口银行人民币信贷收支表

单位：亿元

栏目 项目	2016年	比年初增减数	栏目 项目	2016年	比年初增减数
各项存款	10.19	5.97	各项贷款	585.93	87.04
1. 个人存款			1. 短期贷款	160.23	44.11
其中：活期储蓄存款			(1) 个人贷款及透支		
定期储蓄存款			(2) 单位贷款及透支	160.23	44.11
2. 单位存款	10.18	5.96	2. 中长期贷款	416.95	38.73
其中：活期存款	4.14	3.06	(1) 个人贷款		
定期存款	1.26	1.25	(2) 单位贷款	416.95	38.73
保证金存款	4.78	1.65	3. 票据融资		
代理财政性存款			4. 各项垫款	2.13	-0.77
资金来源总计	573.79	89.42	资金运用总计	573.79	89.42

山东省中国工商银行人民币信贷收支表

单位：亿元

栏目 项目	2016年	比年初增减数	栏目 项目	2016年	比年初增减数
各项存款	8177.92	563.62	各项贷款	7503.30	236.13
1. 个人存款	4339.48	282.66	1. 短期贷款	2319.17	-260.11
其中：活期储蓄存款	1701.79	137.42	(1) 个人贷款及透支	33.03	-27.27
定期储蓄存款	2204.47	-37.24	(2) 单位贷款及透支	2286.15	-232.84
2. 单位存款	3697.12	291.81	2. 中长期贷款	4588.29	330.38
其中：活期存款	1875.35	301.65	(1) 个人贷款	2317.99	291.08
定期存款	725.72	-267.28	(2) 单位贷款	2270.30	39.30
保证金存款	278.01	-99.03	3. 票据融资	565.59	148.21
代理财政性存款	25.91	-1.47	4. 各项垫款	20.38	8.88
资金来源总计	8621.23	457.98	资金运用总计	8621.23	457.98

山东省中国农业银行人民币信贷收支表

单位：亿元

项目＼栏目	2016 年	比年初增减数	项目＼栏目	2016 年	比年初增减数
各项存款	10068.40	966.98	各项贷款	6358.42	281.08
1. 个人存款	6135.64	562.50	1. 短期贷款	2533.89	-211.70
其中：活期储蓄存款	2822.15	438.89	(1) 个人贷款及透支	269.67	-25.04
定期储蓄存款	2959.92	-67.89	(2) 单位贷款及透支	2264.22	-186.65
2. 单位存款	3620.51	408.28	2. 中长期贷款	3334.40	250.38
其中：活期存款	1754.46	331.64	(1) 个人贷款	1892.60	314.51
定期存款	616.93	-107.88	(2) 单位贷款	1441.79	-54.12
保证金存款	217.44	-88.08	3. 票据融资	479.82	249.34
代理财政性存款	11.14	-0.15	4. 各项垫款	9.73	-7.36
资金来源总计	10396.91	947.05	资金运用总计	10396.91	947.05

山东省中国银行人民币信贷收支表

单位：亿元

项目＼栏目	2016 年	比年初增减数	项目＼栏目	2016 年	比年初增减数
各项存款	5300.21	189.32	各项贷款	4569.97	306.24
1. 个人存款	2482.05	209.37	1. 短期贷款	2069.62	-13.54
其中：活期储蓄存款	825.48	96.39	(1) 个人贷款及透支	239.14	-24.19
定期储蓄存款	1341.57	-97.00	(2) 单位贷款及透支	1830.48	10.65
2. 单位存款	2709.67	64.48	2. 中长期贷款	2374.57	286.52
其中：活期存款	1098.64	131.15	(1) 个人贷款	1288.39	233.90
定期存款	578.30	-130.52	(2) 单位贷款	1086.18	52.62
保证金存款	352.45	-97.05	3. 票据融资	115.07	34.66
代理财政性存款	3.27	-3.03	4. 各项垫款	10.00	1.25
资金来源总计	5529.57	218.77	资金运用总计	5529.57	218.77

山东省中国建设银行人民币信贷收支表

单位：亿元

项目＼栏目	2016 年	比年初增减数	项目＼栏目	2016 年	比年初增减数
各项存款	8019.22	613.18	各项贷款	5650.62	272.23
1. 个人存款	4005.10	299.33	1. 短期贷款	1957.82	89.84
其中：活期储蓄存款	1497.38	244.97	(1) 个人贷款及透支	281.24	28.99
定期储蓄存款	1861.35	133.72	(2) 单位贷款及透支	1676.57	60.86
2. 单位存款	3817.15	357.57	2. 中长期贷款	3454.69	200.49
其中：活期存款	1708.62	343.40	(1) 个人贷款	2078.21	359.25
定期存款	756.21	-177.09	(2) 单位贷款	1376.48	-158.52
保证金存款	377.26	-15.66	3. 票据融资	233.97	-18.98
代理财政性存款	11.82	-0.83	4. 各项垫款	3.77	0.94
资金来源总计	8257.29	494.37	资金运用总计	8257.29	494.37

山东省交通银行人民币信贷收支表

单位：亿元

项目＼栏目	2016年	比年初增减数	项目＼栏目	2016年	比年初增减数
各项存款	2801.30	303.23	各项贷款	1606.58	122.65
1. 个人存款	2798.59	304.45	1. 短期贷款	761.17	-124.03
其中：活期储蓄存款	781.01	71.18	(1) 个人贷款及透支	11.05	-3.98
定期储蓄存款	226.56	42.02	(2) 单位贷款及透支	750.12	-120.05
2. 单位存款	1929.35	272.57	2. 中长期贷款	772.57	244.05
其中：活期存款	592.32	190.72	(1) 个人贷款	255.07	64.10
定期存款	268.04	-153.02	(2) 单位贷款	517.50	179.96
保证金存款	281.83	-98.13	3. 票据融资	64.28	7.44
代理财政性存款	6.84	4.24	4. 各项垫款	8.52	-4.71
资金来源总计	2988.12	344.07	资金运用总计	2988.12	344.07

山东省中国邮政储蓄银行人民币信贷收支表

单位：亿元

项目＼栏目	2016年	比年初增减数	项目＼栏目	2016年	比年初增减数
各项存款	5173.26	932.93	各项贷款	1731.29	392.66
1. 个人存款	4574.44	795.49	1. 短期贷款	503.24	43.64
其中：活期储蓄存款	1216.23	198.21	(1) 个人贷款及透支	160.34	3.50
定期储蓄存款	255.18	-183.08	(2) 单位贷款及透支	342.90	40.14
2. 单位存款	554.19	106.29	2. 中长期贷款	1009.38	234.97
其中：活期存款	360.36	70.54	(1) 个人贷款	858.46	213.59
定期存款	173.38	27.42	(2) 单位贷款	150.91	21.38
保证金存款	18.68	7.02	3. 票据融资	218.67	114.05
代理财政性存款		-0.37	4. 各项垫款		
资金来源总计	5901.07	1019.58	资金运用总计	5901.07	1019.58

山东省恒丰银行人民币信贷收支表

单位：亿元

项目＼栏目	2016年	比年初增减数	项目＼栏目	2016年	比年初增减数
各项存款	2061.58	365.43	各项贷款	1018.70	222.12
1. 个人存款	659.08	100.44	1. 短期贷款	547.70	74.19
其中：活期储蓄存款	55.76	4.12	(1) 个人贷款及透支	30.71	-1.05
定期储蓄存款	553.80	55.41	(2) 单位贷款及透支	516.99	75.24
2. 单位存款	1294.62	420.39	2. 中长期贷款	299.44	54.97
其中：活期存款	348.85	135.89	(1) 个人贷款	17.40	-7.17
定期存款	484.13	238.83	(2) 单位贷款	282.04	62.14
保证金存款	300.36	-40.50	3. 票据融资	168.17	91.97
代理财政性存款			4. 各项垫款	3.40	0.98
资金来源总计	2282.72	268.80	资金运用总计	2282.72	268.80

山东省中国光大银行人民币信贷收支表

单位：亿元

项目 \ 栏目	2016 年	比年初增减数	项目 \ 栏目	2016 年	比年初增减数
各项存款	1436.97	74.31	各项贷款	928.17	137.32
1. 个人存款	234.08	14.77	1. 短期贷款	402.91	-33.56
其中：活期储蓄存款	76.92	21.75	(1) 个人贷款及透支	17.81	-5.64
定期储蓄存款	55.35	-8.76	(2) 单位贷款及透支	385.10	-27.91
2. 单位存款	795.55	197.28	2. 中长期贷款	458.99	163.20
其中：活期存款	191.88	79.35	(1) 个人贷款	174.04	51.12
定期存款	175.03	79.26	(2) 单位贷款	284.96	112.07
保证金存款	220.30	-32.98	3. 票据融资	60.40	8.12
代理财政性存款	0.58	0.04	4. 各项垫款	5.66	-0.49
资金来源总计	1651.37	-5.59	资金运用总计	1651.37	-5.59

山东省中信银行人民币信贷收支表

单位：亿元

项目 \ 栏目	2016 年	比年初增减数	项目 \ 栏目	2016 年	比年初增减数
各项存款	1796.87	85.32	各项贷款	1368.28	234.69
1. 个人存款	349.12	-14.22	1. 短期贷款	607.52	-7.91
其中：活期储蓄存款	120.54	30.09	(1) 个人贷款及透支	18.32	-3.74
定期储蓄存款	106.35	-17.80	(2) 单位贷款及透支	589.20	2.42
2. 单位存款	1261.93	70.56	2. 中长期贷款	729.42	272.32
其中：活期存款	433.01	23.76	(1) 个人贷款	421.69	194.18
定期存款	134.76	-64.69	(2) 单位贷款	307.74	78.13
保证金存款	286.84	-20.50	3. 票据融资	29.69	-29.92
代理财政性存款	1.38	0.59	4. 各项垫款	1.26	0.00
资金来源总计	2124.79	54.95	资金运用总计	2124.79	54.95

山东省华夏银行人民币信贷收支表

单位：亿元

项目 \ 栏目	2016 年	比年初增减数	项目 \ 栏目	2016 年	比年初增减数
各项存款	958.40	82.10	各项贷款	887.08	134.24
1. 个人存款	227.30	22.37	1. 短期贷款	528.79	59.61
其中：活期储蓄存款	82.84	11.97	(1) 个人贷款及透支	13.58	-1.32
定期储蓄存款	128.12	8.38	(2) 单位贷款及透支	515.22	60.94
2. 单位存款	716.71	64.93	2. 中长期贷款	348.13	92.67
其中：活期存款	217.55	26.50	(1) 个人贷款	97.83	23.41
定期存款	98.60	-17.82	(2) 单位贷款	250.30	69.26
保证金存款	324.63	48.37	3. 票据融资	6.60	-16.61
代理财政性存款	0.17	0.14	4. 各项垫款	3.52	-1.43
资金来源总计	1145.41	58.94	资金运用总计	1145.41	58.94

山东省平安银行人民币信贷收支表

单位：亿元

项目	2016年	比年初增减数	项目	2016年	比年初增减数
各项存款	680.42	84.74	各项贷款	691.23	115.27
1. 个人存款	74.08	3.15	1. 短期贷款	329.80	16.88
其中：活期储蓄存款	41.45	10.62	(1) 个人贷款及透支	32.44	-12.00
定期储蓄存款	11.15	-8.83	(2) 单位贷款及透支	297.36	28.88
2. 单位存款	562.67	67.19	2. 中长期贷款	348.39	96.01
其中：活期存款	139.88	72.45	(1) 个人贷款	73.09	26.80
定期存款	43.06	-12.63	(2) 单位贷款	275.31	69.21
保证金存款	297.11	-42.71	3. 票据融资	6.35	-2.25
代理财政性存款	0.01	0.00	4. 各项垫款	6.68	4.70
资金来源总计	841.07	140.63	资金运用总计	841.07	140.63

山东省招商银行人民币信贷收支表

单位：亿元

项目	2016年	比年初增减数	项目	2016年	比年初增减数
各项存款	1243.61	-1.12	各项贷款	1187.62	52.36
1. 个人存款	429.26	-3.02	1. 短期贷款	482.67	-135.08
其中：活期储蓄存款	315.05	24.11	(1) 个人贷款及透支	55.78	-17.31
定期储蓄存款	105.81	-26.73	(2) 单位贷款及透支	426.89	-117.78
2. 单位存款	758.54	14.95	2. 中长期贷款	539.46	87.21
其中：活期存款	322.95	49.65	(1) 个人贷款	423.89	101.98
定期存款	120.07	-43.86	(2) 单位贷款	115.57	-14.77
保证金存款	127.09	-58.99	3. 票据融资	160.65	98.34
代理财政性存款	18.05	17.38	4. 各项垫款	3.25	0.51
资金来源总计	1329.40	-132.21	资金运用总计	1329.40	-132.21

山东省上海浦东发展银行人民币信贷收支表

单位：亿元

项目	2016年	比年初增减数	项目	2016年	比年初增减数
各项存款	1283.66	-145.01	各项贷款	1135.49	158.07
1. 个人存款	156.07	-29.00	1. 短期贷款	596.61	-40.44
其中：活期储蓄存款	44.03	6.88	(1) 个人贷款及透支	31.06	0.12
定期储蓄存款	59.25	-12.82	(2) 单位贷款及透支	565.55	-40.56
2. 单位存款	923.36	-169.34	2. 中长期贷款	494.54	208.21
其中：活期存款	255.33	-7.63	(1) 个人贷款	246.98	121.61
定期存款	97.93	-92.44	(2) 单位贷款	247.56	86.60
保证金存款	270.73	-40.90	3. 票据融资	35.77	-12.66
代理财政性存款	0.90	0.60	4. 各项垫款	8.45	3.02
资金来源总计	1583.15	34.89	资金运用总计	1583.15	34.89

山东省兴业银行人民币信贷收支表

单位：亿元

项目名称 \ 栏目	2016 年	比年初增减数	项目名称 \ 栏目	2016 年	比年初增减数
各项存款	1695.77	-96.43	各项贷款	1089.85	243.49
1. 个人存款	176.44	-1.35	1. 短期贷款	453.93	-36.02
其中：活期储蓄存款	94.16	10.07	(1) 个人贷款及透支	17.50	-11.31
定期储蓄存款	67.47	-9.32	(2) 单位贷款及透支	436.43	-24.71
2. 单位存款	1256.18	73.13	2. 中长期贷款	592.28	241.78
其中：活期存款	439.86	68.32	(1) 个人贷款	336.04	172.55
定期存款	138.94	-13.33	(2) 单位贷款	256.24	69.23
保证金存款	200.37	-46.96	3. 票据融资	39.12	36.72
代理财政性存款	0.31	0.31	4. 各项垫款	4.52	1.01
资金来源总计	2308.97	27.43	资金运用总计	2308.97	27.43

山东省民生银行人民币信贷收支表

单位：亿元

项目名称 \ 栏目	2016 年	比年初增减数	项目名称 \ 栏目	2016 年	比年初增减数
各项存款	1359.97	28.89	各项贷款	1174.68	309.65
1. 个人存款	301.10	-9.84	1. 短期贷款	597.48	-4.71
其中：活期储蓄存款	95.11	8.19	(1) 个人贷款及透支	158.92	-57.55
定期储蓄存款	113.46	-14.26	(2) 单位贷款及透支	438.56	54.84
2. 单位存款	1004.78	58.80	2. 中长期贷款	444.33	236.77
其中：活期存款	253.32	29.85	(1) 个人贷款	149.18	100.71
定期存款	160.25	-10.56	(2) 单位贷款	295.15	136.06
保证金存款	269.41	-31.63	3. 票据融资	125.36	85.54
代理财政性存款	0.01	-0.04	4. 各项垫款	7.46	-7.96
资金来源总计	1656.59	154.91	资金运用总计	1656.59	154.91

山东省渤海银行人民币信贷收支表

单位：亿元

项目名称 \ 栏目	2016 年	比年初增减数	项目名称 \ 栏目	2016 年	比年初增减数
各项存款	308.58	57.79	各项贷款	172.17	49.27
1. 个人存款	14.05	0.19	1. 短期贷款	63.52	2.86
其中：活期储蓄存款	5.73	1.93	(1) 个人贷款及透支	0.97	-1.36
定期储蓄存款	5.18	-1.56	(2) 单位贷款及透支	62.55	4.22
2. 单位存款	225.91	52.41	2. 中长期贷款	105.52	60.01
其中：活期存款	61.82	29.37	(1) 个人贷款	39.19	21.58
定期存款	46.27	-6.41	(2) 单位贷款	66.33	38.43
保证金存款	65.53	-5.64	3. 票据融资	2.98	-13.75
代理财政性存款			4. 各项垫款	0.15	0.15
资金来源总计	346.67	49.82	资金运用总计	346.67	49.82

山东省浙商银行人民币信贷收支表

单位：亿元

项目名称 \ 栏目	2016年	比年初增减数	项目名称 \ 栏目	2016年	比年初增减数
各项存款	317.46	101.98	各项贷款	161.92	41.62
1.个人存款	6.27	2.93	1.短期贷款	85.55	5.25
其中：活期储蓄存款	3.67	2.76	(1) 个人贷款及透支	6.61	-0.64
定期储蓄存款	1.98	-0.40	(2) 单位贷款及透支	78.94	5.90
2.单位存款	307.27	100.53	2.中长期贷款	69.61	30.66
其中：活期存款	96.11	44.58	(1) 个人贷款	3.64	2.70
定期存款	98.57	49.80	(2) 单位贷款	65.97	27.96
保证金存款	61.29	-15.34	3.票据融资	5.98	5.72
代理财政性存款	0.03	0.03	4.各项垫款	0.79	
资金来源总计	370.76	100.69	资金运用总计	370.76	100.69

山东省广发银行人民币信贷收支表

单位：亿元

项目名称 \ 栏目	2016年	比年初增减数	项目名称 \ 栏目	2016年	比年初增减数
各项存款	224.88	34.63	各项贷款	227.25	70.26
1.个人存款	16.92	2.81	1.短期贷款	147.53	32.67
其中：活期储蓄存款	9.27	3.91	(1) 个人贷款及透支	2.35	0.64
定期储蓄存款	5.06	-0.15	(2) 单位贷款及透支	145.18	32.03
2.单位存款	187.15	18.03	2.中长期贷款	75.57	33.46
其中：活期存款	47.11	18.12	(1) 个人贷款	15.07	5.53
定期存款	14.99	7.44	(2) 单位贷款	60.49	27.93
保证金存款	81.06	1.15	3.票据融资	4.16	4.12
代理财政性存款			4.各项垫款		
资金来源总计	233.67	35.27	资金运用总计	233.67	35.27

山东省国家开发银行外汇信贷收支表

单位：亿美元

项目名称 \ 栏目	2016年	比年初增减数	项目名称 \ 栏目	2016年	比年初增减数
各项存款	42.31	-30.19	各项贷款	267.81	18.45
1.个人存款			1.短期贷款	0.62	-0.58
其中：活期储蓄存款			(1) 个人贷款及透支		
定期储蓄存款			(2) 单位贷款及透支	0.62	-0.58
2.单位存款	2.80	-1.76	2.中长期贷款	20.11	-1.79
其中：活期存款	2.80	-1.76	(1) 个人贷款		
定期存款			(2) 单位贷款	20.11	-1.79
保证金存款			3.票据融资		
代理财政性存款			4.各项垫款		
资金来源总计	248.45	18.20	资金运用总计	248.45	18.20

山东省中国农业发展银行外汇信贷收支表

单位：亿美元

项目名称 \ 栏目	2016年	比年初增减数	项目名称 \ 栏目	2016年	比年初增减数
各项存款	0.34	0.08	各项贷款	0.02	-0.04
1. 个人存款			1. 短期贷款	0.02	-0.04
其中：活期储蓄存款			(1) 个人贷款及透支		
定期储蓄存款			(2) 单位贷款及透支	0.02	-0.04
2. 单位存款	0.34	0.08	2. 中长期贷款		
其中：活期存款	0.34	0.08	(1) 个人贷款		
定期存款			(2) 单位贷款		
保证金存款	0.00	0.00	3. 票据融资		
代理财政性存款			4. 各项垫款		
资金来源总计	0.35	0.08	资金运用总计	0.35	0.08

山东省中国进出口银行外汇信贷收支表

单位：亿美元

项目名称 \ 栏目	2016年	比年初增减数	项目名称 \ 栏目	2016年	比年初增减数
各项存款	0.19	0.05	各项贷款	31.31	1.90
1. 个人存款			1. 短期贷款	3.97	0.64
其中：活期储蓄存款			(1) 个人贷款及透支		
定期储蓄存款			(2) 单位贷款及透支	3.97	0.64
2. 单位存款	0.13	0.00	2. 中长期贷款	20.37	-2.11
其中：活期存款	0.12	0.10	(1) 个人贷款		
定期存款		-0.10	(2) 单位贷款	20.37	-2.11
保证金存款	0.01	0.00	3. 票据融资		
代理财政性存款			4. 各项垫款	0.15	-0.13
资金来源总计	29.82	2.57	资金运用总计	29.82	2.57

山东省中国工商银行外汇信贷收支表

单位：亿美元

项目名称 \ 栏目	2016年	比年初增减数	项目名称 \ 栏目	2016年	比年初增减数
各项存款	28.03	-4.94	各项贷款	13.55	-15.75
1. 个人存款	8.66	1.54	1. 短期贷款	11.09	-12.80
其中：活期储蓄存款	6.31	0.86	(1) 个人贷款及透支		
定期储蓄存款	2.31	0.67	(2) 单位贷款及透支	11.09	-12.80
2. 单位存款	19.14	-6.44	2. 中长期贷款	1.27	-3.07
其中：活期存款	9.50	4.10	(1) 个人贷款		
定期存款	6.05	-7.40	(2) 单位贷款	1.27	-3.07
保证金存款	3.59	-3.14	3. 票据融资		
代理财政性存款			4. 各项垫款	0.39	-0.68
资金来源总计	31.53	-6.17	资金运用总计	31.53	-6.17

山东省中国农业银行外汇信贷收支表

单位：亿美元

项目名称 \ 栏目	2016年	比年初增减数	项目名称 \ 栏目	2016年	比年初增减数
各项存款	33.42	4.18	各项贷款	14.25	-14.07
1.个人存款	1.66	0.62	1.短期贷款	12.45	-12.53
其中：活期储蓄存款	0.66	0.36	(1) 个人贷款及透支	0.03	0.00
定期储蓄存款	1.00	0.26	(2) 单位贷款及透支	12.42	-12.53
2.单位存款	31.51	3.41	2.中长期贷款	1.78	-0.07
其中：活期存款	10.89	2.10	(1) 个人贷款		
定期存款	4.21	-0.20	(2) 单位贷款	1.78	-0.07
保证金存款	16.41	1.51	3.票据融资		
代理财政性存款			4.各项垫款	0.01	-1.47
资金来源总计	34.00	0.03	资金运用总计	34.00	0.03

山东省中国银行外汇信贷收支表

单位：亿美元

项目名称 \ 栏目	2016年	比年初增减数	项目名称 \ 栏目	2016年	比年初增减数
各项存款	74.91	8.88	各项贷款	49.08	-14.97
1.个人存款	28.50	5.89	1.短期贷款	26.12	-17.02
其中：活期储蓄存款	16.99	3.55	(1) 个人贷款及透支	0.07	-0.02
定期储蓄存款	11.45	2.33	(2) 单位贷款及透支	26.05	-17.01
2.单位存款	44.54	2.16	2.中长期贷款	11.78	-1.70
其中：活期存款	30.65	5.49	(1) 个人贷款	0.01	0.00
定期存款	10.09	-4.08	(2) 单位贷款	11.77	-1.70
保证金存款	3.12	0.07	3.票据融资		
代理财政性存款			4.各项垫款	0.50	-2.24
资金来源总计	79.66	8.54	资金运用总计	79.66	8.54

山东省中国建设银行外汇信贷收支表

单位：亿美元

项目名称 \ 栏目	2016年	比年初增减数	项目名称 \ 栏目	2016年	比年初增减数
各项存款	34.56	-4.82	各项贷款	32.86	-12.74
1.个人存款	5.49	2.61	1.短期贷款	27.63	-10.47
其中：活期储蓄存款	1.54	0.67	(1) 个人贷款及透支	0.04	0.00
定期储蓄存款	2.67	1.07	(2) 单位贷款及透支	27.59	-10.47
2.单位存款	28.87	-6.95	2.中长期贷款	5.13	-1.99
其中：活期存款	11.33	3.70	(1) 个人贷款		
定期存款	5.26	-2.68	(2) 单位贷款	5.13	-1.99
保证金存款	12.20	-8.03	3.票据融资		
代理财政性存款			4.各项垫款	0.09	-0.27
资金来源总计	38.51	-7.96	资金运用总计	38.51	-7.96

山东省交通银行外汇信贷收支表

单位：亿美元

栏目 项目名称	2016年	比年初增减数	栏目 项目名称	2016年	比年初增减数
各项存款	9.53	-0.11	各项贷款	4.29	-5.79
1.个人存款	2.28	0.62	1.短期贷款	4.02	-5.98
其中：活期储蓄存款	0.78	0.30	(1) 个人贷款及透支		
定期储蓄存款	0.65	0.16	(2) 单位贷款及透支	4.02	-5.98
2.单位存款	7.24	-0.73	2.中长期贷款	0.01	-0.03
其中：活期存款	2.23	-2.00	(1) 个人贷款		
定期存款	3.03	1.27	(2) 单位贷款	0.01	-0.03
保证金存款	1.93	-0.06	3.票据融资		
代理财政性存款			4.各项垫款	0.26	0.23
资金来源总计	10.76	0.12	资金运用总计	10.76	0.12

山东省中国邮政储蓄银行外汇信贷收支表

单位：亿美元

栏目 项目名称	2016年	比年初增减数	栏目 项目名称	2016年	比年初增减数
各项存款	0.35	0.22	各项贷款	0.04	0.03
1.个人存款	0.16	0.07	1.短期贷款	0.04	0.03
其中：活期储蓄存款	0.09	0.04	(1) 个人贷款及透支		
定期储蓄存款	0.07	0.03	(2) 单位贷款及透支	0.04	0.03
2.单位存款	0.19	0.15	2.中长期贷款		
其中：活期存款	0.16	0.13	(1) 个人贷款		
定期存款	0.03	0.03	(2) 单位贷款		
保证金存款	0.00	0.00	3.票据融资		
代理财政性存款			4.各项垫款		
资金来源总计	0.39	0.23	资金运用总计	0.39	0.23

山东省恒丰银行外汇信贷收支表

单位：亿美元

栏目 项目名称	2016年	比年初增减数	栏目 项目名称	2016年	比年初增减数
各项存款	2.49	1.45	各项贷款	1.44	-0.72
1.个人存款	0.24	0.02	1.短期贷款	1.30	-0.83
其中：活期储蓄存款	0.01	0.00	(1) 个人贷款及透支		
定期储蓄存款	0.23	0.02	(2) 单位贷款及透支	1.30	-0.83
2.单位存款	1.95	1.13	2.中长期贷款		-0.03
其中：活期存款	0.99	0.61	(1) 个人贷款		
定期存款	0.28	0.12	(2) 单位贷款		-0.03
保证金存款	0.68	0.40	3.票据融资		
代理财政性存款			4.各项垫款		
资金来源总计	2.61	0.37	资金运用总计	2.61	0.37

山东省中国光大银行外汇信贷收支表

单位：亿美元

栏目 项目名称	2016年	比年初增减数	栏目 项目名称	2016年	比年初增减数
各项存款	5.80	0.84	各项贷款	3.55	1.21
1.个人存款	1.44	0.46	1.短期贷款	3.55	1.42
其中：活期储蓄存款	0.53	0.24	(1) 个人贷款及透支		
定期储蓄存款	0.28	0.10	(2) 单位贷款及透支	3.55	1.42
2.单位存款	4.29	0.33	2.中长期贷款		-0.21
其中：活期存款	1.14	0.78	(1) 个人贷款		
定期存款	1.40	-1.64	(2) 单位贷款		-0.21
保证金存款	1.40	1.15	3.票据融资		
代理财政性存款			4.各项垫款		
资金来源总计	7.39	1.44	资金运用总计	7.39	1.44

山东省中信银行外汇信贷收支表

单位：亿美元

栏目 项目名称	2016年	比年初增减数	栏目 项目名称	2016年	比年初增减数
各项存款	14.84	2.62	各项贷款	9.30	-2.21
1.个人存款	1.10	0.28	1.短期贷款	8.97	-2.15
其中：活期储蓄存款	0.59	0.20	(1) 个人贷款及透支		
定期储蓄存款	0.51	0.13	(2) 单位贷款及透支	8.97	-2.15
2.单位存款	13.57	2.26	2.中长期贷款	0.33	-0.05
其中：活期存款	4.50	0.78	(1) 个人贷款		
定期存款	3.35	1.88	(2) 单位贷款	0.33	-0.05
保证金存款	5.72	-0.40	3.票据融资		
代理财政性存款			4.各项垫款		-0.01
资金来源总计	16.62	-0.08	资金运用总计	16.62	-0.08

山东省华夏银行外汇信贷收支表

单位：亿美元

栏目 项目名称	2016年	比年初增减数	栏目 项目名称	2016年	比年初增减数
各项存款	8.05	-3.20	各项贷款	7.83	-3.34
1.个人存款	0.15	0.04	1.短期贷款	4.20	-2.94
其中：活期储蓄存款	0.04	0.01	(1) 个人贷款及透支		
定期储蓄存款	0.10	0.03	(2) 单位贷款及透支	4.20	-2.94
2.单位存款	4.51	-2.96	2.中长期贷款	3.55	-0.31
其中：活期存款	1.22	0.33	(1) 个人贷款		
定期存款	1.72	-2.68	(2) 单位贷款	3.55	-0.31
保证金存款	1.56	1.06	3.票据融资		
代理财政性存款		0.00	4.各项垫款	0.08	-0.09
资金来源总计	9.26	-3.79	资金运用总计	9.26	-3.79

山东省平安银行外汇信贷收支表

单位：亿美元

项目名称＼栏目	2016 年	比年初增减数	项目名称＼栏目	2016 年	比年初增减数
各项存款	5.80	0.34	各项贷款	6.25	0.54
1. 个人存款	0.38	0.20	1. 短期贷款	4.04	-0.17
其中：活期储蓄存款	0.19	0.10	(1) 个人贷款及透支		
定期储蓄存款	0.19	0.10	(2) 单位贷款及透支	4.04	-0.17
2. 单位存款	3.89	0.11	2. 中长期贷款	1.76	0.26
其中：活期存款	0.59	0.05	(1) 个人贷款		
定期存款	0.04	-0.63	(2) 单位贷款	1.76	0.26
保证金存款	3.26	0.70	3. 票据融资		
代理财政性存款			4. 各项垫款	0.05	0.04
资金来源总计	9.38	1.26	资金运用总计	9.38	1.26

山东省招商银行外汇信贷收支表

单位：亿美元

项目名称＼栏目	2016 年	比年初增减数	项目名称＼栏目	2016 年	比年初增减数
各项存款	8.92	0.40	各项贷款	2.10	-1.71
1. 个人存款	5.03	2.21	1. 短期贷款	1.76	-1.63
其中：活期储蓄存款	3.79	1.75	(1) 个人贷款及透支		
定期储蓄存款	1.24	0.46	(2) 单位贷款及透支	1.76	-1.63
2. 单位存款	3.82	-1.81	2. 中长期贷款	0.03	-0.01
其中：活期存款	3.42	-0.39	(1) 个人贷款		
定期存款	0.26	0.21	(2) 单位贷款	0.03	-0.01
保证金存款	0.14	-1.63	3. 票据融资		
代理财政性存款			4. 各项垫款	0.31	-0.05
资金来源总计	8.52	0.02	资金运用总计	8.52	0.02

山东省上海浦东发展银行外汇信贷收支表

单位：亿美元

项目名称＼栏目	2016 年	比年初增减数	项目名称＼栏目	2016 年	比年初增减数
各项存款	6.02	-1.58	各项贷款	5.62	1.16
1. 个人存款	0.53	0.22	1. 短期贷款	5.62	1.16
其中：活期储蓄存款	0.33	0.16	(1) 个人贷款及透支		
定期储蓄存款	0.19	0.06	(2) 单位贷款及透支	5.62	1.16
2. 单位存款	5.49	-1.80	2. 中长期贷款		
其中：活期存款	2.35	-3.40	(1) 个人贷款		
定期存款	0.08	0.08	(2) 单位贷款		
保证金存款	2.60	1.07	3. 票据融资		
代理财政性存款			4. 各项垫款		0.00
资金来源总计	11.81	3.70	资金运用总计	11.81	3.70

山东省兴业银行外汇信贷收支表

单位：亿美元

项目名称	2016年	比年初增减数	项目名称	2016年	比年初增减数
各项存款	7.59	0.83	各项贷款	7.56	1.75
1.个人存款	0.38	0.24	1.短期贷款	7.45	1.83
其中：活期储蓄存款	0.23	0.15	(1) 个人贷款及透支		
定期储蓄存款	0.09	0.04	(2) 单位贷款及透支	7.45	1.83
2.单位存款	7.20	0.58	2.中长期贷款	0.11	0.00
其中：活期存款	1.49	0.14	(1) 个人贷款		
定期存款	1.50	-3.17	(2) 单位贷款	0.11	0.00
保证金存款	4.21	3.82	3.票据融资		
代理财政性存款			4.各项垫款		-0.08
资金来源总计	9.94	2.16	资金运用总计	9.94	2.16

山东省民生银行外汇信贷收支表

单位：亿美元

项目名称	2016年	比年初增减数	项目名称	2016年	比年初增减数
各项存款	3.37	-2.85	各项贷款	0.01	0.01
1.个人存款	0.46	0.31	1.短期贷款		
其中：活期储蓄存款	0.23	0.16	(1) 个人贷款及透支		
定期储蓄存款	0.10	0.03	(2) 单位贷款及透支		
2.单位存款	2.36	-3.70	2.中长期贷款		
其中：活期存款	0.44	-0.03	(1) 个人贷款		
定期存款	1.51	-4.08	(2) 单位贷款		
保证金存款	0.35	0.33	3.票据融资		
代理财政性存款			4.各项垫款	0.01	0.01
资金来源总计	3.42	-4.14	资金运用总计	3.42	-4.14

山东省渤海银行外汇信贷收支表

单位：亿美元

项目名称	2016年	比年初增减数	项目名称	2016年	比年初增减数
各项存款	0.00	0.00	各项贷款	1.30	-1.29
1.个人存款	0.00	0.00	1.短期贷款	0.19	-1.29
其中：活期储蓄存款	0.00	0.00	(1) 个人贷款及透支		
定期储蓄存款	0.00	0.00	(2) 单位贷款及透支	0.19	-1.29
2.单位存款	0.00	0.00	2.中长期贷款	0.95	
其中：活期存款	0.00	0.00	(1) 个人贷款		
定期存款			(2) 单位贷款	0.95	
保证金存款			3.票据融资		
代理财政性存款			4.各项垫款	0.16	
资金来源总计	1.32	-1.28	资金运用总计	1.32	-1.28

山东省浙商银行外汇信贷收支表

单位：亿美元

栏目 项目名称	2016 年	比年初增减数	栏目 项目名称	2016 年	比年初增减数
各项存款	0.66	0.50	各项贷款	1.82	1.20
1. 个人存款	0.00	0.00	1. 短期贷款	1.82	1.20
其中：活期储蓄存款	0.00	0.00	(1) 个人贷款及透支		
定期储蓄存款	0.00	0.00	(2) 单位贷款及透支	1.82	1.20
2. 单位存款	0.54	0.39	2. 中长期贷款		
其中：活期存款	0.09	0.03	(1) 个人贷款		
定期存款	0.41	0.31	(2) 单位贷款		
保证金存款	0.04	0.04	3. 票据融资		
代理财政性存款			4. 各项垫款		
资金来源总计	1.82	0.20	资金运用总计	1.82	0.20

山东省广发银行外汇信贷收支表

单位：亿美元

栏目 项目名称	2016 年	比年初增减数	栏目 项目名称	2016 年	比年初增减数
各项存款	0.05	-0.01	各项贷款	1.29	0.92
1. 个人存款	0.02	0.01	1. 短期贷款	1.29	0.92
其中：活期储蓄存款	0.01	0.00	(1) 个人贷款及透支		
定期储蓄存款	0.01	0.01	(2) 单位贷款及透支	1.29	0.92
2. 单位存款	0.03	-0.02	2. 中长期贷款		
其中：活期存款	0.01	-0.02	(1) 个人贷款		
定期存款			(2) 单位贷款		
保证金存款	0.02	0.00	3. 票据融资		
代理财政性存款			4. 各项垫款		
资金来源总计	1.32	0.92	资金运用总计	1.32	0.92

三、分机构经营成果情况

山东省全金融机构（含外资）本外币损益表

单位：亿元

行列名称	本年	比上年同期增减	比上年同期增减%	行列名称	本年	比上年同期增减	比上年同期增减%
一、营业收入	2912.45	-90.02	-3.00	1.业务及管理费	985.82	19.16	1.98
1.利息净收入	2303.18	-121.21	-5.00	2.营业税金及附加	82.25	-129.17	-61.10
利息收入	6555.98	-450.67	-6.43	3.资产减值损失	967.33	109.23	12.73
利息支出	4252.80	-329.46	-7.19	三、营业利润	861.03	-87.37	-9.21
2.手续费及佣金净收入	363.08	5.52	1.54	四、利润总额	873.23	-86.36	-9.00
二、营业支出	2051.41	-2.66	-0.13	五、净利润	722.95	-52.64	-6.79

山东省政策性银行本外币损益表

单位：亿元

行列名称	本年	比上年同期增减	比上年同期增减%	行列名称	本年	比上年同期增减	比上年同期增减%
一、营业收入	188.29	20.00	11.88	1.业务及管理费	14.39	1.60	12.47
1.利息净收入	177.81	21.22	13.55	2.营业税金及附加	7.80	-11.71	-60.02
利息收入	421.80	33.07	8.51	3.资产减值损失	27.26	-74.41	-73.19
利息支出	244.00	11.85	5.11	三、营业利润	137.96	104.32	310.11
2.手续费及佣金净收入	7.73	-0.94	-10.85	四、利润总额	137.84	104.41	312.28
二、营业支出	50.33	-84.32	-62.62	五、净利润	137.84	104.41	312.28

山东省国家开发银行本外币损益表

单位：亿元

行列名称	本年	比上年同期增减	比上年同期增减%	行列名称	本年	比上年同期增减	比上年同期增减%
一、营业收入	132.40	5.58	4.40	1.业务及管理费	3.30	0.08	2.48
1.利息净收入	123.41	6.57	5.62	2.营业税金及附加	5.78	-7.55	-56.64
利息收入	271.63	15.40	6.01	3.资产减值损失	15.61	-65.09	-80.65
利息支出	148.23	8.83	6.34	三、营业利润	107.55	77.97	263.64
2.手续费及佣金净收入	6.42	-0.85	-11.67	四、利润总额	107.56	77.99	263.72
二、营业支出	24.86	-72.39	-74.44	五、净利润	107.56	77.99	263.72

山东省中国农业发展银行本外币损益表

单位：亿元

行列名称	本年	比上年同期增减	比上年同期增减%	行列名称	本年	比上年同期增减	比上年同期增减%
一、营业收入	48.72	14.16	40.97	1.业务及管理费	10.57	1.39	15.11
1.利息净收入	47.84	14.16	42.05	2.营业税金及附加	1.30	-3.40	-72.35
利息收入	120.74	14.57	13.72	3.资产减值损失	4.63	4.61	21063.94
利息支出	72.90	0.41	0.56	三、营业利润	31.51	11.52	57.62
2.手续费及佣金净收入	0.76	0.02	3.25	四、利润总额	31.39	11.59	58.56
二、营业支出	17.21	2.64	18.11	五、净利润	31.39	11.59	58.56

山东省中国进出口银行本外币损益表

单位：亿元

行列名称	本年	比上年同期增减	比上年同期增减%	行列名称	本年	比上年同期增减	比上年同期增减%
一、营业收入	7.17	0.26	3.79	1.业务及管理费	0.52	0.13	32.47
1.利息净收入	6.56	0.49	8.08	2.营业税金及附加	0.73	-0.77	-51.37
利息收入	29.43	3.11	11.80	3.资产减值损失	7.02	-13.93	-56.51
利息支出	22.87	2.62	12.91	三、营业利润	-1.10	14.83	-93.07
2.手续费及佣金净收入	0.55	-0.12	-17.50	四、利润总额	-1.10	14.83	-93.08
二、营业支出	8.27	-14.56	-63.78	五、净利润	-1.10	14.83	-93.08

山东省国有商业银行本外币损益表

单位：亿元

行列名称	本年	比上年同期增减	比上年同期增减%	行列名称	本年	比上年同期增减	比上年同期增减%
一、营业收入	1023.03	-112.88	-9.94	1.业务及管理费	308.01	-17.55	-5.39
1.利息净收入	800.53	-90.62	-10.17	2.营业税金及附加	29.85	-56.15	-65.30
利息收入	2795.67	-306.52	-9.88	3.资产减值损失	492.59	97.16	24.57
利息支出	1995.13	-215.90	-9.76	三、营业利润	180.54	-136.70	-43.09
2.手续费及佣金净收入	205.85	-17.23	-7.72	四、利润总额	184.43	-133.81	-42.05
二、营业支出	842.49	23.82	2.91	五、净利润	146.69	-108.37	-42.49

山东省中国工商银行本外币损益表

单位：亿元

行列名称	本年	比上年同期增减	比上年同期增减%	行列名称	本年	比上年同期增减	比上年同期增减%
一、营业收入	286.80	-40.80	-12.45	1.业务及管理费	75.32	-3.05	-3.89
1.利息净收入	207.95	-35.99	-14.75	2.营业税金及附加	9.73	-18.20	-65.16
利息收入	1445.46	-266.48	-15.57	3.资产减值损失	133.71	61.12	84.20
利息支出	1237.51	-230.49	-15.70	三、营业利润	67.97	-75.23	-52.54
2.手续费及佣金净收入	76.90	-0.58	-0.75	四、利润总额	70.39	-73.21	-50.98
二、营业支出	218.84	34.43	18.67	五、净利润	52.32	-54.86	-51.19

山东省中国农业银行本外币损益表

单位：亿元

行列名称	本年	比上年同期增减	比上年同期增减%	行列名称	本年	比上年同期增减	比上年同期增减%
一、营业收入	283.48	-36.70	-11.46	1.业务及管理费	101.17	-4.26	-4.04
1.利息净收入	238.39	-38.11	-13.78	2.营业税金及附加	7.28	-13.13	-64.33
利息收入	631.75	-99.96	-13.66	3.资产减值损失	140.48	4.94	3.64
利息支出	393.36	-61.84	-13.59	三、营业利润	34.49	-24.04	-41.08
2.手续费及佣金净收入	42.96	1.04	2.49	四、利润总额	36.18	-22.35	-38.71
二、营业支出	248.99	-12.65	-4.84	五、净利润	27.03	-31.93	-54.15

山东省中国银行本外币损益表

单位：亿元

行列名称	本年	比上年同期增减	比上年同期增减%	行列名称	本年	比上年同期增减	比上年同期增减%
一、营业收入	192.24	-16.94	-8.10	1.业务及管理费	57.29	-4.62	-7.47
1.利息净收入	147.74	-1.41	-0.95	2.营业税金及附加	5.16	-11.90	-69.75
利息收入	384.08	108.03	39.14	3.资产减值损失	93.94	-11.49	-10.90
利息支出	236.33	109.45	86.25	三、营业利润	31.94	6.04	23.34
2.手续费及佣金净收入	35.76	-15.04	-29.61	四、利润总额	32.08	5.95	22.77
二、营业支出	160.30	-22.99	-12.54	五、净利润	21.52	22.08	-3964.98

山东省中国建设银行本外币损益表

单位：亿元

行列名称	本年	比上年同期增减	比上年同期增减%	行列名称	本年	比上年同期增减	比上年同期增减%
一、营业收入	260.51	-18.44	-6.61	1.业务及管理费	74.22	-5.62	-7.04
1.利息净收入	206.45	-15.11	-6.82	2.营业税金及附加	7.67	-12.92	-62.75
利息收入	334.38	-48.12	-12.58	3.资产减值损失	124.47	42.59	52.01
利息支出	127.93	-33.01	-20.51	三、营业利润	46.14	-43.46	-48.50
2.手续费及佣金净收入	50.23	-2.65	-5.00	四、利润总额	45.78	-43.69	-48.83
二、营业支出	214.36	25.03	13.22	五、净利润	45.82	-43.66	-48.80

山东省股份制商业银行本外币损益表

单位：亿元

行列名称	本年	比上年同期增减	比上年同期增减%	行列名称	本年	比上年同期增减	比上年同期增减%
一、营业收入	492.15	-20.63	-4.02	1.业务及管理费	174.05	9.19	5.57
1.利息净收入	383.24	-6.82	-1.75	2.营业税金及附加	16.62	-23.78	-58.86
利息收入	1185.64	-153.99	-11.49	3.资产减值损失	205.68	62.88	44.04
利息支出	802.40	-147.17	-15.50	三、营业利润	93.93	-67.11	-41.67
2.手续费及佣金净收入	81.03	3.72	4.81	四、利润总额	95.41	-67.52	-41.44
二、营业支出	398.22	46.48	13.21	五、净利润	86.12	-62.83	-42.18

山东省交通银行本外币损益表

单位：亿元

行列名称	本年	比上年同期增减	比上年同期增减%	行列名称	本年	比上年同期增减	比上年同期增减%
一、营业收入	62.53	4.27	7.33	1.业务及管理费	21.63	-0.04	-0.20
1.利息净收入	44.33	1.86	4.37	2.营业税金及附加	2.09	-3.80	-64.58
利息收入	162.91	-15.68	-8.78	3.资产减值损失	19.77	10.01	102.64
利息支出	118.58	-17.54	-12.89	三、营业利润	17.63	-0.67	-3.65
2.手续费及佣金净收入	12.50	-0.06	-0.44	四、利润总额	17.75	-0.55	-3.00
二、营业支出	44.90	4.94	12.35	五、净利润	17.75	-0.55	-3.00

山东省中国邮政储蓄银行本外币损益表

单位：亿元

行列名称	本年	比上年同期增减	比上年同期增减%	行列名称	本年	比上年同期增减	比上年同期增减%
一、营业收入	106.64	11.46	12.04	1.业务及管理费	76.82	10.18	15.28
1.利息净收入	99.49	8.14	8.91	2.营业税金及附加	1.71	-2.27	-57.00
利息收入	227.89	1.89	0.83	3.资产减值损失	7.50	-1.04	-12.20
利息支出	128.39	-6.26	-4.65	三、营业利润	20.38	4.47	28.10
2.手续费及佣金净收入	6.82	3.19	87.34	四、利润总额	20.64	3.81	22.63
二、营业支出	86.25	6.98	8.81	五、净利润	19.83	4.33	27.94

山东省恒丰银行本外币损益表

单位：亿元

行列名称	本年	比上年同期增减	比上年同期增减%	行列名称	本年	比上年同期增减	比上年同期增减%
一、营业收入	49.81	7.86	18.74	1.业务及管理费	20.32	4.18	25.88
1.利息净收入	37.17	20.58	124.00	2.营业税金及附加	1.47	-1.72	-54.04
利息收入	141.27	3.94	2.87	3.资产减值损失	7.35	0.91	14.15
利息支出	104.10	-16.64	-13.78	三、营业利润	20.60	5.31	34.74
2.手续费及佣金净收入	7.15	2.54	55.01	四、利润总额	20.58	4.51	28.03
二、营业支出	29.20	2.55	9.56	五、净利润	20.58	4.51	28.03

山东省中国光大银行本外币损益表

单位：亿元

行列名称	本年	比上年同期增减	比上年同期增减%	行列名称	本年	比上年同期增减	比上年同期增减%
一、营业收入	33.57	-3.84	-10.26	1.业务及管理费	12.01	0.69	6.07
1.利息净收入	28.07	-4.19	-13.00	2.营业税金及附加	1.26	-1.85	-59.40
利息收入	72.79	-2.02	-2.71	3.资产减值损失	6.25	0.80	14.59
利息支出	44.72	2.17	5.10	三、营业利润	13.93	-3.53	-20.22
2.手续费及佣金净收入	5.10	0.34	7.24	四、利润总额	14.03	-3.47	-19.83
二、营业支出	19.65	-0.31	-1.54	五、净利润	12.01	-3.48	-22.46

山东省中信银行本外币损益表

单位：亿元

行列名称	本年	比上年同期增减	比上年同期增减%	行列名称	本年	比上年同期增减	比上年同期增减%
一、营业收入	54.26	-0.68	-1.24	1.业务及管理费	18.34	0.47	2.63
1.利息净收入	40.41	-0.41	-1.01	2.营业税金及附加	1.83	-2.87	-61.02
利息收入	207.05	-14.49	-6.54	3.资产减值损失	19.88	7.16	56.25
利息支出	166.63	-14.08	-7.79	三、营业利润	14.22	-5.44	-27.67
2.手续费及佣金净收入	11.59	-0.27	-2.26	四、利润总额	14.71	-5.41	-26.88
二、营业支出	40.05	4.76	13.49	五、净利润	10.62	-4.38	-29.21

山东省华夏银行本外币损益表

单位：亿元

行列名称	本年	比上年同期增减	比上年同期增减%	行列名称	本年	比上年同期增减	比上年同期增减%
一、营业收入	42.32	1.46	3.57	1.业务及管理费	16.14	2.90	21.89
1.利息净收入	38.39	2.85	8.02	2.营业税金及附加	1.40	-1.60	-53.49
利息收入	60.61	-3.58	-5.58	3.资产减值损失	6.67	-2.74	-29.15
利息支出	22.22	-6.43	-22.46	三、营业利润	18.12	2.91	19.12
2.手续费及佣金净收入	3.52	-1.34	-27.60	四、利润总额	18.16	2.89	18.92
二、营业支出	24.21	-1.45	-5.65	五、净利润	16.14	3.03	23.14

山东省平安银行本外币损益表

单位：亿元

行列名称	本年	比上年同期增减	比上年同期增减%	行列名称	本年	比上年同期增减	比上年同期增减%
一、营业收入	28.94	-1.04	-3.47	1.业务及管理费	9.02	0.06	0.66
1.利息净收入	19.46	0.57	3.01	2.营业税金及附加	1.27	-1.46	-53.58
利息收入	66.76	-4.37	-6.14	3.资产减值损失	12.85	0.49	3.93
利息支出	47.30	-4.94	-9.45	三、营业利润	5.74	-0.14	-2.40
2.手续费及佣金净收入	4.70	0.36	8.34	四、利润总额	5.80	-0.08	-1.36
二、营业支出	23.20	-0.90	-3.73	五、净利润	5.80	-0.08	-1.36

山东省招商银行本外币损益表

单位：亿元

行列名称	本年	比上年同期增减	比上年同期增减%	行列名称	本年	比上年同期增减	比上年同期增减%
一、营业收入	49.66	-15.16	-23.39	1.业务及管理费	21.13	0.16	0.74
1.利息净收入	37.48	-14.10	-27.34	2.营业税金及附加	1.89	-2.93	-60.80
利息收入	92.13	-43.18	-31.91	3.资产减值损失	51.23	12.95	33.84
利息支出	54.65	-29.07	-34.73	三、营业利润	-24.59	-25.34	-3387.81
2.手续费及佣金净收入	8.24	-0.94	-10.27	四、利润总额	-24.43	-25.37	-2700.48
二、营业支出	74.26	10.18	15.89	五、净利润	-24.46	-21.52	733.43

山东省上海浦东发展银行本外币损益表

单位：亿元

行列名称	本年	比上年同期增减	比上年同期增减%	行列名称	本年	比上年同期增减	比上年同期增减%
一、营业收入	49.28	-6.52	-11.68	1.业务及管理费	11.89	-0.02	-0.17
1.利息净收入	40.02	-5.56	-12.19	2.营业税金及附加	1.58	-2.57	-61.90
利息收入	151.58	-25.90	-14.59	3.资产减值损失	34.11	15.47	83.01
利息支出	111.56	-20.34	-15.42	三、营业利润	1.63	-19.36	-92.22
2.手续费及佣金净收入	5.81	-1.87	-24.33	四、利润总额	1.67	-19.43	-92.10
二、营业支出	47.65	12.84	36.89	五、净利润	1.67	-19.43	-92.10

山东省兴业银行本外币损益表

单位：亿元

行列名称	本年	比上年同期增减	比上年同期增减%	行列名称	本年	比上年同期增减	比上年同期增减%
一、营业收入	42.63	-6.28	-12.84	1.业务及管理费	15.29	0.20	1.35
1.利息净收入	31.05	-6.77	-17.90	2.营业税金及附加	1.52	-2.16	-58.71
利息收入	89.90	-34.07	-27.49	3.资产减值损失	14.50	3.67	33.90
利息支出	58.84	-27.30	-31.69	三、营业利润	10.54	-8.28	-43.99
2.手续费及佣金净收入	11.24	1.84	19.62	四、利润总额	10.71	-8.23	-43.45
二、营业支出	32.09	2.00	6.65	五、净利润	10.71	-8.23	-43.45

山东省民生银行本外币损益表

单位：亿元

行列名称	本年	比上年同期增减	比上年同期增减%	行列名称	本年	比上年同期增减	比上年同期增减%
一、营业收入	52.82	-4.51	-7.86	1.业务及管理费	18.84	-1.15	-5.77
1.利息净收入	47.11	-3.59	-7.09	2.营业税金及附加	1.61	-1.80	-52.73
利息收入	85.83	-12.34	-12.57	3.资产减值损失	29.70	14.43	94.46
利息支出	38.72	-8.75	-18.43	三、营业利润	3.33	-15.88	-82.65
2.手续费及佣金净收入	5.27	0.92	21.08	四、利润总额	3.43	-15.87	-82.21
二、营业支出	49.48	11.37	29.85	五、净利润	3.43	-15.87	-82.21

山东省渤海银行本外币损益表

单位：亿元

行列名称	本年	比上年同期增减	比上年同期增减%	行列名称	本年	比上年同期增减	比上年同期增减%
一、营业收入	13.64	3.87	39.58	1.业务及管理费	4.10	1.04	33.99
1.利息净收入	8.97	1.63	22.17	2.营业税金及附加	0.30	-0.34	-52.82
利息收入	24.29	-1.29	-5.04	3.资产减值损失			
利息支出	15.33	-2.92	-15.98	三、营业利润	9.21	3.14	51.80
2.手续费及佣金净收入	4.60	2.34	103.30	四、利润总额	9.26	3.20	52.68
二、营业支出	4.43	0.72	19.56	五、净利润	8.86	3.15	55.08

山东省浙商银行本外币损益表

单位：亿元

行列名称	本年	比上年同期增减	比上年同期增减%	行列名称	本年	比上年同期增减	比上年同期增减%
一、营业收入	6.08	-0.08	-1.27	1.业务及管理费	2.35	0.47	24.93
1.利息净收入	5.05	0.18	3.68	2.营业税金及附加	0.17	-0.23	-57.47
利息收入	13.32	0.85	6.84	3.资产减值损失	2.16	-0.75	-25.80
利息支出	8.27	0.67	8.87	三、营业利润	1.38	0.43	45.00
2.手续费及佣金净收入	0.52	-0.25	-32.98	四、利润总额	1.43	0.48	49.74
二、营业支出	4.70	-0.51	-9.75	五、净利润	0.71	0.21	42.12

山东省广发银行本外币损益表

单位：亿元

行列名称	本年	比上年同期增减	比上年同期增减%	行列名称	本年	比上年同期增减	比上年同期增减%
一、营业收入	6.60	0.01	0.21	1.业务及管理费	2.97	0.24	8.92
1.利息净收入	5.74	0.15	2.60	2.营业税金及附加	0.24	-0.45	-65.16
利息收入	17.22	-1.85	-9.70	3.资产减值损失	1.21	0.49	68.59
利息支出	11.47	-1.99	-14.81	三、营业利润	2.18	-0.27	-10.93
2.手续费及佣金净收入	0.80	0.11	16.15	四、利润总额	2.30	-0.18	-7.29
二、营业支出	4.42	0.28	6.78	五、净利润	2.30	-0.18	-7.29

山东省城市商业银行（全国）本外币损益表

单位：亿元

行列名称	本年	比上年同期增减	比上年同期增减%	行列名称	本年	比上年同期增减	比上年同期增减%
一、营业收入	174.57	10.69	6.53	1.业务及管理费	60.66	5.96	10.90
1.利息净收入	143.67	12.35	9.40	2.营业税金及附加	5.43	-7.04	-56.46
利息收入	477.38	16.63	3.61	3.资产减值损失	34.71	4.85	16.24
利息支出	333.70	4.28	1.30	三、营业利润	73.69	6.93	10.37
2.手续费及佣金净收入	16.05	5.00	45.31	四、利润总额	74.09	6.17	9.08
二、营业支出	100.88	3.77	3.88	五、净利润	62.41	6.22	11.08

山东省农村商业银行本外币损益表

单位：亿元

行列名称	本年	比上年同期增减	比上年同期增减%	行列名称	本年	比上年同期增减	比上年同期增减%
一、营业收入	565.20	149.32	35.90	1.业务及管理费	235.75	71.52	43.55
1.利息净收入	457.51	80.54	21.36	2.营业税金及附加	11.26	-9.15	-44.84
利息收入	819.59	179.77	28.10	3.资产减值损失	125.00	39.45	46.12
利息支出	362.07	99.23	37.75	三、营业利润	192.95	47.29	32.46
2.手续费及佣金净收入	-3.20	-0.72	29.21	四、利润总额	195.78	48.42	32.86
二、营业支出	372.24	102.03	37.76	五、净利润	142.79	37.12	35.13

山东省农村合作银行本外币损益表

单位：亿元

行列名称	本年	比上年同期增减	比上年同期增减%	行列名称	本年	比上年同期增减	比上年同期增减%
一、营业收入		-29.72	-100.00	1.业务及管理费		-12.26	-100.00
1.利息净收入		-26.97	-100.00	2.营业税金及附加		-1.70	-100.00
利息收入		-40.29	-100.00	3.资产减值损失		-4.88	-100.00
利息支出		-13.32	-100.00	三、营业利润		-10.88	-100.00
2.手续费及佣金净收入		0.17	-100.00	四、利润总额		-10.96	-100.00
二、营业支出		-18.84	-100.00	五、净利润		-7.96	-100.00

山东省村镇银行本外币损益表

单位：亿元

行列名称	本年	比上年同期增减	比上年同期增减%	行列名称	本年	比上年同期增减	比上年同期增减%
一、营业收入	30.27	2.86	10.42	1.业务及管理费	18.00	4.25	30.94
1.利息净收入	30.41	2.96	10.80	2.营业税金及附加	0.60	-0.69	-53.70
利息收入	44.20	3.01	7.51	3.资产减值损失	6.22	-0.97	-13.48
利息支出	13.79	0.05	0.35	三、营业利润	5.32	0.23	4.46
2.手续费及佣金净收入	-0.26	-0.11	70.74	四、利润总额	6.08	-1.82	-23.07
二、营业支出	24.94	2.63	11.78	五、净利润	3.49	-2.18	-38.40

山东省农村信用合作社本外币损益表

单位：亿元

行列名称	本年	比上年同期增减	比上年同期增减%	行列名称	本年	比上年同期增减	比上年同期增减%
一、营业收入	10.76	-137.98	-92.76	1.业务及管理费	6.91	-63.18	-90.14
1.利息净收入	1.15	-125.08	-99.09	2.营业税金及附加	0.19	-5.56	-96.69
利息收入	36.96	-228.30	-86.07	3.资产减值损失		-26.44	-100.00
利息支出	35.81	-103.22	-74.24	三、营业利润	3.67	-42.76	-92.10
2.手续费及佣金净收入	0.10	3.73	-102.87	四、利润总额	3.64	-42.50	-92.12
二、营业支出	7.10	-95.22	-93.06	五、净利润	3.02	-29.64	-90.76

山东省信托投资公司本外币损益表

单位：亿元

行列名称	本年	比上年同期增减	比上年同期增减%	行列名称	本年	比上年同期增减	比上年同期增减%
一、营业收入	31.04	1.14	3.82	1.业务及管理费	6.27	-0.43	-6.37
1.利息净收入	-0.24	-0.60	-166.54	2.营业税金及附加	0.89	-0.70	-43.86
利息收入	0.25	-0.19	-43.44	3.资产减值损失	2.20	0.06	2.77
利息支出	0.49	0.41	502.35	三、营业利润	21.45	2.10	10.85
2.手续费及佣金净收入	26.30	3.52	15.43	四、利润总额	21.98	2.48	12.73
二、营业支出	9.58	-0.96	-9.10	五、净利润	17.50	2.73	18.51

山东省中资财务公司本外币损益表

单位：亿元

行列名称	本年	比上年同期增减	比上年同期增减%	行列名称	本年	比上年同期增减	比上年同期增减%
一、营业收入	61.00	0.43	0.71	1.业务及管理费	3.74	0.62	19.84
1.利息净收入	51.05	-1.95	-3.67	2.营业税金及附加	1.43	-1.82	-56.05
利息收入	74.53	-1.33	-1.75	3.资产减值损失	8.96	1.39	18.28
利息支出	23.48	0.62	2.71	三、营业利润	46.86	0.25	0.54
2.手续费及佣金净收入	0.51	-1.25	-70.96	四、利润总额	47.68	0.62	1.32
二、营业支出	14.13	0.18	1.30	五、净利润	36.91	0.30	0.83

四、其他金融统计资料

山东省全金融机构（含外资）中间业务收入表

单位：万元

栏目 项目名称	本外币 当年累计	人民币 当年累计	外币 当年累计
中间业务收入合计	4020675	3840744	179932
（一）结算性中间业务收入	989961	927857	62104
1.国际结算收入	222292	164576	57716
单位	217549	161049	56500
个人	4743	3527	1216
2.国内结算收入	767668	763280	4388
单位	308484	304655	3829
个人	459184	458625	559
（二）担保性中间业务收入	481963	462564	19399
1.银行承兑汇票收入	160795	160795	
2.保函业务收入	83539	74543	8995
融资性保函	55510	48196	7314
非融资性保函	28029	26347	1682
3.承诺费收入	105210	103938	1272
4.保理费收入	51778	46019	5760
5.其他担保性中间业务收入	80640	77269	3371
（三）管理性中间业务收入	1784638	1731401	53237
1.代收代付收入	68699	68069	630
2.资产托管及企业年金业务收入	144494	144472	22
3.理财业务收入	688970	687956	1014
4.代客资金业务收入	115471	95328	20143
代客外汇买卖	84417	74327	10090
代客衍生工具交易	19034	11290	7745
其他代客资金业务	12020	9712	2308
5.银团贷款收入	64809	39031	25778
6.委托贷款收入	51970	48423	3548
7.其他管理性中间业务收入	650225	648123	2103
代销基金	61123	61028	94
代理保险	353270	353270	
代销债券	25456	24520	936
代理贵金属	98638	98638	
其他	111739	110668	1072
（四）投资银行业务收入	250061	249110	951
1.财务顾问收入	139797	139727	70
2.债券承销收入	64598	64598	
3.其他投资银行业务收入	45666	44785	882
（五）其他中间业务收入	514052	469812	44240
其中：保管箱业务收入	3742	3742	
附：银行卡业务收入	623452	622318	1134
电子银行业务收入	304298	304139	159

山东省全金融机构（不含外资）中间业务收入表

单位：万元

栏目 项目名称	本外币 当年累计	人民币 当年累计	外币 当年累计
中间业务收入合计	3997119	3831797	165322
（一）结算性中间业务收入	983527	926466	57061
1.国际结算收入	216617	163472	53145
单位	211973	159953	52020
个人	4643	3518	1125
2.国内结算收入	766910	762994	3916
单位	307818	304457	3361
个人	459092	458537	555
（二）担保性中间业务收入	476209	458407	17802
1.银行承兑汇票收入	158926	158926	
2.保函业务收入	81382	72842	8540
融资性保函	54043	46873	7170
非融资性保函	27339	25969	1370
3.承诺费收入	105210	103938	1272
4.保理费收入	51675	46004	5670
5.其他担保性中间业务收入	79016	76696	2319
（三）管理性中间业务收入	1776567	1728404	48163
1.代收代付收入	68571	68067	504
2.资产托管及企业年金业务收入	144488	144466	22
3.理财业务收入	687849	687659	190
4.代客资金业务收入	110650	94325	16326
代客外汇买卖	80898	73363	7535
代客衍生工具交易	17757	11250	6507
其他代客资金业务	11995	9712	2283
5.银团贷款收入	64489	38767	25722
6.委托贷款收入	51362	47816	3546
7.其他管理性中间业务收入	649157	647304	1853
代销基金	60987	60959	28
代理保险	352573	352573	
代销债券	25456	24520	936
代理贵金属	98635	98635	
其他	111506	110617	888
（四）投资银行业务收入	249883	248970	913
1.财务顾问收入	139618	139587	31
2.债券承销收入	64598	64598	
3.其他投资银行业务收入	45666	44785	882
（五）其他中间业务收入	510934	469551	41383
其中：保管箱业务收入	3741	3741	
附：银行卡业务收入	623304	622172	1132
电子银行业务收入	304110	304092	18

山东省银行业金融机构人员、机构情况表

（2016年末）　　单位：家、人

行别		法人机构数	省级机构数	二级分行机构数	支行机构数	支行以下分支机构数	机构数合计	正式人员数合计
国有独资商业银行	工商银行山东省分行		1	16	592	332	941	21214
	工商银行青岛市分行		1		89	33	123	3587
	农业银行山东省分行		1	16	160	1246	1423	27815
	农业银行青岛市分行		1	1	86	103	191	4158
	中国银行山东省分行		1	15	511		527	14975
	中国银行青岛市分行		1	2	95		98	3378
	建设银行山东省分行		1	16	508	303	828	20478
	建设银行青岛市分行		1		98	23	122	3248
	交通银行山东省分行		1	15	143		159	3706
	交通银行青岛分行		1		46	13	60	1361
	合计（全省）		10	81	2328	2053	4472	103920
股份制商业银行	中信银行青岛分行		1	4	48	7	60	1716
	中信银行济南分行		1	4	41	1	47	1583
	光大银行青岛分行		1	3	26	27	57	1049
	光大银行济南分行		1	3	22		26	786
	光大银行烟台分行		1	1	9	9	20	469
	华夏银行济南分行		1	7	30	11	49	1410
	华夏银行青岛分行		1	1	20	10	32	948
	广东发展银行济南分行		1	5	7	9	22	598
	招商银行济南分行		1	6	49		56	1594
	招商银行青岛分行		1	1	16		18	478
	浦东发展银行济南分行		1	2	38	7	48	1606
	浦东发展银行青岛分行		1	9	29	27	66	1179
	平安银行济南分行		1	2	19	12	34	714
	平安银行青岛分行		1	3	18		22	733
	兴业银行济南分行		1	2	16	12	31	713
	兴业银行青岛分行		1	10	34	61	106	1774
	民生银行济南分行		1	1	15	12	29	673
	民生银行青岛分行		1	6	46	105	158	1808
	恒丰银行（烟台）		1	3	53	27	84	1010
	恒丰银行青岛分行	1	2	11	77	29	120	2676
	恒丰银行济南分行（包括潍坊分行）		1		12	5	18	451
	渤海银行济南分行		1	4	6	4	15	435
	浙商银行济南分行		1	3	2		6	458
	合计（全省）	1	24	91	633	375	1124	24861

续表 1

行别		法人机构数	省级机构数	二级分行机构数	支行机构数	支行以下分支机构数	机构数合计	正式人员数合计
政策性银行	农发行山东省分行		1	16	102		119	3124
	农发行青岛市分行			1	5		6	196
	进出口银行山东省分行		1				1	70
	开发行山东省分行		1				1	219
	开发行青岛市分行		1				1	130
	合计（全省）		4	17	107		128	3739
城市商业银行	齐鲁银行	1	4		107		112	2597
	齐鲁银行青岛分行		1		5		6	140
	青岛银行	1	11		89	10	111	3561
	齐商银行	1	8		113		122	2633
	烟台银行	1			81		82	1277
	潍坊银行	1	4		70		75	2016
	潍坊银行青岛分行		1		8	2	11	193
	临商银行	1	1		51	29	82	1890
	威海商行	1	11		65	20	97	2532
	威海商行青岛分行		1		7	2	10	202
	日照银行	1	5		49		55	1689
	日照银行青岛分行		1		6		7	204
	莱商银行	1	9		71		81	1693
	东营商行	1		4	55		60	1211
	德州商行	1	3		48	15	67	1331
	济宁商行	1	6		50	16	73	1291
	泰安商行	1			61		62	990
	枣庄商行	1	2		25		28	687
	天津银行济南分行		1	3	12	10	26	592
	北京银行济南分行		1	2	13	16	32	571
	河北银行青岛分行		1		9	3	13	200
	合计（全省）	14	71	9	995	123	1212	27500
农村金融机构	农村信用社	2			14		16	829
	农村商业银行	110			3217	1896	5223	66171
	村镇银行	125			55	213	393	6322
	农村资金互助社	2					2	9
	合计（全省）	239			3286	2109	5634	73331

续表 2

行　别		法人机构数	省级机构数	二级分行机构数	支行机构数	支行以下分支机构数	机构数合计	正式人员数合计
其他金融机构	山东省国际信托投资公司	1					1	190
	陆家嘴国际信托	1					1	295
	重汽财务	1					1	47
	山钢财务	1					1	40
	鲁商财务	1					1	35
	重工财务	1					1	45
	电力财务山东分公司		1				1	19
	山东黄金	1					1	35
	晨鸣财务	1					1	28
	南山财务	1					1	37
	兖矿财务	1					1	31
	招金财务	1					1	28
	山东能源集团财务有限公司	1					1	21
	日照港财务公司	1					1	28
	西王财务公司	1					1	24
	新凤祥财务有限公司	1					1	69
	海尔财务	1					1	144
	海信财务	1					1	34
	中石化财务公司山东分公司		1				1	32
	青啤财务	1					1	33
	青岛港财务	1					1	22
	青建集团财务公司	1					1	18
	华融资产管理公司		1				1	59
	长城资产管理公司		1				1	68
	东方资产管理公司		1				1	49
	信达资产管理公司		1				1	49
	海尔消费金融公司	1					1	148
	山东豪沃汽车金融有限公司	1					1	103
	山东通达金融租赁有限公司	1					1	35
	山东汇通金融租赁有限公司	1					1	41
	中国邮政储蓄银行山东省分行		1	16	777	1902	2696	11384
	中国邮政储蓄银行青岛分行		1		48	217	266	1154
	合计（全省）	24	8	16	825	2119	2992	14345

续表 3

行别		法人机构数	省级机构数	二级分行机构数	支行机构数	支行以下分支机构数	机构数合计	正式人员数合计
外资银行	汇丰银行济南分行		1				1	33
	汇丰银行青岛分行		1		4		5	124
	南洋商业银行青岛分行		1		3		4	96
	日本山口银行青岛分行		1				1	28
	韩亚银行青岛分行		1		3		4	83
	韩亚银行烟台分行		1		1		2	39
	企业银行青岛分行		1		2		3	70
	企业银行烟台分行		1		1		2	38
	友利银行威海分行		1				1	23
	新韩银行青岛分行		1		1		2	63
	渣打银行济南分行		1				1	23
	渣打银行青岛分行		1		4		5	56
	东亚银行济南分行		1				1	33
	东亚银行青岛分行		1		1		2	118
	恒生银行济南分行		1				1	15
	瑞穗实业银行青岛分行		1				1	56
	华侨银行青岛分行		1				1	21
	三菱东京日联银行青岛分行		1				1	54
	釜山银行青岛分行		1				1	18
	德意志银行青岛分行		1				1	14
	国泰世华银行青岛分行		1				1	20
	星展银行青岛分行		1				1	19
	澳新银行青岛分行		1				1	9
	韩国产业银行青岛分行		1				1	23
	合计（全省）		24		20		44	1086
山东省合计		278	141	214	8194	6779	15606	248782

注：本表数据来源于山东省银监局

山东省（含青岛）上市公司情况表

项　目		单位	本期
上市公司数		家	173
其中：A股		家	64
B股		家	171
A、B股均发行		家	5
境内、外均上市		家	3
ST公司数		家	7
其中：*ST公司数		家	0
拟上市公司数		家	5
退市公司数		家	0
总股本		亿股	1688.72
流通股本	A股	亿股	1568.08
	B股	亿股	13.42
境内上市公司境外股		亿股	60.54
总市值（境内）		亿元	19622.14
流通市值（境内）		亿元	18518.12

山东省（含青岛）上市公司融资情况表

单位：家、亿元

项　目	本期		本年累计	
	家数	筹集资金	家数	筹集资金
A股				
首发	5	69.26	12	151.12
配股			1	4.85
增发	11	181.49	41	495.60
合计	16	250.75	54	651.57
B股				
首发				
配股				
增发				
合计				
公司债	2	22.00	4	75.00
可转债				
境外股				
首发				
再融资				
合计	2	22.00	4	75.00

山东省（含青岛）上市公司注册地地区分布表

单位：家

地　区	行次	家数
济南	1	24
青岛	2	25
淄博	3	21
枣庄	4	1
东营	5	5
烟台	6	33
潍坊	7	20
济宁	8	6
泰安	9	5
威海	10	10
日照	11	1
滨州	12	7
德州	13	5
聊城	14	4
临沂	15	4
菏泽	16	1
莱芜	17	1
合计	18	173

山东省（含青岛）证券、期货中介机构情况统计表

单位：亿元

项　目	证券公司	证券营业部	期货经纪公司
公司数（家）	2		3
所属营业部（家）	310	508	43
注册资本	87.72		12.02
总资产	1282.15	759.26	98.20
净资产	358.1	217.44	22.29
净资本	275.81		13.66
净利润（本期）	6.76	2.17	0.29
净利润（本年）	28.89	14.80	1.10
主承销（家）	71		
承销金额	712.38		
交易金额（本年）	117004.52	136781.89	55385.31
投资者资金户开户数（万户）	579.52	1072.26	13.51
投资者股东户开户数（万户）	1120.04	1842.46	
资产管理受托金额			
客户保证金余额	425.16	517.48	71.82

人寿保险公司主要业务指标月报表（含青岛）

单位：亿元

项　　目	本年累计	去年同期	同比增长%
一.保费收入	1639.21	1194.60	37.22
1.寿险小计	1335.14	1006.95	32.59
2.意外伤害险小计	34.16	28.45	20.09
3.健康险小计	269.90	159.20	69.54
二.赔付支出	433.25	309.50	39.98
1.赔款支出合计	59.87	31.21	91.79
（1）意外伤害险	7.20	5.66	27.12
（2）一年期以内健康险	52.67	25.55	106.12
2.死伤医疗给付合计	36.84	29.85	23.42
（1）寿险	16.35	15.03	8.83
（2）一年期以上健康险	20.48	14.82	38.21
3.满期给付合计	272.41	197.66	37.82
（1）寿险	272.18	197.50	37.81
（2）一年期以上健康险	0.23	0.16	41.36
4.年金给付合计	64.14	50.78	26.32
三.退保金	288.54	257.90	11.88
1.寿险	280.83	244.33	14.94
2.一年期以上健康险	7.71	13.58	-43.23

财产保险公司主要业务指标月报表（含青岛）

单位：万件、亿元

项　　目	本年累计	去年同期	同比增长%
一.签单数量	14665.96	13071.49	12.20
二.签单保费合计	674.65	592.69	13.83
三.保费收入合计	662.98	593.01	11.80
四.已决赔款合计	345.84	305.19	13.32
五.赔款支出合计	353.60	312.58	13.12

注：1、签单数量为签单件数减注销保单件数后的净保单件数，按保单起保日开始统计；

2、签单保费为保单保费加批增保费减批减保费后的净额，业务上按保单起保日开始计算；

3、已决赔款按照业务上已核赔结案的赔款金额，包括业务已决财务未付和业务已决财务已付赔款金额

主题索引

说明:

本索引为综合性主题索引。索引款目按汉语拼音顺序(同音字按声调)排列。表格款目后注有"表"字样。款目后的阿拉伯数字表示内容所在的页码,数字后的字母a、b表示该页自左向右的版面区域。

汉语拼音主题索引

F